V&R

Robert Schnepf

Die Frage nach der Ursache

Systematische und problemgeschichtliche Untersuchungen
zum Kausalitäts- und zum Schöpfungsbegriff

Vandenhoeck & Ruprecht

Bibliografische Information Der Deutschen Bibliothek

Die Deutsche Bibliothek verzeichnet diese Publikation in der
Deutschen Nationalbibliografie; detaillierte bibliografische Daten sind
im Internet über <http://dnb.ddb.de> abrufbar.

ISBN 10: 3-525-30157-X

ISBN 13: 978-3-525-30157-9

Umschlagabbildung: © Fontana

Gesamtherstellung: ⊕ Hubert & Co, Göttingen

Inhalt

Vorbemerkung

Die vorliegende Untersuchung wurde 2001 vom Fachbereich Geschichte, Philosophie und Sozialwissenschaften der Martin-Luther-Universität Halle-Wittenberg als Habilitationsschrift angenommen. Sie erscheint nun mit kleineren Änderungen im Druck.

Ohne die Gewährung einer Assistenzzeit am Institut für Philosophie der Martin-Luther-Universität Halle-Wittenberg durch Rainer Enskat und die anschließende einjährige Förderung durch die DFG hätte ich die vorliegende Arbeit nicht schreiben können. Die zum Teil kontroversen, aber stets sehr detaillierten und fordernden Diskussionen mit Rainer Enskat haben sich an vielen Stellen der Arbeit niedergeschlagen. An sie denke ich gerne und dankbar zurück. Wie sehr ich mich zugleich an den Anregungen meines Doktorvaters Hans Friedrich Fulda abarbeite, macht bei allen Unterschieden vielleicht schon die Fragestellung deutlich. Dankbar bin ich auch den Gutachtern und den Mitgliedern der Habilitationskommission, also neben Rainer Enskat Brigitte Falkenburg, Jürgen Stolzenberg, Gunnar Berg und Andreas Kleinert.

Danken möchte ich darüber hinaus den Kolleginnen und Kollegen sowie näheren Freundinnen und Freunden nicht nur im Fach, mit denen ich im Lauf der Jahre über verschiedene einzelne Themen und Aspekte habe sprechen können, insbesondere Alexander Aichele, Wolfgang Bartuschat, Gregor Damschen, Dirk Effertz, Uta Eichler, Ursula Goldenbaum, Matthias Kaufmann und Thomas Kisser – um nur sie zu nennen. Kaum einer von ihnen wird meine Auffassungen teilen und oft bin ich ihren Ratschlägen nicht gefolgt, doch glaube ich, aus den Gesprächen mit ihnen einiges in angenehmster Weise gelernt zu haben. Ein großer Dank geht auch an Frau Klehr und das ansonsten wechselnde Bibliotheksteam. Unkompliziert und entgegenkommend hat sie noch die verquersten Wünsche und Anfragen nach Büchern bearbeitet. Dem Verlag Vandenhoeck & Ruprecht danke ich für die Möglichkeit zur Publikation meiner Arbeit, Frau Gießmann-Bindewald und Frau Blech für ihre Mühe und ihre Geduld. Hier bedanke ich mich besonders für das Entgegenkommen und die Mühe bei der Beschaffung des Umschlagbildes von Lucio Fontana. Danken möchte ich auch Danae Seeber, Tobias Auderschrift und vor allem Gunnar Schumann, die mir nicht nur bei den technischen Problemen der Drucklegung halfen. Viel habe ich im Austausch mit den Studierenden in Halle gelernt. Ihnen gilt ein besonderer Dank!

Meine Familie, meine Eltern, meine Brüder und mein Freundeskreis haben die mit einer Arbeit wie der vorliegenden verbundenen persönlichen Deformationen weitgehend geduldig toleriert – das ist mir klar, und das behalte ich dankbar im Gedächtnis. Vielleicht würden sie aber auch bestätigen, dass mir die Arbeit – wenn auch nicht immer – Spaß gemacht hat. Probleme der Philosophie zu traktieren, ist selbst unter den Bedingungen des Universitätsbetriebs eine der wenigen Gelegenheiten annähernd »nichtentfremdeten« Arbeitens. Ich hoffe, dass meine Untersuchungen auch der einen oder anderen Leserin bzw. Leser trotz aller Mängel und Fehler Freude machen.

Halle, im Juni 2006
Robert Schnepf

Einleitung: Motive und Perspektiven der Frage nach Kausalität und Schöpfung

> Die Schopfung (Anfang) entspringt
> aus freyheit.
> (Kant, R 4142)

Die vorliegende Arbeit untersucht den Kausalitätsbegriff, allerdings unter der originär metaphysischen Maßgabe, der Begriff der Kausalität sei am besten in einem systematischen Zusammenhang mit dem Schöpfungsbegriff zu betrachten. Dieser Zusammenhang ist jedoch allererst herauszuarbeiten und zu rekonstruieren. Er ergibt sich daraus, dass sowohl im Alltag wie in den Wissenschaften mit demselben Fragewort »Warum« nach Ursachen gefragt wird, mit dem man in anderen Zusammenhängen auf die erste Ursache der Welt im Ganzen zielt. Eine Theorie der Warum-Fragen soll das Fundament für eine gemeinsame Analyse des Kausalitäts- und des Schöpfungsbegriffs bieten. Aus der Verbindung beider Begriffe ergibt sich eine systematische Idee der angestrebten Kausalitätstheorie, durch welche die begriffsanalytische Arbeit an Orientierung gewinnt. Isolierte Problembearbeitungen verlieren sich demgegenüber ohne den Blick auf ein systematisches Ganzes in Details, denen sie selbst keinen angemessenen Ort zuweisen können. Die scheinbar so einfache begriffsanalytische Arbeit erfordert deshalb zahlreiche, zum Teil recht umfangreiche Untersuchungen. Denn entgegen der weit verbreiteten Ansicht, hinreichende Begriffsexplikationen stünden am Anfang philosophischer Untersuchungen oder machten gar das eigentliche Geschäft der Philosophie aus, sind sie vielmehr erst deren Resultat. So muss nicht nur der genaue Zusammenhang zwischen Warum-Fragen und dem kausalen Vokabular rekonstruiert werden. Grundlegender noch muss gezeigt werden, dass sich in Warum-Fragen eine ursprüngliche Aktivität des erkennenden Subjekts manifestiert. Anders gesprochen: Die Analyse beider Begriffe in ihrem Zusammenhang erfordert eine Theorie kategorialer Begriffsbildung im Rahmen einer Metaphysik. Der größte Teil der nachfolgenden Untersuchungen ist deshalb den Voraussetzungen einer hinreichenden Analyse der beiden Begriffe gewidmet. Dabei wird auch die Grundlage einer differenzierten Beurteilung des Schöpfungsbegriffs, verstanden als *creatio ex nihilo*, gelegt werden. Es wird sich zeigen, dass der Schöpfungsbegriff als einziger reiner Fall eines univoken und allgemeinen

Minimalbegriffs der Kausalität verstanden werden kann – genauer: Der
Begriff der *creatio ex nihilo* kann als der von den Anwendungsbedingungen
absehende Begriff der Kausalität überhaupt verstanden werden (wobei allerdings zusätzliche Anforderungen an die Relata dieses Kausalverhältnisses gestellt werden).

Im Folgenden wird zunächst die vorgenommene Aufgabe expliziert und
der ungewohnte Ansatz motiviert (1); anschließend wird überblicksartig der
Gang der Abhandlung skizziert (2).

1. Probleme und Aussichten einer gemeinsamen Analyse des Kausalitäts- und des Schöpfungsbegriffs

Mit den Ausdrücken »Kausalität« und »Schöpfung« werden so unterschiedliche Problembereiche markiert, dass es auf den ersten Blick wenig einleuchtend ist, sie durch ein »und« zusammenzufügen. Kausalität scheint vor
allem in den modernen Naturwissenschaften und in der Wissenschaftstheorie ein Thema zu sein.[1] So ist es Gegenstand intensiver Debatten, ob und
wenn ja welche mathematisch beschreibbaren funktionalen Zusammenhänge auch als Kausalgesetze verstanden werden können. Die formalen und
technischen Standards solcher Untersuchungen zu den Problemen der Kausalität sind dementsprechend hoch. Meistens werden die Probleme des Kausalitätsbegriffs von spezialisierten Wissenschaftstheoretikern bearbeitet.
Der Schöpfungsbegriff hingegen spielt in den modernen Naturwissenschaften fast keine Rolle. Dass er in der neueren Kosmologie notwendig sein
sollte, ist unwahrscheinlich, ob er möglicherweise sinnvoll ist, bleibt um-

---

1 In der vorliegenden Arbeit sollen alleine Kausalitätskonzeptionen aus dem Bereich der Wissenschaftstheorie zur Sprache kommen, die sich vorwiegend mit den Naturwissenschaften ausei-
nandersetzen. Die Diskussionen über Kausalverhältnisse und kausale Erklärungen etwa in den
Geschichts- und Sozialwissenschaften, aber auch in Jurisprudenz und Medizin, bleiben weitgehend
außen vor. Es ließe sich indessen zeigen, dass die dortigen Überlegungen zu bestimmten Zeiten
mit den Entwicklungen der neueren Wissenschaftstheorie geradezu konvergieren. Das betrifft etwa
die Betonung des explikativen Moments narrativer Strukturen von A. C. Danto, 1965, und der
Rekurs auf eine »causal history« bei W. C. Salmon, 1984. Es scheint mir ein Manko gegenwärtiger Untersuchungen, diese Entwicklungen nicht zusammen zu sehen. Die vorliegende Untersuchung sollte deshalb trotz der genannten Einschränkung nicht als ein Plädoyer für eine Trennung
der Natur- und Geisteswissenschaften gelesen werden, sondern als ein Beitrag zu einer Theorie
kategorialer Begriffe, die in beiden scheinbar so divergierenden Bereichen am Werk sind, also zu
einer Theorie einer einheitlichen Vernunft – auch wenn dies etwa für den Bereich der Geschichtswissenschaften in zusätzlichen Untersuchungen aufgezeigt werden müsste (die allerdings
durchaus zu Revision der im Folgenden zu entwickelnden Theorie führen könnten).

stritten.[2] Schöpfung wird zwar in einer zunehmenden Anzahl außer- oder populärwissenschaftlicher Publikationen traktiert, doch fristen die Disziplinen einer eigentlichen Religionsphilosophie und einer philosophischen Kosmologie ein eher bescheidenes Dasein.[3] Dabei ist der Grad an Präzision oftmals gering. Umso problematischer ist es, wenn auch in neueren Diskussionen zur Umwelt-, zur Tier- oder sogar zur medizinischen Ethik unbefangen von einem Schöpfungsbegriff Gebrauch gemacht wird, der bestimmten Traditionen entnommen wird, dessen Legitimität dadurch aber keinesfalls wie selbstverständlich vorausgesetzt werden darf.[4]

Aus dem Blickwinkel der entwickelten Naturwissenschaften und Wissenschaftstheorien erscheint der Schöpfungsbegriff nicht nur überflüssig, sondern auch unklar und sinnlos. Der Kausalitätsbegriff der Physik, sofern es ihn überhaupt gibt, ist insofern mit dem Schöpfungsbegriff unvereinbar, als dieser prinzipiell Veränderungen in der Zeit durch Kausalgesetze zu be-

2 Vgl. dazu z.B. C. F. v. Weizsäcker, 1990; B. Kanitschneider, 1984, S. 445ff., aber auch die Kontroverse über die Möglichkeit oder Notwendigkeit, Schöpfung in der Kosmologie annehmen zu müssen, zwischen A. Grünbaum, W. L. Craig, Q. Smith (Vgl. dazu: A. Grünbaum, 1995, sowie L. Krüger, 1995). Die Probleme des Standardmodells einer Evolution des Universums, gerade im Blick auf die Grenzen möglichen Wissens, werden von M. Pauri, 1991, und U. Weidemann, 1986, benannt. Wie ideologisch allerdings eine oberflächliche Kritik des Schöpfungsgedankens ausfallen kann, illustriert B. Kanitscheider, 1996, S. 128-193. Gerade dieses Beispiel lehrt, dass die Philosophie sich nicht unbesehen und ohne Not in eine argumentative Abhängigkeit von den jeweils jüngsten Resultaten der Einzelwissenschaften, insbesondere der Physik, bringen sollte. Bis vor wenigen Jahren noch war die Steady-State-Theorie, die eine kontinuierliche Neuschöpfung von Materie aus dem Nichts ansetzt, eine ernstzunehmende Konkurrentin zur heute weitgehend akzeptierten Big-Bang-Theorie – vgl. dazu B. Kanitscheider, 1984, S. 340 und 355ff., oder M. Bunge, 1959, S. 26f., der sogar meint, kein logisches Gesetz hindere, diese Möglichkeit zu denken (vgl. ebd., S. 268). Die Philosophie würde ohne Not ihre Kompetenz aufgeben, wenn sie im Vertrauen auf den gegenwärtigen Stand der Forschung die Frage, wie alternative Antwortmöglichkeiten sinnvoll sein können, als praxisfern oder irrelevant verlöre – schlimmer noch, wenn sie den Stand der Forschung zum Sinnkriterium erheben würde. Ein regelrechtes Bedürfnis, die Fragestellung der vorliegenden Untersuchungen aufzunehmen, artikuliert der Sammelband von J. Audretsch und K. Mainzer (Hg.), 1989.

3 Die rege Diskussion bestimmter religionsphilosophischer Fragen, auf die sich die vorliegenden Untersuchungen beziehen, ändert an dieser Einschätzung insofern nichts, als sie für die in der Folge zu behandelnden Probleme ziemlich unergiebig ist. So findet sich beispielsweise in dem ganzen neueren Auseinandersetzungen um eine Art kosmologischen Gottesbeweis, bei dem aus der Existenz der Welt als Wirkung auf die Existenz Gottes als einer ersten Ursache geschlossen werden soll, kaum eine Untersuchung der Frage, in welchem Sinn Gott überhaupt eine Ursache sein kann bzw. ob der Begriff »Ursache« außerhalb der Grenzen des Erfahrbaren überhaupt sinnvoll angewendet werden kann. Meist wird vage von einer Analogie zum Handlungsbegriff ausgegangen. In diesem Sinn erscheinen einige Argumentationen schlicht grundlos. Vgl. dazu J. L. Mackie; 1982; R. Swinburn, 1979, Kap. 16; K. Ward, 1996, Kap. 5 und 6.

4 Es wird in solchen Zusammenhängen zumeist versucht, der Umwelt, den Tieren oder Personen dadurch einen besonderen Wert und Schutz zu verleihen, dass sie als Geschöpfe Gottes tituliert werden. Solche Argumentationen wären natürlich bereits dann unhaltbar, sollte der Schöpfungsbegriff unsinnig sein.

schreiben oder gar zu erklären sucht, wohingegen der Schöpfungsbegriff nicht nur einen außerzeitlichen Prozess, sondern vor allem nicht den Fall eines Gesetzes – vielmehr einen Fall absoluter Spontaneität – meint. Der Sinn von Begriffen, die in dem Sinn »transzendente« sind, dass sie über die Grenzen möglicher Erfahrung hinausgreifen, lässt sich nicht widerspruchsfrei im Rückgriff auf Begriffe rekonstruieren, deren Sinnhaftigkeit dadurch ausgewiesen ist, dass sie auf Erfahrbares anwendbar sind bzw. sich Erfahrbarem verdanken.[5] Vereinzelte differenzierte Untersuchungen zum Schöpfungsbegriff haben dieses Bild nicht verändern können.[6] Wie sehr der Schöpfungsbegriff darüber hinaus schon von sich aus rätselhaft ist und einer Klärung hartnäckigen Widerstand leistet, wird schnell deutlich, wenn man versucht, den Gedanken einer *creatio ex nihilo* für einen Moment zu fassen. Je mehr man dabei der Formulierung »ex nihilo« Rechnung zu tragen sucht, desto weniger vorstellbar wird Schöpfung und desto sinnloser erscheint ihr Begriff. Unsere Erfahrungen bieten nämlich keine Beispiele für solche Schöpfung, weil jeder Erfahrung eine andere vorausgeht, so dass jede Veränderung als eine Zustandsveränderung erscheint oder vermutlich auf Zustandsveränderungen zurückgeführt werden kann. Es verwundert daher nicht, dass der Schöpfungsbegriff allen Klärungsversuchen zum Trotz geradezu ein Paradebeispiel eines unwissenschaftlichen und mythologieverhafteten Begriffs bietet. Wer die Ausdrücke »Kausalität« und »Schöpfung« durch ein »und« verbindet, scheint entsprechend Unvereinbares zusammenzustellen.

Allerdings ist die Gegenüberstellung eines wissenschaftlichen Kausalitätsbegriffs und eines mythischen, vorwissenschaftlichen oder gar sinnlosen Schöpfungsbegriffs zumindest in dieser Schärfe selbst den Konjunkturen der Wissenschaftstheorie unterworfen. Der Kausalitätsbegriff ist nämlich seinerseits oft genug in den Verdacht geraten, unwissenschaftlich oder vorwissenschaftlich zu sein. So hat B. Russell 1912 den Begriff der Ursache einem »Kindheitsalter der Wissenschaften« zugeschrieben und für die fortgeschrittenen, modernen Wissenschaften seine »Verbannung aus dem philosophischen Vokabular« und aus den Wissenschaften gefordert.[7] In den

---

5 Beispielsweise scheint Schöpfung, als Verursachungsverhältnis gedacht, eine Veränderung in der Zeit zu meinen, obwohl doch die Zeit zur Welt gehört und daher selbst erst mit der Welt beginnt. Die mannigfachen Schwierigkeiten, auf die man stößt, wenn man den Schöpfungsbegriff in dieser Weise analysiert, finden sich eindrücklich in den *Reflexionen* dokumentiert, die Kant im Laufe seiner Entwicklung zu den einschlägigen Passagen der *Metaphysik* Baumgartens angestellt hat – vgl. z.B. R 3912, R 4134, R 4271, R 4619.

6 Ich denke hier vor allem an P. Geach, 1969, aber auch an J. P. Donelly, 1970, und J. F. Ross, 1983.

7 Vgl. B. Russell, 1917, S. 172 und 180. Russell konnte sich dabei auf eine weit verbreitete Auffassung stützen, die sich beispielsweise bei E. Mach, 1906, S. 278, findet: »In den höher ent-

Wissenschaften scheinen nämlich Kausalaussagen durch zeitabhängige Differentialgleichungen ersetzbar zu sein, in denen von »Ursache« oder »Wirkung« nicht mehr die Rede ist. Ebenso konnte noch in jüngster Zeit W. Stegmüller zumindest einen Typ von Kausalaussagen, nämlich singuläre Kausalaussagen, als nur »rudimentäre Vorformen kausaler wissenschaftlicher Erklärungen« charakterisieren.[8] Singuläre Kausalaussagen, die man in vorwissenschaftlicher Einstellung für grundlegend hält, schienen nämlich nur insoweit »wissenschaftlich« zu sein, als sie auf verkappte generelle Kausalaussagen und damit auf ein Standardmodell wissenschaftlichen Erklärens zurückgeführt werden können. Fast könnte man sagen, dass die Bemühungen um eine wissenschaftstheoretische Klärung des Kausalitätsbegriffs, die den Schöpfungsbegriff als unwissenschaftlich entlarven, dazu führen können, den Kausalitätsbegriff oder zumindest Kausalaussagen eines bestimmten Typs als vorwissenschaftlich abzulehnen. Wie sehr insbesondere singuläre Kausalaussagen für sich genommen schon rätselhaft sind, wird beispielsweise deutlich, wenn man unter Absehung von aller Theorie hartnäckig versucht, die Verursachung der Bewegung einer Billardkugel durch die Bewegung einer anderen, die sie angestoßen hat, zu erklären.[9] Je mehr sich das Denken des Rückgriffs auf Theorien und allgemeine Kausalgesetze enthält, desto tiefer gerät es bei der Betrachtung solcher Fälle singulärer Kausalrelationen in einen Abgrund, obwohl es gerade diese Fälle sind, die als die grundlegenden und zugleich im Alltag selbstverständlichen gelten.

Eine solche Irritation stellt sich auch ein, wenn man sich an vertraute Auffassungen und Erläuterungen des Kausalitätsbegriffs hält.[10] Versucht man es mit der Erläuterung, dass eine Ursache ihre Wirkung »hervorbringe«, schließt sich unmittelbar die Frage an, was denn mit diesem neuen Ausdruck gemeint sein soll. Eine Möglichkeit besteht darin, auf die Erfahrung des Herstellens von Artefakten zu verweisen und sich das Ursache-

---

wickelten Naturwissenschaften wird der Gebrauch der Begriffe Ursache und Wirkung immer mehr eingeschränkt, immer seltener [...]. Sobald es gelingt, die Elemente der Ereignisse durch messbare Größen zu charakterisieren [...], lässt sich die Abhängigkeit der Elemente voneinander durch den Funktionsbegriff viel vollständiger und präziser darstellen als durch wenig bestimmte Begriffe, wie Ursache und Wirkung.« Vgl. zur Diskussion etwa A. Pap, 1955, S. 125ff.; E. Nagel, 1961, S. 26ff.

8 Vgl. W. Stegmüller, 1983, S. 525. Vgl. auch R. Carnap, 1986, S. 11ff. und 187ff.

9 Vgl. D. Humes Überlegungen in: *Inquiry* I, iv, S. 28f., aber auch ders., *Abriss eines neuen Buches: Ein Traktat über die menschliche Natur*, 19ff. Hume verwendet für solche Gedankenexperimente gelegentlich die Konstruktion, man solle sich vorstellen, ein völlig unerfahrener Mensch würde auf einmal in die Welt gesetzt und sähe dann eine Billardkugel auf eine andere zurollen – was könne er dann mit Gewissheit vorhersagen?

10 Im Folgenden geht es nur um eine grobe Problemskizze. Zu jedem kurz gestreiften Ansatz ließe sich jeweils eine Menge an präzisierenden Überlegungen anführen – doch bleibt das den ersten beiden Abschnitten vorbehalten.

Wirkungsverhältnis analog zum herstellenden Handeln vorzustellen. Dann fragt sich, ob diese Analogie auch legitim ist. Denn der normale Sprachgebrauch wird extrem strapaziert, wenn man etwa annimmt, der Mond »handele« in irgendeiner Weise, wenn seine Bewegung Ebbe und Flut verursacht. Die theoriegesättigte Alltagssprache legt vielmehr nahe, dass in solchen Fällen Kräfte wirken, hier vor allem die Gravitationskraft. Doch ist der Kraftbegriff nicht weniger problematisch. Denn Kräfte können als solche nicht wahrgenommen werden. Lediglich bestimmte Erfahrungen, wie etwa Widerstände bei der Arbeit oder bei scharfem Bremsen vorgeschleudert zu werden, werden gewöhnlich als Wirkungen von Kräften interpretiert. Der Kraftbegriff ist also nicht einfacher oder klarer als der Begriff der Ursache, er lässt sich vielmehr nur einführen, wenn man das kausale Vokabular bereits verstanden hat. So bleibt scheinbar nur, sich noch mehr vom Alltagsverstand zu entfernen und unter Ursachen solche Ereignisse oder Umstände zu verstehen, auf die eine bestimmte Wirkung notwendig nach den Naturgesetzen folgt. Abgesehen davon, dass der Begriff des Naturgesetzes unklar ist, fragt sich hier sofort, Bedingungen welcher Art das sein müssen. Es ist wenig plausibel, hier von hinreichenden Bedingungen zu reden, da beispielsweise das Wirken der Gravitationskraft für sich gar nicht genügt, damit die Wirkung, etwa der Eintritt einer Flut, folgt. Dazu müssen vielmehr unzählig viele weitere (Rand-) Bedingungen erfüllt sein. Die Ursache eines Ereignisses wäre dann beispielsweise der Gesamtzustand des Universums zu einer früheren Zeit unter Voraussetzung sämtlicher Naturgesetze. Diese Redeweise erscheint jedoch ziemlich künstlich, benennt man doch in der Alltagssprache jeweils einzelne Ereignisse oder Umstände als »Ursachen«: »Weil die Bremsen versagt haben, geriet das Auto von der Straße«. Ebenso wenig kann von notwendigen Bedingungen für das Eintreten der Wirkung gesprochen werden, weil ein und dasselbe Ereignis oftmals auf ganz verschiedene Weise verursacht werden kann. So kann das Auto wegen überhöhter Geschwindigkeit, wegen nasser Fahrbahn, wegen einer Unaufmerksamkeit des Fahrers usf. von der Fahrbahn geraten;[11] so kann ein Brand wegen eines Kurzschlusses entstehen, er könnte aber auch wegen eines Blitzschlages oder wegen zündelnder Kinder ausbrechen. Es können offensichtlich auch mehrere dieser Ursachen zugleich präsent sein, so dass man nur schlecht von »der« Ursache reden kann. Beginnt man den einfachsten und ersten Intuitionen nachzugehen, zerrinnen vermeintlich klare

---

11 Diese Überlegungen, die in der neueren Diskussion beispielsweise von M. Scriven hervorgehoben wurden, finden sich bereits bei R. G. Collingwood in dessen Auseinandersetzung mit den Bedingungsanalysen von Mill – vgl. R. G. Collingwood, 1940, S. 304. Collingwood nutzt solche Beispiele – aber auch den Rückgriff auf Probleme der Medizin – um zu zeigen, dass in originär praktischen Wissenschaften mit einem durchaus eigenen Kausalitätsbegriff zu rechnen ist.

Erläuterungen schnell: An ihnen allen wird »etwas dran sein«, doch ist es die Aufgabe einer Begriffsanalyse, genau zu bestimmen, wie diese konfligierenden Intuitionen und ansatzweisen Erläuterungen zu verstehen sind, inwieweit sie angemessen oder unangemessen sind, und wie sie alle in einen Begriff der Kausalität zu integrieren sind.

Sieht man sich diese Intuitionen näher an, dann zeigt sich, dass sie unterschiedliche Ebenen betreffen.[12] So bezieht sich die Vorstellung, ein Ding oder Ereignis »bewirke« ein anderes, auf Gegenstände, wie sie unabhängig von uns sind. Diese Intuition behauptet reale Relationen. Andere Überlegungen betreffen eher die Probleme, die sich auftun, wenn man danach fragt, wie man ein Kausalverhältnis diagnostizieren oder erkennen kann. Dabei kann es strittig sein, ob eine Überlegung diese epistemische Frage betrifft, oder aber die ontologische. Schließlich haben die letzten Überlegungen im vorigen Absatz noch in eine ganz andere Richtung geführt. Nach diesen Überlegungen scheint es nämlich so, als sei die Frage, was als Ursache anzusehen ist, von Kontext zu Kontext und von Perspektive zu Perspektive unterschiedlich zu beantworten. »Ursache« erscheint so als ein irreduzibel kontextabhängiger und in diesem Sinn pragmatischer Begriff.[13] Mehr noch: Die genaue Bedeutung des Begriffs »Ursache« bzw. die genauen Kriterien, warum etwas in einer Situation als Ursache gilt, mögen von unseren Handlungsmöglichkeiten (und Handlungszielen) abhängen. Das kausale Vokabular mag auch in diesem engeren Sinn nur im Rückgriff auf pragmatische Überlegungen bestimmt sein. Dass die Vielzahl unterschiedlicher Intuitionen, die mit dem Kausalbegriff verbunden sind, noch dazu ungeordnet verschiedene Ebenen betrifft, lässt die Tendenz, das kausale Vokabular aus den strengen Wissenschaften zu verbannen, nur noch plausibler erscheinen.

Die Diagnose tatsächlicher oder vermeintlicher mythischer Reste im Begriff der Kausalität lässt sich jedoch – nach allem Gesagten – auch als ein Indiz dafür werten, dass etwas an ihm noch nicht verstanden ist. Was auch immer es sein mag: Der Schöpfungsbegriff und der Kausalitätsbegriff stehen zumindest in diesem Punkt nicht unvermittelt einander gegenüber. Ganz im Gegenteil können einige der Gründe für die Schwierigkeiten bei

---

12 Auch diese Skizze einer Ebenenunterscheidung ist vorläufig. Sie wird im nachfolgenden Abschnitt 1.1, S. 41ff., präzisiert werden. Dabei ist allerdings in Rechnung zu stellen, dass sich die genauen Begriffe dieser Unterscheidung im Lauf der Arbeit verändern. Das liegt schlicht daran, dass mit den unterschiedlichen Theorieansätzen und Metaphysikbegriffen, die im Folgenden eine Rolle spielen werden, unterschiedliche Begriffe z.B. von »Ontologie« ins Spiel kommen. Das trifft insbesondere auf die kantische Transzendentalphilosophie zu. – vgl. zum Problem unten, Abschnitt 3.2, S. 465f. und 496ff.

13 Vgl. dazu z.B. die Arbeiten von M. Scriven, 1975 und 1966.

der Analyse des Kausalitätsbegriffs auf einer Verwandtschaft beider Begriffe beruhen. Wenn beispielsweise der Kausalitätsbegriff in den Naturwissenschaften manchmal mit dem Hinweis darauf abgelehnt wurde, dass es nicht mehr gelte, »Warum?«, sondern nur noch »Wie?« zu fragen,[14] dann zeigt sich darin eine Verwandtschaft zum Schöpfungsbegriff. Denn die Behauptung, ein Gott habe die Welt geschaffen, ist ein Antwortversuch nicht nur auf die Frage, warum es überhaupt diese Welt gibt, sondern auch auf die Frage, warum unsere Welt in ihren letzten Zügen so verfasst ist, wie sie verfasst ist.[15] Zumindest können sowohl singuläre Kausalaussagen als auch die Behauptung eines singulären Schöpfungsereignisses als Antworten auf Fragen verstanden werden, die mit dem Fragepronomen »Warum?« gebildet werden. Sollte sich also der Schöpfungsbegriff bloß einem spezifischen und problematischen Gebrauch von Begriffen verdanken, der auch der alltäglichen und selbst der wissenschaftlichen Rede von Kausalität zugrunde liegt? Und sollte umgekehrt der Kausalitätsbegriff etwas weiter aufgehellt

14 Vgl. z.B. W. Heisenberg, 1935, S. 39: »Die moderne Beschreibung unterscheidet sich von der alten durch drei charakteristische Züge: dadurch, daß sie an Stelle der qualitativen Aussagen quantitative setzt, daß sie verschiedenartige Phänomene auf den gleichen Ursprung zurückführt und dadurch, daß sie auf die Frage ›Warum‹ verzichtet.« E. Schrödinger diskutiert in seinem Aufsatz *Was ist ein Naturgesetz*, 1962, ebenso die Auffassung, von Ursachen und Wirkungen zu reden sei ein mythischer Animismus, die Kraftvorstellung verdanke sich der Selbsterfahrung, es komme nicht darauf an, Ursachen zu suchen, sondern Tatsachen zu beschreiben. Er bezieht sich dabei vor allem auf E. Mach, insbes. dessen *XIV. Populärwissenschaftliche Vorlesung.* Beide, sowohl Schrödinger wie Heisenberg, argumentieren jedoch auch dafür, dass diese Auffassung zu kurz greift. Für Heisenberg verknüpft sich mit der Beschränkung aufs bloße Beschreiben durchaus eine Reduktion der Erkenntnisansprüche der Physik (a.a.O., S. 45). Schrödinger hält Begriffe wie den Kraftbegriff und die Vorstellung von Ursachen für unverzichtbar, wenn die Physik ihre Begriffe verstehen will. Die Abwendung vom Ursachenbegriff hin zu einer bloßen (mathematischen) Beschreibung der Naturvorgänge wird gerne zu einem Grundzug der modernen Naturwissenschaften erhoben und mit Galilei in Verbindung gebracht – vgl. z.B. K. Gloy, 1996, S. 71. Der dabei übliche Verweis auf die *Discorsi*, die *Unterredungen und mathematischen Demonstrationen* von 1638, zeigt aber das gerade nicht (vgl. dazu R. Schnepf 2001b). Dort wird lediglich die methodische Maxime aufgestellt, zuerst einige Eigenschaften der beschleunigten Bewegung zu untersuchen, bevor nach den wahren Ursachen gefragt werden könne (S. 152). Der Begriff der Kraft wird als ein solcher Ursachenbegriff eingeführt. Insofern der Kraftbegriff in der klassischen Mechanik unverzichtbar ist, wird man auch den Ursachenbegriff nicht eliminieren können – vgl. zum Hintergrund: J. Mittelstrass, 1970, S. 283; M. Wolff, 1978, S. 298ff. Man wird daher nur mit Einschränkungen sagen können, die moderne Physik frage mit Galilei nur noch »Wie?«, nicht mehr »Warum?«. Vielmehr haben sich die Kriterien für adäquate Antworten auf Warum-Fragen geändert, so dass in bestimmter Weise zu beantwortende Wie-Fragen methodisch vorgeschaltet sind. Dies genauer herauszuarbeiten ist ein Nebenziel der im letzten Kapitel der Arbeit zu skizzierenden Theorie. Vgl. auch S. Toulmin, 1953, S. 54ff.; M. Bunge, 1959, S. 315ff.; E. Nagel, 1961, S. 15ff. sowie S. 26ff.

15 Dass Schöpfungstheorien als Antworten aus Warum-Fragen aufgefasst werden können, gibt selbst ein so entschiedener Gegner jeglicher Schöpfungstheorie, wie A. Grünbaum, zu, vgl. A. Grünbaum, 1989, S. 386. Grünbaum behauptet allerdings, dass es sich bei solchen Warum-Fragen nicht um sachangemessene und beantwortbare Fragen handelt, sondern um Pseudo-Probleme.

werden können, wenn er in einen systematischen Zusammenhang mit dem Schöpfungsbegriff gebracht wird? Das Indiz dafür, das mit der Einheit des Fragepartikels gegeben ist, mag es *vorläufig* motivieren, die Begriffe »Kausalität« und »Schöpfung« auf ihren gemeinsamen Grund hin zu untersuchen.[16]

Der folgende Abschnitt aus einer vorkritischen Schrift Kants, die einen Ausgangspunkt hin zu seiner kritischen Philosophie dokumentiert, kann belegen, inwiefern es sich beim Zusammenhang zwischen Kausalität und Schöpfung um ein tradiertes und zugleich fruchtbares Problem handelt:

Was nun diesen Realgrund und dessen Beziehung auf die Folge anlangt, so stellt sich meine Frage in dieser einfachen Gestalt dar: wie soll ich es verstehen, *daß, weil Etwas ist, etwas anderes sei*? Eine logische Folge wird eigentlich nur darum gesetzt, weil sie einerlei ist mit dem Grunde. Der Mensch kann fehlen; der Grund dieser Fehlbarkeit liegt in der Endlichkeit seiner Natur, denn wenn ich den Begriff eines endlichen Geistes auflöse, so sehe ich, daß die Fehlbarkeit in demselben liege, das ist, einerlei sei mit demjenigen, was in dem Begriffe eines Geistes enthalten ist. Allein der Wille Gottes enthält den Realgrund vom Dasein der Welt. Der göttliche Wille ist etwas. Die existierende Welt ist *etwas ganz anderes*. Indessen durch das eine wird das andre gesetzt. Der Zustand, in welchem ich den Namen *Stagirit* höre, ist etwas, dadurch wird etwas anders, nämlich mein Gedanke von einem Philosoph, gesetzt. Ein Körper A ist in Bewegung, ein anderer B in der geraden Linie derselben in Ruhe. Die Bewegung von A ist etwas, die von B ist etwas anders, und doch wird durch die eine die andre gesetzt. Ihr möget nun den Begriff vom göttlichen Wollen zergliedern, so viel euch beliebt, so werdet ihr niemals eine existierende Welt darin antreffen, als wenn sie darin enthalten und um der Identität willen dadurch gesetzt sei, und so in den übrigen Fällen. Ich lasse mich auch durch die Wörter Ursache und Wirkung, Kraft und Handlung nicht abspeisen. Denn wenn ich etwas schon als eine Ursache wovon ansehe, oder ihr den Begriff einer Kraft beilege, so habe ich in ihr schon die Beziehung des Realgrundes zu der Folge gedacht, und dann ist es leicht die Position der Folge nach der Regel der Identität einzusehen.[17]

Diese Problemexposition durch Kant ist für die vorliegende Arbeit in mehreren Hinsichten leitend. Zum einen fasst Kant das Problem der Naturkausalität, das er am Beispiel der Impulsübertragung illustriert, nur als einen Beispielfall neben andern auf. Die beiden anderen Beispielfälle sind der Schöpfungsbegriff und das Problem psycho-physischer Kausalität. Sie sind

16 Die Rechtfertigung dieses Ansatzes kann allerdings nur durch die gesamte Arbeit geleistet werden, nämlich dadurch, dass durch ihn u.a. eine überzeugende Analyse des Kausalitätsbegriffs, ja sogar eine fruchtbare Kausalitätstheorie im Umriss möglich wird.

17 Vgl. I. Kant, *Versuch den Begriff der negativen Größen in die Weltweisheit einzuführen*, AA II, S. 202f. (vgl. auch ders., *Träume eines Geistersehers*, AA II, S. 370; *Prolegomena*, AA IV S. 257; sowie ders., *Kritik der praktischen Vernunft*, B 288) – vgl. zu dieser Schrift R. Schnepf, 2001a.

allesamt nur Beispiele für ein gemeinsames Problem, weil sich die Frage, was es denn heiße, dass etwas ist, weil etwas anderes ist, in ihnen gemeinsam stellt. Dieses Problem wird für Kant in allen drei Fällen durch den Umstand hervorgerufen, dass die Wirkung nicht unmittelbar logisch aus dem Begriff der Ursache folgt, so dass nicht einzusehen ist, was es heißen soll, dass das eine der Grund bzw. die Ursache für das andere sein soll. Diese Frage stellt sich in allen drei Anwendungsfällen, ungeachtet möglicher weiterer Unterschiede, gemeinsam, insofern durch die Konjunktion »weil« *dieselbe Verknüpfung* verschiedener Sachverhalte angezeigt wird. Zum anderen ist die Problemexposition, die Kant an dieser Stelle seiner vorkritischen Schriften gibt, deshalb leitend, weil sie den Diskussionsstand der tradierten vorkritischen Metaphysik gewissermaßen zusammenfasst und eines der zentralen Probleme exponiert, auf welche die kritische Transzendentalphilosophie, die zugleich *Metaphysikkritik und Neubegründung der Metaphysik* sein will, eine Antwort geben will. Sie bietet in konzentrierter Form einen systematischen Problemknoten, der von der Tradition in die neuere Philosophie überleitet. Entsprechend sind die folgenden Untersuchungen von drei Vermutungen getragen, die aus der Tradition entwickelt und an neueren Kausalitätstheorien geschärft werden sollen, um schließlich eine Antwort auf die Frage zu bieten, was man darunter zu verstehen habe, dass etwas sei, weil etwas anderes ist. Sie werden hier nur genannt, sollen im ersten Kapitel plausibel gemacht und dann durch die nachfolgenden Untersuchungen ausführlicher begründet werden:

(1) Die Probleme, die beide Begriffe jeweils aufwerfen, lassen sich als Teilprobleme eines einheitlichen Problemfeldes begreifen. Dabei ist es entgegen allem Anschein sowohl für die Bearbeitung der Probleme des Kausalitätsbegriffs wie für die des Schöpfungsbegriffs hilfreich, sie als Teilprobleme dieses einheitlichen Problemfeldes zu betrachten: Als verbindender Bezugspunkt beider Probleme wird sich ein einheitlicher Begriff des Grundes bzw. der Kausalität überhaupt erweisen müssen, als dessen Modifikationen die Begriffe von Kausalität und Schöpfung in ihren unterschiedlichen Anwendungsbereichen und Anwendungsmöglichkeiten zu rekonstruieren sind. Schöpfungsbegriff und Kausalitätsbegriff verdanken sich demselben Begriff vom Grund, Schöpfung mag insofern als ein extremer Fall von Kausalität erscheinen.[18] Dabei kann sich durchaus herausstellen, dass der

---

18 Die Begriffe »Ursache« und »Grund« sind notorisch mehrdeutig. Eine Mehrdeutigkeit besteht darin, dass es einen weiteren Sinn von »Ursache« gibt, in dem der Ausdruck dasselbe wie »Grund« bedeutet, und einen engeren, in dem er vor allem reale natürliche Ursachen meint. Entsprechend gibt es einen weiteren Sinn von »Kausalität« im Sinn des Grund-Folge-Verhältnisses und einen engeren, auf Naturkausalität beschränkten. Diese Mehrdeutigkeit – neben anderen wie etwa der zwischen Real- und Erkenntnisgrund – wird natürlich im Lauf der Untersuchungen eine

Schöpfungsbegriff im Unterschied zum Kausalitätsbegriff keine kontrollierten und sinnvollen Anwendungsmöglichkeiten hat. Der Schöpfungsbegriff
erweist sich als in gewissem Sinn sinnvoll, sofern er sich dem gemeinsamen
Begriff des Grundes verdankt, und zugleich als sinnlos, insofern er keinerlei
Anwendungsmöglichkeit hat. Der zugrunde liegende einheitliche Begriff
vom Grund darf sich nicht lediglich der Erfahrung verdanken, soll diese
Behauptung Bestand haben können.

(2) Eine Möglichkeit, die Probleme von Kausalität und Schöpfung als
Teilprobleme zu bearbeiten, bietet sich, wenn man sich das umfassende und
vereinheitlichende Problemfeld durch die tradierte innere Architektonik
einer allgemeinen Metaphysik strukturiert denkt. Es ist eine neuere Entwicklung der Philosophie, durch die Konzentration auf Einzelprobleme ein
Höchstmaß an analytischer Präzision erreicht zu haben, wobei die Vernach-
lässigung von Fragestellungen, die als außerwissenschaftlich angesehen
wurden, billigend in Kauf genommen wurde.[19] Ein Grundzug der klassischen Philosophie ist es dagegen gewesen, Einzelprobleme nicht nur für
sich in den Blick zu nehmen, sondern von vornherein in ihrer systematischen Beziehung zu anderen Problemfeldern zu bearbeiten und gerade aus
der Bestimmung ihres systematischen Orts Gewinn für die analytische Arbeit zu ziehen.[20] Der Problemaufriss, der mit der Fragestellung und Programmatik einer allgemeinen Metaphysik entworfen ist, erscheint dabei als
besonders geeignet, die Probleme von Kausalität und Schöpfung zu bearbeiten. Der einheitliche Begriff des Grundes – oder der Kausalität überhaupt – mag sich nämlich gerade dann ergeben, wenn man nur konsequent
genug an der Frage nach dem Seienden, insofern es ein Seiendes ist, fest-
hält.

(3) Der Titel »Metaphysik« ist heute zumeist zu einem Sammelbegriff
für Theorien oder Problembestände verkommen, die sich vernunftgemäßer
Bearbeitung und Argumentation entziehen, dafür aber psychische oder ge-

---

bedeutsame Rolle spielen. Sie ist in der Tradition begründet und lässt sich beispielsweise bei Leibniz und Crusius nachweisen (C. A. Crusius, *Entwurf der nothwendigen Vernunft=Wahrheiten*,
Leipzig 1745, § 34ff.) und findet sich selbstverständlich genauso bei Kant – vgl. z.B. I. Kant, *De
mundi sensibilis atque intelligibilis*, sec. 4, §§ 19ff., AA II, S. 408f., oder ders., *Kritik der Urteilskraft*, Einleitung, AA V, S. 195. »Schöpfung« ist daher ein Fall von »Kausalität« im weiteren
Sinn, nicht aber im engeren. Da sich beide Bedeutungen meist gut auseinander halten lassen, werden beide Bedeutungen von »Ursache« im Folgenden nicht eigens markiert.

19 Ein bereits klassisch zu nennendes Dokument dieser Auffassung von Philosophie bietet H.
Reichenbach, 1951, insbes. Kap. 7. Theorien vom Typ der Schöpfungstheorien kritisiert Reichenbach bereits in Kap. 1 als »Pseudoerklärungen«.

20 Vgl. I. Kant, *KrV*, B 860/A 832: »Ich verstehe unter einer Architektonik die Kunst der Sys-
teme. Weil die systematische Einheit dasjenige ist, was gemeine Erkenntnis allererst zur Wissenschaft, d.i. aus einem bloßen Aggregat derselben ein System macht, so ist Architektonik die Lehre
des Szientifischen in unserer Erkenntnis überhaupt, [...].«

sellschaftliche Bedürfnisse auf obskure Weise befriedigen mögen.[21] Das
Interesse an ihrer Bearbeitung begründet sich jedoch umgekehrt darin, dass
der Kausalitäts- und der Schöpfungsbegriff innerhalb ihrer analysiert werden können. Der Weg, auf dem die neuere Philosophie und Wissenschaftstheorie ihre formalen Mittel zur Bearbeitung des Kausalitätsproblems gewonnen hat, ging von Voraussetzungen aus, unter denen schon alleine die
Fragestellungen der tradierten Metaphysik als unsinnige und pseudowissen-
schaftliche abgewiesen werden konnten. Die neugewonnenen Mittel zur
Explikation eines Ausdrucks ließen solche Begriffe als unsinnig erscheinen,
die wie der Schöpfungsbegriff, wenn überhaupt, nur im Zusammenhang
einer allgemeinen Metaphysik eine vernunftgemäße Explikation erfahren
könnten.[22] Die Resultate der vorliegenden Untersuchung teilen entsprechend den Status des Programms einer allgemeinen Metaphysik. Sie sind
davon abhängig, ob es gelingt, die Bedeutung transzendenter, nicht auf Erfahrbares reduzierbarer Begriffe zu rekonstruieren und so den Sinnlosigkeitsverdacht auszuräumen. Die Rolle der Metaphysik würde demgegenüber gestärkt, wenn in ihrer Tradition vorgegebene Potentiale für die Bearbeitung von Einzelproblemen selbst der modernen Wissenschaftstheorie
fruchtbar gemacht werden könnten. Das Programm einer allgemeinen Metaphysik lässt sich dafür so modifizieren, dass zumindest einigen Einwänden entgegengetreten werden kann, ohne auf den systematischen Aufriss
bei der Problembearbeitung verzichten zu müssen. Vorläufig lässt sich Metaphysik als eine Explikation und kritische Diskussion des Sinns und der
Präsuppositionen von solchen Fragen in sich begreifen, die sich dann stellen, wenn das Seiende, insofern es Seiendes ist, untersucht werden soll, und

---

21 Vgl. z.B. Carnaps Anerkennung der Metaphysik in: R. Carnap, 1963, S. 67f. und S. 141f.
Ich beziehe mich hier auf diese »harten« Positionen nicht deshalb, weil ich neuere Semantiken
ignorieren möchte, sondern um den Kontrast so deutlich wie möglich zu fassen.
22 Vgl. zum Hintergrund die Diskussion um Sinnkriterien in den verschiedenen Spielarten ve-
rifikationistischer oder reduktionistischer Bedeutungstheorien. Natürlich sind heutige Bedeutungstheorien wesentlich differenzierter und toleranter als die frühen Versuche eines strikten Verifikati-
onismus und Reduktionismus. Die Behauptung, ein Satz habe nur dann einen Sinn, wenn er verifizierbar sei, und in der Weise seiner Verifikation bestehe sein Sinn, wird heute kaum mehr
vertreten. C. Ayer selbst ist jedoch ein Beispiel dafür, dass eine Liberalisierung des verifikatio-
nistischen Sinnkriteriums nicht unbedingt zu einer Revision der Einschätzung früherer Behauptungen über die Sinnlosigkeit der Begriffe der Metaphysik oder Theologie führt: Im zweiten Kapitel
von *The Central Questions of Philosophy*, London 1973, S. 34, schwächt er das Sinnkriterium zu
der Behauptung ab, alles was in irgendeiner Weise zu unserem Arrangement der Tatsachen beitra-
ge, habe Sinn (»meaning«). Dennoch meint er im Abschlusskapitel über die Erkenntnisansprüche
der Theologie festhalten zu können, dass Sätze wie »Gott existiert« keine Bedeutung hätten, die
irgendwie begreiflich und explizierbar wäre (S. 212). Gleichwohl wird man sagen müssen, dass
die These von der Existenz Gottes einige Konsequenzen für unser Arrangement der Fakten haben
kann. Seine Aufweichung des Sinnkriteriums hat sich jedenfalls nicht (oder kaum) auf seine Diskussion der Sinnhaftigkeit von Sätzen der Theologie ausgewirkt.

die entsprechend kategoriale Fragen sind, weil sie sich angesichts eines jeden Seienden mit mehr oder weniger großer Berechtigung stellen lassen sollen. Wie prekär der Status einer so anvisierten Theorie allerdings ist, wird bereits daran deutlich, dass der Ausdruck »Seiendes, insofern es Seiendes ist« den Sinnlosigkeitsverdacht erweckt. Wie auch immer: Eine solche Untersuchung ist von dem Interesse geleitet, auch solche Fragen einer vernunftgemäßen Untersuchung zuzuführen und zu unterziehen, die von modernen Wissenschaften abgewiesen werden müssen. Sie muss auf die Geschichte der Philosophie zurückgreifen, um im Blick auf heutige systematische Fragen Denkmöglichkeiten zurückzugewinnen.

Das einheitliche Fragewort »Warum« ist nicht nur das erste Indiz, das ein solches Programm motiviert, sondern es führt unmittelbar zu dem Komplex von Problemen zurück, den der Versuch aufwirft, wissenschaftliche von unwissenschaftlichen, oder sogar sinnvolle von sinnlosen Begriffen zu unterscheiden. Der kantischen Feststellung, die »menschliche Vernunft« habe »das besondere Schicksal in einer Gattung ihrer Erkenntnisse: daß sie durch Fragen belästigt wird, die sie nicht abweisen kann, weil sie ihr durch die Natur der Vernunft selbst aufgegeben, die sie aber auch nicht beantworten kann, denn sie übersteigen alles Vermögen der menschlichen Vernunft«,[23] ist in neuerer Zeit der Versuch entgegengesetzt worden, bestimmte Fragen schlicht als sinnlose abzuweisen.[24] Während Fragen, die aus eher prinzipiellen Gründen unbeantwortbar sind, oftmals als sinnlose abgewiesen werden, scheint Kant sie, wenn sie »durch die Vernunft selbst aufgegeben« sind, nicht schlichtweg für sinnlos zu halten. Diejenige Warum-Frage, auf welche eine Schöpfungstheorie eine Antwort sein möchte, gehört zu den Fragen, die dem Sinnlosigkeitsverdacht unterworfen sind. Es ist deshalb eine weitere Absicht, das Problem der Sinnhaftigkeit oder Sinnlosigkeit solcher Fragen und entsprechender Antwortversuche erneut zu durchdenken. Denn nur vordergründig ist selbstverständlich, dass Fragen, die sich nicht beantworten lassen, schlichtweg sinnlos sind – setzt doch bereits diese Feststellung oftmals ein Verstehen der Frage voraus.[25] Es ist fraglich, ob der

---

23 Vgl. I. Kant, *KrV*, A VII; vgl. dazu B 665/A637.

24 Vgl. z.B. M. Schlick, 1935 und 1936. Die Kriterien, die Schlick zur Abweisung von Fragen formuliert, sind jedoch unklar, sofern der Begriff der »prinzipiellen Unmöglichkeit«, eine Antwort zu finden, unklar bleibt: Es ist eines, eine Verletzung von Naturgesetzen zu konstatieren, und ein anderes, die Verletzung logischer Gesetze zu behaupten – vgl. S. 261 und S. 275. Grünbaum greift in seiner Diskussion der Schöpfungstheorie auf derartige rigide Sinnkriterien zurück, die heute kaum noch aufrecht erhalten werden – vgl. schon A. Pap, 1955, Kap. 1.

25 Ich übernehme damit ein Argument, das ursprünglich Marhenke gegen Schlicks Sinnkriterium angeführt hat. Heißt »Verifizierbarkeit« nicht lediglich »Übersetzbarkeit in einen sinnvollen Satz«, was ja zu einem zirkulären Sinnkriterium führen würde, sondern tatsächlich die Angabe einer Methode, den Wahrheitswert einer Aussage festzustellen, dann kann Verifizierbarkeit keine

Sinn der Ausdrücke »Ursache« und »Wirkung« so formuliert werden kann, dass der Sinn transzendenter Warum-Fragen rekonstruierbar wird. Zu fragen ist auch, ob die Regeln von Frage-Antwort-Sequenzen aus dem Fragepronomen so entwickelt werden können, dass die Bedeutung der alltäglichen kausalen Rede deutlicher wird. Gerade in diesem Punkt können die vorliegenden Untersuchungen auf neuere Arbeiten zum Kausalitätsbegriff zurückgreifen und dort in ganz anderem Rahmen und ganz anderer Absicht vorgetragene Analysen für ihre Zwecke reformulieren und nutzbar machen.[26]

Kausalbegriffe bis hin zum Schöpfungsbegriff durchziehen und bestimmen unsere Rede von der Natur, von uns selbst und unseren eigenen Handlungen, von anderen und ihren Handlungen, vom Zuschreiben von Verantwortung bis hin zu ganz alltäglichen Ausreden. Das macht das oben gegebene Kant-Zitat deutlich, das je ein Beispiel aus der rationalen Theologie, der Psychologie und der Kosmologie für die Unklarheit der Bedeutung der Kausalbegriffe enthält. Jede Untersuchung des kausalen Vokabulars hat demgemäß Folgen für unser Naturverständnis und für unser Selbstverständnis als Handelnde. Fragen über die Grenzen der Natur hinaus, auf die Schöpfungstheorien mögliche Antworten sind, können nur sinnvoll sein, wenn sich der Mensch als Subjekt dieses Fragens nicht lediglich als Teil der Natur unter anderem innerweltlichen Seienden auffassen kann. Es lässt sich zeigen, dass derartige Fragen nur dann Sinn haben, wenn die menschliche Subjektivität als der Grund der Regeln bestimmter Gebrauchsweisen von Ausdrücken und damit als der Grund des Sinns bestimmter Begriffe ausgewiesen werden kann.[27] In den nachfolgenden Untersuchungen können diese Fragen zwar nicht direkt angegangen werden, doch bilden sie ihren weiteren Horizont.[28]

Vorbedingung der Sinnhaftigkeit sein. Eine Prüfungsmethode kann nämlich erst dann gesucht werden, wenn der Sinn schon bekannt ist. Analoges gilt in meinen Augen für Fragesätze. Vgl. zum Argument A. Pap, 1955, S. 19; sowie R. Schnepf, 2003b, S. 305f.

26 Vgl. dazu aus der endlosen Literatur z.B. W. Salmon, *Scientific Explanation and the Causal Structure of the World*, Princeton 1984, S. 10, oder B. van Fraassen, *The Scientific Image*, Oxford 1980, S. 134ff., S. Toulmin, 1953, S. 35ff.; aber auch die Arbeiten von S. Bromberger u.a., die den Erklärungsbegriff aus einer Analyse von Frage-Antwort-Sequenzen verstehen wollen.

27 In gewisser Weise werden also in einer Art transzendentaler Reflexion die Bedingungen der Möglichkeit transzendenten Fragens untersucht werden. Zu diesen Bedingungen gehört eine bestimmte Rolle des entwerfenden Subjekts. Angeregt sind diese Überlegungen u.a. von M. Heideggers Analysen des Fragens nach dem Grunde in seiner *Einführung in die Metaphysik*, 1953, S. 9. Allerdings nehme ich nur die Anregung auf und lasse mich nicht auf eine Spekulation über das Sein des Seienden ein.

28 Es lassen sich nun recht leicht die jeweiligen Differenzen schon in den Ansatzpunkten zu den jüngeren Analysen von U. Meixner, 2001, G. Keil, 2000 und J. Woodward, 2003, angeben: Weder Meixner noch Keil und Woodward analysieren den Kausalitätsbegriff in dem hier vorge-

2. Aufbau und Gliederung der Untersuchung

Eine Analyse des Kausalitäts- und Schöpfungsbegriffs lässt sich kaum un-vermittelt angehen. Gerade bei einem schwer zugänglichen und unüber-sichtlichen Thema läuft man Gefahr, ohne Orientierung an vorliegenden systematischen Untersuchungen und ohne Anregung oder Korrektur durch die Philosophiegeschichte ins unkontrollierte Phantasieren zu geraten. Es liegt deshalb nahe, sowohl Teile der neueren Kausalitätsdiskussion wie auch den Teil der Philosophiegeschichte, in dem der systematische Zusam-menhang zwischen Kausalitäts- und Schöpfungsbegriff ausgebildet wurde, für den eigenen Versuch – in Kritik wie in Übernahme – zu nutzen. Dabei genügt es nicht, nur neuere systematische Untersuchungen zum Kausali-tätsbegriff zu berücksichtigen. Das liegt weniger daran, dass der hohe Spe-zialisierungsgrad zu schlecht in den anvisierten Zusammenhang integrierba-rer Theorien führt, sondern mehr noch daran, dass eine Überfülle unter-schiedlichster Ansätze vorliegt, zu denen begründet Stellung zu nehmen ist.

schlagenen systematischen Zusammenhang mit dem Schöpfungsbegriff, und sie stehen damit in ei-ner zunächst überzeugenden Tradition gegenwärtigen Denkens. Meixner analysiert die Kausalrela-tion zwischen zwei Ereignissen im Rückgriff auf eine Semantik (naturgesetzlich) möglicher Wel-ten, und entwickelt im Verlauf seiner Analysen eine immer weiter verfeinerte Logik, die diese Zu-sammenhänge fassen soll. Der Kausalbegriff wird also über den Begriff der naturgesetzlich mögli-chen Welten eingeführt, wobei Naturgesetze als Regularitäten in der wirklichen Welt aufgefasst werden (U. Meixner, 2001, S. 42). Von einer Regularitätstheorie ausgehend, kann der hier anvi-sierte Zusammenhang nicht in den Blick kommen. Umgekehrt treffen die Einwände gegen die Re-gularitätstheorien auch den Entwurf Meixners. Entsprechende Argumente werden in Kapitel 1 der vorliegenden Arbeit vorgestellt. Sie verweisen auf ein apriorisches oder zumindest nicht-empiri-sches Moment im Kausalbegriff, dessen Analyse den behaupteten Zusammenhang mit dem Schöp-fungsbegriff deutlicher werden lässt. G. Keil behandelt demgegenüber den Kausalitätsbegriff von vornherein in einem systematischen Zusammenhang mit den Problemen des Handlungsbegriffs. Er schlägt eine Kombination von interventionistischer und kontrafaktischer Kausaltheorie vor, die sich primär an den Anwendungsbereichen des kausalen Idioms in der Alltags- und Wissenschafts-welt beziehen soll. Entscheidend scheint, dass er sich ausschließlich an der Alltags- und Wissen-schaftswelt orientiert und den Sinn der kausalen Begriffe (nicht die Verifizierbarkeit entsprech-ender Aussagen!) nicht erklären kann, wenn sie in Theorien auftreten, welche die Konstitution die-ser Welt selbst zu erklären unternehmen. Ich vermute, dass es einem seinem Kausalverständnis vorgelagerten Sinn des kausalen Vokabulars geben muss, sollen solche Versuche wenigstens sinn-voll sein. Argumente, die dafür sprechen, in solchen Versuchen zwar nicht unbedingt aussichtsrei-che, aber gleichwohl verständliche und in diesem Sinn sinnvolle Projekte zu sehen, werden im Ab-schnitt 1.2 der Arbeit vorgestellt. Eine regelrechte Schwierigkeit dieses Versuchs macht der ähn-lich gelagerte Ansatz von Woodward deutlich: Die These, zwischen dem handlungsorientierten Ansatz einerseits und der Analyse mithilfe kontrafaktischer Konditionalsätze andererseits bestehe ein methodisch fruchtbarer Zirkel, vermag keine Antwort auf die Frage zu geben, warum beide Theoriekomponenten derartig zusammengeführt werden müssen, um Kausalbegriffe zu analysie-ren. Wenn ich richtig sehe, bedarf es dazu eines von beiden Komponenten verschiedenen Vorbe-griffs der Ursache. Dieser Vorbegriff kann weder mit dem handlungsorientierten noch mit dem kontrafaktischen Gehalt des kausalen Vokabulars zusammenfallen.

Der Maßstab zu ihrer Beurteilung ist aber nicht einfach vorgegeben, sondern muss erst entwickelt werden. Der Ansatz, der in den nachfolgenden Untersuchungen aufgrund der philosophiegeschichtlichen Anregungen entwickelt werden soll, kann den dafür nötigen Beurteilungsgesichtspunkt liefern. Denn schon aus der Möglichkeit einer gemeinsamen Analyse ergibt sich ein solcher Beurteilungsmaßstab. Die Idee, dem Kausalitäts- und dem Schöpfungsbegriff liege ein gemeinsamer Begriff des Grundes oder der Kausalität überhaupt zu Grunde, ist in der Geschichte der Metaphysik bis hin zur kantischen Transzendentalphilosophie mit einem hohen Maß an Differenzierungen und methodischen Reflexionen durchgespielt worden. Diese gilt es für die neueren Kausalitätstheorien fruchtbar zu machen. Der Rückgriff auf die Philosophiegeschichte und die sukzessive Entwicklung der grundlegenden Idee dieser Arbeit sollen also helfen, die divergierenden systematischen Ansätze in einer Weise zu ordnen und zu rekonstruieren, so dass sie – zum Teil gegen ihre ursprüngliche Intention gelesen – in die zu entwickelnde Theorie integriert werden können. Das ist aber nur dann überzeugend, wenn der Ansatz, der aus der Philosophiegeschichte entnommen wird, mit den Argumentationen dieser systematischen Detailuntersuchungen befestigt werden kann. Deshalb bedarf der Rückgriff auf die Philosophiegeschichte seinerseits der Korrektur, soll er doch ständig im Blick auf die Probleme erfolgen, die in der Fülle von Detailuntersuchungen zum Kausalitätsbegriff kontrovers bearbeitet werden. Die Gliederung und das methodische Fortschreiten der Arbeit sind deshalb von einer Art wechselseitiger Anleitung, Kontrolle und Anregung zwischen eher systematischen und eher problemgeschichtlichen Untersuchungen geprägt.

Die ersten beiden Abschnitte (1.1, 1.2) der vorliegenden Arbeit bieten eine Reihe vorbereitender systematischer und historischer Untersuchungen. In Abschnitt 1.1 werden die einleitend nur angerissenen Probleme des Kausalitäts- und des Schöpfungsbegriffs im Umriss exponiert und weitere Gründe dafür herausgearbeitet, sie im skizzierten Zusammenhang zu untersuchen. Dabei werden die mit dem Kausalitätsbegriff verbundenen Probleme eher systematisch, die Probleme des Schöpfungsbegriffs eher problemgeschichtlich exponiert. Die Geschichte der Philosophie zeigt nämlich, dass die Fragen, auf welche Schöpfungstheorien mögliche Antworten sind, originär philosophische Fragen sind. Der Verzicht darauf, sie auch nur zu stellen, bedeutet, ursprüngliche Motive zum Philosophieren unbearbeitet beiseite zu legen. Beide Probleme rücken in diesem Abschnitt insofern in einen engeren Zusammenhang, als beide Male die Frage nach der Sinnhaftigkeit der verwendeten Begriffe aufgeworfen wird: Sowohl der Kausalitätsbegriff wie der Schöpfungsbegriff setzt voraus, dass die Möglichkeit der Bedeutsamkeit von Sprache nicht alleine im Rückgriff auf bloße Wahrnehmung oder aber eine unmittelbare Vertrautheit mit der je be-

gegnenden Umwelt gesichert werden kann, sondern dass es möglich ist, mit
den Mitteln der Sprache diese Grenzen zu überschreiten, ohne sich ins
Sinnlose zu verlieren.

In Abschnitt 1.2 wird zur weiteren Problemexposition eine Seite des
Themas, nämlich das Kausalitätsproblem, bis in die Details hinein verfolgt.
Weil die angestrebte Theorie den Kausalitätsbegriff von der Warum-Frage
her rekonstruieren will, werden dort solche Ansätze detaillierter untersucht,
die das Kausalitätsproblem nicht direkt in den Blick nehmen, sondern den
Zugang über eine Theorie kausaler Erklärungen versuchen, insbesondere
die Theorien von C. G. Hempel, S. Bromberger, S. Toulmin und B. van
Fraassen.[29] Diese Autoren bieten sich zusätzlich deswegen an, weil sie im
engen Kontakt mit den Naturwissenschaften arbeiten und in zunehmendem
Maß auf die immer ausgereifteren Mittel einer formalen Logik der Fragen
zurückgreifen. Das Abschnitt hat jedoch weniger die Funktion, eine Art
Forschungsstand aufzuarbeiten. Auch kann an dieser Stelle nicht auf den
späteren Ansatz vorgegriffen werden. Vielmehr soll in einer Art aporetischer Untersuchung gezeigt werden, dass sich die verschiedenen Ansätze
deshalb in Widersprüche verwickeln, weil sie sowohl am Unterschied zwischen bloßen Erkenntnis- und Realgründen (Kausalität) festhalten als auch
weder den engen Rahmen des Empirismus verlassen noch den Ansatz im
Ausgang von der Warum-Frage aufgeben wollen. Die positiven Resultate
dieser vorbereitenden Untersuchung bestehen zum einen darin, dass einige
Probleme und Bedeutungsmomente des Kausalitätsbegriffs herausgearbeitet
werden, die später geordnet und in eine umfassende Konzeption integriert
werden müssen, sowie zum anderen darin, dass einige Bedingungen herausgearbeitet werden, die eine Theorie der Warum-Fragen erfüllen muss.
Zu diesen Bedingungen zählt beispielsweise, dass eine solche Theorie erklären können muss, wie ein Fragender aufgrund des Verständnisses seiner
Frage mögliche Antworten von Reaktionen unterscheiden kann, die keine
Antworten sind, und wie er unterschiedliche Methoden, zwischen möglichen Antworten die richtige oder wahre herauszufinden, bewerten und akzeptieren bzw. ablehnen kann. Die Theorie der Warum-Frage fordert damit
vom Fragenden ein Wissen, das deshalb nicht im Rückgriff auf die Erfahrung begründet werden kann, weil es eine Art Vorauswissen sein muss.
Nicht nur den besonderen Anforderungen an eine Theorie der Kausalität,
sondern auch diesen Anforderungen an eine Theorie der Warum-Fragen
werden die besprochenen Ansätze nicht gerecht. Deshalb liegt es nahe, den

---

29 Vgl. C. G. Hempel, 1965; S. Bromberger, 1966; S. Toulmin, 1953 und 1961, sowie B. v.
Fraassen, 1980.

Gesichtskreis zu erweitern, um einen neuen – letztlich traditionellen – Ansatzpunkt zu gewinnen.

Das zweite Kapitel versucht, im Rückgriff auf die Geschichte der Metaphysik den systematischen Zusammenhang zwischen Kausalitäts- und Schöpfungsbegriff herauszuarbeiten und so die Grundlagen für die im letzten Teil zu skizzierende Theorie der Warum-Frage zu legen. Denn die Orientierungslosigkeit und die Probleme neuerer Kausalitätstheorien, die in 1.1 und 1.2 herausgearbeitet wurden, sollen dadurch aufgelöst werden, dass dieser Traditionsbestand der Metaphysik in der modifizierten Gestalt einer entsprechenden Theorie der Warum-Fragen zum Ausgangspunkt einer Rekonstruktion des Kausalitäts- und des Schöpfungsbegriffes ausgearbeitet wird. Dazu ist zuerst der Zusammenhang zwischen Kausalitäts- und Schöpfungsbegriff – im Anschluss an Abschnitt 1.1 – aus dem ursprünglichen komplexen Fragezusammenhang der Metaphysik zu gewinnen. Weil der Kerngedanke der zu entwickelnden Theorie zunächst nur so motiviert und begründet ist wie die Metaphysikprogramme, aus deren architektonischen Eigenheiten er sich entwickeln und begründen lässt, muss der in Frage kommende Teil der Geschichte der Metaphysik als Geschichte einer fortlaufenden argumentativen Selbstkorrektur der Metaphysik rekonstruiert werden. Dazu wird in Abschnitt 2.1 der aristotelische Metaphysikbegriff genauer betrachtet und vor allem eine wirkmächtige Weiterentwicklung analysiert werden, nämlich die Metaphysikprogramme von Johannes Duns Scotus und Francisco Suárez. Es wird sich zeigen, dass für den aristotelischen Metaphysikbegriff von Anfang an auch Warum-Fragen konstitutiv gewesen sind, die in der Frage nach dem Seienden, insofern es Seiendes ist, enthalten sind. Ebenso von Anfang an ist die Metaphysik mit dem Problem belastet, zunächst nur derartig unhandliche sprachliche Ausdrücke wie »Seiendes« zu verwenden, von denen fraglich ist, ob ihnen Begriffe entsprechen, die tatsächlich die Dinge treffen, wie sie sind. Das Problem der Sprache und der Differenz zwischen Begriff und Seiendem ist für das aristotelische Programm der Metaphysik kennzeichnend und führt konsequenterweise zu Theorien lediglich analoger Begriffsbildung. Es kommt also darauf an, von Anfang an den Zusammenhang zwischen den systematischen Fragen der Metaphysik, der Warum-Frage und den sich daraus ergebenden Problemen kategorialer Begriffsbildung herauszuarbeiten.

Die Überlegungen von Duns Scotus und Suárez verdienen in diesem Zusammenhang vor allem deshalb Interesse, weil sie nach der Möglichkeit, den Voraussetzungen und der begrenzten Tragfähigkeit von univoken Begriffen in der Metaphysik gefragt haben. Der Ansatz der vorliegenden Arbeit verdankt sich einem Metaphysikbegriff, der in dieser Tradition steht. Nicht zuletzt lässt sich nämlich der anvisierte systematische Zusammenhang zwischen Kausalitäts- und Schöpfungsbegriff im ersten systematischen Lehrbuch einer solchen Metaphysik, den *Disputationes Metaphysicae* von Suárez, ausführlich exponiert finden. Hier wird in aller Deutlichkeit der Bedingungsbegriff als Kern des univoken Begriffs der Kausalität überhaupt analysiert. Allerdings zeigen beide Autoren auch, wie problematisch univoke Begriffe sind, verdanken sie sich doch einer besonderen Verstandesleistung, und ist es doch gerade deshalb fraglich, ob sie die Dinge treffen, wie sie sind. Von Anfang an lädt der Ansatz zu skeptischen und metaphysikkritischen Einwänden ein. Solche Kritik, die in der Geschichte der Philosophie ebenso gut dokumentiert ist wie die verschiedenen Ansätze zur Metaphysik, müssen deshalb bei der Rekonstruktion des Metaphysikprogramms, aus dem sich der systematische Zusammenhang beider Begriffe entwickeln lässt, von Anfang an berücksichtigt werden.[30]

Um dieser Aufgabe gerecht zu werden, soll in Abschnitt 2.2 die Transzendentalphilosophie Kants, in welcher der tradierte systematische Zusammenhang zwischen Kausalität und Schöpfung modifiziert und neubegründet fortbesteht, als ein Versuch interpretiert werden, aus metaphysikkritischen Argumentationen Konsequenzen für die Gestalt einer Metaphysik zu ziehen, in welcher die ursprünglichen Fragen in veränderter Gestalt weiterverfolgt werden können. Kants Kategorien, sofern sie als reine spontanen Handlungen des Verstandes entspringen, sind univoke Begriffe vom Gegenstand überhaupt. Als solche sind sie die Grundlage sowohl des besonderen Begriffs der Naturkausalität, der sich der Schematisierung der Kategorie der Kausalität überhaupt gemäß den Bedingungen unserer Anschauung von Gegenständen in Raum und Zeit verdankt, wie des Schöpfungsbegriffs, der sich zunächst auf den univoken Begriff der Kausalität überhaupt reduziert, der aber angereichert werden kann durch analoge Begriffsbildungen. Der Zusammenhang zwischen Kausalitäts- und Schöpfungsbegriff besteht in der Transzendentalphilosophie also deshalb weiter, weil sie eine Variante von Theorien univoker Bestimmungen von Gegenständen überhaupt ist und in diesem Punkt – bei allen gravierenden Unterschieden – die zuvor betrachtete Tradition fortsetzt. Es verwundert daher nicht, dass der Kern des univoken Kausalitätsbegriffs bei Kant – entgegen mancher Interpretation – wiederum der Bedingungsbegriff ist.[31] Die Univozität wird dabei durch den charakteristischen Unterschied der kritischen zur vorkritischen Philosophie gesichert, dass nämlich Kategorien als reine Verstandesbegriffe aufgefasst werden, von denen allererst nachzuweisen ist, dass und wie sie sich auf Ge-

30 Vgl. hierzu z.B. P. Kondylis, 1990, dessen Untersuchungen aber an einem allzu einfachen Metaphysikbegriff und einer ebenso abstrakten Vorstellung über das Verhältnis zwischen Metaphysik und Metaphysikkritik leiden.

31 Die grundlegende Rolle des Bedingungsbegriffs für Kants Begriff der Naturkausalität hat R. Enskat, 1995, deutlich herausgearbeitet.

genstände so beziehen, dass von einer Erkenntnis der Gegenstände gesprochen werden kann. Die Rekonstruktion des Übergangs von der reinen Kategorie der Kausalität zum Begriff der Naturkausalität wird Gelegenheit bieten, Kriterien zur genauen Unterscheidung zwischen ontologischen, epistemologischen und pragmatischen Aspekten oder Bedeutungsmomenten des
Kausalitätsbegriffs zu gewinnen.[32] Mit dem Bedingungsbegriff als Kern
eines univoken Begriffs der Kausalität überhaupt und mit der Gewinnung
solcher Unterscheidungskriterien werden im Verlauf der eher philosophiehistorischen Untersuchungen die Mittel erarbeitet, um in der Folge die konkurrierenden systematischen Ansätze zu beurteilen, zu ordnen und – soweit
möglich – in eine Theorie der Kausalität zu integrieren.[33] Allerdings ist die
kantische Transzendentalphilosophie, auch wenn sie sich als eine Konsequenz aus metaphysikkritischen Argumentationen verstehen lässt, ebenfalls
skeptischen Einwänden ausgesetzt. Denn die Konzeption von Kategorien
als reine Verstandesbegriffe fordert ein transzendentales Subjekt, als dessen
Handlungen die kategorialen Verknüpfungen aufgefasst werden können.
Nicht zuletzt gegen diese Voraussetzung lassen sich Zweifel anmelden. Die
nachfolgende Theorieskizze wird deshalb nicht unbefangen in den Bahnen
der kantischen Transzendentalphilosophie bleiben können, sondern in bestimmter Hinsicht bescheidener sein müssen. Wieder ist zu fragen, wie eine
Metaphysik bestimmten Punkten der Metaphysikkritik Rechnung tragen
kann.

    Im letzten Kapitel der Arbeit wird versucht, im Umriss eine Theorie der
Kausalität zu entwickeln und Konsequenzen auch für den Schöpfungsbegriff zu ziehen. Dazu sollen die Anregungen der problemgeschichtlichen Untersuchungen verwendet werden, um das problematische Material, das vor
allem die aporetischen Untersuchungen von Abschnitt 1.2 bieten, systematisch zusammenzufassen. Allerdings sind die skeptischen Überlegungen zu
den Voraussetzungen der kantischen Transzendentalphilosophie noch zu
berücksichtigen und ein systematischer Zusammenhang zwischen den Ansätzen zu einer allgemeinen Metaphysik und den neueren Kontroversen um
den Kausalitätsbegriff sowie um die Natur kausaler Erklärungen zu rekonstruieren. Die angestrebte Theorie der Warum-Frage soll deshalb in einer

---

32 Vgl. zu diesen Unterscheidungen grob bereits oben S. 17f., und ausführlicher unten, Abschnitt 1.1, S. 41ff.

33 Weil es in diesem Kapitel nur darum geht, Kants Theorie kategorialer Begriffsbildung her-
auszuarbeiten und von daher den systematischen Zusammenhang zwischen Kausalitäts- und
Schöpfungsbegriff zu rekonstruieren, können diejenigen Theorieteile, die in die Probleme der
Schöpfungslehre führen – wie etwa das Antinomienkapitel – weitgehend unberücksichtigt bleiben.
Die Theorie der Bedeutung kategorialer Begriffe, die erklärt, warum die Antinomien nicht schlicht
sinnlos sind, findet sich bereits in der *Transzendentalen Analytik*.

Auseinandersetzung mit R. G. Collingwood entwickelt werden.[34] Collingwood hat die Metaphysikbegriffe von Aristoteles und Kant einer energi-
schen Kritik unterzogen und daraus als Konsequenz das Programm einer
Metaphysik als Wissenschaft von den wechselnden absoluten Präsupposi-
onen der Fragen der Wissenschaften entworfen.[35] Dieses Programm hat er
unter anderem in einer umfangreichen Studie am Beispiel des Kausalitätsbegriffs durchgeführt, die in ihrem Ergebnis in weiten Teilen explizit die
Kritik am Kausalitätsbegriff bestätigt, die kurz zuvor B. Russell vorgetragen hatte.[36] Collingwoods Theorie der Fragen und ihrer Präsuppositionen
hat die Entwicklung der Logik der Fragen entscheidend angeregt, die in den
Theorien kausaler Erklärung eine zunehmende Rolle spielt. Seine Überlegungen zum Wandel absoluter Präsuppositionen nehmen trotz ihrer Vagheit
einzelne Überlegungen T. S. Kuhns und S. Toulmins vorweg. Eine Kritik
seiner Argumentationen lässt sich deshalb zugleich als Basis des Versuchs
nutzen, die späteren wissenschaftstheoretischen Ansätze zu Theorien kausaler Erklärungen in den zu entwickelnden Ansatz zu integrieren. Dabei wird
vor allem der Umstand eine Rolle spielen, dass Collingwood die Untersuchung kategorialer Fragetypen völlig vernachlässigt, d.h. eine Untersuchung des Umstandes, dass sich beispielsweise Warum-Fragen – unabhängig davon, welchen zusätzlichen Bedingungen ihre möglichen Antworten in
je verschiedenen Kontexten unterworfen sind – immer und angesichts von
allem formulieren lassen. Solche Fragen haben daher einen kontextinvarianten Kern, der in Collingwoods Lehre von den absoluten Präsuppositionen
nicht erfasst wird. Vor dem Hintergrund der Überlegungen zur kantischen
Transzendentalphilosophie lässt sich dieser Umstand als Indiz kategorialer
Leistungen des erkennenden Subjekts deuten, ohne eine Theorie der Kategorien aus einem wohlbestimmten Begriff dieser Subjektivität deduzieren
zu müssen oder auch nur zu beanspruchen, dass eine solche Deduktion
möglich wäre. So aufgefasst lässt sich auch erklären, dass sich in Warum-
Fragen jenes eigentümliche Voraus-Wissen manifestiert, das in den üblichen erotetischen Logiken unberücksichtigt bleiben durfte. Gelingt dieser
systematische Zusammenhang, dann lassen sich sowohl der univoke Kern-

34 Sicherlich hat Collingwood die Ontologie des 20. Jahrhunderts nicht im gleichen Maße geprägt wie etwa W. v. O. Quine mit seiner Abhandlung *On What There Is*, so dass eine Auseinandersetzung mit diesem Autor zunächst nahe liegender zu sein scheint. Doch hat Quine, im Unterschied zu vielen anderen Autoren, eben keinen originären Beitrag zum Kausalitätsproblem geliefert, und es lässt sich durchaus fragen, ob ein solcher Beitrag im Rahmen seines Ansatzes
tatsächlich weiterführend sein könnte. Ich vermute, dass der Ansatz einer Ontologie gemäß Quine
bei den Fragen der vorliegenden Arbeit nicht weiterhilft – vgl. zu den Grenzen seines Ansatzes
auch H. F. Fulda, 1988, S. 71ff.
35 Vgl. R. G. Collingwood, *An Essay on Metaphysics*, Oxford 1940.
36 Vgl. B. Russell, 1917.

begriff der Kausalität überhaupt als auch die Kriterien zur Unterscheidung
der ontologischen, epistemologischen und pragmatischen Aspekte des Kausalitätsbegriffs, die der Metaphysikgeschichte entnommen wurden, modifiziert in die zu entwerfende Theorie der Warum-Fragen übernehmen und so
das aporetische Material, das die neueren Detailuntersuchungen zu den
Problemen kausaler Erklärungen bieten, weitgehend integrieren. Die vorliegenden Untersuchungen wären dann ein Beispiel für die Fruchtbarkeit des
methodischen Zusammenspiels zwischen problemgeschichtlichen und systematischen Untersuchungen sowie – nicht zuletzt – für die systematischen
Perspektiven einer Art allgemeiner Metaphysik.

1. Vorbereitende Problemexposition – Die Schlüsselrolle der *Warum-Frage*

1.1 Vorüberlegungen zum systematischen Zusammenhang zwischen dem Kausalitäts- und dem Schöpfungsbegriff

In diesem Kapitel sollen die jeweiligen Probleme des Kausalitätsbegriffs und des Schöpfungsbegriffs exponiert werden, damit der Versuch, sie in den späteren Kapiteln als Teilprobleme eines einheitlichen Problemfeldes zu bearbeiten, plausibel wird. Da offensichtlich sowohl die Kausal- als auch die Schöpfungsrelation dem Mythologieverdacht ausgesetzt sind, ist es eine Adäquatheitsbedingung für Theorien der Kausalität und der Schöpfung, nicht nur eine sinnvolle Rede von Kausalität und (soweit möglich) Schöpfung zu rekonstruieren, sondern auch den Grund der Möglichkeit des Abgleitens ins Mythische oder Sinnlose herauszuarbeiten. Eine Kausalitätstheorie hat daher nicht nur eine rekonstruierende Funktion, sondern auch eine kritische und korrigierende. Möglichkeiten legitimer Rede von Kausalität oder Schöpfung sind von illegitimen abzugrenzen. Gerade bei der Unterscheidung legitimer von illegitimen Redeweisen lassen sich grundlegende methodische Mängel der isolierten Bearbeitung beider Problemfelder aufweisen: Eine Detailanalyse nur der Kausalrelation ist auf zahlreiche Voraussetzungen und unausgewiesene Vorentscheidungen angewiesen, die in ihrem Rahmen gar nicht gerechtfertigt werden können. Eine Verständigung über den Kausalitätsbegriff ist nur zu erzielen, wenn die Richtung seiner Analyse in einem größeren systematischen Kontext begründet wird. Der Schöpfungsbegriff ist demgegenüber derartig unklar, dass seine Analyse bestenfalls in Orientierung an anderen, klareren Begriffen möglich wird.

Ein einfacher Umstand ermöglicht es, den Schöpfungsbegriff wie den Begriff der Kausalität immer wieder dem Mythologieverdacht auszusetzen: Weder das Verhältnis der Schöpfung noch ein Kausalverhältnis kann man sehen. Zwar meint man, die Ereigniszusammenhänge zu sehen, angesichts derer sich mit mehr oder weniger guten Gründen behaupten lässt, dass ein Kausalverhältnis »vorliege«, wohingegen man den Ereigniszusammenhang, den man mit der Behauptung einer Schöpfung annimmt, keinesfalls zu Gesicht bekommt. Das liegt schlicht daran, dass bei einem gängigen Fall von Kausalität die beteiligten Ereignisse scheinbar direkt wahrgenommen oder

aber aus Wahrgenommenen indirekt erschlossen werden können, wohingegen die Relata der postulierten Schöpfungsrelation, nämlich Gott und Welt,
in keinem Fall wahrgenommen werden können. »Welt« und »Gott« sind
grundsätzlich problematische Begriffe. Doch man kann, selbst wenn man
den Ereigniszusammenhang, angesichts dessen man das Bestehen einer
Kausalrelation behauptet, scheinbar schlichtweg wahrnimmt, die Kausalrelation selbst, die man behauptet, nicht wahrnehmen.[1] Die Beobachtung David Humes, dass man in keinem singulären und konkreten Fall eine Kausalrelation selbst, die zwischen wahrnehmbaren Ereignissen bestehen soll, direkt wahrnehmen kann, wird durch den Hinweis darauf zu einem
tragfähigen Argument, dass das Moment der notwendigen Verknüpfung
von Ursache und Wirkung eine Modalität ist, die sich als solche eo ipso
nicht beobachten lässt.[2] Trivialerweise gilt analoges für die Schöpfung, bei
der nicht einmal die Relata einfach gegeben sind. Dadurch wird der Spielraum für wissenschaftliche wie mythische Interpretationen des Wahrgenommenen eröffnet.

Diese Probleme sind nicht für die Kausalrelation spezifisch. Dass man
eine Relation nicht sehen, sondern nur angesichts bestimmter Ereignisse mit
mehr oder weniger guten Gründen behaupten kann, muss sich nicht ausschließlich den Besonderheiten dieser Relation verdanken. Vielmehr spielen weitere Umstände eine entscheidende Rolle. Es ist – um nur eine Möglichkeit zu nennen – mit guten Gründen dafür argumentiert worden, dass
man auch einfache Tatsachen in gewissem Sinn »nicht sehen kann«.[3] Eine

---

1 Vgl. dagegen z.B. G. E. M. Anscombe, 1971, S. 92f. Sie argumentiert, dass man kausales
Vokabular nur dadurch erlerne, dass man es (wie alle anderen Wörter auch) in Berichten von Er-
fahrenem verwende. Doch gibt es zahlreiche Worte, die man erlernen mag, in dem man sie in
Erfahrungssituationen anwendet und die gleichwohl nichts direkt Erfahrbares bezeichnen – etwa
das gesamte deontologische, moralische Vokabular. Ihr Argument zeigt daher nicht das, was es
zeigen soll. Auch C. J. Ducasse (1923) behauptet, die Kausalrelation sei direkt beobachtbar, allerdings aufgrund einer Definition von »Ursache«, die unter Ursache nur ein Ereignis in unmittelbarer Raum-Zeit Umgebung der Wirkung versteht. Dieser Kausalitätsbegriff verzichtet auf das Moment der Notwendigkeit und ist nicht einmal auf Fernkräfte wie die Gravitationskraft problemlos
anwendbar. Weitere Bedenken werden sich in der Folge ergeben.

2 Vgl. D. Hume, *Treatise*, S. 75ff. insbes. S. 77: »Here again I turn the object on all sides, in
order to discover the nature of this necessary connexion, and find the impression, or impressions,
from which its idea may be deriv´d. When I cast my eye on the known qualities of objects, I immediately discover that the relation of cause and effect depends not in the least of them.« (Vgl.
auch S. 139, sowie B. Stroud, 1977, S. 45f.). Der These, man könne Kausalität nicht sehen, ist
allerdings immer wieder widersprochen worden, so auch von D. H. Mellor, 1995, S. 3; allerdings
nimmt Mellor auch an, dass Kausalität keine Relation zwischen zwei Entitäten sei. Auch G. E. M.
Anscombe (1971) leugnet den modalen Faktor, um die Beobachtbarkeit der Kausalrelation zu
erhalten. Vgl. zum ganzen W. Stegmüller, 1983, S. 512ff.

3 Ich folge hier nur zur ersten Charakterisierung dieses Problembündels G. Patzig, 1964, S.
16ff. Eine schöne Illustration dieses Sachverhalts findet sich bei S. Toulmin, 1953, Kap. 2, wenn
er verdeutlicht, was es heißt, die Tatsache oder den Sachverhalt entdeckt zu haben, dass sich Licht

»einfache« Tatsache scheint nämlich günstigstenfalls nur dann »in unseren Gesichtskreis« zu treten, wenn ein Satz behauptet wird, der sie ausspricht. Ohne dieser Überlegung, dass damit die innere Struktur der »Tatsachen« von der grammatischen bzw. logischen Struktur der Sätze abhängen mag, mit denen sie erfasst werden, hier bis ins einzelne nachzugehen, lässt sich vermuten, dass genau dasselbe um so mehr von komplexen Tatsachen wie einem Kausalverhältnis oder einem Schöpfungsverhältnis gelten muss. Danach ließe sich eine Kausalrelation schon deshalb nicht »sehen«, weil auch sie in ihrer Struktur nur zusammen mit dem Satz in unseren Gesichtskreis tritt, mit dem sie behauptet wird. Sprache ermöglicht aber auch den Schein. Nicht jeder Satz ist wahr und nicht jeder Ausdruck, der in vermeintlich korrekten Sätzen auftritt, sinnvoll. Mehr noch: Die Art der Verknüpfung der Ausdrücke im Satz oder im Urteil ist nicht eo ipso Spiegelbild einer realen Verknüpfung der Dinge in der Welt. Das betrifft eben auch Kausalbehauptungen. Die Sprachlichkeit der Rede von Kausalität muss deshalb in den Mittelpunkt der Untersuchungen treten, wenn die Möglichkeiten der Rede von Schöpfung und Kausalität kritisch abgegrenzt werden sollen.

Dass man eine singuläre Kausalrelation nicht »sehen« kann, hat jedoch noch spezifischere Gründe. Sowohl Hume als auch Kant bemerken, dass die Wirkung nicht aus dem Begriff der Ursache folge, dass also das Kausalverhältnis kein Verhältnis der logischen Implikation sei.[4] Beide haben in diesem Punkt je verschiedene Ausprägungen rationalistischer Kausalitätstheorien vor Augen, die Kausalverhältnisse als Implikationsverhältnisse deuten und letztlich auf den Satz der Identität reduzieren wollen. Beide führen dagegen an, dass man die Begriffe von der Ursache analysieren könne, soweit man will, es folge dennoch nicht der Begriff der Wirkung. Aus dem Begriff einer Billardkugel mit einem bestimmten Impuls folgt für sich genommen nicht, dass eine ganz andere Billardkugel eine Bewegungsänderung erfährt. Die (sichtbaren) Eigenschaften der Ursache gestatten nicht den Schluss auf die Wirkung. Hume geht soweit – und Kant stimmt ihm der Sache nach zu –, dass im Prinzip jedes beliebige Ereignis mit jedem anderen Ereignis in

---

geradlinig fortpflanzt. Dieses Grundproblem, nämlich die Abhängigkeit der Individuation und Identität von Sachverhalten, aber auch Ereignissen von ihrer Beschreibung, wird, insofern die Relata der Kausalbeziehung betroffen sind, später ausführlicher in den Blick geraten. – vgl. dazu vor allem die Arbeiten von D. Davidson und J. Kim. Ich werde auf diese Probleme direkt in Kapitel 3.1.3, der Arbeit zurückkommen, auch wenn sie schon hier im Hintergrund fast aller folgenden Überlegungen stehen.

4 Vgl. zu Kant z.B. das oben, S. 19, gegebene Zitat aus dem *Versuch den Begriff der negativen Größen in die Weltweisheit einzuführen*, AA II, S. 202, zu Hume, *Abstract*, S. 22: »It is not anything that reason sees in the cause, which makes us infer the effect. Such an inference, were it possible, would amount to a demonstration, as being founded merely on the comparison of ideas. But no inference from cause to effect amounts to a demonstration.«

einem Ursache-Wirkungsverhältnis stehen könnte.[5] Dieser Umstand verschärft die Frage, was es denn überhaupt heißen soll, dass eines die Ursache
eines anderen ist. Gleichwohl verwenden wir nämlich die Ausdrücke »Ursache« und »Wirkung«, können wir Ursachen suchen sowie entdecken, und
oftmals wahre von falschen Ursachen unterscheiden. Es scheint so, als sei
die Verknüpfung von Ursache und Wirkung keine reale, sondern eine, die
sich erst unserem Sprechen über die mannigfaltigen Ereignisse verdankt.
Wenn sich nämlich die Bedeutung der Begriffe »Ursache« und »Wirkung«
im Fall singulärer Kausalaussagen weder unmittelbar auf Erfahrung noch
auf ein logisches Implikationsverhältnis zurückführen lässt, scheint sie sich
der spezifischen »Grammatik« dieser Ausdrücke zu verdanken.

Dass eine singuläre Kausalrelation in gewisser Weise erst durch die
zugrunde liegende grammatische oder gar logische Struktur des Satzes, mit
dem wir sie behaupten, in unseren Gesichtskreis tritt, sollte allerdings nicht
zu dem voreiligen Schluss verleiten, es handle sich dabei nur um ein Kon-
strukt, dem »nichts Wirkliches« entspreche. Wenn es nämlich stimmt, dass
wir Kausalaussagen nicht nur aufstellen und behaupten, sondern dass wir
auch mit Gründen über ihre Wahrheit oder Falschheit streiten können, dann
ergibt sich, dass sich diese Frage nach ihrer Wahrheit nicht aus der sprachlichen oder grammatischen Form der Aussage beantwortet, sondern von
anderen, außersprachlichen Faktoren abhängt. Dasjenige, von dem die
Wahrheit oder Falschheit einer Kausalaussage abhängt, muss selbst nichts
Sprachliches sein.[6] Das zeigt sich beispielsweise daran, dass wir Ursachen
entdecken und durch schlichte singuläre Termini benennen können, so dass
sie nicht durch die grammatische oder logische Struktur einer Aussage bestimmt sein müssen. Es ist allerdings ein eigenes Problem, aufgrund welcher Kriterien man Ursachen als solche identifizieren kann, gerade weil
diese Kriterien keine grammatischen oder logischen Strukturen auf den
Begriff bringen, sondern anschaulich Erfahrbares.[7] Diese Differenz zwischen dem anschaulichen Indiz und dem logisch-grammatischen Sinn des
Kausalnexus ist es letztlich, dem sich die Möglichkeit, ja die Neigung verdankt, selbst den Kausalitätsbegriff für einen vorwissenschaftlichen, sogar
mythischen zu halten.

5 Vgl. D. Hume, *Abstract*, S. 22ff.: »The mind can always conceive any effect to follow from
any cause, and indeed any event to follow upon another: whatever we conceive is possible, at least
in a metaphysical sense.« Deutlicher noch *Enquiry* I, sec. xii, p. iii, S. 164: »If we reason a priori,
anything may appear able to produce anything.« Was tatsächlich Ursache wovon ist, kann nur die
Erfahrung lehren.

6 Vgl. dazu G. Patzig, 1964, S.18ff.

7 Diese Bemerkungen greifen weit voraus auf die nachfolgenden Untersuchungen, insbesondere auf die Überlegungen von Kapitel 4.2, die dann in den Versuch der Entwicklung einer eigenen
Theorie in den Kapiteln 3.1 und 3.2 eingehen. – Vgl. aber zum Problemhintergrund R. Enskat,
1995.

Dass man weder singuläre Kausalrelationen noch die Schöpfungsrelation sehen kann und dass Kausalität und Schöpfung derartig von der Sprache abhängig zu sein scheinen, vergrößert auf den ersten Blick nur die Probleme, die einer Klärung beider Begriffe entgegenstehen. Es ist nämlich unklar, im Rückgriff worauf diese Begriffe geklärt werden können. Das soll im Folgenden genauer dargestellt werden. Zunächst werden einige mit dem Kausalitätsbegriff verbundene Probleme in den Blick genommen werden (1.1.1), dann einige des Schöpfungsbegriffs (1.1.2), und schließlich sollen Indizien zur Sprache kommen, warum es sich um Teilprobleme eines einheitlichen Problemfeldes handeln könnte (1.1.3).

1.1.1 Einige Probleme des Kausalitätsbegriffs

Mit dem Stichwort »Kausalität« wird nicht ein Problem, sondern eine ganze Fülle von Problemen aufgerufen.[8] Das hat verschiedene Gründe. Schon die bloße Analyse von Aussagen der Form »a verursacht b«, »a ist die Ursache von b« oder »a ist die Wirkung von b« wird dadurch erschwert, dass sie angesichts der unterschiedlichsten Gegebenheiten in den unterschiedlichsten Kontexten geäußert werden und entsprechend unterschiedliche Bedeutungen haben können. Sie finden sich in der Alltagssprache, in den Geschichtswissenschaften, in Romanen, in juristischen Zusammenhängen, in den Naturwissenschaften und in der Theologie. Kausales Vokabular wird angesichts von Naturereignissen, von menschlichen Handlungen, von manipulierten Naturereignissen, von Staatsereignissen und Fiktionen oder Übersinnlichem verwendet. An die Stelle von »a« und »b« können entsprechend Namen für »Gegenstände« der unterschiedlichsten Art treten: »Die Ansprache verursachte lautes Protestgeschrei«, »Weil die Sonne scheint, schmilzt die Schokolade«, »Eine Veränderung der Pendellänge verursacht eine Veränderung der Schwingungszahl«, »Da sich die Atmosphäre erwärmt, steigt der Meeresspiegel«, »Der Fall Roms verursachte Schrecken bei allen zivilisierten Völkern«, »Eine weggeworfene Zigarette verursachte den Waldbrand« usf. Kausales Vokabular in einem weiten Sinn wird also in extrem verschiedenen Kontexten verwendet. Entsprechend gibt es Kausalaussagen der unterschiedlichsten Art. Es ist eines, ob es sich um singuläre oder generelle Kausalaussagen handelt, ein anderes, ob von Dingen oder Ereignissen die Rede ist, wieder ein anderes, ob von Konkreta oder Abstrakta, und noch ein anderes, ob Kausalität im Bereich der Natur oder im Bereich menschli-

---

8 Vgl. zum Folgenden U. Meixner, 2001, S. 51ff., M. Heidelberger, 1992, S. 130-153; L. Krüger, 1994, S. 147-163; W. Stegmüller, 1983, S.501ff.; E. Sosa/M. Tooley, *Introduction*, in: Dies. (Hg.), *Causation*, Oxford 1993, S. 1-32.

chen Handelns behauptet wird. Darüber hinaus lassen auch pragmatische Gesichtspunkte die Möglichkeiten dessen, was mit Kausalaussagen gemeint sein kann, weiter ansteigen. Was als Ursache für etwas anderes angesehen wird, kann sich beispielsweise auch danach richten, ob ein Ereignis nachträglich erklärt, ob es vermieden oder aber umgekehrt erreicht bzw. hergestellt werden soll.[9] Schon alleine die Frage, was mit Aussagen der Form »a verursacht b« genau gemeint sein könnte, erweist sich also angesichts der verschiedenen Kontexte, innerhalb derer sie gemacht werden können, als so unübersichtlich, dass sich ein einheitlicher, kontextinvarianter Bedeutungskern nicht ohne weiteres abzeichnet – und damit sind mögliche weitergehende Fragen, wie die nach den Verifikationsmöglichkeiten von Kausalaussagen oder Diagnosemöglichkeiten von Kausalzusammenhängen in den verschiedensten Kontexten, noch gar nicht gestellt.

Es liegt nahe, zunächst einfach die Verwendung des kausalen Vokabulars in den verschiedensten Kontexten der Alltagssprache genauer anzusehen. Doch sieht sich eine solche Untersuchung gleich zu Beginn vor ein Problem gestellt: Weil man von Kausalität in verschiedenen Kontexten spricht, ist die Gefahr groß, dass Bedeutungskomponenten, die in einzelnen Bereichen durchaus ihr Recht haben, in andere Bereiche übertragen wurden und so ein besonderer Kausalitätsbegriff durch eine nicht explizierte und nicht reflektierte Mischung von Analogien mit mehr oder weniger großem Recht gebildet wurde.[10] Ein guter Teil der Bemühungen um den Kausalitätsbegriff bestand und besteht daher darin, die begriffsgeschichtliche Herkunft einzelner Bedeutungsmomente aufzuhellen und auf ihre Konsistenz und Berechtigung zu prüfen, um einen legitimen von einem illegitimen Begriffsgebrauch zu trennen. So besteht beispielsweise ein Argument B. Russells gegen die Verwendung des Kausalitätsbegriffs in den entwickelten Wissenschaften darin, dass er sich der illegitimen Übertragung einer Metaphorik aus dem Bereich willentlichen Handelns auf den Bereich von Naturereignissen verdanke.[11] Gerade weil der Kausalitätsbegriff aus der unreflektierten Übertragung aus nichtwissenschaftlichen Kontexten zu verstehen sei, gehört er für Russell der »Kindheitsstufe« der Wissenschaften an und ist aus einer entwickelten Wissenschaft vollständig zu verbannen. Einer der sonst schärfsten Kritiker Russells stimmt dieser Diagnose zu: R. G. Collingwood unternimmt es in seiner Abhandlung *On the So-Called Idea of*

---

9 Vgl. W. Stegmüller, 1983, S. 508f., aber auch schon R. G. Collingwood, 1940, S. 300ff.

10 Der zentrale Aufsatz von M. Schlick, der exemplarisch bestimmte Probleme des Kausalitätsbegriffs ausgehend von der Alltagssprache analysiert und dieser Devise zu folgen scheint, leidet daran, dass er nur solche Fälle des alltäglichen Begriffsgebrauchs analysiert, die zugleich wissenschaftlicher Analyse fast alltäglich unterworfen werden. Er erfasst daher nicht das Ganze der Variationsbreite der kausalen Begrifflichkeit – vgl. M. Schlick, 1932.

11 Vgl. B. Russell, 1917, S. 181. Vgl. hierzu und zum folgenden D. Lipkind, 1979.

Causation explizit, drei Bedeutungen von »Causation« zu unterscheiden, wobei der erste Sinn der historisch ursprüngliche und einzig angemessene sein soll, während sich die anderen beiden Begriffe einem gefährlichen und selbstwidersprüchlichen Metaphernmix verdankten.[12] Verworfen werden die Fälle, in denen Kausalitätsbegriffe auf das Manipulieren von Naturereignissen oder die Regularität der Abfolge von Naturereignissen zurückgeführt werden. Ursprünglich sei hingegen der Fall der Einflussnahme auf freie und bewusste Handelnde.[13] Die Ursprünge der Rede von Kausalität liegen daher für Collingwood im Bereich des verantwortlichen Handelns. Wenn es nun in dieser Weise gelänge, eine ursprüngliche von abgeleiteten Bedeutungen der Ausdrücke »Kausalität« und »Ursache« zu unterscheiden und kritisch einen legitimen von illegitimen Begriffsgebräuchen zu trennen, dann würde sich die Frage nach einem kontextinvarianten Bedeutungskern nicht mehr stellen. Es wäre nämlich nur eine kontextgebundene Redeweise legitim, die anderen würden aber abgewiesen.

Solche begriffsgeschichtlichen Untersuchungen in kritischer Absicht haben jedoch den Nachteil, dass sie prinzipiell Anlass geben, entgegengesetzte Schlüsse zu ziehen. Man kann nämlich mit Russell behaupten, dass der Kausalitätsbegriff schlicht zu verwerfen ist. Mit Collingwood kann man schließen, dass die »vorwissenschaftliche« Bedeutung die ursprüngliche und einzig legitime Verwendungsweise sei und dass man nur auf die beiden anderen verzichten solle. Schließlich kann man aber auch umgekehrt schließen, dass der Begriff der Kausalität in den Naturwissenschaften, weil er sich trotz all seiner Unklarheit als unverzichtbar erwiesen hat,[14] von den Reststücken vorwissenschaftlicher Metaphorik zu befreien und rational zu rekonstruieren ist, und dass es in wissenschaftlich aufgeklärten Zeiten gelte, die vorwissenschaftlichen, historisch ursprünglichen Redeweisen gänzlich zu verbannen. Dabei ist es kein Zufall, wenn diese entgegengesetzten Folgerungen aus demselben begriffsgeschichtlichen Befund gezogen werden. Begriffsgeschichtliche Untersuchungen können nur das Material zur Kritik

---

12 Vgl. R. G. Collingwood, *On the So-Called Idea of Causation*, in: *Proceedings of the Aristotelian Society* 1938, S. 85-112. Collingwood stimmt Russell explizit S. 108f. zu, vgl. auch S. 101, sowie auch R. G. Collingwood, 1940, S. 285ff.

13 Collingwood bringt als ein Beispiel die Redewendung »causa huius convocationis est [...].« (1938, S. 86) oder die Wirkung einer Rede auf die Zuhörer (1940, S. 290).

14 Vgl. z.B. M. Bunge, 1987, S. 396-423, sowie A. Pap, 1955, S. 125ff., wo gute Argumente gegen die Reduktion des Kausalitätsbegriffs auf den physikalischen Determinationsbegriff vorgelegt werden, aber auch N. Cartwright, 1989. Entscheidend ist dabei, dass zwar der Begriff der Ursache in den Gleichungssystemen nicht auftritt und daher eliminierbar zu sein scheint, wir aber einige funktional bestimmbare Abhängigkeiten kausal interpretieren müssen, damit wir durch die Gleichungen ein Wissen über die Welt erwerben, da Wissen darin besteht, Fragen zu beantworten. Vgl. zur Debatte über die Rolle des Formalismus in den Naturwissenschaften beispielsweise S. Toulmin, 1953, Kap. 3, aber auch B. Falkenburg, 1997, mit weiteren Hinweisen.

eines Begriffs bereitstellen. Sie können diese Kritik jedoch nicht selbst üben, weil ihnen dafür der nötige Maßstab fehlt. Begriffsgeschichtliche Untersuchungen liefern nämlich keinen Standardbegriff für Wissenschaftlichkeit oder Rationalität.[15] Streng genommen können begriffsgeschichtliche Untersuchungen einen legitimen von einem illegitimen Begriffsgebrauch schon deshalb nicht unterscheiden, weil sie nicht begründen können, wann eine Mixtur von Metaphern illegitim wird. Es ist also kein Wunder, dass sowohl Russell wie Collingwood nicht nur begriffsgeschichtlich argumentieren, sondern versuchen, den Kausalitätsbegriffen, die in ihren Augen illegitim sind, Selbstwidersprüchlichkeit nachzuweisen. Damit rückt dann aber statt einer kritischen begriffsgeschichtlichen Analyse die Aufgabe einer logisch-semantischen Analyse bestimmter, kontextgebundener Rede von Kausalität in den Vordergrund.

Russell und Collingwood analysieren ausführlich bestimmte Bedeutungskomponenten, die in die wissenschaftliche Rede von Kausalität einzugehen scheinen. Collingwood untersucht beispielsweise, ob es einen spezifischen und klaren Sinn von »notwendig« gibt, den man im Auge hat, wenn man sagt, eine Ursache »bringe« eine Wirkung »hervor« oder eine Wirkung folge »notwendig« auf ihre Ursache.[16] Russell verfolgt über weite Passagen seines Aufsatzes hinweg die Frage, ob sich überhaupt ein klarer Begriff von »Ereignis« angeben lässt, demgemäß Ursachen und Wirkungen als »Ereignisse« aufgefasst werden können, und ob es überhaupt möglich ist, dass eine Wirkung zeitlich unmittelbar auf ihre Ursache folge.[17] Collingwood kommt zu dem Ergebnis, dass sich ein spezifisch kausaler Sinn von »Notwendigkeit« widerspruchsfrei nur im Rückgriff auf die erste und grundlegende Bedeutung von Kausalität explizieren lasse,[18] Russell gelangt zu dem Resultat, dass sich kein Ereignisbegriff konzipieren lasse, der es gestatte, Kausalität als eine Relation zwischen singulären Ereignissen widerspruchsfrei zu konzipieren und stattdessen von einer funktionalen Abhängigkeit zwischen Ereignistypen und Zeitstellen gesprochen werden müsse.[19] Wie tragfähig auch immer ihre Argumente sein mögen: Diese Beispiele machen deutlich, dass eine Fülle verschiedener Aspekte in einer logisch-semantischen Analyse des Kausalitätsbegriffs berücksichtigt werden müssen. Selbst wenn man die Untersuchung der Analyse bestimmter Reden von Kausalität auf einen bestimmten Kontext, etwa den der Naturwissenschaften, beschränkt, stellt sich also schnell heraus, dass man es auch hierbei

---

15 Vgl. dagegen H. G. Gadamer, *Begriffsgeschichte als Philosophie*, in: ders., *Gesammelte Werke* Bd. 2, Tübingen 1986, S. 77-91.

16 Vgl. R. G. Collingwood, 1938, S. 98ff., auch ders., 1940, S. 315ff.

17 Vgl. B. Russell, 1917, S. 179ff., vgl. auch R. G. Collingwood, 1940, S. 314ff.

18 Vgl. R. G. Collingwood, 1940, S. 320.

19 Vgl. B. Russel, 1917, S. 198.

nicht nur mit einem Problem – der Analyse der Bedeutung von Kausalaussagen in diesem Kontext – zu tun hat, sondern dass auch dabei verschiedene
Problembündel zu unterscheiden sind. Sie müssen unterschieden werden,
weil die Charakteristika der Kausalrelation, die sich dann entdecken lassen,
wenn man Fragen des einen Bündels nachgeht, zu Verwirrungen führen,
wenn sie als Eigenheiten der Kausalrelation aufgefasst werden, sofern diese
unter einer ganz anderen Fragestellung betrachtet wird. Den verschiedenen
Problembündeln entsprechen verschiedene Betrachtungsebenen, denen verschiedene Bedeutungskomponenten kausalen Vokabulars entstammen, die
in ihrer Herkunft und entsprechenden Relevanz sorgfältig zu unterscheiden
sind. Mindestens die folgenden Probleme in den folgenden Problemgruppen
müssen unterschieden werden:[20]

(i) *Logisch-semantische Probleme*, die eher mit der Frage nach der Bedeutung von Aussagen der Form »a verursacht b«, »a ist die Ursache von
b« oder »a ist die Wirkung von b« verbunden sind. Dazu gehören beispielsweise die folgenden Fragen: Welche Ausdrücke können die Stellen
von »a« bzw. »b« in den genannten Satzschemata einnehmen? Wie sind
singuläre und generelle Kausalsätze logisch zu analysieren und in welcher
Beziehung stehen sie zueinander? Ist Kausalität tatsächlich eine Relation?
Wenn ja, eine Relation welchen Typs ist die Kausalrelation? Lässt sich die
Kausalrelation als ein logischer Junktor wahrheitsfunktional analysieren?
Sind bestimmte Erweiterungen der extensionalen Logik dazu nötig und hilfreich? Wird mit einer Kausalaussage auch Notwendigkeit behauptet? Lässt
sich ein spezifischer Sinn von »kausal notwendig« explizieren? Gehört es
zur Bedeutung des Ausdrucks »Ursache«, dass eine Ursache ihrer Wirkung
vorausgehen muss? Aber auch: Was ist unter einem Kausalgesetz zu verstehen? Was unterscheidet Kausalgesetze von Gesetzen anderen Typs?
Welches ist der Zusammenhang zwischen Kausalgesetzen und sonstigen
Kausalaussagen? Fragen dieser Art scheinen zunächst auf die logische
Struktur, also auf eine Art logische Analyse der entsprechenden Sätze zu
zielen. Eine Analyse der Bedeutung von Kausalaussagen kann sich darin
nicht erschöpfen. Ihre Bedeutung wird nämlich nicht alleine durch ihre logische Form bestimmt, sondern auch über die Bedeutung der Ausdrücke,
die so zusammengesetzt eine Kausalaussage ergeben. Dabei ist zu berücksichtigen, dass sich die verschiedenen Komponenten des kausalen Vokabulars ganz verschiedenen Überlegungen verdanken und jeweils verschiede-

20 Listen von Fragen und Auffächerungen in Problemgruppen finden sich z.B. bei W. Stegmüller, 1982, S. 505; bei G. Posch, 1981, S. 9-29, insbes. S. 26f. Ich entnehme diesen Listen nur
Anregungen, folge keiner treu. Zum allgemeinen Problemaufriss vgl. E. Sosa/M. Tooley, 1993.
Die Unterscheidung der verschiedenen Ebenen ist nur vorläufig und noch nicht trennscharf. Sie
können erst im Verlauf der Arbeit genauer bestimmt werden – vgl. dazu insbes. Abschnitt 2.2.2
und Abschnitt 3.1.1, sowie Abschnitt 3.2, S. 496ff.

nen Ebenen angehören. Werden diese Ebenen nicht differenziert, stellt sich Verwirrung ein. Man wird also weiter zwischen solchen Bedeutungsmomenten zu unterscheiden haben, die sich eher Charakteristika der bezeichneten Gegenstände verdanken, sofern diese für sich genommen betrachtet werden, solchen Bedeutungsmomenten, die sich unseren Möglichkeiten verdanken, bestimmte Gegenstände als Ursache oder als Wirkung zu erkennen und damit Kausalaussagen zu verifizieren oder zu falsifizieren, und schließlich solchen Bedeutungskomponenten, die nicht kontextinvariant sind, sondern einmal von der Situation, in der die Aussage getroffen wird, abhängen und/oder auf praktische Kompetenzen des Sprechers und/oder Adressaten der Aussage Bezug nehmen. So ergeben sich die drei weiteren Problemgruppen:

(ii) *Ontologische Probleme* und Fragen, die mit den Charakteristika der Kausalrelation selbst oder aber der Relata zusammenhängen, sofern diese nicht als von uns erkennbare bzw. als Gegenstände von Aussagen betrachtet werden, sondern eben als Relationen oder als wirkliche Gegenstände. Zunächst sind hierzu Eigenheiten der Kausalrelation zu rechnen, die sich etwa daraus ergeben, dass die Relata der Kausalrelation als Ereignisse bestimmt werden, die in Raum und Zeit stattfinden, oder aber als Dinge, denen so etwas wie Kräfte zugeschrieben werden, oder aber Akteure, die durch ihr Handeln in die Welt eingreifen. Weiterhin zählen hierzu Probleme, die sich etwa aus dem Unterschied zwischen Entstehen und sich Verändern ergeben. Hierunter fallen auch Fragen nach besonderen Eigenheiten der Kausalrelation, die sich im Rahmen physikalischer oder anderer einzelwissenschaftlicher Theorien ergeben mögen. Obwohl diese Gruppe von Fragen heterogen ist, zielen sie alle auf Eigenschaften der Kausalrelation und der Relata, die sich nicht der Reflexion auf die Möglichkeit verdanken, die Relation und die Relata als solche zu erkennen oder Aussagen über sie in grammatisch wohlgeformten Sätzen auszudrücken.

(iii) *Epistemologische Probleme*, die eher mit erkenntnistheoretischen und wissenschaftstheoretischen Fragen verbunden sind, zum Beispiel Fragen nach den Verifikationsmöglichkeiten von Kausalaussagen, aber auch die Frage nach den Diagnosemöglichkeiten für Kausalverhältnisse. Woran erkennt man eigentlich, dass etwas verursacht ist? Wie soll es möglich sein, etwas als Ursache von etwas anderem zu erkennen? Aber auch umgekehrt: Woran erkennt man, dass etwas eine Wirkung von etwas anderem ist? Diese Fragen stellen sich nicht nur im Fall singulärer, sondern auch im Fall genereller Kausalaussagen. Hierzu gehören auch die zahlreichen wissenschaftstheoretischen Probleme der Induktion und der Wahrscheinlichkeitslehre, sofern die Frage nach der Möglichkeit bzw. Unmöglichkeit der Bestätigung von Kausalbehauptungen betroffen ist. Alle diese Fragen gewinnen noch an Relevanz, wenn man einen engen Zusammenhang zwischen der Bedeutung von Kausalaussagen und Kausalgesetzen annimmt. Natürlich lassen sich diese Fragen nur mit denen der vorangehenden Gruppe zusammen beantworten, denn von der zu erkennenden Eigenheit hängt es ab, welche Möglichkeiten überhaupt bestehen. Doch wird in ihnen das Kausalproblem weder als ein Problem der logisch-grammatischen Analyse von Kausalaussagen noch von Eigenschaften der Relation oder der Relata aufgefasst, sondern als eine Frage nach unseren Erkenntnismöglichkeiten und den Eigenschaften, die der Relation und den Relata insofern zugesprochen werden müssen, als sie erkennbar sein sollen.

(iv) *Pragmatische Probleme*: Gerade die Frage nach den Erkenntnismöglichkeiten zwingt dazu, einen weiteren Problembereich zu unterscheiden, dem sich eigene Bedeutungskomponenten des kausalen Vokabulars verdanken. Denn die Diagnosemöglichkeiten setzen oftmals voraus, dass wir in bestimmter Weise handeln können und dass die Dinge so sind, dass sich mit ihnen und in ihrer Mitte handeln lässt. So können Ursachen unter Umständen durch manipulierende Eingriffe in Ereignisabläufe diagnostiziert werden, so dass etwa solche Bedeutungskomponenten des kausalen Vokabulars, die sich dieser Möglichkeit verdanken, Handlungskompetenzen präsupponieren. Es mag aber auch sein, dass sich bestimmte Bedeutungskomponenten dem Umstand verdanken, dass wir in einer Situation gegenwärtig sind oder dass wir die praktische Relevanz von etwas für etwas anderes erkennen. So kann man etwa als Straßenplaner angesichts eines Unfalls sagen, er sei durch die schlechte Straßenführung verursacht; als Automechaniker hingegen auf die schlechten Bremsen hinweisen; als Jurist auf den Alkoholkonsum des Fahrers, usf. Kausalaussagen können also auch in dieser, nicht kontextinvarianten Weise, auf Handlungszusammenhänge verweisen. Hier ist die Vielzahl der Möglichkeiten durch Aspekte möglicher Handlungen bedingt. Ich möchte diese wiederum in sich heterogene Gruppe von Problemen deshalb unter dem Sammelbegriff der »pragmatischen Problemkomponente« zusammenfassen, auch wenn diese Problemgruppe nicht immer klar von den anderen abzugrenzen ist.[21]

Diese Liste lässt vorläufig erahnen, welch unterschiedliche Fragen sich stellen, wenn man den mit dem Kausalitätsbegriff der Naturwissenschaften verbundenen Problemen nachspüren will. Für eine Analyse des kausalen Vokabulars ist ihre Unterscheidung hilfreich, wenn nicht gar unentbehrlich. Allerdings ist die Liste schon insofern unbefriedigend, als beim jetzigen

---

21 Der Begriff des Pragmatischen, der in die Rede von pragmatischen Bedeutungsaspekten oder gar pragmatischen Präsuppositionen eingeht, ist hinreichend vage, um verschiedene Intuitionen aufzugreifen – sowohl die Situationsbezogenheit wie die Relativität auf Handlungsmöglichkeiten. Vgl. dazu S. Soames, 1989; R. Enskat, 1978, S. 16f. R. Enskat hat jüngst eine Analyse der Struktur kausalen Wissens vorgelegt, in der die pragmatischen Voraussetzungen geradezu in den Mittelpunkt treten – vgl. Enskat, 2005, S. 321ff.

Stand der Überlegungen keine genauen Kriterien angegeben werden können, wann beispielsweise eine Charakterisierung der Kausalrelation die
zweite oder dritte Problemebene betrifft. Dies wird eine der Aufgaben der
folgenden Untersuchungen sein. Die Liste ist darüber hinaus prinzipiell un-
systematisch, weil eine Systematik bereits eine ganze Reihe von Antworten
auf einige der Fragen voraussetzen würde. Schon die Einteilung in die
Problemgruppen ist fragwürdig. Sie setzt nämlich unter anderem voraus,
dass man Fragen der Bedeutung von Fragen der Verifikation und der Ontologie sauber trennen kann. Es gibt aber Kausalitätstheorien – und Humes
Kausalitätstheorie ist dafür nur ein prominentes Beispiel –, in welchen die
Frage, was man unter »Kausalität« oder unter »Ursache« versteht, gar nicht
systematisch unterschieden wird von der Frage, aufgrund welcher Indizien
oder Merkmale man erkennen kann, ob etwas eine Ursache bzw. Wirkung
ist.[22] Ähnliches könnte man auch bei Carnaps Diktum »Kausalität heißt
Voraussagbarkeit« vermuten.[23] Inwiefern die hier vermisste systematische
Trennung von Fragen überhaupt sinnvoll ist, kann jedoch nur im Rückgriff
auf Überzeugungen oder Theorien entschieden werden, die der eigentlichen
Untersuchung des Kausalproblems vorausliegen. So gehen eben in die
Nichtunterscheidung dieser Fragen bei Hume, aber auch bei Carnap, bestimmte Überlegungen darüber ein, was es heißt, dass ein Begriff oder Ausdruck dieses oder jenes bedeutet. Wenn man mit Hume versucht, die Bedeutung eines Ausdrucks lediglich dadurch zu bestimmen, dass man genau
beschreibt, anlässlich welcher basalen Vorstellungen oder Eindrücke er
richtig gebraucht wird,[24] lässt sich die Frage nach der Wortbedeutung schon

---

22 Humes Methode, einen Begriff dadurch zu analysieren, dass nach den ihm zugrunde liegenden sinnlichen Eindrücken gefragt wird, lässt beide Fragen zusammenfallen, da letztlich auch die
Frage, woran man das Vorliegen eines Kausalverhältnisses erkennen kann, im Rückgriff auf dasselbe Datenmaterial beantwortet werden muss (vgl. *Enquiry* I, sec. ii, S. 22). Neuere Interpretationen – etwa die von G. Strawson, 1989 – vertreten hingegen die Ansicht, Hume habe beide Ebenen
deutlich auseinander gehalten. Seine Regularitätsthese gehöre der epistemischen Ebene an und auf
der ontologischen habe er Kausalität als ein reales Verhältnis zwischen realen Objekten durch
kausale Kräfte angenommen. Es ist allerdings fraglich, ob Hume so nicht eine Position zugeschrieben wird, die methodisch in eine problematische Metaphysik zurückzufallen droht. Hier
kommt es mir nicht darauf an, Hume im Detail Gerechtigkeit widerfahren zu lassen, sondern ihn in
seiner Wirkungsgeschichte des Empirismus zu skizzieren – vgl. dazu A. Pap, 1955, S. 111ff.,
sowie, auf Hume zentriert, F. Zabeeh, 1960.
23 So R. Carnap, 1986, S. 192; vgl. M. Schlick, 1932; sowie W. Stegmüller, 1983, S. 537.
24 Vgl. D. Hume, *Treatise* I, iii, 2, S. 74f.: »To begin regularly, we must consider the idea of
causation, and see from what origin it is deriv´d. ´Tis impossible to reason justly, without understanding perfectly the idea concerning which we reason; and ´tis impossible perfectly to under-
stand any idea, without tracing it up to its origin, and examining that primary impression, from
which it arises. The examination of the impression bestows a clearness on the idea; and the examination of the idea bestows a like clearness on all our reasoning.« Dass auch für Hume ein systematischer Zusammenhang zwischen Kausalitäts- und Schöpfungsbegriff besteht, verfolge ich hier
nicht weiter.

deshalb nicht von der Frage nach den Diagnose- oder Verifikationsmöglichkeiten trennen, weil es eben diese Vorstellungen oder Eindrücke sind, die dann auch als Symptome oder Indizien herangezogen werden müssen. Wird eine Bedeutungstheorie vorausgesetzt, die Bedeutung und Verifikation in einen zu engen systematischen Zusammenhang stellt, dann drohen die beiden Fragen ineinander zu fallen, die in dem provisorischen Schema unterschiedlichen Problemgruppen zugeordnet wurden. Ähnliches ließe sich auch für andere Fragen zeigen.

Diese Überlegungen machen deutlich, dass bereits eine bloße Auflistung und Gruppierung der Fragen, die sich im Umkreis des Kausalitätsbegriffs in dem begrenzten Kontext der Naturwissenschaften stellen, alles andere als systematisch unschuldig ist. Verschiedene Theorien der Kausalität unterscheiden sich eben unter anderem auch darin, ob sie ein bestimmtes Merkmal – etwa das von Hume herausgearbeitete Merkmal der Regularität – als Antwort auf die Frage interpretieren, was Sätze der Form »a ist die Ursache von b« bedeuten, oder aber als (Teil-)Antwort auf die Frage, woran man erkennen könne, dass ein Satz dieser Art wahr ist, bzw. dass das eine die Ursache vom anderen ist. Verschiedene Sachverhalte werden in den unterschiedlichen Kausalitätstheorien als Antworten auf verschiedene Fragen an unterschiedlicher systematischer Stelle platziert, weil den unterschiedlichen Theorien verschiedene Auffassungen zum Beispiel darüber zugrunde liegen, was es heißt, dass ein Ausdruck etwas bedeutet und etwas bezeichnet. Die Frage, welche Systematik des Fragens angemessen ist, lässt sich in einer logisch-semantischen Analyse von Aussagen der Form »a verursacht b«, »a ist die Ursache von b« oder »a ist die Wirkung von b« nicht begründet beantworten, sondern ist zumeist im Voraus entschieden. Eine logisch-semantische Analyse kann aus sich selbst heraus nicht die Kriterien und Ordnungsgesichtspunkte entwickeln, durch die eine systematische Gewichtung dieser Fragen legitimiert werden könnte. Sie müsste den Maßstab dafür von einer anderen Instanz empfangen.

Doch ist damit nicht die einzige Verzweigung markiert, an der verschiedene Kausalitätstheorien unterschiedliche Richtungen verfolgen. Auch bei der logisch-semantischen Analyse der Bedeutung von Aussagen wie »a verursacht b« in dem begrenzten Kontext der Naturwissenschaften ist es zusätzlich eine offene Frage, von welchem Ausgangspunkt aus die Untersuchung zu beginnen hat. So ist es eines, mit Hume darauf zu verweisen, dass es die ursprüngliche Erfahrung der Regularität bzw. der beständigen Verknüpfung zweier Ereignisse sei, der sich der Begriff der Kausalität verdanke, ein anderes aber, mit Humes Konkurrenten Thomas Reid davon auszugehen, dass es die ursprüngliche Erfahrung des Hervorbringens von etwas durch menschliches Handeln sei, von der aus allein sich der Begriff der

Kausalität bilden lasse.[25] Diese Kontroverse ist alles andere als eine historisch abgetane Angelegenheit. Entsprechend ist es beispielsweise kein Wunder, wenn Collingwood in seiner zitierten Abhandlung zwei Varianten der beiden abgeleiteten Kausalitätsbegriffe entlang dem humeschen Regularitätskonzept und entlang der Idee einer Manipulation von Naturereignissen durch menschliches Handeln konzipiert.[26] Ebenso wenig darf es verwundern, wenn auch in heutigen Debatten auf der einen Seite Kausalität auf das Bestehen von Kausalgesetzen zurückgeführt werden soll, und auf der anderen Seite auf den manipulierenden Eingriff in normale und gewöhnliche Geschehensabläufe, etwa im Experiment.[27] Die Kontroverse zwischen Hume und Reid zeigt, dass auch die Entscheidung darüber, von welchem als grundlegend angenommenen Umstand die Analyse von Kausalbegriffen auszugehen habe, wiederum von Überzeugungen oder Behauptungen abhängt, die der eigentlichen Analyse der Kausalität vorausgehen. So ist zwischen Hume und Reid strittig, was als grundlegender Eindruck und basale Erfahrung zu gelten hat und ob entsprechend die Erfahrung der Kraft und des Hervorbringens im eigenen Handeln tatsächlich (wie Reid annimmt) eine ursprüngliche Erfahrung ist oder nicht eher (wie Hume skeptisch einwenden würde) eine zusammengesetzte Vorstellung, in welche bereits problematische Interpretationsschritte eingehen.[28] Grundlegender noch ist der Unterschied, welche Rolle die Sprache in den beiden Ansätzen jeweils einnimmt. Reid sucht nicht nach einfachen Eindrücken, sondern nach Erfahrungen, die bereits in den grammatischen Formen der Sprache begriffen sind, also elementare sprachliche Strukturen, in denen Erfahrungen immer schon gemacht werden. Basale Eindrücke sind hingegen für Hume nicht immer schon sprachlich strukturiert. Was zu Beginn der Analyse als basal gilt, entscheidet sich also nicht im Verlauf dieser Analyse selbst, sondern durch ihr voraus liegende Annahmen darüber, was basale Vorstellungen sind und wie man sie von abgeleiteten Vorstellungen unterscheiden kann, bzw. was eigentlich der Gegenstand und das Ziel des gesamten Analyseverfahrens ist.

---

25 Vgl. Thomas Reid, *On Active Powers* V, ii, S. 515. Im gesamten Essay argumentiert Reid von den elementaren grammatischen Formen der Sprache her. Er geht ihm also nicht darum, vermeintliche oder tatsächliche einfache Sinneseindrücke zu analysieren, sondern immer schon in Sprache begriffene Erfahrungen – vgl. auch ibid. S. 605a. Vgl. zur Kontroverse zwischen Hume und Reid auch R. D. Gallie, 1989, S. 154f., W. C. Rowe, 1991, S. 49ff., und E. Lobkowicz, 1986.

26 Vgl. Collingwood, 1938, S. 86ff., S. 89f. und S. 100.

27 Ich denke hier natürlich einerseits an Versuche, eine Theorie der Kausalität entlang einer Theorie kausaler Erklärungen im Sinne C. Hempels auszuarbeiten, bzw. andererseits an die Versuche, sich den Kausalitätsbegriff vom Begriff der Intervention entlang dem Entwurf von von Wright auszuarbeiten – beide Ansätze werden im 2. Kapitel diskutiert werden – vgl. Abschnitt 1.2.1, sowie 1.2.2.2.

28 Vgl. D. Hume, *Enquiry*, sec. I, p. II, S. 67ff.

Bei der Beurteilung der Möglichkeiten, die der Kausalitätstheorie durch unterschiedliche Annahmen sowohl darüber, was es überhaupt heißt, dass ein Ausdruck etwas bedeutet, und wie auch darüber, was als richtiger Ausgangspunkt der Analysen zu wählen ist, eröffnet werden, wurde bisher ein Gesichtspunkt weitgehend ausgeklammert, der zu Beginn dieses Abschnitts hervorgehoben wurde und dem in den folgenden Untersuchungen besonderes Gewicht zukommen wird. Die bisher betrachteten Unwägbarkeiten stellten sich nämlich schon alleine angesichts der Aufgabe, die Probleme der Kausalität eingeschränkt auf einen bestimmten Kontext zu untersuchen. Ihren Ausgang nahm diese einleitende Skizze jedoch von der Beobachtung, dass kausales Vokabular in den verschiedensten Kontexten verwendet wird, so dass ein einheitlicher und kontextinvarianter Bedeutungskern der Rede von Kausalität kaum auszumachen ist. Die kritische Begriffsgeschichte reagierte auf die Frage nach einem univoken Bedeutungskern mit dem Versuch, historisch ursprüngliche Bedeutungen von späteren zu unterscheiden und diese als illegitime Übertragungen in fremde Kontexte zu verwerfen. Die Frage nach einem univoken Bedeutungskern sollte sich dadurch gleichsam erledigen, dass – wenn überhaupt – nur eine Gebrauchsmöglichkeit als ursprüngliche Anerkennung fand. Diesem Versuch mangelt es jedoch an einem Kriterium, eine solche Unterscheidung überhaupt begründet durchführen zu können. Die logisch-semantische Analyse hat sich demgegenüber von vornherein auf die Analyse des kausalen Vokabulars in einem begrenzten Kontext beschränkt. Insofern ihr die Analyse gelang, meinte sie, zugleich die Legitimität und Sinnhaftigkeit dieses Gebrauchs des kausalen Vokabulars dargelegt zu haben. Offen bleibt dabei aber, wie es um die Rede von Kausalität und Kausalzusammenhängen in den Kontexten bestellt ist, die gerade nicht im Fokus dieser Analysen standen. Will man sich nicht auf die Behauptung versteifen, dass die Rede von Kausalverhältnissen in anderen Zusammenhängen völlig illegitim sei, so bleiben scheinbar nur zwei Optionen. Zum einen kann man behaupten, dass auch in den anderen Kontexten sinnvoll und wissenschaftlich von Kausalität letztlich nur im bereits analysierten Sinn geredet werden könne. Die Unterscheidung verschiedener Kontexte gilt dann nur als eine scheinbare, sie bilden keine streng zu unterscheidenden Gebiete mit je eigenen Kausalverhältnissen. Dort wo kausales Vokabular in einer anderen Weise verwendet wird, handelt es sich entsprechend um einen unaufgeklärten und illegitimen Gebrauch. Eine solche Reaktion auf die Kontextvielfalt fordert ein reduktionistisches Programm. Zum anderen kann man versuchen, die anderen Kontexte in ihrer Eigenart anzuerkennen und sich das dort verwendete kausale Vokabular in Analogie zu dem bereits analysierten zurechtzulegen. Wenn man beispielsweise den manipulierenden Eingriff in gewöhnliche Ereignisabläufe zum Ausgangspunkt einer Analyse der Kausalität zunächst in dem begrenzten Kontext der

Naturwissenschaften wählt, liegt es nahe, Analogien zum Bereich menschlichen Handelns, aber auch zum Bereich von Kausalverhältnissen in den Bereichen der Natur, die menschlicher Intervention prinzipiell nicht zugänglich sind, zu behaupten.[29] Auch eine solche Analogiebildung ist nicht darauf aus, einen strikt invarianten und univoken Bedeutungskern der Rede von Kausalität in den verschiedensten Kontexten anzunehmen. Allerdings bleibt diese Reaktion den Nachweis schuldig, dass solche Analogiebildungen legitim sind. Gleich welche dieser beiden Alternativen man wählt, die Entscheidung selbst liegt auch hier der eigentlichen logisch-semantischen Analyse des kausalen Vokabulars voraus. Mehr noch, durch den spezifischen Ansatz der skizzierten Analysen ist ausgeschlossen, dass ein möglicher univoker Begriff von Kausalität überhaupt in den Blick kommt. Das Analyseverfahren ist nämlich in jedem Fall so gewählt, dass nicht einmal mögliche Kriterien für die Univozität eines Kausalbegriffs hinreichend expliziert werden können.

Tritt man von diesen Einzelproblemen einen Schritt zurück und wirft einen Blick auf die bisher gegebene Skizze, dann bietet sich ein ernüchterndes Bild. Die begriffsgeschichtliche Analyse des kausalen Vokabulars kann aus sich selbst heraus kein Kriterium dafür entwickeln, wann eine Begriffsbildung durch Metaphern- und Analogiebildungen als illegitim abzuweisen oder als gelungen anzuerkennen ist. Sie ist dazu auf einen Standardbegriff von Rationalität angewiesen, den sie von außen empfangen müsste. Für die kontextorientierte logisch-semantische Analyse hat sich darüber hinaus eine ähnliche Orientierungslosigkeit gezeigt. Sowohl die Entscheidung für eine Systematik des Fragens wie auch die Wahl eines bestimmten Ausgangspunkts der Analyse lassen sich durch die logisch-semantische Analyse des kausalen Vokabulars in einem Kontext selbst nicht begründen, sondern liegen ihr voraus. Die Resultate solcher Analysen sind so durch Überlegungen vorentschieden, die selbst nicht in ihnen expliziert und begründet werden. Gleiches gilt für die Reaktionen auf die Frage, ob es einen univoken Bedeutungskern der Rede von Kausalität geben könnte. Der Versuch, sich über die Probleme, die der Kausalitätsbegriff aufwirft, einen Überblick zu verschaffen, illustriert also, wie leicht die Konzentration auf Spezialprobleme gemäß dem Ideal wissenschaftlicher Arbeitsteilung systematische Ratlosig-

---

29 Ich denke hier vor allem an den Ansatz von L. Krüger, der von Wright in diese Richtung weiterführt – vgl. ders.: 1994, und 1992. Dort spricht Krüger regelrecht von einem »Analogieprinzip« (S.12ff.). In gewisser Weise lassen sich diese Überlegungen an T. Reid anschließen, der einen strikten und engen Kausalitätsbegriff – den der Handlungskausalität – von einem laxeren und weiteren unterscheidet – dem der Physik, dem ein durch Analogie gebildeter Kraftbegriff zugrunde liegt (vgl. Rowe, 1991, S. 60ff.). Ein interventionistischer Kausalitätsbegriff findet sich beispielsweise auch bei H. Tetens, 1987, S. 15ff.; kritisch dazu B. Falkenburg, 1995, S. 52ff. Jüngst haben Keil, 2000, und Woodward, 2003, an diese Tradition wieder angeknüpft.

keit hervorrufen kann. Gelegentlich wurde sogar die Konsequenz gezogen, der Kausalitätsbegriff sei nicht analysierbar sondern ein einfacher Grundbegriff.[30]

Diese Orientierungslosigkeit ist ein Symptom, das auf grundlegendere Probleme im Methodenbegriff der philosophischen Begriffsanalyse verweist.[31] Das Projekt einer Begriffsanalyse fordert, eine ungeordnete Fülle von möglichen Bedeutungsaspekten, die ein der Umgangssprache entnommener oder aus der Geschichte aufgegriffener Begriff zunächst immer mit sich führt, zu ordnen und zu klären, indem eine endliche Liste kompatibler Merkmale erstellt oder aber eine endliche Liste von Bedingungen für das Vorliegen einer Instanz des Begriffs formuliert wird. Dabei wird an solche Begriffsklärungen eine doppelte Anforderung gestellt, nämlich einerseits die Fülle tatsächlich vorgegebener Bedeutungsnuancen nicht zu ignorieren, und andererseits einen scharf umrissenen Begriff zu entwickeln, der es gestattet, angesichts jedes Einzelfalls zu entscheiden, ob er unter den Begriff fällt oder nicht. Weil die Begriffe so, wie sie in der Umgangssprache vorkommen oder in der Geschichte dokumentiert sind, meist miteinander nicht verträgliche Elemente enthalten, kann diese Methode nicht der Frage ausweichen, welche Merkmalsgruppe den eigentlichen Begriff bildet und welche anderen Merkmale nicht in den präzisierten Begriff integriert werden können.[32] Begriffsanalyse fordert immer Begriffspräzisierung, und »praecisio« heißt eben auch »Abtrennung«. Die Begriffsanalysen fallen daher auch deswegen schon grundsätzlich verschieden aus, weil das vage Vorbild des Resultats der Analyse – des präzisierten und analysierten Begriffs – eben immer zugleich als verschwiegene Norm den Analyse-Prozess mitbestimmt.[33]

30 Vgl. M. Scriven, 1966, S. 57ff.

31 Im Folgenden greife ich Überlegungen auf, die W. C. Craig am Fall der philosophischen Analysen des Wissensbegriffs entwickelt hat, wenngleich Craig aus seinen Diagnosen völlig andere methodologische Schlüsse zieht als ich – vgl. W. C. Craig, *Was können wir wissen? Pragmatische Untersuchungen zum Wissensbegriff*, Frankfurt a. M. 1993, Kap. I.: *Analyse? Nein Danke*.

32 Vgl. hierzu U. Meixner, 2001, S. 24ff., und S. 64ff., der davon spricht, dass alle Explikationen »gewissen Intuitionen nicht gerecht« würden, so dass es darauf ankomme, eine Definition zu finden, die »insgesamt am besten abschneidet« (S. 69). Wenn ich richtig sehe, gibt es für dieses »insgesamt besser abschneiden« bei Meixner kein Kriterium.

33 Diese Probleme des Begriffs der Analyse lassen sich als eine Version der »Paradoxie der Analyse« auffassen, dass nämlich das Analysandum und das Analysans einerseits bedeutungsgleich sein müssen, womit aber Erklärungen trivial werden, und andererseits ein Bedeutungsunterschied vorliegen muss, damit sie überhaupt etwas erklären, womit sie aber falsch und offen für Gegenbeispiele werden (vgl. A. Pap, 1955, S. 229ff.). Die für Analysen konstitutive Differenz von Explikans und Explikandum ist ein methodischer Leerraum, der der Willkür zunächst offen steht. Versteht man Explikation hingegen als eine kontrollierte Begriffsbereinigung, deren Resultat von den Bedeutungsgehalten der Umgangssprache zumindest insofern abweichen darf, als die verschiedenen Momente sortiert werden, dann kann dieses methodische Niemandsland durch die Vorzeichnung eines systematischen Ganzen begründet strukturiert werden.

Aus dieser methodischen Unterbestimmtheit der Begriffsanalyse lassen sich verschiedene Auswege suchen, etwa der Weg in pragmatische Überlegungen.[34] Dieser Weg ist insofern nahe liegend, als vor oder im Verlauf der eigentlichen Analyse die Funktion des Begriffs in der Lebenswelt den nötigen Leitfaden abgibt. Doch hat sich die Perspektive der lebensweltlichen Funktionalität für die Analyse theoretischer Begriffe allzu häufig als zu eng erwiesen. Theoretische Erkenntnis hat nämlich eine Eigendynamik, die in pragmatischen Funktionen nicht aufgeht. Gerade wenn Theorien auf ein Ganzes an Erkenntnis abzielen und zugleich die Einheit des Wissensbegriffs gewahrt werden soll, genügt eine pragmatistische Analyse nicht mehr. Das anspruchsvolle Theorieprogramm einer Rekonstruktion der Begriffe aus pragmatischen Kontexten verkennt die Eigengesetzlichkeit begrifflichen Argumentierens, das auf ein Ganzes aus ist.[35]

Näher liegend ist es daher, sich bei der Begriffsanalyse eine Orientierung durch die Funktion des zu analysierenden Begriffs im Rahmen eines Ganzen der angestrebten Erkenntnis zu erwarten. Das erfordert eine Reflexion auf die Fragen, die für theoretische Erkenntnis begründend sind, und auf die mit diesen Fragen *entworfene – weil durch sie geforderte –* Struktur des Wissens. Dieses Ganze des Wissens muss bestimmten Anforderungen gerecht werden. Die Funktion des Begriffs bestimmt sich somit weniger von seiner pragmatischen Seite her, als vielmehr aus der Struktur des durch Fragen vorentworfenen Ganzen des möglichen Wissens. Um diesem Ganzen und den dafür grundlegenden Fragen auf die Spur zu kommen, soll im nächsten Abschnitt, vor allem aber im zweiten Kapitel, die Geschichte der Philosophie in den Blick genommen werden. Denn die Geschichte der Philosophie bietet – bei geeigneter Interpretation unter den entsprechenden Fragen – das Material, bei dessen argumentativer Strukturierung die Funktion elementarer Begriffe für ein mögliches Ganzes des versuchten Erkennens sichtbar wird. Die systematische Frage nach der Funktion des Kausalitätsbegriffs für das Erkennen bedarf des historischen Materials, wie auch umgekehrt die Geschichte der Philosophie durch geeignete systematische Fragen allererst zum Sprechen gebracht werden kann. Eine solche Analyse mag idealerweise dazu führen, einzelne Bedeutungsmomente als basale, andere als anwendungsbezogene Modifikationen, wieder andere als kontrollierte Analogiebildungen zu rekonstruieren, so dass in der heterogenen und an sich inkompatiblen Mannigfaltigkeit von Bedeutungsaspekten eine ver-

34 Diesen Weg schlägt W. C. Craig für seine Analysen des Wissensbegriffs ein. Für die Analyse des Kausalitätsbegriffs ist dieser Weg exemplarisch von van Fraassen beschritten worden. Vgl. zu grundsätzlichen Grenzen dieses Ansatzes bereits L. Krüger, 1970.

35 Das bedeutet nicht, dass eine Analyse pragmatischer Aspekte der Bedeutung für eine Analyse des kausalen Vokabulars schlicht entbehrlich sei. Entscheidend ist nur der systematische Ort, an dem diese pragmatischen Aspekte ins Spiel kommen.

borgene Systematizität und Vernunft erscheint. Dazu bedarf es aber der vorzeichnenden Strukturierung dieser Mannigfaltigkeit. Wie eine solche Vorzeichnung als Idee einer Systematisierung aussehen und begründet werden kann, wird im 2. Kapitel der vorliegenden Arbeit herausgearbeitet.[36]

Zunächst ist aber eine Ergänzung zu machen, die weitergehende Absichten der nachfolgenden Untersuchungen betrifft. Das Kausalproblem hat im 20. Jahrhundert durch die Resultate der Einzelwissenschaften, vor allem der Physik, eine Wendung erfahren, die es verbietet, historisch abgetane Positionen einfach wieder zu beleben. Unter dem Kausalproblem versteht man heute auch die verschiedenartigsten Probleme, die unter den Stichworten »Determinismus und Indeterminismus« verhandelt werden. Die neue Physik, vor allem die Quantenmechanik, wirft die Frage auf, ob alles kausal bestimmt sei, d.h. ob das Kausalprinzip uneingeschränkt gelte. Für grundlegende Bereiche muss die Vorstellung, determinierende Kausalgesetze behaupten zu können, aufgegeben werden. Diese Probleme sind für die vorliegenden Untersuchungen deshalb von Bedeutung, weil eine Begriffsanalyse, die für grundlegende Bereiche des physikalischen Wissens schlichtweg nichts taugt, unbefriedigend bleiben muss. Insofern Begriffsanalyse unter der Maßgabe eines möglichen Ganzen des Erkennens steht, darf die basale Naturerkenntnis nicht außen vor bleiben. Derartige Fragen werden auch dann für die vorliegenden Untersuchungen dringlich, wenn der Kausalbegriff als Begriff einer allgemeinen Metaphysik etabliert werden soll. Denn dann muss es sich – wie im nachfolgenden zweiten Teil ausführlicher gezeigt werden soll – um einen Begriff handeln, der auf jedes Seiende in irgendeiner Weise anwendbar ist. Sollte es sich bei den Quantenphänomenen um Bereiche des Seienden handeln, bei denen kausales Vokabular prinzipiell nicht angewendet werden kann, dann müsste dieser Versuch als

---

36 Die Geschichte der Philosophie stellt diese systematisierenden Gesichtspunkte natürlich nicht einfach bereit. Verschiedene Vorstellungen darüber, wie eine philosophische Behandlung der Philosophiegeschichte methodisch vorzugehen habe, geraten letztlich auch in ähnliche Schwierigkeiten. Denn es scheint hinreichend willkürlich, welche Aspekte der Geschichte der Philosophie man herausgreift. Das gilt beispielhaft für den Versuch, Philosophiegeschichte als Problemgeschichte zu konstruieren, wie es N. Hartmann, 1936, eindringlich und in vielen Punkten auch überzeugend versucht hat. Denn es zeigt sich schnell, dass sich »ewige Probleme«, die beispielsweise sowohl Platon als auch Carnap bearbeitet haben sollen, gar nicht identifizieren lassen, es sei denn, die Problemstellung wird dermaßen vage, dass alle Differenzen verschwimmen. Man braucht nämlich am Ende doch einen, vielleicht aus der Philosophiegeschichte erarbeiteten, aber begrifflich von der Philosophiegeschichte unabhängigen Begriff der Philosophie, um das sich dort bietende Material für die Problembearbeitung nutzbar werden zu lassen. Insofern Warum-Fragen kategoriale Fragen sind, die sich angesichts von allem stellen lassen, und weil Warum-Fragen tatsächlich für das Programm der Metaphysik konstitutiv gewesen sind, ergibt sich ein orientierender Leitfaden, dem der Rückgriff auf die Philosophiegeschichte folgen wird, so dass sie sich nicht von einer Orientierungslosigkeit in die nächste verliert – vgl. zum Problem der Problemgeschichte N. Hartmann, 1936, dazu W. Wieland, 1962, S. 29ff., sowie R. Schnepf, 1996, S. 102, Anm. 7.

gescheitert gelten.[37] Ich werde im letzten Kapitel diese Schwierigkeiten streifen, soweit dies für die Bildung eines möglichst umfassenden univoken Kernbegriffs der Kausalität notwendig ist.

1.1.2 Einige Probleme des Schöpfungsbegriffs

Der Schöpfungsbegriff und der Kausalitätsbegriff gehören derartig divergierenden Problembereichen an, dass auch die Exposition der mit ihnen verbundenen Probleme ganz verschiedenen Zuschnitt haben muss. Während im Fall des Kausalitätsbegriffs ein erster Überblick über eine verschlungene Problemlandschaft gegeben werden musste – nur so sprang nämlich die angezeigte Orientierungslosigkeit ins Auge –, kommt es bei der Exposition des Schöpfungsbegriffs ganz im Gegenteil darauf an, einen guten Teil der möglichen Fragen und Aspekte auszublenden. Wer über »Schöpfung« redet, hat es nämlich zunächst mit einem unüberschaubar auswuchernden Thema zu tun, finden sich doch Schöpfungsberichte oder Schöpfungserzählungen, aber auch regelrechte Schöpfungstheorien in großer Vielzahl und Variantenreichtum zu allen Zeiten in den verschiedensten Kulturen und Gesellschaften.[38] Für die vorliegenden Untersuchungen kommt es aber nicht auf eine vollständige Interpretation der verschiedensten Schöpfungsmythen an, weil nach einem philosophisch relevanten, zumindest aber problematischen Begriff der Schöpfung gefragt werden soll. Will man einen Schöpfungsbegriff philosophisch fruchtbar machen, muss die Konzentration auf einen bestimmten Begriff gelenkt werden. Auch wenn das Risiko besteht, sich in Unsinn zu verstricken, ist es oft die Beschäftigung mit problematischen Begriffen, die eine philosophische Analyse vorantreibt, gerade weil in derartigen Fällen genaue Kriterien für »sinnvoll« bzw. »sinnlos« oder »unsinnig« angegeben und begründet werden müssen. Extreme Begriffe zwingen dazu, auf den Grund der Bedeutsamkeit von Begriffen überhaupt zu reflektieren. Im Folgenden ist deshalb unter »Schöpfung« genauer »Schöpfung aus dem Nichts« zu verstehen. Die Konzentration auf diesen Schöpfungsbegriff liegt nahe, weil er die größten Probleme aufwirft: Er ist am meisten dem Sinnlosigkeitsverdacht ausgesetzt. Seine Rekonstruktion bedarf einer besonderen Anstrengung und ist deshalb besonders fruchtbar für die Absichten der vorliegenden Arbeit.

---

37 Vgl. zu den Problemen, die durch die neuere Quantenmechanik für den Kausalitätsbegriff entstehen, die klassische Abhandlung von E. Cassirer, 1937; von den neueren Arbeiten z.B. P. Mittelstaedt, 1989, insbes. Kap. V.

38 Einen konzentrierten Überblick bieten die Artikel unter dem Lemma »Schöpfung« von R. Albertz, J. Köhler und F.-B. Stammkötter im *Historischen Wörterbuch der Philosophie* Bd. 8, S. 1389-1413.

Die Bedenken gegen diesen zugespitzten Schöpfungsbegriff sind so zahlreich, dass begründet werden muss, warum er Gegenstand einer philosophischen Untersuchung werden kann. Beispielsweise liegt der Einwand nahe,
der Begriff einer Schöpfung aus dem Nichts oder einer *creatio ex nihilo* sei
gar kein originär philosophischer, vielleicht nicht einmal ein in irgendeinem
Sinn theoretischer Begriff, sondern günstigstenfalls ein Ausdruck einer spezifisch religiösen Sprache, von der nicht recht zu sehen ist, wie sie funktioniert. Die dabei relevanten sprachtheoretischen Untersuchungen und meta-
theologischen Diskussionen kreisen dann oftmals um die Frage, ob die reli-
giöse Sprache »kognitiv« oder »nonkognitiv« zu verstehen sei, d.h. ob mit
einem Satz der religiösen Sprache »etwas ausgesagt oder etwas ausgedrückt« wird.[39] Die Versuchung ist entsprechend groß, von Sätzen der religiösen Sprache zu behaupten, sie sagten keinerlei Sachverhalt aus, sondern
drückten lediglich eine Gemütslage oder eine soziale Lebensform aus. Die
These, der Schöpfungsbegriff sei ein Ausdruck, der nichts sage, sondern nur
etwas ausdrücke, bleibt dabei letztlich noch im Rahmen der Sprachphilosophie schon der ersten Jahrhunderthälfte. Weil ein Satz der religiösen Sprache nach solchen Analysen entgegen seiner Oberflächengrammatik nicht als
eine Aussage über einen vom Sprecher und seinem Zustand verschiedenen
Gegenstand aufgefasst wird, sondern eben als eine Aussage über den Zustand des Sprechers bzw. als Teil eines Sprachspiels im Rahmen einer Lebensform, hängt seine »Wahrheit« oder »Falschheit« nicht von vermeinten
unzugänglichen Tatsachen, sondern von beobachtbarem Verhalten ab. Ein
Satz der religiösen Sprache gilt so gesehen als sinnvoll, jedoch nur, insofern
er als etwas verstanden wird, als das er nicht gemeint war. Denn die Sätze
der religiösen Sprache werden in solchen Bedeutungstheorien in erster Linie als bloße Lebensäußerungen genommen und nicht wortwörtlich als das,
was sie eben auch sind, nämlich als Antworten auf bestimmte Sachfragen.[40]
Wäre diese Analyse religiöser Sprache die einzige Möglichkeit, ihre Bedeutung zu sichern und positivistische Skepsis abzuweisen, dann wäre der un-
durchschaubare Schöpfungsbegriff als solcher kein Gegenstand philosophischer Forschung und die gesamte Problematik der vorliegenden Untersuchungen müsste abgewiesen werden. Nur wenn es möglich ist zu erklären,

---

39 So F. Ricken, 1996, S. 35. Vor allem in der angelsächsischen Philosophie hat sich über diese Fragen im Anschluss an Peirce, vor allem aber an Wittgenstein, eine lebhafte Diskussion entwickelt; vgl. z.B. L. Wittgenstein, *Vorlesungen und Gespräche über Ästhetik, Psychoanalyse und
religiösen Glauben*, Düsseldorf/Bonn 1994. Weiterentwickelt hat diesen Ansatz beispielsweise P.
Winch, *Versuche zu verstehen*, Frankfurt/M. 1987, dort vor allem Kap. 8. Auch er expliziert die
Bedeutung religiöser Sprachen im Rückgriff auf geteilte soziale Lebensformen. Ricken versucht
ähnlich in dem zitierten Aufsatz, die Möglichkeit bestimmte Passagen der Bibel (Apg. 7, 2 und Ps.
29, 3) vom »Wittgensteinschen Begriff der Einstellung« aus zu rekonstruieren (S. 40).
40 Dieser Einwand trifft m.E. auch die angeführten Analysen von P. Winch, 1987, Kap. 8.

wie Sätze, die in einer Schöpfungstheorie vorkommen, eine eigentümliche Bedeutung haben, insofern sie als Antworten auf sinnvolle und berechtigte Fragen verstanden werden, können sie so genommen werden, wie sie gemeint sind. Umgekehrt kann eine philosophische Untersuchung, die gerade das versucht, fruchtbringend sein, muss sie doch erklären können, wie es möglich ist, dass solche Begriffe überhaupt die Bedeutung haben können, die man meint, wenn man sie verwendet. Die nachfolgenden Untersuchungen werden sich, was den Schöpfungsbegriff betrifft, im Wesentlichen auf diese Probleme konzentrieren, und – im Unterschied zum Kausalitätsbegriff – erkenntnistheoretische und ontologische Fragen eher ausklammern. Grundlegend soll also nur untersucht werden, ob und wie dieser extreme Begriff überhaupt eine Bedeutung haben kann, wobei die Frage, ob die Behauptung einer *creatio ex nihilo* wahr ist, weitgehend ausgespart werden kann. Die in diesem Abschnitt entwickelten Dimensionen einer solchen Sprachbetrachtung sollen zugleich Ansprüche und Aufgaben für die nachfolgenden Untersuchungen formulieren.

Dieser Abschnitt hat aber noch ein zweites Problem zu untersuchen. Weil der Schöpfungsbegriff in seiner Zuspitzung ein dermaßen problematischer Begriff ist, stellt sich nicht nur die Frage nach seiner Bedeutung oder seinem Sinn, sondern darüber hinaus auch die Frage, wieso er überhaupt Gegenstand einer philosophischen Untersuchung werden muss. Der Schöpfungsbegriff soll dabei als das genommen werden, als was er gemeint ist, nämlich als Antwort auf bestimmte Fragen. Wer seine Sinnlosigkeit oder Unsinnigkeit behauptet, der behauptet daher auch die Sinnlosigkeit oder Unsinnigkeit bestimmter Fragen.[41] Denn einen guten Teil ihrer Bedeutung empfangen Begriffe und Sätze von den Fragen, als deren Antwort sie verstanden werden können. Im Folgenden muss daher deutlich werden, dass sich der Schöpfungsbegriff in seinem zugespitzten Sinn als *creatio ex nihilo* einem originär philosophischen Problembestand verdankt. Damit wäre zumindest ein schwerwiegendes historisches Indiz nicht nur für die Sinnhaftigkeit auch des Schöpfungsbegriffs gewonnen, sondern auch dafür, dass er zum originär philosophischen Problembestand zu rechnen ist. Angesichts der Tradition philosophischen Denkens erscheint die Diagnose, solche Fragen seien sinnlos, wenig plausibel, sie nimmt sich vielmehr wie eine verschleierte Kapitulation aus. Um die systematischen Probleme dieses besonderen Schöpfungsbegriffs zu exponieren und die Konzentration auf ihn we-

---

41 Insofern ist die Rede von »Scheinproblemen« dann tatsächlich gerechtfertigt, wenn man eine bestimmte Bedeutungstheorie voraussetzt. Wenn man dagegen an der Sinnhaftigkeit bestimmter originär philosophischer Fragen festhalten will, muss man eine andere Bedeutungstheorie skizzieren und zumindest plausibel machen.

nigstens ansatzweise zu rechtfertigen, ist eine problemgeschichtliche Vorüberlegung sinnvoll.

Ob sich der Begriff einer *creatio ex nihilo* tatsächlich einer originär philosophischen Frage und Problembearbeitung verdankt, ist zumindest umstritten. Die Lehre von Gott als dem Schöpfer der Welt (*creator mundi*)
scheint erst im Christentum des zweiten Jahrhunderts in Auseinandersetzung mit der Gnosis zur Lehre von der Schöpfung aus dem Nichts (*creatio
ex nihilo*) radikalisiert worden zu sein.[42] Zumindest finden sich erst in dieser
Zeit Belege dafür, dass die Formulierung *ex nihilo* im strikten Sinn verstanden worden ist.[43] Vor allem der Gedanke der unbeschränkten Allmacht Gottes zwang zu dieser einzigartigen Zuspitzung, bedeutet doch jede Annahme
eines Stoffes – und sei es eines Chaos, eines Tohuwabohu oder einer völlig
ungeformten *prima materia*, aus der die Welt gemacht worden sein soll –
die Annahme eines zweiten, von Gott unabhängigen Prinzips, das als eine
Bedingung des Schöpfungsakts seiner Allmacht Grenzen setzen würde.
Umgekehrt ist es eine verbreitete Auffassung, dass den Griechen und der
gesamten nicht-christlichen Antike der Gedanke einer Schöpfung aus dem
Nichts unbekannt gewesen sei, und zwar schon allein deshalb, weil ihnen
die Vorstellung eines Gottes, der nicht selbst Teil der Natur ist, gefehlt habe.[44] Auch scheint das griechische Verständnis von »Natur« bzw. »φύσις«
als »Wachstum« bzw. »Hervortreten« nicht notwendig den Gedanken des
»Hervorgebrachtwerdens« zu implizieren und damit die Frage nach einer
möglichen Schöpfung gar nicht in den Gesichtskreis treten zu lassen.[45] Der
Schöpfungsbegriff gilt daher vielen als eines der markantesten Unterschei-

42 Material zur Geschichte des Schöpfungsbegriffs findet sich bei R. Sorabji, 1983, sowie G.
May, 1978; für die Schöpfungstheologie des Hochmittelalters findet sich ein informativer Überblick bei K. Bannach, 1975.

43 Nicht immer, wenn von einer Schöpfung aus dem Nichts in Texten die Rede ist, ist tatsächlich »Nichts« gemeint. Auch das Chaos oder das Tohuwabohu wird manchmal als »Nichts« bezeichnet, womit jedoch lediglich das Unordentliche oder völlig Ungestaltete gemeint ist. Die Kernfrage war wohl, ob der erste Stoff, der geformt wird, selbst Produkt einer Schöpfung ist oder aber
ewig.

44 Vgl. z.B. G. Picht, 1993, S. 164f.; K. Löwith, 1967, S. 6ff.; J. Mittelstrass, 1970, sowie
1989; vgl. zum Problem auch die Detailstudie von W. Wieland, 1960, insbes. S. 292f. Im zentralen
Punkt wesentlich differenzierter als die Genannten ist R. Sorabji, 1983, S. 194f. Er behauptet, dass
(1) einige griechische Denker einen Beginn eines geordneten Universums akzeptiert hätten, aber
leugneten, dass die Materie einen zeitlichen Anfang gehabt habe; (2) einige Platoniker angenommen hätten, die Materie sei in einem außerzeitlichem Sinn geschaffen worden; (3) dass die Materie
nicht aus etwas geschaffen worden sei. Diese Thesen Sorabjis bilden den Hintergrund meiner
folgenden Überlegungen – vgl. R. Sorabji, 1983, S. 316.

45 Vgl. hierzu W. Jaeger, 1953, S. 31ff.; G. Picht, 1989, S. 54ff. und S. 160f.; sowie auch M.
Heidegger, *Einführung in die Metaphysik*, 1953, S. 1ff. Eine für den vorliegenden Zusammenhang
besonders sprechende Belegstelle findet sich bei Platon, *Nomoi* X, 886c. Hier ist von der φύσις
des Himmels und der ersten Dinge als von ihrem Hervortreten die Rede.

dungsmerkmale zwischen heidnisch-antikem und christlichem Denken.[46] Wenn aber der Gedanke einer Schöpfung, vor allem in seiner Zuspitzung zum Gedanken einer Schöpfung aus dem Nichts, griechischem Denken fremd ist, scheint es sich nicht um einen originär philosophischen, sondern eben um einen christlich-theologischen Begriff zu handeln. Der Schöpfungsbegriff wäre so nicht das Resultat konsequenten philosophischen Fragens, sondern nur Teil einer besonderen religiösen Überzeugung.

Es lässt sich jedoch auch ein anderes Bild zeichnen: Die *Fragen*, auf die spätere Schöpfungstheorien explizite Antworten sind, wurden schon in der griechischen Philosophie gestellt. Die vorsokratische Philosophie kennt bereits die Frage nach dem »Woher?« des Kosmos als eines geordneten Ganzen des Seienden, bzw. die Frage »Warum ist der Kosmos, wie er ist?«.[47] Der Bericht über Thales, der sich im ersten Buch der aristotelischen *Metaphysik* findet, erläutert »ἀρχὴ πάντων᾿ mit: »dasjenige, woraus alles Seiende ist und woraus es als Erstem entsteht und worein es als Letztem untergeht«.[48] Die Zuspitzung lässt sich dadurch genauer charakterisieren, dass nicht nach Personen gefragt wird, die etwas veranlasst oder hervorgebracht haben, sondern nach Prinzipien und Gründen. Die Verwendungsweisen des bestimmten Artikels in der griechischen Sprache eröffneten die Möglichkeit, diese Fragen nicht nur durch Namensnennungen von Göttern, sondern auch mit Hilfe von Dingbegriffen und Abstrakta zu beantworten. Die Bildung solcher abstrakter Prinzipienbegriffe durch den bestimmten Artikel begründete die Möglichkeit, sprachlichen und logischen Strukturen Erkenntnisse abzugewinnen, die aus der bloßen Wahrnehmung nicht ablesbar sind, entsprechend die interne Konsequenz des Bildhaften korrigieren und

46 Vgl. z.B. H. J. Thibault, S.S.S., *Creation and Metaphysics*, The Hague 1970, S. 4ff., ein Autor, der dem Programm einer »Christlichen Philosophie« verpflichtet ist; vgl. auch E. Gilson, *The Spirit of the Medieval Philosophy*, London 1936, ch. 4.

47 Vgl. W. Jaeger, 1953, Kap. 1 und 2; W. K. C. Guthrie, 1962, S. 68; C. F. v. Weizsäcker meint schon für die vorsokratischen Philosophen:»Die Frage, wie die Welt entstanden sei, ist der Anreger der tieferen Frage geworden, was die Welt sei; aus Kosmogonie ist Ontologie geworden« (1990, S. 52). Mir scheint dieses Bild nicht hinreichend zu sein. Die Frage nach dem Prinzip oder Grund des Kosmos oder der geordneten Gesamtheit alles Seienden zieht sich durch die gesamte Philosophie wie ein roter Faden. Vgl. auch W. Pannenberg, 1996, S. 1, der sich auf Jaeger beruft. Natürlich ist die These, die Warum-Frage sei grundlegend für die Anfänge philosophischen Denkens, von der aristotelischen Sicht der Dinge geprägt. Eine alternative Sicht, nach der eine Was-Frage im Vordergrund steht, findet sich etwa bei Platon, *Soph.* 242cff., skizziert (vgl. dazu M. Frede, 1997, S. 188ff.). Der systematische Zusammenhang und die Frage nach der Vor- oder Nachordnung der beiden Fragen wird in Abschnitt 2.2.1 – wenn auch nicht im Blick auf die Vorsokratiker – diskutiert werden.

48 Aristoteles, *Metaphysik* A 3, 983b 6ff: »ἐξ οὗ γὰρ ἔστιν ἅπαντα τὰ ὄντα, καὶ ἐξ οὗ γίγνεται πρῶτον καὶ εἰς ὃ φθείρεται τελευταῖον«.; vgl. auch Λ 1, 1069a 25ff. Die Frage nach der »ἀρχή«, unabhängig davon, ob der Ausdruck nur ein aristotelisches Interpretament oder aber authentisch ist, zeichnet sich immer auch dadurch aus, eine zunächst räumlich/zeitlich, dann aber auch kausal verstandene Frage nach dem »Woher?« zu beantworten.

Denkmöglichkeiten erweitern.[49] Wenn aber bereits das vorsokratische Denken in Konkurrenz zu überlieferten religiösen Vorstellungen als die Suche nach dem einen Prinzip alles dessen, was ist, in der Form der Frage nach der Entstehung des Kosmos interpretiert werden kann, dann müssten sich auch Überlegungen finden lassen, in denen zumindest die Möglichkeit oder Unmöglichkeit einer *creatio ex nihilo* erörtert oder wenigstens gestreift wird. Die Frage nach dem Anfang und Ursprung des Kosmos legt nämlich zumindest die Vorstellung eines Entstehens *ex nihilo* als einer möglichen Antwort nahe. Die Möglichkeiten der abstrakten Begriffsbildung schließen eine solche Theorie nicht aus, sondern eröffnen sie gerade. Tatsächlich sind der Gedanke eines Entstehens aus dem Nichts und der Gedanke einer Schöpfung als mögliche Antworten auf diese Frage dem griechischen Denken geläufig, selbst wenn sie meistens zurückgewiesen wurden. Daraus nämlich, dass bestimmte Vorstellungen ausdrücklich als falsche abgewiesen wurden, lässt sich nicht folgern, dass sie unbekannt gewesen seien, sondern ganz im Gegenteil, dass sie als mögliche Alternativen in Betracht gezogen, aber abgewiesen wurden. Die Einhelligkeit ihrer Ablehnung bedeutet nur, dass sie extrem unplausibel oder gar absurd erschienen sein müssen.[50]

Sämtliche »Versatzstücke« des Begriffs einer *creatio ex nihilo* sind in dieser Weise der griechischen Antike bekannt gewesen. So diskutiert Aristoteles in seiner *Physikvorlesung* unter Rückgriff auf Parmenides, ob etwas im strikten Sinn aus Nichts, wenn nicht geschaffen werden, so doch entstehen könne, und Platon gibt in seinem *Timaios* eine ausgefeilte Theorie der Schöpfung, wenn auch nicht einer Schöpfung aus dem Nichts. Gerade der platonische *Timaios* ist schon in der Antike ausgiebig und kontrovers rezipiert worden.[51] Es verwundert angesichts des in diesen Texten bereits dokumentierten Reichtums an philosophischen Argumentationen nicht, dass die Lehre von der *creatio ex nihilo* nicht biblischen Ursprungs ist. In der Bibel selbst findet sich der Ausdruck »Schöpfung aus dem Nichts« so gut wie nicht. Dem Schöpfungsbericht in Gen. 1 sowie dem gesamten *Alten Testament* ist diese Vorstellung fremd.[52] Die wenigen biblischen Belegstel-

---

49 Vgl. dazu B. Snell, 1962, S. 182ff.

50 Vgl. etwa Empedokles, Fr. 11: »Die Toren! Denn ihre Bemühungen sind ja nicht von weitreichenden Gedanken getragen, da sie meinen, es könne etwas entstehen, was zuvor nicht war, oder es könne etwas sterben und ganz und gar zugrunde gehen.« (nach G. S. Kirk/J. E. Raven/M. Schofield, S. 321). Dieses Fragment bezeugt, dass Empedokles das radikale Entstehen oder Vergehen in einem absoluten Sinn abgelehnt hat, wobei die Meinung anderer, die diese Meinung als »Toren« vertraten, gegenwärtig war.

51 Vgl. dazu die umfangreiche Studie von M. Baltes, 1976.

52 Vgl. zu Gen. 1ff. z.B. H. G. Frankfurt, 1993, insbes. 130ff.; ihm kommt es darauf an, dass der Schöpfungsbegriff des Alten Testaments die Allmacht Gottes, wie sie die christliche Dogmatik entwickelt hat, gerade noch nicht kennt. Gerade weil der Allmachtsbegriff in letzter Zuspitzung fehlt, ist es gar nicht nötig, die Frage nach dem »Woher?« der Welt ihrerseits bis zur Lehre von der

len auch aus dem *Neuen Testament* für eine *creatio ex nihilo* können zwanglos auch anders gedeutet werden.[53] Im christlichen Kontext wurde diese Lehre wohl erst in der philosophisch-apologetischen Reflexion des 2. Jahrhunderts formuliert. Die Frage, auf die diese Zuspitzung eine Antwort ist, lag gar nicht im Blickwinkel der biblischen Texte und ihrer frühesten Kommentaren. Die These, auch die *prima materia* sei nicht ewig, sondern erschaffen, wurde schon früh von heidnischen Autoren vertreten. W. Beierwaltes hat herausgearbeitet, dass dieser Schritt hin zur Lehre von der *creatio ex nihilo* bei Porphyrios vollzogen und von Hierokles und Proklos übernommen wurde.[54] Dabei ist nicht entscheidend, ob und inwiefern Porphyrios christliche Anreger hatte, sondern dass er im Rahmen einer systematischen Reflexion auf Prinzipien diese These argumentativ entwickeln konnte. Die Möglichkeit, selbst die Materie könnte von Gott erschaffen worden sein, wurde jedoch bereits früher erwogen, wie beispielsweise eine Cicero-Stelle belegt, die Lactanz überliefert.[55] An dieser Stelle werden die möglichen Alternativen klar benannt: Entweder ist die Materie aus Nichts erschaffen oder ein zweites Prinzip. Cicero weist die erste Möglichkeit nicht etwa deshalb zurück, weil er sie für sinnlos oder absurd hielte, sondern weil sie »unwahrscheinlich« sei. Doch ist diese Zurückhaltung Ciceros keine stabile Position. Wenn der Materie der Status eines zweiten Prinzips zukommt, lässt sich nämlich konsequent die Frage nach dem »Woher« oder »Warum« dieses Prinzips stellen und ein infiniter Regress droht. Wie dem auch sei, die Vorstellung, der zugespitzte Schöpfungsgedanke sei eine christliche Sonderlehre, ist nur bedingt begründet. Der Kerngedanke der *creatio ex nihilo* ist nämlich im christlichen wie heidnischen Denken möglich, selbst wenn er nicht immer akzeptiert und selbst wenn unterschiedlicher Gebrauch von ihm gemacht wird.[56]

Schöpfung aus dem Nichts zuzuspitzen. G. von Rad hingegen ist nicht sonderlich klar in dem Punkt, ob das AT eine solche Schöpfung aus dem Nichts lehre – vgl. G. von Rad, 1958, S. 152ff.

53 Vgl. zur Diskussion der vermeintlichen biblischen Belegstellen G. May, 1978, Kap. 1.

54 So W. Beierwaltes, 1980. Beierwaltes berichtet gegen Ende dieses materialreichen und instruktiven Aufsatzes, S. 95, Anm. 39: »Daß die ›creatio ex nihilo‹ nicht durchweg als genuin christlich in Anspruch genommen werden kann, zeigt sich in folgendem: Auf Porphyrios geht die These zurück, dass auch die Materie selbst durch den Demiurgen geschaffen werde, daß er zum Schaffen des Kosmos nicht eines Vorgegebenen bedürfte, daß also ›Alles von Gott komme‹: panta theothen. Diese These wurde aufgenommen von Hierokles (in Phot. Bibl. 172 a 24ff; 461 b 6ff) und Proklos.« Vgl. auch W. Deuse, 1977; sowie Sorabji, 1983, S. 313ff. Zur Frage, wie mit aristotelischen Mitteln der Schöpfungsbegriff philosophisch entwickelt werden konnte, vgl. W. Wieland, 1960, S. 310.

55 Vgl. Cicero, *De Natura Deorum* III, fr. 2 (= III § 65, 13-17): »Primum igitur non est probabile eam materiam rerum, unde orta sunt omnia, esse divina providentia effectam, sed et habere et habuisse vim et naturam suam«; Lactanz, *Institutio divinae* II, 8.

56 So auch Sorabji, 1993, S. 313ff. und S. 316ff.

Dieses nur grob skizzierte alternative Bild stützt die Fragestellung der vorliegenden Untersuchungen: Der zugespitzte Schöpfungsbegriff hat sich bei konsequenter Iteration der Frage nach dem »Woher?« oder nach dem »Warum?« des Kosmos oder des Alls eingestellt. Diese Frage ist weniger eine originär christlich-theologische, als vielmehr eine originär philosophische. Den Schöpfungsbegriff lediglich als Ausdruck einer religiösen Sprache zu untersuchen, heißt daher, sich von ursprünglich philosophischen Fragen zu verabschieden. Doch lässt sich aus der Vorgeschichte des Schöpfungsbegriffs noch eine weitere Lehre ziehen: Gerade weil die mögliche *creatio ex nihilo* zwar als Antwortmöglichkeit den griechischen Denkern präsent war, als Antwort jedoch meist einhellig verworfen wurde, lässt sich an den Dokumenten dieses Fragens nicht nur die systematische Folgerichtigkeit sondern auch die systematische Problematik dieses zugespitzten Schöpfungsbegriffs entwickeln. Erst wenn man die Meinung aufgibt, der Begriff einer Schöpfung aus dem Nichts hätte zu bestimmten Zeiten gar nicht gedacht werden können, und statt dessen auf die Dokumente achtet, in denen sich die entsprechenden »Versatzstücke« finden lassen, werden die systematischen Argumente deutlich, mit denen bereits grundlegende Voraussetzungen dafür abgelehnt wurden, eine Theorie der Schöpfung aus dem Nichts zu entwickeln. Im Folgenden sollen zwei prominente Dokumente – ein Passus der aristotelischen *Physikvorlesung* (b) und ein Passus des platonischen *Timaios* (c) – nach einer kurzen systematisch orientierenden Vorüberlegung (a) – genauer betrachtet werden.

(a) Ein Problem des Begriffs einer *creatio ex nihilo* lässt sich vorab leicht schematisch fassen: Der Schöpfungsbegriff, wie er der Alltagssprache entnommen werden kann, scheint ein dreistelliges Prädikat zu implizieren: »x erschafft y aus z«, nach manchen Analysen (z.B. in Platons *Timaios*) auch ein vierstelliges: »x erschafft y aus z im Blick auf r«. Der Begriff einer Schöpfung aus dem Nichts weicht von diesen Begriffen dadurch ab, dass er grundlegend Schöpfung als eine zweistellige Relation bestimmt »x erschafft y«. Der Zusatz »aus Nichts« darf dabei nicht so verstanden werden, als wäre Schöpfung als ein dreistelliges Prädikat begriffen, wobei für »z« eben der Ausdruck »Nichts« zu setzen wäre. So gelesen würde der zugespitzte Schöpfungsbegriff von einem problematischen Begriff von »Nichts« Gebrauch machen. Der Zusatz »aus Nichts« lässt sich so eher verstehen als »x erschafft y und es gibt kein z, aus dem x y erschafft«.[57] Es ist klar, dass

---

57 Diese Auslegung kann sich z.B. auf Thomas v. Aquin, *S. th.* I, q. 45, a. 1, stützen: »Idem autem est nihil quod nullum ens«. Vgl. zum Hintergrund des Problems E. Tugendhat (1970). Tugendhat vertritt hier eine klare These: »Was wir meinen, wenn wir sagen ›a ist aus dem Nichts hervorgegangen‹, können wir nur erklären durch einen Satz wie ›a war vorher nicht da‹, und dieser Satz weist wohl seinerseits zurück auf einen Satz wie ›es gab vorher nichts (nicht etwas), das identisch war mit a‹.« (S. 55) Hätte Tugendhat recht, dann müsste man von jedem Entstehen anneh-

dieser Satz und damit der zugespitzte Schöpfungsbegriff dann sinnlos sind, wenn »erschaffen« als dreistelliger Relationsausdruck verstanden werden muss. Die Frage, warum die Schöpfungstheorie lange auf einhellige Ablehnung stieß, lässt sich in die Frage umformen, was dafür spricht, dass der so analysierte Ausdruck unsinnig ist, d.h. dass »erschaffen« als mindestens dreistelliges Prädikat zu deuten ist. Es ist fragwürdig, ob der Ausdruck »aus nichts« hier sinnvoll hinzugefügt werden kann, und ob man sich unter der so bestimmten Schöpfungsrelation überhaupt noch eine Relation sinnvoll denkt, sofern Ausdrücke ihre Bedeutung vorwiegend aus ihrer alltäglichen Verwendung empfangen, in der sich der vertraute Umgang mit der phänomenal begegnenden Welt reflektiert.[58]

Gegen diesen Analysevorschlag kann auch ein ganz anderer Schöpfungsbegriff ins Spiel gebracht werden: Gott erschafft die Welt aus sich selbst. Der Schöpfungsbegriff wäre dann als eine dreistellige Relation zu verstehen: »x erschafft y aus x«. Dieser Vorschlag macht auf eine grundlegende Bedeutungskomponente des Schöpfungsbegriffs aufmerksam. Gott und Welt müssen als zwei strikt unterschiedene Entitäten aufgefasst werden können. Das wird daran deutlich, dass diese alternative Analyse dann keine adäquate Wiedergabe des Begriffs der *creatio ex nihilo* ist, wenn das Geschaffene aus Gott hervorgeht, Schöpfung also als Emanation gedacht wird. Lässt sich die alternative Formel jedoch in einer Weise verstehen, die den Emanationsgedanken ausschließt, dann kann »aus x « nicht mehr bedeuten, als dass in Gott alle Bedingungen für die Existenz der Welt gegeben sind. Damit ist man aber letztlich wieder bei der Analyse des Schöpfungsbegriffs, wie sie oben vorgeschlagen wurde.

Es gehört zu den Unzulänglichkeiten der neueren, vornehmlich analytischen Religionsphilosophie, derartige Probleme fast völlig auszublenden. Verschiedentlich wurde dort versichert, der Schöpfungsbegriff lasse sich als Begriff eines »Hervorbringens« (*bring about*) verstehen.[59] Undiskutiert blieb die Frage, ob nicht auch »Hervorbringen« prinzipiell als dreistelliges

men, es sei ein Entstehen aus etwas, das nicht identisch mit dem Entstandenen sein muss, und der Ausdruck »Hervorgehen aus Nichts« wäre gleichbedeutend mit »Hervorgehen«. Tugendhat hat – wie mir scheint – übersehen, dass »entstehen« oder »hervorgehen« normalerweise nicht als einstelliges Prädikat verwendet wird (»a entsteht«) sondern (sei es explizit, sei es implizit) als zweistelliges (»a entsteht aus b«). Der Unterschied zwischen »Entstehen« und »Entstehen aus Nichts« ist dann nämlich genau der zwischen einem einstelligen und einem zweistelligen Prädikat »entstehen«. Das Problem besteht dann darin, ob »entstehen« als einstelliges Prädikat ein sinnvoller Ausdruck ist.

58 Dieses Misstrauen gegen einen zentralen Begriff der tradierten Metaphysik findet sich exemplarisch bei Spinoza dokumentiert, der durch die Stossrichtung seiner Kritik die sachliche Angemessenheit der exponierten Fragestellung bestätigt. Im Anhang zu seiner Descartesinterpretation, den *Cogitationes Metaphysicae*, findet sich eine luzide Argumentation gegen die Sinnhaftigkeit des Schöpfungsbegriffs (Spinoza, *Opera*, ed. C. Gebhardt, Bd. I, S. 268).

59 Vgl. z.B. P. Geach, 1969, S. 83, R. Swinburn, 1977, S. 130ff., K. Ward, 1996, S. 167ff.

Prädikat zu verstehen ist. Die Versicherung, »Hervorbringen« sei in einem analogen Sinn zu verstehen, räumt diesen Einwand nicht aus, denn der Analogiecharakter verändert vielleicht die Relata und die Relationen, keinesfalls die Stellenzahl der Relationen. Eine Analogie mag zwischen »a/b« und »c/d« bestehen, keinesfalls aber zwischen »a/b« und »c/d/e«.[60] Derartige Unreflektiertheiten zeichnen die neuere Religionsphilosophie geradezu systematisch aus. Dies wird in der Folge noch an anderen Beispielen deutlich werden. Das hier skizzierte Problem des Schöpfungsbegriffs ist nämlich nur das augenfälligste, jedoch nicht das einzige.

(b) Diese Fragen sind an den verschiedensten systematischen Stellen diskutiert worden. Der Zuspitzung des Schöpfungsbegriffs zur *creatio ex nihilo* steht – das sieht noch das gesamte Mittelalter einschließlich der Spätscholastik deutlich – das aristotelische Prinzip »ex nihilo nihil fit« entgegen.[61] Dieser Satz scheint begründet, wenn »entstehen« als zweistelliges und »erschaffen« als dreistelliges Prädikat zu deuten sind. Dabei ist zu beachten, dass für Aristoteles nicht der Begriff einer *creatio ex nihilo* zur Diskussion stand, sondern der eines Hervorgehens aus dem Nichts, einer γένεσις.[62] Dennoch scheinen die Gründe, die für dieses Prinzip sprechen, zugleich auch Gründe gegen den zugespitzten Schöpfungsbegriff zu sein. Denn es sind analoge Argumente, die für die Sinnlosigkeit oder Unsinnigkeit der Rede von einem Werden aus dem Nichts und der Rede von einer Schöpfung aus dem Nichts entwickelt werden können, nämlich solche, die danach fragen, ob die »Grammatik« von »entstehen« oder »werden« die Ergänzung durch den Zusatz »aus Nichts« zulässt oder nicht. Das Prinzip, dass aus Nichts Nichts werde, reflektiert vermeintliche oder tatsächliche Grenzen der Sinnhaftigkeit der Sprache.

Aristoteles stellt in seinen *Physikvorlesungen* den Satz »Aus Nichts wird Nichts« nicht nur als eine *communis opinio* der meisten seiner Vorgänger hin, sondern er versucht ihn zu begründen.[63] Dabei schreibt er den Gedanken eines Werdens aus dem Nichts im strikten Sinn gleichwohl einigen Denkern zu. Die Behauptung, aus Nichts werde Nichts, ist für Aristoteles deshalb ein Problem, weil sie bei Parmenides und anderen dazu geführt zu haben scheint, von Seiendem jegliches Werden und Entstehen zu leugnen,

---

60 Es sei denn, dass »b« selbst noch unanalysiert das Verhältnis »f/g« beinhaltet.

61 Vgl. z.B. Thomas v. Aquin, *S. th.* I, q. 45, a. 2, Johannes Duns Scotus, Ord. II, d. 1, a. 2, Suárez, DM XX, sec. 1.

62 »οὔτε γὰϱ τὸ ὂν γίγνεσθαι (εἶναι γὰϱ ἤδη) ἔκ τε μὴ ὄντος οὐδὲν ἂν γενέσθαι«, Phys. 191a 30f.; »γίγνομαι« kann man am ehesten mit »entstammen« oder »entstehen aus« übersetzen. Das lateinische »fit« in der Formel »ex nihilo nihil fit« ist demgegenüber der Übersetzung »gemacht werden« offen. Während die griechische Fassung nicht an einen Akteur denken lässt, lässt die lateinische Version diese Auslegung zu.

63 Vgl. Aristoteles, *Physik* I, 4 und 8; vgl. auch: De gen. et cor. 3, Met. K 6, 1063a 11ff. Eine knappe Diskussion dieser Fragen findet sich auch in Met. Λ 2.

denn bei jedem Werden entstehe etwas, das vorher nicht war. Parmenides
hatte einen wahren Weg des Nachdenkens im ersten Teil seines Lehrgedichts dargestellt und von demjenigen abgehoben, der die Möglichkeit eines
Entstehens des Seienden aus Nichts zulässt.[64] Die möglichen Alternativen
scheinen Aristoteles also deutlich gewesen zu sein.[65] Aristoteles versucht
angesichts der Parmenideischen Leugnung des Werdens zu bestimmen, in
welcher Bedeutung der Satz, dass aus Nichts Nichts werde, richtig und in
welcher Bedeutung er zu verwerfen ist. Die falsche Auffassung des Satzes
bzw. ein falsches Verständnis von »Entstehen aus dem Nichts« schreibt er
wiederum einigen seiner Vorgänger zu. Dass Aristoteles in diesem Zusammenhang dann berichtet, einige hätten Parmenides die Auffassung zugeschrieben, etwas könne in einem strikten Sinn aus Nichts entstehen,[66] dokumentiert wahrscheinlich eine verzerrende Bezugnahme auf den zweiten
Teil des Parmenideischen Lehrgedichts bei einigen Autoren.[67] Die Argumentation für den Satz »ex nihilo nihil fit« streift also förmlich den Gedanken einer *genesis ex nihilo* und birgt gerade deshalb einige der Bedingungen, unter denen der Gedanke einer *creatio ex nihilo* sinnvoll sein kann. Mit
der explizit abgewehrten Bedeutung von »Nichts« ist nämlich genau der
Sinn von »Nichts« gedacht, der später dann auch in die Formel von der zugespitzt gedachten *creatio ex nihilo* eingeht. Es verwundert daher nicht,
dass auch in Met. Λ diese Überlegungen genutzt werden, um die Möglich-

64 Parmenides, Fr. 8, 7ff. Die Interpretation dieser Passage ist notorisch umstritten und muss
hier nicht geleistet werden. Wichtig scheint mir die Feststellung Tugendhats, dass Parmenides für
seine Thesen argumentiert, d.h. eben, dass sie auch für ihn keine schlichte Selbstverständlichkeit
sind; vgl. E. Tugendhat, 1970, S. 38ff.

65 Vgl. auch in anderem Zusammenhang Met. Λ 6, 1071b 21ff. Aristoteles scheint die förmli-
che Frage »Warum ist überhaupt etwas und nicht vielmehr nichts?« zu streifen, wenn er dort argumentiert: »Aber wenn das so wäre, dann bräuchte es überhaupt kein Sein zu geben.« Vor diesem
Hintergrund ist m.E. auch der Vorwurf zu deuten, bestimmte »Theologen« hätten die absurde
Meinung vertreten, alles sei aus der Nacht entstanden (ἐκ νυκτὸς). Hintergrund der aristotelischen Argumentation sind die entsprechenden Begriffsanalysen Platons gegen Parmenides im
Sophistes, vgl. Soph. 258 cff.

66 Und zwar aus Nichts in einem absoluten Sinn: »πρῶτον μὲν γὰρ ὁμολογοῦσιν ἁπλῶς
γίγνεσθαί τι ἐκ μὴ ὄντος, ἢ Παρμενίδην ὀρθῶς λέγειν« (*Physik* 191b 36f.).

67 So zumindest W. Wieland, 1962, *Die aristotelische Physik*, S. 138 Anm. 28, der allerdings
meint, Aristoteles selbst schreibe Parmenides diese Auffassung zu. Blickt man auf Phys. A, 5,
188a 18ff., dann lässt sich der Umstand weiter aufklären: Dort wird berichtet, dass auch Parmenides in Gegensätzen wie dem Warmen und dem Kalten Prinzipien gesehen habe, und dass Demokrit von solchen Gegensatzpaaren das jeweils erste Glied als Seiendes, das zweite hingegen als
Nichtseiendes bestimmt habe. Rückblickend hätte also Demokrit im zweiten Teil des Parmenideischen Lehrgedichts die Auffassung finden können, wenn Kaltes zu Warmem werde, werde etwas
aus dem Nichts. Aristoteles spricht diesen Autoren eine hinreichende Differenzierung des Ausdrucks »aus Nichts« ab und meint sich so zu seiner Bemerkung berechtigt. Ohne dass jemand
positiv den Gedanken eines Entstehens aus dem Nichts vertreten hätte, wäre er gleichsam en pas-
sant aufgetreten.

keit abzuwehren, alle Dinge seien aus dem Nichts hervorgegangen.[68] Entscheidend sowohl für die aristotelische Begründung des Prinzips wie für die Parmenideskritik ist eine differenzierende Untersuchung des Ausdrucks »Nichts« in der Formel.

Aristoteles scheint den Satz, dass aus Nichts Nichts werde, im Rahmen einer Analyse der gewöhnlichen Sprache zu begründen.[69] Der Satz »Der Arzt wird weiß« müsse analysiert werden als »Der Arzt, insofern er schwarz ist, wird weiß«. Hier wird aus etwas, das zuvor nicht weiß war, etwas, das nun weiß ist. Durch diese Analyse werde deutlich, dass sich die Negation lediglich auf eine Bestimmung oder ein Prädikat bezieht, das immer schon einem zugrunde liegenden und bleibenden Subjekt oder Substrat zugesprochen ist.[70] Es werde nicht behauptet, dass etwas zuvor schlechthin nicht gewesen sei, sondern nur, dass es nicht dasjenige, was es wird, gewesen sei. Werden heiße nämlich, dass etwas, das zunächst eine bestimmte Eigenschaft nicht hat, später diese Eigenschaft hat. Wer sagt, dass aus etwas etwas werde, was es zuvor nicht gewesen ist, verwendet »Nichtsein« lediglich »prädikativ«. »Man darf also das Nichtsein, *aus* dem etwas wird, immer nur als Prädikat eines Gegenstandes verstehen«.[71] Aristoteles unterscheidet ein Nichtsein im absoluten und ein Nichtsein im prädikativen, relativen Sinn. Lediglich im ersten Sinn ist ein Werden aus dem Nichts unmöglich. Die Analyse des Ausdrucks »x entsteht« ergibt so, dass er immer zu »x entsteht aus y« ergänzt werden kann, wobei an die Stelle von »y« keinesfalls »Nichts« im absoluten Sinn der Abwesenheit jeden vorgängigen Substrats treten kann. Das, woraus etwas wird, ist sein vorheriger Zustand, der dann nicht mehr besteht, wenn der Vorgang beendet ist. Gerade von dieser absoluten Bedeutung von »Nichts« macht aber die spätere Rede einer *creatio ex nihilo* Gebrauch.

Die Abweisung der Möglichkeit, dass im strikten Sinn aus Nichts etwas wird, ist bei Aristoteles und in der gesamten Tradition nicht von sprachunabhängigen Charakteristika der Dinge, wie sie an sich sind, sondern von der Tragweite und Tragfähigkeit dieser Art von Sprachanalyse abhängig. Es ist daher entscheidend, genau zu bestimmen, was Aristoteles eigentlich tut, wenn er derartige Analysen durchführt.[72] Das liegt aber nicht offen zu Tage.

---

68 Vgl. Met. Λ 7, 1072a 19ff.

69 Ich orientiere mich im Folgenden an W. Wieland, 1962, S. 137f., weil diese Interpretation gerade die methodischen Voraussetzungen der Argumentation von Aristoteles als eine Art Sprachanalyse herausarbeiten will und es mir auf derartige Voraussetzung des zu diskutierenden Satzes ankommt.

70 Vgl. Aristoteles, Phys. 191b 9f.

71 Vgl. W. Wieland, 1962, S. 138.

72 Vgl. zum Folgenden auch die kritischen Diskussionen um Wielands Buch über die aristotelische Physik, z.B. E. Tugendhat, 1963, aber auch die Kritik von H. Wagner in dessen Übersetzung und Kommentar der aristotelischen Physikvorlesung, S. 337-360, sowie K. Oehler, 1963.

Entsprechend problematisch sind die Resultate seiner Analyse. Es wäre Eines, wenn die aristotelische Physik »eine Reflexion auf das, was man bei aller Erfahrung der Natur und damit auch bei allem Reden über natürliche Dinge gewöhnlich schon undiskutiert vorausgesetzt hat,« wäre.[73] Es wäre ein Weiteres, wenn es sich um eine Analyse der »Bedingungen der Möglichkeit, über die Dinge in der Welt *sinnvoll* reden zu können«, handelte.[74] Wie auch immer, die These, aus Nichts werde Nichts, ist im Rahmen einer Analyse der gewöhnlichen Sprache vor dem Hintergrund einer phänomenologischen Analyse des in der Welt Begegnenden plausibel. Es begegnen uns nämlich schlicht keine Fälle, in denen wir von einem Entstehen aus dem Nichts im absoluten Sinn reden müssten, schon alleine deshalb, weil in der Erfahrung immer ein vorangehender Zustand des Erfahrenen gegeben ist. Die vermeintliche oder tatsächliche Grammatik des Wortes »entstehen«, das immer schon zu »entstehen aus« ergänzt werden kann, entspricht dieser alltäglichen Erfahrung aufs Beste. Ein solches Resultat einer Art Sprachanalyse wäre jedoch nur dann uneingeschränkt tragfähig, wenn damit tatsächlich gezeigt wäre, dass es sich auch gar nicht anders verhalten kann, und wenn man darüber hinaus annimmt, dass man nur über innerweltlich Begegnendes sinnvoll reden kann. Schöpfung hingegen ist etwas, das einem prinzipiell nicht innerweltlich begegnen kann. Eine Analyse der Sprache, die sich lediglich am phänomenal Ausweisbaren orientiert, braucht daher gar nicht erklären, wie der Ausdruck »Schöpfung aus dem Nichts« sinnvoll sein könnte. Sie sieht sich nicht einmal vor die Verlegenheit gestellt, das erklären zu müssen. Entsprechend ist mit einer solchen Sprachbetrachtung lediglich gezeigt, dass in ihrem Rahmen die Rede von einer *creatio ex nihilo* unsinnig erscheinen muss. So gesehen gilt für die Ablehnung des Schöpfungsbegriffs mit aristotelischen Argumenten ähnliches, wie oben für die Zurückweisung oder Analyse des Kausalitätsbegriffs: Sie sind oftmals abhängig von schwer zu entwickelnden und noch schwerer zu begründenden Voraussetzungen. Dazu müsste man die methodischen Prinzipien der aristotelischen Sprachbetrachtung ihrerseits rechtfertigen.

Diese erste Spurensuche nach Vorformen des Schöpfungsgedankens bei den Griechen hat deutlich gemacht, dass derjenige, der den Schöpfungsbegriff im strikten Sinn denken will, eine bestimmte Art der Sprachbetrachtung plausibel machen muss, die sich von der bei Aristoteles exemplarisch durchgeführten hinlänglich unterscheidet. Der Schöpfungsbegriff wird nicht bestimmt gedacht werden können, wenn sinnvoll nur im Rahmen einer vorfindlichen normalen Sprache gedacht werden kann, in der sich ein vorreflexives Vertrautsein mit der phänomenalen Welt reflektiert, dessen Strukturen

---

73 Vgl. W. Wieland, 1962, S. 339.
74 Vgl. W. Wieland, 1962, S. 340.

es zu explizieren gilt, sondern nur dann, wenn eine Möglichkeit von »konstruktiver« Begriffsbildung angenommen wird, die Alltagssprache transzendiert, ohne sich ins Sinnlose zu verlieren.

(c) Vor dem Hintergrund der bei Aristoteles dokumentierten Art und Weise, die Möglichkeit der Bedeutsamkeit von Sprache zu betrachten, ist verständlich, dass Platons *Timaios* – der wohl einflussreichste Text zur Weltentstehungsproblematik – bereits in der platonischen Akademie nicht wortwörtlich, sondern als Metapher gedeutet wurde.[75] Solche Deutungen gehen oft davon aus, dass Platon gar nicht behauptet hätte, eine Schöpfung habe stattgefunden, sondern nur ein Bild, eine Erklärung durch Analogie von Prozessen innerweltlichen Werdens geben wollte. Die Schöpfungsgeschichte des *Timaios* hat, so gelesen, eine ähnliche Funktion wie Konstruktionsanweisungen in der Geometrie, die als Darstellungen in der Form genetischer Definitionen etwas Ewiges als Entstandenes rekonstruieren. Folgt man jedoch dieser Interpretationsrichtung, dann nimmt man in Kauf, den gesamten Entwurf des *Timaios* nicht mehr als eine Antwort auf die im Text explizit gestellten Fragen lesen zu dürfen, sondern ihn sich als Bearbeitung einer ganz anderen Aufgabe zurechtlegen zu müssen. Die Aufgabe, die Timaios im Rahmen des Dialogs zu lösen hat, besteht nämlich darin, die Frage nach der Natur und der Entstehung des Kosmos im Ganzen zu beantworten.[76] Der Anfang der Rede gilt dem Nachweis, dass diese Frage sinnvoll ist, weil der Kosmos als Ganzes des sinnlich Wahrnehmbaren in irgendeinem Sinn mit diesem entstanden sein müsse.[77] Die gesamte Erzählung des Timaios als bloße Metapher für die Konstruktion eines eigentlich Ungewordenen zu interpretieren, würde also bedeuten, bereits diese Frage als unsachgemäße und nur scheinbare abweisen zu müssen – wofür sich bei Platon kein Hinweis finden lässt. Entsprechend wird die Behauptung, der

---

75 Vgl. Aristoteles, *De Caelo* 279 b 32-280 a 1. Cornford meint in seinem *Timaios*-Kommentar, *Plato´s Cosmology*, London 1937, S. 26, die überwiegende Mehrheit schon der antiken Kommentatoren sei dieser Auffassung gewesen, und schließt sich selbst dieser Meinung an. Zum »Verschwinden« des Demiurgen in der weiteren Kosmologie vgl. L. Brisson, 1944, S. 55ff. Zum Problem: Vgl. H. G. Gadamer, 1974, S. 243f.; G. Picht, 1993, S. 164, folgt F. M. Cornford. R. Sorabji, 1983 S. 268ff., unterscheidet hingegen mehrere Linien der antiken *Timaios*-Interpretation und folgt Cornford auch in seiner eigenen Einschätzung des Dialogs nicht. Von diesen Deutungen zu unterscheiden sind noch diejenigen, die meinen, es ginge nicht um eine Erklärung der wirklichen Welt, sondern um den Entwurf einer vernunftgemäßen, bestmöglichen, z.B. J. Mittelstrass, 1962, S. 113ff., vgl. aber bereits W. K. C. Guthrie, 1978, S. 246f.

76 Vgl. Platon, Tim. 27a: »[...], πρῶτον λέγειν ἀρχόμενον ἀπὸ τῆς τοῦ κόσμου γενέσεως, τελευτᾶν δὲ εἰς ἀνθρώπων φύσιν«. Platon spricht explizit von »αἰτίαι« (28a) Es scheint mir wenig plausibel, dass die Frage nach dem Anfang und dem Entstehen, also die »Woher?«-Frage, eine bloß verkappte »Was ist es«-Frage sei. Natürlich ist die Angabe des Anfangs, der Ursache oder des Grundes entscheidend für die Beantwortung der »Was ist es«-Frage, doch handelt es sich eben um zwei Fragen, die in einem bestimmten Verhältnis zueinander stehen.

77 Ibid., 27d-28a.

Dialog biete eine Metapher, in aller Regel nicht mit dem Verweis auf die mögliche Sinnlosigkeit der Frage, sondern auf offensichtliche und nicht erklärbare Inkonsistenzen des Entwurfs als Antwort auf sie begründet.[78] Insbesondere die Rolle des Demiurgen und der Vergleich zu herstellenden Tätigkeiten laden dazu ein. Doch sind Metaphern, mögen sie auch nur begrenzt tragfähig sein, für sich genommen konsistent, zumindest wenn sie gut sind. Gerade Inkonsistenzen können durch die Behauptung, es handle sich um eine Metapher, nicht gut erklärt werden.[79] Es scheint eher so zu sein, dass bestimmte Fragen dazu zwingen, die Sprache in einer Weise zu verwenden, die über die Grenzen dessen, was man wortwörtlich für sinnvoll halten kann, hinausgeht. So gesehen müssten die Probleme, die der platonische *Timaios* einem wortwörtlichen Verständnis entgegenstellt, die Schwierigkeiten reflektieren, in die man sich verstrickt, wenn man aufgrund bestimmter Fragen – wie der nach der Entstehung des gesamten Kosmos – den Bereich dessen, worüber man phänomenal ausweisbar sprechen kann, überschreitet.

Platon lässt Timaios selbst seinen ausführlichen Schöpfungsbericht als eine lediglich »wahrscheinliche Rede«, als »Mythos« ankündigen.[80] Damit ist nicht gesagt, dass er als Metapher für etwas ganz anderes als das Erfragte aufzufassen ist, sondern nur, dass man zwangsläufig in einer problematischen Art und Weise redet, wenn man Fragen wie die nach dem Anfang des Kosmos zu beantworten trachtet. Timaios warnt daher bereits in der Einleitung seiner Rede unmittelbar nach der Exposition seiner Frage ausdrücklich, dass es nicht erstaunlich sei, wenn es ihm nicht gelänge, wohl bestimmt und konsistent über das aufgegebene Thema zu reden.[81] Warum aber über die Schöpfung der Welt nach Platon selbst nur in der Form eines Mythos geredet werden kann, ist unter den Interpreten umstritten. Normalerweise wird darauf verwiesen, dass der Kosmos als sinnlich wahrnehmbar dem Bereich des Veränderlichen angehöre, von dem es eben – laut Platon – kein sicheres Wissen geben könne. Dieser Ansatz lässt sich in sehr ver-

---

78 Vgl. Aristoteles, *De Caelo* I, 10.

79 Vgl. dazu die Interpretation G. Figals, 1991, der den *Timaios* als eine »gute Geschichte« interpretiert und damit den sachlichen Gehalt der Fragen selbst, die in diesem Dialog verhandelt werden, eher gering schätzt. Er bringt damit eine bestimmte Interpretationstendenz zu ihrem Ende. Natürlich hat die Frage, inwieweit der *Timaios* als Metapher gedeutet werden kann, vor allem auch Auswirkungen auf die Frage nach dem Verhältnis zwischen den Ideen und den Dingen (vgl. H. G. Gadamer, 1974, G. Figal, 1991). Doch folgt daraus, dass der Demiurg metaphorische Züge hat, nicht, dass es kein von den Ideen verschiedenes Prinzip geben könne. Auch wenn die Ideen in den Dingen erscheinen und gerade deshalb ihre Ideen sind, stellt sich die Frage, warum die Ideen die Dinge so bestimmen, wie sie sie bestimmen, bzw. warum überhaupt gestaltete Dinge sind, führt zunächst auf ein von ihnen verschiedenes Prinzip.

80 Vgl. Platon, Tim. 29d.

81 Vgl. Platon, Tim. 29c.

schiedene Richtungen weiter entwickeln.[82] Doch würde er günstigstenfalls ausreichen, um die Probleme zu erklären, die man mit der Theorie des *Timaios* hat. Nicht erklärt werden kann so, warum bereits die Exposition der Fragestellung – wie Cornford gezeigt hat[83] – in einem bestimmten und für den vorliegenden Zusammenhang wichtigen Punkt inkonsistent zu sein scheint: Platon fragt nach dem Werden des Kosmos. Dabei charakterisiert er den Kosmos, der auch »das Ganze« genannt wird, dadurch, dass er zwei Bereiche des Seienden unterscheidet, nämlich den des ewigen Seins – bzw. dessen, was »immer ist«, – und den des ewigen Werdens – bzw. dessen, was »immer wird«. Diese Exposition erweckt den Anschein, als würde nach dem Anfang und Entstehen eines Ewigen gefragt, so als sei der Kosmos (der Bereich ewigen, d.i. ungewordenen Werdens) geworden, mithin nicht ewig.[84] Bereits in dieser scheinbaren oder tatsächlichen Inkonsistenz der sprachlichen Formulierungen der Fragestellung des *Timaios* liegt der Keim zu einer ganzen Reihe von Problemen des gesamten Entwurfs, und sie sind maßgeblich dafür verantwortlich, dass er von einigen als bloße Metapher gedeutet wurde.[85] Gerade deshalb stellten sich angesichts der Schöpfungstheorie in Platons *Timaios* Fragen ein wie die, was vor der Schöpfung gewesen sei, ob die Welt überhaupt einen zeitlichen Anfang gehabt habe und ob die Welt überhaupt erschaffen worden sei.[86] Derartigen Fragen liegt zunächst eine Unklarheit im Begriff des Entstehens zugrunde, die in Platons Exposition der Fragestellung unberücksichtigt geblieben zu sein scheint. Diese Unklarheit der Fragestellung verdankt sich so scheinbar einer bloßen Unachtsamkeit Platons. Man könnte nämlich zwischen mehreren Bedeutungen von »werden« bzw. »entstehen« differenzieren und so den Sinn der

82 Vgl. Platon, Tim. 29c-d.; vgl. J. Mittelstrass, 1962, S. 98ff.; F. M. Cornford 1937, S. 28ff.; H. G. Gadamer, 1974, S. 343f.; einen anderen Weg geht G. Reale, 1993, S. 453ff.: Für ihn ist die Annahme eines Demiurgen eines von »vier großen metaphysischen Axiomen, die unbestreitbar wahr sind.« (S. 455) M.E. lässt sich das aus den skizzierten Gründen nicht halten.
83 Vgl. zum Folgenden F. M. Cornford, 1936, S. 24ff. Baltes hat die mannigfaltigen Möglichkeiten, den Ausdruck »entstehen« im Timaios zu interpretieren, in seiner Untersuchung referiert.
84 Vgl. F. M. Cornford S. 25: »On the other hand, the statement that the world ›has become‹ in this sense is formally contradicted by the language of the first premiss, which contrasts with the eternally real ›that which is always becoming, but never has real being‹« – vgl. dazu auch G. Vlastos, 1964, S. 407
85 Vgl. F. M. Cornford, S. 26; W. K. C. Guthrie, 1978, S. 252 geht zumindest soweit, einen objektiven Grund für den Mythoscharakter – die Veränderbarkeit des sinnlich Wahrnehmbaren – und einen subjektiven – die begrenzten menschlichen Fähigkeiten – anzunehmen (vgl. zum Problem auch W. K. C. Guthrie, 1978, S. 302ff.). Damit, dass der Mythoscharakter wie angezeigt erklärt wird, folgt übrigens nicht, Platon habe gar keine Schöpfung gelehrt. Der Mythoscharakter ergibt sich aus der Fragestellung, aber so, dass die von Platon vorgebrachten Argumente diese Möglichkeit nicht ausschließen – anders G. Vlastos, 1939, S. 380ff., sowie 1964.
86 Vgl. hierzu R. Sorabji, 1983, S. 268ff.

Frage vorab klären.[87] »*A* entsteht« kann nämlich zunächst soviel heißen wie »*a* entsteht aus *b*, wobei *b* zeitlich früher als *a* ist«. Das Entstehen von *a* ist so eingebunden in einen Gesamtprozess der Veränderung von Zuständen. »*A* entsteht« kann aber auch bedeuten »*a* beginnt zu existieren«, wobei nach hinreichenden Existenzbedingungen gefragt wird, ohne dass hierbei ein zeitlich früherer Zustand vorausgesetzt sein muss. Wenn Platon den Kosmos dem Bereich des Werdens oder Entstehens zuordnet und dabei an die Evidenz der Erfahrung appellieren kann, dann verwendet er »entstehen« im ersten Sinn. Wenn er hingegen nach dem Entstehen des Kosmos fragt, müsste er von »entstehen« in zweiter Bedeutung Gebrauch machen. Wenn allerdings mehrere Bedeutungen von »entstehen« im Spiel sind, dann wäre es ihm ein Einfaches gewesen, sie auch deutlich zu machen – selbst wenn dann der Schluss, dass der Kosmos entstanden sein müsse, weil er dem Bereich des Werdens zuzuordnen ist und alles in diesem Bereich wird und vergeht, nicht mehr tragfähig sein sollte.

Der Grund für die Inkonsistenzen und den Mythoscharakter des Entwurfs scheint jedoch weder lediglich in der Veränderlichkeit des sinnlich Wahrnehmbaren noch bloß in einer undifferenzierten Rede von »entstehen« zu liegen. Die Inkonsistenzen bei der Exposition der Frage treten nämlich auf, noch bevor Timaios den Mythoscharakter seiner Rede mit dem Verweis auf die Wandelbarkeit der sinnlich wahrnehmbaren Dinge begründet. Bereits die traditionelle Anrufung der Götter und Göttinnen zu Beginn der ganzen Rede gibt einen anderen Hinweis: »Wir aber, die wir über das All zu sprechen irgendwie im Begriff sind, wie es entstanden oder auch ungeworden ist, müssen, sind wir nicht durchaus auf Irrwegen, notwendig unter Anrufung der Götter und Göttinnen, zu ihnen flehen, dass wir vor allem nach ihrem Sinn, in zweiter Linie aber nach unserem reden.«[88] Platon unterscheidet hier zwei mögliche »Sinne« (νοῦς), oder Standpunkte, denen eine Rede gemäß sein könnte, nämlich einmal den göttlichen, dann den menschlichen. Dem göttlichen Sinn gerecht zu werden, liegt nicht in unserer Kraft. Gerade

---

87 F. M. Cornford schlägt das in seinem Kommentar vor. Es wird noch deutlich werden, weshalb dieser Vorschlag tatsächlich unangemessen ist.

88 Vgl. Platon, Tim. 27c-d: »ἡμᾶς δὲ τοὺς περὶ τοῦ παντὸς λόγους ποιεῖσθαι πῃ μέλλοντας, ἦ γέγονεν ἦ καὶ ἀγενές ἐστιν, εἰ μὴ παντάπασι παραλλάττομεν, ἀνάγκη θεούς τε καὶ θεὰς ἐπικαλουμένους εὔχεσθαι πάντα κατὰ νοῦν ἐκείνοις μὲν μάλιστα, ἑπομένως δὲ ἡμῖν εἰπεῖν«. Ich zitiere die Übersetzung von Hieronymus Müller. F. M. Cornford übersetzt diesen Passus so, dass die Pointe, auf die es mir ankommt, verdeckt wird: »[...] invoke gods and goddesses with a prayer that our discourse throughout may be above all pleasing to them and consequently satisfactory to us.« (S. 21). Das für mich entscheidende Wort »ἑπομένως« kommentiert er im Rückgriff auf Proklos als »secondarily« or »consequentially« (ibid.). Ohne Angabe von Gründen entscheidet er sich für die zweite Möglichkeit, obwohl die erste einen durchaus anderen Sinn in die gesamte Anrufung bringt.

deshalb bedarf es der Anrufung der Götter und Göttinnen.[89] Dieser »göttliche Sinn« unterscheidet sich vom menschlichen vor allem darin, dass er den
Kosmos nicht als ein Seiendes unter anderem endlichen Seienden auffasst,
sondern als das Ganze, das All dieses Seienden (τὸ πᾶν, 29d). Gerade
wenn es nicht um innerweltlich begegnendes Seiendes geht, sondern um das
All im Ganzen, genügt es nicht, nach dem Sinn des Menschen zu reden,
weil er die Dinge zunächst immer vom Innerweltlichen her auslegt.[90] Das
Ganze tritt nämlich als solches nie vor unseren Sinn. Wird vom Ganzen
gesagt, es sei in dem Sinn entstanden, in dem Entstehen als Veränderung in
einem Gesamtprozess verstanden wird, wird der Ausdruck zwar so gebraucht, wie er gemäß einer an innerweltlichen Phänomenen orientierten
Sprachanalyse alleine sinnvoll ist, aber damit zugleich in einem Sinn, in
dem er vom Ganzen des veränderlich Seienden her gerade nicht ausgesagt
werden kann. Das Ganze ist nämlich kein Teilausschnitt aus einem Gesamtprozess, sondern eben das Ganze. Daher fallen der Sinn der Götter und
der Sinn der Menschen durchaus auseinander. Gemäß dem Sinn der Götter
zu reden, bedeutet nämlich gerade nicht, nach dem Sinn der Menschen zu
reden und ihn zu befriedigen.[91] Solange die Bedeutung von Ausdrücken in
einer phänomenorientierten Sprachanalyse rekonstruiert wird, werden die
Versuche, mit der so gedeuteten Sprache Fragen zu stellen, die den Kosmos
im Ganzen betreffen, zu widersprüchlichen Formulierungen führen. Die
von Cornford aufgezeigte Inkonsistenz der Fragestellung erklärt sich dann
letztlich daraus, dass der Kosmos sowohl wie ein innerweltliches Seiendes
behandelt werden muss (wenn er dem Bereich des Werdens zugeordnet
wird) als auch zugleich als das Ganze dieses Bereichs (wenn er als ewig
charakterisiert und nach seinem Entstehen gefragt wird). Die Exposition der
Fragestellung des *Timaios* leidet entsprechend darunter, dass der Ausdruck
»entstehen« auch in solchen Kontexten entlang der gewöhnlichen Sprache
als »x entsteht aus y« genommen wird, an denen der unverständlich oder
sinnlos erscheinende Sinn »x entsteht« gemeint sein muss, der keine Ergän-

89 Vgl. hierzu den Kommentar von H.-G. Zeckl in seiner Ausgabe und Übersetzung des *Timaios*, 1992, S. 196.
90 Vgl. hierzu die knappen Bemerkungen Wielands zum platonischen Mythos in W. Wieland,
1962, S. 188f.
91 Diese Verschiedenheit der zwei Standpunkte lässt sich auch an einem der problematischsten
Abschnitte des *Timaios* beobachten, nämlich den Überlegungen zur Zeit. Scheinbar nebenbei bemerkt Platon, nachdem der Mythos weit entwickelt ist, dass »wir« bestimmte Ausdrücke gebrauchen, nämlich etwas »sei ein Gewordenes«, »sei ein zukünftig Werdendes« oder sogar »ein Nichtseiendes«, um die Zeitlichkeit bestimmter Dinge auszudrücken. Von diesen Redeweisen sagt Platon nun »keine dieser Aussagen ist genau« (Tim. 38b). Hier liegt wiederum eine Differenz der
Standpunkte zugrunde, nur dass es hier die gleichsam alltägliche Sprache ist, die sich von sich aus
in problematischen Ausdrücken verfängt, die nur im Blick auf das im Mythos Exponierte durchsichtig gemacht werden können. Die dem Erfahren angemessene Sprache bedarf also unter Umständen sogar der Interpretation durch das im Mythos Angedeutete.

zung durch »aus y« zulässt. Die Form des Mythos im *Timaios* ist entsprechend nicht durchgängig eine mangelhafte Weise des Redens über Unsicheres – wenn es nämlich um die sinnlich wahrnehmbaren Dinge geht –, sondern am Anfang grundlegender noch der Versuch, durch die Fragen gefordert in der Sprache des Innerweltlichen über die Welt im Ganzen aus der Perspektive der Götter und Göttinnen zu reden.[92]

Wenn Platon durch die Fragen getrieben ankündigt, in der Sprache des Mythos zu reden, dann verbirgt sich dahinter die Einsicht, dass solches Reden prinzipiell ein problematisches ist. Dadurch nämlich, dass ein Ausdruck in der Bedeutung, die er gemäß einer Analyse der normalen Sprache hat, schon zur Exposition einer solchen Frage ungeeignet ist, folgt nicht, dass man auch über eine Art und Weise verfügt, ihm eine andere, angemessene Bedeutung zu geben. Bloß weil man weiß, dass etwas anderes als das Übliche unter einem Ausdruck zu verstehen ist, weiß man noch nicht, was genau darunter zu verstehen ist. Platon bedient sich zur Fixierung einer positiven Bedeutung der Analogie mit dem herstellenden Handwerker. Der Entwurf des *Timaios* ist auch deshalb Mythos, weil Platon die Schöpfungstätigkeit des Demiurgen zwar negativ von herstellenden Tätigkeiten des Menschen abgrenzen kann,[93] damit aber noch nicht bestimmt, wie man diese Tätigkeit positiv zu denken hat.[94] Nach der negativen Abgrenzung von menschlichen Techniken kann die Schöpfungstätigkeit des Demiurgen nur durch Metaphern und Analogiebildung, d.h. nicht eindeutig

92 Ich behaupte nicht, dass der Mythos an allen Stellen in den Dialogen Platons diese Funktion hat. Es gibt auch im *Timaios* Stellen, an denen andere Funktionen des Mythos deutlich werden (etwa 59c und 68a). Eine Interpretation aber, die allein »objektive Gründe« für den Mythos namhaft macht und allein auf die Wandelbarkeit der Materie abstellt, erscheint mir zu eindimensional – vgl. z.B. K. Gloy, 1986, S. 36ff. Sie nähert den platonischen Mythos explizit an einzelne Züge des aristotelischen Wissenschaftsbegriffs an. Dass in ihrer Interpretation der Demiurg praktisch keine Funktion hat und entsprechend gar nicht vorkommt, zeigt, dass sie den Ansatz Platons nicht hinreichend erklären kann. Das gilt bereits für ihre, allem Weiteren zugrunde liegende Analyse des Abbildverhältnisses, S. 15ff. Auch hier spielt der Bildner keine Rolle, ebenso wenig der das Bild betrachtende und als Bild verstehende Zuschauer. Sie registriert allerdings zutreffend, dass es im Fall des im *Timaios* thematischen Abbildverhältnisses grundsätzlich keinen möglichen Standpunkt (für endliche Wesen) gibt, um Bild und Vorbild zu vergleichen, das Bild als ein solches zu erkennen und auf seine Qualität hin abschätzen zu können (S. 17). Doch zieht sie daraus keine Konsequenzen. Die Sonderheiten dieses Abbildverhältnisses wären jedoch für sich genommen ein Grund der epistemischen Schwierigkeiten, die zur Form des Mythos führen.

93 Vgl. Pol. X, 597A1-B15; Soph. 265 a-b, dazu G. Reale, 1993, S. 391ff. und S. 397ff.; L. Brisson, 1994, S. 113f.

94 L. Brisson, 1994, hat ausführlich analysiert, wie die Tätigkeit des Demiurgen vor dem Hintergrund der ontologischen Struktur des *Timaios* genauer gefasst werden kann. Ausführlich werden die Analogien zu den verschiedensten Künsten – von der Metallurgie bis zur Landwirtschaft – nachgezeichnet. Doch kann auch er letztlich den Begriff dieser Tätigkeit nicht positiv füllen. Wie sollte man auch denken können, dass eine Vernunft Elemente bearbeitet? Hierin wird eine Grenze des Verstehens sichtbar, die Platon gerade respektiert hat, indem er die Form eines Mythos wählte.

und verbindlich, konzipiert werden, so dass nur der Grad an Konsistenz für die Güte des Mythos bürgt. Der Versuch, über den Bereich des phänomenal Ausweisbaren hinausgehend die Sprache zu gebrauchen, ist darauf angewiesen, einige Komponenten der dabei verwendeten Begriffe beizubehalten und andere Bedeutungskomponenten durch andere, analoge zu ersetzen. Der Begriff des Entstehens, verstanden als »x entsteht aus y« ist nicht in der Fülle seiner Bedeutungskomponenten übertragbar, die ihm in der normalen Sprache zukommen. Einzelne Komponenten seiner Alltagsbedeutung führen, wenn sie nicht ausgeblendet werden, dann zu Inkonsistenzen, wenn sie auf den Bereich des Ganzen des Kosmos übertragen werden, etwa die zeitliche Komponente, vielleicht auch das mit »aus y« Gemeinte. An ihre Stelle tritt entweder nichts oder eine Analogie. Entscheidend ist aber die Frage, ob überhaupt eine Bedeutungskomponente des Ausdrucks »entstehen« unbeschadet auf diesen extremen Bereich der Anwendung eines zunächst am innerweltlich Begegnenden orientierten Begriffs übertragen werden kann, ohne zu Inkonsistenzen zu führen, oder aber ob sich keinerlei Bedeutungskern von beiden Anwendungsbereichen univok aussagen lässt.[95] Wenn Platon säuberlich zwischen zwei Bedeutungen von »entstehen« unterschieden hätte, wären diese Schwierigkeiten lediglich verdeckt worden, denn es wäre alles andere als klar, was unter einem Entstehen verstanden werden könnte, das kein Entstehen aus etwas ist.

Die Exposition einiger Probleme, die mit dem Schöpfungsbegriff verbunden sind, sollte die Konzentration auf den zugespitzten Begriff einer *creatio ex nihilo* rechtfertigen. Die Vorstellung, die Welt sei erschaffen, stellt sich ein, wenn man der Frage nach dem Anfang und Ursprung des Kosmos nachgeht. Diese Frage nach dem Anfang oder gar der Ursache des Kosmos oder des All des Seienden hat einen eigentümlichen Doppelcharakter: Sie ist einerseits eine Frage, die am Anfang der Philosophie steht und unmittelbar in sie hineinführt, und sie ist zugleich eine Frage, die ständig dem Sinnlosigkeitsverdacht unterworfen ist, weil sie dazu zwingt, die Grenzen der gewöhnlichen Sprache zu überschreiten. Wird die Frage nach der Ursache der Welt durch eine Schöpfungstheorie beantwortet, dann ist es konsequent, den Schöpfungsbegriff zum Begriff einer *creatio ex nihilo* zuzuspitzen. Jedes andere Modell der Schöpfung, sei es das dreigliedrige (»x erschafft y aus z«) oder gar das viergliedrige des *Timaios* (»x erschafft y aus z im Blick auf r«) fordert die Annahme einer Mehrzahl von Prinzipien (des Stoffes, aus dem die Welt gemacht wird, und der Ideen, im Blick auf

95 Vgl. zum Problem der Analogiebildung ausführlich M. Hesse, 1966. Dort werden positive, negative und neutrale Analogien unterschieden, und es wird deutlich, dass eine Bedingung für korrekte Analogiebildungen darin besteht, dass bestimmte Ähnlichkeitsrelationen bestehen, d.h. dass es univoke Prädikate gibt, die den beiden, durch Analogie verbundenen, zukommen. Gerade das ist aber im vorliegenden Fall fraglich – vgl. M. Hesse, 1966, S. 86ff.

die sie gemacht wird), so dass sich die Frage nach dem Ursprung angesichts dieser Prinzipien nur wiederholen kann. Der Begriff einer *creatio ex nihilo* ist der Versuch konsequenter Prinzipienreduktion,[96] freilich um den Preis, dass die dabei verwendeten Begriffe immer weiter von ihrem Gebrauch in der Alltagssprache entfremdet werden – so dass sich der Sinnlosigkeitsverdacht nur verstärkt. Die griechische Philosophie dokumentiert beides, sowohl die Konsequenz des Fragens, der sich der zugespitzte Schöpfungsbegriff verdankt, wie auch die erkenntniskritische Skepsis angesichts seiner, die sich darin dokumentiert, dass die bloße Vorstellung einer Schöpfung dem Bereich des (notwendigen) Mythos zugeschrieben wurde. Es ist bereits vor diesem antike Hintergrund nur konsequent, wenn bereits die Frage nach der Schöpfung im Rahmen der Sprachphilosophie dieses Jahrhunderts oftmals als unsinnige abgewiesen wird, ist doch nicht zu sehen, wie sie eine sinnvolle, geschweige denn verifizierbare Antwort erhalten kann. Sie erneut aufzunehmen bedeutet, einige der Resultate jüngsten Philosophierens in Zweifel zu ziehen – was zugleich die Verpflichtung einschließt, die Möglichkeit der Bedeutsamkeit derjenigen Ausdrücke aufzuweisen, die bereits in die Exposition dieser Frage eingehen.

1.1.3 Erste systematische Zusammenschau beider Problembereiche

Ist es nach alle dem plausibler, den Kausalitäts- und den Schöpfungsbegriff von einem gemeinsamen Begriff des Grundes oder der Kausalität überhaupt ausgehend analysieren zu wollen? Die Probleme, die mit beiden Begriffen verbunden sind, mussten in völlig unterschiedlicher Weise exponiert werden. Der Kausalitätsbegriff wird heutzutage vor allem in der Wissenschaftstheorie diskutiert, während der Schöpfungsbegriff meistens als unsinniger abgelehnt und günstigstenfalls in Untersuchungen zur Umweltethik oder aber in Abhandlungen zur Geschichte der Philosophie verhandelt wird. Die Voraussetzungen, unter denen der Kausalitätsbegriff analysiert wird, sind in aller Regel die einer Sprachphilosophie, die Ausdrücke wie »creatio ex nihilo« als unsinnige abweist. Demgegenüber zeigte die Skizze einer Geschichte des philosophischen Schöpfungsbegriffs, wie bereits zu Beginn des

---

96 Diese Reduktion vollzieht sich in der *Timaios*-Rezeption in zwei Schritten, nämlich einmal in der Behauptung, dass die Ideen, im Blick auf die der Demiurg den Kosmos erschafft, keine eigenständigen Prinzipien, sondern Ideen im Geist des schöpfenden Demiurgen-Gott sind; zum anderen mit der Annahme der Schöpfung auch dessen, woraus der Demiurg des *Timaios* den Kosmos formt, also der Materie. Beide Umformungen des platonischen Schöpfungsmodells sind in der Neuplatonischen Philosophie vollzogen worden – vgl. dazu den bei M. Baltes, 1976, Bd. I, S. 212ff. dokumentierten Text, der eine Paraphrase des systematischen Gedankengangs für eine Schöpfung auch der Materie birgt.

Fragens nach dem Ursprung oder dem Anfang der Welt der Schöpfungsbegriff zusammen mit einer Reflexion über seinen problematischen Status auftritt. Die beiden Problemkreise sind deshalb zunächst nur in ihrer Unterschiedlichkeit klarer geworden. Eine Ausgangsthese dieser Arbeit ist es jedoch, dass sich das Kausalitätsproblem und das Schöpfungsproblem als Teilprobleme eines einheitlichen Problemfeldes auffassen und analysieren lassen. Die philosophische Tradition fordert nämlich, Kausalität und Schöpfung zusammen zu analysieren. Schöpfung ist immer schon – auch bei Platon – als der Extremfall eines Kausalverhältnisses gedeutet worden. Gott wird in philosophischen Texten als Grund oder Ursache der Welt bezeichnet und gedacht. Unter »Ursache« kann dabei natürlich nicht vollständig dasselbe verstanden werden, wie im Fall einer Aussage über innerweltliche Kausalrelationen der gewohnten Art. Dennoch wird Schöpfung in der Tradition zumindest als eine Art von Kausalrelation expliziert, so dass nach ihrer Verwandtschaft und ihrem Verwandtschaftsgrad mit alltäglichen Kausalverhältnissen gefragt werden kann – wenn denn die Rede von Schöpfung überhaupt sinnvoll sein soll. Dieser Zusammenhang zweier Begriffe oder Problemkreise, der in der Tradition philosophischen Denkens vorausgesetzt oder angestrebt wurde, scheint heute eher vernachlässigenswert. Mehr noch, er ist Anlass, sich von tradierten Metaphysikprogrammen völlig zu verabschieden. Doch kann man diese Geringschätzung auch als Aufgabe formulieren: Wenn eine Untersuchung unter dem Titel »Kausalität und Schöpfung« Sinn haben soll, dann muss zumindest Aussicht bestehen, dass der behauptete Zusammenhang zwischen Kausalität und Schöpfung nicht nur für irgendwelche theologischen Spekulationen fruchtbar ist, sondern auch für die Analyse von Kausalverhältnissen, wie sie unseren Alltag ausmachen. Tatsächlich bieten die separaten Problemexpositionen Anhaltspunkte, die Zusammenstellung beider Begriffe aus der Tradition wieder aufzunehmen. Es sollen nun einige Motive, wenn nicht gar gute Gründe aufgezeigt werden, Kausalität und Schöpfung gemeinsam zum Gegenstand einer systematischen Untersuchung zu machen. Dazu muss man nur auf die Gründe achten, die in die verschiedenen Probleme führen.

Ein gemeinsamer Grund der Probleme, die mit beiden Begriffen verbunden sind, wurde schon zu Beginn dieses Kapitels herausgehoben: Weder Kausalrelationen noch die Schöpfungsrelation lassen sich »sehen«. Im Fall einiger Kausalrelationen meinen wir zwar, wir würden wenigstens die beteiligten Ereignisse unmittelbar wahrnehmen können, doch die Relation selbst, die zwischen ihnen bestehen soll, lässt sich keinesfalls sinnlich erfassen. Weil beide Relationen nicht einfach wahrnehmbar sind, sondern erst dann in unseren Gesichtskreis treten können, wenn wir Aussagen über sie formulieren, können beide Relationen von Zeit zu Zeit dem Mythologieverdacht unterworfen werden. Für die Auflösung beider Problemkreise ist damit das Problem ihrer sprachlichen Fassung zentral. Es ist dabei jedoch nicht nur zu fragen, was das kausale Vokabular oder was der Ausdruck »erschaffen« im Fall einer *creatio ex nihilo* bedeuten. Vielmehr noch muss *in beiden Fällen* darüber hinaus gefragt werden, wie es möglich sein kann, dass sie das bedeuten, was sie durch Fragen gefordert bedeuten sollen, weil sie in Antworten auf sie verwendet werden. Gemeinsam ist also beiden Problemen, dass sie auf den Grund der Bedeutung kategorialer Ausdrücke verweisen und nur durch eine Theorie kategorialer Begriffe aufgelöst werden können.

Die Skizze einiger Probleme des Kausalitätsbegriffs zeigte eine grundsätzliche Orientierungslosigkeit, der jeder Versuch einer Begriffsanalyse zunächst ausgesetzt ist. Gerade weil Sprache auch die Möglichkeit zu Schein und illegitimen Begriffsgebrauch eröffnet, müsste eine Analyse des kausalen Vokabulars kritisch sein. Doch weder eine bloße Begriffsgeschichte noch eine logisch-semantische Analyse für sich können dies befriedigend leisten, weil schon Basis und Ausgangspunkt der Analysen nicht ohne weiteres einsichtig und gerechtfertigt sind. Ähnlich verhält es sich – wie gezeigt –, wenn man eine *creatio ex nihilo* denken will. Denn zwar lässt sich dieser extreme Begriff als eine Konsequenz strikten philosophischen Fragens verstehen, doch zeigt sich dann, dass die Sprache durch das Fragen über die Grenzen ihres alltäglichen Gebrauchs hinaus getrieben wird, so dass nicht ohne weiteres klar ist, ob und wie die Begriffe, die im normalen Zusammenhang völlig verständlich und sinnvoll sind, dann überhaupt noch etwas bedeuten können. Das Problem, wie die Orientierungslosigkeit der Analyse alltäglichen und wissenschaftlichen kausalen Vokabulars überwunden werden kann, und das Problem, wie der Schöpfungsbegriff sinnvoll sein und Analogien bzw. Metaphern kontrolliert gebildet werden können, lassen sich dann angehen, wenn sie aufeinander bezogen werden: Ein gemeinsamer Minimalbegriff vermag sowohl der Analyse des kausalen Vokabulars eine Orientierung zu geben als auch den Analogiebildungen und Metaphern ein Fundament.

Vor diesem Hintergrund ist es geradezu ein Vorteil für die Analyse, dass sich der Kausalitätsbegriff – auch wenn er zumeist anhand innerweltlicher Phänomene, wie der Regularität von Ereignisabfolgen oder der Erfahrung von Handlungsfolgen, expliziert und in aller Regel auch nur auf innerweltlich Begegnendes oder Erfahrbares angewendet wird – nicht hinreichend durch eine Sprachanalyse aufklären lässt, die nur am Innerweltlichen orientiert ist. Hier zeigt sich nämlich erneut, dass die Analyse des kausalen Vokabulars eine eigene Bedeutungstheorie erfordert. Das hat aber vorteilhafte Konsequenzen für einen weiteren Problemaspekt, der oben exponiert wurde:[97] Es war nicht ersichtlich, wie die Frage nach einem univoken Bedeutungskern kausalen Vokabulars angesichts der unterschiedlichsten Verwendungskontexte bestimmt werden kann, noch ob es überhaupt einen solchen Bedeutungskern gibt. Gerade für die Bereiche des menschlichen Handelns einerseits und der Naturabläufe andererseits stellt sich diese Frage verschärft, ist doch von ihrer Beantwortung sowohl unser Naturverständnis als auch unser Selbstverständnis als freier Akteure betroffen. Wenn aber unklar ist, von welcher Basis aus das kausale Vokabular rekonstruiert werden soll (sei es von der Erfahrung eigenen Handelns her, sei es von der Erfahrung der Regularität der Naturabläufe her), besteht die Gefahr, durch die Entscheidung für den einen oder anderen Ausgangspunkt zur univoken oder analogen Rekonstruktion des gesamten kausalen Vokabulars einen im einen Phänomenbereich legitimen Sprachgebrauch zu Unrecht auf einen anderen Phänomenbereich zu übertragen. Dann würde aber die Eigenartigkeit dieses anderen Bereichs verfehlt. Kausalität nicht lediglich von innerweltlich Erfahrbarem her auszulegen, sondern zu versuchen, sie so zu konzipieren, dass ein univoker Bedeutungskern sogar mit dem extremen Kausalbegriff der »creatio ex nihilo« rekonstruiert werden kann, bedeutet zumindest, die Gefahr einer Verwechslung und illegitimen Übertragung von Bedeutungskomponenten der Rede von Kausalverhältnissen aus dem einen Anwendungsbereich in den anderen Anwendungsbereich auszuschließen. Die Verbindung zwischen dem Kausalitätsproblem und dem Schöpfungsbegriff stellt also von vornherein klar, dass ein reduktionistischer Ansatz zumindest begründungsbedürftig ist und keinesfalls als offensichtliches Resultat der vermeintlich selbstverständlichen Methode einer Begriffsanalyse akzeptiert werden muss.

Die innere Struktur, die das Kausalitätsproblem dann gewinnt, wenn man Schöpfung als einen Fall von Kausalität zu denken versucht, ist so spezifisch, dass sich die Eigentümlichkeiten der oben scheinbar willkürlich zusammengestellten Liste von Problemen erklären lassen. Es war beispielsweise unklar, ob und warum man zwischen solchen Problemen, welche die Bedeutung der Rede von Kausalverhältnissen betreffen, und solchen, die Fragen der Verifikation von Kausalaussagen oder der Diagnose von Kausalverhältnissen aufwerfen, unterscheiden muss. Bei einer Sprachbetrachtung, nach der sich die Bedeutung eines Ausdrucks letztlich lediglich Erfahrungsdaten verdankt, scheint diese Differenzierung überflüssig, sogar falsch. Die univoke Bedeutungskomponente, die sogar den Begriff einer *creatio ex nihilo* umfasst, kann nicht auf Erfahrungsdaten reduzierbar sein, weil ein solches Schöpfungsverhältnis prinzipiell nicht Gegenstand einer möglichen Erfahrung werden kann. Mehr noch, Aussagen über Schöpfung

---

97 Vgl. oben, S. 37f.

sind prinzipiell nicht verifizierbar. Das liegt schlicht daran, dass uns die Relata der so gedachten Relation – Gott und die Welt im Ganzen – nicht vor Augen treten können und andere Möglichkeiten der Verifikation auszuschließen sind. Will man sich die Möglichkeit, einen solchen sinnvollen univoken Minimalbegriff eines Kausalverhältnisses zu entdecken, offen halten, muss man Fragen der Bedeutung des Kausalitätsbegriffs von Fragen der Verifikation trennen. Sie ununterschieden zu lassen, würde eine weitere problematische Vorentscheidung bedeuten. Auch die Unterscheidung eines dritten Problembündels von ontologischen Fragen ist in einer Untersuchung zwingend, die Kausalität und Schöpfung gemeinsam behandelt, doch wird das erst dann deutlicher werden, wenn die Eigenheiten dieser nur angedeuteten Strukturierung des Problemfeldes in den folgenden Abschnitten bestimmter gefasst werden können.

Die Zusammenstellung des Schöpfungsbegriffs mit dem Kausalitätsbegriff hat auch für die Analyse des Schöpfungsbegriffs Konsequenzen. Soll der Schöpfungsbegriff in irgendeiner Weise sinnvoll sein, so kann er das nur, wenn die Sprache ihre Möglichkeiten, etwas zu bedeuten, nicht nur durch ihren mehr oder weniger unmittelbaren Bezug auf Wahrnehmbares hat, sondern zumindest zum Teil auch durch eine Möglichkeit zu konstruktiver Begriffsbildung, die zwar das phänomenal Ausweisbare übersteigt, sich aber nicht im Sinnlosen verliert. Wenn sich in der kausalen Rede ein univoker Bedeutungskern nachweisen lässt, der selbst noch die Differenz der beiden innerweltlichen Anwendungsbereiche übersteigt und – sei es auch nur problematisch – erweitert, dann wird man eine Möglichkeit haben, die Rede von Kausalverhältnissen in den beiden Bereichen zu rekonstruieren, ohne ihre Differenz unbegriffen zu lassen.[98] Das Kausalitätsproblem und das Schöpfungsproblem als eines aufzufassen, bedeutet also nicht nur, das Kausalitätsproblem in einer bestimmten Weise zu strukturieren. Es bedeutet auch, dem Schöpfungsbegriff im Rückgriff auf den gemeinsamen Minimalbegriff einen gewissen Sinn zuzusprechen. Wer die alltägliche und

---

98 Um nur eine Möglichkeit zu nennen, die sich hier ergeben könnte: Es wurde oben in 1.1.2 untersucht, inwiefern der Schöpfungsbegriff prinzipiell als dreistelliges oder gar vierstelliges Prädikat zu interpretieren ist (womit der Begriff einer *creatio ex nihilo* sinnlos, weil ungrammatisch, wäre), oder ob ein zweistelliger Schöpfungsbegriff möglich ist. Übertragen auf das Kausalitätsproblem könnte deutlich werden, dass auch die Kausalitätsrelation eventuell als prinzipiell dreistellige zu deuten ist: Ein Ereignis E_1 bewirkt, dass auf ein Ereignis E_2 ein Ereignis E_3 folgt. Sollte sich der zweistellige Prädikatsbegriff einer Schöpfung *ex nihilo* gleichwohl als sinnvoll erweisen, wäre zu überlegen, weshalb zumindest für den Bereich innerweltlicher Kausalität die Dreistelligkeit so selbstverständlich sein soll. Es könnte sein, dass sich das nicht dem univoken Kernbegriff der Kausalität, sondern seiner Anwendung im Bereich der Erfahrung verdankt, für die gilt, dass jedes Ereignis einen Vorgänger und einen Nachfolger hat – diese Überlegungen sollen nur andeuten, welche Möglichkeiten sich zur Analyse auch der innerweltlichen Kausalität aus der anvisierten Verbindung von Kausalitäts- und Schöpfungsproblem öffnen könnten.

wissenschaftliche Rede von Ursachen und Wirkungen für sinnvoll hält, kann – nach dieser Analyse – dem Schöpfungsbegriff nicht mehr allen Sinn absprechen. Weiterhin ergibt sich für die Analyse des Schöpfungsbegriffs, dass alle Versuche metaphorischer und analoger Begriffsbildung im Blick auf den gemeinsamen Minimalbegriff kontrolliert werden können. Die Analyse eröffnet so die Chance zu einer kritischen Analyse verschiedener Schöpfungsbegriffe, die in der Diskussion sind und bei denen durchaus legitime von illegitimen Analogien oder Metaphern unterschieden werden können.

Die bisherigen Überlegungen arbeiten jedoch mit einer Unterstellung, nämlich der, dass es zumindest aussichtsreich ist, zu untersuchen, ob und wie der extreme Begriff einer *creatio ex nihilo* sinnvoll sein könnte. Die Exposition der Probleme, die der Schöpfungsbegriff aufwirft, hat aber nur einige Bedingungen negativ formuliert, die erfüllt sein müssen, wenn denn die gestellte Aufgabe gelöst werden können soll. An die Stelle der platonischen mythischen Redeweise muss im Folgenden eine Untersuchung der Komponenten des alltäglichen kausalen Vokabulars daraufhin treten, ob einzelne Komponenten univok selbst dann sinnvoll ausgesagt werden können, wenn nicht über innerweltlich in Raum und Zeit Begegnendes gesprochen wird, sondern von der Welt im Ganzen und ihrer, von ihr noch zu unterscheidenden, Ursache. In einem zweiten Schritt wäre zu untersuchen, ob einige der ausgeschiedenen Bedeutungskomponenten gleichsam analog von derartig extremen Gegenständen ausgesagt werden könnten. Dabei wird die Systematisierung der Theorie zugleich gestatten, die skizzierten Ansätze als Teilantworten an einer bestimmten systematischen Stelle fruchtbar zu integrieren. All dies setzt aber eine Sprachbetrachtung voraus, welche die Orientierung am phänomenal Ausweisbaren erweitert und in letzter Konsequenz behauptet, dass sich das scheinbar phänomenal hinreichend Vertraute nur dann angemessen verstehen lässt, wenn man mit der Sprache auch über solche Gegenstände sprechen kann, die prinzipiell nie phänomenal gegeben sein können. Es setzt auch Sprecher oder Subjekte voraus, die nicht darin aufgehen, in einer Welt zu existieren und mit innerweltlich Begegnendem immer schon vertraut zu sein, sondern die in der Lage sind, durch ihr Fragen das bloß Vorliegende zu transzendieren. Die Anforderungen an eine Theorie der Bedeutung sprachlicher Ausdrücke sind also gänzlich andere, als wenn es bloß darum geht, die bereits hinreichend schwierige Analyse der normalen Sprache zu betreiben.

Doch obwohl die bisherigen Problemexpositionen auf einen gemeinsamen – in der Warum-Frage manifesten – Grund beider Begriffe hinweisen, zeichnet sich bis jetzt noch nicht ab, wie eine Bedeutungstheorie aussehen könnte, die alles das leisten kann. Diese Aufgabe wird erst dann angegangen werden können, wenn im zweiten Kapitel dieser Arbeit die hier nur im

Voraus skizzierte Struktur des gemeinsamen Problemfeldes »Kausalität und Schöpfung« vor dem Hintergrund der tradierten Konzeption einer allgemeinen Metaphysik bestimmter expliziert wird. Denn Begriffe, die im Sinn der Metaphysik Kategorien sind, müssen im Rahmen einer allgemeinen Metaphysik sowohl von endlichem wie unendlichem Seienden in je gewisser Weise prädizierbar sein und damit jene Kluft überbrücken, die auch der Begriffsnot des platonischen *Timaios* zugrunde lag. Der Blick in die Geschichte der Metaphysik wird, weil das Problem von Kausalität und Schöpfung systematisch mit den Fragen der Programmatik der Metaphysik verknüpft ist, verschiedene Möglichkeiten einer Theorie der Bedeutung kategorialer Begriffe aufgreifen, kritisch modifizieren und für die vorliegenden Untersuchungen fruchtbar machen. Weil sich die tradierte Metaphysik als ein Versuch verstehen lässt, unter anderem das an den Überlegungen des Timaios-Mythos Vernünftige auf Begriffe zu bringen, finden sich in ihrer Geschichte bis hin zu Kant methodisch immer ausgefeiltere Überlegungen zur metaphysischen Begriffsbildung, zum Problem der Anwendbarkeit kategorialer Begriffe und zur Frage nach dem Grund der Bedeutsamkeit solcher Begriffe. Dabei sind die Versuche der Metaphysik ständig kritischen Einwänden ausgesetzt, die sie selber fast planmäßig provozieren und die in der Folge zu immer weiteren Ausdifferenzierungen der Theorien führen – was wiederum eher immer bescheidenere Erkenntnisansprüche in immer ausdifferenzierteren Begrifflichkeiten zur Folge hat. Kants Transzendentalphilosophie ist dafür ein Beispiel. Die ausführlichen Untersuchungen zur Geschichte der Metaphysik werden zeigen, dass der univoke Minimalbegriff, der Kausalität und Schöpfung umfasst, nur dadurch sinnvoll sein kann, dass er das Produkt von spontanen Handlungen eines erkennenden Subjekts ist.

Allerdings darf der Schritt in die Geschichte der Metaphysik aus mehreren Gründen nicht unvorbereitet und ohne systematische Anleitung getan werden. Zum einen ist das Kausalitätsproblem bis jetzt noch gar nicht hinreichend analysiert, um die Fragen und Probleme formulieren zu können, die mit Hilfe dieses Ansatzes beantwortet bzw. gelöst werden sollen. Schon alleine deshalb würde sich eine Betrachtung der Metaphysikgeschichte in der Fülle des Materials verirren. Weiterhin sind noch gar nicht alle Aspekte des kausalen Vokabulars herausgearbeitet, die am Ende in eine Theorie der Kausalität integriert und in ihr verständlich gemacht werden müssen. Schließlich ist der Zusammenhang zwischen Kausalität, kausalen Erklärungen und Warum-Fragen noch zu unbestimmt gelassen. Vor den problemgeschichtlichen Untersuchungen zur Metaphysik sind deshalb die Probleme des Kausalitätsbegriffs genauer zu analysieren. Eine kritische Untersuchung einiger repräsentativer Theorien kausaler Erklärung wird, sofern sie eine Geschichte scheiternder Versuche ist, die Untersuchungen zur Geschichte

der Metaphysik motivieren, die Untersuchung verschiedener Metaphysik-
konzeptionen methodisch kontrollieren und zugleich die Aufgaben für die
im letzten Kapitel der Arbeit zu entwickelnde Theorie genauer bestimmen.

1.2 Warum-Fragen, kausale Erklärungen und Kausalrelationen – Eine aporetische Analyse verschiedener Theorieansätze

Abschnitt 1.1 gab eine erste Übersicht über die Probleme, die mit dem
Schöpfungs- und Kausalitätsbegriff verbunden sind. Die Behauptung, der
Kausalitätsbegriff ließe sich fruchtbringend analysieren, wenn er in den tradierten Zusammenhang mit dem Schöpfungsbegriff gebracht wird, wurde
dabei vorläufig begründet: Für die Analyse beider Begriffe genügt es nicht,
Sinn und Bedeutung sprachlicher Ausdrücke oder Begriffe ausschließlich
im Rekurs auf Wahrnehmbares oder auf eine unmittelbare Vertrautheit mit
der je umgebenden Welt zu rekonstruieren. Weil das so ist, ist eine Begriffsanalyse, die gleichsam ohne jeden Zusammenhang durchgeführt wird,
prinzipiell orientierungslos, so dass gefragt werden muss, inwiefern tradierte Problemzusammenhänge nicht doch hilfreich sind. Damit ist man freilich
nicht verpflichtet, die tradierten Antworten unbefragt zu übernehmen. Als
entscheidendes Indiz für die Fragestellung der vorliegenden Arbeit galt darüber hinaus, dass sowohl Schöpfungstheorien wie Kausalaussagen als Antworten auf bestimmte Warum-Fragen verstanden werden können. Es liegt
deshalb nahe, dass diesem eher grammatischen Zusammenhang ein sachli-
cher entspricht, der in der tradierten Fragestellung nach Kausalität und
Schöpfung verfolgt wurde und den es im Verlauf dieser Arbeit zu rekonstruieren gilt.

Allerdings sind solche Argumente nur Plausibilitätserwägungen. Um
weiterzukommen, sind etwas ausführlichere Überlegungen zu dem Zusammenhang zwischen Warum-Fragen und Kausalaussagen sowie eine kritische Untersuchung der tradierten Fragestellungen notwendig. Die zweite
Aufgabe wird im 2. Kapitel der Arbeit verfolgt werden. In diesem Unterabschnitt soll hingegen das Kausalitätsproblem, zugespitzt auf seinen Zusammenhang mit einer Theorie der Warum-Fragen, weiter entwickelt werden.
Dabei tritt der mit den gesamten Untersuchungen anvisierte Zusammenhang
zwischen Kausalität und Schöpfung nochmals zurück. Es gilt nämlich, die
Probleme des Kausalitätsbegriffs zunächst methodisch unabhängig von der
angestrebten Auflösung zu entwickeln, um ein möglichst tragfähiges Ergebnis zu erreichen. Doch werden bereits beim Versuch, von einer Theorie
der Warum-Fragen zu einer Kausalitätstheorie zu gelangen, diejenigen Stellen deutlicher sichtbar, an denen eine Kausalitätstheorie von einer systema-

tischen Verknüpfung mit dem Schöpfungsbegriff nur profitieren kann. Im Folgenden werden dazu drei Fallbeispiele genauer betrachtet: Die Ursachen der Länge eines Schattens, der Regularität der Gezeiten sowie schließlich des Kindbettfiebers. Diese Beispiele sind einerseits handlungsbezogen und deshalb vergleichsweise vertraut. Auf der anderen Seite handelt es sich schon fast um Standardbeispiele, die in der wissenschaftstheoretischen Literatur immer wieder analysiert werden. Sie bieten deshalb die Möglichkeit, divergierende Theorien kausaler Erklärungen darzustellen und aufeinander zu beziehen. Genauer soll untersucht werden, wie diese drei Beispiele in den Theorien von C. Hempel, S. Bromberger, S. Toulmin und B. van Fraassen analysiert werden. So können vorab einige Züge des Gebrauchs kausalen Vokabulars registriert werden, denen eine Analyse der Bedeutung des Kausalitätsbegriffs in jedem Fall Rechnung zu tragen hat. Zugleich lassen sich Probleme verschiedener Theorien kausaler Erklärung herausarbeiten.

Die Diskussion der drei Beispiele kann die oben aufgewiesene Orientierungslosigkeit bei der Analyse des kausalen Vokabulars nicht aufheben. Das ist schlicht deshalb nicht möglich, weil der im vorigen Abschnitt umschriebene Grund der Orientierungslosigkeit in diesem Kapitel noch gar nicht im Zentrum steht. Es können aber verschiedene methodische Dimensionen des Problems detaillierter ausgelotet und weitere Bedingungen aufgefunden werden, denen eine Begriffsanalyse gerecht werden muss. Das Ziel dieses Abschnitts ist also nicht, anhand der Diskussion dreier Beispiele und mehrerer Theorieansätze eine tragfähige Begriffsanalyse oder die Skizze einer Kausalitätstheorie zu erreichen. Ganz im Gegenteil kommt es im Folgenden darauf an, anhand der Beispiele die Schwächen der Theorien so klar herauszuarbeiten, dass Momente einer konstruktiven Lösung sichtbar werden. Der Abschnitt hat also in etwa die methodische Funktion einer die Begriffsanalyse vorbereitenden aporetischen Untersuchung. Der Vorschlag, zur Problembearbeitung auf die tradierte Verbindung von Kausalität und Schöpfung zurückzugreifen, wird dadurch plausibler.

Obwohl nach der im vorigen Abschnitt erstellten Problemübersicht zwischen Fragen nach der Bedeutung kausaler Begriffe, zwischen pragmatischen Fragen nach der Kontextabhängigkeit dieser Bedeutung, zwischen epistemologischen Fragen nach der Erkennbarkeit oder Diagnostizierbarkeit von Kausalverhältnissen und schließlich zwischen ontologischen Problemen der Kausalität unterschieden werden soll,[99] und obwohl die Analyse kausalen Vokabulars in nur begrenzten Anwendungsfeldern das Problem der Übertragbarkeit auf andere Gegenstandsgebiete mit sich führt,[100] soll im Folgenden ein besonderer Ausgangspunkt gewählt werden – nämlich die

99 Vgl. oben, S. 40ff.
100 Vgl. oben, S. 47ff.

Rolle kausaler Ausdrücke im Rahmen kausaler Erklärungen.[101] Dieser Ansatz bei kausalen Erklärungen nimmt den Umstand ernst, dass die sprachliche Äußerung von Kausalaussagen in aller Regel im Zusammenhang von wissenschaftlichen oder vorwissenschaftlichen Erklärungen und Erklärungsversuchen geschieht: Kausalaussagen fungieren als Erklärungen. Darin spielen sie ihre Rolle als Erkenntnisse oder als Mythen. Entsprechend lässt sich unter dieser Fragestellung das Problem des realen Fundaments der Kausalrelation in den unterschiedlichen Ansätzen, also das Zusammenspielen der unterschiedlichen Bestimmungen auf der semantischen, bzw. der ontologischen, der epistemologischen und der pragmatischen Frageebene untersuchen.[102] Von den diversen Gegenstandsbereichen, in denen kausale Erklärungen versucht werden, wird vor allem der Bereich der Naturwissenschaften Thema werden. Dabei geraten typologisch differierende Kausalitätstheorien in den Blick: Sowohl regularitätstheoretische, als auch hand-

101 Vgl. z.B. E. Nagel, 1961, S. 20ff.; W. C. Salmon, 1977, S. 253; E. Scheibe, 1970.

102 Die Probleme, die sich bei diesem Versuch, von der Warum-Frage zu einer Theorie der Kausalität zu finden, einstellen, haben oftmals dazu geführt, diesen Ansatz einer Kausalitätstheorie überhaupt zu verwerfen und eine methodisch unmittelbare Analyse der Kausalität zu versuchen (vgl. etwa die Abkoppelungsthese W. Stegmüllers, die unten, S. 109, Anm. 176. ausführlicher besprochen werden wird, vor allem aber die Ansätze von M. Tooley und in gewisser Weise W. C. Salmons). Am Beispiel einer der Inspirationsquellen solcher Versuche, nämlich der Überlegungen von H. Reichenbach, lassen sich jedoch die methodischen Schwierigkeiten skizzieren, die dieser unmittelbare Zugriff mit sich führt. Reichenbach hat die Kausalrelation innerhalb der neueren Physik vor dem Hintergrund der allgemeinen Relativitätstheorie analysiert und als eine bestimmte Art einer Ereignisfolge bestimmt, bei der Variationen des Vorgängerereignisses mit einer Variation des Nachfolgeereignisses verbunden sind, umgekehrt jedoch nicht (vgl. H. Reichenbach, 1928, S. 162ff.). Für kausale Prozesse ist so die Übertragung von Merkmalen kennzeichnend, die den Bedingungen der Physik unterliegt – beispielsweise nicht schneller als mit Lichtgeschwindigkeit erfolgen zu können. Das Kriterium der Merkmalsübertragung lässt sich weiterentwickeln zu einem Kriterium, um zwischen realen Prozessen und Pseudoprozessen zu unterscheiden. Unabhängig vom sachlichen Ertrag der Überlegungen Reichenbachs und ihrer Angemessenheit als einer Analyse des Kausalitätsverständnisses im Rahmen einer bestimmten Theorie zeichnen sie sich durch eine methodische Grundhaltung aus: Ihnen liegt die systematische These zugrunde, dass nicht in der Philosophie, sondern in den avancierten Naturwissenschaften die eigentliche erkenntnistheoretische und begriffsanalytische Arbeit geleistet worden sei, so dass es nur noch darum gehen könne, die Resultate dieser impliziten Philosophie explizit zu machen, also den Naturwissenschaften abzulauschen (vgl. ibid., S. 2f.; vgl. dazu M. Schlick, 1918, Vorrede, auf den sich Reichenbach beruft). Diese Auffassung ist jedoch – so fruchtbringend sie etwa im Fall Reichenbachs sein mag – schlicht dogmatisch und kann nicht einmal auf ihrem eigenen Fundament begründet werden. Jede Begründung dieser These würde bereits eine unabhängig von ihr gewonnene Begriffsanalyse voraussetzen. Eine weitere prinzipielle Beschränkung solcher Kausalitätstheorien, die aus diesem Dogmatismus folgt, liegt in der Begrenzung der Gültigkeit ihrer Analysen relativ auf einen bestimmten Stand der Naturwissenschaft. Unverständlich bleibt ihr beispielsweise, mit welchem Recht zu Zeiten von Fernkräften als Ursachen gesprochen werden konnte. Dieser letztlich dogmatische Zug zeichnet alle Versuche aus, die Kausalrelation methodisch direkt anzugehen – daran leiden auch die Positionen von W. C. Salmon und M. Tooley.

lungstheoretische oder probabilistische Ansätze werden in den zu untersuchenden Theorien wissenschaftlicher Erklärung beansprucht.

Der aporetische Charakter dieses Kapitels lässt sich damit genauer beschreiben. Die genannten Theorien werden vorgestellt und die drei erwähnten Beispiele mit ihren Mitteln analysiert. Als besonders hartnäckig wird sich die Frage erweisen, wie die Unterscheidung zwischen Real- und Erkenntnisgründen, die eine der basalen Intuitionen der Rede von Ursachen auf den Begriff bringt, jeweils rekonstruiert wird. Bei der Bearbeitung dieser Frage wird sich zeigen, dass grundlegende Züge der jeweiligen Theorie nicht festgehalten werden können, sondern sich geradezu in ihr Gegenteil verkehren, ohne dass die Probleme, welche die drei Beispiele aufgeben, befriedigend gelöst worden wären. So lässt sich – um skizzenhaft in »Ismen« zu reden – am Beispiel der Theorie wissenschaftlicher Erklärungen von Hempel zeigen, dass sich sein empiristischer Ansatz letztlich nur konsequent vertreten lässt, wenn man ihn epistemisch relativ – und das heißt: antirealistisch – interpretiert; damit wird aber der Unterschied zwischen Real- und Erkenntnisgründen verwischt. Auch Brombergers Ansatz, der Hempels Theorie mit ausgefeilten logischen Mitteln zu behaupten sucht, setzt in viel höherem Maß als intendiert pragmatische und epistemologische Überlegungen voraus. Toulmins Ansatz, der die bei Bromberger vermisste pragmatische Dimension in den Mittelpunkt der Analysen stellt, muss letztlich zu einem Handlungsbegriff Zuflucht nehmen, der schlicht einem ontologischen Realismus verpflichtet ist und damit seiner ursprünglichen epistemischen und historischen Relativierung der Kausalrelation widerspricht. Van Fraassens Überlegungen schließlich, die ausgefeilte logische Analyse mit pragmatistischen Überlegungen verbinden, verschieben letztlich die Probleme nur in ein *asylum ignorantiae*. Die Instabilität der recht unterschiedlichen Positionen ist im Rahmen der vorliegenden Untersuchungen ein methodischer Vorzug, lassen sich doch so einzelne Problempunkte besonders gut diagnostizieren, die in der angestrebten Theorie der Warum-Fragen sinnvoll bearbeitet oder gar aufgelöst werden müssen.

Die aporetische Untersuchung hat nicht nur ein negatives Fazit. Abgesehen davon, dass das Kausalitätsproblem in einigen Verästelungen exponiert wird, lassen sich unterschiedliche Versuche beobachten, von der Analyse der Warum-Frage zu einer Theorie der Kausalität zu gelangen. Dass zwischen Kausalaussagen in erklärenden Zusammenhängen und der spezifischen Form von Warum-Fragen irgendein systematischer Zusammenhang besteht, wird häufig angenommen.[103] Doch dieser Zusammenhang wird

103 Aus der neueren Literatur zur Kausalitätsproblematik ließen sich – abgesehen von den drei genannten Autoren – fast beliebig viele Beispiele für die Behauptung eines Zusammenhangs zwischen Warum-Fragen und Kausalitätsbehauptungen finden, ohne dass dieser Zusammenhang me-

kaum dazu verwendet, die Analyse des kausalen Vokabulars und die Entwicklung einer korrespondierenden Kausalitätstheorie methodisch zu leiten.[104] Meist handelt es sich um eine bloße Leerformel. Die im vorigen Abschnitt herausgearbeitete Orientierungslosigkeit hat wohl auch darin einen Grund. Denn die Vielzahl konkurrierender Ansätze entsteht auch daraus, dass nicht klar genug herausgearbeitet wird, als Antwort auf welche wie bestimmte Warum-Fragen Kausalaussagen zu interpretieren und zu rekonstruieren sind. Die bloße Auskunft, Erklärungen seien Antworten auf Warum-Fragen, ist – wegen der notorischen Vieldeutigkeit von Warum-Fragen – viel zu unspezifisch, um diese Orientierungsleistung unmittelbar zu erbringen.[105] Denn um den angestrebten Zusammenhang herzustellen, müssen semantisch-ontologische, epistemologische und pragmatische Züge und Präsuppositionen der Frage analysiert und in ein Verhältnis untereinander und zu möglichen Antworten gesetzt werden. Es ist genau dort mit Problemen zu rechnen, wo die aporetische Untersuchung die Schwierigkeiten der zu untersuchenden Kausalitätstheorien zutage fördert. Wenn das Ziel dieser Arbeit erreicht werden soll, dann müssen die Mehrdeutigkeiten analysiert werden, die aus dem Fehlen eines Abgrenzungskriteriums zwischen diesen drei Ebenen und von Zuordnungskriterien für die einzelnen Momente des Kausalitätsbegriffs zu den einzelnen Ebenen resultieren. Die weiteren Abschnitte werden zeigen, dass und wie die notorische Vagheit der Warum-

thodisch konsequent zum Ausgangspunkt der Analysen gemacht würde. Fast hat man den Eindruck, es mit einer Leerformel zu tun zu haben – vgl. z.B. E. Nagel, 1960, S. 15ff.; W. Stegmüller, 1983, S. 110ff.; W. C. Salmon, 1984, S. 3; E. Ströker, 1992, S. 105ff.

104 Zu Recht ist darauf hingewiesen worden, dass der Erklärungszusammenhang nicht unbedingt ein Kausalzusammenhang sein muss, so dass eine Analyse der Kausalität gar nicht unbedingt von einer Theorie der kausalen Erklärung ausgehen muss – vgl. D.-H. Ruben 1990, S. 162. Ebenso ist zu Recht geltend gemacht worden, dass der Zusammenhang zwischen Erklärungen und Warum-Fragen alles andere als selbstevident ist – vgl. z.B. E. Nagel, 1961, S. 15ff. Eine Funktion des gegenwärtigen Kapitels besteht darin, die methodischen Schritte zu gewinnen, um den so problematischen Zusammenhang zwischen Warum-Frage, kausalen Erklärungen und der Kausalitätsrelation herzustellen.

105 Auch E. Nagel, 1961, S. 20ff., argumentiert offen und grundsätzlich gegen die Möglichkeit, von einer Analyse der Warum-Frage ausgehend zu einer Analyse kausaler Erklärungen und damit der Kausalität selbst zu gelangen. Er gibt eine lange Beispielliste von verschiedenartigsten Erklärungen, die alle als Antworten auf Warum-Fragen aufgefasst werden können und unterschiedliche Struktur haben (»logical patterns«). Ein Gegenargument gegen den in dieser Arbeit verfolgten Ansatz wird daraus jedoch nur, wenn man den Zusammenhang zwischen Fragen und Antworten allzu schlicht versteht. Man müsste annehmen, dass eine Frage bereits durch ihre bloße logische Form die Struktur der Antwort vorausbestimmt. Das lässt sich aber – wie in der Folge deutlich werden wird – sinnvoll bestreiten. Dennoch ist es eine offene Frage, worin die logische Struktur besteht und wie weit eine logische Analyse reicht. Die aporetischen Untersuchungen dieses Kapitels scheinen zwar zunächst Nagels Befund zu stützen, werden aber ebenso die Voraussetzungen erarbeiten, mit zusätzlichen Überlegungen im letzten Kapitel der Arbeit das Verhältnis von Frage und Antwort hinreichend differenziert zu fassen, um den angestrebten Übergang von der Warum-Frage zur Kausalitätstheorie zu finden.

Frage methodisch strukturiert werden kann, wenn eine problemgeschichtliche Untersuchung zu bestimmten Fragen der Metaphysik hinreichende Differenzierungsmöglichkeiten herausgearbeitet hat. Dabei wird der anvisierte systematische Zusammenhang zwischen Kausalität und Schöpfung, der in diesem Abschnitt gänzlich ausgeblendet wird, eine tragende Rolle spielen.

Die drei gewählten Beispiele lassen je verschiedene Aspekte des kausalen Vokabulars in den Vordergrund treten. Das erste Beispiel – die Abhängigkeit der Länge eines Schattens von der Höhe der Mauer und dem Stand der Sonne – ist vielleicht insofern ein Sonderfall, als es zumindest ungewöhnlich ist, die Höhe einer Mauer oder den Stand der Sonne als die »Ursache« der Länge des Schattens zu bezeichnen.[106] Es handelt sich eher um einen funktionalen Zusammenhang zwischen verschiedenen Parametern, der sich mathematisch beschreiben lässt. Gleichwohl sind Sätze wie »Weil die Sonne so tief stand, war der Schatten sehr lang« oder »Weil der Nachbar eine so hohe Mauer hatte, war der Schatten so lang und konnten die Tomaten nichts werden« Beispiele für Erklärungen, die in irgendeiner Weise von Ursachen handeln. Gerade dieser Zug des ersten Beispiels, dass man recht eigentlich gar nicht von »Ursachen« sprechen will, obwohl man es mit ihnen zu tun hat, bietet einen gewissen Vorteil. Man wird nämlich genau das zu erklären haben und dazu vergleichsweise präzise die begrifflichen Momente kausalen Vokabulars unterscheiden müssen, derentwegen die Beispielsätze dennoch von Ursachen handeln. Hier wird grob gesprochen eine Reduktion des kausalen Vokabulars auf funktionale Zusammenhänge mit pragmatischen Momenten kausaler Rede kontrastiert: Ob etwas als Ursache betrachtet wird, ist vom Kontext abhängig (im Beispiel von den jeweiligen Interessen der Fragenden).

Das zweite Beispiel – die Regularität und Vorausberechenbarkeit der Gezeiten – wirft ganz andere Fragen auf.[107] Wie beim ersten Beispiel lässt sich auch hier eine funktionale Abhängigkeit zwischen den verschiedenen Parametern gesetzmäßig beschreiben, so dass erfolgreiche Vorhersagen möglich sind. Im ersten Beispiel genügt die Angabe des Sonnenstandes (Winkel) und der Höhe der Mauer, um mit den Mitteln der Trigonometrie die Länge des Schattens im Voraus berechnen zu können. Im zweiten Fall genügen schon Pegeltabellen und die Information über den gegenwärtigen Pegelstand, um den Pegelstand zu einem späteren Zeitpunkt vorhersagen zu können. Solche Methoden werden von der frühesten Zeit bis heute mit aller wünschenswerten Exaktheit verwendet. Eine Vorhersage scheint deshalb

106 Dieses Beispiel entstammt S. Toulmin, 1954, S. 22; vgl. auch S. Bromberger, 1966, S. 92, wo sich ein analoges Beispiel in Bezug auf Hempels Theorie diskutiert findet. Diese Diskussion greift van Fraassen wieder auf – vgl. B. C. van Fraassen 1980, S. 132ff.
107 Dieses Beispiel entnehme ich S. Toulmin, 1961, S. 27ff.

auch möglich zu sein, ohne über eine kausale Erklärung der Gezeiten zu verfügen, d.h. ohne zu wissen, dass die Gezeiten durch die Anziehungskräfte zwischen Erde und Mond verursacht werden, so dass der Rhythmus der Gezeiten von der Drehung des Mondes um die Erde und der Erde um sich selbst abhängt. Das zweite Beispiel betrifft also das Verhältnis von Vorhersage und kausaler Erklärung als unterschiedlichen Antwortmöglichkeiten auf Warum-Fragen. Von »Ursachen« wird man nämlich nicht schon bei jeder Form von Erklärung und Vorhersage reden können. Es sind spezifischere Bestimmungen der kausalen Begriffe zu suchen. Dieses Beispiel gestattet es also, das Verhältnis von Regularität, Vorhersage und kausaler Erklärung anzureißen und für die projektierte Analyse fruchtbar zu machen.

Mit dem dritten Beispiel, das sich auf das Kindbettfieber bezieht, kommen zusätzliche Bedeutungsaspekte kausaler Rede in den Blick.[108] Deutlicher als bei den beiden anderen Beispielen findet sich hier eine Konnotation von »Ursache«, nämlich dass es sich um ein bestimmtes, neu auftretendes Ereignis mit einem auszeichenbaren Protagonisten handelt – etwa der Infektion mit bestimmten Bakterien durch die behandelnden Ärzte. Im Fall der Schattenlänge lässt sich nämlich vor allem deshalb nur mit Unbehagen von »Ursachen« sprechen, weil weder die Höhe der Mauer noch der Umlauf der Sonne um die Erde (bzw. die Drehung der Erde um sich selbst und um die Sonne) ein solches neu hinzutretendes und ausgezeichnetes Ereignis sind. Ähnliches gilt für die Ursache der Gezeiten. Gerade die Alltagssprache versteht aber unter »Ursache« nicht einen irgendwie gearteten Bedingungszusammenhang, sondern ein ausgezeichnetes Ereignis oder ein ausgezeichnetes Ding, das in bestimmter Weise für die Wirkung »verantwortlich« gemacht werden kann. Das zeigt sich nicht zuletzt daran, dass Warum-Fragen unter Umständen schon durch die Äußerung konkreter singulärer Terme, die Dinge, Ereignisse oder Sachverhalte benennen, hinreichend beantwortet werden können: »Warum setzt die Flut ein?« »Wegen des Mondes« bzw. »Wegen der momentanen relativen Position des Mondes zur Erde«. »Was verursachte das Kindbettfieber?« »Mangelnde Hygiene«, »Eine Infektion«, »Bakterien«. Die Vielzahl der möglichen wahren Antworten auf eine solche Warum-Frage wirft allerdings sofort das zusätzliche Problem auf, in welchem Sinn überhaupt von »der« Ursache eines Ereignisses gesprochen werden kann. Von den vielen Umständen, die irgendwie in einen Erklärungszusammenhang mit der Wirkung gebracht werden können, müsste sich zumindest im normalen Verständnis des Wortes – aufgrund irgendwelcher zusätzlichen Kriterien – einer als »die« Ursache auszeichnen lassen. Auch

---

108 Dieses Beispiel entnehme ich C. Hempel, 1966, S. 3ff. Dabei wird es durchaus eine Rolle spielen, dass dieses Beispiel im Unterschied zu den beiden anderen vor allem als Beispiel für eine Entdeckung bekannt und als solches auch von Hempel eingeführt wird.

mit dem dritten Beispiel stellt sich die Frage nach pragmatischen Bedeutungskomponenten kausaler Rede.

Das Beispiel des Kindbettfiebers und die Geschichte seiner Bekämpfung durch Semmelweis wirft darüber hinaus noch eine ganz andere Frage auf. Es ist nämlich unklar, inwieweit man dort von »Ursachen« und »Kausalitätsverhältnissen« sprechen kann, wo man es nur mit Aussagen über statistische Wahrscheinlichkeiten zu tun hat.[109] Das erste und zweite Beispiel dokumentieren eine Kausalitätsvorstellung, nach der sich die Wirkung mit Notwendigkeit einstellt, wenn die Ursachen gegeben sind. Die Erklärung der Regularität der Gezeiten durch das Wirken der Gravitationskraft in der Lehre von den Planetenbewegungen, also durch Einbettung in den Rahmen der klassischen Mechanik, unterstützt diese deterministische Auffassung der Kausalität. Aus den gesetzten Bedingungen, dem Zustand des Systems zu einem bestimmten Zeitpunkt, folgen mit naturgesetzlicher Notwendigkeit alle späteren und früheren Zustände des (geschlossenen) Gesamtsystems nach den Gesetzen der Mechanik. Dass eine Ursache ihre Wirkung in irgendeinem Sinn notwendig machen soll, ist nicht nur ein Bedeutungsaspekt bestimmter wissenschaftlicher Rede von Kausalität, sondern auch der Alltagssprache.[110] Semmelweis hatte es demgegenüber mit statistischen Daten zu tun, d.h. mit Aussagen über die Wahrscheinlichkeit des Auftretens eines bestimmten Ereignisses unter bestimmten Bedingungen. Solche Aussagen gestatten es nicht, aus dem Vorliegen bestimmter »Ursachen« auf das notwendige Eintreten der Wirkung zu schließen, sondern nur darauf, dass die Wirkung mit einer bestimmten – unter Umständen sehr hohen – Wahrscheinlichkeit eintritt. Wenn man hier von Kausalität sprechen will, so nicht im Sinn eines Determinismus, sondern eher einer irgendwie gearteten probabilistischen Kausalitätsauffassung. Weil man gerade im Alltag oft geneigt ist, auch dort von Ursachen zu sprechen, wo man bestenfalls Wahrscheinlichkeiten abwägen kann, stehen sich zwei Intuitionen gegenüber, die mit kausalen Begriffen verknüpft sind.[111] Am Beispiel des Kindbettfiebers lässt sich diese Spannung im Kausalitätsbegriff analysieren. Gerade hier werden die Probleme der Sprach- oder Begriffsanalyse, die im vorigen Abschnitt angesprochen wurden, besonders deutlich.

109 Dieses Beispiel entstammt C. G. Hempel, 1966.
110 Anders beispielsweise P. Suppes, 1970, S. 6ff., – doch dokumentiert sich dieses Verständnis in Sätzen vom Typ »Er konnte doch gar nicht anders, weil...« sogar für den Bereich menschlicher Handlungen.
111 Vgl. W. C. Salmon, 1985; P. Suppes, 1984b.

1.2.1 Kausalität in Hempels Theorie wissenschaftlicher Erklärungen

Zuerst soll verfolgt werden, wie im Rahmen von C. Hempels Theorie wissenschaftlicher Erklärung die drei Beispiele analysiert werden. Diese von ihm ursprünglich zusammen mit P. Oppenheim in einem Aufsatz aus dem Jahr 1948 entwickelte Theorie wurde in einer umfangreichen Studie 1965 weiter ausgeführt.[112] Beide Aufsätze sind stark rezipiert worden und bieten den Ausgangspunkt auch der Theorien, die in den folgenden Abschnitten behandelt werden. Ich beziehe mich vor allem auf die spätere Arbeit.

Am ersten Beispiel – von der Sonne, der Mauer und dem Schatten – lassen sich relativ leicht Grundzüge der Überlegungen Hempels skizzieren. Die Länge des Schattens ist das Explanandum, nach dem mit der Frage »Warum ist dieser Schatten 3.20m lang?« gefragt wird.[113] Die Länge des Schattens ist abhängig von der Höhe der Mauer und dem Stand der Sonne, d.h. vom Einfallswinkel der Sonnenstrahlen. Die gesamte Konstellation lässt sich deshalb als eine Aufgabe der Trigonometrie darstellen, in einem rechtwinkligen Dreieck eine unbekannte Seitenlänge aus einer bekannten Seitenlänge und einem bekannten Winkel zu berechnen. Beträgt der Einfallswinkel $30°$ und ist die Mauer 1,83m hoch, so ist der Schatten 3.20m lang. Die Länge des Schattens (l) hängt nämlich nach der Formel

$$l = h/tang\ \alpha$$

vom Einfallswinkel (α) und der Mauerhöhe (h) ab. Die Antwort auf die Frage, warum der Schatten 3,20m lang ist, lässt sich daher folgendermaßen in der Art eines Schlusses beantworten:

(1) Für alle x, wenn x die Länge eines Schattens ist, dann gilt $x = h/tang\ \alpha$, wobei h die Höhe des schattenwerfenden Gegenstandes und α der Einfallswinkel des Lichtes ist.
(2) $h = 1,83m$ und $\alpha = 30°$.
_____
(3) $x = 3,20$ m.

Satz (1) hat als generalisierter Wenn-dann-Satz zunächst formal gute Aussichten, als gesetzesartig angesehen zu werden.[114] Satz (2) gibt die besonde-

112 Um genauer zu sein, ist noch eine Vorgängerarbeit Hempels anzuführen, nämlich der Aufsatz *The Function of General Laws in History*, in: *Journal of Philosophy* (1942), S. 35-48. Abgesehen davon, dass es müßig wäre, nach Vorläufern dieser Theorie zu suchen, bleibt bemerkenswert, dass Hempel in diesem frühen Aufsatz nicht methodologische Fragen der Naturwissenschaften, sondern solche der Geschichtswissenschaften zum Ausgangspunkt wählt – vgl. dazu die ausführliche Diskussion in K. Acham, 1974.
113 Ich entnehme das Beispiel S. Toulmin, 1953, S. 24ff.
114 Der Gesetzesbegriff bietet eigene Probleme, auf die hier nicht ausführlich eingegangen werden kann. Hempel kombiniert einige Vorschläge, ohne jedoch zu behaupten, damit eine erschöpfende Theorie von Gesetzen vorgelegt zu haben (vgl. C. Hempel, 1965, S. 338ff.; E. Nagel,

ren Umstände an, auf die das Gesetz angewendet werden soll. Satz (3), der das zu erklärende Phänomen kennzeichnend beschreibt,[115] folgt logisch aus Satz (1) und (2). Das Phänomen wird erklärt, indem der Satz, der es beschreibt, aus einer Menge von Sätzen logisch abgeleitet werden kann, die einerseits Gesetzesaussagen und andererseits Beschreibungen weiterer Sachverhalte enthält. Für solche Erklärungen ist es also charakteristisch, auf Gesetze zurückzugreifen und die Form einer Deduktion zu haben. Eine solche Erklärung ist deshalb ein Beispiel für Deduktiv-Nomologische-Erklärungen (DN-Erklärungen) im Sinne der Theorie wissenschaftlicher Erklärungen Hempels. DN-Erklärungen sollen nämlich die folgende Form haben:

(i) $L_1, L_2, L_3, ... L_k$
(ii) $C_1, C_2, C_3, ... C_r$

(iii) E

Dabei sind L_1, L_2 ... die relevanten Gesetze (oder, solange man es mit Hypothesen zu tun hat, gesetzesartige Aussagen), C_1, C_2 ... Beschreibungen gegebener besonderer Umstände, und E der Satz, der das Bestehen des Explanandum-Phänomens behauptet. Eine Erklärung in Hempels Sinn liegt dann vor, wenn die in der Erklärung auftretenden Aussagen wahr sind, die Aussagen C_1, C_2, ... und E empirischen Gehalt besitzen, und E aus (i) und (ii) logisch folgt.[116] Solche Erklärungen sollen in Fällen wie dem diskutierten das Eintreten des Explanandum-Phänomens erklären. Dabei sollen real relevante Faktoren als Anfangsbedingungen aufgeführt werden. In gewissem Sinn wird man deshalb sagen können, die in Satz (2) angegebenen besonde-

---

1961, Kap. 4): Charakteristisch sei die logische Form »(x) (Fx → Gx)«; der Satz dürfe nicht mit einer Konjunktion beliebig vieler singulärer Sätze äquivalent sein; er müsse also strikt allgemeingültig sein; schließlich müsse er kontrafaktische Konditionale stützen. Ich werde im Folgenden von diesem Gesetzesbegriff ausgehen, auch wenn die Diskussion erheblich differenzierter geworden ist – vgl. etwa D. M. Armstrong, 1983; sowie M. Tooley, 1987, S. 43ff. und 67ff.; E. Scheibe, 1997.

115 Es ist nicht völlig klar, was eigentlich das Explanandum in Hempels Sinn ist, ob ein Ereignis oder ein Satz oder ein Ereignis, insofern es durch einen Satz benannt und beschrieben wird. Der Einfachheit halber sei zunächst angenommen, Hempels Rede von »explanandumphenomenon« erkläre direkt Ereignisse zum Explanandum. Dass man das mit guten Gründen anders sehen kann, zeigt D.-H. Ruben, 1990, S. 140 und S. 160ff. Ich werde diese Diskussion unten aufnehmen, wenn Toulmins Überlegungen ins Zentrum der Untersuchung rücken. Dass sich darin in der Tat ein für die vorliegenden Untersuchungen in seiner Tragweite gar nicht zu überschätzendes Problem verbirgt, wird schon daran deutlich, dass letztlich bereits hier der Zusammenhang zwischen der sprachlichen, der epistemischen und der ontischen Ebene bestimmt werden muss, der alleine den methodischen Ausgang einer Kausalitätstheorie von der Warum-Frage rechtfertigen kann.

116 Vgl. C. Hempel, 1965, S. 335ff., sowie den früheren, gemeinsam mit Oppenheim verfassten Aufsatz Hempel/Oppenheim 1948, S. 247ff. Ähnliche Ansätze haben auch K. Popper, 1935, S. 31ff.; sowie E. Nagel, 1961, Kap. 3 vorgelegt.

ren Bedingungen seien Ursachen der Länge des Schattens, der Schatten werde durch die Mauer und das Licht verursacht, und die Länge des Schattens durch die Höhe der Mauer. Eine DN-Erklärung, die sich auf singuläre Ereignisse bezieht, expliziert in aller Regel ein Kausalverhältnis – zumindest liegt ihr ein solches zugrunde.[117]

Auf der Oberfläche lässt sich das erste Beispiel reibungslos im Sinne der Theorie wissenschaftlicher Erklärung Hempels deuten. Doch ist fraglich, inwiefern und in welchem Sinn in solchen Erklärungen tatsächlich von Ursachen die Rede ist bzw. welche Kausalitätstheorie dabei vorausgesetzt wird. Gerade das ist aber der Gegenstand der vorliegenden Untersuchungen. Weil Kausalität in den hier zu untersuchenden Ansätzen unter dem Blickwinkel einer Theorie wissenschaftlicher Erklärungen analysiert wird, hängt dabei einiges davon ab, was eigentlich solche Erklärungen genau erklären bzw. was es überhaupt heißt, dass sie etwas erklären. Die Kausalitätsrelation zwischen singulären Ereignissen wird hier nämlich – wie sich zeigen wird – nur als eine logische Relation zwischen einem Bestandteil des Explanans und dem Explanandum gedeutet. Es ist fraglich, ob das ausreicht, um eine überzeugende Kausalitätstheorie zu entwickeln, zu einer stabilen Theorie kausaler Erklärungen zu gelangen und den Zusammenhang mit einer Theorie der Warum-Fragen deutlich werden zu lassen.

1.2.1.1 Die epistemische Relativierung der Kausalrelation in Hempels Theorie wissenschaftlicher Erklärung

In der Diskussion um Hempels Vorschlag ist die Frage, was eine DN-Erklärung eigentlich in welchem Sinn erklärt, kaum verfolgt worden.[118] Dabei müsste der Zweck einer wissenschaftlichen Erklärung doch das Maß vorgeben, an dem eine Theorie der Erklärung zu bemessen ist. Hempel selbst äußert sich hierzu vergleichsweise explizit. Für ihn beantworten DN-Erklärungen Warum-Fragen oder zumindest solche Fragen, die auch als Warum-Fragen formuliert werden können.[119] Solche Fragen haben für ihn

---

117 Es sollen nach Hempel reale Faktoren sein, die im Explanans auftreten und für das Explanandum-Phänomen, das ja tatsächlich stattgefunden hat, verantwortlich sein sollen. Tatsächlich sollten DN-Erklärungen auch dazu dienen, die Gültigkeit allgemeiner Gesetze aus allgemeineren zu begründen, doch ist das Explanandum-Phänomen dann eben kein singuläres Ereignis. Auch kann die Angabe bloßer Erkenntnisgründe in der Form eines DN-Schemas erfolgen, doch versucht Hempel, seine Erklärungen davon gerade abzugrenzen – mit welchem Erfolg, bleibt zu untersuchen.

118 Stattdessen überwiegt die Kritik an der Leistungsfähigkeit seines Modells – vgl. etwa N. Cartwright, 1983.

119 Vgl. C. Hempel, 1965, S. 333ff.; vgl. W. Stegmüller, 1983, S. 113f. S. Bromberger, 1966, hat eine Kritik an Hempels Theorie entwickelt und zu ihrer Behebung eine eigene Theorie des Zusammenhangs zwischen Warum-Fragen und kausalen Erklärungen vorgelegt. Vgl. die ausführ-

die Form »Warum ist es der Fall, dass p?«, wobei an die Stelle von »p« ein Satz eingesetzt werden kann, der das zu erklärende Phänomen bestimmt beschreibt.[120] Eine solche Frage setzt nach Hempel voraus, dass *p* wahr ist bzw. dass der Sachverhalt, der erklärt werden soll, tatsächlich besteht. Hempel scheidet also von Anfang an fiktive oder hypothetische Warum-Fragen aus. Es geht weiterhin nicht um die Frage »Welche Gründe gibt es für die Annahme, dass p?«. Hempel unterscheidet damit zwischen »reason-seeking or epistemic« und »explanation-seeking why-questions«.[121] Scheinbar werden also Real- von Erkenntnisgründen durch die genaue Form der Warum-Frage unterschieden. Die Theorie wissenschaftlicher Erklärung soll in erster Linie letztere betreffen.[122]

Damit ist allerdings noch nicht geklärt, inwiefern nun eine DN-Erklärung tatsächlich eine solche Erklärung-verlangende Warum-Frage beantwortet. Hempels Auskunft ist vergleichsweise knapp:

> Thus a D-N explanation answers the question ›Why did the explanandum-phenomenon occur?‹ by showing that the phenomenon resulted from certain particular circumstances, specified in C_1, C_2, ..., C_k, in accordance with the laws L_1, L_2, ..., L_r. By pointing this out, the argument shows that, given the particular circumstances and the laws in question, the occurrence of the phenomenon was to be expected; and it is *in this sense* that the explanation enables us to understand why the phenomenon occurred.[123]

Eine DN-Erklärung erklärt also nach Hempel das in Frage stehende Phänomen in dem Sinn, dass sie zeigt, dass es angesichts der besonderen Umstände und der geltenden Gesetze zu erwarten war.[124] Zugespitzt formuliert:

---

liche Diskussion dieser Theorie bei P. Teller, 1974, – an die sich gut die Diskussion der Position Toulmins anschließen lässt. Diese Diskussion führt direkt zum Versuch van Fraassens, der in diesem Kapitel zuletzt analysiert werden soll (1.2.3).

120 Vgl. C. Hempel, 1965, S. 334f.

121 Vgl. C. Hempel, 1965, S. 334.

122 Hempel deutet vorsichtig an, dass auch die Umkehrung gelten soll – vgl. C. Hempel, 1965, S. 367.

123 C. Hempel, 1965, S. 337 (Hervorh. R. S.).

124 Vgl. C. Hempel, 1965, S. 336: »The explanation here outlined may be regarded as an argument to the effect that the phenomenon to be explained, the explanandum phenomenon, was to be expected in virtue of certain explanatory facts.« – In der Diskussion von Hempels Theorie wissenschaftlicher Erklärung ist dieser Zusammenhang nicht unbedingt beachtet worden, so dass manche Diagnosen von Inkonsistenzen auf einem anderen Erklärungsbegriff beruhen. So meint etwa J. E. Coffa, 1974: »If one asks, for example, what reason do we have to believe that a causal deductive explanation explains its explanandum, the answer is that its premises identify certain features of the world that are nomically responsible for the occurrence of the explanandum event« (S. 71). Von »Zügen der Wirklichkeit« ist aber in Hempels Ansatz ebenso wenig die Rede wie von einer »gesetzmäßigen Verantwortlichkeit« für das Auftreten von Ereignissen, schlicht weil gerade der letzte Ausdruck alles Misstrauen gegen Metaphern mobilisieren muss. Was ist denn darunter zu denken, dass Züge der Wirklichkeit verantwortlich sind, wenn es sich nicht um die Deduzier-

Eine DN-Erklärung soll gar nichts anderes zeigen, als dass das Explanandum-Phänomen zu erwarten war, und genau darin besteht die Antwort auf eine entsprechende Warum-Frage. Konsequent sind alle adäquaten Erklärungen für Hempel auch potentielle Vorhersagen.[125] Das ergibt sich daraus, dass Gesetzesaussagen wahre allgeneralisierte Sätze sind, die deshalb auch für alle zukünftigen gleichartigen Konstellationen zutreffen. Wenn eine Erklärung tatsächlich eine adäquate Erklärung ist, dann enthält sie Gesetze, die derartige Voraussagen ermöglichen. Hempel vermutet sogar, dass auch alle adäquaten Vorhersagen potentielle Erklärungen sind.[126] Faktisch behauptet Hempel also eine »Strukturidentität« zwischen Erklärung und Vorhersage.[127]

Daraus, was bzw. wie eine Erklärung etwas erklärt, ergibt sich auch die Antwort auf die Frage, was im Kontext solcher Erklärungen unter »Ursache« verstanden werden kann. Denn der Begriff der Ursache bestimmt sich hier völlig aus seiner Funktion im Rahmen solcher Erklärungen. Falls also alle kausalen Erklärungen letztlich vom Typ der DN-Erklärungen sind, dann wird man davon ausgehen müssen, dass Kausalitätsverhältnisse in diesem Ansatz nur als Grundlage bestätigter und zukünftiger Erwartungen in den Blick genommen werden. Ursachen sind damit gleichsam Anlässe für Erwartungen. Damit steht Hempel gut in empiristischer Tradition, sind doch Vorhersageerfolge und -misserfolge durchaus auf Wahrnehmbares bezogen, und wird doch so der Begriff der Kausalität dadurch analysiert, dass nach seinen Ursprüngen in der (wissenschaftlichen) Erfahrung gesucht wird.[128] Insofern DN-Erklärungen notwendiger Weise Gesetzesaussagen enthalten, die Regularitäten behaupten, wird man diesen Ansatz einer Kausalitätstheorie den Regularitätstheorien der Kausalität zuordnen können.[129]

Allerdings enthält die oben zitierte Erläuterung Hempels eine Zweideutigkeit: Auf der einen Seite behauptet Hempel, eine DN-Erklärung beantworte eine Warum-Frage in dem Sinn, dass sie zeige oder nachweise, dass

---

barkeit aus gut bestätigten Gesetzen handelt? Coffas Unterstellung liegt auch seiner – sachlich eindringlichen – Kritik der Hempel'schen IS-Erklärungen zugrunde, auf die später einzugehen sein wird.

125 Vgl. C. Hempel, 1965, S. 367.

126 In seiner Diskussion dieser These versucht Hempel lediglich, mit deutlicher Sympathie Einwände zu entkräften – vgl. C. Hempel, 1965, S. 274ff. Bei der Diskussion des dritten Beispiels mit Hempels Mitteln wird deutlich werden, dass er diese problematische These tatsächlich bejahen muss. Eine ausführliche kritische Diskussion findet sich bei M. Bunge, 1959, S. 342ff.; und W. Stegmüller, 1983, S. 191-237; aber auch E. Scheibe, 1997, S. 39.

127 Vgl. dazu W. Stegmüller, 1983, S. 193; E. Scheibe, 1997, S. 39f., – dazu unten, S. 99ff.

128 Vgl. das knappe Dictum Carnaps, dass Kausalität schlicht Voraussagbarkeit heiße – in R. Carnap, 1986, S. 192.

129 Es braucht hier nicht entschieden zu werden, inwiefern die Unterstellung, Humes Kausalitätstheorie sei gleichsam eine Version der DN-Theorie wissenschaftlichen Erklärens, als Interpretation tragfähig ist.

das Explanandum-Phänomen zu erwarten war; auf der anderen Seite soll eine solche Erklärung zeigen, »daß das Phänomen aus bestimmten besonderen Umständen, [...], in Übereinstimmung mit Gesetzen , [...], resultierte«.[130] Diese zweite Auskunft über den Sinn, in dem eine DN-Erklärung eine Warum-Frage beantwortet, fällt nicht unbedingt mit der ersten zusammen und nimmt sich wie ein Fremdkörper aus. Denn mit der zweiten Auskunft – insbesondere mit dem dunklen Ausdruck »resultieren« – ist die Vorstellung verbunden, die Ursache »bewirke« die Wirkung bzw. bringe sie hervor, die Wirkung »ergebe« sich aus den Ursachen.[131] Etwas resultiert aus etwas anderem, wenn man den Prozess, der von dem einen zum anderen führt, nacherzählen kann, wenn sich also die Genese der Wirkung aus der Ursache beschreiben oder eine Art Mechanismus angeben lässt, der die Wirkung aus der Ursache hervorgehen lässt.[132] Derartige Vorstellungen sind mit der ersten Auskunft, eine DN-Erklärung beantworte eine Warum-Frage in dem Sinn, dass sie zeige, dass das Explanandum-Phänomen angesichts der gegebenen Umstände und der geltenden Gesetze zu erwarten war, nicht verbunden. Der Einschub »in this sense« ist daher im letzten der oben zitierten Sätze Hempels kein Zierrat, sondern eine notwendige Ergänzung angesichts der Spannung zwischen den beiden möglichen Bedeutungen von »Erklärung«. Es lassen sich nämlich auch Antworten auf Warum-Fragen fordern, die sie in einem ganz anderen Sinn beantworten – etwa so, dass einem der abgelaufene Mechanismus in seiner Funktionsweise durchsichtig gemacht wird. Eine solche Antwort auf die Frage der Form »Warum p?« wäre zugleich eine Antwort auf die Frage, »Wie geschah es, dass p?«. Doch wird dieser Aspekt der Warum-Frage bei Hempel ausgeblendet.

Aus diesen Überlegungen ergibt sich bereits, dass der Zusammenhang zwischen Warum-Fragen, kausalen Erklärungen und Ursachen bei Hempel nicht so direkt ist, wie es anfangs schien. DN-Erklärungen beantworten – so lässt sich folgern – für Hempel gar nicht unspezifizierte Fragen der Form »Warum p?« oder »Warum ist es der Fall, dass p?«, sondern eher Fragen

---

130 Meine Übersetzung des ersten Satzes des oben gegebenen Zitats – vgl. C. Hempel, 1965, S. 337.

131 Der oben, S. 81, Anm. 102, skizzierte Ansatz von H. Reichenbach und W. C. Salmon berücksichtigt diesen »dynamischen« Aspekt der Rede von Ursachen – vgl. W. Salmon, 1984, S. 147ff.

132 Der Ausdruck »mechanisch« ist natürlich extrem vieldeutig. Hier soll er nicht im Sinn der klassischen Mechanik verstanden werden, sondern in dem, auch von E. Nagel hervorgehobenen, »weiten Sinn«: »In one broad usage of ›mechanical‹, any answer to questions as ›How does it work?‹ or ›How is it done?‹ is apparently a mechanical explanation« (E. Nagel, 1961, S. 156). Der Zusammenhang zwischen Warum- und Wie-Fragen für die Differenz zwischen Real- und Erkenntnisgründen wird in der Folge wichtig werden. »Nacherzählen« zielt auf narrative Modelle des Erklärens, wie sie in den Methodendiskussionen der Geschichtswissenschaften bereits vor Salmon und anderen entwickelt wurden – vgl. etwa L. O. Mink (1966); A. C. Danto (1965) und K. Acham (1974).

der Form »Warum war es zu erwarten, dass p?«.[133] Es ist zwar nicht auszuschließen, dass Antworten auf Fragen des ersten Typs auch Antworten auf
Fragen des zweiten Typs sind. Sicher sind aber nicht alle Antworten auf
Fragen des zweiten Typs auch Antworten auf Fragen des ersten Typs.[134]
Wenn wissenschaftliche Erklärungen im Sinn Hempels – entgegen seiner
expliziten Einschätzung – gar nicht unspezifizierte Fragen der Form »Warum p?« beantworten, sondern immer schon Fragen der leicht umakzentu-
ierten Art »Warum war es zu erwarten, dass p?«, dann äußert sich darin ein
nicht eliminierbarer epistemischer Relativismus seiner Theorie wissenschaftlicher Erklärung.[135] Damit ist gemeint, dass seine Charakterisierung
von Erklärungen nicht unmittelbar auf reale Züge der Welt, sondern irreduzibel auf Wissenszustände wie »Erwarten« Bezug nimmt. Das liegt daran,
dass die umakzentuierte Warum-Frage nicht direkt auf die Verhältnisse in
der Welt zielt. In der Konsequenz bedeutet das auch eine epistemische Relativierung des Kausalitätsbegriffs – ganz entgegen Hempels Intentionen.
Das heißt, dass nicht primär Eigenschaften oder Relationen, in denen Dinge
oder Ereignisse stehen, dafür relevant sind, ob etwas die Ursache von etwas
anderem ist, sondern vor allem die Rolle, die der Verweis auf diese Dinge
im Rahmen der Ausbildung von Erwartungen spielt.

Diese epistemische Relativität wird auch daran deutlich, wie schwer es
Hempel fällt, zu einer befriedigenden Theorie kausaler DN-Erklärungen im
Unterschied zu Erklärungen überhaupt zu gelangen. Die Frage, was das
Spezifische kausaler Erklärungen im Unterschied zu anderen (realen) Erklä-
rungen ist, lässt sich mit seinen Mitteln nicht hinreichend beantworten. Die
Relation zwischen den im Explanans genannten singulären Ereignissen oder
Sachverhalten und dem im Explanandum genannten singulären Ereignis

---

133 Darauf hat bereits G. H. v. Wright, 1971 (zitiert in der dt. Übersetzung), S. 25, hingewiesen – vgl. K. Acham, 1974, S. 167.

134 Hempels Entscheidung für den einen Sinn der Warum-Frage hat Gründe: Sämtliche Versuche, den Ausdruck »resultieren« zu explizieren, machen von Ausdrücken wie »hervorbringen«
o.ä. Gebrauch, gegen die sich die Skepsis des Empiristen richten muss – vgl. z.B. Hempels Kritik
an der Formulierung »bring about« zur Charakterisierung kausaler Relationen in C. Hempel, 1965,
S. 535f.

135 Hempel selbst benutzt den Ausdruck »epistemic relativity« (1965, S. 402) allerdings vor
allem, um einen Charakterzug nur von – den unten noch zu behandelnden – IS-Erklärungen im
Unterschied zu DN-Erklärungen zu benennen (vgl. dazu auch J. A. Coffa, 1974). Wenn »episemi-
sche Relativität« meint, dass ein Begriff in einer Weise definiert wird, die auf epistemische Zustände von Subjekten Bezug nimmt, dann muss man jedoch bereits die analysierte Explikation des
Ausdrucks »Erklärung« als epistemisch relativ charakterisieren, da »erwarten« ein solcher Zustand
ist. Auch für Coffa – wie auch für Hempel – sind DN-Erklärungen nur in dem Sinn epistemisch
relativ, dass in die Charakterisierung »bestätigter« DN-Erklärungen epistemische Zustände bzw.
Wissenszustände eingehen. Ansonsten sei »DN-Erklärung« eine »non-epistemic notion« (1974, S.
63). Deutlicher dazu W. C. Salmon, 1984, S. 16, der deswegen Hempels Theorie als eine »epistemic conception« auffasst, sowie B. C. van Fraassen, 1980, S. 104ff.

wird nämlich einzig als die eines Deduktionszusammenhangs bestimmt. Das entspricht zwar – wie gesehen – gut seinem Erklärungsbegriff. Doch ist Hempel damit jeder Weg verbaut,»Ursachen« von anderen möglichen Anfangsbedingungen dadurch auszuzeichnen, dass sie in einer besonderen realen Relation zum Explanandum stehen. Zunächst versucht Hempel nur zu zeigen, dass kausale Erklärungen völlig in das DN-Schema passen. Ursachen sind dabei für Hempel nichts anderes als die Anfangsbedingungen in DN-Erklärungen singulärer Ereignisse (im Unterschied zu Randbedingungen). Diese Anfangsbedingungen sind unter den nötigen Gesetzen und den weiteren Randbedingungen hinreichende Bedingungen für das Eintreten der Wirkung. Kausale Erklärungen sind deshalb – zumindest implizit – DN-Erklärungen.[136] Allerdings sind Antezedenzbedingungen auch nur unter den Gesetzen, die den Deduktionszusammenhang herstellen, hinreichende Bedingungen. Der Bedingungsbegriff, den Hempel hier einführt, bleibt relativ auf Gesetze in Erklärungen und bezeichnet in diesem Sinn nicht unbedingt eine reale Beziehung zwischen dem einen singulären Ereignis, das die Ursache ist, und dem anderen, das dessen Wirkung ist. Mehr noch: Auch die Beobachtung der Regularitäten ist abhängig vom zufälligen Stand der Beobachtung. Die Bedingungsrelation ist damit grundsätzlich relativ auf den epistemischen Kontext einer Beobachtungsmenge definiert und nicht als eine reale Relation zwischen singulären Ereignissen. Gesetze sind für Hempel nichts anderes als wahre Sätze über Regularitäten, die nicht eo ipso Kausalgesetze sein müssen. Sie sind also nichts anderes als Stützen der Erwartungen. Die Behauptung, dass zwischen zwei Ereignissen eine Kausalrelation besteht, bedeutet also nach Hempel zunächst nur, dass zwischen beiden die deduktiv-nomologische Beziehung einer wissenschaftlichen Erklärung besteht, d.h. dass das zweite aus dem ersten, den Randbedingungen und den relevanten Gesetzen logisch folgt, so dass es zu erwarten war.[137]

---

136 Vgl. C. Hempel 1965, S. 348: »Accordingly, in the context of explanation, a ›cause‹ must be allowed to be a more or less complex set of circumstances and events, which might be described by a set of statements C_1, C_2, ..., C_k. [...] And, as is suggested by the principle ›Same cause, same effect‹ the assertion that those circumstances jointly caused a given event implies that whenever and wherever circumstances of the kind in question occur, an event of the kind to be explained takes place. Thus the causal explanation implicitly claims that there are general laws – let us say L_1, L_2, ..., L_r – in virtue of which the occurrence of the causal antecedens mentioned in C_1, C_2, ..., C_k is a sufficient condition for the occurrence of the explanandum event. Thos relation between causal factors and effect is reflected in our schema (D-N): causal explanation is, at least implicitely, deductive-nomological.«

137 Wollte man also eine Differenz zwischen nicht-epistemischen Erklärungen und Kausalerklärungen einziehen, müsste zwischen Naturgesetzen und kausalen Gesetzen als einer besonderen Art von Naturgesetzen differenziert werden können. Bei Hempel finden sich dazu bestenfalls Ansätze. Die Diskussion etwa bei E. Nagel, aber auch K. Popper, 1935, Kap. 3, oder in neuerer Zeit D. M. Armstrong und M. Tooley zeigt, dass es zumindest nicht unplausibel ist, sich umgekehrt

Es fragt sich, ob nicht auch nach Hempel doch noch zusätzliche Bedingungen erfüllt sein müssen, damit eine DN-Erklärung auch eine kausale ist, d.h. damit die Anfangsbedingungen als »Ursachen« angesehen werden können. Eine ganze Reihe von DN-Erklärungen hat es von vornherein nicht mit Ursachen zu tun. So sind DN-Erklärungen von spezielleren Gesetzen aus allgemeineren Prinzipien keine kausalen Erklärungen – schlicht weil das Explanandum in diesen Fällen kein singuläres Ereignis, sondern ein allgemeines Gesetz ist.[138] Und auch die Erklärung der Schwingungszahl eines Pendels in Abhängigkeit von der Pendellänge nach den Pendelgesetzen gilt Hempel nicht als eine kausale, weil hier ein Koexistenzgesetz zugrunde liegt, nicht aber ein Sukzessionsgesetz. Es handelt sich in solchen Fällen um wechselseitige, symmetrische Abhängigkeiten von Größen, von denen keine als Ursache ausgezeichnet werden kann. Ereignisse, die Ursachen sind, sollten also Bedingungen in Sukzessionsgesetzen und damit zeitlich vor den bewirkten Ereignissen sein.[139] Doch ist Hempel auch hier nicht eindeutig: Seine ganze Diskussion der Frage zeigt, dass kausale Erklärungen nichts Spezifisches auszeichnet, das Anlass gäbe, zwischen Ursachen und Wirkungen einen anderen Zusammenhang anzunehmen als den, dass Ursachen in Erklärungen für die Erwartbarkeit einer Wirkung die Rolle von Anfangsbedingungen spielen. Dabei gilt die gesamte Menge aller in einer DN-Erklärung nötigen Anfangsbedingungen C_1, C_2, ..., C_k als »die« Ursache.[140] In diesem umfassenden Sinn ist es für Ursachen nicht einmal charakteristisch, ein einziges, singuläres Ereignis zu sein, und ebenso wenig, vor dem Hintergrund bestehender Verhältnisse neu hinzuzutreten. Vielmehr handelt es sich bei Hempel undifferenziert immer um die Gesamtheit aller Bedingungen (von Randbedingungen einmal abgesehen), die zusammen unter den Umständen hinreichend sind.

Die Kausalitätstheorie, die in Hempels Theorie kausaler Erklärungen impliziert ist, lässt sich nun knapp zusammenfassen: Die Ausdrücke »Ursache« und »Wirkung« bezeichnen reale Ereignisse, die Behauptungen des Vorkommens dieser Ereignisse sind empirisch überprüfbar. Zu behaupten, das eine Ereignis sei die Ursache des anderen, impliziert die Behauptung, es bestehe ein Gesetz, aus dem unter Hinzunahme der Aussage über das Vorkommen des Ursacheereignisses logisch ein Satz folgt, der das Vorkommen der Wirkung behauptet, und zwar so, dass das Ursacheereignis zeitlich früher ist als das Wirkungsereignis. Ihren Realitätsbezug gewinnen die kausalen Erklärungen und damit die Kausalbehauptungen über die Forderung

eine Aufklärung des Unterschieds zwischen Gesetzen und Kausalgesetzen von einer Aufklärung der Kausalrelation zu erwarten.
138 Vgl. C. Hempel, 1965, S. 352.
139 Ebd., S. 352.
140 Vgl. C. Hempel, 1965, S. 348f.

empirischer Überprüfbarkeit für die involvierten Gesetzesaussagen und empirischer Zugänglichkeit für die beteiligten singulären Ereignisse. Doch obwohl Ursachen bei Hempel reale Dinge oder Ereignisse sind, sind es nicht ausschließlich ihre realen Eigenschaften, aufgrund derer sie als Ursachen aufgefasst werden. Entscheidendes Kriterium ist nämlich, ob sie eine bestimmte Rolle im Kontext von Erklärungen spielen, die ihrerseits eine bestimmte Funktion erfüllen sollen, nämlich Erwartungen zu begründen. Das Auswahlkriterium ist also keine subjektunabhängige Eigenschaft der Dinge oder Ereignisse, sondern deren Funktion zur Erfüllung eines subjektiven epistemischen Bedürfnisses. So sind die oben unterschiedenen Ebenen – die ontologische, die epistemische, die pragmatische und die semantische[141] – bei Hempel eigentümlich ineinander verschränkt: Während normalerweise die epistemischen Aspekte einer Kausalitätstheorie durch die Frage erfasst werden, wie das Bestehen oder nicht Bestehen einer Kausalrelation – deren Gegebensein vorausgesetzt wird – erkannt werden kann, definiert sich die Kausalrelation hier über die epistemische Funktion ihrer Relata. Es zeigt sich wieder, wie entscheidend für die Probleme der Kausalitätstheorie die Frage ist, wie ontologische, epistemische und pragmatische Bedeutungsaspekte kausaler Rede zu sortieren und aufeinander zu beziehen sind.

1.2.1.2 Die Ununterscheidbarkeit von Real- und Erkenntnisgründen mit Hempels Mitteln

Deutlicher wird diese Unzulänglichkeit der Kausalitätstheorie Hempels, wenn der Unterschied zwischen Real- und Erkenntnisgründen mit ihren Mitteln rekonstruiert werden soll. Noch ohne auf die drei leitenden Beispiele dieses Abschnitts zurückzugreifen, verdeutlicht Hempels Analyse seines folgenden Beispiels diesen Punkt:[142] Ein Lichtstrahl geht von Punkt A in einem optischen Medium aus zu Punkt B in einem anderen. Zu erklären ist, warum der Lichtstrahl im zweiten Medium auch durch Punkt C geht. Die Erklärung setzt voraus, dass das Licht den kürzesten Weg nimmt und beim Wechsel der Medien gebrochen wird. In einer solchen Erklärung kann das Ereignis des Eintreffens des Lichtstrahls in B zu den Bedingungen gehören, die nötig sind, um das zeitlich frühere Ereignis – das Durchqueren von C – zu erklären. Es gehört nämlich zu den Prämissen einer möglichen deduktiven Erklärung, dass der Lichtstrahl in B ankommt. Man hätte dann ein Beispiel dafür, dass zeitlich spätere Faktoren relevant für eine Erklärung eines zeitlich früheren Ereignisses sein können. Hempel spricht in diesem Zusammenhang zwar nicht explizit von einer kausalen Erklärung. Dennoch

141 Vgl. dazu oben, Abschnitt 1.1, S. 40ff.
142 Vgl. C. Hempel, 1965, S. 353f.

soll es sich auch hier nicht um eine Erklärung im Sinne eines bloßen Erkenntnisgrundes handeln. Was laut Hempel zunächst dagegen zu sprechen
scheint, eine solche Auskunft als reale Erklärung zu akzeptieren, ist lediglich, dass wir in Erklärungen nur Faktoren zulassen möchten, die das Explanandum irgendwie »hervorbringen« (*bring about*).

But, while such considerations may well make our earlier examples of explanation,
and all causal explanations, seem more natural or plausible, it is not clear what pre-
cise construal could be given to the notion of factors »bringing about« a given event,
and what reason there would be for denying the status of explanation to all accounts
invoking occurrences that temporally succeed the event to be explained.[143]

Weil der Begriff des Hervorbringens einer strikt empiristischen Analyse
nicht standhält, hat man nach Hempel keinen Grund, darin ein Unterscheidungskriterium zu sehen und andere Erklärungen nicht auch als reale Erklärungen zu akzeptieren, bei denen die zeitlich späteren Ereignisse als Anfangsbedingungen zunächst in derselben Relation zum Explanandum stehen
wie mögliche frühere Anfangsbedingungen. Will man gleichwohl daran
festhalten, dass solche Erklärungen keine kausalen Erklärungen sind, dann
muss man den Zwitterbegriff einer nicht-kausalen realen Erklärung aus
nicht-kausalen Realgründen bilden. Dafür, dass etwas eine reale (nicht-kausale) Erklärung ist, ist die zeitliche Relation der Ereignisse irrelevant – was
sie von kausalen Erklärungen zu unterscheiden scheint. Ein solcher Begriff
findet sich bei Hempel zwar nicht explizit, doch legen ihn seine Überlegungen nahe.

Tatsächlich scheint Hempel gelegentlich eine Art Dreiteilung von Erklärungen vorzuschweben: Die Gruppe der nicht-epistemischen Erklärungen
scheint sich in kausale und nicht-kausale Realerklärungen zu unterteilen.
Diese Dreiteilung lässt sich jedoch gar nicht hinreichend scharf fassen.
Denn der Kausalitätsbegriff selbst ist – wie im vorigen Abschnitt gezeigt –
epistemisch relativ. Entsprechend hat Hempel keine Mittel, den Ursache-
Wirkungszusammenhang von einem nicht-kausalen aber realen Zusammenhang zu unterscheiden, außer der sprachlichen Konvention, nur zeitlich
frühere Ereignisse »Ursache« zu nennen.[144] Mehr noch: Der Rekurs auf das

143 C. Hempel, 1965, S. 353f.
144 Es geht hier nicht darum, ob eine solche Dreiteilung sinnvoll oder gar richtig ist, sondern
nur darum, dass sie mit Hempels Mitteln nicht etabliert werden kann, obwohl er sie eigentlich
annehmen muss. M. Bunge, 1959, S. 325ff., hat versucht, eine solche Dreiteilung zu begründen
und gelangt dann auch zu dem Resultat, dass das im Rahmen des Ansatzes von Hempel nicht möglich ist: »Man kann eine Erklärung kausal nennen, wenn die Kategorie der Ursache ihren Mittelpunkt bildet. Dies ist jedoch keine logische, sondern eine ontologische Frage, oder genauer: Es
handelt sich um ein Problem, das sich allein durch eine Analyse der ontologischen Referenten in
der Explanans-Propositions-Beziehung entscheiden lässt.« (S. 339).

zeitlich spätere Ereignis ist auch im Rahmen einer Antwort auf die Frage »Warum sollte ich glauben, dass p?« völlig angemessen, und bietet in diesem Sinn unkontrovers einen Erkenntnisgrund für *p*. Die Fragen »Warum war zu erwarten, dass p?« und »Warum soll ich glauben, dass p?« haben zumindest das gemeinsam, dass sie epistemisch relative Fragen sind, insofern sie die Erwartungen oder Meinungen eines Erkenntnissubjekts angesichts eines Kenntnisstandes betreffen. Denn das Beispiel macht deutlich, dass die Erklärung ebenso als eine Antwort auf die eine wie auf die andere Frage aufgefasst werden kann. Damit wird fraglich, ob Hempel überhaupt noch über ein Kriterium verfügt, Erkenntnisgründe von Realgründen (und Ursachen) zu unterscheiden. Hempels Diskussion der kausalen Erklärung führt damit letztlich unfreiwillig zu der Einsicht, dass er kausale Relationen von sonstigen Erklärungsrelationen – so lange es um singuläre Ereignisse geht – nicht sauber trennen kann, sondern dass seine Unterscheidung zwischen Erklärungs-verlangenden Warum-Fragen und Begründungs-verlangenden Warum-Fragen zu verwischen droht, weil er erstere faktisch als Fragen der Form »Warum war es zu erwarten, dass p?« auffasst. Solche Fragen verhalten sich gegenüber der Unterscheidung von Real- und Erkenntnisgründen indifferent.[145]

Diese Überlegungen, die an eher vage Andeutungen in Hempels Aufsatz anknüpfen, lassen sich erhärten. Dass Hempel tatsächlich Probleme hat, Realgründe von bloßen Erkenntnisgründen zu unterscheiden, kann man bereits am ersten der drei oben aufgeführten Beispiele – der Frage nach der Ursache dafür, dass der Schatten so lang ist – regelrecht zeigen. Es lässt sich eine analoge Erklärung für die Höhe der Mauer bilden. Dazu muss nur die DN-Erklärung, die oben für die Länge des Schattens gegeben wurde, umgeformt werden.[146] Auch für die Höhe der Mauer lässt sich eine DN-Erklärung formulieren, wenn die Gleichung in (1) entsprechend umgeformt und die Angaben in (2) entsprechend modifiziert werden. Es ist wiederum eine einfache trigonometrische Aufgabe, aus dem Eingangswinkel und der Länge des Schattens die Höhe der Mauer zu erschließen.

(1) Für alle x, wenn x die Höhe einer Mauer ist, dann gilt x = l · tang a
(2) L = 3,20m und a = 30°

___

(3) x = 1, 83m

---

145 Auch die Forderung Hempels, die in Erklärungen verwendeten Gesetzesaussagen müssten empirisch überprüfbar sein, verhält sich gegenüber der Differenz von Real- und Erkenntnisgrund völlig indifferent, denn auch die Gesetzesaussagen, auf die sich Erkenntnisgründe in der Form von DN-Erklärungen stützen, müssen in diesem Sinn überprüfbar sein.

146 Vgl. oben, Abschnitt 1.2.1.1, S. 87.

Allerdings würde niemand behaupten, dass der Einfallswinkel und die Länge des Schattens die Höhe der Mauer verursacht hätten.[147] Hempels Theorie wissenschaftlicher Erklärungen gestattet es aber nicht, die Differenz zwischen der Relation, in der die beteiligten Ereignisse im Fall einer solchen epistemischen Erklärung zueinander stehen, von der Relation zu unterscheiden, in der sie im Fall einer kausalen Erklärung zueinander stehen – wenn man von der rein sprachlichen Konvention absieht, nur zeitlich frühere Ereignisse als »Ursachen« zu bezeichnen.[148] Der offensichtliche Unterschied zwischen beiden Erklärungen lässt sich mit Hempels Mitteln nicht fassen.

Dieses Fazit lässt sich durch eine Analyse der These Hempels von der Strukturidentität zwischen Erklärung und Vorhersage sowie seiner Theorie Induktiv-Statistischer-Erklärungen (IS-Erklärungen) weiter befestigen. Hempels Theorie der IS-Erklärungen soll auch deshalb skizziert werden, weil an sie letztlich Theorien probabilistischer Kausalerklärungen anknüpfen. Im Folgenden werden entsprechend die beiden bisher ausgesparten Beispiele – die Ursachen der Gezeiten und die Verursachung des Kindbettfiebers – ins Spiel kommen.

Zunächst zur These von der »Strukturidentität« zwischen Erklärung und Vorhersage, also zur Behauptung, jede Erklärung sei per se auch eine potentielle Vorhersage und umgekehrt.[149] Nimmt man die epistemische Relativierung des Erklärungsbegriffs bei Hempel – und damit auch die epistemische Relativität des Begriffs der Ursache – ernst, dann wird seine These von der »strukturellen Identität« von Erklärung und Vorhersage fast trivial. Das gilt für beide Seiten dieser These, also sowohl für die Behauptung, jede adäquate Erklärung sei eine potentielle Vorhersage, wie für die These, jede

---

147 Diese Frage wird unter dem Titel des Problems der Asymmetrie kontrovers diskutiert und im Verlauf dieses Kapitels noch mehrmals zur Sprache kommen – vgl. z.B. E. Nagel, 1961, S. 74; P. Kitcher/W. C. Salmon, 1987, S. 310ff., B. C. van Fraassen, 1980, S. 111ff., P. Kitcher, 1989, S. 112.
148 Hempel diskutiert ein ganz analoges, von S. Bromberger, 1966, S. 92 (vgl. B. C. van Fraassen, 1980, S. 104ff.), aufgeworfenes Beispiel – vgl. dazu D.-H. Ruben, 1980, S. 148, sowie W. Stegmüller, 1983, S. 234ff, der zu einem ähnlichen Resultat kommt, »daß nämlich eine Analyse von der Art der Hempel'schen zwar geeignet ist, den allgemeinen Begriff der deduktiv-nomologischen Systematisierung zu präzisieren und diesen Systematisierungstypus von dem der statistischen Erklärung abzugrenzen, daß es jedoch auf die Weise nicht gelingt, den intuitiven Unterschied zwischen Ursachen und Vernunftgründen zu explizieren« (S. 236). Meine Schlussfolgerung ist insofern weitergehend, als ich bezweifle, ob überhaupt auf dem von Hempel beschriebenen Weg eine adäquate Analyse der kausalen Erklärung und der Kausalrelation möglich ist – vgl. in diesem Sinn auch die Diskussion von Beispielen gegen Hempels Ansatz bei J. Woodward, 2003, S. 154ff.
149 Vgl. dazu bereits oben, S. 91, sowie z.B. E. Scheibe, 1997, S. 39f.

adäquate Vorhersage sei eine potentielle Erklärung.[150] Die erste Teilthese ergibt sich daraus, dass adäquate Erklärungen Gesetzesaussagen enthalten, die – was immer sie sonst auszeichnet – wahre, allgeneralisierte Wenn-Dann-Sätze sind. Das impliziert, dass, wann immer bestimmte Bedingungen gegeben sind, eine durch das Gesetz bestimmte Wirkung eintritt. Von diesem Zusammenhang kann dann auch zum Zweck der Vorhersage Gebrauch gemacht werden. Dass es sich so verhalten muss, lässt sich aber auch schon aus Hempels Begriff der Erklärung begründen. Denn wenn eine Erklärung darin besteht, zu zeigen, dass das Explanandum-Phänomen zu erwarten war, dann hätte die Erklärung zu einem Zeitpunkt, als das Explanandum-Phänomen noch ausstand, die Funktion haben können, zu zeigen, dass das Phänomen zu erwarten ist.[151] Analog lässt sich auch für die zweite Teilthese argumentieren. Denn umgekehrt kann eine adäquate Vorhersage in DN-Form später als Erklärung verwendet werden, wenn es eine hinreichende Bedingung für Erklärungen ist, in DN-Form zu zeigen, dass ein Ereignis zu erwarten war. Der Unterschied zwischen Erklärung und Vorhersage erscheint dann als ein nur pragmatischer. Diese Betrachtungsebene wird aber von Hempel systematisch ausgeblendet. Die Plausibilität der Behauptung der Strukturidentität zwischen Erklärung und Voraussage hängt völlig von Hempels reduziertem Erklärungsbegriff ab.

Vor allem gegen die zweite Teilbehauptung liegen Einwände nahe. Das wird am zweiten der oben eingeführten Beispiele deutlich, das vor allem S. Toulmin ausführlich analysiert hat.[152] Das Explanandum einer DN-Erklärung sei das Einsetzen der Flut zu einem bestimmten Zeitpunkt t_1. Aufgrund von Beobachtungen über Jahre lässt sich eine verfeinerte Pegelstandstabelle erarbeiten. Diese Pegeltabelle mag die Behauptung stützen, dass, wann immer der Pegelstand zu einem Zeitpunkt t_k einen bestimmten Wert habe, zum Zeitpunkt t_k + 12,4h die Flut einsetze. Für das Exlanandum-Ereignis lässt sich dann eine DN-Erklärung konstruieren:

(1) Für alle t, wenn zu t_k der Pegelstand den Wert x hat, dann tritt zu $t_r = t_k$ + 12,4h die Flut ein.
(2) Der Pegelstand betrug zu t_0 den Wert x.

---

150 Vgl. C. Hempel, 1965, S. 367. Hempel behauptet beide Thesen. Zwar schreibt er, die zweite Teilbehauptung sei »open to question« (S. 367), doch seine Diskussion der Gegenargumente macht deutlich, dass er sie letztlich für tragfähig hält (S. 374) – vgl. auch Stegmüller, 1983, S. 193.

151 Das Argument findet sich tatsächlich – vgl. C. Hempel, 1965, S. 368. Zwischen Erklärung und Vorhersage besteht so nur ein pragmatischer Unterschied. Es kommt mir im Folgenden weniger auf diese Teilthese an – vgl. etwa zur Kritik D.-H. Ruben, 1980, S. 145ff.; R. Enskat, 1986, S. 33ff.

152 Vgl. S. Toulmin, 1961, S. 32ff. – Hempel reagiert auf dieses Argument nicht, wohl aber auf andere Toulmins, die mir auch in der Tat nicht durchschlagend zu sein scheinen. Toulmins Argumentation wird ausführlicher in Abschnitt 1.2.2.2 untersucht werden.

(3) Zu $t_1 = t_0 + 12,4h$ tritt die Flut ein.

Sieht man von der Frage ab, ob es sich bei (1) tatsächlich um ein Gesetz handelt,[153] dann hat die voranstehende Satzfolge offensichtlich die Form einer DN-Erklärung. Deutlich ist auch, dass es sich dabei zu t_0 um eine vorzügliche Vorhersage des Einsetzens einer Flut handeln kann, wenn t_1 noch in der Zukunft liegt. Fraglich ist aber, ob man die angegebene DN-Erklärung tatsächlich als eine Erklärung der Tatsache, dass zu t_1 die Flut einsetzt, akzeptieren kann. Denn die Tatsache, dass der Pegelstand zu t_0 den Wert x hatte, wird man nur schwerlich als »Ursache« des Eintretens der Flut bzw. als einen erklärenden Faktor für dieses Ereignis auffassen wollen – schlicht deshalb, weil die gegebene Erklärung die Frage, »Warum trat zu t_1 die Flut ein?« in einem bestimmten Sinn nicht beantwortet. Tatsächlich verhält es sich eher so, dass der Umstand, dass zum Zeitpunkt t_0 der Pegelstand den Wert x erreicht hatte, genauso wie der Umstand, dass die Flut zu t_1 eintrat, im Rahmen einer gemeinsamen kausalen Erklärung begründet werden können. So können die Gezeiten durch die zwischen Mond und Erde wirkenden Gravitationskräfte erklärt werden. Die Gravitation und die sich verändernde relative Lage des Mondes und der Erde wären dann als »Ursachen« für die Gezeiten, und damit mittelbar auch für das Eintreten der Flut zu t_1 anzusprechen. Hempels Theorie vermag die Differenz zwischen diesen beiden Arten von Erklärungen nicht zu fassen. Eine genaue Angabe, in welchem Sinn eine solche Auskunft die Frage, warum die Flut zu t_1 eintrat, befriedigender beantwortet, kann Hempel nicht geben.[154]

Der Eindruck, Vorsagen seien nicht unbedingt Erklärungen, hat andere Gründe, als sie Hempel selbst in Rechnung stellt. Das lässt sich an einem weiteren Beispiel verdeutlichen, das dem eben Erörterten analog ist und das Hempel selbst diskutiert, um Einwände gegen seine These von der Struktur-

---

153 Die Abgrenzung von Gesetzen und Nicht-Gesetzen ist naturgemäß umstritten. Einige notwendige Bedingungen für Gesetzesförmigkeit werden aber von Satz (1) unstrittig erfüllt: Es handelt sich um einen All-Generalisierten Wenn-Dann-Satz, der nicht mit einer Konjunktion von singulären Sätzen äquivalent ist; in ihm ist nicht auf besondere Zeitpunkte Bezug genommen; der Satz stützt positive kontrafaktische Konditionalsätze. Er erfüllt also (seine Wahrheit unterstellt) insbesondere die Bedingungen, die Hempel für Gesetze ausarbeitet – vgl. C. Hempel, 1965, S. 338ff.

154 Vgl. E. Nagel, 1961, S. 48, erwägt, ob das Ungenügen solcher DN-Erklärungen nicht nur ein scheinbares ist, weil in solchen Fällen eigentlich eine zusätzliche zweite DN-Erklärung für die Gesetzesaussage in der ersten Erklärung verlangt wird, wodurch die erste Erklärung ja nicht mangelhaft würde. Es ist indessen eine ganze Sequenz von solchen DN-Erklärungen-»erklärenden« DN-Erklärungen denkbar, bei der jede einzelne Erklärung unter demselben Defizit leidet, nämlich dann, wenn die jeweils verwendeten Gesetzesaussagen immer nur »bloße« Regularitäten beschreiben. Ebenso ist unter Umständen eine zweite Erklärung einer DN-Erklärung gar nicht nötig, weil die erste schlicht durch eine andere ersetzt werden kann, die dieses Defizit gar nicht aufweist und den Fragenden sofort befriedigt. So schwer es ist, diese Differenz zu fassen: Das Beispiel zeigt, dass sie besteht und durch den Vorschlag Nagels nicht beseitigt werden kann.

identität zurückzuweisen. Dieses Beispiel verweist zugleich auf das Problem induktiv-statistischer Erklärungen (IS-Erklärungen) voraus:[155] Wenn bei einem Patienten weiße Flecken auf der Mundschleimhaut auftreten – die so genannten Koplik'schen Flecken –, dann lassen sich später alle Symptome für Masern antreffen. Koplik'sche Flecken gestatten also präzise Voraussagen, die sich auch in Form einer DN-Erklärung bringen lassen. Die Koplik'schen Flecken erfüllen in dieser Erklärung dieselbe Funktion wie oben der Pegelstand zu t_0. Den Eindruck, man habe mit solchen Vorhersage dennoch keine Erklärung der Masern geliefert, beseitigt Hempel mit dem Hinweis, darin spiegele sich nur der Zweifel, ob es sich bei dem Zusammenhang zwischen Koplik'schen Flecken und Masern tatsächlich um ein strikt allgemeines Gesetz handle. Dieses Gegenargument Hempels ist aber alles andere als stichhaltig.[156] Denn auch unter der von ihm zunächst selbst gemachten Annahme, es handle sich um einen strikt allgemeingültigen Zusammenhang, stellt sich der Eindruck ein, es handle sich um keine Erklärung. Schließlich ist dasselbe Ausweichargument beim Beispiel der Vorhersage der Gezeiten nicht möglich. Denn dort handelt es sich offensichtlich um einen strikt allgemeingültigen Zusammenhang. So wie beim Gezeiten-Beispiel die Möglichkeit unberücksichtigt bleibt, dass sich die Regularität, die präzise Vorhersagen ermöglicht, aufgrund eines der Regularität und damit beiden Ereignissen gemeinsam zugrunde liegenden Kausalmechanismus eingestellt haben könnte,[157] so verkennt Hempel im Fall der Masern, was es heißt, dass etwas ein Symptom ist. Symptome sind Folgen einer Erkrankung, die sich aufgrund der Symptome – günstigenfalls – diagnostizieren lässt. Koplik'sche Flecken und die später auftretenden Symptome der Masern haben eine gemeinsame Ursache, nämlich die Krankheitserreger und den Ausbruch der Krankheit, ohne selbst Ursachen der Krankheit zu sein. Erst im Rückgriff auf sie ist eine befriedigende Erklärung des Explanandum-Phänomens – der Symptome für Masern – möglich. Dieser Zusammenhang wird von Hempel nicht berücksichtigt.[158] Obwohl Hempels Erklärungen immer nur in dem Sinn Erklärungen sind, dass nachgewiesen wird, ein Explanandum-Phänomen sei zu erwarten gewesen, und deshalb beide Beispiele kein Einwand gegen seine These der Strukturgleichheit von Erklärung und Vorhersage in diesem Sinn sein können, zeigt sich auch hier,

155 Vgl. C. Hempel, 1965, S. 374ff. – dazu D.-H. Ruben, 1980, S. 146f., der die Argumentation Hempels an dieser Stelle ebenfalls schlicht für inakzeptabel hält.
156 Es mag bei Beispielen wie dem folgenden, triftig sein: Wenn sich Kühe tagsüber auf die Wiese niederlegen, regnet es etwa wenige Stunden später.
157 Vgl. dazu W. C. Salmon, 1977, S. 129, der den Punkt präzise zusammenfasst: »Noncausal regularities, instead of having explanatory force that enables them to provide understanding of events in the world, cry out to be explained.«
158 Vgl. zu dieser Kritik auch W. Stegmüller, 1983, S. 228ff.

dass wesentliche Intentionen der Warum-Frage in seiner Theorie nicht erfasst werden. Eine regularitätstheoretische Kausalitätsauffassung steht immer vor dem Problem, kausale von nicht-kausalen Regularitäten unterscheiden zu müssen – was wahrscheinlich auf der formalen Ebene und in der epistemischen Relativierung, die Hempels Theorie der Erklärungen auszeichnet, nicht möglich ist.[159]

Ein Blick auf Hempels Theorie Induktiv-Statistischer-Erklärungen bestätigt und befestigt diese Diagnose weiter. Gerade hier zeigt sich, wie ungenügend der Zusammenhang zwischen erscheinenden Regularitäten und zugrunde liegenden Kausalrelationen in seiner Theorie erfasst wird. Man muss nur fragen, warum IS-Erklärungen überhaupt Erklärungen sind und ob sie dann auch als kausale Erklärungen angesehen werden können. Zumindest letzteres verträgt sich schlecht mit deterministischen und strikten regularitätstheoretischen Kausalvorstellungen. Weil nun Erklärungen lediglich die Erwartbarkeit eines Ereignisses zeigen sollen und IS-Erklärungen diese Funktion in gewissem Maß erfüllen, können sie gleichwohl als vollgültige Erklärungen angesehen werden.[160] Und da kausale Erklärungen durch keine grundsätzlich andere Anforderung ausgezeichnet sind, kann Hempel selbst von IS-Erklärungen behaupten, sie seien in aller Regel kausale Erklärungen.[161]

Tatsächlich ist der Zusammenhang zwischen statistischen Gesetzen, Wahrscheinlichkeitsaussagen und Kausalrelationen vielfältiger, als Hempel annimmt. Das lässt sich wieder am Beispiel der Koplik'schen Flecken verdeutlichen. Gesetzt den Fall, der Zusammenhang zwischen Koplik'schen Flecken und Masern wäre tatsächlich kein strikt allgemeingültiger, es bestünde aber eine sehr hohe Wahrscheinlichkeit, dass auf die Flecken die Masernsymptome folgen. An die Stelle eines allgemeingültigen Gesetzes rückte dann ein statistisches Gesetz, so dass sich ein Beispiel für IS-Erklärungen im Sinn Hempels ergibt. Die Erklärung hätte dann die folgende Form:[162]

159 »Wahrscheinlich« hier nur deshalb, weil die Diskussion des Verbesserungsvorschlages von S. Bromberger noch aussteht – vgl. dazu unten, 1.2.2.1.

160 Anders J. A. Coffa, 1974, S. 69 und S. 71.

161 Diese Einschätzung Hempels ergibt sich aus seinem zustimmenden R. v. Mises-Zitat (C. Hempel, 1965, S. 393): »Mises expresses this point of view when, contemplating recent changes in the notion of causality, he anticipates that ›people will gradually come to be satisfied by causal statements of this kind: It is because the dice was loaded that the ›six‹ shows more frequently (but we do not know what the next number will be)‹.«

162 Diese Deutung des Beispiels sei hier unabhängig vom gegenwärtigen Argumentationsziel auch deshalb etwas ausführlicher besprochen, weil sich in den späteren Abschnitten einzelne Probleme probabilistischer Kausalitätstheorien besser im Kontrast zu Hempel einführen und charakterisieren lassen – vgl. C. Hempel, 1965, S. 383ff.; W. Stegmüller, 1983, S. 781ff.; D. H. Ruben 1980, S. 149ff.

(1) p(M, K) = sehr hoch
(2) K(a)
========== (sehr hoch)
(3) M(a)

Dabei besagt (1), dass die Wahrscheinlichkeit dafür, dass jeder, der Koplik'sche Flecken hat (K), kurz darauf Masern kriegt (M), sehr hoch ist; und (2) besagt, dass *a* Koplik'sche Flecken hat. Deshalb ist es relativ auf die Prämissen sehr wahrscheinlich – d.h. es wird durch die Prämissen stark gestützt –, dass *a* Masern bekommt (3).[163] Der Zusammenhang zwischen Explanans und Explanandum wäre kein deduktiver, sondern der einer starken induktiven Stützung des Explanandums – hier als Satz, nicht als singuläres Ereignis aufgefasst – durch die Prämissen.[164] Eine IS-Erklärung zeigt also, dass das Explanandum-Ereignis zu erwarten war, so dass sie den Titel »Erklärung« zu Recht führt.[165] Ebenso kann dieses Argument durchaus als eine – statistisch gestützte – Vorhersage verwendet werden, nämlich in einer Situation, in der *a* zwar schon die Koplik'schen Flecken hat, aber die Symptome der Masern noch nicht aufgetreten sind. Entsprechend kann Hempel in seinem Sinn völlig konsequent auch im Fall von IS-Erklärungen eine Strukturidentität zwischen Vorhersage und Erklärung behaupten. Und genauso stellt sich auch hier der Eindruck ein, dass eine solche Vorhersage und »Erklärung« in gewissem Sinn nichts erklärt. Denn auch in diesem Fall bleibt fraglich, ob diese IS-Erklärung tatsächlich die Frage beantwortet, warum sich bei *a* die Symptome der Masern eingestellt haben. Zumindest wird durch eine solche Antwort nicht zugleich die korrespondierende Frage, wie das Phänomen zustande kam, beantwortet. Hempels oben referiertes Argument gegen den Einwand mit den Koplik'schen Flecken – der Eindruck, es handle sich um gar keine Erklärung, drücke nur den Zweifel aus, ob es sich um ein wirklich allgemeingültiges Gesetz handle – ist also auch deshalb nicht stichhaltig, weil sich genau derselbe Eindruck wiederholt, wenn man zugibt, dass es sich nur um einen guten statistischen Zusammenhang handelt.

Die Sache sieht etwas anders aus in Fällen, in denen Wahrscheinlichkeitsverteilungen nicht durch statistische Erhebungen gewonnen werden, sondern aus Gesetzen oder ganzen Theorien abgeleitet werden können. Ein

---

163 Der Doppelstrich soll die Differenz zur Deduktion anzeigen: Es wird nur der Grad der Gewissheit der Conclusio relativ auf die Prämissen deutlich – vgl. dazu z.B. W. Stegmüller, 1983, S. 800ff.

164 Allein dieser unscheinbare formale Umstand, dass das Explanans einer DN-Erklärung letztlich ein Ereignis ist, einer IS-Erklärung hingegen immer nur ein Satz, der gestützt werden soll, verdeutlicht das Problem nochmals: Nur weil erklären heißt, Erwartungen zu stützen, kann Hempel behaupten, sowohl DN- wie IS-Erklärungen seien in einem bestimmten Sinn Erklärungen.

165 Anders z.B. J. A. Coffa, 1974, S. 69, der von IS-Erklärungen als »Placebo« spricht.

solcher Fall ist etwa die Bestimmung der Wahrscheinlichkeit für den Zerfall eines bestimmten Atomkerns zu einem bestimmten Zeitpunkt oder innerhalb einer bestimmten Zeitspanne.[166] In diesem Fall folgt die Wahrscheinlichkeit für ein bestimmtes Ereignis – auch für Hempel – deduktiv aus den entsprechenden Gesetzen und Randbedingungen. Der Unterschied zu DN-Erklärungen besteht lediglich darin, dass in die Prämissenmenge Gesetze eingehen, die Wahrscheinlichkeiten bzw. Wahrscheinlichkeitsverteilungen betreffen. Hempel spricht deshalb in solchen Fällen von DS-Erklärungen (deduktiv-statistisch). Einige Probleme von IS-Erklärungen treten in diesen Fällen nicht auf.

Dem Eindruck, IS-Erklärungen seien besonders problematisch, liegt ein präzise benennbares Problem zugrunde, für das Hempel zwar eine Lösung vorschlägt, die aber bei näherem Zusehen nicht bestehen kann.[167] Indiz für dieses Problem ist ein für IS-Erklärungen – nicht für DS-Erklärungen – eigentümlicher und unangenehmer Umstand: Ohne die Wahrheit der Prämissen der eben gegebenen IS-Erklärung für die eingetretenen Symptome der Masern bei *a* zu verneinen, lässt sich ein ganz analoges Argument aus ebenso wahren Prämissen führen, das erklärt, warum *a* keine Masern bekam: Die Wahrscheinlichkeit, dass jemand, der vergiftet wurde, überlebt, ist äußerst gering; *a*, der Koplik'sche Flecken hat, wurde vergiftet und deshalb ist es kaum wahrscheinlich, dass er den Ausbruch der Masern noch erlebte – deshalb ist es extrem unwahrscheinlich, dass bei ihm die Symptome der Masern auftreten, obwohl er Koplik'sche Flecken hatte. Dieses Problem der – wie es Hempel nennt – Mehrdeutigkeit von IS-Erklärungen hat seiner Meinung nach kein Analogon im Fall von DN-Erklärungen.[168] Dort können aus wahren Prämissen natürlich nicht einander entgegengesetzte Schlussfolgerungen gezogen werden. Für die Frage nach dem Erklärungswert von IS-Erklärungen bedeutet dies, dass einer IS-Erklärung günstigstenfalls – wenn überhaupt – nur dann ein realer Erklärungswert zugesprochen werden kann, wenn sich Mehrdeutigkeiten der skizzierten Art ausschließen lassen. Das aber erfordert, dass die Bezugsklasse der Erklärung so eng gewählt werden müsste, dass Mehrdeutigkeiten dieser Art nicht auftreten können. Hempel sieht darin eine eigentümliche »epistemische Relativität« von IS-Erklärungen, die das Explanandum-Phänomen nur relativ auf unseren Kenntnisstand erklären und deren Erklärungswert deshalb von unserem Kenntnisstand abhängt.[169] Entsprechend formuliert er die Forderung, Mehr-

---

166 Vgl. dazu C. Hempel, 1965, S. 138ff.
167 Vgl. zum Folgenden C. Hempel, 1965, S. 394ff.; W. Stegmüller, 1983, S. 819ff.
168 Vgl. C. Hempel, 1965, S. 394ff.
169 Diese von Hempel selbst so genannte »epistemische Relativität« ist von der oben bereits für DN-Erklärungen Diagnostizierten zu unterscheiden, allerdings so, dass IS-Erklärungen über

deutigkeiten zu vermeiden, nur relativ auf unseren Kenntnisstand. Diese
Forderung läuft aber letztlich darauf hinaus, dass IS-Erklärungen nur dann
als wahrhafte Erklärungen gelten können, wenn sie durch DN-Erklärungen
gestützt werden. Denn falls die Bezugsklasse so eng gewählt wurde, dass
keine Mehrdeutigkeit mehr auftreten kann, lässt sich das Eintreten eines
unerwarteten anderen Ausgangs der Ereignisse weder durch eine IS-
Erklärung noch durch ein DN-Argument erklären, d.h. es gibt keinen signi-
fikanten Unterschied zwischen den in Betracht gezogenen Fällen, so dass es
faktisch ein allgemeines Gesetz gibt, das die Basis zu einer DN-Erklärung
abgeben kann.[170]

Hempel entwirft seine Theorie der IS-Erklärungen in enger Analogie zu
DN-Erklärungen. Gerade deshalb verkennt er in solchen Fällen die eigene
Art und Weise, in der statistische Zusammenhänge trotz aller ihrer Probleme und Mehrdeutigkeiten auf Kausalverhältnisse verweisen können. Das
lässt sich am dritten Beispiel zeigen – der Frage nach den Ursachen des
Kindbettfiebers. Die Probleme treten auf, weil auch eine IS-Erklärung zeigen soll, dass das Explanandum-Ereignis zu erwarten war. Deshalb muss
nämlich die Wahrscheinlichkeit für das Eintreten des Explanandum-
Phänomens sehr hoch sein, da nur dann in Hempels Sinn etwas erklärt wird.
Die Konzentration auf diesen Zug von Erklärungen hat Hempel in seiner
klassisch gewordenen Abhandlung von 1965 dazu verführt, anzunehmen,
nur dann liege bei IS-Erklärungen ein realer Erklärungszusammenhang vor,
wenn das Explanandum-Phänomen relativ auf die Prämissen sehr wahrscheinlich, bzw. der Explanandum-Satz durch die Prämissen gut gestützt
werde. Unter dieser Annahme ist auch seine Behauptung plausibel, IS-
Erklärungen seien kausale Erklärungen. Nur eine hohe Wahrscheinlichkeit
macht nämlich plausibel, dass das statistische Gesetz in irgendeinem Sinn
ein kausales ist. Doch ist gerade fraglich, ob der Zusammenhang zwischen
statistischen Regularitäten und Kausalrelationen tatsächlich immer darin
besteht, dass die statistischen Gesetze die Relation ausdrücken. Statistische
Aussagen können nämlich auch noch Informationen über Kausalzusammenhänge enthalten, wenn es sich nur um vergleichsweise geringe Wahrscheinlichkeiten handelt. Sie behaupten dann nicht unmittelbar Kausalverhältnisse, sondern berichten beispielsweise von Indizien für deren Bestehen.
Hier können bereits kleine Wahrscheinlichkeiten relevant werden. Dafür ist

die von Hempel zugestandene Art und Weise auch noch in der für DN-Erklärungen aufgewiesenen
Art epistemisch relativ zu interpretieren sind.
   170 Vgl. z.B. W. C. Salmon, 1998a, S. 312, der das Resultat seiner Kritik knapp zusammenfasst:»But when we finally succeed in accumulating all of the relevant knowledge and incorporat-
ing it into our explanation, we will find that we no longer have an inductive explanation – instead
we have a D-N explanation.«. Eine ausführliche Diskussion dieser Problematik findet sich bereits
bei W. Stegmüller, 1983, S. 814ff.

ausgerechnet das von Hempel selbst stammende Beispiel der Entdeckung der Ursachen von Kindbettfieber-Infektionen durch Semmelweis aussagekräftig.[171] Die Wahrscheinlichkeit dafür, dass eine Mutter nach einer Geburt auf der 1. Station des Krankenhauses, an dem Semmelweis in Wien arbeitete, an Kindbettfieber starb, schwankte in den entscheidenden Jahren zwischen 0,082 und 0,114 und war damit viel zu gering, um Basis einer IS-Erklärung im Sinn Hempels zu liefern.[172] Nachdem Semmelweis die Hypothese gefasst hatte, es könne sich um eine Infektion handeln, und nachdem er die entsprechenden Hygienemaßnahmen angeordnet hatte, sank die Wahrscheinlichkeit auf einen Wert von 0,0127. Entscheidend dafür, dass hier in irgendeiner Weise eine Erklärung möglich wurde, war nicht, dass die Wahrscheinlichkeit für ein bestimmtes Resultat besonders hoch gewesen wäre, sondern dass eine signifikante Differenz der an und für sich relativ geringen Wahrscheinlichkeiten unter kontrolliert veränderten Umständen feststellbar war.[173] Die Veränderung der Wahrscheinlichkeiten war ein starkes Indiz für zugrunde liegende Kausalzusammenhänge. Eine IS-Erklärung ist deshalb unter Umständen für sich genommen noch keine Erklärung, weil die in ihr ausgedrückten Relationen nur beobachtbare Indizien für wirkende Kausalzusammenhänge sind. IS-Erklärungen beantworten in solchen Fällen gar keine nicht-epistemischen Warum-Fragen, sondern bieten nichts anderes als einen besonderen Typ von Erkenntnisgründen.[174] Eine Erklärung wird aus ihr erst dann, wenn sie vor dem Hintergrund einer Hypothese über die zugrunde liegenden Kausalrelationen gedeutet wird.[175] Erst indem Semmelweis die Veränderung der Sterblichkeitsrate mit Hilfe der Hypothese interpretierte, durch die Hygienemaßnahmen sei die Übertragung von infizierendem Material verhindert worden und die Infektion sei die Ursache des Kindbettfiebers, wird aus dem statistischen Zusammenhang eine Erklärung. Das aber heißt, dass zumindest im Fall einiger IS-Erklärungen die Bedeutung des kausalen Vokabulars gerade nicht dadurch analysiert werden kann, dass die Begriffe der »Ursache« eine Rolle im Explanans spielten. In

171 Konsequenterweise verwendet Hempel dieses Beispiel in Hempel, 1966, nicht, um IS-Eklärungen zu diskutieren. Denn die Wahrscheinlichkeiten, mit denen es Semmelweis zu tun hatte, sind in Hempels Augen zu gering. Gleichwohl – und das ist für ihren Indiziencharakter entscheidend – waren sie relevant. Auf das Problem auch der statistischen Relevanz komme ich kurz unten in 1.2.3, S. 166ff., dieses Kapitels zu sprechen, wenn es um van Fraassens Theorie der Kausalität geht.

172 Die Angaben nach C. Hempel, 1966, S. 3ff.

173 Vgl. gegen Hempels Thesen z.B. P. Kitcher, 1989, S. 112f; W. C. Salmon, 1984, Kap. 2; J. A. Coffa, 1974.

174 So auch W. Stegmüller, 1983, S. 852.

175 Vgl. dazu ausführlicher W. C. Salmon, 1984, S. 34ff. – Das mag im Fall von DS-Erklärungen anders sein: Die Neigung, bereits DS-Erklärungen als kausale Erklärungen zu akzeptieren, scheint im Allgemeinen höher zu sein. Doch auch hier wird man nach genaueren Begründungen fragen müssen.

solchen Fällen ist es vielmehr möglich, dass die Ursachen des Explanandums in der Erklärung gar nicht erwähnt werden. Der statistischen »Erklärung« kommt in Ansehung der Ursachen in solchen Fällen eher der Charakter eines Erkenntnisgrundes zu.

Ein Punkt der Irritation, der von der Mehrdeutigkeit der IS-Erklärungen ausgeht, lässt sich nun genauer einordnen. Nimmt man IS-Erklärungen als Berichte von Indizien für das Vorliegen einer Kausalrelation und deshalb nicht selbst als kausale Erklärung, spiegelt ihre Mehrdeutigkeit nur ein allgemeines Problem der Kausaldiagnosen. Statistische Regularitäten weisen nur dann hinreichend genau auf Kausalverhältnisse hin, wenn bestimmte *ceteris-paribus*-Bedingungen erfüllt sind. Das ist aber kein spezifisches Problem von IS-Erklärungen, sondern überhaupt von kausalen Feindiagnosen. Hier zeigt sich auf epistemischer Ebene – nämlich bei der Frage der Gesetzeserkenntnis angesichts unzähliger *ceteris-paribus*-Bedingungen – das von Hempel vermisste Analogon zur Mehrdeutigkeit von IS-Erklärungen bei DN-Erklärungen. Allerdings wirft das angedeutete Indizienverhältnis neue Fragen auf. Sie betreffen wiederum das genaue Verhältnis zwischen der Frage, was Ursachen oder Kausalrelationen sind, und der Frage, wie man sie erkennen kann, also zwischen der ontologischen und epistemologischen Ebene. Insofern illustriert diese Untersuchung der Theorie wissenschaftlichen Erklärens von Hempel tatsächlich die im ersten Abschnitt herausgearbeiteten Gründe für eine gewisse Orientierungslosigkeit in der Detailanalyse. Die Fragen betreffen damit aber auch das genaue Verhältnis zwischen Ursachen bzw. Kausalrelationen, kausalen Erklärungen und Warum-Fragen. Denn alleine dass IS-Erklärungen – aber auch DN-Erklärungen – eine Indizienfunktion haben können, dass also gefragt werden kann, als Indizien für welche zugrunde liegende Kausalrelation eine gegebene »Erklärung« genommen werden kann, zeigt, dass es eine präzisere Fassung der Frage »Warum p?« geben muss, als deren Antwort die Angabe von Ursachen verstanden werden kann. Es zeigt sich zugleich erneut, dass die Warum-Fragen von Hempel nicht zureichend untersucht und unterschieden worden sind.

1.2.1.3 Zur methodischen Funktion und den methodischen Schwierigkeiten einer Analyse kausaler Warum-Fragen

Die aporetische Untersuchung der Theorie Hempels hat zunächst ein negatives Resultat: Bei dem Versuch, innerhalb der Theorie die von Hempel selbst behauptete Differenz zwischen Real- und Erkenntnisgründen festzuhalten, zeigt sich, dass diese Unterscheidung nicht hinreichend begründet werden kann und die gesamte Theorie entgegen ihrem Selbstverständnis epistemisch relativ zu rekonstruieren ist.[176] Die Analyse gibt jedoch auch erste Hinweise darauf, wie die Warum-Frage in keinem Fall verstanden werden darf, wenn der postulierte systematische Zusammenhang zwischen dem Kausalitätsbegriff und der Warum-Frage plausibel sein soll. Hempel weist zu Recht darauf hin, dass die Frage nicht im Sinn von »Warum soll ich glauben, dass p?« aufgefasst werden darf, will man sich nicht von vornherein ins Gebiet bloßer Erkenntnisgründe verlieren. Wird aber die Warum-Frage – wie bei Hempel – immer noch vergleichsweise unspezifiziert als eine Frage der Form »Warum p?« aufgefasst, die bei ihm genauerhin als Frage der Form »Warum war zu erwarten, dass p?« verstanden werden muss, sind als mögliche Antworten weiterhin Argumente zugelassen, die letztlich bloße Erkenntnisgründe bieten. Soll diese verwirrende Deutungsmöglichkeit vermieden werden, kann man die Form derjenigen Warum-Frage, als deren Antworten allein Kausalaussagen in Frage kommen, annäherungsweise als »Warum ist es der Fall, dass p?« bestimmen. Diese Frage hebt darauf ab, dass der Umstand, dass *p* eingetreten ist, zu erklären ist, nicht aber, dass es zu erwarten war. »p« ist dabei als Behauptung des Bestehens oder Eintretens eines singulären Ereignisses zu lesen.[177] Hempel selbst bietet diese Form an, ohne sich der Vorteile dieser Fassung im Weiteren zu bedienen.[178] Und natürlich ist auch diese Fassung – wie später noch deutlicher werden wird – anderen Auslegungen gegenüber offen. Um ihren Sinn

176 Dieses Resultat findet sich im Wesentlichen auch bei W. Stegmüller, 1983, der nicht zuletzt deshalb eine »Abkopplungsthese« vertritt, dass nämlich die Kausalitätsproblematik von der Erklärungsproblematik systematisch zu trennen sei: »Die für die Einführung von rein informativen, d.h. von Kausalfragen abstrahierenden Erklärungs- und Begründungsbegriffen benötigte intensionale Semantik, das dynamisch-probabilistische Modell von Wissenssituationen, die Verwendung von Wahrscheinlichkeitsmischungen und das Erfordernis, den Erklärungsbegriff auf drei Wissenssituationen zu relativieren – all das spricht ebenfalls für die These – kurzum: Die Kausalanalyse soll nicht durch Begründungs- und Erklärungsfragen verwirrt, die Erklärungsexplikation nicht durch die Kausalprobleme zusätzlich belastet werden. Das gilt umso mehr, als Untersuchungen der ersten Art mehr ontologisch, solche der letzteren mehr epistemisch orientiert sind« (1983, S. 633, vgl. auch S. 1005ff.). Weil mir die Abkopplungsthese darauf hinauszulaufen scheint, einen Bereich des Ontologischen in unkritischer Weise anzunehmen (vgl. etwa Stegmüllers Schema, S. 1008), muss aus den von Stegmüller zusammengefassten Problemen ein anderes Fazit gezogen werden: Man muss tatsächlich versuchen, einen bestimmten Erklärungszusammenhang so zu spezifizieren, dass er zu Recht eine »kausale Erklärung« genannt werden kann – und von dort aus dann Rückschlüsse auf den Kausalitätsbegriff ziehen. Es gilt also, im Durchgang durch die epistemisch-pragmatische Relativierung einer »objektiven« Rede von Kausalität ein begriffliches Fundament zu finden.
177 Genauer hebt eine solche Frage auf das Bestehen bzw. Eintreten eines singulären Ereignisses ab. Die Zusatzinformation ist für die beabsichtigte Abgrenzung unerlässlich. Eine Frage dieser Form lässt sich nämlich an und für sich auch bezüglich Gesetzesaussagen stellen (z.B. »Warum ist die Geschwindigkeit von Weg und Zeit abhängig?«). Solche Fragen führen aber nicht auf bestehende singuläre Kausalrelationen. »p« muss also im obigen Schema das Eintreten eines singulären Ereignisses behaupten.
178 Vgl. C. Hempel, 1965, S. 334f.

genauer zu fixieren, lässt sich jedoch versuchsweise annehmen, dass sie eine korrespondierende Wie-Frage impliziert: Sie ist nämlich erst dann adäquat beantwortet, wenn auch eine Antwort auf eine korrespondierende Frage der Art »Wie ist es gekommen, dass p?« gegeben ist. Ein solches Kriterium würde einige Probleme bei der Analyse des zweiten und dritten Beispiels auflösen. Und auch im ersten Beispiel impliziert die Antwort auf die Frage, warum der Schatten so lang ist, eine Antwort auf die Frage, wie es kommt, dass er so lang ist, während die Antwort auf die Frage, warum die Mauer so hoch ist, keine Antwort auf eine korrespondierende Wie-Frage enthält. Wenn sich eine Geschichte der Verhältnisse rekonstruieren lässt, die das Eintreten von p als Resultat hat, dann kennt man auch die Ursachen. Die Möglichkeit, eine solche Wie-Frage zu beantworten, gibt der Antwort auf die Warum-Frage einen Informationswert, den bloße Vorhersagemöglichkeiten nicht bieten.[179] Man kann vielleicht den Zusammenhang zwischen Warum-Fragen und der Kausalität am besten vorläufig in den Blick nehmen, wenn man solche Warum-Fragen in den Blick nimmt, die Wie-Fragen implizieren. Es kann aber durchaus sein, dass damit in dem Bemühen, vorläufig diejenigen Warum-Fragen zu spezifizieren, die am ehesten den Übergang zu einer Kausalitätstheorie gestatten, eine zu strenge Bedingung formuliert worden ist.[180]

Die möglichen Konsequenzen für die Kausalitätstheorie liegen auf der Hand: Weil Hempels Theorie wissenschaftlicher Erklärungen die spezifisch kausale Ebene kausaler Erklärungen verfehlt, wird die für Kausalrelationen grundlegende Bestimmung nicht allein darin bestehen können, dass Ursachen hinreichende Bedingungen unter Gesetzen sind, so dass die Wirkung logisch aus ihnen ableitbar ist. Nicht jeder Satz, der im Sinn Hempels ein Gesetz ist, gestattet eine Antwort auf eine entsprechende Wie-Frage. Weiterhin ist die präzisierte Warum-Frage deshalb so zu verstehen, dass bereits die Nennung eines singulären Terms oder aber ein Satz der Form »p, weil

---

179 Vgl. hierzu N. Cartwrights Rede von einer »causal story« (N. Cartwright, 1989), aber auch W. C. Salmons Rede von einem »Mechanismus« (W. C. Salmon, 1984, S. 131ff.). Die Überlegungen zum Zusammenhang von Warum- und Wie-Fragen gehen auf Argumente Salmons zurück. Im Hintergrund stehen aber auch die zeitlich wesentlich früheren Überlegungen zur Theorie der Geschichtswissenschaften, die bereits früh die erklärende Funktion von strukturierten Erzählungen in den Mittelpunkt ihrer Bemühungen gestellt haben – vgl. z.B. W. H. Dray, 1966, der bereits die Funktion von Wie-Fragen in den Mittelpunkt gerückt hat.

180 Um an dieser Stelle einen Blick auf die weiteren Fragen der Arbeit zu wagen: Wenn man von hier aus nach dem Schöpfungsbegriff fragt und dabei das »Wie« der Schöpfung in den Blick gerät, wird Schöpfung in bloßer Analogie zu Prozessen des Herstellens gedacht werden müssen. Denn die Wie-Frage scheint irreduzibel einen zeitlichen und dynamischen Aspekt zu implizieren. Diese knappe Bemerkung macht vielleicht deutlich, dass alle Überlegungen im Umkreis der Theorien kausaler Erklärungen alles andere als irrelevant sind im Blick auf die weiteren Aufgaben der Arbeit.

q« als Antwort genügen kann.[181] Auch wenn solche Antworten nur dann
angemessen und wahr sein mögen, wenn es korrespondierende Gesetze
gibt,[182] bedeuten sie nicht primär das Bestehen solcher Gesetze. Erklärungen
in diesem Sinn sind deshalb nicht immer auch Vorhersagen. Allerdings gibt
es zahlreiche Einwände gegen den vorgeschlagenen Zusammenhang zwischen Warum- und Wie-Fragen. So ist es zwar durchaus möglich, dass der
Zusammenhang zwar im Fall der drei Beispiele besteht. Das bedeutet aber
nicht, dass er auch in allen Fällen besteht. Es gibt durchaus Beispiele, in
denen wir Ursachen kennen, ohne vom »Mechanismus« eine Ahnung zu
haben.[183] Doch genügt es für den Moment, diesen Vorschlag ins Spiel gebracht zu haben. Ob und in welchem Sinn er tragfähig ist, wird sich in den
folgenden Untersuchungen dieses Abschnitts, vor allem aber in Abschnitt
3.1 zeigen müssen.

Diese weiterführenden Resultate scheinen vergleichsweise spärlich. Aporetische Untersuchungen bieten jedoch vor allem Anlass, den Argumentationsverlauf, der in die Ausweglosigkeit führte, zu reflektieren und daraus
methodische Hinweise für eine erfolgreichere Problembearbeitung zu gewinnen. Für die nachfolgenden Untersuchungen – insbesondere für das letzte Kapitel dieser Abhandlung – wird eine methodische Erfahrung entscheidend, die bereits in der bis jetzt rekapitulierten Auseinandersetzung mit
Hempels Theorie kausaler Erklärungen gemacht werden kann: Es wird
nicht nur auf der Ebene der betrachteten Theorie ein Zusammenhang zwischen Warum-Fragen und Kausalrelationen angenommen; ein analoger Zusammenhang wird vielmehr auch bei der kritischen Diskussion dieser Theorie selbst beansprucht. Gegen einzelne Züge der Theorie Hempels wird
nämlich in mannigfachen Variationen vorgebracht, dass ihr gemäße Erklärungen – als Antworten verstanden – die Intention bestimmter wohlgeform-
ter Warum-Fragen verfehlen. So galt eine Satzfolge, die alle Kriterien für
eine DN-Erklärung erfüllt, unter bestimmten Umständen deshalb nicht als
Erklärung, weil sie zunächst irgendetwas unerklärt ließ und das Bedürfnis
des Fragenden nach einer Erklärung nicht befriedigte.[184] Die Erklärung des
Eintritts der Flut zum Zeitpunkt t_1 aufgrund einer Pegeltabelle befriedigt
beispielsweise ein Bedürfnis nach Einsicht in Zusammenhänge nicht, das
sich in der Frage »Warum tritt die Flut zum Zeitpunkt t_1 ein?« ausdrücken

181 Die Probleme, in die dieser Formalisierungsversuch führt und die D. Davidson, 1967a,
deutlich gemacht hat, seien hier ausgeblendet, da es sich ja – aus anderen Gründen – nicht um das
letzte Wort handelt.
182 Vgl. dazu den Vorschlag von D. Davidson, 1967a.
183 Hier ist an erster Stelle an die Quantentheorie in nicht-bohmscher Interpretation zu denken, also ohne die Annahme verborgener Variablen.
184 Diese verschiedenen Bedeutungen der Warum-Frage erkennt Hempel an, wenn er in der
oben, S. 90ff., besprochenen Formulierung einen bestimmten Sinn hervorhebt (»in diesem Sinn«).

mag. Die auf eine bestimmte Intention zugespitzte Warum-Frage wird so jeweils implizit zum Maßstab der Kritik einer Theorie kausaler Erklärung. Dabei wird die Warum-Frage nicht künstlich in diese Rolle gedrängt. Denn der Umstand, dass Antworten eines bestimmten Typs prinzipiell in der Lage sind, so verstandene Warum-Fragen zu beantworten, ist letztlich der entscheidende Indikator dafür, ob eine Theorie der Erklärung, die gerade diesen Typ zum Paradigma einer Erklärung erhebt, genügt. Die Analyse kausaler Erklärungen soll ja gerade deutlich machen, von welchen Bedingungen es abhängt, ob eine Satzfolge das Erklärungsbedürfnis befriedigt, das sich in einer Frage nach den Ursachen manifestiert.

Gegen diese Überlegung lässt sich zunächst einwenden, dass die grammatische oder logische Form einer Warum-Frage nach allem, was die bisherige Analyse der Theorie Hempels lehrt, viel zu unspezifisch ist, um die Intentionen des Fragenden zu erfassen und zu dokumentieren. So war der Form »Warum p?« nicht anzusehen, ob es sich bei einer Frage dieser Form um eine epistemische oder Begründung-verlangende Warum-Frage handelt. Und auch die präzisierte Fassung »Warum ist es der Fall, dass p?« ist für sich genommen vor dieser Verwechslung nicht gefeit.[185] Die logische Form einer solchen Frage scheint also viel zu unspezifisch zu sein, um die besonderen Intentionen zu dokumentieren, die der Fragende mit seiner Frage verfolgt und die in der bisherigen kritischen Analyse als Argument verwendet wurden. Dass darüber hinaus eine Warum-Frage gar nicht unbedingt eine kausale Erklärung verlangt, sondern Antworten ganz verschiedenen Typs gegeben werden können,[186] spricht zusätzlich gegen die Vermutung, dass ein direkter systematischer Zusammenhang zwischen Warum-Fragen und den Problemen kausaler Erklärungen besteht – von den Fragen der Kausalitätstheorie ganz zu schweigen. Daher scheint es so, als seien Warum-Fragen völlig ungeeignet, diese Rolle eines Maßes und Orientierungspunktes auch für eine Kausalitätstheorie zu erfüllen.

Doch greift dieser Schluss zu kurz. Denn es lässt sich aus diesem skeptischen Befund nur folgern, dass die logische Form, die der sprachlichen Grammatik nachgebildet ist, die Intuitionen und Bedürfnisse des Fragenden nicht hinreichend zum Ausdruck bringt. Daraus, dass Fragesätze derselben, mehr oder weniger offensichtlichen logischen Form – ja sogar gleichlautende Fragesätze – unterschiedlichste Typen von Informationsbedürfnissen ausdrücken können, folgt nicht, dass diesen unterschiedlichen Bedürfnissen nicht unterschiedliche Fragen entsprechen. Es scheint vielmehr nur so zu sein, dass die Gleichheit des sprachlichen Ausdrucks kein hinreichendes

---

185 Auch sie kann ihrem Wortlaut nach als eine Frage bloß nach Erkenntnisgründen aufgefasst werden, selbst wenn oben anderes verabredet wurde.
186 Vgl. dazu oben, S. 83, insbes. Anm. 104.

Kriterium für die Identität der damit zum Ausdruck gebrachten Frage ist, so
wie die gleiche logische Form – zumindest auf dem bisher referierten rudimentären Stand der Analyse der logischen Form von Warum-Fragen – kein
hinreichendes Kriterium dafür ist, dass es sich um Warum-Fragen des gleichen Typs handelt.[187] Die bisher betrachteten Analysen der Warum-Frage
genügen schlicht nicht, unterschiedlichen Intentionen der Fragenden unterschiedliche logische Formen der Frage, die durch den gemeinsamen sprachlichen Ausdruck nur verdeckt werden, zuzuordnen. Diese Schwäche der
bisherigen logischen Analyse, die vielleicht sogar eine prinzipielle Grenze
der Möglichkeiten dieses Verfahrens signalisiert, lässt aber nicht den
Schluss zu, wo keine Differenz der herauspräparierten logischen Form bestehe, bestehe kein signifikanter und für die Analyse kausaler Erklärungen
relevanter Unterschied.[188] Deshalb ist es völlig legitim, weiterhin gegen bestimmte Theorien kausaler Erklärungen das sich in solchen Fragen artiku-
lierende Wissensbedürfnis des Fragenden ins Feld zu führen. Denn dass es
sich auch dort um präzise Fragen handeln kann, wo der sprachliche Ausdruck das zunächst nicht hergibt, zeigt sich daran, dass der Fragende auf
einen Antwortvorschlag etwa vom Typ einer DN-Erklärung völlig legitimer
Weise mit der Bemerkung reagieren kann, er habe die Frage nicht so gemeint, sondern anders. Gegen die Vermutung, wer so reagiere, habe unter
Umständen gar keine präzise Intention, spricht, dass er in aller Regel Beispiele für Antworten des Typs anführen kann, den er sucht. Solche Beispiele dokumentieren eine Art impliziten Wissens. Trotz der Indifferenz des
sprachlichen Ausdrucks einer Frage kann der Fragende also eine genau bestimmte Frageintention haben.

Es ist jedoch ein eigenes Problem, inwieweit dieser Frageintention selbst
in einer verfeinerten logischen Analyse der Frage oder der gesamten Frage-

---

187 Die wesentlichen Fortschritte in der Logik des Fragens, d.h. der erotetischen Logik, wurden erst nach der Ausarbeitung von Hempels Theorie wissenschaftlicher Erklärungen vor allem
durch N. D. Belnap/T. B. Steel, 1976, erreicht. Van Fraassen, der letzte Autor, der in diesem Kapitel eingehender betrachtet werden wird, begründet seine Theorie der Erklärung explizit auf diesem
Ansatz einer erotetischen Logik.

188 Vgl. zu den Methodenproblemen einer erotetischen Logik N. D. Belnap/T. B. Steel, 1976,
S. 1. Die erotetische Logik ist keine Beweislogik, so dass sich die Formalisierung und Begründung
von Schlussformen gleichsam als Maß der gelungenen Formalisierung verwenden ließe. Damit ist
es im Bereich der erotetischen Logik ungleich problematischer, zwischen verschiedenen möglichen Formalisierungen zu entscheiden. Für Belnap/Steel ist vor allem die Formalisierung gelungen, die es gestattet, den Zusammenhang zwischen Frage und möglichen Antworten zu plausibilisieren. Die Frage muss eine Art Auswahlkriterium für mögliche Antworten enthalten. Die bisherigen Überlegungen werfen aber die Frage auf, ob für kausale Warum-Fragen überhaupt ein
formales Auswahlkriterium gegeben werden kann, oder ob nicht grundsätzlich andere Überlegungen ins Spiel kommen müssen. Es wird sich unten zeigen, dass Belnap/Steels Vorschlag für die
Analyse von Warum-Fragen, der S. Brombergers Ansatz in nur einem Punkt modifiziert, die bisher angesprochenen Probleme nicht aufzulösen vermag – vgl. unten, S. 124f.

Antwort-Sequenz so Rechnung getragen werden kann, dass der Übergang von einer Analyse kausaler Erklärungen als Antworten auf Warum-Fragen zur Kausalitätstheorie gelingt. Die nachfolgenden beiden Abschnitte dieses Unterkapitels werden dieses methodische Problem weiter verfolgen (1.2.2 und 1.2.3). Dabei hat sich freilich unter der Hand bereits eine weitere Adäquatheitsbedingung der gesuchten Analyse von Warum-Fragen ergeben. Sie soll nämlich nicht nur diejenige Frage-Intention so genau wie möglich auf den Punkt bringen, die von Warum-Fragen über kausale Erklärungen als Antworten zu einer Kausalitätstheorie führen kann. Sie muss vielmehr zugleich auch in der Lage sein, dem Umstand Rechnung zu tragen, dass ein sprachlich identischer Ausdruck derartig divergierende Fragen zum Ausdruck bringen kann. Das scheint nur möglich, wenn die unterschiedenen Fragen, die gemeint sein können, zumindest über soviel Gemeinsamkeiten verfügen, dass sie eben durch denselben Fragesatz zum Ausdruck gebracht werden können. Eine logische Analyse sollte deshalb nicht nur die Differenzen, sondern auch die Gemeinsamkeiten herausarbeiten. Ob diese komplexe Aufgabe durch eine Analyse nur der logischen Form von Warum-Fragen und entsprechenden Frage-Antwort-Sequenzen bewältigt werden kann, ist durchaus zweifelhaft. Das sich in Beispielen für gelungene Antworten manifestierende Wissen mag nicht solch formaler Art sein. Es mögen noch andere Gesichtspunkte eine Rolle spielen.

Nimmt man diese methodologischen Überlegungen ernst, die sich als eine Erfahrung während der kritischen Analyse des Vorschlags von Hempel einstellen, dann liegt eine weitere Vermutung nahe, die erst im letzten Kapitel dieser Arbeit ihre Tragfähigkeit und Relevanz beweisen muss. Weil die gesamte Argumentation auf einer der bisher angenommenen sprachlichen und logischen Fassung einer Warum-Frage noch vorausliegenden präzisen Frageintention eines Fragenden aufbaut, also ein strukturiertes Wissensbedürfnis eines Erkenntnissubjekts voraussetzt, muss man annehmen, dass dieses Subjekt in gewisser Weise immer schon um die Struktur weiß, welche die Antwort auf die von ihm gestellte Frage haben muss. Denn nur dann kann der Fragende entscheiden, ob die vorgeschlagene Antwort – unabhängig von ihrem Wahrheitswert – überhaupt eine mögliche Antwort auf die von ihm tatsächlich gestellte Frage ist oder nicht, bzw. ob er mit der Bemerkung, die Frage war anders gemeint, reagieren muss oder nicht. Ein solches Wissen ist also eine Voraussetzung dafür, dass die Frageintention überhaupt als Maß für Theorien kausaler Erklärungen fungieren kann. Am sich in der Frageintention kristallisierenden Vorwissen um die Struktur angemessener Antworten bemisst sich der Erfolg einer Theorie kausaler Erklärungen, die den einen oder anderen Antworttyp in den Mittelpunkt stellt. Der Fragende weiß gleichsam um die formalen und nicht formalen Anforderungen, die er, indem er diese Frage stellt, von möglichen Antworten verlangt. Wenn er eine wohlbestimmte Frage stellt, dann weiß er beispielsweise, dass eine Antwort ihn nur dann befriedigt, wenn ihm ein Zusammenhang zwischen dem einen Ereignis und dem anderen erklärt oder gar gezeigt wird – je nachdem, was er fordert bzw. worin genau das Informationsbedürfnis besteht, das er mit seiner Frage zum Ausdruck bringen will. Von einer ausgefeilten Theorie der Frage wird man sogar noch mehr erwarten dürfen: Der Fragende muss nämlich aufgrund seines Vorwissens auch in der Lage sein, ein Verfahren zur Beantwortung seiner Frage, d.i. zur Auswahl der wahren zwischen den möglichen Antworten, als solches zu erkennen und bewerten zu können (d.h. begründet zu akzeptieren oder zurückzuweisen). Von einem solchen Vorwissen des Fragenden als letzter Instanz der Adäquatheit einer angebotenen Erklärung haben alle bisher diskutierten Einwände gegen Hempel explizit oder implizit Gebrauch gemacht, ohne dass es methodologisch reflektiert worden wäre. Die sich im erfolgreichen Fragen dokumentierende epistemische Kompetenz des Fragenden, die zunächst in einem harmlosen Sinn relativ zur Antwort »a priori« genannt werden kann, wird zwar in den folgenden Überlegungen dieses Abschnitts nur gelegentlich thematisch werden, schlicht weil es vordringlich gilt, die Probleme des Kausalitätsbegriffs zu exponieren. Im Verlauf der weiteren Untersuchungen wird aber gerade dieses in sich heterogene Vorherwissen des Fragenden den Ansatzpunkt der Analyse der Kausalrelation überhaupt bieten.

1.2.2 Von Brombergers logischer Analyse der Frage-Antwort-Sequenz zu Toulmins pragmatisch-historischer Relativierung der Kausalrelation

Eine Theorie über den Zusammenhang zwischen Warum-Fragen und Kausalbegriffen wie »Ursache« und »Wirkung«, aber auch Ausdrücken wie »verursachen«, »bewirken«, »hervorbringen« oder »produzieren«, wird auch erklären müssen, wieso bloße Erkenntnisgründe als Antworten nicht ausreichen, wie diese sich von Realgründen unterscheiden und warum singuläre Kausalaussagen für sich genommen als Antworten genügen können. Schließlich wird jeder Versuch, eine Analyse des Kausalitätsbegriffs und der Kausalitätsrelation durchzuführen, die Rolle von (kausalen) Gesetzen wenigstens im Umriss bestimmen müssen. Der Ansatz von Hempels Theorie wissenschaftlicher Erklärungen stieß dabei schnell an seine Grenzen. Doch ist offen, ob sein Ansatz nicht so verbessert werden kann, dass er den Einwänden standhält. Dazu soll zunächst der Versuch von S. Bromberger betrachtet werden, den von Hempel postulierten Zusammenhang zwischen Warum-Fragen und (kausalen) Erklärungen mit formalen Mitteln weiter zu präzisieren und die aufgeworfenen Probleme aufzulösen. Es wird sich zeigen, dass sich auch mit Brombergers feinen formalen Mitteln nicht zwischen Real- und Erkenntnisgründen unterscheiden lässt. Dem Scheitern dieses Versuchs lässt sich konsequent der Ansatz S. Toulmins anschließen, der Hempels Theorie wissenschaftlicher Erklärung völlig beiseite lässt und mit nicht-formalen Mitteln eine Theorie kausaler Erklärungen als Antworten auf Warum-Fragen entwickelt. Doch auch sein Ansatz ist letztlich nicht in der Lage, die aufgeworfenen Fragen zu beantworten, sondern verstrickt sich angesichts ihrer in regelrechte Widersprüche.

1.2.2.1 Die Insuffizienz einer bloß formallogischen Analyse kausaler Warum-Fragen (Bromberger)

Ausgangspunkt der Überlegungen Brombergers sind Beispiele wie das erste – also die Erklärung der Länge eines Schattens aus der Höhe eines Bauwerks und dem Einfallswinkel des Lichts, zu dem sich eine völlig analoge DN-Erklärung der Höhe des Bauwerks (d.h. der Mauer) aus der Länge des Schattens und dem Einfallswinkel bilden lässt.[189] Offensichtlich beantwortet die analog gebildete zweite Erklärung nicht die Frage, warum das Bauwerk eine bestimmte Höhe hat, obwohl doch für sämtliche DN-Erklärungen gelten soll, dass sie Antworten auf (nicht-epistemische) Warum-Fragen sind. Hempel hatte den Zusammenhang zwischen der logischen Form der Frage und den möglichen Antworten vergleichsweise unbestimmt gelassen. p scheint die Antwort auf die Frage »Warum q?« genau dann zu sein, wenn q die Konklusion eines gültigen Schlusses ist, und p die Konjunktion der zugehörigen Prämissen.[190] Das gilt aber für beide mögliche Erklärungen, sowohl für die der Länge des Schattens wie für die der Höhe des Bauwerks. Bromberger versucht Hempels Ansatz dadurch zu verbessern, dass er die formalen Bedingungen für das Vorliegen eines Erklärungszusammenhangs so verschärft, dass derartige Gegenbeispiele nicht mehr treffen. Er modifiziert dazu nicht etwa die genaue Fassung der Warum-Frage, sondern versucht eine formale Charakterisierung der Erklärungen, die als befriedigende Antworten gelten können. Das Ziel ist also, ein formales Kriterium zu finden, wonach zwar die Erklärung der Länge des Schattens eine Antwort auf die nicht-epistemische Warum-Frage ist, die Erklärung der Höhe des Bauwerks aber nicht. Bromberger verfolgt nur dieses Ziel. Idealerweise müsste aber zwischen der Form der Frage und der Form der Antwort ein solcher Zusammenhang hergestellt werden, dass aus der Form der Frage die Form der Antwort erklärlich wird und umgekehrt die Form der Antwort einem

---

189 Vgl. S. Bromberger, 1966, S. 92ff.
190 Vgl. S. Bromberger, 1966, S. 92: »Is a proposition p the correct answer of a why-question whose presupposition is q if and only if p is the conjunction of premises (or some pragmatically selected subset of premises) of a deductive nomological explanation whose conclusion is q?«

Fragetypus eindeutig zugeordnet werden kann. Diese methodische Anforderung ergibt sich aus den abschließenden Überlegungen des vorigen Abschnitts (1.2.1.3).[191] Darauf will Bromberger jedoch nicht hinarbeiten. Obwohl sein Versuch schon deshalb nicht den Anforderungen an die gesuchte Theorie entspricht, lassen sich aus seinem Scheitern und aus seinen nicht-formalen Vorüberlegungen Konsequenzen für die weitere Arbeit ziehen.

Bromberger nutzt die verbreitete Auffassung, dass es konstitutiv für Warum-Fragen sei, sie nur angesichts von etwas Überraschendem zu stellen.[192] Diesen Charakterzug soll die logische Analyse von Warum-Fragen in gewisser Weise einfangen. Wenn man die logische Form der Warum-Frage annäherungsweise als »Warum p?« bestimmt, lässt sich p als Präsupposition dieser Frage auffassen, denn nur wenn p ein wahrer Satz ist, stellt sich überhaupt die Frage bzw. ist die Frage »Warum p?« überhaupt sinnvoll.[193] Nur wenn etwas der Fall ist, kann es nämlich Ursachen dafür geben, dass es der Fall ist. Bromberger zieht allein solche semantisch-ontologischen Präsuppositionen von Fragen in Betracht und lässt epistemologische oder pragmatische außen vor.[194] Das macht es schwierig, die anfängliche Beobachtung in eine formale Analyse umzusetzen. Denn dass p nicht nur einen bestehenden, sondern mehr noch überraschenden oder unerwarteten Sachverhalt behauptet, ist eine subjektrelative Charakterisierung. Obwohl Bromberger die verbreitete Auffassung als solche – mit guten Gründen – ablehnen muss, enthält sie seiner Meinung nach einen wahren Kern, der für

191 Auch für N. D. Belnap/ T. B. Steel, 1976, S. 10, ist es eines der Ziele und Kriterien für die Adäquatheit einer logischen Analyse von Fragen, ob sie den Zusammenhang zwischen Frage und Antwort zu plausibilisieren vermag.

192 Diese Auffassung findet sich bei so unterschiedlichen Autoren wie S. Toulmin, 1961, S. 44ff. (dt. S. 54ff.); E. Ströker, 1992, S. 120; J. König, 1949; E. Scheibe, 1970.

193 Der Zusammenhang ist genauer der, dass »p« in der Frage »Warum p?« keinen Satz bezeichnet, sondern eine Art Satzradikal, das in der Umgangssprache genau die Form der Frage »p?« hat – »Warum ist die Mauer 3,20m hoch«/»Ist die Mauer 3,20m hoch?«. Der dieser Satzfrage entsprechende Satz lässt sich als direkte Präsupposition der Warum-Frage (nicht der Satzfrage!) auffassen – vgl. dazu S. Bromberger, 1966, S. 86ff.

194 Auch hierin besteht eine Gemeinsamkeit mit den logischen Analysen von Belnap/Steel, die explizit pragmatische oder epistemologische Gesichtspunkte bei der Analyse der logischen Form von Fragen nicht berücksichtigen (vgl. N. D. Belnap/T. B. Steel, 1976, S. 10ff.). Unter semantisch-ontologischen Präsuppositionen verstehe ich hier solche kontextinvarianten Aspekte der Bedeutung einer Frage, die das Bestehen von Sachverhalten oder das Existieren von Dingen betreffen; unter epistemologischen solche, in denen kontextinvariante epistemische Voraussetzungen dafür, dass sich die Frage überhaupt stellt, oder aber solche dafür, dass sie irgendwie zumindest ansatzweise beantwortbar ist, zur Sprache kommen; unter pragmatischen schließlich solche, die nicht kontextinvariant sind und die sogar spezifische Handlungskompetenzen des Sprechers umfassen können – vgl. dazu oben, S. 40ff.

die Analyse der logischen Form adäquater Antworten ausgewertet werden kann. Dazu führt er mehrere Begriffe neu ein:[195]

(1) Eine *allgemeine Regel* ist ein Satz, der in Hempels Theorie als gesetzesartige Aussage aufgefasst würde. Beispielsweise wäre der Satz »Alle Pluralendungen werden im Französischen mit s gebildet« eine solche allgemeine Regel. Ihre allgemeine logische Form ist

$$\forall x \ ((F_1x \ \wedge F_2x \ ... \ F_jx) \rightarrow (S_1x \wedge S_2x \ ... \ S_kx)) \qquad (n \geq 1, j \geq 1)$$

(2) Ein *allgemeines abnormes Gesetz* ist ein Gesetz, das gleichsam einschränkende »es sei denn«-Bedingungen in seine Formulierung aufnimmt. Ein Beispiel wäre etwa »Alle französischen Nomen enden im Plural mit s, es sei denn, die Worte enden im Singular mit al, eu, au, ou [...]. Genau dann, wenn ein französisches Nomen auf al endet, dann wird der Plural gebildet, indem die letzte Silbe wegfällt und aux angehängt wird; genau dann, wenn ein französisches Nomen auf eu, ou oder au endet, dann wird ein x angefügt usf.« Solche allgemeinen abnormen Gesetze haben die Form:

$$\forall x \ ((F_1x \ \wedge F_2x \ ... \ F_jx) \rightarrow ((\neg Ex \leftrightarrow (A_1x \vee A_2x \ ... \ A_nx \vee B_1x \ ... \ \vee B_nx \ ... \ \vee R_ex))$$

$$\wedge \ ((A_1x \vee A_2x \ ... \ A_nx) \leftrightarrow S_Ax)$$

$$\wedge \ ((B_1x \vee B_2x \ ... \ B_mx) \leftrightarrow S_Bx)$$

$$\wedge \ ...$$

$$\wedge \ ((R_1x \vee R_2x \ ... \ R_ex) \leftrightarrow S_Rx)))$$

$$(n \geq 1, j \geq 1)$$

Dabei sollen die folgenden Sätze jeweils wahr sein:

$$\forall x \ ((F_1x \wedge F_2x \ ... \ F_jx) \rightarrow (Ex \vee S_Ax \vee S_Bx \vee \ ... \ S_Rx)) \qquad (R \geq 1)$$

$$\forall x \ ((A_1x \rightarrow (\neg A_2x \wedge \neg A_3x \ ... \ \neg A_nx \wedge \neg B_1x \ ... \ \neg B_mx \ ... \ \neg R_ex))$$

$$\wedge \ (A_2x \rightarrow (\neg A_1x \wedge \neg A_3x \ ... \ \neg A_nx \wedge \neg B_1x \ ... \ \neg B_mx \ ... \ \neg R_ex))$$

$$\wedge \ ...$$

$$\wedge \ (R_ex \rightarrow (\neg A_1x \wedge \neg A_2x \ ... \ \neg R_{e-1}x)))$$

Weiterhin soll gelten, dass das allgemeine abnorme Gesetz kein wahrer Satz mehr ist, wenn eines oder mehrere Disjunktionsglieder der Bikonditionale oder eines oder mehrere Konjunktionsglieder des Antezedenz herausgenommen werden. Es gibt noch weitere Details, die hier aber nicht unbedingt notwendig sind.

---

195 Brombergers Ansatz wird hier nur in einer reduzierten Version skizziert. So übergehe ich seine Unterscheidung zwischen allgemeinen und besonderen abnormen Gesetzen.

(3) Ein *antonymes Prädikat* wäre im obigen Beispiel »endet im Plural mit s«, also ein Prädikat, mit dessen Hilfe ein abnormes Gesetz gebildet wird und dessen Zukommen oder Nichtzukommen vom Erfüllt- oder Nichterfülltsein einer »es sei denn«-Bedingung abhängt. In einem abnormen Gesetz nehmen antonyme Prädikate die Prädikatposition des Konsequens in (a) ein. Antonym ist dieses Prädikat, weil es unter normalen Umständen, d.h. gemäß der allgemeinen Regel, folgen würde, gemäß der allgemeinen abnormen Gesetze hingegen nur unter bestimmten Bedingungen, d.h. unter Umständen nicht.

Mit Hilfe dieser drei Begriffe soll nun ein formales Kriterium formuliert werden, dem adäquate Antworten auf nicht-epistemische Warum-Fragen gerecht werden müssen. Die Frage »Warum wird im Französischen der Plural von *cheval* nicht mit *s* gebildet?« präsupponiert »Der Plural von *cheval* wird nicht mit *s* gebildet«. Die Antwort – »Weil *cheval* mit *al* endet« – impliziert zusammen mit dem abnormen Gesetz und der Prämisse, dass *cheval* ein Nomen der französischen Sprache ist, die Präsupposition der Frage. Die Prämisse, dass *cheval* ein Nomen der französischen Sprache ist, impliziert zugleich zusammen mit der allgemeinen Regel das Gegenteil der Präsupposition der Warum-Frage. Dieser Zusammenhang lässt sich zu einem Kriterium zuspitzen:

b is the correct answer to the why-question whose presupposition is *a* if and only if (1) there is an abnormic law *L* [...] and *a* is an instantiation of one of *L*'s antonymic predicates; (2) *b* is a member of a set of premises that together with *L* constitutes a deductive nomological explanation whose conclusion is *a*; (3) the remaining premises together with the general rule completed by *L* constitutes a deduction in every respect like a deductive nomological explanation except for a false lawlike premise and false conclusion, whose conclusion is a contrary of *a*; (4) the general rule completed by *L* has the property that if one of the conjuncts in the antecedent is dropped the new general rule cannot be completed by an abnormic law.[196]

Warum-Fragen führen also nach Brombergers Vorschlag genau dann zu nicht-epistemischen Erklärungen, wenn sie in dieser Weise im Rückgriff auf ein abnormes Gesetz beantwortet werden können und zugleich aus einem korrespondierenden allgemeinen Gesetz das Gegenteil folgt.[197] Das allgemeine Gesetz formuliert eine Erwartungshaltung, das abnormale Gesetz erklärt die Ausnahme. Wo keine solche DN-Erklärung unter Rückgriff

---

196 S. Bromberger, 1966, S. 100.

197 In gewisser Weise konstruiert Bromberger also so etwas wie die Mehrdeutigkeit der Erklärung, von der Hempel im Fall von IS-Erklärungen spricht, für den Fall von DN-Erklärungen, um die Realitätshaltigkeit und Angemessenheit solcher Erklärungen zu sichern. Ein entscheidender Unterschied, auf den unten noch einzugehen sein wird, besteht freilich darin, dass das allgemeine Gesetz günstigstenfalls nur in einem problematischen Sinn »wahr« genannt werden kann.

auf ein abnormes Gesetz und im Kontrast zu einer allgemeinen Regel möglich ist, handelt es sich nicht um eine DN-Erklärung im eigentlichen Sinn einer Antwort auf eine Warum-Frage im strengen Sinn.

Brombergers Vorschlag nimmt die Vermutung oder Beobachtung auf, Warum-Fragen stellten sich in Bezug auf überraschende Sachverhalte, präzisiert sie und korrigiert sie. Sein Vorschlag ist tatsächlich nicht an das Überraschungsmoment geknüpft. Voraussetzung ist lediglich, dass es ein Gesetz gibt, das im Blick auf eine angenommene allgemeine Regel als ein abnormes »es sei denn«-Gesetz formuliert werden kann.[198] Diese Konstellation ist in einer Vielzahl von Fällen gegeben, die nichts Überraschendes an sich haben (einige davon werden im Lauf dieses Abschnitts noch betrachtet werden).[199] Warum-Fragen stellen sich nicht nur angesichts überraschender Tatsachen.[200] Dennoch hilft diese Vermutung weiter. Ihre heuristische Stärke liegt darin, dass sie eine erste weiterführende Erläuterung der Intention einer nicht-epistemischen Warum-Frage plausibilisiert. Gefragt wird mit der Frage »Warum ist es der Fall, dass p?« nicht schlechthin nach einer Begründung dafür, dass p der Fall ist, sondern dass p der Fall ist, obwohl vor dem Hintergrund einer allgemeinen Regel etwas anderes, zumindest aber nicht-p, zu erwarten war.[201] Zu erklären sind also Abweichungen, und sie

198 Bromberger interpretiert also einen Umstand, der gewöhnlich als eine epistemologische oder gar pragmatische Präsupposition einer Warum-Frage angeführt wird, als eine semantische im Sinn von Anm. 194.

199 Vgl. dazu unten, S. 132, die Bemerkungen über Newtons Theorie der Gezeiten, wie sie sich in der Wissenschaftstheorie Toulmins darstellt.

200 Dazu genügt schon das erste Beispiel von der Länge des Schattens einer Mauer, denn obwohl daran nichts Überraschendes sein muss, kann immer nach einer (kausalen) Begründung gefragt werden. Tatsächlich fragen die Wissenschaften häufig genug nach Ursachen für Ereignisse, die gerade zu erwarten sind. So ist auch das Einsetzen der Flut zu einem bestimmten Zeitpunkt – um das zweite Beispiel zu erwähnen – für den, der eine ordentliche Gezeitentabelle besitzt, überhaupt nichts Überraschendes. Gleichwohl ist die Frage, warum die Flut zu diesem Zeitpunkt einsetzt, sinnvoll. Es können nicht-triviale Theorien über die Ursachen dieses nicht-überraschenden Ereignisses gebildet und untersucht werden, etwa vor dem Hintergrund der Gravitationstheorie Newtons. Das dritte Beispiel – die Entdeckung der Ursachen des Kindbettfiebers durch Semmelweis – macht indessen deutlich, dass der Auslöser gezielter Warum-Fragen durchaus eine Abweichung sein kann (wie auch der Zufall, der zur Entdeckung führt, eine Abweichung sein kann – in diesem Fall der plötzliche Tod eines Kollegen unter analogen Symptomen, dem erst unter dem Eindruck der spezifischen Frage die Rolle eines Indizes für die Ursachen des Kindbettfiebers zukommen konnte; vgl. C. Hempel, 1966, S. 5).

201 Entsprechend können für Bromberger Fragen, die nach einer Ursache von strikt allgemeingültigen Regularitäten fragen, niemals Warum-Fragen nach Realgründen sein, genauer: so aufgefasst können sie keine Antwort haben – vgl. S. Bromberger, 1966, S. 105. Es handelt sich hierbei um eine zwar unangenehme, aber relativ harmlose Konsequenz seiner Analysen. Unangenehm ist sie deshalb, weil überhaupt nicht einzusehen ist, warum man nicht nach den realen Ursachen für das Bestehen uneingeschränkt gültiger Regularitäten sollte fragen können. Auch dieses Problem wird unten im Zusammenhang mit Toulmins Ansatz ausführlicher besprochen werden – vgl. unten, 1.2.2.2.

können erklärt werden, indem Bedingungen angegeben werden, unter denen von einer allgemeinen Regel Ausnahmen zu machen sind. Die Angabe solcher Bedingungen gilt bei Bromberger genauer nur dann als eine Erklärung, wenn sie im Rückgriff auf ein besonderes (abnormes) Gesetz geschieht, d.h. die Form einer besonderen DN-Erklärung annehmen kann. Daraus ergibt sich auch die Auflösung der Schwierigkeit, in die Hempels Theorie geriet und die den Ausgangspunkt der Überlegungen war: Wenn die Aufgabe einer Erklärung tatsächlich genauer darin besteht, dass Bedingungen für die Abweichung von einer allgemeinen Regel benannt und in eine DN-Erklärung integriert werden, dann ergibt sich geradezu analytisch aus diesem Erklärungsbegriff, dass dort, wo ein Gesetz nicht als abnormes Gesetzes relativ auf eine allgemeine Regel begriffen werden kann, keine Erklärung möglich ist. Entweder gibt es dort nichts zu erklären, weil das Explanandum gar nicht als Abweichung erklärungsbedürftig ist, oder aber die gegebene Erklärung ist eine bloß epistemische, d.h. eine Angabe bloßer Erkenntnisgründe. Gerade darin beruht der Kriterium-Charakter des Vorschlages von Bromberger.

Brombergers Ansatz lässt sich auch für die Probleme der Kausalitätstheorie als eine Modifikation der Überlegungen Hempels zuspitzen. Waren für Hempel solche singulären Ereignisse Ursachen, die unter einer bestimmten Beschreibung in DN-Erklärungen für andere singuläre Ereignisse als Prämissen eingehen können – bzw. war die Menge aller dieser singulären Ereignisse die Ursache für das Explanandum-Phänomen –, so sind bei Bromberger insbesondere diejenigen singulären Ereignisse Ursachen, die in dem besonderen Explanandum-Fall für die Abweichung von der allgemeinen Regel gemäß dem abnormen Gesetz verantwortlich sind. Es handelt sich hierbei also allem Anschein zum Trotz um eine modifizierte Regularitätstheorie der Kausalität. Aus Brombergers Ansatz lässt sich deshalb keinesfalls die Behauptung ableiten, Ursachen seien Erklärungen, also Sätze in einem Erklärungszusammenhang.[202] Das ist schon deshalb ausgeschlossen, weil Bromberger die Theorie, (kausale) Warum-Fragen zielten auf die Überwindung von epistemischen Situationen der Irritation angesichts überraschender Tatsachen, zurückweist. Der Begriff der Ursache wird deshalb auch gar nicht als dasjenige definiert, was eine Rolle bei der Auflösung dieser Irritation spielen könnte. Vielmehr expliziert Bromberger seine Konzeption des Zusammenspiels von allgemeiner Regel und Gesetz zunächst völlig unabhängig von epistemischen Zuständen der Verwirrung oder Überraschtheit.

---

202 So die Zuspitzung der Position bei E. Scheibe, 1970, S. 259, die er im Rückgriff auf Überlegungen Brombergers weiter expliziert; vgl. auch E. Ströker, 1992, S. 123.

Deshalb ist auch sein Begriff der Erklärung von dieser epistemischen Relativierung unabhängig.[203]

Doch lässt sich im Rückgriff auf dieses Kriterium das am Beispiel der Länge des Schattens einer Mauer aufgeworfene Problem der Asymmetrie kausaler Erklärungen tatsächlich auflösen? Das wäre dann der Fall, wenn zwar die Erklärung der Länge des Schattens als eine DN-Erklärung im Rückgriff auf ein abnormes Gesetz rekonstruiert werden kann, nicht aber die Erklärung der Höhe des Bauwerks. Bromberger behauptet, für die Antwort auf die Frage, warum das Bauwerk 3,20m hoch ist, lasse sich zumindest dann nicht auf ein solches abnormes Gesetz zurückgreifen, wenn eine Erklärung aus der Länge des Schattens und dem Einfallswinkel unternommen werden soll. Ein Gesetz, auf das in einem solchen Fall zurückgegriffen werden müsste, lautet:

(x) Wenn x die Höhe eines Bauwerkes ist, dann gilt $x = l \cdot \tan g\ \alpha$, wobei l die Länge des Schattens und α der Einfallswinkel des Sonnenlichts ist.

In diesem Gesetz findet sich jedoch keine »es sei denn«-Formulierung, die es gestattet, es als abnormes Gesetz anzusehen. Dann aber spricht alles dafür, dass es sich in diesem Fall nicht um eine Erklärung im strikten Sinn handelt. Doch trifft dasselbe auch auf die Erklärung dafür zu, dass der Schatten 3,20m lang ist. Denn das Gesetz, das für die entsprechende DN-Erklärung herangezogen wird, hat die gleiche logische Form wie das eben angeführte, nur dass die Gleichung im Folgesatz etwas variiert ist. Es ist nicht zu sehen, warum es als abnormes Gesetz aufgefasst werden sollte, wenn das andere nicht auch als abnormes Gesetz aufzufassen ist. Und selbst wenn sich das Gesetz für die Erklärung der Höhe des Bauwerks in die Form eines abnormen Gesetzes sollte bringen lassen, trifft das eo ipso auch auf das Gesetz für die Erklärung der Länge des Schattens zu. Wenn also die Erklärung für die Höhe der Mauer im Sinn Hempels eine bloß epistemische, die für die Länge des Schattens hingegen eine nicht-epistemische sein soll, dann erscheint Brombergers Kriterium für diesen Fall nicht hinreichend. Allerdings kann man zu Gunsten Brombergers und Hempels noch darauf verweisen, dass man ja in der Umgangssprache auch im Fall der Erklärung für die Länge des Schattens durch die Höhe der Mauer und den Einfallswinkel nicht recht überzeugt von einer »kausalen Erklärung« reden möchte. Diese Schwierigkeiten von Brombergers Ansatz liegen nicht zuletzt daran, dass es nicht auf der Hand liegt, die Länge eines Schattens oder die Höhe eines Hauses als Abweichung von einer Norm – oder gar als etwas Überraschendes – zu denken. Das Kriterium Brombergers ist deshalb vielleicht nur

---

203 Dass die bei Hempel diagnostizierten Formen epistemischer Relativierung auch in Brombergers Modell mit unhinterfragter Selbstverständlichkeit vorliegen, wird unten eine Rolle spielen.

dazu geeignet, kausale von nicht-kausalen Erklärungen zu unterscheiden. Doch ist Ähnliches auch von Brombergers Beispiel, der Pluralendung von »cheval«, zu sagen. Denn auch hier ist recht eigentlich nicht von Ursachen die Rede, vielleicht aber auch nicht von bloßen Erkenntnisgründen. Der Status grammatischer Regeln ist nämlich undurchsichtig. Auch deshalb wird bei Bromberger nicht recht klar, welchen Unterschied sein Kriterium tatsächlich markieren können soll.

Brombergers Versuch, den richtigen Kern der Theorie Hempels in einer rein formalen Theorie der Erklärung herauszuschälen, ist damit wohl gescheitert.[204] Das liegt nicht zuletzt daran, dass der unterschiedliche Status von allgemeinen Regeln und gesetzesähnlichen Aussagen mit rein formalen Mitteln nicht so scharf zu fassen ist, dass sich das gesuchte Kriterium ergibt. Bromberger scheint vergleichsweise naiv zu meinen, es ließe sich kein abnormes Gesetz zur Erklärung der Höhe der Mauer aus der Länge des Schattens bilden und die Asymmetrie sei daher gewahrt. Lässt man der Phantasie freien Lauf, kann aber natürlich auch ein abnormes Gesetz formuliert werden, das dem oben angegebenen Gesetz über den Zusammenhang zwischen Einfallswinkel, Schattenlänge und Mauerhöhe entspricht, etwa:

(x) Wenn x die Höhe eines Bauwerks ist, dann ist x 1, 83m hoch, es sei denn, der Schatten ist nicht 3,20m lang und der Einfallswinkel beträgt nicht 30° Grad.

Dieses Quasi-Gesetz ist zwar so gekünstelt, dass es oben außer Betracht geblieben ist, doch entspricht es zunächst den formalen Kriterien für abnorme Gesetze. Ein entsprechendes Gesetz lässt sich auch für den Fall einer Erklärung der Länge des Schattens aus der Höhe der Mauer bilden. Allerdings sind oben derartige gekünstelte abnorme Gesetze nicht zu Unrecht außer Betracht geblieben. Doch ist die Legitimation dafür kein formaler Grund, der mit Brombergers Mitteln zu fassen wäre. Denn die Differenz zwischen »Gesetzen« und abnormen Gesetzen ergibt sich daraus, dass sie eine unterschiedliche Funktion und Rechtfertigung im Rahmen der Erklärungen haben. Diese muss geklärt werden. Wenn sich nicht-formal das Ungenügen solcher Quasi-Gesetze zeigen ließe, dann hätte Brombergers Kriterium – neu fundiert – eine Chance.

---

204 Gegen Brombergers Versuch hat P. Teller, 1974, zu zeigen versucht, dass sich das Unterscheidungskriterium mit rein formalen Mitteln trivialisieren lässt, so dass alle Schwierigkeiten der Theorie Hempels wieder auftreten. In der Literatur ist dieser Einwand im Wesentlichen akzeptiert worden – vgl. W. C. Salmon, 1984, S. 101, oder N. D. Belnap/T. B. Steel, 1976, S. 80f. Bromberger selbst hat in einer späteren Abhandlung die Bedingungen für abnorme Gesetze so verschärft, dass die von Teller vorgenommenen Transformationen nicht mehr möglich sind – vgl. S. Bromberger, 1992, S. 89f. bzw. S. 92. Diese Kontroverse, die gleichsam das formale Gegenstück zur bisherigen Argumentation ist, muss hier nicht weiter verfolgt werden, genügen doch die gegebenen Einwände und wird doch in eine andere Richtung gezielt.

Für Brombergers Überlegungen sind also entgegen seinen eigenen Absichten nicht nur Erwägungen über die Form der Sätze entscheidend, sondern auch über ihren jeweiligen epistemischen Status oder ihre pragmatische Funktion. Hier erst wird der Unterschied zwischen allgemeinen Regeln
und abnormen Gesetzen präzise. Nur die letzteren sind tatsächlich Gesetze,
d.h. wahre, allgeneralisierte Wenn-dann-Sätze, die entsprechende kontrafaktische Konditionale stützen.[205] Weil die abnormen Gesetze tatsächlich in
diesem Sinn Gesetze sind, können die allgemeinen Regeln schon deswegen
keine Gesetze sein, weil es eben Ausnahmen gibt. Von falschen Gesetzen
soll aber nach Hempel und Bromberger nicht die Rede sein. Dann ist aber
der Status der allgemeinen Regeln – die ja laut Voraussetzung prinzipiell
falsche allgeneralisierte Sätze sein müssen – unklar. Sie müssen nämlich im
Kontext von Erklärungen eine produktive Funktion haben. Die kann aber
nicht jedem falschen gesetzesartigen Satz zukommen. Denn das oben gebildete Quasi-Gesetz ist für Erklärungen in gewisser Weise nicht produktiv. Es
mag also sein, dass sich der scheinbar nur logische Zusammenhang zwischen Regel und abnormem Gesetz letztlich doch nur im Rückgriff auf die
epistemische Situation der Überraschung durch eine Tatsache relativ auf
allgemeine Regeln explizieren lässt.[206] Doch ist das zumindest ergänzungsbedürftig. Es genügt nämlich nicht, dass die allgemeine Regel unsere Erwartungen auf den Begriff bringt. Sie muss vielmehr in einem solchen Sinn
falsch sein, dass eine Analyse der Bedingungen, unter denen die Ausnahmen von ihr stehen, zugleich Einblick in reale Bedingungen für das Vorliegen des Explanandum-Phänomens liefert. Nur dann kann Brombergers Kriterium seinen Zweck erfüllen, mit den Mitteln einer modifizierten und differenzierten Theorie von DN-Erklärungen den Unterschied zwischen Real-
und Erkenntnisgründen zu fassen. Diesen prekären, aber produktiven Status
der allgemeinen (falschen) Regel genau zu fassen, überschreitet die Möglichkeiten der formallogischen Charakterisierung solcher universeller
Wenn-dann-Sätze.

Mit diesen Überlegungen lässt sich der Grund der oben am ersten Beispiel diagnostizierten Unschärfe von Brombergers Kriterium in einer Weise
verdeutlichen, die zeigt, warum selbst der Unterschied zwischen kausalen
und nicht-kausalen Erklärungen auf diese bloß formale Weise nicht getroffen werden kann. Die Pointe einer Erklärung hängt nach Bromberger gerade
an dem Kontrast zwischen (falscher) allgemeiner Regel und abnormem Gesetz. Ein Kriterium dafür, wann ein falscher allgeneralisierter Wenn-dann-

---

205 Bromberger stützt sich auf Hempels Begriff des Gesetzes – vgl. S. Bromberger, 1966, S.
96, und C. Hempel, 1965, S. 338ff.
206 Vgl. E. Scheibe, 1970, S. 269, der auch aus diesem Grund die Untauglichkeit des Modells
von Bromberger für eine Rekonstruktion der in der Physik faktisch gegebenen Erklärungen betont.

Satz für reale Erklärungen produktiv werden kann, vermag Bromberger mit formalen Mitteln nicht zu geben. Es genügt dabei nämlich nicht, darauf hinzuweisen, dass solche Sätze geeignet seien, zu denen es nur verhältnismäßig wenige Ausnahmen gibt. Denn damit ist nicht garantiert, dass es sich bei den Bedingungen dafür, dass ein Einzelfall eine Ausnahme darstellt, zugleich um reale Bedingungen für das Ereignis handelt. Dafür ist gerade die oben angegebene Quasi-Regel für die Höhe der Mauer ein Beispiel. Weiterhin lassen sich leicht Beispiele finden, in denen Sätze eine produktive Erklärungskraft entfalten, obwohl sie wahrscheinlich in allen Fällen falsch sind, so dass es sich bei den Abweichungen gar nicht mehr um »abnorme« Ausnahmen handelt. Das Trägheitsgesetz und die Gesetze für den freien Fall sind dafür Beispiele. Schließlich ist aber die genaue Anzahl der Ausnahmefälle, an denen ein allgeneralisierter Satz scheitert, kein logisches Merkmal dieses Satzes, so dass dieser Umstand – selbst wenn er sachlich berechtigt wäre – zumindest kein formales Kriterium zu bieten vermag. Ob eine Erklärung Real- oder Erkenntnisgründe anführt, hängt also gar nicht an der von Bromberger aufgewiesenen logischen Form der Antworten, sondern günstigstenfalls an der Qualität der allgemeinen Regeln, von denen als Abweichung ausgehend ein Ereignis oder ein Sachverhalt erklärt werden soll. Es ist dies der präzise Punkt, an dem Brombergers Ansatz, ein rein formales Kriterium zu entwickeln, vor die Alternative gestellt ist, entweder verworfen zu werden, oder – entgegen allen Intentionen – Zuflucht zu nicht-formalen Überlegungen zu suchen.[207] Der zweiten Alternative nachzugehen,

---

207 Einen weiteren Versuch, das DN-Schema wissenschaftlicher Erklärung durch eine eindringliche Analyse der logischen Struktur von Warum-Fragen nicht nur zu stützen, sondern sogar zu begründen, liefern J. Hintikka und I. Halonen in *Semantics and Pragmatics for Why-Questions*, *Journal of Philosophy* 1995, S. 636-657. Wie der Titel anzeigt, erweitern sie die logischen Mittel, von denen man bei einer solchen Analyse Gebrauch machen kann, gegenüber Bromberger, aber auch Belnap/Steel, erheblich. Vor allem epistemische Prädikate und Relationen müssen ihrer Meinung nach bereits in der Formalisierung einfachster Fragen enthalten sein. Gleichwohl differenzieren sie nicht zwischen Real- und Erkenntnisgründen. Zwar ist die Rekonstruktion dieses Unterschieds auch gar nicht das erklärte Ziel ihres Unternehmens, doch lässt sich zeigen, dass ihr Ansatz eine solche Differenzierung nur schwer zulässt. Denn sie bestimmen als das epistemische Desiderat einer Warum-Frage (in ihre logische Form eingeht), »to find out why the known ultimate conclusion is true« (S. 646). Diese Erläuterung umfasst jedoch sowohl Erkenntnis- wie Realgründe, ohne bereits eine Differenzierungsmöglichkeit anzudeuten. Dass diese Erläuterung darüber hinaus gar nicht auf sämtliche Warum-Fragen zutreffen muss, lässt sich bereits daran erkennen, dass als ein allgemeines Charakteristikum von Warum-Fragen eine bereits spezifizierte Warum-Frage (warum etwas wahr ist) angeboten wird, obwohl es konkurrierende Spezifizierungen (etwa, warum etwas der Fall ist), geben kann. Die Differenz zwischen Real- und Erkenntnisgründen wird deshalb der von Hintikka und Halonen gewählten Spezifizierung vorausliegen. Ein Ansatz, der ihrer Charakterisierung von Warum-Fragen überhaupt durch diesen speziellen Fall von Warum-Fragen folgt, wird wenig Aussicht haben, den bereits bei Bromberger auftretenden Schwierigkeiten gerecht zu werden. Allerdings beanspruchen beide Autoren auch gar nicht, von einer Theorie der Warum-Frage zu einer Kausalitätstheorie zu gelangen, sondern nur, einen Bei-

bedeutet, in einem größeren Umfang als bisher Probleme der allgemeinen Wissenschaftstheorie in den Blick zu nehmen und vor allem auf die pragmatischen Funktionen von Erklärungen zu achten. Dazu bieten sich zunächst die Analysen von S. Toulmin an.

1.2.2.2 Die Insuffizienz einer bloß pragmatistisch-historistischen Analyse kausaler Warum-Fragen (Toulmin)

Die Überlegungen S. Toulmins, die sich sowohl in *The Philosophy of Science* (1954) wie in *Foresight and Understanding* (1961) finden, lassen sich – wiewohl zeitlich früher – als Antworten auf genau die Schwierigkeiten verstehen, mit denen Brombergers Ansatz belastet ist. Dabei sind die Positionen so unterschiedlich, dass selbst das bei Bromberger noch maßgebliche DN-Schema wissenschaftlicher Erklärungen von Toulmin gänzlich abgelehnt wird. Er verwirft nicht nur die Ansicht, Erklären sei wesentlich Deduzieren, sondern er bedient sich nicht einmal elementarer logischer Darstellungs- und Analysemittel. Dabei spielt auch eine Rolle, dass es für Toulmin nur sehr begrenzt von Bedeutung ist, ob die in Erklärungen enthaltenen Sätze »wahr« oder »falsch« sind. Vielmehr kommt es in einem genau zu bestimmenden Sinn auf ihre Produktivität für Erklärungen an. Gerade deshalb lassen sich die Schwierigkeiten der Differenz zwischen (falschen) allgemeinen Regeln und (wahren) abnormen Gesetzen bei Bromberger mit den Mitteln seines Ansatzes weiterverfolgen. Um Toulmins Position und seine Ablehnung der Position Hempels zu plausibilisieren, ist vor allem seine Analyse des zweiten Beispiels geeignet, also der Frage nach der Ursache des Eintretens der Flut zu einem bestimmten Zeitpunkt.

Am Beispiel einer Erklärung für das Eintreten der Flut zu einem bestimmten Zeitpunkt entwickelt Toulmin seine Einwände gegen die These von der Strukturgleichheit von Erklärung und Prognose, und damit gegen einen Kernpunkt der Theorie wissenschaftlicher Erklärungen Hempels. Die Differenz zwischen beiden soll auf die Spur der Funktion von Erklärungen im Unterschied zu Prognosen führen. Toulmin skizziert dazu wissenschaftsgeschichtlich einen Kontrast zwischen den babylonischen und den ionisch-griechischen Anfängen der Naturforschung, der gleichsam einen Typenunterschied markieren soll. Die Babylonier hätten aufgrund extensiver Beobachtungen des Sternenhimmels exakte Tafeln zur Vorhersage bestimmter Ereignisse – etwa von Mondfinsternissen – erstellt, während die Griechen zu solchen Vorhersagen in aller Regel nicht in der Lage gewesen seien, obwohl sie eher in einem kausalen Sinn nach Gründen und Ursachen

---

trag zu einer Theorie wissenschaftlicher Erklärungen zu leisten. Sie gelangen dabei zu einer Rekonstruktion der Theorie Hempels – mit allen ihren Schwierigkeiten.

von Naturereignissen gefragt hätten. Von Anfang an seien Vorhersage und Erklärung verschieden gewesen. Man könne – wie die Babylonier – über hochgradig exakte Vorhersagen verfügen, ohne eine kausale Erklärung zu haben, und man könne – wie die Griechen – gute kausale Erklärungen haben ohne Vorhersagemöglichkeiten,[208] bzw. ohne die Vorhersagetechniken in irgendeiner Weise zu verbessern.[209] Derselbe Unterschied bestehe auch zwischen der Vorhersage des Eintretens der Flut mittels exakter Pegeltabellen, die auf extensiven Beobachtungen beruht, und der kausalen Erklärungen des Phänomens im Rahmen der Gravitationstheorie Newtons. Die Vorhersagen der Flut waren völlig zufriedenstellend, ohne bereits in einen Erklärungszusammenhang mit der Gravitationstheorie gebracht worden zu sein. Toulmins Argument besteht nun darin, dass eine Erklärung des Eintritts der Flut mithilfe einer Pegeltabelle oder des Eintritts einer Sonnenfinsternis mithilfe astronomischer Zyklen in gewissem Sinn keine Erklärung ist. Weil sich Hempels These von der Strukturidentität mehr oder weniger zwanglos aus seiner grundlegenden Auffassung ergibt, Erklärungen beantworteten Warum-Fragen in dem Sinn, dass sie zeigten, das entsprechende Ereignis sei zu erwarten gewesen, kann auch diese Grundvoraussetzung Hempels nicht aufrecht erhalten werden. Es genügt für Toulmin nicht, die Erwartbarkeit eines Ereignisses zu erweisen, um der Frageintention einer kausalen Warum-Frage gerecht zu werden. Die Funktion und die Funktionsweise kausaler Erklärungen muss also eine andere sein, als Hempel – und auch Bromberger – es annahmen. Das bedeutet auch, dass sich die Erklärungskraft einer Erklärung nicht ihrem deduktiven Charakter verdanken kann. Auch Toulmins Argumentation stützt sich auf die Intention des Fragenden als letzter Instanz für die Adäquatheit einer Erklärung, und damit auch für die Adäquatheit einer Theorie wissenschaftlicher Erklärungen.

Um nun der Differenz zwischen Erklärung und Prognose – und damit der Funktionsweise realer Erklärungen – auf die Spur zu kommen, skizziert Toulmin, was passiert, wenn ein Phänomen wie die Gezeiten dadurch er-

---

208 Es lässt sich allerdings gegen die so gewendete Überlegung Toulmins einwenden, dass er eher Beispiele für Erklärungshypothesen gibt denn für gute (kausale) Erklärungen. Die kosmologischen Spekulationen der Vorsokratiker leiden ja förmlich daran, dass sie nie so zu Prognosen zugespitzt wurden oder werden konnten, um einer empirischen Überprüfung ausgesetzt werden zu können, so dass sie über Hypothesenbildung kaum hinauskamen. Deshalb taugen Toulmins Überlegungen nichts gegen die eine Seite der von Hempel behaupteten Strukturidentität, nämlich dass adäquate Erklärungen zugleich potentielle Vorhersagen seien. Tatsächlich formuliert Toulmin auch meistens vorsichtiger – wie im Nachsatz dokumentiert

209 Vgl. S. Toulmin, 1961, S. 32ff. Gegen diese vorsichtigere Fassung der Überlegungen Toulmins lässt sich immer noch einwenden, dass bessere kausale Erklärungen zumindest oftmals die Grundlage für verbesserte Prognosemöglichkeiten darstellen. Davon unbetroffen bleibt freilich sein Punkt, dass es nicht notwendig für kausale Erklärungen ist, Prognosemöglichkeiten zu schaffen oder zu verbessern.

klärt wird, dass es in den Zusammenhang einer Theorie wie der Gravitationslehre Newtons gestellt wird.[210] Das Bild empiristischer oder realistischer Wissenschaftstheorien, solche Theorien gäben eine zutreffende Beschreibung einer unabhängig von ihr bestehenden Wirklichkeit und zwar so, dass eine Theorie genau dann wahr sei, wenn sie diese Wirklichkeit »richtig« beschreibe, erweist sich schnell als zu schlicht. Denn konstitutiv für eine vereinheitlichende Theorie seien – wie gleich deutlicher werden wird – Aussagen, denen in der phänomenal zugänglichen Wirklichkeit im strikten Sinn nichts entsprechen muss. Das einfache Bild könne auch gar nicht erklären, warum der Einordnung eines singulären Ereignisses in eine allgemeine Theorie eine besondere Erklärungskraft zukommt. Mehr noch: In einem solchen Bild kämen Erklärungen und Warum-Fragen gar nicht vor. Denn Warum-Fragen drängen sich auch und gerade dann auf, wenn wir bereits über erste Beschreibungen der beobachtbaren Phänomene verfügen. Erklärungen und Warum-Fragen sind nach Toulmin nur dort möglich und nötig, wo – zumindest potentiell – eine grundsätzliche Differenz zwischen dem bloß Beschriebenen und dem Bild, das die allgemeine Theorie entwirft, angenommen werden kann. Denn die vereinheitlichende Leistung besteht gerade darin, das einzelne Phänomen auf gemeinsame, von der Theorie postulierte Züge der Wirklichkeit zu beziehen, die selbst gar nicht phänomenal gegeben sein müssen.[211] Schon deshalb kann eine Erklärung keine Deduktion aus allgemeinen Gesetzen sein. Hempels Rede von allgemeinen Gesetzen suggeriert nämlich, dass allgeneralisierte und empirisch überprüfbare Wenn-dann-Sätze gegebene Regularitäten in der Ereignisabfolge beschreiben. Doch konnte sein Ansatz das spezifische Fragebedürfnis in kausalen Warum-Fragen nicht befriedigen. Das lag auch an seinem Gesetzesbegriff. Bereits Bromberger versuchte deshalb, kausale Erklärungen dadurch zu charakterisieren, dass sie auf abnorme Gesetze rekurrieren. Das bedeutet jedoch, dass für die Möglichkeit informativer Erklärungen allgeneralisierte Wenn-dann-Sätze konstitutiv sind, die zwar als Regeln angenommen werden, aber strikt gesprochen falsch sind. Hierin dokumentiert sich positiv gewendet, dass die erklärende Kraft einer kausalen Erklärung unter Umständen darin besteht, dass ein singuläres Ereignis in einen Zusammenhang mit einer phänomenal gerade nicht ausweisbaren, vereinheitlichenden Regel oder »Gesetzmäßigkeit« gebracht wird. Nur wenn den Gesetzen phänomenal nicht unbedingt etwas entspricht, können sie ihre vereinheitlichen-

---

210 Vgl. zu Toulmins Interpretation der Theorien Newtons S. Toulmin, 1961, S. 55ff.

211 Ein völlig anders gelagerter Versuch, die vereinheitlichende Funktion von Erklärungen zu charakterisieren, findet sich bei P. Kitcher. Kitcher hebt besonders hervor, dass die vereinheitlichende Leistung durch die Verwendung einheitlicher, theoriespezifischer Erklärungsmuster zustande komme.

de Funktion entfalten. Genau hier schließt Toulmin mit seinem veränderten Bild von der Funktion wissenschaftlicher Theorien an.[212]

Toulmin meint wie Bromberger, dass nach Ursachen vor allem dann gefragt werde, wenn das in Frage stehende Ereignis »sichtlich vom normalen Gang der Dinge abweicht«.[213] Darin liegt für ihn – wiederum wie schon für Bromberger – beschlossen, dass eine kausal gemeinte Warum-Frage immer schon ein Bild über den normalen Gang der Dinge beim Fragenden voraussetzt. Denn nur wenn der Fragende über ein solches Bild verfügt, kann ihm ein Ereignis als Abweichung erscheinen. Wohl wegen dieser Differenz zwischen der Wirklichkeit und dem implizit beim Fragenden immer schon vorausgesetzten Bild spricht Toulmin von einem »Ideal der Naturordnung« (*Ideal of natural order*).[214] Mit dieser Bezeichnung kommt zum Ausdruck, dass es nicht genügt, ein solches Bild schlicht als »falsch« zu bezeichnen, weil es eben eine Art Ordnung Phänome als Abweichungen allererst ermöglicht. Es handelt sich gar nicht um allgeneralisierte Wenn-dann-Sätze im Sinn von Brombergers allgemeinen Regeln, die deshalb letztlich falsch sind, weil es zahlreiche, durch abnorme Gesetze benennbare Ausnahmen gibt. Vielmehr kann es sich bei solchen Idealen um Sätze bzw. Theorien handeln, in die bereits Bedingungen eingefügt sind, unter denen alleine sich etwas so verhält, wie der Satz bzw. die Theorie behauptet. Im strikten Sinn ist deshalb ein solcher Satz nicht falsch, auch wenn es nichts gibt, wodurch der Vordersatz des Konditionals erfüllt wird. Das Ideal, das unter Umständen an keiner Stelle und zu keiner Zeit verwirklicht angetroffen werden kann, ist eine Voraussetzung des ordnenden Beschreibens und Verstehens der Phänomene, und damit eine Bedingung der Möglichkeit sinnvoller Warum-Fragen und ihrer Antworten. Die Bedingungen, unter denen das Ideal steht und die im Gesetz bzw. der Theorie explizit benannt werden, geben Hinsichten an, unter denen sich Ursachen bestimmen lassen.[215]

---

212 Es ist dies der Punkt, an dem sich die Diskussion in der Debatte zwischen »Realismus« und »Antirealismus« in der Wissenschaftstheorie zu verfangen droht. Gemeint ist damit die Frage, ob und inwiefern diejenigen Theorieteile, die nicht auf direktem Weg auf beobachtbare Entitäten oder Ereignisse Bezug nehmen, in dem Sinn »wahr« sind, dass ihre Wahrheit von theorieexternen Umständen, insbesondere realen Strukturen der Welt, abhängig ist und es entsprechende unbeobachtbare Entitäten gibt. Etwas ausführlicher wird auf diese Probleme unten in 1.2.3 eingegangen werden. Erneut aufgegriffen werden derartige Fragen systematisch erst im letzten Kapitel dieser Arbeit. Vgl. zu den Problemen des Realismusbegriffs, der dieser Debatte zugrunde liegt, B. Falkenburg, 1995, Kap. 1.

213 S. Toulmin, 1961, S. 46.

214 S. Toulmin, 1961, S. 46.

215 Es lässt sich damit genauer angeben, wie sich Toulmins Ansatz zu P. Kitchers Überlegungen verhält: Das Ideal der Naturordnung gibt durch die explizit einschränkenden Bedingungen die Formen des erklärenden Argumentierens vor, die nach Kitcher den vereinheitlichenden und damit allererst erklärenden Zug der Theorie ausmachen. Zugleich lässt sich damit auf die Kritik von M. Friedmann an S. Toulmin (1974, S. 192) antworten, die Struktur wissenschaftlicher Erklärung sei

Toulmin erläutert diese Zusammenhänge an der Gravitationstheorie Newtons, bzw. genauer an der »Revolution der Dynamik im siebzehnten Jahrhundert«.[216] Allgemein seien solche Revolutionen dadurch charakterisiert, dass etwas, das zuvor als »normal« betrachtet worden war, nunmehr als »Abweichung« von etwas begriffen werden, das in neuer Weise als »normal« angesehen werde. Revolutionen seien also eine Veränderung des Ideals der Naturordnung. Im Fall der Dynamik seien unterschiedliche Typen von Bewegungen als Ideale vorausgesetzt worden. Aristoteles habe es als Normalfall angesehen, wenn etwas durch eine Kraft gegen wirkende Widerstände bewegt wird, also etwa, wenn ein Pferd einen Wagen zieht.[217] Newton habe ganz im Gegenteil eine Bewegung als den Normalfall angesehen, die immer andauere, solange keine Kraft auf den bewegten Körper einwirkt. Der Fall einer Bewegung allein nach dem Trägheitsgesetz wird aber in der Natur nicht angetroffen.[218] Doch steht das Trägheitsgesetz unter Bedingungen. Entsprechend beschreibt Newton alle Bewegungen als Abweichungen von diesem Idealfall unter dem Einwirken entsprechender Kräfte.[219] Newtons »Normalfall« wäre für Aristoteles völlig unplausibel und ein Extremfall gewesen. Idealvorstellungen dieser Art bezeichnet Toulmin als »Paradigmen«.[220] Ein Paradigma der Dynamik beschreibe die Art von Bewegung, die man natürlicherweise von einem Körper erwartet. Eine gegebene Bewegung weicht (im Fall des Trägheitsprinzips) immer von dieser zu erwartenden Bewegung ab. Insofern im ersten newtonschen Gesetz die Bedingung enthalten ist, dass keine Kräfte auf den Körper wirken, geben diese Bedingungen die Hinsichten an, unter denen nach Ursachen für die Abweichung vom Paradigma zu suchen ist, bzw. nach was für einem Typ von Ursachen geforscht werden kann. Das zweite newtonsche Gesetz stellt dafür eine Regel auf, nämlich dass das Maß der Abweichung vom Idealfall

---

bei Toulmin dermaßen historisch variabel, dass gar kein Erklärungsbegriff mehr fassbar sei: Trotz sich wandelnder Ideale der Natur ist diese Struktur wissenschaftlicher Erklärungen für Toulmin invariant – freilich inkonsequenter Weise, wie sich unten zeigen wird.

216 Vgl. S. Toulmin, 1961, S. 57 – Auch Toulmin hat sich bereits vor T. S. Kuhns Buch von 1962 der Revolutionsmetaphorik bedient, um den Gang der Wissenschaftsgeschichte zu beschreiben. Entsprechend hat auch er in späteren Arbeiten, vor allem in S. Toulmin, 1972, eine konkurrierende Theorie der geschichtlichen Entwicklung der Naturwissenschaften entwickelt – vgl. dazu kritisch I. Lakatos, 1978.

217 Vgl. S. Toulmin, 1961, S. 63.

218 Vgl. dazu auch E. Nagel, 1961, S. 61 und S. 58ff., der eine ausführliche Interpretation der newtonschen Gesetze bietet.

219 E. Nagel, 1961, S. 67f. Vgl. dazu Newtons 1. und 2. Gesetz und dazu ausführlich E. Nagel, 1961, Kap. 7. Das erste Gesetz hat – ironischerweise – die Form eines abnormen Gesetzes im Sinn Brombergers, insofern es eine »es sei denn...«-Klausel enthält.

220 Vgl. S. Toulmin, 1961, S. 64 – auch dieser Begriff findet hier vor Kuhn eine analoge Verwendung.

proportional zu der sie verursachenden Kraft ist.[221] Was als gehaltvolle Erklärung akzeptiert wird, bestimmt sich so relativ auf die jeweils akzeptierte allgemeine Theorie. Ein formales Kriterium dafür ist nicht möglich. Auch die Intention des Fragenden lässt sich nur relativ auf ein solches vorausgesetztes Ideal der Naturordnung bestimmen. Denn nur relativ darauf kann etwas als Ausnahme und als überraschend erfahren werden.

Mit dem Wechsel des Ideals der Naturordnung durch eine Revolution verändern sich nach Toulmin radikal die Möglichkeiten sinnvollen Warum-Fragens. Denn im Rahmen seiner Konzeption lässt sich nach dem Grund oder der Ursache des im Ideal beschriebenen Zusammenhangs – etwa des Trägheitsprinzips – nicht sinnvoll fragen. Eine mögliche Antwort besteht nämlich nur darin, die Abweichung eines Phänomens vom Ideal der Naturordnung zu erklären. Als eine solche Abweichung kann das Ideal selbst aber nicht erklärt werden.[222] Das Ideal der Naturordnung ist deshalb im Rahmen der jeweiligen Wissenschaft unter normalen Umständen nicht hinterfragbar. Entsprechend sind derartige Paradigmen grundlegende Präsuppositionen der möglichen Warum-Fragen in einer Wissenschaft, sofern sie unter eben diesem Paradigma steht. Diese Präsuppositionen sind in dem Sinn grundlegend – oder »absolut«, wie Toulmin unter Berufung auf Collingwood sagt[223] –, dass sich nur relativ auf sie bestimmt, was überhaupt Gegenstand einer sinnvollen Warum-Frage werden kann, und dass sie selbst nicht begründet werden können. Sie sind weder wahr noch falsch, sondern höchstens fruchtbar oder unfruchtbar. Weil sie nicht wahr sind, verbietet sich ihre realistische Deutung.[224] Fruchtbar sind sie für Toulmin vor allem dann,

---

221 Vgl. S. Toulmin, 1961, S. 56f.: »To sum up: any dynamical theory involves some explicit or implicit reference to a standard case or ›paradigm‹. This paradigm specifies the manner in which, in the natural course of events, bodies may be expected to move. By comparing the motion of any actual body with this standard example, we can discover what, if anything, needs to be regarded as a ›phenomenon‹. If the motion under examination turns out to be a phenomen – i. e. ›an event [...] whose cause is in question‹ as being ›highly unexpected‹ – the theory must indicate how we are to set about accounting for it. (In Newton's theory this is the primary task of the second law of motion). By bringing to light causes of the appropriate kind, e. g. Newtonian ›forces‹, we may reconcile the phenomenon to the theory; and if this can be done we shall have achieved our ›explanation‹.«

222 Diese Grenze sinnvollen Fragens stimmt letztlich mit den von Bromberger genannten überein; sie wird auch von van Fraassen behauptet und begründet werden, obwohl sie sich letztlich nicht aufrecht erhalten lässt – vgl. unten, S. 172ff. Vgl. zu den Begründungsversuchen, die Newton selbst gelegentlich für seine Theorie unternahm, M. Carrier, 1994.

223 Vgl. S. Toulmin, 1961, S. 57, aber auch schon S. 16. Collingwoods These absoluter Präsuppositionen, mit der sich Toulmin auch in Toulmin, 1972, S. 84ff, auseinandersetzt, wird unten in Kapitel 3.1.1 ausführlicher besprochen.

224 Toulmin versucht erst gar nicht, Methoden der indirekten Bestätigung phänomenal nicht direkt ausweisbarer Gegenstände und Gesetzmäßigkeiten zu entwickeln. So läge es durchaus nahe, die Prognosetauglichkeit einer Theorie für ihre Bestätigung als ganzer heranzuziehen und die The-

wenn sie den Ausgangspunkt zu Fragen bieten, die vorher schlicht nicht aufgetreten wären und die es gestatten, alte Probleme auf eine überraschend neue Weise anzugehen.[225]

Es lässt sich nun begründen, warum Newtons Theorie der Gezeiten eine Erklärung bietet, die Prognose mit Hilfe der Pegeltabelle jedoch nicht. Eine Erklärung der Flut muss im Kontext der Theorie Newtons darin bestehen, die Bewegung der Wassermassen als Resultat des Wirkens von Kräften zu verstehen. Der besondere Zeitpunkt der Flut ergibt sich dann daraus, dass zu unterschiedlichen Zeiten unterschiedliche Kräfte wirken, und zwar so, dass die Flut zu t_1 eintritt. Vor diesem Hintergrund kann die zyklische Bewegung des Mondes in einen funktionalen Zusammenhang mit dem Eintreten der Flut zu einem bestimmten Zeitpunkt gebracht werden. Die Frage, warum es überhaupt eine Flut gibt, lässt sich also reformulieren als die Frage, warum sich das Wasser nicht gemäß dem Trägheitsprinzip verhält, also als Frage nach einer Abweichung. Es müssen Kräfte im Rahmen des gesamten Szenarios gefunden werden, die diese Abweichung von der relativen Ruhe des Wassers gegen die Erdoberfläche erklären. Die Errechnung des Eintritts im Rückgriff auf eine Pegeltabelle hat keine entsprechende Struktur. Sie kann der Erklärung-suchenden Frage nicht gerecht werden, weil in ihr weder auf ein Ideal der Naturordnung Bezug genommen wird, noch spezifische Bedingungen angeführt werden, vor deren Hintergrund das Eintreten der Flut als Abweichung vom Ideal erklärt wird.

Für den Zusammenhang zwischen Warum-Fragen und der Kausalitätstheorie bei Toulmin lassen sich nun erste Konsequenzen ziehen. Zunächst muss die Form einer Warum-Frage anders bestimmt werden als bei Hempel und Bromberger. Denn sie fordert ja die Struktur von Ideal und Abweichung. Eine Warum-Frage hat nämlich für Toulmin nur relativ auf ein Ideal der Naturordnung einen wohlbestimmten Sinn. Die vollständige logische Form einer Warum-Frage müsste also in etwa lauten, »Warum p, wo doch relativ auf das Ideal I_k mit q_i zu rechnen war?«. Die Indizes zeigen dabei an, dass es im Verlauf der Geschichte mehrere Ideale geben kann und entsprechend mehrere verschiedene Normalverläufe möglich sind.[226] Um hierbei von vornherein Fragen nach bloßen Erkenntnisgründen auszuschließen,

orie dabei realistisch zu deuten. Die möglichen Alternativen zu Toulmins Überlegungen sind also auch hier zahlreich, selbst wenn sie je eigene Schwierigkeiten mit sich bringen.

225 Vgl. S. Toulmin, 1961, S. 57ff.

226 Dass für Toulmin eine Frage nur relativ auf ein bestimmtes Ideal der Naturordnung eindeutig bestimmt ist, so dass der gleiche Ausdruck »Warum trat die Flut zu t_1 ein?« mehrere Fragesätze bedeuten kann, wird auch daraus deutlich, dass er meint, innerhalb von solchen Ordnungen wären Fragen alleine »möglich«. Entspräche dem Ausdruck genau eine Frage, müsste diese Frage auch außerhalb des jeweiligen Zusammenhangs sinnvoll und wohlbestimmt sein. Auch Toulmin ist also der These verpflichtet, dass die Eindeutigkeit der Warum-Frage nicht durch ihren sprachlichen Ausdruck gesichert wird.

müsste die Form sogar noch weiter ergänzt werden: »Warum ist es – relativ zu I_k – der Fall, dass p, obwohl doch mit q_i zu rechnen war?«.[227] Erst in dieser Fassung ist eine Warum-Frage in Toulmins Konzeption wohlbestimmt. Wahre Antworten auf Fragen dieser Form liefern nach Toulmin – unter weiteren Bedingungen, auf die gleich einzugehen sein wird – Ursachen.[228]

Es lassen sich im Vergleich zu Hempel weitere Eigenheiten der Kausalitätstheorie Toulmins markieren, die sich aus dieser veränderten Auffassung der Warum-Frage ergeben. Entsprechend der Relativität von Erklärungen auf ein Ideal der Naturordnung sind auch Antworten auf nur scheinbar identische Warum-Fragen verschieden, ohne dass eine davon als die eine »wahre« ausgezeichnet werden könnte. Denn sie sind jeweils nur relativ auf das zugrundeliegende Ideal der Naturordnung legitimiert. Das aber bedeutet, dass der Begriff »Ursache« nicht etwas bezeichnet, das für sich genommen Ursache einer bestimmten Wirkung ist, sondern etwas, das relativ auf ein vorausgesetztes Ideal der Naturordnung in einer Theorie als Erklärung fungieren kann. Ursachen sind bei Toulmin nichts anderes als (Bestandteile von) Erklärungen.[229] Das kausale Vokabular kann im Rahmen von Toulmins Wissenschaftstheorie keine realistische Deutung erfahren. Denn einer durch einen singulären Term bezeichneten Entität kommt die Rolle einer Ursache niemals an und für sich zu, sondern nur insofern der Ausdruck eine bestimmte Funktion innerhalb einer Theorie übernimmt, nämlich die Funktion, eine kausale Erklärung zu ermöglichen. Das aber ist völlig relativ auf die jeweils vorausgesetzte Naturordnung. Mehr noch: Ob es so etwas wie wirkende Kräfte gibt, lässt sich auch nur relativ auf die Theorie entscheiden. Letztlich sind dann nicht reale Dinge und Ereignisse Ursachen, son-

227 Dass auch der Einschub »... der Fall, dass ...« in die Frageform das Missverständnis letztlich nicht ausschließt, ist bereits bei der Diskussion von Hempels Ansatz deutlich geworden – vgl. oben, S. 109f. Dass andererseits auch diese Quasi-Analysen noch nicht das letzte Wort sein können, ist angesichts des Standes der erotetischen Logik etwa bei Belnap/Steel oder Hintikka offensichtlich. Die Frage der logischen Form soll aber erst im folgenden Abschnitt genauer angegangen werden, weil van Fraassen hierzu einen weiterführenden Vorschlag macht, der auf Belnap/Steel aufbaut.

228 Zieht man die nötigen Konsequenzen aus Toulmins Ansatz, ergibt sich also eine Vorform von van Fraassens Kontrast-Theorie der Warum-Frage, die im folgenden Abschnitt untersucht wird.

229 E. Scheibe, 1970, S. 258f., kommt aufgrund ähnlicher Überlegungen zu ähnlichen Folgerungen: »Indem sich damit dasjenige, wovon etwas eine Ursache ist, offenbar als etwas herausstellt, das gar nicht den Charakter eines im physikalischen Sinn Seienden hat, wird verständlich, daß nunmehr auch das mit einer Ursache selbst Angegebene nicht ein Objekt, ein Ereignis oder überhaupt etwas in Raum und Zeit Vorhandenes ist, sondern – wie König es formuliert – ›ein gewisser, typischer Gedankenzusammenhang, mit dessen Hilfe der Mensch einen ursprünglich zugrunde liegenden Verständniskontakt mit der Umwelt, der durch ein unerwartetes Ereignis unterbrochen worden ist, wieder herstellt‹. [...] Spätestens jetzt nämlich wird die Möglichkeit deutlich, das nunmehr erreichte Ergebnis dahingehend auszusprechen, daß eine Ursache als ein [...] Erfragtes eine Erklärung ist.« Scheibe bezieht sich dabei auf J. König, 1949.

dern Sätze oder andere sprachliche Ausdrücke in Erklärungszusammenhängen. Dass ein singulärer Ausdruck diese Funktion übernehmen kann, ist dabei zunächst völlig unabhängig davon, ob es ein korrespondierendes allgemeines Gesetz gibt, das einen Zusammenhang zwischen Ursache und Wirkung allgemeingültig beschreibt. Singuläre Kausalaussagen gewinnen umgekehrt für das Feststellen von Kausalgesetzen einen eigentümlichen diagnostischen Wert.

Allerdings ist nicht offensichtlich, ob sich mit diesem Ansatz, soweit er bisher entwickelt wurde, auch die Probleme des ersten Beispiels – das der Ursachen der Länge des Schattens, den eine Mauer wirft – auflösen lassen. Zum einen ist nämlich fraglich, inwiefern auch bei solchen Erklärungen die Differenz von Idealfall und Abweichung sinnvoll angesetzt werden kann; zum anderen ist fraglich, ob diese Differenz – wenn überhaupt, dann – so angesetzt werden kann, dass die Differenz zwischen Real- und Erkenntnisgründen rekonstruierbar wird. Auch eine antirealistische Theorie muss aber diese Differenz rekonstruieren können, will sie nicht grundlegende Intuitionen verfehlen. Toulmins Analyse kausaler Erklärungen lässt sich anhand seiner Diskussion dieses Beispiels weiter anreichern. Die Höhe der Mauer aus der Länge des Schattens und dem Einfallswinkel zu berechnen, bedeutet für Toulmin nicht, Sätze in die Form deduktiver Schlüsse zu drapieren, sondern von einer Darstellungstechnik Gebrauch zu machen.[230] Es ist nach Toulmin eine eigene Entdeckung, dass sich Licht geradlinig fortpflanzt, so dass es sich als Strahl darstellen lässt, die es in der Anwendung auf das in Frage stehende Problem allererst ermöglicht, das Verhältnis als ein Dreieck darzustellen und entsprechende Berechnungen anzustellen. Die Erklärung der Länge des Schattens setzt die Darstellung des Lichts als Strahl voraus. Diese Darstellung, die gleichsam ein Modell oder eine Art »Ideal der Naturordnung« für optische Phänomene ist, bewährt sich darin, dass sie Anlass zu weiteren neuartigen Fragen gibt und dass sie alte Warum-Fragen zu beantworten gestattet.[231] Die Erklärung des in Frage stehenden Phänomens – also der Länge des Schattens – geschieht nun nicht in Form einer DN-Erklärung, sondern viel schlichter und eindringlicher dadurch, dass man Linien auf ein Stück Papier zeichnet, d.h. dass man sich der neu gewonnenen

---

230 Vgl. S. Toulmin 1953, S. 27ff.

231 Für Toulmin bedeutet die Entdeckung, dass sich Licht auf einer Gerade fortpflanzt, »den Übergang von einer Auffassung, nach der Licht und Schatten elementare und unerklärbare Phänomene sind, die man so nehmen muss, wie sie sind, zu einer Auffassung, nach der Licht und Schatten Effekte sind, die dadurch hervorgerufen werden, daß etwas – was wir wiederum ›Licht‹ nennen – sich von der Sonne bis zu den von ihr beleuchteten Gegenständen bewegt. Dieser Übergang macht es möglich, auf eine ganz neue Weise über die betreffenden Phänomene nachzudenken und zu sprechen; man kann jetzt Fragen stellen, die früher einfach unverständlich gewesen wären, und Worte, die in den Antworten auftauchen – ›Licht‹, ›sich bewegen‹, ›sich fortpflanzen‹, ›abfangen‹ usw. – werden in einem ganz neuen, erheblich erweitertem Sinn gebraucht.« (1953, S. 35).

Darstellungsweise und den damit verbundenen Folgerungstechniken bedient: Weil sich Licht geradlinig fortpflanzt, lassen sich die Verhältnisse so darstellen und durch diese Darstellung erklären. Die Erklärung besteht genauer darin, dass sich das Licht von der Sonne geradlinig fortpflanzt (idealer Normalfall), ein Teil des Lichts aber durch die Mauer abgefangen wird (Abweichung, die sich durch das Modell erklären lässt); weil das Licht sich geradlinig fortpflanzt, lässt sich der erste nicht-abgefangene Strahl als Gerade von der Spitze der Mauer zum Endpunkt des Schattens darstellen, so dass für die Länge des Schattens die Höhe der – die Abweichung überhaupt verursachende – Mauer verantwortlich ist. Wenn also – wie vorgeschlagen – Ursachen Antworten auf Fragen der Form sind »Warum ist es – relativ auf I_k – der Fall, dass p, obwohl doch q_i zu erwarten war?« und in diesem Fall I_k die ungehinderte gradlinige Fortbewegung der Lichtstrahlen impliziert und p die Länge des Schattens ist, dann wird man sagen können, dass die Höhe der Mauer als Ursache der Länge des Schattens angesehen werden kann.

Eine analoge Rekonstruktion der Erklärung der Höhe der Mauer aus der Länge des Schattens ist nicht möglich. Zumindest lässt sich innerhalb der gewohnten Naturordnung keine Möglichkeit denken, in der die Höhe der Mauer als eine Abweichung analysierbar erscheint, die durch die Länge des Schattens erklärt werden kann. Doch lässt sich der Fall konstruieren, dass ein mögliches Ideal der Naturordnung überhaupt keine Mauer vorsieht, solange keine gebaut wurde, und es lässt sich sogar eine Formulierung dieses Zusammenhangs vorstellen, nach welcher der Normalfall, dass keine Mauer mit einer bestimmten Höhe vorhanden ist, an die Bedingung geknüpft ist, dass es zu dem Zeitpunkt keinen Schatten von der wohlbestimmten Länge gibt. Spezielle Gesetze, die Abweichungen erklären, würden einzelne Phänomene in Abhängigkeit vom Schatten erklären, wobei sich dabei durchaus quantifizierbare Proportionalitäten denken lassen. Zwar mutet eine solche »Theorie« künstlich an, doch ist sie zunächst möglich. Die Unterscheidung zwischen Real- und Erkenntnisgründen, die im Rahmen des einen Erklärungsparadigmas getroffen werden kann, lässt sich deshalb mit den bisher von Toulmin bereitgestellten Mitteln nicht absolut treffen. Die Differenz hängt vielmehr von der Theorienauswahl, vom Stand der Wissenschaften ab, und ist – so gesehen – historisch variabel. Das ist nicht verwunderlich, kann doch Toulmin die Intuition, die hinter der Unterscheidung von Real- und Erkenntnisgründen steht – dass nämlich reale Umstände in einer realen Relation zu anderen realen Umständen stehen – schon alleine deshalb nicht einfangen, weil Ursachen für ihn nichts anderes als Erklärungen sind. Die Differenz zwischen Real- und Erkenntnisgründen hat sich auf die Differenz zwischen der Erklärung von Anomalien und der (deduktiven) Erklärung

von Regularitäten aus anderen Gesetzmäßigkeiten reduziert, die nur relativ
auf eine Naturordnung bestimmt ist.

Nimmt man einige Überlegungen Toulmins beim Wort, zeigt sich allerdings ein weiterer Ansatz, der eine Unterscheidung zwischen Real- und Erkenntnisgründen ermöglicht. Dieser zweite Ansatz rekurriert auf den Handlungsbegriff. Mit ihm kommt gegenüber der Regularitätstheorie ein eigener
Typ von Kausalitätstheorie zur Sprache. Auf den ersten Blick scheint dieser
zweite Ansatz mit dem bisher Besprochenen kombinierbar zu sein, so dass
sich eine tragfähige Position abzeichnet und die aufgezeigte Alternative
vermieden werden kann. Doch wird sich zeigen, dass diese scheinbare Auflösung der skizzierten Schwierigkeiten um den Preis der Inkonsistenz er-
kauft wird.

In *The Philosophy of Science* behandelt Toulmin das Problem der Kausalität in einem charakteristischen Zusammenhang. Seiner Meinung nach ist
der Begriff der Ursache ein Begriff der angewandten Wissenschaften, der in
theoretischen Darstellungen der Wissenschaft selbst keinen Platz habe. Man
frage nämlich – und das ist eine zusätzliche Bestimmung des Kontextes einer kausalen Warum-Frage – nach Ursachen nur dann, »wenn es sich um
ein Ereignis handelt, das wir hervorbringen, das wir verhindern, oder dem
wir entgegenwirken wollen«.[232] Die Frage nach der Ursache ist also nicht
nur relativ auf Überraschendes oder auf Abweichungen von einer postulierten idealen Naturordnung zu rekonstruieren, sondern – wie Toulmin wohl
meint – immer im Kontext pragmatischer Erwägungen. Entsprechend erklärt er in diesem Zusammenhang den Begriff der Ursache: »Wir bezeichnen in jedem dieser Fälle das als die Ursache, was unter den vorliegenden
Umständen geändert werden müsste, damit der Vorgang, der uns interessiert, anders abläuft«.[233] Diese Erläuterung lässt sich auf den ersten Blick
mühelos in die bisher entwickelte Problemsituation einfügen: Wenn die
Länge des Schattens zu einer bestimmten Zeit etwas wäre, das wir verhindern wollten, etwa weil das Tomatenbeet nicht genügend Sonne bekommt,
oder das wir im Gegenteil herbeiführen wollen, etwa weil es sonst auf der
Terrasse so heiß wird, dann bietet sich die Höhe der Mauer als Ursache des
Schattens an. Wenn wir hingegen die Höhe der Mauer herstellen oder ver-
mindern wollen, ist keine Handlung denkbar, die dieses Ziel erreicht, indem
wir den Schatten zu einer bestimmten Zeit manipulieren, schlicht weil wir
die Länge des Schattens nur verändern können, indem wir die Höhe der
Mauer verändern (und jede andere Weise, den Schatten zu verändern, die
Höhe der Mauer nicht berührt). Es ist kein Ideal der Naturordnung denkbar,
unter dem diese Asymmetrie der Handlungsmöglichkeiten nicht bestünde.

232 Vgl. S. Toulmin, 1953, S. 123.
233 Ibid.

Im Rückgriff auf die Vorstellung der Manipulation von Ereignisabläufen durch unser eingreifendes Handeln scheint es also möglich, die Schwierigkeiten, in die der erste Ansatz Toulmins geführt hat, aufzulösen. Diese Überlegungen zum Kausalitätsbegriff haben scheinbar sogar den Vorteil, zugleich eine Art Kriterium für die Fruchtbarkeit von Theorien oder für die Auswahl zwischen Wissenschaften unterschiedlicher Paradigmen zu bieten. Denn es liegt nun nahe, dass diejenige Theorie vorzuziehen ist, die es besser als ihre Konkurrentinnen gestattet, solche Umstände ausfindig zu machen, durch deren Manipulation wir andere Ereignisse oder Umstände verhindern oder hervorbringen können. Der praktische Erfolg des Handelns unter der Voraussetzung der einen oder anderen Theorie ist der Maßstab der Theorienwahl.[234] Auch in diesem Sinn ist Toulmins frühe Analyse des Kausalitätsbegriffs eingebettet in eine instrumentalistische Wissenschaftstheorie.

Toulmins Überlegungen gehen hier in eine Richtung, die in etwas anderem Problemzusammenhang vor allem von Wright verfolgt hat, der dazu allerdings eine methodisch wesentlich ausgefeiltere Theorie erarbeitet hat.[235] Obwohl von Wright ganz im Unterschied zu Toulmin die Mittel der formalen Logik nicht scheut, kommt er zu einem verblüffend analogen Resultat: »p ist eine Ursache relativ auf q und q ist eine Wirkung relativ auf p dann und nur dann, wenn wir dadurch, dass wir p tun, q herbeiführen könnten, oder dadurch, daß wir p unterdrücken, q beseitigen oder am zustande kommen hindern könnten.«[236] Von Wright führt diese Definition vor allem deshalb ein, um das Problem, an dem Toulmins Überlegungen zu scheitern drohten, aufzulösen, also das Problem der Asymmetrie der Erklärung und damit auch das Problem der Differenz zwischen Real- und Erkenntnisgründen. Unbeschadet der Frage, ob der Handlungsbegriff tatsächlich in der Lage sein könnte, als das gesuchte Kriterium zu fungieren und die verlangte Asymmetrie zu begründen, ist jedoch fraglich, ob diese Konzeption von Wrights für sich genommen plausibel ist. Denn sie beruht auf der Unterstellung, dass nicht etwa Handlungen Ursachen sind, sondern die Ergebnisse unserer Handlungen. p zu tun, heißt also nicht etwa, eine Handlung vom Typ p zu vollziehen, sondern eine solche Handlung, die p zum »Ergebnis« hat. Von Wright muss einerseits das Ergebnis einer Handlung von der

234 Vgl. dazu Toulmins quasi-darwinistische Theorie wissenschaftlichen Fortschritts, bereits in S. Toulmin, 1961, S. 99ff., vor allem aber in S. Toulmin, 1972, Züge dieses darwinistischen Bildes finden sich auch bei B. van Fraassen wieder, 1980, S. 39.

235 Vgl. G. H. von Wright, 1971, S. 42ff., insbes. S. 67ff. Das Interventionsmodell zur Auflösung der Asymmetrieproblematik kausaler Relationen findet sich bereits bei E. Zilsel, 1927. In jüngster Zeit haben G. Keil, 2000, und J. Woodward, 2003, an dieses interventionistische Modell angeknüpft.

236 G. H. von Wright, 1971, S. 72.

Handlung selbst unterscheiden, da nur so plausibel werden kann, dass Ursachen Ereignisse sind, die gar nicht unbedingt durch uns herbeigeführt zu werden brauchen. Alleine unter dieser Voraussetzung können Handlungen bzw. die Manipulation von Ereignisabläufen helfen, Ursachen im Experiment zu diagnostizieren, wie es sich von Wright und wohl auch Toulmin vorstellen.[237] Andererseits muss das Ergebnis einer Handlung »Teil der Handlung« sein.[238] Denn nur unter dieser Bedingung kann er den Einwand abwehren, dass sich die Handlung zu dem durch sie herbeigeführten Zustand oder Ereignis p gerade so verhält wie die Ursache zu einer Wirkung. Dann nämlich würde die Definition aus formalen Gründen zusammenbrechen, weil die Explikation des Ausdrucks »p tun« verkappt bereits den Kausalitätsbegriff voraussetzen würde. Es ist also fraglich, ob der Begriff »p tun« und die Differenz zwischen »tun« und »herbeiführen« tatsächlich aufrechterhalten werden kann.[239] Es ist deshalb zweifelhaft, ob die Explikation von Kausalität mittels des Handlungsbegriffs in der ausgefeilten Version von Wrights tragfähig ist.[240] Die Probleme, die von Wrights Ansatz belasten, sind aber allemal solche, die auch Toulmins weniger ausgefeilten Versuch betreffen.

Doch selbst wenn sich solche Probleme einer Definition oder Explikation des Kausalbegriffs mithilfe des Handlungsbegriffs durch zusätzliche Differenzierungen und Hilfsannahmen in den Griff bekommen ließen, passt Toulmins zweiter Begriff der Ursache gleichwohl nicht mit seinem ersten, zuvor erarbeiteten zusammen. Es handelt sich um zwei so sehr verschiedene Ansätze, dass sie letztlich nicht kombinierbar sind. Denn gemäß dem zuletzt eingeführten Ursachebegriff sind Ursachen tatsächlich reale Umstände oder Ereignisse und ihnen kommt die Rolle, Ursache zu sein, unabhängig davon zu, welches Paradigma gerade die Wissenschaften beherrscht. Handlungen und ihre Ergebnisse sind reale Ereignisse in der Welt. Dieser Ursachebegriff ist nicht auf ein Ideal der Naturordnung relativ, sondern – wenn überhaupt, dann – auf reale oder imaginierte Handlungsmöglichkeiten. Dass

---

237 Vgl. G. H. von Wright, 1971 S. 67ff. Nur unter dieser Bedingung kann von Wright auch Ursachen als Bestandteile von Weltzuständen im Rahmen seiner knapp skizzierten Zeitlogik integrieren, die ja gerade keine Handlungen und Handlungssubjekte kennt – vgl. dazu kritisch auch B. Falkenburg, 1995, S. 54ff.

238 Vgl. G. H. von Wright, 1971, S. 70.

239 Dieses Problem liegt auch der vieldiskutierten Unterscheidung zwischen Handlungen und Basis-Handlungen zugrunde (vgl. dazu etwa D. Davidson, 1963 und 1967b) sowie den Debatten um eine ursprüngliche Handlungskausalität (»Agent causality«) – vgl. dazu G. Keil, 2000, S. 358ff.

240 Auf die Probleme, die von Wrights Ansatz aufwirft, wenn es darum geht, Kausalrelationen auch in Bereichen zu konzipieren, die unserem manipulativen Eingriff prinzipiell entzogen sind, sei an dieser Stelle gar nicht erst eingegangen – vgl. dazu auch B. Falkenburg/R. Schnepf, 1998, S. 36f., und die Kritik an H. Tetens, 1987, die B. Falkenburg entwickelt (B. Falkenburg, 1995, S. 52ff.).

dieser zweite Ansatz im Unterschied zum ersten voraussetzt, dass die Kausalrelation keine historisch variable und auf ein Ideal der Naturordnung relative ist, lässt sich durch eine kurze Überlegung zeigen: Der Begriff der Handlung, insbesondere derjenige der Basishandlung, bedeutet im Zweifelsfall immer einen realen körperlichen Vorgang, der als solcher in der bezeichneten Relation zur Wirkung steht. Die Ursache ist keine Folge der Handlung, sondern ihr unmittelbares, physisches Resultat. Von dem Ergebnis einer Handlung wird angenommen, dass ihr ohne jede weitere Manipulation die Wirkung folgt. Damit ist dasjenige, das durch die Handlung unmittelbar hervorgebracht wird, völlig unabhängig davon eine Ursache, wie die Folge der Handlung bzw. das Verhältnis zwischen Ursache und Wirkung in eine mögliche kausale Erklärung eingehen. Die Verknüpfung zwischen Handlung, Ursache und Wirkung kann nach diesem Modell gar nicht erklärungsrelativ sein, weil Basishandlungen etwas »Absolutes« sind. Und nur im Rekurs auf die – in sich wiederum problematische – Konzeption der Basishandlungen lässt sich dieser Ansatz halbwegs tragfähig machen.[241] Zugespitzt: Im Gegensatz zum ersten Kausalitätsbegriff Toulmins erfordert der zweite eine realistische Deutung.[242] Soll also im Rückgriff auf den Begriff der Handlung Toulmins erste Kausalitätstheorie so angereichert werden, dass sie den Intuitionen gerecht wird, die hinter der Forderung einer Unterscheidung zwischen Real- und Erkenntnisgründen stehen, dann erweisen sich wesentliche Züge der ersten Theorie als unhaltbar.

1.2.2.3 Erste Resultate für eine formale Analyse kausaler Warum-Fragen

Aus komplementären Gründen – so lässt sich zusammenfassen – führen die Ansätze Brombergers und Toulmins in unwegsames Gelände. Brombergers Versuch, ein rein formallogisches Kriterium zur Unterscheidung von Real- und Erkenntnisgründen im Anschluss an Hempels DN-Schema wissenschaftlicher Erklärung zu entwickeln, muss aufgegeben werden oder aber zumindest, ganz entgegen den ursprünglichen Absichten, epistemologische und pragmatische Überlegungen nutzen. Toulmins Versuch, auf formallogische Mittel völlig zu verzichten und einen pragmatischen Kausalitätsbegriff zu etablieren, steht am Ende vor der Alternative, entweder unkritisch Handlungen und das Verhältnis von Handlungen und ihren Ergebnissen voraus-

---

241 Er ist deshalb nur dann konsistent, weil nur dann das Verhältnis zwischen Handlung und Wirkung nicht auch als Kausalverhältnis interpretiert werden kann – womit die Theorie zirkulär würde.

242 Vgl. dazu B. Falkenburg, 1995, S. 54ff., die an einem anderen Beispiel zeigt, dass der Versuch, einen anti-realistischen Ansatz im Rückgriff auf von Wrights Kausalitätstheorie zu präzisieren, nicht kohärent ist – allerdings spitzt sie die Probleme nicht bis zur Behauptung einer veritablen Inkonsistenz zu.

zusetzen, oder ebenfalls an der Aufgabe zu scheitern, die Differenz zwischen Real- und Erkenntnisgründen zu bestimmen. Die Konsequenzen dieser unbefriedigenden Situation für die Kausalitätstheorie lassen sich knapp zusammenfassen: Sollten nach Hempels Intuitionen reale Ereignisse Ursachen sein, insofern ihre Beschreibungen in DN-Erklärungen als Anfangsbedingungen fungieren, und sollte die Kausalrelation eine reale sein, so ist im umgekehrten Extremfall bei Toulmin die Kausalrelation eine bloß verstandesmäßige. Denn Ursachen sind dann lediglich Sätze, die in historisch variablen und nie wahren, sondern nur praktischen, d.h. angewandten Wissenschaften mehr oder weniger fruchtbar eine handlungsleitende Funktion erfüllen können. Dass beide Extrempositionen gerade dann in die Aporie führen, wenn sie mit Beispielen konfrontiert ihre Intuitionen durchhalten wollen, zeigt ihre Instabilität. Die aporetische Prüfung der Positionen illustriert erneut, dass eines der Schlüsselprobleme einer Analyse des Kausalitätsbegriffs darin liegt, pragmatische, epistemische und ontologische Aspekte der Bedeutung kausalen Vokabulars sauber zu trennen und ein plausibles und tragfähiges Kriterium dafür zu haben, welches Bedeutungsmoment welchem Aspekt zuzuordnen ist. Es mag beispielsweise sein, dass der Rückgriff auf den Handlungsbegriff bei Toulmin und von Wright völlig korrekt ist, wenn damit nur gemeint sein soll, dass Ursachen unter Umständen mittels manipulierender Eingriffe in Ereigniszusammenhänge – etwa bei Experimenten – diagnostiziert werden können. Der Handlungsbegriff würde dann im Rahmen epistemologischer und pragmatischer Probleme des Kausalitätsbegriffs ins Spiel kommen.[243] Ähnliches ließe sich für jede einzelne Bestimmung aus der Fülle von Bestimmungsversuchen des Kausalitätsbegriffs sagen, die im Verlauf der bisherigen Untersuchung ins Spiel kamen. Die zu Tage getretenen Aporien verdanken sich genau diesem Umstand, dass kein hinreichendes Kriterium entwickelt ist, aufgrund dessen einzelne Bedeutungsmomente der pragmatischen, der epistemischen oder der ontologischen Ebene des Kausalitätsbegriffs zugewiesen werden können. Insofern bestätigt sich die oben im ersten Abschnitt behauptete Orientierungslosigkeit.

Der weiterführende Ertrag dieses Abschnitts zeigt sich, wenn man einen Schritt zurücktritt und versucht, aus dem Argumentationsverlauf bzw. aus der Geschichte dieses Scheiterns Hinweise darauf zu gewinnen, wie das offensichtlich recht komplexe Verhältnis zwischen der – wie auch immer zu präzisierenden – Warum-Frage, kausalen Erklärungen und realen Kausal-

---

243 Vgl. B. Falkenburg/R. Schnepf, 1997, S. 37. Mir scheint darin auch die Auflösung des von J. Woodward, 2003, angenommenen methodischen Zirkels zu liegen, der die handlungsorientierte Analyse des Kausalitätsbegriffs mit einer Analyse kontrafaktischer Konditionalsätze verbinden möchte.

verhältnissen genau zu fassen ist. Dabei lässt sich an die methodischen Überlegungen am Ende des vorigen Abschnitts anknüpfen (1.2.1.3):[244] Einerseits ist die Warum-Frage an der Oberfläche viel zu unbestimmt und mehrdeutig, um einen direkten Übergang von einer Theorie der Warum-Frage über eine Theorie kausaler Erklärungen zur Kausalitätstheorie zuzulassen; andererseits kann gegen jede vorgebrachte Theorie wissenschaftlicher (kausaler) Erklärung die präzise Intention einer Warum-Frage als Instanz und Maßstab angeführt werden. Beides erklärt sich dadurch, dass der Fragende bereits beim Fragen ein Vorwissen hat, das nicht nur hinreicht, mögliche adäquate Antworten aus der Menge von diversen Antwortangeboten auszuwählen, sondern es auch noch ermöglicht, ein Verfahren zu erkennen bzw. zu akzeptieren, unter möglichen Antworten die richtige herauszufinden. Entsprechend ist eine doppelte Leistung der Theorie der Warum-Fragen gefordert. Sie muss nämlich einerseits jene Zuspitzungen und Konkretisierungen ermöglichen, die genau diejenige Frageintention auf den Punkt bringen, die von der Warum-Frage zu einer Theorie der Kausalität führt; sie muss andererseits so gebildet sein, dass an der Form der zugespitzten Warum-Frage deutlich wird, dass sie eben eine Zuspitzung eines Fragetyps ist, unter den auch andere Warum-Fragen fallen, etwa solche nach bloßen Erkenntnisgründen. Es ist eines der offenen Probleme, wie weit hier eine Art Logik der Frage reichen kann.

Offensichtlich ist die Theorie Brombergers angesichts der komplexen Anforderungen an eine Theorie der Warum-Frage unzureichend. Neben all den aufgezeigten Problemen, in die sie sich verfängt, wenn es um die Probleme der kausalen Erklärungen geht, kann Bromberger nämlich aus der von ihm nur unspezifisch gefassten Form der Warum-Frage nicht plausibel machen, weshalb Warum-Fragen gerade Antworten des ausgefeilten Typs verlangen sollten, den er konstruiert. Den Zusammenhang zwischen der logischen Form der Frage und der logischen Form der möglichen Antworten zu plausibilisieren, ist aber eine der wesentlichen Adäquatheitsbedingungen für eine Logik der Fragen. Dabei nimmt seine Analyse des Zusammenhangs zwischen Warum-Fragen und kausalen Erklärungen die weitergehende Aufgabe gar nicht erst in Angriff, aus der Form der Frage und weiterer Spezifizierungen Mittel und Wege zu plausibilisieren, unter den verschiedenen möglichen Antworten auch die wahre herauszufinden.

Wollte man eine logische Analyse der Warum-Frage versuchen, die wenigstens den Zusammenhang zwischen der logischen Form der Frage und der möglicher Antworten plausibilisiert, der Brombergers Kriterium entspricht, so könnte man etwa vorschlagen: »Warum p, obwohl doch – relativ auf die allgemeine Regel R_1 – nicht-p zu erwarten war?« Offensichtlich weist diese Quasi-Analyse eine Verwandtschaft mit der Toulmin unterstellten auf, nach der solche Fragen die genauere Form »Warum p, wo doch – relativ auf das Ideal I_x – mit q_i zu rechnen war?« haben. Die Art und Weise, in der Toulmins Ansatz den Brombergers variiert, ergänzt oder präzisiert, tritt nun deutlicher hervor. Doch genauso tritt die Schwäche der Theorie deutlich zu Tage. Man mag diese Analysen noch weiter verfeinern, es bleibt in jedem Fall unklar, weshalb die Warum-Frage diese spezifische Form annehmen muss, wenn nach der Ursache gefragt werden soll. Solange hierfür keine Gründe angegeben werden können, handelt sich um eine ad-hoc-Analyse mit dem Ziel, nachträglich den Zusammenhang zwischen Warum-Frage und Antworttyp zu plausibilisieren.

Soll es sich um mehr als eine ad-hoc-Analyse handeln, müsste sich die spezifische Form der Antwort aus einer Analyse der schlichten Warum-Frage und plausiblen Zusatzannahmen ergeben. Diese Zusatzannahmen müssten im Blick auf ein vorgängiges Verständnis davon einleuchten, warum ausgerechnet dieser Antworttyp Realgründe liefert. Das ist aber nur möglich, wenn man bereits vor der Analyse über einen explizierbaren Begriff des Realgrundes als des Erfragten verfügt. Darin, dass es sich um eine ad-hoc-Analyse handelt, zeigt sich, dass Bromberger und Toulmin über gar keinen Vorbegriff vom Realgrund im Unterschied zum bloßen Erkenntnisgrund verfügen, im Rückgriff auf den sowohl ein Kriterium wie die vorgeschlagene Analyse der Warum-Frage gerechtfertigt werden kann. Zugespitzt verfügen beide über keinen Begriff des Gesuchten, sondern liefern lediglich – problematische – Identifikationskriterien für mögliche Antworten. Daraus ergibt sich für eine Theorie der Warum-Fragen, dass es nicht genügt, sich exemplarische Antworten anzusehen und aus ihnen in einem ersten Schritt den logischen Typ der gesuchten Antwort zu extrahieren, um dann in einem zweiten Schritt Rückschlüsse auf die logische Form der dazu benötigten Warum-Frage zu ziehen. Um solche ad-hoc-Analysen zu vermeiden, muss die gesuchte Theorie der Kausalität aus der Warum-Frage bei jedem Schritt der Analyse den Zusammenhang zwischen Frage und Antworttyp in einer Weise plausibilisieren, dass sich aus der analysierten Form der Frage unter spezifischen Zusatzannahmen zeigen lässt, weshalb die beispielhaften Antworten tatsächlich Beispiele für mögliche Antworten sind. Diese Forderung ist nur eine Konsequenz daraus, dass ein Fragender im Voraus um die Kriterien für mögliche und wahre Antworten wissen muss, und die wohlbestimmte Frage dieses Vorwissen dokumentiert.
Alle diese Überlegungen führen in ein methodisches Dilemma, von dem zunächst nicht zu sehen ist, wie es aufgelöst werden kann. Auf der einen Seite soll der Begriff der Kausalität im Ausgang von der Warum-Frage analysiert werden; auf der anderen Seite scheint die Analyse der Warum-Frage einen Begriff der Kausalität vorauszusetzen, um die bei Bromberger und

Toulmin diagnostizierten sachlichen und methodischen Probleme zu vermeiden. Bevor diese Schwierigkeit aufgelöst werden kann, ist es hilfreich, die bisher angesprochenen Probleme noch einen Schritt weiter zu verfolgen und einen weiteren Ansatz einzubeziehen, der formallogische und pragmatische Überlegungen explizit in einer pragmatischen Theorie wissenschaftlichen Erklärens zusammenzuführen sucht und dabei die Überlegungen Brombergers aufgreift – nämlich den Ansatz van Fraassens. Weil bei van Fraassen vor allem die Probleme des probabilistischen Kausalitätsbegriffs analysiert werden, wird im folgenden Abschnitt auch auf die Überlegungen Hempels zur induktiv-statistischen Erklärung zurückzugreifen sein – und damit auch auf das in den Überlegungen dieses Abschnitts unberücksichtigt gebliebene dritte Beispiel von der Entdeckung der Ursache des Kindbettfiebers.

1.2.3 Das Verschwinden der Kausalrelation in van Fraassens pragmatischer Theorie wissenschaftlichen Erklärens

Spätestens bei der Untersuchung der Überlegungen Toulmins trat die Frage auf, inwieweit Ursachen schlicht Erklärungen sind, ohne ein reales Verhältnis zwischen existierenden Entitäten zu bedeuten. Die komplexe Struktur, die sich in der Differenz zwischen einem historisch variablen Ideal der Naturordnung und einem als Abweichung begriffenen und erst dadurch fragwürdigen Phänomen aufspannt, in der Erklärungen für Toulmin alleine möglich sind, scheint in der Wirklichkeit kein unmittelbares Gegenstück zu haben. Entsprechend war für Toulmin nicht die – korrespondenztheoretisch verstandene – Wahrheit der Theorie das Ziel, sondern ihre pragmatische Fruchtbarkeit. Deshalb kann Toulmin eine Theorie der Theorienauswahl in Termini darwinistischer Theorienauslese vorschlagen.[245] Erklärungen setzen damit eine Struktur wissenschaftlicher Theorien voraus, die sich prinzipiell nicht realistisch deuten lassen. Entsprechend ist auch die Kausalrelation in Toulmins erster Theorie kein realistisch deutbarer Begriff.[246] Dass die vorliegenden Untersuchungen damit die Auseinandersetzung zwischen »Realismus« und »Antirealismus« zumindest streifen, ist indessen nicht überraschend:[247] Bereits im ersten Abschnitt wurde darauf hingewiesen, dass mit

245 Diese Theorie hat Toulmin im Anschluss an S. Toulmin, 1961, S. 99-115, ausführlich in S. Toulmin, 1972 weiterentwickelt. Sie muss für die Fragen der vorliegenden Untersuchung nicht weiter verfolgt werden.

246 Der Ausdruck »erste Theorie« bezieht sich ausschließlich auf die Unterscheidung in 1.2.2.2; Toulmin selbst nimmt keine solche Unterscheidung vor.

247 Die Begriffe »Realismus« und »Antirealismus« sind, wie bei philosophischen Debatten notorisch, extrem mehrdeutig. Ich orientiere mich an zwei Explikationen, die sich bei van Fraassen

dem Kausalbegriff Assoziationen verbunden sind, die sich keinesfalls auf die Wahrnehmung oder die Erfahrung zurückführen lassen – zumindest wenn »Erfahrung« in einem empiristischem Sinn als »bloße« Erfahrung verstanden wird. Dieser Umstand ist gar kein Spezifikum der Kausalrelation, sprechen doch gute Gründe dafür, dass selbst einfache Tatsachen nicht unmittelbar in der Wahrnehmung oder Erfahrung gegeben sind, sondern erst dann in unser Blickfeld treten, wenn entsprechende Sätze behauptet werden. Die logisch-grammatische Struktur der Sätze mag deshalb eine konstitutive Rolle bereits bei der Formierung elementarer Sachverhalte spielen.[248] Dann aber ist es nicht verwunderlich, dass das umso mehr von komplexen Sachverhalten wie etwa dem Bestehen einer Kausalrelation gilt.

Diese Zusammenhänge lassen sich rückblickend schon am Beispiel von kausalen DN-Erklärungen im Sinne Hempels illustrieren. Wenn gesagt wird, eine (kausale) Erklärung bestehe darin, dass ein Einzelereignis als Explanandum aus der Konjunktion von anderen Einzelereignissen als Anfangsbedingungen und entsprechenden Gesetzen abgeleitet wird, dann hat sich bereits eine unscharfe Redeweise eingeschlichen. Denn aus einem Einzelereignis lässt sich auch unter Hinzunahme von Gesetzen schlicht deswegen nichts ableiten, weil ein Ereignis gar kein Satz ist. Als Prämissen können nur Sätze fungieren, die das Bestehen oder Nichtbestehen von Sachverhalten bzw. das Eintreten oder Nichteintreten von Ereignissen behaupten. Daraus ergibt sich, dass in einer (kausalen) Erklärung Ereignisse nur als »Ereignisse unter einer bestimmten Beschreibung« als Anfangsbedingungen fungieren können.[249] Dieser Umstand kann schon in vergleichsweise unverdächtigen Fällen zu Komplikationen führen, weil es in aller Regel von

---

finden: Gemäß einer prägenden Variante heißt eine Position »realistisch«, wenn sie annimmt, dass die Sätze einer Theorie wahr oder falsch sind aufgrund theorieexterner Umstände; eine solche Position ist auf entsprechende Existenzannahmen verpflichtet (1980, S. 6f.). Eine zweite, von van Fraassen für die Zwecke seiner wissenschaftstheoretischen Untersuchungen favorisierte Explikation nennt solche Positionen »realistisch«, die annimmt, Wissenschaften strebten Theorien an, die eine wortwörtlich wahre Geschichte oder ein wahres Bild von der Welt geben, wie sie wirklich ist; eine Theorie zu akzeptieren, bedeute zu glauben, dass sie in diesem Sinn wahr ist (S. 8). Die Bedeutung der zweiten Explikation für van Fraassen wird in der Folge deutlicher werden. Eine detaillierte Diskussion derartiger terminologischer Schwierigkeiten bietet B. Falkenburg, 1995, S. 9ff.

248 Vgl. dazu oben, Abschnitt 1.1, S. 34ff.; sowie G. Patzig, 1964, S. 16ff.

249 Auf die Gefahr, Ereignisse mit Beschreibungen von Ereignissen zu verwechseln, hat vor allem D. Davidson, 1969, hingewiesen. Entsprechend hat er in seinem Aufsatz *Causal Relations*, 1967a, die von Hempel für das Bestehen von Kausalbeziehungen angemahnten Bedingungen abgeschwächt: dass eine Kausalbeziehung besteht, impliziert nach Davidson lediglich, dass es von den beteiligten Ereignissen eine Beschreibung gibt, gemäß der eine (kausale) DN-Erklärung möglich ist. Dass damit nicht alle Probleme ausgeräumt sind und dass vor allem die Unterscheidung zwischen Ereignis und Beschreibung für das Problem der Individuierung und Identifizierung von Ereignissen ein ganzes Bündel neuer Schwierigkeiten aufwirft, hat vor allem J. Kim herausgearbeitet – vgl. J. Kim, 1973; sowie allgemein R. Stoecker, 1992. Diese Schwierigkeiten werden im letzten Kapitel der Arbeit ausführlicher untersucht werden.

ein und demselben Ereignis oder Sachverhalt verschiedene Beschreibungen gibt: Für die angestrebte DN-Erklärung der Länge eines Schattens ist beispielsweise eine Beschreibung der Sonnenstrahlung ausschlaggebend, die den genauen Einfallswinkel enthält. Genau dasselbe Ereignis kann aber auch in einer Weise beschrieben werden, die keinerlei quantifizierte Aussagen über den Einfallswinkel enthält. Die Aussagen »Weil die Sonne sehr tief stand, war der Schatten der Mauer 3,20m lang« mag zwar wahr sein, scheint aber nur deshalb als Erklärung akzeptabel zu sein, weil eine Beschreibung des ersten Ereignisses möglich ist, die die Applikation der trigonometrischen Formel gestattet. Problematischer noch sind solche Fälle, in denen in die Kennzeichnung einzelner Ereignisse Begriffe eingehen, denen nichts unmittelbar Beobachtbares entspricht. Das ist bereits im zweiten Beispiel von der Erklärung der Flut der Fall. Denn die Ereignisse, die als Explanandum und als Anfangsbedingungen fungieren sollen, müssen im Rahmen der klassischen Mechanik in der Terminologie von Massen und Massenpunkten beschrieben werden, wobei zusätzlich der Begriff der Gravitationskraft ins Spiel kommt. Begriffe von Kräften sind aber empiristischer Kritik ausgesetzt, lassen sich Kräfte im Unterschied zu Bewegungen doch nicht wahrnehmen. Sie kommen erst bei der (kausalen) Erklärung von beobachtbaren Bewegungen ins Spiel. Das aber heißt, dass im Rahmen physikalischer Theorien eine Erklärung in aller Regel eine Beschreibung der beteiligten Ereignisse voraussetzt, die – zumindest im Rahmen eines Empirismus – nicht unmittelbar realistisch gedeutet werden kann. Dieses Problem physikalischer Theorien ist jedoch nur graduell verschieden auch ein Problem bereits alltäglicher Erklärungen. Bromberger und Toulmin konnten nämlich zumindest plausibel machen, dass jede Erklärung und jedes Erklärungsbedürfnis eine Differenz von phänomenal Gegebenem bzw. Beobachtetem und phänomenal gerade nicht Gegebenem bzw. Nicht-Beobachtetem – vielleicht sogar Nicht-Beobachtbarem – voraussetzt. Der Begriff der Erklärung wird deshalb im Rahmen eines strikten Empirismus nicht erst in wissenschaftstheoretischer Perspektive problematisch.

Van Fraassen hat nun in seiner 1980 erschienenen Abhandlung *The Scientific Image* versucht, eine strikt empiristische und deshalb antirealistische Wissenschaftstheorie zu entwickeln, die dem tatsächlichen Vorgehen der Wissenschaftler entsprechen soll. Im Rahmen seiner Überlegungen stellt sich ihm das Problem, dass der Wert und das Funktionieren von Erklärungen im Rahmen eines strikten Empirismus besonders unverständlich erscheinen, weil entweder gar nicht expliziert werden könne, was Erklärungen über die bloße Phänomenbeschreibung hinaus in den Wissenschaften zu suchen hätten, oder wie ihr andernfalls unterstellter Zweck im empiristischen Rahmen gedeutet werden kann, ohne dass die spezifische Erklärungsleistung unerklärlich wird. Für die vorliegende Untersuchung ist eine Analyse des Ansatzes van Fraassens aus mehreren Gründen vielversprechend: Van Fraassen bietet eine Theorie wissenschaftlicher Erklärung, die explizit auf Brombergers Ansatz und die neuere erotetische Logik zurückgreift. Dabei nutzt er diese Logik jedoch, um eine, in einzelnen Zügen fast an Toulmin erinnernde pragmatische Theorie der Erklärung zu entwickeln. Nicht zufällig münden auch seine Überlegungen in ein darwinistisches Modell des Wettstreites von Theorien und ihrer Auslese.[250] Denn auch für ihn können Erklärungen gar nicht in dem Sinne wahr sein, wie es der Realismus unterstellt, sondern nur pragmatisch zweckdienlich im Blick auf die Ziele der Physik. Im Unterschied zu Bromberger versucht er, eine Analyse der Warum-Fragen vorzulegen, die der Forderung genügt, aus der logischen Form der Frage die logische Form möglicher Antworten zu plausibilisieren. Dabei analysiert er darüber hinaus nicht nur die beiden ersten Beispiele – das von der Länge des Schattens und das der Gezeiten –, die im gegenwärtigen Abschnitt gleichsam die Funktion eines Katalysators der aporetischen Argumentation spielen, sondern vertritt darüber hinaus eine gegenüber Hempel ausgefeiltere probabilistische Auffassung der kausalen Erklärung.

Doch lässt sich der Rahmen dieser Theorie wissenschaftlicher Erklärungen – und somit seiner Kausalitätstheorie – noch genauer fassen: Van Fraassen steht in einer Tradition von Versuchen, innerhalb wissenschaftlicher Theorien vom empiristischen Standpunkt aus unbedenkliche Theorieteile von problematischen zu unterscheiden.[251] Bestimmte Begriffe der Physik wie etwa »Gravitationskraft«, »Massenpunkt« oder »Elektron« bieten innerhalb eines Programms besondere Schwierigkeiten, das versucht, die Bedeutung von Begriffen dadurch zu sichern und zu erklären, dass sie in irgendeinem – und sei es noch so indirekten – Sinn auf Beobachtbares zurückgeführt werden können.[252] Wenn man die Versuche als gescheitert ansieht, etwa mit Carnaps Mitteln eine Theorie »theoretischer Begriffe« durchzuführen, gemäß der solchen problematischen Begriffen dadurch eine Bedeutung zugesprochen wird, dass ein komplexes System von Korrespondenzregeln angenommen wird,[253] dann kann die Bedeutung solcher Begriffe nicht mehr im Rückgriff auf Beobachtbares erklärt werden. Ihnen wäre ein eigentümlicher Zwitterstatus zuzusprechen: Sie sollen einerseits nicht wert-

250 Vgl. B. C. van Fraassen, 1980, S. 40.
251 Es muss im Rahmen dieser Untersuchung nicht eigens gefragt werden, ob und inwieweit diese Unterscheidung angemessen ist – vgl. zu den Problemen beispielsweise B. Falkenburg, 1998, S. 47ff., die deutlich macht, wie problematisch diese Unterscheidung gerade auch in der Fassung ist, die van Fraassen ihr gibt.
252 Vgl. B. Falkenburg, 1995, S. 126ff., hat in einer ausführlichen Fallstudie zur Entdeckung des Positrons – dessen Nachweis im Vergleich zu der des Elektrons methodisch weitaus subtiler ist – gezeigt, dass sich antirealistische Einwände nur schwer aufrechterhalten lassen.
253 Vgl. dazu B. C. van Fraassen, 1980, 13ff.; sowie A. Hüttemann, 1997, S. 22ff.

los für die Theorie sein, obwohl ihnen andererseits keine Bedeutung im strikt empiristischen Sinn zugeordnet werden kann. Als Ausweg aus diesen Schwierigkeiten bietet van Fraassen seinen »konstruktiven Empirismus« an. Der »konstruktive« und in einem instrumentellen Sinn pragmatische Charakter soll gerade die Theorieteile erklären, denen nichts direkt Beobachtbares korrespondiert.

Van Fraassen möchte an einem wortwörtlichen Verständnis der Sprache einer solchen Theorie und auch solch problematischer Theorieteile festhalten. Damit sei aber noch lange nicht behauptet, dass derjenige, der eine Theorie wortwörtlich verstehen wolle, annehmen müsste, die Gegenstände, von denen in ihr die Rede ist, existierten wirklich. Es genüge anzunehmen, dass die entsprechende Theorie empirisch angemessen sei. Das alleinige Ziel der Theorie bestehe letztlich in nichts anderem, als empirisch angemessen zu sein.[254] Dieses Ziel sei bescheidener als das Ziel der Wahrheit. Denn eine Theorie, die »theoretische Entitäten« annimmt, kann nur wahr sein, wenn es die entsprechenden Entitäten wirklich gibt. Empirisch angemessen sei eine Theorie indessen bereits dann, wenn sich aus ihr für den Bereich des Beobachtbaren richtige Folgerungen ableiten lassen. Genauer expliziert van Fraassen den Begriff der empirischen Angemessenheit modelltheoretisch: Eine Theorie ist angemessen, »wenn eine Substruktur eines Modells dieser Theorie isomorph zur Struktur von Erscheinungen ist«.[255]

Van Fraassen hat sich durch diese Zielbestimmung der Theorie in der für ihn heiklen Frage nach der Rolle und Bedeutung von Erklärungen innerhalb einer Theorie Spielraum verschafft. Empirische Angemessenheit impliziert zwar nicht Erklärungskraft. Erklärungskraft hingegen mag empirische Angemessenheit implizieren. Erklärungen können eine Funktion relativ auf das Hauptziel der Theorie haben. Dabei muss diese Funktion in einer Weise erfüllt werden können, die zu keiner realistischen Deutung verpflichtet. Um die Funktion von Erklärungen für Theorien zu erklären, bedient sich van Fraassen einer folgenreichen Unterscheidung zwischen Tugenden verschiedenen Typs von Theorien: Neben »semantischen« Tugenden, die das Verhältnis zwischen der Theorie und der Welt betreffen, müsse es andere geben, die gar keine direkten Auswirkungen auf dieses Verhältnis haben. Die-

---

254 Vgl. B. C. van Fraassen, 1980, S. 11f.: »After deciding that the language of science must be literally understood, we can still say that there is no need to believe good theories to be true, nor to believe ipso facto that the entities they postulate are real. *Science aims to give us theories which are empirically adequate: and the acceptance of a theory involves as believe only that it is empirically adequate.* This is the statement of the anti-realist position I advocate; I shall call it *constructive empiricism.*« Vgl. A. Hüttemann, 1997, S. 10-34, der zeigt, dass eine empiristische Position tatsächlich darauf festgelegt ist, empirische Angemessenheit als alleiniges Ziel der Theorie anzunehmen.

255 So A. Hüttemann, 1997, S., 17f.; dazu B. Falkenburg, 1995, S. 81ff.; sowie B. C. van Fraassen, 1980, S. 64ff.

se anderen möglichen Ziele oder »Tugenden« von wissenschaftlichen Theorien – etwa ihre Einfachheit oder ihre Erklärungskraft – kommen bei van
Fraassen nur in den Blick, insoweit sie dem alleinigen Ziel bzw. der semantischen Tugend der empirischen Angemessenheit untergeordnet sind. Dabei
soll es sich nicht um zentrale »rock-bottom minimal virtues« handeln,[256] nur
um »pragmatische Tugenden« der Theorie.[257] Solche pragmatischen Züge
sind kontextabhängig: Ob einer Theorie diese Tugend tatsächlich zugeschrieben werden kann, hängt nicht ausschließlich von ihr ab, sondern von
dem Kontext, in dem sie gebraucht wird. Die wesentliche Funktion von Erklärungen liegt dabei eigentlich nicht darin, dass sie etwas erklären, sondern
dass sie dazu beitragen, das Hauptziel der Theorie, ihre empirische Angemessenheit, zu erreichen.[258]

Damit ergibt sich ein erstes Bild des Rahmens, innerhalb dessen van
Fraassen seine Theorie wissenschaftlicher Erklärungen – und damit auch
seine Skizzen zu einer Kausalitätstheorie – entwickelt. Die Erklärungskraft
einer Theorie kann nach dem, was oben zum exponierten problematischen
Status der Struktur von Erklärungen gesagt wurde, nur eine pragmatische
Tugend sein. Es ist deshalb kontextabhängig, ob etwas als Erklärung akzep-
tiert wird oder nicht. So mögen einige erklärende Argumentationen von den
Situationen abhängen, in denen eine Art stillschweigendes Einvernehmen
zwischen Sprecher und Adressaten darüber besteht, was in einem nicht-
formalen Sinn als eine »erlaubte Schlussfolgerung« angesehen wird.[259] Die
Akzeptanz solcher nicht-formalen Schlussweisen mag die pragmatische
Funktion von Erklärungen ermöglichen: Sie mögen zu den pragmatischen,
kontextabhängigen Präsuppositionen von Erklärungen gehören. In dieses
Panorama versetzt van Fraassen nun Brombergers formale Theorie wissenschaftlicher Erklärungen als Antworten auf Warum-Fragen.

---

256 Dieser Ausdruck fällt bei B. C. van Fraassen, 1980, S. 94.

257 Vgl. B. C. van Fraassen, 1980, S. 88: »Briefly, then, the answer is that the other virtues
claimed for a theory are pragmatics virtues. In so far as they go beyond consistency, empirical
adequacy, and empirical strength, they do not concern the relation between the theory and the
world, but rather the use and usefulness of the theory; the provide reasons to prefer the theory
independently of questions of truth.«

258 Vgl. B. C. van Fraassen, 1980, S. 89f.: »But in pursuit of explanation we pursue a fortiori
those more basic merits, which is what makes the pursuit of explanation of value to the scientific
enterprise as such. [...] But it might be arguable that, for purely pragmatic (that is, person- and
context related) reasons, the pursuit of explanatory power is the best means to serve the central
aims of science.«

259 Vgl. B. C. van Fraassen, 1980, S. 91f., bezieht sich genauer auf R. Stalnakers Begriff der
pragmatischen Präsupposition – vgl. dazu S. Soames, 1989, S. 566ff. Tatsächlich erfüllt dieser
Begriff der pragmatischen Präsupposition in diesem Zusammenhang dieselbe Funktion wie Toulmins eher vage Rede von informellen Schlussregeln, die bereits in dessen Theorie (kausaler) Erklärung eine konstitutive Rolle spielte und dort allerdings von G. Ryle inspiriert war.

Daraus ergibt sich eine weitere Eigenart der Theorie wissenschaftlicher Erklärung van Fraassens, nämlich seine Auffassung unhintergehbarer Grenzen des Erklärens bzw. des Erklärungsbedürfnisses (*demand for explanation*).[260] Weil es gar nicht die primäre Aufgabe einer Theorie ist, zu erklären, ist Erklärungskraft für sich genommen kein vorrangiges Kriterium zur Wahl zwischen konkurrierenden Theorien. Das aber bedeutet, dass die Aufgabe der Wissenschaft nicht erst dann beendet sein kann, wenn nichts unerklärt zurückbleibt. Ein Argument, das van Fraassen in diesem Zusammenhang anführt, besteht im Verweis darauf, dass andernfalls solche Theorien, die verborgene Variablen (*hidden variables*) annähmen und deshalb der Quantentheorie in üblicher Deutung in ihrer Erklärungskraft überlegen sind, ohne empirisch angemessener zu sein, den Vorzug erhalten müssten, obwohl sie von den Wissenschaftlern selbst eher mit Skepsis betrachtet werden.[261] Doch betrifft diese mögliche Grenze der Erklärung nicht nur die Theorie selbst. Vielmehr postuliert van Fraassen eine prinzipielle Grenze der Erklärung, wenn es darum geht zu erklären, wie Theorien überhaupt empirisch angemessen sein können. Auch hier sind zwei Argumentationslinien zu unterscheiden, die bei van Fraassen ineinander zu fließen drohen: Auf der einen Seite kritisiert er Argumentationen, die fordern, dass eine beobachtbare Regularität unter Umständen nur dann erklärt werden kann, wenn eine zugrunde liegende Mikrostruktur angenommen wird – hier meint van Fraassen, eine Theorie, welche die Regularität empirisch angemessen beschreibe, sei gegenüber einer Theorie, welche sich nur darin unterscheidet, eine erklärende Mikrostruktur zu postulieren, nicht ärmer.[262] Auf der anderen Seite kritisiert er Argumentationen, welche die Funktionsfähigkeit etwa der kopernikanischen Theorie damit erklären, dass die Theorie die empirische Realität in ihren wesentlichen Zügen richtig wiedergebe, und so aus der empirischen Adäquatheit einer Theorie ein Argument für ihre realistische Deutung formen.[263] Es wird zu prüfen sein, ob van Fraassens Bestimmung dieser Grenzen tragfähig ist.

1.2.3.1 Vorüberlegungen zu einer strikt empiristischen Theorie kausaler Erklärung

Van Fraassens Analyse kausaler Erklärungen ist geradezu klassisch aufgebaut. *Zuerst* werden verschiedene Ansätze vorgestellt und als unhaltbar abgewiesen, wobei bereits Bedingungen einer adäquaten Theorie wissen-

260 Vgl. zum Folgenden B. C. van Fraassen, 1980, S. 23ff.
261 Vgl. B. C. van Fraassen, 1980, S. 23, ebenso S. 95.
262 Vgl. B. C. van Fraassen, S. 24f.
263 Vgl. B. C. van Fraassen, S. 23f.

schaftlicher Erklärungen herauspräpariert werden. Weil auch er den Zusammenhang zwischen einer Theorie der Warum-Fragen, einer Theorie
wissenschaftlicher Erklärungen und der Kausalitätstheorie im Auge hat,
verwundert es nicht, dass er dabei in einem ersten Teilschritt allgemeine
Probleme des Erklärungsbegriffs exponiert, um dann in einem zweiten Teilschritt verschiedenen Kausalitätstheorien nachzuweisen, dass sie an diesen
Schwierigkeiten scheitern. Im Rahmen dieser Kritik erarbeitet van Fraassen
Adäquatheitsbedingungen für eine Theorie wissenschaftlicher Erklärungen.

Erst *nach* dieser Kritik verschiedener Kausalitätstheorien entwickelt van
Fraassen seine pragmatische Theorie wissenschaftlicher Erklärung aus einer
eindringlichen Analyse der Logik von Warum-Fragen. *Abschließend* versucht er dann zu zeigen, dass die so entwickelte Theorie den zuvor herausgearbeiteten Bedingungen gerecht wird. Dabei ist das Problem der Asymmetrie der Erklärung, das van Fraassen an einem Beispiel diskutiert, welches dem von der Länge des Schattens analog ist, der Dreh- und
Angelpunkt seiner Untersuchung. Die kritische Diskussion anderer Theorien hilft, die bisher angesprochenen Probleme auf Fragen der Kausalitätstheorie zuzuspitzen und weiter in die gegenwärtige Diskussionslandschaft
einzudringen. Dabei favorisiert van Fraassen – und das führt weit über die
bisher zur Sprache gekommenen Kausalitätstheorien hinaus – eine modifizierte Theorie probabilistischer Erklärungen. Deshalb wird das dritte der
eingangs erwähnten Beispiele – die Überlegungen von Semmelweis über
die Ursache des Kindbettfiebers – im Folgenden eine größere Rolle spielen.

Ausgangspunkt aller weiteren Überlegungen van Fraassens ist seine Kritik an Hempel, die im Wesentlichen auch die Resultate der bisherigen Überlegungen dieses Abschnitts bestätigt. Gleich zu Beginn seiner Analysen
wissenschaftlicher Erklärungen behauptet van Fraassen – gegen Hempel –,
dass daraus, dass eine Theorie T eine Ereignis E erkläre, nicht folge, dass T
wahr ist.[264] So sei beispielsweise klar, dass Newtons Theorie eine Erklärung
der Flut und ihres Eintretens zu einem bestimmten Zeitpunkt biete, obwohl
sie nicht korrekt sei. Weil man konsistent beides behaupten könne – sowohl
dass Newtons Theorie eine Erklärung biete wie dass sie falsch sei – setze
eine Erklärung nicht die Wahrheit der verwendeten Theorie voraus. Mehr
noch: Der Umstand, dass einer Theorie Erklärungskraft zugesprochen wird,
führe unter Umständen allererst dazu, sie als wahr zu akzeptieren. Deshalb
müsse es möglich sein, zu erkennen, dass sie eine Tatsache erklärt, ohne
bereits über ihre Wahrheit zu entscheiden. Der Einwand, es gelte zwischen

264 Vgl. B. C. van Fraassen, 1980, S. 97ff. Bereits an dieser Stelle wird die Distanz zur Theorie Hempels deutlich: Hempel fordert, dass sämtliche Sätze, die in einer DN-Erklärung auftreten,
wahr sind – seine Redeweise von »gesetzesähnlichen Sätzen« gibt diese Forderung nicht auf. Dass
demgegenüber diesen gesetzesähnlichen Sätzen, die nicht wahr sein müssen, eine entscheidende
Rolle beim Verständnis von Erklärungen zukommt, hat schon E. Scheibe, 1970, herausgearbeitet.

Erklärungen und wahren Erklärungen zu unterscheiden, wird von van Fraassen zurückgewiesen. Es mache keinen praktischen Unterschied, ob man von Wahrheit oder bloß von empirischer Angemessenheit spreche. Daraus aber, dass Erklärungen nicht die Wahrheit der Theorie implizieren und entsprechend der Unterschied zwischen Erklärungen und wahren Erklärungen irrelevant ist, ergibt sich ein erster Ansatzpunkt für eine Theorie der Erklärung: Eine Erklärung ist nie an und für sich eine Erklärung, sondern immer nur relativ auf eine Theorie. Weil eine Erklärung für sich genommen gar keine Wahrheit hat, impliziert sie auch nicht die Wahrheit der Theorie. Der Ausdruck »x erklärt y« ist deshalb in einem ersten Schritt zu analysieren als »Die Tatsache F erklärt das Ereignis E relativ auf die Theorie T.«[265] Mit dieser Grundform ist gleichsam der Ausgangspunkt der weiteren Analysen gewonnen.

Die Differenz zu Hempel geht jedoch noch weiter. Van Fraassen ist zusätzlich noch der Auffassung, dass Erklärungen nicht in jedem Fall gute Gründe dafür liefern, dass das Explanandum-Ereignis auftritt, sowie dass gute Gründe für das Eintreten eines Ereignisses nicht immer auch Erklärungen sind.[266] Letzteres ergibt sich für ihn aus einem Beispiel wie der Erklärung der Höhe einer Mauer aus der Länge eines Schattens; ersteres aus der retrospektiven Erklärung des Ausbruchs einer Paresis aus einer unbehandelten Syphilis oder – grundlegender noch – des Zerfalls eines Atoms aus seiner Struktur und der Halbwertszeit. Weiterhin kann der Kern einer Erklärung nicht darin bestehen, dass sie ein Argument ist. So seien etwa Newtons Erklärungen keine Deduktionen, sondern vielmehr nur Nachweise der empirischen Angemessenheit der Theorie im Blick auf das zu erklärende Phänomen.[267] An die Stelle der Deduktion trete der Nachweis der statistischen Relevanz eines Phänomens für ein anderes (S-R-Modell), auch wenn alles andere als klar ist, wie diese Relevanz im Detail zu explizieren ist.[268] Gemäß einem ersten Vorschlag W. Salmons, von dem van Fraassen vorläufig ausgeht, genügt dafür, dass A statistisch relevant für das Ereignis E ist, dass $P(E/A) \neq P(E)$.[269] Wenn dieser Zusammenhang gegeben ist, erkläre A das

---

265 Vgl. B. C. van Fraassen, 1980, S. 101: »The word ›explain‹ can have its basic role in expressions of the form ›fact E explains fact F relative to theory T‹. The other expressions can then parsed as: ›T explain F‹ is equivalent to: ›there are facts which explains F relative to T‹«

266 Vgl. B. C. van Fraassen, 1980, S. 104f. Auch van Fraassen weist also Hempels These von der Strukturidentität zwischen Erklärung und Vorhersage zurück.

267 B. C. van Fraassen, 1980, S. 106f. Die Erklärung des Eintretens der Flut zu einem bestimmten Zeitpunkt besteht dieser Auffassung gemäß genauer darin, dass unter bestimmten Zusatzannahmen über die Materieverteilung das Explanandum-Phänomen ein Modell einer Substruktur der Theorie ist.

268 Vgl. B. C. van Fraassen, 1980, S. 107ff.

269 B. C. van Fraassen bezieht sich hier auf W. C. Salmons frühe Überlegungen zur Kausalitätstheorie, vor allem in W. C. Salmon, 1971. Salmon selbst hat diese Überlegungen später einer

Ereignis *E*. Grundsätzlich ist mit dem Verzicht auf den deduktiven Charakter von Erklärungen die Möglichkeit eröffnet, generell auf den Begriff der
Notwendigkeit bei der Analyse von Erklärungen und Kausalitätsverhältnissen zu verzichten.[270] Das entspricht dem strikten Empirismus van Fraassens.
Vor allem aber haben probabilistische Erklärungen nicht die Gestalt von
(quasi-deduktiven) Argumenten. Denn eine Erklärung besteht lediglich im
Hinweisen auf einen statistisch relevanten Faktor.[271]

Das lässt sich am Beispiel der Überlegungen von Semmelweis, die zu
Beginn dieses Abschnitts bereits skizziert wurden, im Umriss verdeutlichen:[272] Die Wahrscheinlichkeit für den zu erklärenden Sachverhalt, nämlich einer Erkrankung an Kindbettfieber, schwankte vor allen Erklärungsversuchen zwischen 0,082 und 0,114 – nehmen wir einen Mittelwert an
$P(K) = 0,098$. Nachdem die Übertragung infizierten Materials als Ursache
vermutet und entsprechende Hygienemaßnahmen ergriffen worden waren,
war die Wahrscheinlichkeit für eine Erkrankung an Kindbettfieber unter
Anwendung der neuen Hygienevorschriften *P(K/H)* = 0,0127. Es gilt also
P(K) ≠ P(K/H). Die formalen Bedingungen für die statistische Relevanzrelation im Sinne Salmons sind damit erfüllt, die Hygienemaßnahmen sind
deshalb eine Ursache für den Rückgang des Kindbettfiebers und umgekehrt
mangelnde Hygiene und dadurch ermöglichte Infektionen die Ursache der
Erkrankung – zumindest wenn man annimmt, dass diese Resultate nicht vor
dem Licht ganz anderer statistischer Zusammenhänge irrelevant werden.
Probabilistische Erklärungen, die für van Fraassen der Regelfall sind, haben
hier keinesfalls die Form von IS-Erklärungen à la Hempel. Weder handelt

eingehenden Kritik unterzogen, deren Resultate seine ausgefeilte Theorie kausaler Strukturen der
wirklichen Welt in W. C. Salmon, 1984 ist: »Perhaps the most serious objection to the S-R model
of scientific explanation – as it was originally presented – is based upon the principle that mere
statistical explanation explains nothing.« (W. C. Salmon, 1984, S. 43). Die spätere Position Salmons wird von van Fraassen, 1980, S. 118ff., ebenfalls kritisch untersucht – dazu gleich. Die
Komplexität dieses Vorschlags, die unterschlagen wird, ergibt sich u.a. aus dem Problem der genauen Fassung der Homogenitätsbedingung für die vorausgesetzten Bezugsklassen, aber auch aus
zusätzlichen Bedingungen, die versuchen, unerwünschte »screen off« Effekte auszuschließen. So
kann der Ansatz, wie Salmon richtig sieht, nur dann zu einer Theorie der Kausalität führen, wenn
die Homogenitätsbedingung entgegen Hempel nicht als maximale Spezifikationsforderung epistemisch relativ auf unseren jeweiligen Wissensstand konstruiert, sondern in irgendeinem Sinn als
»objektiv« betrachtet (vgl. dazu W. C. Salmon, 1984, S. 41f.) wird. Gerade die Probleme der
Asymmetrie der Erklärung, die Salmon mit ausgeklügelten Bedingungen für das Abblenden von
Faktoren auflösen wollte, haben ihn dazu geführt, das S-R Modell letztlich zu verwerfen (vgl.
ibid., S. 43ff.).

270 Vgl. dazu B. C. van Fraassen, 1980, S. 106ff. Vgl. zu den Problemen statistischer Erklärungen für den deduktiven Charakter von Erklärungen auch W. C. Salmon, 1984, S. 27ff.

271 Das kann natürlich auch in Gestalt eines statistischen Gesetzes geschehen – fraglich ist
dann allerdings, ob der Ansatz van Fraassens die Einzelfallkausalität im Bereich der Quantenmechanik erfasst.

272 Vgl. oben, S. 85f.; die Zahlen entstammen C. Hempel, 1966, S. 3ff.

es sich bei solchen Erklärungen in irgendeinem Sinn um Schlüsse, noch ist dafür, dass ein Umstand zur Erklärung herangezogen werden kann, nötig, dass die Wahrscheinlichkeit für sein Eintreten oder das Eintreten des Explanandum sonderlich hoch ist.[273] Die Erklärung besteht zunächst in nichts anderem, als einen statistisch relevanten Faktor anzuführen. Doch sind die bisherigen Überlegungen noch unzureichend. Denn die bloße statistische Relevanzrelation kann die erklärende Kraft von Erklärungen nicht erklären. Das zeigt sich für van Fraassen beispielsweise schon daran, dass solche »Erklärungen« zuviel erklären, nämlich alles Mögliche.[274]

Um diesen Mangel auszugleichen, ist auf die andere, bereits entwickelte Eigenart von Erklärungen zurückzugreifen. Neben der Relation zwischen zwei Phänomenen muss auch die Relation zwischen einer Theorie als ganzer und dem zu erklärenden Phänomen für die Struktur von Erklärungen in einer Theorie wissenschaftlicher Erklärung berücksichtigt werden. Erklärungen sind relativ auf Theorien bzw. auf ein Hintergrundwissen.[275] Daraus ergibt sich als ein gewichtiger und für das Folgende ausschlaggebender Hinweis, dass es von der Art und dem Charakter dieses Hintergrundwissens abhängt, ob etwas eine Erklärung ist oder nicht. Mehr noch ergibt sich, dass es von der jeweiligen Theorie abhängt, ob etwas Gegenstand legitimer Warum-Fragen werden kann, d.i. ob eine Erklärung überhaupt möglich ist. Ähnlich wie Toulmin registriert van Fraassen, dass etwa die Gravitationskraft selbst in der Theorie Newtons keine Erklärung erfahre und auch gar nicht erfahren solle, sondern nur die Grundlage zur Erklärung anderer Phänomene biete.[276] Ebenso sei die Frage nach der Ursache des Zeitpunkts für den Zerfall eines bestimmten Atoms relativ auf die Atomphysik schlicht abzuweisen. Van Fraassen nimmt also an, dass es Grenzen der Erklärung relativ auf die jeweilige Theorie gibt, die im Verlauf der Geschichte historisch veränderbar sind und keinesfalls a priori begründet werden können.[277] Diese Beobachtung stützt zunächst seine allgemeine Voraussetzung, dass es sich bei der Erklärungskraft nicht um eine »semantische« Tugend handeln

273 Vgl. die Kontrastierung bei W. C. Salmon, 1984: »I-S model: an explanation is an *argument* that renders the explanandum *highly probable*. S-R model: an explanation is an *assembly of facts statistically relevant* to the explanandum, *regardless of the degree of probability* that results.«

274 So erklärt – um ein Beispiel van Fraassens aufzunehmen – die Atomstruktur nach Salmons Modell nicht nur, warum ein bestimmtes Atom zerfallen ist, sondern auch, warum es zu diesem Zeitpunkt zerfallen ist; die Theorie erhebt aber gar nicht den Anspruch, auch den genauen Zeitpunkt erklären zu können, sondern belässt ihn vielmehr als unerklärbar.

275 Vgl. B. C. van Fraassen, 1980, S. 109ff; er bezieht sich hier auf Überlegungen von M. Friedman, 1974.

276 Vgl. B. C. van Fraassen, 1980, S. 111f. – dazu S. Toulmin, 1961, S. 56f.; zu möglichen Einwänden gegen diese Interpretation Newtons vgl. M. Carrier, 1994.

277 Vgl. B. C. van Fraassen, 1980, S. 111f., wo er sich auf T. Kuhns Theorie der Paradigmen beruft.

könne, da doch eine Erklärung nicht im Blick auf die Welt sondern – wenn überhaupt – nur relativ auf eine Theorie »wahr« genannt werden kann. Aus diesen Überlegungen zieht er den weiteren Schluss, dass es gleichsam eine Adäquatheitsbedingung für eine Theorie wissenschaftlichen Erklärens ist, diese historisch variablen Grenzen der Erklärung und damit die Legitimität der Abweisung bestimmter Fragen zu begründen. Die Theorierelativität der Erklärung soll also den Mangel des probabilistischen Ansatzes ausgleichen. Nimmt man noch die Anforderung hinzu, dass eine gelungene Theorie der Erklärung das Problem der Asymmetrie bewältigen muss, dann hat man sämtliche Kriterien an der Hand, die van Fraassen braucht, um ausgehend von den Problemen einer Theorie wissenschaftlicher Erklärung prominente Theorien der Kausalität zu kritisieren.

Van Fraassen kann sich bei seiner kritischen Diskussion auf solche Kausalitätstheorien beschränken, die eine realistische Deutung des kausalen Vokabulars behaupten. Denn nur solche Kausalitätstheorien behaupten, dass für die Wissenschaften ein Begriffsrepertoire zentral sei, das nicht im Sinn eines strikten Empirismus auf Beobachtbares reduziert werden kann und trotzdem realistisch zu deuten ist. Alleine solche Theorien widersprechen deshalb dem Ansatz van Fraassens. Es sind vor allem zwei neuere Theorien, die er in diesem Sinn kritisieren muss: Zum einen J. L. Mackies Versuch, Ursachen als einen besonderen Typ von Bedingungen zu analysieren; zum anderen W. Salmons Versuch, nach seiner ersten Selbstkorrektur Kausalrelationen als eine Art Mechanismus der Herstellung oder »Propagation« realer Strukturen in der Welt zu begreifen.

Die Überlegung, dass eine Ursache in irgendeiner Weise als eine oder die ausschlaggebende Bedingung der Wirkung zu verstehen sei, so dass man die Kausalrelation letztlich als eine komplexe Bedingungsrelation analysieren müsse, wird von van Fraassen sowohl in ihrer von J. L. Mackie entwickelten Spielart wie in der von D. Lewis ausgearbeiteten Version zurückgewiesen. Nach Mackie lassen schon einfache Beispiele deutlich werden, dass eine Ursache weder eine notwendige noch eine hinreichende Bedingung sein muss, von einer notwendigen und hinreichenden Bedingung ganz zu schweigen. Denn meistens kann die Wirkung auch auf völlig andere Weise hervorgebracht werden und meistens genügt die Ursache für sich genommen nicht, so dass zusätzliche Randbedingungen notwendig sind, die erst zusammen eine hinreichende, wenn auch nicht unbedingt notwendige Bedingung für die Wirkung sind. Mackie hat deshalb eine ausgefeilte Theorie der Kausalität als INUS-Bedingungen entwickelt: Etwas ist gemäß dieser Theorie zumindest dann eine Ursache, wenn es ein nicht-hinreichender aber notwendiger Teil einer hinreichenden aber nicht notwendige Bedingung für die Wirkung ist.[278] Gegen Mackie wendet van Fraassen ein, dass nicht alle Ursachen in irgendeinem Sinn Bestandteil einer hinreichenden Bedingung sein können, nämlich in allen den Fällen nicht, in denen es überhaupt keine hinreichende Bedingung gibt. Wenn eine Bedingung eine hinreichende ist, dann impliziert sie nämlich das korrespondierende Bedingte. Unabhängig zunächst davon, ob dieses Implikationsverhältnis mit den Mitteln der materialen oder der strikten Implikation adäquat gefasst werden kann, ist das Bedingte relativ auf das Bedingende notwendig. Das kann aber in allen den Bereichen nicht der Fall sein, wo aus prinzipiellen Gründen nur statistische Gesetzmäßigkeiten bestehen können, also etwa im Bereich der Quantenphysik. So gibt es schlicht keine hinreichende Bedingung für den Zerfall eines bestimmten Atoms zu einem bestimmten Zeitpunkt.[279] Mackies Versuch, Ursachen als nicht-hinreichende Bestandteile nicht-notwendiger aber hinreichender Bedingungen zu interpretieren, verletzt deshalb die von van Fraassen bereits erarbeitete Anforderung, Grenzen der Erklärung zu erklären oder zumindest zu berücksichtigen.[280]

Prinzipiell hinterlässt darüber hinaus ein Versuch, den Kausalitätsbegriff auf den Bedingungsbegriff zurückzuführen, den Eindruck, dass der Bedingungsbegriff selbst einer Analyse und eines Fundaments bedarf. Denn es ist alles andere als klar, was es heißt, dass etwas eine Bedingung für etwas anderes ist.[281] Wie sehr hier Klärungsbedarf besteht, wird schon daran deutlich, dass unklar ist, inwieweit die Bedingungsrelation mit nicht allzu extra-

---

278 Vgl. J. L. Mackie, 1965, S. 33ff., insbes. S. 34: » .., the so called cause is, and is known to be, an *insufficient* but *necessary* part of a condition which is itself *unnecessary* but *sufficient* for the result«; vgl. auch J. L. Mackie, 1974, S. 29ff., sowie S. 62. Eine zusammenfassende Diskussion des Ansatzes von Mackie bietet W. Stegmüller, 1983, S. 583ff.; vgl. zum Folgenden auch B. Falkenburg/R. Schnepf, 1998, S. 33ff. Der Ansatz Mackies wird im Verlauf der nachfolgenden Untersuchungen – obwohl er hier gleichsam nur am Rande auftaucht – immer wichtiger werden. Er wird es gestatten, den gesuchten Zusammenhang zwischen dem Kausalitätsbegriff und dem Schöpfungsbegriff zu konstruieren. Darauf, dass der konditionalistische Kausalitätsbegriff gerade der kantischen Konzeption zugrunde liegt, hat vor allem R. Enskat, 1995, hingewiesen.

279 Tatsächlich wird man hier – über van Fraassen hinausgehend – zwischen der Ebene von statistischen Gesamtheiten und der Ebene der Einzelereignisse unterscheiden müssen. Auf der Ebene der Gesamtheiten bestehen statistische Zusammenhänge der Notwendigkeit, die man auf der Ebene der Einzelereignisse vermisst.

280 Die Frage nach der Anwendbarkeit der Analysen Mackies auf die Probleme nur probabilistischer Kausalitätsaussagen ist ausführlich von W. Stegmüller erörtert worden, der eine Art Integration einer probabilistischen Kausalitätstheorie in Mackies Konditionalismus erwägt: Stegmüller schlägt regelrecht eine probabilistische Rekonstruktion von INUS-Bedingungen vor (vgl. W. Stegmüller, 1983, S. 631ff.). Van Fraassens Argument ist deshalb mit Vorsicht abzuwägen – vgl. dazu auch unten, Abschnitt 3.2.2.2, S. 478ff.

281 Dieses Problem ist oftmals gesehen und verschiedentlich bearbeitet worden. Es wird dabei gelegentlich übersehen, dass selbst die Analysen von Wrights ein Versuch sind, den Bedingungsbegriff der Analysen Mackies durch eine logische Analyse zu fundieren – vgl. von G. H. Wright, 1973, S. 106ff.

vaganten logischen Mitteln als materiale oder als strikte Implikation analysiert werden kann. D. Lewis hat deshalb versucht, Bedingungsverhältnisse
durch (vor allem negative) kontrafaktische Konditionalsätze zu analysieren.[282] »*A* verursacht *B*« bedeutet dann zunächst soviel wie »Wenn sich *A*
nicht ereignet hätte, hätte sich auch *B* nicht ereignet«. *A* wird dabei als eine
notwendige Bedingung von *B* aufgefasst. Die Wahrheitsbedingungen solcher kontrafaktischer Konditionalsätze werden dazu von Lewis in einer
ausgefeilten komplexen Semantik möglicher Welten konstruiert. Van
Fraassen versucht demgegenüber zu zeigen, dass (negative wie positive)
kontrafaktische Konditionalsätze für sich genommen nur kontextrelativ
wahr oder falsch sein können und deshalb die Analyse der Kausalität als
Bedingungsrelation auch in ihrer verbesserten Variante keinesfalls dazu
führt, kausale Erklärungen als semantisch tugendhaft für eine Theorie zu
interpretieren. Selbst der einfache Satz »Wenn A sich nicht ereignet hätte,
hätte sich B nicht ereignet«, ist nur wahr, wenn bestimmte Bedingungen
erfüllt sind. Bereits Mackie hatte ja deutlich gemacht, dass Ursachen nicht
notwendige Bedingungen sind, sondern günstigstenfalls notwendige Bestandteile nicht-notwendiger, aber hinreichender Bedingungen. Die Wahrheit eines kontrafaktischen Konditionalsatzes hängt also von *ceteris-
paribus*-Klauseln ab. Ein hinreichendes Kriterium dafür, welche Bedingungen eine solche Klausel erfasst, kann aber nicht gegeben werden. Es ist
nämlich nicht klar, welche Bedingungen bei der Untersuchung des Wahr-
heitswertes eines kontrafaktischen Konditionalsatzes fixiert und welche als
variabel betrachtet werden können. Je nachdem schwankt aber der Wahrheitswert eines solchen Satzes. Ähnliches ergibt sich für van Fraassen,
wenn man den Versuch von Lewis hinzunimmt, kontrafaktische Konditionale im Rahmen einer Semantik möglicher Welten zu analysieren. Dabei
wird angenommen, der Satz »Wenn *A*, dann *B*« sei genau dann wahr in einer Welt *w*, wenn *B* in der *w* am meisten ähnlichen Welt wahr ist, in der
auch *A* wahr ist.[283] Es fällt van Fraassen natürlich nicht schwer, darauf zu
verweisen, dass die dabei vorausgesetzte Ähnlichkeitsrelation zwischen
möglichen Welten nur kontextabhängig definiert werden könne.[284] Eine

---

282 Vgl. D. Lewis, 1973, sowie 1986.

283 Vgl. B. C. van Fraassen, 1980, S. 116: »Thus, on one such account, ›if A then B‹ is true in
world w exactly if B is true in the most similar world to w in which A is true.« – vgl. dazu D.
Lewis, 1973, S. 164., der die Explikation knapp erläutert: »In other words, a counterfactual is
nonvacously true iff it takes less of a departure from actuality to make the consequent true along
with the antecedent than it does to make the antecedent true without the consequent«.

284 Diese Zusammenhänge lassen sich an einem einfachen Beispiel verdeutlichen (vgl. B. C.
van Fraassen, 1980, S. 125): Der Unfalltod eines Fahrers hat unter Umständen mehrere Ursachen.
Der Arzt wird beispielsweise Blutverlust feststellen, der Automechaniker einen defekten Bremszug, der Straßenplaner einen gefährlichen Neigungswinkel der Kurve usf. Ein Satz der Art »Wenn
der Bremszug nicht defekt gewesen wäre, wäre der Fahrer nicht gestorben«, ist nun nach obiger

wissenschaftliche Theorie impliziert nun nach van Fraassen keinen Kontext und deshalb könne innerhalb ihrer ein kontrafaktisches Konditional nicht wahr sein.[285] Für eine Theorie der Kausalität im Rahmen wissenschaftlicher Erklärungen als einer realistisch zu deutenden Relation sei deshalb auch dieser Rettungsversuch des Konditionalismus durch eine Theorie möglicher Welten unzureichend: Er scheitert für van Fraassen an der Kontextabhängigkeit.[286] Van Fraassen folgert daraus weiter, dass die Analyse von Erklärungen im Rückgriff auf kontrafaktische Konditionalsätze, die er im Grunde für richtig hält, ein Indiz dafür ist, dass Erklärungen überhaupt radikal kontextabhängig sind.[287]

Der zweite Vorschlag einer Theorie der Kausalität als realer Relation – nämlich der des späteren W. C. Salmon – geht in eine ganz andere Richtung:[288] Salmon behauptet, dass Erklärungen über bloße Prognosen hinaus ein zusätzliches Wissen über den Mechanismus liefern, der das Explanandum-Phänomen bzw. eine reale Struktur in der Welt hervorbringt oder überträgt.[289] Kausalrelationen werden dabei genauerhin als Darstellungen kausa-

---

Explikation dann wahr, wenn in einer Welt, in der alle Umstände dieselben sind und nur der Bremszug nicht defekt ist, der Unfalltod nicht eintritt. Für diese Überlegungen über mögliche Welten werden also bestimmte Umstände fixiert und andere variabel gehalten. Nur dadurch funktioniert diese Überlegung. Die Frage, welche Bedingungen fixiert und welche variabel gehalten werden müssen, lässt sich nicht a priori beantworten, sondern ist für van Fraassen genauso kontextabhängig wie die Kausaldiagnosen des Arztes, des Mechanikers und des Straßenplaners.

285 Vgl. B. C. van Fraassen, 1980, S. 118.

286 Diese Kontextabhängigkeit der Rede von Ursachen äußert sich für van Fraassen noch in einer ganz anderen Eigenheit der Bedingungsanalyse der Kausalität: Eine solche Analyse vermag es zwar, eine Fülle von solchen Bedingungen herauszufiltern, die als Ursachen in Frage kommen, sie vermag es aber nicht, einer recht basalen Intuition der Rede von Ursachen gerecht zu werden, die von »der« Ursache eines Ereignisses redet (vgl. B. C. van Fraassen, 1980, S. 115). Eine analoge Argumentation findet sich bei M. Scriven, 1966, direkt gegen J. L. Mackie gewendet. Es ist nur ein kleiner Schritt, dann zu behaupten, dass die Kausalrelation kontextabhängig und in diesem Sinn pragmatisch zu analysieren sei, denn die geforderte Auswahl könne nur durch besondere Interessen in der jeweiligen Erklärungssituation getroffen werden. Man sollte indessen derartige Argumentationen nicht überbewerten. Denn auch nach diesem Argument bleibt zumindest unstrittig, dass die aus welchen Gründen auch immer als »die« Ursache ausgewählte Bedingung eben in bestimmter Weise eine Bedingung ist. Für alle Ursachen eines bestimmten, die in den unterschiedlichen Kontexten als »die« Ursache ausgewählt werden können, trifft diese Charakterisierung als Bedingung zu. Dann aber liegt es nahe, dass Ursachen überhaupt nichts anderes als solche Bedingungen sind. D. Lewis hat den Einwand von van Fraassen gleichsam vorweggenomen: »We may select the abnormal or extraordinary causes, or those under human control, or those we deem good or bad, or just those we want to talk about. I have nothing to say about these principles of discrimination. I am concerned with the prior question of what it is to be one of the causes (unselectively speaking). My analysis is meant to capture a broad and non-discriminatory concept of causation.« (1973, S. 162).

287 Vgl. B. C. van Fraassen, 1980, S. 118.

288 Vgl. zum Folgenden auch W. C. Salmon, 1984.

289 Vgl. W. C. Salmon, 1977a, S. 139: »What does explanation offer over and above the inferential capacities of prediction and retrodiction [...]? It provides knowledge of the mechanisms of

ler Prozesse betrachtet, die aus einer kontinuierlichen Serie von Ereignissen bestehen. Eine primäre Aufgabe der Kausalitätstheorie ist es deshalb für Salmon, kausale Prozesse von nicht-kausalen bzw. Pseudoprozessen zu unterscheiden. Dazu versucht Salmon, Überlegungen von H. Reichenbach zu verbessern, insbesondere die Vermutung, kausale Prozesse seien im Unterschied zu Pseudoprozessen in der Lage,»Markierungen« zu übertragen: Wenn ein Auto gegen ein großes Hindernis fährt, wird es im Zweifel deformiert; wenn der Schatten des Autos über ein Hindernis gleitet, wird der Schatten zwar auch deformiert, doch glättet er sich nach dem Hindernis wieder – nur im ersten Fall liegt ein kausaler Prozess vor, nämlich eine Interaktion.[290] Eine wissenschaftliche Erklärung besteht nun nach Salmon genau darin, solche Knotenpunkte von Prozessen herauszuheben, an denen Interaktionen stattfinden, bei denen Markierungen übertragen werden. Wesentliches Mittel dazu sind ebenfalls im Anschluss an H. Reichenbach entwickelte Methoden der Statistik: Vor allem ausgefeilte Überlegungen zur statistischen Relevanz einzelner Ereignisse sind für Salmon ein Mittel, Indizien für Kausalprozesse aufzuspüren.[291] Auch dieser Ansatz Salmons mit dem er seine früheren Überlegungen zur statistischen Relevanz kritisiert und ihnen nur noch eine bestimmte Funktion zubilligt, lassen sich am Beispiel der Überlegungen von Semmelweis verdeutlichen. Zwar sind die statistischen Zusammenhänge hinreichend, zu vermuten, dass zwischen den Hygienemaßnahmen und der Reduktion der Zahl von Erkrankungen ein kausaler Zusammenhang besteht. Entscheidend ist dabei jedoch, dass die statistischen Werte eine Art »kausaler Geschichte« stützen, die völlig unabhängig von den Ergebnissen formuliert werden kann. Zuerst hatte Semmelweis nämlich die Idee, dass die Erkrankung durch die Übertragung von infiziertem Material durch die behandelnden Ärzte selbst verursacht worden sein konnte, bevor er ein entsprechendes Experiment entwerfen und ihm diese statistischen Werte relevant werden konnten. Die statistischen Werte bieten für sich genommen keine kausale Erklärung. Diese besteht alleine in

production and propagation of structure in the world. That goes some distance beyond mere recognition of regularities, and of the possibility of subsuming particular phenomena thereunder« – vgl. B. C. van Fraassen, 1980, S. 119.

290 Vgl. B. C. van Fraassen, 1980, S. 120; dazu W. C. Salmon, 1978, S. 131; sowie ders., 1984, S. 143ff. Diese Überlegungen gehen auf H. Reichenbach, 1928, S. 162ff. zurück (vgl. oben, S. 81, Anm. 102) – vgl. zu den im Folgenden zu behandelnden Fragen auch M. Carrier, 1998, insbes. S. 56ff.

291 Darin besteht sicherlich der markanteste Unterschied zwischen Salmons früheren und seinen späteren Überlegungen: Während anfänglich der Aufweis eines statistisch relevanten Faktors bereits eine Erklärung war, verwendet er später Aussagen über statistische Relevanz nur als Indizien für zugrunde liegende kausale Prozesse (vgl. W. C. Salmon, 1984, Kap. 7). Anders gesprochen: Während statistische Relevanz zunächst als eine Antwort auf die Frage, was eine Erklärung bedeutet, aufgefasst wurde, gilt sie Salmon später nur als Teil einer Antwort auf die Frage wie man gelungene kausale Erklärungen findet und ausweist.

der »kausalen Geschichte« als Skizze einer Art »Mechanismus«. Die statistischen Werte haben alleine eine diagnostische und bestätigende epistemische Funktion, gehören also dem Bereich der Methoden zur Entdeckung von Ursachen an.[292] Wenn dabei auch für Phänomenbereiche wie die der Quantenmechanik zwischen den statistischen Werten und den (in diesem Fall probabilistisch zu deutenden) Ursachen unterschieden werden kann, scheint sich so eine stabile Position abzuzeichnen.[293]

Van Fraassen wendet nun gegen das Markierungskriterium ein, dass sich die Frage, ob etwas eine Markierung sei, die einen realen Prozess kennzeichne, ebenfalls nur relativ auf eine vorausgesetzte Theorie begründen lasse.[294] Denn auch der Schatten hätte gewisse »Markierungen« – etwa die, schwarz zu sein –, die sich über die betrachtete Zeitspanne hinweg durchhielten. Für die entscheidenden Markierungen müsse deshalb ein zusätzliches Kriterium zutreffen, nämlich dass es dann, wenn es eine bestimmte Interaktion zu einem früheren Zeitpunkt gegeben hätte, es später eine entsprechende Markierung geben würde, bzw. dass wenn es eine entsprechende Interaktion nicht gegeben hätte, die betrachtete Markierung nicht vorhanden wäre. Auch der Wert einer Markierung für die Unterscheidung zwischen kausalen Prozessen und Pseudoprozessen hänge deshalb von der Wahrheit entsprechender kontrafaktischer Konditionale ab, von denen zuvor schon gezeigt worden sei, dass sie nur kontextrelativ wahr bzw. falsch sein können. Dass der gesamte Ansatz von Salmon nicht adäquat sei, ergebe sich schließlich zusätzlich noch daraus, dass es schlicht Beispiele von Erklärungen gebe, auf die sich der Vorschlag nicht anwende lasse. So liege bei quantenmechanischen Vorgängen kein raum-zeitlich kontinuierlicher Prozess vor, wie ihn das Markierungskriterium verlange. Weiterhin gebe es ein Fülle von Erklärungen, die gar keine Zeitverhältnisse beinhalteten, etwa wenn Koexistenzgesetze verwendet werden.[295] Schließlich erfasse Salmons Ansatz auch nicht Erklärungen aus Symmetriebetrachtungen. Ohne diese Liste von Gegenbeispielen, die sich fortsetzen ließe, im einzelnen zu unter-

---

292 Die langen, zum Teil gerichtlichen Auseinandersetzungen über den Zusammenhang etwa bei erhöhten Leukämieraten in der Umgebung von Kernkraftwerken oder über den Zusammenhang zwischen Abgasen und Klimaentwicklungen oder dem »Ozonloch« – aber auch die gängige Praxis bei der Erprobung und Zulassung von Medikamenten – belegen, dass statistische Zusammenhänge für sich genommen nicht oder nur selten als kausale Erklärung akzeptiert werden, so dass sie meistens der Ergänzung um eine kausale Erklärung bedürfen. Man kann diese Frage auch als das Problem der Signifikanz der Daten bezüglich des Ausschlusses anderer kausaler Faktoren verstehen.
293 Vgl. zu dieser Unterscheidung, die W. C. Salmon tatsächlich einzuführen versucht W. C. Salmon, 1984, S. 190ff.
294 Vgl. hierzu und zum Folgenden B. C. van Fraassen, 1980, S. 121f.
295 Vgl. dazu oben, S. 95. Ein beliebtes Beispiel für ein Koexistenzgesetz ist die Abhängigkeit der Frequenz von der Pendellänge; van Fraassen nennt Boyles Gesetz über den Zusammenhang zwischen Temperatur und Druck eines Gases.

suchen, scheint das für van Fraassen letztlich entscheidende Argument gleichwohl in der Angewiesenheit des Markierungskriteriums auf kontext-abhängige kontrafaktische Konditionale zu bestehen: Denn wenn das Vor-liegen einer Markierung in seinem Sinn kontextabhängig ist, dann handelt es sich bei kausalen Prozesse nicht um reale Vorgänge im Sinne Salmons.[296] Allerdings ist die lange Liste von Gegenbeispielen ein Indiz dafür, dass zwar Salmon einen entscheidenden Unterschied zwischen realen (kausalen) Erklärungen und andersartigen Erklärungen ziehen will, van Fraassen aber nicht.[297]

Mit der Zurückweisung der Kausalitätstheorien Mackies und Salmons, die Kausalität als einen realen Bedingungszusammenhang oder als eine rea-le Struktur in der Welt verstehen wollen und deshalb den Rahmen eines strikten Empirismus sprengen würden, kann sich van Fraassen der Aufgabe widmen, eine Theorie der Erklärung zu entwerfen, die den zuvor entwickel-ten Adäquatheitsbedingungen gerecht wird: Erklärungen sind keine (deduk-tiven) Argumente, sondern begründen materiale Schlussregeln; Erklärungen erfordern eine inhaltlich bestimmte Relevanzrelation; Erklärungen sind wahr bzw. falsch nur relativ auf bestimmte Theorien; es gibt deshalb prin-zipielle Grenzen der Erklärung, die durch die Theorie der Erklärung be-rücksichtigt werden müssen; Erklärungen haben im Wesentlichen eine pragmatische Funktion – Erklärungskraft ist keine semantische Tugend der Theorie. Es ist vor diesem Hintergrund durchaus naheliegend, wie van

296 W. C. Salmon hat diese Problemsituation in einer Reaktion auf van Fraassen deutlich er-kannt: Wenn das Markierungskriterium nur durch kontrafaktische Konditionale gestützt werden kann und diese kontextrelativ sind, dann wird die Objektivität der Unterscheidung fraglich, mithin die Objektivität der Kausalprozesse. Allerdings verneint Salmon das zweite Glied der Konjunktion (nicht das erste!) und behauptet, kontrafaktische Konditionalsätze könnten in den Naturwissen-schaften durch experimentelle Methoden hinreichend gestützt werden, indem unterschiedliche Konstellationen realisiert und durchgespielt werden (vgl. W. C. Salmon, 1984, S. 149f.). M. Car-rier hat gegen diese Reaktion eingewandt, dass nicht alle Fälle, in denen kausale Prozesse ange-nommen werden, in einer Weise experimenteller Manipulation zugänglich sind, wie es Salmons Replik voraussetzt (M. Carrier, 1997, S. 53). Die Fundierung des Markierungskriteriums ist des-halb in höherem Maße theorie- (aber damit nicht schon unbedingt kontext-) abhängig, als es Sal-mon eingesteht. Die eigentliche Schwierigkeit erblickt Carrier hingegen an einer ganz anderen Stelle: das Übertragungskriterium bindet den Kausalitätsbegriff »durch seinen Rückgriff auf kon-stante Größen [...] an die grundlegenden Prozesse der Physik und geht daher mit einer erheblichen Einschränkung des legitimen Anwendungsbereichs von Kausalurteilen einher. Urteile über Verur-sachung in Disziplinen wie Biologie oder Psychologie erforderten danach den Rückgriff auf Fun-damentalgrößen der Physik. Die Einlösung dieses Anspruchs beinhaltet eine erhebliche Heraus-forderung.« (1997, S. 69). Dazu, dass Salmon auch diesen Anspruch von H. Reichenbach geerbt hat, vgl. oben, S. 81, Anm. 102.
297 Es kommt an dieser Stelle nicht darauf an, im Einzelnen zu prüfen, ob die Kritik von van Fraassen an Mackie und Salmon durchschlagend ist. Tatsächlich scheint sie es nicht zu sein. Dass gegen den Ansatz von Salmon auch andere Einwände vorgebracht werden können, ergibt sich bereits aus der genannten Anm. 102, oben, S. 81.

Fraassen dazu eine Theorie des Zusammenhangs zwischen Warum-Fragen und ihren Antworten skizziert. Denn Fragen stellen sich allemal in Kontexten und ob ein Satz eine befriedigende Antwort auf eine Frage darstellt, lässt sich unabhängig vom Informationsbedürfnis des Fragenden, das mit einem Interrogativsatz ausgedrückt wird, gar nicht entscheiden. Wenn es van Fraassen gelingt, eine Theorie der Erklärung als einer Antwort auf eine Warum-Frage zu entwickeln, dann hat er gute Chancen, die Funktion und Funktionsweise von wissenschaftlichen Erklärungen so zu erklären, dass der Rahmen des von ihm angestrebten strikten Empirismus tatsächlich nicht gesprengt wird.

1.2.3.2 Die Verknüpfung formaler und pragmatischer Aspekte der Warum-Frage (van Fraassen)

Van Fraassens pragmatische Theorie von Erklärungen als Antworten auf Warum-Fragen hat zwei Teile, nämlich Überlegungen zur logischen Form von Warum-Fragen und Überlegungen zur Evaluation verschiedener Antworten auf Warum-Fragen. Beide Teile zusammen machen erst die Theorie als ganze aus. Beide Teile der Theorie werfen eigene Probleme auf, deren Analyse hilfreich ist. Auch aus dieser Theorie wissenschaftlicher Erklärung ergeben sich Konsequenzen für eine Kausalitätstheorie, die anschließend zu skizzieren sind. In einer knappen Skizze der erotetischen Logik entwickelt van Fraassen – in Anlehnung an N. D. Belnap und T. B. Steel – den Rahmen seiner weiteren Analysen von Warum-Fragen. Einige Grundbegriffe sind für das Weitere unentbehrlich:[298]

– Eine Frage (*question*) ist eine abstrakte Entität, die sich zu einem Fragesatz etwa so verhält wie ein Aussagesatz zu einer Proposition. Eine Frage kann entsprechend in verschiedenen Sprachen oder in ein und derselben Weise auf unterschiedliche Weise ausgedrückt werden, wie auch umgekehrt manchmal nur aus dem genauen Kontext zu erschließen ist, welche Frage mit einem Fragesatz zum Ausdruck gebracht werden soll.[299]
– Eine *direkte* Antwort auf eine Frage beantwortet die Frage vollständig, ohne überschüssige Informationen; eine *teilweise* Antwort wird

---

298 Das gilt nicht nur für den Ansatz von van Fraassen. Unten, in Abschnitt 3.1 und 3.2, wird auf diesen Ansatz einer erotetischen Logik erneut zurückgegriffen werden.

299 Vgl. dazu B. C. van Fraassen, 1980, S. 137f. sowie Belnap/Steel, 1976, S. 15. Die Kontextabhängigkeit des Verhältnisses zwischen Frage und Fragesatz betont van Fraassen S. 141. Einige der Probleme, die diese Unterscheidung nahe legen, wurden bereits oben, 1.2.2.3, S. 141ff., ausführlicher exponiert.

von einer direkten Antwort impliziert, und eine solche, die eine direkte Antwort impliziert, ist eine *vollständige* Antwort.[300]

– Eine Frage Q *enthält* eine andere Frage Q', wenn Q' beantwortet ist, sowie Q beantwortet ist; also wenn jede vollständige Antwort auf Q auch eine vollständige Antwort auf Q' ist.

– Eine Frage ist *leer*, wenn alle direkten Antworten notwendige Wahrheiten sind, und eine Frage ist *sinnlos (foolish)*, wenn keine direkte Antwort möglicherweise wahr ist.[301]

– Eine *Präsupposition* von Q ist eine Proposition, die von allen direkten Antworten impliziert wird.

– Eine *Korrektur* (bzw. eine korrigierende Antwort) auf Q ist eine Verneinung einer Präsupposition von Q.

– Die *grundlegende Präsupposition* von Q ist eine Proposition, die nur dann wahr ist, wenn eine direkte Antwort auf Q wahr ist.[302]

Neben diesen Grundbegriffen übernimmt van Fraassen auch noch den grundlegenden Analyseansatz von Belnap/Steel. Danach wird der Zusammenhang zwischen Fragen und Antworten aufgefasst als eine Aufgabenstellung oder Aufforderung, aus einer Menge ein oder mehrere Elemente herauszugreifen, die bestimmten Bedingungen gerecht werden, die in der Frage enthalten sind. Elementare Fragen und ihre Antworten sind deshalb durch zwei Faktoren bestimmt, nämlich einmal durch eine Menge von Alternativen und zum anderen durch die Bedingungen für die Auswahl aus diesen Alternativen.[303] Die Alternativen sind das Subjekt der Frage. Die Auswahlbedingungen lassen sich weiter in formale und nicht-formale unterscheiden. Formale Bedingungen an die Auswahl aus der Alternativen-

---

300 Vgl. B. C. van Fraassen, 1980, S. 138.
301 Vgl. B. C. van Fraassen, 1980, S. 139.
302 Vgl. B. C. van Fraassen, 1980, S. 140.
303 Vgl. B. C. van Fraassen, 1980, S. 141. Vgl. dazu N. D. Belnap/T. B. Steel, 1976, die als die grundlegende logische Form von Fragen die Formalisierung »? ρσ« vorschlagen, wobei »ρ« für die Anforderungen und »σ« für das Subjekt der Frage stehen sollen. Insofern das Subjekt eine Menge ist, kann die logische Form einer Frage weiter analysiert werden als »?ρ $(A_1, ..., A_n)$«. Beide Faktoren lassen sich weiter analysieren: Das Subjekt ist – zumindest für die paradigmatischen Welches-Fragen – näher bestimmt als ein Tripel, bestehend aus einer Menge X von Fragevariablen, einer Kategorienbildung g in X, und einer Matrix A, also als das Tripel <X, g, A> (S. 24). Für Welches-Fragen, die für Belnap/Steel gleichsam paradigmatischen Charakter haben und die später für van Fraassens Analyse grundlegend sein werden, ergibt sich genauer, dass die Frage neben der Angabe der Menge von Alternativen eine Kategorienbedingung zur Auswahl formuliert. Die Frage »Welche Primzahlen liegen zwischen 10 und 20?« hätte als Subjekt entsprechend »(x ist eine ganze Zahl // x ist eine Primzahl zwischen 10 und 20)« Die vollständige Formalisierung der Frage hätte noch den Anforderungen an die Auswahl Rechnung zu tragen, in diesem Fall etwa der Vollständigkeitsforderung. Auch diese Anforderungen können ebenfalls formal weiter spezifiziert werden (vgl. S. 31ff.), doch kann das im vorliegenden Zusammenhang weitgehend außer Betracht bleiben. Es wird sich zeigen, dass van Fraassens formale Analyse von Warum-Fragen tatsächlich ein Versuch ist, sie in einer Variation solcher Schemata zu formulieren.

Menge – so ließe sich mit Belnap/Steel ergänzen – bestimmen etwa die genaue Anzahl der auszuwählenden Alternativen, also beispielsweise ob Vollständigkeit gefordert wird oder nicht, sowie eventuell eine Verschiedenheitsbedingung für die ausgewählten Alternativen.

Van Fraassens Theorie schließt an diese Charakteristik von Fragesätzen an. Mit einer einfachen Überlegung plausibilisiert er, dass das Thema einer Warum-Frage von einer bestimmten Struktur sein muss. Der Fragesatz »Warum ist diese Mauer 3.20m hoch?« kann danach fragen, warum diese Mauer so hoch ist und nicht höher bzw. kleiner; er kann aber auch danach fragen, warum ausgerechnet diese Mauer so hoch ist und nicht die benachbarte. Je nachdem variiert auch, was als Antwort in Frage kommt. Die genauere Bestimmung der Fragehinsicht verlangt also eine genauere Analyse des Gegenstands bzw. des Themas der Frage. Van Fraassen analysiert deshalb eine Frage als bestehend aus der Proposition, die eine basale Präsupposition der Frage ausdrückt – nämlich im Beispiel der Proposition, dass die Mauer 3.20m hoch ist –, die er auch *Gegenstand* oder *Thema* der Frage (*topic*) nennt, und einer Menge von Alternativen (etwa dass die Mauer nur 3.10m, 3.15m, 3.17m oder 3.25m usf. hoch ist). Erst durch diese *Kontrastklasse*, in der der Gegenstand der Frage enthalten ist, wird das Thema der Frage vollständig bestimmt. Schließlich muss durch eine Warum-Frage die Hinsicht festgelegt werden, in der ein Grund gesucht wird. Das soll durch eine Relevanzrelation geschehen.[304]

Eine Warum-Frage lässt sich deshalb nach van Fraassen genauer als ein Tripel analysieren, das aus dem Gegenstand der Frage (P_k), einer Kontrastklasse (X) und einer Relevanzrelation (R) besteht: $Q = \langle P_k, X, R \rangle$. Eine Antwort ($A$) auf eine solche Frage hat deshalb nach van Fraassen die Form »P_k im Unterschied zu (Rest von X), weil A«. Dabei meint der Ausdruck »weil«, dass A in der Relation R zu $\langle P_k, X \rangle$ steht.[305] Mit einer Warum-Frage wird also ein, durch eine Proposition A_x zum Ausdruck gebrachter Sachverhalt gesucht, der dafür, dass P_k im Unterschied zum Rest von X wahr ist, in irgendeinem Sinn »relevant« ist. Genauer ausgedrückt:

B is a direct answer to Question Q = <Pk, X, R> exactly if there is some proposition A such that A bears relation R to <Pk, X> and B is the proposition which is true exactly if (P_k; and for all $i \neq k$, not P_i; and A) is true.[306]

---

304 Die Formulierung ist sprechend und wird später wichtig werden: »Finally, there is the respect-in-which a reason is requested, which determines what shall count as a possible explanatory factor, the relation of relevance« (B. C. van Fraassen, 1980, S. 142).

305 Vgl. B. C. van Fraassen, 1980, S. 143: »[...]: in my opinion, the word ›because‹ here signifies only that A is relevant, in this context, to this question. Hence the claim is merely that A bears relation R to <P_k, X>.«

306 B. C. van Fraassen, 1980, S. 145. W. C. Salmon, 1984, S. 104, hat zu Recht darauf hingewiesen, dass diese formale Definition einer Antwort auf eine Warum-Frage impliziert, dass die

Faktisch reduziert van Fraassen damit – über Belnap/Steel hinausgehend – Warum-Fragen auf Welches-Fragen. Denn im Grunde kann eine Warum-Frage als eine Aufforderung zur Auswahl aus einer Menge von Propositionen gedeutet werden, bei der gerade jene Proposition gefunden werden soll, die in der gesuchten Relation R zum geordneten Paar $<P_k, X>$ steht.[307] Dabei ist es auch für van Fraassens Verständnis einer Warum-Frage kennzeichnend, dass nach nur einer Ursache gefragt wird.

In einem weiteren Schritt der Analyse kommt van Fraassen auf die Präsuppositionen von Warum-Fragen zu sprechen.[308] Im Rückgriff auf die Definitionen von Belnap/Steel ergeben sich vor allem drei:

(a) dass der Gegenstand wahr ist,

(b) dass in der Kontrastklasse alleine der Gegenstand der Frage wahr ist und,

(c) dass mindestens eine der Propositionen, die in der geforderten Relevanzrelation zum Paar $<Pk, X>$ stehen, wahr ist.[309]

Eine Warum-Frage stellt sich, wenn alle diese Präsuppositionen erfüllt sind. Bedingungen (a)-(b) sichern, dass die Frage richtig gestellt ist, Bedingung (c), dass es eine mögliche wahre Antwort gibt. (a) und (b) zusammen bilden die *zentrale Präsupposition* einer Warum-Frage. Van Fraassen hat nun die Mittel an der Hand, die Kontextabhängigkeit von Warum-Fragen präzise zu fassen. Ob nun eine Frage aufgeworfen wird, hängt ab von der Hintergrundtheorie und den faktischen Informationen, über die der Fragende und der Adressat verfügen und die gleichsam den geteilten Wissensstand K ausma-

---

Antwort wahr ist, was tatsächlich im Widerspruch zu van Fraassens anfänglicher Behauptung steht, eine Erklärung impliziere nicht die Wahrheit des Explanans (vgl. oben, S. 150). Ob van Fraassen bereits an dieser Stelle seinen Versuch als gescheitert ansehen müsste, Erklärungskraft als eine nicht-semantische Tugend einzuführen, sei hier nicht weiter verfolgt.

307 Diese Zusammenhänge lassen sich genauer explizieren: Das Tripel $<P_k, X, R>$ lässt sich als eine Variation der von Belnap/Steel herauspräparierten logischen Form von elementaren Fragen lesen. Belnap/Steel selbst hatten, S. 79ff., eine Analyse von Warum-Fragen in den Bahnen Brombergers vorgeschlagen: »? warum (x// Bx, c)«. Dabei mussten sie sich eines eigenen Interrogativs bedienen, nämlich des Ausdrucks »Warum?«. Die notorische Mehrdeutigkeit dieses Ausdrucks macht eines der wesentlichen Probleme ihres Ansatzes aus. Van Fraassens Analyse verzichtet darauf zugunsten der Relevanzrelation. Genauer lässt van Fraassens Analyse so auf Belnap/Steel beziehen: Es gibt eine Menge von Sachverhalten $A = (A_1, A_2, ..., A_n)$; eine Warum-Frage wird nun so interpretiert, dass danach gefragt wird, welches Element der Menge A in der Relevanzrelation R zur geordneten Menge $<Pk, X>$ steht. Man kann eine Warum-Frage deshalb mit den Mitteln Belnap/Steels auf die Form bringen: »? ρ (A1, ...An// A_x steht in der Relation R zu $<P_k, X>$)«. Dabei lässt sich die hier mit dem »ρ« symbolisierte formale Anforderung so aufschlüsseln, dass genau nur ein Element aus A ausgesucht werden soll und die Antwort durch die Auswahl eines Elements aus A auch vollständig ist. Warum-Fragen werden insofern bei van Fraassen als eine ausgefallene Variation von Welches-Fragen im Sinne Belnap/Steels rekonstruiert und insofern – ganz entgegen Belnap/Steel – unter die Form elementarer Fragen gebracht.

308 Vgl. B. C. van Fraassen, 1980, S. 145f.

309 Vgl. B. C. van Fraassen, 1980, S. 144f.

chen. Von ihm hängt dabei die geforderte Relation *R* ab. Was genau diesen Wissensstand ausmacht, ist offensichtlich kontextabhängig. Eine Warum-Frage taucht nun in *genuiner* Weise auf, wenn *K* die zentrale Präsupposition der Frage impliziert. Weiterhin darf *K* nicht die Negation auch nur einer der drei Präsuppositionen einer Warum-Frage implizieren, denn obwohl (c) nicht aus *K* folgen muss würde die Falschheit von (c) bedeuten, dass die Frage – im oben explizierten Sinn – sinnlos ist.

Vergleicht man diese logische Analyse von Warum-Fragen mit dem Ansatz von Bromberger, dann wird schnell deutlich, dass van Fraassen eine entscheidende Veränderung vornimmt:[310] Bromberger entwickelte eine Theorie, wonach die Antwort auf eine Frage der Form »Warum ist es der Fall, dass p?« die spezifische Form hat, aus einem abnormen Gesetz zu deduzieren, dass das Explanandum als ein Gegenteil dessen eintritt, was aus der korrespondierenden generellen Regel folgt. Die kritische Diskussion hatte gezeigt, dass die Differenz zwischen allgemeiner Regel und abnormem Gesetz schwer zu interpretieren ist und keinesfalls dazu genügt, wie erhofft das Problem der Asymmetrie der Erklärung in den Griff zu bekommen. Weiterhin konnte Bromberger diese Eigenheiten der möglichen Antworten nicht aus einer Analyse der logischen Form von Warum-Fragen begründen. Van Fraassen verzichtet nun darauf, der Antwort auf eine Warum-Frage die von Bromberger vorgeschlagene Differenzstruktur zu geben, sondern verlagert diese bereits in die Frage hinein. Eine Warum-Frage hat entsprechend annäherungsweise die Form »Warum (eher) p statt nicht-p?«. Diese Veränderung hat den Vorteil, bestimmte logische Probleme zu umgehen. Sie hat darüber hinaus den Vorteil, dass für Antworten grundsätzlich das Deduktionsmodell gar nicht mehr nötig ist und dass die Möglichkeiten zur Evaluierung von Antworten auf Warum-Fragen aus deren logischer Form begründet werden können. Denn eine so gestellte Frage beantwortet sich durch die Angabe eines Umstandes, der die Wahrscheinlichkeit dafür, dass *p*, im Vergleich zur Wahrscheinlichkeit dafür, dass *nicht-p*, erhöht. Das ergibt sich aus der Relevanzrelation, die in die Frage eingeht. Dabei kann die Wahrscheinlichkeit dafür, dass *p*, durch *A* im Extremfall auf den Wert 1 erhöht werden, was faktisch der Deduzierbarkeit des zu begründenden Sachverhalts entspricht. Dieser Zusammenhang zwischen der genauen logischen Form der Warum-Frage und Anforderungen an mögliche Antworten gestattet es van Fraassen, wie sich noch deutlicher zeigen wird, eine eigene Theorie der Antworten auf Warum-Fragen zu entwickeln. Es lässt sich also mit den Mitteln van Fraassens begründen, dass derjenige, der weiß, was es heißt, eine Warum-Frage zu stellen, zugleich über ein (vielleicht nur implizites) Wissen darüber verfügt, was als mögliche Antwort auf

---

310 Vgl. dazu oben, S. 116ff.

eine solche Frage anzusehen ist und wie unter diesen möglichen Antworten – wo nicht die wahre, so doch – die beste herausgefunden werden kann. Van Fraassens Theorie wird damit – wohl unabsichtlich – zu einem Beispiel dafür, dass eine Theorie der Warum-Frage die Anforderungen an eine solche Theorie, die zum Schluss des vorigen Abschnitts entwickelt wurden, erfüllen kann.[311]

Den ersten Teil einer Theorie wissenschaftlicher Erklärung als einer Theorie von Warum-Fragen ergänzt van Fraassen konsequent durch einen zweiten Teil mit Überlegungen zur Evaluation möglicher Antworten. Es ist nämlich möglich und meistens wahrscheinlich, dass mehrere Propositionen A_x in der Relation R zu $<P_k, X>$ stehen. Deshalb sind nach van Fraassen drei weitere Gesichtspunkte zu untersuchen, nämlich ob A selbst akzeptabel und zumindest wahrscheinlich wahr ist; ob P_k durch A im Vergleich zu den anderen Elementen der Kontrastklasse favorisiert wird; und wie sich die Antwort » ..., weil A« im Vergleich zu anderen möglichen Antworten bewährt. Die Prüfung dieses letzten Punkts erfordert wieder, drei Gesichtspunkte zu berücksichtigen: Es muss geprüft werden, ob A vor dem Hintergrund von K wahrscheinlicher ist; ob es den Gegenstand der Frage und der Erklärung in höherem Maße favorisiert; und ob A durch andere mögliche Antworten ganz oder teilweise irrelevant werden kann.[312] Die genauere Explikation dieser Gesichtspunkte, die bei der Evaluierung möglicher Antworten auf eine Warum-Frage berücksichtigt werden müssen, führt natürlich in Schwierigkeiten.[313] Von ihr hängt ab, in welchem Rahmen die Relevanzrelation interpretiert werden kann, die für den Ansatz van Fraassens und seine Konsequenzen für eine Theorie der Kausalität entscheidend sind.

Eine Antwort favorisiert ein Element P_k der Kontrastklasse dann, wenn sie die Wahrscheinlichkeitsverteilung, die aufgrund von K besteht, relativ zugunsten von P_k verschiebt. Das ist bereits dann der Fall, wenn die Wahrscheinlichkeit von P_k gleich bleibt, aber die Wahrscheinlichkeit der nächstmöglichen Alternativen vermindert wird. Es ist prinzipiell sogar möglich, dass die Wahrscheinlichkeit von P_k relativ auf die Ursache selbst kleiner ist als die Wahrscheinlichkeit von P_k, aber so, dass der Abstand zu den Wahrscheinlichkeiten der nächstwahrscheinlichen Alternativen größer wird. Die Überlegungen von Semmelweis entsprechen auch diesem Kriterium. Die genaue Frage wäre in diesem Fall »Warum erkrankt eine Frau eher an Kindbettfieber, als dass sie nicht erkrankt?«. Die Kontrastklasse bilden die Propositionen »Eine Frau erkrankt an Kindbettfieber« und »Eine Frau er-

311 Vgl. dazu oben, S. 139ff.
312 Vgl. B. C. van Fraassen, 1980, S. 146f.
313 Vgl. zum Folgenden B. C. van Fraassen, 1980, S. 147ff.; sowie W. C. Salmon, 1984, S. 107ff., der van Fraassens Ansatz einer eindringlichen Kritik unterzieht.

krankt nicht an Kindbettfieber.« Innerhalb der Kontrastklasse kommt der zweiten Proposition in jedem Fall eine höhere Wahrscheinlichkeit zu. Auch bei unterlassenen Hygienemaßnahmen ist es wesentlich wahrscheinlicher, dass eine Frau nicht erkrankt, als dass sie erkrankt. Das Unterlassen der Hygienemaßnahmen ist aber in einer Weise kausal relevant, die das Kriterium van Fraassens erfüllt. Denn Hygienemaßnahmen vorzunehmen oder zu unterlassen verändert die Verteilung der Wahrscheinlichkeiten innerhalb der Kontrastklasse so, dass das Unterlassen der Hygienemaßnahmen den Gegenstand der Frage favorisiert.[314]

Worin bestehen nun die Konsequenzen dieser pragmatischen Theorie wissenschaftlicher Erklärung für eine Theorie der Kausalität? Auch van Fraassen geht davon aus, dass in Erklärungen von Ursachen die Rede sein kann und dass die Resultate einer Theorie der Erklärung Konsequenzen für eine Theorie der Kausalität haben. Van Fraassen entwickelt seine Vorstellungen dazu wiederum in Abgrenzung von anderen Positionen.[315] Sowohl nach Mackies wie nach Salmons Ansatz sind Ursachen reale Ereignisse, die in ein Netz kausaler Relationen eingebettet sind. Eine Erklärung besteht darin, diejenigen Faktoren innerhalb dieses Netzes herauszuheben, die zu dem zu erklärenden Ereignis führen. Die Faktoren, die in einer solchen Erklärung explizit genannt werden, werden üblicherweise als Ursachen angesehen. Van Fraassen konzentriert sich nun völlig auf die Frage, wie in solchen Erklärungen diejenigen Faktoren herausgepickt werden, die dann als Ursachen gelten. Es fällt ihm nicht schwer, zu zeigen, dass einzig kontextabhängige Auswahlkriterien für diese Auswahl entscheidend sind. Weil van Fraassen die zunächst vordringliche Frage abweist, wie das zugrundeliegende kausale Netz genauer zu bestimmen ist und wie es beschrieben werden kann, schließt er, dass das gesamte kausale Vokabular nur eine kontextbestimmte Bedeutung habe. Damit verschließt er sich der Frage, die den eigentlichen Übergang von der Theorie kausaler Erklärungen zur Kausalitätstheorie bildet, wie nämlich die Relation beschaffen sein muss, deren Relata überhaupt als Kandidaten für »*die* Ursache« im Rahmen kausaler Erklärungen zur Verfügung stehen, und welche Eigenschaften konsequenter Weise diesen Relata zukommen müssen. Van Fraassens Argument, dass die Auswahl zwischen mehreren kausal relevanten Faktoren kontextabhängig sei, ist bei weitem nicht hinreichend, sein generelles Ziel zu begründen, Kausalität sei als solche nur kontextabhängig zu deuten und postuliere deshalb keine Relationen, die den Rahmen eines strikten Empirismus spreng-

314 Ich setze wiederum voraus, dass dieses Favorisieren der Bedingung genügt, dass die Antwort nicht durch andere Antworten ganz oder teilweise irrelevant wird bzw. werden kann – also den spezifischeren Kriterien für die Evaluierung verschiedener möglicher Antworten genügt.
315 Vgl. zum Folgenden B. C. van Fraassen, 1980, S. 124.

ten. Faktisch eliminiert er damit vollständig die ontologische Ebene der Rede von Kausalität und beschränkt sich ausschließlich auf die epistemische – im Unterschied zu Mackie und Salmon.

Gegen den Ansatz van Fraassens – und zwar in seinen beiden Teilen, der Theorie der Warum-Frage und der Theorie der Evaluierung korrespondierender Antworten – haben P. Kitcher und W. C. Salmon angeführt, dass er sich trivialisieren lasse, so dass die gesamte Theorie als eine Theorie des »anything goes« erscheint.[316] Zunächst lässt sich zeigen, dass es nach van Fraassens Theorie zu jedem beliebigen Paar wahrer Propositionen einen Kontext gibt, in welchem die erste der Kern der einzigen Erklärung für die zweite ist.[317] Die Theorie der Evaluation unterschiedlicher Antworten dazu zu benutzen, dieses kontraintuitive Resultat zu vermeiden, räumt den Einwand nicht aus. Das liegt nicht zuletzt daran, dass van Fraassen die Relevanzrelation selbst weitestgehend unbestimmt gelassen hat. Um ein Beispiel der beiden Kritiker aufzugreifen: Die Frage, warum J. F. Kennedy am 22. 11. 1963 starb, wobei die Kontrastklasse durch eine Variation des Datums erzeugt wird und die Relevanzrelation R die des astronomischen Einflusses ist, müsste gemäß dem Stand der Wissenschaften zurückgewiesen werden. Weil aber alle drei Präsuppositionen dieser Warum-Frage – einschließlich der Präsupposition (c)! – erfüllt sind, kann die Frage nicht abgewiesen werden. Sie könnte nämlich nur dann abgewiesen werden, wenn es eine zusätzliche Bedingung für die Legitimität von Warum-Fragen gäbe, nämlich:

(d) R ist tatsächlich eine Relevanzrelation.

Das aber würde Kriterien dafür erfordern, wann eine Relation eine Relevanzrelation ist, die weit über van Fraassens Formulierungen hinausgehen. Diese zusätzlichen Bedingungen können nicht lediglich darin bestehen, dass R die Wahrscheinlichkeiten in der Kontrastklasse neu verteilt, denn das kann durch die Relation des astrologischen Einflusses auch geschehen. Um geeignete Zusatzkriterien für R zu entwickeln, ist es deshalb nötig, die Wahrscheinlichkeit nicht relativ auf einen Wissensstand K zu interpretieren. Die Trivialisierung lässt sich, so folgern P. Kitcher und W. C. Salmon, nur vermeiden, wenn die Relevanzrelation als eine »objektive« Relation angenommen wird.[318] Damit käme dann die von van Fraassen ausgeschiedene ontologische Ebene wieder ins Spiel.

---

316 Vgl. zum Folgenden P. Kitcher/W. C. Salmon, 1987, insbes. S. 189; sowie W. C. Salmon, 1984, S. 126ff., ich folge der Argumentation ihres gemeinsamen Aufsatzes.

317 So P. Kitcher/W. C. Salmon, 1987, S. 181f.

318 Vgl. P. Kitcher/W. C. Salmon, 1987, S. 189: »We conclude that, if van Fraassen avoids the Scylla of the ›anything goes‹ theory of explanation, then he is plunged into what he would view as the Charybdis of supposing that there is an objective virtue of theories distinct from their salvation of the phenomena. From our perspective, Scylla is (to say the least) uninviting, but Charybdis feels

Allerdings wird van Fraassen gegen diesen Einwand replizieren können, dass die Diagnose derartig kontraintuitiver Konsequenzen zumindest keine Widersprüche in seinem Ansatz aufzuzeigen vermag. Das Programm des strikten Empirismus soll gerade Vorurteile, die zum Teil recht hartnäckig sein mögen, als solche entlarven: Im Rahmen der Theorie van Fraassens wird man schlicht die darwinistische Theorie der Wissenschaftsgeschichte bemühen können, um faktische Gründe dafür anzuführen, dass der Kontext, in dem eine astrologische Erklärung akzeptiert wurde, zwar denkbar ist, aber schlicht der Vergangenheit angehört – eben weil solche Erklärungen wenig zur Verbesserung der empirischen Angemessenheit der gesamten Theorie, und damit zu den pragmatischen Zwecken der Wissenschaft beizutragen vermag. Die prinzipielle Trivialisierbarkeit der pragmatischen Theorie wissenschaftlicher Erklärung deckt keinen Widerspruch auf, sondern lässt sich für van Fraassen als zusätzliches Indiz dafür deuten, dass Erklärungen nur eine pragmatische Funktion besser oder schlechter erfüllen. Es gehört zu den Resultaten van Fraassens, wie bereits Toulmin der Meinung zu sein, die Rede von Ursachen gehöre nicht eigentlich in die Wissenschaft, sondern zu ihrer Anwendung.[319]

Doch lässt sich van Fraassens Ansatz an den Kriterien messen, an denen er konkurrierende Theorien scheitern lässt. Wie auch immer die Relevanzrelation genauer bestimmt werden kann: Wie verhält sich van Fraassens Theorie der Warum-Fragen und der Evaluierung ihrer Antworten zu den beiden wichtigsten Kriterien, die er selbst gleichsam als Adäquatheitsbedingungen zur Kritik seiner Vorgänger verwendet hat, also zur Forderung, die Grenzen der Erklärung angemessen zu berücksichtigen und das Problem der Asymmetrie der Erklärung befriedigend aufzulösen?

Die *Grenzen der Erklärung* müssten dadurch berücksichtigt werden, dass mindestens eine der Präsuppositionen einer entsprechenden Warum-Frage nicht erfüllt ist. Wie wäre nun in van Fraassens Kontext – um sein eigenes Beispiel aufzugreifen – die Frage zu rekonstruieren, warum es so etwas wie die Gravitationskraft gibt? Es handelt sich dabei um eine Frage, von der van Fraassen explizit annimmt, dass sie die Grenzen der Erklärung (relativ auf die Theorie Newtons) überschreitet. Der Gegenstand der Frage ist der Satz »Es gibt die Gravitationskraft«, die Kontrastmenge enthält diesen Satz und seine Negation, und weil im Rahmen der Theorie Newtons der erste Satz wahr ist, sind die beiden Präsuppositionen (a) und (b) erfüllt. Schwierigkeiten bietet alleine Präsupposition (c), nach der zumindest eine Proposition in

---

like the beginning of the way home.« – Aus verschiedentlich schon angeführten Gründen wird man freilich sagen können, dass sich auch Salmon den Heimweg erheblich kürzer vorgestellt hat, als er tatsächlich ist.

319 Vgl. B. C. van Fraassen, 1980, S. 156.

einer Relevanzrelation zur Kontrastklasse und dem Gegenstand der Frage stehen muss. Ob es nun im Rahmen – d.h. in diesem Kontext – der Theorie Newtons einen entsprechenden Satz gibt, hängt nicht einmal von der genaueren Explikation der Relevanzrelation ab, d.h. auch nicht vom Umfang und der genaueren Auswahl aus dem Hintergrundwissen, das ja gar nicht unbedingt die ganze Theorie umfassen muss. Denn auch hier greift das Verfahren zur Trivialisierung der Relevanzrelation mit den formalen Mitteln van Fraassens. Wenn es zu jedem wahren Satz A und relativ auf jede Theorie einen möglichen Kontext gibt, in dem ein beliebiger anderer wahrer Satz in einer Relevanzrelation zu A stehen kann, dann gilt das auch für den Satz »Es gibt die Gravitationskraft«. So lässt sich ein Kontext denken, in dem der Satz »Es gibt die Gravitationskraft, weil der Apfel vom Baum gefallen ist« im Sinne van Fraassens als eine Erklärung anzusehen ist. Es lässt sich entsprechend ein Kontext und eine Wissenssituation denken, in welcher der Umstand, dass zu t_1 die Flut einsetzt, in van Fraassens Sinn relevant ist für die Kernsätze der Gravitationstheorie. Anders gesprochen: Nur wenn van Fraassen bereit ist, erheblich strengere Bedingungen für den Begriff der Relevanzrelation zu formulieren, kann seine Theorie seiner eigenen Adäquatheitsbedingung entsprechen, Grenzen der Erklärung zu respektieren – andernfalls müsste er die Behauptung aufgeben, im Rahmen der Theorie Newtons lasse sich die Existenz einer Gravitationskraft nicht erklären.

Ähnliches ergibt sich für das *Problem der Asymmetrie* der Erklärung kausaler Erklärungen. In seiner Geschichte »The Tower and the Shadow« konstruiert van Fraassen mehrere Kontexte, in denen die Länge des Schattens ein konstitutiver Bestandteil einer Erklärung für die Höhe eines Turms ist:[320] In dieser Geschichte, bei der die Terrasse eines Schlosses zur Unzeit in den Schatten eines Turms gerät, wird die Frage »Warum muss der Turm einen so langen Schatten haben?« vom Hausherrn etwa folgendermaßen beantwortet: »Ich habe den Turm 1930 errichtet, um den genauen Ort zu markieren, von dem gesagt wird, dass mein Vorfahr Marie-Antoinette gegrüßt hat, als sie zum ersten Mal dieses Schloss besuchte. Weil 1930 die Königin 170 Jahre alt geworden wäre, habe ich den Turm genau 170 Fuß hoch bauen lassen. Der Rest sind die Gesetze der Trigonometrie und der Lichtstrahlen.« In dieser Erklärung wird die Länge des Schattens aus der Höhe des Turmes erklärt. Eine geheimnisvolle Dienstmagd vertraut dem Gast jedoch eine weitere »wahre« Erklärung an: »Der Turm markiert die Stelle, an welcher der Hausherr die Frau tötete, der er in wahnsinniger Liebe verfallen war. Die Höhe des Turms? Er wollte, dass der Schatten des Turms jeden Nachmittag die Terrasse bedeckt, auf der er ihr zum ersten Mal sein Liebe

---

320 Vgl. B. C. van Fraassen, 1980, S. 132ff.; diese Geschichte findet sich ausführlich kommentiert und in ihren Konsequenzen diskutiert bei P. Kitcher/W. C. Salmon, S. 178ff.

gestanden hat – deshalb ist der Turm so hoch.« In dieser Erklärung wird die Höhe des Turms mit der im Rückgriff auf die Länge des Schattens erklärt. Nach van Fraassens expliziter Ankündigung soll die Geschichte zeigen, dass die Asymmetrie der Erklärung – zumindest manchmal – durch einen Kontextwechsel umkehrbar ist.[321] Tatsächlich ist van Fraassen zu der These verpflichtet, dass Asymmetrien prinzipiell durch Kontextwechsel umkehrbar sind. Denn wären sie es nicht, dann gäbe es etwas »Reales«, das die Irreversibilität begründete und dem sich die Erklärungskraft der entsprechenden Erklärung im Unterschied zu ihrer Umkehrung verdankte – was die Grenzen einer strikt empiristischen Theorie der Erklärung sprengen würde. Doch weckt diese Art und Weise, auch seiner zweiten Adäquatheitsbedingung für eine Theorie wissenschaftlicher Erklärung gerecht zu werden, weitere Zweifel. Denn die zweite Erklärung, die der Dienstmagd, scheint eigentlich nicht die Länge des Schattens als Erklärungsgrund für die Höhe des Turms zu verwenden, sondern den Willen des Bauherrn, dass der Turm einen so langen Schatten werfen soll.[322] Es ist deshalb fraglich, ob es van Fraassen tatsächlich gelungen ist, ein Beispiel für die Umkehrung der Asymmetrie durch Kontextwechsel vorzustellen.

1.2.3.3 Resultate und das Scheitern dieses Versuchs

Van Fraassens Ansatz führt zunächst nicht zu vergleichbaren internen Schwierigkeiten wie die Ansätze Hempels, Brombergers oder Toulmins. Auch angesichts der drei Beispiele vermag van Fraassen – wenn er seine eigenen Adäquatheitsbedingungen entsprechend modifiziert – eine konsistente Position behaupten. Dazu trägt nicht zuletzt bei, dass er die Aufgabe, den Unterschied zwischen Real- und Erkenntnisgründen zu erklären und zu rekonstruieren, letztlich abweist und sich so der Aufgabe, eine Theorie der Kausalität zu entwickeln, entzieht. Dass sich für ihn die Asymmetrie der Erklärung, und mit ihr der Unterschied zwischen Real- und Erkenntnisgründen, auf Kontextwechsel und pragmatische Funktionen im Blick auf das Ziel empirischer Angemessenheit reduzieren, ist dann unangreifbar, wenn zugleich plausibel gemacht werden kann, dass sich andere, weitergehende Intuitionen einem Selbstmissverständnis des Fragenden oder einer Verwirrung der Sprache verdanken. Das ist allerdings nur plausibel, wenn auch seine Behauptung prinzipieller Grenzen der Erklärung plausibel ist.[323] Denn nur, wenn bereits die Forderung etwa nach einer Erklärung dafür,

---

321 Vgl. B. C. van Fraassen 1980, S. 132: »[...], asymmetries must be at least sometimes reversible through a change in context.«
322 Vgl. dazu auch P. Kitcher/W. C. Salmon, 1987, S. 179f.
323 Vgl. dazu oben, S. 149.

dass eine Theorie Erklärungskraft haben oder empirisch angemessen sein kann, als unangemessen abgewiesen werden darf, ist es auch plausibel zu sagen, die Begriffe, in denen diese Forderung auftritt, seien fehlerhaft oder unsinnig. Es lässt sich zeigen, dass van Fraassens gesamte Analyse der Warum-Fragen in sich zusammenfällt, wenn man diese Grenzziehungen mit Gründen bestreitet.

Van Fraassen postuliert gänzlich unterschiedliche Arten von Grenzen der Erklärung, ohne sie hinreichend zu unterscheiden. Argumente für die Grenzen der einen Art werden als Argumente für Grenzen gänzlich anderer Art angeführt. Diese Unschärfe schwächt seine Argumentation erheblich und gestattet es sogar, eine Inkonsistenz aufzuspüren. Zum einen weist van Fraassen darauf hin, dass eine Theorie der Erklärung, nach der eine probabilistische Erklärung nicht nur den Umstand, dass ein Teilchen innerhalb eines Zeitraums zerfällt, erklärt, sondern auch den genauen Zeitpunkt, eine Grenze der Erklärung überschreitet – in dem Sinn, dass sie einer physikalischen Theorie dort eine Erklärungskraft zuschreibt, wo diese selbst gar nichts erklären will, sondern ganz im Gegenteil eine Grenze der Erklärbarkeit durch die Theorie selbst annimmt. Neben solchen theorieintern begründeten Grenzen der Erklärung weist van Fraassen auch auf Fälle hin, in denen eine Erklärung im Rahmen einer Theorie deshalb unmöglich ist, weil eine Frage gestellt wird, die eine Begründung zentraler Voraussetzungen oder Paradigmen der Theorie selbst fordert. Sein Beispiel für diesen Typ einer Grenze ist die Einschätzung, dass Newton die Gravitationskraft selbst im Rahmen der Gravitationstheorie nicht begründen könne. Es handelt sich dabei jedoch nicht, wie im ersten Fall, um eine durch die Theorie selbst erst gesetzte Grenze, sondern um eine durch die Theorierelativität jeder Erklärung begründete Grenze, die sich nach van Fraassens Modell entsprechend bei allen Theorien finden müsste. Wiederum von einer ganz anderen Art ist eine dritte Grenze der Erklärung, die van Fraassen in seiner Auseinandersetzung mit realistischen Positionen der Wissenschaftstheorie entwickelt, jedoch ohne ihre Eigenheit zu betonen. Gegen das Argument, nur eine realistische Wissenschaftstheorie könne erklären, warum eine gute Theorie so vorzüglich zu den Phänomenen passe bzw. wie es komme, dass eine Theorie gut Vorhersagen ermögliche, wendet van Fraassen ein, dass es hier nichts zu erklären gebe, sondern dass empirische Angemessenheit schlicht ein Faktum sei. Dabei bietet van Fraassen – im Unterschied zu den beiden anderen Fällen – keinerlei Argumente dafür, eine solche Grenze anzunehmen.[324] Zwar überträgt er die Argumente für die beiden anderen Typen von Grenzen umstandslos auf diesen Fall, doch ist das tatsächlich illegitim. Die

---

[324] Vgl. B. C. van Fraassen, 1980, S. 23ff. – faktisch verweist er nur auf die Traditionen des Nominalismus und des Empirismus, die diese Grenzen respektierten.

Frage, warum eine Theorie den Phänomen gut entspricht oder warum Vorhersagen möglich sind, erscheint alles andere als unberechtigt oder sinnlos. Sie lässt sich sogar mit den Mitteln der Fragelogik van Fraassens analysieren: Der Gegenstand der Frage ist die Proposition »Die Theorie T ist empirisch angemessen/liefert gute Vorhersagen«; die Kontrastklasse wird aus dieser Proposition und ihrer Negation gebildet; der Satz »Die Theorie T korrespondiert den Tatsachen« erhöht die Wahrscheinlichkeit für den Gegenstand der Frage innerhalb der Kontrastklasse. Vor der Hand sind also sämtliche Präsuppositionen (a), (b) und (c) dieser Frage erfüllt und die Frage selbst deshalb korrekt. Einzige Zweifel mag es hinsichtlich (c) daran geben, ob die Antwort nicht von Begriffen Gebrauch macht, die schwer verständlich oder gar – nach irgendwelchen Kriterien – unsinnig sind. Doch angesichts der Unbestimmtheit, in der van Fraassen die Relevanzrelation belässt, nach der sogar astrologische Erklärungen zunächst Erklärungen sind (wenn auch keine guten), wird man zumindest eine Antwort als möglich ansehen müssen: Die Frage und ein mögliches Hintergrundwissen implizieren nicht, dass es keine mögliche Antwort auf sie gibt. Es ist also nicht nur so, dass van Fraassen für die dritte von ihm postulierte Grenze gar kein Argument hat: Vor dem Hintergrund seiner eigenen Theorie ist diese von ihm postulierte Grenze dogmatisch gesetzt.

Erscheinen Grenzen dieses Typs unplausibel, dann auch van Fraassens ganze Theorie. Denn es lässt sich gut bezweifeln, ob nicht die angeblich grenzverletzenden Fragen angemessen analysiert werden können und ob entsprechend sein Formalismus nicht lediglich Warum-Fragen eines bestimmten Typs angemessen erfasst. Das betrifft die behauptete Theorierelativität jeder Warum-Frage und die Behauptung, konstitutiv sei eine Kontrastklasse, aber auch die Annahme einer – letztlich nur kontextabhängig bestimmbaren – Relevanzrelation. Man würde den Sinn der Frage, warum eine gute Theorie gute Vorhersagen ermöglicht, verfehlen, wenn man meint, es sei eine Proposition gesucht, relativ auf die eine Revision der Wahrscheinlichkeiten in der Kontrastklasse vorgenommen werden müsste, die den Gegenstand der Frage favorisiert. Man möchte vielmehr diejenigen Umstände kennen lernen, derentwegen es der Fall ist, dass eine gute Theorie gute Vorhersagen liefert. Nicht nur, dass in einem solchen Fall durch die Antwort gar keine Neuverteilung innerhalb der Kontrastklasse stattfindet, es ist vielmehr auch gar nicht nach einem Umstand gefragt, dem sich eine entsprechende Neuverteilung verdanken würde. Die Rekonstruktion der Frage im Sinn van Fraassens verkennt die Frageintention: Es handelt sich bei dieser Warum-Frage eben nicht um eine solche der Form »Warum (relativ auf T) eher p als nicht-p?«, sondern um eine Frage der Form »Warum (ist es der Fall, dass) p?«. Wenn van Fraassen aber diese Warum-Frage, die er nicht begründet abweisen kann, mit Hilfe seines Formalismus auch nicht adäquat rekonstruieren kann, dann liegt die Vermutung nahe, dass seine logische Analyse auch anderen Warum-Fragen nicht gerecht wird.

Die Frage, warum eine Frau an Kindbettfieber in der Station von Semmelweis erkrankt ist, ist dafür ein weiteres Beispiel. Die Frau ist erkrankt, die Wahrscheinlichkeit dafür dass die Frau erkrankt ist, also 1. Relativ auf einen bestimmten Wissensstand K vor der Erkrankung ist die Wahrscheinlichkeit dafür, dass die Frau am Kindbettfieber erkranken wird, ca. 0.1 ohne Hygienemaßnahmen und 0.01 mit Hygienemaßnahmen. Die Antwort »Weil Hygienemaßnahmen unterlassen wurden« favorisiert – wenn sie denn wahr ist – den Gegenstand der Frage relativ auf die Kontrastmenge. Tatsächlich ist das aber noch keine Antwort auf die Frage, warum die Frau erkrankt ist. Die befriedigende Antwort lautet nämlich: »Weil sie mit Krankheitserregern infiziert wurde und – unter Berücksichtigung ihres allgemeinen Zustandes – dann eine Erkrankung eintritt«. Diese Antwort favorisiert zwar auch den Gegenstand der Frage innerhalb einer Kontrastklasse. Sie beantwortet aber die Frage »Warum erkrankte die Frau eher, als dass sie nicht erkrankte?« in der Weise, dass sie die schlichte Frage »Warum erkrankte die Frau?« beantwortet. In solchen Fällen *enthält* die eine Frage die andere im von van Fraassen explizierten Sinn.[325] Daraus, dass eine Frage unter Umständen die andere Frage enthält, darf aber nicht geschlossen werden, dass sie dieselben sind. Denn es ist eben nicht so, dass eine mögliche Antwort auf die Frage, warum die Frau eher erkrankte, immer auch eine mögliche Antwort auf die Frage ist, warum die Frau erkrankte. Die schlichte Frage, warum die Frau erkrankt ist, fordert eine Antwort, nach der die Wahrscheinlichkeit für das bereits eingetretene Ereignis tatsächlich auch 1 ist, soll die Antwort vollständig sein. Im Rückgriff auf die Begriffe der Infektion, des Gesamtzustands der Patientin und weiterer Begleitumstände ist eine solche Antwort möglich. Dass Antworten auf Fragen der Form »Warum P_k eher als P_j?« mit Fragen der Form »Warum P_k?« zusammenfallen, wird tatsächlich eher die Ausnahme sein. Van Fraassens Analyse von Warum-Fragen verkennt also die Frageintention typischer Warum-Fragen.[326]

Wie ist dann aber das Verhältnis von schlichten Fragen der Form »Warum ist es der Fall, dass p?« zu Fragen der von van Fraassen in den Vordergrund gestellten Form »Warum ist es eher der Fall, dass p, als dass ....?« zu

---

325 Vgl. dazu oben, S. 162.

326 Vgl. W. C. Salmon, 1984, S. 110: »To see how easily this transition occurs, consider van Fraassen´s gloss on that very proposition: ›It does not make sense to ask why Peter *rather than* Paul has paresis if they both have it‹ (p. 143, italics added). But we should note carefully that van Fraassen´s why question Q does not ask ›Why Pk rather than P_j?‹ The why-question asks ›Why P_k?‹ and in so doing it implies that $P_j(j \neq k)$ is false. When we receive the answer, ›Because A‹, we have been told *why* P_k; we have not necessarily been told *why*, but rather *that* P_j is false. The point may be subtle, but it is important.«

bestimmen? Das Beispiel der Überlegungen von Semmelweis legt eine
recht einfache Antwort nahe: Die Frage »Warum erkrankt eine Frau eher als
dass sie nicht erkrankt?« ist ein nützliches Mittel, Hypothesen und Experimente zu ersinnen, um statistisch relevante Werte zu ermitteln, die dann als
Indizien für Kausaldiagnosen verwendet werden können. Fragen der komplexen Form »Warum P_k eher als P_j?« können also eine Art heuristische
Funktion bei der Beantwortung von Fragen der Form »Warum P_k?« haben.
Das trifft sich mit den Überlegungen am Ende des vorigen Abschnitts zu
den Ansätzen Brombergers und Toulmins.[327] Denn auch dort ergab sich,
dass die Analyse von Kausalaussagen als Angabe von Ursachen dafür, dass
das eine und nicht das andere, eigentlich Erwartete, geschah, die Frage, in
welchem Sinn dabei von Ursache geredet wird, nicht beantwortet, sondern
als beantwortet voraussetzt. Und auch dort erschien es so, dass eine Kontrastfrage eher ein Mittel sein kann, eine direkte Warum-Frage zu beantworten, denn eine angemessene Reformulierung einer direkten Warum-Frage.
Wie auch immer dem im Einzelnen sei, van Fraassens Behauptung, alle für
Erklärungen relevanten Warum-Fragen seien als Kontrastfragen zu analysieren, erweist sich schlicht als falsch.

Die von van Fraassen zu Unrecht abgewiesene Frage, warum eine gute
Theorie gute Vorhersagen gestattet, zeigt weiterhin, dass auch die Behauptung der Theorierelativität aller Warum-Fragen und aller kausalen Erklärungen modifiziert werden muss. Denn wer eine solche Frage stellt, wird
sich nicht mit einer Antwort der Form »Nach T_1 ist der Umstand U_1 dafür
verantwortlich, nach T_2 der Umstand U_2, ...« zufrieden geben, sondern er
wird weiterfragen, welche der Theorien die richtige und welcher Umstand
tatsächlich verantwortlich ist. Dass die Antwort auf eine solche Frage immer im Rahmen einer Theorie erfolgt, ist zwar nicht strittig, wohl aber, dass
daraus gefolgert werden darf, die Antwort sei immer nur relativ auf die
Theorie wahr: Gesucht wird nämlich eine Antwort, die wahr ist und im
Rahmen einer wahren Theorie steht. Wenn van Fraassen eine Warum-Frage
als Tripel <R_k, X, R> definiert und *R* relativ auf vorausgesetzte Theorien
bestimmt ist, dann ähnelt seine Analyse in diesem Punkt derjenigen Toulmins.[328] Toulmin unterstellt nämlich Warum-Fragen faktisch die Form
»Warum p, wo doch relativ auf I_x mit q_i zu rechnen war?«. Eine Frage dieser Form ist ihrer Intention nach relativ auf einen vorgegebenen theoretischen Kontext bzw. ein Ideal der Naturordnung gestellt. Und tatsächlich
kann man solche Fragen stellen, etwa wenn man wissenschaftshistorische
Untersuchungen anstellt und beispielsweise eine antike Theorie der Gezeiten rekonstruieren will. Die Frage nach den Ursachen der Gezeiten an für

327 Vgl. oben, S. 14ff.
328 Vgl. dazu oben, S. 129.

sich ist jedoch nicht in diesem Sinn theorierelativ, auch wenn eine mögliche Antwort den Bezug auf Theorien erfordert. Theorien haben eine bestimmte Funktion im Hinblick auf die Möglichkeit, nicht theorierelative Warum-Fragen zu beantworten. Wäre bereits die Frage theorierelativ, würden Warum-Fragen gar nicht die Entwicklung neuer Theorien provozieren können. Theorien dürfen deshalb noch gar nicht in die Formulierung solcher Warum-Fragen eingehen und sind auch gar nicht ihr Bezugspunkt. Sie geraten erst in den Blick, wenn man sich die Mittel zusammensucht, eine Warum-Frage zu beantworten. Es zeigt sich also, dass es ebenfalls verfehlt ist, die Frage »Warum p?« immer als »Warum – relativ auf T_x – p?« zu analysieren. Beide Typen von Fragen drücken unterschiedliche Frageintentionen aus.

Wenn aber weder van Fraassens Behauptung richtig ist, alle Warum-Fragen seien Kontrastfragen, noch die, alle Warum-Fragen seien theorierelativ zu verstehen, dann ist auch seine Behauptung unhaltbar, gelungene Erklärungen seien innerhalb eines strikten Empirismus zu rekonstruieren. Ganz im Gegenteil: Direkte kausale Warum-Fragen zielen auf reale Strukturen in der Welt, die über das phänomenal Ausweisbare hinausgehen. Diese Konsequenz lässt sich nur vermeiden, wenn man die Frageintention kausaler Warum-Fragen radikal missdeutet. Die kritische Diskussion der Theorie van Fraassens hat damit den Versuch, von der Theorie der Warum-Fragen über eine Theorie wissenschaftlichen Erklärens hin zu einer Theorie der Kausalität zu gelangen, an ein vorläufiges Ende geführt. Zugleich hat die Kritik seiner Position deutlich gemacht, dass sich der Versuch, diesen Weg dennoch zu gehen, auf eine, von van Fraassen nicht abweisbare, Frageintention stützen kann, die allen Einwänden und Überlegungen gegen sein Verschwindenlassen der Kausalität zugrunde liegt. Allerdings sind die Schwierigkeiten, diese Intention zu explizieren und in eine Theorie der Warum-Fragen zu überführen, zahlreich.

Der Versuch, einen Übergang von der Theorie der Warum-Fragen zur Kausalitätstheorie zu finden, stellt sich als einigermaßen schwierig heraus. Es ist in solchen Situationen wenig ratsam, auf eigene Faust einen Weg zu suchen. Die Behauptung steht vielmehr im Raum, dass die Geschichte der Philosophie, insbesondere die der systematischen Verknüpfung des Kausalitäts- mit dem Schöpfungsbegriff, hier weiter hilft. Im Folgenden soll deshalb versucht werden, die bisher entwickelten Probleme erst einmal zurückzustellen und zuzusehen, ob sich der Geschichte der Verbindung von Kausalität und Schöpfung Hinweise und Anregungen entnehmen lassen, die bis jetzt exponierten Schwierigkeiten systematisch anzugehen. Die Befürchtungen gegen einen solchen methodischen Rückblick auf die Philosophiegeschichte sind zahlreich und wohlbegründet. Es besteht die Gefahr, Unhaltbares künstlich zu reanimieren, Methodenstandards zu unterbieten, inkompatible Philosophien zu kombinieren oder schlicht den Stand der Diskussion zu verfehlen. Doch sollte man diese Gefahren auch nicht überschätzen: Die bereits erreichte methodische Vorzeichnung der angestrebten Theorie muss den folgenden Ausflug in die Philosophiegeschichte leiten und wird zugleich verhindern, dass sich die Untersuchung irgendeinem in der Geschichte aufgestöbertem Gedanken kritiklos ausliefert. Wenn es stimmt, dass die bisher untersuchten empiristischen Theorien bestimmte Intentionen der Warum-Frage verfehlen, und wenn es weiterhin stimmt, dass sich in Fragen eine spezifische Art des Vorauswissens dokumentiert, dann liegt es nicht mehr fern, sich gerade der Metaphysik zuzuwenden.

2. Kausalität und Schöpfung als Problem
der allgemeinen Metaphysik

2.1 Kausalität und Schöpfung in der vorkritischen Metaphysik –
Die Frage nach dem Seienden und die Warum-Frage

Das erste Kapitel der Arbeit hat zu einem Punkt geführt, an dem es ratsam ist, den Versuch einer Theorie der Kausalität aus einer Theorie der Warum-Fragen nicht auf eigene Faust fortzusetzen. Abschnitt 1.1 hat nämlich gezeigt, dass Versuche einer blind-systematischen Begriffsanalyse prinzipiell orientierungslos bleiben, wenn es nicht gelingt, sie durch Vorstellungen eines Ganzen möglichen Wissens anzuleiten. In Abschnitt 1.2 wurde darüber hinaus deutlich, dass sich Versuche, im Rahmen empiristischer Wissenschaftstheorien eine leistungsfähige und den Intentionen kausaler Warum-Fragen angemessene Theorie kausaler Erklärungen zu entwickeln, in Aporien verfangen oder aber die Kausalrelation zum Verschwinden bringen. Die bereits in der Einleitung exponierte Intuition der vorliegenden Untersuchungen ist es nun, dass in der Geschichte der Metaphysik ein Argumentationspotential entwickelt wurde, das durch eine systematisch angeleitete problemgeschichtliche Untersuchung ans Licht gehoben, kritisch beurteilt und modifiziert werden kann – und so die Grundlage für einen neuen Versuch der anvisierten Analyse des Kausalitätsbegriffs bietet. Dazu ist in der erreichten Problemsituation eine ausführlichere Problemgeschichte des systematischen Zusammenhangs von Kausalität und Schöpfung nötig. Zuvor müssen möglichst genau die Aufgaben und Anknüpfungspunkte der nötigen problemgeschichtlichen Untersuchungen bestimmt werden. Denn nur so lässt sich die Materialfülle hinreichend auf Argumentationen konzentrieren.

In Abschnitt 1.1 wurden Probleme des Kausalitäts- und des Schöpfungsbegriffs im Umriss exponiert. In seinem letzten Unterabschnitt (1.1.3) konnten bereits einige systematische Verknüpfungen zwischen diesen verschiedenen Problembezirken aufgezeigt werden. Dabei ergab sich, dass beide deutlicher strukturiert erscheinen, wenn man sie in bestimmter Weise zusammensieht. In beiden Fällen rückt nämlich das Problem der Sprache in den Mittelpunkt, weil fraglich wird, wie das kausale Vokabular, aber auch der Schöpfungsbegriff das bedeuten können, was ihnen an Bedeutung zugemutet wird. Denn es scheint, dass weder der Kausalbegriff noch der Schöpfungsbegriff aufgeklärt werden kann, solange unterstellt wird, die Bedeutung sprachlicher Ausdrücke ergebe sich lediglich durch ihre Reduzierbarkeit auf Erfahrbares oder auf Weisen des unmittelbaren Vertrautseins mit der alltäglich begegnenden Welt. Im zweiten Kapitel der Arbeit soll nun gezeigt werden, dass genau in diesem Punkt die Problemgeschichte weiterhilft. Denn in der Metaphysik wurden Kausalität und Schöpfung als Teile eines Problems der allgemeinen Metaphysik behandelt.[1] Metaphysik setzt aber – im Guten wie im Schlechten – eine Sprache voraus, die sich programmatisch nicht in den genannten Grenzen hält. Die Geschichte der Metaphysik dokumentiert deshalb eine Fülle von Reflexionen über die Möglichkeiten und Grenzen kategorialer Begriffsbildung. Allerdings ist die Metaphysik kontinuierlich dem Mythologie- und Sinnlosigkeitsverdacht ausgesetzt. Doch ist das gerade ein Vorteil. Wegen der skeptischen Einwände ist die Geschichte der Metaphysik voll von immer ausgefeilteren Versuchen, die Bedingungen der Sinnhaftigkeit und der Anwendbarkeit ihrer Begriffe zu begründen. Genau diesen Argumentationen gilt es – im Blick auf das Problem von Kausalität und Schöpfung – nachzugehen. Für die systematischen Analysen des letzten Teils der Arbeit kommt alles darauf an, die Problemgeschichte durch die skeptischen Einwände zu einer stabilen Theorie kategorialer Begriffsbildung zu führen.

Die Aufgabe der problemgeschichtlichen Untersuchungen lässt sich dadurch genauer bestimmen: Abschnitt 1.2 hat ein recht komplexes Netz von Anforderungen an eine Theorie der Warum-Frage entwickelt, soll der Übergang zu einer Kausalitätstheorie plausibel werden. Eine dieser Anforderungen besteht darin, dass die logische Form einfacher Warum-Fragen so umfassend sein muss, dass sie die Fragen sowohl nach Real- wie nach Erkenntnisgründen zu rekonstruieren gestattet und zugleich Spezifizierungen bzw. Anreicherungen zulässt, um sie auf eine Frage nur nach Realgründen oder Ursachen zuspitzen zu können. Wenn es stimmt, dass in der Tradition sowohl Kausalaussagen wie Schöpfungstheorien als Antworten auf Fragen nach Realgründen verstanden wurden, wird die Rolle, die eine Analyse dieses Zusammenhangs beider Begriffe für die weiteren Untersuchungen spielen kann, noch deutlicher. Die Gemeinsamkeiten beider zu untersuchen, bedeutet nämlich, Minimalbedingungen für Realgründe zu identifizieren; ihre Unterschiedenheit zu analysieren führt dazu, Möglichkeiten der systematischen Anreicherung dieser Minimalbedingungen zu erkunden, die zu Voll-

---

1 Der Ausdruck »allgemeine Metaphysik« ist hier nicht vage, sondern als *terminus technicus* gebraucht und wird im Verlauf des Kapitels genauer begründet werden. Er entspringt einer bestimmten Tradition metaphysischen Denkens, deren argumentatives Potential in der Folge entfaltet und erprobt werden soll.

begriffen der Kausalität in unterschiedlichen Anwendungsbereichen führen. Bei der Untersuchung der Differenzen beider Begriffe werden die unterschiedlichen epistemischen Möglichkeiten, sie anzuwenden und entsprechende Behauptungen auszuweisen, in den Blick geraten. Deshalb wird die Untersuchung des Verhältnisses beider Begriffe in der Geschichte der Metaphysik auch dazu beitragen können, die unterschiedlichen Ebenen – die ontologische, die epistemologische und die pragmatische – auseinander zu halten und Kriterien dafür zu finden, welche Bedeutungsmomente kausaler Rede welcher Ebene zuzuordnen sind.

Abschnitt 1.2 hat aber auch gezeigt, dass eine Theorie der Warum-Frage erklären können muss, wie der Fragende im Voraus wissen kann, was eine mögliche Antwort ist und wie er aus dem vorgängigen Verständnis der Frage Kriterien zur Beurteilung von Antwortvorschlägen entwickeln kann. Dieses Problem lässt sich mit der Frage nach einer Bedeutungstheorie für kategoriale Begriffe verbinden. Denn das erste Kapitel hat gezeigt, dass der Schöpfungsbegriff und der Kausalitätsbegriff – genauso wie die Warum-Frage – nicht lediglich im Rückgriff auf Erfahrung und den vertrauten Umgang mit der Welt verstanden werden können. Die Probleme des Vorauswissens des Fragenden und der Bedeutung kategorialer Begriffe können sich deshalb wechselseitig erhellen. In diesem Teil der Arbeit wird es also darum gehen müssen, aus einer problemgeschichtlichen Untersuchung einen geeigneten Begriff von Metaphysik zu exponieren, die mit ihm entworfene Theorie kategorialer Begriffe zu entwickeln und die herausgearbeiteten Probleme des Kausalitäts- und des Schöpfungsbegriffs von dieser Architektonik her zu rekonstruieren.

Im Folgenden wird in Auseinandersetzung mit Aristoteles, Johannes Duns Scotus und Suárez (2.1), Kant (2.2) und Collingwood (3.1.1 und 3.1.2) ein möglichst tragfähiger Metaphysikbegriff entwickelt werden. Dabei muss zuerst die aristotelische Bestimmung der Metaphysik als einer Wissenschaft vom Seienden, insofern es Seiendes ist, vor dem Hintergrund einer bestimmten Tradition der Aristotelesrezeption interpretiert werden. In der anschließenden Untersuchung dieses Rezeptionsstranges dieses Metaphysikbegriffs im Mittelalter wird deutlich werden, dass ein wesentlicher Ansatz der Kausalitätstheorie – nämlich die Analyse von Kausalverhältnissen als Bedingungsverhältnissen – gerade dann ins Zentrum der allgemeinen Metaphysik rückt, wenn Schöpfung als ein extremer Fall von Kausalität begriffen wird. Aus den Strukturmerkmalen der aristotelischen Metaphysik ergibt sich so gewendet der systematische Zusammenhang zwischen Kausalität und Schöpfung. Doch ist eine solche vorkritische Metaphysik skeptischen Einwänden ausgesetzt. Kategoriale Begriffe, die bei einem univoken Begriffskern universell gültig, wenn auch in bestimmten Bereichen nur analog anwendbar sind, lassen sich nicht durch wie auch immer methodisch ausgefeilte Abstraktion gewinnen, sondern müssen aus den spezifischen Verknüpfungsleistungen, die Verstehen und Erkennen überhaupt erst ermöglichen, gewonnen werden. Die Auseinandersetzung mit Kant wird zeigen, wie eine Reflexion auf die Bedingungen der Möglichkeiten einer Wissenschaft vom Seienden, insofern es Seiendes ist, zu einer radikalen Transformation dieses Programms und zu einer ganz andersgearteten Theorie von der Funktion und Funktionsweise kategorialer Begriffe im Rahmen einer Transzendentalphilosophie führt. Der zuvor erarbeitete systematische Zusammenhang zwischen Kausalität und Schöpfung besteht dabei auch in der kantischen Mctaphysik weiter – wenn auch in modifizierter Form. Allerdings ist es eine offene Frage, ob mit dem kantischen Programm einer Transzendentalphilosophie – weil sie ein spontanes transzendentales Subjekt voraussetzt – Beweislasten verbunden sind, die nicht erfüllt werden können. Auch gegen die kantische Transzendentalphilosophie richten sich deshalb skeptische Einwände, die berücksichtigt werden müssen.

Der Anfang der problemgeschichtlichen Untersuchungen mit Aristoteles hat zunächst etwas Willkürliches und Zufälliges. Als Gegenstand der allgemeinen Metaphysik wird jedoch in aller Regel das Seiende, insofern es Seiendes ist, angegeben (τὸ ὂν ᾗ ὄν). Diese Bestimmung findet sich zum ersten Mal im heterogenen Schriftenkonvolut des Aristoteles, dem von seinen antiken Herausgebern wohl aus bloß bibliothekarischen Gründen der Name »Metaphysik« gegeben wurde. Dabei ist diese Gegenstandsbestimmung mannigfacher Kritik ausgesetzt, die gleich ins Zentrum der zu exponierenden Probleme führt. So ist beispielsweise eingewendet worden, eine bloße Wiederholung des Ausdrucks »Seiend« in der Formel »Seiendes, insofern es Seiendes ist« sei sinnlos, die gesamte Formel inhaltsleer;[2] der Ausdruck »Seiendes« sei unklar, der Gegenstandsbereich lasse sich nicht klar von anderen abgrenzen und entsprechend falle der Gegenstandsbereich der Metaphysik mit dem der Einzelwissenschaften zusammen.[3] Wie schwierig schon der richtige Ansatz dieser Problematik ist, zeigt sich daran, dass in der Formel sogar unklar ist, ob vom sprachlichen Ausdruck des »Seienden, insofern es Seiendes ist«, von seinem Begriff, oder vom Seienden selbst die Rede ist.[4] Die Deutungsmöglichkeiten sind zahlreich und entsprechend verworren ist die Wirkungsgeschichte dieser Bestimmung. Eine genauere Interpretation der Formel im Zusammenhang der aristotelischen *Metaphysik* sowie ein Blick auch auf die problematische Auslegungsgeschichte

2 Vgl. Kamlah/Lorenzen, [2]1990 ([1]1973), S. 41ff., P. Suppes, 1984, S. 4ff.; R. G. Collingwood, 1940, S. 11ff.

3 Vgl. W. Stegmüller, 1969, S. 88ff.

4 Vgl. z.B. G. Patzig, 1979, S. 179ff., der diese Frage sorgfältig abwägt. Der Grund dieser Ambivalenz des aristotelischen Metaphysikbegriffs wird in der Folge deutlicher werden.

der aristotelischen Formel werden indessen deutlich machen, dass solche Kritiken das Spezifische der so entworfenen Metaphysik nicht treffen. Man kann den Gehalt dieser formelhaften Bestimmung nämlich nicht ausschöpfen, wenn nicht die Spannungen ausgelotet sind, in denen sie im Textcorpus der aristotelischen *Metaphysik* steht. Zu einem guten Teil lassen sich diese Spannungen bereits in der Auslegung dieser Formel entwickeln und so als eine *in der Ausgangsfrage der Metaphysik angelegte Theoriendynamik* begreifen. In den Auslegungsproblemen und der entsprechenden Wirkungsgeschichte entfaltet sich der mit dieser Formel entworfene systematische Problemzusammenhang weiter, so dass später auch das Problem von Kausalität und Schöpfung die systematisch bestimmte Fassung erhält, die für den vorliegenden Versuch maßgebend werden wird. Es kommt im Folgenden deshalb darauf an, die Schwierigkeiten, die diese Formel der Auslegung bereitet, nicht zu glätten, sondern systematisch fruchtbar werden zu lassen.[5] Dann wird sich auch zeigen, dass der Ausgangspunkt mit dieser Bestimmung des Metaphysikbegriffs nicht völlig zufällig ist.

In diesem Abschnitt werden zunächst einige Fragen, die die Formel im Kontext der aristotelischen *Metaphysik* aufwirft, erörtert (2.1.1), dann einer ihrer wirkungsgeschichtlichen Stränge im Hochmittelalter skizziert (Duns Scotus), dem sich die Unterscheidung der Metaphysik in eine allgemeine Metaphysik und eine spezielle verdankt (2.1.2), und schließlich am Beispiel von Suárez eine Bilanz dieser Überlegungen gezogen. Dabei wird insbesondere zu untersuchen sein, welche vorläufige innere Struktur das Problem von Kausalität und Schöpfung vor diesem Hintergrund gewinnt (2.1.3). Dass diese Problematik in der Auslegungstradition der aristotelischen *Metaphysik* eine bestimmte systematische Struktur gewinnen muss, lässt sich dadurch plausibel machen, dass sich die Programmatik einer Metaphysik letztlich aus einem Komplex von Fragen ergibt, in den auch die auf das Ganze des Seienden gehende Warum-Frage eingebettet ist, die oben als ein Charakteristikum bereits der vorsokratischen Philosophie benannt wurde und deren erste Konsequenzen am Beispiel des platonischen *Timaios* skizziert wurden.[6] Entsprechend lassen sich einzelne Bücher der *Metaphysik*

---

5 Vgl. zum Folgenden auch M. Heidegger, *Die onto-theo-logische Verfassung der Metaphysik*, in: ders., *Identität und Differenz*, Pfullingen 1957, S. 31-67. Auch dort findet sich die Herkunft der grundlegenden Strukturen tradierter Metaphysik aus der systematischen Entfaltung der Frage nach dem Seienden, insofern es Seiendes ist, rekonstruiert, selbst wenn der Name »Aristoteles« nicht fällt. Wie meistens verschweigt Heidegger auch in diesem Fall die Quellen seiner Analysen, doch dürften die seit Natorp und Jaeger diskutierten Probleme der Einheit der aristotelischen Metaphysik Pate gestanden haben. Vgl. dazu auch M. Heidegger, *Einführung in die Metaphysik*, 1953, sowie unten, Anm. 8; S. 187, Anm. 28; S. 190, Anm. 35; sowie S. 201, Anm. 74.

6 Vgl. oben, Abschnitt 1.1.2, S. 57ff.

geradezu als ein konkurrierender Entwurf zu diesem Dialog Platons lesen.[7] Die Art und Weise der Einbettung dieser Warum-Frage in das Programm einer Metaphysik ist entscheidend dafür, ob und in welcher systematischen Weise sich in der Wirkungsgeschichte das Problem von Kausalität und Schöpfung bestimmt stellt.[8] Der Ansatz und die Probleme der Transzendentalphilosophie werden im nachfolgenden 2. Abschnitt dieses 2. Kapitel behandelt.

2.1.1 Die allgemeine Metaphysik zwischen Analogie- und Univozitätsprinzip bei Aristoteles

Die Problematik der Bestimmung einer Wissenschaft vom Seienden, insofern es Seiendes ist, erschließt sich vor dem Hintergrund der Heterogenität einzelner Bücher der *Metaphysik* und entsprechender Schwierigkeiten, für alle ihre vierzehn Bücher ein einheitliches Programm ausfindig zu machen. Die Spannung in diesen Texten ist so groß, dass gelegentlich sogar vermutet wurde, der Ausdruck »Seiendes, insofern es Seiendes ist« besage in unterschiedlichen Passagen der Schrift je verschiedenes.[9] Die Art und Weise, in der Aristoteles an den verschiedenen Stellen der *Metaphysik* sein Untersuchungsprogramm bestimmt, ist nämlich – wie spätestens seit P. Natorp der Aristotelesforschung deutlich ist – zumindest scheinbar widersprüchlich.[10] Diese Widersprüchlichkeit findet sich in den Auslegungen der Formel »Seiendes, insofern es Seiendes ist« wieder und verdankt sich letztlich der in dieser Formel kristallisierten, in sich komplexen Ausgangsfrage. Es lässt sich vermuten, dass einige Eigenheiten der Begriffsbildung in der aristotelischen Metaphysik aus diesen Spannungen erklärt werden können. Lässt sich zeigen, dass sie aus der Ausgangsfrage der Metaphysik folgen, dann wird dieser Ansatz zur Begriffsbildung in der Metaphysik plausibel.

7 Vgl. z.B. den *Timaios*-Bezug in Aristoteles, *Met.* Λ, 1071b 33ff.; zum *Timaios*-Bezug dieses *Metaphysik*-Buches: I. Düring, 1966, S. 203ff.; H. G. Gadamer, 1970, S. 55.

8 Für M. Heidegger, *Einführung in die Metaphysik*, S. 1ff., ist eine spezifische Warum-Frage grundlegend für die Metaphysik schlechthin, nämlich die Frage, »Warum ist überhaupt Seiendes, und nicht vielmehr Nichts?«. Es wird sich jedoch zeigen, dass die auf den Grund des Seienden im Ganzen zielende Warum-Frage in einer Metaphysik von aristotelischem Zuschnitt immer nur zusammen und verwoben mit einer »Was ist es?«-Frage auftritt und dadurch die Art und Weise des systematischen Zusammenhangs beider Fragen erst ihre Bestimmtheit erfährt.

9 Vgl. die ausführliche Einleitung von D. Ross in dessen Edition der *Metaphysik*, insbes. S. LXXVIIff., sowie beispielsweise den Forschungsbericht bei J. Owens, 1978, S. 33; L. Routila, 1969, S. 32; sowie H. Happ, 1971, S. 310ff.

10 Vgl. P. Natorp, 1888; aber auch L. Routila, 1969, S. 11ff. Selbst Autoren, die versuchen, ein systematisch kohärentes Metaphysikprogramm bei Aristoteles zu rekonstruieren, geben in aller Regel zu, dass zumindest der Anschein eines Widerspruchs besteht.

Es ist also hilfreich, sich diese knappe Formel vor dem Hintergrund der Frage nach der Einheit der aristotelischen *Metaphysik* zu erschließen.

2.1.1.1 Zum Problem der Einheit der aristotelischen Metaphysik

Eine Spannung, welche die Einheit des aristotelischen Programms einer ersten Wissenschaft so problematisch erscheinen lässt, kann knapp charakterisiert werden: Es finden sich einerseits Texte, in denen eine Wissenschaft vom Seienden im Allgemeinen eingeführt wird, und andererseits Passagen, in denen eine Wissenschaft nur vom ausgezeichneten göttlichen Seienden angekündigt wird. Auf der einen Seite steht die Bestimmung im vierten Buch (Γ 1), es gebe eine Wissenschaft, »welche das Seiende als Seiendes untersucht und das demselben an sich Zukommende«. Eine solche Wissenschaft sei »mit keiner der einzelnen Wissenschaften identisch; denn keine der übrigen Wissenschaften handle allgemein vom Seienden als Seienden, sondern sie scheiden sich einen Teil des Seienden aus und untersuchen die für diesen sich ergebenden Bestimmungen, wie z.B. die mathematischen Wissenschaften«.[11] Gemäß dieser Angabe ist es die Aufgabe der Metaphysik, die allgemeinsten Bestimmungen des Seienden als solchem zu gewinnen. Entsprechend wäre diese Wissenschaft die allgemeinste, weil sie nicht besondere Dinge oder eine bestimmte Region des Seienden zum Gegenstand hat, sondern das Seiende überhaupt.[12] Der Ausdruck »Seiendes, insofern es Seiendes ist« impliziert, dass von allem Seienden die Rede ist. Der Ausdruck »Seiendes« scheint hier in einem abstrakten Minimalsinn gebraucht zu werden.[13] Vom Seienden im Allgemeinen ist freilich nur ein besonderer Aspekt Gegenstand der Metaphysik, nämlich der, den die Formel »insofern es Seiendes ist« angibt. Von Bestimmungen, die Seiendem zu-

---

11 Aristoteles, *Met.* Γ 1, 1003a21-26 (Ich zitiere die Übersetzung von H. Bonitz). Vgl. Aristoteles, *Met.* K 7, 1064a2-4. Die Echtheit von *Met.* K ist seit Natorp umstritten. Düring spricht das Buch einem Kompilator zu (1966, S. 278), Ross hält sie mit Jaeger zumindest in den Kapiteln 1-8 für ein Zeugnis des frühen aristotelischen Denkens. Das Buch ist also mit Vorsicht zu zitieren – doch kann man sich von dem Kompilator (so denn diese Annahme stimmt) Anregungen holen, wie die disparaten Stücke der Metaphysik möglicherweise zusammenpassen. Man sollte nämlich die Rolle solcher (postulierter) Kompilatoren nicht nur negativ sehen: Bei einem Buch wie der aristotelischen *Metaphysik* muss seine Tätigkeit nicht nur irreführende Spuren hinterlassen haben, es könnten auch sachdienliche Hinweise darunter sein.

12 Dass die gesuchte Wissenschaft zumindest auch den Grundzug hat, vom Seienden im Allgemeinen zu handeln, ergibt sich zusätzlich aus einer Fülle weiterer Stellen, z.B. Aristoteles, *Met.* A2, 982a8f. oder *Met.* K1, 1059a25ff. Diese Aporien folgen nur aus dem Allgemeinheitsanspruch der Wissenschaft.

13 Vgl. P. Natorp, 1888, S. 39, meint sogar: »Dieser höchste, weil allgemeinste und abstracteste Gegenstand ist aber, wie wir in Γ 1 erfahren werden, der Grundbegriff vom ›Gegenstand überhaupt‹, wie wir fast im kantischen Ausdruck das aristotelische *on hei on* wiedergeben dürfen.«

kommen, insofern es beispielsweise Bewegtes oder aber Denkbares ist, soll also abgesehen werden.[14]

Diesem Ansatz steht auf der anderen Seite unter anderem die Charakterisierung des von Aristoteles verfolgten Programms im sechsten Buch (E 1) gegenüber.[15] Zunächst scheint der Text in gewohnten Bahnen zu verlaufen, wenn es heißt, alle anderen Wissenschaften handelten von bestimmten Seienden und einer bestimmten Gattung, diese aber »vom Seienden schlechthin und insofern es Seiendes ist.«[16] Im Fortgang seiner Argumentation unterscheidet Aristoteles aber drei Bereiche des Seienden – den Bereich der selbständigen, nicht unbeweglichen Dinge, den der nicht selbständigen, aber unbewegten Dinge, und den der sowohl unbeweglichen wie selbständigen Dinge – und ordnet diesen je unterschiedliche Wissenschaften zu, nämlich Physik, Mathematik und »erste Philosophie«.[17] Die erste Philosophie handle vom letztgenannten Gegenstandsbereich, dem Göttlichen. Von dieser Wissenschaft wird nun zugleich gesagt, sie sei »allgemein« und ihr würde es »zukommen, das Seiende, insofern es Seiendes ist, zu betrachten«.[18] Hier scheint der Ausdruck »Seiendes, insofern es Seiendes ist« nicht in einem abstrakten Minimalsinn verwendet zu werden, sondern eher das im eigentlichen, höchsten Sinn Seiende zu bezeichnen – also in einem konkreten Maximalsinn verwendet zu werden.[19] Anhand solcher Stellen hatte Natorp einen grundsätzlichen Widerspruch konstatiert.[20] Es ist nämlich nicht

14 Vgl. Aristoteles, *Met.* Λ 1, 1069b1f.

15 Auch hier nimmt I. Düring an, die Gestalt von *Met.* E verdanke sich der Zusammenstellung des Herausgebers, Andronikos von Rhodos, 1966, S. 587f. Insbesondere E 1 ist umstritten. Düring, 1966, S. 599, bleibt letztlich dabei, dass in den aristotelischen Büchern ein Widerspruch bestehen bleibe, der nicht weginterpretiert werden, sondern als Zeugnis eines nie erstarrenden Denkens vor dem Hintergrund ausgefeilter Überlegungen zur Chronologie und zur Herausgebertätigkeit zu rekonstruieren sei. Ich bin mir nicht sicher, inwiefern nicht die exzessive Nutzung von Chronologie und Herausgebern methodisch problematisch bleibt.

16 Aristoteles, *Met.* E 1, 1025b7-10.

17 Aristoteles, *Met.* E 1, 1026a13-18 – diese Dreiteilung ist zu unterscheiden von der später wichtig werdenden Dreiteilung der Substanzen in *Met.* Λ 1, 1069a30ff.

18 Aristoteles, *Met.* E 1, 1026a30f.

19 P. Merlan und J. Owens haben die These entwickelt, »Seiendes als Seiendes« bedeute an allen Stellen der *Metaphysik* gar nichts anderes als »erste Substanz« (vgl. J. Owens, 1978, S. 302ff.; P. Merlan, 1959, S. 152). So auch K. Oehler, 1969, S. 11ff., und S. 23f. Gegen diese These spricht, dass sie vielleicht den Sinn in E 1 adäquat zu fassen vermag, aber mit der Einbettung der Formel in den Gedankengang von Γ 1 nicht zusammenpasst. Vgl. zur Diskussion dieser These L. Routila, 1969, S. 103ff; K. Brinkmann, 1979, S. 35ff.; sowie ausführlich gegen Merlan H. Happ, 1971, S. 388f. und S. 399ff. Entscheidend gegen die These von Owens-Merlan ist, dass gar nicht ausgemacht ist, dass der Ausdruck »ὄν« vor und nach dem »ᾗ« genau dasselbe bedeutet. Die Ausgangsfrage der Metaphysik lässt sich erst dann präzise fassen, wenn man diese Identifikationsthese aufgibt. H. Happ, 1971, S. 389, verweist zur Widerlegung der von Merlan behaupteten Identifikationsthese auf Aristoteles, *Met.* K 1, 1061b1ff.

20 Vgl. Natorp, 1888, S. 49: »Eine Wissenschaft, die vom Seienden überhaupt und als solchem handelt, muss allen denen, die je ein besonderes Gebiet des Seins behandeln, gleichermaßen über-

zu sehen, wie ein und dieselbe Wissenschaft sowohl die allgemeinste, alles Seiende umfassende, sein kann, und zugleich eine spezielle, nur das höchste Seiende betrachtende. Vor dem Hintergrund dieser Spannung des aristotelischen Untersuchungsprogramms zwischen allgemeiner Metaphysik und Theologie ist die ganze Fülle von Bestimmungen zu interpretieren, die sich sonst noch im Text findet: Die Wissenschaft wird »erste Philosophie« genannt, sie soll von den »höchsten Prinzipien und Ursachen der Dinge« handeln,[21] sie wird als Wissenschaft von den Ursachen des Seienden als Seienden beschrieben,[22] als »Theologie«,[23] als Wissenschaft von der Substanz,[24] als Wissenschaft von der ersten Substanz[25] und als Wissenschaft von den Ursachen der Substanz[26] – um nur die wichtigsten zu nennen. Will man aus dieser Fülle und angesichts des von Natorp diagnostizierten Widerspruchs nicht die Konsequenz ziehen, mit Natorp ganze Kapitel und Bücher der *Metaphysik* zu athetieren oder mit Jaeger unterschiedlichen Etappen der intellektuellen Entwicklung von Aristoteles zuzuschreiben,[27] bleibt nur der Versuch, in der einen oder anderen Weise nachzuweisen, dass beide einander zu widersprechen scheinenden Bestimmungen systematisch zwingend ineinander verflochten sind. Das wird erst dann gelungen sein, wenn sich beide Untersuchungsrichtungen, die allgemein ontologische und die im engeren Sinn theologische, aus der Formel »Seiendes, insofern es Seiendes ist« entwickeln lassen. Dazu braucht nicht gezeigt zu werden, dass sich aus den disparaten Bestimmungen tatsächlich ein einheitliches Metaphysikprogramm erschließen lässt, dem Aristoteles durch alle Bücher seiner *Metaphysik* gefolgt sei. Denn selbst wenn sich eine systematische Verknüpfung von Metaphysik und Theologie im aristotelischen Metaphysikprogramm rekonstruieren ließe, wird sich vermutlich gleichwohl zeigen, dass es sich um zwei nicht-reduzible, gegenläufige Ansätze handelt, die einander als Ergänzungen fordern und in unterschiedlichen Weisen kombiniert werden können und kombiniert wurden. Im vorliegenden Zusammenhang ist deshalb bloß zu zeigen, dass die beiden gegenläufigen Ansätze nur zu-

geordnet, sie kann nicht zugleich mit einer derselben, und sei es die wichtigste, vornehmste, identisch sein.«

21 Vgl. Aristoteles, *Met.* A 1, 982a1-3; A 2 982b9-10. Ich entnehme den Hinweis auf diese und die folgenden Stellen J. Owens, 1978, S. 8f.

22 Vgl. Aristoteles, *Met.* Γ 1, 1003a 26-32; E 1, 1025b3-4; K 1, 1059a18-20.

23 Vgl. Aristoteles, *Met.* K 7, 1064b1-6. Bereits in *Met.* A findet sich die Rede von einer göttlichen Wissenschaft: Routila hat (1969) versucht, die Spannung zwischen einer aufs Allgemeine gehenden und einer aufs besondere Höchste gehenden Metaphysikkonzeption bereits für dieses Buch nachzuweisen – 1969, S. 46ff.

24 Vgl. Aristoteles, *Met.* B 2, 996b31; Z 1, 1028b4-7; Λ 1, 1069a18.

25 Vgl. Aristoteles, *Met.* Γ 3, 1005a35.

26 Vgl. Aristoteles, *Met.* Γ 2, 1003b18; H 1, 1042a5; Λ 1, 1069a18-19.

27 Vgl. W. Jaeger, 1923, S. 227ff.

sammen die Frage nach dem Seienden im Allgemeinen entfalten können und entsprechend jeder systematische Ansatz, der auf traditionelle Metaphysik bezogen bleiben will, in der einen oder anderen Weise durch diesen Zwiespalt und seine Folgeprobleme charakterisiert ist.[28]

An den beiden fraglichen Stellen in *Met.* Γ und *Met.* E folgt auf die Bestimmung des Gegenstands der Metaphysik jeweils die Bemerkung, dass das Seiende in mehrfacher Bedeutung ausgesagt werde.[29] Aristoteles nennt dabei die verschiedenen Kategorien, in denen Seiendes ausgesagt werde, aber auch eine Reihe anderer Bestimmungen, darunter Möglichkeit und Wirklichkeit. Die genaue Art und Weise, in der die Metaphysik als eine Wissenschaft vom Seienden, insofern es Seiendes ist, zu verstehen ist, hängt also unter anderem von diesem »vielfältig ausgesagt werden« ab. Zunächst mag es nämlich so scheinen, als müsste die Metaphysik alles, was in irgendeiner dieser vielen Weisen »Seiendes« genannt wird, eigens untersuchen. Insofern die Einheit einer Wissenschaft durch die Einheit ihres Gegenstandsgebiets begründet wird, wäre es dann schwierig zu behaupten, die Metaphysik sei eine Wissenschaft. Insbesondere fragt sich, ob nur die Substanzen oder auch sämtliche Akzidenzien eigens und für sich Gegenstand der Metaphysik sein müssen.[30] Die Metaphysik droht so in eine Fülle separater Einzeluntersuchungen der Akzidenzien zu zerfallen, deren Einheit nicht ersichtlich ist. Doch wird »Seiendes« zwar in vielerlei Weise ausgesagt, immer aber »in Beziehung auf Eines« (πρὸς ἕν).[31] Vieles wird nämlich im Blick auf dasjenige »Seiendes« genannt, das es erhält und hervorbringt, und zwar gerade auch insofern es von ihm als ersten erhalten und hervorgebracht wird.[32] Eine Untersuchung des Seienden, insofern es Seiendes ist, erfasst also diejenigen Dinge, die nur deswegen Seiende genannt werden, weil sie von etwas Seiendem erhalten oder hervorgebracht werden,

---

28 In gewissem Sinn stimme ich also durchaus M. Heideggers Analysen in *Identität und Differenz* zu. Entwicklungsgeschichtliche Überlegungen – wie etwa die L. Routilas, 1969, S. 122ff. – nehmen sich im Vergleich oftmals doch eher wie Verlegenheitshypothesen aus.

29 Vgl. Aristoteles, *Met.* Γ 2, 1003a33f.: »τὸ δ᾿ ὂν λέγεται μὲν πολλαχῶς.«; auch E 2, 1026a33-1026b4.

30 Die anderen möglichen Aussageweisen von »seiend« spielen bei dieser Frage auffallenderweise keine Rolle. Das liegt daran, dass der Versuch, über die Grenzen der Kategorien, die ja höchste Allgemeinbegriffe sein sollen, hinaus noch einen gemeinsamen, allumfassenden Gattungsbegriff zu etablieren, besondere Schwierigkeiten mit sich bringt – vgl. dazu die folgenden Absätze.

31 Aristoteles, *Met.* Γ 2, 1003a33.

32 Aristoteles, *Met.* Γ 2, 1003a35f.: »[...], τὸ μὲν τῷ φυλάττειν, τὸ δὲ τῷ ποιεῖν, τὸ δὲ τῷ σημεῖον [...], τὸ δ᾿ ὅτι δεκτικὸν αὐτῆς«. Die Aufzählung »erhalten und hervorgebracht« ist also nicht vollständig, aber für das vorliegende Thema zentral; vgl. auch *Met.* Δ 7; Z 1; K 3, 1061a7-10, – vgl. zum Problem des »πρὸς ἕν« G. Patzig, 1960/61, S. 151ff., L. Routila, 1969, S. 84ff.; G. E. L. Owen, 1960, sowie H. J. Krämer, 1967, S. 313-354, insbes. S. 339; aber auch L. Routila, 1969, S. 122.

indem sie das »erste Seiende« untersucht, das sie erhält oder hervorbringt. Sie fällt deshalb (zumindest in gewisser Weise) mit einer Untersuchung über die Substanz, die in diesem ersten und ausgezeichneten Sinn »Seiendes« genannt werden kann, zusammen. Dasjenige, das nicht in diesem ersten Sinn »Seiendes« genannt wird, muss in einer Wissenschaft vom Seienden als Seienden gar nicht für sich in seiner Fülle betrachtet werden, sondern eben nur, insofern es Seiendes ist. Seiendes ist es aber nur, insofern es in Bezug auf das erste Seiende ist. Wenn man beispielsweise sagt, eine Eigenschaft »sei«, dann kann das nur heißen, dass etwas anderes diese Eigenschaft »hat«. Nur im Blick auf den Träger der Eigenschaft ist die Eigenschaft selbst ein »Seiendes«. In diesem Sinn beschreibt diese Wissenschaft alle Seienden, aber nur unter einem bestimmten Aspekt, nämlich dem, dass sie in mannigfachem Sinn aber immer in Beziehung auf eines Seiende sind.

Die These, Seiendes werde in vielfältiger Weise ausgesagt, begründet insoweit die Einheit des Metaphysikprogramms. Sie ermöglicht es, einige der oben genannten, divergierenden Bestimmungen des aristotelischen Metaphysikprogramms zu vereinigen, nämlich die, dass es sich um eine Wissenschaft vom Seienden im Allgemeinen, vom Seienden als Seienden, und von den Substanzen handle. Die Einheit wird dabei durch (vorwiegend) reale Relationen zwischen denjenigen, die in verschiedener Weise als Seiende bezeichnet werden, hergestellt, nämlich dadurch, dass das eine das andere »erhält« oder »hervorbringt« (φυλάττειν bzw. ποιεῖν). Doch sind der Grund für die mögliche Vielfalt und damit der eigentliche Sinn des Problems und seiner Lösung noch nicht ausgelotet. Die Behauptung, dass Seiendes in vielfältiger Weise ausgesagt wird, lässt sich selbst nämlich nicht begründen, indem man einfach auf Gegenstände unterschiedlichen Typs hinweist oder verschiedene Redeweisen herzählt. Denn es mag einen vereinheitlichenden Gesichtspunkt geben, unter dem die divergierenden Gegenstände betrachtet werden können. Die divergierenden Gegenstände wären so als Exemplare einer gemeinsamen Gattung ansprechbar. Dass »Seiendes« nicht univok von allem Seienden ausgesagt werden kann, ergibt sich für Aristoteles vielmehr aus einer bestimmten, grundsätzlichen Aporie, in die man sich bei dem Versuch verfängt, »Seiendes« als eine oberste Gattung zu denken. Wäre »Seiendes« nämlich ein oberster Gattungsbegriff, der tatsächlich ein Seiendes bezeichnete, dann könnte es keine Arten geben. Denn die spezifischen Differenzen, die Arten begründen, könnten dann nicht unter den Begriff des Seienden fallen, wären also Nichtseiendes, von dem nicht zu sehen ist, wie es als spezifische Differenz zu Arten von Seiendem führen könnte. Sie können deshalb nicht unter den Begriff des Seienden fallen, weil dann nicht deutlich wird, woher sie ihre eigentümliche Bestimmtheit haben können: Von der Gattung, unter die sie dann fallen, können sie keine zusätzliche Bestimmtheit erlangen, und eine weitere spezifische Differenz anzunehmen, würde letztlich einen infiniten Regress eröffnen.[33] Das Problem, das der allgemeinste Begriff des Seienden mit sich bringt, verdankt sich also nicht schlicht einer Mannigfaltigkeit von Arten, sondern dem Umstand, dass das Seiende keine Gattung ist und die einzelnen Seienden nicht als Arten dieser Gattung begriffen werden können. Deshalb kann die Einheit des Gegenstandsbereichs auch nicht durch eine problemlos univok allen Seienden zukommende reale Eigenschaft, »Seiendes zu sein«, gesichert, sondern muss im Rückgriff auf unterschiedliche reale Relationen zwischen den divergierenden Seienden hergestellt werden, nämlich Relationen wie »Erhalten« und »Hervorbringen«.[34] Defizite des sprachlichen Begreifens, die sich in der Gattungsaporie manifestieren, sind mit den realen Strukturen der Dinge anfänglich verflochten, aber nicht so, dass das Seiende, insofern es Seiendes ist, in diesen Begriffen bereits schlicht erfasst wäre. Es ist das reale Fundament der Relationen des Erhaltens und Hervorbringens, das dem problematischen Sprachgebrauch bei der Rede von Seienden als Seienden allererst seine Bedeutung gibt, die πρὸς ἕν-Struktur begründet und den Ausdruck »Seiendes« im allgemeinsten Sinn nicht zur bloßen Äquivokation verkommen lässt. »Erhalten« und »Hervorbringen« gehören aber im weitesten Sinn dem kausalen Vokabular an. Die Einheit der Metaphysik als Wissenschaft – gerade insofern ihr Gegenstand das Seiende im allgemeinsten Sinn sein soll – ist ohne kausales Vokabular, das die Vielfalt der Dinge verbindet, nicht denkbar.

Die Behauptung, Seiendes werde in vielfacher Weise ausgesagt, und ihre Begründung aus logischen Aporien bereits im Begriff des Seienden als einer höchsten Gattung zeigen, dass die Einheit der verschiedenen Bestimmungen der Metaphysik nicht durch einen an sich vorgegebenen Gegenstandsbereich gewonnen werden kann, sondern nur durch eine Reflexion über die Möglichkeiten, von diesem Gegenstandsbereich zu sprechen bzw. ihn als einen einheitlichen zu begreifen. Die Frage nach dem Seienden, insofern es Seiendes ist, zwingt – weil der Begriff des Seienden einerseits auf alles anwendbar sein soll, andererseits aber keine oberste Gattung möglich ist – dazu, Seiendes als nur in vielfältiger Weise aussagbar anzusetzen. »Seiendes« kann deswegen selbst in der Formel »Seiendes, insofern es Sei-

---

33 Vgl. Aristoteles, *Met*. B 3, 998b22-28. Vgl. dazu P. Aubenque, 1962, S. 222ff.; L. Routila, 1969, S.70ff. Die Aporie wird in *Met*. K 1 im Zusammenhang mit der Exposition des Metaphysikbegriffs wieder aufgegriffen, vgl. auch *Met*. K 3. H. J. Krämer, 1967, S. 343ff., entwickelt diese Position vor dem Hintergrund innerakademischer Diskussionen über das Problem, Gattungsbegriffe über ontologische Hierarchiestufen hinweg bilden zu können.

34 Aristoteles nennt in *Met*. Γ 2, 1003a 35f. genauer vier Relationen, in denen diejenigen, deren Begriffe im Verhältnis des πρὸς-ἕν-λέγεται ausgesagt werden, stehen können. Interpretiert man dabei das Zeichen-Sein hier als eine Art Indizienrelation, dann wird man alle vier Relationen als reale Relationen interpretieren dürfen.

endes ist« nicht als univoker Gattungsbegriff auftreten, der alles umfasst. Der Ausdruck kann weder bei seinem ersten noch bei seinem zweiten Vorkommen naiv als »alles Seiende« gelesen werden. Vor dem Hintergrund dieser Probleme muss man vielmehr annehmen, dass bereits der erste Ausdruck »Seiendes« in der Formel »Seiendes, insofern es Seiendes ist«, sofern er alles umfassen soll, einen »in vielfältiger Weise ausgesagten« Begriff bedeutet. Weil die Metaphysik auf eine alles umfassende Wissenschaft aus ist, »Seiendes« aber nicht als oberste Gattung angesetzt werden kann, ist die Vielfältigkeit der Bedeutungen von »seiend« in dieser Bestimmung des Gegenstands der Metaphysik immer schon mitzudenken.

Dabei ist dann auch schon als Problem aufgegeben, diejenigen realen Relationen zu untersuchen, welche die Einheit des Namens allererst begründet. Das zweite Vorkommnis des Ausdrucks »Seiendes« in der Formel kann nun gar nicht dasselbe bedeuten wie das erste.[35] Es bezeichnet vielmehr den Begriff, von dem her alleine die mannigfachen Bedeutungen von »seiend« als auf eines bezogen zu verstehen sind. dass »Seiendes« als nicht-univoker Begriff dennoch nicht schlicht äquivok gebraucht wird, ergibt sich nicht einfach aus weiteren Eigenheiten der Begriffsbildung, sondern aus der These, dass bestimmtes Seiendes, nämlich substanzielles, anderes Seiendes, nämlich akzidentielles, hervorbringe und erhalte. Es ist dieses Grund- oder Verursachungsverhältnis, das die Begriffsmannigfaltigkeit auf eines hin zu strukturieren gestattet. Vorläufig mag also das zweite Vorkommnis von »seiend« schlicht die »Substanz« bedeuten, die Akzidenzien »erhält« und »hervorbringt«. Das »insofern« wäre dann nicht einfach als ein aspektbil-

---

35 Vgl. dazu H. Happ, 1971, S. 386ff., der deutlich herausarbeitet, dass die beiden Vorkommnisse von »ὄν« jeweils verschiedenes bedeuten, nämlich einmal das Material- und das andere Mal das Formalobjekt der Metaphysik. Unter ersterem seien die »Dinge« im umfassendsten Sinn zu verstehen, wohingegen das Formalobjekt etwas Besonderes, nämlich das Wesentliche sei, auf das bezogen das Materialobjekt zu untersuchen sei – in letzter Konsequenz das Göttliche (vgl. S. 390f.). Dass »Seiendes« in der Formel nicht zweimal dasselbe bedeutet, hat schon Heidegger deutlich gesehen, wenngleich er den Punkt fast überdeutlich fasst: »Das Seiende meint einmal das, was jeweils seiend ist, [...]. Sodann meint ›das Seiende‹ jenes, was gleichsam ›macht‹, daß dies Genannte ein Seiendes ist und nicht vielmehr nichtseiend, jenes, was am Seienden, wenn es ein Seiendes ist, sein Sein ausmacht.« (*Einführung in die Metaphysik*, S. 23). Heidegger überspitzt diesen Punkt weiter, indem er das erste Vorkommnis Seiendes, das zweite hingegen seiner Meinung nach »das Sein« bedeute (S. 24). Damit wird die letzte Frage nach dem Grund von vornherein verwandelt in die Frage nach einem Sein des Seienden, das selbst kein Seiendes mehr ist. Die Beispiele Heideggers machen deutlich, dass er die Formel auch gar nicht vor dem spezifischen Hintergrund des »πολλαχῶς λέγεται« auslegt, sondern immer bereits nach dem »Sein« von »Substanzen« fragt (»diese Kreide«). Er verfehlt damit zunächst den spezifischen Problemhorizont. Die Formel lässt sich zunächst zwanglos auch so verstehen, dass das zweite Vorkommnis von »ὄν« schlicht ein ausgezeichnetes Seiendes bezeichnet, von dem her anderes Seiendes zu begreifen ist, sofern es Seiendes ist. Diese kleine Überspitzung in der Interpretation deutet auf die Gründe, derentwegen Schöpfung bei Heidegger letztlich doch kein Thema werden kann – ist Gott doch zunächst ein ausgezeichnetes Seiendes, insofern er Schöpfer ist (vgl. S. 5f.).

dender funktionaler Ausdruck zu deuten, wie er etwa in Sätzen wie »Die Erde, als bewegter Körper, ist ein Gegenstand der Physik«. Hier wird der Aspekt nämlich durch die Angabe einer Gattung bestimmt, was im Fall des Seienden nicht möglich ist. »Insofern« ist hier als ein aspektbildender funktionaler Ausdruck in besonderer Weise verwendet, nämlich als funktionale Leerstelle für die mannigfachen Weisen, in denen Seiendes im ersten Sinn – auch durch reale Relationen – auf Seiendes im zweiten Sinn bezogen sein kann, und zwar so, dass es von diesem Bezug her selbst erst Seiendes ist. Den Hinsichten liegen in bestimmten Fällen reale Verhältnisse zugrunde, die es zu untersuchen und zu entdecken gilt.[36]

Dadurch gewinnt die Metaphysik, deren Gegenstandsbereich der allumfassendste ist, eine eigentümliche Struktur. Sie braucht so nur einen Teilbereich tatsächlich zu untersuchen, um ihrer Aufgabe gerecht zu werden. Denn in diesem Teilbereich alleine manifestiert sich der Sinn von »seiend«, von dem her die vielfältigen anderen Bedeutungen zu denken sind. Weil sich diese Struktur der Metaphysik nicht einfach daraus ergibt, dass sie die Gesamtheit dessen, was ist, zum Gegenstand hat, sondern ebenso sehr aus den Möglichkeiten, Seiendes auf Begriffe zu bringen, ist in ihr die Span-

---

36 Vgl. H. Happ, 1971, S. 387, weist m.E. zu Recht darauf hin, dass zumindest den für die Einheit der Metaphysik wichtigen Hinsichten, die durch den Ausdruck »ἧ« gebildet werden, reale oder »objektive Seinsstrukturen« entsprechen müssen: »Der Aspekt, den der Betrachter durch einen noetischen Erkenntnisakt (νόησις) heraushebt, ist kein willkürliches ›Gedankending‹, das er frei erfinden könnte, sondern etwas Vorgegebenes in dem Gegenstand selbst, das er nur deshalb herausheben kann, weil es bereits objektiv ›darin‹ ist. Das so erkannte νοητόν ist also nie ›leerer Begriff‹ o. dgl., sondern stets *inhaltlich* bestimmte *objektive* ›Seinsstruktur‹« (ebd.). Anders W. Wieland, 1962, S. 197ff., der in anderem Zusammenhang »ἧ« als einen funktionalen Ausdruck deutet, der es gestattet, an einer Sache Hinsichten zu thematisieren, ohne dass den die Hinsichten bestimmenden Prädikaten reale Entitäten korrespondieren müssten: Aristoteles vermeide durch die Hinsichtenbildung mit Hilfe des Ausdrucks »ἧ« die Gefahr (platonischer) Hypostasierungen. Allerdings ist der vorliegende Fall deshalb ein anderer, weil der die Hinsicht bestimmende Ausdruck keinen einheitlichen Begriff bezeichnet, sondern ein πολλαχῶς λεγόμενον. Die Einheit der Hinsicht muss also allererst begründet werden. Das kann nur geschehen, wenn in der Sache ein Anhalt zu einer einheitlichen Hinsichtnahme aufgewiesen werden kann. Die Relation des Erhaltens oder Hervorbringens von etwas ist das Fundament dieser einheitlichen Hinsichtnahme. Insofern es sich hierbei um Relationsausdrücke handelt, kann durch das »ἧ« nicht bloß ein Aspekt an einem der Relata ausgedrückt werden, sondern muss das reale Verhältnis beider ins Spiel kommen. Die Gefahr platonisierenden Hypostasierens besteht dabei auch nicht. Happ verkennt demgegenüber m.E., dass diese »objektiven Seinsstrukturen« durch die funktionalen Ausdrücke als solche nur begrifflich *vorgezeichnet*, aber in ihrer realen Mannigfaltigkeit noch nicht auf den Begriff gebracht sind. Denn ein bloßer Aspekt wird dadurch gebildet, dass nach dem »insofern« ein Allgemeinbegriff steht, der demjenigen auch zukommt, das unter diesem Aspekt betrachtet werden soll. Einem Akzidenz kommt aber schlicht kein substantielles Sein zu, sondern es hat günstigstenfalls an ihm Teil. Die »ἧ«-Konstruktion muss daher als Vorzeichnung für ein Ausbuchstabieren derjenigen (teilweise realen) Relationen interpretiert werden, die hier provisorisch mit dem platonischen Ausdruck der Teilhabe anvisiert wurden. Der Aspekt ist in diesem Sinn durch eine reale Relation auf das ausgezeichnete Seiende erst noch auszufüllen.

nung zwischen ihrem Gegenstand, dem Seienden selbst, und den Begriffen, in denen er alleine gedacht werden kann, unaufhebbar angelegt. Der Begriff »seiend« wird in der Formel in zwei verschiedenen Weisen gebraucht, und gerade darin dokumentiert sich, dass die Begriffe der Metaphysik den mit ihnen anvisierten Gegenstand nur problematisch zu fassen in der Lage sind. Die innere Diskrepanz zwischen Seiendem und Begriff gehört von vornherein zur eigentümlichen Struktur dieser Theorie.[37]

Die bisherigen Überlegungen zu den Problemen, die sich daraus ergeben, dass Seiendes auf vielfältige Weise ausgesagt wird, betrafen allerdings nur die Frage, ob Substanzen und Akzidenzien gleichermaßen Gegenstand einer Untersuchung über das Seiende werden müssen.[38] Aristoteles selbst verweist zur Einführung seiner These nicht nur auf die Vielfalt der Kategorien, sondern auch auf Bestimmungen wie Möglichkeit und Wirklichkeit. Der von Natorp diagnostizierte Widerspruch betraf jedoch noch einen ganz anderen Sachverhalt, nämlich den, dass Metaphysik von Aristoteles zum einen als allumfassendste Wissenschaft charakterisiert wird, zum anderen aber als Wissenschaft von einem begrenzten Gegenstandsbereich, nämlich als Theologie. Diese Wissenschaften unterscheiden sich nach unterschiedlich verfassten Gegenständen. Gegenstand der »Theologie« soll nur eine besondere Art von Substanz sein, nämlich die der abgetrennt existierenden und unbewegten.[39] Die systematische Spannung zwischen allgemeiner Metaphysik und Theologie ist dabei, ähnlich wie das Problem der Akzidenzien, rückführbar auf eine von Aristoteles selbst im einleitenden Aporienbuch exponierten Frage, nämlich die, »ob alle Wesen einer oder mehreren Wissenschaften angehören, und wenn mehreren, ob diese alle verwandt sind oder einige von ihnen als Weisheit zu bezeichnen sind, oder nicht.«[40] Insofern die Problematik von Aristoteles selbst systematisch exponiert ist, wird man auch hier kaum annehmen dürfen, die entsprechende Spannung in seiner

---

37 Das hat insbesondere P. Aubenque, 1962, deutlich herausgearbeitet. Hieraus erklärt sich auch, warum es fraglich erscheinen kann, ob das Seiende, der Begriff von ihm, oder der Ausdruck »seiend« Gegenstand der Untersuchung ist – die Ebenen verschwimmen hier systematisch kontrolliert (vgl. oben, S. 181).

38 Zumindest ist das der Kontext, in dem diese Überlegung von Aristoteles in aller Regel eingeführt wird – vgl. z.B. Aristoteles, *Met.* Z 1.

39 Vgl. Aristoteles, *Met.* E 1, 1026a 29f. Zu den Problemen dieser Einteilung vgl. K. Brinkmann, 1979, S. 148.

40 Aristoteles, *Met.* B 1, 995b11-13; vgl. B 2, 997a15f.: »Überhaupt, handeln von allen Wesen eine Wissenschaft oder mehrere?«. Wie eng der Zusammenhang zwischen diesen Fragen und der Exposition des Metaphysikbegriffs in *Met.* E ist, zeigt auch ein Vergleich von E 1, 1026a 10ff. mit B 2, 997a 34ff.: »Ferner ist die Frage, ob man nur von den sinnlichen Wesen zu behaupten hat, dass sie seien, oder auch noch von anderen außer diesen, und ob dann nur eine oder mehrere Gattungen von Wesen zu setzen sind, wie das diejenigen tun, welche die Ideen annehmen und das Mittlere, wovon, wie sie sagen, die mathematischen Wissenschaften handeln.«

Metaphysik sei Zeugnis einer unausgegorenen Entwicklungsgeschichte oder pfuschender Herausgebertätigkeit.

Weiterhin wird man davon ausgehen müssen, dass zumindest fraglich ist, ob die unterschiedlichen Substanzentypen tatsächlich als Arten einer gemeinsamen Gattung »Substanz« zu begreifen sind, oder ob sie nicht so verschieden sind, dass sie keine gemeinsamen Begriffe haben. Dieses Problem scheint mit dem ersten verwandt zu sein, als deren Auflösung sich die Struktur des »in vielerlei Weise, aber mit Bezug auf eines ausgesagt Werden« erwies. Entsprechend ist angenommen worden, dass auch das Verhältnis zwischen den Wesen oder Substanzen unterschiedlicher Art so zu deuten sei, dass »Substanz« in mannigfacher Weise aber immer im Blick auf eines ausgesagt werde, das die anderen Substanzen hervorbringe und erhalte, das daher im eigentlichen Sinn »erste Substanz« genannt werde und vorzüglichster, gar erster Gegenstand der Metaphysik sei.[41] Doch behauptet Aristoteles an keiner Stelle, die Bedeutungen von »Substanz« seien derartig geordnet. Gegen diese Interpretation spricht auch, dass nicht alle Substanzen als gleichrangige in gleicher Weise auf die erste Substanz bezogen sind, sondern dass eine hierarchische Reihenordnung vorliegt.[42] Ebenso ist zu bedenken, dass die unterschiedlichen Substanzen zumindest scheinbar alle unter dieselbe Kategorie, nämlich die der Substanz, fallen und die Unterschiede zwischen ihnen keine kategorialen sind. Das Problem ergibt sich gar nicht daraus, dass es für die drei Arten von Substanzen keinen Gattungsbegriff mit entsprechenden Differenzen geben könne, sondern eher aus den Schwierigkeiten, die abgetrennten und unbeweglichen Substanzen, die nicht in der unmittelbaren Erfahrung gegeben sind, als solche zu erkennen und einen entsprechenden Gattungsbegriff zu bilden. Weil es sich um ein anderes Problem handelt, sollte man auch erwarten können, dass das Mittel, die Einheit der Metaphysik auch an dieser Stelle zu bewahren, ein anderes ist. Es handelt sich hier also nicht um ein πολλαχῶς λεγόμενον, das durch die Gattungsaporie begründet ist. Vielmehr spielt ein ganz andersgeartetes Problem herein: Die unterschiedliche epistemische Zugänglichkeit bzw. Nichtzugänglichkeit der wahrnehmbaren und der nichtwahrnehmbaren Substanzen lässt nicht nur daran zweifeln, ob es überhaupt sinnlich nicht wahrnehmbare Substanzen gibt,[43] sondern auch, ob man es mit einem einheitlichen Gegenstandsbereich zu tun hat. Entsprechend sind die Überlegungen zum πρὸς ἕν λέγεται für dieses Problem weiter zu differenzieren. Das primäre Problem ist dann nämlich nicht, ob bestimmte

---

41 Vgl. G. Patzig, 1960/61, S. 157; L. Routila, 1969, S. 88, sowie S. 122ff.
42 Vgl. H. J. Krämer, 1967, S. 348ff.; K. Brinkmann, 1979, S. 158ff.; H. Happ, 1971, S. 337ff.; aber auch H. G. Gadamer, 1976, S. 50ff.
43 Vgl. etwa Aristoteles, *Met.* Z 2, 1028b 27ff.

Begriffe univok oder äquivok prädiziert werden, sondern welche Begriffe
überhaupt geeignet sind, auf den Bereich epistemisch nicht unmittelbar zu-
gänglicher Substanzen angewendet zu werden.

Wenn die Frage, was das Seiende ist, in einer Wissenschaft beantwortet
werden soll, und es zur eigentümlichen Struktur des Wissens gehört, dass
etwas nur erkannt ist, wenn seine Prinzipien und Gründe erkannt sind,[44]
dann ist das natürlich auch auf den Fall einer Wissenschaft vom Seienden,
insofern es Seiendes ist, anzuwenden. Die Beantwortung einer Was-ist-es-
Frage setzt für Aristoteles die Beantwortung einer korrespondierenden Wa-
rum-ist-es-Frage voraus.[45] Entsprechend formuliert Aristoteles auch in *Met.*
Γ 1 die Frage nach den »ersten Ursachen des Seienden, insofern es Seiendes
ist.«[46] Auch im Fall der Akzidenzien sind die Substanzen, an denen sie sind,
insofern Ursachen oder Prinzipien, als sie die Akzidenzien erhalten oder
hervorbringen. Ein ähnliches Verhältnis besteht nun augenscheinlich zwischen den Substanzen der unterschiedenen Arten. Insofern die göttliche
Substanz als Ursache der anderen Substanzen – bzw. genauer ihrer Bewegung – angesehen werden kann, gilt sie als das erste, auf das hin geordnet
»Substanz« in vielfacher Weise ausgesagt wird. Jede Untersuchung der
Substanz im Allgemeinen muss daher auf eine Untersuchung der ersten
Substanz zulaufen und umgekehrt in einer Lehre von der ersten Substanz
ihren letzten Grund finden. Doch wie diese Verursachungsverhältnisse genauer beschrieben und erkannt werden können, stellt ein eigenes Problem
dar. Dieses Problem, das zunächst wieder eine Variation der πρὸς ἕν-
Struktur zu fundieren scheint, kann nun gar nicht bearbeitet werden, wenn
nicht zuvor ein ganz anderes Problem geklärt wurde. Denn um eine Substanz zu erkennen, ist es nötig, ihre Ursachen und Prinzipien zu finden. Bevor mögliche Verhältnisse zwischen unterschiedlichen Arten von Substanzen untersucht werden können, muss untersucht werden, im Rückgriff auf
welche Prinzipien diese Substanzen zu denken sind. Hierbei spielen die am
epistemisch leichter zugänglichen Fall sinnlich wahrnehmbarer Substanzen
entwickelten Begriffe der Form und der Materie, und korrespondierend die
von Wirklichkeit und Möglichkeit, eine Schlüsselrolle.

Wenn es ein Buch der aristotelischen *Metaphysik* gibt, das diese Zusammenhänge durchführt, dann *Met.* Λ.[47] Bereits die Eröffnungssätze dieses

---

44 Vgl. Aristoteles, *Met.* A 1, 981a24-30.
45 Vgl. G. Patzig, 1960/61, S. 158, der sich auf *Met.* Z 17 beruft.
46 Vgl. Aristoteles, *Met.* Γ 1, 1003a31f.
47 Aus verschiedenen Gründen ist auch *Met.* Λ nur problematisch in den Aufbau der *Metaphysik* zu integrieren. D. Ross, S. XXVIIff., argumentiert mit guten Gründen dafür, dass es sich um
ein frühes, zunächst unabhängiges Buch handle, ähnlich W. Jaeger, 1923, S. 213ff., und I. Düring,
1966, S. 189ff. Gleichwohl hat dieses Buch bei allen Defiziten der Argumentation und der Begrifflichkeit seine wohlbestimmte Funktion im Aufbau der *Metaphysik*, so dass die Entscheidung des

Buchs machen die Zuspitzung der Frage, was eine Substanz sei, auf die Frage nach den »Ursprüngen und Ursachen« aller Substanzen deutlich.[48] Dabei kristallisiert sich im Verlauf der Untersuchung als grundlegendes Problem die Frage heraus, ob in den drei unterschiedenen Bereichen im selben Sinn von »Ursachen und Prinzipien« die Rede sein kann, bzw. ob etwas, das im einen Bereich als eine Ursache oder ein Prinzip fungiert, im selben Sinn auch im anderen Bereich als Ursprung und Prinzip fungieren kann. Dieses Problem betrifft insbesondere den Begriff des Stoffs (ὕλη) als eines Prinzips der Veränderung.[49] Es ist nämlich fraglich, ob und (wenn ja) in welchem Sinn auch Substanzen im dritten Sinn Stoff zuzusprechen ist, die ja unbeweglich sein sollen.[50] Um die Verhältnisse zwischen unterschiedlichen Typen von Prinzipien für die unterschiedlichen Seinsbereiche zu beschreiben und so von den Prinzipien für epistemisch nur schwer zugängliche Substanzen überhaupt einen Begriff zu bilden, verwendet Aristoteles in diesem Buch ein Mittel, von dem er an anderen Stellen kaum Gebrauch macht, nämlich die Analogie.[51] Der Analogiebegriff ist in diesem besonderen Problemkontext nicht so zu deuten, wie man nicht erst seit dem Mittelalter jegliche strukturierte und sinnvolle Bedeutungsmannigfaltigkeit äquivoker Ausdrücke in einem umfassenden Sinn »analog« nannte, darunter auch die πρὸς ἕν-Struktur.[52] Der Analogiebegriff ist hier vielmehr zugespitzt als ein Mittel zu denken, in einer Hierarchie von Substanzen von sinnlich wahrnehmbaren Substanzen auf Eigenschaften und Prinzipien prinzipiell nicht erfahrbarer Substanzen zu schließen. Analogie meint Verhältnisgleichheit, *analogia proportionalitatis*: So wie sich A zu B verhält, so verhält sich C zu D.[53] Gerade die Formalität dieses Analogiebegriffs gestat-

---

Redaktors, es an dieser Stelle als Ersatz für eine nicht geschriebene ausgearbeitetere Abhandlung einzufügen, durchaus sinnvoll ist.

48 Vgl. Aristoteles, *Met.* Λ 1, 1069a18ff.

49 Vgl. Aristoteles, *Met.* Λ 2, 1069b24ff.; sowie vor allem 5, 1071a24ff.: »Die Ursachen und Elemente sind aber, wie gesagt, bei dem nicht dem gleichen Bereich Angehörigen je andere für anderes, für Farben, Geräusche, für substantiell Seiendes, für Größenbestimmungen – nur dass sie analogisch ein und dasselbe sind« – 1070b35 signalisiert, dass dieses Problem für die Frage nach dem ersten Beweger verschärft auftritt.

50 Vgl. Aristoteles, *Met.* Λ 6, 1071b20f.; es ist aber fraglich, ob nicht in Λ 2, 1069b25f. ein Schwundbegriff von ὕλη entwickelt wird, der trotzdem auch ewigem Seienden zuzusprechen ist – vgl. dazu unten, S. 196f. und S. 205, Anm. 79.

51 Der Analogiebegriff findet sich in der Metaphysik außer in Buch Λ noch in Buch Θ, vgl. H. Happ, 1971, S. 455. Vom Analogiebegriff aus haben K. Oehler, 1969 und H. J. Krämer, 1967, ihre unterschiedlichen Konzeptionen der Einheit der aristotelischen Metaphysik durchgeführt.

52 Vgl. zur Begriffsgeschichte von »Analogie« und den Verschiebungen in Neuplatonismus und Mittelalter z.B. H. Happ, 1971, S. 331, und P. Aubenque, 1962, S. 205; sowie ders., 1978; zugespitzt auf die spätmittelalterliche Rezeption A. Guy, 1979, S. 280ff.

53 Vgl. H. Happ, S. 686, der den analogen Gebrauch von Materie und Form in *Met.* Λ folgendermaßen illustriert: »M : F (des πόσον) = M : F (des ποῖον) = M : F (der Substanz).« Es ist kein Zufall, sondern bestätigt die These, dass sich Analogiebildungen einem epistemischen Zu-

tet es, epistemisch unzugängliche Bereiche begrifflich zu strukturieren.[54] Der Analogiebegriff tritt also gerade dann auf, wenn sich erkenntnistheoretische Probleme einstellen.[55]

Um das an einem Beispiel zu illustrieren: Der Begriff der Materie (ὕλη) wird beispielsweise ausgehend vom sinnlich Wahrnehmbaren als dasjenige eingeführt, das beim Wechsel von Gegensätzen gleich bleibt,[56] an anderer Stelle als etwas, das die Möglichkeit ist, gegensätzliche Bestimmungen zuzulassen.[57] Obwohl damit der Begriff der Materie nur für veränderliche Dinge eingeführt ist, behauptet Aristoteles noch im selben Kapitel, auch ewige Dinge hätten eine Materie. Dabei setzt er freilich einen etwas anderen Materiebegriff an, nämlich den einer Materie »nicht für Entstehen, sondern für das Woher-Wohin«, also etwa für bestimmte Kreisbewegungen.[58] Dieser Begriff der Materie wird also über eine Art Proportionalitätsanalogie eingeführt: Die Materie von ewigen Dingen ist dasjenige, was hinsichtlich der Kreisbewegung dieselbe Funktion erfüllt wie dasjenige, das bei endlichen, sinnlich wahrnehmbaren Substanzen die Funktion des Gleichbleibenden im Wechsel erfüllt. Wenn Aristoteles an späterer Stelle behauptet, ewige Dinge hätten keine Materie, eben weil sie ewig sind und keiner Veränderung unterliegen, so redet er entweder von Materie im ersten Sinn oder aber von einem Ewigen, das unbewegt ist.[59] Solche analogen Begriffsbildungen behauptet Aristoteles nicht nur für die Prinzipien Stoff, Form und Privation, sondern auch für das Bewegende (τὸ κινοῦν, 1071a 35), also für das, was später »causa efficiens« heißt. Gerade die Frage nach einem solchen Bewegenden als Frage nach dem Warum der ewigen Kreisbewegungen motiviert in der Folge den Schluss auf einen unbewegten Beweger. Ohne dass es

gangsproblem verdanken, wenn Aristoteles die Begriffe von ἐνέργεια und δύναμις in *Met.* Θ ebenfalls durch Analogien einführt. Denn Modalitäten sind als solche eben auch nichts sinnlich Wahrnehmbares – vgl. Aristoteles, *Met.* Θ 6; dazu G. Patzig, 1960/61, S. 170ff.

54 G. Patzig, 1960/61, hat demgegenüber die These vertreten, Aristoteles habe in früheren Texten den Analogiebegriff bevorzugt und sei in den später zu datierenden Büchern Z H Θ dazu übergegangen, die πρὸς ἕν-Struktur (Paronymie) zu nutzen, ein Prozess, den er als »Entparonymisierung« beschreibt. H. Happ hat in einer ausführlichen Gegenargumentation zu Recht darauf hingewiesen, dass sich der Analogiebegriff methodisch zentral auch in Buch Θ findet, so dass die entwicklungsgeschichtliche These Patzigs nicht haltbar sei (1971, S. 453ff.). Beide Strukturen, πρὸς ἕν und Analogie gingen vielmehr »sachlich auf ganz verschiedene Verhältnisse.« (S. 455). Patzig hat entsprechend seine entwicklungsgeschichtliche These in einer Retraktation zurückgenommen (1960/61, S. 173).

55 H. Happ, 1971, S. 685, geht so weit, zu behaupten: »Die analogia ist jeweils der erkenntnistheoretische Aspekt einer Pros-hen- oder Reihen-Ordnung, deren Glieder Verhältnisse darstellen.« Dass eine Pros-hen-Struktur zugrunde liegt, wäre dann eine Bedingung dafür, aus einer Analogiebildung überhaupt methodischen Gewinn zu schlagen.

56 Vgl. Aristoteles, *Met.* Λ 2, 1069b8f.

57 Vgl. Aristoteles, *Met.* Λ 2, 1069b14; vgl. auch *Met.* Λ 4, 1070b12f.

58 Vgl. Aristoteles, *Met.* Λ 2, 1069b25ff.

59 Vgl. Aristoteles, *Met.* Λ 2, 1071b20f.

Aristoteles ausführlicher ausführt, deutet er also an, dass er den Begriff der Wirkursache ähnlich analog verwendet wie den Begriff der Materie.

Vor diesem Hintergrund lässt sich verstehen, dass allgemeine Metaphysik und Theologie bei Aristoteles systematisch ineinander verschränkt sind. Die Lehre vom Seienden im Allgemeinen verlangt – weil sie nur als Wissen von Gründen und Prinzipien eine Wissenschaft sein kann – Wissen um die erste Substanz. Umgekehrt lässt sich Wissen vom ersten Beweger *per analogiam* nur gewinnen, wenn die verschiedenen Substanzen nicht nur in ihrer möglichen Angewiesenheit auf die erste Substanz analysiert sind, sondern zuvor am Beispiel wahrnehmbarer Substanzen Prinzipienbegriffe gebildet wurden, die *per analogiam* auf die epistemisch nicht gleichermaßen zugänglichen Substanzen übertragen werden können. Die Analyse der sinnlich wahrnehmbaren Substanzen in den Büchern Z, H, Θ legt daher systematisch den Grund für die Spekulation über den unbewegten Beweger. Entsprechend rekapitulieren auch die ersten Kapitel von *Met.* Λ ausschnittsweise die Lehre von den wahrnehmbaren und bewegten Substanzen, um zur Theologie überzugehen. Die Analyse der sinnlich wahrnehmbaren Substanzen bietet das Fundament der Analogiebildungen, deren anderes Extrem, der unbewegte Beweger, zu erschließen ist. Allerdings fällt auf, dass *Met.* Λ keine Theologie bietet, in der ausführliche Konsequenzen für eine Theorie des Seienden im Allgemeinen gezogen würden.[60] Die erste Substanz kommt zwar insofern in den Blick, als sie Grund der Bewegung der Substanzen ist, doch lässt sich daraus nicht einfach alles ableiten, was über die verschiedenartigen bewegten Substanzen zu sagen bleibt. Endliche Substanzen gehen in ihrem Sein nicht darin auf, dass ihre Bewegung letztlich auf einen ersten Beweger führt – dafür bietet die aristotelische Metaphysik nicht zuletzt deshalb keinen Anhalt, weil ihr der Schöpfungsbegriff fremd ist.[61] Die Exposition der Fragestellung von *Met.* Λ endet in einer Bekräftigung dessen, dass zwar alle Veränderungen oder Bewegungen aus Gegensätzen seien (z.B. aus »nicht-weiß« wird an einem Zugrundeliegenden etwas, das »weiß« ist), dass also Nichtsein bei der Rede von Veränderung immer nur prädikativ verstanden werden dürfe, so dass jeder Veränderung ein Substrat zugrunde liegen müsse. Entsprechend endet das zweite Kapitel mit einer erneuten Diskussion des Satzes, dass aus Nichts nichts wird.[62] Die Lehre vom Seienden überhaupt kann gar nicht in einer Lehre vom ersten Beweger aufgehen, weil der erste Beweger kein Schöpfer ist und die veränderlichen,

---

60 Vgl. die Analyse von L. Routila, 1969, S. 129ff.

61 Das sieht in der mittelalterlichen Aristotelesrezeption natürlich völlig anders aus – vgl. unten 2.1.2, S. 209ff.

62 Vgl. Aristoteles, *Met.* Λ 1, 1069b4ff., sowie Λ 2; oben 1.1.2, S. 61ff., habe ich am Beispiel von Aristoteles, *Phys.* A, 191a30f., untersucht, welche Form von Sprachbetrachtung dieser Abwehr des Gedankens einer *genesis ex nihilo* zugrunde liegt.

wahrnehmbaren Substanzen ontologisches Eigenrecht haben: Weder der erste Stoff noch die Form kennt ein Entstehen.[63]

Wie auch immer: Obwohl dieses Bild der analogen Begriffsbildung plausibel die unterschiedlichen Bücher der *Metaphysik* in ein Gesamtbild einordnen und darüber hinaus auch erklären kann, wie sich die unterschiedlichen Bestimmungen des Metaphysikbegriffs in den unterschiedlichsten Partien des Textes systematisch aufeinander beziehen lassen, bleiben grundlegende Fragen offen. Mit allem bisher Gesagten ist nämlich entgegen den Vermutungen einiger Interpreten noch nicht deutlich, dass allgemeine Metaphysik und Theologie ineinander fallen, so »daß Ontologie gerade als Ontologie wesentlich und vornehmlich Theologie sein muss«.[64] Theologie und Ontologie können nicht miteinander identifiziert werden. Deutlich ist vielmehr nur, dass theologische Untersuchungen einen wohlbestimmten Platz und eine recht präzise Funktion innerhalb einer Metaphysik haben müssen, die darauf aus ist, das Seiende als Seiendes zu erkennen, wie auch umgekehrt eine Theologie, deren Gegenstand die erste Substanz sein soll, nur auf der Basis einer Untersuchung sinnlich wahrnehmbarer Substanzen in irgendeiner Weise zustande kommen kann. Mit den bisherigen Überlegungen ist keine Identifikation zweier Wissenschaften erreicht, sondern die mögliche systematische Verschränkung zweier Fragerichtungen in einer Disziplin expliziert.[65] Dann ist aber noch nicht klar, wie die Fülle von divergierenden Bestimmungen, mit denen Aristoteles in der Metaphysik das vorgetragene Unternehmen charakterisiert, als Bestimmungen *einer* Wissenschaft verstanden werden können. Allerdings gibt es hinreichende Indizien, dass sich in diesen Schwierigkeiten einige der in *Met.* B entwickelten Aporien manifestieren und so Probleme der verhandelten Sache entspringen.[66]

---

63 Vgl. Aristoteles, *Met.* Λ 3, 1069b35.

64 So G. Patzig, 1960/61, S. 159. Wie unscharf die bisherigen Überlegungen sind, zeigen auch die Formulierungen von K. Oehler. Er schreibt einerseits: »Und eben deshalb ist die Erste Philosophie, die *als Theologik* die göttlichen Substanzen erforscht, *als solche zugleich* auch allgemeine Seinswissenschaft.« (1969, S. 22, Hervor. R.S.), andererseits: »Die Gotteslehre ist nirgendwo in der ›Metaphysik‹ identisch mit der Ersten Philosophie, sondern nur ihr höchster Punkt. Was zu diesem höchsten Punkt hinführt, ist aber auch schon Erste Philosophie!« (ebd. S. 29). Wenn sich die von mir hervorgehobenen Worte nicht bloß der Rhetorik verdanken, lässt sich bei Oehler sogar ein Widerspruch feststellen. Die Formulierungen von G. Patzig, 1960/61, S. 150 und S. 159, aber auch von H. J. Krämer, leiden unter ähnlichen Unschärfen.

65 In diese Richtung entwickelt K. Brinkmann, 1979, seine Interpretation, S. 225ff. In den nachfolgenden Abschnitten wird die Unterscheidung und die wechselseitige Abhängigkeit von allgemeiner und besonderer Metaphysik eine zunehmende Rolle spielen.

66 Man muss bei einer solchen Einschätzung nicht so weit gehen wie P. Aubenque, 1962, und behaupten, bei der Metaphysik handele es sich um eine gesuchte Wissenschaft, die nie vollendet, sondern schon bei Aristoteles in Aporien gescheitert sei. Der Text der *Metaphysik* dokumentiere diese Suche und dieses Scheitern. Kritiken an Aubenques These, die darauf gründen, dass sein

2.1.1.2 Strukturmerkmale einer Metaphysik im Anschluss an Aristoteles

Bisher wurde versucht, die Frage nach der Einheit der Bücher der aristotelischen *Metaphysik* zu nutzen, ein einheitliches Programm der Metaphysik herauszupräparieren und für eine Deutung der Formel »Seiendes, insofern es Seiendes ist« fruchtbar zu machen. Die skizzierten Probleme, die der Versuch mit sich bringt, den aristotelischen Metaphysikbegriff zu klären, verdanken sich indessen nicht historischem Zufall, sondern lassen sich systematisch entwickeln. Im Folgenden soll deshalb umgekehrt versucht werden, ausgehend vom bisher erarbeiteten Problembestand und der Formel »Seiendes, insofern es Seiendes ist« vier Strukturmerkmale der aristotelischen Metaphysik zu entwickeln, die die Systematizität der bisher verhandelten Probleme auf den Begriff bringen sollen und von denen ich annehme, dass sie historisch wie systematisch grundlegend auch für spätere Metaphysikbegriffe sind. Ob es sich dabei tatsächlich um grundlegende Strukturmerkmale handelt, wird sich nicht nur daran erweisen müssen, ob es mit ihrer Hilfe gelingt, die bisher verhandelten Probleme zu erklären. Mehr noch hängt die Tragfähigkeit dieses Versuchs von seiner historischen und systematischen Erklärungskraft in den späteren Abschnitten dieser Untersuchungen ab. Weil die gesamten Untersuchungen um das Problem einer bestimmten, als »metaphysisch« qualifizierten Frage kreisen und auf eine Theorie solcher Fragen zulaufen, sollen auch die Strukturmerkmale vorgängig aus der Perspektive des Fragens entwickelt werden.[67] Dabei ist zu zeigen, wie durch die Frage der Gegenstandsbereich erfasst und strukturiert, die Anforderungen und Differenzierungen der möglichen Antworten als erstrebtes Wissen vorgezeichnet und damit eine innere Dynamik der Theorie methodisch kontrolliert in Gang gesetzt wird.

1. Geht man schlicht von der *Frage* aus, was Seiendes ist (τί τὸ ὄν),[68] dann stellt sich ein doppeltes Problem: Zum einen muss man genauer angeben, was man befragt und wonach man fragt, wenn man nach dem »Was« des Seienden fragt. Der Sinn der Frage erzwingt es, nicht nach diesem oder

---

Begriff der Aporie nicht der aristotelische sei, weil Aristoteles nur methodisch fruchtbare Aporien zur Exposition einer Begrifflichkeit und eines Problems kenne – z.B. L. Routila, 1969, S. 33ff. –, treffen Aubenque nicht, insofern es natürlich sein kann, dass sich Aristoteles bei seinem Versuch einer methodisch fruchtbaren Ausbeute von Aporien in objektive, unlösbare Aporien eines ganz anderen Typs verstrickt haben könnte, ohne darauf seinerseits erneut methodisch zu reflektieren.

67 Die folgende Exposition ist in mehrerem Sinn vorläufig. In den letzten Kapiteln der Arbeit wird die Idee einer kategorialen Interpretation von Fragen entwickelt werden. Von dort ausgehend müsste rückblickend noch einmal gefragt werden, wie die Ausgangsfrage der Metaphysik zu verstehen ist. Das würde jedoch bei weitem den Rahmen der Arbeit sprengen. Insofern aber diese Idee der kategorialen Interpretation ihrerseits skeptischen Einwänden ausgesetzt bleibt, wäre auch dieser Rückblick bloß vorläufig.

68 Vgl. z.B. Aristoteles, *Met.* Z 1, 1028b4.

jenem Seienden zu fragen, sondern alles Seiende in den Blick zu nehmen. Denn diese Frage kann angesichts von allem gestellt werden, das in irgendeinem Sinn begegnen kann bzw. das in irgendeinem Sinn ist. Die Frage fordert so den Allgemeinheitsgrad der Untersuchung, aber auch einen bestimmten Aspekt, unter dem das Seiende zu betrachten ist. Denn es interessieren nicht irgendwelche Eigenschaften, die allem Seienden zukommen mögen, sondern nur die, die ihm zukommen, insofern es Seiendes ist.

Zum anderen hängen Was-Fragen mit korrespondierenden Warum-Fragen zusammen. Eine Frage ist nämlich erst dann hinlänglich beantwortet, wenn man weiß, dass die in Frage stehende Antwort die richtige ist. Entsprechend spricht Aristoteles bei seiner Einführung einer Untersuchung des Seienden, insofern es Seiendes ist, terminologisch von einer »Wissenschaft« (ἐπιστήμη).[69] Von einem solchen Wissen kann aber nur gesprochen werden, wenn man die Antwort auf die gestellte Frage begründen kann, bzw. wenn man weiß, warum es sich so verhält, wie es sich verhält.[70] Es ist deshalb kein Zufall, wenn Aristoteles im Rahmen seiner Exposition der Ausgangsfrage der Metaphysik bemerkt, man habe »die ersten Ursachen des Seienden als Seienden aufzufassen«.[71] Eine Was-Frage ist also nicht schon dann hinreichend beantwortet, wenn bestimmte charakteristische Züge angegeben werden, sondern erst dann, wenn zugleich erkannt ist, warum es ist und warum es gerade diese Züge und keine anderen hat. Denn die Gründe, denen sich die Bestimmungen verdanken, gehören zum vollständigen Begriff der Bestimmungen selbst. Entsprechendes gilt auch für die Was-Frage, die Ausgang der Untersuchungen ist, die »Metaphysik« genannt werden. Es genügt auch hier nicht, allgemeinste Züge des Seienden anzugeben. Vielmehr muss zugleich der Grund dafür aufgewiesen werden können, dass das Seiende ist und gerade diese Züge hat. Damit ist eine Bedingung an vollständige Antworten an diese Was-Frage formuliert. Konse-

---

69 Vgl. Aristoteles, *Met.* Γ 1, 1003a21; vgl. dazu den Kommentar von D. Ross, 1924, S. 253.

70 Dieser Zusammenhang zwischen Wissen und Rechtfertigen bzw. Kenntnis von Gründen und Ursachen ist seit Platons Analysen des Wissensbegriffs trotz aller seiner Probleme unbestritten. Aristoteles selbst expliziert ihn zu Beginn der *Metaphysik* in Aristoteles, *Met.* A 1ff, vgl. z.B. 982a1ff. Auch in der Tradition der Metaphysik wurde dieser Zusammenhang selbst von eher metaphysikkritischen Autoren so gesehen. Wilhelm von Ockham schreibt beispielsweise in seinem Kommentar zu *Physik* II, 3, wo Aristoteles eine ähnliche Behauptung über das Wissen aufstellt: »Notandum est, .. , quod notitia perfecta duplex est, scilicet incomplexa et complexa. Ad notitiam rei *incomplexam* perfectam sufficit notia suarum causarum intrinsecarum, scilicet materiae et formae, et notitia suarum partium integralium, quia ad talem notitiam sufficit cognoscere omne illud quod est de natura et essentia rei. Ad notitiam *complexam* perfectam oportet scire a quot causis est et a quibus et quae sunt causae eius primae et quae propinquae, et hoc quia essentialiter dependet ab eis. Et huius ratio est, quia ad notitiam complexam perfectam alicuius requiritur quod sciantur illa per quae respondentur ad quaestionem factam de illo.« (*Expositio in libros physicorum Aristotelis*, Lib. II, cap. 5, § 1, S. 278f.)

71 Aristoteles, *Met.* Γ 1, 1003a 31f.

quent findet sich die latente weitere Doppelung dieser Warum-Frage in die nach den Gründen der Bestimmungen des Seienden als solchem und die nach dem Grund dafür, dass überhaupt Seiendes ist, indirekt bereits bei Aristoteles (und nicht etwa erst bei Leibniz). *Met.* Λ enthält ein Argument dafür, dass, falls eine bestimmte Gegenthese richtig wäre, »nichts von dem Seienden sein würde«. Dass überhaupt etwas ist, ist also auch erklärungsbedürftig und soll in *Met.* Λ auch eine Erklärung finden. Dieser Grund wird aber allemal etwas Besonderes sein.[72] Das höchste Seiende ist als ein solcher Grund anzusprechen.[73] Der Grund wird dabei wiederum als ein Seiendes zu begreifen sein, angesichts dessen sich die in sich strukturierte Was-Frage eben auch stellt bzw. das selbst von vornherein unter der anfänglichen Frage befasst ist. Der Doppelung der Frage entspringt damit eine unaufhebbare Spannung im Begriff des Seienden.

Ein *erstes Strukturmerkmal der tradierten Metaphysik* ist also bereits dadurch gegeben, dass ihre Ausgangsfrage in sich gedoppelt ist – in eine aufs Allgemeine zielende, übergreifende Was-Frage und in eine in sie eingeschlossene, auf Besonderes zielende Warum-Frage, die selbst wiederum in sich mehrere Fragen enthält.[74] Dieses Strukturmerkmal entspringt nicht einer vorgängigen These über die Seienden, die sich antreffen lassen, sondern Annahmen über die Begründungsstrukturen von Wissen, die Aristoteles und Platon gemeinsam sind und die Diskussion um den Wissensbegriff bis heu-

---

72 Ein Grund muss gegenüber dem zu Begründenden ein Besonderes sein, weil er nur so Erklärungswert haben kann. Jedem zu Begründenden ein je eigentümliches anderes als Grund zuzuordnen, führt zu keinerlei Erklärung. Mit dem Problem des Grundes ist also immer auch das Verhältnis von Einem und Vielem aufgerufen.

73 Vgl. Aristoteles, *Met.* Λ 6, 1071b25; sowie Λ 7, 1072a20ff.

74 Vgl. M. Heidegger, *Identität und Differenz*, S. 63: »Weil Sein als Grund erscheint, ist das Seiende das Gegründete, das höchste Seiende aber das Begründende im Sinne der ersten Ursache. Denkt die Metaphysik das Seiende im Hinblick auf seinen jedem Seienden als solchem gemeinsamen Grund, dann ist sie Logik als Onto-Logik. Denkt die Metaphysik das Seiende als solches im Ganzen, d.h. im Hinblick auf das höchste, alles begründende Seiende, dann ist sie Logik als Theo-Logik.« Heidegger hat darüber hinaus in seiner Vorlesung *Einführung in die Metaphysik*, Kap. 1, einen etwas anderen Zusammenhang zwischen den beiden Fragen vorgeschlagen. Seiner Meinung nach ist die Warum-Frage die primäre, grundlegende, die insofern auch ins Allgemeine zielt, als sie anlässlich eines jeden Seienden gestellt werden kann. Es scheint mir gerade ein Spezifikum der Metaphysik zu sein, die Warum-Frage nicht für sich genommen, sondern im skizzierten Zusammenhang zu stellen. Auch scheint eine Warum-Frage nur dann sinnvoll und hinreichend bestimmt gestellt werden zu können, wenn man in etwa bereits weiß, nach dem Grund wovon gefragt werden soll, also wie beschaffen dasjenige im Umriss ist, nach dessen Warum gefragt wird. Die hiermit aufgezeigte Alternative zur heideggerschen Deutung wird sich im Folgenden daran plausibilisieren lassen, dass sie es in weitaus differenzierterer Weise gestattet, die Eigenheiten und Probleme der Begriffsbildung in der Metaphysik zu entwickeln.

te prägen.[75] Daraus ergibt sich bereits, dass von »Seiendem« durch die in der Frage entworfene Struktur der Antwort zumindest in einem – zunächst nur funktional vorgezeichneten – Doppelsinn gesprochen wird, nämlich einmal im allgemeinen Sinn des zu Begründenden und dann im besonderen des Begründenden.

Verbunden mit dem ersten Strukturmerkmal wird man also zumindest einen Minimalsinn und einen Maximalsinn von »seiend« unterscheiden müssen, und zwar in doppeltem Sinn, so dass sich – allein durch die Fragen vorgezeichnet – bereits drei Bedeutungen ergeben: »Seiendes« bezeichnet nämlich nicht nur im Maximalsinn das Seiende als solches, das als (letzter) Grund des Seienden, insofern es Seiendes ist, angesprochen ist; der Ausdruck bezeichnet auch die vielen davon abhängigen Seienden in je ihrer Art zu sein (die gemessen am ersten Begriff nur in eingeschränktem Sinn Seiende sind); schließlich bezeichnet er aber auch den prinzipiell vagen, defizitären Begriff, unter den alles fällt, was Gegenstand werden soll, allerdings ohne dass ihm ein distinkter Begriff des Seienden entsprechen könnte (dem gemäß alles ein Seiendes ist, was Gegenstand des Wissens werden kann). Es ist also ein bestimmter Maximalsinn, ein bestimmter Minimalsinn und ein prinzipiell vager, unbestimmter Minimalsinn des Ausdrucks funktional durch die anfängliche Frage vorgezeichnet. Diese funktional vorgezeichneten Begriffe des Seienden können nur durch weitere Argumentationen und im Rückgriff auf zusätzliche Gründe ausgefüllt werden.

2. Bereits in die Formulierung der Was-Frage geht ein weiteres Problem ein, das bei Aristoteles zu der Behauptung führt, »Seiendes« werde nicht univok, sondern in vielerlei Weise ausgesagt.[76] Dafür sind zwei gänzlich verschiedene Gründe verantwortlich: Zum einen die Gattungsaporie, nach der es nicht möglich ist, einen Oberbegriff für das, worüber man insgesamt reden will, anzunehmen, unter den zugleich die spezifischen Differenzen fallen, mit deren Hilfe die grundlegenden Einteilungen vorgenommen werden sollen (zumindest, so lange univok geredet werden soll). Man kann natürlich Namen dafür einsetzen, jedoch nicht annehmen, diese Namen bezeichneten in irgendeiner Weise etwas der Sache nach Einheitliches. Zum

---

75 Vgl. dazu z.B. R. Enskat, 1998, wobei Enskat allerdings mit Platon gerade die Grenzen solcher Definitionsversuche aufzuzeigen unternimmt, sofern sie die Komponente der Personalität des Wissens vernachlässigen.

76 Es scheint zunächst so, als wäre ein Begriff univok, wenn er univok ausgesagt wird. Man kann aber das Problem der Univozität weiter differenzieren, wenn man das Problem der Bedeutung eines Begriffs und der Weisen seines Prädiziertwerdens oder Zukommens auseinander halten kann. Ist das möglich, erhält man natürlich mehr Spielraum. Diese Differenzierung erscheint mir hier noch nicht dringlich, wird aber unten, in 2.1.3, am Beispiel von Suárez relevant werden. Für die Weiterentwicklung dieser Problematik bei Kant wird diese Unterscheidung eine selbstverständliche Voraussetzung.

anderen ist fraglich, ob Begriffe für solches Seiende, das nicht wahrnehmbar ist, einfach unbesehen Wahrnehmbarem abgewonnen werden und auf Nicht-Wahrnehmbares angewandt werden können. Man kann nicht einmal unbesehen davon ausgehen, dass das nicht sinnlich Wahrnehmbare dieselben Grundzüge hat wie das Wahrnehmbare, so dass zunächst unklar ist, ob dasjenige, was man im weitesten Sinn »Seiendes« nennt, überhaupt universell-gemeinsame Eigenschaften hat. Nichts bietet dafür eine Garantie. Die Unterscheidung von Wahrnehmbarem und Nicht-Wahrnehmbarem muss gar nicht als dogmatische Voraussetzung eingeführt werden, sondern lässt sich ihrerseits aus der in der umfassenden Was-Frage implizierten Warum-Frage entwickeln. Denn was als letzter Grund des Seienden im Ganzen soll angesprochen werden können, kann eo ipso kein Gegenstand der unmittelbaren Wahrnehmung sein. Aus beiden Gründen darf eine Theorie, die nach dem Seienden, insofern es Seiendes ist, fragt – schon insofern sie die Was-Frage stellt –, nicht einfach davon ausgehen, dass sie eine Liste von Merkmalen angeben könnte, die univok allem Seienden als solchem zukommt. Die Einheit ihres Gegenstandsbereichs verdankt sich zunächst nur dem Namen, mit dem man ihn benennt, und von dem zweifelhaft ist, ob ihm ein einheitlicher Begriff korrespondiert. Die Einheit des Begriffs mag gegenüber der schlichten Einheit des Namens eine bereits in sich strukturierte sein.[77] Die beiden Gründe für dieses Auseinanderfallen der drei Ebenen – der Sprache, der Begriffe und der Dinge – wird durch die in die Konsequenz getriebene Doppelung der Ausgangsfrage hervorgerufen, insofern der letzte Grund allemal nicht in die Sinne fällt.

Daraus ergibt sich ein *zweites Strukturmerkmal der tradierten Metaphysik*: Die Einheit des Gegenstandes der Metaphysik lässt sich anfänglich nur aus seinem Namen begründen – die Metaphysik ist gleichsam unterwegs, von der Einheit des anfänglichen Namens durch die systematische Ausdifferenzierung des korrespondierenden Begriffs die Mannigfaltigkeit ihres Gegenstandsbereichs zu erfassen. Diese Ausdifferenzierung muss an der Mannigfaltigkeit der Dinge orientiert sein und auf realen Relationen zwischen ihnen beruhen, soll Wissen von den Seienden erreicht werden. Die

---

77 C. H. Kahn, 1979, S. 258, interpretiert diesen Zusammenhang etwas anders: »Like homonomy, ›being said of‹ (πολλαχῶς λέγεσθαι) is a threefold relation between (1) a single word or phrase or (in this case) a family of ›paronymous‹ verbal forms, like *being, is,* and *to be,* (2) a plurality of diverse things to which the word is applied, and (3) a different account of what the thing is corresponding to each application, that is, corresponding to each kind of thing to which the word applies.« Kahn interpretiert dieses Verhältnis als ein solches zwischen Ausdrücken und Dingen ohne die dreistufige Semantik aus *De Interpretatione* vorauszusetzen. Das hat zunächst Vorteile im Blick auf die Attraktivität der aristotelischen Diagnosen im Kontext neuerer Sprachphilosophie. Dass es sich dabei aber zumindest nicht um die einzig mögliche Auslegung handelt, macht beispielsweise der Kommentar von M. Frede/G. Patzig zu Aristoteles, *Met.* Z 1 deutlich, die von einer dreistufigen Semantik ausgehen.

Frage der Metaphysik impliziert damit Existenzannahmen und fordert geradezu den Rückgriff auf empirisches Wissen. Auch dieses Strukturmerkmal entspringt nicht einer vorgängigen These über die Dinge, wie es sie gibt, sondern einer Vermutung über die Struktur der allein möglichen Redeweise vom Ganzen des Seienden und den unterschiedlichen epistemischen Zugangsweisen zu den verschiedensten Seienden. Die zwei Gründe dieses Strukturmerkmals – das »sprachphilosophische« und das »erkenntnistheoretische« – dürfen nicht miteinander verwechselt oder gar identifiziert werden, soll die Reichhaltigkeit der Theoriestruktur nicht von vornherein verfehlt werden.

3. Wegen der durch die Möglichkeiten der Begriffe und des Erkennens induzierten Schwierigkeiten muss der Weg von der Einheit des Namens »Seiendes« zu dem ausdifferenzierten begrifflichen System von verschiedensten Mitteln der Begriffsbildung Gebrauch machen. Die Frage selbst gibt keine weiteren Möglichkeiten vor, die Differenzierungen und inhaltlichen Bestimmungen zu gewinnen. Die der πρὸς ἕν-Struktur unterliegenden realen Relationen sind dazu auszubuchstabieren. Sie deutlich zu machen, bedeutet gerade, für Seiende bereits eine in der Was-Frage implizierte Warum-Frage zu beantworten. *Met.* Λ führt diesbezüglich zu weiteren Bestimmungen. Die Unterschiede zwischen den drei Arten von Substanzen sind derartig, dass sie keine gemeinsamen univoken Prinzipien haben, sondern nur analoge.[78] Das liegt schlicht daran, dass die Möglichkeiten zu kontrollierter Begriffsbildung sich für den Fall nicht-wahrnehmbarer Substanzen schlagartig verändern. Wie auch immer diese analogische Betrachtung im Einzelnen funktioniert, so ist nicht nur ihre Notwendigkeit zu konstatieren, sondern darüber hinaus ein zunächst merkwürdig erscheinender Umstand: Bedingung für die Möglichkeit, methodisch kontrolliert mit Analogien zu arbeiten, ist auch bei Aristoteles eine minimale vorgängige Charakterisierung der drei geschiedenen Bereiche bzw. Substanzen in vielleicht unscharfen, in keinem Fall jedoch selbst bloß analogen Begriffen. Denn das analogische Verfahren einer Begriffsbildung durch die Identität der Verhältnisse zwischen Relata, von denen einige nicht bekannt sind, ist viel zu unscharf: So wie sich A zu B verhalte, so verhalte sich C zu D , wobei D

---

78 Vgl. z.B. K. Oehler, 1969, S. 32ff.; H. J. Krämer, 1972, S. 329-353. Vgl. aber auch W. Wieland, 1962, S. 204ff. Wieland zeigt u.a., wie die Lehre von analoger Begriffsbildung im Fall der Prinzipien in Aristoteles, *Met.* Λ als die Auflösung einiger Aporien aus *Met.* B gedeutet werden kann. L. Routila, 1969, S. 83f., meint, die Relevanz der Analogie für die Einheit der aristotelischen Metaphysik reduzieren zu können, weil sie nur innerhalb einer obersten Gattung, nicht aber transkategorial anzusetzen sei. Unterschiedliche Probleme erfordern jedoch unterschiedliche Lösungen, sollen sie nicht gewaltsam sein.

(manchmal auch C und D!) das Unbekannte ist, das es zu erschließen gilt.[79] Für sich genommen ist eine solche Angabe nicht zureichend, um sich unter D (oder unter C und D) etwas Bestimmtes zu denken. Denn es muss entweder zuvor die Richtung angegeben werden, in der die Analogie zu suchen ist, oder aber nachträglich eine weitere Interpretation des analogen Begriffs in nicht-analogen Ausdrücken gegeben werden. Beides setzt voraus, dass es univoke Begriffe gibt, mithilfe derer sich die Relationen und Relata im Voraus minimal charakterisieren lassen.[80] Deshalb ist die vorgängige Unterscheidung der drei Arten von Substanzen durch nicht-analoge Begriffe konstitutiv für die Möglichkeit analoger Begriffsbildung.[81] Entsprechend finden sich in *Met.* Λ neben Reflexionen über analoge Begriffe immer wieder Passagen, in denen die drei Gebiete genauer bestimmt werden. Ebenso finden sich in *Met.* Λ Versuche, beispielsweise den Begriff des Stoffs von ewigen Dingen, der nur durch Analogie funktional vorgezeichnet werden kann, in nicht-analogen Begriffen zu erläutern.[82] Dazu bedient sich Aristoteles an mehreren Stellen Fragepronomina zur Bestimmung problematischer Begriffe, also einer zusätzlichen Möglichkeit, die Funktion des entsprechenden Begriffs als mögliche Antwort zu bestimmen.[83] Darüber hinaus verwendet er auch allgemeinste Bestimmungen, die nicht als solche univok, sondern deren Disjunktion allen Seienden zukommt. Diese Begriffe gestatten es ihm, vor jeder Analogiebildung den Rahmen zu fixieren, innerhalb dessen die Analogien methodisch kontrolliert gebildet werden sollen. Damit ergibt sich ein Paradoxon: Weil univoke Begriffsbildung im Rahmen einer Wis-

79 Vgl. z.B. G. Patzig, 1960/61, S. 171, der folgendes Beispiel gibt: »Dynamis ist das x, das sich zu einem y so verhält wie der Schlafende zum Wachenden, der Marmorblock zur Bildsäule usw.« Wenn man nur diese Angaben hat, wird an sich unter x und y wenig denken können, denn zwischen einem Schlafendem und einer Bildsäule bestehen nur geringe Ähnlichkeiten. Es ist hier wichtig, durch den Begriff »dynamis« und durch den Begriff »hyle« bereits ein Vorverständnis mitzubringen, das die Richtung der Analogie anzeigt. Wenn es um »hyle« oder »dynamis« in unterschiedlichen Regionen des Seienden geht, benötigt man darüber hinaus eine Charakterisierung dieser Regionen, um abschätzen zu können, welche Bestimmungen der *hyle* jeweils zugesprochen werden können oder nicht – soweit das möglich ist. Vgl. dazu Patzig (ebd.): »Die analogische Methode verlangt nicht mehr als die Existenz eines ausgezeichneten Sonderfalls, der gelegentlich, wie das ›erste Bewegende‹, den Bereich möglicher Erfahrung überschreitet. Es gilt zwar noch, daß jedes Ding oder genauer jedes Naturwesen seine Hyle hat, aber es gilt nicht mehr, dass etwas die Hyle von allem ist.« Vgl. auch W. Wieland, 1970, S. 205ff.; sowie L. Routila, 1969, S. 79ff.
80 Vgl. zu diesen Problemen der Analogiebildung beispielsweise M. Hesse, 1966, die zeigt, dass Analogiebildungen eine Ähnlichkeitsrelation der Relata oder der Relationen voraussetzen, wobei »Ähnlichkeit« eben heißt, letztlich doch bestimmte Eigenschaften gemeinsam zu haben.
81 Vgl. dazu z.B. die Rezension des Buches von Routila durch K. Bärthlein, 1972, S. 287ff. – seine Interpretation als Ganze teile ich jedoch nicht.
82 Vgl. etwa Aristoteles, *Met.* Λ 4, 1070b13f., wo Stoff als dasjenige bestimmt wird, was der Möglichkeit nach beides sein kann – also eine Bedingung der Möglichkeit von Veränderung ist.
83 Vgl. Aristoteles, *Met.* Λ 2, 1069b24ff. Diese Bestimmung findet sich auch in *Met.* Θ 8, 1050b21.

senschaft vom Seienden, insofern es Seiendes ist, prinzipiell ihren Gegenstand nicht adäquat erfasst, muss zum Mittel der analogen Begriffsbildung gegriffen werden. Zugleich ist es eine Bedingung der Möglichkeit kontrollierter analoger Begriffsbildung, über eine vorgängige univoke Charakterisierung der Gegenstandsbereiche im Umriss zu verfügen. Wie auch immer man dieses Paradox durch die Gewichtung und Interpretation der verschiedenen Arten von Begriffsbildung aufzulösen trachtet, es zeichnet sich ein *drittes Strukturmerkmal der tradierten Metaphysik* ab: Der Weg vom anfänglichen Namen ihres Gegenstandes zu ihrem Gegenstand in seiner Mannigfaltigkeit führt zu einem komplexen begrifflichen System, in dem univoke und analoge Begriffsbildungen unterschiedlichster Art einander bedingen und ermöglichen.[84]

4. Das vierte und letzte – über den bei Aristoteles unmittelbar dokumentierten Problembestand hinausgehende – Strukturmerkmal ergibt sich nun, wenn man die drei bisher exponierten Merkmale zusammennimmt. Die Was-Frage, von welcher der Gedankengang seinen Ausgang nahm, fordert zu ihrer vollständigen Beantwortung unter anderem die Beantwortung einer (latent doppeldeutigen) Warum-Frage. Auch das dokumentiert der Argumentationsgang von *Met.* Λ. Es ist diese Warum-Frage, die allerdings erst unter weiteren Zusatzannahmen zu einer Charakterisierung der ersten Substanz in analogen Begriffen als unbewegtem Beweger führt. Eine Lehre vom höchsten, grundlegenden Seienden, die nicht unbedingt eine Lehre vom unbedingten Beweger sein muss, ist notwendiger Bestandteil einer Theorie, die konsequent die Frage nach dem Seienden, insofern es Seiendes ist, verfolgt. Weil die Metaphysik durch konsequentes Fragen dazu getrieben ist, über das sinnlich Wahrnehmbare hinaus zu Gründen und Prinzipien fortzuschreiten, die – als transzendente oder als immanente gedacht[85] – in der Wahrnehmung selbst nicht gegeben sind, muss sie zu problematischen Begriffsbildungen Zuflucht nehmen.

Daraus ergibt sich ein *viertes Strukturmerkmal der tradierten Metaphysik*: Insofern bei der Theoriebildung sowohl univoke als auch analoge Begriffe nötig sind und beide zur genauen Bestimmung einander bedürfen,

---

84 Ich gebrauche den Analogiebegriff, der bei Aristoteles selbst relativ eng verwendet wird, hier in einem sehr umfänglichen Sinn. Das scheint mir insofern sinnvoll, als unter dem Stichwort »Analogie« bei den verschiedenen Autoren des Mittelalters ziemlich konfus unterschiedlichste Weisen der geordneten Mehrdeutigkeit verstanden werden – die *analogia attributionis*, die *analogia proportionalitatis*, zuweilen selbst die *ad unum* Ordnung, und anderes mehr. Zur allgemeinen Charakterisierung des Problems der Begriffsbildung mag dieser vage Begriff von Analogie genügen.

85 Die hier entwickelten Strukturmerkmale lassen sich sowohl in Metaphysiken aufweisen, die einen transzendenten letzten Grund annehmen, wie in solchen, die einen immanenten letzten Grund behaupten – vgl. dazu meine Untersuchung zu Spinoza, R. Schnepf, 1996, die allerdings noch einen viel zu undifferenzierten Begriff der Metaphysik verwendet.

ohne jedoch die prinzipiellen Defizite der Begriffe völlig ausgleichen zu können, werden die Grenzen der Möglichkeit solcher Begriffsbildungen deutlich. Weil sie die Spannung zwischen Minimalsinn und Maximalsinn von »seiend« ausformuliert und ausdifferenziert, korrigiert und kritisiert sie ihre eigenen Begriffe – sowohl die univoken, wie die analogen –, mit deren Hilfe sie das Seiende, insofern es Seiendes ist, zu fassen sucht. In der (doppelten) Doppelung der anfänglichen Ausgangsfrage, den durch die Sprache und die Erkenntnisfähigkeit provozierten prinzipiellen Problemen der Begriffsbildung und den nicht auflösbaren Methodenproblemen der Begriffsbildung liegt ein internes Movens der Geschichte der Metaphysik und Metaphysikkritik. Denn die durch die Frage funktional vorgezeichneten Begriffe lassen sich nur in solcher Weise inhaltlich füllen, dass sie gemessen an den Anforderungen an das zu suchende Wissen, die durch die Fragen vorgegeben werden, immer defizitär bleiben. Insofern ist die Frage nach den sprachlichen und erkenntnistheoretischen Grenzen des durch die Fragen anvisierten und eingeforderten Wissens in der Metaphysik selbst von Anfang an gegenwärtig. Die Spannungen in der aristotelischen Bestimmung des Metaphysikbegriffs sind also kein historischer Zufall, sondern konstitutiv für eine systematische Untersuchung der Frage nach dem Seienden.

Metaphysik im Ausgang von Aristoteles ist also durch vier Strukturmerkmale gekennzeichnet: Ihre Ausgangsfrage ist in sich gedoppelt und zielt einerseits auf allgemeinste Charakteristika des Seienden überhaupt, andererseits aber auf ein besonderes, ausgezeichnetes Seiendes, das Grund des Vielen ist. Ihre Begriffe sind deshalb prinzipiell mehrdeutig, weshalb es für den gesamten Theorieaufbau konstitutiv ist, diese Mehrdeutigkeiten zu systematisieren und zu erklären. Das ist nur möglich, wenn univoke und analoge Begriffsbildungen in ein systematisches Verhältnis gesetzt werden – weshalb die Metaphysik tendenziell in eine allgemeine Metaphysik univoker allgemeinster Begriffe und eine spezielle Metaphysik besonderer Gegenstände zerfällt. Dabei ist nicht zu sehen, wie die durch die Ausgangsfrage provozierten Defizite der Begriffsbildung prinzipiell ausgeglichen werden könnten, so dass eine Metaphysik im Anschluss an Aristoteles immer instabil ist und skeptischen Einwänden gegen ihre Begriffsbildung ausgesetzt bleibt – was zu einem *movens* zu verfeinerten Theorien kategorialer Begriffsbildung wird.

Weil die Doppelung der für die traditionelle Metaphysik konstitutiven Frage in eine Was- und eine Warum-Frage charakteristisch ist und diese Warum-Frage nicht nach der Ursache oder dem Grund dieses oder jenes vereinzelten Gegenstands oder dieser oder jenen vereinzelten Tatsache fragt, sondern nach dem Grund der Charakteristika, die jedem Seienden, insofern es Seiendes ist, zukommen, greift sie in ihrem neu strukturierten theoretischen Zusammenhang die Frage auf, von der oben gezeigt wurde, dass sich bei ihrem konsequenten Verfolgen das Schöpfungsproblem zumindest als eine Antwortmöglichkeit einstellt.[86] Dort war gezeigt worden, wie die Frage nach dem Woher bzw. Warum des Kosmos als Ganzem auf das Schöpfungsproblem führt. Die Entwicklung und die Probleme dieser Frage wurden u.a. anhand des platonischen *Timaios* exponiert. Dabei zeigte sich der Mythos-Charakter der platonischen Schöpfungslehre als eine mögliche Weise, mit Mitteln der Sprache durch Fragen getrieben über Dinge zu sprechen, bei denen nicht zu sehen ist, ob und wie die gewohnte Bedeutung der Ausdrücke hinreicht, sie angemessen zu fassen. Man hat *Met.* Λ daher nicht unplausibel als die Antwort des Aristoteles auf den *Timaios* gelesen.[87] Insofern die Frage nach dem Woher des Kosmos in der komplexen Fragestruktur der Metaphysik aufgehoben ist, lassen sich die Überlegungen zum dritten Charakteristikum der tradierten Metaphysik – das Problem des Ineinander von analoger und univoker Begriffsbildung – als eine mögliche Art und Weise ansehen, die Frage nach der Möglichkeit sinnvollen und methodisch kontrollierten Sprechens über die erste Ursache des Ganzen dessen, was ist, anzugehen. Mit der Art und Weise des Zusammenspiels von analoger und univoker Begriffsbildung bestimmt sich der Grad an Intelligibilität und die Macht des Verstehens, das menschlichen Begriffen selbst in extremen Regionen des Seienden zugetraut oder zugemutet wird. Das Dürre der aristotelischen Lehre vom Ersten Beweger verdankt sich den Grenzen univoker Begriffsbildung, die nicht durch einen Mythos, sondern in einer unter Exaktheitsanspruch stehenden Wissenschaft nur durch Analogiebildung vorsichtig überschritten werden. Wenn sich nun der Schöpfungsbegriff in der Philosophie dadurch entwickeln lässt, dass die Warum-Frage konsequent weiter gestellt wird und dadurch die Zahl der Prinzipien immer weiter verringert wird, dann ist es ebenso konsequent, in die skizzierte Vorzeichnung einer Metaphysik an die Stelle einer Theorie des unbewegten Bewegers eine Theorie der Schöpfung zu setzen. Die mittelalterliche Aristotelesrezeption bietet in zahlreichen Varianten beispielhaft entsprechende Entwürfe. Die vier Strukturmerkmale der Metaphysik werden dabei unterschiedlich ausbuchstabiert. Im Folgenden wird zu untersuchen sein, wie

---

86 Vgl. oben 1.1.2, S. 70ff.

87 H. J. Krämer hat beispielsweise die Begriffsbildung in Aristoteles, *Met.* Λ unmittelbar mit dem *Timaios* Platons kontrastiert, liest er dieses Buch doch als Gegenentwurf – vgl. H. J. Krämer, 1967, S. 331ff. Für ihn nimmt sich die aristotelische Begriffsbildung als »Schwund- und Reduktionsform« gegenüber der Platons aus. Doch muss man zumindest in Rechnung stellen, dass sich der Inhaltsreichtum der *Timaios*-Spekulation eben auch seinem Mythos-Charakter verdankt, während das aristotelische Programm einer ersten Philosophie – auch und gerade, insofern sie Theologie ist – auf genaue und gewisse Erkenntnis zielt. Dem Wunsch nach methodischer Kontrolle verdanken sich striktere Grenzen der Begriffsbildung. Bei Aristoteles werden die Begriffe in theologischen Spekulationen gerade dann dürr, wenn Platon anfängt, Mythen zu bilden.

sich der systematische Zusammenhang zwischen Kausalität und Schöpfung in einer solchen Metaphysik ausnimmt. Im Verlauf dieser Untersuchung wird sich auch zeigen, dass sich dabei ein ganz bestimmter, bei Aristoteles so nicht nachweisbarer und in die jüngsten Diskussionen vorausweisender Begriff der Kausalität einstellt – nämlich derjenige eines bestimmten Bedingungsgefüges.

2.1.2 Die Modifikationen des aristotelischen Metaphysikbegriffs bei Johannes Duns Scotus

Die herausgearbeiteten vier Strukturmerkmale der Metaphysik im Ausgang von Aristoteles lassen verschiedcn akzentuierte Metaphysikprogramme zu. Daher ließe sich die Geschichte der Rezeption der aristotelischen *Metaphysik* durchaus als ein Lehrstück über die Vor- und Nachteile von verschiedenen Möglichkeiten metaphysischer Begriffsbildung inszenieren.[88] Der Versuch, den christlichen Schöpfungsglauben nicht nur in aristotelischer Terminologie zu formulieren, sondern in eine Metaphysik im Anschluss an Aristoteles zu integrieren, zwingt dazu, die vier Strukturmerkmale deutlich anders zu akzentuieren und auszufüllen. Der dadurch provozierte Distinktionenreichtum der mittelalterlichen Philosophie wird in der Folge für die Theorie kategorialer Begriffsbildung – selbst in der kantischen Transzendentalphilosophie – bedeutsam werden. Nicht zuletzt wird sich auch dasjenige Metaphysikprogramm herauskristallisieren, dem die Fragestellung der vorliegenden Arbeit verpflichtet ist und an dem der zu entwickelnde Metaphysikbegriff orientiert sein wird. Dabei kommt es hier nicht auf eine getreue und lückenlose Schilderung in ihrer Interpretation umstrittener philosophiegeschichtlicher Langzeitentwicklungen an, sondern lediglich darauf, dieser Geschichte paradigmatische Lösungsvorschläge zu entnehmen und im Blick auf das Problem der vorliegenden Untersuchung zu analysieren.

Die Renaissance der aristotelischen Metaphysik im 13./14. Jahrhundert findet unter veränderter Maßgabe statt. Mit dem Begriff der *creatio ex nihilo* ist das vorzügliche Seiende nicht nur als der Grund der Bewegung anderer Substanzen begriffen.[89] Vielmehr sind alle Substanzen unter Einschluss der ersten Materie Wirkungen dieses ersten Grundes. Der Schöpfungsbegriff, der sich bereits heidnischen Denkern bei konsequentem Weiterfragen

88 Vgl. A. Zimmermann, 1965; sowie auch R. Schönberger, 1986. Dass keines der verschiedenen Metaphysikprogramme die Intention des Aristoteles erfasst habe, wird verschiedentlich festgestellt, ist aber angesichts der skizzierten Unwägbarkeiten auch kein besonders überraschendes Resultat.
89 Vgl. zur Herkunft des Begriffs oben, 1.1.2, S. 57ff.

ergeben hat,[90] wird zusätzlich dadurch verschärft, dass der Schöpfer als ein persönlicher Gott aufgefasst wird, der grundsätzlich frei handelt. Mehr noch: Während bei Aristoteles nur fraglich war, ob die unterschiedlichen Arten von Substanzen tatsächlich problemlos unter eine Gattung »Substanz« fallen, soll der christliche Schöpfergott so gedacht werden, dass er nichts mit der endlichen Kreatur gemeinsam hat, also transkategorial ist und gar nicht ohne weiteres unter den Begriff einer Substanz fällt.[91] Zwischen Gott und Kreatur gibt es keine Gemeinsamkeit, nicht nur weil sie nicht unter einen gemeinsamen Gattungsbegriff fallen, sondern weil Gott unter gar keine Gattung fällt.[92] Gleichwohl soll Gott als ein in ausgezeichnetem Sinn Seiendes Gegenstand auch der Metaphysik sein. Die erkenntnistheoretischen Probleme, die schon bei Aristoteles die Frage nach den abgetrennten, ewig existierenden und nicht wahrnehmbaren Substanzen aufwarfen und zur Lehre von der analogen Begriffsbildung führten, stellen sich deshalb verschärft. Die Metaphysik kann in dieser Problemkonstellation die Einheit ihres Gegenstandsbereichs – und damit ihre Einheit als Wissenschaft – nur bewahren, wenn entweder die reale Relation, die zwischen Gott und den übrigen Seienden besteht, fundamental wird, weil sie auch in diesem extremen Fall eine πρὸς-ἕν-Struktur zu begründen vermag, oder aber, wenn sie einen einheitlichen Begriff des Seienden ansetzt und ihn im Rückgang auf Strukturen vernünftigen Denkens überhaupt begründet. Dabei nimmt sie grundsätzlich in Kauf, dass die entworfene begriffliche Struktur inadäquate und defizitäre Begriffe enthält. Verfolgt man die erste Alternative, rückt die Schöpfungstheologie bei der Beantwortung der Frage nach dem Seienden, insofern es Seiendes ist, in eine zentrale Stellung.[93] Endliches Seiendes ist Seiendes, insofern es Geschöpf ist. Verfolgt man die zweite Alternative, ist Schöpfung zunächst gar kein Thema. Metaphysik reduziert sich vielmehr auf den Versuch, univoke Begriffe des Seienden überhaupt zu entwickeln, die – obzwar defizitär – vernünftig sind und das begriffliche Instrumentarium allererst bereitstellen, um in einem zweiten Schritt beispielsweise die Schöpfungsrelation vernünftig zu denken. Paradigmatisch für den ersten Ansatz soll Thomas von Aquin stehen, für den zweiten Ansatz Johannes

---

90 Vgl. dazu oben, 1.1.2, S. 58f.

91 Vgl. die Diskussion bei Thomas v. Aquin, *De ente et essentia*, cap. 5; sowie ders., *Summa contra gentiles* I, cap. 25; zur Herkunft des Problems Avicenna, *Metaphysik* VIII, cap. 4 und IX, cap. 1.

92 Vgl. etwa Thomas v. Aquin, *S. th.* I, q. 3, a. 5.

93 Eine Übersicht über verschiedene Schöpfungstheorien bietet K. Bannach, 1975, S. 54-275; zur Schöpfungslehre von Thomas vgl. im Überblick F. C. Copleston, 1955, S. 141ff.; zum Detail L. Dümpelmann, 1969; und jüngst N. Kretzmann, 1999.

Duns Scotus.[94] Es ist die zweite Alternative, der sich der Ansatz der vorliegenden Arbeit verdankt und die den Ausgangspunkt für die zu entwickelnde Theorie bietet. Deshalb ist aber zunächst der erste Ansatz mit dem zweiten zu vergleichen. Denn es müssen Gründe und Motive aufgesucht werden, die gegen den ersten Ansatz und zugunsten des zweiten sprechen.

Zunächst wird die erste Alternative skizziert und abgewogen. Dabei soll der Ansatz des Thomas von Aquin nicht in allen Filiationen, sondern nur im groben Umriss in die Diskussion gebracht werden (i). Es gilt dann, den spezifischen Ansatz der Metaphysik von Johannes Duns Scotus abzuheben und zu rekonstruieren. Dabei kommt es nicht nur auf die Gründe an, die gegenüber dem thomasischen zu seinen Gunsten sprechen, sondern auch auf die internen Schwierigkeiten, mit denen er belastet ist. Diese Schwierigkeiten betreffen gerade die Theorie kategorialer Begriffsbildung (ii). Schließlich muss gezeigt werden, welche Konsequenzen sich aus diesen Überlegungen zur Systematik der Metaphysik für die kategoriale Begriffsbildung im Fall der Begriffe von Kausalität und Schöpfung ergeben. Dazu soll dann die erste systematisch ausgeführte Metaphysik scotistischer Prägung untersucht werden, nämlich die *Disputationes Metaphysicae* von Francisco Suárez (2.1.3). Dieser Ausschnitt aus der Problemgeschichte zeigt nicht nur, wie eng das Problem der richtigen Exposition der Frage, die der Metaphysik zugrunde liegt, mit den Details der Begriffsbildung und Begriffsanalyse verknüpft ist, sondern er arbeitet auch der Interpretation des späteren Ansatzes – der kantischen Transzendentalphilosophie – vor.

2.1.2.1 Die Probleme analoger Begriffsbildung und einige Argumente für das Univozitätsprinzip

Aus der ersten der beiden genannten Alternativen, für die Thomas von Aquin beispielhaft stehen soll, ergibt sich als mögliche Akzentuierung innerhalb der tradierten Metaphysik, Gott zumindest indirekt als den primären Gegenstand der Metaphysik anzusehen und von ihm aus eine Harmonisierung von Theologie und Philosophie zu versuchen.[95] Bei diesem Ansatz

---

94 Für den Zweck im Rahmen der vorliegenden Arbeit genügt eine grobe Skizze, die Einseitigkeiten und Verkürzungen in Kauf nimmt, um den Kontrast deutlicher werden zu lassen.

95 Die Rede von einer Metaphysik bei Thomas von Aquin birgt eigene Risiken. Denn strikt gesprochen gibt es eine solche Metaphysik nicht. Auf der einen Seite findet sich der *Metaphysikkommentar* von Thomas, der eine Aristotelesinterpretation vorstellt, auf der anderen Seite vor allem seine *Summa Theologiae*, die schon dem Namen nach nicht Metaphysik, sondern Theologie sein will. Entsprechend steht alles, was im Folgenden zu Thomas gesagt wird, unter dem Vorbehalt, ob sich so etwas wie eine eigene Metaphysik bei Thomas überhaupt herausdestillieren lässt. Um das Problem gleich an einem Beispiel zu illustrieren: Thomas interpretiert die aristotelische Metaphysik so, dass ihr spezifischer Gegenstand die »substantiae seperatae« sind, insofern sie »universales et primae causae essendi« sind (*In Metaphysicam*, Prooemium). Damit ist natürlich

würde eine Auflösung der Spannungen innerhalb des aristotelischen Metaphysikprogramms favorisiert, die »Seiendes, insofern es Seiendes ist« als
eine Formel für das allgemeine Seiende (*ens commune*) und die Ursachen
aller seienden Dinge versteht, und damit letztlich für Gott als erste und primäre Ursache. Weil Metaphysik in diesem Sinn auch Theologie ist,[96] werden Bestimmungen Gottes als des in höchstem Sinn Seienden auch Ausgangspunkt der Schöpfungstheorie sein. Gott als höchstes Seiendes ist nämlich in höchstem Maße Ursache, weil in höchstem Maße zu sein eben bedeutet, in höchstem Maß Ursache zu sein.[97] Vor diesem Hintergrund kann
es so scheinen, als wäre die wesentliche Bestimmung des endlichen Seienden, insofern es Seiendes ist, gerade die, vollständig von einer Ursache,
dem Schöpfer nämlich, abhängig zu sein, und das heißt wesentlich Geschöpf zu sein.[98] An diesem Punkt wird deutlich, wie sehr die Lehre von der
creatio ex nihilo die aristotelische Metaphysik transformieren kann. Hieraus
ergeben sich Konsequenzen für die Begriffsbildung im Rahmen einer solchen Metaphysik. Denn Gott wird unter der Maßgabe zum Bezugspunkt der

nicht gesagt, dass Gott als der Schöpfer der erste Gegenstand der Metaphysik sei. Stellt man nun
aber in Rechnung, dass Gott von Thomas – nicht im Rahmen seiner Aristotelesinterpretation, sondern in seinen eigenständigen systematischen Schriften – als erste Ursache alles Seienden angesehen wird, dann mag sich die Behauptung über Gott als den primären Gegenstand der Metaphysik
bei Thomas rechtfertigen lassen. Diese Vorrangstellung schlägt sich dann in der Gliederung der
Summa Theologiae nieder. – Vgl. zum Problem der Integration der aristotelischen Metaphysik in
die theologische Systematik W. Metz, 1998, S. 65ff. Die Probleme des Metaphysikbegriffs bei
Thomas von Aquin werden beispielhaft in der Überblicksdarstellung von J. F. Wippel, 1993, deutlich, der einerseits überzeugend Textstellen heranzieht, die zeigen, dass Thomas unter Metaphysik
eine Wissenschaft vom Seienden als Seiendem verstanden hat (also unter Einschluss Gottes), der
aber andererseits dann, wenn er metaphysische Begriffe exponiert, zunächst nur Charakteristika
des endlichen Seienden erörtert, und damit zunächst keine allgemeinen Begriffe des Seienden,
insofern es Seiendes ist, präsentieren kann (vgl. auch F. C. Copleston, 1955, S. 81ff.). Man mag
diesen Konflikt etwa mit L. J. Elders, 1985, dadurch auflösen, dass man auch im Aufbau der Metaphysik eine Bewegung vom für uns Früheren zum der Sache nach Ersten annimmt (vgl. etwa S.
32), doch ergibt sich dann eben gegen Elders, dass für Thomas Gott der zentrale Bezugspunkt in
der Metaphysik ist, von dem her alles zu verstehen ist, und nicht eine vorgängige Lehre von den
allgemeinsten Bestimmungen des Seienden. Konsequenter scheint mir deshalb E. Gilson, 1989,
vorzugehen, der auf den Titel »Metaphysik« völlig verzichtet, stattdessen von einer »Philosophie«
bei Thomas spricht und gleich mit der Gotteslehre einsetzt.

96 Die Differenz zwischen Metaphysik und Theologie, bei der Theologie als Offenbarungswis-
sen charakterisiert wird, bleibt von dieser Feststellung unbetroffen.

97 Thomas von Aquin charakterisiert Gott genauerhin mit dem aus der aristotelischen *Metaphysik* entlehnten Ausdruck als »actus purus«, der als solcher reine Wirklichkeit und reines Wirken ist – vgl. etwa Thomas von Aquin, *S. th.* I, 1, q. 9. a1; dazu L. Dümpelmann, 1969, S. 42ff.; N.
Kretzmann, 1999, S. 36ff.

98 Vgl. Thomas von Aquin, *S. th.* I, q. 104, a. 1, resp.: »Et hoc modo omnes creaturae indigent
divina conservatione. Dependet enim esse cuiuslibet creaturae a Deo, ita quod nec ad momentum
subsistere possent, sed in nihilum redigerentur, nisi operatione divinae virtutis conservarentur in
esse, sicut Gregorius dicit.« – Ich sehe hier von der Theorie eines »Eigenstandes« der Kreatur bei
Thomas ab, wie sie z.B. in den Arbeiten von W. Kluxen herausgearbeitet wird.

Begriffsbildung, dass er unter keinen gemeinsamen Gattungsbegriff mit endlichem Seienden fällt.[99] Schon deshalb kann es keine beide umfassenden univoken Begriffe geben.[100]

Genauer entwickelt Thomas ein komplexes Verhältnis zwischen sprachlichen Ausdrücken, Begriffen und Dingen. Der sprachliche Ausdruck ist ein Zeichen des Begriffs (*intellectus*), und dieser steht in einer Ähnlichkeitsrelation zu den Dingen (*res*).[101] Entsprechend können sich die Ausdrücke auf verschiedene Weisen auf die Dinge beziehen (*modus significandi*). Deshalb kann zwischen der durch einen Namen bezeichneten Eigenschaft oder Vollkommenheit (*perfectio*) und der Art und Weise, diese zu bezeichnen, unterschieden werden.[102] Diese Art und Weise, die Vollkommenheit zu bezeichnen, drückt zugleich einen Grad dieser Vollkommenheit aus (*modus excellentiae*). Der mit dem Namen verbundene Begriff entspricht der Art und Weise, in der wir die Sache alleine auffassen können, d.h. in einem bestimmten (defizienten) Vollkommenheitsgrad. Analoge Begriffe zeichnen sich nun dadurch aus, dass zwar in ihren Namen zwischen bezeichneter Vollkommenheit und *modus excellentiae* unterschieden werden kann, beides aber auf der Ebene des Begriffs (*intellectus*), der sich der Kenntnis der Dinge verdankt, ununterschieden ist, so dass dieser strikt genommen einen *modus* mitbedeutet, der auf andere Dinge, die auch unter ihn fallen, nicht unbedingt zutrifft. Gott und Kreatur unterscheiden sich aber hinsichtlich ihres Vollkommenheitsgrades fundamental. Ein Gott wie Kreatur umfassender Name des Seienden hätte also keinerlei univoken Gehalt, sondern wäre nur analog von beiden zu prädizieren. Nun entsprechen auch bei Thomas unterschiedlichen Vollkommenheitsgraden kausale Relationen zwischen Schöpfer und Geschöpf.[103] Der analoge Sinn des Ausdrucks »Seiendes« stützt sich in diesem Punkt vollständig auf die Schöpfungsrelation: Dieses Kausalitätsverhältnis zwischen Verschiedenen ist das reale Fundament der analogen Prädikation von »seiend«.[104]

99 Vgl. Thomas von Aquin, *S. th.* I, q. 3, a. 5 – dazu F. C. Copleston, 1955, S. 134ff.

100 Vgl. Thomas von Aquin, *S. th.* I, q. 13, a. 5, 2., contra: »Deus plus distat a creaturis, quam quaecumque creaturae ab invicem. Sed propter distantiam quarundam creaturarum, contingit quod nihil univoce de eis praedicari potest; sicut de his quae non conveniunt in aliquo genere. Ergo multo minus de Deo et creaturis aliquid univoce praedicatur.«

101 Vgl. Thomas von Aquin, *S. th.* I, q. 13, a, 1, resp.: » [...], voces sunt signa intellectuum, et intellectus sunt rerum similitudines. Et sic patet quod voces referuntur ad res significandas, mediante conceptione intellectus.«

102 Vgl. Thomas von Aquin, *S. th.* I, q. 13, a. 3, rsp.: »In nominibus igitur quae Deo attribuimus, est duo considerare, scilicet, perfectiones ipsas significatas, [...], et modum significandi.«

103 Inwieweit Thomas gerade darin neuplatonische Überlegungen aufnimmt, untersucht ausführlich B. Decossas, 1994; vgl. auch L. Dümpelmann, 1969, S. 17ff.

104 Vgl. R. Schönberger, 1986, S. 140; sowie F. C. Copleston, 1955, S. 137.

Der Analogiebegriff bei Thomas ist freilich mehrdeutig. In verschiedenen Schriften finden sich verschiedene Systematisierungsversuche, die aber alle die Diskussion um den Analogiebegriff bis heute bestimmen.[105] Grundsätzlich ist festzuhalten, dass Thomas – ganz wie seine unmittelbaren Vorläufer – auch die πρὸς-ἕν-Relation als einen besonderen Fall von Analogie auffasst und damit den Analogiebegriff gegenüber Aristoteles entscheidend erweitert. Genauer unterscheidet Thomas (mindestens) zwei Grundbedeutungen von »Analogie«, die Proportionsanalogie, die später auch Attributionsanalogie genannt wurde, einerseits (*analogia proportionis, analogia attributionis*), und die Proportionalitätsanalogie andererseits (*analogia proportionalitatis*). Die Attributionsanalogie besteht dann, wenn ein Name analog von zwei Dingen ausgesagt wird, wobei das eine im Blick auf das andere eine Art Vorrangstellung besitzt. Zwischen beiden besteht ein bestimmtes Verhältnis (*determinata habitudo*). Dieses Verhältnis kann als Partizipations- oder auch als ein Kausalverhältnis gedeutet werden. Eine Proportionalitätsanalogie besteht, wenn ein Name von mehreren Dingen ausgesagt wird, und zwar so, dass das Verhältnis, das zwischen zwei Dingen besteht, dem Verhältnis entspricht, das zwischen zwei anderen besteht. Thomas führt dazu das Beispiel »visus« an. Der Ausdruck kann sowohl »visus corporalis« wie »visus intellectualis« bezeichnen, weil der »visus« im einen Fall im Auge, das andere mal im Geist ist, aber beide Male eine bestimmte Funktion erfüllt und deshalb eine *analogia proportionalitatis* besteht. Es geht also um ein unbestimmtes Verhältnis zweier bestimmter Verhältnisse (wobei Thomas diese letzte Bedingung, dass es sich um zwei bestimmte Verhältnisse handeln müsse, gelegentlich auch aufgegeben hat). Das bedeutet, dass im Fall der Proportionalitätsanalogie nicht die Gleichheit der beiden Relationen vorausgesetzt wird, sondern nur eine hinlängliche Ähnlichkeit. Es ist natürlich eine offene Frage, welche Art von Analogie nötig und möglich ist, um von Gott und Geschöpf zu sprechen. Auch hier scheint sich die Position von Thomas zu ändern. Gelegentlich meint er, weil zwischen Gott und Geschöpf keinerlei Gemeinsamkeit bestehe, so könnten Namen – wenn überhaupt – nur gemäß der Proportionalitätsanalogie von beiden ausgesagt werden.[106] Doch sieht das in der *Summa theologiae* anders aus.[107]

Vor diesem Hintergrund ist zu fragen, wie der Kausalitätsbegriff gebildet werden müsste. Weil der Begriff der Ursache selbst analog sein muss, wird seine Bildung problematisch. Denn der Begriff der höchsten Ursächlichkeit

---

105 Vgl. zum Folgenden W. Kluxen, 1971; A. Anzenbacher, 1978, S. 113ff.; A. Guy, 1978.
106 Vgl. Thomas von Aquin, *De Veritate* 2, 11 – dort auch weitere Distinktionen, die hier keine Rolle spielen sollen.
107 Vgl. Thomas von Aquin, *S. th.* I, q. 13, 5 und 6.

des ersten Seienden wird selbst durch Analogiebildung ausgehend von kreatürlichen Seienden entwickelt.[108] Die Begriffe, die wir von der höchsten Ursache bilden können, sind immer im Ausgang von ihren Wirkungen gebildet, die alleine uns zugänglich sind. In ihnen wird Kausalität in einem defizienten Vollkommenheitsmodus gedacht, etwa unter zeitlichen
Bedingungen. Derartige Begriffe können also Gott und Kreatur nicht univok zukommen. Unser Verstand fasst generell solche Begriffe in der Weise
(oder: in dem Modus) auf, wie sie in den ihm zugänglichen Dingen realisiert sind. Gerade im Blick auf die Art und Weise, in der solche Begriffe in
Endlichem aufgefasst werden können, sind sie nicht auf Gott zu übertragen.[109] Ähnliches muss entsprechend vom Begriff der Kausalität gelten: Der
Begriff der göttlichen Ursächlichkeit gegenüber der Kreatur ist zwar der
Sache nach der erste Begriff von Kausalität überhaupt, kann aber im Blick
auf die vielen Aussageweisen von »Ursache« auch im kreatürlichen Bereich
nur analog ausgesagt werden.[110] Gleichwohl muss dieser erste Begriff der
»Ursache« durch Analogiebildung ausgehend von innerweltlich beobachtbaren Relationen konstruiert werden. Die Kenntnis der natürlichen Substanzen bildet so den methodischen Ausgangspunkt für die metaphysische Begriffsbildung und das Kausalitätsverhältnis zwischen zwei wahrnehmbaren
Substanzen gilt als Basis der analogen Begriffsbildung. Durch sie wird ein
analog zu denkendes Verhältnis zwischen Gott und Welt postuliert und im

---

108 Schönberger untersucht leider nicht, ob der hier vorausgesetzte Begriff der Kausalität
selbst ein analoger ist. Vgl. jedoch zu dieser Frage E. Gilson, 1989, der eine Theorie kontrolliert
anthropomorpher Begriffsbildung vorschlägt. Bei R. M. McInerny, *The Logic of Analogy. An
Interpretation of St. Thomas*, 1961, S. 126ff., insbes. S. 130, findet sich die Auskunft, Gott sei die
»analoge Ursache« der Schöpfung – er verweist auf I. Sent. d. 8, q. 1, a. 2. Eine Ursache ist »analog«, wenn Ursache und Wirkung unter keinen gemeinsamen Begriff fallen. Das ist bei Gott und
Kreatur im extremen Maß der Fall. Mir scheint jedoch, dass nicht nur in diesem Sinn von »analoger Ursache« zu sprechen ist, sondern dass bei Thomas darüber hinaus auch die Frage, was »Kausalität« selbst bedeutet, im Rückgriff auf Analogien zwischen göttlicher Schöpfungskraft und
natürlichen Vorgängen untersucht wird: Es gibt hier keinen univoken Begriff der Kausalrelation
(vgl. auch F. C. Copleston, 1955, S. 119; sowie L. Dümpelmann, 1969, S. 111ff.).
109 Vgl. Thomas von Aquin, *S. th.* I, q. 13, a. 3, resp.: »Intellectus autem noster eo modo apprehendit eas, secundum quod sunt in creaturis: et secundum quod apprehendit, ita significat per
nomina. In nominibus igitur quae Deo attribuimus, est duo considerare, scilicet, perfectiones ipsas
significatas, ut bonitatem, vitam, et huiusmodi; et modum significandi.« – vgl. auch *S. th.* I, q. 35,
a. 1, resp.
110 Vgl. z.B. Thomas von Aquin, *S. th.* I, q. 13, a. 5, ad 1: »Causa autem universalis est prior
particulari. Hoc autem agens universale, licet non sit univocum, non tamen est omnino
aequivocum, quia sic non faceret sibi simile; sed potest dici agens analogicum: sicut in praedica-
tionibus omnia univoca reducuntur ad unum primum, non univocum, sed analogum, quod est ens.«
Entsprechend bemerkt z.B. W. Metz, 1998, S. 81, völlig zu Recht: »[...] weshalb streng genommen
selbst der Begriff der ›Ursache‹ nur ein analoger sein kann [...].« (Vgl. auch F. C. Copleston, 1955,
S. 119). Ein Beispiel für das Fortwirken dieses Ansatzes bietet E. Gilson, *L´Esprit de la Philosophie Médiéval*, Paris 1989, Chap. 5, S. 85ff.

Zusammenhang des skizzierten Metaphysikprogramms dann das primäre Relatum dieser analog konzipierten Relation als Ursache im ursprünglichen und vorzüglichen Sinn gedeutet. Von ihm her müssen dann aber auch die Kausalverhältnisse zwischen wahrnehmbaren Substanzen reinterpretiert werden.

Dieser Ansatz einer Metaphysik lässt sich vor dem Hintergrund der oben unterschiedenen Strukturmerkmale weiter charakterisieren: Die Doppelung der für die Metaphysik konstitutiven Frage nach dem Seienden, insofern es Seiendes ist, in eine Was- und eine Warum-Frage wird in diesem Ansatz zugunsten eines Vorrangs der Warum-Frage aufgelöst. Die Frage, was das Seiende ist, beantwortet sich nämlich vom höchsten Seienden her, dessen Sein als »actus purus« zugleich als die höchste Ursache bestimmt ist. Die Schöpfungstheorie, mit der eine Warum-Frage beantwortet werden soll, gibt zugleich und unmittelbar eine Antwort auf die Was-Frage, also auf die Frage, was es heißt, dass etwas ein Seiendes ist. Diese Akzentuierung des ersten Strukturmerkmals hat weitere Konsequenzen bezüglich der beiden folgenden Charakteristika: »Seiendes« wird nur analog von Gott und Geschöpf ausgesagt, das reale Fundament dieser Analogie ist die Schöpfungsrelation und diese Relation selbst lässt sich nur durch eine Proportionalitätsanalogie begrifflich fassen. Im Ineinander von analoger und nichtanaloger Begriffsbildung gewinnen deshalb analoge Begriffsbildungen eine vorrangige und fundamentale Funktion. Das bedeutet im Hinblick auf das vierte Strukturmerkmal, dass wegen der Betonung analoger Begriffe skeptische Einwände zu erwarten sind. Analoge Begriffsbildungen setzen nämlich einen Rahmen univoker Begriffe voraus, um methodisch kontrolliert und verständlich sein zu können. Eine Theorie solcher univoker Begriffe scheint aber in diesem Ansatz zu fehlen.

Tatsächlich wird in diesem Programm einer Metaphysik, das die Warum-Frage vorgängig ins Zentrum stellt und deshalb im Ausgang bereits auf Analogien angewiesen ist, die Möglichkeit vernünftiger Begriffsbildung überstrapaziert. Die Akzentuierung der Warum-Frage zieht gravierende Schwierigkeiten nach sich. Dass analoge Begriffsbildungen für sich genommen nur schwer methodisch zu kontrollieren sind und deshalb einer Einbettung in ein vorgängiges Begriffsraster bedürfen, zeigt sich an zahlreichen begrifflichen Problemen, mit denen sie belastet sind. Schöpfung als Relation aufzufassen, führt beispielsweise direkt in ein kleines Dilemma, das ein Indiz für diese Schwierigkeiten bei der Begriffsbildung ist. Wird Schöpfung nämlich als Relation verstanden, dann wird sie im aristotelischen Kontext als ein Akzidenz begriffen, das immer einer oder mehreren Substanzen als Relata inhäriert. Wenn die Schöpfungsrelation aber etwas anderem als ihrem Subjekt inhärierte, dann müsste dieses andere in einem ontologischen Sinn früher als die Relation sein, mithin gäbe es etwas, das sich nicht der

Schöpfung verdankt.[111] Diese Annahme widerspricht aber der Rede von einer *creatio ex nihilo*. Das bedeutet, dass der im Fall der Schöpfung verwendete Begriff der Relation nicht völlig derselbe sein kann wie derjenige, der auf kreatürliche Verhältnisse Anwendung findet. Mehr noch, die eine Relation wird nur in einem analogen Sinn als Relation aufgefasst werden können. Es handelt sich bei solchen Analogiebildungen also nicht darum, dass a in der Relation R_1 zu b steht und c in derselben Relation R_1 zu dem unbekannten x, sondern dass a in der Relation R_1 zu b, und c in der Relation R_2 zu x steht, wobei zwischen R_1 und R_2 ein nicht näher bestimmbares Ähnlichkeits- oder Analogieverhältnis besteht (*analogia proportionalitatis*).[112] Mehr noch, selbst der Sinn, in dem R_1 und R_2 Relationen sind, wird nur ein analoger sein können. Diese Iteration der Analogiebildung führt zu weiteren Distinktionen bei der Analyse des Schöpfungsbegriffs, die im Moment nicht zu interessieren brauchen.[113] Denn dieses Problem stellt sich für alle Begriffe ein, mit denen versucht wird, den Schöpfungsbegriff distinktionenreich herauszupräparieren, also für Begriffe wie »operatio«, »actio« usf., aber eben auch »causa efficiens«.[114] Prinzipiell muss jeder Begriff, der in diesem Ansatz einer Metaphysik zur Charakterisierung der Schöpfungsrelation verwendet wird, analog gebraucht werden. Das gilt dann aber letztlich auch für die, im Mittelalter »analogia attributionis« genannte πρὸς-ἕν-Struktur, fordert diese doch ein reales Fundament in einem Kausalverhältnis und ist dieses Kausalverhältnis doch nur in der vagen *analogia proportio-*

111 Vgl. F. D. Wilhelmsen, 1979, S., 107, der dieses Problem konzise exponiert, aber auch L. Dümpelmann, 1969, S. 111ff., der es durch eine Unterscheidung zwischen kategorialer und transkategorialer Kausalität aufzulösen sucht.

112 Der Analogiebegriff bei Thomas v. Aquin ist naturgemäß umstritten. In *De Veritate* VIII, 1, ad 6. scheint er eine Analogie der Proportion von einer Proportion oder Ähnlichkeit der Relationen nochmals zu unterscheiden; vgl. A. Guy, 1978, S. 266f. R_1 und R_2 sind also nicht strikt verschieden, sondern stehen in einem nur problematisch zu fixierenden Analogieverhältnis. Dass – entgegen den expliziten Bestimmungen bei Thomas selbst – in der Geschichte des Thomismus tatsächlich die Proportionalitätsanalogie nicht ohne Grund aufgewertet wurde, arbeitet A. Anzenbacher, 1978, S. 121ff., insbes. S. 125f., heraus.

113 Vgl. dazu F. D. Wilhelmsen, 1979, sowie L. Dümpelmann, 1969. Die ganzen Differenzierungen bei Thomas v. Aquin – die Schöpfungsrelation sei in Gott eine *relatio rationis*, in der Kreatur eine *relatio realis*, man müsse zwischen einem aktiven und einem passiven Aspekt dieser Relation unterscheiden, usf. – lassen sich als Versuche deuten, dieses Dilemma mit begrifflichen Mitteln aufzulösen.

114 Ein weiterer Begriff findet sich freilich gelegentlich bei Thomas, wenn auch nur am Rande und selten, von dem in der Folge zu zeigen sein wird, dass er von diesem Problem ausgenommen werden kann, nämlich der Begriff eines Dependenzverhältnisses: »Non enim est creatio mutatio, sed ipsa dependentia esse creati ad principium a quo statuitur. Et sic est de genere relationis.« (*Summa contra gentiles* II, 18). Es ist insofern kein Zufall, dass der Dependenzbegriff beispielsweise in der Interpretation von F. C. Copleston, 1955, in den Vordergrund rückt. Insofern Thomas den Dependenzbegriff unter den Relationenbegriff subsumiert, gilt aber das bisher Entwickelte freilich auch für ihn.

nalitatis begründet. Damit aber droht der Einwand, dass sich unter den so explizierten Begriffen nichts Vernünftiges mehr denken lasse. Die Iteration der Analogiebildungen verschärft das Problem, dass eine Analogie für sich genommen nichts besagt, es sei denn, man verfügt zuvor über eine (vage) Angabe der Richtung, in der die Analogie zu ziehen ist, der Frage, auf die sie antworten soll, oder eine Einbettung in einen bekannten Horizont.[115]

Vor diesem Hintergrund gewinnt der zweite, alternative Ansatz an Bedeutung, die Spannungen des aristotelischen Metaphysikbegriffs unter der Annahme eines vorgängigen und grundlegenden univoken Begriffs des Seienden auszugleichen, ohne die Kluft zwischen Schöpfer und Kreatur einzuebnen. Am ausgefeiltesten findet sich eine solche Metaphysik bei Johannes Duns Scotus angelegt.[116] Grob gesagt stellt sich in diesem Ansatz die Frage nach allgemeinsten Bestimmungen des Seienden, insofern es Seiendes ist, bevor der Unterschied zwischen Gott und Kreatur begrifflich gefasst wird.[117] Dabei wird die Bildung und Anwendbarkeit vorgängiger univoker Begriffe als Grund kontrollierter Analogiebildung und als Bedingung der Möglichkeit der Intelligibilität analysiert.[118] Allerdings wird sich zeigen, dass die Gründe, die für eine Metaphysik analoger Begriffe sprechen, insofern fortwirken, als sich in einer Metaphysik univoker Begriffe das Problem verschärft, wie sich die intelligiblen Begriffe zu den Dingen verhalten, die durch sie getroffen und verstanden werden sollen.

---

115 Vgl. oben, 2.1.1, S. 204ff. Die Kritik an diesem Analogiebegriff wird in der Folge noch deutlicher werden.

116 Inwiefern Duns Scotus dabei auf Avicennas *Metaphysica* zurückgreift, braucht hier nicht untersucht zu werden – vgl. dazu z.B. A. Zimmermann, 1965, S. 108ff.; E. Gilson, *Johannes Duns Scotus*, Düsseldorf 1959, S. 84.

117 Vgl. J. Duns Scotus, *Ord.* I, d. 3, p. 1, q. 1-2, nr. 26:»Secundo dico quod non tantum in conceptu analogo concipui creaturae concipitur Deus, scilicet qui omnino sit alius ab illo qui de creatura dicitur, sed in conceptu aliquo univoco sibi et creaturae«.

118 Der Zusammenhang zwischen der Frage nach univoken Begriffen und der Frage nach der Intelligibilität oder den Grenzen unserer vernünftigen Begriffsbildung wird schnell deutlich, wenn man sich vor Augen hält, dass das Widerspruchsprinzip und die Univozität der Begriffe miteinander verknüpft sind. Nur wenn ein Begriff univok verwendet wird, ist es ein Verstoß gegen das logische Widerspruchsprinzip, wenn er zugleich und in derselben Hinsicht von etwas ausgesagt und verneint wird. Scotus nutzt diesen Zusammenhang sogar dazu, einen formalen Begriff der Univozität einzuführen:»Et ne fiat contentio de nomine univocationis, univocum conceptum dico, qui ita est unus quod eius unitas sufficit ad contradictionem, affirmando et negando ipsum de eodem; sufficit etiam pro medio syllogistico, ut extrema unita in medio sic uno sine fallacia aequivocationis concludantur inter se uniri« (J. Duns Scotus, *Ord.* I, d. 3, q. 1-2, nr. 26; Vat. III, S. 18). Insofern Rationalität auch in der Möglichkeit einer Darstellung in korrekten Schlüssen besteht, mag man von univoken Begriffen als einer Bedingung für eine bestimmte Art vernünftigen Denkens sprechen. Vgl. L. Honnefelder, 1979, S. 284ff.

2.1.2.2 Strukturmomente einer Metaphysik univoker Begriffe im Anschluss an Duns Scotus

Eine Metaphysik univoker Begriffe muss in der einen oder anderen Weise die Probleme auflösen, welche eine Metaphysik in analogen Begriffen zunächst unausweichlich erscheinen lassen. Es liegt deshalb nahe, zunächst einige Gründe dafür anzugeben, trotz der seit Aristoteles bekannten Einwände einen univoken Begriff des Seienden überhaupt anzusetzen, und dann zu sehen, welche Form die Begriffsbildung annehmen muss, um eben diesen Einwänden gerecht zu werden. Dabei geht es vor allem darum, eine erste Theorie der *Differenz* zwischen Begriff und begriffener Sache als ein methodisches Grundprinzip metaphysischer Begriffsbildung zu skizzieren. Vor allem drei Argumentationslinien sprechen für den zweiten Ansatz der Metaphysik:

(a) Begriffe, die wie »seiend« analog prädiziert werden können, kommen den unterschiedlichen Gegenständen nicht in völlig verschiedener Bedeutung zu. Sonst ließe sich nicht erklären, dass sie gerade diesen zugesprochen werden. Das gibt auch Thomas von Aquin zu, selbst wenn er daraus andere Konsequenzen zieht.[119] Es muss eine vage und unbestimmte Vorstellung davon geben, was den verschiedenen Gegenständen gemeinsam ist, wenn beispielsweise von einem gesagt wird, dass es vollkommener sei als das andere. Das lässt sich in gewisser Weise schon für den aristotelischen Fall von Substanz und Akzidenz plausibel machen. Denn der Umstand, dass Akzidenzien insofern Seiendes genannt werden können, als sie Akzidenzien von Substanzen sind, setzt voraus, dass die Antwort »Insofern sie in oder an Substanzen sind« in irgend einer Weise als Antwort auf die Frage verstanden werden kann, inwiefern sie »Seiendes« genannt werden können, und dass diese Frage verstanden ist, bevor sie beantwortet wird. Ähnliches muss für den Fall der Analogie zwischen der unvollkommenen Natur und dem vollkommenen Seienden, dem Schöpfer, gelten. Soll analoge Begriffsbildung ihren Zweck erfüllen, bedarf sie der vorgängigen Grundlegung mit univoken Begriffen.[120] In diesem Sinn lässt sich die Annahme eines univo-

---

119 Vgl. Thomas von Aquin, *S. th.* I, q. 13, a. 5: »Sed nec etiam aequivoce, ut aliqui dixerunt. Quia secundum hoc, ex creaturis nihil possit cognosci de Deo, nec demonstrari; sed semper incideret fallacia aequivocationis.« – Es ist mir nicht klar, wie seine Theorie analoger Begriffe die Gefahr des Fehlschlusses letztlich ausräumen könnte, zumal er auf dieses Problem selbst nicht zurückkommt.

120 Vgl. dazu R. Schönberger, 1986, S. 201 sowie 220. Er beruft sich auf *Ord.* I, d. 8., p. 1, q. 3, nr. 83, Vat. IV S. 191: »Ita – et multo magis – oportet esse in proposito, quod in ratione entis, in qua est unitas attributionis, attributa habeant unitatem univocationis, quia numquam aliqua comparantur ut mensurata ad mensuram, vel excessa ad excedens, nisi in aliquo uno conveniant. Sicut enim comparatio simpliciter est in simpliciter univoco (VII Physicorum), ita omnis comparatio in aliqualiter univoco. Quando enim dicitur ›hoc est perfectius illud‹, si quaeratur ›quid perfectius?‹,

ken Begriffs des Seienden als eine Präsupposition der Frage nach dem Seienden, insofern es Seiendes ist, rechtfertigen. Anders gesprochen: Die Frage zeichnet einen vagen Begriff des Seienden vor, insofern sie zumindest so bestimmt sein muss, dass erkennbar ist, was das Befragte ist.

(b) Das, was gemeint ist, wenn »seiend« in allgemeinster Weise univok gesagt wird, ist insofern ein Ersterkanntes bzw. erstes Objekt des Denkens, als es ein allereinfachster, nicht in sich strukturierter Begriff ist. Es ist gleichsam der letzte Begriff von etwas als einem Bestimmbaren, ohne dass bereits eine Bestimmung gedacht wäre. Damit gewinnt dieser Begriff im Aufbau der Wissenschaft eine privilegierte Stelle. Insofern am Anfang von Wissenschaften unbezweifelbare Prinzipien und Begriffe zu treten haben, ist er ein Kandidat für das erste und eigentliche Objekt dieser Wissenschaft.[121] Man kann etwas als »Seiendes« erkennen, ohne bereits zu wissen, ob es sich um eine Substanz oder ein Akzidenz handelt. Denn derartige weitere Bestimmungen sind im allereinfachsten und bestimmungslosen Begriff des Seienden nicht gedacht. In dieser epistemologischen Charakterisierung dokumentiert sich für Scotus die Abtrennbarkeit und Unterschiedenheit des Begriffs des Seienden.[122] Der allgemeine Begriff des Seienden kann nämlich durch eine Auflösung der konfusen Begriffe von beliebigen konkreten Seienden entwickelt werden. Dazu ist es nur nötig, so lange zu abstrahieren, bis der gesuchte einfachste Begriff erreicht ist, der durch einen einfachen Akt erfasst werden kann. Durch seine Einfachheit unterscheidet sich dieser Begriff von allen anderen und ist insofern distinkt. Wie auch immer es um die Tragfähigkeit dieses erkenntnistheoretischen Arguments bestellt sein

ibi oportet assignare aliquid commune utrique, ita quod omnis comparativi determinabile est commune utrique extremo comparationis; non enim homo est perfectius homo quam asinus, sed perfectius animal.«

121 L. Honnefelder analysiert die erkenntnistheoretische Begründung eines univoken Begriffs von *ens* ausführlich in L. Honnefelder, 1979, S. 74ff. Bei R. Schönberger spielt dieser Ansatz eine eher untergeordnete Rolle (1986, S. 198f.) Honnefelder begründet die Reform der Metaphysik durch Duns Scotus im Ausgang von dessen neuartiger Anwendung des Wissenschaftsbegriffs der *Analytica Posteriora* auf die aristotelische Metaphysik. Er spricht in diesem Zusammenhang von einem regelrechten »Zweiten Anfang« der Metaphysik – vgl. ders., »*Der zweite Anfang der Metaphysik. Voraussetzungen, Ansätze und Folgen der Wiederbegründung der Metaphysik im 13./14. Jahrhundert*«, 1987. E. Gilson hat demgegenüber auf einen weiteren Punkt hingewiesen, der im vorliegenden Fall nicht völlig nebensächlich ist. Auch wenn Duns Scotus mit Avicenna die These vertritt, der univoke Begriff des Seienden sei ein Ersterkanntes, so behauptet er gegen Avicenna gleichwohl nicht, dass diese Erkenntnis eine natürliche sei, sondern dass es bereits dafür der Offenbarung bedürfe (vgl. Gilson, 1959, S. 18ff.). Honnefelders Analysen setzen den Akzent demgegenüber etwas anders. Auch wenn diese Frage hier nicht entschieden werden muss, so zeigt sich, dass der indifferente Begriff des Seienden einen entscheidenden Punkt für die weitergehende Frage markiert, inwiefern eine rein rationale Theologie möglich ist.

122 Vgl. J. Duns Scotus, *Ord.* I, d. 3, p. 1, q. 1-2, nr. 27-30; Vat. III, 18-20; vgl. dazu L. Honnefelder, 1979, S. 286-294.

mag: Der besondere Charakter des univoken Begriffs vom Seienden als Begriff mit allereinfachstem Minimalsinn überhaupt ist unstrittig.

(c) Eine analoge Redeweise lässt sich grundsätzlich in Komponenten analysieren und auf der Basis univoker Begriffe präzisieren.[123] Wenn von zwei Dingen der Begriff »Seiendes« analog ausgesagt wird, dann deshalb, weil sie in unterschiedlicher Weise sind, etwa in endlicher oder unendlicher. Es gibt also einen Begriff des Seienden, der von verschiedenen Seienden in unterschiedlicher Intensität oder unterschiedlichem Grad realisiert wird. Eine Analogie kann nach diesem Schema systematisch in univoke Komponenten zerlegt werden, wenn der Inhalt des Prädizierten und der Modus, in welchem das Prädikat auf den Gegenstand zutrifft bzw. der Gegenstand den Begriff realisiert, nicht untrennbar verklammert sind. Insofern Seiendes nur analog von verschiedenen Gegenständen ausgesagt werden kann, weil sie in je verschiedener Weise sind, lässt sich umgekehrt auch argumentieren, dass es nun vor allem darauf ankomme, das, was so in unterschiedlicher Weise den verschiedenen Gegenständen zukommt, begrifflich von der je verschiedenen Art und Weise zu unterscheiden, in der es ihnen jeweils zukommt oder in der es realisiert ist. Der analoge Begriff wäre so in mehrere Komponenten analysierbar, nämlich einerseits in den Begriff dessen, was den Gegenständen in je verschiedener Weise zukommt, und andererseits die begriffliche Bestimmung der unterschiedlichen Art und Weise, in der es den verschiedenen Gegenständen je zukommt. Nichts spricht so dagegen, dass die erste Komponente ein univoker Begriff ist.[124] Die Verständ-

---

123 Vgl. R. Schönberger, 1986, S. 190 und 201ff. Schönberger geht davon aus, dass Duns Scotus die aristotelische Metaphysik und das Analogieprinzip nicht ersetzen, sondern vielmehr fundieren wollte. Vgl. zum Problem auch L. Honnefelder, 1979, S. 305ff.

124 Duns Scotus erörtert diesen Zusammenhang in der *Quaestio de cognoscibilitate Dei* anhand der Frage, wie eine rationale Gotteserkenntnis möglich sein kann (J. Duns Scotus, *Ord.* I, d. 3., p. 1., q. 1-2, nr. 39, Vat. III S. 26): »[...] omnis inquisitio metaphysica de Deo sic procedit, considerando formalem rationem alicuius et auferendo ab illa ratione formali imperfectionem quam habet in creaturis, et reservando illam rationem formalem et attribuendo sibi omnino summam perfectionem, et sic attribuendo illud Deo. Exemplum de formali ratione sapientiae (vel intellectus) vel voluntatis: consideratur enim in se et secundum se; et ex hoc quod ista ratio non concludit formaliter imperfectionem aliquam nec limitationem, removetur ab ipsas imperfectiones quae concomitantur eam in creaturis, et reservata eadem ratione sapientiae et voluntatis attribuuntur ista Deo perfectissime. Ergo omnis inquisitio de Deo supponit intellectum habere conceptum eundem, univocum, quem accepit ex creaturis.«

An dieser Stelle lassen sich einige Beobachtungen festhalten, die im Folgenden relevant werden: (1) Die Differenz von Vollkommenheiten wird von Duns Scotus als eine Differenz der Arten und Weise des Zukommens der formalen Bestimmungen gefasst, also als modale Bestimmungen. (2) Der univoke formale Begriff wird durch Abstraktion im Ausgang von sinnlich wahrnehmbaren Dingen gebildet. Es handelt sich um abstraktive Begriffe. Modalbegriffe bezeichnen Grade der Intensität des Zukommens eines Begriffs. (3) Abstraktive transkategoriale Begriffe sind insofern unvollkommen, als sie nur in verschiedenen Modi ihren Gegenständen zukommen und für sich genommen den Gegenstand, von dem sie prädiziert werden, noch nicht auf den Begriff bringen.

lichkeit analoger Redeweise hängt von ihrer Analysierbarkeit in einen univoken Begriff und seine Modi ab, insofern auch der Modus, in dem das univoke Prädikat zukommt, begrifflich erfasst und bestimmt werden kann.
Univozität soll so den Rahmen analoger Begriffsbildung geben.

In gewisser Weise kann auch diese Überlegung an Thomas von Aquin
anknüpfen, allerdings mit einer charakteristischen Verschiebung. Bereits
oben wurde bemerkt, dass auch Thomas zwischen einem Begriff und verschiedenen Weisen unterscheidet, in denen etwas diesen Begriff erfüllt. Allerdings bezog sich bei Thomas diese Unterscheidung auf die Ebene der
bloßen sprachlichen Ausdrücke, der *vox*.[125] Dabei spielte vor allem der *modus excellentiae* eine zentrale Rolle: Der sprachliche Ausdruck bedeutet die
Vollkommenheit mit, in der etwas die entsprechende Eigenschaft realisiert.
Ob eine korrespondierende Analyse der dadurch bedeuteten Begriffe und
mit ihnen bezeichneten *res* behauptet werden kann, scheint bei Thomas eher
unwahrscheinlich. Johannes Duns Scotus kann an diese Überlegungen von
Thomas anknüpfen, muss sie dann allerdings auf die Ebene der Begriffe
übertragen. Dass sie nicht bloß auf der Ebene der Namen verbleiben kann,
sondern in irgend einer Weise in der Bedeutung der Namen fundiert werden
muss, ergibt sich nicht zuletzt aus der Forderung, dass gültige Syllogismen
möglich werden sollen. Allerdings ergibt sich durch diese Forderung eine
Alternative, die in der Folge wichtig werden wird: Entweder wird die nun in
den Begriffen angenommene Struktur als eine der Struktur der Dinge korrespondierende gedeutet, also realistisch, oder aber die begriffliche Struktur
wird nicht so gedeutet – so dass in der Konsequenz die Korrespondenz zwischen Begriff und Sache an dieser Stelle aufgelöst und die behauptete
Struktur der Begriffe lediglich als eine solche vernünftigen Denkens, nicht
aber der Dinge selbst behauptet wird. Es wird sich zeigen, dass gerade diese
Alternative zwischen Duns Scotus und Suárez strittig ist.[126]

Von hier aus wird auch verständlich, wie Duns Scotus meinen konnte,
univoke transzendentale Begriffe seien zwar keine Gattungsbegriffe, bezeichneten aber gleichwohl etwas Gemeinsames, und zwar so, dass die unter sie fallenden Typen von Gegenständen nicht durch besondere spezifische Differenzen unterschieden würden. Man muss dazu nur die bereits von
Thomas her bekannte Analyse der Funktionen sprachlicher Namen analoger
Begriffe in die Bezeichnung der *perfectio* und einen *modus significandi* in
den neuen Kontext übertragen und neu interpretieren.[127] Es ist nun auf der
Ebene der Begriffe zwischen dem – etwa gegenüber der Unterscheidung
von endlichem und unendlichem Seienden – indifferenten begrifflichen

---

125 Vgl. z.B. Thomas von Aquin, *S. th.* I, q. 13, a. 1.
126 Vgl. dazu unten, 2.1.3.3, S. 232ff.
127 Vgl. zum Folgenden L. Honnefelder, 1979, S. 365ff.

Kern, der *in quid* prädiziert wird, und der *in quale* zu prädizierenden, den indifferenten Begriff »kontrahierenden« Bestimmung zu unterscheiden, die als ein intrinsischer *modus* der bezeichneten Sache verstanden werden kann. Ein Begriff trifft nur dann die bezeichnete Sache, wenn er zugleich den entsprechenden *modus* mitanzeigt. Andernfalls gilt er als defizient. Duns Scotus verdeutlicht diese Unterscheidung gelegentlich am Beispiel des Begriffs der Weiße (*albedo*), die in unterschiedlichen Intensitätsgraden (*gradus intensionis*) realisiert sein kann.[128] Modale Bestimmungen sind nun insofern keine spezifischen Differenzen, als sie nicht *in quid* zu der Gattungsbestimmung von außen hinzutreten, und als spezifische Differenzen keinesfalls in Intensitätsgraden sondern in zusätzlichen Merkmalen bestehen.

Kontrastiert man die drei Überlegungen – dass der Ausdruck »seiend« vor jedem analogen Gebrauch in der Frage »Was ist Seiendes, insofern es Seiendes ist?« bereits verstanden sein muss; dass »Seiendes« als einfachster Begriff einen nicht weiter bestimmbaren Minimalsinn hat; dass Analogien analysiert werden können in einen univoken Begriffskern und modale Bestimmungen seines Zukommens – mit den Überlegungen, die sich aus der aristotelischen *Metaphysik* gegen die Möglichkeit eines univoken Sinns von »seiend« ergeben haben, gewinnt eine so konzipierte Metaphysik weiter an Struktur. Dabei interessiert im vorliegenden Zusammenhang vor allem, wie sich die anfängliche Bestimmung des Gegenstands der Metaphysik und damit ihr systematischer Aufriss verschieben. In vier Punkten sei die Akzentuierung innerhalb der oben unterschiedenen Strukturmerkmale der tradierten Metaphysik skizziert.[129] Gemäß dem Hauptziel dieses Kapitels soll dabei versucht werden, Bedingungen einer methodischen Bearbeitung der anfänglichen Frage der Metaphysik zu entwickeln.

(1) Was die Doppelung der anfänglichen Frage der Metaphysik betrifft, so gewinnt in diesem Metaphysikprogramm die Was-Frage einen prinzipiellen Vorrang vor der Warum-Frage. Der univoke Begriff des Seienden stellt sich nämlich dann ein, wenn angesichts analoger Prädikation von »seiend« gefragt wird, *was* es denn sei,[130] das ist, bzw. wovon überhaupt die

128 Vgl. J. Duns Scotus, *Ord.* I, d. 8, p. 1, q. 3, nr. 138; Vat. IV., S. 222: »Respondeo quod quando intelligitur aliqua realitas cum modo suo intrinseco, ille conceptus non est ita simpliciter simplex quin possit concipi illa realitas absque modo illo, sed tunc est conceptus imperfectus illius rei; potest etiam concipi sub illo modo, et tunc est conceptus perfectus illius rei. Exemplum: si esset albedo in decimo gradu intensionis, quantumcumque esset simplex omni modo in re, posset tamen concipi sub ratione albedinis tantae, et tunc perfecte conciperetur concepto adaequato ipsi rei, – vel posset concipi praecise sub ratione albedinis, et tunc conciperetur conceptu imperfecto et deficiente a perfectione rei; conceptus autem imperfectus posset esse communis albedini illi et alii, et conceptus perfectus proprius esset.«

129 Vgl. oben, 2.1.1.2, S. 201ff.

130 Gelegentlich erläutert Duns Scotus den Begriff »ens« durch den Ausdruck *quid in se* – vgl. *Qu. in Met.* I, q. 1, nr. 23; Vivés VII, S. 22a; Wadding IV, S. 515b – interessanter Weise im

Rede sein kann.[131] Der Begriff des Seienden wird zwar im Ausgang von endlichen Seienden gewonnen, aber nicht indem danach gefragt wird, warum sie überhaupt sind (so dass ihr Sein unmittelbar als Verursachtsein im Blick auf ein erstes Seiendes gedeutet würde), sondern indem ein formaler Begriff des Seienden abstrahiert wird, bei dem von den modalen Bestimmungen der Art und Weise seines unvollkommenen Zukommens abgesehen wird (also ein Begriff davon, was endlichem wie unendlichem Seienden als Seiendem univok zukommt). Ein univoker Minimalbegriff stellt eine Minimalbedingung für die Bearbeitung der Frage nach dem Seienden, insofern es Seiendes ist, dar, da nur im Rückgriff auf ihn sowohl das Befragte als auch die Fragehinsicht vorgängig und vage bestimmt werden können. Primärer Gegenstand der Metaphysik ist also der *Begriff* des Seienden, insofern es Seiendes ist, nicht aber seine Prinzipien oder Ursachen.[132] Andere Gegenstände und die grundlegenden realen Relationen zwischen ihnen geraten erst in einem weiteren Schritt in den Blick. Gott ist dementsprechend (zumindest zunächst) nicht insofern Gegenstand der so verstandenen Metaphysik, als er der Grund dafür ist, dass überhaupt endliches Seiendes als Seiendes ist, sondern nur insofern er selbst ein Seiendes ist, dem der formale Begriff des Seienden in einer bestimmten Art und Weise zukommt. Als Ursache kommt Gott in der allgemeinen Metaphysik höchstens insofern vor, als es um den formalen Grund dafür geht, dass Seiendes als Seiendes die Bestimmungen hat, die ihm als solchem zukommen, nicht aber als Grund dafür, dass es überhaupt etwas gibt.[133] Gott als Grund des Seienden ist eigentlich Gegenstand spezieller nachfolgender Disziplinen der speziellen Metaphysik, etwa der Physik oder der Theologie. Schöpfung ist daher kein unmittelbares Thema dieser allgemeinen Metaphysik.[134] Die allgemeine Metaphysik hat vielmehr Begriffe zu exponieren, mit denen dann die

Zusammenhang der Diskussion von Avicennas Ansatz. Generell gilt »ens« als »in quid« oder »in quale« Prädiziertes. Vgl. zum allgemeinsten Begriff von »ens« auch Quodl. q. 3 nr. 2, Vives XXV, S. 113f. und die Interpretation dieser Stelle in L. Honnefelder, 1990, S. 6ff. Einen Strang der Wirkungsgeschichte dieser Explikation von »ens« bis ins 17. Jahrhundert habe ich in R. Schnepf, 1996, S. 152ff., zu analysieren versucht.

131 Diese Unterscheidung spielt auf eine Differenzierung in der Scotusrezeption an: Der Hauptstrom der Scotus-Interpreten, einschließlich Suárez selbst, fasst den univoken Begriff des Seienden, sofern er Gegenstand der Metaphysik ist, als einen Schöpfer und Geschöpf gemeinsamen Begriff auf; es wird aber auch gelegentlich eine Position wichtig, nach der nicht nur die realen Seienden sondern auch die *entia rationis* mitumfasst sind. Terminologisch handelt es sich um den Unterschied zwischen *ens* als einem Transzendental oder als einem Supertranszendental. Ich werde diese Problematik im Folgenden ausklammern.

132 Vgl. E. Gilson, 1959, S. S. 83ff.; L. Honnefelder, 1979, S. 99ff., S. 121ff., sowie S. 396ff.

133 Vgl. dazu E. Gilson, 1959, S. 84.

134 In der skizzierten Vorordnung der Was-Frage vor die Warum-Frage liegt also der Grund für die später explizit einsetzende Ausdifferenzierung von allgemeiner und spezieller Metaphysik – vgl. zu dieser Unterscheidung ganz allgemein E. Vollrath, 1970.

besonderen Gegenstände und ihre Relation begriffen werden können. Der allgemeine Begriff des Seienden muss deshalb durch weitere Begriffe expliziert werden, die ebenfalls in der einen oder anderen Weise von allem Seienden *in quid* prädizierbar sind und die deshalb – als transkategoriale Begriffe – Transzendentalien oder transzendentale Begriffe heißen. Dabei werden im Folgenden insbesondere solche Transzendentalien interessant, die nicht mit »seiend« konvertibel sind (»unum«, »verum«, »bonum«), sondern die aus einer Disjunktion bestehen (etwa »endlich/unendlich«). Für konvertible Transzendentalien gilt, dass, wo auch immer »seiend« prädiziert wird, der Begriff des konvertiblen Transzendentals prädiziert werden kann, für disjunktive Transzendentalien gilt, dass überall zumindest ein Glied der (nicht-trivialen) Disjunktion prädiziert werden kann. Gegenstand der Metaphysik sind also näherhin der formale, univoke Begriff des Seienden, konvertible und disjunktive Transzendentalien, die Begriffe der Arten und Weisen ihres Zukommens und die Begriffe der so bestimmten Arten von Seienden, des endlichen und unendlichen Seienden mit ihren Bestimmungen, insofern sie Seiende sind.[135] Der skizzierte Vorrang der Was-Frage vor der Warum-Frage impliziert, dass bereits mindestens drei Begriffe des Seienden von Anfang an vorgezeichnet sind: »Seiendes« kann entweder den univoken Begriffsgehalt meinen, oder Seiendes im Modus der Unendlichkeit oder Seiendes im Modus der Endlichkeit. Die Ausdifferenzierung verschiedener Begriffe ist also gegenüber Aristoteles bereits modifiziert.[136]

(2) Der Gegenstand der Metaphysik verdankt sich bestimmten Abstraktionsleistungen. Eine Analyse des in konfusen Begriffen enthaltenen »quidditativen« Gehaltes ergibt, dass »seiend« von allem *in quid* prädiziert werden kann. Als allereinfachster Begriff ist er hinreichend distinkt. Ob und inwiefern er unabhängig von einem ihn erkennenden Verstand existiert, ist zumindest diskutierbar.[137] Weil er nur durch diese problematische Abstraktion gewonnen werden kann, ist er in bestimmter Hinsicht defizitär. In ihm ist der Modus seines jeweiligen Zukommens nicht mehr enthalten, so dass die Gegenstände, von denen er prädiziert wird, durch ihn für sich genommen nicht angemessen begriffen werden.[138] Weil die Frage nach dem Seienden,

---

135 Im Zusammenhang des gesamten Denkens von Duns Scotus dokumentiert sich in diesem Umstand, dass Gott nur in bestimmter defizitärer Weise Gegenstand der Metaphysik ist, ein Aspekt des Wechselverhältnisses von Theologie und Metaphysik – vgl. z.B. L. Honnefelder, 1979, S. 404f.; aber auch E. Gilson, 1959, S. 48ff.

136 Vgl. oben, 2.1.1.2, S. 203ff.

137 Vgl. hierzu L. Honnefelder, 1979, S. 405ff. Vgl. z.B. die Stellen im *De Anima* Kommentar von Scotus, aber auch die Doppeldeutigkeit im Zitat der folgenden Anmerkung.

138 Vgl. L. Honnefelder, 1979, S. 374f. und S. 412f. Vgl. J. Duns Scotus, *Ord.* I, d. 8, p. 1., q. 3, nr. 138. Honnefelder zitiert Lect. I, d. 8, p.1, q. 3, nr. 129, Vat. XVII, S. 46f.: »Patet igitur ex dictis, quod Deus et creatura realiter sunt primo diversa, *in nulla realitate convenientia*, quia nulla actio unius rationis convenit enti finito et infinito, nec infinita entitas est capax alicuius perfectio-

insofern es Seiendes ist, von einem vorgängigen univoken Begriff des Seienden her beantwortet werden soll und ein solcher Begriff zugleich unmöglich ist, ist der durch Abstraktion gebildete Begriff für sich genommen inadäquat. Soll die Ausgangsfrage der Metaphysik bearbeitet werden, sind im Fortgang der Metaphysik begriffliche Mittel zu konstruieren, diese Inadäquatheit zu bereinigen.[139] Auch die so akzentuierte Metaphysik ist deshalb unterwegs, von der Einheit des anfänglichen Namens ihres Gegenstandes durch die systematische Ausdifferenzierung ihrer Begriffe die Mannigfaltigkeit ihres Gegenstandsbereichs zu erfassen. Zwar sind nicht die Seienden als solche unmittelbarer Gegenstand der Metaphysik. Der Gegenstand der Metaphysik ist nämlich zunächst der univoke Begriff des Seienden, der von verschiedenem Seienden in unterschiedlichen Weisen prädiziert werden kann. Jedoch ist dieser Begriff für sich genommen ein prinzipiell unvollkommener und defizitärer, weil er eben kein Seiendes auf den Begriff bringen kann. Als Seiendes ist ein bestimmtes Seiendes erst erfasst, wenn die Weisen des Zukommens dieses allgemeinsten Begriffs expliziert werden können. Der unvollkommene Begriff des Seienden fordert also seine Ergänzung durch die Explikation eines Systems seiner möglichen modalen Bestimmungen. Diese Analyse ist nun auch auf zumindest einige disjunktive Transzendentalbegriffe zu übertragen. Denn auch bei ihnen ist gegebenenfalls der indifferente Kernbegriff von dem *modus intrinsecus* zu unterscheiden, in dem dieser univoke Gehalt realisiert wird. Zumindest liegt eine solche Differenzierung beim Begriff der Kausalität nahe, wird sich doch die Art und Weise, in der Gott Ursache ist, von derjenigen unterscheiden, in der eine Kreatur Ursache sein kann.

---

nis istarum quarum entitas finita est capax, ratione cuius determinatur ver contrahitur; et tamen *conveniunt in uno conceptu*, ita quod potest esse *unus conceptus formatus per intellectum imperfectum*, communis Deo et creaturae, et conceptus iste communis potest causari a re imperfecta. Sed perfectus conceptus Dei non est communis Deo et creaturae, qui conceptus habetur de Deo in se viso. Unde ille conceptus communis Deo et creaturae, *quem creatura facit in intellectu nostro*, est conceptus deminutus Dei, quia si Deus perfecte faceret conceptum suum, ille esset proprius ei, ut prius dictum est.« (Hervorh. R.S.). Eine charakteristische Doppeldeutigkeit dieser Formulierung besteht darin, dass der *conceptus formalis* durch den unvollkommenen Verstand gebildet, andererseits von kreatürlichem Seienden in unserem Verstand verursacht oder gemacht werden soll. Inwieweit sich dieser Begriff lediglich unserer spontanen Verstandesleistung verdankt, bleibt – m.E. auch in der Interpretation Honnefelders – letztlich unklar.

139 Die Defizienz des univoken Begriffs vom Seienden ist dabei grundsätzlich verschieden von den Problemen, die das Art-Gattungsverhältnis aufwerfen mag. Beim Art-Gattungsverhältnis exemplifizieren nämlich alle Exemplare der verschiedenen Arten den Gattungsbegriff in gleicher Weise, denn es sind spezifische Differenzen, also zusätzliche Eigenschaften, die zur Ausdifferenzierung der Arten führen. In diesem Sinn besteht die angezeigte Differenz zwischen univokem Begriff und begriffener Sache im Fall einfacher Gattungsbegriffe nicht (wenn es diesen Fall denn tatsächlich gibt). Entsprechend führt auch nicht jede Abstraktion zu einem im angezeigten Sinn defizitären Begriff, sondern nur die, die transkategoriale Begriffe erreichen will.

(3) Der Weg vom unvollkommenen, aber univoken Begriff des Seienden, wie er von unserem endlichen Verstand gebildet oder aufgefasst wird, hin zu einem bestimmten Begriff des Gegenstandes führt zunächst nicht über Analogiebildungen. In einem zweiten Schritt sind sie aber unverzichtbar. Die Ursache der Unvollkommenheit des univoken Begriffs ist nämlich darin zu sehen, dass in ihm die modale Weise seines jeweiligen Zukommens nicht enthalten ist, er also indifferent gegenüber diesen verschiedenen Modi ist. Ein Begriff ist seiner Sache angemessen, wenn er zugleich den Modus enthält, in dem er von der Sache prädiziert werden kann.[140] Soll das Seiende (im Allgemeinen, d.h. in seiner Mannigfaltigkeit und grundsätzlichen Unterschiedenheit), sofern es Seiendes ist, auf den Begriff gebracht werden, ist nicht nur der univoke Begriff des Seienden zu erläutern und sind nicht nur die Bestimmungen anzugeben, die bereits anhand dieses Begriffs aufgefunden oder entwickelt werden können, sondern ist auch ein vollständiges System der modalen Bestimmungen zu gewinnen, in dem die möglichen Arten und Weisen auf den Begriff gebracht sind, in denen der univoke Begriff zukommen kann. Die formale Exposition des univoken Begriffs ist zu ergänzen durch seine transzendentale und modale Explikation.[141] Um nur einige Namen solcher Modi aufzuzählen, seien »Möglichkeit«, »Kontingenz« und »Notwendigkeit«, vor allem aber auch »Endlichkeit« und »Unendlichkeit« genannt. Im Ganzen ergibt sich ein System von transzendentalen Begriffen, die entweder mit dem univoken Begriff des Seienden konvertibel sind und zu seiner formalen Exposition zu zählen sind – die Begriffe »unum«, »verum«, »bonum« –, oder aber nur disjunktiv mit dem Seienden konvertibel sind (wie etwa »endlich«/»unendlich«).[142] Ein Seiendes wird erst dann adäquat, insofern es Seiendes ist, erkannt, wenn die Modi angegeben wer-

---

140 Vgl. J. Duns Scotus, *Ord.* I, d. 8, p. 1, q. 3, nr. 142, Vat. IV, S. 224: »Non enim accipitur ab aliqua realitate ut conceptus adaequatus realitati ili, sive ut perfectus conceptus illi realitati adaequatus, sed diminutus et imperfectus, in tantum etiam quod si illa realitas, a qua accipitur, videretur perfecte et intuitive, intuens ibi non haberet distincta obiecta formalia, scilicet realitatem et modum, sed idem objectum formale – tamen intelligens intellectione abstractiva, propter imperfectionem illius intellectionis, potest habere illud pro obiecto formali licet non habeat alterum.« Es geht in diesem Kontext um den gemeinsamen Begriff von Gott und Kreatur.

141 Ich greife hiermit die Terminologie Honnefelders auf – vgl. L. Honnefelder, 1990, S. XVIIff. »Modal« ist dabei nicht nur auf *modi* wie »kontingent« oder »notwendig« eingeschränkt zu verstehen, sondern umfasst alle Differenzierungen in der Art und Weise, in der etwas ist, also beispielsweise auch »endlich«/»unendlich«.

142 In gewissem Sinn lassen sich nun rückblickend einige der Bestimmungen, mit Hilfe derer Aristoteles in *Met.* Λ die drei Bereiche von Substanzen unterscheidet – etwa das Begriffspaar »bewegt«/»unbewegt« – als Vorformen disjunktiver Transzendentalien ansehen, allerdings auch nur als Vorformen. Denn die Differenz von »bewegt«/»unbewegt« betrifft nicht die Art und Weise des Zukommens von »seiend«, auch wenn es sich um ein Begriffspaar handelt, das die Gesamtheit des Seienden disjunktiv erfasst. Die Interpretation von K. Bärthlein, von Transzendentalien bei »den Alten« zu sprechen, halte ich deshalb für etwas gewagt.

den können, in denen es ein Seiendes ist. Dann aber sind Analogien nötig, die als Kombination eines univoken Begriffs mit verschiedenen *modi* analysierbar sind. Bereits im Rahmen der allgemeinen Metaphysik treten deshalb analoge Bestimmungen dann auf, wenn es etwa gilt, transzendentale Begriffe auf Kategorien zu beziehen, also etwa den Unterschied zwischen Substanz und Akzidenz einzuführen. Nur so kann nämlich die Differenz zwischen univokem Begriff und realem Ding gedacht werden. Erst durch die Ausfüllung der univoken transzendentalen Bestimmungen durch analoge Begriffe kann das Seiende in seiner ganzen Mannigfaltigkeit begriffen werden. Denn erst hier werden die realen Abhängigkeitsverhältnisse der Seienden – wie etwa die Schöpfungsrelation – ausbuchstabiert. Der zweite, spezielle Teil der Metaphysik ist daher auch kein bloßer Appendix, sondern ganz im Gegenteil der Abschluss dieses Weges der Metaphysik von ihrem ersten Gegenstand – dem vagen und unvollkommenen Begriff des Seienden im Minimalsinn – zu ihrem letzten Gegenstand, den Seienden als solchen in ihrer Mannigfaltigkeit.

(4) Die Was-Frage so stark zu akzentuieren, dass eine Theorie univoker Begriffe des Seienden überhaupt entwickelt werden muss, bevor Warum-Fragen in den Blick treten, führt zu neuen Problemen bei der Begriffsbildung, die Gelegenheit für skeptische Einwände geben. Charakteristisch für diesen Ansatz ist, dass die Differenz zwischen den methodisch kontrolliert gebildeten Begriffen und der zu begreifenden Sache von vornherein zum Ausgangspunkt des Gedankengangs gemacht wird. Die Reflexion auf die Unvollkommenheit der Begriffe und ihre Gründe ist das zentrale methodische Prinzip, weitere Begriffe zu bilden und konkretere Bestimmungen aufzunehmen. Die modale Explikation und die Ausfaltung eines Systems (vor allem disjunktiver) Transzendentalien soll die Kluft zwischen Begriff und zu begreifender Sache überbrücken. Doch lassen sich einige Grenzen und immanente Schwierigkeiten dieses Metaphysikbegriffs knapp benennen. Zunächst fällt auf, dass es keine Methode oder kein Prinzip gibt, diese Transzendentalbegriffe aufzufinden oder zu entwickeln. Es ist sogar fraglich, ob es einen hinreichend distinkten Begriff von »Transzendentalbegriff« gibt, der es gestattet, solche Begriffe zu identifizieren. Ein deutliches Indiz dafür ist, dass es bei Duns Scotus keine Liste solcher Begriffe gibt. Auch die Forschungsliteratur hat keine solche Liste vorgelegt und in der Beurteilung einzelner Begriffspaare herrscht keine Einigkeit. Beispielsweise ist unklar, ob das Begriffspaar von »Ursache« und »Wirkung« von Duns Scotus als disjunktiver Transzendentalbegriff betrachtet wird.[143] Weiterhin

---

143 Definitive Aussagen dazu finden sich bei Duns Scotus nicht. A. B. Wolter, 1946, S. 138, rechnet sie ganz selbstverständlich dazu, L. Honnefelder erwähnt sie praktisch nicht. Wolter sammelt sich seine Liste aus den unterschiedlichsten Textstellen zusammen. Als Nachweis dafür, dass

fällt auf, dass die Methode, Begriffe disjunktiver Transzendentalien voll-
kommen zu bestimmen, weitgehend unklar bleibt. So lässt sich nur schwer
sagen, wie der Begriff der Ursache als Teilbegriff eines disjunktiven Transzendentalbegriffs angemessen verstanden werden kann. Dieses Problem
wird nicht durch den Hinweis gelöst, dass der unvollkommenere Teilbegriff
der Erfahrung entnommen werden könne und der vollkommenere dann zu
erschließen sei.[144] Denn selbst wenn der Erfahrung irgendein Begriff von
Ursache entnommen wird, kann dieser nicht unbesehen auf die höchste Ursache übertragen werden. Die Frage, wie der univoke Begriff eines solchen
Transzendentalbegriffs gebildet werden kann, ist mit den wenigen Äußerungen bei Duns Scotus nicht einmal gestellt. Weiterhin ist deshalb fraglich,
ob nicht von Transzendentalbegriffen gilt, was vom Begriff des Seienden
gilt, nämlich dass es sich um unvollkommene Begriffe handelt, die prinzipiell weiterer Explikation – durchaus durch Analogiebildung – bedürfen.
Denn alle die Probleme mit dem univoken Begriff des Seienden wiederholen sich bei diesen Transzendentalien. Dann aber ist fraglich, ob die Trennung zwischen einer allgemeinen Metaphysik in univoken Begriffen und
einer speziellen Metaphysik in auch analogen Begriffen nicht doch nur eine
künstliche ist, weil univoke Begriffe letztlich nur im Rückgriff auf die Ergebnisse der speziellen Metaphysik genau bestimmt werden können. Für
diesen Verdacht spricht, dass sich bei Duns Scotus keine Explikation eines
Transzendentalbegriffs findet, die frei von problematischen Vorgriffen ist.
Bereits der Möglichkeitsbegriff wird – wenn mehr als Widerspruchsfreiheit
gedacht werden soll – vor dem Hintergrund einer Schöpfungstheorie expliziert, die eigentlich erst Thema der speziellen Metaphysik sein dürfte und
die entsprechend auch von Begriffen Gebrauch macht, die nur *per analogiam* verständlich sind.[145] Dann ist aber nicht abzusehen, wie das skizzierte
Programm tatsächlich durchführbar sein soll; es droht vielmehr sein systematisches Ziel zu verfehlen, durch die Ausfaltung eines Systems modaler
und transzendentaler Begriffe die reflektierte Kluft zwischen vernünftig
gebildeten Begriffen und zu begreifender Sache zu überbrücken.

Ursache-Wirkung dazugehört, dient ihm J. Duns Scotus, *Ord.* I, d. 39, q. un., nr. 13. Allerdings ist
diese Stelle nicht zwingend. In der *Metaphysica* des Avicenna, die offensichtliche Vorlage dieses
Konzepts ist, war ein eigenes Kapitel dem Begriffspaar gewidmet – vgl. Avicenna, *Metaphysica*,
VI.

144 Vgl. Lect. I, d. 39, q. 1-2, nr. 39; Vat. XVII, S. 409f.; dazu A. B. Wolters 1946, S. 137; L.
Honnefelder, 1979, S. 326.

145 Das trifft zumindest für ihre Rekonstruktion bei L. Honnefelder, 1990, aber auch bei A. B.
Wolter, 1946, zu. Was sich Duns Scotus tatsächlich gedacht hat, ist u.a. deshalb so schwer zu
rekonstruieren, weil er keine Metaphysik geschrieben hat, sondern seine Theorie nur gelegentlich
der Sentenzenkommentierung angedeutet hat, sie also nicht systematisch entwickelt, sondern immer nur in Teilargumenten vorlegt, die es zusammenzusetzen gilt.

Doch noch ein weiterer Punkt ist offen und bietet Anlass zu skeptischen Einwänden: Gesetzt den Fall, die Analyse analoger Begriffe in einen indifferenten univoken Begriffskern und modale Komponenten ist möglich, dann stellt sich immer noch die Frage, wie sie ontologisch zu deuten ist. Thomas von Aquin behauptete die Möglichkeit einer solchen Analyse lediglich im Blick auf die bloßen Namen und im Blick auf unsere Erkenntnisweisen. Duns Scotus scheint demgegenüber eine solche Analyse auf der Ebene der Begriffe anzusiedeln, der eine gewisse Strukturiertheit der Dinge korrespondiert. Er löst so die bei Thomas letztlich ungeklärte Frage nach dem Fundament und der Legitimität dieser Analyse auch nur auf der sprachlichen Ebene. Doch bereits Wilhelm von Ockham hat eine realistische Deutung solcher Analysen abgelehnt.[146] Weil derartige Fragen bei Duns Scotus zumindest nicht endgültig geklärt sind, ist auch offen, was durch eine solche Systematik letztlich für die Beantwortung der Frage nach dem Seienden, insofern es Seiendes ist, geleistet wird. Es mag sich nämlich um eine Analyse sprachlicher Strukturen, um eine Analyse von Formen des vernünftigen Denkens und Erkennens von Gegenständen oder aber um eine Analyse des ontologischen Aufbaus des Seienden handeln. Auch hier stellt sich die Frage, ob und wie eine so akzentuierte Metaphysik ihr Ziel erreichen kann. Ohne auf weitere skeptische Einwände einzugehen, bieten bereits diese Gründe genug Anlass für metaphysikinterne Metaphysikkritik.

2.1.3 Der systematische Zusammenhang zwischen Kausalität und Schöpfung bei Suárez

Fragt man sich, welche Gestalt das Problem von Kausalität und Schöpfung im Rahmen eines scotistisch akzentuierten Metaphysikprogramms annimmt, muss man weniger Duns Scotus selbst in den Blick nehmen, als vielmehr die *Disputationes Metaphysicae* von Francisco Suárez. Denn die Schöpfungslehre und die Kausalitätstheorie werden bei Duns Scotus lediglich im Rahmen seiner Sentenzenkommentare ausgearbeitet. Sie finden sich also nicht in der Systematik abgehandelt, die sein Metaphysikbegriff nahe legen würde, sondern verstreut an den Stellen, die durch die Vorgaben des zu kommentierenden Textes und dessen theologische Systematik festgelegt sind.[147] Die Bestimmtheit, die das Kausalitätsproblem durch die im Meta-

---

146 Vgl. dazu M. Kaufmann, 1993.
147 Also vor allem J. Duns Scotus, *Ord.* II, d. 1, q. 1 – q. 4/5. Natürlich stützt sich die Argumentation von Duns Scotus an diesen Stellen auch auf frühere Abschnitte seines Kommentars, z.B. J. Duns Scotus, *Ord.* I, d. 8, p. 2, q. unica, doch mögen diese Details zunächst außer Acht bleiben. Relevant sind darüber hinaus einzelne Passagen der *Quaestionen* über die aristotelische Metaphysik, die unten, S. 249, Anm. 212, noch eine gewisse Rolle spielen werden.

physikbegriff vorgezeichnete Architektonik und die daraus zu entwickelnde metaphysische Begriffsbildung erfährt, bleibt so eher verdeckt. Die *Disputationes Metaphysicae* von Francisco Suárez hingegen sind das früheste und einflussreichste Beispiel eines Versuchs, keinen Kommentar, sondern eine systematische Darstellung der gesamten Metaphysik in der ihr eigenen Ordnung zu geben.[148] Von einigen Modifikationen, von denen gleich zu handeln ist, abgesehen ist der zugrundeliegende Metaphysikbegriff scotistisch.[149] Der systematische Ort und die Behandlungsart, die das Problem von Kausalität und Schöpfung dort erfährt, sind insofern für diese Tradition der Metaphysik exemplarisch.

Doch noch ein weiterer Punkt verweist die Analyse des systematischen Zusammenhangs zwischen Kausalität und Schöpfung im Rahmen eines scotistischen Metaphysikprogramms auf Suárez. Die *Disputationes Metaphysicae* erschienen 1597 und damit lange nachdem vor allem von Wilhelm von Ockham die nominalistische Kritik am Scotismus entwickelt worden war. Entsprechend nimmt Suárez diese Kritik zum Teil auf, zum Teil versucht er sie zu entkräften. Dadurch wird der scotistische Ansatz in einzelnen Punkten deutlich modifiziert. Suárez berücksichtigt einige der Probleme, die am Ende des vorigen Abschnitts benannt wurden.[150] Die Differenzierung zwi-

---

148 Vgl. zur allgemeinen Charakteristik immer noch M. Grabmann, 1926, sowie zu den Eigenheiten und den entsprechenden Interpretationsschwierigkeiten, die dieser Text aufwirft, R. Specht, 1988.

149 Vgl. hierzu L. Honnefelder, 1990, S. 200ff. Vgl. zum Folgenden auch J.-F. Courtine, *Suárez et le système de la métaphysique*, Paris 1990; O. Boulnois, 1999; W. M. Neidl, *Der Realitätsbegriff des Franz Suárez nach den Disputationes Metaphysicae*, München 1966. Allerdings scheint mir in einzelnen Punkten die Differenz zwischen Suárez und Duns Scotus doch größer zu sein, als es etwa Honnefelder darstellt. Gerade die Art und Weise, sowie der Umstand, dass Suárez ausführlich über die Kausalitätsbegriffe handelt, wird sich als ein solcher Differenzpunkt erweisen. Vielleicht lässt sich auch dieser Punkt nur klären, wenn man die Rezeption Ockhams und der nominalistischen Tradition durch Suárez eindringlicher untersucht – anders R. Darge, 2000, der zwar auch eine Differenz zu Duns Scotus ansetzt, aber statt einer Nominalismusrezeption einen Rückgang auf Thomas von Aquin vermutet. Noch deutlicher wird das in seiner umfassenden Monographie (R. Darge, 2004), in der er auf vorscotistische Transzendentalienlehren zurückgreift, um die Position von Suárez zu rekonstruieren. Mir scheint jedoch, dass sich seine Einwände insbesondere gegen Honnefelder und Courtine in meiner Skizze berücksichtigen lassen.

150 Im Grunde skizziert W. M. Neidl, 1966, die Ausgangslage von Suárez richtig: »Suárez erhebt somit einen Vorwurf gegenüber den metaphysischen Bemühungen seiner Vorgänger, der zwar die einzelnen Denker in unterschiedlicher Weise betrifft, sich aber doch generell so formulieren lässt: Sie hätten bislang den inhaltlichen Umfang unserer Verstandesbegriffe in wissenschaftlich unkritischer Weise auf die Wirklichkeit selbst übertragen und hätten so fraglos diesen eine adäquate Wirklichkeitserfassung zugestanden. Dabei bestreitet er keineswegs, daß den Verstandesbegriffen eine gewisse Wirklichkeitserfassung zukäme, doch wird von der Metaphysik verlangt, daß sie sich des Grades dieser ihrer Wirklichkeitserfassung bewusst werde und diesen kritisch wissenschaftlich absichere und ausweise.« (S. 8). Neidl analysiert ausführlich vor allem die erkenntnistheoretischen Voraussetzungen der Metaphysik von Suárez, vermag aber weder Duns Scotus angemessen zu würdigen noch die produktive Rezeption des Nominalismus bei Suárez

schen Aussagen über sprachliche Strukturen, über Formen vernünftigen Denkens, über Weisen des Erkennens und über die ontologische Verfasstheit der Dinge gewinnt schärfere Konturen. Gerade der Versuch einer Metaphysik univoker Begriffe zwingt dazu, verschiedene Ebenen – die sprachliche, die epistemologische, die ontologische und letztlich auch die pragmatische – auszudifferenzieren, um überhaupt wenigstens von einem Kernbegriff Univozität behaupten zu können. Dann aber betreffen die problemgeschichtlichen Untersuchungen tatsächlich die Probleme, in die sich die systematischen Versuche, den Kausalitätsbegriff zu analysieren, verstricken. Dass die *Disputationes Metaphysicae* gerade in der sogenannten »Deutschen Schulmetaphysik«[151] eifrigst rezipiert wurden und so unmittelbar die vorkantische Problemkonstellation mitbestimmten, ist sowohl in der Suárez- wie in der Kantforschung herausgearbeitet worden.[152]

2.1.3.1 Die Modifikation der scotistischen Metaphysik bei Suárez

Gegenstand der Metaphysik ist wie bei Duns Scotus der Begriff des Seienden, insofern es real Seiendes ist.[153] Das Problem der Univozität wird dabei in einer für das Problem von Kausalität und Schöpfung entscheidenden Weise modifiziert angegangen:[154] Im Unterschied zu Duns Scotus findet

---

herauszuarbeiten. L. Honnefelder, 1990, untersucht zwar die Übereinstimmungen zwischen Suárez und Duns Scotus, blendet aber die Rolle des Nominalismus gänzlich aus. Letzteres findet sich in der Arbeit von A. Guy, 1979, angedeutet, würde aber eine eindringliche Interpretation der VI. Disputation erfordern – was den Rahmen dieser Arbeit sprengen würde.

151 So der Titel eines einflussreichen Buchs von Max Wundt aus dem Jahr 1939 – was an dieser Metaphysik tatsächlich spezifisch »deutsch« ist, hat sich mir nicht erschlossen. Denkt man daran, dass bis in die Gliederung hinein derartige Metaphysiken eher ein gesamteuropäisches Phänomen waren, das gerade im Unterricht der katholischen Universitäten verbreitet war, wird man gegenüber solchen Titeln skeptisch.

152 Vgl. von der Seite der Suárez-Forschung O. Boulnois, 1999; J.-F. Courtine, 1990, sowie 1979; sowie J. P. Doyle, 1997; von der Seite der Kantforschung z.B. die Arbeiten von Hinske sowie I. Agnelli, 1972. R. Darge, 2004, wehrt sich zu Recht gegen eine allzu weite Vereinnahmung von Suárez in der Vorgeschichte der kantischen Transzendentalphilosophie, indem er darauf verweist, dass für Suárez die *entia rationis* gerade nicht zur Metaphysik gehören und dass er keine Lehre von den Supertranszendentalien kennt – doch widerspricht das nicht meiner Argumentation im Folgenden.

153 Vgl. F. Suárez, *DM* I, sec. 1, 26: »Dicendum est ergo ens inquantum ens reale esse obiectum adaequatum huius scientiae [...] Ostensum est enim obiectum adaequatum huius scientiae debere comprehendere Deum et alias substantias immateriales, non tamen solas illas. Item debere comprehendere non tantum substantias, sed etiam accidentia realia, non tamen entia rationis et omnino per accidens; sed huiusmodi objectum nullum aliud potest praeter ens ut sic; ergo illud est obiectum adaequatum.«

154 Es gehört zum systematischen Aufbau der *Disputationes Metaphysicae*, dass Suárez unmittelbar nach der ersten Disputation »De natura primae philosophiae seu metaphysicae«, in der er den Gegenstand der Metaphysik bestimmt, in der zweiten Disputation »De ratione essentiali seu concepu entis« handelt.

sich nämlich bei Suárez eine zusätzliche Differenzierung der Rede von den Begriffen. Suárez unterscheidet zwischen einem *conceptus formalis*, also dem repräsentierenden Akt, in dem der Begriff gefasst wird, und dem *conceptus objectivus*, also dem Gegenstand des Begriffs, insofern er Gegenstand des Begriffs ist.[155] Der objektive Begriff ist dasjenige, was dem formalen als Objekt entgegensteht, insofern es gerade in diesem durch den Verstand gefasst ist.[156] Dabei muss der objektive Begriff nicht eo ipso eine extramentale Entität sein. Sowohl der formale als auch der objektive Begriff des Seienden sind univok.[157] Suárez entwickelt damit einen Ansatz, die beiden Extreme – Begriffe als innermentale Entitäten und Begriffe als objektbezogene bzw. objektbestimmte Repräsentationen – zu erfassen und die verschiedenen, in die Begriffsbildung eingehenden Faktoren zu analysieren. Er gewinnt dadurch Spielraum, begriffliche Strukturen nicht als ontologische deuten zu müssen. Das betrifft auch den Begriff des Seienden. Suárez argumentiert für die Univozität des objektiven Begriffs mithilfe einer Analyse des formalen Begriffs.[158] Der Akt, mit dem das Seiende erfasst wird, d.i. der formale Begriff des Seienden, ist einer.[159] Der objektive Begriff hingegen ist insofern univok, als er eine »convenientia et similitudo« der Dinge bedeutet. Nicht zuletzt gilt der Umstand, dass der formale Begriff, also der Akt des Erfassens, ein einheitlicher ist, als ein zureichendes Indiz dafür, dass auch der objektive Begriff ein univoker sein muss. Der Einheit des Verstandesaktes korrespondiert die Einheit des im Begriff erfassten Gehalts. Der univoke Begriff des Seienden verdankt sich also auch einer Verstandestätigkeit, nämlich einer abstrahierenden Hinsichtnahme. Entsprechend erfasst er die Dinge, die unter ihn fallen, nicht in ihrer Fülle.[160] Die

---

155 Vgl. zu dieser Unterscheidung W. Neidl, 1966, S. 64ff.; L. Honnefelder, 1990, S. 215ff.

156 Vgl. z.B. die Formulierung in F. Suárez, *DM* II, 2, nr. 17: »[...] id, quod immediate et adaequate obiicitur huic conceptui formali, [...].«

157 Vgl. F. Suárez, *DM* II, sec. 1, 9, sowie sec. 2, 8: »Dico ergo primo conceptui formali entis respondere unum conceptum obiectivum adaequatum et immediatum, qui expresse non dicit substantiam, neque accidens, neque Deum, nec creaturam, sed haec omnia per modum unius, scilicet quatenus sunt inter se aliquo modo similia et conveniunt in essendo.« Dieser Begriff überspannt also die beiden problematischen Klüfte, die zwischen Substanz und Akzidens wie die zwischen Schöpfer und Kreatur. Er sagt diese unterschiedenen Seienden nicht »expresse« – ob er sie »implicite« sagt, ist zunächst dahingestellt: (ebd, nr. 9): »[...], nos autem, audito nomine *entis*, et concipiendo praecise id quod hac voce significari intelligimus, mente substamptiam ut sic nempe accidens ut sic, ut quilibet in sese experiri potest, non percipimus.« Die Erfahrung würde zeigen, dass man etwas als Seiendes verstehen könne, ohne bereits zu wissen, ob es sich um eine Substanz oder ein Akzidens handelt. Vgl. auch ebd., nr. 17. Er übernimmt hiermit ein Argument von Duns Scotus.

158 Die erste *sectio* der zweiten Disputation untersucht den formalen Begriff des Seienden, die zweite *sectio* den objektiven Begriff.

159 Vgl. F. Suárez, *DM* II, 1, nr. 9.

160 Vgl. F. Suárez, *DM* II, 2, nr. 16: »[...] per illum non repraesentatur obiectum illud secundum id totum quod est in re, sed solum secundum talem rationem convenientiae, ut patet in

Rolle des Verstandes beim Bilden dieses Begriffes ist mit ein Grund dafür, dass er defizitär ist. Der so gebildete univoke Begriff des Seienden ist derartig umfassend, dass er in gewisser Weise das schlicht Denkbare umfasst, also wirkliche wie nur möglicher Dinge und darüber hinaus auch bloße *entia rationis*.[161] Gegenüber Scotus ist er also stärker noch als Begriff des Verstandes gefasst. Gerade deshalb muss ihm keine von den anderen Konstituentien eines Seienden real unterschiedene Entität entsprechen. Wenn also eine Metaphysik univoker Begriffe die Frage aufwirft, ob sie sprachliche Strukturen, Formen vernünftigen Denkens, Möglichkeiten des Erkennens oder aber ontologische Strukturen der Dinge thematisiert, verschiebt sich bei Suárez gegenüber Duns Scotus der Akzent von letzterem zu den Formen des Denkens und ihren ontologischen Voraussetzungen.[162]

Obwohl der Begriff des Seienden univok ist, gibt es – wie bei Duns Scotus – einen genau bestimmten funktionalen Ort für analoge Begriffsbildungen. Der objektive Begriff des Seienden ist nicht in derselben Weise auf die unterschiedlichen Dinge bezogen, die er bezeichnen soll. Insofern der Begriff für sich betrachtet wird, erscheint er univok, doch insofern zur Univozität in striktem Sinn auch gehört, dass er in gleicher Weise auf Dinge bezogen ist, erscheint er analog.[163] Der unterschiedliche *habitus* oder *ordo* des

conceptu obiectivo hominis ut sic, qui secundum rationem praecisus dicitur a Petro, Paulo et aliis singularibus, a quibus in re non differt.« Vgl. dazu auch L. Honnefelder, 1990, S. 223.

161 Das geht schon aus der Formel des Gegenstands der Metaphysik hervor: »Ens inquantum ens reale« – der Zusatz »reale« markiert, dass der Begriff »ens« für sich genommen umfassender ist als der Gegenstandsbereich der Metaphysik, »ens reale«. Die *entia rationis* werden entsprechend, obwohl sie keine *entia realia* sind, in der letzten Disputation innerhalb dieser Metaphysik systematisch behandelt, insofern sie in gewisser Weise doch Anteil haben am Begriff der *entia realia*.

162 Wie problematisch die Argumente von Suárez dennoch im Einzelnen sind, mag ein Beispiel verdeutlichen: »Ultimo, ex re ipsa et quasi a priori probatur nostra sententia contra omnes praedictas, quia omnia entia realia vere habent aliquam similitudinem et convenientiam in ratione essendi; ergo possunt concipi et repraesentari sub ea praecisa ratione qua inter se conveniunt; ergo possunt sub ea ratione unum conceptum obiectivum constituere; ergo ille est conceptus obiectivus entis.« (F. Suárez, *DM* II, 2, nr. 14).

163 Vgl. F. Suárez, *DM* II, 2. nr. 36: »[...], nunc solum assero omnia quae diximus de unitate conceptus entis longe clariora et certiora videri quam quod ens sit analogum, et ideo non recte propter defendendam analogiam negari unitatem conceptus, sed si alterum negandum esset, potius analogia, quae incerta est, quam unitas conceptus, quae certis rationibus videtur demonstrari, esset neganda. Re tamen vera neutram negari necesse est, quia ad univocationem non sufficit quod conceptus in se sit aliquo modo unus, sed necesse est ut aequali habitudine et ordine respiciat multa, quod non habet conceptus entis, [...]« Man könnte meinen, Suárez mache hier an entlegener Stelle doch noch eine Konzession an den Thomismus, um in seiner Ablehnung des thomistischen Metaphysikbegriffs nicht zu krass zu werden. Die Überlegungen zum literarischen Charakter der *Disputationes Metaphysicae*, die R. Specht, 1988, angestellt hat, geben zu dieser Vermutung Anlass. Die genauere Analyse seiner Argumentation zum Kausalproblem wird jedoch zeigen, dass das nicht so ist.

Begriffs und der Dinge ist Ort der Analogie.[164] Suárez differenziert also in seiner Univozitätstheorie zwischen der bloß für sich genommenen Bedeutung eines Begriffs, insofern er als vom Verstand gebildeter auch objektiv etwas zum Inhalt hat, und dem Begriff in der Fülle seiner Verwendungs- oder Anwendungsweisen. Mag er in erstem Sinn univok sein, so kann er gleichwohl in zweitem analog sein. Das Problem der Analogie stellt sich also dann ein, wenn es gilt, einen univoken Begriff, dessen Univozität sich auch einer Verstandesleistung verdankt, auf die Fülle von Seienden anzuwenden.

Die Analogie betrifft nicht den Begriff des Seienden selbst, sondern die Art und Weise, wie er auf unterschiedlichstes Seiendes – Schöpfer und Kreatur, Substanz und Akzidenz – bezogen ist. Die Analogie hat ihre spezifische Funktion also deshalb, weil der abstrakte Verstandesbegriff des Seienden überhaupt die Dinge, die er bezeichnet, in sehr unterschiedlicher Weise erfasst, nämlich mehr oder weniger konfus und unbestimmt. Die Analogie kann ihre Rolle spielen, weil Suárez eine gegenüber Duns Scotus leicht veränderte Auffassung von der Art und Weise hat, in welcher der univoke und damit unvollkommene Begriff des Seienden im Fortgang seiner modalen Explikation weiter bestimmt wird. Die These, die Bestimmung oder Kontraktion des univoken Begriffs des Seienden werde durch modale Bestimmungen des Zukommens von »seiend« geleistet, hat Duns Scotus auch zu der weiteren These geführt, in den Dingen selbst lasse sich eine reale Zusammensetzung antreffen. So bestehe die Substanz gewissermaßen aus dem, was der Begriff »seiend« bedeute, und dem Modus, in dem sie ein Seiendes ist und der ausmacht, dass beispielsweise Substanzen »in se« Seiende sind. Suárez hält diese Konsequenz der Theorie von Duns Scotus – in Übereinstimmung mit der nominalistischen Kritik – für abwegig.[165] »Substanz« sei wie »Seiendes« ein einfacher, nicht weiter zu analysierender Begriff. Der Unterschied zwischen beiden bestehe nicht darin, dass eine Substanz gleichsam aus ihrer Seiendheit und einem Modus bestehe, sondern dass der Begriff »Substanz« das Ding, das er bezeichnet, genauer erfasse als der konfuse und unbestimmte Begriff »Seiendes«.[166] Die Analogie hat so in-

164 Ausführlich hierzu E. J. Ashworth, 1995; A. Guy, 1979; sowie R. Darge, 1999.

165 Vgl. zum Hintergrund der Scotus-Kritik von Suárez oben, S. 231; dazu aber auch L. Honnefelder, 1990, S. 232ff.; sowie W. Hoerres, *Francis Suárez and the Teaching of John Duns Scot on Univocatio Entis*, 1965, S. 283ff.; und R. Darge, 2000, der jedoch die Nominalismus-Rezeption bei Suárez zu unterschätzen scheint.

166 Vgl. F. Suárez, *DM* II, sec. 6, nr. 7: »Quarta igitur opinio et quae mihi probatur est hanc contractionem seu determinationem conceptus obiectivi entis ad inferiora non esse intelligendam per modum compositionis, sed solum per modum expressioris conceptionis alicuius entis contenti sub ente; ita ut uterque conceptus, tam entis quam substantiae, verbi gratia, simplex sit et irresolubilis in duos conceptus, solumque differant quia unus est magis determinatus quam alius. Quod in ordine ad conceptus formales recte explicatur; differunt enim solum quia per unum

nerhalb der Metaphysik – und nicht etwa erst in der Theologie – ihr Recht, weil der Aufgabe, das Seiende, insofern es real Seiendes ist, zu explizieren, nicht nur die eine Stoßrichtung eignet, den Begriff des Seienden durch modale Explikation auszudifferenzieren, sondern zugleich die andere Stoßrichtung, die Dinge, die unter den Begriff des Seienden fallen, in ihrer Mannigfaltigkeit, sofern sie Seiende sind, zu erfassen.[167] Diese Mannigfaltigkeit wird durch das Begriffssystem kontrahierender Modi zwar erfasst, aber noch inadäquat. Genauer sind darüber hinaus noch Eigenschaften der unter den univoken Kernbegriff fallenden Dinge anzugeben, aufgrund derer sie unter diesen Begriff fallen bzw. durch die sie jenen Begriff erfüllen.[168] Diese analogen Begriffsbestimmungen ergeben sich nicht aus dem univoken Begriff selbst, sondern nur im Blick auf die wirklichen Dinge. In seiner eigentümlichen Bestimmtheit sind sie nur durch Zuhilfenahme analoger Begriffsbildungen adäquat und bestimmt zu begreifen.[169] Hierzu muss die Metaphysik auf Erfahrungswissen zurückgreifen. Der Weg vom anfänglichen univoken Begriff des Gegenstandes der Metaphysik zu ihrem Gegenstand in seiner Mannigfaltigkeit führt zu verschiedensten Formen der Begriffsbildung, gerade weil der Begriff des Seienden deutlicher noch als bei Duns Scotus als eine Art Verstandesbegriff gedacht ist.

2.1.3.2 Die Konsequenzen univoker Begriffsbildung für den Kausalitäts- und den Schöpfungsbegriff

Das Problem von Kausalität und Schöpfung gewinnt in diesem programmatischen Zusammenhang eine eigentümliche Bestimmtheit. Sie zeigt sich daran, dass *beide* Begriffe an *einem* bestimmten systematischen Ort bearbeitet werden.[170] Nachdem Suárez den Begriff des Seienden und die konvertiblen Transzendentalien behandelt hat (*DM* II-XI) und *bevor* er das Seiende in das endliche und unendliche Seiende einteilt (*DM* XXVIII) und dann ge-

---

expressius concipitur res prout est in se, quam per alium, quo solum confuse concipitur, et praecise secundum aliquam convenientiam cum aliis rebus; hoc autem totum fieri potest sine propria compositione per solam cognitionem confusam vel distinctam, praecisam vel determinatam.«

167 Vgl. dazu A. Guy, 1978, S. 290. A. Guy lässt freilich die methodische Rückbindung der Analogiebildung an den univoken Begriff bei Suárez außer Acht – vgl. dazu die kritische Intervention im Anschluss an Guys Vortrag von Roubinet, in A. Guy, 1978, S. 292f.

168 Ich habe das am Beispiel des Begriffs der *causa efficiens* zu analysieren versucht in R. Schnepf, 2001b.

169 R. Darge hat deutlich herausgearbeitet, dass die Analogie nicht dem formalen Begriff des Seienden, sondern dem objektiven Begriff entspringt, und zwar sofern dieser den spezifischen Verstandesleistungen vorausgeht – vgl. R. Darge, 1999. S. 325.

170 Ausführlich dazu P. G. Morabito, O.M.I., *L'Essere e la Causalità in Suarez e in S. Tomaso*, 1939. Morabito weist zu Recht auf die enge Verknüpfung der Ursachenlehre mit der Lehre vom univoken Seinsbegriff hin, ohne daraus jedoch die Konsequenzen für eine Interpretation der Ursachenlehre zu ziehen.

trennt betrachtet (*DM* XXIX-LII), untersucht er über 16 Disputationen hinweg ausführlich den Kausalitätsbegriff (*DM* XII-XXVII). Göttliche und kreatürliche Kausalität werden also nicht an unterschiedlichen systematischen Orten behandelt. Das kausale Vokabular wird vielmehr vor dieser Unterscheidung untersucht. Die Kausalbegriffe liegen der Unterscheidung von endlichem und unendlichem Seienden voraus. Es ist daher nicht möglich, ohne weiteres die göttliche Schöpfung als Paradigma auch der kreatürlichen Naturkausalität zu verstehen, sondern göttlicher Kausalität und Naturkausalität muss ein univok gemeinsamer Begriffskern zugrunde liegen. Allerdings wird man, weil die Univozität des Begriffs, wie er für sich verstanden werden kann, eine Analogizität impliziert, sofern die Art seines Bezugs und seiner Anwendung auf Gegenstände mit zu denken ist, keine Explikation des kausalen Vokabulars in bloß univoken Begriffen erwarten dürfen. Um den Kausalitätsbegriff angemessen zu exponieren, ist es vielmehr nötig, auf Material vorzugreifen, das eigentlich erst nach der Unterscheidung zwischen endlichem und unendlichem Seienden systematisch eingeführt werden dürfte.[171] Dieser systematische Ort im Aufbau der *Disputationes Metaphysicae* bedarf der Begründung aus dem Programm der Metaphysik. Nur dann sind die Konsequenzen, die sich aus ihm ergeben, gerechtfertigt. Nach Suárez ist nun Kausalität nicht nur deshalb ein Thema der Metaphysik, weil auch nach den Gründen des Seienden gefragt werden soll, sondern mehr noch deshalb, weil jedes Seiende in irgendeiner Weise von kausalem Vokabular erfasst wird, bzw. weil für jedes Seiende gilt, dass es entweder Ursache oder Wirkung ist.[172] Die allgemeinsten Begriffe von Ursache und Wirkung sind (in ihrer Disjunktion) so umfassend und allgemeingültig wie der Begriff des Seienden selbst. Die Untersuchungen über Kausalität finden sich also deshalb an diesem systematischen Ort, weil Ursache und Wirkungen als disjunktive Transzendentalien den univoken Begriff des Seienden explizieren und unter diesem Aspekt Thema der allgemeinen Metaphysik sind. Die strikte Allgemeingültigkeit der Transzendentalien begründet, dass die Untersuchungen über den Ursachenbegriff die einzigen sind, die Suárez nach der Behandlung der tradierten konvertiblen Transzendenta-

---

171 Bereits bei Suárez werden also aus den oben skizzierten systematischen Problemen der Unterscheidung von allgemeiner und besonderer Metaphysik methodische Konsequenzen gezogen. Wird die allgemeine Metaphysik von allen derartigen Vorgriffen freigehalten, reduziert sie sich auf die knappe Exposition formaler Begriffe – beide Tendenzen, die methodische Relativierung der Unterscheidung und das Zusammenschnurren der allgemeinen Metaphysik lassen sich in den unterschiedlichen vorkantischen Metaphysiken feststellen.

172 Vgl. F. Suárez, *DM* XII, praef.: »nullum est enim ens quod aliquam rationem causae non participet. [...] ; nullum autem est ens quod non sit vel effectus vel causa.«

lien und vor der Einteilung des Seienden in endliches und unendliches sowie Substanz und Akzidenz durchführt.[173]

Ein Grund für diese Aufwertung der Ursachenlehre zu einem integralen Bestandteil der formalen Explikation des Seienden, insofern es real Seiendes ist, liegt in einer – sich von Duns Scotus unterscheidenden – ersten Bestimmung von Seiendem als Wesen: Das Wesen (*essentia*) wird als inneres Prinzip eines Seienden, insofern es real Seiendes ist, gefasst.[174] Als real gilt ein Seiendes gut scotistisch dann, wenn es keinen Widerspruch einschließt und nicht vom Verstand gemacht ist. Das heißt aber über Scotus hinausgehend ins Positive gewendet, dass die Realität eines real Seienden darin besteht, von einer Ursache hervorgebracht zu sein oder keiner Ursache zu bedürfen, bzw. Prinzip der eigenen Eigenschaften zu sein und nach außen handelnd zu wirken.[175] Die Definition des Wesens als desjenigen, was von sich heraus danach strebt, zu existieren, verweist also auf interne und externe Ursachen. Der Begriff des realen Wesens, und damit der Begriff des Sei-

---

173 Es ist erstaunlich, dass dieser systematische Ort des Kausalitätsproblems bei Suárez meistens nicht gesehen wird. So übergeht L. Honnefelder die gesamten Erörterungen der Kausalität kommentarlos und springt von der formalen Exposition des Begriffs »Seiendes« zu dessen »modaler Explikation«, die er mit *DM* XXVIII erst einsetzen lässt (1990, S. 248). Suárez selbst sieht in der ausführlichen Behandlung der Ursachenlehre im ersten Band der *DM* durchaus eine Besonderheit seiner Systematik – vgl. F. Suárez, *DM Ratio et discursus totius operis.*

174 Vgl. F. Suárez, *DM* II, sec. 4, nr. 6: »[...] dicimus, essentiam rei esse id, quod est primum et radicale ac intimum principium omnium actionum ac proprietatum quae rei conveniunt, et sub hac ratione dicitur natura uniuscuiusque rei, [...]« Vgl. L. Honnefelder, *Scientia transcendens*, 1990, S. 236ff.

175 Vgl. F. Suárez, *DM* II, sec. 4, nr. 7: »Quid autem sit essentiam esse realem, possumus aut per negationem aut per affirmationem exponere. Priori modus dicimus essentiam realem esse quae in sese nullam involvit repugnantiam, neque est mere conficta per intellectum. Posteriori autem modo explicari potest, vel a posteriori per hoc quod sit principium vel radix realium operationum vel effectuum, sive sit in genere causae efficientis, sive formalis, sive materialis; sic enim nulla est essentia realis quae non possit habere aliquem effectum vel proprietatem realem. A priori vere potest explicari per causam extrinsecam (quamvis hoc non simpliciter de essentia, sed de essentia creata verum habeat), et sic dicitur essentiam esse realem, quae a Deo realiter produci potest, et constitui in esse entis actualis.« Es ist daher verkürzend, wenn Courtine meint, »le propre de la métaphysique générale come ontologie, c´est de faire abstraction en un ens essentiel de toute référence à la création,[...]« (vgl. J.-F. Courtine, 1979, S. 256). Insofern der Ausdruck »reale« nur vor dem Hintergrund einer Kausalordnung expliziert wird, deren wesentlicher Bestandteil auch die Schöpfungslehre ist, gehört die Lehre von Gott als erster Ursache zu den Konstitutionsbedingungen des Gegenstands dieser Metaphysik. Die Reduktion des Begriffs einer *essentia* bei Suárez auf die Nichtwidersprüchlichkeit der wesentlichen Prädikate, die L. Honnefelder, 1997, S. 398, ausführt, ist entsprechend verkürzend. Es gibt hier durchaus sachliche Differenzen zwischen Duns Scotus und Suárez, die ihren Grund wohl darin haben, dass Suárez den univoken Begriffen eine reale *convenientia* in den Dingen zugrunde legen will, um den drohenden Begriffsrealismus bei Duns Scotus vermeiden zu können: Die Univozität gründet in den realen kausalen und nichtkausalen Relationen, die ihrerseits nur teilweise univok, teils aber analog zu begreifen sind. Suárez versucht auch hier, nominalistischer Kritik an der Metaphysik von Duns Scotus entgegenzukommen – vgl. dazu auch P. G. Morabito, 1939, S. 32.

enden, insofern es real Seiendes ist, wird von Suárez unmittelbar dadurch expliziert, dass seine inneren und äußeren Ursachen gedacht werden. Er kann also zu Beginn seiner Untersuchungen über die Ursachen zu Recht darauf hinweisen, dass jedes Seiende gemäß seiner Explikation des Begriffs des Seienden als solchem Ursache und/oder Verursachtes sei. Der Begriff der Ursache oder der Kausalität wird bei Suárez zu einem transzendentalen Begriff, denn auch für ihn sind diejenigen Begriffe Transzendentalbegriffe, die das Seiende, insofern es real Seiendes ist, als konvertible oder disjunktive erfassen.

Die Gruppe der dem Kausalitätsbegriff gewidmeten Disputationen sind diesem systematischen Ort entsprechend gegliedert. Eröffnet wird die gesamte Disputationenfolge mit einer Abhandlung über den Begriff der Ursache im Allgemeinen (*DM* XII: *De causis entis in commune*); es folgen Untersuchungen zum Begriff der Materialursache (*DM* XIII-XIV); zum Begriff der Formalursache (*DM* XV-XVI); zum Begriff der Wirkursache (*DM* XVII-XVIII); zum Problem des Zufalls (D; XIX); zum Schöpfungsbegriff (*DM* XX: *De prima causa efficiente primaque eius actione, quae est creatio*); einige weitere Ausdifferenzierungen des Ursachenbegriffs (*DM* XXI-XXII); zum Begriff der Zielursache (*DM* XXII-XXIV) und zur Exemplarursache (*DM* XXV-XXVI). Die gesamte Gruppe wird mit einem Vergleich der Ursachentypen abgeschlossen (*DM* XXVII). Erst dann wird das Seiende überhaupt in endliches und unendliches unterteilt, wobei der Begriff der ersten Ursache tragend ist (*DM* XXVIII).[176] Hieraus ergeben sich Konsequenzen für die Begriffsanalyse. Der in der ersten Disputation dieser Gruppe entwickelte Ursachenbegriff muss so allgemein sein, dass er in gewisser Weise alle im Folgenden zu analysierenden Ursachentypen unter sich befasst. Er ist in genau dem Sinn bloß formal und, wo er inhaltlich bestimmt wird, problematisch, in dem der Begriff des Seienden inhaltsarm und inadäquat ist. Dass bereits in dieser Disputationengruppe eine Abhandlung über die Schöpfung eingefügt ist, signalisiert erneut, dass die begriffliche Unterscheidung zwischen unendlichem und endlichem Seienden, also zwischen Gott und Kreatur, vorweggenommen werden muss, soll nicht ein bloß formaler Schwundbegriff der Kausalität entwickelt werden.[177] In der Ausarbeitung der verschiedenen Typen von Kausalität kann man entspre-

---

176 Ich habe das Inhaltsverzeichnis so ausführlich wiedergegeben, weil die gewöhnliche Angabe, Suárez handle nacheinander die Ursachentypen ab, die Pointe seines systematischen Aufbaus verdeckt – vgl. z.B. F. Volpi: *Suárez et le problème de la métaphysique*, in: *Revue de Metaphysique et Morale*, 1993, S. 395-411, S. 406, der *DM* XII noch zur Abhandlung über *bonum* zählt und die Kausalitätsabhandlungen erst mit *DM* XIII anfangen lässt, wohl weniger im Blick auf den Text, aber mit Berufung auf Courtine, 1990, S. 227.

177 Diese Voraussetzung einer begrifflichen Unterscheidung setzt nicht die entsprechenden Existenzbehauptungen voraus.

chend das systematische Ineinander von univoker und analoger Begriffsbildung wiederfinden. Der Schöpfungsbegriff fällt unter den Begriff der Wirkursache, die selbst von diesem univoken Ursachenbegriff her durch die verschiedensten Formen der Begriffsbildung zu rekonstruieren ist. Der anfängliche univoke Begriff der Kausalität muss deshalb so allgemein sein, dass der Schöpfungsbegriff als einer der extremsten Typen von Kausalität von ihm her verständlich wird. Dabei wird die Exposition dieses formalen Begriffs nicht frei sein von Vorgriffen auf die Differenz von Gott und Geschöpf. Bereits der systematische Aufbau des Inhaltsverzeichnisses spiegelt diese systematische These über den Zusammenhang von Kausalität und Schöpfung – der sich verdeckt auch bei Duns Scotus nachweisen lässt – wieder.[178]

Um nun genauer zu erfassen, wie Suárez in dem unvermeidlichen Ineinander von analogen und univoken Bestimmungen den univoken Kernbegriff der Kausalität herauspräpariert, muss die einleitende XII. Disputation dieser Folge von Untersuchungen genauer betrachtet werden. In der ersten *sectio* dieser Disputation grenzt Suárez den Begriff der Ursache vom Begriff des Prinzips ab. Dieses Abgrenzungsproblem stellt sich für ihn nicht nur angesichts eines komplexen Begriffsgebrauchs schon bei Aristoteles, sondern insbesondere angesichts der trinitätstheologischen Frage, ob die eine göttliche Person als Ursache der anderen bezeichnet werden dürfe oder nur als deren Prinzip.[179] Dass der Prinzipienbegriff den Ausgangspunkt bildet, ist auch insofern konsequent, als die reale *essentia* zuvor als inneres Prinzip der Eigenschaften einer Sache bestimmt worden war.[180] Schließlich und hauptsächlich ist fraglich, inwieweit Ursachen als Prinzipien zu bestimmen sind. Die Schwierigkeiten sind beträchtlich. Um den Begriff des Prinzips zu erläutern, genügt es nämlich nicht, bloß darauf zu verweisen, dass Prinzipien in ausgezeichnetem Sinn »früher« sind als das Prinzipiierte. Notwendig ist auch der Begriff einer bestimmten Verknüpfung oder Folge (*connexio vel consecutio*) beider.[181] In einem strikteren Sinn fällt entsprechend auch der Kausalitätsbegriff unter den Begriff des Prinzips. Unter Kausalität wird bereits hier ein »influxus positivus« verstanden, dessen formaler Begriff der einer »dependentia« ist.[182] Suárez denkt an alle vier aristotelischen Ursa-

178 Vgl. dazu unten, S. 248.
179 Vgl. F. Suárez, *DM* XII, sec. 1, nr. 1 und nr. 10.
180 Vgl. F. Suárez, *DM* II, sec. 4, 6f.
181 Vgl. F. Suárez, *DM* XII, sec. 1, nr. 11: »Secundo infertur ex dictis ad rationem principii non satis esse ut sit prius alio, sed necessarium esse ut inter illa sit aliqua connexio vel consecutio unius ab alio quod principium denominatur.«
182 Vgl. F. Suárez, *DM* XII, sec. 1, nr. 5: »Alio igitur modo et magis philosophico, dicitur principium ratione alicuius habitudinis per se inter ipsum et id cuius est principium, ita ut ex illo aliquo modo per se oriatur. Quod duobus modis accidere potest. Primo, per positivum influxum et

chentypen, sogar an eine platonische fünfte *causa exemplaris*. Doch betrifft
der strikte (noch nicht auf Kausalrelationen zugespitzte) Prinzipienbegriff
nicht nur innerweltliche Gegenstände und Theorien, sondern auch Gottes
Handeln nach außen und sein (nicht-kausales) innertrinitarisches Wirken in
der Ausbildung der drei Personen. Diese Fülle von Anwendungsmöglichkeiten wirft sofort das Univozitätsproblem auf. Selbst wenn der Begriff der
Priorität die Prinzipien auszeichnet, so sind doch die Verknüpfungen – also
die Art und Weise, in denen die Priorität jeweils besteht – derartig verschieden, dass der Prinzipienbegriff auf dieser Ebene des Begriffs analog
bleibt.[183]

Die Analysen von Suárez bestätigen zunächst, dass der Begriff »Prinzip«
analoge Bedeutung hat, insofern mannigfache Anwendungen dieses Begriffs in den Blick genommen werden. Dabei geht er davon aus, dass je
nach Art des Unterschiedes der Seienden, von denen der Begriff ausgesagt
werden soll, mehrere Arten von Analogie angenommen werden müssen,
nämlich die *analogia attributionis* und die *analogia proportionalitatis*.[184]
Der Prinzipbegriff, der Kausalität mit sich führt, kommt Gott, sofern er als
Schöpfer nach außen handelt, und der Kreatur gemäß der *analogia attributionis* zu. Ein gemeinsamer Begriff, dem eine »convenientia realis« entspricht, wird in verschiedener Weise von Verschiedenem ausgesagt.[185] Der
Prinzipienbegriff im weiteren Gebrauch, der auch Gottes Handeln *ad intra*
– also innertrinitarisch – beschreibt, ist davon zu unterscheiden und erfordert eine Proportionalitätsanalogie. Das Vorliegen einer *analogia attributionis* im ersten Fall schließt aber, im Unterschied zur *analogia proportionalitatis*, nicht aus, dass ein univoker Begriff zugrunde liegt, der eben analog
zugesprochen wird.[186] Ein besonderes Problem bieten also die innertrinitarischen Relationen. Insbesondere anlässlich dieses Sonderfalls analysiert

communicationem sui esse; qui modus respectu rerum creatarum semper est cum dependentia et
causalitate, ut explicabimus; quaere huiusmodi principium, philosophice loquendo, semper induit
rationem causae.«
   183 Vgl. F. Suárez, *DM* XII, sec. I, nr. 13: » [...], quia tanta est varietas in illis rationibus seu
connexionibus principiatorum cum principiis ut vix inter se conveniant nisi in nomine et propor-
tionalitate aliqua.«
   184 Vgl. F. Suárez, *DM* XII, sec. 1, nr. 14. Vgl. zum Problemhintergrund: E. J. Ashworth,
1995.
   185 Vgl. F. Suárez, *DM* XII, sec. 1, nr. 15:»Haec autem ratio principii cum causalitate
coniuncta est respectu creaturarum, et convenit tum Deum, tum etiam creaturis. Et hac ratione
potest de Deo et creaturis dici secundum analogiam attributionis; verbi gratia, esse principium
efficiens analogice dicitur de Deo et creaturis, non secundum proportionalitatem tantum, sed
propter veram et realem convenientiam, analogam tamen et includentem attributionem, ut inferius
generaliter explicabimus in analogia entis ad Deum et creaturas.« Insofern der analogen Attributi-
on eine »convenientia realis« zugrunde liegt, ist bereits die Bedingung erfüllt, die Suárez an anderer Stelle für das Vorliegen eines ursprünglich univoken Begriffs formuliert hat.
   186 Vgl. F. Suárez, *DM* XII, sec. 1, nr. 18.

Suárez den Prinzipienbegriff auf seinen möglichen univoken Begriffskern hin. In jedem Prinzipienbegriff sei dreierlei zu unterscheiden, nämlich einmal die Relation selbst, dann der nächste Begriff dieser Relation und schließlich das, was »Prinzip« genannt wird.[187] Was das erste betrifft, so sei »Relation« analog auszusagen, insofern die Prinzipienrelation Gottes zur Schöpfung eine *relatio rationis* sei, die der göttlichen Personen aber eine reale. Die hier anzusetzende Analogie sei eine der bloßen Proportion. Auch bezüglich des zweiten Moments, des Begriffs der Relation, sei eine Analogie anzunehmen, wenn auch eine *analogia attributionis*. Dass es sich um eine *analogia attributionis* handle, wird u.a. damit begründet, dass sowohl im Fall der innertrinitarischen Relation wie im Fall der Schöpfungsrelation eine »notwendige Dependenz und Vorgängigkeit« behauptet werde.[188] Generell werden die Arten und Weisen, wie etwas ein Prinzip von etwas ist, überaus verschieden sein. Was schließlich den dritten Aspekt betrifft, d.h. dasjenige, was »Prinzip« genannt wird, so meint Suárez, dass er – wenn er abstrakt gefasst wird – kein analoger Begriff sein kann. Suárez nimmt hier also einen univoken Begriffskern an.[189] Um den univoken Begriff »Prinzip« aufzufinden muss aber nach allem Gesagten unterschieden werden zwischen dem Prinzipienbegriff, insofern er eine Relation bezeichnet, dem Prinzipienbegriff, insofern er den bestimmten Begriff einer solchen Relation bezeichnet, und dem Begriff nicht der Relation sondern der Sache, die Prinzip ist. Der univoke Begriff stellt sich nur ein, wenn auf allgemeine Merkmale reflektiert wird, die eine Sache auszeichnen, die Prinzip genannt werden kann. Der besondere Begriff eines Prinzips, der solche Merkmale enthält, wegen derer die Sache diese allgemeinsten Merkmale erfüllt, ist für Suárez bereits kein univoker Begriff mehr.

Für die Analyse des Kausalitätsbegriffs überhaupt hat diese erste *sectio* einen doppelten Ertrag. Die Erörterung hat für die anvisierte Unterscheidung zwischen Ursachen und Prinzipien zumindest soviel ergeben: Ursachen sind zwar Prinzipien und der Prinzipienbegriff hat bei univokem Begriffskern der Dependenz in je nach Kontext verschiedener Weise analoge Bedeutung. Dem Kausalitätsbegriff ist aber eigen, prinzipiell eine Relation zwischen zwei verschiedenen Entitäten zu bedeuten. Weiterhin ist der Prinzipienbegriff – im Unterschied zum Kausalitätsbegriff – auch auf innertrinitarische Vorgänge anwendbar. Prinzipien bezeichnen schließlich nicht nur

---

187 Vgl. F. Suárez, *DM* XII, sec.1, nr. 19: »In hac re distinguenda videntur illa tria quae supra *in omni principio* diximus, scilicet, relatio principii, proxima ratio talis relationis et id quod principium nominatur.« (Hervorh. R.S.) Bereits diese Einteilung gibt einen univoken Vorbegriff von Prinzip.

188 F. Suárez, *DM* XII, sec. 1, nr. 21: »[...] quia etiam in hac ratione est aliquo modo necessaria dependentia et antecessio naturalis inter origines ad extra et ad intra.«

189 Vgl. F. Suárez, *DM* XII, sec. 1, nr. 24.

wie die Kausalbegriffe reale Vorgänge, sondern auch gedachte Verhältnisse zwischen realen Entitäten und sogar Verhältnisse zwischen *entia rationis*.[190] Darüber hinaus hat Suárez bereits die wichtigen Differenzierungsmittel eingeführt, die auch auf den Begriff der Ursache angewendet werden können und angewendet werden müssen, um den anvisierten univoken Kernbegriff der Ursache überhaupt zu gewinnen.

Suárez übernimmt in der Folge seine Differenzierungen aus der Abhandlung über den Prinzipienbegriff in die Abhandlung über den Kausalitätsbegriff im Allgemeinen.[191] Er unterscheidet also den Begriff einer Sache, die Ursache ist, den Begriff der Verursachung (*causatio*) bzw. der Ursache im Allgemeinen, und schließlich den der Relation der Kausalität.[192] Suárez sieht in der folgenden *sectio*, die dem Ursachenbegriff überhaupt gewidmet ist, davon ab, nach der Relation der Ursächlichkeit zu fragen. Ebenso verschiebt er eine Untersuchung besonderer und bestimmter Begriffe der Dinge, die Ursachen sind, auf später. Er konzentriert sich vielmehr ganz auf die Frage, wie »Ursache« im Allgemeinen zu definieren sei. Die genaue Frage lautet, ob es einen gemeinsamen Begriff »Ursache« gibt, der gleichsam formale Minimalbedingungen dafür angibt, dass etwas eine Ursache ist, und der seinerseits die Bedingungen erfüllt, die sich schon alleine aus dem systematischen Ort dieser Untersuchung ergeben. Zwei Vorschläge wehrt Suárez zunächst ab. Zum einen erscheint ihm die Definition von »Ursache« als demjenigen, das eine Warum-Frage hinlänglich beantwortet, nicht tauglich, u.a. weil sie auch Prinzipien umfasst und deshalb – nach der vorherigen *sectio* – zu umfänglich ist.[193] Zum anderen weist er die Definition zurück, nach der eine Ursache das sei, auf das etwas anderes folge, und zwar vor al-

190 Vgl. F. Suárez, *DM* XII, sec. 1, nr. 25: »Nam *principium* dicitur etiam de eo qui proprie non influit in alium, causa vero minime. Item hinc fit ut principium non tantum entibus realibus, sed etiam entibus rationis seu privationi conveniat; causa vero non item.«

191 Vgl. F. Suárez, *DM* XII, 2, nr. 1: » [...], sicut enim supra de principio dicebamus, ita etiam in causa tria considerari possunt, scilicet, res quae causat, causatio ipsa (ut sic dicam), et relatio quae vel consequitur vel cogitatur. De hoc tertio membro nihil in tota materia tractandum est; habet enim inferius suum proprium locum in materia de relatione. De aliis vero duobus dicturi sumus; primo autem de causatione ipsa per quam formaliter constituitur causa in actu et ex qua nobis innotescit causa ipsa seu virtus causandi.«

192 Aus der Zusammenfassung in F. Suárez, *DM* XII, 2, nr. 13, wird deutlich, dass »causatio« tatsächlich als allgemeiner Begriff der Ursache verstanden werden muss.

193 Diese Definition entnimmt Suárez Aristoteles, Phys. II,7. Sie wurde durch die Tradition der Aristotelesinterpretation ständig vergegenwärtigt – vgl. z.B. W. v. Ockham, *Expositio* Lib. II, c.5, § 1. Viele Autoren berufen sich dabei auf Averroes, den »Kommentator«. Die Analysen der Warum-Frage sind bei Ockham am ausführlichsten. Aristoteles zieht allerdings die Parallele zwischen Ursache-Begriff und Warum-Fragen nicht heran, um eine vollständige Exposition des Ursachenbegriffs zu geben, sondern nur, um die Frage zu beantworten, wie viele Ursachenarten es gibt – nämlich genau so viele, wie es Weisen gibt, »Warum?« zu fragen. Die Warum-Frage ist so zwar konstitutiv für seinen Ursachenbegriff, jedoch nicht unbedingt alleine.

lem deshalb, weil der Begriff des »Folgens« (*sequi*) unklar und mehrdeutig sei. Er kann nämlich sowohl logisches Folgen wie zeitliches Folgen wie kausales Hervorbringen bedeuten. Die gesuchte Definition muss zwar so allgemein sein, dass jedwedes Seiende als Ursache oder Wirkung bezeichnet werden kann, aber zugleich so eng, dass sie Prinzipien, die keine Ursachen sind, nicht mitumfasst.

Suárez folgt nun »einigen Modernen«, wenn er als Definition akzeptiert: »Ursache ist dasjenige, von dem etwas per se abhängt.« Er ergänzt diesen Begriff allerdings mit einer Explikation, von der auf Anhieb nicht zu sehen ist, wie sie sich zur ersten verhält: »Ursache ist ein Prinzip, das per se das Sein in ein anderes einführt.«[194] Es lässt sich zeigen, dass die Definition grundlegend ist, die Explikation aber zur Bildung analoger Begriffe unerlässlich bleibt. Die Vorteile der Explikation bestehen für Suárez nicht nur darin, dass sie gut thomistisch ist, sondern auch darin, dass mit dem Ausdruck »Prinzip« die nächste Gattung in der Definition erwähnt wird und mit dem Ausdruck »das per se Sein einführt« die mögliche Abhängigkeit von Privationen explizit ausgeschlossen wird. Das Problem der Explikation wird aber sofort deutlich, wenn Suárez zu verstehen gibt, dass der Ausdruck »einführen« oder »einfließen lassen« (*influit*) nicht streng, sondern sehr allgemein zu verstehen ist. Er muss so allgemein verstanden werden, um tauglich zu sein, die verschiedensten Typen von Ursachen – von der Materialursache bis zur Zielursache – zu umgreifen. Im Fall der Materialursache, die ja an und für sich rein passiv und bloße *potentia* ist, expliziert er diesen Ausdruck dadurch, dass die Materie in ihrer Weise insofern »Sein gibt«, als von ihr das Sein der Wirkung abhängt (*dependet*). Man wird die Explikation tatsächlich weitgehend von der Definition her verstehen müssen. Im Ineinander von univoken und analogen Begriffsbildungen gibt also die Definition den univoken und formalen Begriff der Kausalität, während die Explikation den Ausgangspunkt zu ausdifferenzierenden Analogiebetrachtungen bietet. Die Definition gibt so den Untersuchungen zu den einzelnen Ursachentypen methodisch einen Rahmen vor.[195]

Für die weiteren Überlegungen sind die Bildung der Definition und ihre weiteren Explikationen wichtig. Es ist plausibel, dass der Ursachenbegriff – der einerseits vom Prinzipienbegriff unterschieden, andererseits aber so umfassend sein soll, dass er eine Bestimmung des Seienden, insofern es real Seiendes ist, expliziert – derartig formal sein muss, wie es der Begriff der

194 Vgl. F. Suárez, *DM* XII, sec. 2, nr. 4: »Tertia definitio est quam potissime afferunt aliqui moderni: *causa est id a quo aliquid per se pendet*. Quae quidem, quod ad rem spectat, mihi probatur; libentius tamen eam sic describerem: *Causa est principium per se influens esse in aliud*.« Normalerweise sind unter »moderni« Nominalisten im Gefolge Ockhams zu verstehen.
195 Vgl. dazu ausführlicher R. Schnepf, 2001b, sowie die andere Interpretation von A. J. Freddoso, 2002.

Dependenz ist. Ein in diesem Sinn transzendentaler Ursachenbegriff kann nur ein formaler sein, weil er sonst Gefahr liefe, lediglich in einem bestimmten Bereich des Seienden adäquat anwendbar zu sein – auch wenn er in der Folge durch weitere Schritte der Begriffsbildung für unterschiedliche Anwendungsmöglichkeiten inhaltlich weiterbestimmt werden kann.[196] Der Begriff der Dependenz bringt für den Fall der Kausalität das Moment der Priorität auf den Begriff, das Ursachen qua Prinzipien auszeichnet; der Begriff des »influxus« bezeichnet hingegen im Umriss die »connexio vel consecutio«, die auch im Fall anderer Prinzipienbegriffe den Weg in Analogiebetrachtungen fordert. Hier spielen erneut die oben eingeführten Differenzierungen eine Rolle: Bisher wurde nur der Begriff der Ursache im Allgemeinen definiert, nicht aber der Begriff der Kausalrelation. Die genauere Charakterisierung bestimmter Kausalrelationen schließt sich dabei weniger an die Definition als vielmehr an die Explikation an.[197] Der Begriff der »causalitas in communi« ist eben der eines »influxus ..., seu concursus quo unaquaeque causa in suo genere influit esse in effectum.« Für Suárez besteht eine reale Differenz zwischen der Ursache und der Relation, in der sie zu ihrer Wirkung steht. Deshalb ist der Begriff der Ursache strikt vom Begriff der Kausalrelation zu unterscheiden, wenn auch letztere im Blick auf ersteren zu bilden ist. Der genaue Status und die genaue Art und Weise der Kausalrelation kann nur gesondert für die verschiedenen Ursachenweisen bestimmt werden. Daraus ergibt sich, dass es zwar einen univoken Minimalbegriff der Ursache geben kann, aber einen nur analogen Begriff der Kausalrelation. Weil der Begriff der Kausalrelation nur analog ist, gibt es auch eine Fülle divergierender Indizien dafür, wann etwas in einer solchen Relation steht und mithin eine Ursache ist. So wichtig diese Differenzierungen in der Folge werden: Zunächst sei davon ausgegangen, dass es gleichwohl einen univoken Kernbegriff der Kausalrelation gibt, nämlich den einer Abhängigkeitsbeziehung.

Suárez löst in *DM* XII eine methodisch schwierige Aufgabe, wenn er aus der philosophischen Tradition einen Ursachenbegriff herauspräparieren will, der einerseits vom Prinzipienbegriff unterscheidbar und andererseits eine univoke transzendentale Bestimmung des Seienden auf den Begriff bringen soll. Allerdings erläutert Suárez in dieser *sectio* nicht weiter, was man formal unter »Dependenz« zu verstehen hat. Wenn man aber das, was er »Abhängigkeit« (*dependentia*) nennt, angemessen wiedergibt, indem man auf den Begriff der Bedingung zurückgreift, so dass *a* von *b* genau dann abhängig ist, wenn *b* eine notwendige oder hinreichende oder sogar notwendige und hinreichende Bedingung von *a* ist, dann wäre der allge-

---

196 Vgl. dazu F. Suárez, *DM* XII, sec. 1, nr. 7.
197 Vgl. dazu F. Suárez, *DM* XXII, 2, nr. 13.

meinste univoke Begriff der Ursache nach Suárez wie folgt zu fassen: »Ursache ist ein real Seiendes, das (1) eine (notwendige oder hinreichende oder aber notwendige und hinreichende) Bedingung für etwas ist, das (2) ebenso ein real Seiendes ist, und das (3) von ihm selbst verschieden ist.« Der univoke Begriff der Ursache wäre dann als Begriff einer Bedingung innerhalb eines Bedingungsgefüges von distinkten real Seienden analysierbar. Die letzten beiden Bestimmungen dieser Paraphrase geben dabei die spezifischen Differenzen an, die den Ursachenbegriff vom univoken Begriffskern des Prinzipienbegriffs, wie er oben exponiert wurde, unterscheiden. Dieses Bedingungsverhältnis ließe sich – mit Suárez – ebenso begrifflich als »Sein Geben« bzw. als »influxus« fassen, doch verdankt sich diese weitergehende, nicht mehr formale Bestimmung der Relation, wie angedeutet, bereits analoger Begriffsbildung.

Beispielhaft lässt sich dieses Ineinander einer Explikation kausaler Begriffe in Termini von Bedingungsverhältnissen und einer Explikation in analogen Influxus-Metaphern am Beispiel der Definition des Begriffs der *causa efficiens* in der XVII. Disputation skizzieren.[198] Suárez verwendet seine Definition der Ursache im Allgemeinen als Gattungsbegriff, um ihn – durch eine ausgefeilte Interpretation der aristotelischen Erläuterung der Bewegungsursache[199] – um die Angabe einer spezifischen Differenz zu ergänzen. Er gelangt so zu der Formulierung, eine *causa efficiens* sei ein Prinzip *per se*, »von dem her zuerst (oder anfänglich) eine Handlung (*actio*) ausgeht«.[200] Dabei stellt er sofort fest, dass die Definition zirkulär zu werden droht, weil der Begriff der *actio* letztlich ein Ursachenbegriff ist, der noch dazu um nichts klarer ist als der Begriff der Ursache selbst.[201] Seine Bemühungen, den Handlungsbegriff aufzuklären, sind vergleichsweise unbefriedigend. Er verweist auf die XVIII. Disputation, sec. 10, und bemerkt, dass es zunächst genüge, unter »Handlung« das Hervorgehen und die Abhängigkeit der Wirkung von ihrer extrinsischen Ursache zu verstehen, bzw. den »Weg zur Wirkung oder die Abhängigkeit der Wirkung vom Handelnden«.[202] Die Doppelung der Bestimmung erklärt sich im Blick auf die XVIII. Disputation, sec. 10, und vor allem die ausführliche IIL. Disputation »De actione« daraus, dass »Handlung« als Relationsbegriff analysiert wird. Bezeichnenderweise sind die Begriffe, in denen der Handelnde als Ursache charakterisiert wird, analoge und metaphorische Begriffe. Nur so kann nämlich die Eigenart dieser Abhängigkeitsrelation in den Blick treten. Aller-

198 Vgl. F. Suárez, *DM* XVII, sec. 1, – dazu ausführlicher R. Schnepf, 2001b.
199 Suárez bezieht sich dabei auf *Physik* B 3 und *Metaphysik* Δ 2.
200 F. Suárez, *DM* XVII, 1, nr. 3: »[...] principium a quo vel unde primo manat actio."
201 Vgl. F. Suárez, *DM* XVII, 1, nr. 5.
202 Vgl. F. Suárez, *DM* XVII, 1, nr. 6: »[...] est via ad effectum seu dependentia effectus ab agente [...].«

dings finden sich auch Versuche, die handelnde Ursache als Handelnde in Termini ausgefeilter Bedingungsverhältnisse zu analysieren. So beobachtet Suárez, dass eine Wirkung von verschiedenen Wirkursachen hervorgebracht werden könne, während sie immer derselben Formalursache und (in gewissem Sinn auch) Materialursache bedürfe (Beides gilt zumindest, wenn man von Typen redet).[203] Wirkursachen sind also – im Unterschied zur Materialursache und Formalursache – keine notwendigen Bedingungen, aber unter Umständen hinreichend. Ebenso lassen sich weitere Bedingungen (*conditiones*) angeben,[204] die erfüllt sein müssen, damit eine solche Ursache überhaupt vorliegen kann. Dazu mag beispielsweise Kontiguität gehören, also der (direkte oder indirekte) Kontakt zwischen Ursache und Wirkung. Die Abhängigkeit dieses besonderen Bedingungsverhältnisses von weiteren derartigen Bedingungen ist ein weiteres Charakteristikum der Wirkursächlichkeit und damit ein Schlüssel zu einem präziseren Begriff der *causa efficiens* (bzw. der *actio*) in Termini von Bedingungsrelationen. Derartige Bedingungsanalysen bieten den Rahmen, innerhalb dessen die Analogien kontrolliert entwickelt werden. Das zeigt sich nicht zuletzt bei der genaueren Untersuchung von tatsächlichen oder vermeintlichen Charakteristika der Wirkursächlichkeit, die sich aus dem Handlungsbegriff ergeben würden – etwa zeitliche Priorität der Ursache, Kontiguität, Differenz von Ursache und Wirkung. Suárez weist nämlich in aller Regel darauf hin, dass solche Eigenheiten bestimmter Kausalrelationen nicht aus dem Begriff der *causa efficiens* folgen, sondern aus der besonderen Verfasstheit bestimmter Gegenstandsbereiche. Der Rahmen univoker Begriffe hat so die Funktion, falsche Schlussfolgerungen abzuwehren und die Anwendbarkeit des Begriffs in anders verfassten Gegenstandsbereichen zu sichern.

Die methodische Funktion univoker Begriffe wird natürlich in demjenigen Anwendungsfall des Begriffs der Wirkursache besonders deutlich, der am entlegensten und problematischsten ist, nämlich beim Schöpfungsbegriff. Insofern der Begriff der Ursache überhaupt, wie er in der ersten Disputation der Reihe von Untersuchungen zum Kausalitätsbegriff entwickelt wird, in dem Sinn univok sein soll, dass er nicht nur den verschiedenen Typen von innerweltlichen Ursachen zugrunde liegt, sondern auch dem Begriff der Schöpfung, ist auch der Schöpfungsbegriff vom Begriff der Dependenz bzw. der notwendigen oder hinreichenden Bedingung aus zu deuten. Genau das unternimmt Suárez in Disp. XX über die Schöpfung. In der Einleitung zu dieser Disputation führt er konsequent den Schöpfungsbegriff

203 Vgl. F. Suárez, *DM* XVIII, sec. 10, – vgl. dazu R. Schnepf, 2001b, S. 42.
204 Vgl. dazu auch die Einleitung in die XVIII. Disputation.

als Fall von *dependentia* ein.[205] Die ganze erste *sectio* der Disputation, die der Frage gewidmet ist, ob die Schöpfung so durch den natürlichen Verstand begriffen und erkannt werden könne und ob das Seiende, insofern es Seiendes ist, essentiell von einem anderen Seienden abhängen könne, versucht die genauen Umstände desjenigen besonderen Abhängigkeitsverhältnisses zu klären und als möglich zu erweisen, das in der »creatio ex nihilo« zu denken ist. Die Schöpfung zeigt sich dabei als ein besonders reiner Fall von Kausalität im univoken Minimalsinn, d.h. von Dependenz, insofern diese Art der Kausalität ihrerseits von nichts anderem abhängig ist.[206] Weil das im Schöpfungsbegriff zu denkende Dependenzverhältnis, soll es nicht durch Metaphorik verhüllt werden, nicht durch Bezug auf anderes geklärt werden kann, tritt der Kausalitätsbegriff hier rein hervor. Es ist daher kein Wunder, dass Suárez erst im Kontext dieser Überlegungen gleichsam *en passent* das Dependenzverhältnis mit einer weiterführende Wendung formal fasst, die obige Interpretation bestätigt: »creationem necessariam esse in entibus quae nunc sunt, ita *ut sine illa esse non potuerint*«.[207] Es sind negative kontrafaktische Konditionalsätze, die Dependenzverhältnisse explizieren. Der nicht durch metaphorische und nicht durch analoge Begriffsbildungen angereicherte Schöpfungsbegriff ist der univoke transzendentale Begriff der Kausalität selbst, gerade weil der Schöpfungsbegriff zunächst keine weitere nicht-metaphorische bzw. nicht-analoge Bestimmung zulässt. Wenn Suárez dann dazu übergeht, Gott genauer als *causa efficiens* der Welt zu denken, spielen freilich – methodisch konsequent – Analogien eine tragende Rolle.

Diese Interpretation der Kausalitätstheorie von Suárez – und damit die Behauptung, dass die univoke Explikation des Kausalitätsbegriffs als Bedingungsverhältnis in einer Metaphysik diesen Typs angesichts des Schöpfungsbegriffs gleichsam wiederentdeckt wurde – bestätigt sich, wenn man den Quellen nachgeht, auf die sich Suárez stützt. Suárez beruft sich bei der Definition von Ursache mittels des Dependenzbegriffs – wie schon bei anderen Gelegenheiten – auf einige »Moderne«, d.h. auf Nominalisten im Gefolge Wilhelms von Ockham. Nun finden sich bei Ockham sehr verschiedene Definitionen von »Ursache«, etwa auch die von Suárez explizit zurückgewiesene (»aliquid ad cuius esse sequitur aliud«).[208] Es finden sich aber

---

205 Vgl. F. Suárez, *DM* XX, praef.: »Dicemus ergo de efficientia huius primi entis in alia et de dependentia aliorum ab ipso. [...] Dependentia autem in fieri potissimum in creatione consistit, tum quia *haec est propria dependentia entis inquantum ens* quam hic inquirimus.« (Hervorh. R.S.)

206 F. Suárez, *DM* XX, sec. 1, nr. 14: » [...], nam hic modus agendi sine dependentia ab alia causa extra se, sive efficienti sive materiali, est valde consentaneus essentiali perfectioni primi entis.«

207 F. Suárez, *DM* XX, sec. 1, nr. 15 (Hervorh. R. S.)

208 Vgl. W. v. Ockham, *Logica* cap. 10; ich folge in diesem Passus E. Hochstetter, 1927, S. 153.

auch Behauptungen, nach denen aus dem Vorliegen eines Bedingungsverhältnisses, das durch negative kontrafaktische Konditionalsätze ausgedrückt
wird, auf das Bestehen eines Kausalverhältnisses geschlossen werden
darf.[209] Entsprechend analysiert Ockham auch Kausalverhältnisse als Dependenzverhältnisse.[210] Doch ist die Analyse von Kausalverhältnissen als
Dependenzverhältnissen und die Explikation von Dependenzverhältnissen
als Bedingungsverhältnissen nicht von Ockham gleichsam erfunden worden. Sie findet sich zuvor schon mindestens bei Duns Scotus. Bei Duns
Scotus liegt nicht nur die begriffliche Fassung von Ursachen in Termini von
Dependenzordnungen,[211] sondern auch ein erster Ansatz zu einer Theorie
der differenziellen Bedingungsanalysen vor. So finden sich ausführliche
Überlegungen dazu, wie man etwas dadurch als Ursache von etwas erkennen kann, dass man Anfangsbedingungen variiert.[212] Im Rahmen der Probleme, welche die Schöpfungslehre aufwirft, analysiert auch Duns Scotus
Dependenzverhältnisse als Bedingungsverhältnisse.[213] Exemplarisch ließe
sich dies am *Tractatus de primo principio* zeigen.[214] Bei beiden Autoren,
Duns Scotus und Ockham, tritt der Begriff von Kausalverhältnissen als Bedingungsverhältnissen dann deutlich hervor, wenn es darum geht, Schöpfung auf den Begriff zu bringen. Zugleich ist damit ein Minimalbegriff erreicht, der Aussichten hat, die unterschiedlichsten Typen von Kausalität und
die unterschiedlichsten Anwendungsgebiete kausaler Begriffe zu erfassen.

Geht man aber darüber hinaus den Quellen nach, aus denen die mittelalterlichen Autoren ihrerseits bei ihrer Wiederentdeckung der konditionalistischen Analyse kausalen Vokabulars schöpfen konnten, wird deutlich, dass
der Versuch, einen univoken transzendentalen Kausalitätsbegriff zu formulieren, methodisch konsequent in ein folgenreiches Problem führt: Die genannten Autoren haben einen Begriff der Kausalität wiederentdeckt bzw.
wieder ins Zentrum der Diskussion gerückt, der zuvor in ganz anderen Umständen entwickelt worden war. Bei Aristoteles steht die Analyse von Kau-

---

209 Vgl. W. v. Ockham, Sent. I, d. 1. q. 3., *Op. theol.* I, S. 418: »Ad secundum dico quod ex
tali ordine semper contingit inferre causalitatem in priori respectu, maxime si prius potest esse sine
posteriori et non e converso, naturaliter etiam.« – vgl. L. Hochstetter, S. 153, Anm. 1.
210 Belege bei K. Bannach, 1975, S. 292ff.
211 Vgl. z.B. J. Duns Scotus, *Ord.* I, d. 2. q. 1-2, nr. 43ff. Hier wird eine Unterscheidung verschiedener Ursachenordnungen mittels verschiedener Dependenzverhältnisse getroffen.
212 Vgl. in J. Duns Scotus, *Met.* I, q. 4, nr. 17; Wadding Bd. IV, 534b:»Contrà, quomodo ex
effectu sensibili devenitur ad notitiam causae? Responsio, dividendo sic, in A sunt B, C, D, si vis
scire quod est causa D, B. an C seperata hic, ubi invenies B, sive C. Si ibi D consequitur B & non
C, ergo in A, B fuit causa D; sic etiam contingit causam cognoscere, si plura essent coniuncta.
Contrà, volo ut B, C, D, ubique sint coniuncta: tunc non valet haec via. … « Duns Scotus unterscheidet in der Folge eine Reihe weiterer Konstellationen, die hier im Einzelnen nicht interessieren.
213 Vgl. z.B. J. Duns Scotus, *Ord.* II, D. 1, q. 4-5, nr. 262.
214 Vgl. dazu A. Krause, 1996, insbes. S. 32f.

salrelationen als Bedingungsverhältnissen nicht im Mittelpunkt, wenn sie denn überhaupt vorkommt.[215] Gleichwohl kann seine Kausaltheorie als eine Theorie von Bedingungen gedeutet werden.

Seneca kommt in *Ep.* 65, und zwar im Zusammenhang mit der Frage nach der Entstehung der Welt, auf die Vielfalt von Ursachentypen bei Platon und Aristoteles zu sprechen, der er die stoische These entgegenstellt, es gäbe nur eine Art von Ursachen. Um die »turba causarum« der Platoniker und Aristoteliker zusammenzufassen, gibt er eine knappe und polemisch gemeinte Definition des Ursachenbegriffs, unter den die verschiedenartigsten Typen der Kausalität fallen sollen: »Nam si quocumque remoto quid effici non potest, id causam iudicant esse faciendi, pauca dixerunt.«[216] Dieser Begriff sei so weit, dass selbst Zeit und Ort unter die Ursachen gezählt würden.[217] Der formale Begriff der Ursache als Bedingung mag zwar die Vielfalt möglicher Kausalverhältnisse erfassen, tut dies aber in einer Weise, dass alles als Ursache von allem erscheint. Gegen diese Inflation von Ursachen, die seiner Meinung nach durch Platon und Aristoteles initiiert wurde, setzt er – ganz in stoischer Tradition – eine terminologische Begrenzung des Ursachenbegriffs auf den Begriff einer *causa efficiens*.[218]

Die konditionalistische Kausalitätstheorie, die sich in stoischen Texten findet, hatte aber nicht nur die Funktion, aristotelische und platonische Theorien ins Absurde zu führen. Sie hatte zugleich eine ausgefeilte Basis, um präzisiert werden zu können. Denn die stoische Logik stellte in verschiedenen Varianten Möglichkeiten zur Verfügung, den Begriff einer Bedingung – sei es einer notwendigen, sei es einer hinreichenden – zu explizieren.[219] Das liegt schlicht daran, dass Bedingungssätze im Rahmen stoischer Logik ausführlich analysiert wurden. Um Bedingungsverhältnisse mit logischen Mitteln präzisieren zu können, bedarf es einer Theorie der Modalitäten wie »notwendig« oder »möglich«. Das zentrale Problem, das sich mit der Wiederentdeckung konditionalistischer Analysen der Kausalität im systematischen Kontext einer allgemeinen Metaphysik stellt, ist schlicht, dass alle der Stoa bekannten Möglichkeiten, Modalausdrücke zu interpretieren, auf innerweltliche Verhältnisse Bezug nehmen. So ist beispielsweise der Ansatz, Modalitäten im Rückgriff auf zeitliche Bestimmungen zu defi-

215 Vgl. R. Sorabji, 1980, S. 38f., S. 41; die zentralen Passagen, die den Ansatz für eine konditionalistische Kausalitätstheorie zu bieten scheinen – Aristoteles, *Met.* VI, 3 und *Met.* IX, 5 – diskutiert Sorabji ausführlich S. 51ff.

216 Seneca, *Epistulae morales*, Ep. 65, S. 178. Vgl. dazu M. Frede, 1980, S. 227ff.

217 Vgl. ebd. – die Begründung ist aufschlussreich: »Ponant inter causas tempus: nihil sine tempore potest fieri. Ponant locum: si non fuerit ubi fiat aliquid, ne fiet quidem.« Das Kriterium ist also nicht hinreichend, tatsächliche Ursachen herauszufiltern.

218 Vgl. zum gesamten Problemhintergrund M. Frede, 1980.

219 Vgl. zum Folgenden D. H. Sanford, 1989, Chapt. I, S. 13ff.

nieren, auf eine der Zeit vorausliegende Bedingungsrelation nicht anwendbar. Der Begriff eines Bedingungsverhältnisses, der dem univok transzendentalen Kausalitätsbegriff seine Bestimmung geben soll, wird damit in gewissem Sinn selbst unbestimmt, ist er doch auf den paradigmatischen Fall – die Schöpfung – nicht problemlos übertragbar. Denn gerade in diesem Fall ist es unklar, wie die modalen Ausdrücke in der Rede von einem Bedingungsverhältnis interpretiert werden könnten. Der Bedingungsbegriff droht deshalb in solchen Theorien zu einem nicht explizierbaren Grundbegriff zu werden – es sei denn, man gesteht zu, dass bereits die Explikation des Bedingungsbegriffs nur noch in analogen Begriffen möglich ist. Suárez scheint mit dieser Möglichkeit gerechnet zu haben, wenn er bereits in den ersten Explikationsschritten des univoken Begriffs der Ursache analoge Begriffsbildung zulässt. Es zeigt sich an diesem Punkt erneut, welch enge Grenzen prinzipiell dem systematischen Versuch gesetzt sind, univoke Begriffe für den Bereich des Seienden überhaupt zu finden und zu explizieren.

2.1.3.3 Erste Resultate der problemgeschichtlichen Untersuchung

Obwohl die gegenwärtigen Untersuchungen völlig mit historischen Detailfragen beschäftigt zu sein scheinen, lassen sich einige Punkte benennen, die später wichtig werden, wenn im 3. Kapitel die systematische Frage nach Kausalität und Schöpfung wiederaufgenommen wird. Tritt man nämlich einen Schritt von der Überfülle des historischen Stoffes zurück, dann ergeben sich erste Anknüpfungspunkte für die systematische Relevanz einer – wie auch immer zu transformierenden – allgemeinen Metaphysik sowie für Regeln oder Maximen zur philosophischen Begriffsbildung. Zumindest fünf Punkte können benannt werden (c-g). Doch zuvor gilt es kurz, einige allgemeinste Züge dieser Metaphysik weiter zuzuspitzen (a-b).

(a) Die Akzentuierung der Ausgangsfrage – was das Seiende, insofern es Seiendes ist, sei – zu einer Theorie zunächst univoker Begriffe des Seienden überhaupt, die durch analoge Begriffe zu ergänzen sind, hat weitreichende Folgen für ihre Architektonik: Die Metaphysik unterteilt sich dann nämlich methodisch in eine vorgängige allgemeine Metaphysik und eine nachfolgende spezielle Metaphysik. Gegenstand der allgemeinen Metaphysik ist das Seiende, insofern es Seiendes ist, und ihre genaue Aufgabe ist die Explikation des Begriffs des Seienden durch univoke Transzendentalbegriffe. Gegenstand der speziellen Metaphysik sind das unendliche und das endliche Seiende, insofern sie Seiende sind. Die genaue Anzahl und die Gegenstände der speziellen Metaphysik können variieren. In jedem Fall ist Gott ein solcher Gegenstand und die rationale Theologie eine spezielle Metaphysik.[220] Dem entspricht in gewisser Weise bereits die Aufteilung der *Disputationes Metaphysicae* von Suárez, werden doch im ersten Band die Transzendentalien unter weitgehender Absehung von der Differenz zwischen endlichem und unendlichem Seienden untersucht, im zweiten Band hingegen zunächst die Bestimmungen des unendlichen, dann die des geschaffenen, endlichen Seienden. Wird allerdings – wie bereits bei Suárez – in der allgemeinen Metaphysik versucht, den rein formalen Begriff weiter zu explizieren, kann die methodische Trennung nicht strikt durchgeführt werden. Schon minimale Explikationsversuche führen in Probleme, die – wenn überhaupt – nur im Rückgriff auf (problematische) Analogien ansatzweise gelöst werden können. Wie dem auch sei: Die Theorie univoker Begriffe des Seienden überhaupt führt zu einer Unterscheidung innerhalb der Metaphysik, die sich noch in Kants *Kritik der reinen Vernunft* und seinen Versuchen, den Metaphysikbegriff zu reformulieren, wiederfinden lässt.

(b) Die skizzierte Akzentuierung der Metaphysik zu einer Theorie univoker Begriffe des Seienden überhaupt hat unter anderem zur Folge, dass eine Voraussetzung, die Anlass zu skeptischen Einwänden gibt, schlicht entfällt. Die Aufgabe der allgemeinen Metaphysik, einen derart umfassenden univoken Begriff von Ursache bzw. Kausalität zu entwickeln, stellt sich nun nämlich nicht erst dann, wenn die Existenz eines Gottes bzw. das Faktum einer Weltschöpfung nachgewiesen ist. Gegenstand der so verstandenen Metaphysik sind nämlich die Prinzipien, Seiendes, insofern es Seiendes ist, zu *denken*. Die Frage nach den Prinzipien des Denkens sollte nicht von einer Antwort auf die nachgeordnete Frage, was tatsächlich existiert, abhängig sein. Der Gottesbeweis ist nicht in der vorgängigen allgemeinen, sondern erst in einer der nachfolgenden speziellen Metaphysiken zu liefern.[221] Die Begriffsexplikationen müssen deshalb nicht mit der faktischen Existenz eines unendlichen Seienden, sondern nur mit seiner möglichen Existenz rechnen. Weil in der tradierten Metaphysik die Frage nach dem Seienden, insofern es Seiendes ist, von Anfang an mit der Reflexion auf die Grenzen und Möglichkeiten der Begriffsbildung verbunden ist, und weil dieses Problem in einer den einzelnen speziellen Metaphysiken vorgängigen allgemeinen Metaphysik zugespitzt wird, ist diese Reflexion auf die Möglichkeiten des Denkens und der Begriffsbildung von solchen Voraussetzungen unabhängig. Tatsächlich würde sich die Frage nach univoken Begriffen selbst dann noch stellen, wenn von der Nicht-Existenz Gottes ausgegangen wird. Das mag auf den ersten Blick sinnlos erscheinen, kann jedoch gerade im Blick auf die Probleme heutiger Kausalitätstheorien als

---

220 Vgl. hierzu E. Vollrath, 1970.
221 So auch die Gliederung der *Disputationes Metaphysicae* von Suárez.

methodisch fruchtbare Arbeitsmaxime erscheinen – sind doch die Bereiche, in denen heute von Kausalverhältnissen gesprochen wird, immer noch hinreichend verschieden und ist man doch von einer vereinheitlichenden Theorie der Kausalität weiter entfernt denn je. Eine philosophische Theorie der Kausalität sollte sich deshalb von der Entscheidung bestimmter Existenzfragen, die ja nur in den Einzelwissenschaften entschieden werden können, unabhängig halten. Das bedeutet aber, bereits die Begriffe, in denen nicht nachgewiesene oder nicht abgewiesene Möglichkeiten gedacht werden können, zu rekonstruieren. Als eine Theorie allgemeinster Begriffe ist die allgemeine Metaphysik nicht von Existenzannahmen abhängig, sondern auf die Maxime der Urteilsenthaltung im Blick auf Existenzannahmen festgelegt. Diese Urteilsenthaltung sichert ihren Allgemeinheitsanspruch.

(c) Das Problem von Kausalität und Schöpfung gewinnt im systematischen Fragezusammenhang einer allgemeinen Metaphysik einen derart genau bestimmten systematischen Ort, dass sich aus ihm bereits Bestimmungen des Kausalitäts- und des Schöpfungsbegriffs ergeben. Wenn Metaphysik durch die Frage begründet wird, was das Seiende, insofern es Seiendes ist, sei, und wenn die vier Strukturmerkmale der tradierten Metaphysik im scotistischen Sinn akzentuiert werden, ergibt sich nämlich ein ganz bestimmter Zugriff auf das Kausalitätsproblem: Der minimale Kausalitätsbegriff muss so entwickelt werden, dass er von allem Seienden univok aussagbar ist. Der Zusammenhang zwischen Kausalitätsbegriff und Schöpfungsbegriff besteht dann zum einen darin, dass der Schöpfungsbegriff als ein Spezialfall unter den allgemeinen Kausalitätsbegriff fallen muss, und zum anderen darin, dass unter dem Schöpfungsbegriff, sofern er nur in nicht-metaphorischer und nicht-analoger Weise bestimmt werden soll, gar nichts anderes gedacht werden kann, als der univoke Minimalbegriff der Kausalität selbst. Anders gesprochen: Schöpfung wird, solange sie nicht durch analoge Begriffsbildungen weiter charakterisiert wird, als – einziger – reiner Fall des univoken Minimalbegriffs der Kausalität begriffen.[222] Eine Explikation des Kausalitätsbegriffs erfüllt genau dann die Bedingung, im gesuchten Sinn univok zu sein, wenn er in diesem Verhältnis zum Schöpfungsbegriff steht. Entsprechend sind von dem univoken, abstrakten Kausalitätsbegriff besondere Kausalitätsbegriffe zu unterscheiden, die nur auf bestimmte Regionen des Seienden anwendbar sind und entsprechend weitere Merkmale haben, die meistens nicht univok, sondern günstigstenfalls analog auf andere Anwendungsbereiche übertragbar sind. An diesen Zusammenhängen

---

222 Vgl. nochmals F. Suárez, *DM* XX, praef.: »Dicemus ergo de efficientia huius primi entis in alia et de dependentia aliorum ab ipso. [...] Dependentia autem in fieri potissimum in creatione consistit, tum quia *haec est propria dependentia entis inquantum ens* quam hic inquirimus.« (Hervorh. R.S.)

zwischen der Struktur einer Metaphysik und der Form einer Begriffsanalyse lässt sich gleichsam im Modell ablesen, wie die Idee eines Ganzen möglichen Wissens der analytischen Arbeit methodisch eine Orientierung geben könnte, ohne die sich Detailarbeiten zu verwirren drohen.[223] Allerdings ist immer noch fraglich, ob und wie diese Idee eines möglichen Ganzen des Wissens im Anschluss an die tradierte Metaphysik entwickelt werden kann.

(d) Ein guter Teil der skeptischen Einwände gegen ein solches Metaphysikprogramm ist bereits in ihm selbst berücksichtigt. Das betrifft vor allem die Einschätzung der Tragfähigkeit ihrer Begriffe. Sollen in einer Metaphysik univoke Begriffe des Seienden, insofern es Seiendes ist, gebildet und seine weiteren Bestimmungen expliziert werden, dann wird es sich allemal um noch konfuse und in bestimmten Hinsichten defizitäre Begriffe handeln. Denn weil aufgrund schon der aristotelischen Gattungsaporie ein univoker Begriff des Seienden nicht adäquat sein kann, ignorieren derartig konstruierte oder gefundene Begriffe die genaue Art und Weise, in der sie auf die verschiedensten Gegenstände bezogen sind, so dass sie in problematischer Weise abstrakt bleiben. Ähnliches muss dann für den Begriff der Ursache gelten. Der Begriff der Ursache, der allem Seienden zugesprochen werden kann, darf auf die verschiedensten Weisen der Anwendung keinerlei Bezug nehmen, will er selbst der Gattungsaporie entgehen. Man muss daher annehmen, dass die Bedeutung des Ursachebegriffs an sich von den Bedingungen seiner Anwendung und den Gegenständen, auf die er anwendbar sein soll, unabhängig gedacht werden kann. Er muss eine Bedeutung haben, ohne dass über seinen Gegenstandsbezug oder Gebrauch bereits entschieden wäre. Der gesuchte Minimalbegriff der Kausalität muss also nicht nur so umfassend sein, dass er tatsächlich von allem (wirklichen oder denkmöglichen) aussagbar ist, sondern er darf darüber hinaus keine Bestimmungen irgendeinem besonderen Gegenstandsbereich entnehmen. Seine Explikation erfordert so eine eigene Bedeutungstheorie, gemäß der sich die Bedeutung eines Ausdrucks nicht in Gegenstandsbezug oder Gebrauch erschöpfen kann. Bereits bei Duns Scotus, erst recht aber bei Suárez bedeutet dies, die Bedeutung des Begriffs nicht mehr unabhängig von dem Akt des Verstandes explizieren zu können, mit dem er diesen Begriff denkt.[224]

(e) Der Begriff der Kausalität, der univok allem zukommen können soll, wird ein formaler Begriff sein müssen. Inhaltliche Bestimmungen lassen sich zunächst nur an den Kausalverhältnissen ablesen, die der Erfahrung zugänglich sind. Von solchen Bestimmungen ist aber zumindest zweifelhaft, ob sie auf andere Kausalverhältnisse angewendet werden können. Die-

223 Vgl. dazu oben, 1.1.1, S. 48ff.
224 Es wird sich im folgenden Kapitel zeigen, dass ein Mangel dieser Metaphysikprogramme darin besteht, den Begriff des Verstandesakts unzulänglich oder irreführend zu bestimmen.

ses Problem stellt sich nicht erst dann, wenn etwa Merkmale von Kausalverhältnissen, die zwischen natürlichen Dingen angenommen werden, auf
das extremste und problematischste Kausalverhältnis, die Schöpfung, übertragen werden, sondern bereits dann, wenn sie zur Deutung solcher Kausalverhältnisse verwendet werden, die den Bereich des freien menschlichen
Handelns ausmachen. Nicht nur weil die Gegenstände unterschiedlich sind,
sondern auch weil die epistemischen Zugangsmöglichkeiten zu den unterschiedlichsten Kausalverhältnissen in den unterschiedlichen Bereichen verschieden sind, dürfen keine Bestimmungen als univoke postuliert werden,
die nicht rein formal sind. Die verschiedenen inhaltlichen Bedingungen, die
unterschiedlichsten Bereichen entnommen sein mögen, sind dann für die
unterschiedlichen Anwendungsbereiche und Anwendungssituationen dadurch genauer zu bestimmen, dass sie als Darstellungen oder Ausbildungen
des grundlegenden formalen Kausalverhältnisses rekonstruiert werden. Die
zusätzlichen inhaltlichen Bestimmungen können dabei *per analogiam*
durchaus von einem Bereich in einen anderen übertragen werden, wobei sie
jedes Mal als Darstellungen dieses univoken formalen Verhältnisses aufzufassen sind. Durch den univoken formalen Grundbegriff erhält die Analogiebildung eine gewisse methodische Kontrolle. Die formale Relation, die
sich in den unterschiedlichsten (eventuell nur analogen) Kausalitätsverhältnissen jeweils ausprägt, wird eine Dependenz-Relation sein, genauer ein
Verhältnis zwischen Bedingungen eines bestimmten Typs zu einem entsprechenden Bedingten.

(f) Um den univoken Minimalbegriff der Ursache zu finden, müssen bestimmte Differenzierungen eingeführt werden, die das kausale Vokabular
gleichsam vorsortieren. Denn nur in bestimmter Hinsicht kann ein univoker
Begriff gefunden werden. Kausale Ausdrücke können entweder die Kausalrelation charakterisieren, oder aber die Sache, die Ursache ist, insofern sie
Ursache ist, oder aber die Ursache im Allgemeinen (analoges wird man –
obwohl Suárez das nicht ausführt – auch für den Begriff der Wirkung annehmen dürfen). Natürlich ist eine Ursache auch insofern charakterisiert, als
sie in der Kausalrelation zur Wirkung steht, so dass diese Differenzierung
mit der Annahme einer bestimmten Relationstheorie steht und fällt.
Gleichwohl lässt sich die zweite Differenz festhalten: Man kann zwischen
einem Begriff, der Minimalbedingungen dafür angibt, dass etwas eine Ursache ist, und einem Begriff einer Sache, der angibt warum bzw. wie diese
Sache in ihrer Weise die Minimalbedingungen erfüllt, unterscheiden. Diese
Differenzierung ergänzt und präzisiert die Differenzierung von univoken
und analogen Begriffen. Denn zumindest die Begriffe der Art und Weise, in
der eine Sache die Minimalbedingungen des Ursachebegriffs erfüllt oder
realisiert, werden nur analog von ganz andersgearteten Dingen prädiziert

werden können. Analoge Begriffe sind Begriffe der Art und Weise, univoke Begriffe zu realisieren.

(g) Allerdings ist noch ein letztes Strukturmerkmal bei der Begriffsbildung im Rahmen der problemgeschichtlichen Untersuchung zu Tage getreten, das sich zwangsläufig einzustellen scheint, wenn eine Theorie univoker Begriffe des Seienden im Allgemeinen unternommen wird. Für den transzendentalen Begriff des Seienden mag die Behauptung zunächst plausibel sein, der Verstand erfasse einen allereinfachsten Gehalt. Es ist jedoch alles andere als einsichtig, das analog vom univoken Begriff der Ursache zu behaupten. Der formale Begriff eines Bedingungsverhältnisses ist kein einfacher Gehalt, der intuitiv »gesehen« werden kann, sondern dringend explikationsbedürftig. Seine Explikation ist aber gar nicht anders möglich als in analogen Termini, die gar nicht den univoken Begriff selbst bestimmen, sondern ihn nur im Ausgang von Beispielen erläutern können, wie dieser Begriff hier oder da erfüllt wird. Das ergibt sich schon daraus, dass der Bedingungsbegriff modale Komponenten enthält, die etwa durch zeitbezogene Ausdrücke wie »immer« oder durch Theorien möglicher Welten interpretiert werden müssen, also durch Ausdrücke, die entweder nur im Bereich zeitlicher Entitäten definiert sind oder aber Bezug auf so problematische Konstrukte wie eben mögliche Welten nehmen. Beide Explikationsarten sind nicht auf die Schöpfungsrelation übertragbar. Denn weder ist die Schöpfungsrelation zeitlich interpretierbar, noch hat etwa der Begriff einer möglichen Welt, in der Gott die Welt nicht geschaffen habe, eine unproblematische Bedeutung. Der univoke Begriff der Kausalität droht so zu einem nicht adäquat explizierbaren Grundbegriff zu werden, der nur durch Weisen seiner Realisierung weiter charakterisiert werden kann. Auch dieses Problem wird sich durch die weitere Arbeit ziehen, liegt doch der Einwand nahe, dann einfach auf den univoken Grundbegriff zu verzichten und sich auf solche Merkmale zu beschränken, die problemlos zu explizieren sind. Allerdings verkennt dieser Einwand, dass der Verzicht auf einen strukturierenden univoken Begriff, der wenigstens im Umriss gedacht werden kann, die begriffsanalytische Detailarbeit schnell orientierungslos werden lässt und sich die Reduktion des kausalen Vokabulars in empiristischen Theorien kausaler Erklärungen in Aporien zu verfangen droht.

Es versteht sich von selbst, dass die Konzeption einer allgemeinen Metaphysik und die methodischen Mittel der Begriffsbildung, über die hier berichtet wurde, in den nachfolgenden Untersuchungen nicht unversehens in moderne Diskussionskontexte übertragen werden. Deutlich geworden ist aber auch, dass die tradierte Metaphysik in aristotelischer Tradition eine viel reichhaltigere Bestimmung hat, als viele Metaphysikkritiken annehmen. Sie definiert sich nämlich primär nicht über ihren Gegenstandsbereich, sondern über ihre Fragen. Diese Fragen entfalten eine Problemstruktur, die zu mannigfachen Begriffsbildungen Anlass gibt. Ihre oft unterschätzte Fruchtbarkeit besteht darin, dass die Frage nach univoken Begriffen sowohl eine komplexe Bedeutungstheorie erzwingt, als auch die Aussicht auf eine einheitliche Theorie des Denkens und Wissens nicht nur von Kausalverhältnissen offen hält. Allerdings sind die Einwände gegen diese Konzeption zahlreich. Es wird im Folgenden zu untersuchen sein, welchen Wandlungen und weiteren Ausdifferenzierungen dieser Begriff von Metaphysik – und damit das Problem von Kausalität und Schöpfung – unterzogen werden muss, um zu einer tragfähigen Position zu gelangen. Auch deshalb soll mit dem nächsten Abschnitt Kant ins Zentrum der Untersuchung rücken, der in Sachen Metaphysik als »Alleszermalmer« gilt. Es ist nämlich herauszuarbeiten, welche Wandlungen die bis jetzt entwickelte Problemkonstellation erfährt, wenn man mit Kant die sicherlich wesentlich plausiblere Meinung vertritt, kategoriale Begriffe – wie »Ursache« und »Wirkung« – hätten lediglich in ihrer Anwendbarkeit auf Gegenstände möglicher Erfahrung »Sinn und Bedeutung« und seien daher sinnlos, wenn sie auf Gegenstände angewandt werden sollen, die außerhalb des Bereichs möglicher Erfahrung liegen. Wird Schöpfung als Fall von Kausalität gedeutet, liegt offensichtlich ein solcher Missbrauch kategorialer Begriffe vor. Für die vorliegenden Untersuchungen wird die kantische Position vor allem deshalb entscheidend, weil sich in ihr gleichwohl fast alle der bisher entwickelten systematischen Zusammenhänge zwischen Kausalitätsbegriff und Schöpfungsbegriff trotz einer restriktiven Bedeutungstheorie wiederfinden lassen. Das trifft sowohl auf die Annahme univoker Kernbedeutungen kategorialer Begriffe zu, wie auf die Entfaltung eines komplexen aber methodisch reflektierten Systems analoger Begriffe. Der bisher in diesem Kapitel gewonnene Differenzierungsgrad wird erweitert, geschärft und besser begründet werden.

2.2 Die Neubegründung und Modifikation des Zusammenhangs zwischen Kausalität und Schöpfung bei Kant

Die bisherigen problemgeschichtlichen Untersuchungen zur Metaphysik haben nur scheinbar vom Stand der Problembearbeitung weggeführt, den die Frage nach einer Theorie der Kausalität und nach dem systematischen Zusammenhang zwischen Kausalitäts- und Schöpfungsbegriff im ersten Teil der Arbeit gewonnen hatte. Die leitende Vermutung ist jedoch, dass sich das Kausalitäts- wie das Schöpfungsproblem besser bearbeiten lassen, wenn beide Begriffe von einem einheitlichen Begriff des Grundes oder der Ursache überhaupt aus in ihren mannigfachen Spezifikationen und Anwen-

dungssituationen rekonstruiert werden.[225] Der dabei unterstellte univoke
Begriff des Grundes bzw. der »Ursache überhaupt« soll durch eine Analyse
von Warum-Fragen aufgehellt werden können, ist doch die Einheit des Fragepronomens ein starkes Indiz dafür, dass den scheinbar so divergierenden
Begriffen ein gemeinsamer Minimalbegriff zugrunde liegt. Dabei erwies es
sich als ein besonderes Problem, dass Spezialuntersuchungen oft nicht hinreichend zwischen Bedeutungsmomenten des Kausalitätsbegriffs differenzieren können, die ganz unterschiedlichen Ebenen zuzuordnen sind.[226] Es
sind nämlich mindestens die ontologische, die epistemische und die pragmatische Ebene zu unterscheiden. Abschnitt 1.2 hat darüber hinaus nicht
nur Aporien aufgezeigt, in die sich empiristische Kausalitätstheorien verwickeln, sondern zugleich Adäquatheitsbedingungen für die gesuchte Theorie
der Warum-Fragen herausgearbeitet, die eine tragfähige Basis auch für die
Kausalitätstheorie bieten können soll.[227] Bezieht man die bisherigen Ergebnisse des metaphysikgeschichtlichen Exkurses auf diese Problemsituation
zurück, dann ergeben sich nicht nur erste Fingerzeige für die gesuchte Theorie, sondern es lassen sich auch Problemstellen markieren, die im Folgenden zu bearbeiten sind. Es lässt sich so auch begründen, dass und wie die
Transzendentalphilosophie Kants eine Art Orientierungsfunktion für die
weiteren Untersuchungen gewinnen kann.

Wenn eine Warum-Frage vorläufig und nur in gewisser Annäherung als
eine Welches-Frage verstanden werden darf, die eine Auswahlbedingung
enthält, der die gesuchte Antwort gerecht werden muss,[228] dann ist ein erster
Schritt im Rahmen der gesuchten Theorie die Identifikation zumindest eines
Kerns dieser Auswahlbedingung. Dabei soll dieser Kern einer Auswahlbedingung so präzise sein, dass er den univoken Begriff des Grundes oder der
Kausalität überhaupt auf den Begriff bringt. Zu den ersten Resultaten der
voran stehenden problemgeschichtlichen Untersuchungen gehört nun, dass
der Bedingungsbegriff ein Kandidat für diese Rolle ist. Denn dort zeigte
sich unter anderem, dass im Rahmen einer Theorie, die Begriffe explizieren
will, die univok Seiendem überhaupt zukommen, auf den formalen Begriff
der Bedingung rekurriert werden muss, wenn es darum geht, den Begriff
der Ursache zu charakterisieren. In diesem Rahmen wird zumindest ein Teil
der Vielfalt von unterschiedlichen Typen von Warum-Fragen daraus erklär-

---

225 Vgl. dazu oben, Einleitung, S. 20ff.
226 Vgl. dazu oben, Abschnitt 1.1.1, S. 41ff.
227 Vgl. dazu insbes. oben Abschnitt 1.2.1, S. 111ff.
228 Wenn also eine Warum-Frage vorläufig als eine Frage der Art »Welches ist der Grund dafür, dass *p*?« bzw. »Welches ist die Ursache dafür, dass *p*?« aufgefasst werden darf, dann können
die Ausdrücke »Ursache dafür, dass« bzw. »Grund dafür, dass« als die Auswahlbedingungen solcher Welches-Fragen angesehen werden – vgl. dazu oben, Abschnitt 1.2.3, S. 161ff.; sowie unten,
Abschnitt 3.1.2.2, S. 434ff.

bar, dass dasjenige, wofür eine Bedingung gesucht wird, und was für eine Bedingung genau gesucht wird, jeweils unterschiedlich bestimmt wird. Allerdings ist noch nicht abzusehen, wie die unterschiedlichen Bezüge auf die wohlzuunterscheidenden Ebenen – die ontologische, die epistemologische und die pragmatische – zu berücksichtigen sind. Die bisherigen Überlegungen haben nämlich noch kein Prinzip der Unterscheidung dieser drei Ebenen entwickeln können, nicht zuletzt, weil unklar geblieben ist, wie sie genauer zu charakterisieren sind. Weiterhin lässt sich im Rückblick auf Suárez vermuten, dass der univoke Begriff der Ursache, der als Auswahlbedingung in die Warum-Frage eingeht, nicht automatisch und unmittelbar einen Begriff der Kausalrelation bietet, in der die Ursache zu ihrer Wirkung steht. Ursachenbegriff, Wirkungsbegriff und Kausalitätsbegriff sind sorgfältig zu unterscheiden. Schließlich lässt sich vor dem Hintergrund des bisher Erarbeiteten vermuten, dass beim Versuch, die Typen von Warum-Fragen, aber auch von Kausalrelationen zu systematisieren und zu analysieren, analoge Begriffsbildungen eine entscheidende Rolle spielen. Dabei ist allerdings noch nicht abzusehen, wie solche Analogien methodisch gebildet werden können. Doch sind alle diese Vermutungen, die eben in einem kühnen Vorausblick auf das 3. Kapitel ohne weitere Begründung entwickelt wurden, noch vage und methodisch zu unbestimmt, um die Aufgaben der vorliegenden Untersuchung aufzulösen. Das liegt nicht zuletzt an den Problemen, mit denen die bisher betrachteten Metaphysikprogramme belastet sind. Denn in ihrem Rahmen lassen sich Kriterien dafür entwickeln, wann ein Bedeutungsmoment des Kausalitätsbegriffs der ontologischen, der epistemologischen oder der pragmatischen Ebene zuzuordnen ist.

Die projektierte Untersuchung der Warum-Fragen zum Zweck einer Analyse des Kausalitäts- und des Schöpfungsbegriffs bedarf also weiterer Überlegungen zum Programm einer allgemeinen Metaphysik, sollen sich Argumente für die Ebenentrennung und die genaue Zuordnung einzelner Bedeutungsmomente des kausalen Vokabulars zu diesen Ebenen entwickeln lassen. Dabei kann eine Analyse von Kants Transzendentalphilosophie eine Schlüsselrolle spielen. Denn in der Auseinandersetzung mit diesem Ansatz können sowohl die skeptischen Einwände gegen die vorkritische Metaphysik berücksichtigt, als auch die Frage nach den Abgrenzungskriterien der verschiedenen Problemebenen vorangetrieben werden. Dazu gilt es, vor jeder Beschäftigung mit Kants Transzendentalphilosophie möglichst genau die Probleme der bisher skizzierten Metaphysikprogramme und der mit ihrer Hilfe erreichten Zwischenresultate zu registrieren, nicht nur, um sich nicht in den Details der kantischen Argumentationen zu verlieren, sondern auch, um aus seinen Überlegungen tatsächlich einen Gewinn für die vorliegenden Untersuchungen ziehen zu können. Diese Defizite erklären auch, warum in ihrem Rahmen ein genaues Kriterium zur Unterscheidung der drei Ebenen – der ontologischen, der epistemologischen und der pragmatischen – nicht entwickelt werden kann. Es sind vor allem drei Problembereiche, die im Folgenden wichtig werden:[229]

(a) Zunächst konnten die bisherigen Untersuchungen zwar zeigen, dass einige Kritikpunkte an der vorkritischen Metaphysik unberechtigt sind. So lässt sich nicht behaupten, die Formel »Seiendes, insofern es Seiendes ist« sei redundant,[230] denn der Ausdruck »Seiendes« tritt in ihr in verschiedener Bedeutung auf. Ebenso wenig lässt sich aufrechterhalten, dass eine eindeutige Abgrenzung ihres Gegenstandsbereichs von dem aller anderen Wissenschaften prinzipiell nicht möglich sei, da ja auch andere Wissenschaften allgemeinste Züge aller Dinge erkennen könnten.[231] Dieser Einwand ist hinfällig, weil es sich nicht um beliebige allgemeinste Züge handelt, sondern nur um solche, die sich bei der Explikation des Begriffs »Seiendes, insofern es Seiendes ist« entwickeln lassen. Die Abgrenzung erfolgt nicht nur über die Ausgrenzung eines Gegenstandsbereichs, sondern über die Art der Begriffsbildung.[232] Transzendentalien sind nämlich genau nur die Begriffe, die

---

229 Es wäre allerdings ein Missverständnis, die nachfolgenden Untersuchungen einfach unter das Stichwort »Metaphysische Kantinterpretation« zu subsumieren. Angestoßen 1898 vor allem durch die erste Auflage von F. Paulsens Kantbuch (⁶1924), das heftige Reaktionen und eine ganze Folge von Artikeln auslöste (vgl. zur Kritik etwa H. Vaihinger, 1900; zur Verteidigung F. Paulsen, 1900), dann aber über M. Wundts Buch *Kant als Metaphysiker* (1924), das Kantbuch M. Heideggers (1928), die Arbeiten H. Heimsoeths und die Monographie G. Martins, 1951, bis hin beispielsweise zu L. Honnefelder, wurde versucht, gegen die imposante Interpretation H. Cohens und seiner Nachfolger, Kant weniger als den Metaphysikkritiker und Erkenntnistheoretiker, sondern vielmehr als den Neubegründer einer andersartigen Metaphysik in den Blick zu rücken. Solche Versuche laufen natürlich Gefahr, Kant allzu sehr traditionelle Gehalte zu unterstellen und das Neuartige seines Ansatzes nicht recht in den Blick zu bekommen. Es kommt mir gerade umgekehrt darauf an zu zeigen, dass Kant aus den Problemen der tradierten Metaphysik radikale Konsequenzen zieht, um ursprüngliche Fragestellungen (wenn auch modifiziert) weiter zu verfolgen. Nur in diesem Sinn ist auch die folgende Interpretation – bei allen Abweichungen – der Fragestellung der »metaphysischen Kant-Interpretation« verpflichtet. Dass eine Kant-Interpretation mit einer solchen Fragestellung der benannten Gefahr gar nicht unbedingt erliegen muss, zeigt etwa der Kommentar von H. J. Paton, *Kants Metaphysics of Experience*, 1936, sowie D. P. Dryers *Kant´s Solution for Verification in Metaphysics*, 1966, mit dessen Buch auf den älteren Kontroversen aufbauend das Problem der Metaphysik Kants auch in die angelsächsische Kant-Literatur eingeführt wurde.

230 Vgl. zu diesem Vorwurf oben, S. 181, Anm. 2.

231 So W. Stegmüller, 1969, S. 88ff. – vgl. oben, S. 181, Anm. 3.

232 W. Stegmüller geht denn auch analog konsequenter Weise dazu über, Ansätze zu diskutieren, die Metaphysik durch die besonderen Urteilsformen zu definieren und von anderen Wissenschaften abzugrenzen. Dabei schwebt ihm als Abgrenzungskriterium eine pseudo-kantische Explikation vor: Synthetische Urteile a priori sollen Metaphysik ausmachen (S. 90ff.). Gegen diesen Versuch führt Stegmüller im Anschluss an W. V. O. Quine ins Feld, dass es keine hinreichenden Kriterien gebe, zwischen analytischen und synthetischen Urteilen zu unterscheiden (S. 99). Bereits jetzt lassen sich einige Korrekturen an dieser Aufzäumung des Problems anbringen: So waren Fragen der Begriffsbildung bereits in der vorkritischen Metaphysik für die Abgrenzung von anderen Wissenschaften ausschlaggebend, ohne dass überhaupt von synthetischen Urteilen a priori die

gebildet werden, um vom konfusen und defizitären Begriff des Seienden in seinem allgemeinsten Sinn hin zu einem System von Begriffen zu finden, das in seiner Systematizität und Komplexität eine adäquate Darstellung des Seienden, insofern es Seiendes ist, in seinen mannigfachen Weisen ermöglicht.[233]

Doch zeigt sich genau darin eine erste Schwierigkeit der tradierten Metaphysik: Am Beispiel von Duns Scotus und Suárez wurde nämlich deutlich, dass eine solche Metaphysik offensichtlich über gar kein methodisch hinreichendes Verfahren verfügt, die gesuchten Begriffe zu finden, zu bilden und als die Gesuchten auszuweisen. So war bei Duns Scotus nicht unzweifelhaft zu ermitteln, ob und warum Ursache und Wirkung zu den disjunktiven Transzendentalien zu zählen sind.[234] Diese Vagheit setzt sich fort. Suárez beispielsweise greift lediglich tradierte Begriffe auf und modifiziert sie dadurch, dass er sie in die architektonische Struktur seiner Metaphysik einfügt. Deshalb lassen sich günstigstenfalls aus dem Programm einer allgemeinen Metaphysik Kriterien entwickeln, denen etwa der allgemeinste Begriff der Ursache genügen muss, wenn er denn zusammen mit dem der Wirkung ein disjunktiver Transzendentalbegriff ist, und es lässt sich dann mehr oder weniger plausibel machen, dass ein hinreichend von materialen Bestimmungen entschlackter Begriff der Bedingung ein geeigneter Kandidat dafür wäre. Es lässt sich jedoch weder unstreitig zeigen, dass der allgemeinste Begriff der Ursache überhaupt zu den Transzendentalien zu zählen ist, noch lässt sich zeigen, dass dieser mögliche Kandidat der alleine richtige ist, noch, wie von diesem Begriff ausgehend andere zu gewinnen sind.[235]

Rede gewesen wäre; und auch bei Kant stellt sich das Problem nach der Möglichkeit solcher Urteile erst bei der Frage, wie (neben anderem) Metaphysik möglich ist. Das aber heißt, dass die Aufgabe der Metaphysik – auch hinsichtlich der Anforderungen an die Begriffsbildung in ihr – unabhängig von der Theorie synthetischer Urteile a priori gefasst werden können muss. Schließlich ist es bei Kant gerade kein charakteristischer Zug alleine der Metaphysik, synthetische Urteile a priori zu enthalten, sondern sie teilt diesen Zug mit der Mathematik und der reinen Naturwissenschaft. Auch wenn sich deshalb das Problem der Metaphysik etwas anders stellt, als es Stegmüller exponiert, hängt natürlich die Möglichkeit einer solchen Metaphysik – nicht ihr Begriff! – von der Möglichkeit synthetischer Urteile a priori ab. Dieses Problem wird im Folgenden gleichwohl nicht im Zentrum der Untersuchung stehen – einige Bemerkungen im dritten Kapitel ausgenommen (vgl. unten, Abschnitt 3.1.2.2).

233 Damit ist natürlich noch kein hinreichend klares Kriterium dafür angegeben, wann eine Eigenschaft in einer Metaphysik untersucht werden muss. Das hängt davon ab, wie der Begriff des Seienden genauer gefasst wird. Wird er etwa auf Gegenstände der Erfahrung restringiert, dann kann sogar Farbigkeit im Rahmen einer »Metaphysik der Erfahrung« Thema werden – und sie ist es ja auch geworden. Für Stegmüller ist die mangelnde Abgrenzbarkeit prinzipiell ein Einwand gegen die Metaphysik (1969, S. 87ff.).

234 Vgl. oben, Abschnitt 2.1.3, S. 228.

235 Es ist kein Zufall, dass auch die Arbeiten L. Honnefelders zur Metaphysik von Duns Scotus und von Suárez, insbes. Honnefelder 1990, auf diese Fragen keine Antwort geben können. Honnefelder vermag zwar, die jeweils aufgefundenen Bestimmungen in ein Problempanorama

Derartige Anforderungen sind aber nicht nur deshalb relevant, weil der skizzierte Metaphysikbegriff sich ja gerade über die Strenge seiner Begriffsbildung definiert, sondern auch im Vorblick auf die gesuchte Theorie der Kausalität überhaupt aus der Warum-Frage. Es ist nämlich nicht abzusehen, wie eine solche letztlich arbiträre Begriffsbildung erklären könnte, weshalb der Fragende über ein hinreichendes Vorherwissen verfügen kann, um mögliche Antworten als solche zu identifizieren und Verfahren zur Auffindung der richtigen Antwort zu beurteilen. Vermutlich wird die Bearbeitung derartiger Probleme deshalb auch auf die Explikation des univoken Begriffs der Kausalität zurückschlagen.

Die Behauptung, die tradierte Metaphysik habe über kein hinreichendes Verfahren verfügt, transzendentale Begriffe zu bilden, bedarf jedoch noch der genaueren Begründung, nicht zuletzt, weil dieses Problem auch für Kant selbst ein Ausgangspunkt der Überlegungen war, an deren Ende die *Kritik der reinen Vernunft* stand. Die Annahme, der Begriff des Seienden als solchen lasse sich im Ausgang von gegebenen Seienden durch Abstraktion bilden, setzt zweierlei voraus. Zum einen muss geklärt sein, wovon abzusehen ist, und zum anderen muss gesichert sein, dass dabei nicht von etwas abgesehen wird oder etwas unberücksichtigt bleibt, dessen Berücksichtigung oder Nichtberücksichtigung die angestrebte Universalität und Univozität des Begriffs zunichte macht. Das Kriterium von Duns Scotus, der allgemeinste Begriff sei der schlechthin einfachste, und eine Abstraktion sei dann hinreichend, wenn dieser einfachste Begriff gewonnen sei, führt zu Folgeproblemen, gerade weil von diesem Begriff, so einfach er ist, die universelle Anwendbarkeit nicht gesichert werden kann. Zunächst ist er nur auf Gegenstände desjenigen Typs anwendbar, von denen ausgehend er gewonnen wurde.[236] Es ist nämlich nicht ausgeschlossen, dass es mehrere ein-

einzuordnen, aber nicht, einen methodisch kontrollierbaren Weg anzugeben, diese Bestimmungen zu entwickeln. Er ist nicht einmal in der Lage, ein eindeutiges Kriterium dafür anzugeben, wann ein Begriff in ein System metaphysischer Begriffe zu integrieren ist – das zeigt sich u.a. daran, dass unklar ist, warum er den Begriff der Ursache bzw. Wirkung nicht unter die Transzendentalien (zumindest bei Suárez) rechnet. Darin zeigt sich weniger eine Grenze seiner Analysen, als eine interne methodische Schwäche der von ihm analysierten Metaphysiken. Bei allem Recht, mit dem L. Honnefelder, 1990, S. 403ff., sowie 1995 und 1994, darauf hinweist, dass auch Kant in der Tradition des scotistischen Metaphysikbegriffs steht, darf die Sprengkraft solcher Probleme, die Kant bearbeitet hat, nicht unterschätzt werden. Gerade weil Honnefelder diese Zusammenhänge in der neueren Forschung intensiv bearbeitet und zu Recht herausgestellt hat, gilt es die Grenzen der von ihm aufgezeigten Gemeinsamkeiten deutlich herauszuarbeiten – vgl. dazu gleich Anm. 236, aber auch unten, S. 265, Anm. 244. Wie sich diese Probleme in der Ontologie Wolffs stellen und die Transzendentalphilosophie Kants darauf reagiert, habe ich in R. Schnepf, 2006a und 2006b, untersucht.

236 Vgl. hierzu wiederum L. Honnefelder, 1979, S. 151ff., sowie 168ff. Honnefelder schildert das Verfahren zur Gewinnung des univoken Begriffs des Seienden als eine Resolution eines zunächst in sich konfusen Begriffs einer *species specialissima* in seine Urkomponenten, als deren

fache Begriffe gibt, die sich in ihrem erfassten Gehalt unterscheiden. Noch schwieriger gestaltet sich die Suche nach einem analogen Verfahren, etwa den disjunktiven Transzendentalbegriff von Ursache und Wirkung durch Abstraktion zu gewinnen. Denn hierbei ist überhaupt nicht auszumachen, wovon und im Blick worauf abstrahiert werden soll. Derartige Schwierigkeiten werden auch nicht durch den Hinweis darauf behoben, dass der Begriff des Seienden nicht nur einen schlichtweg einfachen Gehalt hat, sondern dass er durch einen entsprechenden einfachen Akt begründet wird. Dieses Argument von Duns Scotus, das – wie gesehen – auch Suárez aufgreift, verkennt nämlich, dass sich die Einfachheit des Verstandesakts nur der Einfachheit des Gehaltes verdankt und entsprechend ebenso mit allen Folgeproblemen belastet ist. Zudem kann im Fall des disjunktiven Transzendentalbegriffs Ursache-Wirkung nicht überzeugend behauptet werden, auch hier werde Ursache-Wirkung durch einen gleichermaßen einfachen Akt erfasst.

Kant hat zunächst in *De mundi sensibilis atque intelligibilis forma et principiis* (1770) genauer zu bestimmen versucht, wovon abzusehen ist, um Begriffe zu gewinnen, die universell anwendbar sind. In dieser Zeit war Kant davon überzeugt, das Problem der Metaphysik bestehe darin, in der Erkenntnis den Anteil des Sinnlichen und des Verstandes strikt zu trennen.[237] So ist klar, dass von allen Formen der sinnlichen Wahrnehmung zu abstrahieren ist. Denn nur solche Begriffe, denen nichts Sinnliches anhaftet, haben Aussicht, universell anwendbar zu sein. Doch reicht eine solche me-

einfachste sich der Begriff des Seienden einstelle. Dieser Begriff sei entsprechend in jedem washeitlichen Begriff enthalten. Tatsächlich gibt es aber keinerlei Garantie, dass die *resolutio* hinreichend verschiedener Begriffe nicht zu verschiedenen einfachsten Begriffen als Urkomponenten führen kann. Mag man das noch für den Bereich der uns in der Erfahrung zugänglichen Dinge für zumindest wahrscheinlich halten, so ist damit noch nicht gesichert, dass dieser Begriff auf Gegenstände angewendet werden kann, die der Erfahrung nicht zugänglich sind. Auch wenn Honnefelder darauf hinweist, der so gewonnene Begriff sei der »reiner Bestimmbarkeit«, also ohne alle weitere Bestimmung, so hilft dies letztlich nicht weiter: Denn der Begriff der reinen Bestimmbarkeit ist zumindest so gefasst, dass er seiner weiteren Explikation den Rahmen vorgeben soll – es soll sich ja um seine Explikation handeln. Gänzlich ohne Bestimmung ist er also nicht zu denken. Es führt kein Weg von der *resolutio* eines washeitlichen Begriffs eines Gegenstands zu der Behauptung, es handle sich um den allgemeinsten Begriff überhaupt. Diese Schwierigkeiten gründen letztlich darin, dass die einfache Erkenntnis – mithin auch der einfache Akt des Verstandes, der seine Univozität sichern soll – bei Duns Scotus als ein hinnehmendes, also passives Erfassen zu verstehen ist (so L. Honnefelder 1979, S. 172).
237 Unmittelbar im Anschluss an die Schrift von 1770 setzen die Zeugnisse zu den Buchprojekten ein, aus denen sukzessive die *Kritik der reinen Vernunft* hervorging. Vgl. das im Juni 1771 in einem Brief an M. Herz angekündigte Buchprojekt »Die Grentzen der Sinnlichkeit und der Vernunft« (AA XX, S. 123). – Vgl. dazu W. Carl, 1989, S. 17ff. und R. Schnepf, 2006b. Carl konzentriert sich in der Folge zunächst darauf, dass Kant zwar die Grenzen der Sinnlichkeit, nicht aber die des Verstands habe bestimmen können und deshalb zu einer Revision des Projektes getrieben worden sei, die zu Vorformen der Deduktionsproblematik geführt habe.

thodische Anweisung zur Begriffsbildung nicht aus. Deshalb versuchte Kant darüber hinaus, zwischen »ab aliquibus abstrahere« und »aliquid abstrahere« zu unterscheiden. Verstandesbegriffe seien in keinem Fall dadurch zu gewinnen, dass man sie aus Sinnlichem abstrahiert, vielmehr handle es sich um solche Begriffe, die von allem Sinnlichen absehen. Solche Begriffe müssten »durch die Natur des Verstandes selbst« gegeben sein:[238] »Huius generis sunt possibilitas, existentia, necessitas, substantia, causa etc. cum suis oppositis aut correlatis; quae nunquam ceu partes repraesentationem ullam sensualem ingrediantur, inde abstrahi nullo modo potuerunt.«[239] Die hier aufgeführten, durch den Zusatz »cum suis oppositis« als disjunktive Transzendentalien der Tradition erkennbaren Begriffe, sind Vorbegriffe einiger der späteren Kategorien aus der *Kritik der reinen Vernunft*.[240] Die transzendentalen Begriffe sind also bereits 1770 für Kant in letzter Konsequenz als Begriffe a priori anzusehen. Doch ist damit nur eine negative Charakterisierung gegeben, die keinesfalls hinreicht, das defizitäre tradierte Modell durch ein sicheres Verfahren der Begriffsbildung zu ersetzen. Denn nicht nur ist weiterhin unklar, wie diese Begriffe gewonnen, aufgefunden, gebildet oder sonst wie entwickelt werden können, sondern auch, wie sie sich auf Gegenstände der Sinne beziehen können sollen, da sie aus ihnen nicht gewonnen werden können.[241] Die Bearbeitung dieses ersten Problemknotens, wie überhaupt Begriffe von Transzendentalien zu bilden sind, führt so unmittelbar in die Methodenreflexionen Kants, aus denen sich in der Folge das Projekt einer Transzendentalphilosophie ergab.[242]

---

238 Vgl. dazu I. Kant, *De mundi sensibilis atque intelligibilis*, sec. II, § 6: »Quod autem intellectualia stricte talia attinet, in quibus usus intellectus est realis: conceptus tales, tam obiectorum, quam respectuum, dantur per ipsam naturam intellectus, neque ab ullo sensuum usu sunt abstracti, nec formam ullam continent cognitionis sensitivae, qua talis.«

239 I. Kant, *De mundi sensibilis*, sec. II, § 8. Den negativen Sinn dieser Theorie kann man sich am Beispiel von Crusius verdeutlichen, der vorgeschlagen hatte, Grundsätze des Irgendwo und Irgendwann als gleichsam transzendentale in die Ontologie aufzunehmen.

240 Die Kategorien der *Kritik der reinen Vernunft* lassen sich als Nachfolger der disjunktiven Transzendentalien der vormaligen Metaphysik interpretieren, die von Kants Kritik an der Transzendentalienlehre »der Alten«, die nur auf konvertible Transzendentalien geht, nicht betroffen sind – vgl. I. Kant, *KrV*, B 113ff.

241 Vgl. W. Carl, 1989, S. 23, der dazu insbesondere auf die entsprechenden Fragen von Lambert an Kant anlässlich der Dissertation von 1770 verweist – Brief vom 13. 10. 1770, AA XX, S. 122. Der Frage, inwieweit Lambert Kant auf dieses Problem gestoßen habe, braucht hier nicht nachgegangen zu werden. Nach Carl sei die Frage nach den Grenzen des Verstandes 1772 durch die Frage abgelöst worden, ob Verstandesbegriffe überhaupt einen Anwendungsbereich haben. Mindestens ebenso problematisch scheint aber, dass Kant noch über keine Mittel verfügte, Verstandesbegriffe und ihren Ursprung positiv zu charakterisieren.

242 Wie zentral diese Fragen noch für die entwickelte Transzendentalphilosophie Kants sind, zeigt der erste Paragraph der *Prolegomena*, die gerade daran anknüpfen: »Zuerst, was die Quellen einer metaphysischen Erkenntnis betrifft, so liegt es schon in ihrem Begriffe, daß sie nicht empirisch sein können. [...] Also wird weder äußere Erfahrung, welche die Quelle der eigentlichen

(b) Wie auch immer diese Probleme der kategorialen Begriffsbildung zu lösen sind: Ihretwegen verschärft sich ein weiterer Problemkomplex. Es ist nämlich schon in der vorkritischen Metaphysik offen geblieben, wie und inwieweit man den Anspruch rechtfertigen kann, in einer Metaphysik Dinge zu erkennen. Das betrifft nicht nur die Frage, warum analoge Begriffe die Wirklichkeit angemessen treffen können, sondern auch, wieso univoke transzendentale Begriffe auf jedweden Gegenstand anwendbar sein sollten. Im Begriff der Metaphysik ist es zwar angelegt, die Schwierigkeiten mit dem Begriff »Seiend« – also die Differenz zwischen diesem prinzipiell vagen Begriff und dem Ziel dieses erfragten Wissens, den realen Seienden in ihrer Fülle – selbst zum Ausgangspunkt und strukturbildenden Prinzip der gesamten Untersuchungen zu machen. Die offensichtliche Vagheit gewinnt so einen bestimmten programmatischen Sinn in der Ausfaltung eines Systems von univoken oder analogen Bestimmungen.[243] Doch tritt das angesprochene Problem schlicht deshalb auf, weil sich alle diese Begriffe einer irreduziblen Leistung des Verstandes verdanken, kann doch nur so die zugrunde liegende Univozität gesichert werden. Dieses Problem kann zwar verschleiert werden, wenn die Theorie vom Verstandesakt durch eine Theorie der Abstraktion als Grund der Bedeutung selbst transkategorialer Begriffe angenommen wird. Dann nämlich ist zumindest gesichert, dass der abstrahierte Begriff auf die Gegenstände anwendbar ist, im Ausgang von denen er durch Abstraktion gewonnen wurde. Dass und warum aber ein Begriff, der durch Abstraktion von einigen bekannten Gegenständen gebildet wurde, von allen Dingen aussagbar sein und ein von ihm ausgehendes, seine Defizite behebendes Begriffssystem allen Dingen angemessen sein sollte, ist nicht ersichtlich. Die tradierte Lehre von der Begriffsbildung durch Abstraktion kann nicht nur prinzipiell kein Kriterium dafür bereitstellen, wann tatsächlich ein univoker Begriff *via abstractionis* erreicht ist. Es ist mehr noch auch unklar, wie solche univoken, aber prinzipiell vagen Begriffe überhaupt auf alle Gegenstände der Erfahrung kontrolliert angewendet werden können (und nicht nur auf die, von denen sie *via abstractionis* gewonnen wurden). Das ergibt sich schon daraus, dass sie als univoke keinerlei für diese Gegenstandsbereiche spezifische Merkmale enthalten dürfen, die als Indizien für eine angemessene Anwendung dienen könnten.[244] So ist

---

Physik, noch innere, welche die Grundlage der empirischen Psychologie ausmacht, bei ihr zum Grunde liegen. Sie ist also Erkenntnis a priori, oder aus reinem Verstande und reiner Vernunft.«

243 Vgl. dazu oben, S. 227ff.

244 Bei seinem Versuch, Kontinuitäten zwischen der Transzendentalphilosophie Kants und dem scotistischen Metaphysikbegriff herauszuarbeiten, scheint L. Honnefelder diese Problematik weitgehend auszublenden. Für das kantische Programm ist sie aber, wie sich zeigen wird, geradezu entscheidend. Das bedeutet nicht, dass die kantische Transzendentalphilosophie nicht in dem von L. Honnefelder, 1990, 1994 und 1995, aufgewiesenen Traditionszusammenhang stünde, sondern

es auch nach den bisher erreichten Resultaten durchaus fragwürdig, aufgrund welcher Indizien man beispielsweise etwas als die (kausale) Bedingung von etwas anderem identifizieren oder wie man eine (kausale) Bedingung von etwas anderem entdecken kann. Die besondere, von der vorkritischen Metaphysik kaum entdeckte Schwierigkeit dabei ist,[245] dass die dazu nötigen Merkmale oder Indizien nicht aus dem univoken Begriff selbst gewonnen werden können, sondern als Charakteristika der phänomenalen Gegebenheitsweise von Gegenständen aufzusuchen und zu begründen sind. Wie das im Rahmen einer Metaphysik durchsichtig und begründend geleistet werden kann, ist alles andere als leicht ersichtlich. Wird aber die Anwendung der in einer Metaphysik gebildeten Begriffe nicht gesichert, dann droht sie systematisch ihr Ziel zu verfehlen, nämlich das Seiende selbst zu erkennen, wie es als Seiendes in seiner Mannigfaltigkeit ist. Vermutlich wird die Bearbeitung dieser Rechtfertigungsfragen ebenfalls zurückschlagen auf die Methode der Begriffsbildung und damit auf die zu exponierenden Begriffe. Dass die kantische Transzendentalphilosophie auch diese Probleme aufgreift, wenn sie nach der Anwendbarkeit und den Anwendungsregeln a priori von kategorialen Begriffen fragt, zeigt erneut, warum sie in das Zentrum der nachfolgenden Überlegungen treten muss: Bei der Bearbeitung dieser Probleme gewinnt die Transzendentalphilosophie eine Möglichkeit, Kriterien für die Unterscheidung zwischen den drei Ebenen zu finden, die in der vorkritischen Metaphysik nicht hinreichend getrennt wurden, nämlich der ontologischen, der epistemologischen und der pragmatischen.

(c) Die beiden bisher genannten Probleme oder Problembündel zeigen, dass letztlich ein drittes Problem noch nicht genügend bearbeitet wurde, nämlich die Frage, wie überhaupt univoke Transzendentalbegriffe eine Bedeutung haben können. Dabei ist zu berücksichtigen, dass solche Begriffe auf alles Seiende anwendbar sein sollen, seien es nun sinnlich erfahrbare Gegenstände oder solche, die uns prinzipiell in der Erfahrung nicht gegeben werden können, wie etwa Gott. Wenn aber der behauptete systematische Zusammenhang zwischen Kausalitäts- und Schöpfungsbegriff bestehen und systematisch fruchtbar gemacht werden soll, muss diese Frage zumindest ansatzweise beantwortet werden. Bisher wurde nur immer wieder versichert, dass die tradierte Metaphysik eine eigene Theorie der Bedeutung kategorialer Begriffe erfordere, die zeigt und erklärt, dass und wie die Sprache die Grenzen des phänomenal Gegebenen überschreiten kann, ohne sich ins

---

nur, dass die Übergänge und Brüche wahrscheinlich differenzierter herausgearbeitet werden müssen, um das Neuartige und Weiterführende des kantischen Ansatzes hervorzuheben.

245 »Kaum«, weil die Interpretation von Suárez zeigte, dass die Rolle von Analogien gerade darin bestehen kann (vgl. dazu auch die Arbeit von R. Darge, 1999), aber auch, weil die kategoriale Begriffsbildung bei einem Autor wie Christian Wolff genau diese Probleme meistern können soll (vgl. dazu R. Schnepf, 2006a).

Unkontrollierbare oder gar Sinnlose zu verlieren. Dabei hilft es jedoch nur wenig, auf hinreichende Abstraktionsschritte zu verweisen. Die tradierte Art und Weise, transzendentale Begriffe durch unterschiedliche Arten der Abstraktion zu gewinnen, führt nämlich in die zuvor genannten Schwierigkeiten. Jeder Abstraktionsschritt, der nötig ist, Univozität zu sichern, vergrößert die Vagheit und die Anwendungsprobleme, so dass die Schwierigkeiten, eine präzise Bedeutung anzugeben und damit verbundene Erkenntnisansprüche zu begründen, wachsen. Das heißt, dass die Metaphysik sich vor die Aufgabe gestellt sieht, eine Theorie der Bedeutung der Transzendentalien zu liefern, die von allen Gegenständen prädizierbar sein sollen, ohne dass diese Gegenstände, sofern sie uns gegeben sind, den Grund der Bedeutung dieser Begriffe ausmachen könnten. Eine solche Theorie wird das Subjekt der Begriffsbildung in den Mittelpunkt rücken müssen und genau damit die Anwendungs- und Legitimationsprobleme zunächst verschärfen. Es zeichnet sich bereits ab, dass die kantische Transzendentalphilosophie auch deshalb in den Mittelpunkt dieses Kapitels treten muss, weil sie in ausgezeichneter Weise gerade diese Probleme bearbeitet.[246]

Kant hat diese Methodenprobleme der Metaphysik bearbeitet und aus ihnen Konsequenzen für die metaphysische Begriffsbildung gezogen, ohne deshalb den tradierten Zusammenhang zwischen Kausalität und Schöpfung aufzugeben. Das lässt sich im Vorgriff auf diesen Abschnitt im Umriss skizzieren. Sein metaphysikkritisches Resultat, auch kategoriale Begriffe hätten nur im Bereich möglicher Erfahrung »Sinn und Bedeutung«,[247] lässt zwar erwarten, dass seine Theorie der Kausalität von Humes Skepsis gegen den tradierten Problemzusammenhang von Kausalität und Schöpfung geprägt ist. Denn auch für Kant gewinnen kausale Begriffe ihre bestimmte Bedeutung erst dadurch, dass sie spezifische Merkmale enthalten, die ihre Anwendbarkeit sichern.[248] Derartige Merkmale sind einzig für den Bereich der Erfahrung im Rückgriff auf die Formen der sinnlichen Anschauung begründet zu formulieren. Weil kausales Vokabular, insofern es sinnvoll sein soll, auf Anschauung angewiesen ist, diese aber im Fall der Schöpfung prinzipiell nicht möglich ist, scheint kein gemeinsamer, univoker Kausali-

246 Es wird damit auch deutlich, dass die eingehende Untersuchung des kantischen Ansatzes genau die Probleme wieder aufgreift, die oben im ersten Kapitel am Beispiel des platonischen *Timaios* entwickelt wurden, nämlich ob und wie eine Sprache, durch die Konsequenz unabweisbarer Fragen getrieben, über phänomenal prinzipiell nicht Ausweisbares sinnvoll zu sprechen gestattet – vgl. dazu oben, Abschnitt 1.1.2, S. 65ff.

247 Vgl. z.B. I. Kant, *KrV*, B298/A239.

248 Einen weiteren Grund für diese Vermutung bietet der Umstand, dass Kants Kausalitätsbegriff in der *Zweiten Analogie* scheinbar völlig das humesche Regularitätsmodell aufnimmt – vgl. *Kritik der reinen Vernunft* B 233/A189. Die Nähe des kantischen zum humeschen Kausalitätsbegriff betonen u.a. B. Rang, 1990 und 1997; J. König, 1949, S. 130ff.

tätsbegriff zugrunde zu liegen. Doch findet sich der tradierte Problemzusammenhang von Kausalität und Schöpfung bei Kant – selbst in seiner »kritischen« Philosophie – in neuartig ausdifferenzierter Weise. Er lässt sich sogar systematisch aus seinem Begriff von Metaphysik und Transzendentalphilosophie entwickeln. Insofern nämlich Kant die tradierte Abstraktionstheorie der Bildung kategorialer und transkategorialer Begriffe verwirft und an ihre Stelle eine Theorie der kategorialen Begriffsbildung aus der (logischen) Spontaneität setzt,[249] gewinnen seine Analysen des Kausalitätsbegriffs ein ganz anderes Fundament. Die logischen Funktionen des Verstandes im Urteil sollen der erfahrungstranszendente, spontane Grund kategorialer Begriffe sein. Kant kann so einen univoken Begriff der Kausalität überhaupt begründen, der Schöpfung wie Naturkausalität – ja selbst noch den Freiheitsbegriff – umfasst. Die transzendentale Logik beansprucht sogar, zeigen zu können, dass der Kausalitätsbegriff notwendigerweise zu den kategorialen Begriffen zu zählen ist. Die kantische Metaphysikkritik führt damit in Absicht auf die Neugründung einer reformierten Metaphysik, »die als Wissenschaft wird auftreten können«,[250] zu einer Theorie der Bedeutung (bzw. des Sinnes)[251] von kategorialen Begriffen als reiner Verstandesbegriffe, deren Resultat es ist, einerseits ihre Anwendung auf den Bereich möglicher Erfahrung zu begrenzen, aber andererseits (nicht nur) in praktischer Absicht auszudehnen. Bereits diese weit auf das Folgende vorgreifende Skizze lässt ahnen, wie ausdifferenziert die kantische Theorie der Kategorien als reiner Verstandesbegriffe sein muss. Gerade dieses Differenzierungspotential gilt es im abschließenden dritten Kapitel für den Entwurf einer Theorie der Warum-Fragen und die Auflösung der systematischen Fragen nach Kausalität und Schöpfung fruchtbar zu machen – soweit es auf tragfähigen Annahmen beruht.

---

249 Ich verwende den Begriff der logischen Spontaneität, um von vornherein deutlich zu machen, dass ein möglicher Nachweis der Spontaneität des Verstandes in theoretischer Absicht noch lange kein Nachweis einer praktischen Spontaneität ist, die als Grundlage einer Theorie der Freiheit dienen könnte – vgl. zu dieser Differenz D. Henrich, 1975, S. 64ff., der vor allem auf Kant, R 4684 und R 5441, verweist. Diese Differenzierung ist hinsichtlich der weiterführenden Fragen der vorliegenden Untersuchungen unerlässlich.

250 Vgl. den vollständigen Titel der *Prolegomena* Kants: »Prolegomena zu einer jeden künftigen Metaphysik, die als Wissenschaft wird auftreten können«. Dass Kant an einer Neubegründung der Metaphysik arbeitete und im Hinblick darauf zu interpretieren ist, ergibt sich weiterhin daraus, dass er mit den beiden Teilen der *Metaphysik der Sitten* eine der von ihm programmatisch geplanten Metaphysiken tatsächlich ausgeführt hat – vgl. dazu H. F. Fulda, 1997.

251 Kant redet von »Sinn« und »Bedeutung«, versteht aber darunter anderes als Frege. Wenn ich hier und im Folgenden von »Bedeutung« rede, dann in einem umfassenden Sinn, der weder auf »Gegenstandsbezug« noch auf »Inhalt« festgelegt sein soll. Dass es an einzelnen Stellen zumindest auch um das Problem des Gegenstandbezugs geht, wird sich aus dem Zusammenhang ergeben.

Im Folgenden müssen dem problemgeschichtlichen Ansatz gemäß zunächst die Veränderungen an den Strukturmerkmalen der tradierten Metaphysik skizziert werden, die sich aus dem Versuch ergeben, in einer Transzendentalphilosophie kantischen Typs die angedeuteten Defizite der bisher untersuchten Metaphysikprogramme zu beheben. Diese Modifikationen bilden zugleich den Grund für die veränderte Weise der kategorialen Begriffsbildung in der Transzendentalphilosophie (Abschnitt 2.2.1). Ein Resultat dieser Modifikationen ist nämlich, dass deutlich zwischen einem univoken Kern des Kausalitätsbegriffs und einem um Anwendungsbedingungen angereicherten Kausalitätsbegriff unterschieden werden muss – also zwischen der reinen Kategorie der Kausalität und der schematisierten Kategorie der Kausalität (um mit Kants Worten zu formulieren). Ersterer bietet die Grundlage, selbst den Schöpfungsbegriff wenigstens zu denken (auch wenn sich Schöpfung nicht im Rahmen der theoretischen Philosophie erkennen lässt), letzterer die Grundlage für unseren Begriff der Naturkausalität. Für das Programm der vorliegenden Untersuchung ist es geradezu entscheidend, die kantische Argumentation zur Einführung beider Begriffe möglichst genau zu rekonstruieren (Abschnitt 2.2.2). Denn obwohl – wie in Abschnitt 3.1 angedeutet werden wird – die Argumentationen zur Einführung des univoken Kernbegriffs, die sich im Umkreis der so genannten »Metaphysischen Deduktion« findet, in wichtigen Punkten außerordentlich problematisch sind und revidiert werden müssen, scheint die Argumentation zur Anreicherung des Kernbegriffs im so genannten Schematismuskapitel und im Umkreis der »Zweiten Analogie« davon weitgehend unbetroffen zu sein und deshalb auch später noch verwendet werden zu können (etwa in Abschnitt 3.2). Für die Ziele der vorliegenden Arbeit sind diese Untersuchungen zu den Grundlagen kategorialer Begriffsbildung vordringlich. Die Frage, wie etwa Kant das Verhältnis von Freiheit und Kausalität in der *Kritik der reinen Vernunft*, insbesondere in der »dritten Antinomie« und ihrer Auflösung bestimmt und welche Rolle dabei der Schöpfungsbegriff im Hintergrund spielt, würde von den eigentlichen Aufgaben ablenken.

2.2.1 Die Variation der Strukturmerkmale tradierter Metaphysik in der Transzendentalphilosophie

Der Versuch, gegen metaphysikkritische und skeptische Einwände die Möglichkeit einer Metaphysik nachzuweisen, wird sämtliche programmatische Züge der tradierten Metaphysik in den Blick nehmen müssen. Die vorkritische Metaphysik zeichneten vier Strukturmerkmale aus, deren scotistische Variation den systematischen Zugriff auf die Fragestellung der vorliegenden Untersuchung bereits so weit determiniert, dass sich ein bestimmtes

Verständnis des univoken Kausalitätsbegriffs ergibt. Es ist nun zu untersuchen, ob und wie die kantische Transzendentalphilosophie als eine weitgehende Modifikation dieser vier Strukturmerkmale verstanden werden kann, deren Ziel es ist, die in diesem Ansatz auftretenden Probleme zu lösen. Metaphysik im Ausgang von Aristoteles ist zum einen durch eine in sich gedoppelte Ausgangsfrage bestimmt, nämlich durch die ins Allgemeine zielende Frage nach dem »Was« des Seienden, insofern es Seiendes ist, die eine spezifischere Warum-Frage nach dem Grund des Seienden überhaupt und seinen allgemeinsten Zügen impliziert. Zweitens ergibt sich die Einheit des Gegenstandes der Metaphysik zunächst nur aus der Einheit des sprachlichen Ausdrucks »Seiendes« in der Frage, die angesichts eines jeden Seienden gestellt werden kann, so dass für die Metaphysik der methodische Weg vom vagen Namen ihres Gegenstandes über eine Ausdifferenzierung eines Systems weiter konkretisierender Begriffe hin zu ihrem Gegenstand, dem Seienden selbst, konstitutiv ist. Diese Ausdifferenzierung kann – drittens – weder nur in univoken noch nur in analogen Begriffen durchgeführt werden und führt deshalb zu einem Begriffssystem, das sowohl univoke wie analoge Begriffe enthalten muss, wobei das genauere Verhältnis der beiden Begriffstypen in gewissem Rahmen variabel ist. Aus diesen drei Strukturmomenten – also aus der Spannung zwischen den zwei Fragerichtungen, zwischen den sprachlichen Mitteln des Wissens und seinem Ziel sowie zwischen den beiden Formen von Begriffsbildung – ergibt sich, viertens, ein internes Prinzip der Selbstkritik metaphysischen Denkens und damit ein internes *movens* ihrer Entwicklung. Aus diesen vier Strukturmerkmalen wurden der systematische Zusammenhang zwischen Kausalität und Schöpfung sowie ein erster Begriff von Kausalität überhaupt entwickelt.

Im Folgenden wird also Kants Programm einer Transzendentalphilosophie in der *Kritik der reinen Vernunft* daraufhin interpretiert werden müssen, inwiefern und aus welchen systematischen Gründen die vier genannten Strukturmerkmale aufgrund metaphysikkritischer Überlegungen zu modifizieren sind und warum sich der tradierte Zusammenhang zwischen Kausalität und Schöpfung gleichwohl ergibt. Das Augenmerk wird dabei weniger auf dem Nachweis der Möglichkeit apriorischer Erkenntnisse in einer »transzendentalen Deduktion« liegen, als vielmehr in Beobachtungen zu Kants Theorie kategorialer Begriffsbildung. Es wird also weniger um Probleme der »transzendentalen Deduktion«, als vielmehr um solche der »metaphysischen Deduktion« und des »Grundsätzekapitels« gehen. Dabei wird sich erklären lassen, dass und wie sich der tradierte Zusammenhang zwischen Kausalität und Schöpfung – unter besonderer Berücksichtigung des Freiheitsbegriffs – auch aus dem spezifischen Ansatz der Transzendentalphilosophie ergibt und mit neuen Mitteln rekonstruiert und expliziert werden muss.[252]

2.2.1.1 Die Transformation des Gegenstandsbegriffs in der Kritik der reinen Vernunft

Das erste Strukturmerkmal der tradierten Metaphysik ergab sich daraus, dass sie eine spezifische Was-Frage verfolgt, die eine in sich gedoppelte Warum-Frage in dem Sinn enthält, dass eine vollständige Beantwortung der Was-Frage zugleich die Beantwortung der Warum-Fragen impliziert.[253] Die Ausgangsfrage, die sich angesichts eines jeden Seienden stellen lässt, war schlicht, was das Seiende ist, insofern es Seiendes ist. Es zeigte sich, dass diese Frage mindestens zwei Bedeutungen des Ausdrucks »seiend« impliziert, nämlich einmal diejenige des Seienden im allgemeinsten Umriss, einen prinzipiell vagen und defizitären Begriff, und andererseits den Begriff des konkreten Seienden, dieses oder jenes. Weil sich die Was-Frage nur vollständig beantworten lässt, wenn zugleich erkannt ist, warum dem Seienden als solchem die Eigenschaften zukommen, deren Angabe die Was-Frage beantwortet, ergab sich zusätzlich, dass einzelnes Seiendes als Grund oder Ursache von anderem, das auch in irgend einem Sinn Seiendes genannt werden kann, anzusehen ist. Weiterhin enthält diese Warum-Frage ihrerseits eine zugespitzte Warum-Frage, nämlich die, warum überhaupt Seiendes ist und nicht vielmehr nichts. Diese Frage erfordert einen weiteren Begriff eines Seienden, nämlich dessen, das dafür verantwortlich ist, dass

---

252 Der alte aristotelische Satz, ein kleiner Fehler am Anfang sei ein großer am Ende (*De Caelo* I, 5, 271b 8-13), bewahrheitet sich auch an zahlreichen Detailstudien zum Kausalbegriff und zur Kausalitätstheorie Kants. Denn oftmals wird ein viel zu einseitiges Verständnis des Programms Kants vorausgesetzt, um die Beweislasten und Beweisziele genauer erfassen zu können, was teilweise zu verzerrenden Diskussionen führt. So meint z.B. P. F. Strawson, Kants Transzendentalphilosophie »is concerned with the conceptual structure which is presupposed in all empirical enquiries« (1966, S. 18). Er blendet damit beispielsweise die Frage nach Begriffen von Gegenständen überhaupt völlig aus. Entsprechend verfehlt er den Ansatz einer metaphysischen Deduktion, wenn er Kant »verbessernd« die Frage vorformuliert: »The question will then run: How in general must we conceive of objects if we are to be able to make judgements, determinable as true or false, in which we predicate concepts of identified objects of reference, *conceived of as related in a single unified spatiotemporal system*?« (S. 83). Es wird sich unten (2.2.2) zeigen, dass Strawsons Analysen der *Zweiten Analogie* nicht zuletzt an dieser Einengung leiden. Eine andere Fehleinschätzung des Programms Kants scheint auch der so ausgefeilten Detailinterpretation G. Buchdahls zugrunde zu liegen, der meint, Kants Begriffsbildungen durch das Begriffspaar »Reduktion-Realisation« auf den Begriff bringen zu können, wobei er Überlegungen der Phänomenologie fruchtbar machen möchte (1993, S. 53ff.). Auch hier wird der Ansatz einer »metaphysischen Deduktion« schon deshalb verfehlt, weil Kants Begriff einer transzendentalen Logik unzureichend aufgefasst wird – mit den entsprechenden Folgeproblemen für eine Interpretation von Kants Kausalitätstheorie (vgl. unten, 2.2.2, S. 302ff.).

253 Vgl. dazu oben, 2.1.1.2, S. 201ff.

überhaupt Seiendes ist – mit allen Nachfolgeproblemen, die sich aus dieser Grundstruktur ergeben. Gesucht werden nun solche Begriffe, die den Begriff des Seienden im Allgemeinen explizieren und zugleich eine Erkenntnis der besonderen Seienden strukturierend begründen.

Betrachtet man die Erklärung des Begriffs »Transzendentalphilosophie« in der Einleitung zur *Kritik der reinen Vernunft*, dann wird deutlich, dass Kant an diese Aufgabenstellung in gewisser Weise anknüpft, und dass sich die tief greifenden Modifikationen weitgehend durch die Bearbeitung der erwähnten methodologischen Probleme erklären lassen: »Ich nenne alle Erkenntnis transzendental, die sich nicht so wohl mit Gegenständen, sondern mit unsern Begriffen a priori von Gegenständen überhaupt beschäftigt. Ein System solcher Begriffe würde Transzendental-Philosophie heißen« (A11f.).[254] Nach wie vor geht es um Begriffe, die eine Was-Frage beantworten, nämlich die Frage, was Gegenstände überhaupt als solche auszeichnet. Doch zeigte sich, dass die gesuchten Begriffe nicht durch eine Abstraktion gewonnen werden können, so dass es sich um Begriffe a priori handeln muss, die ihren Ursprung in irgendeinem Sinn in einer ursprünglichen Verstandestätigkeit haben. Weil aber auch die Transzendentalphilosophie – wie die vormalige Metaphysik – beansprucht, eine Erkenntnis zu sein, eine Erkenntnis aber nur möglich ist, wo es Indizien oder Merkmale dafür geben kann, dass ein Begriff zu Recht angewendet wird, ergibt sich aus der Definition, dass dieser Anspruch nur für solche Gegenstände eingelöst werden kann, für die solche Indizien oder Merkmale angegeben werden können.[255] Die Begriffe von Gegenständen überhaupt müssen also gleichsam zweierlei leisten. Sie müssen zum einen Begriffe des *Denkens* a priori von Gegenständen überhaupt sein, die sich einer spontanen Leistung des erkennenden Subjekts verdanken; sie müssen zum anderen angereichert oder ergänzt werden können durch Merkmale oder Indikatoren, die ihre Anwendung auf Gegenstände zum Zweck der *Erkenntnis* gestatten. Letzteres scheint jedoch

---

254 Eine genauere Interpretation dieser Passage auch im Vergleich zur Neufassung in der zweiten Auflage der *Kritik der reinen Vernunft* habe ich in R. Schnepf, 2006b, versucht.

255 Dieses Argument Kants ist von der *Transzendentalen Deduktion* gänzlich unabhängig, obwohl es gelegentlich auch zu deren Ergebnissen gezählt wird (vgl. etwa §27, B165f., wobei diese Behauptung nicht in der ersten Fassung der *Transzendentalen Deduktion* als Resultat behauptet wird). Dass dieses Argument auch in Kants eigenen Augen von den Aufgaben und Resultaten einer Transzendentalen Deduktion unabhängig ist, zeigt beispielsweise die ausführliche Anmerkung in der *Vorrede* der *Metaphysischen Anfangsgründe der Naturwissenschaft* (A XVIff., AA IV, S. 474f.), aber auch die Argumentation in *Phaenomena und Noumena*, I. Kant, *KrV*, B297ff./A238ff., die wohl, wenn man so will, zu den eher früheren Textstücken der *Kritik* zu rechnen sind. Auch entwicklungsgeschichtlich lässt sich nachweisen, dass Kant diese Grenzbestimmung zu einer Zeit ziehen konnte, als die *Transzendentale Deduktion* noch gar nicht in einer noch so rudimentären Form vorlag: vgl. etwa R 4672. Die Blätter des *Duisburgschen Nachlasses* sind dafür ein eindrucksvolles Dokument – vgl. dazu die ausführlichen Analysen von P. Guyer, 1987, S. 27ff.

– so eine Konsequenz der kritischen Bemühungen Kants in der *Transzen-dentalen Ästhetik* – nur für Gegenstände der Erfahrung möglich zu sein. Wenn überhaupt, dann kann nur für solche Gegenstände behauptet werden, dass veritable Dinge erkannt werden (nämlich »Dinge in der Erscheinung«). Das zwingt nun aber zu einer Modifikation der Ausgangsfrage der tradier-ten Metaphysik: Man kann von der ursprünglichen Frage, die sich ange-sichts eines jeden Seienden stellen lassen soll – nämlich was es ist, insofern es ein Seiendes ist – gar nicht mehr sinnvoll annehmen, dass sie tatsächlich ein Ding zum Gegenstand hat und nach seinen allgemeinsten Zügen als ein Seiendes fragen könnte. Denn von den Transzendentalien ist nun gar nicht mehr ausgemacht, dass sie Begriffe von Dingen, d.h. wirklichen Gegen-ständen überhaupt sind, in denen wir Seiendes erkennen können. Das Prob-lem der Anwendung kategorialer Begriffe, dass mit ihrer Genese aus einer spontanen logischen Handlung des erkennenden Subjekts zunächst gerade-zu verschärft wird, fordert also eine Modifikation des Fragesinnes der Aus-gangsfrage der Metaphysik und eine zusätzliche Ausdifferenzierung bei der kategorialen Begriffsbildung.

Die ursprüngliche Was-Frage der Metaphysik ist also zu modifizieren und in sich zu differenzieren: Die Frage müsste nun lauten »Was ist ein Ge-genstand, insofern er Gegenstand ist?«, wobei unter Gegenstand einmal »Gegenstand überhaupt« und ein andermal »Gegenstand der Erfahrung« verstanden werden muss. Es stellen sich deshalb genauer zwei Was-Fragen, die in einem differenzierten systematischen Verhältnis zueinander stehen. Dabei wird die erste Frage nur durch eine Analyse der Verstandestätigkeit beantwortet werden können, der sich unsere Begriffe a priori verdanken. In diesem Sinn kann die zitierte Definition zu Recht behaupten, dass eine Be-schäftigung mit unseren Begriffen a priori eine Beschäftigung mit Gegen-ständen überhaupt impliziert (aber nicht eo ipso auch eine Erkenntnis). Die zweite Was-Frage kann indessen nur verfolgt werden, indem gezeigt wird, dass und wie modifiziert die gefundenen Begriffe von Gegenständen über-haupt a priori auf Gegenstände der Erfahrung anwendbar sind und so trans-formiert auch die zweite Frage beantworten. Die Beantwortung der zweiten Frage setzt damit die der ersten Frage voraus. Entsprechend lässt sich auch behaupten, dass selbst eine Beschäftigung mit unserer Erkenntnisart a priori von Gegenständen (der Erfahrung) eine Beschäftigung mit Gegenständen überhaupt impliziert.[256] Dabei wird die Theorie der Anschauung in mehrerer Hinsicht eine entscheidende Rolle spielen. Sie analysiert nämlich vorgängig die Art und Weise, in der uns Gegenstände der Erfahrung gegeben sind. In-sofern es sich dabei um eine Theorie von Anschauungsformen a priori

---

256 Vgl. die modifizierte Fassung der oben zitierten Definition in der *Kritik der reinen Ver-nunft*, B 25.

handelt, vermag sie es, zu einer Theorie der allgemeinen Charakteristika der Gegenstände der Erfahrung in einer Weise beizutragen, die unten noch aufzuklären ist. Die Ersetzung des Ausdrucks »Ding« oder »Seiendes« durch den Ausdruck »Gegenstand« erfährt dabei eine erweiterte Begründung.[257] Denn in der empirischen Anschauung sind nicht etwa Dinge gegeben, wie sie an sich sind, sondern lediglich, wie sie eben in der Erscheinung sind.[258] Auch die durch Anschauungsformen und Kategorien mitbestimmte Erfahrung bietet deshalb keine Dinge, wenn man darunter Entitäten versteht, denen ihr »Sein« vollständig subjektunabhängig zukommt, sondern eben Gegenstände. Hieraus ergibt sich eine weitere kritische Einschränkung der Transzendentalphilosophie, die einhergeht mit einer weiteren Ausdifferenzierung des vormaligen Begriffs des Seienden: Neben dem Gegenstand überhaupt, der genauer ein Gegenstand reinen urteilenden Denkens ist, und dem Gegenstand möglicher Erfahrung tritt gleichsam als weiteres Spaltprodukt das problematische, unerkennbare Ding an sich. Insofern die Transzendentalphilosophie beansprucht, Erkenntnis zu sein, betrifft sie nicht die »Dinge an sich«.[259]

257 Die Gründe, die für diese Theorie von Raum und Zeit als Anschauungsformen sprechen, können gegenwärtig übergangen werden: In den Punkten, in denen das nachfolgenden 3. Kapitel an Kant anknüpfen soll, kann auf diese Theorie nämlich zunächst verzichtet werden.

258 Dieses kritische Resultat ergibt sich noch nicht aus der bloßen Raum-Zeit-Lehre der *Transzendentalen Ästhetik*, sondern nur, wenn Überlegungen über die Anwendbarkeit von Begriffen hinzugenommen werden. Die alternative Position, dass Raum und Zeit Anschauungsformen sind, so dass die empirische Anschauung keine Dinge an sich bietet, diese aber gleichwohl durch reine Verstandeserkenntnis erfasst werden zu können, vertritt Kant noch in der Schrift von 1770 – vgl. dazu W. Carl, 1989, S. 21ff.; B. Falkenburg, 1999, S. 142ff.

259 Auch wenn der Ausdruck »Ding an sich« – wie Prauss beobachtet hat (vgl. G. Prauss, 1974, S. 13ff.) – immer als eine Kurzform des Ausdrucks »Ding an sich selbst betrachtet« zu lesen ist, ergibt sich gleichwohl diese Vielfalt des Gegenstandsbegriffs, denn der Gegenstand wird in der Transzendentalphilosophie zunächst als ein erkennbarer Thema, so dass die Hinsichten, in denen er erkennbar ist, von denen, in denen er unerkennbar bleibt, unterschieden werden müssen. Zwar sind so auch die Dinge, insofern sie an sich selbst betrachtet werden, weil sie eben so betrachtet werden, Dinge »auf die er in philosophischer Weise reflektiert« (S. 29); und zwar geht es Kant nicht um eine »Hypostasierung, sondern um einer bestimmte philosophische Reflexion« (S. 30); sicher lässt sich das »an sich« als »unangesehen der Art, dasselbe anzuschauen« deuten (I. Kant, *KrV*, B55/A38; vgl. G. Prauss, S. 38); doch wahrscheinlich hat Prauss zumindest Unrecht, wenn er – ohne Textbeleg – behauptet, nicht nur von der Anschauung, sondern auch vom Verstand sei abzusehen (dagegen spricht die bei Kant gelegentlich anzutreffende Parallelisierung von Ding an sich und Gegenstand überhaupt als Gegenstand des Urteilens). Doch selbst wenn Prauss Recht hätte, folgt daraus, dass dasselbe einmal als Ding in der Erscheinung und einmal als Ding an sich betrachtet werde, nicht, dass das Ding an sich Gegenstand der Transzendentalphilosophie werden würde. Diese hat es vielmehr nur mit Gegenständen im doppelten Sinn zu tun, wie sich aus den oben interpretierten Definitionen ergibt. Schon deshalb erscheinen mir die Versuche von Prauss, die Reflexion auf Dinge an sich in die Transzendentalphilosophie so zu integrieren, dass nicht nur die Notwendigkeit ihrer Annahme deutlich wird, sondern sie in den komplexen Vorgang eines (doch spontanen) *Entwerfens* empirischer Dinge integriert werden, unangemessen (vgl. G. Prauss, 1973, S. 131ff.). Dinge an sich sind kein Gegenstand transzendentaler Erkenntnis und ihr Begriff

Die ursprüngliche Was-Frage stellt sich also dadurch radikal verändert, dass gar nicht mehr davon ausgegangen werden kann, ihr Thema sei allemal ein »Seiendes«, und sie wird dadurch in sich differenzierter, dass sie sich je nach Gegenstandsbegriff in doppelter Weise stellt. Diese Doppelung der Frage führt übrigens zu einer in den Texten hinlänglich dokumentierten Doppelung des Begriffs des Systems der Transzendentalphilosophie, als einer Art »Ontologie«, und damit zu einer regelrechten Bruchstelle in Kants »offizieller« Systematik der Metaphysik:[260] Denn wenn die Transzendentalphilosophie an die Frage anknüpft, was einen Gegenstand überhaupt als solchen auszeichnet, ergibt sich eine Transzendentalphilosophie, die Begriffe auch von solchen Gegenständen systematisch zu entwickeln hat, die nicht Gegenstände der Erfahrung werden können, so dass sie nicht als erste Teildisziplin einer Metaphysik der Natur aufgefasst werden kann;[261] umgekehrt ergibt sich dann, wenn die Was-Frage auf Gegenstände der Erfahrung zielt, so dass der Anspruch objektiver Erkenntnis eingelöst werden kann, in der Tat unter anderem ein System von Begriffen (und Grundsätzen), Gegenstände der Erfahrung zu erkennen, um der Metaphysik der Natur ein Fundament zu bieten.[262] Einige Bruchstellen in der offiziellen Systematik sind deshalb aus einer Binnendifferenzierung der Ausgangsfrage gut erklärbar.

In einem weiteren Vorgriff kann aus dem bisher Gesagten auch der Aufriss der *Kritik der reinen Vernunft* teilweise plausibel gemacht werden: Die *Transzendentale Ästhetik* hat die Formen a priori zu untersuchen, in denen uns Gegenstände alleine gegeben sind. Ergeben hat sich auch, dass die Untersuchung der Kategorien einmal in ihre Gewinnung als Begriffe von Gegenständen überhaupt, dann in den Nachweis ihrer Anwendbarkeit auf Gegenstände und in ihre Transformation zu Begriffen von Gegenständen der

---

dient gerade dazu, transzendentale Erkenntnis zu begrenzen – mit allen Folgeproblemen, die sich daraus ergeben mögen.

260 Vgl. hierzu I. Kant, *KrV*, B869ff./A841ff. – vgl. dazu E. Förster; 1988, H. F. Fulda, 1997; O. Höffe, 1998; aber auch K. Bärthlein, 1976 und 1974; M. Heidegger 1927/28, S. 61ff.; sowie G. Picht, 1985, S. 549ff. Ein Problem der dort gegebenen Einteilung besteht darin, dass die Transzendentalphilosophie der Metaphysik der Natur untergeordnet wird, doch wird die Transzendentalphilosophie auch das Denken solcher Gegenstände betreffen müssen, die nicht Teil der Natur sind (wie etwa das Denken eines freien Willens). Vgl. dazu insbesondere G. Picht, 1985, S. 554f.

261 Hier schließen sich also Formulierungen an, nach denen die Transzendentalphilosophie ein System von Begriffen und Grundsätzen a priori von Gegenständen überhaupt sind – vgl. etwa die Formulierung von einem »System aller Begriffe und Grundsätze, die sich auf Gegenstände überhaupt beziehen, ohne Objekte anzunehmen, die *gegeben wären* (ontologia)« (I. Kant, *KrV*, B873/A845).

262 Vgl. hierzu z.B. wieder die Formulierung aus I. Kant, *Preisschrift über die Fortschritte*: »Die Ontologie ist diejenige Wissenschaft (als Theil der Metaphysik), welche ein System aller Verstandesbegriffe und Grundsätze, aber nur so fern sie auf Gegenstände gehen, welche den Sinnen gegeben, und also durch Erfahrung belegt werden können, ausmacht.« (AA XX, S. 260). Es sollte deutlich sein, dass diese Explikation nicht im Widerspruch zum zuvor Genannten steht.

Erfahrung einzuteilen ist (wobei durchaus damit zu rechnen ist, dass die letzten beiden Aufgaben gar nicht unabhängig voneinander zu lösen sind).²⁶³ Allerdings ist mit solchen Überlegungen nur ein Strang zur Begründung der Einteilung der *Elementarlehre* in die *Transzendentale Ästhetik* und die *Transzendentale Logik*, sowie innerhalb letzterer der *Transzendentalen Analytik* in das *Leitfaden*-Kapitel, die *Transzendentale Deduktion* sowie die *Schematismus- und Grundsatzkapitel* skizziert, der aus verschiedenen Gründen auch zur Aufgabenbestimmung der einzelnen Teile noch nicht hinreicht: Denn es ist klar, dass die *Metaphysische Deduktion* reine Verstandesbegriffe als Begriffe von Gegenständen überhaupt entwickelt, die als solche noch zu keiner Erkenntnis hinreichen, deren Applikabilität durch die *Transzendentale Deduktion* gesichert werden soll, und die durch den *Schematismus* im Rückgriff auf die *Transzendentale Ästhetik* in den Grundsätzen eine solche Bestimmtheit erreichen, dass sie sogar zu Begriffen von Gegenständen der Erfahrung zugespitzt werden können. So geht aus einem System von Begriffen von Gegenständen überhaupt, das keine Erkenntnis von Gegenständen bietet, ein System von Begriffen von Gegenständen der Erfahrung hervor, das nicht nur synthetische Erkenntnis a priori ist, sondern weitere Erkenntnis allererst ermöglicht. In ihrem ersten Schritt ist diese Theorie eine Transzendentalphilosophie also ein System von Begriffen von Gegenständen überhaupt und so auch Grundlage der praktischen Metaphy-

---

263 Vgl. dazu die Charakteristika der verschiedenen Hauptstücke der beiden Bücher der *Transzendentalen Analytik*. Die wichtigsten seien kurz erinnert, weil sie in der Folge eine gewisse Rolle spielen werden: I. Kant, *KrV*, B159: »In der *metaphysischen Deduktion* wurde der Ursprung der Kategorien a priori überhaupt durch ihre völlige Zusammentreffung mit den allgemeinen logischen Funktionen des Denkens dargetan, in der *transzendentalen* aber die Möglichkeit derselben als Erkenntnisse a priori von Gegenständen einer Anschauung überhaupt (§ 20, 21) dargestellt. Jetzt soll die Möglichkeit, *durch Kategorien* die Gegenstände, die nur immer *unseren Sinnen vorkommen mögen*, und zwar nicht der Form ihrer Anschauung, sondern den Gesetzen ihrer Verbindung nach, a priori zu erkennen, also der Natur gleichsam ihr Gesetz vorzuschreiben und sie so gar möglich zu machen, erklärt werden.«; I. Kant, *KrV*, B117/A85: » [...], man aber doch wissen müsse, wie diese Begriffe sich auf Objekte beziehen können, die sie doch aus keiner Erfahrung hernehmen. Ich nenne daher die Erklärung der Art, wie sich Begriffe a priori auf Gegenstände beziehen können, die transzendentale Deduktion derselben, und unterscheide sie von der empirischen Deduktion, welche die Art anzeigt, wie ein Begriff durch Erfahrung und Reflexion über dieselbe erworben worden, [...].« I. Kant, *KrV*, B171/A132: »Die *Analytik der Grundsätze* wird demnach lediglich ein Kanon für die Urteilskraft sein, der sie lehrt, die Verstandesbegriffe, welche die Bedingungen zu Regeln a priori enthalten, auf Erscheinungen anzuwenden«; I. Kant, *KrV*, B175/A136: »Diese *transzendentale Doktrin der Urteilskraft* wird nun zwei Hauptstücke enthalten: das *erste*, welches von den sinnlichen Bedingungen handelt, unter welcher reine Verstandesbegriffe alleine gebraucht werden können, d.i. von dem Schematismus des reinen Verstandes; das *zweite* aber von den synthetischen Urteilen, welche aus reinen Verstandesbegriffen unter diesen Bedingungen a priori herfließen, und allen übrigen Erkenntnissen zum Grunde liegen, d.i. von den Grundsätzen des reinen Verstandes.« Die zitierten Passagen werden in der Folge kommentiert werden.

sik, in ihrem zweiten Schritt ist sie die Grundlage einer Metaphysik der Natur. Außen vor geblieben ist bis jetzt allerdings die *Transzendentale Dialektik*, die im Augenblick für die Aufgaben der Metaphysik entbehrlich zu sein scheint. Das ist insofern auch folgerichtig, als nur Probleme der allgemeinen Metaphysik im Zentrum der Überlegungen standen, die der speziellen hingegen noch gar nicht in den Blick traten.[264]

Wenn sich aber die für Metaphysik konstitutive Was-Frage nur noch in einer derartig veränderten und ausdifferenzierten Weise stellen lässt, weil sich gezeigt hat, dass wesentliche epistemologische Präsuppositionen der ursprünglichen Frage nicht erfüllt sind, dann führt das natürlich zu entsprechenden Veränderungen und Differenzierungen der in der ursprünglichen Was-Frage enthaltenen Warum-Fragen. Es stellen sich nämlich Warum-Fragen anderer, gänzlich neuer Art, weil die Gegenstände andere sind oder als andere betrachtet werden – nämlich beispielsweise als Gegenstände möglicher Erfahrung. Dabei ist konsequent zu differenzieren zwischen Warum-Fragen, die in der Frage nach dem Gegenstand überhaupt enthalten sind, solchen, die innerhalb einer transzendentalphilosophischen Auskunft über den Gegenstand der Erfahrung bearbeitet werden müssen, und solchen, die problematische Entitäten wie etwa Dinge an sich betreffen.

Zunächst betrifft die Warum-Frage die allgemeinsten Züge von Gegenständen überhaupt. Diese Frage kann aber gar nicht mehr als Frage nach dem Grund der Gesamtheit des Seienden und seiner allgemeinsten Züge verstanden werden, weil ihr Thema gar nicht mehr das Seiende ist, sondern – nach der Revision der Ausgangsfrage – der Gegenstand überhaupt als Gegenstand reinen urteilenden Denkens. Diese Teilfrage der Metaphysik ist also ebenfalls zu revidieren und in die Frage zu transformieren, warum Gegenstände überhaupt – unter Einschluss der Gegenstände der Erfahrung – a priori so zu denken sind, wie sie alleine nur als Gegenstände gedacht werden können. Hier wäre zu zeigen, dass und warum es gerade diese Begriffe sind, in denen alleine Gegenstände zu denken sind, und warum das, was in diesen Begriffen gedacht wird, Gegenstände sind. Die tradierte Frage nach dem Grund dafür, dass Seiendes die allgemeinsten Züge hat, die ihm zuge-

---

264 Die Begründung des Aufrisses der *Kritik der reinen Vernunft* ist natürlich noch lange nicht hinreichend, auch sind solche Unterscheidungen wie die zwischen Schematismus und Grundsätzen noch nicht expliziert. Gleichwohl zeigt sich, dass es plausibel ist, die Gliederung der *Kritik der reinen Vernunft* aus dem Begriff der Transzendentalphilosophie zu erklären. Das aber heißt beispielsweise, die Hauptthesen von P. Guyer, 1987, zurückzuweisen. Guyer vertritt (wie viele) eine Art Patchwork-Theorie, nach welcher die Gliederung dem haltbaren Kerngedanken der *Kritik der reinen Vernunft* äußerlich ist und Entscheidendes eher verdeckt als erklärt. Guyer meint, im Grundsatzkapitel finde sich ein haltbarer Kern, der letztlich bereits auf den *Duisburgschen Nachlass* zurückgehe und isoliert tragfähig sei. Die im Folgenden entwickelte Interpretation ist diesem Ansatz geradezu entgegengesetzt.

sprochen werden, erscheint aber in noch einer anderen Verwandlung, nämlich dann, wenn sie sich auf Gegenstände der Erfahrung bezieht. Auch hier
ist zu fragen, warum Gegenständen a priori die Eigenschaften oder charakteristischen Züge zukommen, die ihnen im Rahmen der Transzendentalphilosophie zuzusprechen sind, wie auch umgekehrt, warum das, worauf diese
Begriffe anwendbar sind, Gegenstände sind. Diese Frage kann nur beantwortet werden, wenn gezeigt werden kann, dass und wie sich diese Begriffe
von Gegenständen überhaupt a priori – d.h. nach Kant eben auch allgemeingültig und notwendig – auf Gegenstände der Erfahrung beziehen, und
dabei die Theorie der Anschauungsformen, unter denen Gegenstände alleine gegeben sein können, in Rechnung stellt. Mag man die erste Gestalt der
tradierten Warum-Frage dem Problembereich der *Metaphysischen Deduktion* zuordnen, so findet sich ihre zweite Gestalt im Problemknoten der
Transzendentalen Deduktion behandelt. Dabei ist damit zu rechnen, dass
sich im Verlauf der Bearbeitung dieser Warum-Fragen sowohl der Begriff
des Gegenstandes weiter modifizieren wird, wie auch derjenige der Kategorien.

Um hier nur auf die Modifikationen des Gegenstandsbegriffs einzugehen: Im Rahmen der ersten Fassung der *Transzendentalen Deduktion* findet
sich konsequenterweise eine Neubestimmung des Begriffs eines Gegenstandes als unserer Erkenntnis korrespondierendem, aber von uns gesetztem
Grund der Einheit der ihm zuzusprechenden Prädikate und der relativen
Notwendigkeit dieser Einheit, der keinerlei Gehalt hat, sondern »= X« sein
soll.[265] Kant gelangt also im Verlauf der Bearbeitung bestimmter Warum-

---

265 Vgl. I. Kant, *KrV*, A104f.: »Was versteht man denn, wenn man von einem der Erkenntnis
korrespondierenden Gegenstand redet? Es ist leicht auszumachen, daß dieser Gegenstand nur als
etwas überhaupt = X müsse gedacht werden, weil wir außer unserer Erkenntnis doch nichts haben,
welches wir dieser Erkenntnis als korrespondierend gegen über setzen können.« Ich verstehe unter
»=X« das Setzen eines invarianten Bezugspunkts, auf den nach den Kategorien Bestimmungen
bezogen werden, so dass sie Bestimmungen eines Gegenstandes ausmachen. Eine genauere Interpretation dieser schwierigen Passagen ist im gegenwärtigen Zusammenhang zum Glück nicht
notwendig – vgl. dazu D. Henrich, 1976 und die entsprechenden Passagen im Kommentar W.
Carls, 1989.
Diese Revision des Gegenstandsbegriffs ist, soweit sie bisher angedeutet wurde, das Resultat
von Überlegungen, die gar nicht für die Vollendung der *Transzendentalen Deduktion* hinreichend
sind. Sie finden sich in einer ersten Fassung, nämlich ebenfalls im so genannten *Duisburgschen
Nachlass*: AA XVII, S. 650; »Das aggregat objective betrachtet muss einen gemeinschaftlichen
Grund der Einheit haben, wodurch das Manigfaltige von einander abhängt. [...] a und b können auf
dreyfache art vermittelst des x in Verhältnis seyn. [...]. Das objective ist der Grund der Einstim-
mung der Erscheinungen.« Vgl. dazu auch als Vorform R 3920. Diese Überlegungen erfahren in
der *Transzendentalen Deduktion* eine grundsätzliche Korrektur noch dadurch, dass nach dem
Grund dafür gefragt wird, dass ein etwas überhaupt = X gesetzt werden kann, das diese Rolle erfüllen kann. Dieser Grund wird in der transzendentalen Apperzeption gefunden (vgl. A106f.). Die
Überlegungen im und im Umkreis des *Duisburgschen Nachlasses* erkaufen ihre von P. Guyer,
1987, S. 25ff., immer wieder hervorgehobene größere Konsistenz dadurch, dass bestimmte Be-

Fragen mit diesen Überlegungen zu einem korrigierten bzw. präzisierten Begriff des Gegenstandes überhaupt.[266]

Kompliziert wird die Situation zusätzlich noch dadurch, dass die zweite Warum-Frage, die bereits in der Warum-Frage der tradierten Metaphysik enthalten war, nämlich die Frage, warum überhaupt Seiendes ist, in der bisherigen Skizze noch nicht in verwandelter – d.h. dem Programm der Transzendentalphilosophie anverwandelter – Weise berücksichtigt ist. Dabei stellt sich auch diese Frage in verschiedener Weise, je nachdem, worauf sie bezogen wird. Wird sie angesichts der möglichen Gegenstände der Erfahrung gestellt, ergibt sich eine eigentümliche Iteration von Bedingungsverhältnissen, die nach Kant zu drei Ideen als letzten Bedingungen führt, nämlich denen eines Ich als Substanz, der Welt und Gottes als *ens realissimum*.[267] Diese Ideen haben nicht nur die Funktion von letzten Bedingungen für einzelne Charakteristika der Gegenstände a priori. Tatsächlich lässt sich zeigen, dass sie sogar eine entscheidende Funktion besitzen sollen, wenn es darum geht, Gegenständen der Erfahrung bestimmte Eigenschaften a posteriori zuzusprechen.[268] Wie dem auch sei, die Systematik der Vernunftschlüsse, die zu den drei Vernunftideen führen sollen, lässt sich als Rechtfertigung, Rekonstruktion und Analyse derartiger Warum-Fragen verstehen.[269] Dabei zeigt Kant, dass sich die Vernunft, indem sie derartige

gründungsfragen gar nicht gestellt werden, die erst in die Problematik der Notwendigkeit der transzendentalen Deduktion hineinführen.

266 Dass es sich um eine Revision des Begriffs vom Gegenstand überhaupt handelt, ergibt sich aus *KrV*, A108: »Nunmehr werden wir auch unsere Begriffe von einem *Gegenstande* überhaupt richtiger bestimmen können. [...] Der reine Begriff von diesem transzendentalen Gegenstande (der wirklich bei unsern Erkenntnissen immer einerlei = X ist) ist das, was in allen unsern empirischen Begriffe überhaupt Beziehung auf einen Gegenstand, d.i. objektive Realität verschaffen kann.« Diese Revision des Gegenstandsbegriffs steht in der zweiten Fassung der *Transzendentalen Deduktion* weniger im Zentrum der Argumentation, lässt sich aber in der Neufassung des Objektsbegriff, B 137, wieder finden.

267 Vgl. z.B. I. Kant, *Preisschrift über die Fortschritte der Metaphysik*, AA XX, S. 301ff.

268 Vgl. zu dieser Problematik etwa die beiden Arbeiten von H. Pilot, 1995 und 1999.

269 Dass sich die Lehre von den Vernunftschlüssen gleichsam als Rückseite der Medaille verstehen lässt, deren Vorderseite eben jene Fragen sind, welche die menschliche Vernunft belästigen, ohne dass sie abgewiesen werden können »denn sie sind ihr durch die Natur der Vernunft selbst aufgegeben« (I. Kant, *KrV*, A VII), zeigt sich daran, dass Kant bei der Exposition der Vernunftschlüsse weniger jene Bewegung logischen Folgerns von den Prämissen zur Konklusion im Auge hat, sondern gerade den umgekehrten Weg: »Wenn, wie mehresteils geschieht, die Konklusion als ein Urteil aufgegeben worden, um zu sehen, ob es nicht aus schon gegebenen Urteilen, durch die nämlich ein ganz anderer Gegenstand gedacht wird, fliesse: so suche ich im Verstande die Assertion dieses Schlußsatzes auf, ob sie sich nun in demselben unter gewissen Bedingungen nach einer allgemeinen Regel vorfinde. Finde ich nun eine solche Bedingung, [...].« (I. Kant, *KrV*, B361/A304.) Kant beschreibt also ein Verfahren des gezielten Suchens (Fragens) und Findens (Beantwortens). Er beantwortet damit eine in B21 explizit gestellte Frage, nämlich »Wie ist die Metaphysik als Naturanlage möglich? d.i. wie entspringen die Fragen, welche reine Vernunft sich aufwirft, und die sie, so gut als sie kann, zu beantworten durch ihr eigenes Bedürfnis getrieben

Begriffe oder Ideen bildet, über alle ihr gesetzten Grenzen hinweg setzt und dadurch mit Notwendigkeit in Paralogismen, Antinomien oder schlichte Fehlschlüsse verfängt. Die Warum-Fragen, wenn sie konsequent auf Gegenstände der Erfahrung angewendet wird, führen bei hinreichender Iteration, weil mit Begriffen gedacht werden muss, die alleine im Bereich der Erfahrung über Kriterien korrekter Anwendung und deshalb über Sinn und Bedeutung verfügen, zwangsläufig in derartige Kalamitäten. Es ist deshalb die *Transzendentale Dialektik*, deren Funktion es auch ist, den durch unabweisbare Fragen zwangsläufigen Schein aufzudecken (nicht zu beseitigen!). Die drei Ideen begründen zugleich den Gegenstand der drei Disziplinen der Metaphysik der Natur, von denen in der »offiziellen« Einführung der Metaphysik die Rede war – also der immanenten Metaphysik (Ich und Welt), sowie der transzendenten (Gott). Dabei ergibt sich, dass diese Metaphysik günstigstenfalls zeigen kann, wie derartige Gegenstände regelgeleitet und sogar notwendiger Weise zu denken sind, ohne freilich beanspruchen zu können, damit etwas erkannt zu haben. Hier stellen sich also die tradierten speziellen Metaphysiken in verwandelter Form wieder ein. Die *Transzendentale Dialektik* ist ein Lehrstück darüber, wie bestimmte Fragen der vormaligen Metaphysik teils abgewiesen, teils aber modifiziert weiter verfolgt werden.

Wird die Warum-Frage angesichts von Gegenständen der Erfahrung in ganz anderer Blickrichtung gestellt, dann wird nicht nach Gegenständen gesucht, die als Bedingungen angesehen werden können, sondern nach den »Ursachen« dafür, dass der Gegenstand in der Erfahrung überhaupt gegeben ist.[270] So verstanden zielt die Frage nicht nur auf Anschauungsformen und die Spontaneität des Verstandes als *Gründen*, sondern auch auf das gesamte Repertoire problematischer Quasi-Entitäten, mit denen die Transzen-

---

wird, aus der Natur der allgemeinen Menschenvernunft?« Dieser Theorieteil lässt sich auf umfangreiche Vorarbeiten im *Handschriftlichen Nachlaß* zum Thema der »transzendenten Fragen« im Umkreis der Vorarbeiten zur *Kritik der reinen Vernunft* zurückführen: vgl. R 4870: »Woher die transcendente quaestiones kommen?«; R 4943, R 4945, R 4959: »Jetzt ist es lächerlich zu fragen: was hast du von der Gemeinschaft der Seele mit dem Körper, der Natur eines Geistes, der Schöpfung in der Zeit vor Meinung. Ich meine hiervon gar nichts. Aber: was diese Gedanken im Menschlichen Verstande vor einen Ursprung haben, indem er [...] über seine Grenze geht. *Woher diese Frage nothwendig sey* und in Ansehung des obiects nur subiectiv könne geantwortet werden. Das weiß ich, und da bin ich über alle Meinung«(AA XVIII, S. 41f., Hervorh. R. S.). Wenn ich richtig sehe, ist dieser systematische Zusammenhang – Kants Theorie transzendenter Fragen – noch nicht hinlänglich gewürdigt worden.

270 Vgl. dazu z.B. I. Kant, *KrV*, A536f./B564f.: »Wenn dagegen Erscheinungen für nichts mehr gelten, als sie in der Tat sind, nämlich nicht für Dinge an sich, sondern bloße Vorstellungen, die nach empirischen Gesetzen zusammenhängen, so müssen sie selbst noch Gründe haben, die nicht Erscheinungen sind. Eine solche intelligible Ursache aber wird in Ansehung ihrer Kausalität nicht durch Erscheinungen bestimmt, obzwar ihre Wirkungen erscheinen, und so durch andere Erscheinungen bestimmt werden können.«.

dentalphilosophie versehen ist, also auf das Ding an sich betrachtet, das unerkennbar den Erscheinungen zugrunde liegen soll, und auf die Einheit der
transzendentalen Apperzeption als Grund dafür, dass Gegenstände der Erfahrung unter den Bedingungen der Anschauung und des Denkens von Gegenständen überhaupt stehen, aber auch auf das transzendentale Objekt.[271]
Es ist offensichtlich, dass eine Auskunft über derartige Themen den Begriff
vom Gegenstand der Erfahrung, aber auch vom Gegenstand überhaupt weiter modifiziert. Gerade die Frage nach dem Grund der relativen Notwendigkeit der Einheit, die in dem gesetzten transzendentalen Gegenstand = X als
objektive Realität erkannt werden kann, führt in der ersten Fassung der
Transzendentalen Deduktion auf die Einheit der transzendentalen Apperzeption.[272] In beiden Fällen zielt die Warum-Frage über die Grenzen der Begriffsbildung hinaus in das Gelände transzendenter Überlegungen. Allerdings lassen sich gute Gründe dafür anführen, dass die Begriffe, in denen
diese problematischen Gegenstände als »Gründe« im Rahmen einer Transzendentalphilosophie gedacht werden müssen, wiederum die reinen Verstandesbegriffe, die Begriffe von Gegenständen überhaupt sind.[273]

271 Es ist in der Literatur notorisch umstritten, inwieweit diese Gegenstände miteinander identifiziert werden dürfen. Dabei ist in Rechnung zu stellen, dass zum mindesten der Ausdruck »Ding
an sich« in sehr verschiedener Weise verwendet wird, nämlich einmal zur Unterscheidung des
empirischen Gegenstandes von seinem Sinneseindruck, dann zur Charakterisierung der Ontologie
vorkritischer Metaphysik, weiterhin zur Charakterisierung transzendentaler Objekte neben (oder
hinter) der Erscheinung und schließlich transzendentaler Objekte = X (vgl. W. Ertl, 1996, S. 108f.,
der sich auf G. Buchdahl, 1982, S. 78 bezieht). Von der Identifikation oder Nichtidentifikation von
drei Begriffen unter je bestimmten Verständnisweisen hängt für die Interpretation einiges ab. Ohne
dies hier im einzelnen begründen zu können, fasse ich im Folgenden transzendentale Objekte und
Dinge an sich in den meisten Verwendungsweisen des letzteren Ausdrucks als verschieden auf;
auch ist die transzendentale Einheit der Apperzeption nicht mit einem transzendentalen Gegenstand im gleich zu exponierenden Sinn zu identifizieren – vielmehr ist sie einer seiner Gründe.
272 Vgl. I. Kant, *KrV*, A106f.: »Aller Notwendigkeit liegt jederzeit eine transzendentale Bedingung zum Grunde. Also muss ein transzendentaler Grund der Einheit des Bewußtseins, in der
Synthesis des Mannigfaltigen aller unserer Anschauungen, mithin auch der Begriffe der Objekte
überhaupt, folglich auch aller Gegenstände der Erfahrung, angetroffen werden, ohne welchen es
unmöglich wäre, zu unsern Anschauungen irgend einen Gegenstand zu denken: denn dieser ist
nichts mehr, als das Etwas, davon der Begriff eine solche Notwendigkeit der Synthesis ausdruckt.
Diese ursprüngliche und transzendentale Bedingung ist nun keine andere, als die *transzendentale
Apperzeption.*« – Auch in dieser Argumentation geht der Gedankengang von den Begriffen von
einem »Objekte überhaupt« zu »Gegenständen der Erfahrung«, so dass selbst an dieser entscheidenden Stelle der *Transzendentalen Deduktion* die Doppelung der ursprünglichen Was-Frage in
der Bearbeitung der in ihr enthaltenen Warum-Frage mitberücksichtigt wird.
273 Kant verwendet in diesem Zusammenhang gelegentlich die Redeweise »transzendentale
Ursache« (I. Kant, *KrV*, A390); problematisch ist an dieser Redeweise natürlich, dass die Kategorie der Ursache zunächst nur innerhalb des Bereichs möglicher Erfahrung Sinn und Bedeutung
haben soll, hier aber offensichtlich auf Dinge an sich selbst bezogen wird. Die Möglichkeit, dies
zu tun, sofern darunter nur die reine Kategorie der Kausalität verstanden wird, sei nicht weiter
untersucht. Man sieht aber in dieser Begriffsbildung, wie sich verschiedene Bedeutungsmomente
des Ausdrucks »transzendental« hier sinnvoll verbinden. Zum einen ist hier der Ausdruck »trans-

Die Frage, ob Kant, indem er solche Fragen verfolgt, nicht gezwungen ist, Kategorienfehler zu begehen, soll hier allerdings nicht weiter verfolgt werden. Zwar wird die grundlegende Frage, warum überhaupt etwas ist, damit nur für einen der beiden möglichen Anwendungsbereiche gestellt, nämlich den der Gegenstände der Erfahrung. Sie ließe sich auch angesichts der problematischen Gegenstände stellen, von denen in der kantischen Transzendentalphilosophie die Rede ist, also etwa von Dingen an sich oder vom transzendentalen Subjekt. Doch scheint hier bereits die Fragestellung für Kant einen Kategorienfehler zu enthalten, so dass sie nicht beantwortet, sondern abgewiesen werden muss. Wie dem auch sei: Durch die Ausdifferenzierung des Gegenstandsbegriffs und damit der ursprünglichen Was-Frage werden die in ihr enthaltenen Warum-Fragen ihrerseits vielfältiger. Zum Glück für die gegenwärtigen Untersuchungen müssen diese Probleme hier nicht weiter verfolgt werden.

2.2.1.2 Grund und Grenzen der Bedeutung kategorialer Begriffe in der Transzendentalphilosophie

Die tradierte vorkritische Metaphysik ging davon aus, dass bereits die Begriffe, in denen sie ihre Ausgangsfrage formulierte, problematisch sind.[274]

zendental« insofern berechtigt, als es sich tatsächlich um einen »transzendentalen Gebrauch« der Kausalitätskategorie handelt: »Der transzendentale Gebrauch eines Begriffs in irgend einem Grundsatze ist dieser: daß er auf Dinge überhaupt und an sich selbst, [...], bezogen wird.« (I. Kant, *KrV*, B297/A238). Tatsächlich wird der Begriff der Kausalität, wenn er auf Dinge an sich bezogen wird, in einer Weise verwendet, in der er als solcher als auf Dinge bzw. Gegenstände überhaupt bezogen gedacht werden kann. Weiterhin ist dieser Begriff von »Ursache« insofern »transzendental« zu nennen, als er eine Bedingung der Möglichkeit von Gegenständen der Erfahrung betrifft, und insofern im Rahmen einer Untersuchung unserer Erkenntnisart a priori von Gegenständen der Erfahrung gebildet wird. Auch hier zeigt sich also, dass scheinbar entgegenlaufende Bedeutungsmomente des Ausdrucks »transzendental« durchaus ineinander gedacht werden können, wenn das Programm einer Transzendentalphilosophie differenziert genug konzipiert wird.

In der Kant-Literatur findet sich eine ausführliche Debatte darüber, ob und in welchem Sinn Kant die Kategorie missbraucht, wenn er Dinge an sich als eine Art Ursache betrachtet (etwa bei P. F. Strawson). Ohne Zweifel ist in solchen Zusammenhängen nicht an den Begriff der Kausalität zu denken, der durch die Schematisierung der reinen Kategorie der Kausalität gebildet wird. Insofern aber die reine Kategorie der Kausalität ein Begriff vom Gegenstand überhaupt ist, unter den alles fällt, was ich zum Gegenstand von Urteilen machen kann, auch wenn ich deren Wahrheit nicht erweisen kann, so sind Dinge an sich Gegenstände urteilenden Denkens und insofern unter Kategorien zu denken – wenn auch nicht zu erkennen.

274 Vgl. dazu oben, Abschnitt 2.1.2.2, S. 228ff. Das ist im Prinzip auch bei Christian Wolff noch so, der freilich durch die Unterscheidung der »natürlichen Ontologie« von einer »ontologia artificialis« in seiner Ontologie das Projekt einer Emendation der klaren, aber undeutlichen Begriffe der Scholastik verfolgte (vgl. C. Wolff, *Ontologia*, Prol. § 23; dazu L. Honnefelder, 1990, S. 300). Dabei sind die Voraussetzungen und Realisierungschancen einer solchen Emendation im 18. Jahrhundert durchaus umstritten. Kant nimmt spätestens seit seinen Schriften von 1763 in diesem

Der allgemeine Begriff des Seienden galt zumeist als bestenfalls analog von allem aussagbar; wo er hingegen als univok angenommen wurde, galt er als defizitär und konfus. Die Behauptung der Univozität setzte dabei die ihrerseits problematische Trennung zwischen dem Begriff und seinen divergierenden Modi des Bezugs auf verschiedenartige Gegenstände voraus. Dabei wurden die Differenzen zwischen dem univoken aber defizitären Begriff und dem zu begreifenden Seienden durch Duns Scotus als Modi gedeutet, deren Realitätscharakter in der Folge durchaus umstritten war. Bereits die vorkritische Metaphysik, insbesondere wo sie einen solchen univoken transkategorialen Begriff des Seienden ansetzte, unterschied die Ausdrücke, in denen sie ihre Frage formulierte und die den Ausgangspunkt der gesamten Systematik bilden sollten, von den Begriffen, die das Seiende als solche fassen sollten, sowie beide schließlich von dem Seienden selbst, das den Gegenstand der ganzen Bemühungen ausmachte. Sie war gleichsam immer unterwegs vom sprachlichen Ausdruck über den Begriff und die ihn kontrahierenden oder weiterbestimmenden Modi zum Seienden selbst, um ihrem Anspruch, eine Erkenntnis des Seienden als Seiendem (nicht als sprachlich Benanntem) gerecht zu werden.[275] Diese Situation findet sich – nach allem, was bisher gesagt wurde – in der Transzendentalphilosophie in ausdifferenzierter Weise wieder.[276] Doch so, wie in ihr die univoken Begriffe völlig neu begründet und gedeutet werden, werden auch die tradierten Lösungsansätze dieser Differenz modifiziert.

Insofern die Univozitätsproblematik traditionell u.a. aus der zugespitzten Frage entsteht, ob es Gott und Geschöpf gemeinsame Begriffe geben könne, müssen die hiermit verbundenen Probleme in der Transzendentalphilosophie schon deshalb bedeutsam werden, als sie eben auch eine Theorie von Gegenständen überhaupt sein soll.[277] Dabei ist vor dem tradierten Problemhintergrund ein Umstand entscheidend: Der Begriff des Gegenstandes überhaupt erweist sich in der Transzendentalphilosophie als ein *strikt* univoker

Streit gezielt gegen Wolffs Optimismus Stellung, durch Begriffsanalyse die prinzipiellen Defizite der Grundbegriffe zu beheben.

275 Vgl. dazu oben, S. 227ff.

276 Vgl. z.B. R 4445: »Bey der Frage aber, was ein Ding sey, können wir keine Begriffe erdichten und auch keine Verhältnisse.«

277 Vgl. z.B. die späte R 6319, AA XVIII, S. 633: »Wie wir vom Intelligiblen, z.B. Gott, durch Categorien reden können, unerachtet diese nur für phaenomena Gelten, um erkenntnis abzugeben, also von einem wesen, das gar nicht als phaenomenon vorgestellt werden kann.« – Dazu R 6331: »Caussalität als Grund der existenz kan auch vom Übersinnlichen Gebraucht werden. wie alle Categorien, weil sie blos auf synthetische Einheit (hier des Verhältnisses) geht, aber nicht die Art bestimmt, wie ein solcher in der Erfahrung gegeben werde, z.B. nicht als dasjenige, worauf nothwendig etwas anderes folgt. Ob so etwas möglich sey oder nicht, wird theoretisch nicht Ausgemacht, sondern nur practisch angenommen.« – Diese Reflexionen werden später noch eine Rolle spielen.

Begriff, denn seine »Bedeutung«, soweit er überhaupt eine hat, verdankt sich keinerlei Bezug auf Gegenstände, sondern *alleine* der logischen Spontaneität des Verstandes.[278] Allerdings ist die Rede von einer Bedeutung dieses Begriffs durchaus problematisch. Weil er sich nämlich keiner Abstraktion verdankt und entsprechend auch keinem korrespondierenden, für die Abstraktion konstitutiven einheitlichen Akt des Verstandes, hat er schlichtweg keinerlei Gehalt, nicht einmal einen allereinfachsten. Der Begriff vom Gegenstand überhaupt ist – isoliert genommen – im System der Transzendentalphilosophie nur dadurch greifbar, dass die reinen Verstandesbegriffe eben Begriffe a priori von Gegenständen überhaupt sind, d.h. Begriffe von Regeln der logischen Verknüpfung einzelner Vorstellung zu einer notwendigen Einheit, bei deren Befolgung die Vorstellungen zu Vorstellungen eines Gegenstandes werden. Statt ein einfachster Begriff mit einem einfachsten Gehalt zu sein, ist er ganz im Gegenteil ein bloß formaler, in sich komplexer Begriff und isoliert vom System reiner Verstandesbegriffe nicht nur ohne jeglichen Gehalt, sondern nicht einmal ein Begriff von einem Gegenstand. Es gibt für Kant – und darin unterscheidet er sich prinzipiell von allen seinen Vorgängern – keinen mithilfe eines einfachen Akts erfassten Gehalt des Gegenstandsbegriffs. Denn der Begriff einer notwendigen Einheit von Vorstellungen in der Vorstellung eines Gegenstandes ist kein einfacher Gehalt. Ähnliches gilt, wie unten deutlicher werden wird, auch für die reinen Verstandesbegriffe, die als reine Begriffe a priori von Gegenständen überhaupt (zusammen mit bestimmten Grundsätzen) das System der Transzendentalphilosophie ausmachen sollen. Auch sie müssen, da sie nicht durch Abstraktion gewonnen werden können, ihren »Ursprung« im reinen Verstand haben, und sind gerade deshalb univok, aber bloß – in noch zu präzisierendem Sinn – formal. Ihre Formalität und ihr Ursprung verschärfen zunächst die Probleme univoker Transzendentalbegriffe im Hinblick auf ihre Anwendung auf Gegenstände.

Der Unterschied zwischen der Theorie metaphysischer Begriffsbildung von Suárez etwa und Kant lässt sich in diesem Punkt noch deutlicher fassen. Eine gewisse Ähnlichkeit scheint zunächst darin zu bestehen, dass Kant wie Suárez die univoke Einheit des transzendentalen Begriffs im Rückgriff auf die Einheit des ihn begründenden Verstandesakts – bzw. der zugrunde liegenden Verstandeshandlung (*operatio mentis*) – zurückfüh-

---

278 Diese Eigenart reiner Verstandesbegriffe ergibt sich daraus, dass sie aus den logischen Funktionen im Urteil gewonnen werden bzw. dass es dieselben Funktionen sind, die sowohl im Urteil die Verknüpfung der Vorstellungen zustande bringen sollen und auch das Mannigfaltige der Vorstellungen so verknüpfen sollen, dass es sich um Vorstellungen eines Gegenstandes handelt. In der Theorie der logischen Formen des Urteils, der sich die Verknüpfungsweisen verdanken, spielt jedoch der Bezug auf Gegenstände noch gar keine Rolle – vgl. dazu unten, 2.2.2.1, S. 302ff.

ren.[279] Doch wird die dabei angenommene Handlung unterschiedlich charakterisiert und der Zusammenhang zwischen dem zu bildendem Begriff und der zugrunde liegenden Handlung je verschieden gefasst. Bei Suárez handelt es sich um ein einfaches Erfassen eines einfachen Gehalts, so dass die Gleichheit und Einfachheit des Aktes der Einfachheit und Identität des Gehalts entspricht. Der begriffene Gehalt selbst ist dabei nicht der einfache Akt des Verstandes selbst, also das Erfassen, sondern etwas Erfasstes. Bei Kant hingegen ist die eigentliche Verstandestätigkeit niemals ein Erfassen, sondern immer ein logisches Verknüpfen. Wenn auch bei Kant dem reinen Verstandesbegriff eine einheitliche Verstandeshandlung korrespondiert, dann doch nur eine einheitliche Weise des logischen Verknüpfens. Diese Einheit impliziert keine Einfachheit. Genauer: Reine Verstandesbegriffe sind Begriffe der Einheit von Handlungen logischen Verknüpfens im Urteil, nicht aber eines durch den Verstandesakt erfassten einheitlichen Gehalts. Weil es um Verknüpfungen geht, kann es sich nicht um einfache Akte handeln. Entsprechend wird in reinen Verstandesbegriffen zunächst auch gar nicht ein vom Begriff der Einheit der Verstandeshandlung verschiedener Gehalt gedacht. Der Bezug auf einen Gegenstand erscheint zunächst als ein weiterer Schritt.[280] Der Gegenstand als begriffener »entsteht« deshalb bei Kant allererst daraus, dass logische Verknüpfungen vorgenommen oder behauptet werden. Auch wenn in der vorkritischen Tradition eine einheitsstiftende Funktion des Verstandes für die Bedeutung der Transzendentalien angenommen wurde, verbergen sich also hinter dieser scheinbaren Gemeinsamkeit fundamentale Divergenzen, die sich im Wesentlichen als Konsequenzen der Ablehnung einer Begriffsbildung durch Abstraktion verstehen lassen – also als Konsequenzen eines Versuchs, die ursprünglichen Fragen der Metaphysik methodisch kontrolliert zu beantworten.[281]

279 Vgl. dazu F. Suárez, *DM* II, sec. 2, nr. 4; I. Kant, *Kritik der reinen Vernunft*, B 105/A79 – zu Suárez oben, 2.1.3.1, S. 232ff.

280 Vgl. wiederum I. Kant, *KrV*, A 105: »Es ist aber klar, daß, da wir es zunächst nur mit dem Mannigfaltigen unserer Vorstellungen zu tun haben, und jenes X, was ihnen korrespondiert (der Gegenstand), weil er etwas von allen unsern Vorstellungen Unterschiedenes sein soll, vor uns nichts ist, die Einheit, welche der Gegenstand notwendig macht, nichts anderes sein könne, als die formale Einheit des Bewußtseins in der Synthesis des Mannigfaltigen der Vorstellungen. Alsdann sagen wir: wir erkennen den Gegenstand, wenn wir in dem Mannigfaltigen der Anschauung synthetische Einheit bewirkt haben.« Es braucht hier nicht entschieden zu werden, ob der Bezug auf einen Gegenstand = X ein weiterer Akt ist oder aber geschieht, indem die in den Kategorien begriffenen Regeln der Verknüpfung von Vorstellungen angewendet werden – vgl. zum Problem W. Carl, 1992, S. 168ff.

281 Mir scheint, dass L. Honnefelder, 1990, S. 453ff., genau diesen Punkt verfehlt und nur deshalb Kant in so enge Nachbarschaft zu Duns Scotus (und damit Suárez) rücken kann: Für ihn ist die Einheit des »etwas überhaupt« als ein »gedachtes X«, obzwar »nichts anderes als die formale Einheit des Bewußtseins« immer bereits die »Einheit eines Gehaltes« (S. 454); deshalb kann er den Begriff des Gegenstandes überhaupt = X in eine derartige Nähe zum Begriff der »objektiven

Bereits in der tradierten Metaphysik wurden auch die Folgeprobleme einer Metaphysik univoker Begriffe analysiert. Mit der Verschärfung der Univozitätsbegründung in der Transzendentalphilosophie stellen sie sich nun ebenfalls verschärft. Denn Kant kann die strikte Univozität der Begriffe vom Gegenstand überhaupt nur deshalb behaupten, weil bei ihrer Bildung von ihrem Bezug und ihrer Anwendung auf Gegenstände völlig abgesehen wird.[282] Da die Begriffe nicht durch eine Analyse der Erfahrung abstrahierend gewonnen werden können und ihr Ursprung im reinen Verstand liegen soll, hat nämlich der Teil der transzendentalen Logik, dessen Aufgabe die Gewinnung solcher Begriffe ist, vom Bezug auf gegebene Gegenstände abzusehen. Das Folgeproblem, das analog bereits die tradierte Metaphysik in ein Prinzip systematischer Begriffsbildung umzusetzen versuchte, besteht dann natürlich darin, dass derartige Begriffe auf gegebene Gegenstände angewendet werden sollen. Suárez löste dieses Problem so, dass er vom univoken Begriff einen korrespondierenden analogen Unterschied, der divergierenden Modi des Zukommens der zu prädizierenden Eigenschaft mit einschloss. Dabei interpretierte er – im Unterschied zu Duns Scotus – diese

Realität« bringen, der ihm ihn Anlehnung an G. Martin gleichsam als Nachfolgebegriff zum Begriff des Seienden, insofern es Seiendes ist, wird. Honnefelder kann dann rekonstruieren, welche Arten der Möglichkeit im Begriff der objektiven Realität und damit des Begriffs vom Gegenstand überhaupt gedacht werden. Tatsächlich ist der Begriff vom Gegenstand überhaupt nichts anderes als der Begriff von bestimmt modifizierten logischen Verknüpfungen von Vorstellungen, dem für sich genommen keinerlei Gehalt zukommt. Die Realitätskategorie entspringt nur einer der Verknüpfungsweisen, die im Begriff des Gegenstands überhaupt zu denken sind. Es ist deshalb nicht so, dass der Begriff der objektiven Realität den »allgemeinsten ontologischen Terminus« bedeutet, der »in seiner allgemeinsten Bedeutung sämtliche Seinsweisen (umfaßt)«, wie L. Honnefelder, S. 456, G. Martin, 1953, S. 228f., zustimmend zitiert. Der allgemeinste Terminus ist vielmehr der davon sorgfältig zu unterscheidende Begriff des Gegenstands überhaupt. Wenn aber der Begriff vom Gegenstand überhaupt lediglich der komplexe Begriff bestimmter logischer Verknüpfungsregeln ist, dann lässt er sich nicht mehr in der von Honnefelder gewünschten Weise auf den Begriff des Seienden á la Duns Scotus beziehen – vgl. dazu auch R. Schnepf, 2006b.

Eine ähnliche Schwierigkeit zeigt m.E. die Unzulänglichkeit von G. Buchdahls Versuch, den Gegenstandsbegriff mit Hilfe des von Husserl entlehnten Begriffspaars der Reduktion und der Realisierung zu analysieren. Beim Schritt der Reduktion werde von den gesamten Resultaten des »transzendentalen Apparates« abgesehen, wobei sich der Begriff einer bloßen »Sachheit« (»quiddity«) ergebe (vgl. G. Buchdahl, 1990, S. 158; dazu W. Ertl, 1998, S. 107). Nun mag man auf diesem Weg zum Begriff derjenigen Komponente gelangen, die sich der Sinnlichkeit verdanken. Einen Gegenstand in irgendeinem der diskutierten Sinne hat man damit jedoch noch nicht. Auch hier droht der Begriff der Realität an die Stelle des Gegenstandsbegriffs zu rutschen und dadurch der Gegenstandsbegriff unklar zu werden.

282 Man wird sogar sagen können, dass die logische Form der Verknüpfung, welche die reinen Verstandesbegriffe begründen sollen, in einer »allgemeinen Logik« (von Einzelheiten abgesehen) gefunden werden sollen, die sich dadurch definiert, »von allem Inhalt der Erkenntnis, d.i. von aller Beziehung derselben auf das Objekt« abzusehen und »nur die logische Form im Verhältnisse der Erkenntnisse auf einander, d.i. die Form des Denkens überhaupt« zu betrachten (I. Kant, *KrV*, B79/A55). Die genaue Verhältnisbestimmung von formaler und transzendentaler Logik bei der Gewinnung der Kategorien soll erst in 3.2.2 erörtert werden.

Modi nicht als reale Konstituentien der Dinge, sondern als Weisen des Zukommens allgemeiner Begriffe.[283] In der Transzendentalphilosophie tritt
dieses Problem in wiederum verwandelter Gestalt auf. Das Hauptproblem
besteht nun darin, nachzuweisen, dass sie sich überhaupt auf Gegenstände
der Erfahrung beziehen, und zu bestimmen, wie das möglich ist. Dabei werden diese Begriffe selbst zunächst nicht modifiziert. Wenn sie auf etwas zutreffen, dann als solche, die sie von ihrem Ursprung her sind. Entsprechend
ist auch nicht vom univoken Verstandesbegriff ein zweiter zu unterscheiden, der unterschiedliche Weisen seines Zukommens etwa für Gegenstände
überhaupt und Gegenstände der Erfahrung zu erfassen hätte. Allerdings
stellt sich eine verwandte Schwierigkeit ein. Weil reine Verstandesbegriffe
gar nicht durch Abstraktion aus der Erfahrung gewonnen werden, lässt sich
vorderhand auch kein Merkmal in der Erfahrung angeben, das dem allgemeinen Begriff entspräche und zeigte, dass Gegenstände der Erfahrung unter die Begriffe vom Gegenstand überhaupt fallen. Wie die Gegenstände
(der Erfahrung) unter Begriffe vom Gegenstand überhaupt fallen können,
ist also die zugespitzte Nachfolgeproblematik in der Transzendentalphilosophie für das Anwendungsproblem, das in der traditionellen Metaphysik zur
Bildung analoger Begriffe und zur Theorie der Modi geführt hat.

Ein analoges Problem stellt sich auch für die problematischen Gegenstände ein, die als Begriffe der reinen Vernunft bzw. als Vernunftideen im
Verlauf der problematischen Warum-Fragen gebildet werden und die
gleichfalls niemals Gegenstände der Erfahrung werden können. Denn auch
diese Gegenstände müssen, obwohl sie nicht erkannt werden können, bestimmt gedacht werden. Das betrifft etwa auch Gott als Grund der Welt.
Von ihm ist zu fragen, ob seine Kausalität ein Handeln ist, ob ihm eine
höchste Intelligenz zuzusprechen ist, und dergleichen mehr. Dazu reicht
aber die Begriffsbildung durch Vernunftschlüsse noch nicht hin. Auch solche Fragen können nur beantwortet werden, wenn auf Merkmale zurückgegriffen werden kann, die den reinen Verstandesbegriffen an Gegenständen
in der Erfahrung entsprechen. Im Übergang von der Transzendentalphilosophie zu den Problemen der speziellen Metaphysik ist also mit weiteren
Problemen zu rechnen, die wiederum analoge Begriffsbildungen – wenn
auch in anderer Weise – fordern.[284] Das Analogieproblem tritt also in der

283 Vgl. F. Suárez, *DM* II, sec. 2, nr. 36 – vgl. oben, S. 235f.
284 Vgl. dazu besonders sprechend R 6286, AA XVIII, S. 554f., die der Kommentierung von
Eberhardts Vorbereitung zur natürlichen Theologie entstammt: »Realitäten lassen sich nicht in
concreto durch bloßen Verstand denken, sondern sie sind immer mit Bedingungen der Sinnlichkeit
afficirt; zuerst also werde ich via reductionis die realitaet von dem, was ihr als phaenomenon zukommt (adhaerentibus sensitivis) nach Möglichkeit befreyen, denn sonst kommen anthropo-
morphismen heraus. Darauf aber (das) sie als realitas noumenon (solten auch alle besondere Bestimmungen in concreto wegfalen) per eminentiam unendlich erhöhen. [...] Weil aber die Aufhe-

kantischen Transzendentalphilosophie aufgrund der Doppelung des Gegenstandsbegriffs an mindestens zwei Stellen auf: Einmal bei der Anwendung von reinen Verstandesbegriffen auf Gegenstände, sofern sie uns gegeben werden können, und andererseits im Zusammenhang mit den bestimmten Begriffen von Vernunftideen und ihrer Funktion.

2.2.1.3 Univoke und analoge Begriffsbildungen in der Transzendentalphilosophie

Bereits für die tradierte Metaphysik erwies sich ein systematisches Ineinander von univoken und analogen Begriffsbildungen als konstitutiv. Die Schwierigkeiten mit dem Begriff des Seienden überhaupt erzwangen nämlich, zu Analogien Zuflucht zu nehmen. Der Versuch, diese Begriffsbildungen methodisch kontrolliert durchzuführen, abzusichern, zu begründen und – wo möglich – in eine Theorie der menschlichen Vernunft zu integrieren, zwang dazu, Analogiebildungen immer an ein Gefüge problematischer univoker Begriffe zurückzubinden. Bei Suárez zeigte sich, dass das Problem der Anwendung eines univoken transzendentalen Begriffs, der durch die Einheit des abstrahierenden Aktes begründet wurde, systematisch vor allem mit Hilfe analoger Begriffsbildungen aufgelöst werden sollte. Wie gesehen, lassen sich die entsprechenden Probleme mit den reinen Verstandesbegriffen im Rahmen der Transzendentalphilosophie weder mit einer die Analogie rekonstruierenden Theorie realer Modi, noch mit einer Theorie von Modi als Weisen des Zukommens allgemeiner Begriffe auflösen. Denn wenn die reinen Verstandesbegriffe zu Recht von etwas prädiziert werden, dann aufgrund ihres Ursprungs immer als solche. Allerdings werden Analogien – wenn auch in systematisch anderer Gestalt – auch in der Transzendentalphilosophie dann eine Rolle spielen, wenn es um die Frage der Anwendung von Kategorien geht. Die gesamte Problematik des *Schematismuskapitels* und der *Grundsätze* lässt sich nämlich im Kern als eine Analogieproblematik begreifen.[285] Weil diese Problematik im Rahmen der kantischen Trans-

---

bung alles sensitiven auch den Begriff in concreto aufhebt, welches allen Theism in einen blossen deism verwandeln würde, so bleibt der Weg der anwendung nach der Analogie übrig, nach welcher ich gestehe nicht zu wissen, wie die Gottliche Eigenschaften an sich beschaffen sind, sondern nur, daß sie eben so im Verhaltnisse zur Welt gedacht werden, wie menschliche Eigenschaften zu ihren producten.«

285 Das ergibt sich nicht nur aus den Hinweisen, mit denen Kant die methodische Funktion von Analogien bei der Auffindung der Schemata und der Begründung der Grundsätze betont – vgl. z.B. I. Kant, *KrV*, A139/B177: »Nun ist klar, daß es ein Drittes geben müsse, was einerseits mit der Kategorie, andererseits mit der Erscheinung in Gleichartigkeit stehen muß, und die Anwendung der ersteren auf letzter möglich macht.« Die Auslegungsprobleme dieser Stelle ergeben sich schlicht daraus, dass Kant wenige Zeilen zuvor bemerkt, dass »reine Verstandesbegriffe, in Vergleichung mit empirischen (ja überhaupt sinnlichen) Anschauungen ganz ungleichartig« sind, was

zendentalphilosophie noch verstärkt systematisch provoziert wird, kann man erwarten, dass analoge Begriffsbildungen auch an Gewicht und an methodischer Kontrolle gewinnen. Das dritte Strukturmoment der tradierten Metaphysik lässt sich deshalb in der Transzendentalphilosophie in ausdifferenzierter Weise wieder finden. Dabei sind die Probleme, die sich aus dem Verhältnis zwischen reinem Verstandesbegriff und Gegenstand der Erfahrung ergeben, von den daran anschließenden Problemen, die bei der Bildung der Vernunftideen ins Spiel kommen, zu unterscheiden. Ich konzentriere mich in diesem Abschnitt ganz auf die ersten Probleme. Es sind dabei vor allem die folgenden Modifikationen in Rechnung zu stellen:

Die reinen Verstandesbegriffe sind erste Begriffe vom Gegenstand überhaupt, d.h. sie sind als solche von allen Gegenständen, seien sie nun in der Anschauung gegeben oder nicht, zumindest in Disjunktionen prädizierbar, selbst wenn die Wahrheit der Prädikation eines Disjunktionsgliedes nicht in jedem Fall nachgewiesen werden kann. Auch dort, wo ein in der Anschauung gegebener Gegenstand etwa als Substanz charakterisiert ist, wird von ihm die Eigenschaft der Substantialität in genau dem Sinn prädiziert, den die Kategorie durch ihre Herleitung aus der korrespondierenden logischen Verknüpfungsform gewonnen hat. Das Analogieproblem tritt deshalb insofern verwandelt auf, als bei Kant keinesfalls ein analoger Begriff an die Stelle des univoken tritt und nur vom analogen Begriff behauptet werden kann, er treffe eigentlich erst den Gegenstand, während der univoke defizitär sei. Die reinen Verstandesbegriffe kommen univok als solche allen Gegenständen zu. Das Problem liegt an einer anderen Stelle. Reine Verstandesbegriffe sind defizitär in dem Sinn, dass sie gerade wegen ihrer Reinheit keinerlei Indizien und Merkmale beinhalten, aufgrund derer entschieden werden könnte, wann ein Gegenstand unter sie fällt. Auch lassen sich keine derartigen Merkmale durch bloße Begriffsanalyse aus ihnen entwickeln.

zu einem Widerspruch führt, wenn man Gleichartigkeit als transitive Relation auffasst. Der Widerspruch stellt sich nicht ein, wenn man von Analogieverhältnissen ausgeht, bei denen sich Kategorien zu Schemata in ähnlicher Relation befinden wie das Schema zur Erscheinung, aber eben nicht in identischer. Entsprechend arbeitet Kant in der Folge damit, dass der Allgemeinheit einer Regel a priori die Zeit entspreche, weil sie »in jeder empirischen Vorstellung des Mannigfaltigen« ist (I. Kant, *KrV*, A138f./B177f.). Es besteht eine Analogie zwischen der Allgemeinheit der Regel und der Zeitlichkeit aller Vorstellungen eines gegebenen Mannigfaltigen, keine Identität. Diese Beobachtungen ließen sich fortsetzen.

Die Bedeutung von Analogien ergibt sich aber auch daraus, worauf insbesondere P. Guyer hingewiesen hat, dass Kant in den Blättern des *Duisburgschen Nachlasses* sämtliche zu diesem Zeitpunkt bereits anvisierten Grundsätze als »Analogien« bezeichnet hat und sich dafür auch sachliche Gründe angeben lassen: Die Grundsätze werden durch Analogie zwischen den Verstandesfunktionen und Charakteristika der Objekte gefunden (vgl. R 4675, AA XVII, S. 648); es handelt sich nicht um Axiome, sondern um Analoga zu Axiomen, handelt es sich doch nicht um Begriffe, die einzig von der Verfasstheit des Verstandes abhängen – vgl. P. Guyer, 1987, S. 67ff.; vgl. R 4682, AA XVII, S. 669, sowie R 4684, S. 670.

Dennoch muss eine Beziehung zwischen dem Begriff und den Merkmalen für sein Zukommen bestehen. Denn man muss erkennen und begründen können, dass und warum eine bestimmte Merkmalsmenge ein (unter Umständen hinreichendes) Indiz für eine Situation ist, in der ein Begriff und kein anderer angewendet werden kann. Weil keine andere Möglichkeit offen steht, kommen Analogiebetrachtungen an dieser Stelle ins Spiel, wenn es darum geht, solche Merkmale und Indizien zu gewinnen. Anders gewendet: Etwas kann nur Indiz oder Merkmal von etwas anderem sein, wenn es in einer solchen Beziehung zu dem, dessen Indiz es ist, steht, dass deutlich wird, dass es nur von ihm Indiz ist und nicht von etwas anderem. Dazu genügt wie beispielsweise bei Krankheiten ein kausaler Zusammenhang zwischen Indiz und Angezeigtem. Doch ist ein kausaler Zusammenhang zwischen bestimmten Merkmalen von Erscheinungen und reinen Verstandesbegriffen nicht gegeben. Kant behauptet vielmehr eine Analogie zwischen Strukturen der Regeln, Vorstellungen zu verknüpfen, die in einem bestimmten reinen Verstandesbegriff erfasst sind, und Strukturmomenten der zeitlichen Verhältnisse in dem Mannigfaltigen der Anschauung, auf das es angewendet werden soll. Nur eine solche Analogie kann die Eineindeutigkeit der Zuordnung eines Verstandesbegriffs zu seinem Schema garantieren. Es ist also nicht so, dass die univoken Begriffe als solche gar nicht adäquat von allen Gegenständen prädiziert werden können und dazu nur analoge Begriffe, d.h. analog verwendete Begriffe, geeignet sind, sondern um diese univoken Begriffe als solche von Gegenständen zu prädizieren, sind Analoga zu diesen Begriffen nötig, die Indizien abgeben, wann eine solche Prädikation zu Recht erfolgt.[286]

Nun ist allerdings ein terminologischer Punkt gar nicht zu unterschätzen: Der Begriff der Kategorie wird im Verlauf dieser Überlegungen in zwei Bedeutungen verwendet. Zunächst ist unter dem Begriff der Kategorie der reine Verstandesbegriff zu verstehen, insofern er nichts anderes als bestimmte Regeln, Vorstellungen logisch zu verknüpfen, auf den Begriff bringt, die hinreichen, einen Gegenstand zu denken. Dies ist der strikt univoke Begriff der reinen Kategorie bzw. das, was Kant gelegentlich »logische Bedeutung« der Kategorie nennt. Dieser Begriff kommt univok auch Gegenständen der Erfahrung zu, eben insofern sie überhaupt Gegenstände sind. Davon zu unterscheiden ist eine zweite Bedeutung von »Kategorie«, die sich ergibt, wenn man zur logischen Bedeutung die Merkmale eines Gegenstandes der Erfahrung hinzunimmt, die Indizien für die berechtigte Anwendung dieser Kategorie sind. Es ist dies also ein um die Indizien seines Vorliegens angereicherter Begriff der Kategorie. Nur auf diese mittel-

---

286 Vgl. dazu die Analysen von K. Cramer, 1985, S. 290ff.; aber auch M. Gueroult, 1966 – vgl. dazu unten, 2.2.2.2, 344ff.

bare Weise charakterisieren die Schemata Gegenstände als Gegenstände.[287] Das hindert aber nicht, dass die Begriffe von Indizien in einem zweiten Schritt als Begriffe von Eigenschaften der Gegenstände eines bestimmten Bereichs gedeutet werden können, der sich dadurch auszeichnet, dass in ihm eine entsprechende Erkenntnis möglich ist. Es handelt sich bei einem solchen Verstandesbegriff um einen heterogenen Begriff, der sich zwei völlig verschiedenen Überlegungen und Bedeutungskomponenten unterschiedlicher Ebenen verdankt. Wenn diese Überlegungen zutreffen, dann wäre ein Begriff der Kategorie, der lediglich aus den Merkmalen für das Vorliegen einer Instanz des Begriffs gewonnen wird, um seinen eigentlich logischen Kern beraubt. Kant einen solchen reduzierten Begriff der Kategorie zu unterstellen, verfehlt seine Pointe.[288]

Wichtiger noch für die Ziele der gesamten Untersuchung wird indessen eine weitere Konsequenz der bisherigen Überlegungen werden, falls sie sich im folgenden Abschnitt in der Detailinterpretation bewähren. Wenn sich das Analogieproblem in der Transzendentalphilosophie tatsächlich so modifiziert stellt, dass nicht mehr einem univoken Begriff, der defizitär ist, ein analoger korrespondiert, der die Weisen seines Zukommens mitbedeutet, sondern dass der univoke Begriff als solcher zukommt, dann ergibt sich: Die Begriffe von Schemata, aber auch die Grundsätze, modifizieren den Begriff der reinen Kategorie nicht, sondern belassen ihn, wie er ist. Analoge Begriffe sind Begriffe, die sich der Frage verdanken, wie man erkennen kann, ob etwas unter diesen oder jenen univoken Begriff des disjunktiven Kategorienpaares fällt. Dann aber wird deutlich, dass Analogien die epistemologische (und unter Umständen pragmatische) Ebene einer kategorialen Begriffsanalyse betreffen. Solche Analogizität wird in der Transzendentalphilosophie geradezu zu einem Unterscheidungskriterium dafür, ob ein Merkmal die eigentlich ontologische oder aber die epistemologische und pragmatische Ebene betrifft. Es ist eine der folgenreichsten Modifikationen der tradierten Metaphysik, dass das methodische Ineinander von univoken und analogen Begriffsbildungen nun, da die Univozität im strikten Sinn gesichert ist, die Gestalt einer Unterscheidung zwischen ontologischen, epistemologischen und – wie sich noch deutlicher zeigen wird – pragmatischen Bedeutungsaspekten kategorialer Begriffe annimmt.[289] Grob und vorläufig formuliert: Solche Bedeutungsmomente, die in die Verwendung kategorialer Begriffe auf Gegenstände (der Erfahrung) eingehen und nicht strikt uni-

287 Vgl. M. Heidegger, 1929, S. 144.

288 Diese Bemerkung wird im Folgenden bei der Interpretation des Kausalitätsbegriffs Kants und der Auseinandersetzung mit einigen Interpretationsvorschlägen wichtig werden.

289 Im Verlauf der transzendentalphilosophischen Begriffsbildung wird die Unterscheidung dieser drei Ebenen auch modifiziert und präzisiert werden.

vok von Gegenständen überhaupt aussagbar sind, betreffen lediglich die epistemologische oder pragmatische Ebene; nur solche, die diesen Universalisierungstest bestehen, machen die Kernbedeutung der Kategorie aus.[290] Dabei stellen allerdings solche Analogiebildungen, wie sie etwa in die Anreicherung der reinen Kategorie zum Schöpfungsbegriff verwendet werden, einen problematischen Fall dar, der später zu untersuchen sein wird, um das Kriterium zu präzisieren. Denn scheinbar wollen solche Begriffe nicht die epistemologische Ebene betreffen, sondern die Dinge, wie sie unabhängig von ihrer Erkennbarkeit sind, charakterisieren. Wie dem auch sei, der univoke Begriff einer Kategorie bietet den Ausgangspunkt, ein entsprechendes Kriterium zur Unterscheidung der drei Ebenen im System der Transzendentalphilosophie zu formulieren. Dies ist eine Konsequenz des Umstandes, dass der univoke Begriff der Kategorie von komplexeren kategorialen Begriffen zu unterscheiden ist, die sich dadurch ergeben, dass die Bedingungen ihrer Anwendbarkeit, d.h. ihre Schemata, mit in ihnen gedacht werden.

2.2.1.4 Folgeprobleme der transzendentalphilosophischen Transformation der vorkritischen Metaphysik

Auch das vierte Strukturmerkmal der tradierten Metaphysik wird sich nach allem Gesagten in der kantischen Transzendentalphilosophie einstellen, weswegen man es je nach Temperament fast das resignative oder innovative Strukturmerkmal nennen möchte: Insofern bei der Theoriebildung sowohl univoke wie analoge Begriffsbildungen nötig sind und beide zur genaueren Bestimmung einander bedürfen, ohne die Defizite des jeweils anderen letztlich beheben zu können, bleibt eine unaufgelöste Spannung in den Begriffen vom Seienden bestehen. Weil bereits die tradierte Metaphysik diese prinzipiellen Defizite ihrer Begriffe methodisch reflektiert, hat sie darin ein Prinzip der Kritik und Korrektur ihrer eigenen Begriffsbildungen. Sie selbst bietet methodisch Anlass zu skeptischen und metaphysikkritischen Einwänden, denen sie durch eine Modifikation der Weisen ihrer Begriffsbildungen gerecht zu werden versucht. Die kantische Transzendentalphilosophie wurde mit allem bisher Gesagten als ein radikaler Versuch interpretiert, aus solchen letztlich metaphysikinternen metaphysikkritischen Einwänden Konsequenzen nicht nur für die Methode der Begriffsbildung und die Gewinnung von Erkenntnissen in einer Metaphysik zu ziehen, son-

290 Es ist ein nahe liegender Einwand gegen diese Behauptung, Kategorien hätten doch dann, wenn sie nicht auf Gegenstände der Erfahrung angewendet werden können, keinerlei Sinn und Bedeutung. Demgegenüber ist darauf zu insistieren, dass sie sehr wohl eine Bedeutung haben, wenn auch nur eine »logische«. In Abschnitt 2.2.2.1 soll diese logische Bedeutung der Kategorie genauer herausgearbeitet werden.

dern sogar die Ausgangsfragen grundsätzlich zu revidieren. An verschiedenen Stellen der voran stehenden Skizze wurde aber auch deutlich, dass dieser Ansatz einer »Metaphysik, die als Wissenschaft wird auftreten können«, seinerseits skeptische und metaphysikkritische Attacken provoziert.

Das erste Indiz dafür sind bereits die oben erwähnten Bruchstellen der »offiziellen« Systematik des Metaphysikbegriffes in A841/B869.[291] Die gewichtigste Spannung ergibt sich dort zwischen einem Verständnis der Transzendentalphilosophie als einer der Unterscheidung zwischen der Metaphysik der Natur und der Metaphysik der Sitten vorgelagerten allgemeinen »Ontologie« und dem als einer nur der Metaphysik der Natur vorausgehenden Ontologie der Metaphysik der Natur, also der Erfahrungsgegenstände. Diese Spannung verdankt sich – so wird jetzt deutlich – der Doppelung der ursprünglichen Was-Frage der Metaphysik in die Frage nach Begriffen von einem Gegenstand überhaupt, insofern er Gegenstand reinen Denkens ist, und die Frage nach den Bestimmungen eines Gegenstandes (der Erfahrung), insofern er als solcher erkannt werden kann. Diese Doppelung und Transformation der ursprünglichen Frage der Metaphysik ist eine Konsequenz aus skeptischen Einwänden bezüglich der Möglichkeit, mit den Begriffen der tradierten Metaphysik Erkenntnisansprüche zu verbinden. Das in der Folge der ersten Teilfrage zu entwickelnde System von Begriffen wird eher eine Transzendentalphilosophie als eine der Unterscheidung von Metaphysik der Natur und der Sitte vorgelagerte »Ontologie« bilden, das in der Folge der zweiten Teilfrage eher eine Art »Ontologie« der Natur. Entsprechend ergibt sich eine Doppelung des Begriffs der Kategorie, nämlich einmal, insofern die Kategorie als Begriff vom Gegenstand überhaupt bestimmte Regeln auf den Begriff bringt, mit Hilfe der logischen Funktionen im Urteil Vorstellungen zu einer Vorstellung von einem Gegenstand zu verknüpfen, und so nichts anderes als eine komplexe spontane Handlung des Verstandes ausdrückt; und zum anderen als ein Begriff, der nicht nur die Verknüpfungsregel, sondern zugleich auch die Indizien- und Kriterienmenge beinhaltet, mit Hilfe derer man erkennen kann, ob der Begriff zu Recht angesichts eines Mannigfaltigen in der Anschauung angewendet wird. Letzterer wird – da sich solche Indizien und Kriterien per analogiam nur für den Bereich möglicher Erfahrung formulieren lassen – ein Begriff von einem Gegenstand möglicher Erfahrung und deshalb ein Begriff der »Ontologie« in der Metaphysik der Natur sein, nicht aber ein Begriff vom Gegenstand überhaupt. So fein gefügt diese Doppelung ist, so sehr bietet sie Anlass zu skeptischen Einwänden.

Auch wenn man zunächst von allen Einwänden absieht, die sich gegen die Schar von problematischen Entitäten richten, die sich im Lauf der Be-

---

antwortung der verschiedenen, durch das Programm einer Transzendentalphilosophie induzierten Warum-Fragen einstellen, muss die skizzierte Auffassung der Bedeutung kategorialer Begriffe Zweifel wecken. Sie betreffen
vor allem die Kategorien als reine Verstandesbegriffe vom Gegenstand
überhaupt, und erst in zweiter Linie die Kategorien als Begriffe von Gegenständen möglicher Erfahrung – diese nämlich nur, insofern sie erstere enthalten sollen. Gegen die Verstandesbegriffe im ersten Sinn lassen sich mindestens zwei Einwände formulieren, die für die folgenden Untersuchungen
von Bedeutung werden. Zum einen lässt sich fragen, ob überhaupt davon
gesprochen werden kann, dass solche Begriffe tatsächlich Sinn und Bedeutung haben. Denn der Begriff einer Regel zur Verknüpfung von Vorstellungen zu der Vorstellung eines Gegenstandes scheint auf den ersten Blick in
einer Weise formal zu sein, die es nahe legt, von einem Begriff ohne Inhalt,
d.h. ohne Sinn zu sprechen. Will man solchen Begriffen tatsächlich eine
distinkte Bedeutung zusprechen, so wird man – so lautet eine mögliche
Form des Einwandes – so etwas wie eine intellektuelle Anschauung seines
Gehaltes voraussetzen müssen, durch die alleine ich von ihm Kenntnis
haben kann. Eine solche Annahme ist aber unplausibel, wenn nicht sogar
absurd. Dieser Einwand betrifft – ähnlich wie die Schwierigkeiten bei der
Begriffsbildung im Rahmen der vorkritischen Metaphysik – den prinzipiell
defizitären Charakter reiner Verstandesbegriffe, die, wenn überhaupt, nur
im Rückgriff auf ihre Anreicherung durch Indizien oder Kriterien für ihre
Anwendung im Bereich möglicher Erfahrung Sinn und Bedeutung haben,
also durch Analogiebetrachtungen.[292] Will man nicht den Weg in eine
Theorie intellektueller Anschauung gehen, liegt es nahe, schlicht auf diese
Begriffe völlig zu verzichten und sich statt dessen bloß auf Begriffe von
Gegenständen möglicher Erfahrungen zu beschränken. Weil reine
Verstandesbegriffe nach diesem Einwand letztlich sinnlose Begriffe sind,
liegt es nahe, Metaphysik etwa als eine Beschreibung der allgemeinsten
Charakteristika von Erfahrungsgegenständen zu fassen. Da aber diese
Begriffe bei diesem chirurgischen Eingriff auch ihres apriorischen Kerns
beraubt werden, wird es sich um so etwas wie »absolute Präsuppositionen«
der (wissenschaftlichen) Beschreibung von Erfahrungsgegenständen oder
aber um so etwas wie die Entwicklung eines allgemeinen Begriffsschemas
handeln, das keine absolute Gültigkeit beanspruchen darf. Die Skepsis
bezüglich   reiner   Verstandesbegriffe   führt   so   zu   bescheideneren

---

292 Kant selbst gibt diesem Einwand Nahrung, wenn er gelegentlich behauptet, erst im Rahmen des Grundsatzkapitels die Kategorien definieren zu können (I. Kant, *KrV*, A241ff.). Allerdings wird man dagegen halten können, dass Kant hier unter einer Definition zugleich den Nachweis versteht, dass sich ein Begriff auf Gegenstände beziehen kann. Im Sinn einer Explikation
logischer Regeln scheint eine Definition der reinen Kategorien nicht ausgeschlossen. Das wird
sich im folgenden Abschnitt 2.2.2 am Beispiel der Kausalitätskategorie beweisen müssen.

Metaphysikprogrammen, etwa dem R. G. Collingwoods (vgl. unten, Abschnitt 3.1.1).[293]

Der zweite Einwand gegen die Theorie reiner Verstandesbegriffe richtet sich vor allem gegen zwei Voraussetzungen, die mit der skizzierten Bedeutungstheorie kategorialer Begriffe Kants verbunden sind: Zum einen setzt diese Bedeutungstheorie den Begriff eines spontanen Verstandes und seiner Handlungen voraus, die im Verknüpfen von Vorstellungen bestehen sollen. Doch sowohl der spontane Verstand als auch seine Handlungen sind keineswegs einfach phänomenal gegeben. Ihre Erkenntnis und die Annahme ihrer Existenz sind deshalb keineswegs unproblematisch. Letztlich ist der Begriff des Verstandes und der Verstandeshandlungen nämlich auf das Subjekt zu beziehen, das Kant in der *Transzendentalen Deduktion* unter dem Titel »synthetische Einheit der Apperzeption« als den »höchsten Punkt« bezeichnet, »an dem man allen Verstandesgebrauch, selbst die ganze Logik, und, nach ihr, die Transzendental-Philosophie heften muss, ja dieses Vermögen ist der Verstand selbst.«[294] Ob es aber ein reines, erfahrungsunabhängiges Subjekt der logischen Spontaneität gibt, lässt sich bezweifeln, es sei denn, Kants Argumentationen in der einen oder anderen Fassung der *Transzendentalen Deduktion* würden zwingend sein. Zum anderen (und damit zusammenhängend) scheint auch die Aufgabe, die reinen Verstandesbegriffe zu entdecken und auf den Begriff zu bringen, mit diesen und noch mehr Schwierigkeiten belastet. Man wird nämlich ein Verfahren verlangen müssen, nach dem die Begriffe der Kategorie vollständig aus dem Begriff der synthetischen Einheit der Apperzeption gewonnen werden können.[295] Es lässt sich bezweifeln, ob diese Versuche erfolgreich sein können.

293 Vgl. hierzu beispielsweise P. F. Strawson, 1966, S. 118ff., der aus der skizzierten Skepsis probeweise solche Konsequenzen zieht und sie mit dem Metaphysikprogramm R. G. Collingwoods in Verbindung bringt. Tatsächlich findet sich bei Collingwood eine entsprechende Charakterisierung des Vorgehen Kants: »What Kant was doing in the Transcendental Analytics was to set forth in detail the absolute presuppositions he was able to detect in his own thinking as physicist. [...] The statements made in the Transcendental Analytics are not personal statements about Kant himself, they are statements about how a certain business (the business of making absolute presuppositions in natural science) was done by everyone in his time.« (1940, S. 243f.) Strawson macht demgegenüber deutlich, dass man so Kants Ansatz und Anspruch schlicht verfehlt. Gleichwohl wird gerade auch deshalb Collingwood als Autor interessant, wenn es im fünften Kapitel darum gehen wird, wegen der skeptischen Einwände das Kind nicht mit dem Bade auszuschütten – vgl. dazu unten, 3.1.1 und 3.1.2.

294 I. Kant, *KrV*, B134, Anm. Allerdings ist natürlich zu beachten, dass man nur etwas an etwas anderes heften kann, was unabhängig davon bereits in irgend einer Weise gegeben ist: Kants Metaphern lassen deshalb immer noch die Möglichkeit zu, zumindest in einem ersten Anlauf und vorläufig die Logik und die Transzendentalphilosophie zu entwickeln, auch wenn sie, um vollendet zu werden, an diesen höchsten Punkt geheftet und von ihm her rekonstruierbar sein muss. Nur unter dieser Voraussetzung ist das ganze Leitfaden-Kapitel sinnvoll.

295 Den bisher weitestgehenden Schritt dazu hat immer noch K. Reich, 1932, getan. Die Einwände etwa von M. Wolff, 1995, zu diskutieren, ginge hier zu weit – allerdings wird diese Thema-

Das ergibt sich schon daraus, dass der Begriff einer synthetischen Einheit der Apperzeption für sich genommen – wenn er denn überhaupt sinnvoll ist – vermutlich nicht genügend Struktur liefert, die *einzelnen* Kategorien in ihrer Verschiedenheit zu gewinnen.

Noch ohne auf die ganze Fülle von Problemen einzugehen, die etwa mit der Unterscheidung zwischen einem Gegenstand in der Erfahrung und einem Ding an sich verbunden sind, die gemeinhin als das Anstößigste der kantische Transzendentalphilosophie verstanden wird, können also skeptische Einwände formuliert werden, welche die Methode der kategorialen Begriffsbildung betreffen. Sie lassen sich vermutlich kaum ohne tief greifendere Einschnitte in das Programm der Transzendentalphilosophie auflösen. Doch sollen diese Schwierigkeiten in den nachfolgenden Untersuchungen nicht direkt angegangen werden, sondern auf einem Umweg, der vielleicht leichter zum Ziel führt. In Abschnitt 3.1 soll das Metaphysikprogramm von R. G. Collingwood eingehender besprochen und kritisiert werden, das sich u.a. einer solchen Kritik an Kant verdankt. Im Rahmen der dortigen Diskussion soll ausgelotet werden, wie modifiziert sich welche Teile des hier skizzierten Programms einer Transzendentalphilosophie – erneut transformiert – halten lassen, ohne in die hier skizzierten Schwierigkeiten zu geraten.[296] Zuvor gilt es jedoch, die begriffsanalytische Arbeit an den Begriffen Kausalität und Schöpfung im Rahmen des Ansatzes der kantischen Transzendentalphilosophie genauer zu untersuchen. Denn es hat sich ja oben gezeigt, dass nicht nur eine Bestätigung und Neubegründung eines Resultats des vorangehenden Abschnitts zu erwarten ist – dass nämlich der univoke Kausalitätsbegriff im Rückgriff auf den Bedingungsbegriff zu analysieren ist –, sondern dass sich darüber hinaus ein erster Vorschlag für ein Unterscheidungskriterium zwischen eher ontologischen, eher epistemologischen und eher pragmatischen Momenten des Kausalitätsbegriffs herausarbeiten lässt. Auch wenn der Ansatz einer Transzendentalphilosophie in der Auseinandersetzung mit skeptischen Einwänden erneut modifiziert oder gar transformiert werden muss, so lässt sich doch erwarten, dass eine analoge Modifikation dieser Unterscheidungskriterien zu einem stabilen Resultat führen kann. Die Untersuchungen des dritten Kapitels der vorliegenden Arbeit werden insbesondere an die stabilen Elemente in Kants

---

tik im folgenden Abschnitt am Beispiel der Kausalitätskategorie weiter verfolgt und dort diskutiert werden.

296 Einige der Schwierigkeiten, in die das so gewonnene Programm dann immer noch gerät, werden im Schlusskapitel der Arbeit, das Ergebnisse und Grenzen der vorliegenden Arbeit zusammenfassen soll, kurz benannt werden.

Kausalitätstheorie anknüpfen, auch wenn der Weg, kategoriale Begriffe aufzufinden, aufgegeben werden muss.

2.2.2 Der Zusammenhang zwischen Kausalität und Schöpfung in Kants Transzendentalphilosophie

Die innere Struktur einer Transzendentalphilosophie im Sinne Kants, wie sie im voran stehenden Abschnitt herausgearbeitet worden ist, hat unmittelbare Konsequenzen auch für die Bildung kategorialer Begriffe. Dabei spielt die Doppelung der Was-Frage in der Transzendentalphilosophie eine entscheidende Rolle. Weil die Transzendentalphilosophie zumindest auch Begriffe von Gegenständen überhaupt entdecken und begründen will, und weil solche Begriffe nicht durch Abstraktion gewonnen werden können, muss in einer ersten Etappe der Begriffsbildung ein strikt univoker Begriff der reinen Kategorie entwickelt werden, der nichts anderes als eine bestimmte Einheit der Verstandeshandlung, also eine Regel, Vorstellungen zu verknüpfen, auf den Begriff bringt. Da die Transzendentalphilosophie aber auf die Erkenntnis von Gegenständen aus ist, die nur in der Anschauung gegeben sein können, muss sie darüber hinaus diejenigen anschaulichen Merkmale auffinden und begründen, aufgrund derer einer besonderen Sache gerade dieser Teilbegriff der disjunktiven Kategorie zugesprochen werden kann. Von der reinen Kategorie ist deshalb ein Begriff derselben Kategorie zu unterscheiden, in den diese Indizien als zusätzlich Merkmale eingehen. Um diese Indizien zu identifizieren, sind Analogieüberlegungen notwendig.

Im Folgenden ist diese bis jetzt nur skizzierte komplexe Begriffsbildung am eigentlichen Gegenstand der vorliegenden Untersuchungen genauer zu untersuchen, nämlich am Kausalitäts- und am Schöpfungsbegriff. Ohne allzu sehr vorzugreifen, ist deutlich, dass sich auch in diesem Fall das Verfahren in zwei Schritte unterteilen muss. Im ersten Schritt muss der Begriff der Kausalität überhaupt als einer reinen Kategorie entwickelt werden. Auch die reine Kausalitätskategorie wird nichts anderes als der bloße Begriff einer Regel, Vorstellungen zu verknüpfen, sein können. Weil es sich dabei um einen Begriff vom Gegenstand überhaupt handeln soll, muss er so umfassend sein, dass er Schöpfung und Naturkausalität umfasst. Der zweite Schritt muss dann in den Analogieüberlegungen bestehen, die auf anschauliche Merkmale dafür abzielen, dass ein Fall von Kausalität vorliegt. Der allgemeinste und univoke Begriff der Kausalität wird dabei angereichert, so dass er nur noch im Bereich von Gegenständen der Erfahrung anwendbar ist.

In diesem Abschnitt, der sich ganz in die Probleme der Detailinterpretation der Kant-Texte zu versenken scheint, wird das Problem von Kausalität und Schöpfung, wie es sich aus der Tradition ergibt, so zugespitzt, dass es relevant wird für den Diskussionsstand, der am Ende des ersten Kapitels dieser Arbeit – also in der aporetischen Untersuchung neuerer Theorien kausaler Erklärungen – erreicht wurde.[297] Denn diese Detailprobleme sind in der jüngeren Kant-Forschung zum guten Teil mit den Mitteln und vor dem Hintergrund neuerer Kausalitätstheorien bearbeitet worden, die auch den besprochenen Theorien kausaler Erklärungen vorausgehen oder zugrunde liegen.[298] Das ist nicht weiter verwunderlich, reagiert doch Kant mit seiner Kausalitätstheorie auf die einschlägigen Analysen Humes, die auch den neueren Theorien Pate standen und denen gegenüber sich eine – wie auch immer interpretierte – kantische Kausalitätstheorie zu bewähren hat.[299] Die Probleme der Funktion und des Status von Gesetzen spielen dabei genau so eine Rolle wie etwa die Frage nach der Art und dem Grund der Notwendigkeit, mit der die Wirkung nach der Ursache eintritt. Die Unterscheidung von Real- und Erkenntnisgründen wird ebenso thematisiert werden müssen wie die Frage nach der Unterscheidung von ontologischen, epistemologischen und pragmatischen Aspekten des Kausalitätsproblems. Es sind also genau die Fragen präsent, die in die im ersten Kapitel der Arbeit aufgezeigten Schwierigkeiten der Kausalitätstheorien führen. In der Interpretationsarbeit muss sich zeigen, ob die kantische Transzendentalphilosophie ein Modell für die systematische Bearbeitung solcher Probleme der Kausalitätstheorie bietet.

Damit ist die Aufgabe dieses umfangreichen Abschnitts im Rahmen der vorliegenden Untersuchung bestimmt: Die problemgeschichtlichen Untersuchungen des zweiten Kapitels sollen an den Punkt geführt werden, an dem auch die aporetischen Untersuchungen des ersten Kapitels endeten. Dazu ist die kategoriale Begriffsbildung im Rahmen der Transzendentalphilosophie am Beispiel der Kausalitätskategorie zu rekonstruieren. Zunächst ist genauer zu zeigen, wie im ersten Schritt der Begriff der reinen Kausalitätskategorie entwickelt wird, der sich alleine der Spontaneität verdankt (2.2.2.1). Dann ist im zweiten Schritt zu untersuchen, wie der Begriff der

297 Vgl. dazu oben, Abschnitt 1.2.3.3

298 Ich setze mich im Folgenden vor allem mit den Arbeiten von P. F. Strawson, P. Guyer, G. Buchdahl, M. Friedmann und E. Watkins auseinander. Insbesondere Friedmann ist mit eigenen Ansätzen zur Theorie kausaler Erklärungen hervorgetreten, die durchaus an seine Kant-Interpretationen anschließen. Doch arbeiten alle genannten Autoren mit den Mitteln, welche die neueren, vor allem empiristischen Kausalitätstheorien bereitstellen. Die neuere Arbeit von E. Watkins, 2005, bietet eine ausführliche Analyse des von Kant abschließend entwickelten Modells kausaler Relationen, vernachlässigt jedoch den hier im Mittelpunkt stehenden Zusammenhang der unterschiedlichen Etappen kategorialer Begriffsbildung von der *Metaphysischen Deduktion* bis hin zum ausgefeilten Modell der Kausalität.

299 Vgl. dazu z.B. I. Kant, *Prolegomena*, AA IV, S. 260; sowie beispielsweise B. Thöle, 1998, S. 281f.

Naturkausalität durch eine Anreicherung des ersten Begriffs mit Hilfe von Analogieüberlegungen gebildet wird (2.2.2.2). Zuerst muss also die so genannte *Metaphysische Deduktion* der Kategorien in den Blick treten, dann das *Schema* der Kausalität und die *Zweiten Analogien*. Die Untersuchungen dieses Abschnitts sind aber zugleich ein erster, vorläufiger Prüfstein für die Leitthese der vorliegenden Arbeit, dass das Kausalitätsproblem dann aussichtsreich bearbeitet werden kann, wenn es im Rahmen einer Theorie univoker kategorialer Begriffe in einen systematischen Zusammenhang mit dem Schöpfungsbegriff gebracht wird.[300] Denn wenn es im Rahmen der kantischen Transzendentalphilosophie möglich ist, den reinen Begriff der Kausalität zu entwickeln, dann kann dieser Begriff auch als die Grundlage genutzt werden, einen vernünftigen und sinnvollen Schöpfungsbegriff zu etablieren. Bei der Rekonstruktion des ersten Schritts in der kategorialen Begriffsbildung ist deshalb kurz zu zeigen, dass auf der Basis der reinen Kategorie der Kausalität der Schöpfungsbegriff im Rahmen der Transzendentalphilosophie sinnvoll ist (2.2.2.3).[301] Und auch im Hinblick auf eine zweite These der gesamten Arbeit kommt den Überlegungen dieses Abschnitts eine Art Modellfunktion zu, nämlich die, dass gerade unter der Voraussetzung, dass der Schöpfungsbegriff sinnvoll ist, ein integrativer Begriff der Naturkausalität entwickelt werden kann.[302] Dazu ist zu zeigen, dass die Argumentation der *Zweiten Analogie* bis in die Details von den vorangehenden Schritten der kategorialen Begriffsbildung abhängig ist (2.2.2.1). Der Grund, warum der Schöpfungsbegriff sinnvoll ist, – der univoke Minimalbegriff der Kausalität, wie er der reinen Spontaneität entspringt – ist zugleich der Grund dafür, unterschiedlichste Komponenten des gewöhnlichen und wissenschaftlichen kausalen Vokabulars in eine Beziehung zu setzen und einen komplexen Begriff der Naturkausalität auszubilden.

Diese erste Bewährungsprobe ist jedoch offensichtlich vorläufig, weil die im vorigen Abschnitt herausgearbeitete Theoriestruktur der Transzendentalphilosophie von zahlreichen Voraussetzungen abhängig ist, gegen die mühelos skeptische Einwände geltend gemacht werden können. Auch werden bei weitem nicht alle Ergebnisse oder Ansätze der oben analysierten Theorien kausaler Erklärung im Rahmen dieses Abschnitts berücksichtigt werden können. Eine Aufgabe des nachfolgenden 3. Kapitels wird deshalb

---

300 Vgl. dazu oben, Einleitung, S. 20ff.

301 Es ist also weder im Detail zu zeigen, wie der Schöpfungsbegriff in der Transzendentalphilosophie genau bestimmt und entwickelt wird, noch ist zu untersuchen, welche Funktion ihm Kant zuspricht, wenn es darum geht, die Idee eines Ganzes des Wissens zu entwickeln. Für die vorliegende Arbeit genügt es, zu zeigen, aus welchem Grund der Schöpfungsbegriff in der Transzendentalphilosophie sinnvoll ist und auf welcher Basis er entwickelt werden kann.

302 Vgl. dazu oben, Einleitung, S. 20ff.

darin bestehen müssen, genauer zu untersuchen, wie das hier durch Interpretation zu erarbeitende Modell systematisch modifiziert werden muss, um einerseits wenigstens einigen skeptischen Einwänden gerecht zu werden und andererseits diejenigen Aspekte und Probleme der Theorien kausaler Erklärungen aufnehmen bzw. auflösen zu können, die oben in Abschnitt 1.2 in aporetischer Absicht herausgearbeitet wurden.

2.2.2.1 Kausalität überhaupt – Die reine Kategorie der Kausalität und ihre Implikationen

Die Überlegungen des vorigen Abschnitts haben zu einem so bestimmten Programm der Transzendentalphilosophie geführt, dass sich der Ansatz zur Gewinnung reiner Verstandesbegriffe bereits abzeichnet: Der erste Schritt in der Bildung eines kategorialen Begriffs unterliegt im Rahmen der Transzendentalphilosophie strikten methodischen Regeln, die sich unmittelbar aus der Univozitätsforderung gewinnen lassen. Kategoriale Begriffe müssen (1.) als Begriffe von Gegenständen überhaupt unter völliger Absehung von irgendwelchen gegebenen Gegenständen gewonnen werden. Denn nur solche Begriffe, die nicht durch Abstraktion von irgendwelchen epistemisch gerade zugänglichen Dingen gewonnen werden, haben Aussicht, univok von allem aussagbar zu sein. Darüber hinaus dürfen diese Begriffe (2.) nichts anderes als die Form der reinen Spontaneität auf den Begriff bringen, denn nur daher können sie ihre Bestimmtheit erlangen. Nun liegen diese reinen Verstandesbegriffe nicht offen zu Tage, so dass sie nur aufgesammelt werden müssten. Sie sind vielmehr erst zu finden oder zu entwickeln. Daraus ergibt sich, dass die kategorialen Begriffe aus anderen Begriffen gewonnen werden müssen, die zunächst noch keine Begriffe von Gegenständen sind und die zunächst nicht nur die Spontaneität auf den Begriff bringen. Dieses Verfahren, reine Kategorien zu gewinnen, liegt weitgehend im Dunkeln. Die Überzeugungskraft von Kants Ansatz hängt aber zum guten Teil von der Tragfähigkeit dieses Verfahrens ab. Die nachfolgenden Überlegungen sollen nun schrittweise Licht in dieses Dunkel bringen und trotz aller Probleme im Detail wenigstens im Umriss deutlich machen, Überlegungen welcher Art dieses Programm kategorialer Begriffsbildung im Rahmen der Transzendentalphilosophie kantischen Typs erfordert.

Zu Beginn der kategorialen Begriffsbildung in der Transzendentalphilosophie müssen diejenigen Begriffe ausfindig gemacht werden, die den Ausgangspunkt der Bildung von reinen Verstandesbegriffen bilden. Dabei kann es sich nur um Begriffe handeln, die eine spontane Leistung des erkennenden Subjekts auf den Begriff bringen. Denn alleine solche Begriffe haben Aussicht, unabhängig von irgendwelchen Gegenständen und ihrem Gegebensein aufgefunden zu werden. Nimmt man nun noch als eine weitere

Prämisse hinzu, dass sich die Transzendentalphilosophie in erkennender Weise mit Gegenständen beschäftigen will und Erkenntnis immer die Form von Urteilen hat,[303] dann liegt es nahe, in der spontanen Leistung der logischen Form des Urteils den Ausgangspunkt der Begriffsbildung zu sehen. Dabei wird nicht etwa angenommen, dass jedes Urteil nur aufgrund einer rein spontanen Leistung zustande käme. Die Motive, ein bestimmtes Urteil zu fällen, mögen vielfältig und zum guten Teil bloß passive sein. Behauptet wird nur, dass die logische Form eines jeden Urteils Dokument einer spontanen Synthesisleistung ist.

Allerdings sind nun noch die beiden eingangs genannten Bedingungen an die kategoriale Begriffsbildung zu berücksichtigen: Die allgemeine Logik, der die Formen des Urteils zu entnehmen sind, muss deshalb so konzipiert werden, dass sie von allen Gegenständen abstrahiert; und dann muss ihre Beschreibung der Form eines Urteils so gedeutet werden, dass es als Resultat *ausschließlich* einer Handlung des Verstandes begriffen werden kann. Die allgemeine Logik muss in diesem Sinn strikt apriorisch verfahren. Denn nur dann kann dieser Begriff der logischen Form eines Urteils die Bedingungen an den Ausgangspunkt zur kategorialen Begriffsbildung erfüllen. Es genügt deshalb in keinem Fall, lediglich darauf hinzuweisen, Kant habe die traditionelle Logik vorausgesetzt und einfach daran angeknüpft. Ganz im Gegenteil muss genau bestimmt werden, wie er die traditionelle Logik benutzt und dabei verändert, um die Urteilsformen als »Leitfaden« zur Gewinnung von Kategorien verwenden zu können.[304] Zunächst muss also dieser Ausgangspunkt der kategorialen Begriffsbildung genau gefasst werden (2.2.2.1.1). Doch hat man damit die reinen Verstandesbegriffe noch nicht gewonnen. Deshalb muss anschließend der Schritt von der logischen Handlung im Urteil zum reinen Verstandesbegriff skizziert werden, also die *Metaphysische Deduktion* im engeren Sinn (2.2.2.1.2). Die folgende Skizze erfolgt jedoch eingeschränkt im Blick auf die Kausalitätskategorie. Das aber bedeutet, von Anfang an vor allem diejenige Form des Urteils in den Blick zu nehmen, aus der die reine Kategorie der Kausalität gewonnen werden soll, also nach Kant das hypothetische Urteil.[305]

---

303 Auch nichtpropositionale Formen des Wissens müssen erst als Urteil gefasst oder zumindest gefasst werden können, damit man von Erkenntnis sprechen kann.

304 Aus diesem Grund bieten die *Logikvorlesungen* Kants auch nur im eingeschränkten Sinn zusätzliches Textmaterial, um die Probleme der kategorialen Begriffsbildung aufzuklären – Kant muss in ihnen die Logik nicht unbedingt auf die spezifischen Anforderungen zugespitzt haben, die im Rahmen des *Leitfadenkapitels* verfolgt werden.

305 Weil es im Folgenden nur darum geht, die Art und Weise der kategorialen Begriffsbildung im Rahmen einer Transzendentalphilosophie herauszupräparieren und die so entwickelte Kausalitätstheorie zu gewinnen, braucht dieses Vorgehen einen Zirkeleinwand nicht zu scheuen. Erst wenn bestimmte Beweisansprüche untersucht und selbst erhoben würden – etwa derjenige der Vollständigkeit der Urteils- und Kategorientafel –, dürften solche Resultate nicht vorweggenom-

2.2.2.1.1 Der Ausgangspunkt der kategorialen Begriffsbildung in der allgemeinen Logik

Kants *Einleitung* in die *Transzendentale Logik* entwickelt den Ausgangspunkt kategorialer Begriffsbildung unter dem Titel »Idee einer Transzendentalen Logik«.[306] Dabei zeigt sich, dass Kant unter dem Titel »allgemeine Logik« im Unterschied zur »transzendentalen Logik« die Art von Abstraktion und methodischer Isolierung beschreibt, die für den Ausgangspunkt der kategorialen Begriffsbildung entscheidend ist.[307] Allerdings muss man in Rechnung stellen, dass Kant die »allgemeine Logik« in diesem Rahmen bereits in einer Zuspitzung beschreibt, die sich aus der spezifischen Aufgabenstellung im Zusammenhang der kategorialen Begriffsbildung ergibt. Es kommt hier nämlich – im Unterschied zu Darstellungen der »allgemeinen Logik« etwa in *Logikvorlesungen* – darauf an, logische Formen als Resultate spontaner Leistungen des Subjekts zu charakterisieren.

Die Charakterisierung der »allgemeinen Logik« zeigt recht genau, wie sich Kant die Erfüllung der methodischen Bedingungen an die Begriffsbildung genauer erfüllt denkt. »Die allgemeine Logik abstrahieret, wie wir gewiesen, von allem Inhalt der Erkenntnis, d.i. *von aller Beziehung derselben* auf das Objekt, und betrachtet nur die logische Form im Verhältnisse der Erkenntnisse auf einander, d.i. *die Form des Denkens überhaupt.*«[308] Der

men werden. Die nachfolgende Interpretation orientiert sich vor allem an der Kausalitätskategorie und nur sekundär auch an der Substanzkategorie. Das bedeutet natürlich eine nicht unempfindliche Einschränkung und Grenze der Interpretation.

306 Vgl. I. Kant, *KrV*, A50ff./B74ff. – ich werde im Folgenden also vor allem solche Passagen hervorheben, in denen der Ausgangspunkt im Unterschied zum ersten Schritt charakterisiert wird. Die Differenz zwischen allgemeiner und transzendentaler Logik ist bisher kaum berücksichtigt worden, um das Verfahren einer metaphysischen Deduktion reiner Verstandesbegriffe zu rekonstruieren. R. P. Wolff, 1963, übergeht diese Differenz fast völlig und verfehlt deshalb das spezifische der *Metaphysischen Deduktion*. H. J. Paton, 1935, verdeutlicht zwar diese Differenz, zieht daraus aber keine Konsequenzen für die metaphysische Deduktion; ähnlich M. Young, 1995, der zu einer zu schlichten Auffassung derjenigen logischen Funktionen kommt, die reine Verstandesbegriffe bezeichnen. Allerdings ist dieses Verhältnis selbst kontrovers interpretiert worden – vgl. dazu H. Wagner, 1977; G. Prauss, 1969; T. Pinder, 1979.

307 Wenn diese Unterscheidung in der Folge betont wird, so bedeutet das nicht, dass beispielsweise die Urteilstafel in der *KrV* völlig im Rahmen der allgemeinen Logik verständlich und begründet sei. Es ist dadurch nicht ausgeschlossen, dass Kant bereits im Blick auf die Aufgaben der *Metaphysischen Deduktion* einzelne Momente vorwegnimmt, die eigentlich erst in der transzendentalen Logik zu rechtfertigen sind – vgl. I. Kant, *KrV*, B96ff./A70ff.

308 Vgl. I. Kant, *KrV*, A55/B79 – Hervorh. R. S. Man wird dieser Formulierung nicht gerecht, wenn man paraphrasiert, die allgemeine Logik abstrahiere nur davon, dass die Gegenstände »gegeben« sind, nicht aber vom Gegenstandsbezug selbst. Denn auch wenn man davon absieht, dass die Gegenstände gegeben sind, hat man noch nicht von »*aller* Beziehung« auf den Gegenstand abgesehen, etwa davon, dass ein bestimmter Ausdruck einen bestimmten Gegenstand bezeichnet. Tatsächlich wird man, wenn man die Formulierung ernst nimmt, auch davon absehen müssen. Dieser rigiden Interpretation steht auch nicht die Formulierung *KrV*, B102/A76 entgegen: »Die

Urteilsbegriff, der alleine der Ausgangspunkt der kategorialen Begriffsbildung sein kann, muss in einer Logik gebildet werden, die vom Gegenstand – auch vom Gegenstandsbezug – völlig absieht. Denn andernfalls würden in die Urteilsdefinition bereits Merkmale eingehen, die sich einem eher unkontrollierten Gegenstandsbegriff verdanken und die nicht bloß die Verstandeshandlungen als solche in den Blick treten lassen.

Um das an einem Beispiel deutlich werden zu lassen, das im Folgenden eine größere Rolle spielen wird: Das hypothetische Urteil lässt sich in der allgemeinen Logik leicht als eine wahrheitsfunktionale Wenn-dann-Verknüpfung deuten. Kant hat das in seinen *Logikvorlesungen* auch getan.[309] Allerdings definiert Kant das hypothetische Urteil auch in seinen *Logikvorlesungen* nicht als wahrheitsfunktionale Verknüpfung.[310] Eine solche Definition ginge nämlich gerade an dem vorbei, was zumindest im Zusammenhang der kategorialen Begriffsbildung interessiert. Denn Wahrheitswertverteilungen sind eben nicht Resultate spontaner Handlungen, sondern vorgegebene Verhältnisse, die man konstatieren oder ignorieren kann. Stattdessen besteht für Kant – gerade auch auf der Ebene der allgemeinen Logik – die logische Form des hypothetischen Urteils darin, zwei Urteile gemäß Grund und Folge zu verknüpfen.[311] Dabei versucht Kant, die Aktivität des Urteilenden ins Zentrum zu rücken.[312] Dass sich für einzelne Wahr-

allgemeine Logik abstrahiert, wie mehrmalen schon gesagt worden, von allem Inhalt der Erkenntnis, und erwartet, dass ihr anderwärts, woher es auch sei, Vorstellungen gegeben werden, um diese zuerst in Begriffe zu verwandeln, welches analytisch zugeht.« Denn die Logik als fertige erwartet das, um dann im Prozess der Begriffsbildung ihre Rolle zu spielen. D.h. als Logik ist sie unabhängig davon, ob diese Erwartung erfüllt wird.

309 Vgl. z.B. I. Kant, *Logik Jäsche*, § 26: »Die Form der Verknüpfung in den hypothetischen Urteilen ist zwiefach: die setzende (modus ponens) oder die aufhebende (modus tollens). 1. Wenn der Grund (antecedens) wahr ist: so ist auch die durch ihn bestimmte Folge (consequens) wahr. 2. Wenn die Folge (consequens) falsch ist: so ist auch der Grund (antecedens) falsch; – modus tollens.« Ähnliches gilt für I. Kant, *Wiener Logik*, AA XXIV, S. 932f. Auch hier definiert oder expliziert Kant das hypothetische Urteil zunächst, erläutert dann einige Folgen für die Wahrheit und Falschheit der Urteile, und verlässt dieses Thema wieder, wenn er dann explizit von der logischen Form spricht.

310 Um das zu illustrieren: Kant gibt im eben zitierten § 26 der *Logik Jäsche* nur zwei von vier möglichen Wahrheitswertverteilungen an, und damit eben keine Definition durch Werteverlauf. Mehr noch, der § 26 ist gleichsam ein Anhang zu § 25, in dem Kant den Begriff des hypothetischen Urteils einführt.

311 Vgl. I. Kant, *Wiener Logik*, AA XXIV, S. 933: »Die Form bey den Urtheilen der Relation ist, daß entweder das Verhältniß eines subjectes mit dem praedicat, oder eines Grundes mit der Folge, oder das Verhältniß zweyer, oder mehrerer Urtheile, so fern sie disjunctive die sphaeram eines Begriffes erfüllen, erwogen wird.« Vgl. I. Kant, *Logik Jäsche*, § 25: »Was für hypothetische Urteile die Kopula, das ist für die hypothetischen also die Konsequenz – also die Form derselben.« Vgl. I, Kant, *KrV*, B98/A73.

312 M. Wolff (1995a) lässt in seiner Untersuchung diese Differenz zwischen einer Logik vom Typ der Frege'schen und der Kants außen vor: Für Frege reduziert sich konsequent die Aktivität des Urteilens auf das Anerkennen eines Wahrheitswerts, von der spezifischen Leistung des Ver-

heitswertverteilungen auch der resultierende Wahrheitswert des Urteils angeben lässt, ist eher eine Folge dieser Definition als selbst definierend. Anders gesprochen: Die logische Form, die Thema der allgemeinen Logik ist, gerät auch in der allgemeinen Logik unabhängig von Wahrheitswerten und möglichem Gegenstandsbezug als bloße Form einer Verknüpfung in den Blick. Allerdings hat diese Verknüpfungsform Konsequenzen, was die möglichen Wahrheitswerte bzw. Wahrheitswertverläufe betrifft. Gerade weil die allgemeine Logik die Verknüpfungsform – zumindest auf einer Betrachtungsebene – unabhängig von Wahrheitswertverteilungen und Gegenstandsbezug beschreibt, kann die kategoriale Begriffsbildung dort anknüpfen.

Man muss dabei nicht behaupten, eine solche Logik könne unter Absehung von jeder Erfahrung gewonnen werden. Es ist durchaus möglich, aus vorfindlichen Logiken die Begriffe herauszuschälen, die auch unter den verschärften Bedingungen einer solchen allgemeinen Logik beibehalten werden können.[313] Behauptet wird lediglich, dass der Gegenstand der Logik diejenigen Formen des (urteilenden) Denkens sind, die ohne jeglichen Objektbezug beschrieben werden können.[314] Es kommt nämlich lediglich auf

knüpfens will er – aus vielerlei Gründen – nichts mehr wissen. Man wird dem Ansatz Kants deshalb nicht gerecht, wenn man unbesehen eine wahrheitsfunktionale Interpretation logischer Formen in seine Logik überträgt.

313 Mit anderen Worten: Die Behauptung, eine solche allgemeine Logik sei eine Wissenschaft a priori, muss nicht bedeuten, dass sie nur unabhängig von aller Erfahrung gewonnen werden kann, sondern dass ihre Bestimmungen notwendig für jedes Denken sind, das ein Urteilen ist. Das schließt nicht aus, zunächst mit Explikationen zu arbeiten, in denen etwa der Gegenstandsbezug noch mitgedacht wird, und dann die Explikationen von solchen unstatthaften Einschlüssen zu reinigen. Bereits H. Cohen, 1918, S. 333, hat darauf hingewiesen, dass Kant nicht behauptet, apriorische Begriffe müssten a priori deduziert werden (anders in diesem Punkt T. Pinder, 1979, S. 315f., im Rückgriff auf *KrV*, A54/B78). So erklärt sich m.E. der durchaus verwirrende Argumentationsgang Kants in den entsprechenden Passagen der *KrV* wenigstens zum Teil. Man darf übrigens auch nicht ohne weiteres davon ausgehen, dass Kant in seinen *Logikvorlesungen* die allgemeine Logik in der Reinheit vorgetragen habe, die sich ergibt, wenn sie im Rahmen der Transzendentalphilosophie den Bedingungen des Ausgangspunktes kategorialer Begriffsbildung gerecht werden soll. Ich werde dies unten anhand einiger Explikationen des Urteilsbegriffs illustrieren.

314 Es genügt m.E. nicht, mit M. Wolff die Allgemeinheit von Kants allgemeiner Logik dadurch begründet zu sehen, dass sie »die Verschiedenheit der Gegenstände, auf welche der Verstandesgebrauch oder das Denken gerichtet sein mag, unberücksichtigt« lässt (M. Wolff, 1995a, S. 206; vgl. M. Wolff, 1995b, S. 24). Natürlich betont Kant, dass die allgemeine Logik die Unterschiede nicht beachtet (vgl. z.B. *KrV*, A52/B76: »[...] unangesehen der Verschiedenheit der Gegenstände, auf welche er gerichtet sein mag [...]«). Doch scheint mir die zitierte Formulierung eindeutig zu behaupten, dass von jedem Objektbezug abgesehen werde, worin die Abstraktion vom Unterschied der Gegenstände impliziert ist. Entsprechend formuliert Kant gelegentlich: »Daß es der Logik so gut gelungen ist (eine Wissenschaft zu sein, R. S.), diesen Vorteil hat sie bloß ihrer Eingeschränktheit zu verdanken, dadurch sie berechtigt, ja verbunden ist, von allen Objekten der Erkenntnis und ihrem Unterschied zu abstrahieren, und in ihr also der Verstand es mit nichts weiter, als sich selbst und seiner Form zu tun hat.« (*KrV*, B IX). Sachlich spricht schließlich für diese Interpretation, dass es zum einen die Logik nur dann ausschließlich mit den Formen des Denkens

die logische Form der Verknüpfung als Resultat einer Handlung an, die in der Konsequenz dann für bestimmte Wahrheitswertverteilungen verantwortlich ist. Deshalb hat es eine solche Logik beispielsweise auf der Ebene der logischen Form noch nicht mit dem Unterschied zwischen wahren und falschen Sätzen zu tun,[315] weshalb sie ihre logische Formenlehre im ersten Schritt auch gar nicht im Rückgriff auf so etwas wie Wahrheitswerte ausbildet.[316] Ebenso können in ihr die Gründe dafür, ein Urteil zu fällen, keine

zu tun hat, dass zweitens nur dann die Begriffsbildung in der Transzendentalphilosophie die reine Spontaneität thematisiert, und dass drittens jede Vorwegnahme eines Gegenstandsbezugs den Begriff des Gegenstands in problematischer Weise voraussetzen müsste, der doch erst mit Hilfe der zu suchenden Verstandesbegriffe gebildet werden soll. Wie M. Wolff auch H. J. Paton, 1935, Bd. I, S. 187 und 191, Anm. 1; N. K. Smith, 1918, S. 169; T. Pinder, 1979. – Vgl. zu diesem Problem auch K. Reich, 1932, S. 9; A. Wittek, 1996, S. 69ff.; P. Baumanns, 1997, S. 242ff.

Hier ergibt sich auch ein prinzipieller Einwand gegen den neueren, ausgefeilten Interpretationsvorschlag von B. Longuenesse, 1998. Auch sie geht davon aus, dass ohne ein Verständnis der *Metaphysischen Deduktion* kein angemessenes Verständnis der kategorialen Begriffsbildung Kants einschließlich der *Grundsätze* möglich ist. Dabei vertritt sie die These: »A major reason for the general misunderstanding concerning the role of the logical forms of judgement as ›guiding thread‹ for the table of categories is that commentators neglect their function in the activities of ›comparison, abstraction, and reflection‹. If we take this function in account, it illuminates each step of the argument of the first *Critique*.« (S. 11). Entsprechend interpretiert sie logische Formen als Formen zu Reflektieren (S. 73ff.). Hier wird dann deutlich, dass auch sie die logische Form eines Urteils nicht unabhängig vom Bezug auf Objekte bestimmen kann, die sie als gegebene ansetzen muss (vgl. z.B. S. 88). Das ist auch nicht verwunderlich, weil nur so der angenommene enge Zusammenhang bereits der logischen Form zur Reflexion, die ja immer eine Reflexion über gegebene Vorstellungen ist, deutlich werden kann. Die Ausgangsthese von Longuenesse scheint mir so den tatsächlichen Ausgangspunkt der kategorialen Begriffsbildung zu verfehlen. So gelangt sie beispielsweise zu der These, dass in ein Urteil, das keine Beziehung zu sinnlicher Anschauung habe, keine Kategorien eingingen (S. 78f.). Mir erscheint diese These – die im Rahmen ihrer Interpretation konsequent ist – spätestens im Blick auf Kants praktische Philosophie (aber auch schon auf die Antinomienlehre) problematisch.

315 Vgl. Kant, *KrV*, A58f./B83: »Es ist aber klar, daß, da man bei demselben (d.h. bei einem allgemeinen Kriterium der Wahrheit, R. S.) von allem Inhalt der Erkenntnis (Beziehung auf ihr Objekt) abstrahiert, und Wahrheit gerade diesen Inhalt angeht, es ganz unmöglich und ungereimt sei, nach einem Merkmale der Wahrheit dieses Inhalts der Erkenntnisse zu fragen,[...].«

316 Dass Kant im Rahmen der allgemeinen Logik von Wahrheitswerten absehen muss, ergibt sich alleine schon aus der Abstraktion von allen Gegenständen. Deshalb lassen sich keinerlei allgemein logische Kriterien für die Wahrheit von Urteilen bilden (vgl. *KrV*, A59f./B84, wo Kant charakteristischer Weise wieder die scharfe Formulierung »von allem Inhalt der Erkenntnis (Beziehung auf ein Objekt) abstrahiert« wählt. Gegen diese Interpretationsthese spricht nicht, dass der Satz vom Widerspruch ein Satz der allgemeinen Logik ist, weil widersprüchliche Urteile für Kant in dem Sinn falsch sind, dass sie »nichts sind« (*KrV*, A150/B189). Das schließt nicht aus, dass in anderen Kontexten das Widerspruchsprinzip als negatives Wahrheitskriterium fungieren kann (*KrV*, A151/B190f.). Die Argumentation von T. Pinder, 1979, S. 317, dass in der Abstraktion vom Objektbegriff der Formbegriff nicht bestehen könne, spricht nicht gegen diese, von ihm angegriffene Auffassung: Es handelt sich noch nicht um einen positiven Begriff der logischen Form, sondern um eine Bestimmung der Untersuchungsperspektive bzw. des systematischen Orts der vorgeschalteten allgemeinen Logik. Hier zeigt sich auch ein fundamentaler formaler Unterschied zu aller neueren Logik im Stil Freges. Vgl. dazu M. Wolff, 1995b. Diese Differenz zu einer Logik

Rolle spielen. Denn sie hat es »mit nichts als der bloßen Form des Denkens zu tun«, d.h. insbesondere nicht mit dessen Wahrheit und mit dessen Gründen.[317] Ins Positive gewendet wird man also zur ersten Charakterisierung sagen können: Indem Kants allgemeine Logik mit der logischen Form unter Absehung von allem Gegenstandsbezug zu tun hat, erschöpft sie sich zunächst in einer Art syntaktischer Überlegungen.[318] Nähme man an, die allgemeine Logik hätte es bereits in irgendeiner Weise mit Gegenständen zu tun, dann hätte sie es eben nicht bloß mit der »Form des Denkens« zu tun.[319]

Festzuhalten bleibt, dass man mit einer solchen Logik nur einen Ausgangspunkt der kategorialen Begriffsbildung hat. Der Schritt von den blossen *Formen des Denkens* zum *Denken von Gegenständen* wird erst im Übergang von dieser allgemeinen zu einer besonderen Logik getan, nämlich zur »transzendentalen Logik«. Alleine dass Kant meint, die transzendentale Logik habe es mit den »Regeln des reinen Denkens eines Gegenstandes« zu tun, bestätigt, dass es die allgemeine Logik damit noch nicht zu tun haben kann.[320] Nicht jedes Denken, das den Regeln der allgemeinen Logik folgt, ist ein Denken von Gegenständen. Es zeigt sich aber auch, dass die Regeln der transzendentalen Logik in irgendeiner Weise aus denen der allgemeinen Logik gewonnen werden müssen. Der Ausgangspunkt der transzendentalen Begriffsbildung muss also eine allgemeine formale Logik sein, die zunächst

von Frege'schem Typ übersieht Wolff dabei allerdings. R. Enskat, 1986, S. 232ff., hat mit ganz anderen Gründen gezeigt, dass die wahrheitsfunktionale Urteilsanalyse den Sinn von Logik verfehlen muss, den Kant im Auge hat, allerdings ohne dass dadurch der systematische Bezug auf die wahrheitsfunktionale Urteilsanalyse verloren ginge.

317 Vgl. I. Kant, *KrV*, A54/B78.

318 Vgl. R. Enskat, 1986, S. 235.

319 In der neueren Forschung hat G. Prauss, 1969, die Auffassung vertreten, die Frage nach der Wahrheit sei aus der formalen Logik Kants »herauszunehmen«. Dem hat H. Wagner, 1977, durch eine eindringliche Interpretation der oben herangezogenen Textpassage widersprochen. Kant weise lediglich die Forderung ab, der Logiker solle ein Wahrheitskriterium benennen oder entwickeln. Daraus ergebe sich aber nicht, dass Wahrheit in der Logik kein Thema sei, behaupte Kant doch selbst, die allgemeine Logik enthalte »Kriterien der Wahrheit«, allerdings nur solche, welche die »Form« der »Wahrheit« betreffen: »Das Formallogische ist deshalb ›die (bloß) negative (aber eben doch unerläßliche) Bedingung der Wahrheit‹.« (S. 73, Einfügungen von H. W.) So sehr das stimmt, so wenig wird von dieser Beobachtung Wagners die These betroffen, dass eine Vorstellungsverknüpfung, die den Regeln der allgemeinen Logik nicht gerecht wird, deshalb noch nicht »falsch« genannt werden darf, da noch gar nicht feststeht, ob das so erzeugte Gebilde überhaupt wahr oder falsch sein kann. Es kann schlicht sein, dass das Gebilde sinnlos ist. In diesem Sinn hat es die allgemeine Logik noch gar nicht mit Wahrheit zu tun, da sie zwar notwendige Bedingungen für Wahrheit formuliert, aber noch keine hinreichenden Bedingungen dafür, dass etwas wahr oder falsch sein kann.

320 Vgl. I. Kant, *KrV*, A55/B80 – vgl. T. Pinder, 1979, S. 320ff., der die allgemeine Logik S. 323 allerdings zu stark an die transzendentale annähert. Es ist daher nur konsequent, wenn auch er den Begriff der logischen Form des Urteil vom § 19, B 140, her deutet.

von der transzendentalen Logik unterschieden ist.[321] Der erste Schritt der Bildung eines reinen Verstandesbegriffs ist bestimmt durch den Übergang von der allgemeinen zur transzendentalen Logik.

Dieser Ausgangspunkt bereitet Probleme. Auch wenn man vorläufig alle Schwierigkeiten beiseite lässt, die mit den Begriffen der Spontaneität und der Verstandeshandlung verbunden sind, bleiben genügend Fragen offen.[322] Es ist beispielsweise nicht zu sehen, was genau unter dem Gegenstand der allgemeinen Logik – einem Denken, das nicht unbedingt ein Denken von Gegenständen ist – verstanden werden kann. Denn der Begriff der logischen Form als Form einer Verstandeshandlung ist bei Weitem zu unscharf. Genauso wenig ist klar, warum ein solches Denken immer die Form eines Urteils haben muss bzw. warum »alle Handlungen des Verstandes auf Urteile zurückzuführen« sind.[323] Völlig unklar ist, wie ein angemessener Begriff des Urteils gefunden werden kann, der nicht auf den Gegenstandsbegriff zu-

---

321 Allzu häufig wird Kants Begriff der allgemeinen Logik verfehlt und dadurch ein falsches Licht auf seine ganzen weiteren Argumentationen geworfen. P. F. Strawson, 1966, S. 75, behauptet beispielsweise zunächst zu Recht: »General logic [...] is not concerned with the logical relations of its forms to objects, but with the relations which hold between the forms themselves.« Er importiert dann aber den üblichen Logik-Begriff, wenn er schreibt: »General logic makes use of such concepts as those of truth, subject, predicate, hypothetical proposition, etc.« Zumindest von ersterem darf die allgemeine Logik noch keinen Gebrauch machen. Entsprechend ist auch seine Deutung des hypothetischen Urteils mit Hilfe von Wahrheitswertverläufen zumindest verfrüht. Strawson meint sich dazu berechtigt, denn er interpretiert wenige Zeilen später die Abstraktion in einer sehr eingeschränkten Weise: »[...] although formal logic abstracts this way from all relation of its forms to objects of empirical knowledge, [...] « (S. 75). Diese Formulierung findet sich bei Kant nicht und ist viel zu schwach, dessen Bestimmungen auf den Begriff zu bringen.

Ähnliches gilt für die Analysen von D. P. Dryer, 1966. Seine ganzen Urteilsanalysen (S. 85ff.) machen von der Voraussetzung Gebrauch, dass Urteile nur dann Erkenntnisse sein können, wenn sie sich auf Objekte beziehen. So richtig das ist, so sehr ist damit bereits der Rahmen der allgemeinen Logik verlassen. Auch hier macht sich ein nicht auf die Aufgaben der Transzendentalphilosophie zugespitzter Begriff der allgemeinen formalen Logik bemerkbar: »For what formal logic determines are rules to which thinking must conform if it is to draw inferences which are valid. It is because of this that it can determine these rules a priori.« (S. 81) Der Begriff der Gültigkeit setzt aber den Wahrheitsbegriff voraus, von dem bei Kant im ersten Schritt gerade noch abgesehen wird. Dryers Explikation des Begriffs der allgemeinen Logik findet sich in den entscheidenden Passagen der *KrV* entsprechend.

Auch M. Heideggers Interpretation in der Vorlesung aus dem Jahr 1935/36 leidet unter einer falschen Auffassung von Kants Logik. So schreibt Heidegger, S. 115: »Wenn Denken als rechtes immer anschauungsbezogen ist, dann handelt die zugehörige Logik dieses Denkens notwendig von diesem wesenhaften Bezug zur Anschauung, mithin von dieser selbst.« Mag auch der Vordersatz zutreffen, so ist die Konsequenz von der zusätzlichen Prämisse abhängig, dass es die Logik lediglich mit dem »rechten Denken« zu tun habe; sie handelt aber nach Kant von dem »Denken überhaupt«, und deshalb handelt sie zunächst nicht von diesem Bezug. Dass Heidegger diese formale Analyse des Denkens überhaupt weitgehend ausblendet, entspricht allerdings seiner Interpretation der Transzendentalphilosophie.

322 Vgl. dazu R. Enskat, 1986, der einen Versuch vorlegt, den Schluss auf logische Kompetenzen von Urteilenden zu begründen.

323 Vgl. I. Kant, *KrV*, A69/B94.

rück- bzw. vorgreift. Doch muss man *probeweise versuchen*, einen solchen Begriff vom Urteil zu bilden, der ohne den Bezug auf einen Gegenstand auskommt. Denn nur dann besteht Aussicht, zu zeigen, wie sich reine Kategorien der bloßen Spontaneität verdanken können. Es soll deshalb zunächst überlegt werden, was aus den beschriebenen Bedingungen an den Ausgangspunkt für den Urteilsbegriff folgt. Dabei soll es vor allem um die logische Form gehen, die für die Kausalitätskategorie grundlegend ist (und im Kontrast auch um die, die der Substanzkategorie zugrunde liegt). Im Anschluss sollen diese Überlegungen dann mit Hilfe von Kant-Texten geprüft und weiter zugespitzt werden.[324]

Wenn man sich der Vorstellungsterminologie Kants bedient, sind es zumindest drei Momente, die ein Urteil auszeichnen, sofern man es unter den angegebenen Abstraktionen betrachtet:

(1) Ein Urteil muss aus mehreren Komponenten bestehen, die man als Vorstellungen bezeichnen mag. Kant selbst schreibt zwar oft, dass in einem Urteil Begriffe verwendet werden,[325] doch wählt er gelegentlich auch – wie unten ausführlicher gezeigt wird – die vagere Redeweise von Vorstellungen.[326] Für diese Zurückhaltung spricht, dass der Begriff »Begriff« wahrscheinlich erst gebildet werden kann, wenn man davon sprechen darf, dass mehrere Gegenstände unter einer Vorstellung befasst sind. Eine solche Explikation ist aber unter den entwickelten Abstraktionsbedingungen zumindest zu Beginn noch nicht möglich. Auch Kants allgemeiner Vorschlag, Begriffe als Regeln zu interpretieren, setzt bereits die Ergebnisse seiner Urteilsanalyse voraus.[327] Es scheint also unverfänglicher, die Komponenten des Urteils als Vorstellungen im umfassenden Sinn zu charakterisieren. Im Folgenden sollen kleine griechische Buchstaben – α, β, γ, ... – solche Vorstellungen bezeichnen.[328] Dabei sind einige Mehrdeutigkeiten des Vorstel-

---

324 Dieses Vorgehen empfiehlt sich auch deshalb, weil die Explikationen Kants den Ausgangspunkt nur selten rein fassen und so das Textmaterial sehr kritisch interpretiert werden muss. Diese problematische Lage ließe sich mühelos an den endlosen Untersuchungen zeigen, in den kantischen Texten eine Urteilsdefinition zu finden, die nicht nur den hier geschilderten Anforderungen entspricht, sondern auch noch einen Beweis der Vollständigkeit der Urteilstafel gestattet (vgl. dazu nur K. Reich, 1932, S. 39ff.). Diese zusätzliche Problematik soll in dieser Arbeit aber nicht verfolgt werden.

325 So leider in dem zentralen Textabschnitt *KrV*, A68ff./B93ff.

326 So beispielsweise in I. Kant, *Prolegomena*, § 22, A 88f.; auch ders., *Wiener Logik*, AA XXIV, S. 928.

327 Vgl. dazu R. P. Wolff, 1963, S. 63.

328 Damit schließe ich an die Konvention bei P. F. Strawson, 1966, S. 136, an – allerdings mit einer wichtigen Modifikation: Bei Strawson bezeichnet der kleine griechische Buchstabe »α« die Vorstellung des Gegenstandes A, β die Vorstellung von B usf. Von Gegenständen ist aber zunächst nicht die Rede. Dieser Zug der Konvention von Strawson soll also nicht übernommen werden. Der Konvention ist auch J. Van Cleve, 1973, S. 75, gefolgt und sie ist entsprechend weit

lungsvokabulars von Anfang an zu berücksichtigen, die Kant selbst nicht hervorhebt.[329] Es ist beispielsweise unklar, ob die Vorstellung α im einen Urteil die gleiche ist wie in einem zweiten Urteil, wenn sie sich nur darin unterscheiden, dass sie einmal in diesem und einmal in jenem Urteil gebraucht werden. Genauer ist unklar, ob ich eine Vorstellung α habe, die ich zu verschiedenen Gelegenheiten gebrauche, oder in verschiedenen Situationen zwei gleichartige verwende, die nur numerisch verschieden sind. Um diesen Unterschied, den Kant – wenn ich recht sehe – nicht eigens betont, zu markieren, verwende ich die kleinen griechischen Buchstaben ohne Indizes für die »eine« Vorstellung, die mehrmals verwendet wird, und kleine griechische Buchstaben mit Indizes für die jeweiligen Verwendungen der Vorstellungen (α_1, α_2, α_3 ..., β_1, β_2, β_3, ...).[330] Allerdings greift diese Differenzierung bereits voraus.[331]

Daraus ergeben sich bereits erste Konsequenzen für den Urteilsbegriff: Ein Subjekt-Prädikat-Satz ist insofern der einfachste Fall eines Urteils, als nur zwei Vorstellungen in es eingehen. Für hypothetische Urteile ergibt sich, dass sie aus mindestens drei Vorstellungen bestehen. Bei Kant finden sich sowohl Beispiele von hypothetischen Sätzen, die von drei Vorstellungen Gebrauch machen, wie solche, die aus vieren bestehen.[332] Es gibt hier zunächst keinen Grund, sich festzulegen. Vielmehr wird sich zeigen, dass das Spezifische hypothetischer Urteile davon unabhängig ist, ob drei oder

verbreitet, wobei Van Cleve allerdings verschiedene Möglichkeiten untersucht, das Verhältnis von Vorstellungen und Gegenständen bei Kant zu interpretieren.

329 Die folgenden Mehrdeutigkeiten oder Probleme verdanken sich dem Umstand, dass die Rede von Vorstellungen letztlich doch auf die Rede von Ideen im Sinne von Descartes und Locke zurückverweist. Die Probleme dieser Redeweise hat A. Kemmerling, 1993, ausführlich analysiert. Dass der Vorstellungsbegriff gleichwohl in einem so umfänglichen Sinn gedeutet werden kann, dass skeptischen Einwänden gegen das mentalistische Vokabular ein Stück weit begegnet werden kann, versuche ich in R. Schnepf, 2006b, zu zeigen.

330 P. F. Strawson braucht diese Differenzierung nicht, da Vorstellungen bei ihm durch die Gegenstände individuiert werden können, deren Vorstellungen sie sind.

331 Man kann bei dieser Differenzierung schlicht im Zweifel sein, ob sie sich nicht erst in der transzendentalen Logik begründen lässt, die sich vor eine Mannigfaltigkeit von Vorstellungen gestellt sieht. Der Kern der bloßen logischen Form kann ohne diese Differenzierung formuliert werden.

332 Es ist beispielsweise fraglich, wie viele Vorstellungen das zentrale Beispiel hat: »Wenn eine vollkommene Gerechtigkeit da ist, so wird der beharrlich Böse bestraft« (I. Kant, *KrV*, A73/B98). A. Wittek, 1996, S. 96ff., meint, dieses Urteil enthalte nur drei Vorstellungen, so dass das Konsequenz behaupte, Gott bestrafe den Bösen. Ebenso meint er, aus dem Beispiel von dem Eindruck, den eine Kugel in einem Kissen hinterlässt, wenn sie hineingelegt wird, schließen zu dürfen, dass beim hypothetischen Urteil das Subjekt von Vorder- und Nachsatz immer identisch sein müsse (vgl. *KrV*, B233). Ich halte das für falsch. Richtig scheint mir, dass ein hypothetisches Urteil sogar so komplex sein kann, dass ein Urteil eine (hinreichende) Bedingung dafür ist, dass der Zustand eines Subjekts wechselt. Dann wären mindestens fünf Vorstellungen (oder Begriffe) im Spiel – vgl. dazu auch R. Enskats Analyse von Beispielen in R. Enskat, 1995, S. 181.

vier Vorstellungen verwendet werden. Diese Indifferenz ist geradezu eine Voraussetzung dafür, unterschiedliche Kausalrelationen erfassen zu können.

Gegen diese Überlegungen liegt ein Einwand nahe: Der hier verwendete Vorstellungsbegriff ist in vielerlei Hinsicht reduziert. So gehört es beispielsweise zu einer Vorstellung, etwas vorzustellen, zumindest aber einen Inhalt zu haben. Auch Kant macht gelegentlich von solchen Überlegungen Gebrauch.[333] Nicht zuletzt unterscheiden sich zwei Vorstellungen dadurch voneinander, dass sie einen verschiedenen Inhalt haben. Die bisherigen Überlegungen scheinen diesen Zusammenhang zu ignorieren. Doch widersprechen sie nicht dieser zusätzlichen Charakterisierung von Vorstellungen. Behauptet wird nur, dass zu dem Zweck, die Formen von Handlungen des Verstandes in Urteilen herauszupräparieren, methodisch von dieser Eigenschaft aller Vorstellungen abgesehen werden muss. Sie verstellt nämlich nur den Blick auf die spontane Leistung, die sich alleine in der bloßen Form des Urteils dokumentiert. Deshalb ist der reduzierte Vorstellungsbegriff, der hier verwendet wird, für den Ausgangspunkt der kategorialen Analyse berechtigt. Es genügt hierbei, unter »Vorstellung« nicht mehr als »Komponenten eines Urteils« zu verstehen, und unter »Urteil« ein wahrheitswertfähiges Gebilde – also ein Gebilde, das so verfasst sein muss, dass am Ende sinnvoll nach seiner Wahrheit oder Falschheit gefragt werden kann.

(2) In einem Urteil werden die zwei oder mehr Vorstellungen miteinander »vereinigt« oder »verknüpft«. Dabei ist diese Verknüpfung vor dem Hintergrund des bisher Gesagten als eine Handlung des Verstandes zu interpretieren. In einem Urteil dokumentieren oder manifestieren sich entsprechende »Handlungen«. Die Funktion der allgemeinen Logik im Rahmen der Transzendentalphilosophie ist es geradezu, logische Formen als Manifestationsformen spontaner Handlungen eines urteilenden Subjekts zu interpretieren. Die Verknüpfung im Urteil – so lässt sich weiterhin sagen – muss die beiden Vorstellungen in eine asymmetrische Beziehung setzen. Ein Indiz dafür ist, dass die basale Subjekt-Prädikat-Struktur eine asymmetrische Relation ist. Kant schlägt dafür gelegentlich die Relation der Subsumtion einer besonderen Vorstellung unter eine allgemeine vor. Doch spricht gegen diesen Ansatz wiederum, dass die Redeweise von allgemeinen Vorstellungen nur im Rückgriff auf Gegenstände eingeführt werden kann, die unter die Vorstellungen fallen, und ein solcher Rückgriff auf Gegenstände im Rahmen der allgemeinen Logik noch nicht möglich sein soll. Die Rede von der Subsumtion muss letztlich reduzierbar sein auf andere, grundlegendere Verstandeshandlungen. Gelegentlich fasst Kant die Beziehung, in welche die beiden Vorstellungen gesetzt werden, als eine Art Be-

---

333 Vgl. dazu z.B. I. Kant, *KrV*, B235f./189f.

dingungsrelation. Die besondere Vorstellung (das Urteilssubjekt) ist nämlich durch das Urteil als eine hinreichende Bedingung für den Gebrauch der zweiten Vorstellung an der Prädikatstelle des Urteils gesetzt.[334] Es besteht also ein Bedingungsverhältnis *zwischen zwei Handlungen* – nämlich dem Gebrauch der Vorstellungen an Subjekt- und an Prädikatstelle.[335] Die so gefasste logische Form betrifft also tatsächlich die von Kant zur kategorialen Begriffsbildung anvisierte Ebene. Doch ist auch diese Explikation mit gewissen Schwierigkeiten verbunden, die gleich zu besprechen sind. Im Folgenden soll dennoch dieser seltenere zweite kantische Sprachgebrauch übernommen werden und von »Bedingungen« gesprochen werden, ohne zu vergessen, dass es sich dabei *solange* um ein *asylum ignorantiae* handelt, als die Bedingungsrelation ihrerseits nicht expliziert ist.

Wie auch immer: Das Zeichen »›« soll als Symbol für diese Verknüpfung zweier Vorstellungen im kategorischen Urteil verwendet werden. Die elementare Form eines (kategorischen) Urteils wäre demnach in einer fiktiven »Vorstellungssprache« als »$\alpha › \beta$« bzw. »$\alpha_1 › \beta_2$« darstellbar – denn das Problem mit dem Vorstellungsbegriff wiederholt sich natürlich beim Urteilsbegriff. Dass sich dieses Problem des Vorstellungsbegriffs wiederholt und analog von einem Urteil »$\alpha › \beta$« und mehreren Urteilshandlungen »$\alpha_1 › \beta_1$«, »$\alpha_2 › \beta_2$« usf. gesprochen werden muss, ist jedoch keine bloße Komplikation, sondern hilft, die Rede von einer Bedingungsrelation im kategorischen Urteil etwas zu charakterisieren: α_1 wird genau dann als Bedingung für den Gebrauch von β_1 verwendet, wenn das Urteil »$\alpha › \beta$« ausgedrückt werden soll. Wird β_1 als Bedingung des Gebrauchs von α_1 verwendet, dann wird nicht mehr das Urteil »$\alpha › \beta$« ausgedrückt.[336] Es ist eine bestimmte Operation des Verstandes – Vorstellungen in einer Weise zu gebrauchen –, die ein Urteil von einer bestimmten logischen Form zustande bringt,[337] so dass der Gebrauch der einen eine hinreichende Bedingung für

334 So auch K. Reich, 1932, S. 46ff., der daraus eine präzise Charakterisierung des logischen Verhältnisses im Urteil gewinnt: »Der Begriff dieses Urteilsverhältnisses ist der Begriff der Einheit der Bedingung und des Bedingten in Beziehung auf den Gebrauch von Begriffen zur Erkenntnis eines Objekts.« (S. 47)

335 Die Bestimmung, als Bedingung oder als ein Bedingtes zu fungieren, kommt einer Vorstellung also nicht an sich zu, sondern nur, sofern im Urteil als einer spontanen Handlung ein bestimmter Gebrauch von ihnen gemacht wird.

336 R. Enskat, 2006, hat dafür argumentiert, Kant ein regelrechtes Ausdrückbarkeitspostulat zu unterstellen, demgemäß jede Vorstellung sprachlich benannt werden könne. Es scheint mir ein Gebot der Vorsicht, nur zu behaupten, dass für Kant jedem sprachlich ausdrückbaren Urteil ein entsprechende »Vorstellungsurteil« zu Gunde liegen muss. Das Verhältnis von gesprochener Umgangssprache und der hier rekonstruierten »Vorstellungssprache« ist im Detail recht komplex. Mir geht es im Folgenden ausschließlich um die logische Struktur von Urteilen als Handlungen des Verstandes im gekennzeichneten Sinn – nicht um ihre Ausdrückbarkeit oder Übersetzbarkeit in die Umgangssprache.

337 Vgl. zu diesem Verhältnis von Operation und logischer Form M. Wolff, 1995a, S. 19ff.

den Gebrauch der anderen Vorstellung ist. Diese Explikation hilft noch
nicht sehr viel weiter, sie wird aber später weitere Präzisierungen ermöglichen.

Wenn man nun berücksichtigt, dass es die allgemeine Logik mit *Regeln*
für Verstandeshandlungen zu tun hat, dann kann man fragen, was zu tun ist,
damit der Verstand ein Urteil etwa vom Typ »α › β« bildet. Dazu muss er
einzelne Vorstellungen verknüpfen. Grundsätzlich ist es unbenommen, auch
ein Urteil vom Typ »β › α« zu bilden, denn es wird ja von allem Gegenstandsbezug und der Differenz von wahr und falsch abgesehen. Nimmt man
all dies zusammen, ist es möglich, eine Regel zu formulieren, Urteile dieser
basalen logischen Form zu bilden. Diese Regel ist – gemäß der Funktion
der allgemeinen Logik im Rahmen einer transzendentalphilosophischen
Untersuchung – auf der einen Seite eine Art syntaktischer Regel und auf der
anderen Seite eine Handlungsanweisung:

> Wenn zwei Vorstellungen α_1 und β_1 zu einem kategorischen Urteil verknüpft werden
> sollen, dann drücken »α_1 › β_1« und »β_1 › α_1« solche Verknüpfungen aus, und dann ist α_1
> als Bedingung des Gebrauchs von β_1 zu verwenden oder umgekehrt.

Die allgemeine Form eines hypothetischen Urteils ist natürlich komplexer.
In ihm werden nämlich mehrere Vorstellungen verknüpft. Dabei ist es nicht
einfach so, dass dieselbe Verknüpfung iteriert würde. Ein erstes Indiz dafür
liegt darin, dass sich dann als kleines Problem das der Transitivität der Bedingungsrelation ergäbe. Denn wenn die Form des hypothetischen Urteils
etwa »$(\alpha$ › $\beta)$ › $(\gamma$ › $\delta)$« wäre, und wenn gilt, dass, wenn der Umstand, dass
der Gebrauch von α die Bedingung für den Gebrauch von β ist, insgesamt
eine Bedingung für den Gebrauch von γ ist, folgt, dass der Gebrauch von α
eine Bedingung für den Umstand ist, dass der Gebrauch von β eine Bedingung für den Gebrauch von γ ist, dann wäre dieser Urteilstyp nicht zu unterscheiden von »α › $(\beta$ › $(\gamma$ › $\delta))$« und ähnlichen Variationen. Ein hypothetisches Urteil verknüpft aber im einfachsten Fall gar nicht zwei Vorstellun-
gen sondern zwei kategorische Sätze, deren Einheit als solche nicht zur
Disposition stehen darf. Weiterhin ist für das hypothetische Urteil charakteristisch, dass durch die Verknüpfungsart die Modalität der beteiligten Sätze
festgelegt ist (es sind nämlich problematische Urteile),[338] während beim kategorischen Urteil die Modalität nicht festgelegt ist und den Komponenten
keine Modalität zukommt. Schließlich sollen die logischen Formen, die
Kant in der Urteilstafel zusammenstellt, elementare logische Formen sein,
denen entsprechend Operationen korrespondieren. Daraus ergibt sich aber,
dass sie nicht durch Iteration auseinander gewonnen werden können, weil

---

338 Vgl. I. Kant, *Logik Jäsche*, § 25.

sie sonst reduzierbar und entsprechend nicht elementar wären.[339] Es handelt sich schlicht um zwei unterschiedliche, nichtreduzible Verstandeshandlungen.

Im Folgenden sei deshalb für die Verknüpfung im hypothetischen Urteil als besonderes Zeichen der Doppelstrichpfeil »$\Rightarrow$« gewählt. Die einfachste logische Form eines hypothetischen Urteils wäre also durch »$(\alpha_1 \rangle \beta_1) \Rightarrow (\alpha_2 \rangle \gamma_1)$« oder »$(\alpha_1 \rangle \beta_1) \Rightarrow (\gamma_1 \rangle \delta_1)$« darstellbar (respektive »$(\alpha \rangle \beta) \Rightarrow (\alpha \rangle \gamma)$« bzw. »$(\alpha \rangle \beta) \Rightarrow (\gamma \rangle \delta)$«.[340] Die Regeln für die Bildung hypothetischer Urteile sind entsprechend.

Scheinbar liegt es nun nahe, die Operation »$\Rightarrow$« jetzt schon genauer zu fassen. Es gibt Formulierungen, in denen Kant das im hypothetischen Urteil ausgedrückte Verhältnis als Dependenzrelation charakterisiert.[341] Dann könnte man postulieren, dass ein Satz der Form »$(\alpha \rangle \beta) \Rightarrow (\gamma \rangle \delta)$« nur dann falsch ist, wenn der Vordersatz wahr und der Hintersatz falsch ist.[342] Natürlich hat Kant das für einen bestimmten Bereich der Unterscheidung solcher Urteilsformen im Auge und in einem Stadium der Begriffsentwicklung, wenn es nämlich nur um Fragen der gegenstandsbezogenen Logik geht, wird genau das behauptet werden müssen. Tatsächlich jedoch charakterisiert er die logische Form eines hypothetischen Urteils im ersten Schritt unabhängig von Wahrheitswerten. Der Bezug auf Wahrheitswerte wird für ihn nämlich erst dann relevant, wenn es um die Rolle geht, die hypothetische Urteile in Schlüssen spielen können.[343] Die Perspektive ist aber gleichsam umgedreht: Hypothetische Urteile können diese Rolle in Schlüssen nur

---

339 In diesem wichtigen Punkt hat m.E. M. Wolff gegen K. Reich, 1932, grundsätzlich recht: »Da die Regeln elementar sind und nicht auf andere Regeln mehr zurückgeführt werden können, können sie nicht deduktiv hergeleitet, sondern nur durch Zergliederung komplexerer Argumentationsformen gefunden werden.« (M. Wolff, 1995a, S. 221f.).

340 Urteile, bei denen ein Sachverhalt im Antezedenz und eine Zustandsänderung im Konsequenz verknüpft werden sollen, haben entsprechend eine komplexere Form: $(\alpha_1 \rangle \beta_1) \Rightarrow ((\gamma_1 \rangle \delta_1) \Rightarrow (\gamma_2 \rangle \varepsilon_1))$. So ist der Umstand, dass jemand die Kugel auf das Kissen legt, eine (hinreichende) Bedingung dafür, dass der glatte Zustand des Kissens eine (hinreichende) Bedingung für den eingedrückten Zustand des Kissens ist. Derartige Schachtelungen von Wenn-dann-Sätzen sind für Kants Kausalitätstheorie unentbehrlich.

341 Vgl. z.B. R 5553, AA XVII, S. 222, oder R 3199, AA XVI, S. 708: »Es sind nur drey Bedingungen dieser Einheit. Subiect der inhaerenz der Merkmale. Grund der dependentz eines Erkenntnisses vom anderen. Verbindung der Theile in einem Ganzen. Logische Eintheilung.« – Vgl. dazu A. Wittek, 1996, S. 97; sowie K. Reich, 1932, S.66.

342 Es ist im Einzelnen zweifelhaft, ob sich Kant eher an einer Vorstellung orientiert hat, die in etwa unserem materialen Konditional entspricht, oder aber an so etwas wie dem strikten Konditional. Mir scheint seine Verwendung von Ausdrücken wie »muß wahr sein« an entsprechenden Stellen eher auf die zugrunde liegende Verstandeshandlung denn auf Wahrheitsbedingungen zu verweisen (vgl. z.B. »angenommen werden muss«; I. Kant, *Wiener Logik*, AA XXIV, S. 932).

343 Vgl. I. Kant, *Logik Jäsche*, § 26; sowie ders., *Wiener Logik*, AA XXIV, S. 32 – aber auch die spärlichen Charakterisierungen dieser logischen Form in anderen Logikvorlesungen, z.B. ders., *Logik Busolt*, AA XXIV, S. 666f.; ders., *Logik Pölitz*, AA YYIV, S. 578f.

spielen, weil sie durch eine bestimmte Verstandeshandlung gebildet werden. Der Umstand, dass sie in dieser Weise gebildet werden, ermöglicht allererst, dass sie in bestimmten Zusammenhängen die übliche Rolle spielen. So, wie die allgemeine Logik zum Zweck der kategorialen Begriffsbildung betrachtet oder aufgezäumt werden muss, muss diese logische Funktion oder die Form der Verstandeshandlung in solchen Urteilen unabhängig von ihrer Funktion in Schlüssen thematisiert werden können. Anders gesprochen: Auch hier ist die Verstandesoperation unabhängig von der logischen Form und der dadurch zustande gebrachten Relation zwischen den beiden Sätzen zu charakterisieren. Der Umstand, dass sie diese Funktion erfüllen kann, lässt sich auch hier als eine *indirekte*, gleichsam *retrospektive Charakterisierung* dieser logischen Operation auffassen, die als solche ursprünglicher charakterisiert sein muss.[344]

Im Rahmen der allgemeinen Logik bestimmt Kant die logische Form des hypothetischen Urteils als eine Verknüpfung zweier Urteile gemäß »Grund und Folge«.[345] Kant expliziert diese Begriffe nur gelegentlich. Am weitesten führt eine Passage der so genannten *Wiener Logik*,[346] wo es knapp heißt: »Ein Urteil gilt unter der Bedingung des andern«.[347] Zunächst mag es irritieren, dass auch hier der Bedingungsbegriff auftritt. Doch handelt es sich hier eben nicht mehr um ein Bedingungsverhältnis zwischen dem Gebrauch der einen Vorstellung und dem Gebrauch einer anderen, sondern um Bedingungen dafür, dass ein Urteil »gilt«. Das bedeutet zunächst nicht die Abhängigkeit der Wahrheit des einen von der des anderen, sondern des mit einem hypothetischen Urteil erhobenen Geltungsanspruchs der Teilurteile. Das schließt natürlich nicht aus, dass das hypothetische Urteil in Schlüssen die Rolle spielen kann, die durch die üblichen Wahrheitswertverläufe charakterisiert ist. Es spricht deshalb alles dafür, dass die Relation »⇒« auf unterschiedlichen Etappen der Begriffsbildung neu präzisiert werden muss. Auf der Ebene der allgemeinen Logik, die Operationen des Verstandes im Unterschied zur Rolle von Urteilen in Schlüssen beschreibt, ist eine Präzisierung, die über die Rede von Bedingungen hinausginge, noch nicht möglich.[348] Die retrospektive Charakterisierung der logischen Form – und damit

344 Vgl. auch die vorsichtige Charakterisierung dieser Relation bei M. Wolff, 1995a, S. 105f.

345 Vgl. I. Kant, *KrV*, B98/A73; vgl. ders., *Logik Jäsche*, § 25, sowie ders., *Wiener Logik*, S. 932.

346 Vermutlich handelt es sich um eine späte Vorlesung Kants, ev. zwischen 1794 und 1796 zu datieren – vgl. den editorischen Nachbericht in AA XXIV, S. 983.

347 I. Kant, *Wiener Logik*, AA XXIV, S. 932.

348 Es ist deshalb nicht verwunderlich, dass in Untersuchungen zu Kants Logik, die auf Bedingungsverhältnisse zu sprechen kommen, nur selten die Art des Bedingungsverhältnisses genauer bestimmt wird – insbesondere, ob es in Orientierung an der materialen oder an der strikten Implikation zu rekonstruieren ist: Dazu fehlt auf dieser Ebene der Betrachtung schlicht der Kontext –

indirekt der Verstandesoperation – im Rahmen der Schlusslogik gibt keinen bestimmten Begriff dieser Operation, sondern ist gleichsam nur ein Protokoll von Symptomen dieser Verknüpfung, die sich in der besonderen Situation einstellen, dass eben die Vorstellungen in bestimmter Weise auf Gegenstände bezogen werden. Um es noch deutlicher zu fassen: Es gibt gar keine andere Möglichkeit, formale Operationen wie »⇒« zu charakterisieren, als die Folgen dieser Verknüpfung in besonderen Gebrauchssituationen heranzuziehen, die nicht mehr für die allgemeine formale Logik im Sinne Kants charakteristisch sind, oder aber zu Begriffen wie »Bedingung« Zuflucht zu nehmen, die zunächst vergleichsweise vage bleiben. Bereits für den Ausgangspunkt der gesamten kategorialen Begriffsbildung gilt deshalb, dass die Form der postulierten Verstandeshandlungen nur indirekt erschlossen und charakterisiert werden kann.[349] Das entspricht dem, was oben über den Apriorizitätsanspruch der so verstandenen allgemeinen Logik gesagt wurde. Denn mit diesem Anspruch wird nicht behauptet, die logischen Formen unabhängig von ihrem Gebrauch erfassen und exponieren zu können. Gemeint ist vielmehr primär eine Anforderung an diese logischen Formen selbst, nämlich notwendige Formen allen Denkens zu sein. Das schließt aber nicht aus, dass sich ihr bestimmter Begriff erst bilden lässt, wenn sie als Formen des erkenntnisorientierten Denkens von Gegenständen erfasst und abstrahiert werden.[350]

(3) Durch die Verknüpfung zweier Vorstellungen wird in zu bestimmendem Sinn kein bloßes Aggregat, sondern eine »Einheit« hergestellt. Die Verknüpfung zweier Vorstellungen in einem Urteil ist selbst *eine* Vorstellung. Die beiden Vorstellungen werden nämlich zu einer bestimmten Einheit *in einem Bewusstsein* verknüpft. Unter »Bewusstsein« ist hier zunächst nur ein Träger von Vorstellungen zu verstehen, der mit sich identisch bleibt, während die Vorstellungen, die er hat, verknüpft werden. Dazu genügt es,

---

vgl. z.B. B. Longuenesse, 1998, S. 101ff., die zwar den Bezug zu Christian Wolff herausarbeitet, aber auf das Problem der Notwendigkeit nicht weiter eingeht.

349 In gewisser Weise ist dieser Umstand geradezu eine Bedingung dafür, dass eine *Metaphysische Deduktion* möglich ist. Denn nur wenn die Handlung, die sich in einem Urteil manifestiert, lediglich indirekt erschlossen werden kann, ist es möglich, dass genau »dieselbe Handlung« (*KrV* A79/B105) sowohl die Einheit im Urteil wie die Einheit des Mannigfaltigen in der Anschauung hervorbringen kann – anders z.B. P. Baumanns, 1997, S. 242ff.

350 Die Behauptung, dass sich die Verknüpfungen im Urteil und die sich darin dokumentierenden Verstandeshandlungen nur gleichsam retrospektiv genauer charakterisieren lassen, wird auch durch Kants Rede von den »logischen Funktionen des Verstandes in Urteilen« deutlich: In Urteilen, wie sie die Logik zumeist thematisiert, lassen sich derartige Formen und Funktionen dann entdecken, wenn man die nötigen Abstraktionsschritte vornimmt. Die logischen Formen, auf die es im Ausgangspunkt der kategorialen Begriffsbildung ankommt, stehen deshalb nicht beziehungslos neben den Formen, die etwa im Rückgriff auf Wahrheitswerte beschrieben werden können.

ein Bewusstsein anzusetzen, das nur diese Vorstellungsverknüpfung hat.[351] Allerdings ist mit diesem Ausdruck ein Punkt markiert, an dem der Urteilsbegriff in späteren Etappen der Begriffsbildungen weiter angereichert werden kann. Das kann etwa dadurch geschehen, dass die Art und Weise hinzugenommen wird, in der ein menschliches, d.h. endliches Bewusstsein Vorstellungen hat – sie sind ihm nämlich gegeben. Das kann dann weiter dadurch geschehen, dass die Art und Weise, in der diese Vorstellungen alleine gegeben sein können, bestimmt wird – nämlich in der Anschauung. Durch derartige Überlegungen kann dann rückblickend der Urteilsbegriff weiter präzisiert werden. Doch sollte der Ausgangspunkt der Begriffsbildung dadurch charakterisiert bleiben, dass von allem Inhalt und jedem Objekt abgesehen wird. Dann dürfen auch solche Überlegungen zunächst nicht zugelassen werden.[352]

Diese Skizze des Ausgangspunkts der Begriffsbildung ist, selbst wenn man die methodischen Anforderungen an eine allgemeine Logik – bzw. ihre Zuspitzung zu einer Theorie von Verstandeshandlungen im Blick auf die kategoriale Begriffsbildung – zugibt, schon alleine deshalb problematisch, weil Kant an der entscheidenden Stelle der *Kritik der reinen Vernunft* keine entsprechende Urteilsdefinition gibt.[353] Die dort gegebene Explikation des Urteils – »Das Urteil ist also die mittelbare Erkenntnis eines Gegenstandes, mithin die Vorstellung einer Vorstellung desselben«[354] – nimmt offenbar auf Gegenstände Bezug und verletzt deshalb die Vorschrift, von allem Bezug auf Objekte abzusehen. Das muss jedoch nicht irritieren. Man kann nämlich nicht einfach davon ausgehen, dass Kant an dieser Stelle vor der eigentlichen *Metaphysischen Deduktion* den Urteilsbegriff so exponiert, wie es seinem zuvor aufgestellten Begriff der allgemeinen Logik entspricht, schlicht weil gar nicht ausgemacht ist, dass es sich hier noch um eine Betrachtung im Rahmen der so bestimmten Logik handelt. Es ist weiterhin durchaus möglich, dass der hier gegebene Urteilsbegriff allererst in einer bestimmten

---

351 Aus diesem Grund ist die eingeführte Differenzierung zwischen α, β, γ und α_1, α_2, α_3, [...] eine Vorwegnahme gewesen: Die Abstraktion der allgemeinen Logik reicht so weit, dass sich diese Differenzierung noch nicht einstellen muss.

352 Von der Bestimmung, dass es sich um das Bewusstsein oder die Anschauung eines Gegenstandes handelt, ganz zu schweigen.

353 Man kann sich angesichts dieses Umstands nur schlecht darauf zurückziehen, dass Kant eben den traditionellen Urteilsbegriff vorausgesetzt habe, so wie er ihn in den Logiklehrbüchern seiner Zeit fand. Ganz im Gegenteil betont Kant spätestens mit der zweiten Auflage der *Kritik der reinen Vernunft*, dass sein Urteilsbegriff erheblich von dem der »Logiker« abweiche (B140ff, § 19). Bereits seine Auffassung, es handle sich bei einem Urteil um eine Vereinigung von Vorstellungen in einem Bewusstsein, weist über die traditionelle Logik hinaus.

354 I. Kant, *KrV*, A68/B93 – vgl. auch A69/B94: »Alle Urteile sind demnach Funktionen der Einheit unter unsern Vorstellungen, da nämlich statt einer unmittelbaren Vorstellung eine höhere, die diese und mehrere unter sich begreift, zur Erkenntnis eines Gegenstandes gebraucht, und viele mögliche Erkenntnisse dadurch in einer zusammengezogen werden.«

Weise zugespitzt werden muss, um bereits bestimmte weitere Schritte der *Metaphysischen Deduktion* vorzubereiten. Doch selbst wenn man sich so behilft, bleibt der Mangel, dass sich in der gesamten *Kritik der reinen Vernunft* keine Urteilsdefinition findet, die den Anforderungen entspricht.[355] Dass Kant tatsächlich selbst gar nicht meinte, das Urteil in diesen Passagen so eingeführt zu haben, wie es seinen Anforderungen an den Ausgangspunkt der kategorialen Begriffsbildung entspricht, zeigt ein methodischer Hinweis, den er selbst unmittelbar vor der Urteilstafel gibt: Man muss nämlich »auf die bloße Verstandesform darin (im Urteil, R.S.) Acht geben«, um die logischen Funktionen des Verstandes im Urteil zu finden.[356] Es ist also nach allem, was er zuvor über das Urteil gesagt hat, noch ein weiterer Reduktionsschritt nötig, um die »bloße Verstandesform« freizulegen. Vermutlich wird man dazu gerade vom Objektbezug des Urteils absehen müssen. Wenn das aber stimmt, dann ergibt sich ein völlig anderes Bild als dasjenige, das beispielsweise K. Reich zeichnet. Auch Reich stellt fest, dass Kant von einem Urteilsbegriff Gebrauch macht, den er – zumindest im Text der ersten Auflage – nicht definiert.[357] Reich verweist an dieser Stelle jedoch auf Kants fortgesetztes Bemühen um eine solche Definition, die in den *Metaphysischen Anfangsgründen* (1786) und in der zweiten Auflage der *Kritik der reinen Vernunft* fassbar seien (1787). In einer Anmerkung der *Anfangsgründe* schreibt Kant, dass die Deduktion der Kategorien, die in der ersten Auflage der *Kritik* nur undeutlich geführt worden sei, »große Leichtigkeit hat, da sie beinahe durch einen einzigen Schluss aus der genau bestimmten Definition des Urteils überhaupt (einer Handlung, durch die gegebene Vorstellungen zuerst Erkenntnisse von Objekten werden) verrichtet werden kann.«[358] Dem entspreche im Großen und Ganzen auch die neue Urteilsdefinition, die Kant in der zweiten Auflage der *Kritik* im Rahmen der neu gefassten *Transzendentalen Deduktion* gebe: » [...], daß ein Urteil nichts anderes sei, als die Art, gegebene Erkenntnisse zur *objektiven* Einheit der Apperzeption zu bringen.«[359] Wenn in der ersten Definition von »Erkenntnis« die Rede ist, dann im Sinn der »objektiven Gültigkeit« des Urteils, während »Erkenntnis« im zweiten Fall die bei Kant gebräuchliche andere Bedeutung

355 Hierin sehe ich ein Indiz dafür, dass Kant nicht meinte, die Urteilsformen aus einer wohl bestimmten Definition des Urteils ableiten zu können, sondern nur behauptet hat, Urteile müssten unter bestimmter Abstraktion analysiert werden, um in ihnen die logischen Formen zu entdecken, die Verstandeshandlungen dokumentieren. Es ist durchaus nicht ausgeschlossen – aber hier nicht Thema – dass so eine Art Vollständigkeit gezeigt werden kann.
356 I. Kant, *KrV*, A70/B95.
357 Vgl. zum Folgenden K. Reich, 1932, S. 39ff. – kritisch zu Reich vor allem R. Brandt, 1991, S. 15ff.; sowie M. Wolff, 1995a, S. 6ff.; sowie zu Reichs Rückgriff auf die folgende Urteilsdefinition, S. 7, Anm. 12.
358 I. Kant, *MAN*, A XVIIIff., Anm.
359 I. Kant, *KrV*, B141.

meint (*ad cognitionem pertinens*).[360] Reich kann damit bei seiner Interpretation von einem Urteilsbegriff ausgehen, der unmittelbar auf die transzendentale Einheit der Apperzeption der *Transzendentalen Deduktion* bezogen ist. Kant selbst aber hat diese Urteilsdefinition zu dem Zweck gebildet, die *Transzendentale Deduktion* einfacher zu Stande zu bringen.[361] Es ist dabei auch konsequent, den Begriff der Erkenntnis oder der objektiven Gültigkeit zu diesem Zweck in die Urteilsdefinition hinein zu nehmen, geht es doch in der *Transzendentalen Deduktion* gerade darum, die objektive Gültigkeit der reinen Verstandesbegriffe nachzuweisen. Dann aber ist gar nicht davon auszugehen, dass diese Urteilsdefinition diejenige ist, die im Rahmen der allgemeinen Logik gebildet werden kann und den Ausgangspunkt der kategorialen Begriffsbildung bieten soll. Tatsächlich beziehen sich beide von Reich herangezogenen Definitionen auf den Gegenstandsbegriff bzw. auf den Erkenntnisbegriff, womit der Unterschied von wahr und falsch bereits angenommen wird.[362] Die gegebene Skizze des Ausgangspunkts kategorialer Begriffsbildung kann sich deshalb nicht auf die Urteilsdefinitionen stützen, die Kant im Kontext seiner Bemühungen um eine *Transzendentale Deduktion* erarbeitet hat.[363]

Man findet jedoch Spuren des Urteilsbegriffs der allgemeinen Logik in dem Abschnitt »Vom logischen Verstandesgebrauch überhaupt«, und zwar verknüpft mit solchen Bestimmungen, die eigentlich erst später zur Charakterisierung des Urteils herangezogen werden dürften: »Alle Urteile sind demnach Funktionen der Einheit unter unsern Vorstellungen, da nämlich statt einer unmittelbaren Vorstellung eine höhere, die diese und mehrere

360 So m.E. richtig K. Reich, 1932, S. 40.

361 Das ergibt sich aus dem Kontext der großen Anmerkung der *MAN*.

362 Aus anderen Gründen haben R. Brandt, 1991, und M. Wolff, 1995a, kritisiert, dass Reich eine Urteilsdefinition in den ganz anderen systematischen Kontext der Urteilstafel überführe. Es mag sein, dass Reich insofern Recht hat, als sich nur so ein Vollständigkeitsbeweis für die Urteilstafel führe lässt. Das wäre auch für die hier vorliegende Skizze kein Einwand. Denn der Beweisgrund der Vollständigkeit muss gar nicht mit dem Ausgangspunkt der kategorialen Begriffsbildung zusammenfallen. Deshalb kann zum Glück diese umstrittene Frage hier beiseite gelassen werden. Es genügt der Nachweis, dass Reich mit seinem Bemühen um Vollständigkeit eine methodisch wichtige Etappe bei der Begriffsbildung zu schnell mit Späterem verschmelzen lässt.

363 Die beiden Reich-kritischen Arbeiten von R. Brandt und M. Wolff werden den Anforderungen an den Ausgangspunkt kategorialer Begriffsbildung ebenso wenig gerecht, schlicht weil sie das Problem der Urteilstafel nicht in einen systematischen Zusammenhang mit dem Problem der *Metaphysischen Deduktion* bringen. R. Brandt, 1991, S. 56f., interpretiert die Funktion der allgemeinen Logik und der dafür nötigen Abstraktionsschritte, ohne auf die Folgen für die kategoriale Begriffsbildung einzugehen. Entsprechend äußerlich bleiben S. 89ff. seine Überlegungen zur Rolle der allgemeinen und transzendentalen Logik im Aufbau der *KrV*. M. Wolff hingegen thematisiert zwar das Problem einer metaphysischen Deduktion, doch fasst er es entschieden zu einseitig auf. Das liegt nicht zuletzt daran, dass die Funktion und Funktionsweise der *Metaphysischen Deduktion* im Wesentlichen von der *Metaphysischen Erörterung* in der *Transzendentalen Ästhetik* ausgehend interpretiert – vgl. M. Wolff, 1995a, S. 115ff.

unter sich begreift, zur Erkenntnis des Gegenstandes gebraucht, und viele mögliche Erkenntnisse dadurch in einer zusammengezogen werden.«[364] Der erste Satzteil bietet eine Charakterisierung des Urteils, die vielleicht noch nicht hinreichend ist, aber den Bedingungen an den Urteilsbegriff in der allgemeinen Logik gerecht wird. Der zweite Teil expliziert diese Charakterisierung weiter im Rückgriff auf Bestimmungen, die diese Funktionen dann zur Folge haben, wenn unter dem Urteil bereits eine objektive Einheit verstanden werden kann. Neben solchen Spuren in der *Kritik der reinen Vernunft* finden sich ähnliche Charakterisierungen von Urteilen, die den oben herausgearbeiteten Bedingungen entsprechen, an solchen Stellen, an denen Kant später den Ausgangspunkt der *Metaphysischen Deduktion* erläutert. So formuliert Kant in § 22 der *Prolegomena* (1783): »Die Vereinigung der Vorstellungen in einem Bewusstsein ist das Urteil.«[365] Diese Erläuterung verzichtet völlig auf den Bezug zu einem Gegenstand oder gar auf eine Anschauung, durch die Vorstellungen gegeben werden. Dabei wird auch deutlich, dass die logischen Funktionen des Verstandes im Urteil und mithin die logischen Urteilsformen gerade dann erfasst werden, wenn man derartig abstrahiert: »Die logischen Momente aller Urteile sind so viele mögliche Arten, Vorstellungen in einem Bewusstsein zu vereinigen«.[366] Auch diese Charakterisierung der logischen Formen kommt ohne den Bezug auf Gegenstände aus. Näherhin schreibt Kant dann: »Urteile, so fern sie bloß als die Bedingung der Vereinigung gegebener Vorstellungen in einem Bewusstsein betrachtet werden, sind Regeln«.[367] Das bestätigt den oben gegebenen Versuch, Urteilsformen als Verknüpfungsregeln unabhängig von Wahrheit oder Falschheit zu beschreiben. Ähnlich erläutert Kant den Gedankengang in der *Metaphysikvorlesung*, die in der Nachschrift von I. W. Volckmann überliefert ist und aus dem Jahr 1784/85 stammt. Ihr zufolge gibt die »Logic alle Regeln von der Vereinigung verschiedener Vorstellungen in einem Bewusstsein«.[368] Kant kennt also den in der oben gegebenen Skizze zugrunde gelegten Logikbegriff im entsprechenden systematischen Zusammenhang tatsächlich, auch wenn er an der Stelle der *Kritik der reinen Vernunft* nicht auftritt. Weiterhin kennt die – für sich genommen – proble-

---

364 I. Kant, *KrV*, A69/B94.

365 I. Kant, *Prolegomena*, § 22, A 88. Es ist für dieses Stadium der Betrachtung nach Kant geradezu entscheidend, dass noch nicht zwischen subjektiven und objektiven Urteilen unterschieden wird.

366 I. Kant, *Prolegomena*, § 22, A 88 – hier hat man, gegen T. Pinder, doch einen Anknüpfungspunkt für einen Begriff der logischen Form, der nicht den Objektbezug voraussetzt.

367 I. Kant, *Prolegomena*, § 22, A 89.

368 I. Kant, *Metaphysik Volckmann*, AA XXVIII, S. 395f. Kant spricht hier geradezu davon, dass Verstandesbegriffe dadurch gewonnen würden, dass die logischen Formen auf Objekte appliziert werden – von denen zuvor also gar nicht die Rede gewesen sein kann.

matische *Logik Jäsche* einen entsprechenden Urteilsbegriff und bestimmt völlig konsequent den Begriff der logischen Form eines Urteils:[369] »Zu jedem Urteile gehören, als wesentliche Bestandstücke desselben, Materie und Form. – In den gegebenen, zur Einheit des Bewusstseins im Urteile verbundenen, Erkenntnissen besteht die *Materie*; – in der Bestimmung der Art und Weise, wie die verschiedenen Vorstellungen, als solche, zu Einem Bewusstsein gehören, die *Form* des Urteils.«[370] Es bestätigt weiter die bisherige Interpretation, dass der oben rekonstruierte Begriff der Logik in den *Reflexionen zur Metaphysik* nachweisbar ist.[371]

2.2.2.1.2 Der erste Schritt der kategorialen Begriffsbildung – Die *Metaphysische Deduktion*.

Mit dem ersten Schritt kategorialer Begriffsbildung sollen reine Verstandesbegriffe als solche gewonnen werden. Von den logischen Formen im Urteil ausgehend müssen reine Verstandesbegriffe als Begriffe von Gegenständen überhaupt gebildet werden. Dabei sollen diese reinen Kategorien ausschließlich der Spontaneität des Verstandes entspringen. Die Begriffsbildung kann deshalb nur insofern an die allgemeine Logik anknüpfen, als diese die Operationen des Verstandes für sich genommen und als solche zum Gegenstand hat. Die logischen Regeln der Verstandeshandlungen müssen deshalb im Folgenden so erweitert, modifiziert oder zugespitzt werden,

---

369 Vgl. I. Kant, *Logik Jäsche*: »Ein Urteil ist die Vorstellung der Einheit des Bewusstseins verschiedener Vorstellungen, oder die Vorstellung des Verhältnisses derselben, so fern sie einen Begriff ausmachen.« Nach der bisher gegebenen Interpretation ist der Bezug auf den »Begriff« schon zu weitgehend. Der Quellenwert der *Logik Jäsche*, einem von G. B. Jäsche zusammengestellten Text, wird in der Forschung eher zurückhaltend eingeschätzt. Doch scheint sie mir dort zuverlässig, wo sich Gedanken und Formulierungen finden, die auch in anderen Schriften oder zumindest in anderen Logikvorlesungen, etwa der detaillierten *Wiener Logik*, nachweisbar sind. Für die Problematik des Urteilsbegriffs bestätigt die *Wiener Logik* die bisherige Interpretation (vgl. AA XXIV, S. 982). In einem anderen Punkt scheint mir die *Logik Jäsche* unpräzise, nämlich bei der Charakterisierung der Logik. So heißt es, die Logik sei »eine Wissenschaft a priori von den notwendigen Gesetzen des Denkens, aber nicht in Ansehung besonderer Gegenstände, sondern aller Gegenstände überhaupt« (A9). Hier scheint mir die Grenze zwischen allgemeiner und transzendentaler Logik verwischt zu sein.
370 I. Kant, *Logik Jäsche*, § 17, A 156, Hervorh. i. Orig. Gerade die Differenz zwischen »gegebenen Erkenntnissen« und »Vorstellungen, als solchen« markiert den entscheidenden Punkt.
371 Vgl. etwa R 5665, AA XVIII, S. 323: »Logic handelt vom Denken ohne obiect«. Kant geht sogar so weit, zu sagen, selbst Kategorien hätten zunächst kein Objekt: »Daß die Kategorien an sich selbst und für sich allein gar kein Obiect (oder Sinn) haben, (weil sie bloße Denkformen sind) und die Möglichkeit z.B. eines Zusammengesetzten (da vieles zusammen Eines Ausmache) nicht erklärt werden kann.« (R 6359, AA XVIII, S. 686). Dass es sich hier um späte Reflexionen handelt, zeigt, dass die oben herausgearbeitete Konzeption nicht etwa aufgegeben wurde, selbst wenn Kant zum Zweck der *Transzendentalen Deduktion* andere Urteilsdefinitionen in den Vordergrund gestellt hat.

dass sie zu reinen Kategorien als Begriffen vom Gegenstand überhaupt transformiert werden. Für die gesamte Arbeit ist eine etwas genauere Rekonstruktion deshalb wichtig, weil so zumindest eine Möglichkeit ausgelotet wird, univoke Begriffe vom Gegenstand überhaupt im Rückgriff auf bloße Verstandeshandlungen zu exponieren und zu begründen.

Kant hat den ersten Schritt bei der kategorialen Begriffsbildung rückblickend in der zweiten Auflage der *Kritik der reinen Vernunft* als »Metaphysische Deduktion« bezeichnet, ohne aber einen Textabschnitt mit dieser Überschrift zu versehen.[372] Doch wie auch immer man ihre weiteren Aufgaben bestimmen mag, so ist doch eines ihrer Hauptstücke, reine Verstandesbegriffe im Ausgang von den logischen Formen zu entwickeln. Es ist deshalb klar, dass der Hinweis Kants sich auf Argumentationen in dem Text zwischen der Urteils- und der Kategorientafel beziehen muss. Weiterhin hat er an der genannten Stelle der zweiten Auflage den Grundgedanken dieser Deduktion in größter Verknappung zusammengefasst: »In der *metaphysischen Deduktion* der Kategorien wurde der Ursprung der Kategorien a priori überhaupt durch ihre völlige Zusammentreffung mit den allgemeinen logischen Funktionen des Denkens dargetan«.[373] Das Verfahren der Begriffsbildung einer metaphysischen Deduktion ist damit nur sehr unzureichend angegeben.[374] Die Formulierung ist so kurz, dass sie gar keinen Unterschied mehr zwischen dem Begriff logischer Formen im Urteil und reinen Verstandesbegriffen zuzulassen scheint. Doch wie dem auch sei: Die Aufgabe muss darin bestehen, aus den Begriffen der logischen Formen im Urteil selbst – d.h. ohne Hinzunahme zusätzlicher Bestimmungen – die reinen Verstandesbegriffe in ihrem Umriss zu gewinnen. Dabei wird sich natürlich auswirken,

---

372 Vgl. I. Kant, *KrV*, B 159 – Die Forschungslage zur *Metaphysischen Deduktion* ist einigermaßen unbefriedigend. Gerade in wichtigen Arbeiten zur Kausalitätstheorie spielen diese Fragen fast keine Rolle. Die Arbeit von R.-P. Horstmann, 1984, die direkt der *Metaphysischen Deduktion* gewidmet ist, vermag letztlich nicht zu überzeugen, weil sie den Begriff der *Metaphysischen Deduktion* so interpretiert, dass gar nicht deutlich wird, wie der Weg von der logischen Funktion in Urteilen zu reinen Verstandesbegriffen aussieht. Für Horstmann besteht darin nicht das zentrale Problem.

373 Vgl. I. Kant, *KrV*, B 159.

374 Man kann versuchen, etwas mehr über das Verfahren der *Metaphysischen Deduktion* herauszufinden, indem man Kants Vorgehen an dieser Stelle beispielsweise mit dem Vorgehen bei der *Metaphysischen Erörterung* des Raumbegriffs vergleicht (*KrV*, B37ff./A22ff. – vgl. z.B. R. P. Horstmann, 1984; sowie M. Wolff, 1995a, S. 115ff.). Allerdings handelt es sich im einen Fall um eine »Deduktion«, das andere Mal um eine »Exposition«, so dass man sich nicht allzu viel davon erwarten darf. M.E. ergibt sich für das Problem der *Metaphysischen Deduktion* nur, dass man den Ausdruck »metaphysische« in beiden Fällen im gleichen Sinn verstehen kann: »*metaphysisch* aber ist eine Erörterung, wenn sie dasjenige enthält, was den Begriff, als a priori gegeben, darstellt« (*KrV*, B38). Das ist aber mit der bisher entwickelten Problemkonstellation völlig kompatibel. Weitere Analogien zwischen Kants Vorgehen an beiden Stellen verbieten sich m.E. wegen des Unterschieds zwischen einer »Erörterung« und einer »Deduktion«.

dass die logischen Formen wegen der Bedingungen, die an den Ausgangspunkt kategorialer Begriffsbildung gestellt werden müssen, nur unzureichend bestimmt werden konnten. Diese Unschärfe der Begriffe von logischen Verknüpfungsformen wird sich zwangsläufig auf die reinen Verstandesbegriffe selbst übertragen. Die reinen Verstandesbegriffe werden deshalb auch in bestimmter Hinsicht unbestimmt sein. Das hat Kant selbst so
gesehen, weshalb diese Unschärfe eher eine Bestätigung für die hier skizzierte Interpretation ist.[375] Weil das Verfahren der *Metaphysischen Deduktion* zu gar keiner vollständigen Explikation oder Definition eines reinen
Verstandesbegriffs führt, ist es zunächst unklar, ob und wo sie überhaupt
abgeschlossen und gelungen ist.[376] Doch ist es möglich, recht genau anzugeben, was bei diesem ersten Schritt kategorialer Begriffsbildung zu tun ist,
und so auch festzustellen, wann das Ergebnis dieses ersten Schritts – der
reine Verstandesbegriff als solcher – trotz aller Unschärfe gewonnen ist.
Entscheidend ist es also, vor der Detailarbeit das Verfahren einer metaphysischen Deduktion möglichst genau zu bestimmen.

Für die weitere Darstellung ist es am einfachsten, die drei oben unterschiedenen Merkmale von Urteilen aufzugreifen und zu untersuchen, wie
sie ergänzt oder präzisiert werden müssen, um den neuen Anforderungen im
Rahmen der *Transzendentalen Logik* gerecht zu werden. Weil es im Folgenden vor allem auf die Kausalitätskategorie ankommt, werden wiederum
nur das kategorische und das hypothetische Urteil genauer analysiert.[377]
Doch zunächst zum Verfahren, in einer metaphysischen Deduktion reine
Verstandesbegriffe zu entwickeln bzw. zu entdecken, sofern sich vorab etwas darüber ausmachen lässt.

Die kurze Charakterisierung der *Metaphysischen Deduktion* an der oben
zitierten Stelle gibt nicht mehr als einen ersten Hinweis auf ihr Verfahren.
Die Rede von einer »völligen Zusammentreffung« bedeutet wenigstens,
dass, wenn auch eine Differenz zwischen reinem Verstandesbegriff und

375 Kant ist in der ersten Auflage der *Kritik der reinen Vernunft* so weit gegangen zu behaupten, von reinen Verstandesbegriffen als solche könne es in diesem Stadium der Begriffsbildung
noch keine Definition geben – vgl. *KrV*, A242.
376 Wenn man gegen R. P. Horstmann, 1984, die Aufgabe der *Metaphysischen Deduktion* insgesamt in Analogie zur metaphysischen Exposition dahingehend bestimmt, dass es darum gehe,
einen Begriff a priori zu analysieren und zwar so, dass er als Begriff a priori durchsichtig wird,
und das spezifische Moment der Deduktion darin sieht, dass es sich nicht um gegebene, sondern
gemachte Begriffe handelt, dann wäre die Deduktion dann geleistet, wenn für jeden reinen Verstandesbegriff gezeigt würde, wie er aus spontanen Handlungen des Verstandes entsteht – bis hin
zu einer Art Definition. Für Kant ist dieses Ziel prinzipiell erreicht, wenn er einen Weg zu einer
solchen Definition gezeigt hat.
377 Auch wenn es sein mag, dass sich die folgenden Überlegungen nicht auf die anderen Urteilsformen übertragen lassen und so die Interpretation auf unsicherem Grund steht, scheint mir
diese Beschränkung im Blick auf die Ziele dieser Arbeit legitim.

logischer Form des Denkens bestehen muss, diese nicht darin bestehen kann, dass der Begriff der logischen Form durch ein völlig neues Element angereichert wird. Daraus ergibt sich zunächst negativ, dass die verbreitete Vorstellung, reine Verstandesbegriffe ergäben sich insofern aus den logischen Formen, als letztere auf Gegenstände angewandt werden, und sie bezeichneten die Eigenschaften, die Gegenständen zukommen müssen, sofern sie bestimmte logische Rollen spielen sollen, unangemessen ist.[378] Jede Interpretation, die zur Gewinnung reiner Verstandesbegriffe in einer Weise auf ein der Verstandesaktivität äußerliches Moment zurückgreifen muss, wird Kants knapper Charakteristik nicht gerecht. Der Bezug auf etwas, das von der Verstandesaktivität unterschieden ist, mag für die Gewinnung des Begriffs hilfreich oder sogar notwendig sein. Er darf aber nicht in den gewonnenen Begriff eingehen, von dem sonst nämlich eine »völlige Zusammentreffung« mit der logischen Form nicht mehr behauptet werden könnte. Das bedeutet ins Positive gewendet, dass auch reine Verstandesbegriffe nichts anderes sein können als Regeln zur Verknüpfung von Vorstellungen. Sie können nur dadurch gebildet werden, dass die Verknüpfungsregeln der allgemeinen Logik modifiziert und weiter bestimmt werden.

Die Modifikation darf nicht dadurch geschehen, dass auf etwas anderes Bezug genommen wird. Sie kann aber im Blick auf etwas vorgenommen werden, etwa auf einen Zweck, dem das Urteil gerecht werden soll. Ein solcher Zweck wäre es, wahre Urteile zu bilden und von falschen unterscheiden zu können. Die Regeln der allgemeinen Logik wären dann so zu modifizieren, dass die entsprechenden Verknüpfungen diesem Zweck gerecht werden. Denn von den bisher im Rahmen der allgemeinen Logik gewonnenen Gebilden, den »Urteilen«, lässt sich noch gar nicht sehen, wie sie wahr oder falsch sein könnten. Weiterhin mag diese Modifikation dadurch bestimmt sein, dass dieser Zweck in einer spezifisch anderen Situation verfolgt wird, als es unter den Abstraktionsbedingungen der allgemeinen Logik der Fall wäre. Zu diesen anderen Bedingungen gehört, dass sich die transzendentale Logik vor ein Mannigfaltiges von sinnlichen Vorstellungen in der Anschauung überhaupt gestellt sieht und in diesem Sinn nicht mehr von

---

378 So beispielsweise P. F. Strawson, 1966, S. 76, der den Kernpunkt der *Metaphysischen Deduktion* folgendermaßen faßt: »So if, for every fundamental form of logic, we frame the idea of the general condition of its application to objects of experience, the result in each case will be a pure concept or category – i.e. a general concept which has necessary application to the world of experience.« (Die Rolle von reinen Verstandesbegriffe als Begriffen von Gegenständen überhaupt ist hier schlicht unterschlagen.); vgl. dg. bereits R. P. Horstmann, 1984, S. 18f. Mir scheint, dass Interpretationen dieser Art im Grunde eine Fortsetzung von S. Becks Versuchen sind, Kategorien als eine »ursprüngliche Beilegung« zu verstehen, gegen die sich Kant deutlich verwahrt hat – vgl. S. Beck an Kant, 17. Juni 1794, AA XI, S. 489ff., sowie Kant an S. Beck, 1. Juli 1794, AA XI, S. 495ff.

»allem Inhalt« abstrahiert.[379] Es kommt also darauf an, zunächst Gesichtspunkte herauszuarbeiten, im Blick auf welche Zwecke oder Aufgaben und
in einem wie variierten Kontext die Regeln der Verknüpfung im Urteil modifiziert werden müssen, um so reine Verstandesbegriffe zu gewinnen. In
dieser Weise lässt sich das Verfahren kategorialer Begriffsbildung in der
Metaphysischen Deduktion skizzieren, noch bevor diese selbst unternommen wird.

Kant hat die Differenz des Zwecks und des Kontexts durch die Differenzierung zwischen allgemeiner und transzendentaler Logik markiert. Ort der
Kategorienbildung ist die transzendentale Logik. Will man näheres über das
Verfahren der kategorialen Begriffsbildung erfahren, ist diese Differenz
genauer zu bestimmen. Kant führt den Begriff der transzendentalen Logik
in der Einleitung »Idee einer transzendentalen Logik« vor allem durch zwei
Überlegungen ein. Mit einer ersten Argumentation charakterisiert er die
transzendentale Logik dadurch, dass sie nicht von allem Objektbezug abstrahiert.

Weil es nun aber sowohl reine, als empirische Anschauungen gibt (wie die transzendentale Ästhetik dartut), so könnte auch wohl ein Unterschied zwischen reinem und empirischem Denken der Gegenstände angetroffen werden. In diesem Fall würde es eine Logik
geben, in der man nicht von allem Inhalt der Erkenntnis abstrahierte; denn diejenige,
welche bloß die Regeln des reinen Denkens eines Gegenstandes enthielte, würde alle
diejenigen Erkenntnisse ausschließen, welche von empirischem Inhalt wären. Sie würde
auch auf den Ursprung unserer Erkenntnisse von Gegenständen gehen, so fern er nicht
den Gegenständen zugeschrieben werden kann; [...][380]

Einige negative Bestimmungen lassen sich aus dieser Stelle sofort gewinnen: Zunächst soll es sich nun explizit um ein Denken von Gegenständen
handeln. Von einem Erkennen der Gegenstände ist aber noch nicht die Rede. Es fragt sich also, wie die Regeln der allgemeinen Logik modifiziert
werden müssen, dass aus einem »Denken überhaupt« ein Denken von Gegenständen wird. Dabei geht es nicht oder zumindest noch nicht um Regeln,
wie Gegenstände erkannt werden können. Ebenso darf die Begriffsbildung,
obwohl sie auf Begriffe vom Gegenstand überhaupt führen soll, keinen
Begriff vom Gegenstand voraussetzen. Dennoch ist die Differenz zwischen
Denken und Erkennen für das Folgende wichtig. Denn die reinen Verstandesbegriffe als solche verdanken sich der Abstraktion von den Bedingungen

---

379 Es ist wichtig, dass Kant zunächst mit dem Begriff einer Anschauung überhaupt abstrahiert und in diesem Sinne zunächst von der spezifischen Art und Weise des Gegebenseins der
Gegenstände für uns – nämlich in Raum und Zeit – absieht. Es ist in diesem Sinn noch nicht die
Reflexion auf die Art und Weise des Gegenstandsbezugs, der die transzendentale Logik von der
allgemeinen Logik unterscheidet.
380 Kant, *KrV*, A55/B80f.

des Erkennens.[381] Das ist auch konsequent. Bedingungen des Erkennens lassen sich nämlich nur im Rückgriff auf die Bedingungen und die Art und Weise des Gegebenseins von Gegenständen formulieren, die aber in den reinen Verstandesbegriff – nach dem oben Gesagten – gar nicht eingehen dürfen. Weiterhin hängt die Möglichkeit einer solchen Logik zwar davon ab, dass es eine reine Anschauung (von Gegenständen) gibt. Doch folgt daraus nicht, dass nur Regeln für das Denken solcher Gegenstände gelten würden, die uns in einer reinen oder empirischen Anschauung gegeben werden können. Der Konjunktiv (»könnte«) zeigt vielmehr an, dass hier auf Gegenstände überhaupt abgezielt ist, die in irgendeiner Anschauung gegeben werden können, die gar nicht unbedingt die unsere sein muss und von deren Möglichkeit die reine Anschauung der transzendentalen Ästhetik nur ein Indiz ist. Der Begriff einer *Anschauung überhaupt* ist so unbestimmt, dass aus ihm nichts für die Begriffsbildung gewonnen werden kann. In eine solche Logik gehen deshalb – zumindest soweit die Bildung reiner Verstandesbegriffe als solcher betroffen ist – keine Regeln ein, die sich daraus ergeben, dass uns Gegenstände nur in unserer empirischen oder in unserer reinen Anschauung gegeben sind.[382] Obwohl das umstritten und tatsächlich problematisch ist,[383] zeichnen sich gerade reine Verstandesbegriffe als solche dadurch aus, dass sie nur im Rückgriff auf die Regeln gebildet werden, die bereits in der allgemeinen formalen Logik etabliert wurden. Erst wenn Regeln oder Bedingung für die Erkenntnis von Gegenständen thematisiert werden, wird diese Restriktion hinfällig. In der transzendentalen Logik im Ganzen werden sowohl solche Regeln thematisiert werden müssen, die unabhängig von unserer reinen und empirischen Anschauung formuliert wer-

---

381 Das liegt nicht zuletzt daran, dass Bedingungen des Erkennens oder Regeln für das Erkennen von etwas auf dieses Andere Bezug nehmen müssen, so dass ein Aspekt ins Spiel kommt, der über das spontane Verknüpfen von Vorstellungen prinzipiell hinaus geht: Es sind nämlich gegebene Gegenstände, die erkannt werden sollen. Die Möglichkeiten zu Erkennen sind erst im Rückgriff auf die genaue Art und Weise des Gegebenseins der Gegenstände – also im Rückgriff auf die Resultate der *Transzendentalen Ästhetik* – a priori bestimmbar. Der systematische Ort dafür ist das *Grundsatzkapitel*.

382 Gegen diese Interpretation spricht ein gewichtiges Argument: Es scheint nun so, als gehörten die Regeln des Schematismus und der Grundsätze nicht in die transzendentale Logik im engeren Sinn. Denn diese Regeln nehmen explizit auf die Anschauungsformen Bezug. Doch sollte man aus dieser engen Bestimmung der transzendentalen Logik nicht schließen, dass sie nicht in das Ganze der Transzendentalphilosophie gehörten – vgl. dazu bereits oben, S. 275ff. Sie sind nämlich dann unverzichtbar, wenn die nachfolgende Bestimmung der transzendentalen Logik konsequent verfolgt wird, die auf Erkenntnis abzielt. Die genannte Schwierigkeit ist eher ein Indiz dafür, dass Kant auch hier verschiedene Etappen bei der kategorialen Begriffsbildung einmal deutlich getrennt und einmal ineinander geschoben hat.

383 Problematisch ist natürlich das Postulat einer Anschauung, die prinzipiell nicht die unsere ist. Dass für Kant dieser Begriff tatsächlich unverzichtbar ist, hat K. Cramer, 1985, S. 255ff., im Anschluss an die Arbeiten von D. Henrich gezeigt.

den können, als auch solche, für die der Bezug auf reine und empirische Anschauung konstitutiv ist. Aber nur erstere betreffen den reinen Verstandesbegriff als solchen, letztere die Bedingungen seiner Anwendbarkeit. So genau diese Auskunft die Fernperspektive der transzendentalen Logik benennt, so untauglich ist sie jedoch für die Aufgabe, das Verfahren der *Metaphysischen Deduktion* zu bestimmen: Es droht so nämlich ein Gegenstandsbegriff unbefragt vorausgesetzt zu werden.

Eine zweite Charakterisierung der transzendentalen Logik hilft genau dort weiter, wo die erste unklar bleibt:

> Der Teil der transzendentalen Logik also, der die Elemente der reinen Verstandeserkenntnis vorträgt, und die Prinzipien, ohne welche überall kein Gegenstand gedacht werden kann, ist die transzendentale Analytik, und zugleich eine Logik der Wahrheit. Denn ihr kann keine Erkenntnis widersprechen, ohne daß sie zugleich allen Inhalt verlöre, d.i. alle Beziehung auf irgend ein Objekt, mithin alle Wahrheit.[384]

In dieser Passage gehen eine sehr rigide und eine etwas umfassendere Bestimmung der transzendentalen Logik ineinander. Die *rigide* Charakterisierung der transzendentalen Logik als »Logik der Wahrheit« besagt, dass in ihr diejenigen Bedingungen behandelt werden, aufgrund derer überhaupt von der Wahrheit oder Falschheit von Urteilen gesprochen werden kann, also Bedingungen der Wahrheitsfähigkeit.[385] Genauer sind damit logische Verknüpfungsregeln gemeint, für die gilt, dass durch ihre Anwendung oder Befolgung Gebilde entstehen, die angesichts eines Mannigfaltigen der Anschauung überhaupt wahrheitsfähig sind. Wenn diese Bedingungen nicht erfüllt sind, verlieren sie in dem Sinn allen Inhalt, als nichts gegeben ist, das wahr oder falsch ist. Dabei dürfen für die kategoriale Bedingung nur diejenigen Bedingungen für die Differenz von »wahr« und »falsch« berücksichtigt werden, die ohne den zirkulären Vorgriff auf einen Gegenstandsbegriff formuliert werden können. Die transzendentale Logik führt also dadurch auf Begriffe von Gegenständen überhaupt, dass gefragt wird, welche Verknüpfungen von Vorstellungen angesichts einer Anschauung überhaupt wahrheitsfähig sein können. Der Gegenstandsbegriff wird dabei nicht vorausgesetzt, sondern allererst gebildet. Es geht also beim ersten Schritt der kategorialen Begriffsbildung darum zu fragen, wie die Regeln der allgemeinen Logik modifiziert werden müssen, damit überhaupt etwas gedacht wird, das angesichts einer Anschauung überhaupt gegebener Vorstellung wahr oder falsch ist. Solches Denken ist – für sich genommen – das Denken von Gegenständen überhaupt. Tatsächlich lassen sich solche Regeln annehmen. Es ist nämlich – wie sich zeigen wird – dafür, dass von Wahrheit

---

384 I. Kant, *KrV*, A62f./B87.
385 Vgl. dazu T. Pinder, 1979.

oder Falschheit gesprochen werden kann, nicht nur erforderlich, dass etwas (in einer Anschauung) gegeben ist, sondern auch, dass in einem Urteil etwas von etwas behauptet wird. Dazu ist eine besondere Verknüpfungsleistung im Urteil noch unter Absehung von der Anschauung nötig.[386] Reine Verstandesbegriffe betreffen nur diese letzteren, die logischen Formen zu komplexeren Gebilden kombinierenden oder wiederholenden Verknüpfungsleistungen.

Die Anschauung kommt jedoch sofort ins Spiel, wenn der Charakterisierung der transzendentalen Logik als »Logik der Wahrheit« eine *umfassendere* Auslegung gegeben wird. Dann nämlich geht es in einer solchen Logik nicht nur um die Bedingungen dafür, dass überhaupt wahrheitsfähige Gebilde vorliegen, sondern auch um die Bedingungen dafür, von Urteilen feststellen zu können, ob sie wahr oder falsch sind. In diesem Sinne geht die transzendentale Logik nicht nur auf die Bildung reiner Verstandesbegriffe, sondern auch auf ihre Anwendungsbedingungen und apriorischen Anwendungsregeln. In dieser Perspektive gehören der *Schematismus* und das *Grundlagenkapitel* in die transzendentale Analytik, auch wenn die bisherige Diskussion zuweilen anderes nahe gelegt hat. Die so ausdifferenzierte Frage nach den Bedingungen von Wahrheit hat gegenüber der ersten Charakterisierung den entscheidenden Vorteil, dass sie den problematischen Gegenstandsbegriff nicht voraussetzt. Weiterhin wird die oben nur unzulänglich begründete Differenz zwischen zwei Arten von Regeln, von denen nur die einen im Rahmen der metaphysischen Deduktion berücksichtigt werden dürfen, deutlicher.

Aus dem bisher Gesagten lässt sich für das Verfahren der metaphysischen Deduktion einiges vorab gewinnen: Im Folgenden sind die Regeln der allgemeinen Logik so zu modifizieren, dass Verknüpfungen entstehen, die wahrheitsfähig sind. Es soll sich aber noch nicht um Kriterien handeln, über Wahrheit und Falschheit zu entscheiden (das geschieht erst im *Schematismus-* und im *Grundsätzekapitel*). In diese Regeln sollen Bestimmungen, die sich dem Umstand verdanken, dass uns Gegenstände alleine in der Anschauung gegeben sind, noch nicht eingehen. Ebenso wenig darf in irgendeiner Weise auf den Begriff des Gegenstands vorgegriffen werden. Es ist nun zu sehen, wie die oben gegebenen Bestimmungen aus der allgemeinen Logik im Einzelnen modifiziert werden müssen, wenn von der allgemeinen in die transzendentale Logik übergegangen wird. Dazu gehe ich die drei Momente des oben skizzierten Urteilsbegriffs erneut durch.

---

386 Dass diese Leistung nur mit Hilfe der Verknüpfungsformen geleistet werden kann, die bereits in der allgemeinen Logik exponiert wurden, versteht sich nach dem bisher Gesagten von selbst.

(1) Hinsichtlich der Komponenten, die in einem Urteil verknüpft werden, sind in der transzendentalen Logik zwei Modifikationen zu registrieren. Zunächst zur *ersten Modifikation*: In der allgemeinen Logik war nur von einzelnen Vorstellungen als Komponenten des Urteils die Rede, die entweder als individuelle Instanzen (»α_1«) oder als Typen dieser individuellen Instanzen (»α«) aufgefasst werden konnten.[387] In der transzendentalen Logik ist zusätzlich davon auszugehen, dass zumindest einige Vorstellungen »gegeben« sind, und dass die einzige Art und Weise, in der Vorstellungen »gegeben« sind, *irgend eine Form* von Anschauung ist. Der Grund für die erste Modifikation besteht darin, dass nur in Bezug auf etwas Gegebenes überhaupt von Wahrheit oder Falschheit die Rede sein kann. Denn nur dann kann die Möglichkeit einer Übereinstimmung oder Differenz bestehen. Nur unter dieser Voraussetzung kann eine von mir gebildete Vorstellungsverknüpfung mit gegebenen Vorstellungen in Beziehung gesetzt werden. Dabei spielt die Art und Weise des Gegebenseins der Vorstellung im Verlauf von Kants Argumentationen unmittelbar vor der Kategorientafel zwar eine zentrale Rolle, doch gehen in den reinen Verstandesbegriff keinerlei Merkmale ein, die sich diesem Umstand verdanken.

Das Problem der Wahrheitsfähigkeit des Urteils besteht darin, dass mit den bisherigen Mitteln noch gar nicht deutlich ist, wie ein Urteil ein Urteil über etwas sein kann, das von ihm unabhängig ist und angesichts dessen es wahr oder falsch sein könnte. Für sich genommen genügt auch der Anschauungscharakter von Vorstellungen noch nicht, um das Wahrheitsproblem zu stellen. Denn ob nun das Urteil »$\alpha_1 > \beta_1$« oder »$\beta_2 > \alpha_2$« gebildet wird, ist noch gleichgültig, auch wenn die einzelnen Vorstellungen in irgendeiner Weise anschaulich gegeben sind. Denn es ist völlig unklar, in welchem Verhältnis die Vorstellungsverknüpfung im Urteil zu Anschauungen stehen kann. Welche Bedingungen zusätzlich erfüllt sein müssen, damit bei einem solchen Urteil von Wahrheit oder Falschheit gesprochen werden kann, ist die Frage, die im Folgenden die kategoriale Begriffsbildung in Gang setzt.

Zunächst ist nicht deutlich, was es heißen kann, dass eine Vorstellung »gegeben« ist (bzw. eine Anschauung ist). Die Unklarheit besteht schlicht darin, dass mehrere Deutungen möglich sind: Gemeint sein kann, dass für jede Vorstellung α_1 gelten muss, dass sie unmittelbar in einer Anschauung gegeben ist. Gemeint sein kann aber auch, dass für eine Vorstellung α_i gilt, dass sie bereits dann eine »gegebene« ist, wenn es mindestens eine Vorstel-

---

387 Strikt gesprochen ergibt sich diese Differenzierung – wie bereits gesagt – erst im neuen Kontext der transzendentalen Logik. Die unendliche Mannigfaltigkeit von Vorstellungen, die in der transzendentalen Logik vorausgesetzt werden darf, weil sie gerade auch in diesem Sinn nicht von allem Inhalt abstrahiert, gestattet und erzwingt das.

lung α_0 vom selben Typ α gibt, die unmittelbar in der Anschauung gegeben ist. Es wird sich zeigen, dass das Argument für die kategoriale Begriffsbildung die zweite Lesart voraussetzt. Im Folgenden soll der kleine griechische Buchstabe α den Vorstellungstyp, kleine griechische Buchstaben α_1, α_2, α_3 ... mit Index singuläre Vorstellungsvorkommnisse vom Typ α bezeichnen, und die entsprechenden lateinischen Buchstaben a_1, a_2, a_3, ... solche singulären Vorstellungsvorkommnisse vom Typ α, die unmittelbar anschaulich gegeben sind. Eine Differenz von α_1, α_2, α_3, ... und a_1, a_2, a_3, ... besteht darin, dass letztere ausschließlich gemäß den Formen der Anschauung verknüpft sind. Allerdings hat sich unter der Hand die Differenzierung zwischen individueller Vorstellung und Vorstellungstyp gewandelt.[388]

Die *zweite Modifikation*, die hinsichtlich der Komponenten einer Verknüpfung gegenüber der allgemeinen Logik in der transzendentalen Logik zu registrieren ist, besteht in einem unscheinbaren Punkt: Die allgemeine Logik redet beispielsweise im Fall des kategorischen Urteils einfach von zwei Vorstellungen, die in einem Bewusstsein verbunden werden. Mehr braucht sie auch nicht in Rechnung zu stellen. Die transzendentale Logik geht demgegenüber grundsätzlich davon aus, dass eine Mannigfaltigkeit von Vorstellungen gegeben ist, also eine grundsätzlich offene Vielzahl. Jede Verknüpfung von zwei Vorstellungen in einem kategorischen Urteil (»α_1 › β_1«) kann deshalb immer vor dem Hintergrund dieser Mannigfaltigkeit von Vorstellungen betrachtet werden. Dieses Mannigfaltige kann sowohl aus weiteren Vorstellungen desselben Typs (als α_2, α_3, ..., sowie β_1, β_2, ...) bestehen, wie auch aus Vorstellungen ganz anderen Typs (also γ_1, γ_2, γ_3, ..., δ_1, δ_2, δ_3, ..., ε_1, ε_2, ε_3, ...). Diese Möglichkeit musste und konnte in der allgemeinen Logik schon deshalb kein Thema werden, weil von allem Inhalt abstrahiert worden ist. In der transzendentalen Logik ist das hingegen eine selbstverständliche Voraussetzung. Es handelt sich nämlich um eine weitere Bedingung dafür, dass überhaupt von Wahrheit und Falschheit die Rede sein kann – und insofern um eine Voraussetzung der kategorialen Begriffsbildung. Doch gehört auch diese zweite Modifikation eher zu dem Hintergrund, der das entscheidende Argument provozieren und ermöglichen soll, als dass sie direkt in den reinen Verstandesbegriff eingine.

---

388 Genauer lassen sich mehrere Differenzierungen unterscheiden, die in anderen Kontexten genau auseinander gehalten werden müssen. Da ist zunächst die Differenz zwischen einer Vorstellung und ihren verschiedenen Verwendungen. Dann ist die Differenz zwischen vielen einzelnen Vorstellungen und der Vorstellung davon, worin sie »ähnlich« sind. Dann ist schließlich die Differenz zwischen individueller Vorstellung und Allgemeinbegriff. Diese weiteren verschiedenen Differenzen setzen ihrerseits bereits bestimmte logische Verknüpfungsleistungen – nämlich Ähnlichkeitsurteile oder kategorische Urteile – voraus. Im Folgenden soll aber von den daraus entstehenden Problemen abgesehen werden.

(2) Es ist nun zu fragen, wie die Regeln der Verknüpfung von Vorstellungen im Urteil so zu modifizieren sind, dass von Wahrheit oder Falschheit so erzeugter Verknüpfungen gesprochen werden kann. Zunächst ist klar, dass ein Urteil nur wahrheitsdefinit sein kann, wenn es etwas anderes als die Verknüpfung in einem Urteil gibt, worauf das Urteil als solches bezogen ist und im Blick auf das ein Urteil »wahr« oder »falsch« ist. Diese Bedingung ist in gewisser Weise erfüllt, wenn Vorstellungen anschaulich gegeben sind. Doch handelt es sich hier nur um eine Bedingung für die Möglichkeit der Differenz von »wahr« und »falsch«, die nicht unmittelbar in den reinen Verstandesbegriff eingehen wird. Zur Bildung des reinen Verstandesbegriffs kommt es vielmehr auf die andere Seite des Problems an, nämlich auf die Regeln zur Verknüpfung im Urteil. Die bisherigen Überlegungen im Rahmen der allgemeinen Logik reichen in dieser Hinsicht schlicht deshalb nicht hin, weil mit der Verknüpfung von α_1 und β_1 in einem Urteil gar nichts ausgesagt wird hinsichtlich der Verknüpfung anderer Vorstellungen desselben Typs. Nichts hindert, andere Vorstellungen vom Typ α in anderer Weise mit Vorstellungen vom Typ β zu verknüpfen. Dann aber ist klar, dass ein Urteil der Form »$\alpha_1 > \beta_1$« gar nicht auf die in der Erfahrung irgendwie verknüpften Vorstellungen a_1 und b_1 bezogen ist. Es ist vielmehr völlig rätselhaft, wie dieses Urteil auf diese anschaulich gegebenen Vorstellungen bezogen ist. Deshalb genügen die bisherigen Überlegungen nicht, hinreichende Bedingungen dafür anzugeben, dass durch eine logische Verknüpfung von Vorstellungen im Urteil ein wahrheitsfähiges Gebilde entsteht.

Die zur Bildung reiner Verstandesbegriffe hinführende Frage ist also, wie die Regeln zur Verknüpfung von Vorstellungen im Urteil modifiziert werden müssen, dass das Urteil auf die unmittelbar in der Anschauung überhaupt gegebenen Vorstellungen bezogen sein kann.[389] Nahe liegt die Überlegung, dass dazu nur nötig ist, dass α_1 eben a_1 bezeichnet, dass also a_1 der Gegenstand von α_1 ist. Doch können α_1, α_2, usf. ihrerseits in der Anschauung gegebene Vorstellungen desselben Gegenstandes (= X) sein, ohne dass darüber auf der jetzigen Stufe der Betrachtung entschieden werden kann. Weiterhin ist ganz unklar, was es heißen soll, dass die eine Vorstellung α_1 und nicht die Vorstellung α_2 ein Zeichen für a_1 (und nicht a_2) sein sollte. Schließlich müsste eine entsprechende Regel selbst auf die Anschauung Bezug nehmen und würde deshalb nicht den Bedingungen an die gesuchte Regel gerecht, welcher der reine Verstandesbegriff entspringen soll. Die Frage ist deshalb strikter zu formulieren: Wie muss ein Urteil gebildet

389 R. Enskat, 1995, S. 192f., scheint in seiner knappen Skizze zum Grundgedanken der *Metaphysischen Deduktion* dieses Verhältnis als geklärt vorauszusetzen.

sein, damit es angesichts eines Mannigfaltigen so auf Vorstellungen bezogen sein kann, dass das Urteil wahrheitsfähig ist?

Es gibt wohl nur eine Möglichkeit, durch eine Modifikation der Verknüpfungsregeln selbst diesen Bezug herzustellen: Die Regeln zur logischen Verknüpfung im Urteil müssen in bestimmter Weise generalisiert werden. Das lässt sich an einer, in dieser Form noch falschen, Überlegung verdeutlichen: Wenn *alle* Vorstellungen α_1, α_2, α_3, ... mit je einer Vorstellung β_1, β_2, β_3, in derselben Weise verknüpft werden müssen, dann ist völlig unabhängig von problematischen Bezeichnungsrelationen unter der Voraussetzung der oben benannten Prämisse etwas behauptet, das mit den analogen Verhältnissen zwischen den Vorstellungen a_1, a_2, a_3, ..., b_1, b_2, b_3 übereinstimmen kann oder nicht. Wenn etwas über alle Verknüpfungen von Vorstellungen des *Typs* α mit Vorstellungen des *Typs* β behauptet wird, würde es sich um ein wahrheitsfähiges Gebilde handeln, über dessen Wahrheit entschieden werden könnte, wenn sich in der Anschauung analoge Verknüpfungsstrukturen auffinden ließen (letzteres ist Aufgabe des *Schematismus* und gehört *nicht* zum reinen Verstandesbegriff). Die Regel für das kategorische Urteil ist also (provisorisch) folgendermaßen zu modifizieren:

Wenn ich eine Vorstellung vom Typ α mit einer Vorstellung vom Typ β in einem wahrheitsfähigen kategorischen Urteil verknüpfen will, dann gilt entweder (1) für alle α_1, α_2, α_3, ... und alle β_1, β_2, β_3: $\alpha_x \rangle \beta_x$; oder (2) für alle α_1, α_2, α_3, ... und für alle β_1, β_2, β_3, ...: $\beta_x \rangle \alpha_x$.[390]

Die Generalisierung ist also der Punkt, an dem die Wahrheitsfähigkeit ins Spiel kommt. Zunächst seien die Unzulänglichkeiten dieser Regel vernachlässigt und nur angenommen, dass es eine Regel solchen Typs sein muss. Wichtiger ist vorerst, den Zusammenhang mit dem reinen Verstandesbegriff als Begriff vom Gegenstand überhaupt herauszuarbeiten. Durch die vorgenommene Generalisierung der Verknüpfungsregel der allgemeinen Logik ist es nicht mehr der *subjektiven Willkür* überlassen, ob Vorstellungen dieser beiden Typen in kategorischen Urteilen verknüpft werden. Die Verknüpfung wird deshalb eine *notwendige*. Es zeichnet sich so bereits ab, weshalb derartigen Regeln Begriffe von *Gegenständen* entspringen können: Diese Notwendigkeit ist ein Schritt, einen Gegenstand zu denken. Denn wenn ein Gegenstand gedacht wird, liegt es nicht mehr in der subjektiven

---

390 Der Einfachheit halber sehe ich hier davon ab, dass die beiden Vorstellungen auch in einem negativen kategorischen Urteil verknüpft werden können. Es wird in der Folge deutlich werden, dass vermutlich erst das System aller Verstandesbegriffe den Gegenstandsbegriff ausmacht und entsprechend erst das System aller entsprechenden Regeln vor dem skizzierten Hintergrund die hinreichende Bedingung für die Rede von »wahr« und »falsch« abgibt.

Willkür, Eigenschaften zu- oder abzusprechen. Einem Gegenstand kommt im einfachsten Fall eine bestimmte Eigenschaft schlicht zu. Ein Urteil wird erst dann ein (objektives) Urteil über einen Gegenstand, wenn die Verknüpfungsmöglichkeiten von Vorstellungen, die sich auf diesen Gegenstand beziehen sollen, entsprechend restringiert werden. Es mag also durchaus so sein, dass das Problem wahrheitsfähiger bzw. wahrheitsdefiniter Gebilde zu Begriffen vom Gegenstand überhaupt führt. Die entsprechende Verknüpfungsregel der transzendentalen Logik fordert aus umgekehrtem Blickwinkel – nämlich um wahrheitsdefinite Gebilde zu erzeugen – eine solche Restriktion, wodurch der Form nach ein Gegenstand gedacht wird, unabhängig davon, ob ein Gegenstand gegeben ist.

Allerdings ist eine solche Regel noch kein Begriff von einem Gegenstand. Die Regel, die aus einem subjektiven Urteil ein Urteil macht, das wahrheitsfähig sein kann, ist selbst noch nicht die Regel, die den reinen Verstandesbegriff ausmacht. Allerdings soll der reine Verstandesbegriff dieser Regel entspringen. Dazu ist nur ein weiterer Schritt nötig. Dieser weitere Schritt liegt deshalb nahe, weil die bisherige Modifikation der Regel der allgemeinen Logik neben vielem auch in einer ganz bestimmten Hinsicht noch nicht hinreichend ist. Sie enthält nämlich noch eine Alternative. Es ist aber völlig unklar, ob es eine Regel gibt, nach der zwischen den beiden alternativen Verknüpfungen »$\alpha > \beta$« oder »$\beta > \alpha$« entschieden werden könnte. Mit anderen Worten, es ist nicht deutlich, ob Vorstellungen vom Typ α oder vom Typ β an der Subjektstelle stehen müssen. Dafür, dass ein wahrheitsfähiges Gebilde entsteht, ist es nun nötig, dass eine dieser Alternativen (und sei es die falsche) gewählt wird. Der reine Verstandesbegriff bringt diese Alternativen auf den Begriff:

Für alle Vorstellungen vom Typ α, β, γ, ...: Wenn eine Vorstellung vom Typ α mit einer Vorstellung anderen Typs in einem kategorischen Urteil verknüpft wird, dann ist die Vorstellung vom Typ α an Subjektstelle zu setzen.

Dieser Festlegungsregel entspringt nun der reine Verstandesbegriff der Substanz: Wenn eine Vorstellung immer nur an Subjektstelle verwendet wird, aber niemals an Prädikatstelle, dann ist es eine Vorstellung einer Substanz.[391] Wohlgemerkt: Es kommt an dieser Stelle noch nicht darauf an, zu

---

391 Mir ist nur ein Versuch bekannt, einen reinen Verstandesbegriff in der Form einer expliziten Regel auszuformulieren, nämlich der von P. Krausser, 1976, S. 144. Krausser formuliert dort eine kategoriale Regel der Substanzkategorie: »In allen sinnlichen Mannigfaltigkeiten konstruiere (a) eine vollständige Aufteilung in Substrate (Substanzen) und Akzidenzien und zwar (b) so, dass die als Akzidenzien konstruierten Teile (Elemente oder Gruppen) den als Substanzen konstruierten Teilen als ihnen inhärierend verbunden werden«. Gegen diese Rekonstruktion spricht, dass durch sie die logische Regel, die den reinen Verstandesbegriff ausmachen soll, bereits auf die Mannigfaltigkeit der Sinnlichkeit eingeschränkt ist, so dass nicht zu sehen ist, in welchem Sinn ein solcher

fragen, ob zu Recht alle α-Vorstellungen an Subjektstelle verwendet werden, oder nicht. Die Behauptung ist nur, dass diese Regel – und ihre Alternative – eine Bedingung dafür formuliert, dass spontane Verknüpfungen im Urteil wahrheitsfähig sein können. In diesem Sinn entspringt der reine Verstandesbegriff tatsächlich der Reflexion auf die Bedingungen der Möglichkeit von Wahrheit und Falschheit im Übergang von der allgemeinen zur transzendentalen Logik. Allerdings ist diese zweite Festsetzungsregel auch noch revisionsbedürftig – gerade weil die erste Regel so, wie sie formuliert wurde, ergänzungsbedürftig ist.

Die erste Regel ist in zentraler Hinsicht mangelhaft. Das liegt schlicht daran, dass überhaupt noch nicht klar ist, ob und warum alle Vorstellungen vom Typ α in gleicher Weise mit Vorstellungen vom Typ β verknüpft werden müssen, damit das Urteil auf das Vorkommen von a_1, a_2, ... und b_1, b_2, ... so bezogen ist, dass es wahr oder falsch sein kann. Um das Problem an einem Beispiel zu illustrieren: Ich mag ein Urteil vom Typ »α › β« bilden, und Vorstellungen a_1, a_2, ... sowie b_1, b_2, ... haben, die in analoger Weise verknüpft sind, aber auch solche, die es nicht sind. Das kann aber nicht einfach heißen, dass das Urteil falsch ist, wie auch jedes andere Urteil dieses Typs. Man muss sich nur daran erinnern, dass es neben allgemeinen auch partikuläre und besondere Urteile geben kann: Der Reichtum logischer Verknüpfungsformen ist wesentlich größer, als bisher berücksichtigt. Entsprechend ist auch die Art und Weise, in der Urteile auf anschaulich gegebene Vorstellungen bezogen sind, wesentlich komplexer, als bisher skizziert wurde. Die Aufgabe, zu erklären, wie Urteile wahrheitsfähige und wahrheitsdefinite Gebilde sein können, erfordert aber, diese Komplexität auf Begriffe und Regeln zu bringen, die letztlich sogar den Grund abgeben, Wahrheitsbedingungen zu formulieren. Es lässt sich vermuten, dass diese Aufgabe erst erfüllt wäre, wenn ein Regelwerk gewonnen ist, das sämtliche Möglichkeiten logischer Verknüpfungsleistungen im Urteil berücksichtigt und dem so alle Kategorien entspringen. Anders gesprochen: Es wäre über das bisher geleistete zu zeigen, dass die Regeln zur Bildung wahrheitsfähiger Gebilde erst dann ausformuliert sein können, wenn sämtliche Kategorien entwickelt sind und die *Metaphysische Deduktion* so an ihr Ende kommt.

Für die Gewinnung des reinen Verstandesbegriffs sind derartige Fragen sekundär. Es kommt gegenwärtig vielmehr darauf an, die reine Kategorie

reiner Verstandesbegriff ein Begriff vom Gegenstand überhaupt ist. Weiterhin spricht dagegen, dass nicht deutlich wird, wie diese Regel einer logischen Form entspringt, bzw. mit einer logischen Verknüpfung identisch ist. Schließlich verwendet Krausser Ausdrücke wie »Substrat«, »Substanz«, »Akzidenz« und »Inhärieren«, die ja gerade erst zu rekonstruieren sind. So richtig die Aufgabe erkannt ist, Begriffe als Regeln zu rekonstruieren – oder aus Regeln hervorgehen zu lassen – so verfehlt erscheint mir dieser Vorschlag im Ansatz.

der Kausalität zu gewinnen. Die Überlegungen zum kategorischen Urteil sind dazu auf die logische Form des hypothetischen Urteils anzuwenden. Dabei sei der Einfachheit halber vorausgesetzt, dass die im hypothetischen Urteil verknüpften kategorischen Urteile bereits wohl bestimmte Urteile mit Objektivitätsanspruch im eben explizierten Sinn sind. Auf der Ebene der allgemeinen Logik hindert dann immer noch nichts, die Vorstellungen α_1, α_2, β_1, γ_1 zu dem hypothetischen Urteil »$(\alpha_1 > \beta_1) \Rightarrow (\alpha_2 > \gamma_1)$« zu verknüpfen, und die Vorstellungen α_3, α_4, β_2, γ_2 zu dem Urteil »$(\alpha_3 > \gamma_2) \Rightarrow (\alpha_4 > \beta_2)$«. Ein wahrheitsfähiges Gebilde zu erzeugen, erfordert wiederum eine Festlegung auf eine der Möglichkeiten. Auch hier lässt sich also die Verknüpfungsregel der allgemeinen Logik so ergänzen, dass ein Urteil mit Objektivitätsanspruch entsteht:

Wenn ich die Urteile »$(\alpha > \beta)$« und »$(\alpha > \gamma)$« in einem wahrheitsfähigen hypothetischen Urteil verknüpfen will, dann gilt für alle Vorstellungen α_1, α_2, α_3, ...; β_1, β_2, β_3, ... ; γ_1, γ_2, γ_3, ...: entweder sind sie als »$(\alpha_x > \beta_x) \Rightarrow (\alpha_y > \gamma_x)$« zu verknüpfen, oder als »$(\alpha_x > \gamma_x) \Rightarrow (\alpha_y > \beta_x)$«.

Wieder ist diese Regel in bestimmter Hinsicht unbestimmt. Denn es ist nicht klar, was als Antezendenz und was als Konsequenz zu nehmen ist. Analog lässt sich eine zweite Regel als eine willkürliche Festlegung bilden, im Rückgriff auf die diese erste Regel erst wohl bestimmt ist.

Wenn Urteile des Typs »$(\alpha > \beta)$« mit Urteilen des Typs »$(\alpha > \gamma)$« in einem wahrheitsfähigen hypothetischen Urteil verknüpft werden sollen, dann sind Urteile des Typs »$(\alpha > \beta)$« immer an die Stelle des Antezendenz zu setzen.

Es ist klar, dass auch die genau entgegengesetzte Regel gebildet werden kann. Welche Festlegung richtig ist, muss aber noch gar nicht entschieden werden können. Ebenso ist auch hier noch in Rechnung zu stellen, dass noch nicht die ganze Mannigfaltigkeit möglicher logischer Verknüpfungen berücksichtigt ist. Es genügt jedoch, dass angesichts solcher Festlegungen gefragt werden kann, ob sie richtig oder falsch sind. Entscheidend ist nun aber, dass solchen Regeln der reine Verstandesbegriff der Ursache entspringt. Dasjenige, das in solchen hypothetischen Urteilen immer nur an der Stelle des Antezedenz verwendet werden muss, ist Ursache dessen, was an der Stelle des Konsequenz verwendet wird. Dabei sind die kategorischen Urteile nach Voraussetzung bereits so bestimmt zu denken, dass es sich um Behauptungen über Gegenstände, ihre Eigenschaft und ihre Zustände handelt. Entsprechend lässt sich auch der reine Verstandesbegriff einer Wirkung bilden. Der Begriff der Kausalrelation selbst ist nun nichts anderes als der Begriff einer entsprechend generalisierten Bedingungsrelation.

Hier ist nun der Ort, erneut die Frage aufzugreifen,[392] ob es sich bei der Relation »⇒« um eine Bedingungsrelation im Sinne einer materialen Implikation oder eher im Sinn einer strikten Implikation handelt, also ob das Konsequenz assertorisch oder – unter der Bedingung – apodiktisch behauptet wird. Im Rahmen der allgemeinen formalen Logik ist Kant offensichtlich der Meinung, es handle sich bei hypothetischen Urteilen um assertorische Urteile.[393] Es gibt dort auch keinerlei Grund zu der Annahme, dass nicht beide Urteile »$(\alpha_1 \rangle \beta_1) \Rightarrow (\alpha_2 \rangle \gamma_1)$« und »$(\alpha_3 \rangle \beta_2) \Rightarrow \neg (\alpha_4 \rangle \gamma_2)$« *möglich* sind, bzw. dass es keinen Widerspruch einschließt, beide Urteile zu bilden. Im Rahmen der transzendentalen Logik ist die Situation jedoch eine grundsätzlich andere. Denn hier gilt, dass ein Urteil »$(\alpha_1 \rangle \beta_1) \Rightarrow (\alpha_2 \rangle \gamma_1)$« nur dann Gegenstandsbezug hat, wenn alle Vorstellungen vom Typ α, β, γ in derselben Weise verknüpft werden (sofern keine einschränkenden Bedingungen ins Spiel kommen). Anders gesprochen: Es ist nicht sinnvoll zu sagen, dass wenn »$(\alpha_1 \rangle \beta_1) \Rightarrow (\alpha_2 \rangle \gamma_1)$« mit Anspruch auf Wahrheit behauptet werden soll, auch »$(\alpha_3 \rangle \beta_2) \Rightarrow \neg (\alpha_4 \rangle \gamma_2)$« mit Anspruch auf Wahrheit behauptet werden kann. In diesem Sinn ist die Relation »⇒« in diesem Kontext so zu interpretieren, dass relativ auf ein Antezedenz *und* die Gegenstandsbezug ermöglichende kategoriale Regel das Konsequenz notwendig ist. Die Generalisierung, die den Objektbezug begründet, hat zur Folge, dass – relativ auf diesen Gegenstand – die Verknüpfung eine notwendige ist und als eine Art strikte Implikation zu deuten ist.[394] In diesem Sinn impliziert der reine Verstandesbegriff der Kausalität Gesetzlichkeit. Daraus ergibt sich auch, dass das Antezendenz in einer solchen Relation in jedem Fall als eine – unter Umständen – hinreichende Bedingung aufzufassen ist (sofern *ceteris-paribus*-Klauseln erfüllt sind).

Offen ist zunächst noch, ob es sich auch um notwendige Bedingungen handeln muss. Doch lässt sich auch das unter den nun geltenden Rahmenbedingungen klären: Soll eine Verknüpfung von Vorstellungen Gegenstandsbezug haben, dann muss sie der generalisierten Regel gerecht werden. Wäre aber das Antezendenz einer solchen Bedingungsrelation nicht auch eine notwendige Bedingung, dann wäre es möglich, dass Vorstellungen vom Typ α, β, γ nicht in der vorgeschriebenen Weise miteinander verknüpft werden können – etwa im Urteil »$\neg(\alpha_1 \rangle \beta_1) \Rightarrow (\alpha_2 \rangle \gamma_1)$«. Das aber widerspricht der kategorialen Regel. Weil solche Fälle also unmöglich sind, ist im Rahmen der transzendentalen Logik das Antezendenz eines gegen-

392 Vgl. oben, S. 312ff.
393 Vgl. I. Kant, *KrV*, A75/B100; vgl. ders., *Logik Jäsche*, § 25; ders., *Wiener Logik*, AA XXIV, S. 934f.
394 Aus den unterschiedlichen Relativitäten dieser Notwendigkeit ergibt sich übrigens, dass auch eine so in Orientierung an der strikten Implikation gedeutete Verknüpfung nicht eo ipso ein analytisches Urteil im Sinne Kants ist.

standsbezogenen hypothetischen Urteils als hinreichende und notwendige Bedingung zu denken.

(3) Die dritte Komponente des Urteilsbegriffs der allgemeinen Logik – dass es sich bei einem Urteil um eine Einheit handeln muss, insofern die Vorstellungen in einem Bewusstsein verknüpft werden – ist bisher noch nicht berücksichtigt worden. Der Übergang von der allgemeinen Logik in die transzendentale Logik führt auch hier zu Modifikationen, die zunächst weniger den reinen Verstandesbegriff als solchen betreffen, als vielmehr die Begründung der entscheidenden, noch unausgewiesenen Voraussetzung der Argumentation. Es wird sich jedoch vor allem im folgenden Abschnitt zeigen, dass hier die entscheidenden Weichen für die präzisere Bestimmung der Verstandesbegriffe gelegt werden. Die Einheit ist nun genauer zu bestimmen, ebenso der Begriff des Bewusstseins, der hier angenommen werden darf. Denn das »Bewusstsein«, das oben im Rahmen der allgemeinen Logik vorausgesetzt wurde, war lediglich ein Bewusstsein, das zwei (resp. vier) Vorstellungen in sich vereinigt, von denen völlig unbestimmt blieb, was ihr Inhalt und ihre Herkunft ist. Die logischen Formen wurden lediglich als Arten und Weisen bestimmt, in denen zwei Vorstellungen in einem Bewusstsein zusammen sein können, ohne dass es sich um zwei »Bewusstseine« handeln muss. In der transzendentalen Logik ist der Bewusstseinsbegriff entsprechend dem Vorstellungsbegriff zu erweitern. Es sind nun alle die Vorstellungen gegeben, die das Mannigfaltige in der Anschauung (überhaupt) ausmachen. Entsprechend muss das Bewusstsein, in dem die Einheit des Urteils besteht, eine ganz andere Synthesisleistung vollbringen. Denn sowohl die Vorstellungen in der Anschauung wie die Vorstellungen im Urteil müssen nun zusammen Vorstellungen eines Bewusstseins sein. Ohne allzu weit vorzugreifen, kann schon jetzt vermutet werden, dass der so erweiterte Bewusstseinsbegriff bei der Begründung der oben erwähnten, aber nicht weiter begründeten Prämisse eine Rolle spielen muss – dass nämlich die Vorstellungen in der Anschauung in einer Weise verbunden werden, die der Verknüpfung von Vorstellungen in einem Urteil entspricht.

Die gegebene Argumentationsskizze ist nun an den einschlägigen Kant-Texten zu überprüfen und zu präzisieren. Dabei kann der Umstand, dass die entwickelte Argumentation der Behauptung von einer »völligen Zusammentreffung« der Kategorien mit den »logischen Funktionen des Denkens« in gewissem Sinn gerecht wird, nicht weiter helfen.[395] Was das allgemeine Prozedere der kategorialen Begriffsbildung in der *Metaphysischen Deduktion* betrifft, so wird Kant vor allem im Rückblick etwas präziser, nämlich in den *Prolegomena*. Dort beschreibt Kant in § 39 das in der *Kritik der reinen*

---

395 Vgl. I. Kant, *KrV*, B159.

Vernunft angewandte Verfahren der *Metaphysischen Deduktion* folgendermaßen:

> Ich bezog endlich diese Funktionen zu Urteilen auf Objekte überhaupt, oder vielmehr auf die Bedingungen, Urteile als objektiv-gültig zu bestimmen, und es entsprangen reine Verstandesbegriffe, bei denen ich außer Zweifel sein konnte, daß gerade nur diese, und ihrer nur so viele, nicht mehr noch weniger, unser ganzes Erkenntnis der Dinge aus bloßem Verstand ausmachen können.[396]

Sieht man von dem Vollständigkeitsanspruch ab, so wird hier das Verfahren durch folgende Punkte charakterisiert: Kant spricht davon, dass alle Verstandesbegriffe »unser ganzes Erkenntnis der Dinge aus bloßem Verstand ausmachen«. Der Ausdruck »das Erkenntnis« ist im kantischen Sprachgebrauch von dem Ausdruck »die Erkenntnis« dadurch unterschieden, dass nur der letztere eine wahre Erkenntnis ist, während der erste Ausdruck etwas bezeichnet, das im weiten Sinn zur Kenntnis von etwas dazugehört (*ad cognitionem pertinens*). Es handelt sich also nicht um Bedingungen für das Wahrsein, sondern um solche der Differenz zwischen »wahr« und »falsch«. Weiter bestätigt die Passage, dass die Kategorien gerade nicht daraus entspringen, dass die logischen Formen »auf Objekte überhaupt« bezogen werden. Die Formulierung »oder vielmehr« zeigt an, dass diese Charakterisierung des Verfahrens nur im groben Sinn zulässig ist, das Verfahren aber im Grunde nicht trifft. Die Textstelle bezeugt weiterhin, dass es die Reflexion auf die Bedingungen für die objektive Gültigkeit von Urteilen ist, sofern sie auf die Seite der spontanen Verknüpfung von Vorstellungen im Urteil fallen, die den entscheidenden Schritt zur Gewinnung der Kategorien darstellt. Bestätigt wird dabei auch, dass diese Bedingungen – die oben als Modifikationen von logischen Verknüpfungsregeln ausbuchstabiert wurden – selbst noch nicht die reinen Verstandesbegriffe sind, sondern dass diese daraus erst »entspringen«. Es ist also ein zweistufiges Verfahren, das sich aus der Frage nach bestimmten Bedingungen für die objektive Gültigkeit und einem dadurch provoziertem »Entspringen« zusammensetzt. Diese Charakterisierung, die den bisherigen Argumentationsgang bestätigt, lässt sich durch eine, in ihrer Knappheit missverständliche Bemerkung aus § 22 der *Prolegomena* weiterführen:

> Die logischen Momente aller Urteile sind so viel mögliche Arten, Vorstellungen in einem Bewusstsein zu vereinigen. Dienen aber eben dieselben als Begriffe, so sind sie Begriffe von der *notwendigen* Vereinigung derselben in einem Bewußtsein, mithin Prinzipien objektiv gültiger Urteile.[397]

---

396 I. Kant, *Prolegomena*, § 39, A 120.
397 I. Kant, *Prolegomena*, § 22, A 88.

Zunächst bestätigt diese Passage, dass die reinen Verstandesbegriffe nichts anderes als Verknüpfungsregeln sind, die als Begriffe dienen, d.h. auf den Begriff gebracht sind. Wenn es sich um Begriffe »von der notwendigen Vereinigung« von Vorstellungen in einem Bewusstsein handelt, so zeigt sich, dass diese Regeln dadurch entstehen, dass die Verknüpfung der Vorstellungen, die nach den Regeln der allgemeinen Logik zunächst willkürlich war, nun als notwendige angesehen werden soll. Genau das geschieht aber durch Modifikationen der Verknüpfungsregeln der allgemeinen Logik nach der vorgeschlagenen Art. Weiterhin bestätigt die gegebene Interpretation, dass Kant hier gerade den minimalen Urteilsbegriff der allgemeinen Logik verwendet, und nicht den elaborierten, der später die *Transzendentale Deduktion* leisten soll. Wenn schließlich Prinzipien dadurch bestimmt sind, dass etwas Prinzipiiertes von ihnen abhängt, und die gewonnenen Begriffe »Prinzipien objektiv gültiger Urteile« sind, dann liegt es auch nahe, diese Prinzipien dadurch zu gewinnen, dass nach den Bedingungen der objektiven Gültigkeit von Urteilen überhaupt gefragt wird, sofern sie Verknüpfungsregeln von Vorstellungen sind.

Blickt man schließlich auf Kants Charakterisierung des Resultats der metaphysischen Deduktion (wiederum in § 39 der *Prolegomena*), so bestätigt sich erneut, dass reine Verstandesbegriffe für sich genommen nichts anderes als logische Verknüpfungsregeln sind, und dass sie genau aus diesem Grund für sich genommen in gewissem Sinn keine bestimmte Bedeutung haben:

Das Wesentliche aber in diesem System der Kategorien, dadurch es sich von jener alten Rhapsodie, die ohne alles Prinzip fortging, unterscheidet, und warum es auch allein zur Philosophie gezählt zu werden verdient, besteht darin: daß vermittelst derselben die wahre Bedeutung der reinen Verstandesbegriffe und die Bedingung ihres Gebrauchs genau bestimmt werden konnte. Denn da zeigte sich, daß sie vor sich selbst nichts als logische Funktionen sind, als solche aber nicht den mindesten Begriff von einem Objekte an sich selbst ausmachen, sondern es bedürfen, daß sinnliche Anschauung zum Grunde liege, und alsdenn nur dazu dienen, empirische Urteile, die sonst in Ansehung aller Funktionen zu urteilen unbestimmt und gleichgültig sind, in Ansehung derselben zu bestimmen, ihnen dadurch Allgemeingültigkeit zu verschaffen, und vermittelst ihrer *Erfahrungsurteile* überhaupt möglich zu machen.[398]

Sieht man von der Funktion von Verstandesbegriffen für Erfahrungsurteile ab, so bestätigt dieser Passus die gegebene Charakterisierung reiner Verstandesbegriffe als Begriffe logischer Regeln. Er bestätigt zugleich, dass ihnen als solchen eine umrissene Bedeutung zukommt, dass sie aber zugleich entscheidend unbestimmt sind. Ihre volle Bedeutung erlangen sie

---

398 I. Kant, *Prolegomena*, § 39, A 120f. – Hervorh. i. Orig.

erst, wenn sie auf sinnliche Anschauung bezogen werden. Das geschieht aber im Rahmen der *Metaphysischen Deduktion* gerade noch nicht. Kant kommt an dieser Stelle auch nur deshalb darauf zu sprechen, weil § 39 ein Anhang zu dem Textstück der *Prolegomena* ist, der den gesamten Übergang von der Urteilstafel, über die Kategorientafel zum Schematismus und den Grundsätzen umfasst. Erst dort gewinnen Kategorien ihre volle Bedeutung. Die retrospektive Charakterisierung des Vorgehens in der *Kritik der reinen Vernunft*, wie sie sich in den *Prolegomena* findet, bestätigt also insgesamt den Ablauf des oben skizzierten Gedankengangs – allerdings nicht jedes Detail. Denn auch in den *Prolegomena* überhebt sich Kant der Aufgabe, die *Metaphysische Deduktion* vorzuführen.

Schwieriger steht es um die Passagen in der *Kritik der reinen Vernunft* selbst, die der Kategorientafel unmittelbar vorangehen und wohl die *Metaphysische Deduktion* enthalten sollen. Dabei ist es weniger irritierend, dass auch hier nicht vorgeführt wird, wie ein reiner Verstandesbegriff gewonnen werden kann, und dass Kant in der Folge ebenfalls darauf verzichtet, auch nur einen einzigen reinen Verstandesbegriff zu explizieren. Irritierend ist vielmehr, was Kant tatsächlich schreibt. Dabei soll zunächst nur der Schlussabsatz der gesamten Argumentation in den Blick genommen werden. Die davor stehenden Absätze dienen der Begründung des ersten Satzes dieses Abschnittes.

Dieselbe Funktion, welche den verschiedenen Vorstellungen *in einem Urteile* Einheit gibt, die gibt auch der bloßen Synthesis verschiedener Vorstellungen *in einer Anschauung* Einheit, welche, *allgemein ausgedrückt*, der reine Verstandesbegriff heißt. Derselbe Verstand also, und zwar durch eben dieselben Handlungen, wodurch er in Begriffen, vermittelst der analytischen Einheit, die logische Form eines Urteils zu Stande brachte, bringt auch, vermittelst der synthetischen Einheit des Mannigfaltigen in der Anschauung überhaupt, in seine Vorstellungen einen transzendentalen Inhalt, weswegen sie reine Verstandesbegriffe heißen, die a priori auf Objekte gehen, welches die allgemeine Logik nicht leisten kann.[399]

Der erste Satz dieses Abschnitts gibt eine genaue Fassung der oben nur undeutlich herausgearbeiteten Prämisse der kategorialen Begriffsbildung: Wenn es dieselbe Funktion ist, die sowohl den Vorstellungen in einem Urteil wie den Vorstellungen in einer Anschauung Einheit gibt, dann korrespondieren die Verhältnisse von Vorstellungen in der Anschauungen den Verknüpfungen in einem Urteil in einer Weise, und die Urteile können so auf das Mannigfaltige bezogen werden, dass sie wahrheitsfähig sind und wahr oder falsch sein können. Dabei ist nichts darüber gesagt, wie sich der Umstand manifestiert, dass Vorstellungen in der Anschauung mit »densel-

---

399 I. Kant, *KrV*, A79/B105, Hervorh. R. S.

340 Begriffsbildung in der Metaphysik – Transzendentalphilosophie

ben Handlungen« verknüpft werden wie in einem Urteil. Diese Frage wird gerade in das *Schematismus*-Kapitel führen. Es muss an dieser Stelle dazu auch gar nichts gesagt werden, weil für das Verfahren der *Metaphysischen Deduktion*, also der Gewinnung reiner Verstandesbegriffe, der Nachweis völlig genügt, dass nach bestimmten logischen Verknüpfungsegeln ein wahrheitsfähiges Urteil gebildet werden kann, wenn es sich so verhält. Denn die anschaulichen Merkmale dafür, dass in der Anschauung Vorstellungen in solcher Weise verknüpft sind, dürfen – nach allem Gesagten – gar nicht in den reinen Verstandesbegriff als solchen einfließen. Eine ganz andere Frage ist es allerdings, ob Kants Argumentation für diese Prämisse tragfähig ist, die er in den voran stehenden Absätzen dieses Abschnitts entwickelt. Ich vermute, dass das nicht der Fall ist, doch sei das zunächst nicht weiter verfolgt.[400]

Wenn Kants Argumentation in diesem Abschnitt vor allem der Begründung der zentralen Prämisse seiner Argumentation und weniger dem Verfahren, einen reinen Verstandesbegriff zu entwickeln, gewidmet ist, dann verliert der Textabschnitt das zunächst Irritierende. Der zitierte Absatz enthält dann aber immer noch eine Spur für das gesuchte Verfahren der Begriffsbildung, die durch andere Textabschnitte ergänzt werden kann. Dazu muss der erste Satz im zitierten Absatz genauer interpretiert werden. Zunächst ist der Bezug des Relativpronomens »welche« fraglich. In Frage kommen »Synthesis verschiedener Vorstellungen in einer Anschauung« oder »Funktion«. Denn dass die Anschauung »reiner Verstandesbegriff« genannt werden soll, ist ausgeschlossen. Beide Möglichkeiten sind sinnvoll. Auch wenn man sich für die zweite entscheidet, ergibt sich, dass eine Regel »reiner Verstandesbegriff« genannt wird, denn so soll dann nicht die Synthesis selbst, ihr Resultat, sondern die »bloße« Synthesis, d.i. ihre Form, bezeichnet werden. Wenn das stimmt, dann gewinnt der Einschub »allgemein ausgedrückt« für das Verfahren der Begriffsbildung entscheidende Bedeutung. Nichts anderes geschieht nämlich im oben skizzierten Argumentationsgang beim Übergang von der ersten zur zweiten Regel. So gelesen findet sich in diesem Absatz eine Spur des oben entwickelten Verfahrens.

Nun lassen sich weitere Passagen aus der *Kritik der reinen Vernunft* zusammentragen, die diese Argumentation – die Kant aus verständlichem Interesse an seinen Prämissen nicht weiter entwickelt – bekräftigen. Dass der reine Verstandesbegriff einer bestimmten Generalisierung der logischen Verknüpfungsregel entspringt und gerade dadurch die Relevanz des Urteils begründet wird, zeigt ein Absatz aus dem *Übergang zur transzendentalen Deduktion*, der erst in der zweiten Auflage hinzugefügt wurde:

---

400 Vgl. kritisch zu dieser Argumentation J. M. Young, 1995.

Vorher will ich noch die *Erklärung der Kategorien* voranschicken. Sie sind Begriffe von einem Gegenstande überhaupt, dadurch dessen Anschauung in Ansehung einer der *logischen Funktionen* zu Urteilen als *bestimmt* angesehen wird. So war die Funktion des *kategorischen* Urteils die des Verhältnisses des Subjekts zum Prädikat, z.B. alle Körper sind teilbar. Allein in Ansehung des bloß logischen Gebrauchs des Verstandes blieb es unbestimmt, welcher von beiden Begriffen die Funktion des Subjekts, und welchem die des Prädikats man geben wolle. Denn man kann auch sagen: Einiges Teilbare ist ein Körper. Durch die Kategorie der Substanz aber, wenn ich den Begriff eines Körpers darunter bringe, wird es bestimmt: daß seine empirische Anschauung in der Erfahrung immer nur als Subjekt, niemals als bloßes Prädikat betrachtet werden müsse; und so in allen übrigen Kategorien.[401]

2.2.2.2 Naturkausalität – Die Anwendungsbedingungen und Anwendungsregeln der reinen Kategorie als Grund und Resultat analoger Begriffsbildung

Das Verfahren der kategorialen Begriffsbildung ist mit dem ersten Schritt noch nicht abgeschlossen. Das ergibt sich schon alleine daraus, dass in der Transzendentalphilosophie eine ausdifferenzierte Was-Frage verfolgt wird, nämlich die Frage nach dem Gegenstand überhaupt und die Frage nach dem Gegenstand der Erfahrung. Der erste Schritt der Begriffsbildung hat nur zu Begriffen geführt, den Gegenstand überhaupt zu *denken*. Die zweite Aufgabe – Gegenstände der Erfahrung zu *erkennen* – ist bisher noch nicht angegangen.[402] Dieser Doppelung der Aufgaben einer Ontologie – und mithin des Ontologiebegriffs – entspricht die engere und die weitere Auffassung des Begriffs der transzendentalen Logik.[403] In einer engen Deutung hat es die transzendentale Logik lediglich mit denjenigen apriorischen notwendigen Bedingungen für die Wahrheitsfähigkeit eines logischen Gebildes zu tun, welche die Art und Weise der logischen Verknüpfungen von Vorstellungen betrifft. In einer umfassenderen Deutung hat sie es jedoch auch mit denjenigen apriorischen notwendigen Bedingungen für Wahrheitsfähigkeit zu tun, die zusammen mit den erstgenannten sogar die Wahrheitsdefinitheit sichern (sofern das möglich ist). Die ersteren betreffen die Charakteristika des logischen Gebildes, die es allererst ermöglichen, dass es sich auf etwas von ihm verschiedenes beziehen könnte. Die letzteren betreffen die Charakteristika desjenigen, auf das sich solche Urteile dann beziehen können und die es sicherstellen, dass ein Urteil, das sich tatsächlich auf einen Gegenstand in der Anschauung bezieht, wahr oder falsch ist. Dazu muss sie auf die Theorie der apriorischen Anschauungsformen zurückgreifen, in denen

401 I. Kant, *KrV*, B128f.
402 Vgl. dazu oben, Abschnitt 2.2.1.2, S. 273ff.
403 Vgl. zum Ausdruck »Logik der Wahrheit« oben, Abschnitt 2.2.2.1, S. 326ff.

alleine Gegenstände gegeben sind. Im zweiten Schritt der kategorialen Begriffsbildung sind deshalb diejenigen anschaulichen Charakteristika a priori von Gegenständen der Erfahrung zu ermitteln, die den logischen Verknüpfungen, die reine Verstandesbegriffe ausmachen, so entsprechen, dass man sagen kann: Gegenstände mit diesen anschaulichen Merkmalen fallen unter den korrespondierenden reinen Verstandesbegriff.

Der Doppelung der Was-Frage in der Transzendentalphilosophie, des in ihr zugrunde gelegten Gegenstandsbegriffs und des Begriffs der Transzendentalen Logik entspricht nicht nur die Zweistufigkeit des Verfahrens kategorialer Begriffsbildung, sondern auch die Doppelung des Kategorienbegriffs. Der Begriff der *reinen Kategorie* ist vom Begriff der *schematisierten Kategorie* strikt zu unterscheiden.[404] Die *reine Kategorie* ist nichts anderes als der Begriff eines Gegenstands überhaupt. Sie hat lediglich »logische Bedeutung« in dem Sinn, dass sie bloß der Begriff einer modifizierten logischen Verknüpfungsregel ist. Die reine Kategorie entspringt der logischen Spontaneität und ist ein strikt univoker Begriff, der sich von allem, was überhaupt Gegenstand des Denkens sein kann, sinnvoll prädizieren lässt. In ihn gehen entsprechend keinerlei anschauliche Merkmale ein. Deshalb lassen sich auch die anschaulichen Merkmale, aufgrund derer ein gegebener Gegenstand unter einen reinen Verstandesbegriff subsumiert werden kann, nicht aus dieser reinen Kategorie selbst entwickeln. *Schematisierte Kategorien* sind demgegenüber nun Verstandesbegriffe, die nicht alleine diejenigen Charakteristika von Gegenständen enthalten, welche sich aus der gegenstandskonstitutiven logischen Verknüpfungsregel ergeben, sondern auch diejenigen anschaulichen Merkmale von Gegenständen der Erfahrung, aufgrund derer der Gegenstand zurecht unter diesen reinen Verstandesbegriff subsumiert werden kann. Schematisierte Kategorien werden also durch eine Art begrifflicher Anreicherung der reinen Kategorie gewonnen. Ihr Begriff enthält auch bestimmte anschauliche Merkmale von Gegenständen. Im Unterschied zu reinen Kategorien haben sie nicht bloß eine »logische Bedeutung«, sondern »Sinn und Bedeutung« in dem Sinn, dass sie auf Gegenstände der (möglichen) Erfahrung bezogen sind.

Diese Überlegungen zum Begriff der schematisierten Kategorie und zu den Aufgaben des zweiten Schritts der kategorialen Begriffsbildung machen erneut die Modellfunktion deutlich, welche die Interpretationsarbeit für die systematischen Absichten der vorliegenden Untersuchungen haben kann. Zunächst ist die Doppelung des Ontologiebegriffs zu beachten. »Ontologie« meint einerseits »Allgemeine Metaphysik« im Sinn einer Wissenschaft von den allgemeinsten Charakteristika der Gegenstände überhaupt, dann aber im engeren Sinn eine Wissenschaft von den allgemeinsten Ge-

---

404 Vgl. dazu oben. Abschnitt 2.2.1.1, S. 290ff.

genständen der »wirklichen« Gegenstände der Erfahrung. Diese Mehrdeutigkeit darf im Folgenden nicht verwirren.[405] Charakteristisch ist nun, dass schematisierte Kategorien, die nur auf Gegenstände der Erfahrung anwendbar sind, dadurch gewonnen werden, dass eine ursprünglich rein *epistemologische* Frage gestellt wird und die Antwort dieser Frage dann ontologisch gedeutet wird – im zweiten Sinn von »Ontologie«. Denn allein die Frage, aufgrund welcher anschaulich gegebenen Merkmale ein Gegenstand unter einen reinen Verstandesbegriff zu Recht subsumiert werden kann, führt zu der schematisierten Kategorie. Dabei wird sich zeigen, dass für Kant in gewissem Sinn auch *pragmatische* Momente ins Spiel kommen, und zwar in dem Sinn, dass auf Handlungskompetenzen Bezug genommen werden muss. Der zweite Schritt der kategorialen Begriffsbildung bietet deshalb ein Modell dafür, wie die ontologische, die epistemische und die pragmatische Ebene in ein Verhältnis gesetzt werden können. Die Interpretationsarbeit führt deswegen zurück auf die Hauptprobleme der vorliegenden Arbeit.

Die epistemische Frage nach Merkmalen oder Indizien zur Anwendung reiner Verstandesbegriffe führt auf ontologische Merkmale von Gegenständen der Erfahrung. Aus dieser Abfolge der Fragen ergibt sich der Unterschied zwischen dem *Schematismus-* und dem *Grundsatzkapitel*. Das wird deutlich, wenn man die programmatischen Überlegungen Kants genauer betrachtet:

Es hat aber die Transzendental-Philosophie das Eigentümliche: daß sie außer der Regel (oder vielmehr der allgemeinen Bedingung zu Regeln), die in dem reinen Begriffe des Verstandes gegeben wird, zugleich a priori den Fall anzeigen kann, worauf sie angewandt werden sollen. Die Ursache von dem Vorzuge, den sie in diesem Stücke vor allen andern belehrenden Wissenschaften hat (außer der Mathematik), liegt eben darin: daß sie von Begriffen handelt, die sich auf ihre Gegenstände a priori beziehen sollen; mithin kann ihre objektive Gültigkeit nicht a posteriori dargetan werden, denn das würde jene Dignität derselben ganz unberührt lassen, sondern sie muß zugleich die Bedingungen, unter welchen Gegenstände in Übereinstimmung mit jenen Begriffen gegeben werden können, in allgemeinen aber hinreichenden Kennzeichen darlegen, widrigenfalls sie ohne allen Inhalt, mithin bloße logische Formen und nicht reine Verstandesbegriffe sein würden.[406]

Abgesehen davon, dass diese Passage in groben Zügen das Bild von der bisherigen Begriffsbildung bestätigt,[407] und abgesehen auch davon, dass die

---

405 Vgl. Dazu oben, Abschnitt 2.2.1.1, S. 293ff., sowie unten, Abschnitt 3.2, S. 465ff.
406 I. Kant, *KrV*, A135f./A174f.
407 Ich lese den problematischen Ausdruck »Regel (oder vielmehr [...]), die in dem reinen Begriffe des Verstandes gegeben wird«, so, dass sie dem skizzierten zweistufigen Verfahren der Regelbildung zumindest nicht widerspricht: Die zweite Regel ist insofern eine Bedingung der ersten, als sie erst die erste Regel hinsichtlich der in ihr enthaltenen Alternative bestimmt. Genau

Begriffsbildung in der Metaphysik – Transzendentalphilosophie

Passage die angekündigte Ursache gar nicht zu nennen scheint,[408] wird die Aufgabe tatsächlich genauer bestimmt: Es geht darum, allgemeine, aber hinreichende Kennzeichen dafür zu finden, dass die reinen Verstandesbegriffe auf gegebene Vorstellungen angewendet werden können. Diese Kennzeichen müssen genauer solche sein, von denen a priori ausgemacht werden kann, dass sie als hinreichende Kennzeichen fungieren können. Das bedeutet nicht nur, dass die Kennzeichen selbst a priori in irgendeiner Weise expliziert werden können, sondern auch, dass a priori gezeigt werden kann, dass sie hinreichende Kennzeichen sind, aufgrund derer ein bestimmter reiner Verstandesbegriff korrekt angewendet werden kann. Diese Forderungen ergeben sich aus dem Begriff der Transzendentalphilosophie, weil strikt vom Begriff des reinen Verstandesbegriffs her gedacht werden muss, der als reines Produkt urteilender Spontaneität unabhängig von aller Erfahrung ist. Möglich ist das nur, wenn der Begriff der apriorischen Anschauungsformen so reich an Strukturen ist, dass sich bereits in ihm die besonderen Kennzeichen finden lassen. Aus dem Begriff eines solchen Kennzeichens ergibt sich aber bereits die angekündigte Doppeldeutigkeit bzw. Mehrstufigkeit der Frage. Denn ein Kennzeichen kann einerseits als Zeichen für etwas anderes aufgefasst werden, andererseits als eine Eigenschaft, die dem Gegenstand unabhängig davon zukommt, dass es Zeichen für etwas anderes ist. Entsprechend begründet Kant die Zweiteilung in *Schematismus* und *Grundsätze*.[409]

2.2.2.2.1 Das Schema der Kausalität als ein Analogon zum reinen Verstandesbegriff

Die Aufgabe, sinnliche Bedingungen oder anschauliche Merkmale dafür zu identifizieren, dass der reine Verstandesbegriff der Kausalität zu Recht angewendet werden kann, lässt sich nicht durch eine Analyse des reinen Ver-

---

diese bestimmende Regel wird in dem reinen Verstandesbegriff »gegeben«. Auch bestätigt es die bisherige Interpretation, dass die reinen Verstandesbegriffe als »bloße logische Formen« aufgefasst werden – sie sind bisher tatsächlich nichts anderes, was nicht heißt, dass sie nicht über ein erhebliches strukturierendes Potential verfügten, das sich in der Folge geltend machen wird.

408 Diese Schwierigkeit behebt sich, wenn man unter »Ursache« genauer eine Ursache dafür versteht, dass aus dem Begriff der Transzendentalphilosophie ihre Charakterisierung folgt, dass also vom Programm die Rede ist und noch nicht von der Art und Weise, dieses Programm auch zu erfüllen.

409 I. Kant, *KrV*, A136/B175: »Diese transzendentale Doktrin der Urteilskraft wird nun zwei Hauptstücke enthalten: das erste, welches von der sinnlichen Bedingung handelt, unter welcher reine Verstandesbegriffe allein gebraucht werden können, d.i. von dem Schematismus des reinen Verstandes; das zweite aber von den synthetischen Urteilen, welche aus reinen Verstandesbegriffen unter diesen Bedingungen a priori herfließen, und allen übrigen Erkenntnissen a priori zum Grunde liegen, d.i. von den Grundsätzen des reinen Verstandes.«

standesbegriffs lösen. Weil nämlich der reine Verstandesbegriff unter Abstraktion von allem Bezug auf Gegenstände und von allem Inhalt gebildet wurde, enthält er schlichtweg keine Merkmale, die anschaulich gegeben werden können.[410] Es sind heterogene Begriffe, die aufeinander bezogen werden müssen, obwohl aus dem reinen Begriff nicht gefolgert werden kann, dass genau dieser Merkmalsbegriff tatsächlich der Begriff für ein Merkmal gerade seiner korrekten Anwendbarkeit ist. Gesucht ist deshalb ein Verfahren, den reinen Verstandesbegriffen Begriffe von anschaulichen Merkmalen so zuzuordnen, dass einsichtig wird, wieso gerade diese anschaulichen Merkmale Indizien – bzw. sogar »hinreichende Kennzeichen« – dafür sind, dass ein bestimmter reiner Verstandesbegriff angewendet werden kann.

Kant selbst gibt im *Schematismus-Kapitel* keine Hinweise, wie dieses Problem methodisch gelöst werden kann. Statt eines Argumentes gibt Kant einleitend vor seiner Auflistung der Schemata der einzelnen Kategorien den Hinweis, dass er sich und den Leser nicht mit »einer trockenen und langweiligen Zergliederung dessen, was zu transzendentalen Schematen reiner Verstandesbegriffe überhaupt erfordert wird« aufhalten will.[411] Genau eine solche Zergliederung ist aber notwendig, wenn das Verfahren der kategorialen Begriffsbildung und seine Kausalitätstheorie durchsichtig werden sollen. Kants Bemerkung besagt dabei auch, dass er ein solches Verfahren unterstellt.[412] Es soll im Folgenden gezeigt werden, dass unter einer »Zerglie-

---

410 Vgl. I. Kant, *KrV*, A137f./B176f.: »Nun sind aber reine Verstandesbegriffe, in Vergleichung mit empirischen (ja überhaupt sinnlichen) Anschauungen, ganz ungleichartig, und können niemals in irgend einer Anschauung angetroffen werden. Wie ist nun die Subsumtion der letzteren unter die erste, mithin die Anwendung der Kategorie auf Erscheinungen möglich, da doch niemand sagen kann: diese, z.B. die Kausalität, könne auch durch Sinne angeschauet werden und sei in der Erscheinung enthalten?«

411 I. Kant, *KrV*, A141/B181.

412 Das hat M. Heidegger, 1929, S. 102f., auch so gesehen und den Versuch der Begründung wenigstens eines Schemas gegeben, der sich modifiziert noch bei G. Seel, 1998, S. 238f., wiederholt findet. Allerdings ist die Idee, die dieser Argumentation zu Grunde liegt, zu unbestimmt als dass von einem hinreichend gesicherten methodischen Verfahren gesprochen werden könnte. Heidegger argumentiert, Kants Begriff der Substanz sei der des »Zugrundeliegen (Subsistenz)«. Es gehe nun um ein Schema, dass das Zugrundeliegen »im Bilde der Zeit darstellt«. Nun gelte von der Zeit selbst, dass sie im Unterschied zu allen Jetztpunkten »die Ständigkeit ihrer selbst« zeigt (sie sei »unwandelbar und bleibend« – A143/B183). »Als dieses reine Bild [...] stellt sie das Zugrundeliegen in der reinen Anschauung dar« (M. Heidegger, 1992, S. 103). Das Problem mit dieser Argumentation Heideggers besteht darin, dass sie von einem unbestimmt gefassten Begriff des Zugrundeliegens ausgeht und gar nicht in Rechnung stellt, dass damit zunächst ein rein logisches Verhältnis gemeint ist. Erst wenn der logische Begriff für sich gefasst ist, stellt sich überhaupt die Frage, warum und inwiefern diese Zeitbestimmung das logische Verhältnis darstellt. Heidegger ist dann allerdings so konsequent – völlig im Unterschied zur hier versuchten Interpretation – zu behaupten, dass sich die Kategorien im Schematismus bilden (S. 106). Ähnliches gilt für G. Seels Skizze. G. Seel, 1998, S. 238f., versucht nämlich eine Interpretation, nach der der kategoriale

derung« hier nicht irgend eine Form der Analyse des kategorialen Begriffs verstanden werden darf, sondern eine *methodisch kontrollierte Analogie-überlegung*, und dass sich Kants Argumentationen im *Schematismus-Kapitel* als Versuche interpretieren lassen, den Rahmen zu etablieren, der nötig ist, damit die Analogieüberlegungen tatsächlich methodisch kontrolliert sind und zu einem eindeutigen Ergebnis führen. Diese Behauptungen sollen wiederum nur für den Fall der Kausalitätskategorie plausibel gemacht werden. Kants Hinweis darauf, dass ihm eine genaue Zergliederung entbehrlich erscheint, lässt aber auch vermuten, dass sie tatsächlich relativ schlicht ist. Sie soll zwar ihren Zweck erfüllen, wird aber enttäuschen. Obwohl Kant eine genaue Zergliederung aus diesem guten Grund ausgespart hat, ist sie gleichwohl nachzutragen, um eine genaue Vorstellung von seiner kategorialen Begriffsbildung im Rahmen der Transzendentalphilosophie zu bekommen und die zahlreichen Probleme insbesondere bei der Interpretation der *Zweiten Analogie* aufzulösen. Dazu ist im Vorgriff die Idee der Argumentation grob zu skizzieren:

Es ist zunächst die reine Not, die zu Analogieüberlegungen führt. Das Schema eines reinen Verstandesbegriffs kann nicht durch eine Begriffsanalyse gewonnen werden, weil in ihm keine anschaulichen Merkmale enthalten sein können, solche aber gerade gesucht werden. Genauso wenig vermag eine Analyse von Erfahrungen für sich genommen zu zeigen, welche anschaulich gegebenen Merkmale a priori Kennzeichen für bestimmte reine Verstandesbegriffe sind.[413] Möglich ist nur, *Analogien* zwischen reinen Ver-

---

Begriff der Substanz besagt, das »Unwandelbare im Dasein« sei Substanz (A144/B183). Wird hier »Unwandelbarkeit« zeitlich interpretiert, ergibt sich das Schema analytisch aus dem Begriff der Substanz. Seel macht dabei jedoch von einem – alles in allem – erheblich reduziertem Begriff von Kategorien Gebrauch. Weil beide die reinen Verstandesbegriffe nicht konsequent von der logischen Funktion im Urteil her als Begriffe vom Gegenstand überhaupt deuten, können beide die eigentlichen Methodenprobleme des Schematismus überspringen.

413 Der folgende Interpretationsversuch geht damit von einer ganz anderen Problemstellung aus als beispielsweise P. Guyers monumentale Monographie *Kant and the Claims of Knowledge*, 1987. Guyer meint zeigen zu können, dass Kant bereits vor der *Kritik der reinen Vernunft* um 1774-75, insbesondere im so genannten *Duisburgschen Nachlaß*, eine stabile Position zur Analyse und Deduktion der Kategorien gefunden habe, die gar keinen Unterschied zwischen transzendentaler Deduktion, Schematismus und Grundsätzen kenne. Vielmehr habe Kant direkt eine Analyse von transzendentalen Zeitbestimmungen versucht, die zu kategorialen Begriffen geführt habe. Diese Begriffe bedurften deshalb keiner Deduktion, weil sie ja von vornherein aus Prinzipien der Exposition der Erfahrung gewonnen worden seien. So vertritt Guyer beispielsweise die These, in R 5637, AA XVIII, S. 271f. zeige sich, dass Kant noch 1780 eher die Auffassung vertreten habe, »that the categories should be derived from transcendental schemata of time-determination rather than the latter from the former« (S. 176). Die Gliederung sei der *Kritik der reinen Vernunft* vergleichsweise äußerlich und eine späte (unglückliche) Erfindung Kants. Guyer interessiert sich entsprechend besonders dafür, aus Argumentationslücken und Inkohärenzen der kantischen Argumentationen diese These zu bestätigen und Spuren des ursprünglichen (stabilen) Gedankens in der

standesbegriffen und bestimmten anschaulichen Merkmalen zu suchen, und die Anforderungen an und Rahmenbedingungen für solche Analogien so zu bestimmen, dass plausibel wird, warum die jeweils gefundenen anschaulichen Merkmale tatsächlich Kennzeichen für die korrekte Anwendbarkeit eines bestimmten reinen Verstandesbegriffs sind. Dabei ist die Forderung zu berücksichtigen, dass die reinen Verstandesbegriffe durch solche Merkmale korrekt angewendet werden sollen, die den anschaulich gegebenen Gegenständen selbst a priori zukommen und von denen a priori gezeigt werden kann, dass sie als hinreichende Kennzeichen fungieren können. Die zu suchenden Analogien müssen also zwischen den logischen Verknüpfungen von Vorstellungen, die der reine Verstandesbegriff auf den Begriff bringt, und den Verhältnissen von Vorstellungen gemäß den Anschauungsformen bestehen. Das Verfahren, ein Schema argumentativ zu etablieren, wird deshalb aus drei Schritten bestehen: *Zuerst* ist zu zeigen, dass es tatsächlich etwas gibt, das die Rolle solcher Kennzeichen spielen kann, und dessen Struktur genauer zu bestimmen;[414] im *zweiten Schritt* sind durch Analogiebetrachtungen in dieser komplexen Struktur diejenigen Teilstrukturen zu identifizieren, die in Analogie zu der formal-logischen Regel gesetzt werden können, der ein bestimmter reiner Verstandesbegriff entspringt; im *dritten Schritt* sind schließlich Analogien zu den Schritten einzufügen, die in der *Metaphysischen Deduktion* von der formal-logischen Verknüpfung zum reinen Verstandesbegriff führten. Wenn dieses noch grobe Bild von Kants Vorgehen stimmt, dann könnten die von Kant im *Schematismus-Kapitel* gegebenen Argumente im wesentlichen nur die Funktion haben, den Rahmen für Analogieüberlegungen zu begründen, ohne die einzelnen Schemata zu entdecken, zu identifizieren oder gar zu begründen. Was Kant unterlässt, wäre dann lediglich, die Analogiebetrachtung für die einzelnen Fälle tatsächlich durchzuführen.[415]

1. Schritt: Der erste Schritt des dreistufigen Verfahrens ist vergleichsweise einfach: Es ist nach allen Vorüberlegungen plausibel, dass nur eine reine Anschauungsform diese Funktion übernehmen kann, und es lässt sich zumindest plausibel machen, dass von den beiden Anschauungsformen – Raum und Zeit – alleine letztere diese Funktion ausfüllen kann. Denn al-

---

Kritik der reinen Vernunft zu finden (vgl. z.B. S. 189f., und öfters). Guyer ist kein Freund einer *Metaphysischen Deduktion* und noch weniger der kantischen Logikkonzeption.

414 Dabei ist in diesem Fall von dem Fall einer *analogia proportionalitatis* auszugehen, in dem keine Identität der Verhältnisse, sondern eine Strukturähnlichkeit oder Isomorphie der Verhältnisse angenommen wird.

415 Die Situation ist also in etwa dieselbe wie oben bei der Frage nach der *Metaphysischen Deduktion*: Auch dort reichen die Argumente genau so weit, dass der reine Verstandesbegriff gebildet werden kann, ohne dass Kant an irgendeinem Begriff vorführte, wie er sich die Begriffsbildung im Einzelnen denkt.

leine von den Anschauungsformen lässt sich sagen, dass sie es gestatten, Begriffe von anschaulichen Merkmalen der anschaulich gegebenen Gegenstände a priori zu bilden. Alle anderen anschaulichen Merkmale drohen, keine Merkmale a priori zu sein. Dagegen, den Raum als diejenige Anschauungsform zu identifizieren, die diese Funktion erfüllen könnte, spricht schlicht, dass nicht alle Gegenstände der Anschauung auch Gegenstände im Raum sein müssen. Die Gegenstände des so genannten »inneren Sinns« fallen dann nämlich heraus. Dasselbe Argument spricht auch dagegen, diese Aufgabe durch eine Kombination räumlicher und zeitlicher Charakteristika lösen zu wollen. Denn auch hier würden einige Gegenstände der Wahrnehmung, die als solche unter reine Verstandesbegriffe subsumierbar sein müssen, dafür keine Kriterien bieten. Das bedeutet nicht, dass für die Überlegungen im Umkreis des Schemas räumliche Charakteristika entbehrlich wären. Die Rolle, die räumliche Charakteristika spielen, wird jedoch eine andere sein müssen, als diejenige, die zeitliche Charakteristika spielen.[416]

Abgesehen davon, dass Schemata im Bereich der transzendentalen Zeitbestimmungen zu suchen sind, bestimmt Kant den Rahmen und den Grund der ausgelassenen Analogiebetrachtungen im Lauf des Kapitels weiter. Dabei ist entscheidend, dass er Schemata als Produkte der Einbildungskraft bestimmt, bzw. als allgemeine »Verfahren der Einbildungskraft, einem Begriff sein Bild zu verschaffen«.[417] Das bedeutet mehreres. Zunächst sind Schemata als Produkte der Einbildungskraft eine Art Bilder, die aber in bestimmter Weise gebildet werden; entsprechend sind Schemata auch als Regeln reformulierbar, und zwar genauer: als Regeln, Vorstellungen in der Anschauung miteinander zu verknüpfen.[418] Indem Schemata als solche Regeln zu rekonstruieren sind, können sie in einzelnen Strukturmerkmalen zu reinen Verstandesbegriffen analog sein, die ja selbst nichts anderes als Regeln der Verknüpfung sind – wenn auch der logischen Verknüpfung von Vorstellungen im Urteil. Nimmt man nun hinzu, dass die Analogien im Be-

---

416 Vgl. I. Kant, *KrV*, A138f./B177f.: »Der Verstandesbegriff enthält reine synthetische Einheit des Mannigfaltigen überhaupt. Die Zeit, als die formale Bedingung des Mannigfaltigen des inneren Sinnes, mithin der Verknüpfung aller Vorstellungen, enthält ein Mannigfaltiges a priori in der reinen Anschauung. Nun ist eine transzendentale Zeitbestimmung mit der *Kategorie* (die die Einheit derselben ausmacht) so fern gleichartig, als sie allgemein ist und auf einer Regel a priori beruht. Sie ist aber andererseits mit der *Erscheinung* so fern gleichartig, als die *Zeit* in jeder empirischen Vorstellung des Mannigfaltigen enthalten ist. Daher wird eine Anwendung der Kategorie auf Erscheinung möglich sein, vermittelst der transzendentalen Zeitbestimmung, welche, als das Schema der Verstandesbegriffe, die Subsumtion der letzteren unter die ersteren vermittelt.«

417 I. Kant, *KrV*, A140/B180.

418 Ich übergehe hier den Umstand, dass Kant unter einem Schema einmal ein Bild versteht, das gemäß einer bestimmten Regel konstruiert ist, und zum anderen diese Regel zur Konstruktion eines Bildes selbst. Diese Differenzierung ließe sich problemlos korrigierend in den kantischen Text eintragen – vgl. hierzu etwa G. Seel, 1998, S. 223.

reich der transzendentalen Zeitbestimmungen zu suchen sind, dann ergibt sich, dass es sich bei Schemata um solche Regeln handeln muss, die in irgendeiner Weise das Verhältnis von Vorstellungen in der Zeit bzw. allgemeiner: durch zeitliche Charakteristika gegebener Vorstellungen bestimmen.[419] Diese Regeln der Zusammenstellung von Vorstellungen in der Zeit sollen in irgendeiner Weise den Regeln zur Verknüpfung von Vorstellungen in einem Urteil analog sein. Weil es sich um Regeln der Einbildungskraft handeln soll, ergibt sich aus alle dem schließlich zusätzlich, dass diese Regeln in gewissem Sinn auch die Regeln »ausdrücken«, welche die – als Verknüpfungsregeln interpretierten – reinen Verstandesbegriffe bilden.

In diesem für Kant zentralen Punkt knüpft das *Schematismus-Kapitel* direkt an die *Metaphysische Deduktion* an. Bereits dort war behauptet worden, dass die »Synthesis überhaupt« eine »bloße Wirkung der Einbildungskraft, einer blinden, obgleich unentbehrlichen Funktion der Seele« sei. Kant meinte dort genauerhin, behaupten zu können, dass »derselbe Verstand also, und zwar *durch eben dieselbe Handlung*, wodurch er in Begriffen, vermittelst der analytischen Einheit, die logische Form eines Urteils zu Stande brachte, [...] auch, vermittelst der synthetischen Einheit des Mannigfaltigen in der Anschauung überhaupt, in seine Vorstellungen einen transzendentalen Inhalt« bringt.[420] Wie auch immer diese Sätze im Detail zu deuten und zu begründen sein mögen: In jedem Fall soll es »dieselbe Handlung« sein, welche die Einheit des Urteils und die Einheit in der Anschauung – durch die Einbildungskraft – zu Stande bringt. Die Regeln zur Verknüpfung von Vorstellungen im Urteil und die Regeln zur Verknüpfung von gegebenen Vorstellungen in einer Anschauung sind also Regeln, die – von verschiedener Seite – »dieselbe Handlung« betreffen, ohne dass diese Handlung anders als so von verschiedenen, *irreduziblen* Seiten ausgehend zu charakterisieren wäre.[421] Dann aber drückt bereits der reine Verstandesbegriff – weil er eine Regel dieser gemeinsamen Handlung ist – in gewisser Weise die

---

419 Insofern es im Folgenden vor allem um die Kausalitätskategorie dreht, würde es genügen, schlicht vom Verhältnis von Vorstellungen in der Zeit zu sprechen. Im Blick auf die vier Titel von Kategorien spricht Kant hingegen allgemeiner von Bestimmungen der Zeit im Blick auf »die *Zeitreihe*, den *Zeitinhalt*, der *Zeitordnung*, endlich den *Zeitinbegriff* in Ansehung aller möglichen Gegenstände« (A145/B184f.). Ich verstehe unter Regeln der »Zeitordnung« nichts anderes als Regeln zur Anordnung von Vorstellungen in der Zeit.

420 I. Kant, *KrV*, A105/B79 – Hervorh. R. S.

421 Um diesen Punkt in Abgrenzung zu M. Heideggers Interpretation von 1929 deutlicher zu fassen: Es ist also nicht die produktive Einbildungskraft die gemeinsame Wurzel der beiden Erkenntnisstämme – Anschauung und Denken –, vielmehr drückt die logische Verknüpfung im Urteil dieselbe Handlung aus, jedoch gleichsam in einem anderen Medium als die Einbildungskraft, so dass zwischen ihnen eine Analogie besteht. Die zugrunde liegende gemeinsame Handlung als solche kommt nicht direkt in den Blick – vgl. dazu auch W. Metz, 1991, S. 17ff. und S. 23ff., der eine ähnliche Auffassung vertritt.

Regel aus, die auch das Schema ausdrückt. Genau das behauptet nun Kant konsequenterweise im Schematismus-Kapitel:

> Dagegen ist das Schema eines reinen Verstandesbegriffs etwas, was in gar kein Bild gebracht werden kann, sondern ist nur die reine Synthesis, gemäß einer Regel der Einheit nach Begriffen überhaupt, *die die Kategorie ausdrückt*, und ist ein transzendentales Produkt der Einbildungskraft, welches die Bestimmung des inneren Sinnes überhaupt, nach Bedingungen ihrer Form (der Zeit) in Ansehung aller Vorstellungen, betrifft, so fern diese der Einheit der Apperzeption gemäß a priori in einem Begriff zusammenhängen sollten.[422]

Auch wenn das Schema entweder eine Regel oder das Produkt einer solchen ist, die in anderer Weise durch die Kategorie »ausgedrückt« wird,[423] so heißt das nicht, dass diese Regel bereits formuliert wäre, indem der reine Verstandesbegriff als Regel formuliert ist. Es kommt vielmehr darauf an, diese Regel, die der reine Verstandesbegriff ist, als eine Regel zur Verknüpfung von Vorstellungen in der Form transzendentaler Zeitbestimmungen auszudrücken. Diese Behauptungen Kants, die letztlich nur in der *Transzendentalen Deduktion* gerechtfertigt werden könnten, weisen deshalb nicht den Weg, Schemata durch Begriffsanalyse zu gewinnen. Sie sollen nur zeigen, dass das Resultat der methodisch hinreichend bestimmten Analogieüberlegung tatsächlich die Funktion erfüllen kann, die sie erfüllen soll, nämlich anschauliche Merkmale bzw. »hinreichende Kennzeichen« zur korrekten Anwendung der reinen Verstandesbegriffe bereitzustellen.[424]

Die für die kategoriale Begriffsbildung entscheidende Aufgabe besteht jetzt darin, unter der Annahme, dass es sich um eine Analogiebetrachtung handelt, wenigstens zu versuchen, die von Kant übersprungene »Zergliede-

---

422 I. Kant, *KrV*, A142/B181 – Hervorh. R. S.

423 Auch der problematische Klammersatz in dem vorhergehenden eingerückten Zitat, nach dem die Kategorie die Einheit der transzendentalen Zeitbestimmung ausmache, findet dadurch seine Erklärung (I. Kant, *KrV*, A138f./B177f.).

424 Mein Interpretationsvorschlag hat einen gravierenden Nachteil: Kant selbst redet im Schematismus-Kapitel nicht von Analogien noch stellt er explizit Analogiebetrachtungen an. Dazu ist zunächst zu bemerken, dass Kant den Analogiebegriff wesentlich restriktiver verwendet, als es in der Tradition üblich war, nämlich für eine Analogie, bei der zwischen den Relata jeweils ein identisches Verhältnis besteht. Tatsächlich handelt es sich im Fall der Schemata – zumindest nach der hier vorgeschlagenen Interpretation – um eine *analogia proportionalitatis*, für die bereits eine (Struktur-)Ähnlichkeit der beteiligten Relationen genügt. Tatsächlich gibt es aber eine Stelle in der *KrV*, an der Kant im Zusammenhang der Schemata den Ausdruck »Analogie« gebraucht und die »alle Grundsätze« betreffen soll: »Wir werden also durch diese Grundsätze die Erscheinungen nur nach einer Analogie, mit der logischen und allgemeinen Einheit der Begriffe, zusammenzusetzen berechtigt werden, und daher uns in dem Grundsatze selbst zwar der Kategorie bedienen, in ihrer Ausführung aber (der Anwendung auf Erscheinungen) das Schema derselben, [...]. an dessen Stelle [...]. oder zur Seite setzen.« (I. Kant, *KrV*, A181/B224).

rung« auf eigene Faust zu rekonstruieren.[425] Nachdem bereits die reine Anschauungsform der Zeit als der Bereich identifiziert ist, in dem die Analogien zu ziehen sind, kommt es nun nur darauf an, die nötigen Analogieüberlegungen durch hinreichende methodische Kontrollen eindeutig werden zu lassen. Dabei hängt alles davon ab, die bereits argumentativ etablierten Rahmenbedingungen der Analogieüberlegung genau zu berücksichtigen: Es geht darum, Regeln zu entdecken, durch welche Vorstellungen in der Zeit geordnet werden bzw. durch welche die Zeit bestimmt wird. Diese Regeln dürfen keinerlei Bezug auf solche Charakteristika von Vorstellungen haben, die sich der Erfahrung verdanken. Sie sollen schließlich jeweils in ihrer formalen Struktur eine Analogie zu den Regeln aufweisen, welche reine Verstandesbegriffe ausmachen. Dabei soll durch diese Analogieüberlegung im Rahmen der vorliegenden Arbeit nur das Schema der Kausalität rekonstruiert werden. Um die beiden noch ausstehenden Schritte zu rekonstruieren, ist es hilfreich, das von Kant angegebene Schema vorab als eine solche Regel zu reformulieren und dann zuzusehen, ob es sich durch eine Analogieüberlegung regelrecht begründen lässt.[426]

Das Schema der Ursache und der Kausalität eines Dinges überhaupt ist das Reale, worauf, wenn es nach belieben gesetzt wird, jederzeit etwas anderes folgt. Es besteht also in der Sukzession des Mannigfaltigen, in so fern sie einer Regel unterworfen ist.[427]

Sieht man einmal von den Details der problematischen Formulierung »nach belieben gesetzt werden« ab, der im zweiten Satz nichts entspricht, dann kann dieses Schema etwa folgendermaßen als Regel reformuliert werden:

$(a_1 › b_1)$ ist die Vorstellung einer Ursache genau dann, wenn:

(1) a_1 etwas Reales ist, und

(2) für alle a_x, b_y, c_u, d_v und alle Zeitpunkte t_z, wenn zu t_z $(a_x › b_y)$, dann gibt es einen Zeitpunkt t_{z+n}, zu dem $(c_u › d_v)$, und

(3) $(a_x › b_y)$ kann »nach belieben gesetzt« werden, und gleichwohl gilt (2).[428]

---

425 Wenn ich richtig sehe, findet sich dazu weder in Kants publizierten Schriften noch in seinem Nachlass eine Vorlage. Von der Kant-Forschung ist diese Aufgabe – soweit ich sehe – nicht in Angriff genommen worden.
426 Ein möglicher Zirkeleinwand ist hier nicht durchschlagend: Wenn es das Ziel ist, zu zeigen, dass etwas durch methodisch kontrollierte Überlegungen aus etwas anderem gewonnen werden kann, dann kann das Ziel der Argumentation vorweg genau bestimmt werden, ohne dass diese Bestimmungen heimlich zu Prämissen der Argumentation werden.
427 I. Kant, *KrV*, A144/B183.
428 Vgl. dazu R. Enskat, 1995, S. 185. Enskat hebt im Unterschied zur hier gegebenen Formulierung hervor, dass im Grunde drei Zustände durch das Schema in ein temporales Verhältnis ge-

Dabei soll in diesem Zusammenhang »(a_1 > b_1)« als »a_1 ist im Zustand b_1« gelesen werden, also als ein bereits elaboriertes kategorisches Urteil. Die Regel kann leicht in eine Art Handlungsanweisung umformuliert werden, die zugleich die kriterielle Funktion des Schemas deutlich werden lässt: »Wenn Du die Vorstellung (a_1 > b_1) als Vorstellung einer Ursache verwenden willst, dann muss gelten: [...]« Die Bedingungen (1) und (3) seien zunächst ausgeklammert. Es ist dann sofort ersichtlich, inwiefern dieses Schema so reformuliert eine »Zeitbestimmung« ist. Es wird nämlich eine bedingte Existenzbehauptung über einen bestimmt charakterisierten Zeitpunkt gemacht. Deutlich ist auch der Regelcharakter, der sich daraus ergibt, dass in der 2. Bedingung zum einen über alle Zeitpunkte generalisiert wird und dass zum anderen von allen Vorstellungen des Typs a und nicht nur von a_i gesprochen wird. Auch ist deutlich, wie dieses Schema als Anwendungskriterium funktionieren kann. Wenn nämlich von einer Vorstellung des Typs a gilt, dass diese drei Bedingungen erfüllt sind, dann kann von dem durch a repräsentierten Gegenstand behauptet werden, dass er eine Ursache ist (bzw. dass der Umstand »a_1 > b_1« eine Ursache ist).[429]

2. Schritt: Es ist nun zu zeigen, dass sich dieses Schema durch Analogiebetrachtungen aus der allgemeinen Regel des reinen Verstandesbegriffs gewinnen lässt. Dabei geht es im angekündigten zweiten Schritt zunächst nur darum zu zeigen, dass Kant die Zeitbestimmung des *früher/später* zu Recht als eine Ordnungsstruktur identifiziert, die der formal-logischen Struktur des hypothetischen Urteils analog ist. Der Ausgangspunkt dieser Analogieüberlegung ist Kants Hinweis darauf, dass den Relationskategorien, zu denen die Kausalitätskategorie zählt, Zeitbestimmungen von der Art der Zeitordnung – im Unterschied zur Zeitreihe, zum Zeitinhalt und zum Zeitinbegriff – entsprechen.[430] Dieser Hinweis ist insofern plausibel,

---

setzt würden, nämlich der Zustand der Ursache, der Zustandes desjenigen, auf das eingewirkt wird, vor der Wirkung, und der durch das Einwirken veränderte Zustand dieses Gegenstandes. Im Text des Schemas ist davon zunächst nicht die Rede. Dass davon nicht die Rede ist, ergibt sich m.E. daraus, dass davon auch bei einer Explikation des reinen Verstandesbegriffs nicht die Rede ist. Der Umstand, dass es im Bereich der Erscheinungen keine Kausalität im Sinn der Schöpfung aus dem Nichts gibt, wird erst in der *Zweiten Analogie* erwähnt und kann vermutlich auch erst dort begründet werden (vgl. I. Kant, *KrV*, B251/A206). Und noch ein weiterer Unterschied ist zu registrieren: Enskat verzichtet darauf, den Satzteil »wenn es nach belieben gesetzt wird« für seine Interpretation auszunutzen. Im Folgenden wird deutlich werden, dass dieser Bestandteil des Schemas nach meiner Deutung in gewisser Weise unverzichtbar ist.

429 Diese Doppeldeutigkeit ist im gegenwärtigen Zusammenhang nicht entscheidend: Es kann sowohl davon gesprochen werden, dass ein Umstand oder ein Ereignis etwas verursacht hat, wie auch davon, dass der Gegenstand die Ursache ist, der in diesem Ereignis oder Umstand die tragende Rolle spielt. Insofern für Kant im hypothetischen Urteil ganze Sätze verknüpft werden, liegt es nahe, Umstände oder Ereignisse als Ursachen anzunehmen. Doch kann Kant ganz problemlos auch einzelne Gegenstände als Ursachen auszeichnen.

430 I. Kant, *KrV*, A145/B184.

als es bei den Relationskategorien im engeren Sinn um die Möglichkeiten der relationalen logischen Verknüpfung von Vorstellungen im Urteil geht, nicht aber um bestimmte Charakteristika der so verknüpften Vorstellungen wie etwa deren Anzahl. Dann liegt es nahe, zu sagen, dass die analogen Zeitbestimmungen in den möglichen zeitlichen Verhältnissen zwischen verschiedenen Vorstellungen gesucht werden müssen, nicht aber in den anderen Zeitbestimmungen. Für den gegenwärtigen Zusammenhang kann die Frage, in welchem Sinn die anderen Bestimmungen tatsächlich als Zeitbestimmungen verstanden werden können, ungelöst bleiben. Es genügt, dass für die weiteren Analogiebetrachtungen alleine diese zeitlichen Relationen im engeren Sinn relevant sind, die zwischen anschaulich gegebenen Vorstellungen bestehen können.

Nun kann man drei mögliche zeitliche Relationen im engeren Sinn unterscheiden: Vorstellungen können entweder zugleich sein, oder früher/später, oder eine Vorstellung kann andauern, während die andere auftritt und dann vergeht. Es ist klar, dass Gleichzeitigkeit und früher/später irreduzibel sind, da die Behauptung, was nicht gleichzeitig sei, sei früher/später nicht gilt. Es besteht nämlich die Möglichkeit, dass das eine beharrt, während das andere auftritt und vergeht. Die drei Zeitbestimmungen sind nicht einfach durch Negationen auseinander zu entwickeln. In diesem Sinn mag man sagen, dass die drei möglichen Ordnungsverhältnisse irreduzibel sind. Diese Eigenschaft teilen sie mit den drei logischen Formen, die Kant unter der Rubrik der »Relation« aufführt und zu denen Analogien gezogen werden sollen. Die Frage, welches dieser drei möglichen Zeitverhältnisse in Analogie zur logischen Verknüpfung des hypothetischen Urteils steht, muss nun mit rein formalen Erwägungen beantwortet werden. Eine solche formale Überlegung zeigt, dass die zeitliche Relation der Gleichzeitigkeit keinesfalls als dem hypothetischen Urteil analoge Verknüpfung identifiziert werden kann. Gleichzeitigkeit ist nämlich eine symmetrische Relation, das im hypothetischen Urteil hergestellte Verhältnis ist hingegen asymmetrisch. Doch lässt sich mit solchen formalen Charakteristika von Relationen zwischen den beiden anderen möglichen Kandidaten – dem früher/später und dem beharrend/wechselnd – nicht unterscheiden. Denn beide Relationen sind asymmetrisch, antireflexiv und transitiv. Hier ergibt sich ein zwingendes Argument erst, wenn man berücksichtigt, dass in einem hypothetischen Urteil nicht zwei Vorstellungen miteinander verknüpft werden, sondern drei bzw. vier, die jeweils bereits in kategorischen Urteilen verknüpft sind, wobei sich die kategorische Verknüpfung von der hypothetischen charakteristisch und irreduzibel unterscheiden soll.[431] Nun lassen sich nämlich die zwei mögli-

---

431 Die oben, S. 313, behauptete Irreduzibilität der logischen Formen ist also geradezu eine Bedingung dafür, durch Analogieüberlegungen einen Weg von der logischen Form zum spezifi-

chen Zuordnungen einfach daraufhin überprüfen, ob sie die komplexe Struktur des hypothetischen Urteils abbilden können. Dabei zeigt sich sofort, dass es nicht möglich ist, der kategorischen Verknüpfung das früher/später zuzuordnen und dem hypothetischen das beharrend/wechselnd. Es hat nämlich keinen Sinn zu sagen, dass der Umstand, dass a_1 früher/später ist als b_1, beharrt, während der Umstand, dass c_1 früher ist als d_1, wechselt. Das liegt schlicht daran, dass ja einfache Vorstellungen miteinander verknüpft werden sollen, so dass der Umstand, dass a_1 früher ist als b_1, weder beharren noch wechseln, sondern nur der Fall oder nicht der Fall sein kann. Damit scheidet diese Möglichkeit aus, so dass nur noch bleibt, der hypothetischen Verknüpfung das früher/später, und der kategorischen das beharrend/wechselnd zuzuordnen. So hat sich durch eine triviale, aber rein formale Betrachtung ergeben, dass unter den durch Kants Argumentation bereits etablierten Rahmenbedingungen tatsächlich die zeitliche Sukzession den Kern des Kausalitätsschemas ausmachen muss.

Gegen diese Überlegung liegt der Einwand nahe, dass so zwischen dem Begriff der Kausalität und dem zeitlicher Sukzession keinerlei begrifflicher Zusammenhang hergestellt werde. Insbesondere werde nicht aus dem Begriff der Kausalität gezeigt, dass die Ursache zeitlich vor der Wirkung sein müsse. Dieser Einwand übersieht, dass ein solcher begrifflicher Zusammenhang im Rahmen der kategorialen Begriffsbildung in der Transzendentalphilosophie tatsächlich nicht bestehen kann. Aus dem Begriff des Bedingungsverhältnisses folgt weder, dass Bedingung und Bedingtes in einem zeitlichen Verhältnis stehen müssen, noch, dass die Ursache zeitlich vor der Wirkung zu sein hat. Es muss tatsächlich erst begründet werden, dass Kausalverhältnisse zeitliche sind. Humes Kausalitätstheorie hatte gerade hierin einen empfindlichen Mangel, überhaupt nicht begründen zu können, warum der Kausalitätsbegriff ausgerechnet vom zeitlichen Phänomen der Regularität aus analysiert werden muss.[432] Im Rahmen der transzendentalphilosophischen Begriffsbildung kann zumindest ein Argument dafür gegeben werden, dass das Phänomen zeitlicher Sukzession in der Analyse des kausalen Vokabulars eine bestimmte Rolle spielt. Durch formale Analogiebetrachtungen kann vor dem Hintergrund einer Annahme über die transzendentale Apperzeption gezeigt werden, dass zeitliche Sukzession als Darstellung der logischen Verknüpfung im hypothetischen Urteil interpretiert werden kann. Allerdings – und das wird später noch wichtig werden – ist damit noch kein

schen Schema zu finden. Wäre die Verknüpfung im hypothetischen Urteil als eine Bedingungsrelation in derselben Weise charakterisiert wie im kategorischen Urteil, wäre nicht zu begründen, dass das korrespondierende Zeitverhältnis schlicht das Beharren des im Antezedenz behaupteten Umstandes gegenüber dem im Konsequenz genannten ist. Gerade das gilt es aber auszuschließen.
432 Vgl. oben, S. 45.

Argument dafür geliefert, dass es von den beiden Vorstellungen, die nach ihrem früher/später geordnet sind, ausgerechnet die frühere sein soll, die als Bedingung für das spätere anzusehen ist. Es lässt sich – mit anderen Worten – auf der gegenwärtigen Stufe der Analogiebetrachtung noch kein Indiz dafür entdecken, dass das zeitlich Frühere als Ursache, das Spätere als Wirkung zu identifizieren sind. Noch ist nicht auszuschließen, dass die späteren Ereignisse die früheren verursachen.[433]

3. Schritt: Mit den bisherigen Überlegungen ist das Schema der Kausalität noch nicht vollständig entwickelt. Dazu sind im dritten Schritt des Verfahrens zur Entdeckung oder Begründung des Schemas noch die Generalisierungsschritte zu berücksichtigen, die von der logischen Form zum reinen Verstandesbegriff führen. Es waren im Übergang von der Verknüpfungsregel der allgemeinen Logik zum reinen Verstandesbegriff zwei Schritte zu unterscheiden. Der erste Schritt entsprach einer Verknüpfungsregel, die der Frage entsprang, wie Vorstellungen in einem Urteil verknüpft sein müssen, damit das Urteil wahrheitsfähig sein kann. Der zweite Schritt ergab sich aus dem Bedürfnis, eine Unbestimmtheit dieser Regel durch eine Fixierung der logischen Rolle aufzulösen. Nur die erste Regel wurde durch eine bestimmte Generalisierung gewonnen, die zweite formulierte nichts anderes als eine Festlegung, die jederzeit auch hätte anders ausfallen können. Nach der Generalisierung besagt die Regel zur Verknüpfung von Vorstellungen im hypothetischen Urteil, dass alle kategorischen Urteile eines anderen Typs (etwa »$a \rightarrow b$«) mit allen kategorischen Urteilen eines bestimmten anderen Typs (etwa »$c \rightarrow d$«) entweder so verknüpft werden sollen, dass das eine das Antezedenz ist und das andere das Konsequenz, oder umgekehrt. Diese Regel konnte als eine Vorschrift zur Verknüpfung aller Vorstellungen von den Typen a, b, c und d formuliert werden. Die zweite Regel, durch welche die Alternative der ersten Regel aufgelöst werden sollte, besagt schlicht, dass – wenn ($a \rightarrow b$) die Ursache von ($c \rightarrow d$) sein soll – ($a \rightarrow b$) im Rahmen der ersten Regel auf die die Position des Antezedenz festgelegt ist (bzw. umgekehrt).[434]

Es gilt nun, im Rahmen der Zeitbestimmung mit Hilfe der Relation des früher/später ein Analogon zum Generalisierungsschritt der ersten Regel zu bestimmen. Dabei ist klar, dass es sich um eine Verknüpfungsregel handeln muss, die nur anschaulich gegebene Vorstellungen (der Typen a, b, c und d) in ein zeitliches Verhältnis setzt. Genauer ist ein Analogon zu dem Passus

---

433 Es handelt sich dabei um kein künstliches Problem, das Kant unbekannt gewesen wäre, sondern um eine Eigentümlichkeit gerade der Physik Newtons: Jeder Gesamtzustand des Universums determiniert unter Hinzunahme der Naturgesetze jeden anderen Zustand des Universums in gleicher Weise, sei es ein zeitlich früherer oder ein zeitlich späterer.

434 Vgl. dazu oben, S. 334ff.

»alle Vorstellungen vom Typ [...]« in der Sprache zeitlicher Bestimmungen zu finden. Wenn für alle anschaulichen Vorstellungen vom Typ »$a > b$« gilt, dass sie in der Weise des früher/später mit $c > d$ verknüpft sind, dann lässt sich das zeitlich so reformulieren: *immer*, wenn $a > b$ auftritt, *dann* gemäß der Verknüpfungsregel früher/später als $c > d$. Der Generalisierung in der logischen Verknüpfungsregel entspricht im Schema das »jederzeit« oder das »immer«. Das lässt sich auch als eine Aussage über alle Zeitpunkte reformulieren, so dass in der obigen Analyse Bedingung (2) als das gesuchte Analogon anzusehen ist. Diese Analogiebetrachtung wirkt zunächst spärlich. Doch sie soll lediglich die Zuordnung eines anschaulichen Merkmals als hinreichendes Kennzeichen für die korrekte Anwendung eines reinen Verstandesbegriffs liefern. Kant braucht an dieser Stelle kein Argument, das etwa zeigen müsste, warum etwas, das immer nach einer Regel aufeinander folgt, in irgend einer Weise notwendig aufeinander folgt, denn alle derartigen Konnotationen des kausalen Vokabulars ergeben sich nicht aus den Kennzeichen für die Anwendung des reinen Verstandesbegriffs, sondern aus diesem selbst.

Die bisherige Analogiebetrachtung genügt jedoch aus einem anderen Grund noch nicht. Bisher ist als Schema nur die »Sukzession des Mannigfaltigen nach einer Regel« gewonnen. Damit ist jedoch noch nicht gesagt, dass das Analogon der Bedingung das zeitlich Frühere und das des Bedingten das zeitlich Spätere sein muss. Das verwundert nicht, da ja bisher nur die Generalisierungen, die im Rahmen der *Metaphysischen Deduktion* zur ersten Regel geführt haben, berücksichtigt wurden, aber noch nicht die Regel, welche die notorische Unbestimmtheit der ersten Regel auflösen soll und der dann der reine Verstandesbegriff entsprang. Dieser Schritt der *Metaphysischen Deduktion* kann nicht durch einen unmittelbaren Blick auf eine zusätzliche zeitliche Struktur getan werden. Denn der Begriff der Sukzession lässt eben beide Möglichkeiten zu: Sowohl dem Späteren wie dem Früheren die Rolle der Ursache zuzuordnen. Das liegt schlicht daran, dass unklar ist, warum das zeitlich Frühere hinreichende Bedingung für das Spätere sein kann, das zeitlich Spätere jedoch nie eine hinreichende Bedingung für das zeitlich Frühere. Anders gesprochen: Der bloße Begriff der Sukzession gestattet es noch nicht, die Asymmetrie der Bedingungsrelation abzubilden, so lange nicht das Fließen der Zeit in seiner unumkehrbaren Gerichtetheit in den Blick genommen wurde.

Der Grund, dem zeitlich Früheren von den nach einer Regel zeitlich aufeinander Folgenden die Rolle der Ursache zuzuordnen, kann sich nur in der Bedingung (3) des Schemas verbergen, also in der Formulierung »wenn es nach Belieben gesetzt wird«. Dazu muss man nur erneut die epistemologische Frage in den Blick nehmen, wie man erkennen kann, ob etwas als Ursache unter den reinen Verstandesbegriff der Kausalität fällt. Wenn die lo-

gische Verknüpfung von Ursache und Wirkung gemäß dem reinen Verstandesbegriff darin besteht, dass Ursachen – unter welchen Kautelen auch immer – hinreichende Bedingungen für das Eintreten der Wirkung sind, und
entsprechend Wirkungen notwendige Bedingungen für das Eintreten der
Ursache, dann fragt sich im Rahmen der Schematismusproblematik, wie
man erkennen kann, dass etwas eine (unter Umständen) hinreichende Bedingung ist (im Unterschied zu einer notwendigen). Die Antwort auf diese
Frage muss im Rahmen des Zeitverhältnisses früher/später formuliert werden können. Das schließt aber nicht aus, dass der Schlüssel zu dieser Formulierung in der Bedingung »wenn es nach Belieben gesetzt wird« liegt.
Das Handeln kann nur in der Zukunft Folgen haben. Am Handeln lässt sich
die Gerichtetheit der Zeit deutlich erfahren – die Asymmetrie zwischen
Handlung und Resultat ist ein Kennzeichen der Asymmetrie der Zeit, die
dann – als gerichtete – die Asymmetrie der Bedingungsrelation abbilden
kann. Der Rückgriff auf das Handeln in der dritten Bedingung hat also zunächst eine ganz andere Funktion als beispielsweise die zweite Bedingung.
Sie tritt im ersten Satz deshalb auf, weil sie auf den Erkenntnisgrund hinweist, aus dem das nach einer Regel zeitlich Frühere dem Begriff der Ursache zuzuordnen ist. Anders gesprochen: Das beliebige Setzen zeigt, dass
dem nach einer Regel zeitlich Früheren der Ursachenbegriff zuzuordnen ist.
Daraus folgt nicht, dass alle Ursachen etwas wären, das nach Belieben gesetzt werden könnte. Der Rückgriff auf das Setzen als Handlung führt *nicht*
zu einer interventionistischen Kausalitätstheorie.[435]

Diese Überlegung hat einige Konsequenzen, aber auch einige Schwächen: Streng genommen zeigt das Beispiel des Handelns zwar, dass zeitlich
Früheres die Rolle einer hinreichenden Bedingung spielen kann, doch wird
damit überhaupt nicht ausgeschlossen, dass auch zeitlich Späteres – unter
der Hinzunahme geeigneter Umstände – für Früheres die Rolle einer hinreichenden Bedingung spielen kann. Kant verfügt für seine Zuordnung der
reinen Verstandesbegriffe der Ursache und der Wirkung nur über ein
schwaches Indiz. In einem strikt mechanistischen Universum wäre die Kau-
salrichtung schlicht umkehrbar. Allerdings berührt diese Schwäche des
Schemas der Ursache nicht seine Überlegungen, die zunächst zum Schema
der Kausalität überhaupt geführt haben.

Es stellt sich jedoch noch ein weiteres Problem: Die ausführliche Rekonstruktion und Interpretation der Regel, die der reine Verstandesbegriff ist,
hat gezeigt, dass das in ihr gedachte Bedingungsverhältnis nicht lediglich
als materiale, sondern als strikte Implikation zu verstehen ist. Das ergibt
sich durch den Generalisierungsschritt auf dem Weg von der logischen
Form zum reinen Verstandesbegriff. Mit anderen Worten: Der reine Ver-

---

435 Vgl. dg. B. Rang, 1997 und 1990; sowie L. Krüger, 1992.

standesbegriff fordert nicht nur, dass alle Vorstellungen eines bestimmten Typs in bestimmter Weise verknüpft sind, sondern er impliziert auch, dass es nicht möglich ist, sie anders zu verknüpfen und deshalb entsprechende kontrafaktische Konditionale wahr sind.[436] Weder die Regularität der 2. Bedingung noch der Rückgriff auf den Handlungsbegriff in der 3. Bedingung des Schemas scheinen ein Analogon zu diesem Aspekt des reinen Verstandesbegriffs der Kausalität zu bieten. Doch lässt sich die 3. Bedingung auch so lesen, dass sich in ihr eine Art Analogon zu diesem Zug der Kausalitätskategorie verbirgt. Die bloße Regularität vermag den Umstand, dass die Wirkung notwendig auf die Ursache folgt, nicht wiederzugeben, weil sie den Unterschied zum bloß faktischen Aufeinanderfolgen nicht abbilden kann. Es könnte sein, dass einmal die Ursache gegeben ist, die Wirkung aber nicht eintritt. So mag ich daraus, dass immer kurz nachdem mein Wecker klingelt, der Bus an meinem Haus vorbeifährt, schließen, dass das Eine die Ursache des Anderen sei. Eine Art Test, ob nicht doch ein nur zufälliger – aber in gewissem Rahmen regulärer – Zusammenhang vorliegt, besteht nun darin, dass ich meinen Wecker nehme, und ihn öfters nach Belieben klingeln lasse. Wenn es sich dabei – was zu erwarten ist – ereignet, dass der Wecker klingelt, ohne dass der Bus vorbei fährt, ist erwiesen, dass die Regularität eine bloß zufällige, faktische, gewesen ist, sprich: dass es möglich gewesen ist, dass der Wecker klingelt und der Bus nicht vorbei fährt. Wenn die Regularität aber auch dann auftritt, wenn ich die Ursache nach Belieben setze, dann habe ich ein Indiz dafür, dass es sich um einen notwendigen Zusammenhang handelt. Es zeigt sich also, dass die dritte Bedingung des Schemas doch in der Lage ist, als ein Analogon zu dem Zug der Kausalitätskategorie aufgefasst werden kann, dass die Wirkung notwendig eintritt, wenn die Ursache gegeben ist. Die dritte Bedingung darf deshalb in keinem Fall beim Schema der Kausalität unterschlagen werden – das wird sich insbesondere unten bei der Interpretation der *Zweiten Analogie* zeigen.[437]

Nach der hier vorgelegten Rekonstruktion ist es möglich, das Schema der Kausalität durch Analogieüberlegungen aus dem reinen Verstandesbegriff der Kausalität zu gewinnen. Die Interpretation macht auch deutlich, warum Kant gegen Ende des *Schematismuskapitels* behaupten kann, das Schema sei »eigentlich nur das Phänomen, oder der sinnliche Begriff eines Gegenstandes, in Übereinstimmung mit der Kategorie«.[438] Das Schema darf deshalb nicht mit dem Begriff der Kategorie selbst verwechselt werden, es ist vielmehr ein Begriff der Kennzeichen, aufgrund derer ein Gegenstand mit der Kategorie »übereinstimmt« bzw. als ein solcher beurteilt werden kann,

---

436 Vgl. dazu oben, S. 334ff.
437 Vgl. unten, S. 373ff.
438 I. Kant, *KrV*, A146/B186.

der unter diesen reinen Verstandesbegriff fällt. Reine Kategorie und schematisierte Kategorie sind deshalb in der oben bestimmten Art und Weise zu
unterscheiden.[439] Entsprechend formuliert Kant in eine Weise, die zeigt,
dass der Kategorienbegriff doppeldeutig ist:

Wenn wir nun eine restringierende Bedingung weglassen: so amplifizieren wir, wie
es scheint, den vorher eingeschränkten Begriff; so sollten die Kategorien in ihrer reinen Bedeutung, ohne alle Bedingungen der Sinnlichkeit, von Dingen überhaupt gelten, *wie sie sind*, anstatt, daß ihre Schemate sie nur vorstellen, *wie sie erscheinen*,
jene also eine von allen Schematen unabhängige und viel weiter erstreckte Bedeutung
haben. In der Tat bleibt den reinen Verstandesbegriffen allerdings, auch nach der
Absonderung aller sinnlichen Bedingungen, eine, aber nur logische Bedeutung der
bloßen Einheit der Vorstellungen, denen aber kein Gegenstand, mithin auch keine
Bedeutung gegeben wird, die einen Begriff von einem Objekt abgeben könnte. So
würde z.B. Substanz, wenn man die sinnliche Bestimmung der Beharrlichkeit weg-
ließe, nichts weiter als ein Etwas bedeuten, das als Subjekt (ohne ein Prädikat von
etwas anderm zu sein) gedacht werden kann. Aus dieser Vorstellung kann ich nun
nichts machen, indem sie mir gar nicht anzeigt, welche Bestimmungen das Ding hat,
welches als ein solches erstes Subjekt gelten soll. Also sind die Kategorien, ohne
Schemate, nur Funktionen des Verstandes zu Begriffen, stellen aber keinen Gegenstand vor. Diese Bedeutung kommt ihnen von der Sinnlichkeit, die den Verstand realisiert, indem sie ihn zugleich restringiert.[440]

Der zitierte Passus zeigt, dass die kategoriale Begriffsbildung im Rahmen
der Transzendentalphilosophie tatsächlich als Resultat einer Transformation
der Ausgangsfragen verstanden werden kann, die bereits die vorkritische
Metaphysik bestimmten. Ihrem Anspruch nach scheinen reine Verstandesbegriffe nämlich Begriffe zu sein, welche die Dinge (das Seiende) überhaupt charakterisieren, insofern es Seiendes ist (bzw. »wie es ist«). Reine
Verstandesbegriffe sind Nachfolger der tradierten Transzendentalien – aber
in völlig verändertem systematischem Zusammenhang und von restringier-
tem Wert. Der mit ihnen verbundene Erkenntnisanspruch kann nämlich
nicht aufrechterhalten werden. Sie erfassen die Dinge eben nicht, wie sie
sind, sondern wie sie als Gegenstände zu denken sind. Schemata erfassen
die Dinge »wie sie erscheinen«. Sie sind anschauliche Darstellungen der
reinen Verstandesbegriffe. Dieser Begriff der Darstellung oder des Erschei-
nens ist aber zugleich ein epistemischer Begriff, denn Schemata sind hinreichende Kennzeichen dafür, von etwas zu erkennen, dass es unter den reinen
Verstandesbegriff fällt. Die schematisierte Kategorie ist deshalb in einem
genau bestimmten Sinn ein heterogener Begriff: In ihn gehen Bedeutungskomponenten ein, die sich reinem Denken verdanken und logische Ver-

439 Vgl. dazu oben, Abschnitt 2.2.2, S. 290f.
440 I. Kant, *KrV*, A147f./B186f.

knüpfungen auf den Begriff bringen, sowie anschauliche Zeitbestimmungen, die als eine Darstellung der logischen Verknüpfung zu interpretieren sind; in sie gehen deshalb Bedeutungskomponenten ein, die – wie der reine Verstandesbegriff – der ontologischen Ebene zuzurechnen sind, und solche, die – wie die Zeitbestimmungen – der epistemologischen Ebene zuzurechnen sind (wobei indirekt über den Handlungsbegriff eine spezifische pragmatische Ebene hinzukommt); schließlich gehen in sie solche Bedeutungsmomente ein, die strikt univoke Begriffe von Gegenständen überhaupt ausmachen, und solche, die sich nur durch Analogiebetrachtungen zuordnen lassen. Dabei wird deutlich, dass alle die Begriffskomponenten, die nur durch Analogieüberlegungen gewonnen werden können, nicht der ontologischen Ebene im umfassenden Sinn zugeordnet werden können, so dass hier im Rahmen der Transzendentalphilosophie tatsächlich ein erstes Kriterium zur Differenzierung dieser Ebenen vorgeschlagen wird. Allerdings können diese Merkmale in einem engeren Sinn ontologisch interpretiert werden, nämlich sofern sie als notwendige Charakteristika von Gegenständen der Erfahrung gedeutet werden.

2.2.2.2.2 Die *Zweite Analogie* oder der »Grundsatz der Zeitfolge nach dem Gesetze der Kausalität«

Die bloße Begriffsbildung ist mit der Entwicklung des Schemas im Wesentlichen abgeschlossen. Es haben sich zwei unterschiedliche Begriffe der Kausalität ergeben, nämlich einmal die reine Kategorie, der gemäß eine Ursache eine notwendige und hinreichende Bedingung für die Wirkung ist, und dann die schematisierte Kategorie, der gemäß die Ursache auch eine notwendige und hinreichende Bedingung ist, aber so, dass die Ursache immer etwas Reales ist, wobei die Wirkung gemäß einer Regel auf die Ursache zeitlich folgt. Der Begriff der schematisierten Kategorie setzt sich aus der reinen Kategorie *und* dem Schema zusammen. Interpretationen, die Kants Begriff der Kausalität einseitig dem *Schematismus* oder dem *Grundsatzkapitel* entnehmen wollen, ohne auf die reine Kategorie der Kausalität Bezug zu nehmen, greifen daher zu kurz. Das kausale Vokabular des Alltags und der Erfahrungswissenschaften muss in dieser Theorie als aus heterogenen Bedeutungsmomenten zusammengesetzt analysiert werden.

Dieses Resultat der bisherigen Überlegungen soll nun durch eine Interpretation der *Zweiten Analogie* weiter gestützt werden. Bekanntlich begründet dort Kant seine Version des Kausalprinzips, demgemäß alle Dinge, Tatsachen und Ereignisse in dem Sinn eine Ursache haben, dass ihnen in der

Zeit etwas gemäß dem Schema der Kausalität vorausgeht.[441] Dabei ist insbesondere zu zeigen, dass Kant seine gegen Hume gerichtete Behauptung,
auch Naturkausalität zeichne sich durch Notwendigkeit aus, nur dadurch
erreichen kann, dass er seine Theorie der reinen Verstandesbegriffe – insbesondere natürlich die reine Kategorie der Kausalität – bei der gesamten Argumentation voraussetzt. Die Argumentation zeigt nämlich lediglich, dass
sich alle Gegenstände der Erfahrung durch die Charakteristika auszeichnen
müssen, die das Schema der Kausalität ausmachen. Damit ist tatsächlich
noch nicht gezeigt, dass die Wirkung mit Notwendigkeit auf die Ursache
folgt. Im Kontext der gesamten Begriffsbildung ergibt sich das aber sofort.
Denn tatsächlich hat Kant damit gezeigt, dass die rcine Kategorie der Kausalität immer angewendet werden darf, die diese Notwendigkeit gleichsam
importiert.[442] Eine Detailinterpretation der *Zweiten Analogie* kann deshalb
zeigen, dass dem Begriff der Naturkausalität im Rahmen der Transzendentalphilosophie tatsächlich ein allgemeinster univoker Begriff der Kausalität
überhaupt zugrunde liegt und dass eine angemessene Analyse des kausalen
Vokabulars davon abhängt, ontologische, epistemologische und pragmatische Bedeutungskomponenten auseinander zu halten und in ein systematisches Verhältnis zu setzen.

Doch zunächst einige Vorüberlegungen: Die Differenzen zwischen den
verschiedenen Bedeutungen des Ausdrucks »Kategorie«, zwischen Schema
und schematisierter Kategorie und zwischen den verschiedenen Elementen
der Regeln, die den reinen Verstandesbegriff und das Schema ausmachen,
sind zu berücksichtigen, wenn es nun gilt, durch eine Detailinterpretation
der *Zweiten Analogie* Kants Vollbegriff der Naturkausalität zu rekonstruieren. Dass dieser »Grundsatz« jenen heterogenen Elementen entspringt, ma-

---

441 Vgl. zum Kausalitätsprinzip und seinen Zusammenhang mit dem Schema der Kausalität R.
Enskat, 1995, S. 188ff.

442 Wenn man die neuere Unterscheidung zwischen einer starken, einer schwachen und einer
mittleren Lesart der *Zweiten Analogie* aufgreift, ergibt sich also eine starke Interpretation (vgl.
dazu W. Ertl, 1998, S. 41ff.). Die starke Interpretation behauptet, Kant wolle mit der *Zweiten Analogie* einen lückenlosen Determinismus im Bereich möglicher Erfahrung etablieren (vgl. P. F.
Strawson, 1966, S. 137ff.; D. P. Dryer, 1966, S. 396 ff; J. Bennett, 1966, S. 229). Für einige Autoren ergibt sich das Problem, dass Kants Argumente dieses Argumentationsziel zu verfehlen scheinen. Die schwächere Lesart meint, Kant habe keinen lückenlosen Determinismus behauptet, sondern nur, dass man in irgendeinem Sinn auf den Begriff »Ursache« angewiesen ist, um die Unterscheidung zwischen subjektiven Wahrnehmungsfolgen und objektiven Erfahrungsfolgen treffen zu
können. Gefordert sei lediglich ein unbestimmter kausaler Zusammenhang (vgl. G. Buchdahl,
1969 und 1992; H. E. Allison, 1994). Eine mittlere Lesart hat M. Friedman entwickelt. Für ihn
haben Kausalgesetze eine Art Doppelnatur, insofern sie sich einerseits der Beobachtung verdanken
und deshalb kontingent zu sein scheinen, andererseits aber durch ein »grounding« genanntes Verfahren auf die reine Kategorie der Kausalität bezogen werden (M. Friedman, 1992, S. 165ff.).
Diese Lesart wird der heterogenen Natur des kausalen Vokabulars in der *Zweiten Analogie* gerecht, scheint mir aber letztlich auf eine besser begründete starke Lesart hinauszulaufen.

chen Kants allgemeine Charakterisierungen der Grundsätze überhaupt deutlich. So soll es sich bei den Grundsätzen um »synthetische Urteile a priori« handeln, die »aus reinen Verstandesbegriffen unter diesen Bedingungen a priori herfließen«, wobei Kant gerade die »sinnlichen Bedingungen« im Auge hat, die er im Schematismus-Kapitel einführt.[443] Diese Differenzen machen auch den Unterschied der beiden Formulierungen der *Zweiten Analogie* in der ersten bzw. zweiten Auflage der *Kritik der reinen Vernunft* aus. Lautete sie in der ersten Fassung noch: »Alles, was geschieht (anhebt zu sein), setzt etwas voraus, worauf es nach einer Regel folgt.«[444] so heißt es in der zweiten Fassung: »Alle Veränderungen geschehen nach dem Gesetze der Verknüpfung der Ursache und Wirkung.«[445]

Die erste Fassung unterscheidet sich von der zweiten vor allem dadurch, dass sie sich strikt der Terminologie des Schematismus bedient, während in die zweite Formulierung die reinen Verstandesbegriffe eingehen, zu deren Anwendung der Schematismus berechtigt. Es wird sich in der Folge zeigen, dass der Übergang von der ersten zur zweiten Formulierung keine Veränderung des Grundsatzes, des Beweiszieles und des Beweises dokumentiert, sondern nur eine andere Akzentuierung und Verdeutlichung des in der ersten Fassung bereits Behaupteten. Die erste Fassung behauptet – schlicht gesprochen –, dass alles, was Gegenstand der Erfahrung ist und sich verändert, in der einen oder anderen Weise so charakterisiert ist, dass es das Schema der Kausalität erfüllt. Auf dieser ersten Ebene der *Zweiten Analogie* wird also aus dem Begriff des Schemas der Kausalität eine allgemeine Charakterisierung von Gegenständen der Erfahrung gewonnen, die nämlich über das »hinreichende Kennzeichen« zur korrekten Anwendung des reinen Verstandesbegriffs verfügen müssen. Die zweite Fassung behauptet hingegen noch etwas anderes (was aber die erste Fassung bereits impliziert), nämlich dass die Gegenstände, die über die »hinreichenden Kennzeichen« der Anwendung der Kausalitätskategorie verfügen, eben gemäß dieser Kategorie verknüpft sind. Auf dieser zweiten Ebene der *Zweiten Analogie* zeichnen sich Gegenstände der Erfahrung nicht nur durch das »hinreichende Kennzeichen« aus, sondern auch dadurch, dass sie als Gegenstände der Erfahrung immer schon gemäß der reinen Kategorie verknüpft sind. Diese Umakzentuierung verdankt sich lediglich dem bereits exponierten systematischen Zusammenhang zwischen Schema und reinem Verstandesbegriff. Wenn nämlich das erste bewiesen ist – dass alle Gegenstände der Erfahrung über die Kennzeichen verfügen, die das Schema ausmachen – und der systematische Zusammenhang zwischen Schema und Kategorie begründet ist,

443 I. Kant, *KrV*, A136/B175.
444 I. Kant, *KrV*, A189.
445 I. Kant, *KrV*, B 231

dann ergibt sich die zweite Fassung von selbst. Entsprechend hat Kant die Beweise der ersten Auflage auch nicht verändert, sondern nur durch eine vorangestellte übersichtsartige Kurzfassung ergänzt.[446]

Das Thema der *Zweiten Analogie* überschreitet die Begriffsanalyse oder Begriffsentwicklung im engeren Sinn. Ihre genaue Aufgabe liegt nach der Lehre vom Schematismus gleichwohl nahe: Dass alle Gegenstände der Erfahrung dadurch charakterisiert sind, die Merkmale zu besitzen, die zur korrekten Anwendung des reinen Verstandesbegriffs der Kausalität führen, ist – auch durch die *Transzendentale Deduktion* – noch nicht gezeigt. Denn eine Antwort auf die Frage, »wie sich Begriffe a priori auf Gegenstände beziehen können«, impliziert noch nicht, dass dabei auch Kennzeichen zur korrekten Anwendung dieser Begriffe entwickelt werden müssten.[447] Auch bedeutet der Nachweis, dass dies nur möglich ist, weil diese Begriffe »die Erfahrung möglich machen«,[448] noch nicht, dass das Anwendungsproblem im angezeigten Sinn gelöst sei. Es ist zwar gezeigt, dass alles unter Kategorien steht, nicht aber, wie es hinsichtlich der Kategorien zu bestimmen ist. Deshalb stellt sich die neue Aufgabe, zu zeigen, dass sich alle Gegenstände der Erfahrung durch die hinreichende Kennzeichen zur wahrheitsgemäßen Anwendung der Kategorien auszeichnen, die im *Schematismus-Kapitel* lediglich durch Analogieüberlegungen gewonnen werden konnten. Wenn Kant der Nachweis gelingt, dass alle Gegenstände der Erfahrung in der einen oder anderen Weise das Schema der Kausalität erfüllen, dann darf er dieses Ergebnis aufgrund des Zusammenhangs zwischen Schema und Kategorie dazu verwenden, die Kausalitätskategorie anzuwenden und das allgemeine Prinzip der Kausalität zu etablieren, ohne dass dies das explizite Be-

---

446 Diese scheinbare Nebensächlichkeit, dass zwischen Schema und Kategorie in der Formulierung des Grundsatzes zu unterscheiden ist, wurde in der Kant-Forschung so oft übersehen, dass es nicht wundert, wenn beispielsweise J. Van Cleve ohne Erläuterung die erste Fassung (!) des Grundsatzes mit den Worten erläutert: »In other words, he wants to prove that every event has a cause.« (1973, S. 71). Es verwundert dann auch nicht, dass Van Cleve, S. 73, bei Kant einen humeschen Kausalitätsbegriff entdeckt: »x is the cause of y if (1) x precedes y in time, and (2) whenever an event resembling x occurs, an event resembling y follows.« Abgesehen davon, dass dieser Kausalitätsbegriff eben nur eingeschränkt verwendbar wäre und die gesamte praktische Philosophie und die *Transzendentale Dialektik* der *KrV* unverständlich würde, hat Van Cleve damit faktisch nur eine Paraphrase des Schemas der Kausalitätskategorie gegeben. Wenn man Kant in der *Zweiten Analogie* diesen Kausalitätsbegriff unterstellt und als Beweisziel gleichwohl die Notwendigkeit der kausalen Verknüpfung – von der in Van Cleves Paraphrase ja gar nicht die Rede ist – unterstellt, gelangt man zu dem paradoxen Resultat, dass man vielleicht genügend Gründe hat, einen Beweis für ein diesem Kausalitätsbegriff entlang formuliertes Kausalprinzip zu rekonstruieren, aber keinesfalls den Charakter der Notwendigkeit beweisen kann. Bei hinreichender Differenzierung zwischen Schema und Kategorie muss das nicht unbedingt ein Mangel in Kants Argumentation sein.

447 Vgl. I. Kant, *KrV*, A85/B117.

448 I. Kant, *KrV*, B167.

weisziel und Ergebnis seiner Argumentationen in der *Zweiten Analogie* wäre. Das ist aber von weiterreichender Bedeutung.

Die eigentliche Interpretation des Textes soll nun in drei Schritten erfolgen. Zunächst soll der Aufbau der Argumentation genauer untersucht werden. Dabei wird sich zeigen, dass zwei Argumentationsschritte unterschieden werden können, die jeweils einem der beiden letzten Bedingungen des Schemas der Kausalität zuzuordnen sind.[449] Anschließend werden diese beiden Argumentationsschritte je gesondert untersucht. Zugrunde gelegt wird der Text der *ersten Auflage*.

Der Aufbau des Textes ist so verwirrend, dass es den Kommentatoren nicht gelungen ist, sich auf eine Gliederung zu einigen und anzugeben, ob ein Beweis oder mehrere vorliegen.[450] Gegen den nahe liegenden Anschein, dass eine ganze Sequenz von Argumenten oder Beweisen für dasselbe Beweisziel vorliege, spricht Kants retrospektive Versicherung an späterer Stelle der *Kritik der reinen Vernunft*.[451] Der Aufbau des Textes lässt sich jedoch dann plausibel rekonstruieren, wenn man auf Kants gliedernde Bemerkungen achtet und die so markierten Abschnitte auf die unterschiedlichen Komponenten des Schemas der Kausalität und des reinen Verstandesbegriffs bezieht. Dass die einzelnen Passagen des Textes in verschiedener Weise auf die unterschiedlichen Momente des kausalen Vokabulars bezogen sind, macht ein völlig äußerer Umstand zumindest wahrscheinlich: Der Ausdruck »Ursache«, der den reinen Verstandesbegriff oder die schemati-

---

449 Vgl. dazu die Analyse des Schemas der Kausalität oben, S. 351ff.

450 H. J. Paton, 1936, Bd. II, S. 224, unterscheidet in der ersten Auflage alleine fünf Beweise (1. A189-194; 2. A194/5; 3. A196-199; 4. A199-201; 5. A201f.); auf genau dieselbe Zahl bringt es N. K. Smith, 1923, S. 363, der darin Adickes folgt (die Gliederung stimmt mit der Patons fast völlig überein). A. C. Ewing, 1929, S. 73, findet hingegen nur drei Argumente; B. Thöle, 1998, S. 286, unterscheidet demgegenüber zwei Beweisgänge in einem Beweis, wobei der erste Beweisgang die Absätze 1-4 in der Zählung der ersten Auflage umfasse, der zweite Beweisgang hingegen die Absätze 8-13 (die Zäsur liegt also A196, wo für Paton der dritte Beweis anfängt). P. Guyer, 1987, S. 242, behauptet demgegenüber, Kant entwickle nur ein einziges Argument, und die Länge komme nur durch eine etwas umständliche Art und Weise zu Stande, die Conclusio zu ziehen. Gegen die Gliederungen von Paton, Smith und Ewing lässt sich mit einem kurzen Blick in den Text geltend machen, dass sie gelegentlich dort neue Beweisanfänge ansetzen, wo ein »also« im Satz auf eine Fortsetzung der Argumentation schließen lässt. Gegen Guyer spricht, dass Kant gelegentlich neue Argumentationsziele formuliert. Im Folgenden wird deutlich werden, dass sich tatsächlich Thöles Gliederungsvorschlag bewährt und der Gedanke eines Beweises in mehreren Schritten weiterführt. Völlig quer steht der Gliederungsvorschlag von P. Baumanns, 1997, der zwar auch zwei Beweisschritte unterscheidet, aber nach dem vergleichsweise künstlichen Schema eines Unterschiedes zwischen »dass« und »wie«-Beweis, und dadurch dazu kommt, den ersten Beweisschritt von A189-B199 (also Absatz 11) gehen zu lassen, und den zweiten Beweisschritt von A199-202. Überein stimmen alle Autoren, ab Absatz 15 (A199ff.) keine neuen Beweise oder Beweisschritte anzusetzen, sondern weitere Erläuterungen und die Behandlung möglicher Einwände. Das ist tatsächlich unkontrovers.

451 Vgl. I. Kant, *KrV*, A787f./B815f. – dazu W. A. Suchting, 1967, S. 658.

sierte Kategorie bezeichnet, fällt erst vergleichsweise spät, nämlich zum ersten Mal im siebten Absatz.[452] Davor ist von Ursachen und Wirkungen nicht die Rede. Der Ausdruck fällt dann erst wieder im 14. Absatz, der wahrscheinlich das Ende der ganzen Argumentation markiert. Die Ausdrücke »Ursache«, »Wirkung«, »Kausalverhältnis« usf. fallen dann aber selbstverständlich ab Absatz 15, also in den abschließenden erläuternden Bemerkungen. Die gesamte Argumentation greift daher offensichtlich gar nicht expressis verbis auf den reinen Verstandesbegriff zurück – außer eben in Absatz 7. Das lässt es wahrscheinlich werden, dass eben das Schema die gliedernden Gesichtspunkte liefern muss – und zwar gerade insofern es seine Funktion als Schema für die korrekte Anwendung des reinen Verstandesbegriffs erfüllen können soll. Diese Beobachtung entspricht auch der methodischen Abschlussbemerkung zum Beweis der allgemeinen Analogie:

> Was aber bei allen synthetischen Grundsätzen erinnert ward, und hier vorzüglich angemerkt werden muß, ist dieses: daß diese Analogien nicht als Grundsätze des transzendentalen, sondern bloß des empirischen Verstandesgebrauchs, ihre alleinige Bedeutung und Gültigkeit haben, mithin auch nur als solche bewiesen werden können, daß folglich die Erscheinungen nicht unter die Kategorien schlechthin, sondern nur unter ihre Schemate subsumiert werden müssen. [...] Wir werden also durch diese Grundsätze die Erscheinungen nur nach einer Analogie, mit der logischen und allgemeinen Einheit der Begriffe, zusammenzusetzen berechtigt werden, und daher uns in dem Grundsatze selbst zwar der Kategorien bedienen, in der Ausführung aber (der Anwendung auf Erscheinungen) das Schema derselben, als den Schlüssel ihres Gebrauchs, an dessen Stelle, oder jene vielmehr, als restringierende Bedingung, unter dem Namen einer Formel des ersteren, zur Seite setzen.[453]

Aus dieser Passage – abgesehen davon, dass sie die Interpretation der Schemate als Analoga zu den reinen Verstandesbegriffen stützt – geht für die Interpretation der *Zweiten Analogie* zumindest soviel hervor, dass das unmittelbare Beweisziel darin besteht zu zeigen, dass Erscheinungen unter das Schema des reinen Verstandesbegriffs subsumiert werden können (und damit mittelbar unter den reinen Verstandesbegriff). Das aber bedeutet, dass das Schema die Gliederungsgesichtspunkte des Beweisganges liefern müsste. Es heißt auch, dass Rekonstruktionen verfehlt sind, die den Nachweis der direkten Subsumierbarkeit unter den reinen Verstandesbegriff vermissen.

Allerdings ist es nicht so einfach, im vorliegenden Text eine Gliederung auszumachen, die sich aus dem Schema entwickeln lässt. Zunächst nur zu den äußerlichen Indizien für eine mögliche Gliederung: Der zweite Absatz

---

452 Ich zähle die Absätze nach der ersten Auflage.
453 I. Kant, *KrV*, A180f./B223f.

beginnt mit der Formulierung »Nun laßt uns zu unsrer Aufgabe fortge-
hen«.[454] Daraus ergibt sich, dass der erste Absatz in gewissem Sinn nicht
zum eigentlichen Beweis gehört, sondern eher eine Art Vorerinnerung darstellt. Kant knüpft hier an seine Überlegungen darüber an, was es heißt,
dass etwas eine Vorstellung von einem Objekt ist und er beruft sich dabei
auf die Revision des Gegenstandsbegriffs, die sich ausführlich in der ersten
Auflage der *Transzendentalen Deduktion* dokumentiert findet.[455] Der eigentliche Beweis beginnt mit dem zweiten Absatz. Absatz 14 wiederum beginnt
mit der Formulierung »Der Beweisgrund dieses Satzes aber beruht lediglich
auf folgenden Momenten«.[456] Kant kündigt damit eine zuspitzende Übersicht über den gesamten Argumentationsgang oder den letzten Beweisschritt an. Auch dieser Absatz gehört nicht eigentlich zur Argumentation.
Die wesentlichen Argumentationsschritte müssen sich deshalb in den Absätzen 2 bis 13 finden. Auch diese Absatzfolge lässt sich durch einige Hinweise Kants gliedern: Der siebte Absatz beginnt mit der Wendung »Zwar
scheint es, als widerspreche dieses allen Bemerkungen [...].«[457] Kant formuliert damit einen Einwand, der auszuräumen ist und deshalb Anlass zu einer
neuen Argumentation gibt. Entsprechend formuliert er im achten Absatz
eine neue Aufgabe (»Es kommt also darauf an, im Beispiele zu zeigen
[...]«).[458] Weil der Ausdruck »Ursache« im Rahmen der Argumentation alleine in diesem siebten Abschnitt fällt, liegt es nahe, dass dieser Einwand
mit spezifischen Charakteristika des reinen Verstandesbegriffs (und damit
des Schemas) zusammenhängt, die durch die vorangehenden Argumentationsschritte noch nicht hinreichend berücksichtigt wurden. Dafür spricht
auch, dass im achten Absatz zum ersten Mal der Gedanke aufgegriffen
wird, dass die Ordnung der Vorstellungen »nötiget«.[459] Wie auch immer:
Die Argumentation, die mit dem zweiten Absatz einsetzt und bis Absatz 13
reicht, unterteilt sich vermutlich in zwei Schritte oder Abschnitte, wobei
Absatz 7 die Zäsur markiert.

Die Binnengliederung der damit äußerlich unterschiedenen Argumentationsschritte lässt sich aus den wenigen gliedernden Hinweisen im Text ansatzweise rekonstruieren: In der Absatzfolge 2 bis 6 beginnen die Absätze
drei und sechs mit Sätzen, die ein »also« enthalten. Kant markiert damit den
Anspruch, dass sich das, was in diesen Sätzen behauptet wird, aus den je-

454 I. Kant, *KrV*, A191.
455 Vgl. I. Kant, *KrV*, A104f. Dass dieser Gegenstandsbegriff nicht etwa ein Ergebnis der
Transzendentalen Deduktion ist, sondern sich aus dem spezifischen Ansatz der Transzendentalphilosophie ergibt, sollte oben wahrscheinlich gemacht werden – vgl. dazu oben, S. 299ff.
456 I. Kant, *KrV*, A201.
457 I. Kant, *KrV*, A195.
458 I. Kant, *KrV*, A196.
459 I. Kant, *KrV*, A196.

weils voran stehenden Absätzen ergibt. Der erste Satz in Absatz drei formuliert dabei eine Aufgabe,[460] so dass sich der Aufbau des ersten Teils der Argumentation ergibt: Aus dem zweiten Absatz folgt eine genauere Bestimmung der Beweisaufgabe, die in den folgenden Absätzen durchgeführt wird und zu der Konklusion in Absatz 6 führt. Ähnliche Gliederungsmerkmale finden sich in der Absatzfolge 8 bis 13 nur im letzten Absatz, der als Konsequenz des Voranstehenden ausgezeichnet ist. Wenn man davon ausgeht, dass Absatz 8 eine Präzisierung des Beweiszieles aufgrund des Einwandes aus Absatz 7 vornimmt und Absatz 13 die oder eine Konsequenz der Argumentation zieht, dann müssen die Absätze 8-12 einen Argumentationsgang bieten. Es ergibt sich so ein erstes Bild über den Aufbau des Textes: Zunächst skizziert Kant den allgemeinen Rahmen der Überlegungen, entwickelt dann eine in sich gegliederte Argumentation, in deren Verlauf die Beweisaufgaben zweimal präzisiert oder neu bestimmt werden (das zweite Mal durch einen Einwand) und die durch eine Reflexion auf den Beweisgrund abgeschlossen wird. Dieses Bild vom Aufbau des Textes ist natürlich nur vorläufig, da die Indizien, aus denen es sich ergibt, alles andere als eindeutig sind. Es kommt deshalb nun darauf an, die markierten Etappen – im Blick auf die einzelnen Komponenten des Schemas der Kausalität – auch inhaltlich zu beschreiben.

Nun gibt der erste einleitende Absatz das – in der Kant-Forschung auch im wesentlichen unkontroverse – Thema des gesamten Beweisgangs an: Aus der Revision des Gegenstands- bzw. Objektbegriffs ergibt sich, dass etwas nur dann eine Vorstellung von einem Objekt bzw. Gegenstand ist, wenn die Teilvorstellungen in bestimmter Weise verknüpft sind – und zwar in jedem Fall mit Notwendigkeit.[461] Dieser Zusammenhang wurde bereits oben im Kontext der *Metaphysischen Deduktion* für die Bildung der reinen Verstandesbegriffe angedeutet. Dort wurde herausgearbeitet, dass sich die Notwendigkeit der Verknüpfung als die Annahme einer Regel verstehen lässt, in die bestimmte Generalisierungsschritte eingehen.[462] Im Bereich der sinnlichen Anschauung von Gegenständen, bzw. der Erscheinungen, stellt sich aber genau dasselbe Problem. Auch hier kann alleine in der Art und Weise der Verknüpfung der Erscheinungen bzw. sinnlicher Vorstellungen – in Raum und Zeit – liegen, warum einige dieser Verknüpfungen für »objektiv« gelten, während andere sich nicht auf Gegenstände beziehen. Und auch hier gilt, dass die Verknüpfung von unmittelbar gegebenen Vorstellungen in

---

460 Vgl. I. Kant, *KrV*, A193: »Ich werde also [...] müssen, [...].«

461 Das entspricht auch dem allgemeinen Prinzip der Analogien: »Erfahrung ist nur durch die Vorstellung einer notwendigen Verknüpfung der Wahrnehmungen möglich« (I. Kant, *KrV* B176/B218).

462 Vgl. dazu oben, S. 331ff.

der Anschauung in bestimmter Weise notwendig sein muss, dass also die
»Apprehension« Regeln unterliegt. »Dasjenige an der Erscheinung, was die
Bedingung dieser notwendigen Regel der Apprehension enthält, ist das Objekt.«[463] Die Beweisidee besteht also darin, nachzuweisen, dass sich der Objektbezug von anschaulich gegebenen Vorstellungen – d.i. die Möglichkeit,
dass uns Gegenstände in der Erfahrung gegeben sind – bestimmten Regeln
zur Verknüpfung von Erscheinungen verdankt, zu denen vor allem auch die
Regel zählt, die das Schema der Kausalität ausmacht.[464] Dann wäre es nämlich eine Bedingung der Möglichkeit der Erfahrung – und damit der Erkenntnis – eines Gegenstandes, dass dieser im Hinblick auf die Charakteristika, die das Schema enthält, bestimmt ist. Daraus ergäbe sich dann unmittelbar, dass alle Gegenstände der Erfahrung in der einen oder anderen
Weise das Schema der Kausalität erfüllen, so dass der reine Verstandesbegriff der Kausalität auf alle Gegenstände der Erfahrung korrekt angewendet
werden kann.[465] Wenn das in etwa die Beweisidee ist, dann ergibt sich für

---

463 I. Kant, *KrV*, A191 – es ist spätestens seit J. Van Cleve, 1973, S. 75 (oder gar N. K. Smith,
1929), üblich, in der Interpretation der *Zweiten Analogie* zwei »Lager« zu unterscheiden, nämlich
eines, das annimmt, dass Gegenstände komplett als solche in Erscheinungen gegeben wären, und
eines, das (gleichsam phänomenalistisch) annimmt, erst die Verknüpfung von Erscheinungen führe
zur Erfahrung eines Gegenstandes. (Eine dritte, realistische Lesart wird von P. F. Strawson bevorzugt, nach der Kant eine kausale Theorie der Perzeptionen vertreten habe. Diese Auffassung erscheint mir durch den Text wenig gestützt und in der Sache verfehlt.) Ich setze dem revidierten
Gegenstandsbegriff der *Transzendentalen Deduktion* gemäß die zweite Auffassung voraus. Vgl. zu
dieser Unterscheidung z.B. B. Thöle, 1991, S, 165ff., der allerdings gerade gegen die von mir
favorisierte Voraussetzung argumentiert. Allerdings scheinen mir seine Gegenargumente insofern
unzureichend, als sie ein Verhältnis zwischen einer Erscheinung *a* und dem korrespondierenden
Gegenstand *A* voraussetzen, das gar nicht mehr einsichtig werden lässt, inwiefern *a* nur insofern
eine Erscheinung eines Gegenstandes ist, als sie in notwendiger Weise mit anderen Erscheinungen
verknüpft ist. Die Gegenargumente scheinen deshalb gerade die Pointe dieser Interpretation zu
verfehlen – womit freilich noch nichts über die Aussichten gesagt ist, den Beweis der *Zweiten
Analogie* unter dieser Voraussetzung zu rekonstruieren. Vgl. auch W. A. Suchting, 1967, S. 359.
  464 Hier, in begrenzter Funktion, kommen im Rahmen der Transzendentalphilosophie Argumente ins Spiel, die man in jüngerer Zeit unter dem Sammeltitel »transzendentale Argumente«
zusammenfasst (vgl. dazu I. Kant, *KrV*, A783/811). Allerdings geht dieses Argument an dieser
Stelle auf das Schema, nicht unmittelbar auf die reine Kategorie – anders J. Van Cleve, 1973, S.
72, aber auch bereits P. F. Strawson, 1966, bei dem sich dieser Ausdruck allerdings zunächst nicht
findet. Die Diskussion um transzendentale Argumente leidet ein wenig darunter, dass in ihr alle,
solchen Argumenten vorausliegenden Probleme der kategorialen Begriffsbildung ausgeblendet
werden.
  465 Es erscheint mir deshalb fraglich, ob man – beispielsweise mit H. Cohen, 1918, S. 518ff.,
oder (in ganz anderer Weise) mit P. Guyer, 1987 – behaupten kann, man müsse eigentlich konsequent mit den Grundsätzen anfangen, deren Beweise eine gewisse Selbständigkeit hätten. Ganz im
Gegenteil können die Argumente in der *Zweiten Analogie* günstigstenfalls nur zeigen, dass alle
Gegenstände das Schema vollständig erfüllen. Es bedarf der davon unabhängigen Etablierung der
reinen Verstandesbegriffe, um tatsächlich den Modus der Notwendigkeit in der Verknüpfung von
Ereignissen begründen zu können. Es ist also erst ein Zusammenspiel zwischen den Argumenten
in der *Zweiten Analogie* und dem Umstand, dass ihr Resultat zur Applikation des reinen Verstan-

die weitere Argumentation, dass für jede einzelne Komponente des Schemas nachgewiesen werden muss, dass sie in die Regel eingeht, welche als Ordnung der Apprehension die Bedingung der Möglichkeit dafür ausmacht, dass etwas als Gegenstand in der Erfahrung gegeben ist. Dann aber liegt auch nahe, dass der Aufbau der gesamten Argumentation am Schema orientiert ist, bzw. dass in den Absätzen zwei bis sechs die zweite Bedingung der Regel des Kausalitätsschemas Thema ist, in den Absätzen acht bis zwölf hingegen vor allem die dritte.

Wenn all das stimmt, dann wäre der Argumentationsgang der Absätze 2 bis 6 auf die zweite Bedingung zu beziehen, welche die Regel ausmacht, die das Schema ist, – also auf die Generalisierung der Verknüpfung zur Regularität; der Argumentationsgang der Absätze 9 bis 12 hätte demgegenüber bzw. darüber hinaus die dritte Bedingung der Schematismusregel in den Argumentationsgang zu integrieren – also den Umstand, dass nach dem Schema der Kausalität die Bedingung nach Belieben gesetzt werden kann.[466] Dafür spricht, dass erst im zweiten Argumentationsschritt von einer »Nötigung« die Rede ist, die insofern auf die dritte Bedingung des Schemas verweist, als gerade diese letzte Bedingung den spezifischen Notwendigkeitscharakter der Verknüpfung darstellt, die der reine Verstandesbegriff der Kausalität behauptet. Es ist deshalb im Folgenden plausibel zu machen, dass der erste Argumentationsschritt nur nachweisen kann (und soll), dass alle Gegenstände der Erfahrung die zweite Komponente des Schemas erfüllen, dass der Einwand in Absatz 7 gerade diesen Mangel aufzeigt und dass der zweite Beweisschritt zeigen soll, dass alle Gegenstände der Erfahrung notwendiger Weise auch der dritten Komponente des Schemas gerecht werden.

Zum ersten Beweisschritt: Der zweite Absatz, mit dem Kant allererst zu der spezifischen Aufgabe der Argumentation »fortgeht«, illustriert nur an einem Beispiel, dass eine Zeitfolge – also eine früher/später-Ordnung von Vorstellungen – allein dann eine objektive Veränderung darbietet, wenn sie gemäß einer Regel erfolgt. Wenn *b* auf *a* folgt und es »unmöglich« ist, dass *a* auf *b* folgt, dann ist die Zeitfolge in einer Weise geordnet, in der die subjektive Zeitfolge nicht geordnet bzw. bestimmt ist. »Die Ordnung in der Folge der Wahrnehmungen in der Apprehension ist hier« – d.h. in Kants Beispiel – »also bestimmt und an dieselbe ist die letztere gebunden.«[467] Das Beispiel besteht in der Wahrnehmung eines auf einem Fluss hinab treiben-

---

desbegriffs berechtigt, das die von Kant intendierten und behaupteten Konsequenzen begründen soll – zumindest ist das die Idee der nachfolgenden Interpretation. Zustimmen kann ich hingegen der Behauptung Cohens, dass sich das Schema zum Grundsatz gestalte, dass also der Grundsatz vom Schema aus zu entwickeln sei (1918, S. 572).

466 Vgl. dazu die Analyse des Schemas der Kausalität oben, S. 351.

467 I. Kant, *KrV*, A192/B238.

den Schiffs. Hier gilt, dass es nicht anders möglich ist, als das Schiff zuerst weiter stromaufwärts wahrzunehmen (zumindest unter normalen Bedingungen). Verknüpfe ich die Vorstellungen des Schiffs auf dem Fluss in einer anderen Reihenfolge, dann kann es sich – unter den normalen Bedingungen – nicht um die Wahrnehmung eines wirklichen Vorgangs handeln (bzw. zumindest nicht um die Wahrnehmung dieses wirklichen Vorgangs). Grundsätzlich anders liegt der Fall bei der Wahrnehmung eines Hauses, das sowohl von unten nach oben wie von oben nach unten betrachtet oder überblickt werden kann. Hier ist die zeitliche Abfolge der Vorstellungen für die Frage, ob ich einen wirklichen Gegenstand wahrnehme, irrelevant. Der Abfolge der Vorstellungen entspricht kein realer Prozess. Es kennzeichnet reale Veränderungen (ein Geschehnis oder Ereignis), dass die zeitliche Abfolge der Vorstellungen »geordnet« ist, also einer »Regel« folgt und in diesem Sinn »notwendig« ist. Kant versucht also zunächst zu zeigen, dass nur unter der Voraussetzung, dass Erscheinungen nach einer Regel in der Zeit aufeinander folgen, reale Veränderungen von scheinbaren Veränderungen, die sich aus der Veränderung der Beobachterperspektive ergeben, unterschieden sind. Insofern ist es – wenn Kants Überlegung tragfähig ist – eine Bedingung der Möglichkeit der Erfahrung von Veränderungen, dass Erscheinungen gemäß der zweiten Bedingung derjenigen Regel verknüpft sind, die das Schema der Kausalität ausmacht.

Diese Überlegungen sind aber noch nicht hinreichend, sondern in verschiedener Hinsicht ergänzungsbedürftig. Von allen Fragen nach der Rolle, die diese Überlegung für kausale Verhältnisse spielen kann, liegt im Blick auf das Beweisziel insbesondere ein Einwand nahe: Nach den bisherigen Beispielen ist nur gezeigt, dass Veränderungen der zweiten Bedingung des Schemas der Kausalität genügen müssen, sollen sich die Erscheinungen auf wirkliche Gegenstände beziehen. Nicht gezeigt ist aber, dass sich auch die Vorstellung des Hauses, die gerade keine Vorstellung einer realen Veränderung ist, nur dann auf einen wirklichen Gegenstand beziehen kann, wenn sie mit einer – noch unbestimmten – Vorstellung gemäß dieser Bedingung des Schemas verknüpft ist. Dann ist aber das Beweisziel verfehlt, dass alle Gegenstände der Erfahrung der zweiten Bedingung des Schemas entsprechen müssen. Der weitere Verlauf des ersten Beweisgangs lässt sich von diesem Einwand ausgehend rekonstruieren: Die im dritten Absatz neu formulierte Aufgabe lässt sich als die Forderung nach einer Begründung dieses Unterschieds verstehen: »Ich werde also, in unserm Fall, die subjektive Folge der Apprehension von der objektiven Folge der Erscheinungen ableiten müssen, weil jene sonst gänzlich unbestimmt ist, und keine Erscheinung von der andern unterscheidet.«[468] Unter »subjektiver Folge der Apprehension« ist hier die Auffassung eines wirklichen Gegenstandes verstanden, bei der die Reihenfolge der Teilauffassungen subjektiv variabel ist (Das Haus-Beispiel). Dieser Nachweis – also die »Ableitung« der so verstandenen subjektiven Folge der Apprehension von der objektiven – ist erforderlich, weil ja gezeigt werden soll, dass alle Erscheinungen unter das Schema subsumierbar sind, egal, ob es sich um die Vorstellung einer realen Veränderung handelt, oder nicht. Die Aufgabe besteht also in nichts anderem als darin, dass sich eine »regellose« und deshalb »subjektive« Verknüpfung von Vorstellungen dann dennoch auf einen wirklichen Gegenstand bezieht, wenn ich in Termini regulärer Verknüpfungen erklären kann, warum sich diese Vorstellungen gleichwohl auf denselben Gegenstand beziehen, d.h. wenn ich Regularitätsverhältnisse voraussetzen darf, die zeigen, dass der Gegenstand derselbe bleibt, egal in welcher Reihenfolge er betrachtet wird. Die Aufgabe der Absätze 5 und 6 besteht entsprechend genau darin, zu zeigen, dass solche »subjektiven« Vorstellungsverknüpfungen nur dann auf einen wirklichen Gegenstand bezogen sind, wenn dieser Gegenstand gleichwohl im Blick auf eine weitere, noch unbestimmte Vorstellung das Schema der Kausalität erfüllt.[469]

Kants Behauptung im gesamten ersten Beweisschritt besteht also darin, dass sich selbst solche Vorstellungen, die keine Vorstellungen realer Veränderungen sind, nur dann auf wirkliche Gegenstände beziehen können, wenn es (mindestens) eine Vorstellung gibt, mit der die Vorstellung dieses Gegenstandes gemäß der zweiten Bedingung des Schemas verknüpft ist.

---

468 I. Kant, *KrV*, A193 – der Ausdruck »in unserm Fall« muss sich auf eines der beiden Beispiele beziehen, und es ist schon aus grammatischen Gründen sinnvoll, dabei an das unmittelbar voranstehende zu denken. Mir ist kein vernünftiger Kommentar zu dieser Formulierung einer Aufgabe im Rahmen des Beweisgangs bekannt: B. Thöle, 1998, S. 288, übergeht diese Formulierung ganz; ebenso wenig findet sich bei H. J. Paton, 1936, oder bei N. K. Smith, 1919, dazu eine Bemerkung; auch nicht bei R. P. Wolff, 1973, S. 266ff. oder bei P. Baumanns, 1997, 625ff. Kant geht es an dieser Stelle offensichtlich nicht mehr um ein Kriterium zur Unterscheidung subjektiver von objektiven Zeitfolgen, sondern um eine – irgendwie geartete – »Ableitung« der ersteren aus den letzteren. Eine solche Ableitung könnte in dem Nachweis bestehen, dass sich eine subjektive Folge gleichwohl dann auf einen objektiven Gegenstand bezieht, wenn dieser im Blick auf eine andere Erscheinung in der vom Schema der Kausalität behaupteten Beziehung steht.

469 Das bedeutet, dass es keine implizite Voraussetzung Kants ist, dass alle Vorstellungsfolgen Ereignisse zum Gegenstand haben; es soll vielmehr gezeigt werden, dass auch solche Vorstellungsfolgen, die keine Ereignisfolgen repräsentieren, nur dann Gegenstandsbezug haben, wenn diese Gegenstände im Blick auf einen noch unbestimmten Gegenstand das Schema der Kausalität erfüllen. Weil das so ist, ist Kant tatsächlich auch gar nicht auf die These festgelegt, alle Vorstellungen eines Gegenstandes folgten aufeinander, so als gäbe es keine zeitlich koordinierten Vorstellungen eines Gegenstandes – vgl. dazu J. Van Cleve, 1973, S. 75f. Es ist eine unglückliche Verengung der Diskussion des Beweisgangs, wenn sich ein guter Teil der Forschungsliteratur nur auf die Überlegungen der ersten Etappe des ersten Beweisschritts konzentriert – in der Annahme, der weitere Text biete nur Variationen dieses Beweises.

Das entscheidende Argument ist, dass unter der Annahme, »es gehe vor einer Begebenheit nichts vorher, worauf dieselbe nach einer Regel folgen müßte, [...] alle Folge der Wahrnehmung nur lediglich in der Apprehension, d.i. bloß subjektiv« wäre.[470] Wenn aber alle Folge der Wahrnehmung nur subjektiv wäre, handelte es sich insgesamt um »ein Spiel der Vorstellungen [...], das sich auf gar kein Objekt bezöge«.[471] Man muss eine kausale Geschichte voraussetzen, die erklärt, wie der Gegenstand in der Fülle unterschiedlicher Beobachtungssituationen identisch bleibt, damit sich die Fülle verschiedener Vorstellungen auf einen Gegenstand beziehen kann. Nur dann ist es nämlich möglich, zu behaupten, dass man beispielsweise nun die Hinteransicht desjenigen Hauses sieht, das man zuvor von vorne gesehen hat. Der Rekurs auf die zweite Bedingung des Schemas ist so eine – notwendige, aber noch nicht hinreichende – Möglichkeitsbedingung für allen Gegenstandsbezug unserer Vorstellung überhaupt. Etwas ist deshalb nur dann Gegenstand unserer Erfahrung, wenn es der zweiten Bedingung des Schemas genügt – die zweite Bedingung des Schemas ist insofern eine notwendige Bedingung der Möglichkeit dafür, dass etwas ein Gegenstand der Erfahrung sein kann.[472]

Dass sich Kant hierbei nur auf die zweite Bedingung des Schemas der Kausalität – also auf ausnahmslose Regularität – beschränkt, ergibt sich zunächst daraus, dass er in diesen Passagen vergleichsweise unspezifisch von »Regeln« und »Ordnung« spricht.[473] Es ergibt sich aber vor allem auch daraus, dass sich aus seinen bisherigen Überlegungen gar nicht mehr folgern lässt. Denn den aufgezeigten Notwendigkeiten ist bereits dann Genüge getan, wenn die Vorstellungen gemäß der zweiten Bedingung des Schemas verknüpft sind. Ausnahmslose Regularität genügt unter den bisherigen Annahmen als Kriterium, um scheinbare Veränderungen von objektiven zu

---

470 I. Kant, *KrV*, A194.

471 Ebd. Nochmals genauer: Es gilt in diesem Punkt zu zeigen, warum die subjektive Folge der Apprehension, obwohl sie eine subjektive Folge ist, die sich auch anders strukturieren könnte, kein bloßes »Spiel der Vorstellungen« ist, sondern sich auf einen Gegenstand beziehen kann. Dieses Argument soll also nicht etwa die Subjektivität der Folge aufheben, sondern die Voraussetzungen des Gegenstandsbezugs solcher Vorstellungsfolgen herausarbeiten.

472 Die Beziehung dieser Argumentation zum zweiten Postulat kann hier nicht weiter verfolgt und ausgeleuchtet werden, obwohl sie nahe liegt.

473 In diesem ersten Abschnitt der Argumentation ergibt sich das »notwendig«, mit dem Kant die Folge charakterisiert, ausschließlich aus der Ausnahmslosigkeit, mit der die Regel gilt, also aus dem »jederzeit« (vgl. I. Kant, *KrV*, A193/B238); bzw. er setzt den Umstand, dass etwas einer Regel folgt, dem Umstand, dass es notwendig ist, gleich (vgl. I. Kant, *KrV*, A194/B239: » [...] worauf es nach einer Regel, d.i. notwendiger Weise, folgt [...] «). Der Gedanke, dass die Regel »nötigt«, findet sich hier nicht (höchstens in einer exzessiven Interpretation des Ausdrucks »gebunden« in I. Kant, *KrV*, A192/B237). Man kann das auch folgendermaßen fassen: Im ersten Beweisschritt interpretiert Kant den Ausdruck »notwendig« im Sinn einer Minimalauslegung des Schemas der Notwendigkeit, aber noch nicht im Sinne der reinen Kategorie der Notwendigkeit.

unterscheiden. Die Rede von »Notwendigkeit« impliziert in diesem Argument noch nicht das Gelten kontrafaktischer Konditionale. Allerdings gebraucht Kant den Ausdrucks »notwendig« in diesen Absätzen in doppelter Weise: Die Art und Weise, in welcher die Vorstellungen verknüpft sind, erschöpft sich darin, dass alle Vorstellungen desselben Typs in hinreichend gleichen Situationen genauso verknüpft sind – darin besteht die Ordnung. Die »Notwendigkeit«, mit der hier eine Vorstellung der anderen folgt, ist also lediglich die faktische Regularität. Davon zu unterscheiden ist der Sinn von »notwendig«, mit der es nach dieser Argumentation notwendig ist, dass die Vorstellungen gemäß solchen Regeln verknüpft werden.[474] Hier spricht Kant von einer Notwendigkeit, die durchaus negative kontrafaktische Konditionalsätze stützen soll: Wenn Vorstellungen nicht gemäß den Regeln des Schemas verknüpft wären, würde es sich nicht um Vorstellungen eines Gegenstandes handeln. Soll gezeigt werden, dass alle Vorstellungen von Gegenständen bzw. alle Gegenstände der Erfahrung dem Schema der Kausalität gerecht werden, dann muss gezeigt werden, dass auch die Art und Weise, in der die Vorstellungen notwendiger Weise nach einer Regel verknüpft sind, die Vorstellungen so mit Notwendigkeit verknüpft, dass kontrafaktische Konditionale gelten. Bis jetzt erfasst der bisherige Argumentationsgang aber noch nicht die dritte Bedingung des Schemas der Kausalität. Denn der Passus »wenn es nach belieben gesetzt wird« ist bisher noch nicht aufgegriffen. Er soll aber gerade darstellen, dass die Verknüpfung nicht nur in dem Sinn notwendig ist, dass faktische Regularität gilt, sondern auch entsprechende kontrafaktische Konditionalsätze (Wenn ich nach Belieben setzte, dass ..., dann wäre ...).[475]

Zum zweiten Beweisschritt: Der siebte Abschnitt markiert einen Einschnitt im Gedankengang. Kant formuliert einen Einwand, der sich mit den bisherigen Überlegungen nicht ausräumen lässt und der einen weiteren Beweisschritt motiviert – welcher allerdings auf den bisherigen Überlegungen aufbaut. Die Argumentation hat bisher nämlich zu dem paradoxen Resultat geführt, dass empirische Regularität in einem transzendentalphilosophischen Sinn notwendig zu sein scheint. Der Begriff der empirischen Regularität scheint aber selbst nur durch Abstraktion von hinlänglich vielen Fällen

---

474 Ein schöner Beleg für diese Doppeldeutigkeit bietet I. Kant, *KrV*, A194/B239: »Daher, weil es doch etwas ist, was folgt, so muss ich es notwendig auf etwas anderes überhaupt beziehen, was vorhergeht, und worauf es nach einer Regel, d.i. notwendiger Weise, folgt.« Auf diese Differenz hat auch W. A. Suchting, 1967, S. 357, hingewiesen, indem er behauptet, selbst wenn es Kant gelungen sei, nachzuweisen, dass notwendigerweise eine kausale Verknüpfung von Ereignissen bestehen müsse, damit noch lange nicht der Nachweis verbunden sei, dass kausale Verknüpfung in irgend einem Sinn die Notwendigkeit der Wirkung impliziere. Er reagiert damit auf Überlegungen von J. Bennett, 1966, S. 156ff.

475 Vgl. dazu oben, S. 351.

gebildet zu werden und deshalb – im Unterschied zum Resultat der Argumentation – »eben so zufällig sein, als die Erfahrung selbst; seine Allgemeinheit und Notwendigkeit wären alsdenn nur angedichtet, und hätten keine wahre allgemeine Gültigkeit, weil sie nicht a priori, sondern nur auf Induktion gegründet wären.«[476] Anders gesprochen: Weil für den Objektbezug
unserer Vorstellungen empirische Regularität hinreichend zu sein scheint,
scheint eine transzendentalphilosophische Begründung überflüssig und
falsch – falsch in dem Sinn, dass sie sich mit der bloß nachgewiesenen
»empirischen« Notwendigkeit der Verknüpfungen nicht zufrieden geben
darf (da ja der reine Verstandesbegriff mehr fordert).[477] Es ergibt sich deshalb die Aufgabe, zu zeigen, dass die Verknüpfung, deren Notwendigkeit
bereits gezeigt wurde, die Vorstellungen in einer solchen Weise mit Notwendigkeit verknüpft, dass eine »Nötigung« vorliegt, sie so und nicht anders zu verknüpfen. Wenn aber eine Regel in diesem Sinn »nötigt«, dann
stützt sie nicht nur Regularitätsaussagen, sondern auch verschiedenste kontrafaktische Konditionale. Um zum Beispiel zurückzukehren: Es ist zu zeigen, dass sich die Vorstellung des Schiffes, das den Strom abwärts treibt,
nur dann auf einen Gegenstand bezieht, wenn nicht nur jederzeit entsprechende Vorstellungen unter den gleichen Umständen in dieser Zeitfolge
verknüpft werden, sondern wenn es gar nicht möglich ist, sie anders zu verknüpfen. Dann würden mehrere Konditionale gelten, beispielsweise:
»Wenn das Schiff zuerst unterhalb und dann oberhalb auf dem Fluss wahrgenommen würde, dann müssten einige der Randbedingungen für den Normalfall nicht gegeben sein.«, oder »Wenn ich jetzt, wo alle normalen Umstände gegeben sind, ein Schiff ins Wasser ließe, so würde es zuerst oben

---

476 I. Kant, *KrV*, A196.
477 B. Thöle, 1998, S. 290, versteht den Einwand in einer anderen Weise: Kant habe im ersten
Beweisschritt lediglich am Beispiel gezeigt, dass eine Regularität notwendig sei, und sehe sich
deshalb genötigt, den Beweis nochmals grundsätzlicher anzugehen. Thöle meint deshalb, es gehe
im zweiten Beweisschritt darum zu zeigen, dass die Regularität, die im Kausalitätsbegriff gedacht
sei, notwendig sei und kein bloße Gewohnheit. Dass Kant etwas anderes im Sinn hat, zeigt sich
daran, dass Kants Einwand ja umgekehrt davon ausgeht, dass Resultat seines Beweises »widerspreche [...] allen Bemerkungen, die man über den Gang unseres Verstandesgebrauchs gemacht hat«
(I. Kant, *KrV*, A 195) – wobei er auf eine empiristische Bedeutungstheorie des kausalen Vokabulars anspielt. Thöle kann nicht deutlich machen, worin dieser Widerspruch bestehen soll. Dass
Kant tatsächlich nicht meinte, mit der vorhergehenden Überlegung lediglich für ein Beispiel oder
ausgehend von einem Beispiel argumentiert zu haben, dokumentiert sich darin, dass er im sechsten
Absatz das Resultat allgeneralisiert zusammenfasst: »Wenn wir also erfahren, daß etwas geschieht,
so setzen wir dabei *jederzeit* voraus, daß irgend etwas vorausgehe, worauf es nach einer Regel
folgt.« (I. Kant, *KrV*, A195, Hervorh. R. S.). Dann aber kann der zweite Beweisschritt nicht der
Notwendigkeit gelten, mit der diese Regeln für die Möglichkeit von Erfahrung notwendig sind,
sondern nur der Notwendigkeit, mit der diese Regeln die Vorstellungen verknüpfen. Entsprechend
ist auch das Beweisziel des zweiten Beweisschritts anders zu bestimmen, als es bei Thöle, 1998,
geschieht.

und dann weiter unten auf dem Fluss wahrnehmbar sein.« usf. Der zweite Beweisschritt besteht also darin zu zeigen, dass die Regeln, nach der Vorstellungen in der Zeit miteinander verknüpft sein müssen, damit sie sich auf wirkliche Gegenstände beziehen, implizieren, dass sie entsprechende kontrafaktische Konditionale stützen bzw. dass die Verknüpfungen in dem Sinn »notwendig« sind, der durch den reinen Verstandesbegriff der Kausalität gefordert und durch die dritte Bedingung des Schemas dargestellt wird. Dabei wird sich der Beweis wieder darauf konzentrieren zu zeigen, dass die dritte Bedingung des Schemas erfüllt ist und deshalb der reine Verstandesbegriff angewendet werden kann, der – weil seine Verknüpfungsregel nicht nur gegebene Vorstellungen betrifft – die Notwendigkeit der Verknüpfung begründet.[478] Man darf also auch von diesem zweiten Beweisschritt nicht erwarten, dass er die Notwendigkeit in der zeitlichen Folge direkt nachweise, sondern nur, dass die zeitliche Abfolge so verfasst ist, dass sie zurecht unter den – Notwendigkeit importierenden – reinen Verstandesbegriff fällt. Die Zeitfolge selbst kann keine Notwendigkeit liefern.

Einen Schlüssel zu diesem weiterführenden Beweisgang bietet die Zusammenfassung des »Beweisgrundes« im 14. Absatz. Dort zeigt sich nämlich, dass das im ersten Beweisschritt entwickelte Argument vielleicht dazu hinreicht, zu zeigen, dass sich Vorstellungen, die regelgemäß verknüpft sind, in irgend einer Weise auf etwas »Objektives« beziehen, aber nicht hinreichen, zu garantieren, dass sie *wirkliche* Gegenstände treffen:

Soll also meine Wahrnehmung die Erkenntnis einer Begebenheit enthalten, da nämlich etwas wirklich geschieht: so muß sie ein empirisches Urteil sein, in welchem man sich denkt, daß die Folge bestimmt sei, d.i. daß sie eine andere Erscheinung der Zeit nach voraussetze, worauf sie notwendig, oder nach einer Regel folgt. Widrigenfalls, wenn ich das Vorhergehende setze, und die Begebenheit folgte nicht darauf notwendig, so würde ich sie nur für ein subjektives Spiel meiner Einbildung halten müssen, und stellete ich mir darunter doch etwas Objektives vor, sie einen bloßen Traum nennen.[479]

Das Problem, den Unterschied zwischen Traum und Wirklichkeit zu begründen, lag dem ersten Beweisschritt nicht zugrunde. Denn bei der Unterscheidung von subjektiven und objektiven Folgen sollte es sich beide Male um Vorstellungen von wirklichen Gegenständen handeln. Man mag aber den Fall des hinab treibenden Schiffes von dem der Hauswahrnehmung im Rückgriff auf das Regularitätskriterium unterscheiden können, ohne bereits sicher sein zu dürfen, ob es sich in beiden Fällen nicht um Träume handelt. Das Regularitätskriterium genügt für sich genommen nicht, Traum und

---

478 Vgl. dazu oben, S. 357f.
479 I. Kant, *KrV*, A 201f.

Wirklichkeit zu unterscheiden bzw. diesen Unterschied zu begründen. Dabei muss man noch gar nicht an den Fall eines konsequenten Nur-Träumers denken, der regelgemäß träumt. Bereits der Fall, in dem ich träume, dass das Schiff den Strom hinab treibt, lässt sich – weil diese Verknüpfung regelgemäß ist – nicht vom ersten Fall unterscheiden.[480] Genauer kommt es dabei weniger darauf an, ein Unterscheidungskriterium zu geben, sondern zu erklären, was den Unterschied zwischen Traum und Wirklichkeit ausmacht – und zwar in der Weise, dass die jeweiligen Verknüpfungsmöglichkeiten von Vorstellungen unterschieden werden.

Das Problem der Träume ist von Kant in der zitierten Passage direkt auf die dritte Bedingung des Schemas der Kausalität bezogen. Denn der Satz »Widrigenfalls, wenn ich das Vorhergehende setze, [...]«, nimmt genau die Formulierung »wenn es nach Belieben gesetzt wird« wieder auf. Wenn es stimmt, dass dieser Teil des Schemas den Modus der Notwendigkeit in einer kausalen Verknüpfung darstellt, dann wird auch deutlich, dass Kant tatsächlich mit dem Problem der Unterscheidung zwischen Traum und Wirklichkeit den Einwand bearbeitet, den er sich im 7. Absatz selbst gestellt hat. Denn der Einwand läuft ja gerade darauf hinaus, dass faktische Regularität à la Hume angesichts des Begründungsanspruchs zu wenig ist und durch den Nachweis der Notwendigkeit der Verknüpfung bzw. Regularität über Hume hinaus ergänzt werden muss. Die Beweisidee wird also darin bestehen nachzuweisen, dass der Unterschied zwischen Traum und Wirklichkeit im Rahmen der bloßen Zeitfolge – über die bloße faktische Regularität hinausgehend – nur dadurch begründet werden kann, dass die Verknüpfung im Fall der Vorstellung wirklicher Gegenstände auch dann regelgemäß geschieht, wenn der Anfangszustand (kontingent) nach Belieben gesetzt wird;[481] das aber heißt, dass alles, was Gegenstand der Erfahrung werden

480 Vgl. dazu B. Thöle, 1991, S. 188, der an einem anderen Beispiel deutlich macht, dass Kants Argumentation im ersten Beweisschritt nicht hinreicht, zwischen »Sein« und »Schein« zu unterscheiden. Allerdings untersucht Thöle nicht, ob Kant im Rahmen seines zweiten Beweisschritts eine entsprechende Argumentation entwickelt. Die gesamte Diskussion der Beweise in der *Zweiten Analogie* leidet daran, dass in aller Regel davon ausgegangen wird, Kant habe denselben Beweis in verschiedenen Fassungen gegeben, so dass auf die neue Beweisaufgabe im zweiten Beweisschritt selten Rücksicht genommen wird – vgl. etwa die Diskussion bei J. Van Cleve, 1973. Eine Ausnahme bietet H. Cohen, 1918, S. 573, der die leitende Argumentation der *Zweiten Analogie* gerade mit einer Interpretation dieser Passagen, *KrV*, B241, eröffnet und den gesamten ersten Beweisschritt eher in den Hintergrund rückt. Cohen macht zurecht darauf aufmerksam, dass es in diesem Absatz nicht um ein Problem des Erwerbs bestimmter Ideen gehe, sondern ihrer »Geltung«; es geht deshalb auch seiner Meinung nach nicht um die Suche nach einem Kriterium zur Unterscheidung zwischen Imagination und Wirklichkeit, sondern um den Nachweis, dass wir den Begriff der Kausalität in die Erfahrung hineingelegt haben (ebd., S. 573, vgl. I. Kant, *KrV*, B241).

481 Um das in einem Punkt zu verdeutlichen: Die Behauptung ist nicht, dass es eine notwendige Bedingung der Erkennbarkeit bzw. eines Unterscheidungskriteriums zwischen Traum und Wirklichkeit ist, sondern dass das den Unterschied selbst allererst begründet. Kants Formulierun-

kann, auch der dritten Bedingung des Schemas gerecht sein muss, und deshalb (gemäß dem Schema) der Notwendigkeitsbegriff des reinen Verstandesbegriffs angewendet werden kann. Zumindest lässt sich ein solcher Aufbau des Beweises vermuten, wenn man den Einwand im 7. Absatz mit der zitierten Passage aus dem Resumée der gesamten Argumentation im 14. Absatz verbindet.

Tatsächlich lassen sich die Absätze 8 bis 12 als eine Realisierung dieser Beweisidee lesen. Dazu muss man im Ausgang nur an der Frage nach dem Unterschied zwischen Wirklichkeit und Traum festhalten. Genauer ist zu fragen, welche Mittel zur Verfügung stehen, wenn alleine durch die Art der (zeitlichen) Verknüpfung von Erscheinungen die Differenz zwischen Traum und Wirklichkeit expliziert oder gar diagnostiziert werden können soll. Die Formulierung der neuen Aufgabe im 8. Absatz schließt sich nun unmittelbar an die bisherigen Überlegungen an:

Es kommt also darauf an, im Beispiele zu zeigen, daß wir niemals selbst in der Erfahrung die Folge (einer Begebenheit, da etwas geschieht, was vorher nicht war) dem Objekt beilegen, und sie von der subjektiven unserer Apprehension unterscheiden, als wenn eine Regel zum Grunde liegt, die uns *nötiget*, diese Ordnung der Wahrnehmungen vielmehr als eine andere zu beobachten, ja daß diese Nötigung es eigentlich sei, was die Vorstellung einer Sukzession im Objekt allererst möglich macht.[482]

Die Problemstellung wird hier insofern aufgenommen, als nun die Vorstellung wirklicher Veränderung sowohl von einer bloß subjektiven Vorstellungsfolge ohne jegliche Veränderung (wie die des Hauses) und der bloßen Traumvorstellung einer objektiven Veränderung unterschieden werden soll.

---

gen sind in diesem Punkt nicht immer eindeutig. Darauf hat zu Recht J. Van Cleve, 1973, S. 80, hingewiesen, wenn er fragt, was es denn genau heißen solle, wenn Kant etwa behauptet, man müsse annehmen, oder voraussetzen oder sich denken usf. Mir scheint, dass epistemologische und ontologische Fragen hier von Kant in eigentümlicher Weise verquickt werden: Zunächst ist es eine epistemologische Frage, wie wir wirkliche Gegenstände als solche im Unterschied zu imaginierten denken können; diese Frage provoziert aber die weitere Frage, was diesen Unterschied als solchen begründet; dass dieser Unterschied auf der ontologischen Ebene begründet werden kann, ist aber selbst eine notwendige (aber nicht unbedingt hinreichende) Bedingung dafür, dass ein Unterscheidungskriterium gefunden werden kann – also für die Beantwortung der epistemologischen Frage. Wenn Kant also schreibt, man müsse annehmen, voraussetzen oder sich denken, dann ist dies ein Reflex auf der epistemologischen Ebene für den strukturähnlich begründeten ontologischen Unterschied zwischen Traum und Wirklichkeit – und deshalb zwar im Grunde eine wahre, im Einzelfall aber irrtumsanfällige Annahme.

482 I. Kant, *KrV*, A196f. (Hervorh. i. Orig.) – Es darf nicht irritieren, dass sich Kant hier wieder auf das Beispiel des Schiffes zurückbezieht und damit zunächst wieder das Problem der wirklichen Veränderung in den Mittelpunkt rückt: Der Zusammenhang zwischen der Vorstellung wirklicher Veränderungen und anderer Vorstellungen wirklicher Gegenstände, der im Rahmen des ersten Beweisschritts etabliert wurde, kann auch hier vorausgesetzt werden, so dass das Argument an diesem Beispiel tatsächlich auf alle Fälle von Gegenstandsvorstellungen übertragbar ist.

Der Beweis selbst beginnt im 9. Absatz mit einer erneuten Erinnerung an den revidierten Gegenstandsbegriff, um dann im 10. Absatz durchgeführt zu werden. Im 11. Absatz zieht Kant dann neue Konsequenzen für die so nachgewiesene Relation zwischen den Vorstellungen, die über den im ersten Beweisschritt korrespondierenden 4. Absatz hinausgehen. Der 12. Absatz betrifft die Voraussetzungen dieses Beweises, sofern sie das Verhältnis von Anschauungsform, Einbildungskraft und Verstand betreffen. Der Kerngedanke des eigentlichen Beweises findet sich aber bereits in folgendem Satz des 10. Absatzes, der weit über den ersten Beweisgang hinausgeht:

> So bald ich aber wahrnehme, oder voraus annehme, daß in dieser Folge eine Beziehung auf den vorhergehenden Zustand sei, aus welchem die Vorstellung nach einer Regel folgt: so stellet sich etwas vor als Begebenheit, oder was da geschieht, d.i. ich erkenne einen Gegenstand, den *ich* in der Zeit auf eine gewisse bestimmte Stelle setzen muß, die ihm, nach dem vorhergehenden Zustande, *nicht anders erteilt werden kann.*[483]

Die Annahme oder Auffassung, dass ein Ereignis wirklich auf einen vorhergehenden Zustand folgt, setzt voraus, dass ich etwas als eine (wirkliche) Begebenheit vorstelle. D.h. ich darf nicht denken, dass die Zeitfolge der Vorstellungen von mir abhängt. Denn dann könnte es sich um einen Traum handeln. Ich muss also den Grund der Zeitfolge außer mir in den vorhergehenden Zustand setzen. Das aber heißt, dass ich mich der Möglichkeit begebe, aus eigener Willkür dem Gegenstand eine andere Zeitstelle anzuweisen, als sie ihm nach der entsprechenden Regel zukommt. Nur indem ich meine Verknüpfungsmöglichkeiten so selbst beschränke, unterscheiden sich die Verknüpfungen, die wirkliche Gegenstände vorstellen und erkennen lassen, von solchen Vorstellungen, die bloße objektähnliche Traumgebilde betreffen.

Um den entscheidenden Punkt noch einmal am entscheidenden Problem des Träumers zu illustrieren: Die Frage ist, wie sich der Fall, in dem ich die beiden Positionen eines Schiffes, das den Strom hinab treibt, wahrnehme, von dem Fall unterscheidet, in dem ich träume, dass ein Schiff den Strom hinab treibt. Es kommt dabei zunächst noch gar nicht auf die Frage an, ob ich für alle Fälle ein hinreichendes Unterscheidungskriterium für beide Fälle haben kann und worin es besteht. Wenn ich richtig sehe, behauptet Kant an keiner Stelle, ein solches Kriterium gegeben zu haben.[484] Es kommt zunächst lediglich darauf an, worin ein solcher Unterschied bestehen könnte bzw. was den Unterschied begründet. Denn dass ein solcher Unterschied besteht, lässt sich auch dann behaupten, wenn man nicht über die Mittel

---

483 I. Kant, *KrV*, A198, Hervorh. R. S.
484 Schon alleine deshalb entfällt der Einwand von B. Thöle, 1991, S. 188.

verfügt, in jedem Fall eindeutig zu entscheiden, ob es sich um Traum oder Wirklichkeit handelt. Der Unterschied kann – nach allem, was Kant über den Objektbegriff ausgeführt hat – einzig und alleine in der Art und Weise bestehen, in der die einzelnen Erscheinungen oder Vorstellungen miteinander verknüpft sind. Das Beispiel macht deutlich, dass der Unterschied nicht in der Regularität der Verknüpfung bestehen kann. Denn in diesem Beispiel werden die Vorstellungen jeweils regelgemäß verknüpft. Der Unterschied muss deshalb entweder in einem völlig anderen Charakterzug der Verknüpfungen liegen, der bisher noch gar nicht berücksichtigt wurde, oder aber in einer unterschiedlichen Art und Weise, in der die Verknüpfung regelgemäß ist. Gegen die erste Annahme spricht, dass dann der Unterschied zwischen Traum und Wirklichkeit entweder durch inhaltliche Kriterien – wie die Einhaltung bestimmter gewohnter Verknüpfungsregeln – oder andere formale Gesichtspunkte – wie etwa völlige Kohärenz – begründet werden müsste. Ersteres scheidet im Rahmen der transzendentalphilosophischen Untersuchung aus; letzteres auch, da immer der Einwand des kohärenten Nur-Träumers droht, der zwar allen anderen formalen (und inhaltlichen) Kriterien gerecht wird, sich aber gleichwohl nicht auf wirkliche Gegenstände bezieht. Doch zeichnet es Träume aus, dass wesentlich mehr Verknüpfungsmöglichkeiten von Vorstellungen offen sind, als in dem Fall der Vorstellung wirklicher Gegenstände. Das lässt sich auch so formulieren, dass für den Traum bestimmte Verknüpfungsregeln – wie etwa Kausalgesetze – nicht verbindlich sind. Der Unterschied zwischen Traum und Wirklichkeit setzt so die Verbindlichkeit voraus, und zwar so, dass es nicht mehr in meiner Verfügung steht, die Vorstellungen so oder anders zu verknüpfen. Daraus aber ergibt sich, dass der Unterschied zwischen Traum und Wirklichkeit – mithin die Möglichkeit, wirkliche Gegenstände zu erfahren und zu erkennen – davon abhängt, dass bestimmte Vorstellungsverknüpfungen auch dann so ablaufen, wie sie ablaufen, wenn ich ihren Anfang willkürlich setze – weil die Sukzession im Fall objektiver Veränderungen eben nicht mehr in meiner Macht liegt. Wenn das aber stimmt, dann ist tatsächlich über den ersten Beweisschritt hinausgehend gezeigt, dass alle Gegenstände der Erfahrung nicht nur der zweiten, sondern auch der dritten Bedingung des Schemas gerecht werden müssen.

Abgesehen nun davon, dass sich daraus ergibt, dass die zeitlich früheren Zustände als hinreichende und notwendige Bedingungen aufgefasst werden müssen,[485] liegt gegen diese Überlegungen der Einwand nahe, dass das In-

---

[485] Vgl. I. Kant, *KrV*, A199: »[...] so ist es auch ein unentbehrliches *Gesetz der empirischen Vorstellung* der Zeitreihe, daß die Erscheinungen der vergangenen Zeit jedes Dasein in der folgenden bestimmen, und daß diese, als Begebenheiten, nicht stattfinden, als so fern jene ihnen ihr Dasein in der Zeit bestimmen, d.i. nach einer Regel festsetzen.«

diz, das mit der willkürlichen Wiederholung von Sequenzen gegeben wird, kein hinreichendes Unterscheidungskriterium bietet. Denn nichts hindert, dass der konsequente Träumer gerade dies träumt. Doch hier ist erneut daran zu erinnern, dass es Kant nicht darum geht, ein hinreichendes Unterscheidungskriterium zu etablieren, sondern nachzuweisen, dass es eine Bedingung der Möglichkeit der Erfahrung von Gegenständen ist, dass sie in der Zeit in einer Weise geordnet sind, die dem Schema der Kausalität entspricht. Dazu genügt es ihm, nachzuweisen, dass der Unterschied nur so rekonstruiert werden kann, dass er dazu führt, dass Gegenstände der Erfahrung strikt determinierenden Gesetzen unterliegen, die uns nötigen, weil in dieser Nötigung alleine es liegt, dass die Verknüpfung der Vorstellungen nicht mehr in unserer Willkür liegt. Die zugrunde liegenden Überlegungen skizziert Kant in Absatz 12. Der Kern dieses Absatzes ist der Hinweis darauf, dass die Zeitstelle einer Erscheinung nicht von der »Zeit selbst« bestimmt werden könne, die ja nur eine Anschauungsform ist, sondern dass »die Erscheinungen [...] einander ihre Stellen in der Zeit selbst bestimmen» müssen.[486] Das ist aber nicht anders denn als eine Leistung des Verstandes zu denken, der gerade dadurch – und durch einiges andere – »die Vorstellung eines Gegenstandes überhaupt möglich macht.«[487] Die Regel samt ihrer Nötigung lässt sich also nicht anders erklären denn als eine Handlung des Verstandes. Dann aber ist der Unterschied zwischen Traum und Wirklichkeit in einer spezifischen Leistung des Ordnung stiftenden Verstandes begründet. Daraus ergibt sich aber, dass dort, wo eine solche Nötigung tatsächlich vorliegt und sich durch eine ausnahmslose Bestätigung durch willkürliche Eingriffe zeigt, alle sinnlichen Bedingungen erfüllt sind, den reinen Verstandesbegriff der Kausalität anzuwenden. Erst seine legitime Anwen-

---

486 I. Kant, *KrV*, A200 – B. Thöle, 1998, S. 190, interpretiert dieses Argument als einen Versuch, die Notwendigkeit der Verknüpfung aus der Struktur der Zeit selbst zu zeigen, kann dabei aber nur ein Argument rekonstruieren, gegen das er selbst unmittelbar einleuchtende Einwände geltend macht. Der Rückgriff auf die Zeit geschieht im fraglichen Absatz jedoch lediglich in negativer Absicht, nämlich um zu zeigen, dass die Zeit als Anschauungsform nicht für die zeitliche Stelle einer Erscheinung verantwortlich ist, sondern dass hier der Verstand wirkt. Dadurch kommt dann auch allererst die von Thöle in dem von ihm rekonstruierten Argument tatsächlich nicht erweisbare Notwendigkeit der Folge ins Spiel.

In B. Thöle, 1991, S. 205ff., findet sich eine ausführlichere Rekonstruktion dieses Arguments. Dabei fällt auf, dass Thöle den voranstehenden Absatz 11 als eine zusätzliche Prämisse Kants interpretiert, nicht aber als eine Konsequenz des Voranstehenden, wie es der Anfang des ersten Satzes (»Wenn nun [...]«) nahe legt. Thöle kritisiert völlig zu Recht die Versuche von R. Wolff, 1963, S. 272f., und von A. C. Ewing, 1924, S. 73f., und gelangt selbst eingestandenermaßen zu keinem befriedigenden Resultat. Ich vermute, dass bereits der Versuch, Kant hier ein Argument zu unterstellen, das aus der formalen Struktur der Zeit auf die kausale Determiniertheit der Zeitstellen einzelner Erscheinungen schließen will – woran Thöle, S. 210, ja festhalten will – auf einer verfehlten Einschätzung der Rolle der Zeit in diesem Argument beruht.

487 I. Kant, *KrV*, A199.

dung auf die Erscheinungen legitimiert bzw. stützt die kontrafaktischen Konditionale, in denen sich der Notwendigkeitscharakter der Verknüpfung ausdrückt. Nochmals: Kant muss nicht nachweisen, dass er über ein hinreichendes Kriterium verfügt, in jedem Fall Traum von Wirklichkeit zu unterscheiden. Für sein Beweisziel genügt der Nachweis, dass der Unterschied in einer unterschiedlichen Weise der Regularität liegt, die völlig dem Schema der Kausalität genügt, so dass der reine Verstandesbegriff der Kausalität angewendet werden darf bzw. muss und dadurch die Notwendigkeit der Verknüpfung – als eine spezifische Verstandesleistung – gestiftet wird. Keine faktische Regularität – und sei sie auch durch manipulierende Experimente getestet – kann für sich diese Notwendigkcit begründen: Sie kann günstigstenfalls nur die Anwendung des reinen Verstandesbegriff begründen, weil sie sein Analogon – das Schema – vollständig erfüllt.

Lässt sich Kants Argumentation in der *Zweiten Analogie* in etwa wie vorgeschlagen rekonstruieren, bestätigt sich die gesamte bisher gegebene Interpretation seiner Theorie kategorialer Begriffsbildung. Insbesondere bestätigt sich, dass zwei Bedeutungen des Ausdrucks »Kategorie« strikt unterschieden werden müssen, nämlich die reine Kategorie und die schematisierte Kategorie. Beide unterscheiden sich nicht nur darin, dass erstere bloß rein logische Bedeutung hat, indem sie letztlich eine Regel auf den Begriff bringt, Vorstellungen logisch zu verknüpfen, während letztere darüber hinaus auch Regeln, Anschauungen in der Zeit zu setzen, zum Ausdruck bringt. Darüber hinaus unterscheiden sich beide in ihrem Anwendungsbereich: Zunächst sind reine Kategorien Begriffe vom Gegenstand überhaupt und werden überall dort angewendet, wo es gilt, irgendwelche Gegenstände zu *denken*. Sinn und Bedeutung – in dem Sinn, dass es Gegenstände gibt, auf die sie bezogen und von denen sie wahr oder falsch prädiziert werden können – haben reine Kategorien indessen nur, insofern sie im Reich möglicher Erfahrung angewendet werden. Denn das Schema verleiht ihnen – in diesem Sinn – Sinn und Bedeutung. Hier reichen Kategorien hin, etwas von Gegenständen zu *erkennen*. Die schematisierte Kategorie auf Gegenstände außerhalb der Erfahrung anzuwenden, bedeutet hingegen, einen Kategorienfehler zu begehen. Denn das hieße, zeitliche Bestimmungen von Gegenständen zu prädizieren, die prinzipiell nicht in den Anschauungsformen gegeben sind. Es gilt also, unterschiedliche Momente des kausalen Vokabulars auseinander zu halten, wenn man im Einzelnen die Möglichkeiten untersuchen will, von Ursachen und Wirkungen zu sprechen. Nicht zuletzt darin besteht der Modellcharakter der kantischen Transzendentalphilosophie für die nachfolgenden eigenen Systematisierungsversuche.

2.2.2.3 Der reine Verstandesbegriff der Kausalität und die Begriffe von Freiheit und Schöpfung

Die bisherige Rekonstruktion der kategorialen Begriffsbildung in Kants Transzendentalphilosophie hat zumindest deutlich gemacht, inwiefern sich in ihr die *eine* Leitthese der vorliegenden Arbeit durchgeführt findet: dass der Begriff der Kausalität, wie er im Alltag und in den Wissenschaften verwendet wird, dann plausibel und umfassend analysiert werden kann, wenn er von einem univoken und allgemeinsten Begriff der Kausalität überhaupt aus rekonstruiert wird. Es ist nun abschließend noch kurz zu zeigen, dass auch der Schöpfungsbegriff im Rahmen der Transzendentalphilosophie Kants von diesem Grundbegriff ausgehend verstanden werden kann – und deshalb in gewissem Sinn sinnvoll ist. Damit wäre auch *eine weitere* Leitthese der Arbeit am Modell der kantischen Transzendentalphilosophie entwickelt, nämlich dass der Begriff der Kausalität, wie er im Alltag oder aber in den Wissenschaften verwendet wird, dann plausibel analysiert werden kann, wenn er in einen systematischen Zusammenhang mit dem Schöpfungsbegriff gebracht wird, und zwar so, dass beide vom gemeinsamen Begriff der Kausalität überhaupt – hier: der reinen Kategorie der Kausalität – aus rekonstruiert werden. Es geht im Folgenden also nicht um eine Untersuchung des Schöpfungsbegriffs in der kantischen Philosophie überhaupt, sondern nur um den Nachweis dieses Zusammenhangs.

Der Schöpfungsbegriff ist zunächst Gegenstand der theoretischen Philosophie, aber nicht nur. Er spielt eine Rolle auch in der praktischen Philosophie. Das ist nicht verwunderlich, weil die Transzendentalphilosophie, insofern sie Begriffe vom Gegenstand überhaupt entwickelt, der Unterscheidung von theoretischer und praktischer Philosophie vorgelagert ist.[488] Im Rahmen der theoretischen Philosophie tritt Schöpfung primär in einer eigentümlichen Gestalt auf, nämlich im Zusammenhang der *Antinomie*, in die sich nach Kant die menschliche Vernunft zwangsläufig verstrickt. Die *Dritte Antinomie*, welche nach einer Kausalität außerhalb der Naturkausalität fragt und auf eine Kausalität aus Freiheit zielt, betrifft ebenso den Schöpfungsbegriff wie die *Vierte Antinomie*, die nach einem notwendigen Grund der Welt fragt. Denn die Schöpfung soll selbst aus Freiheit geschehen. Es ist im Folgenden nun kurz zu zeigen, dass in diese beiden Gestalten der Antinomie – insbesondere in ihre Auflösung – der reine Begriff der Kausalität eingeht. Dann ist kurz zu verfolgen, dass der Begriff einer Kausalität aus Freiheit und der Begriff der Schöpfung trotz der Antinomie weiterhin sinnvoll sind, gerade weil sie sich aus der reinen Kategorie der Kausalität entwickeln lassen. Es geht im Folgenden also nicht darum, die Antinomien,

---

488 Vgl. dazu oben, Abschnitt 2.2.1, S. 275f.

den Freiheitsbegriff oder gar den Schöpfungsbegriff im Rahmen der Philosophie Kants zu untersuchen. Im Blick auf die Aufgabenstellung der vorliegenden Arbeit genügt es, kurz anzudeuten, welche fundierende Rolle die reine Kategorie der Kausalität – gerade weil sie sich als univoker Begriff vom Gegenstand überhaupt der bloßen Spontaneität verdankt – in den genannten Zusammenhängen spielen kann.

1. Im Rahmen der Antinomien, also in der *Transzendentalen Dialektik*, wird Schöpfung zumindest indirekt Thema. Der Schöpfungsbegriff selbst fällt kaum, doch ist der Begriff einer Kausalität aus Freiheit Gegenstand der dritten Antinomie und der Begriff eines notwendigen Wesens, das Ursache der Welt ist, Gegenstand der vierten. Im Schöpfungsbegriff wird Gott als freie Ursache der Welt gedacht, und deshalb betreffen beide Antinomien den Schöpfungsbegriff.[489]

Antinomien ergeben sich, wenn die berechtigte *Frage* nach einer Bedingung für etwas unendlich iteriert wird. Dabei ist es keine willkürliche Entscheidung, zu etwas nicht nur die nächste, sondern auch die letzte Bedingung zu suchen. Es ist vielmehr »in der Natur der menschlichen Vernunft gegründet«, zu jedem Bedingten ein Unbedingtes zu suchen.[490] Das ergibt sich für Kant nicht aus einem Raisonnement über die obskure »Natur« der Vernunft, sondern aus einer Überlegung darüber, was es heißen kann, dass etwas Bedingtes »als wahr gelten soll«.[491] Die Annahme, dass ein Satz, der etwas Bedingtes behauptet, wahr ist, setzt nämlich voraus, dass die gesamte Reihe von Bedingungen »gegeben« oder erfüllt ist, unter der alleine er wahr sein kann. Das Iterieren der Frage ist also nicht willkürlich, sondern dann notwendig, wenn etwas vollständig erkannt werden soll. Dem Rückschritt zum Unbedingten in einer aufsteigenden Reihe von Vernunftschlüssen korrespondieren Fragen nach den Bedingungen, unter denen etwas Bestimmtes wahr ist.[492] Dabei lassen sich unterschiedliche Typen von Vernunftschlüssen gemäß den unterschiedlichen Typen der gesuchten Obersätze unterscheiden, unter ihnen die hypothetischen Vernunftschlüsse.[493] Den unterschiedlichen Schlusstypen entsprechen unterschiedliche Fragetypen. Dem hypothe-

489 Vgl. I. Kant, *Prolegomena*, § 53, A152, Anm. Zum Hintergrund der beiden Antinomien H. Heimsoeth, 1966 und 1965.
490 Vgl. I. Kant, *KrV*, B380/A323; B449/A433.
491 Vgl. I. Kant, *KrV*, B389/A332: »Es mag nun sein, daß auf der Seite der Bedingungen die Reihe der Prämissen ein Erstes habe, als oberste Bedingung, oder nicht, und also a parte priori ohne Grenzen: so muß sie doch Totalität der Bedingungen enthalten, gesetzt, daß wir niemals dahin gelangen könnten, sie zu fassen, und die ganze Reihe muß unbedingt wahr sein, wenn das Bedingte, welches als eine daraus entspringende Folgerung angesehen wird, als wahr gelten soll.« Vgl. auch I. Kant, *KrV*, B436/A409f.
492 Anders gesprochen: Kants Theorie der Vernunftschlüsse zu Beginn der *Transzendentalen Dialektik* lässt sich als Beitrag zu einer Theorie transzendenter Fragen lesen.
493 Vgl. I. Kant, *KrV*, B379/A323.

tischen Vernunftschluss korrespondiert die Warum-Frage. Zumindest im Fall der dritten und der vierten Antinomie handelt es sich um Ursachen, nach denen gefragt wird.[494] Vernunftideen wie etwa der Begriff einer Kausalität aus Freiheit (und vermutlich auch derjenige der Schöpfung) werden nun ausgehend von solchen Schlüssen gebildet. Sie sind als Begriffe von derjenigen Totalität von Bedingungen zu denken, die sich auch als ein Iterieren von Prosyllogismen darstellen lässt. Dabei gehen kategoriale Begriffe in die genaue Bildung der Prämissen solcher Vernunftschlüsse ein. Es ergibt sich, »daß die Form der Vernunftschlüsse, wenn man sie auf die synthetische Einheit der Anschauung, nach Maßgabe der Kategorien, anwendet, den Ursprung besonderer Begriffe a priori enthalten werde, welche wir reine Vernunftbegriffe, oder *transzendentale Ideen* nennen können, ...«[495] Insofern das Verfahren zur Bildung solcher Ideen unter der »Maßgabe der Kategorien« steht, wird alles bisher Erarbeitete über die Bildung kategorialer Begriffe vorausgesetzt. Das zeigt sich insbesondere in den Schwierigkeiten, in die sich die Vernunft dann verstrickt, wenn sie versucht, über den Gegenstand solcher Ideen etwas auszusagen. Im Fall der Idee, die aus dem hypothetischen Vernunftschluss entwickelt wird und die die Welt als Ganzes zum Gegenstand hat, nehmen diese Schwierigkeiten die Gestalt einer regelrechten Antinomie an.

Antinomien bestehen für Kant darin, dass zwei einander widersprechende Sätze in gewisser Weise bewiesen werden können.[496] Im Fall der dritten Antinomie sollen sowohl der Satz, dass es neben der Naturkausalität noch eine Kausalität aus Freiheit gebe, wie der Satz, dass alles nach den »Gesetzen der Natur« geschehe, ableitbar sein;[497] im Fall der vierten Antinomie sind sowohl der Satz, dass zur Welt etwas – als Teil oder als Ursache – gehöre, das schlechthin notwendig sei, wie auch der Satz, dass es weder in noch außerhalb der Welt ein schlechthin notwendiges Wesen gebe, beweisbar.[498] Die Möglichkeit, dass sich jeweils beide Sätze in irgendeinem Sinn

---

494 Vgl. I. Kant, *KrV*, B516/A488: »[...] so verfolgt euch das Warum [...]«

495 I. Kant, *KrV*, B378/A321 – vgl. dazu P. König, 1994, S. 15ff., der allerdings diesen Explikationen Kants eher skeptisch gegenübersteht. Er entwickelt stattdessen eine ausführliche Rekonstruktion des Ideenbegriffs aus Kants Theorie der Vollkommenheit, insbesondere der Vollkommenheit einer Erkenntnis (S. 19ff.). B. Falkenburg unterstreicht demgegenüber den Charakter von Ideen als Begriffen »aus Notionen oder reinen Verstandesbegriffen« (B. Falkenburg, 2000, S. 199).

496 Vgl. dazu B. Falkenburg, 2000, S. 177ff., die genau untersucht, in welchem Sinn und von welchem Standpunkt aus die Beweise für die widersprechenden Sätze zwingend sind. Sie schlägt vor, von »apagogischen« Beweisen zu sprechen (S. 206ff.), um zur antinomischen Struktur zu gelangen.

497 Vgl. I. Kant, *KrV*, B472ff./A444ff. – vgl. dazu B. Falkenburg, 2000, S. 239ff.

498 Vgl. I. Kant, *KrV*, B480ff./A452ff. – vgl. dazu B. Falkenburg, 2000, S. 244ff. Zu Recht legt sie in ihrer Analyse den Akzent auf die Modalitäten (»schlechthin notwendiges Wesen«), doch

beweisen lassen, ist ein Indiz dafür, dass irgendeine Voraussetzung proble-matisch ist. Es kommt hier nicht darauf an, die Antinomien im Einzelnen zu rekonstruieren,[499] sondern nur zu zeigen, dass die Art und Weise, in der ka-tegoriale Begriffe gebildet werden, so in die Bildung von Vernunftbegriffen eingeht, dass Antinomien entstehen und – soweit möglich – aufgelöst wer-den können. Dabei spielt die Differenz von reiner und schematisierter Kate-gorie (bzw. Grundsatz) eine fundamentale Rolle.

Bei seiner »kritischen Entscheidung« der Antinomie macht Kant – bevor er an die »Auflösung« ihrer einzelnen Formen geht – auf den dazu ent-scheidenden Punkt aufmerksam: Die Antinomien ergeben sich, wenn in einem Prosyllogismus von einem Bedingten auf die Totalität der Bedingun-gen oder das Unbedingte geschlossen werden soll. Denn die antinomischen Sätze sind nichts anderes als Versuche, dieses Unbedingte zu bestimmen. Im Verfahren des Prosyllogismus ist aber eine entscheidende Unbestimmt-heit enthalten. Die Begriffe werden in ihm doppeldeutig verwendet:

Hieraus erhellet, daß der Obersatz des kosmologischen Vernunftschlusses das Bedingte in transzendentaler Bedeutung einer *reinen Kategorie*, der Untersatz aber in empirischer Bedeutung eines auf bloße Erscheinungen angewandten Verstandesbegriffes nehmen, folglich derjenige dialektische Betrug darin angetroffen werde, den man sophisma figu-rae dictionis nennt.[500]

Mit den Prosyllogismen, aus denen sich die Antinomien entwickeln, wird nicht nach irgendwelchen Bedingungen gesucht, sondern nach bestimmten. Es gehen nämlich bestimmte kategoriale Begriffe in die Fragen und ent-sprechend in die Prämissen des Syllogismus ein. Der Kategorienbegriff ist aber – wie sich aus dem zweistufigen Verfahren der kategorialen Begriffs-bildung ergibt – doppeldeutig. Zwischen reiner und schematisierter Katego-rie muss strikt unterschieden werden. Für den Prosyllogismus ist nun ent-scheidend, dass zunächst in einem unbestimmten Sinn nach Ursachen ge-fragt wird, der diese Doppeldeutigkeit gerade noch nicht ausschließt. Insofern nun die beiden sich widersprechenden Sätze Eigenschaften der Totalität der Bedingungen oder des jeweils zu denkenden Unbedingten auf den Begriff bringen, und sich diese Eigenschaften nichts anderem als dem bloßen Verfahren der Begriffsbildung – nämlich der Totalität der Bedin-gungen, die im Vernunftschluss vorausgesetzt werden muss – verdanken, kann diese verborgene Doppeldeutigkeit zu widersprechenden Resultaten

gelangt auch Sie zu dem Resultat, dass der Kern dieser Antinomie in der Problematik des kausalen Vokabulars zu suchen ist (S. 249).
499 Vgl. dazu B. Falkenburg, 2000, Kap. 5.
500 I. Kant, *KrV*, B527/A499 (Hervorh. R. S.) – vgl. dazu B. Falkenburg, 2000, S. 206ff.

führen.[501] Für das Entstehen wie für die Auflösung der Antinomien ist deshalb die Unterscheidung zwischen reinen und schematisierten Kategorien vorausgesetzt – insbesondere, dass die reinen Kategorien eine von ihrer Schematisierung unabhängige Bedeutung haben, und sei es eine »bloß« logische.

Im Fall der dritten und vierten Antinomie ist Kant der Auffassung, dass beide Behauptungen, die sich zunächst zu widersprechen scheinen, tatsächlich wahr sind, wenn man diese Doppeldeutigkeit berücksichtigt.[502] Der jeweils eine Satz ist beweisbar, wenn man von der reinen Kategorie Gebrauch macht, und der jeweils andere, wenn man die schematisierte Kategorie und den so verstandenen Grundsatz zugrunde legt. Die Idee einer Totalität von Bedingungen gemäß gesetzmäßiger kausaler Verknüpfung in der Zeit ergibt sich in der Tat dann, wenn in den zugrunde liegenden Prosyllogismen von Ursachen im Sinn der schematisierten Kategorie gesprochen wird. Wird jedoch nach Bedingungen im Sinn der reinen Kategorie gefragt, dann ergibt sich die Möglichkeit, dass der Abschluss des Verfahrens in einer Ursache gänzlich anderen Typs zu suchen ist, die nicht in der Zeit ist, und als solche zunächst nur dem Begriff der reinen Kategorie entspricht, der keinerlei Zeitbezug impliziert.[503] Ähnliches gilt für die vierte Antinomie.[504] Dafür, dass das Verfahren der Suche nach Bedingungen nach dem Grundsatz und dem Begriff der schematisierten Kategorie arbeitet, spricht zunächst, dass es Dinge in der Erfahrung sind, von denen die Ursachensuche ausgeht. Dafür, dass der Abschluss des Verfahrens auch auf die reine Kategorie zurückgreifen muss, spricht, dass sich nur so in einem gewissen Sinn ein Unbedingtes denken lässt.

Weil in Thesis und Antithesis von verschiedenen kategorialen Begriffen Gebrauch gemacht wird, findet sich das Unbedingte im strikten Sinn nur auf der Seite der Thesis formuliert.[505] Denn nur dort finden sich Bestimmungen, die einem Gegenstand zukommen, der nicht den Bedingungen der Zeit unterworfen ist. Das betrifft insbesondere die Idee der Freiheit, wie sie sich aus der dritten Antinomie ergibt. Zwar handelt es sich hierbei zunächst

---

501 Vgl. I. Kant, *KrV*, B528/A500: »Nun hatten wir aber hiebei einen merkwürdigen Unterschied zwischen den Begriffen übersehen. Die Synthesis des Bedingten mit seiner Bedingung und die ganze Reihe der letzteren (im Obersatz) führte gar nichts von Einschränkung durch die Zeit und keinen Begriff der Sukzession bei sich. Dagegen ist die empirische Synthesis und die Reihe der Bedingungen in der Erscheinung (die im Untersatze subsumiert wird) notwendig sukzessiv und nur in der Zeit nach einander gegeben; [...]«

502 Vgl. I. Kant, *KrV*, B590/A562; ders., *Prolegomena*, § 53, A 150 – vgl. B. Falkenburg, 2000, S. 190f.

503 Vgl. I. Kant, *KrV*, B528f./A500f.

504 Vgl. B. Falkenburg, 2000, S. 249. Vgl. dazu auch die Rolle, die der Begriff des »reinen Verstandesbegriffs« im Beweis der Thesis der vierten Antinomie spielt.

505 Diese Asymmetrie hat D. Effertz betont – vgl. D. Effertz, 1994, S. 41ff.

nur um einen negativen Begriff der Freiheit, der in anderen Kontexten – insbesondere in der praktischen Philosophie – noch erweitert werden muss. Doch gilt bereits hier, dass die Kausalität der Freiheit als eine atemporale Kausalrelation verstanden werden muss.[506] Muss aber so vom Schema der Kausalität abstrahiert werden, um den Begriff einer Kausalität aus Freiheit zu bilden, so kann das nur gelingen, weil der verbleibende Begriff genug Sinn hat, nämlich den »logischen Sinn« der reinen Kategorie. Dabei ist der Begriff der Kausalität aus Freiheit, sofern er sich aus der dritten Antinomie ergibt, nur in einem Punkt von der reinen Kategorie unterschieden: Die reine Kategorie als solche schließt nicht aus, dass er mit Hilfe des Schemas angereichert wird. Der Begriff der Kausalität aus Freiheit schließt eine solche Ergänzung um zeitliche Bestimmungen aus. Er ist in diesem Sinn eine Zuspitzung der reinen Kategorie.

Die Auflösung der beiden Antinomien macht also deutlich, dass der Begriff einer Kausalität aus Freiheit wie der Begriff einer schlechthin notwendigen Ursache nur deshalb sinnvoll sein kann, weil der reinen Kategorie als solcher – d.h. unter Absehung von jeglichem Zeitbezug – eine gewisse Bedeutung zukommt. Analog wird man den Schöpfungsbegriff rekonstruieren müssen. Auch in ihm wird zunächst nur die Bedingungsrelation gedacht, die der reine Verstandesbegriff ausdrückt, aber so, dass keinerlei zeitliche Bedeutungskomponenten hinzugefügt werden dürfen. Die reine Kategorie ist deshalb der Ausgangspunkt aller weiteren Schritte, den Schöpfungsbegriff auszubilden. Dieser Befund bestätigt sich, wenn man den Begriff der Kausalität aus Freiheit und den Schöpfungsbegriff im Kontext der praktischen Philosophie ansatzweise verfolgt.

2. Die reine Kategorie der Kausalität wird wie selbstverständlich zugrunde gelegt, wenn es im Zusammenhang der praktischen Philosophie darauf ankommt, Kausalität aus Freiheit zu denken. Um diesen Zusammenhang deutlich werden zu lassen, sei nur ein Beispiel etwas genauer betrachtet, das jedoch für Kants praktische Philosophie zentral ist. Kant behauptet in der *Grundlegung zur Metaphysik der Sitten*, der Begriff des freien Willens werde durch den Begriff der Kausalität genauer bestimmt.[507] Es ist also genauer zu prüfen, wie der Begriff der Freiheit durch den Begriff der Kausalität positiv bestimmt wird, so dass Freiheit »eine Kausalität nach unwandelbaren Gesetzen, aber von besonderer Art« ist – »denn sonst wäre ein freier Wille ein Unding«.[508] Der positive Begriff der Freiheit soll sich also daraus ergeben, dass Freiheit – als Kausalität begriffen – eigene Gesetze

---

506 Vgl. I. Kant, *KrV*, B579/A552: »Die reine Vernunft, als ein bloß intelligibles Vermögen, ist der Zeitform, und mithin auch den Bedingungen der Zeitfolge, nicht unterworfen.«

507 I. Kant, *GMS* III, A97ff. – vgl. auch ders., *KpV*, A160.

508 I. Kant, *GMS* III, A 98.

haben muss, da der Kausalitätsbegriff Gesetzlichkeit impliziere. Es kommt im Folgenden genauer nur darauf an zu zeigen, dass der Kausalitäts- und der Gesetzesbegriff hierbei *nicht* in einem Sinn verwendet werden, der dem der reinen Kategorie analog wäre, sondern in genau dem *univoken Sinn der reinen Kategorie* selbst, mag dieser Begriff dann auch in späteren Argumentationsschritten um weitere Bestimmungen angereichert werden.[509]

Für sich genommen ist diese Behauptung nicht einleuchtend.[510] Doch lässt sich eine Argumentation rekonstruieren, wenn man die Analyse des reinen Verstandesbegriffs ergänzt, die oben in Abschnitt 2.2.2.1 gegeben wurde. Der reine Verstandesbegriff der Kausalität bezeichnet danach zunächst nicht mehr als eine logische Regel zur Verknüpfung von Vorstellungen auf der Grundlage der Form eines hypothetischen Urteils.[511] Genauer war für diesen Begriff eine ganz bestimmte Allgeneralisierung notwendig: Denn wenn für etwas gilt, dass es im Rahmen eines hypothetischen Urteils mit einer Vorstellungsverbindung anderen Typs *immer* an der Stelle des Antezedenz steht, dann soll der Gegenstand oder das Ereignis, das im Vordersatz Subjekt ist, als Ursache des Konsequenz dieses Urteils angesehen werden können. Dabei trifft diese Regel zu, unabhängig davon, ob es zufälliger Weise nur einen Gegenstand gibt, der durch die Vorstellungen im ersten Urteil bestimmt wird, oder mehrere. Das ist vielmehr eine Alternative, die jetzt gar nicht entschieden werden muss und kann. Gerade wenn es mehrere Gegenstände sind, muss für alle diese Gegenstände gelten, dass sie in diesem Sinn »Ursachen« sind. »Ursache zu sein« heißt deshalb zunächst nichts anderes, als eine hinreichende Bedingung zu sein.[512] Wenn nun unter der bloßen Form eines Gesetzes nichts anderes verstanden wird, als dass es sich um einen allgeneralisierten Wenn-dann-Satz handelt, dann impliziert dieser reine Verstandesbegriff in der Tat, dass das Verhältnis zwischen Ursache und Wirkung gesetzmäßig ist. Die Behauptung Kants, dass der Begriff der Freiheit dadurch, dass er unter den Begriff der Kausalität subsumiert werden muss, weiter bestimmt wird zum Begriff einer Freiheit nach Gesetzen, ist insofern plausibel: Dabei greift Kant *nicht* auf den Begriff des Gesetzes zurück, der sich empirischer Regularität verdankt oder spezifisch

---

509 Anders M. Willaschek, 1992, S. 41ff., und S. 234ff. Dabei ist allerdings eines unbestritten: Insofern auch nach der hier entwickelten Interpretation zwischen reiner Kategorie und Schema ein Analogieverhältnis besteht, besteht zwischen den (zeitabhängigen) Gesetzen der *Zweiten Analogie* und dem hier aus dem Begriff der reinen Kategorie deduzierbaren Gesetzesbegriff ein Analogieverhältnis.

510 So z.B. H. J. Paton, 1962, S. 262ff.; H. F. Fulda, 1996; aber auch aus anderen Gründen R. Bittner, 1978.

511 Vgl. I. Kant, *KpV*, A85f.

512 Damit ist natürlich nicht ausgeschlossen, dass diese Bedingungsrelation selbst unter bestimmten Bedingungen steht.

auf den Anwendungsfall der Naturwissenschaften zugeschnitten ist, sondern auf die Verknüpfungsregeln, die den reinen Verstandesbegriff der Kausalität ausmachen.[513] Die Behauptung, der Begriff der Freiheit werde unter den Begriff der Kausalität »subsumiert« kann nämlich nur heißen, dass er unter den *reinen* Begriff der Kausalität subsumiert werde, nicht aber unter den Begriff der schematisierten Kategorie.

Dieser Zusammenhang wird deutlicher, wenn ein nahe liegender Einwand ausgeräumt werden kann. Es mag nämlich so scheinen, als würde durch diesen Zusammenhang zwischen Gesetzlichkeit und Freiheit der Freiheitsbegriff gerade aufgehoben. Denn wenn das Verhältnis zwischen Vernunft und Entscheidung genauso zu denken ist wie das zwischen zwei natürlichen Ursachen, dann wären Entscheidungen schlicht genauso determiniert und notwendig. Dann aber wären sie kaum im Sinne Kants frei zu nennen.[514] Man wird diesen Einwand nur ausräumen können, wenn man genau bestimmt, in welchem Sinn bei der Freiheit von Gesetzlichkeit gesprochen werden kann. Dazu ist die genaue Form eines solchen Gesetzes herauszuarbeiten. Kant unterscheidet gelegentlich zwischen notwendigen und nötigenden Gesetzen der Freiheit (erstere nennt er auch »objektive«, letztere »subjektive«).[515] Notwendige Gesetze der Freiheit »finden allein bei Gott statt«, nötigende hingegen beim Menschen. »Der Mensch hat nämlich einen Trieb, diese Gesetze, wenn er sie gleich kennt, dennoch zu übertreten, mithin ist die Legalität und Moralität seiner Handlungen blos zufällig.«[516] Aus dieser Unterscheidung ergibt sich, dass es sich bei der Kausalrelation,

---

513 Hiermit lässt sich zumindest einer der Einwände ausräumen, die H. F. Fulda, 1996, S. 54, gegen die kantische Freiheitskonzeption erhebt: Unter Verweis auf Davidsons Überlegungen macht Fulda geltend, dass gerade im Bereich des Mentalen und der psycho-physischen Verhältnisse kaum Aussicht besteht, tatsächlich Gesetze zu formulieren. Dagegen ist nun zu sagen, dass mit der Kategorie der Kausalität noch nicht der Begriff bestimmter empirischer Gesetze angewendet wird (vgl. I. Kant, *KpV* A85f.). Auch bei Davidson wird in diesem Zusammenhang mit den Problemen argumentiert, Gesetze empirisch zu erkennen. Eine Pointe Davidsons besteht freilich darin, anzunehmen, dass es ein Gesetz gibt, und zugleich zu wissen, dass seine Formulierung und Erkenntnis zumindest problematisch ist (vgl. D. Davidson, 1963). Alle diese Probleme hindern nicht, dass der Kausalitätsbegriff den Begriff eines Gesetzes impliziert.

514 Vgl. hierzu M. Willaschek, 1992, S. 235ff. – Willaschek versucht dieses Problem dadurch aufzulösen, dass er annimmt, das Sittengesetz sei kein spezielles (determinierendes) Kausalgesetz, sondern eher ein Analogon zum allgemeinen Kausalprinzip, demgemäß einfach nur gelte, dass jede Handlung ihren vernünftigen Grund habe: »Der Vergleich des Sittengesetzes mit einem allgemeinen Kausalprinzip besagt also, daß dieses Gesetz das allgemeine Rationalitätskriterium freier Handlungen ist, das definiert, was als ein hinreichender Grund einer freien Entscheidung gilt« , S. 236. Vgl. zum Problem auch R. Bittner, 1978.

515 Vgl. I. Kant, *Metaphysik der Sitten Vigilantius*, AA XXII, S. 281: »Die Gesetze der Freiheit sind nun 1. entweder blos nothwendige oder objective mere necessariae leges. Diese finden allein bei Gott statt. 2. oder nöthigende, necessitantes. Diese finden bei Menschen statt, und sind objective necessaria, subjective aber zufällig.«

516 I. Kant, *Metaphysik der Sitten Vigilantius*, AA XXVII, S. 281.

die auch im Fall der Freiheit zwischen dem Handelnden und der Handlung gesetzt wird,[517] um eine ihrerseits bedingte Bedingungsrelation handelt. Nur wenn bestimmte Bedingungen erfüllt sind, die als bei Gott notwendigerweise gegeben zu denken sind, besteht diese Relation ohne Einschränkung. Unter dieser Bedingung ist die im Gesetz der Freiheit gesetzte Bedingung hinreichend für die Wirkung (die Handlung). In der *Metaphysik der Sitten Vigilantius* gibt er sogar die allgemeine Form einer solchen Regel:

Daher a. *Naturgesetze*, die das Daseyn eines Dinges bestimmen, und daß etwas in nothwendiger weise geschieht. Z.E. der Einfluß des Mondes auf die Witterung erfolgt nach Gesetzen der Natur nothwendigerweise. Hiebey ist indeß nie ein *Sollen*, als welches jederzeit Freiheit der Handlung erfordert, obgleich Lichtenberg ganz launig bemerkt, der Mond sollte den angeführten Einfluß eigentlich (d.i. soweit man die Regeln der Natur kennt) nicht haben. b. *Regeln* der freien Handlung und freien Willkür, wornach die Handlung durch freie Willkür möglich wird und objectiv nothwendig ist, d.i. welche Regeln bestimmen, daß etwas geschehen *soll*. Dieses Sollen ist aber bey den Handlungen eben dasjenige, was andeuten soll, daß, wenn es gleich nicht geschieht, dennoch alsdann jederzeit erfolgen würde, wenn die Regeln der Vernunft der alleinige Bestimmungsgrund der Handlung wären.[518]

Wie auch immer diese Formulierungen im Detail zu deuten sind: Die durch den reinen Verstandesbegriff der Kausalität geforderte Allgemeinheit tritt auch im als Imperativ formulierten Sittengesetz auf, allerdings unter die Bedingung gestellt, dass die Vernunft der alleinige Bestimmungsgrund der Handlungen ist. Diese Bedingung ist eben bei Gott grundsätzlich als erfüllt zu denken, weshalb das Sittengesetz dort nicht als bedingtes – mithin in gewissem Sinn »zufälliges« – zu denken ist, sondern im Modus der Notwendigkeit. Hier sind praktische Gesetze so objektiv gültig und determinierend wie Naturgesetze im Bereich der natürlichen Geschehensabläufe.[519]

---

517 Dass es sich bei dieser Kausalrelation um eine zwischen Handelndem und Handlung handelt, betont Kant verschiedentlich – so z.B. *Metaphysik der Sitten Vigilantius*, AA XXVII, S. 481.

518 I. Kant, *Metaphysik der Sitten Vigilantius*, AA XXVII, S. 488.

519 Vgl. I. Kant, *Metaphysik der Sitten Powalski*, AA XXVII, S. 111: »Wir können unsre freye Handlungen betrachten: 1. wie sie subjektiv sind und 2. wie sie objektiv sind. Die subjektive Vollkommenheit betrachtet die Handlungen die ein Subject würklich edirt. Die objective Nothwendigkeit der Handlungen drückt aber aus wie die Handlungen seyn sollen. Beym Höchsten und volkommensten Wesen sind alle objective nothwendige Handlungen auch subjectiv nothwendig, die objective Nothwendigkeit der Handlungen ist ein Begriff des Verstandes und geht auf die mögliche gute Handlung.« Vgl. I. Kant, *Metaphysik der Sitten Collins*, AA XXVII, S 267: »Praktisch kann beim freyen Wesen eine Handlung nothwendig seyn, und zwar in großem Grad, die gar nicht kann übertroffen werden, die aber der Freyheit nicht widerspricht. So muß Gott nothwendig die Menschen, deren Verhalten dem moralischen Gesetze gemäß ist, belohnen, und denn hat er nach den Regeln des besten Beliebens gethan, denn das Verhalten stimmt mit dem moralischen Gesetze und also auch mit der göttlichen Willkür überein. So kann ein ehrlicher Mann nicht lügen, er thut

Diese Argumentation ist nicht nur in abseitigen Vorlesungen überliefert, sondern findet sich abgekürzt auch zu Beginn der *Kritik der praktischen Vernunft*. Auch dort heißt es von Imperativen, »daß, wenn die Vernunft den Willen gänzlich bestimmete, die Handlung unausbleiblich nach dieser Regel geschehen würde.«[520] Die Kausalität aus Freiheit unterscheidet sich also auf dieser Stufe der Betrachtung der Form nach nur darin von der Naturkausalität, dass sie unter besonderen Bedingungen steht, die eben das Problem der Freiheit ausmachen.[521]

Das Verhältnis zwischen praktischem Gesetz und Imperativ lässt sich damit etwas genauer fassen: In die Formulierung des praktischen Gesetzes geht eine Bedingung ein, die weggelassen werden muss, um den entsprechenden Imperativ zu formulieren. Für hypothetische Imperative gilt entsprechend, dass sie praktische Gesetze nur insofern sind, als das in ihnen ausgedrückte Verhältnis wiederum unter eine Bedingung (etwa die des Verständigseins) gestellt wird. Kategorische Imperative lassen sich dann als praktische Gesetze formulieren, wenn sie unter die Bedingung gestellt werden, dass alleine die Vernunft den Willen bestimmt.[522] Damit sind die Schwierigkeiten ausgeräumt, die üblicherweise gegen eine Interpretation des Gesetzesbegriffes in Kants Begriff der Kausalität aus Freiheit vorgebracht werden. Obwohl Kant zu Recht behaupten kann, dass der Begriff der Freiheit dadurch bestimmter gedacht werden kann, dass er unter den Kausalitätsbegriff subsumiert wird, werden damit die Grenzen, die in der *Kritik der reinen Vernunft* gezogen wurden, nicht überschritten. Denn die Unbestimmtheit, die der reine Verstandesbegriff der Kausalität auf der bisher betrachteten Stufe der kategorialen Begriffsbildung zwangsläufig hat, überträgt sich auf den so bestimmten Freiheitsbegriff. Insbesondere ist völlig dunkel und prinzipiell nicht beantwortbar, wie die Ursache ihre Wirkung im Fall der Kausalität aus Freiheit bewirkt. Wenn es für die Kausalitätskategorie eine Möglichkeit gibt, in bestimmten Anwendungsbereichen zu bestimmteren Begriffen fortzuschreiten, so bedeutet das nicht, dass das auch

es aber aus eigenem Willen nicht. Also können Handlungen nothwendig seyn ohne der Freyheit zu widerstreiten.«

520 I. Kant, *KpV*, A36.

521 Insofern wird auch die Naturgesetz-Formel des kategorischen Imperativs – »Handle nach Maximen, die sich selbst zugleich als allgemeine Naturgesetze zum Gegenstand haben können« – plausibel.

522 So formuliert Kant in der *Metaphysik der Sitten Collins* (AA XXVII, S. 267): »So kann ein ehrlicher Mann nicht lügen, er thut es aber aus eigenem Willen nicht«. Es gilt notwendig für jeden Menschen und alle Umstände, dass sie, unter der Bedingung, dass sie ehrlich sind, nicht lügen – so wäre das Gesetz zu fassen, das eine Notwendigkeit ausdrückt. Freiheit kommt genau da ins Spiel, wo sich entscheidet, ob die Bedingung erfüllt ist. Der Imperativ lässt sich gewinnen, wenn die Bedingung weggelassen wird: Es gilt für alle Menschen in allen Situationen, dass sie nicht lügen (sollen).

für den Freiheitsbegriff möglich sein könnte.[523] Denn die Weiterbestim-
mung ist nur dadurch möglich, dass die Anwendungsbedingungen des Begriffs im Bereich der möglichen Erfahrung untersucht werden. Freiheit bzw.
das Verhältnis zwischen Willen und Handlung sind jedoch kein Gegenstand
möglicher Erfahrung. Deshalb sind analoge Weiterbestimmungen des Kausalitätsbegriffs für den Fall der Kausalität aus Freiheit nicht möglich.[524]

3. Wenn all das stimmt, dann zeichnet sich auch ab, dass der Schöpfungsbegriff – zumindest was den Begriff der in ihm behaupteten Relation
betrifft – mindestens genau so sinnvoll und verständlich sein muss, wie es
der reine Verstandesbegriff der Kausalität ist. Sieht man zunächst davon ab,
wie die Begriffe von Gott und Welt im Einzelnen zu denken sind, dann
zeigt sich nämlich, dass Gott, wenn er als Ursache der Existenz der Welt
gedacht wird, durch den Schöpfungsbegriff lediglich als ihre hinreichende
Bedingung bestimmt wird. Das ist natürlich nicht der volle Begriff der
Schöpfung, wie er etwa in der *Kritik der Urteilskraft* angesetzt wird. So
geht in diesen Begriff noch nicht ein, dass Gott als ein vernünftiger Planer
die Natur organisiert. Bei derartigen weiteren Bestimmungen handelt es
sich um Begriffe, die sich aus der Idee Gottes ergeben, nicht aus dem reinen
Verstandesbegriff der Kausalität, wenn die Vorstellungen von Gott und ei-

---

523 Hier zeigt sich nun, dass die von R. Bittner, 1978, S. 267, aufgeworfene Alternative tatsächlich nicht vollständig ist. Tatsächlich muss man nicht wählen zwischen der Möglichkeit, den
Kausalitätsbegriff völlig in gleichem Sinn auf den Handelnden und seine Handlungen einerseits
und Naturprozesse andererseits anzuwenden, oder aber verschiedene Kausalitätsbegriffe zu postulieren, die außer vagen Metaphern nur wenig miteinander zu tun haben. Diese Disjunktion verkennt, dass nur der Kern der reinen Kategorie univok auch auf Handlungen und Akteure angewandt wird, um den Begriff der Freiheit zu bestimmen, und der Vollbegriff der Naturkausalität
erst aus diesem Kern gebildet werden muss. Gerade die Unbestimmtheit der reinen Kategorie
ermöglicht diese Lösung.

524 Vgl. I. Kant, *KpV*, A85f.: »Selbst den Begriff der Kausalität, dessen Anwendung, mithin
auch Bedeutung, eigentlich nur in Beziehung auf Erscheinungen, um sie zu Erfahrungen zu verknüpfen, stattfindet (wie die Kritik der reinen Vernunft beweiset), erweitert sie nicht so, daß sie
seinen Gebrauch über gedachte Grenze ausdehne. Denn wenn sie darauf ausgine, so müßte sie
zeigen wollen, wie das logische Verhältnis des Grundes und der Folge bei einer anderen Art von
Anschauung, als die sinnliche ist, synthetisch gebraucht werden könne, d.i. wie causa noumenon
möglich sei; welches sie gar nicht leisten kann, worauf sie aber auch als praktische Vernunft gar
nicht Rücksicht nimmt, indem sie nur den *Bestimmungsgrund* der Kausalität des Menschen als
Sinnenwesens, (welches gegeben ist) *in der reinen Vernunft* (die darum praktisch heißt) setzt, und
also den Begriff der Ursache selbst, von dessen Anwendung auf Objekte zum Behuf theoretischer
Erkenntnisse sie hier gänzlich abstrahieren kann (WEIL DIESER BEGRIFF IMMER IM VERSTANDE,
AUCH UNABHÄNGIG VON ALLER ANSCHAUUNG, A PRIORI ANGETROFFEN WIRD), nicht um Gegenstände zu erkennen, sondern die Kausalität in Ansehung derselben überhaupt zu bestimmen, also
in keiner anderen als praktischen Absicht braucht, und daher den Bestimmungsgrund des Willens
in die intelligibele Ordnung der Dinge verlegen kann, indem sie zugleich gerne gesteht, das, was
der Begriff der Ursache zur Erkenntnis dieser Dinge für eine Bestimmung haben möge, gar nicht
zu verstehen.« (Hervorh. i. Kursivschrift im Orig.; Kapitälchen R. S.).

ner existierenden Welt mit seiner Hilfe verknüpft werden.[525] Doch ist es der
Schöpfungsbegriff als Begriff einer hinreichenden Bedingung, der etwa in
der dritten Antinomie der *Kritik der reinen Vernunft* gebraucht wird,[526] und
der den Schöpfungsgedanken generell vor dem Übergang vom Begriff einer
Weltursache zum Begriff eines Welturhebers auszeichnet. Der Begriff der
Schöpfungsrelation ist also zunächst kein anderer als der reine Verstandesbegriff der Kausalität,[527] was nicht ausschließt, dass er im weiteren Verlauf
der Überlegungen durch heterogene Elemente angereichert werden kann.
Das bedeutet aber auch, dass der Schöpfungsbegriff – wie der Freiheitsbegriff – zunächst mit der Unbestimmtheit der reinen Kategorie belastet ist.

Dass auch dem Schöpfungsbegriff zunächst die reine Kategorie der Kausalität zugrunde liegt, sei wiederum nur an einem Beispielfall illustriert, der
sich in der *Kritik der praktischen Vernunft* fast beiläufig findet.[528] Es geht
um das Verhältnis zwischen göttlicher Schöpfung und der Freiheit endlicher
Wesen. Denn der Begriff der Schöpfung scheint es auszuschließen, dass
Geschaffenes frei ist, hängt doch alles bis in die letzte Faser vom Schöpfer
ab. Dieses Detailproblem hat in der Kant-Forschung durchaus Aufmerk-
samkeit gefunden.

Vor dem Hintergrund des bisher Entwickelten ist Kants Auflösung dieser
Schwierigkeiten mit dem Begriff einer »Schöpfung freier Wesen« in der
Kritik der praktischen Vernunft durchaus stärker, als es zunächst scheint.
Kant argumentiert, dass die Schöpfung ja nur die Dinge an sich selbst
betreffe, nicht aber die Erscheinungen und also auch nicht die »Handlungen
in der Sinnenwelt«.[529] Tatsächlich muss man Kants Argument ergänzen,
damit deutlich wird, dass der Gedanke, endliche Wesen seien von Gott erschaffen, ihrer möglichen Freiheit nicht widerspricht.[530] Denn zunächst erscheint das Argument unzulänglich. Es zeigt zwar, dass keine Schwierigkeit
besteht, falls sich Gottes Schöpfungshandlung auf freie Handlungen bezieht, sofern sie Erscheinungen sind. Gottes Schöpfung kann nicht Erschei-

525 Vgl. hierzu I. Kant, *Prolegomena* § 57f., A 173ff., wo sich Kant genau mit D. Humes Kritik des Deismus auseinandersetzt.
526 Vgl. I. Kant, *KrV*, A452ff./B480ff. – in der Anmerkung zur Thesis bemerkt Kant ausdrücklich, dass im Lauf der Argumentation auf die reine Kategorie zurückgegriffen werden muss.
527 Hier findet auch die Selbstverständlichkeit ihre Erklärung, mit der Kant an völlig un-
scheinbarer Stelle Schöpfung als ein Beispiel für Kausalität verwendet, nämlich in der zweiten
Auflage der *KrV* bei den ergänzenden Bemerkungen zu den einzelnen Kategorien direkt nach der
Kategorientafel. Die Bemerkungen beziehen sich direkt auf die reinen Kategorien als solche, sofern sie noch nicht schematisiert sind – vgl. I. Kant, *KrV*, B112, die Unterscheidung von Kausalität
und Wechselwirkung.
528 Vgl. I. Kant, *KpV*, A180ff.
529 Vgl. I. Kant, *KpV*, A183f.
530 Aber nicht – wie es K. E. Kaehler meinte – durch eine Reflexion auf den unterschiedlichen
Status der Gewissheit der eigenen Freiheit versus die Reflexion auf eine erste Ursache (K. E.
Kaehler, 1991, S. 528ff.).

nungen betreffen, sofern sie zeitlichen Bestimmungen unterliegen. Denn die
zeitlichen Bestimmungen verdanken sich den apriorischen Anschauungsformen und der ordnenden Spontaneität des erkennenden und wahrnehmen-
den Subjekts. Deshalb kann – wenn aus der Determiniertheit der Handlungen qua Erscheinungen kein Widerspruch zur Freiheitsbehauptung folgt –
auch aus der Schöpfungsbehauptung kein Widerspruch entstehen. Allerdings zeigt Kant nicht, dass der Begriff einer »Schöpfung freier Wesen«,
sofern sie auf noumenale Wesen bezogen ist, widerspruchsfrei bleibt. Nur
in diesem Punkt ist sein Argument zu ergänzen.

Die Stärke des Arguments zeigt sich indessen, wenn man den Begriff der
reinen Kategorie der Kausalität ins Spiel bringt. Wenn nämlich der Begriff
der Schöpfung, sofern er der reine Verstandesbegriff der Kausalität angewandt auf das Verhältnis zwischen Gott und endlichem Seienden ist, in der
Weise unbestimmt ist, wie es reine Kategorien vor ihrer Schematisierung
nun einmal sind, dann ist in der Tat nicht zu sehen, warum der Begriff einer
Schöpfung freier Wesen widersprüchlich sein sollte, wenn der Schöpfungsbegriff auf Noumena bezogen wird. Denn dann lässt sich erst recht keine
Auskunft erwarten, wie genau dieses Kausalitätsverhältnis beschaffen ist
und warum es ausgeschlossen sein sollte, dass Gott ein freies Subjekt habe
schaffen können. Tatsächlich widerspricht der Schöpfungsbegriff dem Begriff eines freien Wesens nur, wenn das Geschaffene als solches in allen
seinen Zügen durch die Schöpfung determiniert wäre. Das ergibt sich aber
gar nicht aus dem Begriff der Schöpfung als solchem.[531] Daraus ergibt sich
dann nämlich nur, dass Gott als eine hinreichende und notwendige absolute
Bedingung dafür zu denken ist, dass der Mensch frei ist. Kant braucht an

---

531 K. E. Kaehler argumentiert m.E. nicht zwingend, wenn er schreibt: »Zunächst drängt sich
der Einwand auf, dass Kant selbst den Begriff der Schöpfung so eingeführt hat, daß durch ihn
›Gott als [...] Ursache auch der Existenz der Substanz‹ (B100) – und d.h. doch wohl: des handelnden Subjekts als Noumenon – bestimmt wird: und Kant fügt hier ausdrücklich hinzu, dies sei ›ein
Satz, der niemals aufgegeben werden darf, ohne den Begriff von Gott als Wesen aller Wesen und
hiermit seine Allgenugsamkeit, auf die alles in der Theologie ankommt, zugleich mit aufzugeben‹
(ebd.). Wenn dies gilt, dann, so scheint es, ist sogar noch das Noumenon äußerlich bedingt und
bestimmt durch die göttliche Ursache. Seine Freiheit, mit der es sich zu Handlungen bestimmt,
wäre somit in letzter Instanz doch wiederum Illusion. Das Noumenon müsste als geschaffenes
schon ursprünglich zu denjenigen Akten bestimmt worden sein, die ihm selbst, in der Innenper-
spektive seiner Existenz, als Selbstbestimmung bewusst werden.« (K. E. Kaehler, 1991, S. 528).
Es ist nicht klar, woraus der letzte Satz folgen soll. Zumindest kann er nicht aus dem Schöpfungsbegriff folgen, wenn damit nur gesagt wird, dass Gott eine hinreichende Bedingung der Existenz
einer Substanz ist, die ein menschliches Subjekt ist. Es ist nicht zu sehen, wie daraus folgen soll,
dass die Substanz zu bestimmten Akten geschaffen sein soll, ohne Zusatzannahmen über den
Schöpfungsbegriff zu machen, etwa die, eine Bedingung der Existenz von etwas anderem könne
nicht eine Bedingung der Selbsttätigkeit des Bedingten sein, da sonst die Selbsttätigkeit keine
Selbsttätigkeit sei. Das ist aber nicht im Begriff der Schöpfung enthalten und sachlich nicht evi-
dent. Man müsste dazu zeigen, dass es *begrifflich* – und zwar auf der Ebene reiner Verstandesbegriff als solcher – ausgeschlossen ist, dass etwas Wirkung und zugleich selbsttätig ist.

dieser Stelle tatsächlich nicht weiter zu argumentieren, wenn er den Schöpfungsbegriff mit all den Unschärfen verwendet, die ihm zunächst zukommen. Mögliche Widersprüche tun sich erst dann auf, wenn analoge Bestimmungen in den Schöpfungsbegriff eingeführt werden. Gerade die Knappheit des Arguments von Kant lässt sich als Indiz dafür lesen, wie selbstverständlich es für Kant war, dass Schöpfung nur im Sinn der reinen Kategorie ein Kausalverhältnis ist.

Es kam bei diesen skizzenhaften Überlegungen nicht darauf an, den Freiheits- und den Schöpfungsbegriff detailliert zu untersuchen. Es sollte nur gezeigt werden, dass beide von der reinen Kategorie der Kausalität ausgehend zu verstehen sind. Das geht so weit, dass einzelne Bchauptungen Kants über Freiheit und über Schöpfung dann begründet sind, wenn man diesen Bezug voraussetzt. Auch in der kantischen Transzendentalphilosophie besteht so – obgleich transformiert – der tradierte Problemzusammenhang von Kausalität und Schöpfung. Damit finden sich sämtliche Leitthesen der vorliegenden Arbeit in der Philosophie Kants exemplarisch durchgeführt. Doch ist die Transzendentalphilosophie skeptischen Einwänden ausgesetzt. Auch ihre Position kann nicht unvermittelt übernommen und in heutige Diskussionskontexte übertragen werden. Im folgenden Kapitel wird im Einzelnen zu untersuchen sein, wie Kants Transzendentalphilosophie ihrerseits transformiert werden könnte, um wenigstens einigen dieser Einwände gerecht zu werden.

3. Exposition einer kategorialen Interpretation der Warum-Frage – Eine Analyse des Kausalitäts- und des Schöpfungsbegriffs

3.1 Fragen und Kategorien – Die Idee einer kategorialen Interpretation der Warum-Frage

In diesem letzten Kapitel der Arbeit sind aus den aporetischen Analysen der Theorien wissenschaftlicher Erklärungen von Hempel, Bromberger, Toulmin und van Fraassen des ersten Kapitels sowie aus den problemgeschichtlichen Untersuchungen des zweiten Kapitels Konsequenzen für eine Analyse des Kausalitäts- und des Schöpfungsbegriffs zu ziehen. Dazu wird die Idee einer kategorialen Interpretation der Warum-Frage als Schlüssel zur Analyse der beiden Begriffe entwickelt. Doch zunächst gilt es, den Stand der Problembearbeitung festzustellen, die Rolle der Untersuchungen zu Kants Transzendentalphilosophie herauszuarbeiten und einige skeptische Einwände gegen diesen Ansatz zu benennen. Denn aus der Arbeit an solchen skeptischen Einwänden lässt sich die Idee einer kategorialen Interpretation von Fragen entwickeln. Die skeptischen Einwände werden im nachfolgenden Unterabschnitt indirekt in einer Auseinandersetzung mit Collingwoods Metaphysikbegriff und seinen Analysen des Kausalitätsbegriffes genauer aufgearbeitet. Collingwood zieht nämlich ganz bestimmte Konsequenzen aus den Einwänden gegen Kants Transzendentalphilosophie, wenn er Metaphysik als eine Wissenschaft von den historisch wandelbaren absoluten Präsuppositionen von Fragen bestimmt (3.1.1). Es lässt sich jedoch gegen Collingwood zeigen, dass gerade Fragen bzw. Fragewörter eine Schlüsselfunktion haben können, wenn invariante kategoriale Begriffe entdeckt und begründet werden sollen. Dazu soll – im Rückgriff auf die erotetische Logik von N. D. Belnap/T. B. Steel die Idee einer kategorialen Interpretation von Fragen eingeführt werden (3.1.2). Aus dem so modifizierten Ansatz einer kategorialen Begriffsbildung können dann erste Konsequenzen für die Analyse des Kausalitäts- und des Schöpfungsbegriffs gezogen werden. Genauer gilt es, den allgemeinen und univoken Kernbegriff der Kausalität bzw. des Grundes überhaupt durch die kategoriale Interpretation der Warum-Frage zu bestimmen (3.1.3). Im Ganzen wird sich eine Theorie ergeben, die es einerseits gestattet, diejenigen kantischen Theorieelemente, die den skeptischen Überlegungen standhalten, zu bewahren, und die im ersten Kapitel diskutierten unterschiedlichen Theorien kausalen Erklärens – gegen ihre Intention – in einen einheitlichen Ansatz zu integrieren (3.2). Doch zunächst zum Stand der Dinge.

Drei Vermutungen sind für die bisherigen Untersuchungen leitend gewesen:[1] Die Aufgabe, den Kausalitätsbegriff zu analysieren, lasse sich gewinnbringend angehen, wenn man davon ausgehe, dass dem Kausalitäts- und dem Schöpfungsbegriff ein minimaler Begriffskern – ein Begriff vom Grund oder von Kausalität überhaupt – gemeinsam sei; eine solche Analyse lasse sich dann durchführen, wenn man sich das Problemfeld durch die Architektonik der tradierten allgemeinen Metaphysik strukturiert denkt; wenn es schließlich dabei gelänge, skeptischen Einwänden gegen die tradierte Metaphysik Rechnung zu tragen, ohne diese Architektonik preiszugeben, dann ließen sich beide Begriffe in einer Weise analysieren, die für die Einzelwissenschaften akzeptabel oder gar fruchtbar sei und zugleich die Funktion und die Berechtigung einer solchen Metaphysik illustriere. Dafür, dass dem Kausalitäts- wie dem Schöpfungsbegriff ein gemeinsamer Begriff zu Grunde liegt, ist das Fragepronomen »Warum« ein Indiz. Denn die Kausalaussagen der Wissenschaften wie des Alltags lassen sich ebenso wie Schöpfungstheorien als Antworten auf Warum-Fragen verstehen. Weiterhin spricht für diesen Ansatz, dass sich die Versuche, den Kausalitätsbegriff isoliert zu untersuchen, schnell in methodische Schwierigkeiten verstricken. Es fehlt nämlich ein Kriterium, die Fülle von Bedeutungskomponenten der kausalen Rede zu ordnen und einzelne Momente den unterschiedlichen Ebenen zuzuordnen – der ontologischen, der epistemischen oder der pragmatischen.[2]

Allerdings zeigte sich schon in Abschnitt 1.2 wie schwer der Weg von einer Analyse von Warum-Fragen zu einer Analyse des Kausalitätsbegriffs tatsächlich zu finden ist.[3] Denn eine gleich lautende Warum-Frage kann völlig verschieden interpretiert werden und so Anlass zu ganz verschiedenen Theorien des kausalen Erklärens bieten. Gerade weil die Überlegungen dieses ersten Kapitels der Arbeit für sich genommen zu keiner überzeugenden Analyse führten, wurden im zweiten Kapitel ausführlich unterschiedliche Metaphysikprogramme untersucht, in denen der postulierte Zusammenhang zwischen beiden Begriffen herausgearbeitet worden ist. Die Ausgangsfrage der Metaphysik nach dem Seienden, insofern es Seiendes ist, genauer zu analysieren, bedeutet nämlich, allgemeinste Formen unseres Denkens und Erkennens von Gegenständen, Ereignissen und den zwischen

---

1 Vgl. dazu oben, Einleitung, S. 20ff.
2 Vgl. dazu oben, Abschnitt 1.1.1, S. 41ff.
3 Vgl. dazu oben, Abschnitt 1.2.3.3.

ihnen bestehenden Verhältnissen und Relationen zu untersuchen. Eine Diskussion der Probleme dieses Versuchs vermag der angestrebten Analyse von Warum-Fragen die vermisste Orientierung und Struktur zu geben. In der problemgeschichtlichen Analyse der Metaphysikgeschichte kommen nämlich die allgemeinsten Formen und Ansprüche, die mit unserem Wissen verbunden sein sollen und die durch Fragen letztlich eingefordert werden, zur Sprache.

Vor dem Hintergrund der problemgeschichtlichen Untersuchungen zur Metaphysik zeigt sich schnell, in welche Schwierigkeiten man mit der Ausgangs- oder Leitthese der vorliegenden Arbeit gerät. Die aristotelische Konzeption einer Wissenschaft vom Seienden, insofern es Seiendes ist, führt nämlich dazu, dass die Begriffe, in denen das Seiende im allgemeinsten Sinn begriffen werden soll, grundsätzlich problematisch sind. Denn sie lassen sich von allem günstigstenfalls nur analog prädizieren. Andererseits setzen analoge Prädikationen vorgängige Charakterisierungen des Gegenstandsbereichs in univoken Begriffen voraus, sollen sie nicht methodisch unkontrolliert sein.[4] Die Konzeption einer allgemeinen Metaphysik, die ein System solcher vorgängiger univoker Begriffe zu explizieren hat, führt zu den charakteristischen Schwierigkeiten. Denn diese Begriffe sind prinzipiell defizitär, weil nicht deutlich wird, wie sie methodisch gebildet werden können und wie sie dann – ohne auf Analogien angewiesen zu sein – auf unterschiedlichste Gegenstände angewendet werden könnten.[5] Gleichwohl entspricht die Forderung nach univoken Begriffen den Anforderungen an Wissen. Denn wo ein analoger Begriffsgebrauch nicht in univoken Termini analysiert werden kann, da kann den Sätzen, in denen sie auftreten, auch kein eindeutiger Wahrheitswert zugeordnet werden. Diese Anforderungen an die Begriffe, in denen wir erkennen, führen jedoch dazu, eben diese Begriffe zugleich als anfänglich defizitäre analysieren zu müssen. Die immer reichhaltigeren Weisen des begrifflichen Differenzierens, die in der Geschichte der Metaphysik als Resultate der fortwährenden Bearbeitung dieses Problems dokumentiert sind, lassen sich im Rahmen des im Folgenden zu entwickelnden Ansatzes wieder fruchtbar machen.

Die Untersuchung dieser Akzentuierung des aristotelischen Metaphysikprogramms bei Johannes Duns Scotus und bei Francisco Suárez führt zu einer Präzisierung der Ausgangsthese und zu einem ersten Element der Begriffsanalyse, das bis zum Ende dieser Arbeit durchgehalten werden kann. Die Ausgangsthese besagt nun, dass sich das kausale Vokabular auch des Alltags und der Wissenschaften erfolgreich analysieren lässt, wenn man davon ausgeht, dass es einen univoken gemeinsamen begrifflichen Kern mit

4 Vgl. dazu oben, Abschnitt 2.1.1.
5 Vgl. dazu oben, Abschnitt 2.2.2.

dem Schöpfungsbegriff gibt und Analogien (wenn überhaupt) erst in einem zweiten Schritt methodisch zulässig sind, um die Defizite der univoken Begriffe auszugleichen. Der gemeinsame begriffliche Kern soll universell applikabel und gleichwohl univok sein. Er wäre dann eine Kategorie im Sinn eines Begriffs vom Seienden im Allgemeinen bzw. von einem Gegenstand überhaupt. Bei Suárez findet sich der so postulierte allgemeinste univoke Begriffskern methodisch herausgearbeitet, nämlich der Bedingungsbegriff.[6] Dass der univoke Begriff der Kausalität vom Bedingungsbegriff ausgehend expliziert werden muss, findet sich unverändert noch in der Transzendentalphilosophie Kants. Das ist insofern kein Wunder, als die Gewinnung kategorialer Begriffe aus den Regeln logischer Verknüpfung im Urteil ein Versuch ist, aus den skeptischen Einwänden gegen die tradierte Metaphysik Konsequenzen zu ziehen, ohne den Anspruch aufzugeben, strikt univoke Begriffe vom Gegenstand überhaupt aufzufinden und zu begründen.[7] Indem die kategoriale Begriffsbildung die logischen Handlungen des erkennenden Subjekts zum Ausgangspunkt macht, vermag sie nämlich tatsächlich für den ersten Schritt der Begriffsbildung Univozität zu garantieren, ein Verfahren zur Gewinnung der kategorialen Begriffe wenigstens in Aussicht zu stellen und ein Programm zur Auffindung derjenigen analogen Merkmale zu entwickeln, die es als zuverlässige Indikatoren gestatten, entsprechende Urteile zu veri- oder zu falsifizieren.

Lässt man zunächst skeptische Einwände gegen das Programm einer Transzendentalphilosophie von kantischem Typ beiseite, dann zeigt sich, wie sehr die Transzendentalphilosophie das Modell einer Begriffsanalyse bieten könnte.[8] Dazu sei nur an eine kleine Überlegung zu Beginn der Problemexposition erinnert, dass einfache und komplexe Tatsachen, wie etwa ein Kausalverhältnis, nicht einfach gegeben sind, sondern nur in unseren Gesichtskreis treten, wenn sie mit Hilfe einer Aussage beschrieben werden.[9] Die innere Struktur und die Identität solcher Tatsachen scheinen deshalb von der grammatischen bzw. logischen Struktur der Sätze abzuhängen, mit denen man ihr Bestehen behauptet. Erst mit ihrer sprachlichen Fassung bekommen vermeintlich selbständige Tatsachen ihre spezifische Struktur, von der auch die einzelnen methodischen Schritte abhängen, ihre Wahrheit oder

---

6 Vgl. dazu oben, Abschnitt 2.2.3.3, S. 244ff. Es zeigte sich genauer, dass die Überlegungen von Suárez (und früher bereits von Duns Scotus) in Ansätzen die Begrifflichkeit zu kausalen Differentialdiagnosen enthalten, etwa auch einen Vorbegriff von J. L. Mackies INUS-Bedingungen – vgl. dazu auch R. Schnepf, 2001.

7 Vgl. dazu oben, Abschnitt 2.2.1.

8 Das umfangreiche Material, das im 4. Kapitel in den Untersuchungen zu Duns Scotus und Suárez erarbeitet wurde, kann hier zunächst zurückgestellt werden – es wird in die begriffsanalytische Arbeit vor allem des letzten Kapitels einfließen.

9 Vgl. dazu oben, Abschnitt 1.1, S. 33ff.

Falschheit festzustellen. In der sprachlichen Fassung manifestiert sich entsprechend eine ordnende oder strukturierende Aktivität. Die Art dieser Ordnung oder Struktur muss dabei gar nicht unmittelbar oder ausschließlich der Oberflächengrammatik oder einer Analyse einer vermeintlich oder tatsächlich grundlegenderen logischen Syntax korrespondieren. So können unterschiedliche Faktoren für die Wahrheit oder Falschheit einer Tatsachenbehauptung ausschlaggebend sein. Diese Ordnung manifestiert sich auch in solchen Zusammenhängen wie denen zwischen Fragen und Antworten. Denn auch hier müssen sich sämtliche Bedingungen für richtige Antworten aus dem Wissen um die genaue Bedeutung der Frage erschließen lassen können (und sei es unter Zuhilfenahme weiterer Informationen, die in ihrer Relevanz für die Suche nach der richtigen Antwort letztlich jedoch wiederum alleine aufgrund der in der Frage enthaltenen Bedingungen beurteilt werden müssen). Die sprachlichen Dokumente der ursprünglichen Aktivität, wie etwa bestimmte Aussagen oder aber solche Fragesätze, müssen in bestimmter Weise interpretiert werden, um die spontanen Handlungen auf den Begriff zu bringen. Wie auch immer: Weil komplexe Tatsachen wie Kausalverhältnisse erst im Rahmen der sprachlichen Fassung als solche in unseren Blick treten, manifestiert sich in dieser sprachlichen Fassung eine ordnende und strukturierende Aktivität. Das ermöglicht sowohl, dass sich die Sprache in Schein verstrickt, wie dass sie zu Erkenntnis führt.[10] Kants Transzendentalphilosophie liefert mit ihrer Theorie logischer Spontaneität ein Modell, diese Aktivität zu denken und Konsequenzen für die Begriffsanalyse zu ziehen. Denn die logische Aktivität des urteilenden Subjekts dokumentiert sich auch für Kant in dessen sprachlichen Äußerungen, so dass sprachliche Äußerungen im Blick auf zu Grunde liegende logische Aktivitäten interpretiert werden können. Eine bestimmte Weise der Sprachbetrachtung bietet deshalb einen eigenen Weg in die Transzendentalphilosophie.[11]

Die Leitthese der Arbeit – dass sich der Kausalitäts- und der Schöpfungsbegriff aus einem gemeinsamen Begriff der Kausalität überhaupt ent-

---

10 Dies zu erklären, ist eine der Adäquatheitsbedingungen für eine Analyse des Kausalitäts- wie des Schöpfungsbegriffs. Eine Theorie, die nicht erklären kann, wie sich kausales Vokabular gelegentlich in Schein verstricken oder dem Verdacht aussetzen kann, für Mythen verantwortlich zu sein, greift entscheidend zu kurz – vgl. dazu oben, Abschnitt 1.1, S. 33ff.

11 Das scheint mir zunächst der unmittelbare Sinn der Redeweise Kants von einer »transzendentalen Grammatik« zu sein – vgl. dazu *Metaphysiknachschrift Pölitz*, AA XXVIII, 2, 2, S. 1521, sowie *Prolegomena*, AA VI, S. 255 und S. 322f. Zur Interpretation R. Enskat, 1978, S. 177ff., der allerdings ein anderes Problem im Auge hat. Auch M. Riedel hat den Zusammenhang zwischen Sprache und Denken in Kants Äußerungen zu einer transzendentalen Grammatik eindringlich interpretiert (vgl. M. Riedel, 1989, S. 44ff.). Seiner Auslegung, dass sich in Kants Philosophie die Behauptung der Abhängigkeit der Sprache vom Denken zur Behauptung einer »Unbedingtheit des Verhältnisses« wandle (S. 48), vermag ich dann nicht zu folgen, wenn damit gemeint sein sollte, dass sich kategoriale Formen des Denkens und grammatische Formen für Kant wechselseitig bedingten.

wickeln lassen – lässt sich nun in einer noch weiter modifizierten Fassung reformulieren: Dem Kausalitäts- wie dem Schöpfungsbegriff liegt eine einheitliche ordnende und strukturierende Aktivität zu Grunde, die mit Hilfe einer sprachlichen oder logischen »Grammatik« bestimmter Ausdrücke auf den Begriff gebracht werden kann (und im Blick auf die sich das alltägliche und das wissenschaftliche kausale Vokabular analysieren lässt). In dieser Fassung der Leitthese wird unmittelbar deutlich, dass die kantische Transzendentalphilosophie tatsächlich ein ausgezeichnetes Modell einer solchen Begriffsanalyse bietet. Denn dort wird die reine Kategorie der Kausalität überhaupt aus einer bloßen Aktivität des erkennenden Subjekts gewonnen, nämlich einer bestimmten Art und Weise, Vorstellungen gemäß der logischen Form eines hypothetischen Urteils zu verknüpfen. Unter der Annahme, dass die Sprache in der Lage ist, diese ursprüngliche logische Verknüpfung auszudrücken, lässt sich die These, Tatsachen träten erst in ihrer sprachlichen Fassung als solche in unseren Gesichtskreis, transzendentalphilosophisch reformulieren: Eine Tatsache ist immer bereits Resultat von Verknüpfungsleistungen, in denen sich die logische Spontaneität des erkennenden Subjekts manifestiert. Dabei zeigt sich in Kants Theorie, dass es auf dieser Grundlage sogar möglich ist, ein Kriterium zu entwickeln, um unterschiedliche Bedeutungsmomente den unterschiedlichen Ebenen (der ontologischen, epistemischen und pragmatischen) zuzuordnen. Denn nur diejenigen Bedeutungskomponenten, die der einheitlichen Tätigkeit entspringen, die auch die reine Kategorie der Kausalität überhaupt ist, machen im engen Sinn den Begriff von einem Gegenstand überhaupt aus. Alle diejenigen Bedeutungskomponenten, die sich aus Anwendungsproblemen dieses reinen Begriffs ergeben und die nicht univok von allen Gegenständen überhaupt prädizierbar sind, sind demgegenüber zunächst Begriffe von Indizien oder Merkmalen. Univoke Bedeutungskomponenten betreffen die ontologische Ebene, analoge Begriffskomponenten demgegenüber die epistemische und pragmatische (auch wenn sie dann in einem zweiten Sinn im Rahmen einer »regionalen Ontologie« eine andere Funktion erfüllen können). Diese Theorie einer heterogenen Bedeutung kategorialer Begriffe bietet im Rahmen der kantischen Transzendentalphilosophie den Schlüssel zu einer Analyse des Kausalitäts- und des Schöpfungsbegriffs.

Doch richten sich gegen diese transzendentalphilosophische Theorie kategorialer Begriffe massive skeptische Einwände, und zwar sowohl gegen die Grundvoraussetzungen wie gegen die einzelnen Schritte ihrer Durchführung. Zu den problematischen Grundvoraussetzungen gehört sicherlich die Annahme, dass das erkennende Subjekt selbst nicht Teil der Welt sein kann, die es im eigentlichen Sinn erkennt. Denn das Subjekt, das sowohl die logischen Verknüpfungen im Urteil wie auch die korrespondierenden Verknüpfungen von Anschauungen in Raum und Zeit durch die transzendentale Einbildungskraft hervorbringt, kann sich zwar als ein solches denken und sogar Gründe dafür anführen, dass es sich so denken muss. Es kann sich selbst aber keinesfalls in eben dieser Weise selbst zum Gegenstand einer eigenen Anschauung machen. Weiterhin gehört zu den bekannten problematischen Grundvoraussetzungen, dass das erkennende Subjekt durch Dinge an sich affiziert wird, die es als solche nicht erkennen kann. Denn wiederum können diese Dinge dem Subjekt nur im Rahmen derjenigen Formen der Anschauung gegeben sein, die diesem Subjekt nun einmal eigentümlich sind, womit sie eben gerade nicht so gegeben sind, wie sie an sich sind. Für die weiteren Untersuchungen wäre es zumindest hilfreich, wenn sie von diesen Grundannahmen der kantischen Transzendentalphilosophie *unabhängig* wäre, d.h. wenn sie in einer Weise interpretiert werden könnten, die sie nicht auf die Annahme einer Welt intelligibler Subjekte und einer Welt von Dingen an sich neben der Welt der Erfahrung festlegt. Dazu müsste genauer untersucht werden, durch welche Argumentationsschritte im Einzelnen Kant auf diese Grundannahmen verpflichtet ist – und welche Konsequenzen ihre Modifikation haben würde. Es mag nämlich sein, dass sich einige dieser Grundannahmen Thesen Kants verdanken, die im Rahmen der projektierten Analyse kategorialer Begriffe zumindest entbehrlich sind. So mag etwa die These, dass die Welt der Erfahrung ihrerseits ein Produkt des erkennenden Subjekts, bzw. genauer: dessen spontaner verknüpfender Aktivität durch die Einbildungskraft, für Kant einen Teil ihrer Begründung dadurch erlangen, dass die Möglichkeit gesichert werden soll, in jedem einzelnen Fall zu einer verifizierbaren Anwendung der Kategorien auf Gegenstände der Erfahrung zu gelangen. Wenn sich solche und weitere Ansprüche auf andere Weise sichern ließen, könnte sich die im Folgenden zu entwickelnde Analyse im Hinblick auf diese Grundannahmen der kantischen Theorie neutral verhalten.

Um hierfür weiteren Spielraum zu gewinnen, ist es nötig, sich einige weitere skeptische Einwände anzuschauen, die sich eher gegen die im vorigen Kapitel skizzierte Durchführung des kantischen Programms einer Transzendentalphilosophie richten. Es sind dies Einwände, die sich gerade gegen die vermeintlichen oder tatsächlichen Stärken des Ansatzes richten, also gegen die Argumentationsschritte, mit denen den Einwänden gegen die vorkritische Metaphysik bei der Analyse kategorialer Begriffe entgangen werden sollte. Es lassen sich grob zwei Gruppen von Problemen oder Einwänden unterscheiden: Die einen betreffen die Bildung und die Bedeutung eines reinen kategorialen Begriffs (also die Überlegungen im Umkreis der *Metaphysischen Deduktion*), die anderen die Versicherung, solche Begriffe, die sich der bloßen Spontaneität verdankten, ließen sich dennoch auf Gegenstände der Erfahrung anwenden (also die Überlegungen im Umkreis des *Schematismus* und der *Grundsätze*, insofern sie auf den Resultaten der

Transzendentalen Deduktion aufbauen). Gegen die Überlegungen im Umkreis der kategorialen Begriffsbildung lässt sich fragen, ob der Begriff der Verknüpfung von Vorstellungen – insbesondere der Vorstellungsbegriff selbst – hinreichend präzisierbar ist. Es ist zweifelhaft, ob dieses Vokabular von Vorstellungen nicht mit Unklarheiten und Voraussetzungen behaftet ist, die sich vermeiden lassen, wenn man von Sätzen, Aussagen, Begriffen usf. spricht.[12] Denn auch wenn man den pauschalen Einwand, von »Vorstellungen« zu reden, heißt, in ein problematisches mentalistisches Vokabular zu verfallen, mit dem Hinweis darauf zurückweist, unter »Vorstellung« sei zunächst gar nicht mehr zu verstehen als »Bestandteile oder Komponenten jeglicher Art wahrheitswertfähiger Gebilde«,[13] so bleiben im Detail weitere Probleme bestehen: Wie kann man genau zwischen Type und Token von Vorstellungen unterscheiden? Wie kann jemand erkennen, ob zwei Vorstellungen tatsächlich Vorstellungen desselben sind? Muss man dann nicht von einem Inhalt der Vorstellungen reden, der irgendwie gesehen oder gewusst werden kann? Dann läge der oftmals erhobene Einwand nahe, die Vorstellungsmetaphorik führe in einen infiniten Regress, weil nun nicht mehr nur die Vorstellung »gehabt« werden muss, sondern auch noch ihr Inhalt gegeben sein soll, und zwar zwangsläufig wieder als Vorstellung. Und mehr noch: Ist nicht die gesamte Redeweise von »Verknüpfungshandlungen« zutiefst metaphorisch? Denn was soll es heißen, dass jemand eine Vorstellung gebraucht, indem er sie mit einer anderen verknüpft? Weiterhin ist unklar, ob es sinnvoll ist, von einer Art »Logik« zu reden, die Verknüpfungen oder verknüpfende Handlungen thematisiert, ohne Gegenstandsbezug und die Differenz von wahr und falsch vorauszusetzen. Logische Sachverhalte scheinen präzise erst unter der Voraussetzung des Gegenstandsbezugs und der Bivalenz beschrieben werden zu können.

Selbst wenn diese Vorfragen der transzendentalen Logik geklärt werden können, wirft ihre Durchführung bereits im ersten Schritt weitere Probleme auf: Es ist noch gar nicht abzusehen, wie der Anspruch, sämtliche Formen des Urteils und entsprechend alle Kategorien durch die Überlegungen der skizzierten Art aufzufinden oder gar aus einem Prinzip abzuleiten, eingelöst werden könnte. Dazu genügt es bereits, sich zu fragen, wie denn die Form der Quantität ohne Vorgriff auf den Gegenstandsbezug plausibel eingeführt werden könnte (und warum diese logische Form nötig sein sollte, um den Begriff eines wahrheitswertfähigen Gebildes zu bilden). Bei jedem einzelnen Schritt müsste nämlich nicht nur gezeigt werden, wie die logische Form ohne Gegenstandsbezug charakterisiert werden könnte, sondern auch, wa-

---

12 Vgl. z.B. G. Schönrich, 1981, S. 32ff.; E. Tugendhat, 1976, S. 350; A. Kemmerling, 1973.
13 Vgl. dazu die Auseinandersetzung mit der Skepsis Rortys gegen Kants Transzendentalphilosophie in R. Schnepf, 2006b.

rum sie eingeführt werden muss, um zu einer Theorie wahrheitswertfähiger Gebilde zu gelangen. Nur wenn das möglich ist, ließe sich der Anspruch rechtfertigen, an die Stelle der nur »aufgerafften« Kategorien der vormaligen Metaphysik methodisch kontrolliert gewonnene Verstandesbegriffe zu setzen. Zusammengefasst wird damit fraglich, ob die Idee, univoke kategoriale Begriffe im Ausgang von der spontanen Aktivität des erkennenden Subjekts aus zu rekonstruieren, überhaupt auf plausible und methodisch kontrollierte Weise durchgeführt werden kann. Damit ist aber der Ausgangspunkt der gesamten Begriffsbildung Kants in Frage gestellt. Dahinter verbirgt sich – kurz gesprochen – der Verdacht, dass es so etwas wie eine spezifische logische Spontaneität nicht geben könne.

Die skeptischen Überlegungen der zweiten Gruppe richten sich gegen die Behauptung, so gewonnene Begriffe könnten sich auf Gegenstände der Erfahrung beziehen. Das zugrunde liegende Problem, wie und warum Begriffe, die nicht aus der Erfahrung gewonnen wurden, auf Erfahrungsgegenstände anwendbar sein sollten, ergibt sich aus dem Univozität sichernden Ursprung der Kategorien aus spontanen Verstandeshandlungen, die als solche ohne Bezug zu Gegenständen der Erfahrung sind. Kant kann diese Frage nur durch die Behauptung beantworten, dass die Gegenstände der Erfahrung nur möglich sind aufgrund der Synthesisleistung, die sich sowohl in der Einbildungskraft wie zugleich auch in den logischen Formen des Urteils manifestiert, denen die reinen Kategorien entspringen.[14] Er ist damit auf eine äußerst voraussetzungsreiche Theorie der Erfahrung angewiesen. Die gesamte Welt der Erfahrung muss zu einem Produkt unserer spontanen Leistungen werden. Diese Konstruktion scheint zunächst wenig überzeugend, so dass sich die weitere Untersuchung nicht von ihr abhängig machen sollte. Insbesondere ist fraglich, ob damit nicht die grundlegende Intuition verletzt wird, die Wirklichkeit sei unabhängig von uns so, wie sie ist. Doch sind die Probleme, die sich auch dann ergeben, wenn man alles das in Kauf nimmt, vertrackt genug: Kant muss beispielsweise einerseits die Identität dieser Aktivität der Einbildungskraft und der logischen Spontaneität behaupten und zugleich zugeben, dass diese Einheit für uns nur auf dem Umweg analoger Begriffsbildungen rekonstruierbar ist. Damit treten alle Probleme analoger Begriffsbildung, die in der Tradition durchgearbeitet wurden, an dieser Stelle erneut auf. Zum einen ist fraglich, ob nicht mit der Analogiebildung letztlich etwas Unbegriffenes und Unbegreifbares postuliert werden muss, zum anderen ist fragwürdig, ob die Zuordnung der Analoga tatsächlich notwendig und hinreichend begründet ist. Doch nicht nur hier sind skeptische Einwände möglich. Viel früher ist schon zu fragen, ob die Differenzierung von Vorstellungen in Anschauungen und Begriffe, sowie die Zu-

---

14 Vgl. I. Kant, *KrV*, A124.

ordnung von Vorstellungen beiderlei Typs zueinander so, dass in der einen Anschauung der »Gegenstand« einer begrifflichen Vorstellung gegeben sein kann, überhaupt möglich ist. Denn das setzt voraus, dass zwischen beiden eine Zuordnung besteht, die sich nicht der spontanen Leistung des Subjekts verdankt, etwa so, dass derselbe Inhalt in Vorstellungen unterschiedlicher Art präsentiert werden kann. Doch wie will man das Gleiche zwischen einer sinnlichen Anschauung und einem Begriff bestimmen?

Sowohl in ihren Grundlagen wie in ihrer Durchführung der kantischen Transzendentalphilosophie stellen sich deshalb derartig viele Probleme, von denen kaum abzusehen ist, wie sie sich plausibel bewältigen lassen könnten, dass es für die weitere Arbeit notwendig ist, genauer zu untersuchen, welche Gestalt die Theoriebildung annehmen könnte, wenn man auf einige der Annahmen verzichtet, die in diese Schwierigkeiten hineingeführt haben. Überlegungen dieser Art anzustellen, bedeutet nicht, das Programm einer Transzendentalphilosophie in enger Anlehnung an Kant für aussichtslos zu halten. Vielmehr handelt es sich eher um ein Vorsichts- und Entlastungsargument, das auf eine kategoriale Begriffsanalyse abzielt, die selbst dann noch tragfähig ist, wenn sich die skizzierten Probleme letztlich nicht auflösen lassen sollten. Dabei ist noch gar nicht ausgemacht, dass nicht einige der zentralen Ergebnisse der Analysen Kants in dieser modifizierten Theorie bestätigt und bewahrt werden. Denn einige seiner Ergebnisse sind weitgehend unabhängig von den Voraussetzungen oder Überlegungen, die in die skizzierten Schwierigkeiten führen. Es sind nämlich im Grund nur zwei Annahmen, die in die Probleme geführt haben, nämlich die These, die spontanen Leistungen des erkennenden Subjekts müssten im Rahmen einer Theorie der Vorstellungen und ihrer Verknüpfungen entwickelt werden, und die These, man habe zwischen Begriff und Anschauung so zu unterscheiden, dass auch die Welt der Erfahrung sich einer eigenen urteilsanalogen Synthesisleistung verdanke. Will man die erste Annahme vermeiden, dann liegt es nahe, in normalen sprachlichen Handlungen den primär zugänglichen Ausdruck spontaner Synthesisleistungen zu erblicken. Gibt man die zweite Annahme auf, dann bedeutet das nicht, dass der vormalige kantische Schematismus kein Kriterium zur treffsicheren Subsumtion von Ereignissen oder Dingen unter Kategorien mehr böte, sondern nur, dass auf den ersten Blick keine Garantie mehr dafür zu bestehen scheint, dass jedes Ereignis und jedes Ding gerechtfertigt unter einen kategorialen Begriff subsumiert werden kann. Ob sich diese Garantie auf andere Weise wieder herstellen lässt, muss dabei zunächst offen bleiben. Es ist also – mit anderen Worten – in der Tat noch gar nicht ausgemacht, dass nicht zentrale Elemente der kantischen Analyse der Kausalitätskategorie in einem stark modifizierten Kontext bewahrt werden könnten, der an die Stelle einer Logik von Vorstellungsverknüpfungen eine methodisch auf das Kategorienproblem

ausgerichtete Analyse sprachlicher Äußerungen setzt und sich im Blick auf
die Theorie der Erfahrung im Vergleich zu Kant erst einmal bescheidet.

Noch bevor in den folgenden Abschnitten diese Idee einer modifizierten
Analyse kategorialer Begriffe entwickelt und wenigstens im Ansatz durchgeführt wird, können recht überschlägig Gemeinsamkeiten und Differenzen
zum Programm einer Transzendentalphilosophie kantischen Typs registriert
werden: Gemeinsam ist beiden, auf eine Theorie der spontanen kategorialen
Leistungen des erkennenden Subjekts abzuzielen, jedoch mit dem Unterschied, dass die zu entwickelnde Theorie sich zunächst gegenüber der Frage, ob dieses erkennende Subjekt Bürger einer zweiten Welt sein muss,
neutral verhält. Die zu analysierenden spontanen Leistungen müssen nicht
von vornherein in Gegensatz zu natürlichen Fähigkeiten der erkennenden
Subjekte verstanden werden und es ist eine Frage, ob die später zu entwickelnden Argumente dafür, solche spontanen Leistungen auch im modifizierten Theoriezusammenhang anzunehmen, dazu zwingen, dem erkennenden Subjekt diesen problematischen ontologischen Ort zuzuweisen. Gemeinsam ist beiden Theorien auch, dass Urteile als primäre Manifestationen
dieser kategorialen Leistungen anzusehen sind, die allerdings in einer Untersuchung der Grammatik natürlicher Sprachen ebenso wenig zu Tage tritt
wie in den üblichen künstlichen Sprachen der Aussagen- oder Prädikatenlogik. Stattdessen muss ein Weg der Analyse umgangssprachlicher Äußerungen gefunden werden, der es ermöglicht, in ihnen die Spuren der spontanen
Leistung des erkennenden Subjekts zu identifizieren und auf den Begriff zu
bringen. Dieser Ansatz verzichtet also auf eine Vorstellungslogik ohne Gegenstandsbezug. Dieser scheinbare Vorteil enthält aber zugleich einen gravierenden Nachteil, nämlich den Verzicht darauf, die spontanen Leistungen
für sich genommen und unabhängig von ihren sprachlichen Manifestationen
zum Gegenstand der Theorie zu machen.[15] Noch gravierender scheinen die
Probleme, wenn man auf das andere problembeladene Theoriestück Kants
verzichtet, nämlich auf seine Theorie der Erfahrung. Doch auch hier ist daran zu erinnern, dass die im Folgenden zu entwickelnde Position vorläufige
Neutralität in der umstrittenen Frage anvisiert. Daraus ergibt sich, dass beispielsweise Regularität auch in der zu entwickelnden Theorie ihre Funktion
als Kriterium behalten kann, ohne dass bereits ein Argument zur Verfügung
stünde, dass sich alle Ereignisse in Regularitäten sortieren ließen. Allerdings: Wenn man die Argumentation in der *Zweiten Analogie* so wie oben
vorgeschlagen rekonstruiert, dann ergibt sich auch im modifizierten Kon-

---

15 Wie man sinnvoll und aussichtsreich in die hier vermiedene Richtung weiter gehen kann,
und welche Überlegungen zu den Grundlagen einer Vorstellungslogik von verknüpfenden Hand-
lungen des erkennenden Subjekts notwendig sind, hat R. Enskat (2006) weiter untersucht. Allerdings ist auch er noch nicht dahin gekommen, die Vollständigkeit der Urteilstafel und die *Metaphysische Deduktion* im Ganzen zu rekonstruieren.

text ein Zusammenhang zwischen unseren Möglichkeiten, objektive Realität von Einbildungen und Träumen zu unterscheiden, und dem Diagnostizieren und Auffinden von Regularitäten. Denn die kantische Argumentation für diesen Zusammenhang hat ebenfalls einen Kern, der von anderen Bestandteilen seiner Theorie der Erfahrung isoliert werden kann. Unter diesen Voraussetzungen kann auch das bei der Analyse der Überlegungen Kants entdeckte Kriterium zur Unterscheidung insbesondere der ontologischen und der epistemischen Bedeutungskomponenten des kausalen Vokabulars beibehalten werden. Die fundamentale Einsicht, dass sich die Bedeutung kausaler Ausdrücke sowohl in den Wissenschaften wie in der Alltagssprache aus heterogenen Quellen speist, wird sich dabei erneut bestätigen – und zwar so, dass sich selbst der Begriff der *creatio ex nihilo* erneut als extrem reiner Fall der univoken Kategorie der Kausalität verstehen lässt. Ironischer Weise wird sich durch diese Modifikationen an der Transzendentalphilosophie kantischen Typs eine Theorie abzeichnen, die nicht nur diese eher wissenschaftsfernen Fragen der Metaphysik zu untersuchen gestattet, sondern die Untersuchung kategorialer Begriffe wieder in engsten Zusammenhang mit den Einzelwissenschaften bringt, deren methodisches Vorgehen Gegenstand der Wissenschaftstheorie und ihrer unterschiedlichen Theorien kausalen Erklärens ist.

Um sprachliche Dokumente unabhängig von der kantischen Vorstellungslogik als Manifestationen einer spontanen Aktivität des erkennenden Subjekts zu interpretieren, sollen Aussagesätze als Antworten auf Fragen verstanden werden, wobei in dem Zusammenhang zwischen Antworten und Fragen eben die spontane Aktivität analysierbar wird. Diese methodische These, dass sich spontane Leistungen des erkennenden Subjets am besten in der Analyse von Frage-Antwort-Sequenzen entdecken und auf den Begriff bringen lassen, muss in einer eigenen Argumentation zunächst gestützt werden. Wenn das gelingt, dann zeichnet sich ab, wie die eher problemgeschichtlichen Untersuchungen des zweiten Kapitels mit den eher systematisch-aporetischen Untersuchungen des ersten Kapitels zusammengeführt werden können. Denn dann lässt sich dafür argumentieren, in einer bestimmten Analyse von Warum-Fragen den Schlüssel zur Kausalitätstheorie zu erblicken, und zwar so, dass diese Analyse einerseits im Blick auf die Probleme der Kategorialanalyse durchzuführen ist und andererseits die Überlegungen zum Zusammenhang zwischen unterschiedlichen Interpretationen der Warum-Frage und den verschiedenen Theorien kausalen Erklärens wieder aufgegriffen und in einen einheitlichen Ansatz integriert werden können. Der Frage nach Regularitäten mag beispielsweise im Blick auf die Frage nach singulären Ursachen die Funktion zukommen, unter möglichen Antworten auf die zweite Frage die richtige zu finden und zu rechtfertigen. Bei der Analyse der Warum-Frage als Dokument der logischen

Spontaneität des erkennenden Subjekts können nämlich die Ergebnisse der problemgeschichtlichen Untersuchungen, die der Skepsis standgehalten haben, vorausgesetzt bzw. für den neuen Theoriezusammenhang verwendet werden. Die Überlegungen zum Ansatz und zur Architektonik der Metaphysik sowie zu den Konsequenzen bei der kategorialen Begriffsbildung können also bei der Analyse des Verhältnisses des univoken Kerns der Warum-Frage zu den vielen möglichen Bedeutungen der Warum-Fragen wieder aufgenommen werden.

Die These von der methodischen Schlüsselfunktion der Warum-Frage für die Analyse des kausalen Vokabulars soll in Auseinandersetzung mit Collingwoods Theorie der Fragen und ihrer Präsuppositionen eingeführt werden. Denn Collingwood hat am intensivsten versucht, den Zusammenhang zwischen der Logik von Frage-Antwort-Sequenzen und der Metaphysik herzustellen, wenn auch in unbefriedigender Weise. Dabei zog er radikale Konsequenzen aus den skeptischen Einwänden gegen jede tradierte Metaphysik.»Metaphysik« wird von ihm in einen engen Bezug zu den tragenden Überzeugungen der Einzelwissenschaften gesetzt. Sie expliziert die Grundannahmen der Wissenschaften zu ihrer Zeit. Die Argumentation gegen Collingwood kann aber direkt an einige Überlegungen der aporetischen Untersuchungen im ersten Kapitel anknüpfen: Die Schwächen des Ansatzes von Collingwood führen nämlich zu denjenigen zurück, die auch Toulmins Theorie wissenschaftlicher Erklärungen aufweist (3.1.1). Gegen Collingwood kann weiterhin in einem zweiten Schritt gezeigt werden, wie eine genauere Analyse seiner Beispiele, wenn Überlegungen der neueren erotetischen Logik berücksichtigt werden, einen Weg eröffnet, bei der Analyse von Fragepronomina kategoriale Begriffe zu entwickeln oder zu finden, die nicht historisch variabel sind. Dazu sind allerdings einige methodische Maximen und Differenzierungen bei der Analyse von Fragesätzen zu berücksichtigen, die sich aus den problemgeschichtlichen Untersuchungen des zweiten Kapitels gewinnen lassen. Diese Idee einer kategorialen Interpretation ist – gegen Collingwood – zu begründen. Die Architektonik der tradierten Metaphysik, die für die Begriffsanalyse entscheidend ist, kann auf dieser Basis neu formuliert werden (3.1.2). Eine kategoriale Interpretation von Fragesätzen soll dann – gegen Collingwood und Toulmin – exemplarisch am Beispiel der Warum-Frage durchgeführt werden.[16] Im ersten Schritt genügt es, wenn die Analyse auf einen univoken Kernbegriff der Kausalität führt, der in dem sich eine spontane Leistung des erkennenden Subjekts

---

16 Versuche, eine Analyse von Fragepronomina für die Zwecke der Metaphysik oder der Kategorienanalyse nutzbar zu machen, finden sich beispielsweise bei G. Ryle, 1938, oder bei C. Kahn, 1978. Beide Aufsätze gelangen aber nicht dahin, einen genau bestimmten Weg vom Fragepronomen zur Kategorie aufzuzeigen.

manifestiert und der die Grundlage für alle weiteren Schritte bietet (3.1.3). In Abschnitt 3.2 wird dieser Ansatz dann entfaltet, indem die unterschiedlichen Theorien kausaler Erklärung in diesen Ansatz integriert und die Möglichkeit der Frage nach der *creatio ex nihilo* auf dieser Grundlage rekonstruiert wird.

3.1.1 Metaphysik als Lehre von den absoluten Präsuppositionen von Fragen? (Collingwood)

Collingwood plädiert in *An Essay on Metaphysics* (1940) für eine eigenartige Reform der Metaphysik, die er – unter anderem – durch eine Analyse des Kausalitätsbegriffs illustriert. Auch bei ihm haben solche allgemeinen Überlegungen zum Programm der Metaphysik unmittelbare Konsequenzen für die Art der Begriffsbildung und entsprechend auch für seine Überlegungen zum Kausalitätsbegriff. Kern seines Vorschlags ist es, Metaphysik als eine Art Geschichtswissenschaft aufzufassen.[17] Gegenstand der Metaphysik

17 Vgl. R. G. Collingwood, EM, S. 58: »Metaphysics has been an historical science, but metaphysicians have not always been fully aware of the fact.« L. Rubinoff, 1970, S. 28, versucht bei Collingwood insgesamt drei Metaphysikbegriffe zu unterscheiden, von denen derjenige, der im *EM* verwendet werde, nur einer sei. Im allgemeinsten Sinn bedeute »Metaphysik« eine Art Phänomenologie des Bewusstseins oder des Geistes, zu der insbesondere die Untersuchung verschiedener Aktivitäten des Geistes gehöre – darunter auch die tradierte Metaphysik; »Metaphysik« bezeichne dann im engeren Sinn entweder die historische Analyse vergangener oder aber gegenwärtiger Präsuppositionen oder Präsuppositionsgefüge. Rubinoff benötigt insbesondere den ersten Metaphysikbegriff, um die Untersuchungen in *EM* in seine Rekonstruktion des Entwicklungsgangs von Collingwoods Philosophie integrieren zu können. Er verfolgt nämlich das Ziel, gegen solche Interpretationen, die mit der *Autobiography* (1939) und dem *EM* einen Bruch im Denken Collingwoods ansetzen (z.B. A. Donagan, 1962; N. Rothenstreich, 1972) die Rekonstruktion der Entfaltung eines einheitlichen Systems zu setzen. Während Collingwood vor der *Autobiography* keinen relativistischen Historismus gelehrt habe, scheint er dies seit der *Autobiography* und vor allem im *EM* zu tun. Rubinoff versucht nun, die scheinbar relativistischen Analysen von *EM* als bereits früh angelegte Untersuchung über eine Aktivität des Geistes zu verstehen, die nicht nur überhistorische Begriffsbildungen zulasse, sondern sogar voraussetze. Dazu tritt Collingwoods relativ frühe Schrift *Speculum Mentis* ins Zentrum der Untersuchung. So wichtig im Folgenden die von Rubinoff herausgehobene Fundierung des *EM* und damit des neuen Metaphysikbegriffs in Collingwoods Philosophie des Geistes ist, so wenig ertragreich ist seine Rekonstruktion jedoch, wenn es um die Frage geht, wie historisch nicht relative kategoriale Begriffe gebildet werden können. Es wird sich zeigen, dass Collingwood auch in der von Rubinoff rekonstruierten Version nicht den zentralen Einwänden seiner Kritiker entgeht.

Einen ähnlichen Versuch wie L. Rubinoff hat auch L. O. Mink, 1969, vorgelegt. Allerdings unterscheiden sich beide Versuche, eine Kontinuitätsthese zu verteidigen (vgl. S. 3), in charakteristischer Hinsicht: Für Mink ist Collingwoods frühere Systemskizze *Speculum Mentis* in einer fundamentalen Weise defizitär und zwar so, dass Collingwood im Grunde immer vor der unlösbaren Aufgabe gestanden habe, das Buch neu zu schreiben. Das Kernproblem habe darin gelegen, dass Collingwood in *Speculum Mentis* keinen hinreichenden Philosophiebegriff entwickelt habe; auch später noch sei es ein – letztlich wohl ungelöstes – Problem, wie sich Philosophie als solche, die

sei nicht das Seiende, insofern es Seiendes ist, oder der Gegenstand überhaupt. Zwar finde sich diese Bestimmung der *Metaphysik* bei Aristoteles, doch lasse sich sofort einwenden, der Begriff des Seienden überhaupt sei dermaßen abstrakt, dass sich unter ihm nichts mehr denken lasse.[18] Bei Aristoteles finde sich jedoch – zumindest in den »interessanteren« Partien seiner *Metaphysik* – eine ganz andere Wissenschaft, nämlich eine Untersuchung der absoluten Präsuppositionen, die den normalen Wissenschaften seiner Zeit zugrunde gelegen hätten.[19] Collingwood versucht, von dieser Beobachtung ausgehend, eine Konzeption von Metaphysik als einer Wissenschaft von den absoluten Präsuppositionen der Fragen, die in den Wissenschaften zu bestimmten Zeiten verfolgt werden, zu etablieren: »Metaphysics is the attempt to find out what absolute presuppositions have been made by this or that person or group of persons, on this or that occasion or group of occasions, in the course of this or that piece of thinking.«[20] Bereits aus dieser groben Bestimmung ergibt sich, warum Metaphysik für Collingwood eine Art Geschichtswissenschaft ist.[21] Die Aussagen oder Behauptungen der Metaphysik haben – nach dieser Bestimmung – immer die Form von Aussagen über spezifische geschichtliche Ereignisse: »Die Person (oder die Gruppe) N. N. präsupponiert(e) zu der und der Zeit im Rahmen der und der wissenschaftlichen Untersuchung, dass p«. Dabei ist Collingwood der Meinung, dass die Frage, ob eine bestimmte Person oder Gruppe zu einer bestimmten Zeit im Kontext einer bestimmten Untersuchung eine bestimmte Präsupposition angenommen habe, nur beantwortet werden kann, wenn der Person oder Gruppe eine ganze Menge oder eine Konstella-

---

den Geist selbst betrachte, zu der Rekonstruktion verschiedener Formen oder Manifestationen geistiger Tätigkeiten verhalte, wie eben Kunst, Religion, Geschichte, aber auch Metaphysik (vgl. dazu S. 117). Mink kommt dabei insofern zu einem ganz anderen Resultat, als er im Unterschied zu Rubinoff betont, die Philosophie, die den Geist selbst zum Gegenstand habe, sei permanent historischem Wandel unterworfen und enthalte letztlich nichts der Geschichte Enthobenes. Es gebe auch hier keinen »Abschluss der Geschichte« (vgl. S. 76ff.). Diese Kontroverse wird unten relevant, wenn es um die Frage geht, ob oder inwieweit Collingwood mit seinem *EM* in die Position eines historischen Relativismus verfällt – eine Frage, die gerade für seine Rezeption etwa bei S. Toulmin, entscheidend ist (vgl. S. Toulmin, 1972a und 1972b).

18 Vgl. R. G. Collingwood, EM, S. 14ff. – Ich lasse diesen Einwand Collingwoods hier unkommentiert.

19 Vgl. R. G. Collingwood, EM, S. 61: »Aristotle knew well enough that the science he was creating was a science of absolute presuppositions, and the text of his Metaphysics bears abundant witness to the firmness with which he kept this in mind and the perspicuity with which he realized its implications.«

20 Vgl. R. G. Collingwood, EM, S. 47.

21 Vgl. R. G. Collingwood, EM, S. 49ff. – vgl. dazu etwa N. Rothenstreich, 1972, der auch ausführlich darauf eingeht, ob Collingwoods Metaphysikverständnis in irgendeinem Sinn der Geschichte der Metaphysik gerecht werden kann.

tion von Präsuppositionen zugeschrieben wird.[22] Zwischen diesen Präsuppositionen muss die logische Relation der »Konsupponibilität« bestehen, sie müssen also zusammen angenommen werden können.[23]

Um das am Beispiel von Collingwoods Kant-Interpretation, die im *Essay on Metaphysics* einen breiten Raum einnimmt, zu verdeutlichen: Collingwood verfolgt bei Kant eine ähnliche Strategie wie bei Aristoteles, nur dass ihm Kant entgegenzukommen scheint.[24] Während Collingwood in der *Metaphysik* von Aristoteles zwei Stränge unterschieden hat, deren einer – Metaphysik als Wissenschaft vom Seienden, insofern es Seiendes ist, – schlicht zu verwerfen sei, und deren anderer – Metaphysik als Untersuchung der Präsuppositionen griechischer Wissenschaften – zum Vorbild wird, glaubt Collingwood, bei Kant im Großen und Ganzen eine solche Metaphysik durchgeführt zu finden. In der *Transzendentalen Analytik* habe Kant nämlich nichts anderes getan (und auch tun wollen), als die absoluten Präsuppositionen seiner eigenen physikalischen Untersuchungen und der seiner Zeitgenossen herauszuarbeiten. In diesem Sinne sei die *Transzendentale Analytik* eine historische Untersuchung.[25] So interpretiert Collingwood auch die *Zweite Analogie*, also Kants Begründung des Kausalitätsprinzips, als eine historische Untersuchung über die Präsuppositionen wissenschaftlichen und alltäglichen Denkens zur Zeit Kants.[26] Ausgerechnet bei Kant glaubt Collingwood damit einen Anknüpfungspunkt für seinen eigenen Metaphysikbegriff zu finden. Wie problematisch diese Interpretation ist, wird jedoch schon daran deutlich, dass bei Collingwood nicht etwa die *Transzendentale Analytik* als ganze interpretiert wird, sondern völlig isoliert nur das

22 Vgl. R. G. Collingwood, EM, S. 66: »If every historical fact is a constellation, the answer to a question ›What is it that such and such a person was absolutely presupposing in such and such a piece of thinking?‹ can never be given by reference to one single absolute presupposition, it must always be given by reference to a constellation of them.«

23 Vgl. R. G. Collingwood, EM, S. 66 – vgl. dazu J. E. Llewelyn, 1961, S. 53ff.; L. Rubinoff, 1970, S. 237.

24 N. Rothenstreich, 1972, hat darauf hingewiesen, dass Kants Konzeption von »Anfangsgründen« der Naturwissenschaft Collingwoods Konzept absoluter Präsuppositionen in bestimmten Hinsichten ähnle – wobei er allerdings herausstreicht, dass für Kant Anfangsgründe wahre und begründbare Sätze sind, während absolute Präsuppositionen für Collingwood nicht wahrheitswertfähige Gebilde bleiben. O. L. Mink, 1969, S. 146ff., hat demgegenüber versucht, Collingwoods absolute Präsuppositionen als eine Art apriorischer Sätze im Ausgang von Kant zu deuten.

25 Vgl. R. G. Collingwood, EM, S. 243: »What Kant was doing in the Transcendental Analytics was to set forth in detail the absolute presuppositions he was able to detect in his own thinking as physicist.« – Vgl. S. 245: »The truth is, that the Transcendental Analysis is an historical study of the absolute presuppositions generally recognized by natural scientists in Kant´s own time and as a matter of fact for some time afterwards.«

26 Vgl. R. G. Collingwood, EM, S. 268f., sowie S. 328ff. Diese Interpretation ist nicht ohne Einfluss geblieben: P. F. Strawson, 1966, setzt sich ausführlich mit ihr auseinander, um sie dann modifiziert selbst zu vertreten – nämlich im Rahmen einer modifizierten Theorie transzendentaler Argumente.

Grundsatzkapitel. Damit kann er Kants Begründungsansprüche und auch Begründungsversuche gar nicht angemessen rekonstruieren. Letztlich muss Collingwood, wenn er Metaphysik als eine historische Wissenschaft von den absoluten Präsuppositionen einer Wissenschaftsgemeinschaft zu einer Zeit definiert, die gesamte Tradition der Metaphysik gegen ihr eigenes Selbstverständnis interpretieren – was jedoch angesichts der skeptischen Einwände gegen diese Tradition nicht unbedingt gegen seinen Metaphysik-begriff spricht.[27]

Noch ohne Collingwoods Ansatz genauer zu analysieren, ist offensicht-lich, dass er den skeptischen Einwänden, die sich gegen Metaphysikpro-gramme, wie das aristotelische oder das kantische, richten, weitestgehend entgegenkommt. Metaphysik hat nicht mehr die Bildung von Kategorien als Begriffen vom Seienden als Seiendem oder vom Gegenstand überhaupt zum Ziel.[28] Stattdessen handelt es sich um eine Kollektion von allgemeins-ten Überzeugungen oder Annahmen, die wandelbar sind. Natürlich bedarf es auch nach Collingwood einer Art Methode, diese allgemeinsten und grundlegenden Überzeugungen zu entdecken. Doch wird nicht verlangt, dass die Metaphysik über eine Methode verfüge, Gegenstände unabhängig von den Einzelwissenschaften erkennen zu können. Insbesondere ist Col-lingwood nicht auf eine in ihrem Status und ihrer Begründung zumindest problematische transzendentale Logik angewiesen. Er entwickelt im *Essay on Metaphysics* keine Theorie der kategorialen Begriffsbildung, schlicht weil er darin nicht die Aufgabe der Metaphysik erblickt. Metaphysik wird vielmehr eng an Wissenschaftsgeschichte geknüpft. Es sind diese Züge, die Collingwoods Metaphysikbegriff zu unerwarteter Rezeption bei Wissen-schaftstheoretikern und in der Wissenschaftsgeschichte verholfen haben.[29] An die Stelle kategorialer Begriffsbildung rückt die Analyse von den Prä-suppositionen derjenigen Fragen, die eine Wissenschaft zu einer Zeit und in

27 Allerdings wirft diese Diagnose vor dem Hintergrund der Rekonstruktion des Metaphysik-programms Collingwoods, die L. Rubinoff, 1970, gibt, weitere Fragen auf: Wenn es denn stimmt, dass die gesamten Untersuchungen des *EM* im Rahmen einer Art Phänomenologie des Geistes, d.h. genauer: einer Untersuchung der Aktivitäten, in denen der Geist sich selbst durchsichtig wird, verstanden werden muss, dann fragt sich, ob seine Untersuchung diese Aktivitäten überhaupt er-fassen kann, wenn er sie so selektiv und gegen den Strich rekonstruieren muss.

28 Das gilt zumindest vom Metaphysikbegriff des EM. Der *Essay on Philosophical Method* vertritt einen anderen Metaphysikbegriff. Dort ist der Geist Gegenstand der Metaphysik, die inso-fern »Kategorien« untersucht, als sie die Modi betrachtet, in denen dieser Geist aktiv ist – darunter eben auch die traditionelle Metaphysik – vgl. dazu L. Rubinoff, 1970, S. 206.

29 Solche Anknüpfungsversuche unterschlagen allerdings in der Regel, dass Collingwoods Metaphysikbegriff in eine umfassendere Konzeption der Philosophie als einer Art Phänomenolo-gie des Geistes eingebettet ist und in ihr vor allem die Funktion hat, Metaphysik als eine Aktivität des Geistes – mit dem Ziel der Selbsterkenntnis des Geistes – zu analysieren (vgl. dazu die aus-führlichen Analysen von L. Rubinoff, 1970, und von O. L. Mink, 1969) – Vgl. z.B. P. Suppes, 1984a, und S. Toulmin, 1972a, S. 84ff., sowie 1972b, die diesen Aspekt ignorieren.

einem Kulturkreis verfolgt und die so »ihre« Metaphysik ausmachen. Collingwoods Ansatz widerspricht deshalb dem Versuch dieser Arbeit, durch eine Analyse von Fragen Kategorien zu gewinnen. Zu untersuchen ist also genauer, ob seine Analyse von Fragesätzen hinlänglich ist, seine skeptischen Überlegungen zu den tradierten Ansprüchen der Metaphysik zu rechtfertigen, oder ob nicht – ganz im Gegenteil – eine sorgfältigere Analyse von Fragesätzen Möglichkeiten der kategorialen Begriffsanalyse eröffnet und zu einem ganz anderen Begriff von Metaphysik als dem seinigen führt.

Nach Collingwood haben Aussagen oder Propositionen eine bestimmte Bedeutung nur, insofern sie Antworten auf bestimmte Fragen sind.[30] Derselbe Satz hat verschiedene Bedeutungen, wenn er als Antwort auf verschiedene Fragen verwendet wird. Man kann das durchaus so verstehen, dass ein und demselben Aussagesatz ein verschiedener Wahrheitswert zukommen kann, je nachdem, als Antwort auf welche Frage er verstanden wird. Entsprechend können sich zwei Aussagen nur dann widersprechen, wenn sie Antworten auf dieselbe Frage sind.[31] Jeder Aussagesatz ist – ob ausdrücklich oder nicht – Antwort auf eine Frage.[32] Allerdings findet sich für diese Behauptung bei Collingwood kein Argument. Er kann diese Behauptung nur mit Beispielen plausibel machen.[33] Unabhängig von Begründungsproblemen rücken Fragen und die Aktivität des Fragens in eine neuartige Stellung. Fragen haben gegenüber Propositionen eine »logische Priorität«.[34] Umgekehrt gilt aber auch für Fragen, dass sie sich nur dann stellen, wenn bestimmte Voraussetzungen gemacht werden, die in aller Regel in Aussagesätzen ausgedrückt werden können. So stellt sich – um ein Beispiel aufzugreifen, das gelegentlich als »Collingwoods Beispiel« bezeichnet wird – die Frage »Hat John aufgehört, seine Frau zu schlagen?«, nur, wenn John

---

30 Collingwood hat diesen Teil seiner skizzierten »Logik« von Frage und Antwort im 5. Kapitel seiner *Autobiography* dargestellt. Unter »Aussage« (*proposition*) will er dabei nicht eine bestimmte sprachliche Äußerung verstanden wissen, sondern eine logische Bedeutungseinheit (vgl. dort, dt. S. 32). Vgl. zu Collingwoods Theory der Bedeutung M. Krausz, 1972, S. 224ff.
31 Vgl. R. G. Collingwood, *Autobiography*, Kap. 5, dt. S. 34f.: »Wenn der Sinn einer Aussage sich auf die Frage bezieht, die sie beantwortet, so muss sich ihre Wahrheit ebenso auf diese Frage beziehen. Sinn, Übereinstimmung und Widerspruch, Wahrheit und Falschheit gehören nicht den Aussagen in ihrer Eigenständigkeit, nicht den Aussagen an sich zu, sondern allein zu Aussagen, die Antworten auf Fragen sind.«
32 Vgl. R. G. Collingwood, EM, S. 23.
33 Vgl. R. G. Collingwood, *Autobiography*, dt. S. 41f. Die Aussage, »Dieses Kästchen enthält zweierlei: ein einziges Ding und viele Dinge«, soll nur für einen »geistlosen« Menschen einen Widerspruch darstellen, denn der Aussage könnten zwei Fragen zugrunde liegen: »Enthält dieses Kästchen einen Satz Schachfiguren oder mehrere?« und »Enthält dieses Kästchen eine Schachfigur oder mehrere Schachfiguren?«. Entsprechend bestünde auch kein Widerspruch zwischen den Aussagen der Metaphysiker, dass die Welt Eines sei und dass sie Vieles sei.
34 Vgl. R. G. Collingwood, EM, S. 23f.

verheiratet ist und seine Frau schlägt.[35] Obwohl Fragen insofern logisch
früher als Aussagen sind, als die genaue Bedeutung einer Proposition von
der Frage abhängt, die sie beantworten soll, hängen Fragen logisch ihrerseits insofern von Propositionen ab, als sie sich nur unter bestimmten Umständen – bzw. unter der Annahme bestimmter Präsuppositionen – stellen.
Collingwoods Begriff einer Präsupposition weicht dabei signifikant von den
Präsuppositionsbegriffen späterer Fragelogiken ab. Die direkte oder unmittelbare Präsupposition einer Frage ist diejenige Präsupposition, aus der sich
die Frage direkt und unmittelbar ergibt. Mittelbare Präsuppositionen sind
die Präsuppositionen der direkten Präsupposition.[36] Diese Begriffsbestim-
mung Collingwoods wird sich in der Folge als viel zu unspezifisch erweisen.[37]

Die Analyse zweier Beispiele durch Collingwood gestattet es, seine Theorie der Präsuppositionen von Fragen genauer zu verstehen, bevor dann von
absoluten Präsuppositionen gesprochen werden soll. Beide Beispiele sind
auf den ersten Blick recht einfach. Zunächst zur schlichten Frage angesichts
einer Wäscheleine: »Wozu ist dieses Ding dort da?«[38]. Die unmittelbare
Präsupposition dieser Frage ist nach Collingwood, dass das Ding dort für
»etwas« da ist. Dabei betont er, dass man sich dieser Präsupposition nicht
bewusst sein müsse. Es sei für das (erfolgreiche) alltägliche Verständnis
vielmehr kennzeichnend, dass derartige Präsuppositionen unbewusst oder
unreflektiert angenommen würden. Entsprechend bedürfe es in aller Regel
einer Reflexion, Präsuppositionen explizit zu machen. Collingwood unterscheidet eine Art unmittelbarer Gegenwärtigkeit eines Dinges (hier: einer
Wäscheleine), eine Art implizites Wissen darum, dass sie zu einem Zweck
da hängt, und ein explizites Wissen, das durch eine eigentümliche – wissen-
schaftliches Denken konstituierende – Reflexion herausgearbeitet werden
muss.[39] Ein anderes Beispiel Collingwoods ist die Frage »Was bedeutet diese Markierung dort?«. Diese Frage setzt eine positive Antwort auf die Frage
voraus »Bedeutet diese Markierung dort irgend etwas, oder ist sie zufäl-

---

35 Vgl. R. G. Collingwood, EM, S. 38, der von einem Beispiel aus bekannten Logikhandbü-
chern spricht. Als »Collingwood´s Example« findet sich dieses Beispiel von Agassi, 1975, S. 247,
bezeichnet. Gegen diese Behauptung lassen sich natürlich uneigentliche Fragen und Fragen im
Kontext sophistischer Fangschlüsse anführen. Doch kann Collingwood derartige Beispiele deshalb
zurückweisen, weil es ihm lediglich um Fragen und ihre Präsuppositionen im Kontext wissenschaftlichen Denkens geht.
36 Vgl. R. G. Collingwood, EM, S. 25: »Directly or immediately, any given question involves
one presupposition and only one, namely that from which it immediately ›arises‹ (see Def. 2). This
immediate presupposition, however, has in turn other presuppositions, which are thus indirectly
presupposed by the original question.«
37 Ich werde mich dabei an den entsprechenden Überlegungen von N. D. Belnap/T. B. Steel,
1976, orientieren – vgl. zum Folgenden auch R. Schnepf, 2003b.
38 Vgl. R. G. Collingwood, EM, S. 26ff.
39 Vgl. R. G. Collingwood, EM, S. 21ff.

lig?«. Die Antwort auf diese Frage – »Die Markierung bedeutet etwas« – ist die direkte Präsupposition der ersten Frage.[40] Es gibt eine Art Hierarchie von Fragen und Antworten, so dass die Präsuppositionen bestimmter Fragen zugleich als Antworten auf andere – logisch frühere – Fragen aufgefasst werden müssen. Collingwood nennt den Umstand, dass eine Aussage bestimmte Fragen aufwirft (oder ermöglicht) »logical efficacy«, also in etwa »logische Fruchtbarkeit«.[41] Diese logische Fruchtbarkeit einer Aussage ist unabhängig davon, ob diese Aussage wahr oder falsch ist.[42] Eine Präsupposition anzunehmen, ist deshalb zunächst ein Akt der freien Wahl. Hier lässt sich eine Art logischer Spontaneität in Collingwoods Theorie von Frage und Antwort wieder finden.[43]

Zur Theorie absoluter Präsuppositionen ist es nun nur noch ein kleiner Schritt:[44] Wenn jede Aussage als Antwort auf eine Frage aufzufassen ist und jede Frage ihrerseits eine direkte Präsupposition hat, die eine zumindest notwendige Bedingung dafür ist, dass sie sich stellt, dann liegt es nahe, zwischen solchen Präsuppositionen zu unterscheiden, die ihrerseits Antworten auf Fragen sind, und solchen, die selbst keine Antworten mehr sind – also einen Unterschied zwischen relativen und absoluten Präsuppositionen einzuführen.[45] Dabei ergibt sich sofort, dass absolute Präsuppositionen in vollem Sinn keine Aussagen (propositions) sein können und dementsprechend weder wahr noch falsch sind. Denn wenn der Wahrheitswert einer Aussage davon abhängt, als Antwort auf welche Frage sie angesehen wird, und absolute Präsuppositionen keine Antworten sind, dann kann ihnen auch kein Wahrheitswert zukommen. Sie können allerdings im logischen Sinn mehr oder weniger fruchtbar sein und zu Präsuppositionssystemen und Fragestellungen führen, die sich pragmatisch besser oder schlechter bewähren.[46] Anders gesprochen: Absolute Präsuppositionen können selbst nicht Gegenstand sinnvoller Fragen werden, da jede Frage ihrerseits etwas präsupponiert und eine absolute Präsupposition dann eben keine absolute mehr wäre. Falsche Metaphysik (oder Pseudo-Metaphysik) ergibt sich für Collingwood

40 Vgl. R. G. Collingwood, EM, S. 26ff.
41 Vgl. R. G. Collingwood, EM, S. 27.
42 Vgl. R. G. Collingwood, EM, S. 28.
43 Dieser Punkt wird in Abschnitt 3.2.2 wichtig werden, wenn es darum geht, Collingwoods Theorie zu modifizieren und für eine Theorie kategorialer Begriffsbildung fruchtbar zu machen.
44 Vgl. zum Folgenden J. E. Llewelyn, 1961, S. 50f.; O. L. Mink, 1969, S. 141ff.; M. Krausz, 1972.
45 Vgl. R. G. Collingwood, EM, S. 29ff. – Dieser Unterschied fällt nicht mit dem zwischen direkten und indirekten Präsuppositionen zusammen.
46 Collingwood hat im EM diesen Aspekt der möglichen pragmatischen Bewährung unterschiedlicher absoluter Präsuppositionen nicht ausgearbeitet, aber an einzelnen Stellen angedeutet, etwa S. 245. Vgl. dazu M. Krausz, 1972, S. 231; zu Collingwoods Verwandtschaft mit dem Pragmatismus O. L. Mink, 1969.

unter anderem daraus, dass versucht wird, absolute Präsuppositionen zu hinterfragen oder zu begründen. Dabei werde, so Collingwood, völlig verkannt, dass absolute Präsuppositionen keine Aussagen sind, nach deren Wahrheit man fragen könne.[47] Metaphysik kann deshalb nur die Aufgabe haben zu untersuchen, welche absoluten Präsuppositionen faktisch angenommen wurden oder angenommen werden. Das schließt allerdings nicht aus, dass sich die verschiedenen absoluten Präsuppositionen oder Präsuppositionssysteme im Blick auf ihre logische Fruchtbarkeit und auf die pragmatische Bewährung der Theorien, die sie ermöglichen, unterscheiden.[48]

Absolute Präsuppositionen sind für Collingwood meistens im Verborgenen am Werk.[49] Sie lassen sich wahrscheinlich am besten als eine Art Prinzipien rekonstruieren, die handlungsleitend sind. Sie leiten nämlich den Frage-Antwort-Prozess an, an dessen Ende der Erwerb expliziten Wissens steht, ohne selbst zur Menge expliziten Wissens zu gehören (oder gehören zu müssen). Daraus, dass absolute Präsuppositionen in aller Regel nicht zum expliziten Wissen gehören, ergibt sich für Collingwood ein Indiz dafür, dass man eine absolute Präsupposition entdeckt hat: Wenn ein Wissenschaftler, der eine bestimmte Frage verfolgt, auf eine Präsupposition seiner Fragestellung angesprochen wird und mit Äußerungen des Unverständnisses, der Ablehnung der Frage oder Bemerkungen wie »Das ist doch selbstverständlich!« reagiert, dann sei das ein »Symptom« dafür, eine absolute Präsupposition getroffen zu haben.[50] Mehr als ein Indiz ist es allerdings auch nicht. Im Grunde müsste Collingwood darüber hinaus im Einzelnen zeigen, dass ein Satz, den er als absolute Präsupposition ansieht, in einem bestimmten Kontext nicht nur die Funktion eines handlungsleitenden Prinzips hat, sondern tatsächlich in der von ihm behaupteten logischen Relation zu den Fragen und Sätzen steht, die in diesem Kontext möglich sind. Es wird sich in der Folge am Beispiel des Kausalitätsbegriffs zeigen, dass Col-

---

47 Vgl. R. G. Collingwood, EM, S. 47.

48 Dieser Punkt ist für Collingwood noch aus einem ganz anderen Grund wichtig: Im Rahmen des *EM* findet sich eine ausführliche Auseinandersetzung mit C. Ayers Metaphysikkritik in *Language, Truth, and Logic*, 1936. Ayer vertritt dort ein rigides verifikationistisches Sinnkriterium, das die gesamte Metaphysik dem Bereich des Sinnlosen zuordnet. Collingwoods These, absolute Präsuppositionen hätten gar keinen Wahrheitswert und seien entsprechend gar nicht zu verifizieren bzw. zu falsifizieren, will diesem Ansatz den Wind aus den Segeln nehmen: Gerade solche Sätze haben als absolute Präsuppositionen wissenschaftlichen Denkens eine unentbehrliche Funktion und darin Sinn und Bedeutung – vgl. dazu L. Rubinoff, 1970, S. 30f.

49 Vgl. R. G. Collingwood, EM, S. 43: »In this kind of thinking, absolute presuppositions are certainly at work; but they are doing their work in darkness, the light of consciousness never falling on them. It is only by analysis that one can ever come to know either that he is making any absolute presupposition at all or what absolute presupposition he is making.«; sowie Collingwood, EM, 42ff. – dazu auch J. E. Llewelyn, 1961, S. 52f. und 57f.

50 Vgl. R. G. Collingwood, EM, S. 44.

lingwood diesem weiteren Anspruch nicht immer gerecht werden kann –
und zwar aus prinzipiellen Gründen.

Wie auch immer: Aus dieser Revision des Metaphysikbegriffs ergeben
sich bereits Konsequenzen für die Analyse des Kausalitätsbegriffs. Collingwood illustriert nämlich seine Vorstellung von der Metaphysik als einer
Geschichtswissenschaft von den sich wandelnden absoluten Präsuppositionen der Wissenschaften am Beispiel des Kausalitätsprinzips.[51] Die Physik
Newtons setze als eine absolute Präsupposition voraus, dass einige Ereignisse der physikalischen Welt Ursachen hätten, andere aber nicht. Die un-
gestörte Fortsetzung einer Bewegung gemäß dem Trägheitsprinzip habe
keine Ursache. Nur Ablenkungen und Geschwindigkeitsänderungen hätten
besondere Ursachen. Die Physik des 19. Jahrhunderts hätte bereits eine andere absolute Präsupposition, nämlich die, dass alle Ereignisse der physikalischen Welt Ursachen hätten. Das sei auch die Position Kants. Was auf den
ersten Blick wie eine bloße Korrektur der Begriffe der newtonschen Physik
aussehe – dass nämlich auch die Trägheitskraft als eine Ursache anzusehen
sei, so dass der frühere Zustand des bewegten Gegenstandes die Ursache
seines späteren Ortes und seiner späteren Bewegung ist – sei tatsächlich ein
Präsuppositionenwechsel, da nun ganz andere Fragen möglich seien. Allerdings meint Collingwood, dass diese Position letztlich nicht haltbar sei.[52]
Die moderne Physik schließlich nehme an, dass nichts aufgrund besonderer
Ursachen geschehe. Collingwood spielt dabei auf Einsteins Allgemeine Relativitätstheorie an, die etwa die Bewegung eines Körpers unter Einfluss
einer wirkenden Gravitationskraft als eine freie Bewegung unter besonderen geometrischen Bedingungen des Raumes beschreibt. Die aufgezählten
Annahmen lägen völlig verschiedenen physikalischen Theorien – oder besser: Untersuchungszusammenhängen – zugrunde. Sie bestimmten, welche
Fragen innerhalb eines Untersuchungszusammenhanges auftauchen und
welche möglichen Antworten es gibt. Insofern bestimmen sie die Gestalt
der jeweiligen Theorie.[53]

An die Stelle einer Analyse des Kausalitätsbegriffs tritt also in der Folge
dieser Metaphysikkonzeption eine historische Beschreibung unterschiedlicher Funktionen des Kausalitätsbegriffs in verschiedenen Theorien oder
Konstellationen. Allerdings ist dieses Beispiel Collingwoods kaum über-

51 Vgl. dazu R. G. Collingwood, EM, S. 49ff. – S. Toulmin hat angesichts solcher Beispiele
davor gewarnt, aus ihrer offensichtlichen Unzulänglichkeit auch als wissenschaftsgeschichtlicher
Diagnosen zu schließen, auch Collingwoods systematischer Punkt sei zu vernachlässigen (vg. S.
Toulmin, 1972b, S. 202ff.). Im Folgenden soll also so getan werden, als handle es sich um »gute«
Beispiele.
52 Collingwood hat diese absolute Präsupposition genauer im letzten Kapitel des EM, S.
328ff., analysiert.
53 Vgl. R. G. Collingwood, EM, S. 52.

zeugend. Neben allen Fragen zum Detail haben die von Collingwood zur Illustration seiner Theorie absoluter Präsuppositionen herangezogenen Beispiele den gravierenden Nachteil, dass tatsächlich zweifelhaft ist, ob alle von ihm postulierten Charakteristika absoluter Präsuppositionen bestätigt werden. So ist beispielsweise überhaupt nicht offensichtlich, dass diese Präsuppositionen sich nicht gegenseitig in einer Weise ausschließen, die sich von der Behauptung, nur eine könne wahr sein, nicht mehr sinnvoll unterscheiden lässt. Es ist auch gar nicht deutlich, ob Collingwood tatsächlich nur eine Präsuppositionenanalyse vorlegt oder nicht doch auch eine Art Bedeutungsanalyse. Weiterhin mag Collingwood zwar zeigen können, dass solche Voraussetzungen in den jeweiligen Forschungsprogrammen angenommen werden. Er unternimmt jedoch keinen Schritt, um an Beispielen durchzubuchstabieren, dass es sich tatsächlich um absolute Präsuppositionen in seinem Sinn handelt. Alles das lässt vermuten, dass Collingwoods Theorie grundlegende Defizite hat. Diese Probleme absoluter Präsuppositionen werden noch deutlicher, wenn man die Konsequenzen genauer betrachtet, die sich aus dem bisher Gesagten für Collingwoods Auffassung vom Wandel absoluter Präsuppositionen, ihrer »Richtigkeit« und ihrer unmöglichen Rechtfertigbarkeit ergeben.

Die Frage, wie der Wandel oder der Wechsel absoluter Präsuppositionen vor sich gehe, wird von Collingwood eher beiläufig behandelt.[54] Auf den Einwand, es scheine so, als sei der Wandel absoluter Präsuppositionen nichts mehr als ein Wandel von Moden, erwidert er lediglich, dass er tief greifender sei. Weiterhin vollziehe sich der Wechsel im Allgemeinen nicht explizit und nicht im Bewusstsein der beteiligten Forscher, da absolute Präsuppositionen in aller Regel zum impliziten Wissen gehörten. Man müsse sich diesen Wandel so vorstellen, dass unterschiedliche Konstellationen von Präsuppositionen zu bestimmten Zeiten inkohärente Strukturen ausbildeten, die dann kollabierten.[55] Auch beim Wechsel von Präsuppositionen spielt so die Frage der »Konsupponibilität« absoluter Präsuppositionen eine nicht zu unterschätzende Rolle. Das lässt sich wieder an Collingwoods Überlegungen zum Übergang von der absoluten Präsupposition der Physik Kants und des 19. Jahrhunderts zur korrespondierenden der modernen Physik illustrie-

---

54 Im Zusammenhang des *EM* ist nur die längere Fußnote S. 48 diesem Problem gewidmet. Diese Fußnote ist entsprechend auch der Gegenstand umfangreicher Diskussionen geworden – vgl. J. E. Llewelyn, 1961, S. 53ff.; S. Toulmin, 1972b, S. 209ff.; sowie S. Toulmin, 1972a, S. 95ff.

55 Vgl. R. G. Collingwood, EM, S. 48, Anm.: »Why, asks my friend, do such changes happen? Briefly, because the absolute presuppositions of any given society, at any given phase of its history, form a structure which is subject to ›strains‹ [...] of greater or less intensity, which are ›taken up‹ [...] in various ways, but never annihilated. If the strains are too great, the structure collapses and is replaced by another, which will be a modification of the old with the destructive strain removed; a modification, not consciously devised but created by a process of unconscious thought.«

ren. Collingwood untersucht in diesem Zusammenhang den Begriff der Ursache, den Kant verwendet haben und der damit der entsprechenden absoluten Präsupposition zugrunde liegen soll. Kant behaupte nicht nur, dass jedes Ereignis eine Ursache habe, sondern auch, dass jede Ursache früher sei als ihre Wirkung. Für Collingwood liegen diesen beiden Teilbehauptungen unterschiedliche Ursachenbegriffe zugrunde, die nicht »konsupponibel« sind.[56] »Ursache« bedeute nämlich das eine Mal ein Ereignis oder einen Zustand von Dingen, durch dessen Herbeiführen wir etwas anderes bewirken können, das andere Mal aber ein Ereignis oder einen Zustand von Dingen, der als hinreichende und notwendige Bedingung in einer eineindeutigen Relation zu seiner Wirkung steht.[57] Die Behauptung zeitlicher Priorität greift auf den ersten Ursachenbegriff zurück, die Behauptung, alle Ereignisse hätten eine Ursache, auf den zweiten. Beide zusammen seien nicht »konsupponibel«. Das aber bedeute, dass im Präsuppositionengefüge der Physik bis ins 19. Jahrhundert Spannungen bestanden hätten, die letztlich das Ganze instabil gemacht hätten. Unabhängig davon, ob Collingwoods Rekonstruktion angemessen ist, zeigt sich, dass diese Antwort auf das Problem des historischen Wandels seine Konzeption absoluter Präsuppositionen sprengt. Denn seine Rekonstruktion des Wandels absoluter Präsuppositionen ist auf eine Theorie ihrer Bedeutung angewiesen, von der nicht deutlich ist, ob sie letztlich mit der Behauptung kompatibel ist, absolute Präsuppositionen hätten nur als handlungsleitende Prinzipien eine funktionale Bedeutung, seien aber keine Aussagen, die in einem Ausschlussverhältnis stehen und entsprechend wahr und falsch sein könnten.

Darüber hinaus ist es auch nicht aussichtsreich, mit Collingwoods Mitteln den Wahrheitsbegriff hinreichend zu explizieren. Zwar folgt aus der Behauptung, absolute Präsuppositionen hätten keinen Wahrheitswert, nicht, dass auch relative Präsuppositionen und Antworten auf Fragen keinen Wahrheitswert hätten.[58] Doch wird problematisch, was die Rede von »Wahrheit« in diesem Zusammenhang noch bedeutet. »Wahrheit« kann bei Collingwood nicht Übereinstimmung mit unabhängig bestehenden Tatsachen bedeuten, sondern nur ein recht komplexes Verhältnis von Fragen und Antworten: »Was man gewöhnlich meint, wenn man eine Aussage ›wahr‹ nennt, ist nach meiner Auffassung Folgendes: a) Die Aussage gehört zu einem Frage-Antwort-Komplex, der als Ganzes im eigentlichen Sinne des Wortes ›wahr‹ ist; b) innerhalb dieses Komplexes ist sie eine Antwort auf eine bestimmte Frage; c) die Frage ist dabei das, was wir gewöhnlich eine

56 Vgl. R. G. Collingwood, EM, S. 331ff. – auf diese späte Illustration des Wandels absoluter Präsuppositionen greift S. Toulmin, 1972b, in seiner Collingwood-Kritik nicht zurück.
57 Vgl. zu diesen unterschiedlichen Bedeutungen von »Ursache« EM, S. 285f. Collingwood greift dabei auf seine Abhandlung von 1938a zurück – vgl. dazu oben, Abschnitt 1.1, S. 38ff.
58 Vgl. dazu: J. E. Llewelyn, 1961, S. 50.

annehmbare oder gescheite Frage nennen, sie ist keine dumme Frage, d.h. in meiner Terminologie ›sie erhebt sich‹; d) die Aussage ist die ›richtige‹ Antwort auf diese Frage.«[59] Diese Theorieskizze der *Autobiography*, die auch dem *Essay on Metaphysics* zugrunde gelegt werden darf, hat – neben ihrer Knappheit – gravierende Mängel. Sie lässt sich prinzipiell nicht präzisieren. Denn entweder lässt es sich gar nicht genau angeben, was in solchen Umständen »richtig« heißt, oder aber, wenn es sich angeben lässt, dann in einer Art und Weise, die von der Frage-Antwort-Situation unabhängig ist. Wenn sich aber gar nicht angeben oder präzisieren lässt, was in diesem Zusammenhang »richtig« heißt, dann lässt sich überhaupt nicht ausschließen, dass auch absolute Präsuppositionen »richtig« sein können. Falls es sich aber unabhängig von Frage-Antwort-Zusammenhängen explizieren lässt, dann hängt die Bedeutung einer Aussage doch nicht davon ab, als Antwort auf welche Frage sie zu verstehen ist. Collingwoods Theorie absoluter Präsuppositionen setzt so einen durch und durch problematischen Wahrheitsbegriff voraus. Allerdings ist dieser Wahrheitsbegriff kompatibel mit seiner relativistischen Auffassung des historischen Wandels absoluter Präsuppositionen.

Schließlich ist auch Collingwoods Behauptung, für absolute Präsuppositionen ließe sich nicht argumentieren, unklar. Die Behauptung, absolute Präsuppositionen könnten nicht ihrerseits Gegenstand von Fragen und von Begründungen werden, lässt sich in einer stärkeren und in einer abgemilderten Fassung verstehen. Man kann Collingwood die Behauptung zuschreiben, dass es für absolute Präsuppositionen in keinem Kontext und keinem Fragezusammenhang Begründungen geben kann. Man kann aber auch die schwächere Lesart versuchen, dass absolute Präsuppositionen nur innerhalb des von ihnen konstituierten Untersuchungszusammenhangs nicht selbst Gegenstand der Untersuchung werden können.[60] Mit der schwächeren Auslegung scheint man einigen Schwierigkeiten zu entkommen. Dafür, Collingwood die erste Lesart zuzuschreiben, sprechen allerdings seine expliziten Formulierungen und seine Bedeutungstheorie. Denn wenn die Bedeutung einer Aussage davon abhängt, als Antwort auf welche Frage sie zu verstehen ist, dann gilt das auch für Aussagen, die in einem Kontext als absolute Präsuppositionen fungieren und in anderen selbst zum Gegenstand von Fragen werden. Für die zweite Lesart spricht demgegenüber, dass Collingwoods Beispiele in aller Regel nur Beispiele für solche Präsuppositionen sind, die innerhalb eines anderen Kontextes sehr wohl Gegenstand von

---

59 Vgl. R. G. Collingwood, *Autobiography* dt. S. 39 – vgl. O. L. Mink, 1969, S. 127ff.; auch L. Rubinoff, 1970, S. 154f., weist auf den veränderten Wahrheitsbegriff hin, allerdings ohne ihn aufhellen zu können.

60 Vgl. dazu: M. Krausz, 1972, der durchaus gegen einzelne Behauptungen Collingwoods die zweite Lesart plausibel zu machen versucht.

Fragen und Begründungen (oder Begründungsbemühungen) werden können. Dies spricht auch dafür, dass die Bedeutung absoluter Präsuppositionen, gerade nach Collingwoods problematischer Bedeutungstheorie, davon
abzuhängen scheint, dass auch sie Gegenstand von Fragen werden kann.
Nur dann nämlich bestünde Aussicht, Kriterien zur Identifikation der Bedeutung einer absoluten Präsupposition entwickeln zu können. Dann aber
scheint seine Position, absolute Präsuppositionen hätten keinen Wahrheitswert, zweifelhaft.[61]

Überblickt man nun Collingwoods Auffassung vom Wandel absoluter
Präsuppositionen, vom Wahrheitsbegriff und von der Kontextrelativität, so
ist das Fazit desaströs: Auch wenn man von allen Problemen absieht, bereits den Begriff der Präsupposition einer Frage mit Collingwoods Mitteln
genauer zu bestimmen, scheint es aussichtslos, seine Theorie absoluter Präsuppositionen zu einem überzeugenden und kohärenten Ganzen zu fügen.
Sein Versuch, aus den skeptischen Einwänden gegen die tradierte Metaphysik die Konsequenzen zu ziehen, ist daher selbst gravierenden Einwänden
ausgesetzt. Allerdings bedeutet das nicht, dass die Analyse von Fragen in
einer Metaphysik bedeutungslos sein muss. Ganz im Gegenteil gilt es, gegen Collingwood ein Verfahren zur Analyse von Fragen zu entwickeln, das
auf kategoriale Begriffe führt.

Zur Vorbereitung der nachfolgenden Skizze einer Theorie der Warum-
Fragen ist es jedoch hilfreich, genau zu registrieren, wie die problemgeschichtlichen Untersuchungen nun unversehens zurück in die systematischen Debatten um wissenschaftliche Erklärungen führen, die im ersten Kapitel der Arbeit analysiert worden sind. Dazu ist ein Vergleich zwischen
Collingwoods Ansatz und Toulmins Analysen lehrreich. Wie eng beide Ansätze beieinander liegen, lässt sich daran ermessen, dass Toulmin Collingwoods Position in seiner intensiveren Auseinandersetzung mit dessen Ansatz 1972 an einem Beispiel erläutert, das er selbst früher schon – nämlich
in *The Philosophy of Science* von 1957 – in ganz anderem Kontext fast unverändert verwendet hatte, um eigene Positionen einzuführen, nämlich dem
Begriff des Lichtstrahls und seiner Funktion für die Optik.[62] Toulmins Beispiel ist die Dispersion des Lichts bei dem Wechsel der Medien. Unter Dispersion verstehe man nichts anderes als die Art und Weise, in der die Brechungszahl sich mit der Wellenlänge des gebrochenen Lichts ändert. Die
Frage nach der Dispersion des Lichts setze so die Anwendbarkeit von Begriffen wie »Brechung« und »Brechungsindex« voraus. Dabei handle es
sich in Collingwoods Terminologie um »relative Präsuppositionen«. Denn

---

61 Vgl. dazu: M. Krausz, 1972, S. 231.
62 Vgl. dazu: S. Toulmin, 1972b, S. 205ff.; S. Toulmin, 1953, S. 35; sowie auch S. Toulmin,
1972a, S. 91 – vgl. zu diesem Beispiel oben, 1.2.2.2, S. 134ff.

die Begriffe »Brechungsindex« und »Brechungszahl« setzten ihrerseits die Anwendbarkeit eines noch allgemeineren Begriffs voraus, nämlich den des »Lichtstrahls«. Nur wenn Licht als Lichtstrahl aufgefasst werde, würden sich Fragen wie die nach der Brechung und der Brechungszahl stellen. Die Behauptung, dass sich Licht geradlinig fortpflanzt, ist nach Toulmins Auffassung kein Gesetz, sondern ein Prinzip, das die Fragerichtung anleitet, das aber vor allem bestimmte Darstellungstechniken ermöglicht. In gewisser Weise kann man sagen, dass die Geradlinigkeit des Lichts in Toulmins späterer Terminologie ein Ideal der Naturordnung für den Bereich der Optik formuliert.[63] Dabei gilt auch für Toulmin, dass ein solches Ideal der Naturordnung selbst innerhalb einer Wissenschaft nicht Gegenstand sinnvollen Fragens werden könne, sondern vielmehr als eine Art implizites Handlungswissen die alltägliche Praxis der Wissenschaftler bestimme. Es verwundert insofern wenig, dass Toulmin bereits in *Foresight and Understanding* (1961) seine Theorie von der Funktion und Funktionsweise eines Ideals der Naturordnung unter expliziter Bezugnahme auf Collingwood einführt, so dass sich seine spätere Collingwood-Kritik wie eine Selbstkorrektur (1972) ausnimmt.[64]

Weil die Ansätze von Collingwood und Toulmin derartig eng zusammenliegen, lassen sich rückblickend Collingwoods Überlegungen zum Verhältnis von Frage und Fragepräsuppositionen mit der Hilfe von Toulmins Überlegungen weiter zuspitzen. Insbesondere lassen sich nun Collingwoods Überlegungen zum Kausalitätsbegriff, seine allgemeine Theorie von Frage und Antwort sowie der damit angenommene Zusammenhang zwischen Warum-Fragen und kausalen Erklärungen extrapolieren.[65] Toulmin und Collingwood stimmen darin überein, dass der genaue Sinn einer Frage nur relativ auf ihre direkte Präsupposition bestimmbar ist und konsequenter Weise auch nur relativ auf die darin enthaltene absolute Präsupposition (Toulmins Ideal der Naturordnung). Entsprechendes gilt auch für die Richtigkeit der Antwort. Insofern mit Warum-Fragen nach Ursachen gefragt wird und eine Antwort nur relativ auf ein Ideal der Naturordnung überhaupt auch nur gefunden werden kann, ist etwas auch nur relativ auf bestimmte absolute Präsuppositionen als Ursache anzusehen. Das hat bei Toulmin Konsequenzen für den Ursachenbegriff: Eine Ursache zu sein, heißt hier, innerhalb eines Erklärungszusammenhanges eine bestimmte Funktion zu erfüllen. Diese antirealistischen Konsequenzen der Theorie kausaler Erklärung Toulmins passen zusammen mit Collingwoods idealistischer Grundkonzeption. Beide

---

63 Vgl. zu dieser Terminologie oben, 1.2.2.2, S. 129, sowie S. Toulmin, 1961, S. 46.
64 Vgl. S. Toulmin, 1961, S. 57, aber auch schon S. 16.
65 Damit ist es möglich, dieses Stadium der problemgeschichtlichen Entwicklung auf die eher systematischen Überlegungen zu beziehen, die in Abschnitt 1.2 anhand der Theorien kausaler Erklärungen von Hempel, Bromberger, Toulmin und van Fraassen angestellt worden sind.

stimmen auch darin überein, dass für Collingwood die Auffassung des Ursachenbegriffs historischem Wandel unterworfen und seine Funktion bzw. Rolle in wissenschaftlichen Untersuchungen gemäß den jeweiligen absoluten Präsuppositionen variabel ist, ohne dass sich ein Kausalitätsbegriff gegenüber anderen als an sich richtiger ausweisen ließe. Denn hier bestimmen allein die historisch variablen Grundbegriffe der Theorie, was als Ursache angesehen wird.

In wichtigen Details weichen beide Konzeptionen indessen voneinander ab: Für Toulmin skizziert ein Ideal der Naturordnung immer einen phänomenal zunächst nicht unbedingt gegebenen, als normal postulierten Verlauf der Ereignisse. Eine Warum-Frage fragt seiner Meinung nach entsprechend immer nach der Ursache einer Abweichung von diesem idealen Verlauf. Sein Beispiel dafür ist Newtons Mechanik, bei der das erste Gesetz mit der Trägheitskraft das Ideal der Naturordnung etabliert, während das zweite Gesetz die möglichen Ursachen für eine Abweichung von der nichtbeschleunigten Bewegung spezifiziert.[66] Für Toulmin enthalten sinnvolle kausale Warum-Fragen entsprechend immer einen Kontrast zwischen dem, was angesichts des Ideals der Naturordnung zu erwarten gewesen wäre, und dem, was sich tatsächlich ereignet hat. Collingwood erblickt demgegenüber in dieser Kontraststruktur bestenfalls eine absolute Präsupposition, die nur von bestimmten Gruppen zu bestimmten Zeiten angenommen worden sei – etwa eben in der newtonschen Physik. Unabhängig davon, ob Collingwoods Skizze tragfähig ist, lässt sich doch extrapolieren, dass kausale Warum-Fragen seiner Meinung nach nicht grundsätzlich durch die von Toulmin postulierte Kontraststruktur ausgezeichnet sind, obwohl sie sich nur relativ auf bestimmte absolute Präsuppositionen stellen. Toulmins Ideal der Naturordnung scheint vor diesem Hintergrund nur ein Spezialfall einer Collingwood'schen absoluten Präsupposition zu sein. Für die Analyse kausaler Warum-Fragen heißt dies, dass sich ein Unterschied bei ihrer (quasi-) formalen Analyse ergibt. Während Toulmin offenbar annimmt, kausale Warum-Fragen hätten die Form »Warum ist es der Fall, dass p, wo doch – relativ auf das Ideal I_k – mit q zu rechnen war?«,[67] scheint Collingwood eher zu der Auffassung zu tendieren, sie hätten die Form »Warum – relativ auf I_k – p?«.[68]

66 Vgl. dazu oben, Abschnitt 1.2.2.2.

67 Vgl. dazu oben, Abschnitt 1.2.2.2, S. 132ff.

68 Das Vorläufige dieser Formulierungen verdankt sich auch den Unschärfen in Collingwoods Formulierungen. Man sollte aber daraus nicht mit O. L. Mink, 1969, S. 131ff., den Ausweg suchen und Collingwood unterstellen, dass er gar nicht um eine Art konsistenter Logik bemüht gewesen sei und statt dessen einen Beitrag zu einer Art Hermeneutik habe liefern wollen. Zwar ist Collingwood z.B. von H. G. Gadamer gerade so aufgenommen worden (vgl. H. G. Gadamer, 1960, S. 375ff.). Dennoch behauptet Collingwood, seine Logik von Frage und Antwort habe an die Stelle

Tatsächlich wird dieser Vorschlag Collingwoods Analysen noch nicht gerecht. Doch kann man bereits mit dem bisherigen Material einen Schritt weiter gelangen. Die Überlegungen zu Toulmins und Collingwoods Theorie kausaler Warum-Fragen und ihren Präsuppositionen lassen nämlich noch diejenigen Überlegungen unberücksichtigt, die sich im *Essay on Metaphysics* zu der Frage finden, warum sich der Wechsel von der absoluten Präsupposition der Physik Newtons zu der des 19. Jahrhunderts vollzog, bzw. dann zur modernen Physik. Collingwood analysiert dort nicht nur die Funktion, sondern auch die vorausgesetzten Komponenten des Ursache-Begriffs und weist auf Inkonsistenzen hin. Wiederum unabhängig von der Frage, ob seine Analysen tragfähig sind, wird deutlich, dass jeweils in einem andern Sinn nach Ursachen gefragt wird, weil sich nicht nur die Funktion der Frage, sondern auch die Bedeutung des Begriffs »Ursache« ändert. Dabei lassen die absoluten Präsuppositionen verschiedener Untersuchungen zwar nur bestimmte Bedeutungskomponenten zu. Gleichwohl werden die Grundbedeutungen des Wortes »Ursache« für Collingwood nicht durch die Fragen und ihre absoluten Präsuppositionen konstituiert. Anders gesprochen: Collingwood kennt bei seiner philosophiehistorischen Detailarbeit neben dem Wandel absoluter Präsuppositionen durchaus auch eine Art Begriffsgeschichte, die zwar mit dem Wandel absoluter Präsuppositionen systematisch verknüpft ist, aber nicht so, dass die Bedeutung von »Ursache« selbst eine absolute Präsupposition wäre oder von der absoluten Präsupposition konstituiert würde.[69] Extrapoliert bedeutet das für eine Analyse von Warum-Fragen im Kontext einer Untersuchung, dass für ihre genaue Bedeutung nicht nur die Relativität auf vorausgesetzte relative und absolute Präsuppositionen entscheidend ist. Entscheidend ist vielmehr auch die genaue Bedeutung des Ausdrucks »Ursache«, die der Frage zugrunde liegt. Das heißt, dass die Frage »Warum p?« nach allem Gesagten für Collingwood dann, wenn sie als kausale Frage verstanden wird, als »Was ist die Ursache$_I$ dafür, dass p?« zu analysieren ist – bzw., wenn der Bezug auf die absolute Präsupposition doch zu berücksichtigen ist, als »Was ist – relativ auf das Ideal der Naturordnung I_k – die Ursache$_I$ dafür, dass p?«.[70] Es ist deshalb eines, mit Collingwood nach bestimmten absoluten Präsuppositionen I_k zu fragen, und ein anderes, die in einer bestimmten Warum-Frage vorausgesetzte – nach Collingwood dem historischen Wandel unterworfene – Bedeutung des Kausalitätsbegriffs zu analysieren. Daraus ergibt sich aber, dass weder

der üblichen Logik zu treten, die sich ungerechtfertigten oder zumindest problematischen Abstraktionen verdanke. Statt also seine Ansprüche auf eine Art Logik von Frage und Antwort herab zu interpretieren, sollten sie so genommen werden, wie sie sich geben – um ihr Anregungspotential auch für die spätere Entwicklung der erotetischen Logik deutlich werden zu lassen.

69 Vgl. dazu seine eigene Abhandlung von 1938, sowie dazu oben, Abschnitt 1.1.1, S. 38ff.
70 Die Indizes deuten die Variationsmöglichkeiten an.

Toulmin noch Collingwood einen Zusammenhang zwischen dem Fragepronomen und dem Sinn der Frage herstellen. Gerade das Fragepronomen mag aber zu invarianten kategorialen Begriffen führen. Genau diesem Ansatz ist im Folgenden nachzugehen, um die Perspektive der kategorialen Begriffsbildung wieder zu gewinnen.

3.1.2 Kategoriale Fragen als Indikatoren spontaner Synthesisleistungen

Die Auseinandersetzung mit Collingwood soll in diesem Kapitel in eine Theorie der Warum-Frage münden, die einerseits durch eine revidierte Theorie kategorialer Begriffsbildung begründet ist und andererseits die Möglichkeit einer Analyse des Schöpfungs- und des Kausalitätsbegriffs eröffnet. Mehr noch soll deutlich werden, dass die Analyse von Frage-Antwort-Sequenzen zu einer Theorie kategorialer Begriffe führt, die diejenigen Züge der kantischen Transzendentalphilosophie bewahrt, die dann verbleiben, wenn man versucht, in den strittigsten Fragen und den am meisten der Skepsis ausgesetzten Voraussetzungen einen Standpunkt vorläufiger Neutralität einzunehmen. Dazu ist in diesem Abschnitt die Idee einer kategorialen Interpretation von Fragen als einer Methode zu entwickeln, kategoriale Begriffe aufzufinden und zu analysieren.[71] Die Analyse von Fragen und ihren Präsuppositionen hätte dann zwar – wie Collingwood vermutete – eine zentrale Funktion im Rahmen der Metaphysik, doch wäre es dann – nun ganz im Gegensatz zu Collingwood – möglich, im Rahmen einer Metaphysik Kategorien als Begriffe vom Gegenstand überhaupt zu entdecken und zu analysieren. Die Idee der kategorialen Interpretation wird nun in drei Schritten etabliert: In einem ersten Schritt sollen die Resultate der aporetischen Untersuchungen aus Abschnitt 1.2 der Arbeit für diesen Zweck zugespitzt werden. Die Diskussion der Theorien wissenschaftlicher Erklärung von Hempel, Bromberger, Toulmin und van Fraassen hatte dort nämlich nicht nur negative Resultate. Unter der Hand wurden auch Anforderungen an eine angemessene Theorie der Warum-Frage deutlich, die den Schlüssel zu einer Analyse des Kausalitäts- und des Schöpfungsbegriffs bieten soll. Genauer bieten diese positiven Resultate ein Argument dafür, Fragen und das Verhältnis zwischen Frage und Antwort als Dokument einer ursprünglichen spontanen Aktivität des urteilenden Subjekts zu interpretieren. Diese Zusammenhänge sind von Collingwood nicht berücksichtigt worden (3.1.2.1). Im zweiten Schritt muss dann in Anknüpfung an die neuere erotetische Logik eine Alternative zu Collingwoods Vorschlägen erarbeitet wer-

---

71 Ich lasse den Ausdruck »kategoriale Interpretation« hier noch unkommentiert – die Idee soll ja erst im Folgenden entwickelt werden.

den, Fragen zu analysieren. Bisher kam es nur darauf an, den Ansatz von Collingwood einer Art internen Kritik zu unterziehen und Konsequenzen im Blick auf das Programm zu ziehen, aus einer Theorie der Warum-Frage den Kausalitäts- und den Schöpfungsbegriff zu analysieren. Nun geht es darum, eine Analyse einiger Fragepronomina zu entwickeln, was Collingwood unterlassen hat. Eine erneute Analyse seiner Beispiele wird zeigen, dass eine Bedeutungsanalyse unabhängig von der Präsuppositionenanalyse von Fragen möglich ist (3.1.2.2). Schließlich soll in einem etwas komplexer strukturierten Argument die Idee der kategorialen Interpretation von Fragen entworfen und begründet werden. Dazu gilt es, das Problem des Vorwissens, das sich in Fragen dokumentiert, und die These vom eigenständigen Sinn der Fragepronomina mit einer weiteren These zu verbinden, nämlich dass sich in Fragen eine eigentümliche Spontaneität des erkennenden Subjekts manifestiert. An dieser Stelle knüpfen die Überlegungen dann an Kants Theorie der kategorialen Begriffsbildung an. Diese Idee wird einige Züge der tradierten Metaphysik und der kantischen Transzendentalphilosophie aufnehmen. Dabei ist genau zu registrieren, ob eine so erneut modifizierte Metaphysik nicht gegenüber der kantischen Transzendentalphilosophie bescheidener ist und bestimmten skeptischen Einwänden – denen ja Collingwoods Metaphysikprogramm gerecht werden wollte – entgeht (3.1.2.3). Die Überlegungen der ersten beiden Abschnitte sind die Prämissen des dort zu entwickelnden Arguments.

3.1.2.1 Fragen und Vorherwissen

Die Diskussion um Hempels Theorie wissenschaftlicher Erklärungen hat gezeigt, wie nicht nur von einzelnen Theorien, sondern auch in der kontroversen Diskussion immer wieder darauf rekurriert wird, dass eine Warum-Frage einen bestimmten Sinn hat.[72] Denn eine Theorie der Erklärung ist nur dann befriedigend, wenn sie aufhellen kann, wie eine Erklärung das Fragebedürfnis erfüllt, das sich in einer Warum-Frage artikuliert. In den im Abschnitt 1.2 nachgezeichneten Diskussionen wird wie selbstverständlich als Argument akzeptiert, darauf zu verweisen, dass eine bestimmte Theorie einem bestimmten Moment der mit einer Warum-Frage verbundene Frageintention nicht gerecht wird.[73] Daraus ergibt sich als eine erste Anforderung

---

72 In diesem Zusammenhang kann zunächst davon abgesehen werden, dass man eine Fülle unterschiedlicher Typen von Warum-Fragen unterscheiden muss – dieses Problem wird vor allem im nächsten Abschnitt dieses Kapitels aufgegriffen werden.

73 Vgl. dazu und zum Folgenden oben, Abschnitt 1.2.1.3. Es ist damit übrigens nicht behauptet, diese Frageintention sei das einzige Kriterium für die Angemessenheit solcher Theorien. Da können noch ganz andere Überlegungen eingehen – etwa allgemeine Argumentationen der Erkenntnistheorie oder spezieller Analysen der Wissenschaftstheorie.

an eine Theorie der Fragen, den Begriff einer bestimmten Frageintention zu klären und die Bedingungen ihrer Möglichkeit zu untersuchen. Dazu gehört auch, das Verhältnis zwischen der bestimmten Frageintention und den verschiedenen Möglichkeiten, die logische Form von Fragesätzen zu analysieren, auszuloten. Bereits die Diskussion von Hempels Ansatz zeigte, dass die logische Form von Fragesätzen, wie sie sich in einer ersten Analyse darstellt, eine Vielzahl von Intentionen zulässt, die mit einer Frage dieser bestimmten (logischen) Form ausgedrückt werden können. Dann aber ist fraglich, wie die ursprüngliche Frageintention überhaupt als solche in den Blick treten kann.

Weiterhin ergab sich, dass einem Fragenden als solchem – d.h. unabhängig von der Kenntnis einer Antwort – ein bestimmtes Wissen zugeschrieben werden muss.[74] Der Fragende, der mit seiner Frage eine bestimmte Intention verbindet, muss um diese Intention in hinlänglicher Bestimmtheit wissen. Nur dann ist es nämlich möglich, dass die Frageintention – wie in den Diskussionen vorausgesetzt – als ein Kriterium für die Angemessenheit von Theorien wissenschaftlicher Erklärung fungieren kann. Der Fragende muss um die Intention seiner Frage wissen, bevor und unabhängig davon, dass er die (richtige) Antwort auf seine Frage kennt. Denn die Frage ist das Maß, an dem sich bestimmt, ob ein wahrer oder falscher Satz eine richtige oder unrichtige Antwort auf sie ist. Die Frageintention muss dazu so bestimmt sein und gewusst werden, dass der Fragende bloß aufgrund seiner bestimmten Frageintention solche Sätze, die als mögliche Antworten »in Frage kommen«, von solchen Sätzen unterscheiden kann, die keine möglichen Antworten sind. Mehr noch: Er muss mit seiner Frageintention bereits über die Möglichkeit verfügen, vorgeschlagene Verfahren, unter den möglichen Antworten die richtige zu finden und zu begründen, entwickeln oder beurteilen zu können. In der Frageintention manifestiert sich also ein bestimmtes Vorwissen, das zumindest relativ auf die möglichen Antworten als eine Art »Apriori« fungiert.[75] Eine Theorie der Frage muss dieses Vorwissen explizieren können und nach den Bedingungen seiner Möglichkeit fragen. Sie wird insofern spezifische epistemische und logische Kompetenzen von Fragenden untersuchen müssen.[76]

---

74 Vgl. dazu oben, Abschnitt 1.2.1.3.

75 Vgl. dazu wiederum oben, Abschnitt 1.2.1.3. Damit ist noch nicht gesagt, dass es sich auch in dem Sinn um ein apriorisches Wissen handelt, das sich keinerlei anderweitig erworbenem Wissen verdankt und für das die Kriterien der Allgemeingültigkeit und Notwendigkeit gelten.

76 Bei den folgenden Überlegungen bleiben pragmatische Kompetenzen des Fragenden weitgehend ausgespart. Das liegt nicht nur daran, dass ja ein spezifisches Vorwissen herauspräpariert werden soll, das kein pragmatisches Know-how ist, sondern auch daran, dass unklar ist, ob man nicht ohne pragmatische Kompetenzen nach Antworten fragen kann, die nur aufgrund pragmatischer Kompetenzen gegeben werden können: Wer fragt, wie man einen Nagel einschlägt, muss

Weiterhin zeigte die Analyse der Theorien von Bromberger und Toulmin – die sich in einzelnen Zügen wie Ad-hoc-Theorien ausnehmen – ein grundlegendes methodisches Dilemma des Versuchs, von der Warum-Frage zu einer Theorie der Kausalität zu gelangen.[77] Dieses Dilemma lässt sich generalisieren. Der Versuch, ausgehend von einer Analyse der Frage oder der Frageintention einen kategorialen Begriff zu analysieren, hängt von der Art und Weise ab, in der die Frage formal analysiert wird. Die Art und Weise der formalen Analyse der Frage hängt ihrerseits aber von einem Vorverständnis des zu analysierenden Begriffs ab. Nur im Blick auf dieses Vorverständnis können die Analysen der Frage ihren Ad-hoc-Charakter verlieren. Dann ist der Versuch, von der Analyse der Frage oder der Frageintention zu einer Analyse des kategorialen Begriffs vorzudringen, entweder zirkulär oder illusionär. Denn entweder verstrickt man sich in einen Zirkel, der nicht kontrollierbar ist, oder aber man glaubt nur, aus der Frageintention den kategorialen Begriff zu gewinnen, während man tatsächlich eine unabhängig davon durchführbare Begriffsanalyse als geleistet voraussetzt. Daraus ergibt sich als eine zusätzliche methodische Anforderung an die kategoriale Interpretation einer Frage wie der Warum-Frage, das genaue Verhältnis zwischen der Theorie der Frage und der kategorialen Interpretation einer Frage zu bestimmen, um dieses Dilemma zu vermeiden.

Die bisher erinnerten Anforderungen an eine Theorie der Warum-Fragen, die den Schlüssel zu einer Analyse des Kausalitäts- und des Schöpfungsbegriffs bieten soll, lassen sich noch um eine weitere ergänzen, die sich insbesondere aus der Auseinandersetzung mit den Überlegungen van Fraassens ergab.[78] Van Fraassen vertritt die Auffassung, dass bestimmte Fragen eine gewisse Grenze sinnvollen Fragens verletzen. Dazu gehört für ihn die Frage, warum eine gute Theorie mit den Phänomenen zusammentrifft. Dazu gehören aber auch Fragen wie die – bereits von Toulmin und Collingwood herausgegriffene –, warum es so etwas wie die Gravitationskraft gibt. Auch für van Fraassen ergibt sich daraus eine Relativität der Fragen auf einen jeweils bestimmten Kontext. Die Diskussion hat nun gezeigt, dass es zwar solche kontextrelativen Fragen gibt, dass aber Warum-Fragen nicht unbedingt in jedem Fall kontextrelativ zu verstehen sind.[79] Der Fragende kann mit ihnen eine andere Intention als die von van Fraassen unterstellte verfolgen, und er weiß um sie. Ähnliches gilt für die erste Art grenzverletzender

---

selbst nicht hämmern können. Er muss vielleicht hämmern können, um die Antwort voll zu verstehen.

77 Vgl. zum Folgenden oben, Abschnitt 1.2.2, S. 140, sowie die Überlegungen zur Aporie der Begriffsanalyse in Abschnitt 1.1.1, S. 49ff.

78 Vgl. dazu oben, Abschnitt 1.2.2.3, S. 169ff. – tatsächlich waren diese Probleme bereits bei der Diskussion von Toulmins Ansatz gegenwärtig.

79 Vgl. dazu oben, Abschnitt 1.2.3.3.

Fragen: Auch hier verbindet der Fragende eine, in bestimmten Hinsichten noch vage, aber gleichwohl in anderen Hinsichten bestimmte Intention. Diese bestimmte Intention ist unabhängig von einem Wissen der Antwort und auch von dem Wissen, ob eine Antwort überhaupt möglich ist. Denn nur wenn die Frageintention im Voraus bestimmt ist, kann es sein, dass es keine mögliche Antwort gibt. Daraus ergibt sich als Forderung an eine Theorie der Frage, dass sie die einfache und direkte Frageintention so thematisieren muss, dass einerseits deutlich wird, wie die Vielzahl von relativierten Frageintentionen aus ihr zu gewinnen ist, und dass andererseits deutlich wird, dass und wie mit der einfachen und direkten Frage angesichts eines jeden möglichen Gegenstands der Frage ein in gewisser Hinsicht bestimmter Sinn verbunden sein kann. Mit anderen Worten: Es ist zugleich mit der »Apriorität« der Frageintention auch ihre »Universalität« zu untersuchen und herauszuarbeiten. Dabei sei unter der Apriorität von Fragen zunächst nicht mehr verstanden als ihr eigentümlicher Vorrang vor möglichen Antworten im Prozess des Erkennens, und unter »Universalität« nicht mehr, als dass sie zunächst – als schlichte, in bestimmten Hinsichten vage belassene Frage – angesichts von allem gestellt werden können.

Die aporetischen Untersuchungen des Abschnitts 1.2 haben also gezeigt, dass sich in Fragen ein vielschichtiges Vorwissen des Fragenden manifestiert bzw. dass Fragen – auch im Blick auf ihre logische Form – nur unter der Voraussetzung angemessen analysiert werden können, dass dem Fragenden Kompetenzen zugeschrieben werden, die sich als eine Art Vorwissen beschreiben lassen. Die Fragen determinieren zumindest zum Teil die Strukturen der möglichen Antworten. Denn in der Frage liegt die Bedingung, was als mögliche Antwort in Frage kommt und was als richtige Antwort anzusehen ist. Das bedeutet, dass das Vorwissen, das sich in einer Frage dokumentiert – weil es zumindest zum Teil die Struktur der möglichen Antworten vorherbestimmt –, zugleich eine Art Vorwissen von der Struktur unserer Welt ist, sofern sie von uns gedacht und zum Gegenstand möglicher Erkenntnis gemacht werden kann.[80] Diese Struktur ist gleichsam durch die Art unseres Wissens von der Welt, insofern es aus Antworten auf Fragen

---

80 In gewisser Weise bestätigt sich hier Collingwoods Behauptung, Sätze würden ihre genaue Bedeutung nur als Antworten auf Fragen gewinnen: Insofern Sätze tatsächlich als Antworten auf Fragen angesehen werden können, muss sich in ihnen die von der Frage geforderte Struktur ausdrücken. Es ist in diesem Punkt auffällig, dass Collingwoods Kontrahent G. Ryle, 1938, erwägt, den Fragepronomina müssten verschiedene Weisen der logischen Verknüpfung im Urteil entsprechen. Allerdings verwendet Ryle dabei einen äußerst weiten Begriff der logischen Form, der sich faktisch nicht durchgesetzt hat. R. Enskat, 1986, S. 370, hat für einen Beispielfall die These ausführlicher zu begründen versucht, »dass man eine Frage dann, und nur dann, formal korrekt beantwortet, wenn man zur Antwort dieselbe propositionale Funktion wie zur Frage benutzt.« Er kann durch seine, an Belnap/Steel orientierte Analyse der Fragen auf Ryles erweiterten Begriff der logischen Form verzichten.

besteht, gefordert. Weil eine Analyse von Fragen so etwas über die Struktur unseres Wissens von der Welt herausarbeitet, können Fragen und Fragepronomina für die Metaphysik eine ganz andere Rolle spielen, als es Collingwood annahm. Diese Überlegungen zu den mannigfachen Formen und Funktionen des Vorwissens, das sich im Fragen manifestiert, bilden die eine Prämisse oder Prämissengruppe des im dritten Abschnitt zu entwickelnden Arguments.[81] Sie machen auch die Überlegungen zur methodischen Schlüsselrolle der Frage-Antwortsequenzen bei der Analyse kategorialer Begriffe plausibel,[82] insofern sich nun schon abzeichnet, wie Fragen als Manifestationen der spontanen Aktivität des erkennenden Subjekts gedeutet werden können. Bereits aus diesen wenigen Stichworten ergibt sich, dass die aporetische Diskussion unterschiedlicher Theorien wissenschaftlicher Erklärungen genau in denselben Problemkreis geführt hat, in den auch die problemgeschichtlichen Untersuchungen des zweiten Kapitels der Arbeit geführt haben. Das Problem besteht genau darin, ob eine solche Theorie der Fragen möglich ist, die allen bisher entwickelten Anforderungen gerecht wird, ohne sich den skeptischen Einwänden gegen eine Transzendentalphilosophie kantischen Typs auszusetzen.

3.1.2.2 Die eigenständige Bedeutung der Fragewörter

Die zweite Prämisse oder Prämissengruppe des Arguments, das im dritten Unterabschnitt entwickelt werden soll, betrifft die eigenständige Bedeutung von Fragepronomina. Wenn eine eigenständige Theorie kategorialer Begriffsbildung möglich sein soll, muss – gegen Collingwood – gezeigt werden, dass sich in Fragen nicht nur Vorwissen manifestiert, sondern dass Fragen darüber hinaus einen bestimmten invarianten Bedeutungskern haben. Sollte die Bedeutung von Fragen völlig von ihren historisch variablen Präsuppositionen abhängen, wäre der Weg zu ihrer kategorialen Interpretation verbaut und bliebe nur die Orientierung an den faktischen Wissenschaften, wie sie Collingwood vorschwebt. Allerdings hat bereits die interne Kritik an der Theorie Collingwoods einige Vagheiten und Mängel seiner Präsuppositionenlehre aufgezeigt. Eine genauere Analyse seiner Beispiele eröffnet gegen seine Intentionen die Möglichkeit zu einer solchen Theorie (kategorialer) Fragen. Allerdings genügt es für die Zwecke der vorliegenden Arbeit, das Problem anhand nur einiger Fragetypen zu erörtern, insbe-

---

81 Nochmals: Der Begriff des Vorwissens ist hier nur relativ auf die möglichen Antworten zu verstehen. Deshalb ist dieses Vorwissen noch kein zureichender Grund, von einer ursprünglichen Spontaneität des Subjekts als Grund apriorischer Begriffe zu reden. Dazu sind dann weitere Argumentationen nötig – vgl. unten, Abschnitt 3.1.2.3.
82 Vgl. dazu oben, 3.1, S. 407.

sondere anhand einiger W-Fragen.[83] Die beiden Beispiele Collingwoods sollen im Folgenden erneut betrachtet werden, nämlich einmal die Frage angesichts einer Wäscheleine:[84]

(1) »Wozu hängt dieses Ding da?«

und dann die Frage angesichts irgendwelcher Markierungen:

(2) »Was bedeuten diese Markierungen?«

Im ersten Fall soll nach Collingwood die direkte Präsupposition darin bestehen, dass dieses Ding einen Zweck habe, und im zweiten Fall darin, dass das Ding etwas bedeute. Ohne jetzt diese Resultate zu bezweifeln, lässt sich fragen, ob bzw. inwiefern diese Präsuppositionen bzw. ihr Erfülltsein in gewisser Weise durch die Frage oder einzelne Bestandteile der Frage impliziert oder gefordert werden. Im Fall von (2) lässt sich annehmen, dass Markierungen als solche etwas bedeuten, so dass man sagen kann, dass die Frage aufgrund des Ausdrucks »Markierung« nahe gelegt wird. Wenn zu Recht von Markierungen die Rede ist, dann kann man sicher sein, dass sie etwas bedeuten. Im Fall von (1) liegen die Dinge grundsätzlich anders. Es wird durch keinen Bestandteil der Frage impliziert, dass das Ding, von dem gehandelt wird, einen Zweck hat, obwohl das Fragepronomen das fordert.[85] Das sieht unter Umständen bei der Frage:

(3) »Wozu hängt diese Wäscheleine da?«

anders aus. In diesem Fall mag man argumentieren, dass aus dem Artefaktcharakter von Wäscheleinen folge, sie hätten einen bestimmten Zweck – und entsprechend auch ihre Aufhängung. Zwischen (1) und (2) besteht also ein Unterschied, den Collingwood nicht registriert hat, nämlich der, dass die von ihm behauptete direkte Präsupposition – bzw. ihr Erfülltsein – das eine Mal von einem mit dem Fragepronomen nicht identischen Teilausdruck des Fragesatzes impliziert wird, das andere Mal nicht. Es wird sich am Ende dieses Abschnitts zeigen, welche Konsequenzen sich aus diesem Unterschied – bzw. vor allem daraus, dass (1) seine direkte Präsupposition im skizzierten Sinn nicht impliziert – ziehen lassen.

Die Schwächen des Ansatzes von Collingwood treten nun schnell zutage, wenn man danach fragt, warum die direkte Präsupposition von (1) der Satz, dass das Ding einen Zweck habe, sein soll, und nicht etwa der Satz »Da

83 Vgl. zur gängigen Einteilung von Fragen in Fragetypen anhand der Fragepronomina D. Harrah, 1984, S. 716.
84 Vgl. dazu oben, S. 414.
85 Der mögliche Einwand, das Fragepronomen impliziere bzw. fordere genau das, wird im Folgenden noch berücksichtigt werden. Zunächst fordert das Fragepronomen das nur, impliziert es aber nicht.

hängt ein Ding« (bzw. für (2) der Satz, dass die Markierungen etwas bedeuten, statt des Satzes,»Da sind Markierungen«, oder des Satzes »Das da sind Markierungen«). Nach Collingwood ist eine direkte Präsupposition eine Annahme, von der gilt, dass sich die Frage nur dann stellt, wenn sie gemacht wird. Eine indirekte Präsupposition soll hingegen jeder Satz sein, der von der direkten Präsupposition impliziert wird. Der Unterschied zwischen direkten und indirekten Präsuppositionen ist damit höchstens so klar wie die Explikation des Ausdrucks »direkte Präsupposition«. Problematisch ist auch die Redeweise, dass sich eine Frage stelle (bzw. »the question arise«). Diese Redeweise ist nämlich letztlich nichts anderes als eine andere Formulierung dafür, dass es unter bestimmten Umständen nahe liegt, dass jemand diese Frage stellt. Eine Frage zu stellen, ist aber eine Aktivität des Fragenden, die er auch unterlassen könnte. Diese Aktivität wird durch die Formulierung, dass sich eine Frage stellt, verdeckt. Collingwoods Präsuppositionen sind entsprechend sicher keine hinreichenden Bedingungen dafür, dass jemand eine bestimmte Frage stellt. Eher handelt es sich um Umstände, von denen er meint, dass der Fragende sie annehmen müsse, wenn er eine bestimmte Frage stellt – also um notwendige Bedingungen, welche die Umstände ausmachen, unter denen das Stellen der Frage plausibel ist bzw. jemandem plausibel zu sein scheint. Von Präsuppositionen einer Frage in diesem Sinn wird man nicht annehmen können, dass sie hinreichende Bedingungen für die spontane Aktivität des Fragens sind – schlicht weil fraglich ist, ob es dafür überhaupt hinreichende Bedingungen gibt. Dann aber wird spätestens deutlich, dass Collingwood vermutlich über kein Kriterium zur Abgrenzung von direkten und indirekten Präsuppositionen verfügt. Frage (1) lässt sich plausibel auch schon unter der Annahme stellen, dass da etwas hängt. Dazu muss noch gar nicht vorausgesetzt werden, dass das Ding zu einem bestimmten Zweck dort hängt. Es darf nur nicht bekannt sein, dass es ohne Zweck da hängt. Collingwoods Redeweise, eine Frage stelle sich, verdeckt also nicht nur die Aktivität des Fragenden beim Stellen einer Frage, sondern sie führt auch in die Schwierigkeiten, den Präsuppositionenbegriff präzise zu fassen.

Auch wenn die neuere erotetische Logik von den Überlegungen Collingwoods mit angeregt wurde, hat sie sich von diesen unscharfen Begriffen schnell verabschiedet. Der Begriff der Präsupposition wird entsprechend in den neueren Logiken in verschiedener Weise präziser gefasst. Üblich ist die Explikation, ein Satz, von dem abhängt, ob die Frage eine wahre Antwort habe, sei eine Präsupposition einer Frage. Diesen Weg schlagen auch Belnap/Steel ein. Für sie entfällt die Differenz zwischen direkten und indirekten Präsuppositionen. Entsprechend haben Fragen in aller Regel mehrere

Präsuppositionen.[86] In jedem Fall vermeiden diese neueren Ansätze den Rekurs auf eine so problematische Redeweise wie die, dass sich eine Frage stelle. Allerdings vermeiden sie auch jeden Blick darauf, dass jemand eine Frage stellt. Der Begriff der Präsupposition wird – im Unterschied zu Collingwood – gerade unter der seinerseits problematischen Voraussetzung definiert, dass jede Frage eine wahre Antwort hat. Weiterhin setzt dieser Ansatz voraus, dass die (logischen) Eigenschaften einer Frage aus ihren möglichen und der richtigen Antwort erschlossen werden können und müssen.[87] Alle diese Voraussetzungen sind nur plausibel, solange das Stellen einer Frage nicht als eine spontane Handlung aufgefasst wird, so dass die Frage eine Bedeutung bereits ohne den Bezug auf die Menge der möglichen Antworten hat. In diesem Punkt scheint die Theorie Collingwoods der neueren erotetischen Logik fundamental entgegengesetzt. Denn für ihn ist nicht die Wahrheit der Präsuppositionen oder der Umstand, dass es eine wahre Antwort gibt, entscheidend, sondern lediglich, dass sie angenommen werden – was letztlich ein spontaner Akt ist. Wenn im Folgenden im Wesentlichen die Theorie von Belnap/Steel zu Grunde gelegt wird, so mit dieser Einschränkung: dass noch nicht ausgemacht ist, ob sie in ihren Grundbegriffen den Charakter des Stellens einer Frage adäquat berücksichtigt. Doch auch mit dieser Einschränkung können dieser Logik Hinweise oder Winke entnommen werden, wie in etwa die Struktur bestimmter Fragesätze zu analysieren ist. Bei der Interpretation dieser Analysen ist dann aber wieder in Rechnung zu stellen, dass sie nur unter Absehung davon gewonnen wurden, dass es sich beim Fragen um eine spontane Aktivität des Fragenden handelt.

Wie dem auch sei: Die oben herausgearbeitete Differenz zwischen Frage (1) und Frage (2) lässt sich nun weiter verfolgen. Dazu muss man mit den Mitteln der erotetischen Logik von Belnap/Steel nach der logischen Formalisierung der Frage (1) fragen. Belnap/Steel geben leider kein Beispiel einer Formalisierung von Wozu-Fragen.[88] Zunächst scheint es so, als würde sich nur die Formalisierung:

---

86 Vgl. N. D. Belnap/T. B. Steel, 1976, S. 105f., sowie D. Harrah, 1984, S. 735f. – vgl. auch J. Walther, 1985, S. 108ff.

87 Vgl. N. D. Belnap/T. B. Steel, 1976, S. 106, sowie D. Harrah, 1984, S. 719. Belnap/Steel berufen sich auf Hamblins Postulat, dass ein Frage zu kennen, bedeute, zu wissen, was als Antwort zählt. Aus diesem Prinzip ergibt sich, dass der Sinn einer Frage davon abhängig zu sein scheint, ob und welche Antworten sie hat. Mehr noch, nur wenn sie Antworten hat, hat sie einen Sinn. So praktisch und plausibel dieser Ansatz für bestimmte Zwecke einer logischen Analyse ist, so sehr droht er doch den eigentümlichen Status der Frage zu verfehlen, der ein bestimmtes Vorwissen impliziert.

88 Das Folgende ist lediglich eine beispielhafte Skizze, die einige Aspekte ausblendet. So wird beispielsweise völlig ausgeblendet, dass Zwecke immer Zwecke von jemandem sind, und entsprechend Mittel auch immer Mittel von jemandem. Doch kommt es im Folgenden auch nur darauf an zu zeigen, dass und wie eine angemessene Analyse gewonnen werden kann.

(4) »? *Wozu* (x// Bx, c)«

nahe legen.[89] »?« wird dabei als eine Funktion gedeutet, die aus der Frageforderung »Wozu« und dem Fragesubjekt (dem Tripel von Variablenbereich »x«, Kategorienbedingung »c« und offenem Satz »Bx«) besteht. Dabei kann die Kategorienbedingung auch entfallen. Von den Details abgesehen hat dieser Ansatz den Nachteil, dass er das Fragepronomen »Wozu« unanalysiert belässt. Das bedeutet, dass formal nicht ersichtlich ist, welche Annahmen bereits mit diesem Fragepronomen verknüpft sein könnten. Dieser Nachteil kann vermieden werden, wenn man die Wozu-Frage in eine korrespondierende Welches-Frage umformuliert.[90] Für solche Paraphrasen muss gelten, dass sie durch genau dieselben Sätze beantwortet und nicht beantwortet oder korrigiert werden, sowie dass dieselben Sätze als mögliche Antworten in Frage kommen wie für die ursprüngliche Frage. Umgangssprachlich erhält man dann die Frage:

(7) »Welches ist der Zweck davon, dass das Ding hier hängt?«

oder nach einem ersten Formalisierungsschritt:

(8) »Für welches x gilt: x ist der Zweck davon, dass dieses Ding hier hängt?«

Trotz aller Unklarheit, die nun im Begriff des »Zwecks« liegt, hat dieser Schritt auch Vorteile. Nach dieser Umformulierung ist nämlich der Formalisierungsvorschlag, den Belnap/Steel für Welches-Fragen entwickelt haben, anwendbar.[91] Auch Welches-Fragen fordern eine Auswahl aus einem bestimmten Gegenstandsbereich unter Bezug auf eine Matrix bzw. einen offenen Satz. Der Gegenstandsbereich mag zuvor durch bestimmte »Kategorienbedingungen« eingegrenzt sein.[92] Welches-Fragen werden entsprechend durch ein Tripel ‹X, g, Ax$_1$ ... x$_n$› von Fragevariablen, Kategorienbe-

89 Das ergibt sich aus einer analogen Formalisierung von Warum-Fragen bei N. D. Belnap/T. B. Steel, 1976, S. 80.

90 J. Walther, 1985, S. 162f. entwickelt daraus eine regelrechte Methode der »Welches-Paraphrase«. Der Einwand, diese Umformulierung sei nicht sonderlich aufschlussreich (Belnap/Steel, 1976, S. 79), erscheint mir letztlich unzutreffend. Allerdings ergibt sich der Aufschluss erst aus der Folge und noch nicht aus der bloßen Umformulierung.

91 Vgl. zum Folgenden N. D. Belnap/T. B. Steel, 1976, S. 20ff. – dazu R. Enskat, 1986, S. 342ff.

92 Dieser Begriff der Kategorienbedingung hat zunächst nichts mit der Rede von Kategorien zu tun, die in den bisherigen Überlegungen üblich war. Um ein Beispiel von Belnap/Steel zu geben (S. 21): Die Frage »Welche positive ganze Zahl ist die kleinste Primzahl, die größer als 45 ist?« präsentiert »unendlich viele Alternativen unter Bezugnahme auf die Matrix ›x ist die kleinste Primzahl, die größer ist als 45‹ und die Kategorienbedingung ›x ist eine positive Zahl‹.« Die Frage ließe sich allerdings auch ohne Bezugnahme auf eine Kategorienbedingung formulieren, wenn die Matrix »x ist die kleinste positive ganze Zahl, die eine Primzahl und größer als 45 ist« zugrunde gelegt wird. Hier besteht nach Belnap/Steel ein Interpretationsspielraum.

dingung und Matrix definiert.[93] Dabei ist eine Kategorienbedingung nicht zwingend. Daraus ergibt sich bereits der allgemeine Formalisierungsvorschlag von Belnap/Steel für Welches-Fragen:

(9) »? ϱ (C_1x_1, ..., C_rx_r, x_{r+1}, ..., x_n // Ax_1 ... x_n)«

Nach dem Frageoperator »ϱ« folgt eine Klammer, die den Variablenbereich mit oder ohne Kategorienbedingung sowie die Matrix angibt.[94] Dabei kann insbesondere der Frageoperator noch mit zusätzlichen Indizes versehen werden. So kann eine hochgestellte »1« ausdrücken, dass eine Antwort gesucht wird. Frage (1) kann dann mit diesen Mitteln jedoch in zweifacher Weise formalisiert werden. Möglich ist:

(10) »? ϱ (x // x ist der Zweck, zu dem das Ding da hängt)«

Bei dieser schlichten Formalisierung wird keine Kategorienbedingung verwendet. Möglich ist aber auch:

(11) »? ϱ (x ist ein Zweck von y // x ist der Zweck, zu dem das Ding da hängt)«

Hierbei handelt es sich um eine scheinbar künstliche Trennung zwischen Kategorienbedingung und Matrix. Doch sind zunächst beide Formulierungen möglich. Allerdings hat die zweite – trotz aller Redundanz – für bestimmte Aufgaben Vorteile. Denn auf diese Weise tritt zum Vorschein, dass das allgemeine Prädikat »x ist Zweck von y« eine eigene Bedeutung hat, und nicht nur der besondere Ausdruck »x ist Zweck von a«. Dabei repräsentiert diese Kategorienbedingung recht genau den Sinn des Fragepronomens »Wozu«, sofern er über das bloße Stellen irgendeiner Frage hinausgeht. Anders gesprochen: In diesen Zusammenhängen erscheint die Differenzierung von Matrix und Kategorienbedingung insoweit sinnvoll, als die Kategorienbedingung die erste, allgemeine Auswahlbedingung zum Ausdruck bringt, die bereits durch das Fragepronomen gesetzt ist. Solche Welches-Paraphrasen lassen sich dann auch zur Analyse der Eigenbedeutung des Fragepronomens von einigen W-Fragen verwenden. Wird so formalisiert, dass nur die durch das Fragepronomen gesetzte Bedingung als Kategorienbedingung gewählt wird, repräsentiert dieser Teil der Formalisierung geradezu ein »Frageprädikat«.[95] Allerdings ist mit diesem Beispiel einer mehr oder weniger gelungenen Welches-Paraphrase noch wenig oder nichts dafür

---

93 Vgl. N. D. Belnap/T. B. Steel, 1976, S. 24. – dazu auch die Überlegungen von van Fraassen, oben, Abschnitt 1.2.3.2, S. 161ff.

94 Es ist für das Folgende wichtig, dass man von einer Kategorienbedingung ganz absehen kann, aber auch, dass es möglich ist, mit gemischten Fällen zu arbeiten, wie in dem von Belnap/Steel angegebenen allgemeinen Formalisierungsvorschlag.

95 Vgl. zu diesem Begriff J. Walther, 1985, S. 98 bzw. S. 160. Allerdings wird dieser Begriff im Folgenden in etwas anderem Sinn gebraucht, als Walther wohl im Auge hat: Bei ihm ist der Begriff des Frageprädikats nicht unbedingt auf die Kategorienbedingung eingeschränkt.

gewonnen, um methodisch kontrolliert ein Fragepronomen in dieser Weise zu analysieren bzw. über die Angemessenheit oder Unangemessenheit eines Paraphrase-Vorschlags entscheiden zu können.[96]

Auf diese Weise lässt sich bereits die Differenz der Präsuppositionen von (1) und (2) und die Probleme der Diagnose Collingwoods genauer fassen. Man kann dann nämlich unterscheiden zwischen solchen Präsuppositionen, die durch die Eigenbedeutung des Fragepronomens gefordert werden, und solchen Präsuppositionen, für die das nicht gilt und die sich beispielsweise aus besonderen Eigenschaften des Gegenstandes der Frage ergeben.[97] Die Frage, welche Bedeutung die Markierung habe, hat nur unter der Voraussetzung eine wahre Antwort, dass die Markierung eine Bedeutung hat. Dass die Markierung eine Bedeutung hat und die Präsupposition der Frage erfüllt ist, ergibt sich aus dem Begriff der Markierung, wird aber nicht durch das Fragepronomen »Welches« gefordert.[98] Die Wozu-Frage hat nur dann eine wahre Antwort, wenn dieses Ding da einen Zweck hat. Aus dem Begriff »Ding« folgt für sich genommen nicht, dass es einen Zweck hat.[99] Es handelt sich in diesem Fall um eine Präsupposition, die lediglich durch das Fragepronomen bzw. die Anwendung des im Fragepronomen enthaltenen Prädikats auf den besonderen Gegenstand im offenen Satz gefordert wird. Allerdings scheint es Gegenbeispiele zu geben. So scheint sich die Präsupposition der Frage, welche Bedeutung der Stein dort hat, nicht aus Eigenschaften des Steines zu ergeben, sondern durch den Fragetyp »Welche Bedeutung hat x?«. Und die Präsupposition der Frage, wozu jemand eine bestimmte Handlung vollzogen habe – dass nämlich die Handlung einen Zweck hatte –, scheint sich aus dem Begriff der Handlung zu ergeben, und nicht nur durch das Fragepronomen gefordert zu sein. Doch wäre im ersten Fall die Frage völlig ohne Kategorienbedingung zu formalisieren (»? ϱ (x // x ist die Bedeutung des Steins«), so dass sich die Präsupposition eben auch nicht aus einer möglichen Kategorienbedingung ergeben kann. Im zweiten Fall ergibt sich die Präsupposition zwar auch aus besonderen Eigenschaften

---

96 Einige methodische Hinweise werden sich im folgenden Abschnitt bei der Argumentation für die Idee einer kategorialen Interpretation von Fragepronomina ergeben.

97 Hier wird in einem vergleichsweise unspezifischen Sinn von »Präsuppositionen« gesprochen. Das ergibt sich schlicht daraus, dass die Anwendung des Vokabulars von Belnap/Steel unter den oben gemachten Einschränkungen erfolgt und gar nicht offensichtlich ist, ob und wie sich unter diesen Einschränkungen ihr präziser Präsuppositionenbegriff bewahren lässt. Generell bleibt aber auch hier der Gedanke leitend, dass es sich bei solchen Präsuppositionen um Bedingungen handeln soll, die erfüllt sein müssen, damit eine wahre Antwort auf die Frage möglich ist.

98 Die Analyse des Fragepronomens »Welche« wirft natürlich zusätzliche Probleme auf, die aber im gegenwärtigen Rahmen nicht untersucht werden sollen.

99 Dem steht nicht die Vermutung entgegen, dass alles von irgendjemandem als Mittel zu einem Zweck gebraucht werden könnte. Mehr noch: Es mag aus dem Begriff eines Gegenstandes folgen, dass es für jemanden Mittel sein kann.

des Gegenstandes, angesichts dessen die Frage gestellt wird. Sie ist aber zugleich auch durch das Fragepronomen gefordert. Die oben getroffene Unterscheidung wird dadurch also nicht hinfällig.

Die so herausgearbeitete Differenz nimmt sich zunächst wie eine Petitesse aus. Für die weitere Argumentation ist sie jedoch hilfreich. Mit ihr ist es nämlich möglich, den Begriff des universell anwendbaren Fragetyps zu bilden. Fragen eines bestimmten Typs, also Fragen, die beispielsweise mit einem bestimmten Fragepronomen gebildet werden, sind dann universell applikabel, wenn die Präsuppositionen, die durch das Fragepronomen dann gefordert sind, wenn es durch eine angemessene Welches-Paraphrase analysiert wird, in keinen besonderen Fall im Widerspruch zu den Präsuppositionen stehen, die sich aus der Matrix der Frage gewinnen lassen.[100] Um im Beispiel zu bleiben: Wenn es eine Eigenschaft von Wäscheleinen wäre, völlig zwecklos in der Gegend herum zu hängen, dann bildeten Wozu-Fragen keinen universell anwendbaren Fragetyp. Denn aus der Matrix ergäbe sich, dass Wäscheleinen keinen Zweck haben, aus dem Fragepronomen hingegen, dass die Frage nur beantwortbar ist, wenn Wäscheleinen einen Zweck haben. Ob ein Fragetyp universell anwendbar ist, kann – wie im Fall von Wozu-Fragen – umstritten sein. Eine Entscheidung darüber kann von besonderen Erkenntnissen abhängen. Was-Fragen scheinen demgegenüber ein klares Beispiel für einen universell anwendbaren Fragetyp zu bieten,[101] während Wo-Fragen ein klares Beispiel für einen nicht universell anwendbaren Fragetyp sind (»Wo ist die kleinste Primzahl?«). Wie dem auch sei: Wichtig ist, dass der Begriff der universellen Anwendbarkeit nur negativ definiert werden kann. Nur dann ist ein Fragetyp nicht universell applikabel, wenn sich aus der Matrix eine Forderung ergibt, die im Widerspruch zu der Präsupposition steht, die durch das Fragepronomen gefordert ist. Es ist nicht nötig, dass sich aus den Eigenschaften des Gegenstandes, angesichts dessen die Frage gestellt wird, ergibt, dass es eine wahre Antwort auf die Frage gibt (wie das beim Beispiel der Frage nach dem Zweck einer Handlung der Fall war). Dieser Begriff der universell applikablen Frage ist für die Idee einer kategorialen Interpretation von Fragen zentral. Für die kategoriale Interpretation von Fragen sind nämlich insbesondere diejenigen

100 Dieser Begriff einer universell applikablen Frage ist natürlich zunächst wiederum auf bestimmte Fragetypen zugeschnitten, nämlich auf solche W-Fragen, die einer Welches-Paraphrase zugänglich sind.

101 Vor diesem Hintergrund ist es kein Zufall, dass die Ausgangsfrage der Metaphysik – wie sie oben in Abschnitt 2.1.1, S. 199ff., herausgearbeitet wurde – vom Typ einer universell applikablen Frage ist, nämlich vom Typ einer Was-Frage. Ob sich einzelne der dort herausgearbeiteten Strukturmerkmale der Metaphysik aus einer kategorialen Interpretation der Was-Frage gewinnen lassen, kann hier nicht verfolgt werden.

Fragetypen interessant, die universell anwendbar sind – soll es doch am Ende um Kategorien als Begriffe von Gegenständen überhaupt gehen.

3.1.2.3 Die Idee der kategorialen Interpretation von W-Fragen

Die Idee einer kategorialen Interpretation von Fragen (bzw. Fragetypen)[102] besteht nun schlicht darin, Fragen eines bestimmten, universell anwendbaren Typs so zu analysieren, dass mit Hilfe der Welches-Paraphrase ein Frageprädikat gefunden oder konstruiert werden kann, das entweder selbst universell von allen Gegenständen prädiziert werden kann oder von dem ausgehend ein Prädikat gefunden oder konstruiert werden kann, für das genau dies zutrifft. So aufgefundene Prädikate lassen sich als Eigenschaften vom Gegenstand überhaupt verstehen, insofern alle Gegenstände als im Blick auf die universell anwendbare Frage bestimmt gedacht werden können (und sogar im Blick auf die Idee des Wissens von solchen Gegenständen als bestimmt gedacht werden *müssen*). Fragen, bei denen eine solche Interpretation möglich ist, können als »kategoriale Fragen« bezeichnet werden.[103] Dabei ist deutlich, dass alles, was im Folgenden entwickelt wird, nicht unmittelbar von Satz- bzw. Ja/Nein-Fragen gelten kann, sondern lediglich von bestimmten W-Fragen.[104] Die Analyse von Fragen würde so ganz anders geschehen als bei Collingwood (oder bei Toulmin). Entsprechend würde sich der Metaphysikbegriff verändern. Es bestünde dann nämlich die Aussicht, auf einen invarianten begrifflichen Kern von universell applikablen Fragen zu stoßen – mit allen Konsequenzen für die Probleme des geschichtlichen Wandels, der Relativität und des Wahrheitsbegriffs, die Collingwood (und Toulmin) nicht angemessen auflösen konnten. Dass eine solche kategoriale Interpretation von Fragen möglich ist und tatsächlich zu kategorialen Begriffen vom Gegenstand überhaupt führt, muss allerdings eigens gezeigt werden. Dazu soll für die folgenden zwei Behauptungen oder Thesen argumentiert werden:

(T1)   In kategorialen Fragen dokumentiert sich eine ursprüngliche, spontane Aktivität des erkennenden Subjekts, d.h. der Sinn einer kategorialen Frage – soweit er vom Fragepronomen bestimmt ist – hängt nicht davon ab, wodurch sie be-

---

102 Ich lasse diese Differenzierung zunächst um der Einfachheit der Formulierungen willen beiseite. Die genaue Art und Weise, wie zwischen Fragetypen, besonderen Fragearten und einzelnen Fragen unterschieden werden kann, wird sich erst im Verlauf der Argumentation einstellen. Denn der Begriff des Fragetyps muss zunächst erst etwas präziser werden.

103 Die Frage, ob letztlich nicht alle Fragen einer Art kategorialer Interpretation zugänglich sind, sei hier nicht weiter verfolgt – sie muss für den Zweck der Arbeit nicht beantwortet werden.

104 Damit soll nicht ausgeschlossen werden, dass auch für Ja/Nein-Fragen entsprechende Analysen entwickelt werden können. Doch ist diese weitergehende Analyse nicht das Thema der vorliegenden Arbeit.

antwortet wird, sondern ist bereits unabhängig davon vorgegeben. Kategoriale Fragen sind in diesem Sinn »selbstgemacht«.[105]

(T2)   Es gibt kategoriale W-Fragen, deren jeweiligen Fragepronomina ein Frageprädikat korrespondiert, das allgemein und univok ist, d.h. das in allen Fragen dieses Typs in gleichem Sinn verwendet wird – bzw. in einer schwächeren Version: Den Fragepronomina kategorialer Fragen eines Typs korrespondieren Frageprädikate, für die gilt, dass sie bei aller Varianz je nach Typ einen allgemeinen und univoken begrifflichen Kern haben.

Aus diesen beiden Thesen lassen sich unter Zusatzannahmen zwei weitere Thesen gewinnen, für die im Folgenden jedoch nicht ausführlicher argumentiert werden soll:

(T3)   Insofern Fragewörter Bedingungen für mögliche Antworten formulieren, richtige Antworten also die Fragewörter realisieren, und insofern Antworten wahr oder falsch sein können, lassen sich die Fragewörter als Begriffe vom Gegenstand überhaupt interpretieren. Diese Begriffe von Gegenständen überhaupt sind selbstgemacht, weil sie das Erfülltsein der selbstgemachten Kategorienbedingung ausdrücken.

(T4)   In kategorialen Fragen manifestiert sich damit eine ursprüngliche Aktivität, mit der wir Erfahrungen (im unspezifischen Sinn) strukturieren und eine Welt entwerfen (d.h. Erfahrungen in einem spezifischen Sinn machen).[106] Weil sich die Frageprädikate kategorialer Fragen einer ursprünglichen spontanen Aktivität verdanken, werden durch richtige Antworten Eigenschaften prädiziert, die nicht durch Abstraktion gewonnen werden können. Kategoriale Fragen

105 Die Bedeutung von »selbstgemacht« wird im Folgenden etwas deutlicher werden. Kurz gesagt ist damit gemeint, dass dasjenige, das »selbstgemacht« ist, in allen seinen Zügen unabhängig von irgendwelchen Charakteristika einer (vermeintlich oder tatsächlich) vorfindlichen Welt ist und deshalb als Produkt der spontanen Leistungen des Erkenntnissubjekts gedeutet werden kann – in diesem Punkt geht T1 über das oben in Abschnitt 3.1.2.2 Gesagte hinaus.
106 Dieser Punkt scheint beispielsweise für H. G. Gadamer gar keiner Begründung zu bedürfen: »Daß in aller Erfahrung die Struktur der Frage vorausgesetzt ist, liegt auf der Hand. Man macht keine Erfahrungen ohne die Aktivität des Fragens« (1960, S. 344). In diesem Punkt können sich die hier versuchten Argumentationen an die Analysen in *Wahrheit und Methode* anschließen. Auch eine weitere Formulierung Gadamers scheint in ähnliche Richtung zu deuten: »Im Wesen der Frage liegt, daß sie einen Sinn hat. Sinn aber ist Richtungssinn. Der Sinn einer Frage ist mithin die Richtung, in der die Antwort allein erfolgen kann, wenn sie sinnvolle, sinngemäße Antwort sein will. Mit der Frage wird das Befragte in eine bestimmte Hinsicht gerückt. Das Aufkommen einer Frage bricht gleichsam das Sein des Befragten auf« (S. 345). Problematisch ist allerdings hier Gadamers Rede vom »Aufbrechen« der Frage, die das Moment der originären Aktivität eher verdeckt. Gadamer gibt freilich keine Analyse der Hinsichten, in die das Befragte durch Fragen je nach Typ gerückt wird. Er analysiert deshalb nicht den – von Aristoteles her nahe liegenden – Zusammenhang zwischen Kategorien und Fragen. Die Unterschiede der Fragetypen treten bei ihm nicht in den Blick. R. Enskat, 1986, S. 340, Anm., hat über Gadamer hinausgehend gezeigt, dass im Rückgriff auf die in Fragesätzen enthaltenen offenen Sätze die »Offenheit« der Frage gut verstanden werden kann. Vgl. allerdings zur Kritik an Gadamers Ansatz R. Schnepf, 2003b.

sind somit Indikatoren für spontane logische Leistungen in den Urteilen, weil diese Antworten auf kategoriale Fragen sind.

Zusammengenommen begründen diese Thesen die Idee einer kategorialen Interpretation universell anwendbarer Fragen im Kontext einer Art Metaphysik. Denn wenn diese Thesen tragfähig sind, dann lassen sich Fragesätze unter der Fragestellung interpretieren, ob sie kategoriale Fragen sind, wie das Fragepronomen angemessen zu analysieren ist, und welcher Begriff vom Gegenstand überhaupt dieser Interpretation der Frage korrespondiert. Dabei genügt es zunächst nachzuweisen, dass sich Fragen in dieser Weise plausibel interpretieren lassen und dass eine Theorie der Fragen, die eine solche Interpretation stützt, den oben gewonnenen Anforderungen an eine Theorie des Fragens gerecht wird. Es muss also nicht gezeigt werden, dass diese Analyse der Form bestimmter Fragen die einzig mögliche ist. Je nach Ziel und Zweck der Analyse mögen andere Vorschläge zweckmäßiger und – in diesem Sinn – plausibler sein.[107] Im Folgenden soll eine solche Argumentation wenigstens im Umriss skizziert und zur Diskussion gestellt werden. Die Resultate der problemgeschichtlichen Untersuchungen werden an den verschiedensten Stellen weiterhelfen.

Für die Aufgabe der Begriffsanalyse, die ja die Kernaufgabe der gegenwärtigen Überlegungen ist, sind vor allem T1 und T2 entscheidend. Nur für sie soll im Folgenden argumentiert werden. Ob und wie sich daraus T3 und T4 ergeben, soll nicht im Einzelnen untersucht werden. Die Argumentation selbst ist nun aus den Resultaten der bisherigen Überlegungen zu führen. Entsprechend müssen die Resultate der Unterabschnitte 3.1.2.1 und 3.1.2.2 als Prämissen formuliert werden:

(P1)   In Fragen dokumentiert sich ein Vorwissen, das für den Fragenden hinreichend ist, Antworten als solche zu erkennen und Methoden zu beurteilen, die richtige Antwort zu identifizieren.

Diese Prämisse ergibt sich aus Unterabschnitt 3.1.2.1. Sie ist genau so stark wie die Überzeugung, dass wir in den meisten Fällen prinzipiell in der Lage sind, erfolgreich mögliche Antworten auf Fragen eines bestimmten Typs von solchen Sätzen zu unterscheiden, die keine möglichen Antworten sind. Es sind vor allem zwei Momente, die dieses Resultat für die nachfolgenden Überlegungen relevant werden lassen: Zum einen lässt sich fragen, ob das Vorwissen nicht als ein Indiz für die Spontaneität des erkennenden Subjekts

---

107 So ist in den Überlegungen zur kategorialen Interpretation von Fragen ein Problem völlig unberücksichtigt, das beispielsweise die Fragelogik von Belnap/Steel mit motiviert, nämlich eine so operationalisierbare erotetische Logik zu entwickeln, dass sie für die besonderen Probleme der Programmierung und der künstlichen Intelligenz genutzt werden kann. Durch diesen Zweck ist die Unterstellung Belnap/Steels, jede Frage habe eine wahre Antwort, motiviert.

gedeutet werden kann (T1);[108] zum anderen lässt sich fragen, ob diese Unterscheidungskompetenz nicht ein Unterscheidungskriterium fordert, das in der Frage gesetzt sein muss und so den Typ begründet (T2).

(P2)   Bestimmte Fragen, insbesondere W-Fragen, lassen sich als Welches-Fragen paraphrasieren, so dass das jeweils implizite Frageprädikat expliziert wird.

Diese Prämisse ergibt sich aus den Analysen von Unterabschnitt 3.1.2.2. Dabei muss nicht vorausgesetzt werden, dass eine solche Analyse von W-Fragen die einzig mögliche ist. Es genügt, wenn es tragfähig ist, dass der Sinn von Fragepronomina durch Welches-Paraphrasen angemessen analysiert werden kann. Eine solche Analyse mag in anderen Zusammenhängen unzweckmäßig sein. Allerdings ist nicht deutlich, wie durch solche Paraphrasen etwas gewonnen werden könnte. Insbesondere ist noch nichts gesagt über die Frage, wie eine solche Welches-Paraphrase angemessen durchgeführt werden kann. Denn es ist noch offen, wie diejenige Welches-Bedingung gefunden werden kann, die den Gehalt eines bestimmten Fragepronomens angemessen auf den Punkt bringt. Doch können die Thesen 1-4 einschließlich ihrer Begründung methodische Hinweise zur Auflösung dieses Problems geben. Für den jetzigen Stand der Argumentation genügt, dass solche Welches-Paraphrasen, wie sie in Unterabschnitt 3.1.2.2 angedeutet wurden, grundsätzlich möglich sind.

Um aus diesen Prämissen für T1 und T2 zu argumentieren, sind weitere Hilfsannahmen nötig. Für diese Hilfsannahmen sollte gelten, dass sich aus ihnen und P1 und P2 erfolgreich für T1 und T2 argumentieren lässt. Insofern P1 und P2 durch die Unterabschnitte 3.1.2.1 und 3.1.2.2 – für den vorliegenden Zweck – hinreichend begründet sind, bestünde die eigentliche Argumentationsaufgabe dann lediglich darin, für diese Hilfsannahmen zu argumentieren. Die beiden folgenden Annahmen scheinen diese Aufgabe zu erfüllen:

(A1)   Das sich in einer kategorialen Frage manifestierende Vorwissen kann sich nicht lediglich Antworten auf andere Fragen verdanken.

Wenn sich zeigen lässt, dass das Vorwissen, über das ein Fragender nach P1 verfügen muss, nicht bereits gegebenen Antworten entnommen werden kann, dann bleibt nur die in T1 behauptete Alternative. Die Begriffe, die in einer Welches-Paraphrase den Sinn eines Fragepronomens explizieren, müssen dann in dem Sinn »selbstgemachte« Begriffe sein, dass sie nicht durch Betrachtung oder Analyse vorgegebener Tatsachen gewonnen sein können, und dass sie sich ebenso wenig aus Antworten auf besondere Fra-

108 Hierzu ist ein besonderer Schritt notwendig: Denn Vorwissen besagte bisher nur, dass der Sinn der Frage unabhängig vom Sinn der möglichen und der wahren Antwort ist. Das schließt aber noch nicht aus, dass es sich um erworbenes Wissen oder andressierte Verhaltensweisen handelt.

gen in bestimmten Kontexten ergeben, sondern ihren Sinn ausschließlich der sich in der Frage manifestierenden Spontaneität verdanken. Es geht hierbei nicht um ein Wissen, über das jemand verfügen muss, um eine Frage bis ins Detail verstehen und beantworten zu können, sondern nur um dasjenige Wissen, das sich in der Kategorienbedingung gemäß einer Welches-Paraphrase dokumentiert. Es wird sich im Einzelnen zeigen, dass auch diese Einschränkung noch einer weiteren Zuspitzung bedarf: Die These wird strikt genommen nur für diejenigen Teile einer Welches-Paraphrase behauptet, die den univoken Kernbegriff in allen Welches-Paraphrasen von Fragen eines Typs ausmachen. Modifikationen bzw. Zuspitzungen des Fragesinns können sich also durchaus kontextuell ergeben und von Antworten auf besondere Fragen abhängen. Sie gehören insofern nicht zu dem Vorwissen, von dem hier die Rede ist.

(A2) Es gibt Fragen, die angesichts von allem gestellt werden können, und zwar so, dass der *Typ* der Frage in allen Fällen, in denen sie dann gestellt werden könnte, so distinkt ist, dass die Frage nicht als Frage eines anderen Typs verstanden werden kann.

Gegenüber dem Schlusspassus von Abschnitt 3.1.2.2 wird mit (A2) nicht nur der Begriff der kategorialen Frage entwickelt, sondern behauptet, dass es tatsächlich kategoriale Fragen gibt. Die zweite Teilthese von (A2) besagt, dass der Typ einer kategorialen Frage so bestimmt ist, dass sie in allen möglichen Kontexten gegenüber den Fragen aller anderen kategorialen Fragetypen distinkt ist.[109] Es wird sich zeigen, dass das für die Idee der kategorialen Interpretation bereits hinreichend ist.

Zunächst ist nun zu zeigen, wie sich aus den Prämissen und Annahmen T1 und T2 ergeben. Insbesondere ist zu zeigen, dass P1 und A1 – unter Zusatzannahmen – zusammengenommen T1 implizieren, und P2 und A2 zusammengenommen – wiederum unter Zusatzannahmen – T2: Für P1 und A1 ist das oben schon angedeutet worden. In Fragen dokumentiert sich ein bestimmtes Vorwissen (P1). Dieses Vorwissen kann sich nicht lediglich den Antworten auf andere Fragen verdanken (A1). Sich solchen Antworten zu verdanken, heißt, erworben zu sein (Z1). Was nicht erworben ist, muss selbstgemacht sein (Z2). Dann ergibt sich (A1 und Z1), dass das Vorwissen nicht erworben sein kann und (nach Z2) selbstgemacht, d.i. spontan sein muss. Bei diesem Argument wird nicht vorausgesetzt, dass Collingwood in einem Punkt seiner Überlegungen schlicht Recht hatte, nämlich darin, dass jeder Satz eine Antwort auf eine Frage ist bzw. nur als Antwort einen be-

109 Das bedeutet nur, dass der Typ einer Frage von allen Fragen anderer Typen verschieden ist. Daraus ergibt sich nicht, dass immer und sofort klar wäre, wie eine Frage dieses Typs im Detail zu verstehen ist. Das ergibt sich daraus, dass mögliche Modifikationen und Zuspitzungen des Typs in einer besonderen Frage missverständlich sein können.

stimmten Sinn hat.[110] Es genügt die bescheidenere Annahme, dass jeder Satz als Antwort auf eine Frage verstanden werden kann.[111]

Der Zusammenhang zwischen P2, A2 und T2 lässt sich ähnlich knapp skizzieren: Der erste Teil von T2 – dass es kategoriale Fragen gibt – folgt unmittelbar aus der Existenzbehauptung in A2 und der Definition von kategorialen Fragen in Unterabschnitt 3.1.2.2.[112] Problematischer ist die zweite Behauptung in T2, dass kategoriale Fragen ein Fragepronomen enthalten, dem ein univokes und allgemeines Prädikat korrespondiert. Doch gilt nach A2, dass sich eine solche Frage angesichts von allem distinkt stellen lässt. Nach P2 ist von dieser Frage eine Welches-Paraphrase möglich, die ein Fragepräidkat expliziert. Dieses Fragepräidkat muss die formalen Eigenschaften der ursprünglichen Frage »erben«, nämlich universell anwendbar und hinreichend distinkt zu sein. Das ergibt sich aus den methodischen Anforderungen an Welches-Paraphrasen, die im vorigen Unterabschnitt 3.1.2.2 herausgearbeitet wurden. Die Distinktheit kann aber nur durch univoke Begriffe gesichert werden. Deshalb ergibt sich aus P2 und A2 – im Rückgriff auf die Überlegungen in Abschnitt 3.1.2.2 und über die Bedingungen von Distinktheit –, dass das Fragepräidkat univok und allgemein sein muss.

Nun lässt sich auch der Zusammenhang zwischen T1 und T2 mit T3 und T4 skizzieren. In der Welches-Paraphrase muss eine Bedingung für Antworten formuliert sein, für die gilt, dass keine Kennzeichnung oder Beschreibung eines Gegenstandes, angesichts dessen die Frage gestellt werden kann, impliziert, dass es nicht möglich ist, diese Bedingung zu erfüllen. Wenn diese Bedingung hinreicht, angesichts aller anderen Typen von (kategorialen) Fragen diesen besonderen Typ zu unterscheiden, und dies in allen Kontexten möglich ist, dann muss diese Bedingung ein strikt kontextinvariantes Kriterium zur Unterscheidung ausdrücken oder enthalten. Die Kategorienbedingung der Welches-Paraphrase würde deshalb ein strikt allgemeines und univokes Fragepräidkat enthalten müssen. Dieses Fragepräidkat kann – weil es sich um kategoriale Fragen handelt – von jedem Gegenstand zumindest gedacht werden, weil der Gegenstand so gedacht werden kann, dass er der Bedingung, die in die Welches-Paraphrase als Kategorienbedingung eingeht, oder aber einer Bedingung, die durch weitere Überlegungen aus dieser Kategorienbedingung entwickelt werden kann, gerecht wird. Mehr noch: Wenn Fragen zum Ausdruck bringen, was man wissen kann, dann ist es durch die Struktur unseres Wissens gefordert, einen Ge-

110 Vgl. dazu oben, S. 413ff. Es scheint mir – offen gestanden – nicht möglich, für diese Annahme direkt zu argumentieren. Das ist allerdings auch nicht zwingend erforderlich, um ein tragfähiges Argument zu erhalten.

111 Voraussetzung ist dann allerdings, dass in allen solchen Fragen auch kategoriale Fragen enthalten sind. Dieser Punkt sei hier jedoch nicht weiter verfolgt.

112 Vgl. dazu oben, Abschnitt 3.1.2.2, S. 437.

genstand als in dieser Hinsicht bestimmten zu denken.[113] P2 und A2 gestatten also, für T2 (und in der Folge für T3) zu argumentieren.

Wenn alles das nun tragfähig ist, dann stellt sich die Aufgabe, für A1 und A2 zu argumentieren. Sollte das gelingen, wäre nach dem bisher Gesagten die Idee einer kategorialen Interpretation von bestimmten Fragen begründet. Im Folgenden soll in *vier Schritten* argumentiert werden: Zunächst soll skizziert werden, dass sich A1 und A2 (unter Voraussetzung von P1 und P2) wechselseitig implizieren – zuerst, dass A1 zumindest die zweite Teilbehauptung von A2 impliziert, dann umgekehrt, dass A2 A1 impliziert. Schließlich soll plausibel werden, dass sich bestimmte Einwände gegen A2 zurückweisen lassen. Abschließend soll dann versucht werden, ein direktes Argument für A1 zu finden. Wenn das Argument für A1 tragfähig ist und A1 (zusammen mit P1 und P2) A2 stützt, dann wären – nach allem Bisherigen – T1 und T2 als begründet anzusehen (und damit auch T3 und T4, sofern sie sich aus T1 und T2 ergeben). Doch zunächst zum Verhältnis zwischen A1 und A2.

Erster Schritt – A1 impliziert A2: Zunächst zur zweiten Teilbehauptung von A2, dass der Typ der Frage distinkt ist. Das Vorauswissen, das sich in einer Frage manifestiert, ist – nach A1 – nicht erworben und muss sich daher einer ursprünglichen Aktivität des fragenden und erkennenden Subjekts verdanken. Dieses Wissen dokumentiert sich im Frageprädikat (P2), das in der Analyse einer kategorialen Frage durch eine Welches-Paraphrase explizit wird. Weil sich dieses Frageprädikat (zumindest zunächst oder im ersten Schritt)[114] ausschließlich auf das Vorwissen bezieht, in das keinerlei Eigenheiten oder Besonderheiten des jeweiligen Kontextes oder des Gegenstandes, angesichts dessen die Frage gestellt wird, eingehen, dokumentiert es solche Unterschiede nicht. Es wird sich deshalb um ein rein formales Prädikat handeln. Das bedeutet, dass es unterschiedslos angesichts der verschiedensten Gegenstände verwendet wird. Dann aber gibt es gar keinen Grund dafür, dass dieses Frageprädikat in unterschiedlichen Fragesituationen Bedeutungsschwankungen unterliegt. Entsprechend muss es sich um ein univokes Prädikat handeln, das zudem noch universell applikabel ist oder einen korrespondierenden Begriff bilden bzw. entdecken hilft, für den das zutrifft. Letzteres ergibt sich daraus, dass besondere Eigenheiten von Gegenständen gar nicht in die Kategorienbedingung eingehen können – weder sofern sie Gegenständen zukommen, noch sofern sie ihnen nicht zukommen. Die for-

---

113 Vgl. hierzu oben, S. 429f. Wichtig ist, hier den Unterschied zwischen Denken und Erkennen festzuhalten.

114 Ich sehe also zunächst wiederum von den Modifikationen und Zuspitzungen der Kernfrage in einer besonderen Frage ab.

male Kategorienbedingung ist so gebildet, dass sich aus keiner Eigenschaft eines Gegenstandes ergeben kann, dass dieser Gegenstand sie nicht erfüllt.

Nun zur zweiten Teilbehauptung von A2, nämlich der Existenzbehauptung. Dass es solche Frageprädikate – und entsprechende kategoriale Fragen – geben kann, ergibt sich nach den bisherigen Überlegungen daraus, dass sich in alltäglichen Fragen ein ursprüngliches Vorwissen dokumentiert, das Indiz für eine spontane Leistung des erkennenden Subjekts ist. Dass es Fragen gibt, die entsprechend paraphrasiert werden können, zeigt die Erfahrung – »Warum sollte es solche Fragen auch nicht geben?«.[115]

Zweiter Schritt – A2 impliziert A1: Gemäß A2 gibt es kategoriale Fragen, die sich angesichts von allem stellen lassen und die – nach einer angemessenen Welches-Paraphrase – ein allgemeines und univokes Frageprädikat als Kategorienbedingung enthalten. Dann kann dieses Frageprädikat nicht aus den bekannten richtigen Antworten auf Fragen dieses Typs gewonnen sein. Ein solches Verfahren würde nämlich nicht die strikte Allgemeingültigkeit und Univozität sichern. Das aber bedeutet, dass es kategoriale Fragen nur geben kann, wenn sich das Frageprädikat einem spezifischen Vorwissen verdankt, das nicht erworben, sondern selbstgemacht ist.[116] Nun gibt es nach A2 solche kategorialen Fragen. Dann muss es auch ein entsprechendes Vorwissen geben, wie A1 behauptet.

Dritter Schritt – A2 lässt sich gegen bestimmte Einwände verteidigen: Es ist natürlich nicht möglich, alle Einwände, die gegen A2 vorgebracht werden könnten, vorwegzunehmen und aufzuzählen. Der gewichtigste Einwand scheint aber zu sein, dass überhaupt nicht zu sehen ist, wie eine Welches-Paraphrase von Fragen eines bestimmten Typs möglich sein soll, in der als Kategorienbedingung ein strikt allgemeiner und univoker Begriff auftritt. Das ist zumindest dann nicht ohne weiteres ersichtlich, wenn man A2 nicht bereits als wahr voraussetzen will. Es soll also nach diesem Einwand nicht möglich sein, in allen Fragen eines bestimmten Typs einen univoken begrifflichen Kern herauszupräparieren, der kontextinvariant wäre. Das bedeutet, dass es möglich ist, dass Fragen eines bestimmten Typs nur dadurch zu einem Typ gehören, als sie mehr oder weniger »verwandt« sind. Bei ihrer Analyse mit dem Mittel der Welches-Paraphrase müsste sich dementsprechend eine Kategorienbedingung ergeben, die – wenn die Analysen überhaupt auf nur eine und nicht mehrere alternative Analyseresultate füh-

---

115 Ob sich die Existenz solcher Fragen nur im Rückgriff auf die – unstrittige – Erfahrung des Fragens begründen lässt oder auch durch Argumente der Art, dass bereits der begründete Zweifel an ihrer Existenz selbige gerade voraussetzt, braucht hier nicht untersucht zu werden.

116 Vgl. dazu die Überlegungen Kants zum Problem der kategorialen Begriffsbildung durch Abstraktion, oben, Abschnitt 3.2, S. 262ff. Ein anderes Beispiel wäre Collingwoods Überlegungen, die sich zur Kritik an Toulmins Kontrast-Theorie der Warum-Frage verwenden lassen (vgl. oben, Abschnitt 3.1.1.1, S. 417).

ren – einen Begriff enthält, der nicht allgemein und univok ist. Und in der Tat ergibt sich aus der bloßen Skizze der Welches-Paraphrase, wie sie in Unterabschnitt 3.1.2.2 skizziert wurde, weder eine hinreichend bestimmte Methode, eine solche Analyse durchzuführen, noch eine Garantie, dass es so etwas wie kategoriale Fragen mit allgemeinen und univoken Frageprädikaten überhaupt geben könne. Insbesondere ergab sich kein Gesichtspunkt oder kein Kriterium, wie zwischen mehreren Analyse- oder Paraphrasevorschlägen zu entscheiden sei.

Angesichts dieses Einwandes kann – ohne etwa auf A2 oder gar eine der Thesen T1 bis T4 zurückzugreifen – nur geantwortet werden, dass die Möglichkeit einer solchen Welches-Paraphrase, die auf einen strikt allgemeinen und univoken Begriff führt, zumindest auch nicht ausgeschlossen werden kann. Das wird dann deutlich, wenn man auf die im zweiten Kapitel – und zwar insbesondere in den Abschnitten 2.1.2 und 2.1.3 – der Arbeit berichteten Theorien univoker Transzendentalbegriffe zurückgreift. Es wurden dort nämlich in analoger Situation verschiedene Möglichkeiten herausgearbeitet, wie zwischen analogen und univoken Momenten eines Begriffs unterschieden werden kann und in welches systematische Verhältnis sie gesetzt werden können. Das ermöglicht es, Gegenbeispiele gegen eine Welches-Paraphrase in einer Weise zu analysieren, dass sich ein univokes Frageprädikat herausschält. So mag man überlegen, ob sich die Unterschiede als Differenzen in der Art und Weise ausdrücken lassen, in der in einem besonderen Fall die Realisierung der Kategorienbedingung aussehen soll, oder als Variation der Möglichkeiten, in denen das kategoriale Prädikat zugesprochen werden kann. Doch können auch regelrechte Artbildungen durch spezifische Differenzen auftreten. Es kann sich auch ergeben, dass es sich bei einer solchen verwandten Frage tatsächlich gar nicht um eine Frage des entsprechenden Typs handelt, sondern um eine Frage, die in bestimmter Weise auf eine Frage diesen Typs bezogen ist (etwa so, dass die Beantwortung der einen Frage einen notwendigen Beitrag zur Beantwortung der eigentlichen Frage des entsprechenden Typs leistet). Hier ist eine Fülle von Differenzierungen möglich, die den besonderen Sinn der Frage eines besonderen Typs ausmachen können. Das hindert allerdings nicht, dass in allen Fragen dieses Typs den Kategorienbedingungen neben den besonderen Formulierungen, die den analog prädizierbaren Anteil ausdrücken, ein univokes Moment gemeinsam ist. Es ergibt sich dann die methodische Devise, angesichts von Beispielen für Fragen eines Typs, in denen die Welches-Paraphrase auf eine andere Kategorienbedingung führt als in anderen Fällen, zu untersuchen, ob die Verwandtschaft – die ja mit der Unterstellung eines gemeinsamen Typs postuliert wird – dadurch zu rekonstruieren ist, dass in den Kategorienbedingungen univoke und analoge Begriffskomponenten in der einen oder anderen Weise unterschieden werden. Dabei hat sich in den problemgeschichtlichen Untersuchungen des zweiten Kapitels herausgestellt, dass dieses Verfahren zwangsläufig darauf führt, einen bloß formalen Begriff als univoken Begriffskern anzunehmen. Diese Möglichkeiten, die Analyse durch eine Welches-Paraphrase methodisch durchzuführen, zeigen, dass sich die Möglichkeit univoker Frageprädikate nicht ausschließen lässt. In den folgenden Abschnitten ist das am Beispiel der Warum-Frage durchzuexerzieren. Es gibt also keinen Grund, daran zu zweifeln, dass eine solche Analyse in irgendeinem besonderen Fall möglich wäre.

Mit diesem Argument für A2 ist günstigstenfalls eine Art argumentatives Patt hergestellt. Allerdings ist zugleich die Schaltstelle markiert, an der die im Verlauf des problemgeschichtlichen zweiten Kapitels herausgearbeiteten Differenzierungen und methodischen Hinweise zur kategorialen Begriffsbildung in das Verfahren der kategorialen Interpretation von Fragen hineingenommen werden können. Insofern in den Untersuchungen zu Kants Transzendentalphilosophie – insbesondere in Abschnitt 2.2.2 – das Verhältnis zwischen univoken und analogen Begriffskomponenten zur Begründung eines Kriteriums nutzbar gemacht wurde, um zwischen Bedeutungskomponenten eines Begriffs zu unterscheiden, die unterschiedlichen Ebenen zuzurechnen sind, ist damit auch ein Punkt benannt, der im nachfolgenden Abschnitt eine besondere Rolle spielen muss. Außerdem wird auch deutlich, in welchem Sinn die spontane Aktivität, die sich in einer kategorialen Frage – zumindest auch – dokumentiert, als eine Art »logische« Spontaneität charakterisiert werden kann: Es handelt sich nämlich genau in dem Sinn um eine »logische« Spontaneität, in dem die herauspräparierten univoken Bedeutungskomponenten der Kategorienbedingung rein formale Begriffe sind.

Vierter Schritt – Versuch eines Arguments für A1: Abschließend ist eine Argumentation dafür zu skizzieren, dass sich in Fragen ein absolutes Vorauswissen manifestiert, das dann als Produkt einer spontanen Leistung des Erkennenden zu deuten ist (A1). Es geht also um ein Vorwissen, das – über P1 hinausgehend – nicht nur von dem, was erfragt werden soll, unabhängig ist, sondern auch noch von allen Theorien und allen eingeübten Praktiken. Dazu muss dieses Vorwissen als eine notwendige Bedingung dafür deutlich werden, in bestimmten Fragesituationen eine bestimmte Frageintention zu haben. Es geht also noch lange nicht um die Bedingungen der Möglichkeit von Erfahrung, wohl aber um Bedingungen der Möglichkeit von Fragen, die eine Struktur möglichen Wissens bestimmen. Und noch eine weitere Differenz in der Analogie zum kantischen Vorgehen besteht: Den Ausgang bilden letztlich sprachliche Dokumente, die als Manifestationen von Kompetenzen der epistemischen Subjekte gedeutet werden. Dabei gilt es, den

Charakter und den Status dieser Kompetenzen indirekt aus diesen Dokumenten und den mit ihnen verbundenen Ansprüchen zu erschließen.[117]

Um gegen die Annahme zu argumentieren, in Fragen dokumentiere sich
lediglich ein Wissen, das von Theorien und eingeübten Praktiken abhängt,
sind besondere Fragesituationen zu betrachten, nämlich Fragen, die sich in
den gewohnten Ausdrücken angesichts neuartiger Umstände stellen und
kreative, nicht vorhersehbare Antworten verlangen. Dabei kann es sich um
Fragen handeln, von denen zum Zeitpunkt, da sie gestellt wurden, nicht zu
sehen war, wie sie überhaupt wahrheitsgemäß beantwortet werden könnten.
(Die Frage »Warum ist die Banane krumm?« war in den 20er Jahren nicht
zu beantworten und gewann erst mit der Gentheorie einen – mittlerweile –
vertrauten Sinn.) Gewohnte Theorien und Praktiken bieten in solchen Fällen nicht etwa deshalb keine Antwortmöglichkeit, weil die Theorien nicht
vollständig und ergänzungsbedürftig sind, sondern weil Antworten eines
neuen Typs nötig sind. Ein Beispiel dafür wäre der Übergang von der Impetustheorie zur Mechanik Galileis und seiner Theorie der Kräfte. Entscheidend ist nun, dass das Wissen, über das der Fragende auch dann schon verfügt, wenn die neuartige Antwortmöglichkeit jenseits aller Vorstellung
liegt, hinreichen muss, damit er die neuartige Antwort als eine Antwort auf
seine Frage verstehen und beurteilen kann. Neuartige Antworten auf Fragen
sind nämlich nur möglich, wenn sie – ohne ihrer Neuartigkeit Abbruch zu
tun – als Antworten auf diese alten Fragen akzeptiert werden können. In
diesem Sinn produktive Fragen verletzen prinzipiell die Grenzen gewohnter
Theorien und Praktiken. Sie sind grenzüberschreitend. In gewisser Weise
muss die Intention solcher grenzverletzender Fragen die Struktur der kreati-
ven Antwort antizipieren, und zwar in dem Maß, dass diese noch als mögliche Antwort erkennbar und beurteilbar ist.

Dieses antizipatorische Wissen kann sich nicht den gewohnten Theorien
und Praktiken verdanken. Das liegt nicht etwa daran, dass die kriteriellen
Merkmale, die innovative Antworten eben als Antworten auf bestimmten
Fragen auszeichnen, nicht durch Abstraktion aus den gewohnten Theorien
und Praktiken gewonnen werden könnten. Das ist trivialerweise der Fall. Es
liegt vielmehr daran, dass im Rahmen solcher Theorien und Praktiken durch
denselben Grad an Abstraktion zu viele Merkmale der akzeptierten oder
akzeptablen Antworten herausgefiltert werden, ohne dass es ein Kriterium
dafür geben könnte, welche dieser Merkmale bei der Beurteilung des neuar-

---

117 Unter diesen Umständen scheint mir kein Argument möglich zu sein, das aus dem Begriff
des Fragens A1 entwickelt. Es wäre eine Art infiniter Regress durchaus denkbar, nachdem sich das
Wissen, das sich in einer Frage dokumentiert, anderen Antworten verdankt, ohne dass es eine
»erste« Frage geben müsste, die nur im Rückgriff auf eine spontane Leistung erklärt werden könnte. Weil der infinite Regress nicht einfach ausgeschlossen werden kann, soll im Folgenden ein
anderer Weg eingeschlagen werden.

tigen Falls relevant sind.[118] Es ist nämlich nicht klar, welche dieser Merkmale sich nur den bisher gewohnten Typen von Antworten verdanken und welche auch noch den neuen Typ umfassen werden. Im Rückgriff auf gewohnte Theorien und Praktiken kann also nicht erklärt werden, wie der Fragende wissen kann, welche der vielen gewohnten Merkmale von möglichen Antworten auf seine Fragen dann relevant sind, wenn es gilt, neuartige Antworten auf seine alten Fragen als solche zu erkennen und zu beurteilen. Dieses Wissen muss also von den gewohnten oder eingeübten Theorien und Praktiken unabhängig sein. Wenn es stimmt, dass jemand auch eine neuartige Antwort als eine Antwort erkennen kann, dann manifestiert sich in solchen Fragen ein Wissen, das unabhängig von den vorgegebenen Theorien und Praktiken ist – also eine Spontaneität.[119]

Dieses Argument setzt die Richtigkeit von P1 voraus, also der methodischen Überlegungen, die sich aus den aporetischen Untersuchungen des ersten Kapitels ergaben und oben in Abschnitt 3.1.2.2 zugespitzt worden sind. Es setzt auch voraus, dass man in neuen Situationen sinnvoll über die Angemessenheit oder Unangemessenheit von Antworten mit Gründen streiten kann. Es lässt sich aber auch rückbeziehen auf das Problem der Geschichte des wissenschaftlichen Denkens, wie es Collingwood vorschwebte. Kurz gesprochen: Die Verständlichkeit des geschichtlichen Wandels, der nach Collingwood gegen invariante kategoriale Begriffe zu sprechen scheint, ist ein Erkenntnisgrund dafür, dass es ein Vorwissen im Sinne von A1 gibt.[120] Dabei genügt es, hier unter »Verständlichkeit« nur soviel zu verstehen, dass man sich über das Verständnis des Wandels (und damit auch des »Neuen«) mit Gründen streiten kann.[121]

Wenn diese komplexe Argumentation für T1 und T2 stimmt, dann ergibt sich, dass die Idee einer kategorialen Interpretation – beispielsweise der Warum-Frage – tragfähig und aussichtsreich ist. Durch eine geeignete Ana-

118 Diese Überlegung ließe sich am Beispiel der Kritik an Reichenbachs und Salmons Kausalitätstheorien exemplifizieren, die oben, Abschnitt 1.2, S. 81, Anm. 102, gegeben wurden.

119 Der Bedingungssatz markiert die Grenze dieses Arguments: Vorausgesetzt ist ein bestimmtes Erkennen, nicht lediglich ein Ändern von Praktiken, etwa unter dem Anpassungsdruck an neuartige Umstände. Wird dieses Moment des Erkennens oder Verstehens geleugnet, reicht das skizzierte Argument nicht hin.

120 Man muss dazu nur auf die Voraussetzungen achten, auf die Collingwood verpflichtet ist, wenn er meint, eine »Geschichte« des kausalen Vokabulars schreiben zu können, oder aber, wenn er meint, mit der Warum-Frage wären zu unterschiedlichen Zeiten in unterschiedlichen Kontexten unterschiedliche Präsuppositionen verbunden. Alles das setzt nämlich bereits einen minimalen invarianten Kern voraus, der die Identität des Gegenstands dieser Geschichte sichert und deshalb eine solche Geschichtswissenschaft erst ermöglicht.

121 Insbesondere ist die Verständlichkeit der Philosophiegeschichte ein solcher Erkenntnisgrund für invariante kategoriale Kernbegriffe – zumindest, so lange die kurze Argumentation in Abschnitt 2.1.2, gegen die Dominanz analoger Begriffsbildungen akzeptiert wird. Mit ihr ist die Idee eines bloßen sich-an-den-Familienähnlichkeiten-Entlanghangelns ausgeschlossen.

lyse von Fragen können dann kategoriale Begriffe entdeckt werden, für die gilt, dass zumindest alles, was Gegenstand des Denkens (bzw. Fragens) werden kann, im Blick auf sie bestimmt ist. Dabei ergibt die Argumentation zugleich, wie die Idee der kategorialen Interpretation einer Frage hinsichtlich ihrer methodischen Durchführung genauer bestimmt werden muss. Im ersten Schritt der kategorialen Analyse muss gleichsam der Grundtyp der Frage bestimmt werden. Das bedeutet, dass zuerst eine Welches-Paraphrase gesucht wird, die eine rein formale Kategorienbedingung enthält. Dadurch muss noch gar keine adäquate Analyse der Ausgangsfrage gewonnen worden sein. Es kommt vielmehr darauf an, in den nachfolgenden Schritten die Kategorienbedingung so lange anzureichern, bis eine adäquate Welches-Paraphrase für die besondere Frage erreicht ist. Dabei sind die unterschiedlichen Ergänzungen darauf hin zu befragen, inwieweit sie allgemein univoke Bestimmungen nur erläutern oder ergänzen, oder inwieweit durch sie bereits eine besondere Art dieses Typs konstituiert wird, oder aber, inwiefern es sich nur um analoge Bestimmungen handelt. Hier ist das ganze methodische Repertoire aus der Geschichte kategorialer Begriffsbildungen – entsprechend modifiziert – einzusetzen. Schließlich ist zu untersuchen, in welchem Verhältnis die so rekonstruierte besondere Frage zu anderen Fragen des gleichen Typs und zur einfachen Frage, die den Grundtyp ausmacht, steht. Im Folgenden muss sich zeigen, ob mit diesen methodischen Maximen eine kategoriale Interpretation der Warum-Frage plausibel durchgeführt werden kann.

Fragen spielen dann in der Metaphysik eine ganz andere Rolle, als Collingwood meinte. Es kommt nämlich zunächst gar nicht darauf an, die historisch wandelbaren Präsuppositionen herauszuarbeiten, sondern die Fragen einer vorgängigen Bedeutungsanalyse zu unterziehen. Diese Analyse kann als eine kategoriale Interpretation angelegt werden. Collingwoods Präsuppositionen ergeben sich nun meistens nicht aus der Kernfrage oder der Kategorienbedingung, sondern den Modifikationen der Frage. Oftmals handelt es sich bei Collingwoods Präsuppositionen – wie im folgenden Abschnitt noch deutlicher wird – um sich wandelnde methodische Maximen, eine Frage zu beantworten oder nach der richtigen Antwort zu suchen. Der historische Wandel der Modifikationen einer Kernfrage, der methodischen Überlegungen zu ihrer Beantwortung und der damit verbundenen Präsuppositionen im engeren Sinn tangiert jedoch nicht die Kernfrage. Ganz im Gegenteil: Dieser Wandel wird erst im Blick auf die Kernfrage historisch verständlich und rekonstruierbar.[122] Damit verändert sich der Metaphysikbegriff erneut – und zwar in einer Weise, die es gestattet, viel stärker, als es Collingwood vermutet hat, an die Tradition der Metaphysik anzuknüpfen,

---

122 Ein Beispiel einer solchen Rekonstruktion habe ich in R. Schnepf, 2001b, skizziert.

ohne dadurch den Kontakt mit den neueren Analysen und der Entwicklung in den Einzelwissenschaften verlieren zu müssen. Metaphysik erscheint nun in ihrem allgemeinen Teil als der Versuch, durch die kategoriale Interpretation geeigneter Fragen kategoriale Begriffe als Begriffe vom Gegenstand überhaupt zu entdecken und einige Grundformen ihrer Modifikation zu rekonstruieren, dem ein besonderer Teil folgt, in dem besondere Modifikationen der so gewonnenen Begriffe und besondere Präsuppositionen der kategorialen Fragen im Blick auf besondere Gegenstandsbereiche, besondere Theorieformen und auch im Blick auf den jeweiligen Stand der Wissenschaften untersucht werden. In gewisser Weise kann sich dieser Metaphysikbegriff als Abkömmling des aristotelischen Metaphysikbegriffs begreifen, sofern nämlich aus der Struktur der kategorialen Was-ist-es-Frage die Strukturmerkmale der Metaphysik entwickelt werden konnten.[123] Dass nämlich die vier Strukturmerkmale der Metaphysik auch diesen Metaphysikbegriff auszeichnen, liegt geradezu auf der Hand, wenn man das Problem der Modifikation der Kernfrage zu besonderen Fragetypen und die auch hier getroffene Unterscheidung zwischen Denken und Erkennen berücksichtigt.

Damit ist die oben erinnerte und im Abschnitt 1.2 am Beispiel von Bromberger und Toulmin entwickelte Aporie der Analyse des kausalen Vokabulars vermeidbar.[124] Zwar ist es völlig richtig, dass jede Analyse des kausalen Vokabulars aus der Warum-Frage bereits ein Verständnis des kausalen Vokabulars voraussetzt und deshalb zirkulär zu werden droht. Das gilt auch für eine Analyse, die von der Warum-Frage ausgeht. Doch liegt die eigentliche Pointe des methodischen Ausgangs von der Warum-Frage an einer ganz anderen Stelle. Es geht nicht darum, durch irgendeine Analyse des Fragepronomens das kausale Vokabular zu entwickeln (Wie sollte das auch möglich sein?), sondern durch die Einbettung der Analyse des kausalen Vokabulars in eine Theorie der Warum-Frage – bzw. ihre kategoriale Interpretation – einen Rahmen zu entwickeln, in dem unterschiedliche Bedeutungsmomente des kausalen Vokabulars eingeordnet und gewichtet werden können. Der Ausgang von der Warum-Frage gestattet es, eine der tradierten Metaphysik analoge Architektonik zur Begriffsanalyse zu etablieren. Dass bei der Analyse auf das Vorverständnis des kausalen Vokabulars und verschiedene Kausalitätstheorien zurückgegriffen werden muss, ist dann kein Mangel mehr.

Der so gewonnene Metaphysikbegriff ist einigen Einwänden nicht mehr ausgesetzt, die gegen die kantische Transzendentalphilosophie vorgebracht werden konnten. So ist diese Art, kategoriale Begriffe zu entdecken und zu entwickeln, nicht mehr auf eine Theorie von Vorstellungen angewiesen.

---

123 Vgl. dazu oben, Abschnitt 2.1.1.2.
124 Vgl. dazu oben, Abschnitt 1.2.2, S. 139f.

Das Verfahren nimmt vielmehr Fragesätze der gewöhnlichen oder der wissenschaftlichen Sprache zum Ausgang. Allerdings werden diese sprachlichen Dokumente in eigentümlicher Weise interpretiert. Weiterhin wird mit diesem Verfahren kein Vollständigkeitsanspruch erhoben, wie ihn Kant zumindest auf den ersten Blick erfüllt zu haben beansprucht. Damit hängt zusammen, dass es in dieser Metaphysik nicht erforderlich ist, die kategorialen Begriffe aus einem Prinzip her- oder abzuleiten. Zwar setzt auch diese Metaphysik den Begriff der logischen Spontaneität voraus. Doch stärker noch als bei Kant selbst wird durch das Verfahren berücksichtigt, dass uns diese Spontaneität nicht unmittelbar, sondern immer nur in den Dokumenten gegeben ist, in denen sie sich manifestiert.[125] Alles das schließt übrigens nicht aus, dass die univoke Warum-Kernfrage in einem systematischen Zusammenhang mit anderen Fragetypen – etwa der Was-Frage und der Wie-Frage – steht, der sich durch eine Reflexion darauf, was Wissen heißt, rekonstruieren lässt und zu einer eigenen Art von Kategoriensystem führen mag. Alles das führt aber über die in der gegenwärtigen Untersuchung verfolgten Aufgaben hinaus.

Es bleibt allerdings noch genauer abzuwägen, ob diese Konzeption einer um die Analyse kategorialer Begriffe zentrierten Metaphysik der spontanen Aktivität des erkennenden Subjekts tatsächlich zumindest bei den ersten Schritten hinlänglich neutral in Bezug auf die Grundannahmen ist, die das kantische Projekt mit den problematischen Thesen belasten, das erkennende Subjekt sei als solches kein Bürger der Welt der Erfahrung und die Welt der Erfahrung verdanke sich insgesamt der synthetischen Leistungen des Subjekts. Wenn ich richtig sehe, zwingen die bisherigen Überlegungen nicht dazu, das erkennende Subjekt als ein intelligibles zu denken. Denn bisher kann und muss nicht ausgeschlossen werden, dass die Tätigkeiten des erkennenden Subjekts natürliche sind und eine natürliche Erklärung haben. In der analysierten Weise zu fragen und so zu denken könnte noch als eine natürliche Ausstattung des Naturwesens Mensch aufgefasst werden, so wie die Fledermaus ihre natürlichen Wahrnehmungsweisen haben mag, die ihr Grenzen setzen und Formen des Auffassen vorgeben. Auch sind die spontanen Tätigkeiten des erkennenden Subjekts noch nicht mit einer Theorie der Freiheit verknüpft, die das erzwingen würde. Doch droht, wenn man diese Möglichkeit betont, der Vorteil, der vor allem mit der zweiten problematischen These Kants verknüpft ist, verloren zu gehen. Ihre Attraktivität verdankt die Transzendentalphilosophie nämlich dem Anspruch, dass zumin-

---

125 Hier bin ich – pace hier Reich, dort Henrich – von der skeptischen Vermutung geleitet, dass sich auch in einer noch so ausgefeilten Theorie der Subjektivität kein hinreichend strukturierter Begriff der Subjektivität vorgängig entwickeln und begründen lässt, der zum Prinzip für eine Kategoriendeduktion hinreicht. Sollte diese Einschätzung nicht begründet sein – umso besser!

dest die Möglichkeit einer erfolgreichen *Transzendentalen Deduktion* nicht von vornherein ausgeschlossen zu sein scheint, also des Nachweises, dass sich reine Verstandesbegriffe auf Gegenstände der Erfahrung beziehen. Eine analoge Argumentation ist mit den bisher gewonnenen Mitteln nicht möglich, gerade weil die Welt der Erfahrung noch gar nicht als Produkt der Tätigkeit des erkennenden Subjekts bestimmt werden muss (und es selbst noch Bürger der einen Welt der Natur sein könnte). Dann aber droht der fatale Einwand, dass gar nicht gesichert zu sein scheint, dass die angeblichen Begriffe von Gegenständen überhaupt, die in der kategorialen Interpretation von Fragesätzen gewonnen werden sollen, tatsächlich von allen Gegenständen ausgesagt werden können.

Dieser Einwand schließt nicht aus, dass der univoke Kernbegriff im Fortgang der kategorialen Interpretation verschiedenster Warum-Fragen Anreicherungen erfährt. Unterschiedliche, mit zahlreichen weiteren Bedeutungskomponenten ergänzte Warum-Fragen lassen sich als Versuche interpretieren, die Kernfrage in besonderen epistemischen Situationen und angesichts unterschiedlichster Gegenstände aussichtsreich zu stellen. Wenn die vorgetragene Argumentation tragfähig ist, dann ergibt sich aus ihr auch, dass die begrifflichen Anreicherungen und Analogiebildungen zunächst nicht durch eine vorab bestimmbare Grenze eingeschränkt sind. Vielmehr lassen sich alle der in der Geschichte der Metaphysik erarbeiteten Mittel, begriffliche Verhältnisse zu rekonstruieren, auch in dieser Situation anwenden – solange verständlich wird, wie der Fragende seine besondere Frage in der besonderen Situation als Modifikation der ursprünglichen kategorialen Warum-Frage verstehen und Antworten unter diesen Bedingungen beurteilen kann. Wie in 3.2 deutlich werden wird, verdanken sich einige der möglichen Anreicherungen solchen Bedeutungskomponenten, die als kriterielle mit Handlungen des Beobachtens, des Experimentierens und leibhaftigen Untersuchens verknüpft sind. Die unterschiedlichsten Spezifikationen lassen sich, wie die Wissenschaftsgeschichte lehrt, auf mannigfache Weise mit solchen Untersuchungshandlungen verbinden. Dieser Übergang von der begrifflichen Anreicherung zur konkreten Untersuchungshandlung ist der eigentliche systematische Ort, an dem nun die Frage der Anwendbarkeit kategorialer Begriffe entschieden wird (solange sich die Untersuchung gegenüber der problematischen These Kants neutral verhalten will). Nun lässt sich hier aber kein prinzipielles Argument mehr gegen die Annahme finden, dass das sich so immer weiter entwickelnde begriffliche Netz mit den daran anschließenden mannigfachen Untersuchungshandlungen nicht alles umspannen können sollte, was Gegenstand eine naturalistisch interpretierten Erfahrung werden kann, gerade weil es die Möglichkeiten zu fortwährender Ausdifferenzierung in sich enthält und der Bereich des in dieser Weise Erfahrbaren zugleich der Bereich ist, der Beobachtungen, Experimenten,

Handlungen und sonstigen untersuchenden Aktivitäten des erkennenden Subjekts offen steht. Die Anfangsschritte dieser Ausdifferenzierung können im Weiteren sogar noch rekonstruiert werden, wenn es darum gehen wird, die im ersten Kapitel diskutierten Theorien kausaler Erklärung in diesen Ansatz zu integrieren. Der skeptische Einwand gegen den hier entwickelten Ansatz kann also nicht mit dem Verweis auf eine vollständige Ausdifferenzierung der Begriffe und auf die analoge Produktion der Welt der Erfahrung beantwortet werden, sondern nur im Verweis auf die Unabschließbarkeit des Prozesses der Ausdifferenzierung von Begriffen und Handlungsweisen.

Die nachfolgenden Untersuchungen können sich so neutral zu den problematischen Grundannahmen der kantischen Transzendentalphilosophie verhalten, wenn es denn gelingt, dieses Prinzip der fortwährenden Ausdifferenzierung wenigstens im Ansatz plausibel zu machen. Es kommt deshalb darauf an, zu zeigen, dass mit der Idee der kategorialen Interpretation ein taugliches methodisches Instrumentarium verbunden ist, die begriffsanalytische Aufgabe der vorliegenden Arbeit zu bewältigen. Die »großen Fragen« können in dem Vertrauen darauf zunächst beiseite gelassen werden, dass die bisherigen Überlegungen zum Metaphysikbegriff zumindest Eines wahrscheinlich gemacht haben: die Integration skeptischer Einwände in die Theorie kategorialer Begriffsbildung nimmt gewonnene Distinktionsmöglichkeiten nicht zurück, sondern erhöht die Möglichkeiten, Unterschiede auf den Begriff zu bringen. Der erste Schritt dieser Begriffsanalyse soll nun unternommen werden. Er fällt relativ knapp aus und wird zum selben Ergebnis führen wie die kantische Begriffsbildung (3.1.3). Im Blick auf die postulierte unendliche Ausdifferenzierbarkeit der Kategorie ist jedoch der zweite Schritt entscheidend, der einige vorbereitende Überlegungen erfordert (3.2).

3.1.3 Der erste Schritt zur kategorialen Interpretation der Warum-Frage – Die allgemeine und univoke Kernfrage

Der erste Schritt einer kategorialen Interpretation der Warum-Frage besteht nach dem bisher Entwickelten darin, die in allen Fragen dieses Typs gemeinsame univoke Minimalbedingung für Antworten zu explizieren, d.h. eine Welches-Paraphrase der Kernfrage zu liefern. Eine solche Minimalbedingung lässt sich als ein Prädikat deuten, das auf alles zutrifft, das Gegenstand entsprechender Fragen werden kann. Weil die Kernfrage universell applikabel ist, handelt es sich also um ein Prädikat, das dem Gegenstand überhaupt zukommt, insofern er Gegenstand unserer Erkenntnisbemühungen werden kann. Die Minimalbedingung kann nicht durch eine isolierte Analyse des Fragepronomens gewonnen werden, sondern nur, indem die methodischen Anforderungen an eine Welches-Paraphrase so zugespitzt werden, dass nur ein »Kandidat« sie erfüllt. Drei Überlegungen führen auf die Kernfrage:

(1) Die Kernfrage eines Typs wird nach dem bisher Entwickelten durch eine Welches-Paraphrase ausgedrückt, in der eine Kategorienbedingung enthalten ist, für die gilt: keinerlei Eigenschaften irgendeines Gegenstandes hindern, dass diese Frage in Bezug auf dieses Ding gestellt werden kann. Für die Welches-Paraphrase muss gelten, dass sie in dem Sinn den besonderen Fragen adäquat ist, dass (1.) dieselben Sätze als mögliche Antworten wie bei der korrespondierenden Warum-Frage in Betracht kommen, dass sie (2.) dieselben wahren und falschen Antworten hat und dass sie schließlich (3.) mit denselben Mitteln beantwortet werden kann. Dabei soll gelten, dass durch Modifikationen der Kernfrage solche Welches-Fragen konstruiert werden können, die als angemessene Welches-Paraphrasen von besonderen Fragen des jeweiligen Typs anzusehen sind. Es hat sich im Verlauf der Argumentation für die Idee einer kategorialen Interpretation gezeigt, dass deshalb in die Kernfrage als Kategorienbedingung nur eine formale Bedingung eingehen kann. Es ist dann nämlich am aussichtsreichsten, alle Fragen eines Typs zu erfassen und der Rekonstruktion durch Modifikation der Kernfrage zugänglich zu machen. Nach allem, was im zweiten problemgeschichtlichen Teil der Untersuchungen für die kategoriale Begriffsbildung gewonnen wurde, ist im Fall der Warum-Frage die Bedingungsrelation der aussichtsreichste »Kandidat«. Genauer wird im Idealfall nach einer zumindest hinreichenden, unter Umständen sogar nach einer notwendigen und hinreichenden Bedingung gefragt.[126]

(2) Die kategoriale Frage soll nicht nur universell applikabel, sondern auch Dokument der reinen Spontaneität sein. Aus diesen Anforderungen an den ersten Schritt der kategorialen Interpretation lassen sich zwei Abstraktionsforderungen gewinnen: Es muss zunächst von allen Unterschieden möglicher Gegenstände und ihrer Gegebenheitsweise abgesehen werden (Das ergibt sich aus der Univozitätsforderung). Sodann muss sogar davon

---

126 Dass der Kausalitätsbegriff vom Bedingungsbegriff her zu rekonstruieren ist, ist – wie sich im zweiten Kapitel gezeigt hat – ein alter Hut. In neuerer Zeit hat vor allem J. L. Mackie (im Anschluss an Überlegungen von J. S. Mill) versucht, diesen Ansatz auszubauen (vgl. J. L. Mackie, 1965 und 1974). Einen Zusammenhang zum Problem der Interpretation von Warum-Fragen hat er allerdings nicht hergestellt. Fast zeitgleich hat C. Travis in seinem Aufsatz aus dem Jahr 1978 auf den Zusammenhang zwischen Warum-Fragen und Bedingungssätzen hingewiesen. Travis hat dabei die Auffassung skizziert, dass prinzipiell eine generative Theorie der Warum-Frage zu entwickeln sei, bei der ausgehend von einer Grundform die Unterschiede verschiedener Warum-Fragen rekonstruiert werden müssten. Dabei hat er zuerst darauf hingewiesen, dass Warum-Fragen durch hinreichende, notwendige und nicht-triviale Bedingungssätze beantwortet werden (S. 287). Seine Überlegungen zur Erzeugung unterschiedlicher Warum-Fragen überzeugen mich allerdings nicht in allen Punkten.

abgesehen werden, dass eine unendliche Mannigfaltigkeit von Gegenständen gegeben ist. Denn um alleine die spontane Leistung auf den Begriff zu bringen, darf keinerlei Bestimmung berücksichtigt werden, die sich aus einem vorausgesetzten oder angenommenen Gegenstandsbezug ergibt. Das bedeutet, dass im Fall der Kausalrelation auf dieser Ebene isoliert das Verhältnis von zwei Relata betrachtet wird. Dann aber ist klar, dass das Bedingungsverhältnis auf dieser Ebene der Begriffsbildung nicht anders denn als das einer hinreichenden und notwendigen Bedingung erscheinen kann. Allerdings handelt es sich dabei um einen prinzipiell vagen und defizitären Begriff. Er verdankt sich nämlich einer problematischen Abstraktion. Außerdem ist er prinzipiell ergänzbar, etwa dadurch, dass weitere Relata in Betracht gezogen werden. Für sich genommen ist der Begriff deshalb indifferent gegenüber der Einbettung in ein komplexes Bedingungsgefüge und die damit einhergehende Relativierung einerseits und die Behauptung einer absoluten Bedingungsrelation andererseits.

(3) Der bisher gewonnene Begriff ist vage und defizitär. Das äußert sich in ganz verschiedenen Problemen, die er aufwirft. So spricht man von einer Kausalrelation im allgemeinsten Sinn oder einem realen Grund nur dann, wenn es sich bei den Relata um veritable, d.h. singuläre, individuelle und aktualisierte Dinge, Tatsachen oder Ereignisse handelt.[127] Weiterhin müssen die beteiligten Dinge, Tatsachen oder Ereignisse verschieden sein. Versteht man die Bedingungsrelation in diesem Sinn, dann bleibt nur noch zu berücksichtigen, dass die Kausalrelation asymmetrisch sein soll, wie auch immer diese Forderung expliziert und eingelöst werden kann. Aus diesen Überlegungen ergibt sich, dass der minimale Kernbegriff der Kausalität überhaupt, der sich im ersten Schritt ergibt, viel zu unscharf ist, um alle Bedeutungskomponenten des gewohnten Kausalitätsbegriffs zu erfassen. Es lässt sich allein mit seiner Hilfe noch nicht einmal zwischen Erkenntnis- und Realgründen differenzieren. Statt von einem Begriff der Kausalität überhaupt mag man deshalb besser noch vom Begriff des Grundes überhaupt sprechen.[128]

127 J. Kim, 1973, hat eindringlich auf das Problem hingewiesen, dass völlig unklar ist, wie die Relata der Kausalrelation genauer zu charakterisieren seien. Verschiedene Momente des kausalen Vokabulars fordern verschiedene Kandidaten. Im Folgenden werde ich meistens von Ereignissen reden, wobei ich voraussetze, dass Dinge oder Personen tragende Protagonisten sein können. Insofern scheint mir Kims Analyse des Ereignisbegriffs hilfreicher zu sein als etwa die von D. Davidson (der allerdings andere Vorzüge aufweist). Insofern es jedoch darum geht, aus der Kernfrage den begrifflichen Kern des Begriffs der Kausalitätsrelation und der Ursache herauszuschälen, kann von diesen Problemen zunächst abgesehen werden. Denn die Frage setzt zunächst keine besonderen Charakteristika der Relata voraus.

128 Dass man gleichwohl auch von Kausalität überhaupt sprechen kann, ergibt sich daraus, dass diese Relation im Kern unverändert den Kausalbegriff ausmacht.

Aus den drei Überlegungen ergibt sich eine erste Formulierung für die Kernfrage vom Typ der Warum-Frage:

(1) »Welches x ist dasjenige, für das gilt: x ist notwendige und hinreichende Bedingung für y (und x ≠ y)?«

Diese Formulierung scheint auf den ersten Blick zu stark zu sein.[129] Denn in aller Regel verwendet man den Ursachebegriff zur Charakterisierung von vielleicht notwendigen, aber kaum hinreichenden Bedingungen. Die möglichen Irritationen lassen sich leicht an dem ersten der drei Beispiele illustrieren, die oben im ersten Kapitel, Abschnitt 1.2, etwas eingehender untersucht worden sind.[130] Der Stand der Sonne kann bei einer Mauer von bestimmter Höhe als »Ursache« der Länge ihres Schattens angesprochen werden. Insofern sowohl der Stand der Sonne als auch die Länge des Schattens Tatsachen sind, kommen sie nicht nur als Relata der durch die Kernfrage geforderten Bedingungsrelation in Betracht, sondern auch als Ursachen im engeren Sinn. Offensichtlich ist aber der Stand der Sonne weder eine notwendige noch eine hinreichende Bedingung für die Länge des Schattens. Denn der Schatten könnte auch bei Nacht durch einen Scheinwerfer verursacht werden, und ohne die Höhe der Mauer würde bei gleichem Stand der Sonne gar kein oder ein andere Schatten zu beobachten sein. Nun kann man zunächst darauf hinweisen, dass mit der entsprechenden Warum-Frage nicht nach der Ursache eines Schattens einer Mauer von dieser Länge gefragt wird, sondern nach der Ursache des Schattens *dieser* Mauer zu *diesem* Zeitpunkt. Es geht bei der Frage also nicht um Typen oder allgemeine Tatsachen, sondern um einzelne und besondere Tatsachen und Dinge. Der Verweis darauf, dass dieselbe Wirkung unter Umständen auch anders hätte hervorgebracht werden können, setzt bereits eine Abstraktion oder Idealisierung voraus, die der Kernfrage, wie sie in diesem Fall gestellt wird, nicht gerecht wird. Die Kernfrage stellt sich hier zumindest angesichts eines einzelnen Ereignisses, nicht eines Ereignistyps, und fragt nach einem singulären Ereignis, nicht nach einem Ereignistyp. Weil nach der Länge des Schattens dieser Mauer gefragt wird, kann man auch annehmen, dass die Höhe der Mauer nicht zu den Bedingungen zählt, nach denen gefragt wird. Da also in der Kernfrage für »x« und »y« Namen (insbesondere Kennzeichnungen) für individuierte Dinge, Tatsachen oder Ereignisse einzusetzen

---

129 Vgl. zu der Frage, ob sich diese Formulierung mit den Mitteln der Prädikatenlogik oder der Modallogik angemessen ausdrücken lässt, unten, S. 462ff.

130 Also am Beispiel der funktionalen Abhängigkeit der Länge eines Schattens von der Höhe einer Mauer und dem Stand der Sonne nach den Gesetzen der Trigonometrie – vgl. oben, Abschnitt 1.2, S. 87.

sind, schlagen Einwände dieses Typs nicht durch.[131] Will man jedoch berücksichtigen, dass Warum-Fragen eben nicht immer mit Bezug auf individuierte Dinge, Tatsachen oder Ereignisse gestellt werden, dann ergibt sich, dass die Kernfrage in der Tat modifiziert werden muss. Dann wird man den Stand der Sonne als eine notwendige, aber nicht hinreichende Teilbedingung einer im Ganzen hinreichenden, aber nicht notwendigen Bedingung auffassen müssen, wie dies J. L. Mackie vorgeschlagen hat.[132] Allerdings sind solche Bedingungen nur unter der Maßgabe Ursachen, dass nicht mehr die Kernfrage, sondern eine bereits modifizierte Warum-Frage gestellt wird.[133]

Ähnliches gilt für einen möglichen Einwand ganz anderer Art. Wird angesichts der Länge des Schattens die Frage nach der Ursache gestellt, lassen sich verschiedene Antworten denken, nämlich einmal der Hinweis auf den Stand der Sonne und dann der Hinweis auf die Höhe der Mauer. Welche Antwort vom Fragenden erwünscht und in diesem Sinn die richtige ist, ergibt sich nicht aus der Formulierung der Frage, sondern aus spezifischen kontextabhängigen Interessen des Fragenden. Wenn ihn etwa der Schatten stört, dann interessiert ihn die Höhe der Mauer, die er verändern kann. Was als Ursache in Betracht kommt bzw. als »die« Ursache angesehen wird, scheint in diesem Sinn vom Kontext abzuhängen. Die Rede von hinreichenden und notwendigen Bedingungen blendet diese pragmatische Dimension

131 Es ist also an dieser Stelle nötig, den Unterschied zwischen einem individuierten Ereignis unter einer bestimmten Beschreibung und dem Typ von Ereignissen dieser Beschreibung in Rechnung zu stellen, auf den D. Davidson wiederholt hingewiesen hat (vgl. D. Davidson, 1969, und J. Kim, 1971).

132 Vgl. dazu J. L. Mackie, 1965 und vor allem 1974. Die Analysen Mackies sind in vielem für die vorliegenden Untersuchungen vorbildlich gewesen. Um nun den Punkt am Beispiel Mackies deutlicher zu fassen: In seinem Aufsatz von 1965 entwickelt Mackie den Begriff der INUS-Bedingung, um singuläre Kausalaussagen zu analysieren. Aus diesem Aufsatz ist im Buch von 1974 Kap. 3 geworden. Dort werden INUS-Bedingungen eingeführt, nicht um singuläre Kausalaussagen zu analysieren, sondern den Übergang von der Bedingungsanalyse zur Regularität der Ereignistypen zu finden. Zwischen beiden Fassungen liegt J. Kims subtile und grundlegende Kritik an Mackies Ansatz von 1965 (Kim 1971). Kim weist dort nach, dass INUS-Bedingungen gar nicht zur Analyse singulärer Kausalaussagen geeignet sind, da die logisch-semantischen Voraussetzungen der Begriffe Mackies günstigstenfalls unter der Bedingung zu rekonstruieren sind, dass von Ereignistypen die Rede ist. Für das Buch von 1974 hat Mackie entsprechend eine völlig neue Analyse singulärer Kausalaussagen entwickelt. Nun werden Ursachen als singuläre Ereignisse aufgefasst, die notwendige und (zumindest in einem schwachen, nicht aber in einem starken Sinn) auch hinreichende Bedingungen sind. Die Differenz seiner beiden Versuche wird in der Folge eine gewichtige Rolle spielen. Sie betrifft nämlich das Verhältnis von Kausalaussagen, kontrafaktischen Konditionalen und Gesetzen. Weitere Feinheiten dieses Ansatzes werden deshalb im folgenden Kapitel entwickelt werden.

133 Diese Zusammenhänge werden unten in Abschnitt 3.2.2.1 deutlicher werden, wenn es darum geht, den regularitätstheoretischen Ansatz einer Kausalitätstheorie in den vorliegenden konditionalistischen Ansatz zu integrieren.

aber zunächst aus.[134] In den Begriff der Ursache scheint deshalb konstitutiv eine pragmatische Komponente einzugehen. Doch ist in diesem Fall in Rechnung zu stellen, dass für alle Bedingungen, die in unterschiedlichen Kontexten als »die« Ursache herausgehoben werden, gilt, dass sie zumindest auch Ursachen in dem Sinn sind, dass es sich um hinreichende und notwendige Bedingungen handelt (bzw. zumindest um Teile von hinreichenden Bedingungen). Denn der differierenden Frageintention korrespondieren variierende Beschreibungen des Ereignisses, nach dessen Ursache gefragt wird, und entsprechend ein anderer Zuschnitt dieses Ereignisses.[135] Die pragmatische Dimension betrifft dann eher die Identität des Ereignisses, nach dessen Ursache gefragt wird und das mit dem Zuschnitt variiert, nicht aber die Kategorienbedingung, die in die Frage eingeht.

Will man aber – um kurz eine zweite Analysemöglichkeit zu untersuchen – an der Identität der Ereignisse festhalten, dann wird mit einer Frage nach »der« Ursache im Sinne des Einwandes eine gegenüber der Kernfrage bereits modifizierte Frage gestellt. In die Kategorienbedingung der modifizierten Frage wird beispielsweise eine Zusatzbedingung aufzunehmen sein, die das kontextgebundene Frageinteresse gerade dieses Fragenden berücksichtigt. Es kann aber auch sein, dass eine spezielle Frageintention dadurch ausgedrückt werden kann, dass eine »statt ...«-Formulierung in die Frage integriert wird. Insofern nun die Redeweise von »der« Ursache im Sinn des Einwands eine Bedeutungskomponente des alltäglichen und wissenschaftlichen kausalen Vokabulars ist, machen diese Überlegungen deutlich, dass sie sich bereits der Modifikation der Kernfrage verdankt. Die Analyse der Kernfrage reicht schlicht noch nicht hin, das alltägliche und wissenschaftliche kausale Vokabular angemessen zu analysieren.[136] Der Verweis auf kontextabhängige, d.h. pragmatische Bedeutungskomponenten des alltäglichen und wissenschaftlichen kausalen Vokabulars – oder auch auf ein kausales Feld, das die Frage als gegeben voraussetzt – hindert dennoch nicht, den oben gemachten Vorschlag für die *Kernfrage* vom Typ der Warum-Fragen zu

---

134 Dieses Problem wurde bereits oben in der Einleitung, S. 16, in Anlehnung an ein Beispiel von M. Scriven geschildert: Die Ursache dafür, dass ein Fahrer in einer Kurve im Straßengraben landet, ist je nach Interessenlage verschieden. Den Automechaniker interessiert das nicht hundertprozentig arbeitende Bremssystem, den Straßenplaner die ungünstige Neigung der Straße und den Staatsanwalt der Alkoholspiegel des Fahrers.

135 Es ist eines, ob mit »Diesem Schatten« der Schatten dieser Mauer gemeint ist, oder der Schatten, der ein Fehlen von Sonnenlicht ist. Hier ist wieder an G. Patzigs Diagnose zu erinnern, dass eine Tatsache (hier ein Ereignis) nicht unabhängig von seiner sprachlichen Fassung besteht. Die Frage, ob es sich um zwei verschiedene Beschreibungen desselben Ereignisses oder um zwei Ereignisse, die sich in ihrem Zuschnitt unterscheiden und einen gemeinsamen Kern haben, handelt, ist durchaus umstritten.

136 Dieses Problem entspricht einem Einwand, den H. F. Fulda gesprächsweise gegen den Ansatz von B. Falkenburg/R. Schnepf, 1998, geltend gemacht hat. Dort wurde dieser Zug des kausalen Vokabulars nicht hinlänglich berücksichtigt.

akzeptieren. Er weist allerdings auf eine bestimmte Rekonstruktionsaufgabe hin.[137]

Es ist deutlich, dass in der Kernfrage nur die besondere Relation berücksichtigt ist, auf die mit einer Warum-Frage in mannigfaltigen Variationen in den unterschiedlichsten Kontexten modifiziert abgezielt werden kann. Dem Einwand Collingwoods, eine historisch nicht-relative Kausalitätskategorie lasse sich nicht entdecken und begründen, lässt sich nun das Verfahren der Begriffsbildung durch die kategoriale Interpretation von Fragepronomina entgegenhalten. Das geht so weit, dass sämtliche von Collingwood herausgearbeiteten Bedeutungen von »Ursache« und auch die Rede von Kausalität in den von ihm unterschiedenen drei Phasen der Wissenschaftsgeschichte so rekonstruiert werden könnten (allerdings gegen seine Intention).[138] Die »Präsupposition« der newtonschen Physik, nur Abweichungen vom Trägheitsprinzip hätten eine Ursache, lässt sich als eine Modifikation der Kernfrage zu einer Kontrastfrage rekonstruieren. Die (kantische) »Präsupposition«, alle Ereignisse hätten Ursachen im Sinn von Bedingungen, lässt sich als die Kernfrage identifizieren. Die Zusatzannahmen, Ursachen seien zeitlich früher, lässt sich als eine Modifikation der Kernfrage erkennen. Dabei bleibt zunächst die Funktion dieser Modifikationen unklar. Der Verzicht auf Kausalanalysen in der Physik des 20. Jahrhunderts, den Collingwood meint diagnostizieren zu können, wirft die Frage auf, ob damit tatsächlich eine neue Präsupposition gemacht werde, oder nicht nur andere Mittel der Ursachenanalyse versucht wurden. Theorien, in denen von Ursachen nicht die Rede ist, können nämlich eine bestimmte Funktion haben, wenn es gilt, Ursachen zu erkennen. Gravierender als Collingwoods Überlegungen sind deshalb zwei ganz andere Einwände, die in diesem Kapitel wenigstens kurz abzuwägen sind: Zum einen ist gar nicht deutlich, dass und wie die Kernfrage nur auf Ursachen und nicht auch auf Erkenntnisgründe zielt. Darunter fällt das Problem der Asymmetrie der Kausalbeziehung. Zum anderen ist

---

137 Ähnliches gilt auch für einen guten Teil der Überlegungen von C. Travis, 1978. So hat sich Travis beispielsweise gefragt, wie der Unterschied zwischen den verschiedenen Fragen, die mit dem Fragesatz »Warum ging er in den Laden?« ausgedrückt werden können, rekonstruiert werden kann. Denn es macht einen Unterschied, ob eine Frage gemeint ist, auf die »Um Brot zu kaufen« eine Antwort wäre, oder eine Frage, auf die »Weil Robert zu faul war« eine Antwort wäre. Travis schlägt vor, die durch denselben Satz ausgedrückten Fragen dadurch zu unterscheiden, dass man unterschiedliche Alternativen in die Frage hineinnimmt (etwa »Warum ging er statt Robert in den Laden?«). Doch kann Travis dann, wenn er von zwei Fragen spricht, kaum erklären, dass sie einen gemeinsamen Kern haben. Es scheint sich in diesem Fall eher um zwei Verständnisweisen einer Frage zu handeln – oder aber um zwei Modifikationen derselben Frage. Wie auch immer sein Vorschlag im Einzelnen zu beurteilen ist, seine Beispiele sind im Rahmen des bisher entwickelten Ansatzes erklärbar. Auch die Überlegungen von Travis hindern deshalb nicht daran, dem oben gemachten Vorschlag zu folgen.

138 Vgl. dazu oben, 3.1.1, S. 417ff.

fraglich, ob und wie der Bedingungsbegriff expliziert werden kann, oder ob er als ein Grundbegriff vorausgesetzt werden muss.

Der erste Einwand lässt sich im Rückgriff auf die Überlegungen im ersten Kapitel schlicht dadurch illustrieren, dass bei der oben geschilderten Situation eine mögliche Antwort auf die Frage »Warum steht die Sonne so niedrig?« der Satz »Weil der Schatten, den die Mauer wirft, so lang ist« wäre.[139] Es widerspricht aber allen Intuitionen, die mit dem Ursachenbegriff verbunden sind, die Länge des Schattens als Ursache des Standes der Sonne zu akzeptieren. Dass beide Fragen – sowohl die nach der Ursache des Sonnenstandes wie die nach der Länge des Schattens – durch Fragen derselben Form ausgedrückt werden, spricht zunächst dafür, dass es sich tatsächlich um Fragen desselben Typs handelt. Es ist deshalb nicht verwunderlich, dass die Kernfrage diese Differenzierungsleistung zwischen Real- und Erkenntnisgründen nicht leisten kann. Als Antwort genügt auch nicht der Hinweis, dass es individuierte Dinge, Tatsachen oder Ereignisse sein müssen, nach deren Bedingungsverhältnis mit einer solchen Frage gefragt wird. Dieser Hinweis genügt nur, um beispielsweise Warum-Fragen vom Typ »Warum gelten die keplerschen Gesetze?« auszugrenzen. Alles das zwingt zu der Annahme, dass hier der alltäglichen (und vielleicht auch wissenschaftlichen) Verwendungsweise des kausalen Vokabulars eine Intuition zugrunde liegt, die durch die Kernfrage noch nicht eingefangen werden kann. Der kategoriale Begriff der Kausalität überhaupt – oder des Grundes überhaupt –, soweit er sich aus der Kernfrage entwickeln lässt, reicht ja auch nur dazu hin, Gegenstände als Ursachen und Wirkungen zu denken. Die ganze Frage nach den Bedingungen der Möglichkeit, Kausalverhältnisse zu erkennen oder zu diagnostizieren, ist noch ausgespart. Die Differenzen zwischen Real- und Erkenntnisgründen können sich deshalb zusätzlichen Bestimmungen verdanken, die sich aus der Möglichkeit ergeben, Kausalverhältnisse zu erkennen. Dazu gehört insbesondere die Rolle von kausalen Geschichten als Antworten auf korrespondierende Wie-Fragen.[140] Die Erkenntnis, dass ein Kausalverhältnis besteht, erfordert nicht immer ein Wissen um die Art und Weise, in der das eine das andere verursacht hat, bzw. um die zahllosen Zwischenschritte. All das genügt, diese Frage an dieser Stelle der Untersuchung abzuweisen und sie später erneut aufzunehmen.[141] Der Einwand, dessen Voraussetzung die Identifizierung der Kategorienbedingung in der Kernfrage ja bestätigt, formuliert deshalb wiederum eine Rekonstruktionsaufgabe. Die Identifikation der Kernfrage ist eben nur der erste, wenn auch

139 Vgl. dazu das analoge Beispiel oben, Abschnitt 1.2.1, S. 98f.
140 Vgl. dazu oben, Abschnitt 1.2, S. 109ff.
141 Vgl. dazu unten, Abschnitt 3.2.2, S. 490.

vielleicht entscheidende Schritt bei der kategorialen Interpretation einer Frage.

Der letzte Einwand stellt ganz andere Probleme. Er führt letztlich auf die Fragen zurück, die gegen Ende des vorigen Abschnitts bereits auftraten und die Vor- und Nachteile der hier verfolgten Idee einer kategorialen Interpretation betreffen. Die Bedingungsrelationen werden oft mit den Mitteln der Aussagenlogik als Verhältnisse der materialen Implikation expliziert.[142] Das führt zu offensichtlichen Problemen, gelten doch Bedingungssätze, deren Vordersätze falsch und deren Hintersätze wahr sind, im Unterschied zu den materialen Implikationen nicht als wahr. Weiterhin hat man versucht, den Ansatz zu modifizieren und ein Implikationsverhältnis nur unter Annahme weiterer, verschwiegener Prämissen anzunehmen (etwa der Naturgesetze). Doch lassen sich so nur einige der Konditionale adäquat erfassen. Dann hat man unterschiedliche Konzeptionen der strikten Implikation ins Spiel gebracht. Schließlich versuchte man, Bedingungsverhältnisse dadurch weiter zu charakterisieren, dass man entsprechende kontrafaktische Konditionale fordert, die durch das Bestehen eines Bedingungsverhältnisses gestützt werden (beispielsweise »Wenn die Mauer nicht so hoch wäre, wäre der Schatten nicht so lang«). Hier ist man dann darauf gestoßen, dass die strikte Implikation eine transitive Relation ist, was nicht den kontrafaktischen Konditionalen entspricht, die gestützt werden sollen. Auch ist deutlich geworden, dass Grundbegriffe der Semantik möglicher Welten kontextabhängig sind.[143] Die Frage, wie die Bedingungsrelation logisch zu analysieren ist, ist mit aller technischen Raffinesse bearbeitet worden und gleichwohl offen. Dabei besteht zwischen den verschiedenen Analyseversuchen und dem zu analysierenden Bedingungsbegriff wiederum das eigenartige Verhältnis, dass letzterer als im Prinzip bekannter vorausgesetzt wird. Das ist nach allem, was bisher herausgearbeitet wurde, auch kein Wunder. Denn der Bedingungsbegriff müsste sich dann, wenn die Idee der kategorialen Interpretation von Warum-Fragen tragfähig und der bisherige erste Schritt dazu angemessen ist, als ein kategorialer Begriff darstellen, der als solcher der logischen Spontaneität des Erkenntnissubjekts entspringt. Ich vermute daher, dass zwischen dieser Explikation des Bedingungsbegriffs und dem Bedingungsbegriff, wie er in der Kernfrage auftritt, ein ähnlicher Zusammenhang besteht wie zwischen dem Begriff des hypothetischen Urteils in Kants allgemeiner Logik und der gängigen formalen Logik. Dort lässt sich der ursprüngliche Begriff der allgemeinen Logik dadurch genauer bestim-

142 Vgl. hierzu und zum Folgenden den Überblick von D. Nutes, 1984, sowie zum historischen Hintergrund D. H. Sanford, 1989.
143 Vgl. dazu oben die Überlegungen van Fraassens zur Analyse der Kausalitätsrelation von D. Lewis, Abschnitt 1.2.3, S. 154ff.

men, dass er sich unter bestimmten Umständen so charakterisieren lässt, wie es mit den Mittel der formalen Logik üblich ist. Dieses Verhältnis zwischen den beiden Begriffen bzw. zwischen dem Begriff und seiner formallogischen Explikation wurde oben »retrospektive Charakterisierung« genannt.[144] Vermutlich besteht zwischen dem Bedingungsbegriff, der in der Kernfrage angesetzt ist, und der Explikation von Bedingungsverhältnissen mit den Mitteln der formalen Logik ein ähnliches Verhältnis. Alle Mittel der formalen Charakterisierung setzen ein bestimmtes Panorama voraus – etwa eine mögliche Welten-Semantik –, unter der das Bedingungsverhältnis tatsächlich angemessen expliziert wird, aber so, dass die Bedeutung des unter diesen Umständen so charakterisierbaren Begriffs davon unabhängig ist, ob diese Umstände gegeben sind.[145] In diesem Sinn ist der Bedingungsbegriff als ein Grundbegriff zu nehmen, für den gilt, dass er dadurch bestimmt ist, dass er unter der Voraussetzung bestimmter Umstände so und nicht anders expliziert werden kann.[146]

Die bisherigen Überlegungen haben also zu demselben Resultat geführt, zu dem auch die *Metaphysische Deduktion* Kants führt, allerdings unter zunächst unproblematischeren Annahmen und nur unter Zuhilfenahme von plausibilisierenden Erwägungen ohne den Anspruch des Apodiktischen. Es steht zu erwarten, dass auch bei der Entwicklung verschiedener Anreicherungen dieser Kernbedeutungen Überlegungen Kants Pate stehen können. Die weiteren Überlegungen müssen nämlich zeigen, ob es tatsächlich möglich ist, im Kontext einer kategorialen Interpretation von Warum-Fragen ein offenes System von besonderen Fragetypen zu entwickeln, das die Applikabilität der Warum-Frage und die Möglichkeit begründeter Antworten auf sie im Bereich der natürlichen Erfahrung plausibel machen kann. Dazu ist an die aporetischen Untersuchungen des Abschnitts 1.2 anzuknüpfen, in denen verschiedene Theorien kausaler Erklärung jeweils unterschiedlich zugespitzte Warum-Fragen zum Ausgangspunkt genommen haben. Unter diesen besonderen Warum-Fragen finden sich auch solche, die Motive der

---

144 Vgl. dazu oben, Abschnitt 2.2.2.2, S. 314.

145 Vgl. hierzu z.B. Mackies Bemerkungen zur Rolle der Imagination bei der Bildung und Überprüfung der kontrafaktischen Konditionalsätze, die ein Bedingungsverhältnis charakterisieren in J. L. Mackie, 1974, S. 56f. und dazu die Probleme der Zugänglichkeitsrelation bzw. der »Nähe« von möglichen Welten, die van Fraassen diskutiert – dazu oben, Abschnitt 1.2.2, S. 154ff.)

146 Das Ergebnis dieses Kapitels zeigt, dass und wie sehr der Ansatz von J. L. Mackie mit dem hier herausgearbeiteten zusammenpasst. Die Überlegungen Mackies lassen sich weitgehend entsprechend modifiziert anschließen. Das wird im folgenden Kapitel noch deutlicher werden. Insofern bestätigt dieses Kapitel die Vermutung, der Umweg in die Geschichte der Metaphysik würde es gestatten, eine Theorie zu skizzieren, die in die aktuelle Diskussionslandschaft eingreifen kann. Doch sind auch die Unterschiede zu Mackie beträchtlich. Sie betreffen vor allem die Fundierung des Bedingungsbegriffs – und damit die Grenzen seiner Applikation. Sie betreffen aber auch die Integrationsfähigkeit des Ansatzes. Auch dies wird im folgenden Kapitel deutlicher werden.

kantischen Analyse der Naturkausalität aufnehmen. Wenn es gelingt, diese besonderen Warum-Fragen als begründete Bedeutungsanreicherungen zu rekonstruieren, dann mag sich ein Verfahren abzeichnen, das den hier erhobenen Anspruch plausibel werden lässt.

3.2 Die weitere kategoriale Interpretation der Warum-Frage – Zur Analyse des kausalen Vokabulars und des Schöpfungsbegriffs

Nachdem im vorigen Abschnitt die Idee einer kategorialen Interpretation entwickelt und der erste Schritt zur Analyse von Warum-Fragen skizziert worden ist, sind die Aufgaben dieses abschließenden Abschnitts klar umrissen: Es geht darum, die kategoriale Interpretation fortzusetzen, soweit es für die Zwecke dieser Arbeit erforderlich ist. Das heißt insbesondere zu zeigen, wie die unterschiedlichen Warum-Fragen, die den im ersten Kapitel untersuchten Theorien kausaler Erklärung zugrunde liegen, von der Kernfrage ausgehend rekonstruiert werden können (3.2.1). Weil diese unterschiedlichen Theorien kausaler Erklärung zu je unterschiedlichen Kausalitätstheorien – regularitätstheoretischen, handlungsorientierten und probabilistischen – führen, hat man einen Schlüssel in der Hand, auch die bisher betrachteten unterschiedlichen Kausalitätstheorien in ein systematisches Verhältnis zu setzen. Denn die unterschiedlichen Kausalitätstheorien lassen sich als Analysen von Antworten auf divergierende Fragen verstehen, die als Modifikationen oder Zuspitzungen einer gemeinsamen Kernfrage rekonstruiert sind. So wie die unterschiedlichen Modifikationen und Zuspitzungen der Warum-Frage auf die verschiedenen Ebenen, die ontologische, die epistemische und die pragmatische, führen, lassen sich die korrespondierenden Kausalitätstheorien in eine einheitliche Analyse des Kausalitätsbegriffs integrieren, eben weil sie die unterschiedlichen Problemebenen betreffen. Dies ist – nachdem mit der Kernfrage bereits der univoke Kernbegriff der Kausalität bzw. des Grundes überhaupt gewonnen worden ist – der zweite, ausdifferenzierende Schritt in der kategorialen Begriffsbildung (3.2.2). Wenn es sich bewährt, das alltägliche und das wissenschaftliche kausale Vokabular von einer gemeinsamen Kernfrage her zu rekonstruieren, dann nur, weil sich in ihm eine ursprüngliche spontane Aktivität des erkennenden Subjekts manifestiert. Diese Aktivität ist dann auch der Grund dafür, dass der Schöpfungsbegriff verständlich ist. Eine Analyse des Schöpfungsbegriffs zeigt, dass er zunächst schlicht der univoke Kernbegriff der Kausalität überhaupt ist, der durch andere Bedeutungsmomente des kausalen Vokabulars nur durch Analogiebildungen angereichert werden kann (3.3.3).

Bei diesem weiteren Schritt der kategorialen Interpretation von Möglichkeiten,»Warum?« zu fragen, ist es entscheidend, die drei oben erneut genannten Ebenen genau auseinander zu halten. Denn nur so ist eine Integration der divergierenden Ansätze in eine einheitliche Theorie möglich.[147] Allerdings hat sich die genaue Fassung der drei Ebenen im Verlauf der vorangehenden Abschnitte gegenüber ihrer ursprünglichen Charakterisierung in der Einleitung und im ersten Kapitel grundlegend verändert.[148] Das liegt nicht zuletzt an der Transformation der tradierten Metaphysik in eine Transzendentalphilosophie kantischen Typs.[149] So kann die ontologische Ebene prinzipiell nicht mehr als die Ebene der Dinge, wie sie für sich und unabhängig davon bestehen, dass sie in irgendeiner Beziehung zu epistemischen Subjekten stehen, bestimmt werden. Auch müssen die ursprünglich recht naiv angesetzten drei Ebenen in sich weiter differenziert werden. Es ist eine Aufgabe dieses Abschnitts zu zeigen, dass die im zweiten problemgeschichtlichen Kapitel erarbeitete feinere Ausdifferenzierung der Transzendentalphilosophie auch unter den bescheideneren Voraussetzungen der kategorialen Interpretation beibehalten werden kann.

Zu diesem Zweck ist es hilfreich, die Resultate von Abschnitt 2.2 kurz zu erinnern und die weiter ausdifferenzierten Ebenen nochmals zusammenzustellen und zu erläutern. Die ontologische Ebene zerfällt bei Kant – gemäß seiner Doppelung des Gegenstandsbegriffs – (1.1) in die Ebene der allgemeinen Ontologie, die den Gegenstand überhaupt, insofern er Gegenstand des Denkens ist, charakterisiert, und (1.2) in die Ebene der Ontologie im engeren (moderneren) Sinn, die nur die Gegenstände der Erkenntnis als solche untersucht, insofern sie gegeben werden können. Reine Kategorien charakterisieren zunächst Gegenstände überhaupt, und es ist ein Beweisziel, zu zeigen, dass sie auch auf Gegenstände, insofern sie in einer Erfahrung gegeben werden können, applikabel sind. Die epistemische Ebene betrifft die Frage, aufgrund welcher sinnlich wahrnehmbarer Merkmale oder Indizien von gegebenen Gegenständen zu Recht geurteilt werden darf, dass sie unter eine bestimmte reine Kategorie fallen. Dabei spielen zwei unterschiedliche Typen von Kriterien hinein, die zum einen der epistemischen Ebene im engeren Sinn zuzurechnen sind, und zum anderen auf die epistemische Relevanz der pragmatischen Ebene in einer bestimmten Fassung verweisen. Die epistemische Ebene im engeren Sinn (2.1) betrifft Merkmale von Gegenständen der Erfahrung, die diesen Gegenständen als Gegenständen der Erfahrung zukommen, und die als solche Indizien aufgefasst werden können. Die epistemische Ebene im weiteren Sinn (2.2 = 3.1) umfasst auch solche

---

147 Vgl. dazu oben, Einleitung, S. 30f.
148 Vgl. dazu oben, Einleitung, S. 16f., und Abschnitt 1.1.1, S. 41ff.
149 Vgl. zu dieser Neufassung oben, Abschnitt 2.2.1, S. 291ff.

Merkmale von Gegenständen der Erfahrung, die erst durch menschliche Interventionen konstituiert werden. Hier geht es in gewissem Sinn um ein pragmatisches Element, das eine ganz bestimmte Funktion hat, nämlich die, durch Interventionen in Prozessen kausal relevante Faktoren zu entdecken. Davon zu unterscheiden sind schließlich noch zwei weitere Funktionen oder gar Typen von Überlegungen, die im weiteren Sinn pragmatisch genannt werden können. Zum einen (3.2) ist zu fragen, inwiefern Bedeutungsmomente des Handlungsbegriffs – etwa das Hervorbringen – in das kausale Vokabular per analogiam eingehen. Dieses Moment kann auch für die epistemische Ebene relevant werden. Schließlich (3.3) ist eine weitere, von den bisherigen Überlegungen weitgehend unabhängige Explikation verbreitet, die unter »pragmatisch« schlicht »kontextvariant« versteht. Diese Ebene spielt im Rahmen der Transzendentalphilosophie eine eher marginale Rolle. Überblickt man diese Differenzierungen, dann ergibt sich, dass die Begriffe der ontologischen Ebene (1) sich dadurch auszeichnen, dass nur sie univok und allgemeingültig sind, während in alle anderen Begriffe Elemente analoger Begriffsbildung eingehen und der Anwendungsbereich begrenzt ist. Weiterhin wird deutlich, dass die Begriffe der ontologischen Ebene (2) aus heterogenen Komponenten zusammengesetzt sind und sich einer Deutung von Kriterien als Eigenschaften wirklicher Dinge verdanken. Wie auch immer: Es ist im Folgenden zu zeigen, dass diese im Kontext der kantischen Transzendentalphilosophie entwickelte Ausdifferenzierung und die Kriterien zur Zuordnung einzelner Bedeutungsmomente im bisher entwickelten Rahmen tragfähig sind. Dabei muss das Zusammenspiel der unterschiedlichen Ebenen jedoch – gemäß den bescheideneren Voraussetzungen – etwas modifiziert werden.

Die methodischen Anforderungen an diesen zweiten Schritt der kategorialen Interpretation von Fragen und der korrespondierenden Entfaltung der Kausalitätskategorie ergeben sich aus der Idee der kategorialen Interpretation und ihren Prämissen. Beispielsweise muss die Art und Weise der Ausdifferenzierung der Fragetypen und entsprechend des kausalen Vokabulars deutlich machen, wie das Vorherwissen, das sich in einer Warum-Frage dokumentiert, dazu hinreichen kann, nicht nur mögliche Antworten von solchen Aussagen zu unterscheiden, die keine möglichen Antworten sind, sondern auch dazu, Mittel und Wege zur Beurteilung von Antwortvorschlägen entwickeln oder selbst beurteilen zu können, um die richtige Antwort herauszufinden.[150] Das bedeutet, dass die Ausdifferenzierung der Frage- und der Theorietypen wenigstens retrospektiv dadurch begründet werden muss, dass dann plausibel wird, dass das Vorherwissen diese Funktion unter be-

---

150 Vgl. dazu oben, Abschnitt 3.1.2.1, S. 426ff.

stimmten Umständen erfüllen kann.[151] Diese Zusammenhänge werden in 3.2.1 noch nicht im Vordergrund stehen. Wenn es aber in 3.2.2 darum gehen wird, die verschiedenen Theorieansätze in ein systematisches Verhältnis zu setzen und dabei die drei in sich weiter ausdifferenzierten Ebenen sorgfältig auseinander zu halten, dann wird genau dieses Problem methodisch leitend.

Noch eine letzte Vorbemerkung: Die Analysen im Rahmen dieses zweiten Schritts einer kategorialen Interpretation der Warum-Frage sind in mehrerem Sinn vorläufig. Das ergibt sich bereits daraus, dass nur einige wenige Beispiele untersucht werden. Eine Fülle von Modifikationen oder Variationen der drei diskutierten Ansätze fällt aus der Betrachtung heraus. Dass es sich zwangsläufig so verhalten muss, ergibt sich jedoch konsequent daraus, dass sich die zu analysierenden bzw. zu rekonstruierenden Modifikationen der Kernfrage nicht einfach analytisch aus dem Vorwissen gewinnen lassen, das sich in der Kernfrage manifestiert. Die Modifikationen ergeben sich vielmehr angesichts besonderer Umstände sowie unter jeweils besonderen Zusatzannahmen und Interessen. Die Vorläufigkeit folgt aber auch daraus, dass in der vorliegenden Untersuchung eine kategoriale Interpretation der Warum-Frage in künstlicher Abstraktion von ihren Querverbindungen zu den Ergebnissen entsprechender Untersuchungen anderer Fragetypen entwickelt wird. Offensichtlich ist beispielsweise eine vollständige Analyse des kausalen Vokabulars nur möglich, wenn mehr über die beteiligten Relata einer Kausalrelation gesagt wird, als es im Folgenden geschieht. Eine gemeinsame Analyse auch nur der wichtigsten Fragetypen in ihrer wechselseitigen Bedingtheit und Ergänzung ist schlicht ein Desiderat. Dieser zweite Grund der Vorläufigkeit hängt durchaus mit dem ersten Grund zusammen. So sind beispielsweise alle diejenigen Theorien der Erklärung ausgeklammert, die auf den Aspekt der vereinheitlichenden und damit idealisierenden Beschreibung abstellen.[152] Ihre Rekonstruktion scheint mir eine genauere Untersuchung beispielsweise von Was-ist-es-Fragen vorauszusetzen. Im Folgenden wird nur an einem Punkt auf einen solchen Zusammenhang hingewiesen, nämlich auf den Zusammenhang zwischen Warum- und Wie-Fragen. Es muss deshalb genügen, wenn in den nächsten Abschnitten deutlich wird, wie eine solche Analyse idealerweise vorgehen müsste und dass eine solche Analyse prinzipiell möglich ist.

---

151 Es wird also nicht etwa behauptet, alle weiteren Bestimmungen würden sich aus dem Vorherwissen deduzieren lassen. Behauptet wird nur, dass sich die weiteren Bestimmungen aus dem Vorherwissen und einem Wissen um allgemeinste Züge der jeweiligen Situation ergeben. Hier ist der Rückgriff auf Erfahrung durchaus möglich, ja sogar notwendig.
152 Vgl. dazu exemplarisch M. Friedmann, 1992b, und P. Kitcher, 1989 und 1981.

3.2.1 Die Modifikationen des univoken Kerns der Warum-Frage in den unterschiedlichen Theorien kausaler Erklärung

Für den zweiten Schritt der kategorialen Begriffsbildung sollen wieder diejenigen Modifikationen der Warum-Frage untersucht werden, die den Theorien kausaler Erklärung von Hempel (3.2.1.1), Toulmin (3.2.1.2) und van Fraassen (3.2.1.3) zugrunde liegen.[153] Denn in ihren Theorien spielen jeweils verschiedene Kausalitätstheorien die Hauptrolle – bei Hempel eine regularitätstheoretische, bei Toulmin eine handlungsorientierte und bei van Fraassen eine probabilistische.[154] Mit einem solchen Vorgehen kann natürlich keinerlei Vollständigkeit beansprucht werden. Es kommen lediglich einige exemplarische Modifikationen der Warum-Frage in den Blick. Doch handelt es sich bei den drei Theorien um hinlänglich paradigmatische Ansätze, so dass wenigstens im Umriss deutlich wird, in welche Richtung auch bei anderen Theorien die Rekonstruktionsaufgabe angegangen werden kann. Zunächst kommt es darauf an, genau zu bestimmen, welches Verständnis der Warum-Frage in den unterschiedlichen Theorien wissenschaftlicher Erklärung jeweils vorausgesetzt wird. Denn die untersuchten Theorien unterschieden sich auch darin, dass sie Erklärungen als Antworten auf je verschieden verstandene Warum-Frage auffassen. Dann muss versucht werden, diese unterschiedlichen Warum-Fragen von der Kernfrage ausgehend zu rekonstruieren und so die Möglichkeiten der Modifikation und Zuspitzung der univoken Kategorienbedingung auszuloten. Insbesondere ist darauf zu achten, ob und welche Rolle Analogieüberlegungen bei dieser kategorialen Interpretation besonderer Warum-Fragen spielen. Damit ist dann auch der Schlüssel gewonnen, die korrespondierenden jeweiligen Kausalitätstheorien in ein systematisches Verhältnis zu setzen.

3.2.1.1 Zur Rekonstruktion der Warum-Frage im Sinn des DN-Modells (Hempel)

Die Untersuchung der Theorie wissenschaftlicher Erklärungen von Hempel zeigte, dass Erklärungen in ihrem Rahmen nicht als Antworten auf Fragen

---

153 Der Versuch einer Rekonstruktion wie der angekündigten steht natürlich den Intentionen dieser Autoren entgegen. Die nachfolgenden Überlegungen stehen deshalb nicht in Übereinstimmung mit ihren Positionen.

154 Streng genommen werden im Folgenden also gar keine einzelnen und besonderen Warum-Fragen gemäß der Idee einer kategorialen Interpretation analysiert. Vielmehr soll von den Analysevorschlägen oder Quasi-Analysen bestimmter Typen von Warum-Fragen ausgegangen werden, die in Kapitel 1.2 zur Analyse der unterschiedlichen Theorien wissenschaftlicher Erklärung entwickelt wurden. Dabei wird zugleich offensichtlich, wie die jüngeren Ansätze von U. Meixner, 2001, G. Keil, 2000, und J. Woodward, 2003 rekonstruiert werden könnten.

der Form »Warum p?« bzw. »Warum ist es der Fall, dass p?« aufzufassen sind, sondern vielmehr auf Fragen der Form »Warum ist (oder war) zu erwarten, dass p?« bzw. »Warum ist (oder war) zu erwarten, dass p der Fall ist?«.[155] Genauer wird hier in dem Sinn nach den Ursachen für p gefragt, dass es sich um relativ auf Gesetze und Randbedingungen hinreichende Bedingungen dafür handelt, dass die Erwartung, dass p, berechtigt ist. Dabei kommen als solche Bedingungen nur Tatsachen oder Ereignisse in Frage.[156] Will man nun diese Frage (bzw. diesen Fragetyp) so analysieren, dass sie als eine Modifikation der Kernfrage erscheint, dann bietet sich ein erster – noch ungenügender – Vorschlag an:[157]

(1) »Für welches x gilt: x ist eine notwendige und (unter Umständen) hinreichende Bedingung dafür, dass p berechtigterweise zu erwarten ist (war)?«[158]

Fügt man die Spezifika des Modells von DN-Erklärungen ein, dann wird deutlich, wie sehr Hempels Theorie auf solche Fragen zugeschnitten ist:

(2) »Für welches x gilt: x ist – unter den Randbedingungen C_1, C_2, C_3, ..., C_n und zusammen mit den Gesetzen L_1, L_2, L_3, ..., L_n – eine notwendige und hinreichende Bedingung dafür, dass p berechtigterweise zu erwarten ist (war)?«[159]

Setzt man nun mit Hempel voraus, dass p genau dann zu erwarten ist, wenn der Umstand, dass p, aus der Konjunktion von Gesetzen, Randbedingungen und dem gesuchten x folgt, dann zeigt sich, dass x tatsächlich die Funktion einer hinreichenden Bedingung erfüllen muss. Die Modifikationen gegenüber der Kernfrage scheinen sich darauf zu reduzieren, dass – erstens – nicht mehr direkt nach der Ursache für ein bestimmtes Ereignis gefragt wird, sondern nach (einem Teil) einer notwendigen und hinreichenden Bedingung dafür, dass eine bestimmte Erwartung berechtigt ist, und dass – zweitens – nicht mehr uneingeschränkt nach einer notwendigen und hinreichenden Bedingung gefragt wird, sondern nach etwas, das diese Rolle nur zusammen mit Randbedingungen und Gesetzen spielen kann. Doch sind – wie angekündigt – die Paraphrasen (1) und (2) in entscheidender Hinsicht

155 Vgl. dazu oben, Abschnitt 1.2.1.1, S. 92f.

156 Diese Einschränkung wird im Folgenden nicht mehr eigens erwähnt. Sie ist bereits damit gemacht, dass die besonderen Fragen als Modifikationen der Kernfrage aufgefasst werden sollen, für welche diese Annahme bereits gemacht wurde.

157 Im Folgenden gebe ich keine ausgeführte Reformulierung in der Form einer Welches-Paraphrase mit eigenständiger Kategorienbedingung (wie oben in Abschnitt 3.1.2), weil das zu umständlichen Formulierungen führen müsste. Es ist aber ersichtlich, wie die gegebenen Vorschläge in eine entsprechende Form gebracht werden könnten.

158 Die Alternative von »ist« und »war« in der Formulierung signalisiert die Strukturidentität von Erklärung und Vorhersage in der Theorie Hempels.

159 Die Pointe der Theorie von Hempel liegt nun darin, dass dies genau dann der Fall ist, wenn p aus x, C_1, C_2, C_3, ..., C_n und L_1, L_2, L_3, ..., L_n logisch folgt – vgl. dazu oben, Abschnitt 1.2.1, S. 87ff.

noch ungenügend. Das liegt schlicht daran, dass zu unbestimmt gelassen wurde, was an die Stelle von »x« einzusetzen ist und wie »dass p« zu interpretieren ist. Dieses Problem stellt sich beispielsweise dann, wenn man fragt, was alleine die Rolle einer Bedingung im Sinn von Hempels Theorie wissenschaftlicher Erklärungen erfüllen kann. Es muss sich nämlich um etwas handeln, für das gilt, dass aus ihm zusammen mit den Randbedingungen und den Gesetzen das Explanandum deduktiv folgt. Aus einem *singulären Ereignis*, einer Tatsache oder einem Ding folgt aber schlicht gar nichts, selbst wenn man unzählige Randbedingungen und Gesetze hinzunimmt. Nur *Beschreibungen* von singulären Ereignissen (oder Tatsachen bzw. Dingen) können diese Funktion erfüllen.[160] Dabei ist nicht ausgeschlossen, dass es von ein und demselben Ereignis mehrere Beschreibungen geben kann und nur für eine von ihnen gilt, dass sie die Bedingungen der Theorie Hempels erfüllt.[161] In die Beschreibung eines Ereignisses – um diesen Fall genauer zu betrachten – geht aber immer die Angabe des Ereignistyps ein. Berücksichtigt man diese Differenz, gelangt man – ausgehend von der Formulierung (2) – zu zwei weiteren Vorschlägen, die Frage »Warum ist (oder war) zu erwarten, dass p?« als Modifikation der Kernfrage zu rekonstruieren:

(3) »Für welchen Ereignistyp X gilt, dass eine Instantiierung dieses Typs – unter den Randbedingungen C_1, C_2, C_3, ..., C_n und zusammen mit den Gesetzen G_1, G_2, G_3, ..., G_n – eine notwendige und hinreichende Bedingung dafür ist, dass dieses Ereignis vom Typ A berechtigterweise zu erwarten ist (war)?«

Bzw.:

(4) »Für welche Instantiierung x welchen Ereignistyps X gilt: x ist unter den Randbedingungen C_1, C_2, C_3, ..., C_n und zusammen mit den Gesetzen G_1, G_2, G_3, ..., G_n – eine notwendige und hinreichende Bedingung dafür, dass dieses Ereignis vom Typ A berechtigterweise zu erwarten ist (war)?«[162]

Formulierung (4) hat den Nach- oder Vorteil, dass zwei Fragen ineinander geschoben sind, die sich auch trennen lassen. Vielleicht macht aber (4)

160 Diese Zusammenhänge hat J. Kim, 1971, deutlich herausgearbeitet und zu einer Kritik am DN-Modell ausgebaut.

161 Zur Beantwortung solcher Fragen ist eine genaue Analyse des Verhältnisses beispielsweise von Ereignisbeschreibung und singulärem Ereignis notwendig, die – natürlich – umstritten ist. J. Kim, 1971, fasst Ereignisse als Eigenschaftsexemplifizierungen auf und hat so eine eineindeutige Zuordnung von Ereignis und Ereignisbeschreibung gewonnen, während D. Davidson in mehreren Aufsätzen die Auffassung vertreten hat, von ein und demselben Ereignis seien mehrere Beschreibungen möglich. J. L. Mackie, 1974, scheint ebenfalls davon auszugehen, dass Ereignisbeschreibungen und Ereignisse nicht im Sinne Kims eineindeutig zuordenbar sind. Das wird im Folgenden noch deutlicher werden.

162 Beide Formulierungen (3) und (4) eröffnen weitere Variationsmöglichkeiten: z.B. statt »dieses Ereignis vom Typ A« einfach »ein Ereignis vom Typ A«.

deutlich, dass und inwiefern insbesondere (3) eine besondere Funktion haben kann, wenn es darum geht, relativ auf Umstände eine Kernfrage zu stellen und zu beantworten. Denn Frage (3) ist gegenüber Frage (4) zumeist zuerst zu beantworten. Der Weg zu einer Antwort auf Frage (4) führt dann über die Antwort auf Frage (3).[163] Dieser Umstand kann entscheidend sein, wenn es im folgenden Abschnitt darum geht, die den unterschiedlichen Fragen korrespondierenden Kausalitätstheorien zu rekonstruieren.

Zwei Fragen sind jedoch im Zusammenhang dieser Analyse der Modifikationen der Warum-Frage, die in Hempels Theorie vorausgesetzt werden, noch zu beantworten: Wie genau sind die Modifikationsschritte zu fassen und steht am Ende der Modifikation überhaupt noch eine kategoriale Frage? Neben den beiden ersten Modifikationsschritten – dass es sich um eine Bedingung nur für eine berechtigte Erwartung und nur unter bestimmten Umständen und relativ auf Gesetze handeln soll – tritt nun die weitere Modifikation auf, dass es sich um die Bedingung für die Erwartung eines Ereignisses von einem bestimmten Typ handeln muss, und dass diese Bedingung selbst von einem bestimmten Typ sein soll. Denn nur dann können Instantiierungen dieser Typen gemäß einer Regel in einen deduktiven Zusammenhang gebracht werden. Dabei entsteht eine gewisse Doppeldeutigkeit, denn die beiden Ereignisse sollen zum einen in genau der Relation stehen, in die sie bereits durch die Kernfrage gebracht werden (wenn auch unter bestimmten Umständen); sie sollen aber zugleich in die Relation gebracht werden, die dadurch besteht, dass sie Instantiierungen von Ereignissen sind, die gemäß einer Regel oder eines Gesetzes miteinander deduktiv verknüpft sind. Es fragt sich, ob diese beiden Relationen identisch sind und wie sie sich zu der Relation verhalten, die zwischen den Typen der beteiligten Ereignisse besteht. Denn durch die vielen Modifikationsschritte ist nicht gewährleistet, dass der Begriff der Bedingungsrelation in allen Fällen gleich zu verstehen ist. Nichts garantiert, dass der Bedingungsbegriff durch die Modifikationsschritte unberührt bleibt. Es wird sich später zeigen, dass hier Analogieverhältnisse eine Rolle spielen.[164]

Ein Grund dafür ergibt sich, wenn man der zweiten aufgeworfenen Frage nachgeht. Die zugespitzten Fragen (3) und (4) sind – wie sich leicht zeigen lässt – keine kategorialen Fragen. Es ist also möglich, dass es Gegenstände

---

163 An dieser Stelle hängt alles davon ab, wie man die Möglichkeit veranschlagt, an einzelnen Fällen bereits zu treffenden Kausaldiagnosen zu gelangen. Mir scheint, dass auch in Einzelfällen meist der Rückgriff auf Gesetzeshypothesen notwendig ist, doch ist dieser Punkt strittig. Ansätze wie etwa die S. Toulmins, die singulären Fällen eine diagnostische Funktion zusprechen, setzen – wie mir scheint – den Kausalitätsbegriff so schwach an, dass sie auch die Bedingungen für treffende Diagnosen mindern können (vgl. zu Toulmins Kausalitätsbegriff oben, Abschnitt 1.2.2, S. 133ff.).

164 Vgl. unten, 3.2.2, S. 485ff.

gibt, deren Eigenschaften implizieren, dass eine oder mehrere Bedingungen oder Voraussetzungen der Frage nicht erfüllt sind. Das trifft für diejenigen Dinge zu, die nicht unter Gesetzen stehen, und es trifft für diejenigen Gegenstände zu, die nicht in der Zeit sind. Unabhängig davon, ob es solche Gegenstände tatsächlich gibt, und unabhängig auch davon, ob sich etwas über sie ausmachen lässt, kann man sie sich nicht einmal so denken, als ließen sich diese Fragen angesichts ihrer sinnvoll stellen. Die Fragen (3) und (4) – von (1) und (2) als unangemessenen Versuchen einmal ganz abgesehen – sind also keine kategorialen Fragen. Doch ist der Bedingungsbegriff im Sinn der Kernfrage auch dort noch sinnvoll, wo nicht mehr von gesetzmäßigen Zusammenhängen (im Sinne der DN-Erklärungen) die Rede ist. Das aber bedeutet, dass die Art und Weise, in der in DN-Erklärungen von Bedingungen gesprochen wird, nicht mit derjenigen zusammenfällt, welche die Kernfrage anvisiert. Es wird unten noch deutlicher werden, dass zwischen diesen beiden Bedingungsverhältnissen eine Analogie – genauer: eine *analogia proportionaliatis* – bzw. ein Darstellungsverhältnis besteht.[165]

Es ist nun nicht schwer, den Grund dieser Modifikationen der Kernfrage in dem Umstand zu identifizieren, dass im Bereich einer unendlichen Mannigfaltigkeit endlicher Dinge oder Ereignisse nach Ursachen im Sinn der Kernfrage gesucht wird. Die Endlichkeit der Dinge oder Ereignisse besteht gerade darin, dass sie von einer Vielzahl anderer Umstände abhängig sind, so dass die zwischen ihnen bestehenden Dependenzrelationen – sofern sie auf Gesetze gebracht werden und von Ereignistypen statt von Ereignissen geredet wird – selbst nur als relative erscheinen. Die Kernfrage als solche sieht zunächst von diesem Umstand der Endlichkeit ab. Sie verdankt sich nämlich der reinen Spontaneität und ist noch nicht auf die Verhältnisse zugespitzt, die erst mit einem Mannigfaltigen endlicher Dinge gegeben sind. Auch wenn die Bedingungsrelation, die durch die derartig zugespitzte Warum-Frage anvisiert wird, nur eine relative ist, kann sie einen Beitrag zur Beantwortung der Kernfrage stellen, die nicht-relative Bedingungsrelationen zwischen singulären Dingen oder Ereignissen anvisiert.[166]

---

165 Vgl. dazu unten, 3.2.2, S. 485.

166 Um den Punkt nochmals zu fassen: Ist von einem Ereignis unter der Beschreibung die Rede, unter der es in einer DN-Erklärung alleine auftreten kann, so ist immer von einer Instanz eines Ereignistyps an einem bestimmten Ort und zu einer bestimmten Zeit die Rede. So thematisiert bedarf es immer des Rückgriffs auf andere Umstände und Gesetze, damit dieses Ereignis die Rolle einer (deshalb relativen) hinreichenden Bedingung spielen kann. Ist jedoch von diesem Ereignis nicht lediglich als Instanz eines bestimmten Typs die Rede, sondern schlicht von diesem singulären Ereignis, bedarf es keinerlei Rückgriffs auf weitere Umstände und Gesetze, damit dieses Ereignis als hinreichende Bedingung fungieren kann. Wären die Umstände andere, wäre es nicht *dieses* Ereignis – vgl. dazu oben Abschnitt 3.1.3, S. 458, Anm. 132, zu J. L. Mackies Revision seines Ansatzes von 1965 in der späteren Monographie von 1974.

3.2.1.2 Zur Rekonstruktion der Warum-Fragen im Sinn der Theorien kausaler Erklärung von Toulmin

Im Zusammenhang mit Toulmins Theorie wissenschaftlicher Erklärung sind zwei unterschiedliche Fragetypen genauer zu untersuchen. Zum einen gilt es, den oben bereits herauspräparierten Typ von Warum-Fragen, der seiner Theorie der Erklärung von Abweichungen relativ auf ein Ideal der Naturordnung korrespondiert, als eine Modifikation der Kernfrage zu rekonstruieren.[167] Zum anderen ist auch zu fragen, ob seiner Skizze eines handlungsorientierten Kausalitäts- und Erklärungsbegriffs eine besondere Modifikation der Kernfrage korrespondiert. Letzteres ist im Blick darauf unerlässlich, dass auch handlungsorientierte Kausalitätstheorien – wie etwa die von Wrights – in den hier zu entwickelnden Ansatz integriert werden sollen.[168] Doch zunächst zum ersten Fragetyp.

Erklärungsverlangende Warum-Fragen haben nach Toulmin – zumindest gemäß der Rekonstruktion seiner Theorie im Abschnitt 1.2 – eine bestimmte Form, die sich in einer Quasi-Formalisierung mit »Warum p, wo doch relativ auf das Ideal I_k mit q_i zu rechnen war?« wiedergeben lässt. Die Indizes zeigen dabei an, dass es im Verlauf der Geschichte mehrere Ideale der Naturordnung geben kann und entsprechend auch mehrere verschiedene Normalverläufe. Man kann – um Erkenntnisgründe noch deutlicher auszuschließen – auch die Formalisierung »Warum ist es – relativ zu I_k – der Fall, dass p, wo doch mit q_i zu rechnen war?« wählen. Doch ist das für das Folgende nicht relevant. Gegenüber der Kernfrage sind dann drei Modifikationen zu berücksichtigen. Zum ersten muss die nach Toulmin charakteristische Abweichungsstruktur in der Form der Frage berücksichtigt werden. Dann muss die Relativität auf ein Ideal der Naturordnung ausgedrückt werden. Schließlich ist so zu formulieren, dass wieder von Ereignistypen (und vielleicht auch von ihren Instantiierungen) die Rede ist. Denn trotz der beiden ersten Modifikationen handelt es sich bei diesem Fragetyp wiederum um eine Warum-Frage, die auf Regularitäten aus ist, wenn auch auf eine besondere Art von Regularitäten.[169]

Das Kernproblem besteht indessen darin, wie die Relativität auf ein Ideal der Naturordnung angemessen auszudrücken ist. Das Ideal der Naturord-

---

167 Vgl. dazu oben, Abschnitt 1.2.2.2, S. 129ff.

168 Vgl. dazu oben, Abschnitt 1.2.2.2, S. 137f. Wenn ich richtig sehe, lassen sich für viele Überlegungen von G. Keil, 2000, und J. Woodward, 2003, ähnliche Rekonstruktionsvorschläge entwickeln.

169 Dass auch hier eine Art von Regularitäten eine besondere Rolle spielt, zeigen die Überlegungen von Bromberger, die im Punkt des Abweichungscharakters mit denen Toulmins zusammenstimmen, und der in das hempelsche Erklärungsmodell regelrechte Abweichungsgesetze einführt – vgl. dazu oben, Abschnitt 1.2.2.1, S. 121f.

nung determiniert zweierlei: Aus ihm ergibt sich zum einen das Bild vom
normalen Verlauf der Dinge; zum anderen bestimmt es die möglichen Bedingungen, die überhaupt als Ursachen für die Abweichung in Frage kommen.[170] Das bedeutet, dass das Ideal der Naturordnung an zwei Stellen in
der Frage zu berücksichtigen ist, nämlich einmal bei der Eintragung des zu
erwartenden Naturverlaufs und dann auch bei der Charakterisierung der in
Frage kommenden notwendigen und hinreichenden Bedingungen. Aus allen
diesen Überlegungen ergibt sich für Fragen vom ersten Fragetyp, den
Toulmin berücksichtigt, der folgende Rekonstruktionsvorschlag:

(5) »Für welches Ereignis x von welchem Typ X gilt, dass es gemäß dem Ideal I_k eine
(relativ auf die Umstände C_1, C_2, C_3, ..., C_n) notwendige und hinreichende Bedingung
dafür ist, dass ein Ereignis vom Typ P eintritt, obwohl doch gemäß dem Ideal I_k unter
den Umständen C_1, C_2, C_3, ..., C_n mit einem Ereignis vom Typ Q zu rechnen ist
(war)?«[171]

Drei Bemerkungen zur Erläuterung dieses Vorschlags: Zunächst handelt es
sich hierbei – wie auch schon bei (4) – um die Verkettung oder Verschach-
telung zweier Fragen, wobei die Frage nach dem Typ insofern vorgeordnet
ist, als sie in aller Regel zuerst beantwortet werden muss, um überhaupt das
gesuchte Ereignis zu identifizieren bzw. zu finden. Weiterhin ist zu bemerken, dass zwar – wie auch in (4) – Randbedingungen in die Frage eingehen,
dass aber jeder explizite Bezug auf Gesetze fehlt. Das ist im Blick auf das
Ideal der Naturordnung rechtfertigbar, weil es ja für Toulmin die nicht-
formalen Folgerungsbeziehungen regelt, die eine Erklärung gemäß einem
Ideal ermöglichen. Damit hängt auch der letzte der drei Punkte zusammen:
Im Unterschied zu Hempel ist der Erklärungszusammenhang für Toulmin
kein Deduktionszusammenhang. Es sind vielmehr solche nicht-formalen
Übergangsregeln, welche die Erklärung ausmachen. Schon deshalb muss in
(5) in einem anderen Sinn von Bedingungen die Rede sein, als etwa in (4).
Während in (4) unter einer hinreichenden Bedingung ein Ereignis verstanden wurde, aus dessen Beschreibung zusammen mit der korrespondierenden
Existenzbehauptung, den nötigen Gesetzesaussagen und der Beschreibung
der Randbedingungen die Existenz der Wirkung (unter einer Beschreibung)
deduktiv folgt, kann dies von Toulmin nicht gemeint sein. Toulmin spricht
gar nicht von Bedingungszusammenhängen. Doch lässt sich eine – in ge-

170 Um das an Toulmins Beispiel von der Gravitationstheorie Newtons zu illustrieren: Das
Ideal der Naturordnung bestimmt hier, dass sich eine Bewegung ohne weitere Einflüsse unverändert fortsetzt, und dass Abweichungen von dieser Bewegung durch besondere Ursachen bewirkt
sein müssen, die als Kräfte wirken, deren Impuls proportional zu der resultierenden Bewegung ist
– vgl. dazu oben, Abschnitt 1.2.2.2, S. 129f.
171 Für Toulmin fallen Prognosen und kausale Erklärungen nicht zusammen. Entsprechend
sind Erklärungen auch nicht nur Begründungen für Erwartungen. Eine eigene epistemische Relativität stellt sich bei Toulmin jedoch an neuem Ort wieder ein.

wissem Sinn analoge – Charakterisierung von Bedingungen geben, die Toulmin gerecht werden könnte. Für eine hinreichende Bedingung im Sinn von (5) gilt, dass aus ihr (unter einer bestimmten Beschreibung) und den Randbedingungen (unter bestimmten Beschreibungen) gemäß den informellen Folgerungsregeln, die sich aus dem Ideal der Naturordnung ergeben, der Eintritt der Wirkung (unter einer bestimmten Beschreibung) gewonnen werden kann. Man benötigt diesen Modifikationsschritt nicht, um mit (5) eine bestimmte Frage zu stellen und kann das Ideal auch im Sinn Hempels als ein Ensemble von Gesetzen oder gesetzesartigen Aussagen ausbuchstabieren, doch wird man damit wahrscheinlich den Intuitionen Toulmins noch weniger gerecht.

Aus (5) ergibt sich nun auch einiges im Hinblick auf den zweiten Typ von Warum-Fragen, den Toulmins Theorie kausaler Erklärungen kennt und der mit den handlungsorientierten Kausalitätstheorien zusammenhängt. Obwohl Toulmins Überlegungen nicht auf das Problem von Warum-Fragen bezogen werden, lässt sich dennoch gut fragen, als Antwort auf eine Frage welchen Typs Kausalaussagen in diesem Verständnis aufgefasst werden können. Eine handlungsorientierte Kausalitätstheorie interpretiert Ursachen in der einen oder anderen Weise als etwas, für das gilt: dadurch, dass man etwas tut (oder unterlässt) läuft der Vorgang unter sonst gleichbleibenden Umständen in einer anderen Weise ab, nämlich so, dass eine bestimmte Wirkung eintritt.[172] Es kommt nun darauf an, die Formulierung der korrespondierenden Warum-Frage im ersten Schritt völlig frei von all denjenigen Überlegungen Toulmins oder von Wrights zu halten, die eher die weitere Deutung oder Relevanz dieses recht basalen Sachverhalts für eine Kausalitätstheorie im Ganzen betreffen. Ein erster Vorschlag ist:

(6) »Für welchen Ereignistyp (oder welchen Zustandstyp) X gilt: X kann durch eine Handlung herbeigeführt werden und X ist, unter den Umständen $C_1, C_2, C_3, ..., C_n$, zusammen mit den Gesetzen $L_1, L_2, L_3, ..., L_n$, notwendig und hinreichend dafür, dass ein Ereignis vom Typ P (bzw. ein Zustand vom Typ P) eintritt?«

Auch zu diesem Vorschlag einige Erläuterungen. Zunächst ist in dieser Formulierung nicht die von Toulmin generell behauptete Relativität auf ein Ideal der Naturordnung berücksichtigt. Doch ergibt sich diese Auslassung aus der Überlegung in Abschnitt 1.2, dass der handlungsorientierte Kausalitätsbegriff in diesem Punkt geradezu im Widerspruch zu Toulmins genereller Auffassung steht. Ob nämlich eine Handlung dadurch, dass sie ein bestimmtes Resultat hat, etwas anderes hervorbringt oder nicht, ist völlig unabhängig von allen Theorien der Fall, in denen dieses Verhältnis dann in-

---

172 Vgl. dazu S. Toulmin, 1953, dt. S. 123; G. H. von Wright, 1971, S. 42ff., insbes. auch S. 67ff. – dazu oben, Abschnitt 1.2.2.2, S. 137ff.

terpretiert oder beschrieben wird.[173] Eine weitere Besonderheit gegenüber anderen Fragen ergibt sich aus dem Verhältnis zwischen der Handlung und ihrem Resultat. Man kann vielleicht Handlungen als eine Art Ereignis auffassen, ihr Resultat – das ja in der handlungsorientierten Kausalitätstheorie im engeren Sinn als Ursache angenommen wird – nicht. Der Ausdruck »Zustand« soll den spezifischen Charakter des Resultats einer Handlung andeuten.[174] Schließlich ist zu überlegen, ob in (6) nicht doch auch neben der Frage nach dem Zustands- oder Ereignistyp die Frage nach der Instantiierung aufgenommen werden müsste. Doch kann mit einer solchen Frage sinnvoll gar nicht nach einer Instantiierung gefragt werden. Denn wenn angesichts von etwas nach dessen Ursache gefragt wird, und diese Frage im Sinne der handlungsorientierten Kausalitätstheorie gestellt wird, dann kann es gar nicht um eine Instantiierung eines bestimmten Ereignisses im Sinn der Frage (6) gehen, weil die besondere Ursache dieser Wirkung zwar vom gesuchten Typ ist, aber unter Umständen durch keine Handlung hervorgebracht wurde.[175] Es ist für die Beurteilung der handlungsorientierten Kausalitätstheorie entscheidend, dass sie nicht behaupten muss, alle Ursachen seien Resultate von Handlungen, sondern dass sie nur darauf festgelegt ist, die Ursachen, von denen sie spricht, seien von einem Typ, der durch Handlungen herbeigeführt oder verhindert werden kann.[176] Dieser Punkt kommt auch dadurch zum Ausdruck, dass das gesuchte X in Frage (6) immer noch einer bestimmten Kategorienbedingung gerecht werden muss, nämlich der, eine notwendige und hinreichende Bedingung zu sein, bzw. (um auch diese nötige Differenzierung einzutragen) zumindest Teil einer unter Umständen notwendigen und hinreichenden Bedingung.

Einem Umstand ist allerdings in (6) noch nicht Rechnung getragen. Für den manipulierenden Eingriff soll nämlich gelten, dass durch ihn die Geschehnisse anders verlaufen als ohne ihn. Diese Struktur der Abweichung von einem Normalverlauf gilt es nun noch zu berücksichtigen. Dabei ist im Unterschied zu (5) nicht die Rede von einem – nur relativ auf ein Ideal der Naturordnung – zu erwartenden Normalverlauf. Diese Relativität findet sich in handlungsorientierten Kausaltheorien nicht behauptet. Stattdessen wird schlicht ein Verlauf der Dinge, wie er sich ohne Eingriff abspielen würde,

---

173 Vgl. dazu oben, Abschnitt 1.2.2.2, S. 138ff.

174 So wäre etwa das Resultat der Handlung »Tür-Schließen« der Zustand, dass die Tür geschlossen ist, wodurch beispielsweise bewirkt wird, dass es nicht mehr zieht.

175 Normalerweise stellen sich Warum-Fragen angesichts bereits eingetretener Ereignisse. In einem Experiment kann der Eintritt dieses Ereignisses nie wiederholt, sondern nur der Eintritt eines Ereignisses desselben Typs provoziert werden.

176 Um das Beispiel aus Fußnote 174 fortzusetzen: dass die Tür geschlossen ist, kann als eine Ursache dafür, dass es nicht zieht, angesehen werden, unabhängig davon, ob die Tür durch eine Handlung geschlossen wurde oder nicht. Dafür, dass dieses die Ursache ist, ist der Umstand, dass es sich um das Resultat einer Handlung handelt, gleichgültig.

als Kontrast angenommen. Die handlungstheoretische Kausaltheorie setzt hier – im Unterschied zu Toulmin – durch und durch realistische und konditionalistisch zu deutende Kausalverhältnisse voraus.[177] Mit diesen Kautelen wird man (6) durch die folgende Formulierung (7) ersetzen müssen:

(7) »Für welchen Ereignistyp (bzw. welchen Zustandstyp) X gilt: X kann durch eine Handlung herbeigeführt werden und X ist, unter den Umständen C_1, C_2, C_3, ..., C_n zusammen mit den Gesetzen L_1, L_2, L_3, ..., L_n, notwendig und hinreichend dafür, dass ein Ereignis (bzw. ein Zustand) vom Typ P eintritt, wo doch bei Fehlen oder Unterlassen von X unter den Umständen C_1, C_2, C_3, ..., C_n zusammen mit den Gesetzen L_1, L_2, L_3, ..., L_n mit einem Ereignis (oder Zustand) vom Typ Q zu rechnen war?«

Vergleicht man nun Frage (7) mit Frage (5) oder gar der Typfrage in Frage (4), dann beschränkt sich die Modifikation – wenn man vom Problem der Relativität auf ein Ideal, der Frage nach der Rolle von Naturgesetzen und dem Problem des deduktiven Charakters von Erklärungen absieht – darauf, dass in (6) gegenüber (5) eine zusätzliche Bedingung enthalten ist, nämlich die, dass es sich beim Gesuchten um etwas handeln muss, das prinzipiell durch Handlungen eintritt oder nicht. Diese zusätzliche Bestimmung berührt nicht den bedingungstheoretischen Kernbegriff der Kausalität, der in diese Frage noch eingeht. Sie tritt vielmehr als zusätzliches Auswahlkriterium hinzu. Es handelt sich also um eine weitere Zuspitzung der schon bekannten Modifikationen. Dabei ist offensichtlich, dass es sich weder bei (5) noch bei (6) bzw. (7) um kategoriale Fragen handelt.

3.2.1.3 Zur Rekonstruktion der Warum-Frage im Sinn des probabilistischen Ansatzes (van Fraassen)

Die Theorie wissenschaftlicher Erklärungen von van Fraassen bringt eine probabilistische Kausalitätstheorie ins Spiel. Mit der Rekonstruktion und der angestrebten Integration dieser Spielart kann nicht beansprucht werden, automatisch alle Varianten einer solchen Kausalitätstheorie erfasst zu haben.[178] Das wird in 3.2.2 an entsprechender Stelle noch deutlicher werden. Gleichwohl kommt es auch hier darauf an, bei der Interpretation der Position van Fraassens gegen seine Intentionen ein methodisches Vorgehen zu gewinnen, das auch angesichts anderer Versionen einer probabilistischen Kausalitätstheorie – entsprechend modifiziert – durchgeführt werden

177 Vgl. zu den sich daraus für Toulmin ergebenden Problemen oben, Abschnitt 1.2.2.2, S. 138f. Dass mit einer handlungstheoretischen Kausalitätstheorie eine realistische Deutung einhergeht, versucht auch I. Hacking, 1983, plausibel zu machen.
178 Vgl. z.B. P. Suppes, 1970 und 1984a; aber auch die ausführlichen Überlegungen von W. C. Salmon, 1980.

kann.[179] Hierzu bietet die Theorie van Fraassens insofern einen besonderen Vorteil, als er selbst explizit eine logische Analyse derjenigen Warum-Fragen vorlegt, die durch Sätze vom Typ seiner wissenschaftlichen Erklärungen beantwortet werden. Die gegenwärtige Aufgabe besteht deshalb nur darin zu prüfen, ob seine Analyse von Warum-Fragen auch in den Termini einer Modifikation der Kernfrage reformuliert werden könnte.

Van Fraassen analysiert Warum-Fragen mit den Mitteln der erotetischen Logik von Belnap/Steel.[180] Eine Warum-Frage Q wird definiert als ein Tripel $<P_k, X, R>$? aus Gegenstand der Frage P_k, Kontrastklasse X und einer Relevanzrelation R. Eine Antwort auf eine solche Frage hat dann in etwa die Form »P_k im Unterschied zu (Rest von X), weil A in der Relevanzrelation R zu $<P_k, X>$ steht«. Offensichtlich lässt sich deshalb eine solche Warum-Frage auch als Welches-Frage mit den Mitteln Belnap/Steels analysieren. In der halbformalen Redeweise ergäbe sich damit als erster Vorschlag:[181]

(8) »Für welches x gilt: x steht in der Relevanzrelation R zu $<P_k, X>$, so dass P_k statt (Rest von X)?«

Auf den ersten Blick ist nicht zu sehen, wie diese Frage als eine Modifikation der Kernfrage rekonstruiert werden kann. Das liegt schlicht daran, dass in Fragen solchen Typs zunächst von Relevanzrelationen und nicht von Bedingungsrelationen die Rede ist. Nun ist eine Relevanzrelation im allgemeinsten Sinn für van Fraassen dadurch bestimmt, dass die Wahrscheinlichkeit dafür, dass ein bestimmtes Ereignis E eintritt, unter der Voraussetzung variiert, dass ein anderes Ereignis A eintritt – dass also gilt: »P (E/A) ≠ P(E)«. Im besonderen Fall soll diese Veränderung so sein, dass durch das Eintreten von A die Wahrscheinlichkeit von P_k im Vergleich zur Wahrscheinlichkeit der anderen Elemente der Kontrastklasse erhöht wird. Das aber bedeutet, dass A zumindest als eine hinreichende Bedingung für diese Neuverteilung der Wahrscheinlichkeiten innerhalb der Kontrastklasse interpretiert werden kann.[182] Wenn also A in der Relevanzrelation R zu $<P_k, X>$

---

179 Dieser Versuch einer Integration ist nicht ohne Vorbilder. Dabei denke ich insbesondere an die Überlegung W. Salmons, der letztlich ja dazu kommt, eine probabilistische Kausalitätstheorie durch ihre Funktion im Blick auf fundamentalere Kausalbegriffe zu interpretieren – vgl. dazu W. C. Salmon, 1985 und 1977b. Wenn ich richtig sehe, lässt sich seine Diskussion probabilistischer Kausalitätstheorien in die folgenden Überlegungen integrieren. Das bedeutet allerdings nicht, dass mir seine At-At-Theorie der Kausalität so grundlegend zu sein scheint, wie er sie darstellt. Diese Frage soll hier aber nicht mehr ausführlich verfolgt werden.

180 Vgl. hierzu oben, Abschnitt 1.2.3.2, S. 161f.

181 Eine Formalisierung in der Sprache Belnap/Steels findet sich oben, Abschnitt 1.2.3.2, S. 161ff.

182 Vgl. hierzu die Überlegungen W. Stegmüllers zur Integration des probabilistischen Ansatzes in den konditionalistischen Ansatz von J. L. Mackie in: W. Stegmüller, 1983, S. 631ff.

steht, dann ist A zugleich eine zumindest hinreichende Bedingung für eine entsprechende Neuverteilung der Wahrscheinlichkeiten in X zu Gunsten von P_k. Entsprechend kann (6) – in aller Vorläufigkeit – durchaus so reformuliert werden, dass von einem Bedingungsverhältnis die Rede ist:

(9) »Für welches x gilt: der Eintritt von x ist eine hinreichende (und unter Umständen notwendige) Bedingung dafür, dass die Wahrscheinlichkeit von P_k relativ auf die anderen Alternativen in X größer wird?«

Die Vorläufigkeit dieser Reformulierung liegt im Vergleich mit den Rekonstruktionen der andern Warum-Fragen auf der Hand. Denn weder ist die Differenz zwischen Ereignis und Ereignistyp berücksichtigt, noch ist etwas über die Funktion von Gesetzen, gesetzcsähnlichen Aussagen und Randbedingungen ausgemacht. Auch ist noch nichts Genaueres darüber gesagt, ob und warum es sich auch um eine notwendige Bedingung für die Veränderung der Wahrscheinlichkeitsverteilung handeln sollte. Nun kann man zunächst annehmen, dass im Rahmen statistischer Betrachtungen immer Ereignisse als Ereignisse eines bestimmten Typs – also unter einer bestimmten Beschreibung – interessieren.[183] Statistische Zusammenhänge werden nämlich – egal welcher Wahrscheinlichkeitstheorie man anhängt – aufgrund von Häufigkeiten ermittelt. Weiterhin kann man annehmen, dass im Rahmen solcher Häufigkeitsbetrachtungen grundsätzlich zunächst hinreichende Veränderungen für die veränderte Wahrscheinlichkeitsverteilung in den Blick geraten. Erst die Klausel »unter Umständen« ermöglicht es, hier von hinreichenden und notwendigen Bedingungen zu sprechen. Schließlich wird man zwar Randbedingungen oder Begleitumstände berücksichtigen, nicht aber Gesetze. Denn die Antwort selbst begründet einen statistischen Zusammenhang, d.i. ein statistisches Gesetz. Nimmt man entsprechende Ergänzungen vor und berücksichtigt wiederum die Ineinanderschachtelung von Fragen, ergibt sich:

(10) »Für welches x von welchem Ereignistyp Y gilt: Der Eintritt des Ereignisses x vom Typ A ist unter den Randbedingungen C_1, C_2, C_3, ..., C_n eine notwendige und hinreichende Bedingung dafür, dass die Wahrscheinlichkeit von P_k relativ zu den anderen Alternativen in X größer wird?«

Der wesentliche Modifikationsschritt besteht nun darin, dass es sich nicht mehr um – unter Umständen – notwendige und hinreichende Bedingungen

---

183 Ich beschränke mich hier auf die Fälle, die Hempel als IS-Erklärungen auffassen würde; DS-Erklärungen bleiben demgegenüber ausgeblendet (vgl. zu diesem Unterschied oben, Abschnitt 1.2.1, S. 104ff.). In solchen Fällen besteht ein deduktiver Zusammenhang zwischen Theorie, Gesetzen über Wahrscheinlichkeitsverteilungen und Aussagen über Einzelfälle. Es wären weitere Überlegungen nötig, wie in diesen Fällen – also beispielsweise im Fall der Quantentheorie – zu verfahren ist.

für das Eintreten einer Wirkung handelt, sondern nur um – unter Umständen – notwendige und hinreichende Bedingungen für eine, die Wirkung favorisierende Neuverteilung der Wahrscheinlichkeiten in einer Kontrastklasse. Alle anderen Modifikationsschritte, wie etwa die Rede von Alternativen, die Relativität auf Umstände und Randbedingungen oder die Rede von Ereignistypen, sind bereits aus den früher betrachteten Frageformen bekannt. Hierbei ist es natürlich wieder eine eigene Frage, ob in (10) im selben Sinn von hinreichenden und notwendigen Bedingungen gesprochen wird wie in der Kernfrage oder beispielsweise in (4). Doch unabhängig davon, wie diese Frage beantwortet wird: Die Beziehung zwischen Ursachereignis und Wirkung, nach der in (10) gefragt wird, unterscheidet sich von der Bedingungsrelation in der Kernfrage oder in (4) hinlänglich.

Geht man von der Idee einer kategorialen Interpretation der Warum-Frage aus, wie sie im vorigen Abschnitt entwickelt wurde, dann lassen sich alle die besonderen Warum-Fragen, die den unterschiedlichen Theorien wissenschaftlicher Erklärung zugrunde liegen, als Modifikationen einer Kernfrage rekonstruieren. Dazu sind nur wenige modifizierende Bestandteile nötig, die durch Kombination und Iteration immer neue Typen von Warum-Fragen generieren. Wenn dieses Ergebnis tragfähig ist, dann müssen sich auch die divergierenden Theorien kausaler Erklärung in ein systematisches Verhältnis setzen lassen. Dieses Verhältnis lässt sich dann rekonstruieren, wenn die verschiedenen Fragen in ein Verhältnis gesetzt werden können. Dazu ist insbesondere zu untersuchen, welche Rolle Antworten auf Fragen des einen Typs bei der Beantwortung von Fragen eines anderen Typs – aber auch der Kernfrage selbst – spielen können.

3.2.2 Zur Integration der verschiedenen Kausalitätstheorien in den konditionalistischen Ansatz

Nach der kategorialen Interpretation derjenigen Fragen, die das Maß der Erklärung in den Theorien wissenschaftlicher Erklärung von Hempel, Toulmin und van Fraassen ausdrücken, geht es nun darum, die verschiedenen Kausalitätstheorien, welche ja die Form von Antworten dieser unterschiedlichen Fragen auf den Begriff bringen sollen, in ein systematisches Verhältnis zu setzen. Dabei sollen auch die drei Beispiele wieder aufgegriffen werden, anhand derer die Theorien wissenschaftlicher Erklärung im Abschnitt 1.2 in aporetische Überlegungen gezogen wurden – also das Beispiel vom Sonnenstand und der Länge des Schattens, das Beispiel von den Gezeiten und das Beispiel von den Ursachen des Kindbettfiebers.[184] Auch

---

184 Vgl. zu diesen Beispielen oben, Abschnitt 1.2, S. 84ff.

dieser Schritt kann im weiteren Sinn noch zur kategorialen Interpretation von Warum-Fragen gezählt werden. Denn es geht nun darum, aus den Modifikationsschritten, mit denen sich die unterschiedlichen Fragetypen rekonstruieren lassen, den spezifischen Sinn herauszuarbeiten, in der eine Kausalaussage gemäß einer bestimmten Theorie eine Kausalaussage ist. Es wird deutlich werden, dass die verschiedenen Fragen zu Bedeutungskomponenten des kausalen Vokabulars führen, die den unterschiedlichen Ebenen zugeordnet werden können: der ontologischen, der epistemischen und der pragmatischen in ihren weiteren Ausdifferenzierungen. Dann ist es nicht nur möglich, Kausalaussagen in ihren unterschiedlichen theoretischen Deutungen in ein systematisches Verhältnis zu setzen. Es werden so auch die besonderen Fragetypen in ihrer Funktion genauer fassbar. Dabei wird das aus Kants Transzendentalphilosophie gewonnene und durch die bisherigen Modifikationen bewahrte Schema der Ebeneneinteilung Pate stehen können. Wenn man will, kann man dieses Vorgehen aber auch im Rückgriff auf die Behauptung Collingwoods, ein Satz habe nur als Antwort auf eine bestimmte Frage einen bestimmten Sinn, plausibel machen.[185]

Im Folgenden werden also in der Reihenfolge des vorigen Abschnitts die Kausalitätstheorien, die den Theorien wissenschaftlicher Erklärung von Hempel, Toulmin und van Fraassen zugrunde liegen, erneut untersucht.[186] Die einzelnen Modifikationsschritte von der Kernfrage zum jeweiligen besonderen Fragetyp geben dazu die methodischen Hinweise. Dabei ist genau zu rekonstruieren, wie die modifizierte Frage unter Annahme bestimmter Umstände eine genauso bestimmte Funktion haben kann, wenn letztlich eine Kernfrage beantwortet werden soll. Nur so lässt sich nämlich der Anspruch an eine Theorie der Warum-Fragen einlösen, verständlich zu machen, wie der Fragende aufgrund seines vorgängigen Verständnisses der Frage und der Kenntnis besondere Umstände in der Lage ist, Antworten zu beurteilen.

3.2.2.1 Zur Integration des regularitätstheoretischen Ansatzes (Hempel)

Hempels Theorie wissenschaftlicher Erklärung knüpft an die regularitätstheoretische Analyse des kausalen Vokabulars an. Denn es ist für Ursachen in seinem Sinn charakteristisch, dass es sich um Instantiierungen eines Ereignistyps handelt, der durch eine Regularitäts- bzw. eine empiristisch interpretierbare Gesetzesaussage mit der Wirkung so verknüpft ist, dass der Eintritt gemäß dem DN-Modell der Erklärung logisch folgt. Allerdings sind

---

185 Vgl. dazu oben, Abschnitt 3.1.1, S. 413ff.
186 Die Überlegungen von Kapitel 1.2 werden also in bestimmter Hinsicht weitergeführt und zu einem vorläufigen Abschluss gebracht.

solche Erklärungen keine Antworten auf eine Warum-Frage im Sinn der Kernfrage, sondern im Sinn einer bereits entscheidend modifizierten und zugespitzten Frage. Der Status und der genaue Sinn von solchen Kausalaussagen (und entsprechend auch der Theorie Hempels) muss deshalb in Rücksicht auf die Modifikationsschritte bestimmt werden, die von der Kernfrage zur besonderen Warum-Frage im Sinn Hempels führen. Insbesondere drei Modifikationen sind hierbei wichtig: dass es sich nicht einfach um notwendige und hinreichende Bedingung dafür handelt, dass ein Ereignis zu erwarten ist; dann, dass nicht nur schlicht notwendige und hinreichende Bedingungen betrachtet werden, sondern nur solche, die diese Rolle relativ auf Gesetze und Randbedingungen erfüllen; und schließlich, dass nicht von singulären Ereignissen als solchen, sondern von Ereignistypen (bzw. Ereignissen unter einer allgemeinen Beschreibung) die Rede ist. Aus diesen Modifikationen ergibt sich, dass in der Frage nicht mehr in genau demselben Sinn von einer Bedingungsrelation die Rede ist wie in der Kernfrage. Für die Rekonstruktion der besonderen Kausalaussagen gemäß einer solchen Regularitätstheorie bedeutet das, dass die epistemische Relativierung durch die erste Modifikation und die Rede von Typen im genauen Verständnis der Relation berücksichtigt werden muss, um die genaue Funktion solcher Kausalitätsaussagen – und damit den Sinn von Ausdrücken wie »Ursache« – zu bestimmen. Es liegt nahe, solchen Kausalaussagen eine bestimmte Funktion zur Erkenntnis von Kausalverhältnissen im Sinne der Kernfrage zuzusprechen, d.h. sie in bestimmter Hinsicht der epistemischen Ebene zuzuordnen. Das würde nicht nur mit den entsprechenden Überlegungen Mackies zusammenstimmen, sondern auch in Analogie zur systematischen Funktion des Schemas der Kausalität bei Kant stehen.[187]

Um hier einen Grund zu finden, ist das Verhältnis zwischen singulären Kausalaussagen, die als Antworten auf die Kernfrage aufgefasst werden können, und Gesetzesaussagen etwas genauer zu betrachten.[188] Singuläre Kausalaussagen implizieren korrespondierende Gesetzesaussagen nicht. Das liegt u.a. daran, dass eine singuläre Gesetzesaussage gar nicht in der Weise formuliert sein muss, in der die beteiligten Ereignisse so beschrieben würden, wie es für die Formulierung einer entsprechenden Regularitätsbehauptung nötig wäre. Es ergibt sich jedoch umstandslos vor allem daraus, dass in singulären Kausalaussagen – sofern sie Antworten auf Warum-Fragen vom Typ der Kernfrage sind – nur von diesem Ereignis behauptet wird, dass es eine hinreichende und notwendige Bedingung jenes Ereignisses sei. Der Sinn solcher Bedingungssätze mag unter Umständen durch entsprechende kontrafaktische Konditionale verdeutlicht werden. Unter gewis-

187 Vgl. dazu oben, Abschnitt 2.2.2.2, S. 344ff.
188 Ich folge hier weitgehend J. L. Mackie, 1974, Kap. 3.

sen Zusatzannahmen kann man sogar sagen, singuläre Kausalaussagen und entsprechende kontrafaktische Konditionale implizierten einander wechselseitig. Dabei ist aber auch in diesen kontrafaktischen Konditionalen nur von diesen singulären Ereignissen die Rede (wenn auch – wenn man so reden will – in anderen möglichen Welten). Mit einer singulären Kausalaussage ist also keine Aussage über andere Ereignisse derselben Typen verbunden, insbesondere keine Regularitätsbehauptung.[189] Doch stehen kontrafaktische Konditionalsätze und Regularitätsbehauptungen ihrerseits in einem bestimmten Verhältnis. Wahre Regularitätsbehauptungen bzw. (empiristisch gedeutete) Gesetzesaussagen stützen kontrafaktische Konditionale. Kontrafaktische Konditionale werfen nämlich besondere Schwierigkeiten bei ihrer Verifikation auf. Gesetze bzw. Regularitäten lassen sich nun als Indizien dafür verwenden, dass entsprechende kontrafaktische Konditionale wahr sind.[190] Hierbei ist allerdings wichtig, dass solche Gesetzesaussagen – zumindest à la Hempel empiristisch gedeutet – kontrafaktische Konditionale nicht implizieren.[191] Das alles legt nun nahe, Gesetzesaussagen im Blick auf singuläre Kausalaussagen eine bestimmte epistemische Funktion zuzusprechen, nämlich die, singuläre Kausalaussagen zu stützen. Denn wenn sich singuläre Kausalaussagen und kontrafaktische Konditionale einander wechselseitig implizieren, dann stützen Aussagen, die kontrafaktische Konditionale stützen, auch die singulären Kausalaussagen. Man kann dann sogar noch einen Schritt weiter gehen und vermuten, dass Gesetzesaussagen eine bestimmte Funktion auch bei der Entdeckung singulärer Kausalaussagen bzw. für entsprechende Kausaldiagnosen spielen können. Denn zumindest eines machen Gesetzesaussagen deutlich: Als Ursache für dieses besondere Ereignis von diesem bestimmten Typ kommt nach einem entsprechenden Gesetz ein Ereignis von einem, durch das Gesetz bestimmten, Typ zumindest in Frage.[192]

Diese Zusammenhänge lassen sich am Beispiel vom Sonnenstand und der Länge des Schattens einer Mauer illustrieren. Die Regularität, die zwi-

189 Deshalb ist auch D. Davidsons Vorschlag nicht zwingend, singuläre Kausalaussagen implizierten zwar nicht bestimmte Gesetze, wohl aber, dass ein bestimmtes Gesetz besteht (vgl. D. Davidson, 1967, S. 158ff.).

190 Dieser Zusammenhang kann mit Hilfe unterschiedlicher Theorien verschieden begründet werden. Werden etwa Gesetze – à la Tooley oder à la Armstrong – letztlich als Implikationsverhältnisse von Universalien interpretiert, ergeben sich kontrafaktische Konditionale. Werden Gesetzesaussagen strikt empiristisch als Generalisierungen von Beobachtungen gedeutet, machen sie korrespondierende kontrafaktische Konditionale günstigstenfalls plausibel. Für welche der zahlreichen Varianten man sich aber auch an dieser Stelle entscheidet: Gesetzesaussagen kommt im Blick auf kontrafaktische Konditionale eine bestimmte epistemische Funktion zu.

191 Vgl. dazu das oben, Abschnitt 2.2.2, zum Verhältnis zwischen reinem Verstandesbegriff und Schema Gesagte (S. 357f.). Es wird noch deutlicher werden, wie das zu Kant Gesagte auch hier modifiziert angewendet werden kann.

192 Auf diese Funktion haben wir in B. Falkenburg/R. Schnepf, 1998, S. 35, abgestellt.

schen Ereignissen vom Typ eines bestimmten Sonnenstandes und vom Typ einer bestimmten Länge des Schattens zu je einer bestimmten Zeit zu beobachten ist, stützt die Vermutung, dass dieser Schatten jetzt nicht so lang wäre, stünde die Sonne nicht so niedrig. Gleichwohl impliziert der Umstand, dass dieser Sonnenstand jetzt eine hinreichende und notwendige Bedingung dafür ist, dass der Schatten so lang ist,[193] nicht die Regularitätsaussage. Zugleich kann die Beobachtung einer solchen Regularität Anlass sein, den Sonnenstand als Ursache zu entdecken. Dass für eine solche Kausaldiagnose noch mehr als die bloße Regularitätsbehauptung nötig ist, liegt auf der Hand. Hinzutreten muss beispielsweise eine Annahme über das Verhalten von Lichtstrahlen.[194] Ähnliches gilt für das zweite Beispiel von der Vorhersage des Pegelstandes bzw. der Gezeiten. Auch dieses Beispiel macht deutlich, dass Regularitätsaussagen – in Verknüpfung mit Theorien – einen Beitrag zur Kausaldiagnose leisten können. Die Beobachtung der Regularität in einer Gezeitentabelle wird nicht für eine Kausaldiagnose genügen. Die Beobachtung der Regularität zwischen den astronomischen Konstellationen von Sonne, Erde und Mond einerseits und den Gezeiten andererseits gibt jedoch – unter Annahme beispielsweise der Gravitationstheorie – Anlass zu einer Kausaldiagnose bzw. -hypothese.

Die mehrfache epistemische Funktion von Regularitätsbehauptungen wird auch durch die Ineinanderschachtelung zweier Fragen in Fragen vom Typ (4) deutlich. Für die beiden in dieser Frage enthaltenen Fragen gilt nämlich, dass die Beantwortung der Typ-Frage logisch früher als die der Instantiierungs-Frage ist. Regularitäten haben so eine Funktion zur Kausaldiagnose. Dabei ist entscheidend, dass derjenige Fragende, der über ein Vorwissen der Kernfrage verfügt, unter bestimmten Umständen erschließen kann, dass Antworten der DN-Form diese epistemischen Funktionen im Blick auf seine Kernfrage erfüllen können. Er kann dies nämlich genau dann, wenn er zusätzlich prinzipiell über Regularitätswissen verfügen kann. Denn die Implikations- und Stützungsverhältnisse zwischen Antworten auf die Kernfrage, kontrafaktischen Konditionalsätzen und regularitätstheoretisch gedeuteten Gesetzesaussagen lassen sich dann erschließen. Es ist also mit diesem (nicht apriorischen) Zusatzwissen für jemanden,[195] der über das Vorwissen verfügt, das sich in der Kernfrage manifestiert, möglich, zu be-

---

193 Vgl. zu den Einschränkungen, mit denen diese Formulierung unter Umständen zu versehen ist, oben, Abschnitt 3.1.3, S. 458ff.

194 Kurz alles das, was Toulmin dazu veranlasst hat, den Begriff des Lichtstrahls als ein Ideal der Naturordnung für die Optik anzusehen, das eine besondere Darstellungs- und Folgerungstechnik ermöglicht.

195 Der empirische Charakter dieses Zusatzwissens war durch die Überlegungen in 3.1 nicht ausgeschlossen, sondern ausdrücklich zugelassen worden. – Vgl. dazu oben, Abschnitt 3.1.2, S. 441f.

gründen, warum Antworten in der Form von DN-Erklärungen diesen bestimmten Beitrag zur Beantwortung seiner Kernfrage leisten. Anders gesprochen: Wer angesichts des Schattens der Mauer im Sinn der Kernfrage nach der Ursache fragt, ist in der Lage, Antworten der DN-Form beurteilen und verwenden zu können.

Insofern Regularitäten singuläre Kausalaussagen nur stützen, aber kein wechselseitiges Implikationsverhältnis vorliegt, wird man schließlich sagen müssen, dass das Bedingungsverhältnis, von dem in DN-Erklärungen Gebrauch gemacht wird, und dasjenige, das mit der Kernfrage anvisiert wird, in einer Art Analogieverhältnis stehen. Bedingungsverhältnisse im Sinn der Kernfrage sind keine Implikationsverhältnisse im Sinne des DN-Schemas, obwohl sie verwandt sind. Damit bestätigt sich die frühere Vermutung, dass in die Modifikation oder Zuspitzung der Kernfrage zu der Frage, die einer Theorie wissenschaftlicher Erklärung vom Typ Hempels zugrunde liegt, auch ein Moment analoger Begriffsbildung eingeht.[196] Wie genau der Zusammenhang zwischen Regularitätsbehauptungen und singulären Kausalbehauptungen zu bestimmen ist, bleibt freilich eine Schwierigkeit. Sie hängt damit zusammen, dass – von vagen Intuitionen abgesehen – ungeklärt ist, warum und wie Regularitäten die entsprechenden kontrafaktischen Konditionale stützen können. Zunächst lässt sich dazu nur sagen, dass zwischen Regularitätsbehauptungen und entsprechenden Konditionalen zumindest eine Strukturanalogie besteht. Beide Typen von Behauptungen fordern nämlich Generalisierungs- bzw. Universalisierungsschritte. Im einen Fall wird nämlich eine Behauptung aufgestellt, die für alle Raum- und Zeitstellen wahr sein soll, das andere Mal eine Behauptung über sämtliche mögliche Welten.[197] Beides hat zunächst nichts miteinander zu tun. *Es handelt sich um nicht mehr als eine Analogie.* Diese Analogie wird dann dadurch etwas weiter gedeutet, wenn man *annimmt*, dass die Fülle divergierender Situationen in dieser Welt, von denen im ersten Fall gesprochen wird, in gewisser Weise als eine Fülle von möglichen Situationen in möglichen Welten – oder zumindest als eine Art Darstellung von ihnen – aufgefasst werden kann. Dann hat man an Regularitätsbehauptungen gleichsam einen Negativtest für die korrespondierenden kontrafaktischen Konditionale. Denn dann gilt, dass eine Verletzung der entsprechenden Regularität – so sie nicht anderweitig erklärt werden kann – ein entsprechendes kontrafaktisches Konditional falsifiziert. Umgekehrt ist der Grad der Stützung der Regularitätsbehauptung in gewissem Sinn auch ein Grad der Stützung des kontrafaktischen Konditionals. Dabei gilt aber, dass selbst dann, wenn die

196 Und zwar eine Analogie vom Typ der *analogia proportionalitatis.*
197 Diese Formulierung soll nicht ausschließen, dass der Ausdruck »mögliche Welt« hier enger gefasst werden kann als »nichtwidersprüchliche Welt«.

Regularitätsbehauptung verifiziert werden könnte,[198] darin keine Verifikation des entsprechenden kontrafaktischen Konditionals zu sehen wäre. Denn auch in dieser Deutung sind die Fälle, von denen die Regularitätsbehauptung handelt, nur ein Ausschnitt der Fälle, von denen die kontrafaktischen Konditionale reden. Das liegt daran, dass eine faktische Regularität eben nicht die Modalität der Notwendigkeit vollständig zum Ausdruck bringt.[199]

An dieses Wissen, über das der Fragende verfügt, schließt sich relativ zwanglos eine Kompetenz zur Beurteilung von Untersuchungshandlungen an, die geeignet sind, ihm bei der Suche nach der richtigen Antwort auf seine Frage zu helfen. Denn er weiß bzw. er kann aus der Warum-Frage und einigen Zusatzannahmen regelrecht erschließen, dass das Beobachten von Regularitäten oder gar die systematische Suche nach Ausnahmen ein Mittel ist, einen Antwortvorschlag zu stützen oder zu überprüfen. Zwar ist dieses Wissen, wie man einen Antwortvorschlag überprüfen kann, noch kein regelrechtes Handlungswissen, also noch kein Wissen-wie. Gleichwohl ist dieses propositionale Wissen gleichsam der Maßstab, an dem sich das Handlungswissen bemessen lassen muss, soll es im Blick auf die Erkenntnisaufgabe seine Rolle erfüllen können. Die Welt des Handelns generiert den Kausalbegriff nicht, durch Analogieüberlegungen können Handlungsbeschreibungen entwickelt werden, um sie für die Aufgabe der Kausalerkenntnis zu nutzen – denn ohne gezielte Untersuchungshandlungen ist keine Kausalerkenntnis möglich. Dass bloßes Beobachten hingegen noch nicht hinlänglich sein kann, kann bereits ein Blick auf Kant deutlich machen (und wird im nächsten Unterabschnitt erneut Thema).[200]

Es bestätigt sich damit dann aber auch eine Überlegung Kants, dass die analogen Begriffsbestimmungen zunächst und primär dann ins Spiel kommen, wenn Fragen der Erkennbarkeit oder der Diagnostizierbarkeit aufgeworfen werden.[201] Entsprechend lassen sich weitere Gemeinsamkeiten formulieren: Es lässt sich fragen, ob singuläre Kausalaussagen – im Sinn der Kernfrage – nicht nur dort mit dem Anspruch auf Gegenstandserkenntnis verwendet werden können, wo korrespondierende Gesetzmäßigkeiten herrschen. Gesetzmäßigkeit scheint – zumindest in einem bestimmten Gegenstandsbereich – eine Bedingung der Möglichkeit zu sein, singuläre Kausal-

---

198 Dass das möglich ist, wird hier nicht behauptet.

199 Vgl. dagegen die Überlegung von G. H. von Wright, 1973, S. 96ff., auf die sich auch R. Enskat stützt. – R. Enskat, 1995, S. 199, Anm. 16. Zu diesem Punkt auch oben, Abschnitt 2.2.2, S. 357ff.

200 Am weitesten ist R. Enskat, 2005, S. 321 ff., bei dem Versuch gegangen, die Elemente des Handlungswissens im Kausalwissen zu analysieren.

201 Vgl. dazu oben, Abschnitt 2.2.2, S. 344ff.

aussagen stützen zu können.[202] Weiterhin lassen sich aus der Kategorienbedingung der modifizierten Frage, obwohl sie zunächst epistemische Probleme betrifft, in der Folge ontologische Bestimmungen des Gegenstandsbereichs entwickeln, in dem solche Kausaldiagnosen möglich sind.[203] Denn es lässt sich dann fragen, wie der Gegenstandsbereich verfasst sein muss, damit Fragen des modifizierten Typs beantwortbar sind – oder anders: wie die Gegenstände dieses Gegenstandsbereichs im Allgemeinen bestimmt sein müssen, damit Kausalerkenntnis möglich ist. Ohne dieser Untersuchungsrichtung jetzt im Einzelnen nachzugehen, gehören dazu Überlegungen zur raum-zeitlichen Verfasstheit, zur Uniformität, aber auch zur Struktur von Ereignissen, die sich aus der Rede von Ereignistypen ergibt. Eine weitere Gemeinsamkeit mit der Position Kants besteht in einer noch verbleibenden Rekonstruktionsaufgabe: Die bisherigen Überlegungen genügen nicht, um die Asymmetrie der Kausalrelation und den Unterschied zwischen Real- und Erkenntnisgründen zu rekonstruieren. Im Rahmen der Theorie Kants war dazu auf den Handlungsbegriff zurückzugreifen.

Allerdings sind auch gravierende Unterschiede zur kantischen Position festzuhalten: Grundsätzlich impliziert nun Kausalität nicht mehr Gesetzlichkeit. Dieser Zusammenhang ergab sich in der kantischen Transzendentalphilosophie bereits im ersten Schritt der Begriffsbildung (d.h. aus dem Übergang von der Logik zum Verstandesbegriff), während Gesetze nun erst auf der zweiten Stufe der Begriffsbildung auftreten (d.h. auf der Ebene der Lösung epistemischer Probleme).[204] Gesetzlichkeit gilt nun lediglich als Analogon eines Bedingungsverhältnisses im Bereich der wahrnehmbaren Dinge. Auch ist mit den bisher entwickelten Mitteln kein Argument zu konstruieren, das Kausalitätsprinzip – bzw. die Behauptung, alle Gegenstände der Erfahrung stünden unter der Kategorie der Kausalität in dem Sinn, dass sie unter Gesetzen stünden – zu begründen. Allerdings ist in diesem Punkt noch eine Rechnung offen: Es wäre im Einzelnen zu prüfen, inwieweit die Argumentation Kants in der *Zweiten Analogie* tragfähig ist und modifiziert in den gegenwärtigen Kontext übertragen werden kann. Zumindest für den ersten Argumentationsschritt scheint das nicht aussichtslos.[205] Denn der dort analysierte Zusammenhang zwischen der Möglichkeit, durch die Beobach-

202 Ich lasse es zunächst unausgemacht, ob es sich um die einzige Art und Weise handelt, also ob es sich um eine hinreichende und notwendige Bedingung oder nur um eine hinreichende handelt.

203 Vgl. zu dieser Doppelfunktion solcher Bestimmungen in der kantischen Theorie oben, Abschnitt 2.2.2, S. 242ff. und 260ff.

204 Welche Konsequenzen das für den Freiheitsbegriff und die praktische Philosophie hat, soll hier nicht weiter verfolgt werden. Einige Konsequenzen für den Schöpfungsbegriff werden unten in Abschnitt 3.2 untersucht.

205 Das war genau die Funktion der Unterscheidung zweier Argumentationsschritte in der Interpretation von Kants *Zweiter Analogie* – vgl. oben, Abschnitt 2.2.2.2, S. 364ff.

tung von Regularitäten Kausalurteile zu stützen und der Möglichkeit, objektive Realität von den Produkten der subjektiven Einbildungskraft oder von Träumen zu unterscheiden, lässt sich auch im gegenwärtigen Kontext rekonstruieren. Doch muss und kann diese Frage im gegenwärtigen – eher begriffsanalytischen – Zusammenhang nicht weiter verfolgt werden. Die beiden genannten Differenzen lassen sich leicht aus den bescheideneren Voraussetzungen der Idee einer kategorialen Interpretation von Warum-Fragen verstehen.

3.2.2.2 Zur Integration des handlungstheoretischen Ansatzes (Toulmin)

Um den handlungstheoretischen Ansatz in die gegenwärtigen Überlegungen zu integrieren, ist es hilfreich, sich zuerst mit den Konsequenzen von Fragen vom Typ (5) für eine Kausalitätstheorie zu beschäftigen. Denn die gegenüber dem schlichten regularitätstheoretischen Ansatz neu hinzutretende Abweichungsstruktur findet sich dann auch im handlungstheoretischen Ansatz. Die simple Frage lautet also zunächst: Wie verhalten sich Fragen vom Typ (4) bzw. (3) und vom Typ (5) zueinander? Insbesondere fragt sich, ob Antworten auf Fragen vom Typ (5) auch Antworten auf die Kernfrage sind oder in irgendeiner Weise zu ihrer Beantwortung beitragen.

Abweichungen weisen auf kontrafaktische Konditionale hin, und zwar auf negative kontrafaktische Konditionalsätze. Denn der Kontrast zum Normalverlauf suggeriert, dass es einen Umstand geben muss, der gegenüber den sonst in der normalen Anfangssituation gegebenen Umständen variiert oder neu hinzutritt, und für den dann vermutet werden kann, dass, wenn er nicht hinzugetreten wäre, sich der Normalverlauf entwickelt hätte – bzw. dass wenn er nicht hinzugetreten wäre, die Variation im weiteren Verlauf ausgeblieben wäre. Beobachtete Abweichungen geben Anlass, solche negativen kontrafaktischen Behauptungen zu erwägen. Sie können sie aber prinzipiell nicht verifizieren. Sie lassen sich aber stützen, wenn sich entsprechende Regularitäten bei der Abweichung beobachten lassen. Solche Abweichungsregeln sind in ihrem Kern nichts anderes als die Regularitäten, von denen in Frage (3) die Rede war und deren Funktion für die Entdeckung von Antworten auf die Kernfrage bereits oben untersucht worden ist. Solche Abweichungsregeln stützen die entsprechenden kontrafaktischen Konditionale. Der Abweichungscharakter modifiziert also nicht die diagnostizierte Kausalrelation, sondern ist nur ein besonderes Mittel, solche Kausalrelationen zu diagnostizieren. Dabei ist zu beachten, dass diese Abweichungsstruktur nicht überall dort angenommen werden muss, wo von Regularitäten die Rede ist. Es lassen sich durchaus auch reguläre, immer unveränderte Normalverläufe auf ihre kausale Struktur hin untersuchen, etwa die Planetenbahnen. Abweichung ist keine Bedingung der Möglichkeit, Kausalrelationen zu diagnostizieren. Wo sie indessen beobachtbar sind, sind sie nützlich.

Aus all dem lässt sich eine Funktion von Fragen vom Typ (7) bestimmen: Die gezielte Erzeugung von abweichenden Verläufen ist schlicht ein Mittel, Regularitäten zu entdecken und Regularitätsbehauptungen zu stützen. Insofern Fragen vom Typ (5) zur Beantwortung von Fragen von Typ (4) – und damit von Typ (3) – beitragen, haben sie eine bestimmte Funktion für die Kausaldiagnose. Dabei kommt diesem Diagnose- oder Begründungsmittel unter einer bestimmten Zusatzannahme eine besondere Bedeutung zu. Wenn man nämlich – wie Kant es tut[206] – annimmt, dass Eingriffe in den Verlauf der Natur »willkürlich« vorgenommen werden können, wenn also Handeln eine besondere Spontaneität eigen ist, dann hat das Konsequenzen für die Art und Weise, in der handlungserprobte Abweichungsregularitäten Kausaldiagnosen stützen. Denn dann handelt es sich nicht nur um eine faktisch beobachtbare Regularität, sondern um eine willkürlich wiederholbare Regularität. Darin kann aber ein zusätzliches Indiz gesehen werden, dass die Ereignisse zweier Typen nicht nur faktisch aufeinander folgen, sondern mit dem Modus der Notwendigkeit verknüpft sind. Denn der manipulierende Eingriff in den Normalverlauf simuliert in gewisser Weise eine zunächst kontrafaktische Situation. Handlungsüberprüfte Regularitätsbehauptungen stützen entsprechend singuläre Kausalaussagen in höherem Maße, als es bloße Regularitätsbeobachtungen können, weil sie die modale Komponente der Bedingungsrelation plausibel machen.

Dieses zusätzliche Mittel der Kausaldiagnose durch manipulierende Eingriffe steht nicht überall zur Verfügung. Zwar lässt sich durch geeignete Gedankenexperimente der Applikationsbereich – wenn auch problematisch – erweitern. Dennoch sind ganze Bereiche der erfahrbaren Welt dem manipulierenden Eingriff faktisch und z.T. auch prinzipiell entzogen. Das hat verschiedentlich Anlass zu Überlegungen gegeben, Kausalitätsverhältnisse in solchen, dem Handeln mehr oder weniger prinzipiell entzogenen Bereichen nach einer Analogie zum Handeln aufzufassen. Solche Überlegungen verkennen jedoch den konditionalistischen Kern auch dieses Kausalitätsbegriffs bzw. der entsprechenden Warum-Frage. Das Handeln kommt zunächst und primär als ein Diagnosemittel für solche Kausalverhältnisse hinzu. Die handlungstheoretische Kausalitätstheorie unterliegt einem Selbstmissverständnis, wenn sie meint, deshalb sei der Kausalitätsbegriff selbst vom Handlungsbegriff her zu konzipieren.[207] Ebenso ist es ein Selbstmiss-

---

206 Vgl. zur folgenden Überlegung oben, Abschnitt 2.2.2.2, S. 357ff.

207 Vgl. dazu z.B. G. H. von Wright, 1974, S. 75: »[...] daß p die Ursache von q ist, *bedeutet* – und genau dies versuchte ich klarzumachen –, daß ich q herbeiführen könnte, wenn ich p tun könnte.« Vgl. dazu auch die Arbeiten von L. Krüger, 1992. Die Überlegungen von R. Enskat, 2005, S. 321ff., rücken ebenfalls den handlungstheoretischen Kausalbegriff in den Mittelpunkt, allerdings

verständnis, aus der handlungsorientierten Kausalitätstheorie ein Argument für eine freie Spontaneität zu machen, die sich in den Eingriffen manifestiert.[208] Der manipulierende Eingriff ist nämlich keine notwendige Bedingung, um Kausaldiagnosen zu stützen. In gewissem Maße leistet das bereits die bloß passive Naturbeobachtung.[209] Doch selbst wenn der Eingriff eine notwendige Bedingung wäre, müsste er sich nicht einer der Naturkausalität enthobenen freien Spontaneität verdanken, um das leisten zu können. Selbst wenn die Eingriffe ihrerseits als Resultate natürlicher Bedingungsverhältnisse erklärt werden könnten, würden sie ihre Funktion für die Entdeckung von Regularitäten und singulären Kausalverhältnissen erfüllen können. Verloren ginge lediglich die zusätzliche Leistung, kontrafaktische Konditionale in höherem Maße zu stützen.[210]

Fragen der Art (7) haben jedoch noch eine andere Funktion, nämlich dann, wenn es gilt, den Unterschied zwischen Real- und Erkenntnisgründen bzw. die Asymmetrie der Kausalrelation zu rekonstruieren. Mit den Mitteln der Regularitätstheorie alleine kann diese Differenz nicht erfasst werden. Doch wenn man die frühere Intuition hinzunimmt, dann von Realgründen zu sprechen, wenn mit der Antwort auf eine Warum-Frage zugleich eine korrespondierende Wie-macht-man-dass-Frage oder Wie-geschieht-dass-Frage beantwortet wird,[211] wird diese Funktion deutlich.[212] Denn zumindest

---

in etwas anderer Weise. Für ihn erfordert vollständiges Kausalwissen nicht ein Wissen darum, wie man solche Tests durchführt, sondern im reinen Fall, wie man die Wirkung regelrecht herstellen kann, wobei der Schwerpunkt auf dem dazu nötige Handlungswissen liegen soll: »Eine kausale Innovation ist eine propositionale Entdeckung einer hinreichenden oder einer anderen kausal relevanten Bedingung und eine nicht-propositionale, methodisch-technische Erfindung eines leibhaftigen, instrumentellen, maschinellen oder auch apparativen Hilfsmittels zur Realisierung dieser kausal relevanten Bedingung und der von ihr abhängigen Zustandsänderung.« (S. 323). Enskat pointiert Handlungen des Herstellens und nicht des Verhinderns, weil ihm nicht der Prozess der Suche nach relevanten Bedingungen durch eine Art Ausschlussverfahren als Modellfall vor Augen steht, sondern der Fall einer Entdeckung. Ich bin mir nicht sicher, ob das Verhältnis von Frage zu Antwort durch das Modell von Frage-Entdeckung letztlich richtig gefasst wird.

208 Vgl. dazu wiederum L. Krüger, 1992. Von Wright selbst war in diesen Punkten übrigens wesentlich zurückhaltender als L. Krüger – vgl. G. H. von Wright, 1974, S. 81f.

209 Anders R. Enskat, 2005, S. 324ff.

210 Vgl. zu diesen Überlegungen oben, Abschnitt 2.2.2, S. 357ff.

211 Vgl. dazu oben, S. 109ff.

212 Vgl. dazu auch G. H. von Wright, 1974, S. 75ff.; J. L. Mackie, 1974, 171ff.; aber auch R. Enskat, 2005, S.321ff. – Mackie diskutiert ausführlich einige Probleme des Ansatzes von von Wright. Mackie kommt zu dem Resultat: »Surely von Wright has mistaken the experience which gives us our primary awareness of causal priority for the relation of causal priority itself. It is no doubt by performing ›basic actions‹ and seeing what they bring about that we *originally detect* the asymmetrical relation between individual effects and causes, but there is no need to say that this relation just is being-brought-about-by-means-of, or that to think of a relation between events as (undirectionally) causal is to think of it under the aspect of (possible) action. This analysis, promising though it appeared, is only a first attempt; we must try to get beyond it.« (Hervorh. R. S.) Es

dann, wenn eine Antwort auf eine Frage vom Typ (7) gegeben werden kann, kann man auch eine korrespondierende Wie-Frage beantworten. Es ist damit möglich, statt auf Fragen anderen Typs, den Unterschied zwischen Real- und Erkenntnisgründen auch im Rückgriff lediglich auf modifizierte Warum-Fragen zu rekonstruieren. Kurz gesagt: Solche Antworten auf die Kernfrage, die zugleich eine korrespondierende Antwort auf korrespondierende Fragen vom Typ (7) haben, bieten Realgründe im Unterschied zu bloßen Erkenntnisgründen. Antworten auf die Kernfrage, die eine korrespondierende Frage vom Typ (7) nicht beantworten, obwohl eine Antwort möglich wäre, bieten bloße Erkenntnisgründe. Dort, wo keine korrespondierenden Antworten auf Fragen von Typ (7) möglich sind, kann nicht in dieser Weise zwischen Real- oder Erkenntnisgründen unterschieden werden. Eine solche Unterscheidung ist deshalb so weit sinnvoll, wie es möglich ist, sich vorzustellen, eine bestimmte Handlung könnte vorgenommen werden. Möglich ist dann jedoch immer noch, zu der zweiten Wie-Frage – der Frage, wie es geschieht (oder geschah) – zurückzugreifen. Dann ergibt sich – handlungsunabhängig – die Überlegung, dort von Realgründen zu sprechen, wo eine Art kausaler Geschichte erzählt werden kann.[213]

Um diesen Punkt deutlicher zu machen: Fragen vom Typ (7) – und damit der Handlungsbegriff – können zwei gänzlich verschiedene Funktionen haben. Zum einen bieten Interventionen, insbesondere durch die kontrollierte Variation von Randbedingungen, die Möglichkeit, durch Analogieüberlegungen kontrafaktische Konditionale zu stützen und die Kausaldiagnose zu verfeinern. Fragen vom Typ (7) haben insofern im Blick auf die Kernfrage die Funktion, zur Beantwortung dadurch beizutragen, dass sie helfen, Bedingungen zu identifizieren. Dort, wo Interventionen faktisch oder prinzipiell nicht möglich sind, kann als Analogon dazu das Gedankenexperiment treten. Zum anderen können Fragen vom Typ (7) dann noch eine ganz andere Funktion haben, wenn es gilt, innerhalb möglicher Antworten auf Fragen vom Typ der Kernfrage Erkenntnisgründe von Realgründen zu unterscheiden. Denn dort, wo eine korrespondierende Frage vom Typ (7) beantwortet werden kann, verfügt man zumindest im Ansatz über eine Vorstellung davon, wie eine Wirkung hervorgebracht werden kann.[214] Handlungswissen bietet für sich genommen einen Prototyp für das Wissen, wie etwas ge-

---

ist jedoch – gegen Mackie – problematisch, dort von einer Asymmetrie zu sprechen, wo man sie nicht entdecken kann, es sei denn per analogiam.

213 Vgl. dazu W. C. Salmon, 1984; sowie N. Cartwright, 1989.

214 Man muss nicht unbedingt davon eine Vorstellung haben, wie genau der Zusammenhang zwischen dem Resultat der Handlung als Ursache und der dadurch eingetretenen Wirkung beschaffen ist. An einer Verhältnisbestimmung der propositionalen und der nicht-propositionalen Elemente des kausalen Wissens arbeitet R. Enskat, 2005.

macht wird.[215] In gewisser Weise sind sogar Vorstellungen wie die eines
Mechanismus' in Analogie zu diesem primären Wissen-wie zu verstehen.
Doch auch hier gilt, dass alleine eine Antwort auf eine Frage vom Typ (7)
noch nicht hinreicht, bereits über eine Antwort auf eine korrespondierende
Kernfrage zu verfügen.

Wenn alles das tragfähig ist, dann lässt sich auch mit guten Gründen behaupten, dass jemand aufgrund des apriorischen Vorherwissens, das sich in
der Kernfrage dokumentiert, und einigen Annahmen über das Handeln erschließen kann, dass eine Frage von Typ (7) die beschriebenen Funktionen
im Blick auf eine Beantwortung von Fragen vom Kerntyp, aber auch von
Typ (4) haben kann. Weil nicht gefordert ist, dass diese Umstände ihrerseits
apriorisch gewusst werden, ist dieser Forderung an eine Theorie der Warum-Fragen genüge getan. Das aber bedeutet umgekehrt – wie schon im
Fall der Regularität –, dass bei Kausalurteilen, die auf Grund von Regularitäten oder manipulierenden Eingriffen mit Wahrheitsanspruch erhoben
werden dürfen, zu Recht das Bestehen einer Kausalrelation im Sinne der
Kernfrage behauptet wird. Anders gesprochen: Es handelt sich bei Regularitäten und den Resultaten entsprechender Interventionen in den normalen
Ablauf um Legitimationsmöglichkeiten dafür, einen Begriff anzuwenden,
der seinerseits nicht durch Abstraktion von Regularitäten oder Handlungs-
resultaten gewonnen wurde, sondern sich einer vorgängigen Spontaneität
des erkennenden Subjekts verdankt. Das hindert nicht, dass die Bedeutung
des kausalen Vokabulars, wie es im Alltag und den Wissenschaften verwendet wird, letztlich aus heterogenen Komponenten gebildet wird.[216] So
kann der in einer Wissenschaft verwendete Begriff durchaus aus der Kern-
komponente und der zusätzlichen Bestimmung, Fall einer Regel zu sein,
zusammengesetzt sein. Hier ist es für die Begriffsanalyse entscheidend, die
Bedeutungskomponenten zu isolieren und ihre unterschiedliche Herkunft
aufzuhellen. Ähnliches gilt für Versuche, das kausale Vokabular vom
Handlungsbegriff ausgehend zu analysieren. Auch hier kommt es darauf an,
dass damit eine Bedeutungskomponente herausgehoben wird, die oft unzu-
lässig überschätzt wird.

Es lässt sich nun auch genauer bestimmen, in welchem Sinn das alltägliche und wissenschaftliche kausale Vokabular auf pragmatische Präsuppositionen angewiesen ist. Dabei ist an den Doppelsinn des Ausdrucks »prag-

---

215 Es lässt sich hieran die Frage anschließen, ob Wie-Fragen auch als Fragen nach einem bestimmten Typ von Bedingungen rekonstruiert werden können. Ähnliches gilt für den Handlungsbegriff, der dann nicht unbedingt als Grundbegriff genommen werden muss, sondern ein abgelei-
ter Begriff wäre.

216 Vgl. dazu oben, Abschnitt 2.2.1, S. 289ff., die Theorie der heterogenen Bedeutung der Kategorien in der kantischen Transzendentalphilosophie.

matische Präsupposition« zu erinnern:[217] Darunter können zum einen solche Präsuppositionen verstanden werden, die in bestimmten situationsbezogenen Handlungen oder Handlungskompetenzen epistemischer Subjekte bestehen; darunter können jedoch auch in einem weiteren Sinn alle Präsuppositionen verstanden werden, die nicht kontextinvariant gegeben sind, sondern beispielsweise von Interessen oder Gesichtspunkten der Beteiligten abhängen. Handlungen oder Handlungskompetenzen sind für die skizzierte Diagnosemöglichkeit von Kausalverhältnissen unentbehrlich. Sie sind generell auch unentbehrlich, um die Behauptung der Notwendigkeit des Kausalverhältnisses in höherem Maß zu stützen. Weiterhin hängt von ihnen ab, dass die Asymmetrie von bestimmten Kausalbeziehungen entdeckt wird. Das bedeutet aber weder, dass es sich um eine Voraussetzung handelt, die in jedem Fall gemacht werden müsse, noch um eine generelle Präsupposition der Diagnosemöglichkeit von Kausalverhältnissen, noch um eine Voraussetzung der Asymmetrie der Kausalrelation. Man sollte also die Rolle von Handlungen und Handlungskompetenzen bei der Analyse des kausalen Vokabulars nicht überschätzen. Das gilt auch für die Rede von pragmatischen Präsuppositionen im zweiten Sinn: Natürlich hängt es von der jeweiligen Auswahl von Rahmenbedingungen und sonstigen Umständen ab, was unter diesen Voraussetzungen als eine hinreichende und notwendige Bedingung bezeichnet werden kann. Diese Auswahl kann interessen- und damit situationsabhängig sein. Das hindert aber weder, dass alle Bedingungen, die unter je unterschiedlicher Interessenlage in den Fokus der Frage treten können, Bedingungen sind, noch hindert es, dass für alle diese Bedingungen gilt, dass sie dann, wenn die Rahmenbedingungen so gewählt werden, hinreichende und notwendige Bedingungen sind. Die Art und Weise, in der in einem Kausalurteil zwei Ereignisse verknüpft werden, bleibt in jedem Fall die der Bedingungsrelation.[218]

3.2.2.3 Zur Integration des probabilistischen Ansatzes (van Fraassen)

Fragen der Form (10) lassen sich als Modifikationen der Kernfrage rekonstruieren. Zugleich liegen sie der probabilistischen Kausalitätstheorie van Fraassens zugrunde. Doch kann man auch unabhängig von dieser besonderen Theorie überlegen, wie Antworten auf Fragen dieses Typs – in Beziehung auf Antworten auf die Kernfrage – interpretiert werden können. Die

217 Vgl. dazu oben, Abschnitt 1.1.1, S. 43.
218 Eine Schwierigkeit entstünde daraus nur, wenn man nicht davon ausgehen kann, dass die in einem solchen Urteil hergestellte Verknüpfung das Produkt einer spontanen Handlung des Verstandes ist – vgl. dazu aber oben, Abschnitt 3.1.2. Regularität und Handlungen charakterisieren nach allem Gesagten nicht die im Kausalurteil behauptete Relation, sondern primär die Umstände, aufgrund derer solche Urteile mit Wahrheitsanspruch behauptet werden können.

unterschiedlichen Möglichkeiten, Antworten auf Fragen der Form (10) zu interpretieren, ergeben sich auch aus den unterschiedlichen Auffassungen darüber, wie Wahrscheinlichkeitsaussagen generell zu deuten sind. Diese Diskussion kann hier nicht geführt werden. Es genügt für das Programm dieser Untersuchung, zwei Möglichkeiten anzudeuten und vorzuschlagen, dass die Frage, welche Möglichkeit man bevorzugt, auch davon abhängt, mit welchem Gegenstandsbereich man es zu tun hat.

Die erste Möglichkeit besteht darin, Antworten auf (10) wiederum eine bestimmte epistemische Funktion im Blick auf Fragen der Form (4), aber auch im Blick auf die Kernfrage zuzusprechen. Antworten auf Fragen vom Typ (10) können als Indizien für bestimmte Antworten auf Fragen von Typ (4) aufgefasst werden. Für sich genommen beantworten Antworten auf Fragen vom Typ (10) Fragen vom Typ (4) allerdings nicht. Dazu sind vielmehr weitere Schritte nötig. Das lässt sich am Beispiel von der Ursache des Kindbettfiebers und seiner Entdeckung durch Semmelweis illustrieren.[219] Die Auskunft, dass bestimmte Hygienemaßnahmen zu einer geringeren Erkrankungsrate führen, lässt sich als eine Antwort auf eine korrespondierende Frage von Typ (10) verstehen – also auf die Frage nach einem Umstandstyp, der unter bestimmten Voraussetzungen zu einer Umverteilung der Wahrscheinlichkeit für das Eintreten eines Ereignisses vom Explanandum-Typ relativ auf die anderen Alternativen führt und zwar so, dass ein Ereignis vom Explanandum-Typ in der Kontrastklasse nun favorisiert wird.[220] Damit ist aber keinesfalls bereits die korrespondierende Frage vom Typ (4) beantwortet, also die Frage nach einem bestimmten Ereignis von einem bestimmten Typ, das unter bestimmten Umständen eine hinreichende Bedingung für das Eintreten dieses besonderen Explanandumereignisses ist – nämlich dieser besonderen Erkrankung. Die Relevanzbeziehung gibt vielmehr ihrerseits Anlass zu der Frage, warum Ereignisse eines bestimmten Typs (etwa das Unterlassen von bestimmten Hygienemaßnahmen) zur favorisierenden Neuverteilung der Wahrscheinlichkeiten in der Kontrastklasse führen (also zur Favorisierung von Erkrankungen).[221] Eine Antwort auf diese zweite, weitergehende Warum-Frage könte darin bestehen, dass es beim Unterlassen von Hygienemaßnahmen zur Infektion mit Krankheitserregern kommen kann, die – zumindest unter bestimmten Umständen – die Krankheit auslösen können. Diese weitergehende Warum-Frage wird also durch eine Theorie über einen allgemeinen Zusammenhang zwischen Ereignissen, die in Antworten auf Fragen vom Typ (10) als Antwort angeboten werden, und anderen Ereignissen, die als Antworten auf Fragen vom

219 Vgl. zu diesem Beispiel oben, Abschnitt 1.2, S. 85f.
220 Vgl. dazu oben, Abschnitt 1.2.3, S. 166.
221 Vgl. dazu W. C. Salmon, 1984, S. 44f.

Typ (3) in Frage kommen, beantwortet. Dabei hat die Antwort auf eine Frage vom Typ (10) die Funktion, die Richtung zu bestimmen, in der die richtige Antwort auf eine korrespondierende Frage vom Typ (3) zu suchen ist. Damit hat man dann auch Aussichten, die korrespondierende Frage vom Typ (4) zu beantworten. Wahrscheinlichkeitsaussagen bzw. probabilistische Kausalaussagen haben in solchen Zusammenhängen die Funktion, einen bestimmten Beitrag zur Beantwortung von nicht-probabilistisch verstandenen Kausalfragen zu leisten.

Nicht immer ist die Möglichkeit gegeben, Antworten auf Fragen vom Typ (10) durch Antworten auf Fragen vom Typ (4) zu ergänzen und so zu einer Antwort im Sinn der Kernfrage zu gelangen. Das ist überall dort der Fall, wo strikte – d.i. determinierende – Bedingungsverhältnisse nicht feststellbar oder aus prinzipiellen Gründen nicht gegeben sind. Insbesondere gilt das für die Quantentheorie in gewöhnlicher Deutung, deren Gesetze lediglich Wahrscheinlichkeitsverteilungen beschreiben. Für diese Bereiche liegt es jedoch nahe, eine diesem Frage- und Antworttyp korrespondierende regionale Ontologie zu entwickeln, die beispielsweise von Dispositionen oder Kapazitäten (*capacities*) spricht.[222] Einige Interpretationen von Wahrscheinlichkeitsaussagen lassen eine solche Theorie zu. Legt man eine solche Deutung statistischer Aussagen und Gesetzmäßigkeiten zu Grunde, dann gewinnt man einen Weg, auch für diese Gegenstandsbereiche den oben skizzierten Zusammenhang zwischen Fragen von Typ (10) und Fragen von Typ (4) – modifiziert – aufrechtzuerhalten. Die Modifikationen ergeben sich dann daraus, dass man es in diesen Gegenstandsbereichen mit Gegenständen zu tun hat, die sich in ihren wesentlichen Eigenschaften hinreichend von den sonstigen Dingen, etwa klassischen Teilchen, unterscheiden.[223] Diese Unterschiede betreffen insbesondere Fragen ihrer Individuierung, also ihrer raum-zeitlichen Lokalisation und der Eindeutigkeit ihrer Zustände. Weicht man hinreichend weit vom gewohnten Modell des Gegenstandes ab, dann kann man Wahrscheinlichkeitsbeziehung als Kausalbeziehungen im Sinn von (4) zwischen Dispositionen interpretieren. In diesem Sinn ließe sich dann E. Cassirers These durchführen,[224] dass die moderne Quantenphysik weniger ein Problem für den klassischen Kausalbegriff als vielmehr für den klassischen Gegenstands- bzw. Substanzbegriff sei.

Die gegenwärtige Untersuchung muss diesen Punkt nicht aufklären. Es genügt vielmehr, auf diese Möglichkeit hingewiesen zu haben, um deutlich zu machen, dass sich aus einer kategorialen Interpretation der Warum-Frage eine Analyse des kausalen Vokabulars entwickeln lässt, die einerseits Moti-

---

222 Vgl. z.B. den Ansatz von N. Cartwright, 1989.
223 Vgl. B. Falkenburg, 1995.
224 Vgl. dazu E. Cassirer, 1937; sowie B. Falkenburg/R. Schnepf, 1998, S. 39ff.

ve der tradierten Metaphysik aufnimmt, und andererseits in die aktuellen Probleme der Wissenschaftstheorie hineinführt. Der Hinweis auf die Rolle einer »causal story« oder eines »mechanism« und solcher Begriffe wie »capacities« oder »interaction«, der von N. Cartwright und W. C. Salmon in ihren jeweiligen Theorien ins Spiel gebracht wurde, zeigt darüber hinaus, dass auch in diesem Ansatz einer allgemeinen Metaphysik schnell der Punkt erreicht ist, an dem die Analyse eines kategorialen Begriffs mit der Analyse anderer kategorialer Begriffe systematisch verknüpft werden muss, um auch nur einen Schritt weiterzukommen. Doch auch zur Analyse dieser Verknüpfung unterschiedlicher Kategorien kann die Idee der kategorialen Interpretation von Fragepronomina beitragen. Es würde dann gelten, Was- und Wie-Fragen in der vorgeschlagenen Weise zu analysieren und dann zu untersuchen, was Antworten auf Fragen des einen Typs zur Beantwortung von Fragen eines anderen Typs beitragen. Es würde sich so nicht nur zeigen, dass kategoriale Begriffe nur wechselseitig ergänzt präzise genug sind, die Dinge zu fassen, sondern dass erst das System kategorialer Begriffe die allgemeinste Struktur eines möglichen Ganzen des Wissens auf den Begriff bringen kann. Nur im Blick auf eine solche Systematik kann der Schritt vom vagen kategorialen Begriff zum Gegenstand, der als solcher Thema der Metaphysik ist, getan werden. Erst wenn diese umfänglichere Aufgabe geleistet wäre, könnte auch die Analyse des kausalen Vokabulars weitergetrieben werden. Insbesondere könnte erst dann der Begriff des Realgrundes weiter präzisiert werden. So bleibt nur der allgemeine Vorschlag, dass man dort von Realgründen sprechen kann, wo die Antwort auf eine Warum-Frage zugleich eine Antwort auf eine entsprechende Wie-Frage enthält. Das gilt insbesondere auch für den Fall, da man es zunächst nur mit probabilistischen Zusammenhängen zu tun hat.

Ein Ziel der gesamten Arbeit war es, zu zeigen, dass es unter der Annahme eines univoken minimalen Begriffskerns der Ursache überhaupt möglich ist, unterschiedliche Bedeutungskomponenten des alltäglichen und des wissenschaftlichen kausalen Vokabulars zu sortieren, unterschiedlichen Ebenen zuzuordnen und so eine einheitliche Begriffsanalyse vorzuschlagen. Zugleich sollte es auf diese Weise möglich werden, unterschiedliche Theorien kausaler Erklärung – durchaus gegen ihre eigenen Intentionen – in eine einheitliche Theorie einzubetten. Es soll nun zum Abschluss dieses Abschnitts nur noch kurz im Überblick skizziert werden, welches Panorama sich damit ergeben hat. Dazu ist an die Ausdifferenzierung und Verschränkung der drei Betrachtungsebenen – der ontologischen, der epistemologischen und der pragmatischen – anzuknüpfen, die sich im Lauf der Arbeit immer weiter entwickelte und oben zu Beginn des Kapitels skizziert wurde.[225]

(1.1) Die erste Ebene war die ontologische im allgemeinsten Sinn, die durch die Frage nach den allgemeinen und univoken Charakteristika des Gegenstands überhaupt begründet ist. Dieser Ebene korrespondiert derjenige Begriff von Ursache überhaupt, der sich im ersten Schritt der kategorialen Interpretation der Warum-Frage ergibt, also der Begriff einer notwendigen und hinreichenden Bedingung. Dieser Begriff ist prinzipiell vage und unbestimmt. Er bietet aber allem Folgenden den Ausgangspunkt und Rahmen. Dieser Begriff verdankt sich alleine der Spontaneität, die sich in der Aktivität des Fragens manifestiert und ein apriorisches Wissen konstituiert. Alle nachfolgenden Modifikationen ergeben sich aus diesem Begriff nicht einfach deduktiv, sondern nur unter der Annahme weiterer Umstände, die der Fragende bei seiner Frage kennt.

(2) Die nächste Ebene im Fortgang der Analyse ist die epistemische, die sich genauer wiederum in zwei Ebenen unterteilt. Die erste epistemische Ebene wird konstituiert durch die Frage, wie es möglich ist, Bedingungsverhältnisse zu diagnostizieren, wobei zunächst nur solche Indizien oder Merkmale thematisiert werden, die zumindest für bestimmte Gegenstandsbereiche situationsinvariant sind (2.1). Diese Indizien und Merkmale können regelrecht als Eigenschaften dieser Gegenstände in eine Art »Regionalontologie« eingehen. Auf dieser Ebene spielen beispielsweise Fragen von Typ (4) eine Rolle. Denn Regularität kann als ein Analogon bzw. als eine analoge Darstellung der Bedingungsverhältnisse gedeutet werden, die den Kernbegriff der Kausalität überhaupt ausmachen. Auf diese Weise lässt sich die Regularitätstheorie der Kausalität in den vereinheitlichenden Ansatz integrieren. Die zweite epistemische Ebene wird durch die Frage nach situationsabhängigen Diagnosemöglichkeiten eröffnet, womit auch der Begriff der Handlung ins Spiel kommt. Diese Unterebene der epistemischen kann deshalb auch als eine Unterebene der pragmatischen gefasst werden (2.2 = 3.1). Insofern Interventionen ein taugliches Mittel zur Diagnose von Bedingungsverhältnissen sind, gehört der Begriff der epistemischen Ebene an (2.2.). Dadurch lassen sich die Ansätze von Toulmin, aber auch von von Wright oder L. Krüger in ihrem relativen Recht auffassen und in den vorgeschlagenen Ansatz einfügen. Doch ist damit die Bedeutung des Handlungsbegriffs für die Analyse des kausalen Vokabulars noch nicht erschöpft.

(3) Die pragmatische Ebene ist ihrerseits in sich differenziert, je nach der genauen Bestimmung des mehrdeutigen Ausdrucks »pragmatisch«. Geht man zunächst davon aus, dass »pragmatisch« in irgend einem Sinn den Bezug auf das (menschliche) Handeln meint, dann kann die erste Unterebene

---

225 Vgl. dazu oben, S. 465ff.

durch die Frage konstituiert werden, inwiefern Handlungen Erkenntnismittel für Kausalverhältnisse sind (3.1 = 2.2). Es kann aber auch gefragt werden, ob nicht Handlungen selbst Ursachen sind (3.2). Schließlich kann aber auch auf die mit Handlungen verbundenen Absichten und Zwecke abgestellt werden und in diesem Sinn nach der pragmatischen Funktion von Warum-Fragen und entsprechenden Kausaldiagnosen gefragt werden. Auf diese Weise geraten eine ganze Fülle kontextabhängiger Bedeutungsmomente in den Blick (3.3). Im Rahmen der kategorialen Analyse von Warum-Fragen – d.h. auch aus der Perspektive des Fragenden – kommen Handlungen zunächst nur als Interventionen in den Blick, also als Diagnosemittel (3.1). Sie kommen aber auch dann ins Spiel, wenn Real- von Erkenntnisgründen unterschieden werden sollen. Denn hier bilden Handlungen einen Prototyp von Realgründen. Dabei werden Analogien verwendet, um auch in den Fällen, in denen menschliches Handeln keine Rolle spielt, von Realgründen zu sprechen (3.2).[226] Der Handlungsbegriff kann diese Funktion nicht etwa deshalb erfüllen, weil er gegenüber dem Ursachenbegriff grundlegender wäre, sondern weil Handlungen einen Prototyp von Antworten auf Wie-Fragen bieten. Der Handlungsbegriff kommt also letztlich nicht als unanalysierter Begriff ins Spiel, sondern vermutlich als bereits eine konkretisierende Modifikation von Antworten auf Wie-Fragen. Anders gesprochen: Der Unterschied zwischen Real- und Erkenntnisgründen kann nur im Zusammenhang mit anderen kategorialen Begriffen entwickelt werden. Schließlich kommen Handlungen auch noch insofern ins Spiel, als Warum-Fragen selbst Handlungen sind, die mit bestimmten Zwecken und Absichten verbunden sind (3.3). Hier finden sich die kontextabhängigen Konkretisierungen der Warum-Frage und ihrer Antworten, auf die beispielsweise M. Scriven hingewiesen hat. Doch setzen alle diese kontextabhängigen Weiterbestimmungen die invarianten Bedeutungskomponenten des kausalen Vokabulars voraus. Die kontextabhängigen Bedeutungskomponenten mussten deshalb im Rahmen der gegenwärtigen Untersuchungen nicht weiter verfolgt werden.

(1.2) Die ontologische Ebene unterteilt sich – nach der transzendentalphilosophische Transformation der tradierten Metaphysik – in die des Gegenstands überhaupt und die des alleine erkennbaren Gegenstands der Erfahrung. Entsprechend ist zu fragen, wie sich das kausale Vokabular auf dieser Ebene bestimmen lässt. Das kausale Vokabular, das hinreicht, Gegenstände als Ursachen zu erkennen, ist aus allen den heterogenen Bedeu-

226 Um das am Beispiel von der Länge des Schattens zu illustrieren: Für die Differenz zwischen Real- und Erkenntnisgründen ist es in diesem Fall entscheidend, dass wir uns zwar vorstellen können, wie es kommt, dass die Mauer einen solchen Schatten wirft, dass wir uns aber nicht vorstellen können, wie es der Schatten »macht«, dass die Sonne so tief steht.

tungskomponenten gebildet, die auf den bisher unterschiedenen Problemebenen entwickelt wurden. Denn nur dann, wenn im Zusammenspiel von Fragen der verschiedenen Fragetypen eine zutreffende Kausaldiagnose gestellt werden kann, kann man sicher sein, dass es sich tatsächlich um einen Begriff handelt, der einem wirklichen Gegenstand zukommt. Der kategoriale Begriff der Ursache ist deshalb in sich komplex und heterogen. Diese Resultate der vorliegenden Untersuchungen können gut als Modifikationen der Analysen Kants im Rahmen seines transzendentalphilosophischen Ansatzes verstanden werden – allerdings unter weniger strittigen Voraussetzungen und mit bescheideneren Resultaten.

Tritt man nun von diesem Panorama einen weiteren Schritt zurück, dann lassen sich in der bisher skizzierten integrierenden Begriffsanalyse die Strukturmerkmale der Metaphysik, wie sie oben im zweiten Kapitel im Ausgang von Aristoteles skizziert wurden, wieder entdecken: Dabei sei davon abgesehen, auf welche detailliert ausdifferenzierte Was- und Warum-Fragen eine vollständig entfaltete Metaphysik zu antworten hätte, deren zentraler Bestandteil kategoriale Interpretationen von Fragepronomina wären. Aus der Idee der kategorialen Interpretation ergibt sich bereits, dass es um allgemeinste Eigenschaften der Gegenstände überhaupt und der erkennbaren Gegenstände gehen muss (1. Strukturmerkmal). Damit ist auch eine solche Metaphysik gleichsam unterwegs von bloßen einheitlichen Namen der Dinge oder Gegenstände über eine Analyse der korrespondierenden Begriffe hin zu den Gegenständen selbst (2. Strukturmerkmal). Sie nimmt nämlich sprachliche Dokumente (Fragesätze, Fragepronomina) zum Ausgangspunkt, um zu einem System von Charakteristika zu gelangen, die am Ende den Gegenständen selbst zukommen sollen (zumindest als Erkannten oder Erkennbaren). Weiterhin kann sie das nur leisten, wenn sie univoke und analoge Begriffsbildungen systematisch kombiniert (3. Strukturmerkmal). Genauer gilt, dass nur von realen Ursachen im Unterschied zu bloßen Erkenntnisgründen die Rede sein kann, wo von wohlbestimmten Analogien Gebrauch gemacht wird. Nur durch die systematische Kombination beider Begriffsbildungen lässt sich deshalb das Ziel dieser Metaphysik erreichen. Nicht zuletzt daraus ergibt sich, dass auch gegen diese Gestalt einer Metaphysik »im Anschluss an Aristoteles« skeptische Einwände geltend gemacht werden können (4. Strukturmerkmal). Doch würde eine genaue Untersuchung der Voraussetzungen der Idee einer kategorialen Interpretation – insbesondere ihrer subjektivitätstheoretischen Präsuppositionen – den Rahmen dieser Arbeit endgültig überschreiten. Die Behauptung der Einleitung, eine integrierende Analyse des kausalen Vokabulars sei möglich, wenn man nur hartnäckig genug an der Frage nach dem Seienden, insofern es Seiendes ist, – mit allen ihren Transformationen – festhalte,[227] bleibt deshalb nur so überzeugend, wie es die Idee der kategorialen Interpretation und einer entsprechend Systematik kategorialer Fragetypen bereits unabhängig von solchen Grundlegungsproblemen ist. Zu den letzten Aufgaben der Arbeit gehört es jedoch in jedem Fall, einer letzten Behauptung der Einleitung abschließend nachzugehen, nämlich dass sich ausgehend vom gemeinsamen univoken Kernbegriff der Kausalität auch der Schöpfungsbegriff analysieren lasse,[228] so dass man zugespitzt formulieren könne: nur weil der Schöpfungsbegriff sinnvoll ist, hat unser kausales Vokabular eine einheitliche oder vereinheitlichbare Bedeutung.

3.2.3 Grenzen des Fragens? – Die Verständlichkeit des Schöpfungsbegriffs und seine heterogenen Komponenten[229]

Zu den Resultaten der neueren Metaphysikkritik gehörte es, bestimmte Fragen als sinnlose abzuwehren.[230] Die Frage nach der Schöpfung – also nach einer ersten Ursache der Welt im Ganzen – gehört ohne Zweifel dazu. Allerdings ist diese Kontroverse noch offen. In jüngerer Zeit wurde sie beispielsweise zwischen A. Grünbaum, W. L. Craig und anderen geführt.[231] Dabei war es ein Mangel derjenigen, welche die Schöpfungsannahme vertraten, die Kompatibilität des Schöpfungsbegriffs mit den Resultaten der neueren Physik darzulegen und die eher grundlegende Frage zu vermeiden, ob und wie das kausale Vokabular (der Schöpfungsbegriff eingeschlossen) unter derartig extremen Anwendungsbedingungen sinnvoll sein könnte.[232] Denn der Verdacht, es handle sich bei der Frage nach der ersten Ursache

227 Vgl. dazu oben, Einleitung, S. 21.
228 Vgl. dazu oben, Einleitung, S. 20.
229 Dieser Titel spielt natürlich auch auf C. McGinns Buch *Die Grenzen vernünftigen Fragens* (*Problems in Philosophy. The Limits of Inquiry*, Oxford/Cambridge 1993) an. McGinn entwickelt darin eine Theorie, dass aufgrund naturbedingter Grenzen unsere Erkenntnismöglichkeiten beschränkt, bestimmte philosophische Probleme unlösbar und daher bestimmte Fragen zumindest unvernünftig seien. Es wird im Folgenden deutlich werden, dass es zwar prinzipielle Grenzen der Beantwortbarkeit von Fragen geben mag, dass daraus aber weder ihre Sinnlosigkeit noch ihre Unvernunft folgt. Unbeantwortbarkeit bedeutet nämlich nicht eo ipso auch Illegitimität und Unvernünftigkeit. Das ließe sich an der Funktion prinzipiell unbeweisbarer Prinzipien oder Hypothesen selbst für die strenge empirische Forschung zeigen. Allerdings steht die Funktion solcher prinzipiell unbeantwortbarer Fragen für die Einheit des Wissens in dieser Arbeit nicht im Vordergrund.
230 Vgl. dazu oben, Einleitung, S. 22f.
231 Vgl. dazu die Arbeiten von A. Grünbaum im Literaturverzeichnis, die alle ungefähr denselben Tenor haben – z.B. A. Grünbaum 1995.
232 Eine Ausnahme davon bieten die Überlegungen von L. Krüger, 1995.

um ein »Pseudoproblem«,[233] muss an erster Stelle durch eine Untersuchung von Sinn und Bedeutung der in der Frage auftretenden Ausdrücke geprüft werden. Der Sinnlosigkeitsverdacht gegen originär metaphysische Fragen wurde nämlich im Rückgriff auf eine bestimmte Theorie von der Funktion und Funktionsweise der Sprache begründet. Ein Ziel der vorliegenden Untersuchung besteht nun darin, am Beispiel der Frage nach der ersten Ursache der Welt zu zeigen, dass die metaphysikkritische Diagnose zu revidieren ist, solche Fragen seien schlicht sinnlos. Dazu war es nötig, eine Theorie über Sinn und Bedeutung kategorialer Ausdrücke zu skizzieren, die plausibel macht, dass sich die Sprache nicht nur einem unmittelbaren Vertrautsein mit der Welt oder der Reduzierbarkeit auf Erfahrungen verdankt, sondern eben auch als Dokument einer sich manifestierenden Spontaneität gedeutet werden kann. Zumindest kann nunmehr gezeigt werden, dass die Frage nach der ersten Ursache – und damit der Begriff einer Schöpfung zugespitzt auf den Begriff einer *creatio ex nihilo* – unter dieser Voraussetzung sinnvoll ist. Dazu muss man nur das bisher Gesagte auf diesen besonderen Problemfall anwenden.

Alle im vorigen Abschnitt im Umriss betrachteten Bedingungsverhältnisse zeichnen sich im Unterschied zum Bedingungsbegriff der schlichten Kernfrage dadurch aus, dass es sich um hinreichende und notwendige Bedingungen nur in bestimmten Kontexten und unter Randbedingungen handelt. Das hindert nicht, dass ein Bedingungsverhältnis denkbar ist, das seinerseits nicht von weiteren Randbedingungen und Umständen abhängt. Ganz im Gegenteil wird man sagen müssen, dass der Begriff eines solchen Bedingungsverhältnisses der ursprüngliche Begriff sein muss, der sich unmittelbar der Spontaneität verdankt, die sich in Warum-Fragen manifestiert. Das ergibt sich aus der Art und Weise, wie diese Kategorie ursprünglich gedacht werden muss. Denn weil sich gemäß der Idee einer kategorialen Interpretation der Warum-Frage die Bedeutung des univoken Minimalbegriffs, der die Auswahlbedingung der Kernfrage ausmacht, ausschließlich der Spontaneität verdanken darf,[234] und weil deshalb bei der Bildung dieses Kernbegriffs gar keine Mannigfaltigkeit von Gegenständen als gegeben vorausgesetzt werden kann, kann es sich nur um den Begriff eines isolierten und deshalb absoluten Bedingungsverhältnisses handeln.

Weiterhin gilt zwar für alle im vorigen Abschnitt analysierten Kausalverhältnisse, dass sich die Warum-Frage iterieren und nach der – unter Umständen – hinreichenden und notwendigen Bedingung einer bestimmten Wirkung fragen lässt. Doch obwohl diese Frage sinnvoll ist, impliziert der Begriff eines Bedingungsverhältnisses nicht, dass die Bedingung ihrerseits

---

233 So A. Grünbaum, 1989.
234 Vgl. dazu oben, Abschnitt 3.1.2.3, S. 454ff.

ein Bedingtes sein muss. Der Begriff der universell applikablen Frage war auch nur negativ charakterisiert: Es dürfen keine Umstände bekannt sein, die von vornherein ausschließen, dass diese Frage eine wahre Antwort haben kann.[235] Eine Bedingung, die selbst kein Bedingtes ist und für welche die Bedingungsrelation nicht ihrerseits von Bedingungen abhängt, kann man aber als eine absolute Bedingung und eine entsprechende Bedingungsrelation als ein absolutes Bedingungsverhältnis bezeichnen.[236]

Das Bedingungsverhältnis, das in die univok applikable Warum-Frage als Kernbedingung eingeht, ist zwar ein solches absolutes Bedingungsverhältnis. Doch verdankt sich dieser Begriff des absoluten Bedingungsverhältnisses zunächst nur dem Absehen von allen weiteren möglichen Bestimmungen dieses Verhältnisses, also der Abstraktion. Das ergibt sich aus dem Verfahren, mit dem der Begriff gewonnen wird und den dabei implizierten Abstraktionsschritten. Dieser Begriff lässt deshalb seine Anreicherung durch weitere Bestimmungen (etwa zeitliche) zu und ist deswegen für sich genommen lediglich schlicht indifferent gegenüber den beiden Möglichkeiten (absolut – umstandsabhängig). Auch in diesem Sinn ist der Kernbegriff der Kausalität überhaupt prinzipiell vage. Der Schöpfungsbegriff kann deshalb nicht einfach mit dem vagen Begriff der Kernfrage identifiziert werden, sondern ist so zugespitzt, dass er diese Vagheit positiv nimmt und den Ausschluss jeder weiteren Bedingtheit behauptet. Das Bedingungsverhältnis, das in der Kernfrage enthalten ist, impliziert weder, dass Randbedingungen gegeben sein müssen, noch dass es keine Randbedingungen geben darf. Es impliziert auch weder, dass die Bedingung ein Unbedingtes sein müsse, noch dass sie es nicht sein könne. Der Begriff eines absoluten Bedingungsverhältnisses im positiven Sinn des Schöpfungsbegriffs kann also als eine Zuspitzung des univoken Kernbegriffs der Kausalität rekonstruiert werden. Sieht man aber von dieser Zuspitzung ab, sind der Schöpfungs- und der Kernbegriff der Kausalität jedoch identisch – sie fallen zusammen.[237]

Damit hat man das Material beisammen, um die im ersten Kapitel aufgeworfene Frage zu bearbeiten, ob der Schöpfungsbegriff sinnvoll sein

235 Gerade weil das so ist, ist der Begriff einer »ersten Ursache« zumindest auf den ersten Blick widersprüchlich: Er wird es dann nicht, wenn die hinreichenden Bedingungen für sie intern gegeben sein können und so der Schöpfungsbegriff auf den Begriff des vollkommensten Wesens führt.

236 Es ist wichtig, dass hier diese Relativität auf der Ebene der individuellen Ereignisse besteht und nicht mit der Relativität identifiziert werden darf, die sich etwa im Rahmen eines DN-Schemas durch die Aufzählung von Randbedingungen und Gesetzen ausdrückt, also mit einer Relativität von Bedingungsrelationen unter einer bestimmten Beschreibung.

237 Vgl. dazu F. Suárez, DM XX, pref.: »Dependentia autem in fieri potissimum in creatione consistit, tum quia haec est propria dependentia entis inquantum ens quam hic inquirimus.«

kann.[238] Dabei soll diese Frage so verstanden werden, dass nicht danach gefragt wird, ob sich der entsprechende Begriff einer Welt bilden lässt sowie ob und wie Gott als Schöpfer im Detail zu denken wäre.[239] Es soll lediglich danach gefragt werden, ob der Begriff der Schöpfung, verstanden als *creatio ex nihilo*, insofern sinnvoll sein kann, als er eine ausgezeichnete Relation meint. Der gewichtigste Einwand, der oben im ersten Kapitel gegen den Schöpfungsbegriff geltend gemacht wurde, kann nun schlicht abgewiesen werden. Dieser Einwand ging von der Beobachtung aus, dass es zumindest fraglich ist, ob die umgangssprachlichen Ausdrücke »erschaffen« und »verursachen« nicht immer eine mindestens dreistellige Relation bezeichnen, nämlich als »x erschafft y aus z«. Dann wäre der Ausdruck »creatio ex nihilo« deshalb sinnlos, weil er missgebildet wäre. Denn dieser Ausdruck lässt sich nur als zweistelliger Relationsausdruck »x erschafft y« verstehen.[240] Die Überlegungen dieses Abschnitts zeigen dagegen, dass es sich umgekehrt verhält. Der Kernbegriff der Kausalität ist der Bedingungsbegriff, wie er in die Kategorienbedingung der korrespondierenden Kernfrage eingeht. Dieser Bedingungsbegriff drückt für sich genommen eine zweistellige Relation aus. Erst in dem besonderen Gegenstandsbereich, wenn in der Welt mit der unzähligen Fülle ihrer Gegenstände und Ereignisse nach solchen Bedingungsverhältnissen gefragt wird, stellt es sich ein, dass man nur noch nicht-absolute Bedingungsverhältnisse diagnostizieren und als Indizien für das Bestehen absoluter Bedingungsverhältnisse im schwachen Sinn deuten kann. Gegen eine Sprachbetrachtung, die sich allzu eng an der Umgangssprache und am phänomenal Ausweisbaren orientiert, legen die bisherigen Überlegungen den Gedanken nahe, dass die Kausalrelation grundsätzlich eine zweistellige Relation ist – und korrespondierende Einwände gegen den Schöpfungsbegriff abgewiesen werden können.

Dabei bleiben jedoch andere Schwierigkeiten mit dem Schöpfungsbegriff noch ungelöst. Grundsätzlich ist es nicht möglich, sich einen Begriff davon zu bilden, *wie* im Fall der Schöpfung das eine die Ursache des anderen ist.[241] Das ist im Fall innerweltlicher Kausalität durchaus anders. Dort lassen sich – wie oben skizziert – regelrechte kausale Geschichten rekonstruieren. Eine Vielzahl von Verben der normalen Sprache hat gerade die Funktion,

---

238 Vgl. zum Folgenden oben, Abschnitt 1.1.2, S. 52ff.

239 Diese Begrenzung der Analyse ergibt sich – wie auch die Vorläufigkeit der Analysen in den beiden voranstehenden Abschnitten – nicht zuletzt daraus, dass bisher nur eine kategoriale Interpretation der Warum-Frage versucht wird, die einseitig ausfallen muss, weil ihr systematischer Zusammenhang mit anderen Fragetypen vernachlässigt wird. Deshalb kann auch noch nicht abgeschätzt werden, welchen Status die Begriffe von »Gott« und »Welt« haben, die bei einer vollständigen Analyse des Schöpfungsbegriffs zu berücksichtigen sind.

240 Vgl. dazu oben, Abschnitt 1.1.2, S. 59ff.

241 Vgl. zu dieser Differenz auch oben, Abschnitt 2.1.3.3, S. 253ff.

dieses »Wie« von Bedingungsverhältnissen zu fassen.[242] Natürlich sind einige Verben darunter, hinter denen sich nichts anderes verbirgt, als dass in
besonderen Fällen ein Bedingungsverhältnis besteht. Und in vielen Fällen
erwecken solche Ausdrücke den Eindruck unmittelbarer Verständlichkeit,
weil in sie wie selbstverständlich verdeckte Analogien eingehen. Es sind
ganze Theorien – etwa über Bewegungsübertragung usf. – nötig, um die in
diesen Verben angedeuteten Kausalbeziehungen zu verstehen. Im Fall der
Schöpfungsrelation jedoch ist man prinzipiell auf Analogien angewiesen,
wenn man über das »Wie« der Schöpfung Auskunft geben will. Das aber
bedeutet für die Analyse des Schöpfungsbegriffs, dass man analoge Begriffsbildungen nicht als Auskunft über die Kernbedeutung des Schöpfungsbegriffs auffassen sollte, sondern als ergänzende Auskünfte. Der Kern
des Schöpfungsbegriffs darf sich der Analogie gerade nicht verdanken, soll
er verständlich sein.[243]

Doch ist ein noch genauerer Blick auf die Funktion von Analogien im
Fall des Schöpfungsbegriffs nötig: Primär erschließt sich nämlich die genaue Funktion der Analogien – etwa die zum Handlungsbegriff – nicht,
wenn man den Handlungsbegriff als Grundbegriff und ersten Ausgangspunkt der gesamten Begriffsbildung ansetzt. Der Handlungsbegriff kann
vielmehr *nur* in Analogie zu den oben beschriebenen Funktionen ins Spiel
kommen, eben um eine Wie-Frage zu beantworten. Die Wie-Frage ist aber
mit der korrespondierenden Warum-Frage auf dieser Betrachtungsebene in
eigentümlicher Weise verbunden. Denn die Beantwortbarkeit einer Wie-
Frage begründet die Annahme, es mit Realgründen zu tun zu haben. Wie
problematisch dieses Verfahren tatsächlich ist, ergibt sich daraus, dass
Handeln oben als Prototyp für reale Zusammenhänge zwischen Ursachen
und Wirkungen erschien, in Analogie zu dem dann andere Formen des realen Wirkens postuliert werden, die selbst nur noch im weiteren Sinn »Handeln« bzw. »Aktivität« genannt werden. Nun wird dasselbe Verfahren in
einem Bereich angewandt, in dem die normale Semantik des Wortes »Handeln« zusammenbricht. Denn alle Einwände, die sich gegen den Begriff
einer *creatio ex nihilo* richten, richten sich auch gegen ein Verständnis dieser Schöpfung als ein »herstellendes Handeln«.[244] Es ist nicht zu sehen, wie
diese Analogie die ihr aufgebürdete Aufgabe erfüllen können soll, wenn der

---

242 Vgl. z.B. »erhitzen«, »abkühlen«, »verflüssigen«, »aufstacheln«, »versetzen«, u.s.f.

243 Das bedeutet insbesondere, dass es nicht zureicht, sich den Schöpfungsbegriff in Analogie
zum Handlungsbegriff zurechtzulegen. Dem Handlungsbegriff kommt im Blick auf den Kausalitätsbegriff eine sehr begrenzte Funktion zu. Tatsächlich gibt der Handlungsbegriff selbst in handlungsorientierten Kausalitätstheorien – entgegen ihrem Selbstverständnis – keine Auskunft darüber, was unter einer Kausalrelation zu verstehen ist.

244 Das betrifft wiederum insbesondere die Stellenzahl der Relation, die mit dem Ausdruck
»herstellendes Handeln« gemeint ist.

Handlungsbegriff der Alltagssprache Ausgangspunkt dieser Begriffsbildung sein sollte.[245] Die grundlegende Ausdifferenzierung zwischen Real- und Erkenntnisgründen ist deshalb auf den Schöpfungsbegriff nur problematisch anwendbar.

Noch ein weiteres Problem bleibt mit dem Schöpfungsbegriff verbunden: Die Analogien, die man in der einen oder anderen Weise ziehen mag, um den Schöpfungsbegriff zu umschreiben oder zu ergänzen, können prinzipiell eine Funktion nicht erfüllen, die sie in anderem Zusammenhang haben können. Die Analogien bieten nämlich in diesem Fall kein Mittel, um Kriterien zu formulieren, aufgrund derer man beurteilen könnte, ob tatsächlich ein Fall von Schöpfung vorliegt oder nicht. Das liegt schlicht daran, dass der Handlungsbegriff in diesem Fall gar nicht als Mittel zur Diagnose von Kausalverhältnissen ins Spiel kommt. Es ist keine Intervention auch nur widerspruchsfrei denkbar, die Anfangsbedingungen der Schöpfung durch Handeln variiert, um Kausalhypothesen zu prüfen.[246] Auch die anderen Diagnosemittel, die sich in den mannigfachen Modifikationen der Warum-Frage niederschlagen, lassen sich in diesem Fall nicht anwenden. Das bedeutet in letzter Konsequenz, dass die Analogien, um die man den Schöpfungsbegriff anreichern mag, in keinem Fall genügen, die Realität eines Falls von Schöpfung nachweisbar zu machen. Damit bestätigt sich ein Verdacht, der bereits oben in der Einleitung geäußert wurde: Der Schöpfungsbegriff ist zwar sinnvoll, gleichwohl ist nicht zu entscheiden, ob es eine Schöpfung gegeben hat oder nicht. Obgleich Schöpfung gedacht werden kann, ist sie nicht zu erkennen. Zugespitzt formuliert: Gerade darin dokumentiert sich die Endlichkeit des Erkennenden, dass er zwar spontan den Begriff der Kausalität überhaupt oder des Grundes überhaupt bilden kann (oder gar muss), als dessen Zuspitzung der Schöpfungsbegriff sinnvoll ist, dass er damit also über einen apriorischen Begriff verfügt, für den sich aber nur unter bestimmten Bedingungen Anwendungsmöglichkeiten finden lassen.

Wenn alle diese Überlegungen tragfähig sind, dann lassen sich Fragen nach der ersten Ursache der Welt nicht einfach als sinnlos abweisen. Ganz im Gegenteil dokumentiert sich in ihnen ein kategoriales Vorwissen, das in seiner Systematik allererst noch zu rekonstruieren und zu analysieren ist. Es handelt sich zunächst nicht um ein Wissen von Gott und der Welt, sondern um ein Wissen von unseren Begriffen und unseren Verständnismöglichkeiten. Dieses Vorwissen bestimmt die einheitliche Struktur möglichen Wis-

---

245 Anders sähe es aus, wenn sich der Handlungsbegriff in einem System kategorialer Begriffe als in seinem Kern abgeleitet aus mehreren Kategorien erweisen sollte – durchaus in Anknüpfung an Kants Begriff der Handlung als abgeleiteter Prädikabilie (vgl. *KrV*, B108/A82).

246 In diesem Fall lassen sich keine Gedankenexperimente mit anderen Anfangsbedingungen widerspruchsfrei konstruieren.

sens, auch des empirischen. Die Frage, was vernünftig über Gegenstände gedacht werden kann, fällt deshalb nicht mit der Frage zusammen, was an diesen Gegenständen erkennbar ist. Mehr noch: Gerade die Frage, was über Gegenstände vernünftig zu denken ist, mag dafür relevant sein, als was wir diejenigen Gegenstände begreifen, von denen empirisches Wissen möglich ist. Begriffe, die aus den reinen Kategorien gebildet werden, können eine einheitsstiftende Funktion bei der Theoriebildung übernehmen. In der Konsequenz lassen sich deshalb die alten Fragen der Metaphysik nicht mehr als Symptome irrationaler Reste emotionalen Unbehagens in einer vernünftigen Welt begreifen, sondern als Ausdruck der Strukturen vernünftigen Wissens. Im besten Fall deutet sich daher eine Art und Weise an, in der die tradierten Probleme der Metaphysik auch für die gegenwärtige philosophische Arbeit an Begriffen zurückgewonnen werden kann.

Literaturverzeichnis

Acham, Karl (1974): Analytische Geschichtsphilosophie. Eine kritische Einführung, Freiburg/München 1974.

Achinstein, Peter (1985): The Pragmatic Character of Explanation, in: David-Hillel Ruben (ed.), Explanation, Oxford 1993, S. 326-344; urspr. in: PSA 1984, ii, S. 275-292.

Aertsen, Jan A. (1995): Was heißt Metaphysik bei Thomas von Aquin?, in: Ingrid Craemer-Ruegenberg/Andreas Speer (Hg.): Scientia und ars im Hoch- und Spätmittelaltcr, Berlin/New York, 1995, S. 217-239.

– (1988): Die Transzendentalienlehre bei Thomas von Aquin in ihren historischen Hintergründen und philosophischen Motiven, in: Albert Zimmermann (Hg.), Thomas von Aquin. Werk und Wirkung im Licht neuerer Forschungen (Miscellanea Mediaevalia 19), Berlin/New York, S. 82-102.

Agassi, Joseph (1975): Science in Flux, Dordrecht 1975.

Albertz, Rainer/Köhler, Joachim/Stammkötter, Franz-Bernhard (1992): Art.»Schöpfung« in: Historisches Wörterbuch der Philosophie, Bd. 8, 1992, Sp. 1389-1413.

Allison, Henry E. (1994): Causality and Causal Laws in Kant: A Critique of Michael Friedman, in: Paolo Parrini (ed.), Kant and Contemporary Epistemology, Dordrecht u.a. 1994, S. 291-307.

– (1983): Kant's Transcendental Idealism, New Haven, Conn., 1983.

– (1971): Kant's Non-Sequitur, in: Kant-Studien 62, 1971, S. 367-377.

Alston, William (1990): How to Think about Divine Action, in: Brian Hebblethwaite/Edward Henderson (Hg.), Divine Action, Edinburgh 1990, S. 51-70.

– (1988): Divine and Human Action, in: Thomas V. Morris (Hg.), Divine and Human Action, Ithaca/New York 1988, S. 257-280.

Angelelli, Ignacio (1975): On »Transcendental« Again, in: Kant-Studien 66, 1975, S. 116-120.

– (1972): On the Origins of Kant's »Transcendental«, in: Kant-Studien 63, 1972, S. 117-122.

Anscombe, Gertrude Elizabeth Margaret (1971): Causality and Determination, in: Ernest Sosa/Michael Tooley (Hg.), Causation, Oxford 1993, S. 88-104.

Anzenbacher, Arno (1978): Analogie und Systemgeschichte, Wien/München 1978.

Aristoteles (1993): Analytica Posteriora, 2 Bdd., übers. u. komm. v. W. Detel (Aristoteles, Werke in deutscher Übersetzung, Bd. 3), Berlin 1993.

– (1985): Physica, William D. Ross (Hg.), Oxford 1985.

– (1983): Physikvorlesungen, übers. u. komm. v. Hans Wagner (Aristoteles, Werke in deutscher Übersetzung, Bd. 11), Berlin 1983.

– (1982): Metaphysik, 2 Bdd., gr. Text hg. v. Wilhelm Christ, übers. v. Hermann Bonitz/Horst Seidel (Hg.), Hamburg 1982.

– (1976): Metaphysik XII, übers. u. komm. v. Hans-Georg Gadamer, Frankfurt a. M. 1976, [4]1984.

– (1924): Aristotle's Metaphysics, 2 voll., ed. William David Ross, Oxford [1]1924, [2]1953.

Armstrong, David Malet (1983): What is a Law of Nature? Cambridge 1983, Repr. 1991.

Ashworth, Earline Jennifer (1995): Suárez on the Analogy of Being: Some Historical Background, in: Vivarium 33, 1995, S. 50-75.

Aubenque, Pierre (1993) : Die Metaphysik als Übergang. Reflexion zu einer unüberwindbaren Funktion der Metaphysik, in: Herbert Schnädelbach/Geert Keil (Hg.), Philosophie der Gegenwart – Gegenwart der Philosophie, Hamburg 1993

– (1962): Le problème de l´être chez Aristote, Paris 1962.

Avicenna (1907): Die Metaphysik des Avicenna, übers. von Max Horten, Halle/New York 1907.

508   Literatur

Ayer, Alfred Jules (1973): Central Questions of Philosophy, [1]1973, London 1991.
- (1936): Language, Truth, and Logic, 1936, London 1954.

Bärthlein, Karl (1976): Von der »Transzendentalphilosophie der Alten« zu der Kants, in: Archiv für Geschichte der Philosophie 58, 1976, S. 353-392.
- (1974): Zum Verhältnis von Erkenntnistheorie und Ontologie in der deutschen Philosophie des 18. und 19. Jahrhunderts, in: Archiv für Geschichte der Philosophie 56, 1974, S. 257-316.
- (1972): Rezension von Routila (1969), in: Philosophische Rundschau 19, 1972, S. 276-289.
Baltes, Matthias (1976): Die Weltentstehungslehre des platonischen Timaios nach den antiken Interpreten, 2 Bdd., Leiden 1976.
Bannach, Klaus (1975): Die Lehre von der doppelten Macht Gottes bei Wilhelm von Ockham, Wiesbaden 1975.
Barth, Timotheus (1965): Being, Univocity and Analogy According to Johannes Duns Scotus, in: John K. Ryan/Bernadine M. Bonansea (ed.), John Duns Scotus 1265-1965, Washington 1965, S. 98-123.
Bauch, Bruno (1917): Immanuel Kant, Berlin/Leipzig 1917.
Baumanns, Peter (1997): Kants Philosophie der Erkenntnis. Durchgehender Kommentar zu den Hauptkapiteln der »Kritik der reinen Vernunft«, Würzburg 1997.
Baumgarten, Alexander Gottlieb (1779): Metaphysica, 7. Aufl. Halle/Magdeburg 1779, Repr. Hildesheim 1982.
Beierwaltes, Walter (1980): Creatio als Setzen von Differenz, in: Ders., Identität und Differenz, Frankfurt/M. 1980, S. 75-96.
Beauchamp, Tom L./Rosenberg, Alexander (1981): Hume and the Problem of Causation, New York 1981.
Beck, Lewis White (1976a): A Prussian Hume and a Scottish Kant, in: Ders., Essays on Kant and Hume, New Haven/London 1978, S. 111-129, dt.: Ein preußischer Hume und ein schottischer Kant, in: Wolfgang Farr (Hg.), Hume und Kant. Interpretation und Diskussion, Freiburg/München 1982, S. 168-191.
- (1976b): Is There a Non Sequitur in Kant's Proof of the Principle of Causation?, in: Kant-Studien 67, 1976, S. 385-389.
- (1967): Kant's Second Analogy of Experience, in: Kant-Studien 58, 1967, S. 355-369.
Belnap, Nuel D./Steel, Thomas B. (1976): The Logic of Question and Answers, New Haven/London 1976 (dt.: Die Logik von Frage und Antwort, Braunschweig/Wiesbaden 1985).
Bennett, Jonathan (1974): Kant's Dialectic, Cambridge 1974, Repr. 1981.
- (1966): Kant's Analytic, Cambridge 1966, Repr. 1992.
Bittner, Rüdiger (1978): Kausalität aus Freiheit und kategorischer Imperativ, in: Zeitschrift für philosophische Forschung 32, 1978, S. 265-274.
Boulnois, Olivier (1999): Être et représention: une généaliogie de la métaphysique moderne à l'époque de Duns Scot (XIIIm – XIXm siècle), Paris 1999.
Brandt, Reinhard (1992): Rez.: Lothar Kreimendahl: Kant - der Durchbruch von 1769, in: Kant-Studien 83, 1992 S. 100-111.
- (1991): Die Urteilstafel. Kritik der reinen Vernunft A67–76; B92–101, Hamburg 1991.
Brinkmann, Klaus (1979): Aristoteles' allgemeine und spezielle Metaphysik, Berlin 1979.
Brisson, Luc (1994): Le même et l'autre dans la structure ontologique du Timée de Platon. Une commentaire systématique du Timée du Platon, Sankt Augustin 1994.
Brittan, Gordon G. (1978): Kant's Theory of Science, Princeton 1978.
Brody, Baruch (1972): Towards an Aristotelian Theory of Scientific Explanation, in: Philosophy of Science 39, 1972, S. 20-31; auch in: David-Hillel Ruben (Hg.), Explanation, Oxford 1993, S. 113-127.
Bromberger, Sylvain (1992): On What We Know We Don't Know, in: Explanation, Linguistics and How Questions Shape Them, Chicago/London 1992.
- (1966): Why-Questions, in: Robert Garland Colodny (Hg.), Mind and Cosmos: Essays in Contemporary Science and Philosophy, Pittsburgh 1966, S. 86-111.

– (1965): An Approach to Explanation, in: Ronald Joseph Butler (Hg.), Analytic Philosophy, 2. ser., Oxford 1965, S. 72-105.

Buchdahl, Gerd (1992): Kant and the Dynamics of Reason. Essays on the Structure of Kant's Philosophy, Oxford/Cambridge 1992.

Bunge, Mario Augusto (1982): The Revival of Causality, in: Contemporary Philosophy 2. A New Survey, The Hague 1982, S. 133-155; dt.: Die Wiederkehr der Kausalität, in: Ders., Kausalität. Geschichte und Probleme, Tübingen 1987, S. 396-423.

– (1959): Kausalität. Geschichte und Probleme, Tübingen 1987; orig.: Causality: The Place of the Causal Principle in Modern Science, Cambridge Mass. 1959.

Butts, Robert E. (1969): Kant's Schemata as Semantical Rules, in: Lewis White Beck (ed.), Kant Studies Today, La Salle Ill. 1969, S. 290-300.

Carl, Wolfgang (1992): Die transzendentale Deduktion der Kategorien in der ersten Auflage der Kritik der reinen Vernunft. Ein Kommentar, Frankfurt a. M. 1992.

– (1989): Der schweigende Kant. Entwürfe zu einer Deduktion der Kategorien vor 1781, Göttingen 1989.

– (1988): Rez. Gawlick/Kreimendahl, Hume in der deutschen Aufklärung, in: Philosophische Rundschau 35, 1988, S. 207-214.

Carnap, Rudolf (1966): Einführung in die Philosophie der Naturwissenschaften, Frankfurt a. M. 1986; orig.: Philosophical Foundations of Physics, New York 1966.

– (1963): Mein Weg in die Philosophie, Stuttgart 1993; orig. Intellectual Autobiography, in: Paul Arthur Schilpp (ed.), The Philosophy of Rudolf Carnap, La Salle Ill./ London 1963, S. 1-84.

– (1931): Überwindung der Metaphysik durch logische Analyse der Sprache, in: Erkenntnis 2, 1931, S. 219-241.

Carrier, Martin (1997): Salmon 1 versus Salmon 2. Das Prozeßmodell der Kausalität in seiner Entwicklung, in: Dialektik 1198/2, S. 49-70.

– (1994): Passive Materie und bewegende Kraft: Newtons Philosophie der Natur, in: Lothar Schäfer/Elisabeth Ströker (Hg.), Naturauffassungen in Philosophie, Wissenschaft, Technik, Bd. III, Renaissance und frühe Neuzeit, Freiburg/München 1994, S. 217-241.

– (1992): Aspekte und Probleme kausaler Beschreibung in der gegenwärtigen Physik, in: Neue Hefte für Philosophie 32/33, 1992, S. 82-104.

Cartwright, Nancy (1989): Nature's Capacities and Their Measurement, Oxford 1989.

– (1983): How the Laws of Physics Lie, Oxford 1983.

Cassirer, Ernst (1937): Determinismus und Indeterminismus in der modernen Physik, in: Ders., Zur modernen Physik, Darmstadt 1994, S. 127-376; urspr. Göteborg 1937.

– (1931): Kant und das Problem der Metaphysik, in: Kant-Studien 34, 1931, S. 1-26.

– (1921): Zur Einsteinschen Relativitätstheorie, in: Ders., Zur modernen Physik, Darmstadt 1994, S. 1-125; urspr. Berlin 1921.

– (1918): Kants Leben und Lehre, Berlin 1918, [2]1921, Repr. Darmstadt 1975.

– (1907): Die Geschichte des Erkenntnisproblems Bd. II, 3. erw. Aufl. 1922, Repr. Darmstadt 1974.

Cicero (1990): De Natura Deorum, lat.-dt., hg., übers. u. komm. v. Wolfgang Gerlach/Karl Bayer, München/Zürich [3]1990.

Cleve, James Van (1973): Four Recent Interpretations of Kant's Second Analogy, in: Kant-Studien 64, 1973, S. 69-87.

Coffa, J. Alberto (1974): Hempel's Ambiguity, in: Synthese 28, 1974, S. 141-163, zit. nach: David-Hillel Ruben (ed.), Explanation, Oxford 1993, S. 56-77.

Cohen, Hermann (1907): Kommentar zu Immanuel Kants Kritik der reinen Vernunft, Leipzig 1907.

– (1885): Kants Theorie der reinen Erfahrung, 2. neubearb. Aufl. Berlin 1885.

Collingwood, Robin George (1945): The Idea of Nature, Oxford/London/New York 1945, pbck. 1960.

– (1940): An Essay on Metaphysics, Oxford 1940, rev. edition by Rex Martin, Oxford 1998.

- (1939a): Autobiography, Oxford 1939; dt.: Denken. Eine Autobiographie, Köhler 1955.
- (1939b): Historical Evidence, in: The Idea of History, rev. edition ed. by Jan van der Dussen, Oxford/New York 1994, S. 249-282.
- (1938a): On the So-Called Idea of Causation, in: Proceedings of the Aristotelian Society 1938, S. 85-112.
- (1938b): Functions of Metaphysics in Civilization, Manuskript, in: Collingwood 1940, S. 379-421.
- (1934): The Nature of Metaphysical Study, Manuskript, in: Collingwood 1940, S. 356-378.
Copleston, Frederick Charles (1955): Aquinas. An Introduction to the Life and Work of the Grand Medieval Thinker, London 1955, Repr. 1991.
Cornford, Francis McDonald (1937): Plato's Cosmology, London 1937.
Courtine, Jean-Francois (1990): Suárez et le système de la metaphysique, Paris 1990.
- (1979): Le projet suarèzien de la metaphysique. Pour une étude de la thèse suarèzienne du neant, in: Archives de Philosophie 42, 1979, S. 235-274.
Craig, Edward (1993): Was wir wissen können. Pragmatische Untersuchungen zum Wissensbegriff, Frankfurt a. M. 1993.
Craig, William Lane (1994): Prof. Grünbaum on Creation, in: Erkenntnis 40, 1994, S. 325-341.
- (1992): The Origin and Creation of the Universe. A Reply to Adolf Grünbaum, in: British Journal of the Philosophy of Science 43, 1992, S. 233-240.
- /Smith, Quentin (1993): Atheism, Theism, and Big Bang Cosmology, Oxford 1993.
Cramer, Konrad (1985): Nicht-reine synthetische Urteile a priori. Ein Problem der Transzendentalphilosophie Kants, Heidelberg 1985.
Crusius, Christian August (1745): Entwurf der notwendigen Vernunft-Wahrheiten, wiefern sie den zufälligen entgegengesetzt werden, Leipzig 1745(Reprint: Hildesheim 1964).
Curtius, Ernst Robert (1914): Das Schematismuskapitel in der Kritik der reinen Vernunft, in: Kant-Studien 19, 1914, S. 338-366.

Danto, Arthur C. (1965): Analytical Philosophy of History, New York/London 1965.
Darge, Rolf (2004): Suárez' transzendentale Seinsauslegung und die Metaphysiktradition, Leiden u.a. 2004.
- (2000): Die Grundlegung einer Theorie der transzendentalen Eigenschaften des Seienden bei F. Suárez, in: Zeitschrift für philosophische Forschung 54, 2000, S. 341-364.
- (1999): Grundthese und ontologische Bedeutung der Lehre von der Analogie des Seienden nach F. Suárez, in: Philosophisches Jahrbuch 106, 1999, S. 312-333.
Davidson, Donald (1984): Inquiries into Truth and Interpretation, Oxford 1984; dt: Wahrheit und Interpretation, Frankfurt a. M. 1990.
- (1980): Essays on Actions and Events, Oxford 1980; dt.: Handlung und Ereignis, Frankfurt a. M. 1985.
- (1977a): The Method of Truth in Metaphysics, in: Davidson, 1984, S. 199-214.
- (1977b): Reality without Reference, in: Davidson, 1984, S. 215-225.
- (1974): On the Very Idea of a Conceptual Scheme, in: Davidson, 1984, S. 183-198.
- (1970): Events as Particulars, in: Davidson, 1980, S. 181-187.
- (1969): The Individuation of Events, in: Davidson, 1980, S. 163-180.
- (1967a): Causal Relations, in: Davidson, 1980, S. 149-162.
- (1967b): The Logical Form of Action Sentences, in: Davidson, 1980, S. 105-122.
- (1963): Actions, Reasons, Causes, in: Davidson, 1980, S. 2-19.
Decorte, Jos (1998): Creatio and conservatio as relatio, in: Egbert P. Bos (ed.), John Duns Scotus. Renewal of Philosophy, Amsterdam 1998, S. 27-48.
Decossas, Béatrice (1994): Les exigences de la causalité créatrice selon l'Expositio in librum de causis de Thomas d'Aquin, in: Revue thomiste 94, 1994, S. 241-272.
Deleuze, Gilles (1953): David Hume, Frankfurt a. M. 1997 (orig.: Empirisme et Subjectivité. Essai sur la nature humaine selon Hume, Paris 1953).

Detel, Wolfgang (1978): Zur Funktion des Schematismuskapitels in Kants Kritik der reinen Vernunft, in: Kant-Studien 69, 1978, S. 17-45.

Deuse, Werner (1977): Der Demiurg bei Porphyrios und Jamblich, in: Clemens Zintzen (Hg.), Die Philosophie des Neuplatonismus, Darmstadt 1977, S. 238-278.

Donagan, Alan H. (1962): The Later Philosophy of R. G. Collingwood, Oxford 1962, rev. ed. Chicago 1985.

Donelly, John Patrick (1970): Creation ex Nihilo, in: Proceedings of the American Catholic Philosophical Association, 44, 1970, S. 172-184.

Doyle, John P. (1997): Between Transcendental and Transcendent: The Missing Link?, in: The Review of Metaphysics 50, 1997, S. 783-815.

Dray, William Herbert (1960): Laws and Explanation in History, Oxford 1960.

Dryer, Douglas Poole (1966): Kant's Solution for Verification in Metaphysics, London 1966.

Ducasse, Curt John (1926): On the Nature and the Observability of the Causal Relation, in: Journal of Philosophy 23, 1926, S. 57-68; auch in: Ernest Sosa/Michael Tooley (Hg.), Causation, Oxford 1993, S. 57-68.

Dümpelmann, Leo (1969): Kreation als ontisch-ontologisches Verhältnis. Zur Metaphysik der Schöpfungstheologie des Thomas von Aquin, Freiburg/München 1969.

Düring, Ingemar (1966): Aristoteles. Darstellung und Interpretation seines Denkens, Heidelberg 1966.

Dussen, W. Jan van der (1993): Introduction, in: R. G. Collingwood, The Idea of History, Rev. Edition ed. by W. Jan van der Dussen, Oxford 1993, S. IX-XLIX.

– (1981): History as a Science: The Philosophy of R. G. Collingwood, The Hague 1981.

Effertz, Dirk (1994): Kants Metaphysik: Welt und Freiheit. Zur Transformation des Systems der Ideen in der Kritik der Urteilskraft, Freiburg/München 1994.

Elders, Leo J. (1985): Die Metaphysik des Thomas von Aquin in historischer Perspektive, Bd. 1: Das ens commune, Salzburg/München 1985.

Enskat, Rainer (2006): Kants Protologik: Wege aus der Sterilität von falschen Konkurrenzen divergierender Logik-Konzeptionen, in: Andreas Lorenz (Hg.): Transzendentalphilosophie heute. Breslauer Kant-Symposion 2004, Würzburg 2006.

– (2005): Authentisches Wissen. Prolegomena zur Erkenntnistheorie in praktischer Absicht, Göttingen 2005.

– (2003): Wahrheit ohne Methode? Die unsokratische Lehre von der Zeit in Platons Timaios, in: Gregor Damschen/Rainer Enskat/Alejandro G. Vigo (Hg.): Platon und Aristoteles – sub ratione veritatis, Göttingen 2003, S. 76-101.

– (1998) Authentisches Wissen. Was die Erkenntnistheorie beim platonischen Sokrates lernen kann, in: Rainer Enskat (Hg.), Amicus Plato magis amicus veritas, Berlin/New York 1998, S. 101-143.

– (1995): Kausalitätsdiagnosen: Die Musterbedingungen der Möglichkeit der Erfahrung in Kants transzendentaler Beschreibung der Natur, in: Lothar Schäfer/Elisabeth Ströker (Hg.), Naturauffassungen in Philosophie, Wissenschaft und Technik, Bd. III: Aufklärung und späte Neuzeit, Freiburg/München 1995, S. 149-223.

– (1986a): Wahrheit und Entdeckung. Logische und erkenntnistheoretische Untersuchungen über Aussagen und Aussagenkontexte, Frankfurt a. M. 1986.

– (1986b): Logische Funktionen und logische Fähigkeiten in der Kantischen Theorie der Urteilsformen und in der Junktorenlogik, in: Kant-Studien 77, 1986, S. 224-240.

– (1978): Kants Theorie des geometrischen Gegenstandes. Untersuchungen über die Voraussetzungen der Entdeckbarkeit geometrischer Gegenstände bei Kant, Berlin/New York 1978.

Erdmann, Benno (1917): Die Idee von Kants Kritik der reinen Vernunft. Eine historische Untersuchung, Berlin 1917 (= Abhdl. d. kgl. preuss. Ak. d. Wiss., Phil.-Hist. Klasse 1917, Nr. 2).

– (1878a): Kants Criticismus in der ersten und zweiten Auflage der Kritik der reinen Vernunft, Leipzig 1878.

– (1878b): Einleitung, in: I. Kant, Prolegomena zu einer jeden zukünftigen Metaphysik, hrsg. v. Benno Erdmann, Leipzig 1878, S. I-CXIV.

Ertl, Wolfgang (1998): Kants Auflösung der »dritten Antinomie". Zur Bedeutung des Schöpfungskonzepts für die Freiheitslehre, Freiburg/München 1996.

Ewing, Alfred Cyril (1929): Kant's Treatment of Causality, [1]1929, Repr. London 1969.

Fakhry, Majid (1984): The Subject-Matter of Metaphysics: Aristotle and Ibn Sina (Avicenna), in: Michael E. Marmura (ed.), Islamic Theology and Philosophy: Studies in Honor of George F. Hourani, Albany 1984, S. 148-159.

Falkenburg, Brigitte (2000): Kants Kosmologie. Die wissenschaftliche Revolution der Naturphilosophie im 18. Jahrhundert, Frankfurt a. M. 2000.

– (1998a): Das Verhältnis von formalen Sprachen und verbalen Fachsprachen in den neueren Naturwissenschaften, in: Lothar Hoffmann u.a. (Hg.), Fachsprachen/Languages for Special Purpose, 1. Halbband, Berlin/New York 1998, S. 910-921.

– (1995): Teilchenmetaphysik. Zur Realitätsauffassung in Wissenschaftsphilosophie und Mikrophysik, Heidelberg/Berlin/Oxford 1995.

– /Schnepf, Robert (1998b): Kausalität in Metaphysik und Physik, in: Dialektik 1998/2, S. 27-48.

Ferrater Mora, José (1953): Suárez and Modern Philosophy, in: Journal of the History of Ideas 14, 1953, S. 528-547.

Figal, Günter (1991): Warum soll man über die Welt eine Geschichte erzählen? Der Timaios als Traktat vom Abbild, in: Ders., Das Untier und die Liebe, Stuttgart 1991, S. 86-109.

Flanigan, Rosemary (1987): Metaphysics as a »Science of Absolute Presuppositions«: Another Look at R. G. Collingwood, in: The Modern Schoolman 64, S. 161-185.

Förster, Eckart (1988): Kants Metaphysikbegriff: vor-kritisch, kritisch, nach-kritisch, in: Dieter Henrich/Rolf-Peter Horstmann (Hg.), Metaphysik nach Hegel? Stuttgart 1988, S. 123-136.

Fraassen, Bas C. van (1980): The Scientific Image, Oxford 1980.

Frankfurt, Harry G. (1993): On God's Creation, in: E. Stump (Hg.), Reasoned Faith, Ithaca London 1993, S. 128-141.

Freddoso, Alfred J. (2002): Introduction, in: Suárez, On Creation, Conservation, and Concurrence. Metaphysical Disputations 20, 21, and 22, South Bend, Indiana 2002.

– (1994): Introduction, in: Suárez, On Efficient Causality. Metaphysical Disputations 17, 18, and 19, transl. by. Alfred J. Freddoso, New Haven/London 1994, S. XII-XX.

– (1991): God's General Concurrence with Secondary Causes: Why Conservation is Not Enough, in: Philosophical Perspectives 5, 1991, S. 553-585.

Frede, Michael/Günther Patzig (1988): Aristoteles »Metaphysik Z«, Bd. 1 und 2, München 1988.

Frede, Michael (1996): Die Frage nach dem Seienden: Sophistes, in: Theo Kobusch/Burkhard Mojsisch (Hg.), Platon. Seine Dialoge in der Sicht neuer Forschung, Darmstadt, 1996, S. 181-199.

– (1980): The Original Notion of Cause, in: Malcolm Schofield/Myles Burnyeat/Jonathan Barnes (Hg.), Doubt and Dogmatism, Oxford 1980, S. 217-249.

Friedman, Michael (1994): Kant and the Twentieth Century, in: Paolo Parrini (ed.), Kant and Contemporary Epistemology, Dordrecht u.a. 1994, S. 27-46.

– (1992a): Kant and the Exact Sciences, Cambridge, Mass./London 1992.

– (1992b): Causal Laws and the Foundations of Natural Science, in: Paul Guyer (ed.), The Cambridge Companion to Kant, Cambridge u.a. 1992, S. 161-199.

– (1974): Explanation and Scientific Understanding, in: The Journal of Philosophy 71, 1974, S. 5-19, zit. nach Joseph C. Pitt (ed.): Theories of Explanation, New York/Oxford 1988, S. 188-198.

Fuhrmans, Horst (1966): Das Gott-Welt-Verhältnis in Schellings positiver Philosophie, in: Friedrich Kaulbach/Joachim Ritter (Hg.), Kritik und Metaphysik, FS H. Heimsoeth, Berlin 1966, S. 196-211.

Fulda, Hans Friedrich (1997): Metaphysik bei Kant, in: Hermann Klenner, u.a. (Hg.), Repraesentatio mundi, Köln 1997, S. 19-32. (Gekürzte Fassung von: Ders., Metaphysik bei Kant (jap.), in:

Risoha's Philosophical Quarterly 647, 1991, S. 64-84; sowie in: Metaphysik und Dialektik bei Kant und Hegel, Kyoto 1991).

– (1996): Freiheit als Vermögen der Kausalität und als Weise, bei sich selbst zu sein, in: Thomas Grethlein/Hans Leitner (Hg.), Inmitten der Zeit, Würzburg 1996, S. 47-63.

– (1991a): Spekulative Logik als »die eigentliche Metaphysik«. Zu Hegels Verwandlung des neuzeitlichen Metaphysikverständnisses, in: Detlev Pätzold/Arjo Vanderjagt (Hg.), Hegels Transformation der Metaphysik (=dialectica minora 2), Köln 1991, S. 9-27.

– (1991b): Philosophisches Denken in einer spekulativen Metaphysik, in: Detlev Pätzold/Ajo Vanderjagt (Hg.), Hegels Transformation der Metaphysik (dialectica minora 2), Köln 1991, S. 62-82.

– (1988): Ontologie nach Kant und Hegel, in: Dieter Henrich/Rolf-Peter Horstmann (Hg.), Metaphysik nach Kant?, Stuttgart 1988, S. 44-82.

Gadamer, Hans-Georg (1986): Begriffsgeschichte als Philosophie, in: Ders., Gesammelte Werke Bd. 2, Tübingen 1986, S. 77-91.

– (1976): Aristoteles: Metaphysik XII, übers. u. komm. v. Hans-Georg Gadamer, Frankfurt a. M. 1976, [4]1984.

– (1974): Idee und Wirklichkeit in Platos »Timaios«, in: Ders., Gesammelte Werke, Bd. 6, Tübingen 1985, S. 242-270.

– (1970a): Über das Göttliche im frühen Denken der Griechen, in: Ders., Gesammelte Werke Bd. 6, Tübingen 1985, S. 154-170.

– (1970b): Wie weit schreibt die Sprache das Denken vor? in: Ders., Gesammelte Werke Bd. 2, Tübingen 1986, S. 199-206.

– (1960): Wahrheit und Methode, Tübingen 1960, [4]1975.

– (1957): Was ist Wahrheit? in: Ders., Gesammelte Werke Bd. 2, Tübingen 1986, S. 44-56.

– (1950): Zur Vorgeschichte der Metaphysik, in: Ders., Gesammelte Werke Bd. 6, Tübingen 1985, S. 9-29.

Galilei, Galileo (1638): Unterredungen und mathematische Demonstrationen über zwei neue Wissenszweige, Frankfurt a. M. 1995.

Gallie, Roger D. (1989): Thomas Reid and »The Way of Ideas«, Dordrecht/Boston/London 1989.

Garcia, Jorge J. E. (1992): Suárez and the Doctrine of the Transcendentals, in: Topoi 11, 1992, S. 121-133.

Gaskin, John C. A. (1978): Hume's Philosophy of Religion, London/Basingstoke 1978.

Gawlick, Günter/Kreimendahl, Lothar (1987): Hume in der deutschen Aufklärung. Umrisse einer Rezeptionsgeschichte, Stuttgart/Bad Cannstatt 1987.

Geach, Peter (1969): Causation and Creation, in: Ders., God and the Soul, Bristol 1994.

Gideon, Abram (1903): Der Begriff Transcendental in Kants Kritik der reinen Vernunft, Marburg 1903.

Gilson, Étienne (1989): L'Esprit de la Philosophie Médival, Paris 1989. (=1936).

– (1989b): Le Thomisme. Introduction à la philosophie de Saint Thomas d'Aquin, Paris [6]1989.

– (1959): Johannes Duns Scotus. Einführung in die Grundgedanken seiner Lehre, Düsseldorf 1959.

– (1936): The Spirit of Mediævel Philosophy, London 1936.

Gloy, Karen (1996): Kants Philosophie des Experiments, in: Gerhard Schönrich/Yasushi Kato (Hg.), Kant und die Diskussion der Moderne, Frankfurt a. M. 1996, S. 64-91.

– (1986): Studien zur platonischen Naturphilosophie im Timaios, Würzburg 1986.

Gnemmi, Angelo (1969): Il fondamento metafisico. Analisi di struttura sula »Disputationes Metaphysicae« di F. Suárez, Mailand 1969.

Goodman, Nelson (1955): Fact, Fiction and Forecast, Cambridge Mass. 1955, dt.: Tatsache, Fiktion, Voraussage, Frankfurt a. M. 1988.

Grabmann, Martin (1926): Die Disputationes Metaphysicae des Franz Suárez in ihrer methodischen Eigenart und Fortentwicklung, in: Ders., Mittelalterliches Geistesleben Bd. 1, München 1926, S. 525-560.

Grünbaum, Adolf (1995): Origin versus Creation in Physical Cosmology, in: Lorenz Krüger/Brigitte Falkenburg (Hg.), Physik, Philosophie und die Einheit der Wissenschaften, Heidelberg/Berlin/Oxford 1995, S. 221-254.

— (1991): Creation as Pseudo-Explanation in Current Physical Cosmology, in: Erkenntnis 35, 1991, S. 233-254.

— (1990): The Pseudo-Problem of Creation in Physical Cosmology, in: John Leslie (Hg.), Physical Cosmology and Philosophy, New York 1990, S. 92-112.

— (1989): The Pseudo-Problem of Creation in Physical Cosmology, in: Philosophy of Science 56, 1989, S. 373-394.

— (1952): Some Highlights of Modern Cosmology and Cosmogony, in: Review of Metaphysics 5, 1952, S. 481-498.

Gueroult, Martial (1966): Die Struktur der zweiten Analogie der Erfahrung, in: Friedrich Kaulbach/Joachim Ritter (Hg.), Kritik und Metaphysik, FS H. Heimsoeth, Berlin 1966, S. 10-20.

Guthrie, William K. C. (1978): A History of Greek Philosophy, Bd. V: The Later Plato and the Academy, Cambridge 1978.

Guy, Alain (1979): L'analogie de l'être selon Suárez, in: Archives de philosophie 12, 1979, S. 275-294.

Guyer, Paul (1987): Kant and the Claims of Knowledge, Cambridge 1987.

Hacking, Ian (1983): Representing and Intervening, Cambridge 1983; dt.: Einführung in die Philosophie der Naturwissenschaften, Stuttgart 1996.

Happ, Heinz (1971): Hyle. Studien zum Aristotelischen Materie-Begriff, Berlin/New York 1971.

Harrah, David (1984): The Logic of Questions, in: Dov Gabbay/Franz Guenther (Hg.), Handbook of Philosophical Logic Vol. II, Dordrecht/Boston/London 1984, S. 715-764.

Hart, Herbert Lionel Adolphus/Honoré, Tony (1959): Causation in the Law, Oxford [1]1959, [2]1985.

Hartmann, Nicolai (1936): Der philosophische Gedanke und seine Geschichte, in: Ders., Kleine Schriften Bd. 2, S. 1-49, Berlin 1957 (urspr. Abhandl. d. preuss. Ak. d. Wiss., Phil.-Hist. Kl. Nr. 5, 1936).

Heidegger, Martin (1962): Die Frage nach dem Ding. Zu Kants Lehre von den transzendentalen Grundsätzen, Tübingen 1962, [3]1987.

— (1957a): Der Satz vom Grund, Pfullingen 1957, [5]1978.

— (1957b): Die onto-theo-logische Verfassung der Metaphysik, in: Ders., Identität und Differenz, Pfullingen 1957, S. 31-67.

— (1953): Einführung in die Metaphysik, Tübingen [1]1953, [5]1987.

— (1929): Kant und das Problem der Metaphysik, 1929, 4. erw. Aufl. Frankfurt a. M. 1973.

— (1927/28): Phänomenologische Interpretation von Kants Kritik der reinen Vernunft, Vorlesung WS 1927/28, Frankfurt a. M. 1977, [3]1995.

Heidelberger, Michael (1992): Kausalität. Eine Problemübersicht, in: Neue Hefte für Philosophie 32/33, 1992, S. 130-153.

Heimsoeth, Heinz (1966-71): Transzendentale Dialektik. Ein Kommentar zu Kants Kritik der reinen Vernunft, 4 Teile, Berlin 1966-71.

— (1966): Zum kosmotheologischen Ursprung der Kantischen Freiheitsantinomie, in: Kant-Studien 57, 1966, S. 206-229.

— (1965): Metaphysische Gehalte in Kants Vierter Antinomie, (1965), in: Ders., Studien zur Philosophie Immanuel Kants II (Kant-Studien Erg. Hefte 83), S. 271-280.

— (1960): Zeitliche Weltunendlichkeit und das Problem des Anfangs. Eine Studie zur Vorgeschichte von Kants erster Antinomie, in: Ders., Gesammelte Abhandlungen II (Kant-Studien Erg.-Hefte 82), Köln 1961, S. 269-292.

— (1926): Metaphysik und Kritik bei Chr. A. Crusius. Ein Beitrag zur ontologischen Vorgeschichte der Kritik der reinen Vernunft im 18. Jahrhundert, 1926, auch in: Ders., Studien zur Philosophie Immanuel Kants I (Kant-Studien Erg.-Hefte 71, S. 125-188.

— (1924): Die metaphysischen Motive in der Ausbildung des kritischen Idealismus, in: Kant-Studien 29, 1924, S. 121-159.

Heisenberg, Werner (1935): Zur Geschichte der physikalischen Naturerklärung, in: Ders., Wandlungen in den Grundlagen der Naturwissenschaften, Leipzig 1935.

Hempel, Carl Gustav (1970): Aspects of Scientific Explanation and Other Essays in the Philosophy of Science, London 1965, pbck. 1970.

– (1966): Philosophy of Natural Science, New Jersey 1966.

– (1965): Aspects of Scientific Explanation, in: Hempel 1970, S. 331-496.

– (1944): The Function of General Laws in History, in: Journal of Philosophy 39, 1994, S. 35-48.

– /Oppenheim, Paul (1948): Studies in the Logic of Explanation, in: Philosophy of Science 15, 1948, S. 135-175, zit. nach: Hempel, 1966, S. 245-290.

Henninger, Mark G. (1989): Relations. Medieval Theories 1250-1325, Oxford 1989.

Henrich, Dieter (1976): Identität und Objektivität. Eine Untersuchung über Kants transzendentale Deduktion (Heidelberger Akademie der Wissenschaften 1976, 1), Heidelberg 1976.

– (1975): Die Deduktion des Sittengesetzes, in: A. Schwan (Hg.), Denken im Schatten des Nihilismus, Darmstadt 1975, S. 55-112.

– (1967): Kants Denken 1762/63. Über den Ursprung der Unterscheidung analytischer und synthetischer Urteile, in: Heinz Heimsoeth, u.a. (Hg.), Studien zu Kants philosophischer Entwicklung, Hildesheim 1967, S. 9-38.

– (1966): Zu Kants Begriff der Philosophie. Eine Edition und eine Fragestellung, in: Friedrich Kaulbach/Joachim Ritter, Kritik und Metaphysik, FS H. Heimsoeth, Berlin 1966, S. 40-59.

Hesse, Mary Brenda (1966): Models and Analogies in Science, Notre Dame, Indiana, 1966.

– (1962): Forces and Fields. The Concept of Action at a Distance in the History of Physics, Westport Conn. 1962.

Hinske, Norbert (1977): Die Datierung der Reflexion 3716 und die generellen Datierungsprobleme des Kantischen Nachlasses. Erwiderung auf Josef Schmucker, in: Kant-Studien 68, 1977, S. 321-340.

– (1973): Kants Begriff des Transzendentalen und die Problematik seiner Begriffsgeschichte. Erwiderung auf Ignacio Angelelli, in: Kant-Studien 64, 1973, S. 56-62.

– (1972): Kants Begriff der Antithetik und seine Herkunft aus der protestantischen Kontroverstheologie des 17. und 18. Jahrhunderts. Über eine unbemerkt gebliebene Quelle der Kantischen Antinomienlehre, in: Archiv für Begriffsgeschichte 16, 1972, S. 48-59.

– (1970): Kants Weg zur Transzendentalphilosophie, Stuttgart/Berlin/Köln/Mainz 1970.

– (1968): Die historischen Vorlagen der Kantischen Transzendentalphilosophie, in: Archiv für Begriffsgeschichte 12, 1968, S. 86-113.

– (1965): Kants Begriff der Antinomie und die Etappen seiner Ausarbeitung, in: Kant-Studien 56, 1965, S. 485-496.

Hintikka, Jaakko/Hatonen, Ilpo (1995): Semantics and Pragmatics of Why-Questions, in: Journal of Philosophy 1995, S. 636-657.

– (1978): Answers to Questions, in: Henry Hiz (ed.), Questions, Dordrecht/Boston/London 1978, S. 279-300.

Hochstetter, Erich (1927): Studien zur Metaphysik und Erkenntnislehre Wilhelms von Ockham, Berlin/Leipzig 1927.

Höffe, Otfried (1998): Architektonik und Geschichte der reinen Vernunft (A832/B860-A856/B884), in: Georg Mohr/Markus Willaschek (Hg.), Immanuel Kant. Kritik der reinen Vernunft (Klassiker Auslegen Bd. 17/18), Berlin 1998, S. 617-645.

Hoeres, Walter (1965): Francis Suárez and the Teaching of John Duns Scotus on the Univocatio Entis, in: Studies in the Philosophy and the History of Philosophy 3, 1965, S. 263-290.

Honnefelder, Ludger (1995): Die »Transzendentalphilosophie der Alten«: Zur Vorgeschichte von Kants Begriff der Transzendentalphilosophie, in: Proceedings of the 8. International Kant Congress, Memphis 1995, Vol. 1, S. 393-407.

– (1994): Vernunft und Metaphysik. Die dreistufige Konstitution ihres Gegenstandes bei Duns Scotus und Kant, in: Petra Kolmer/Harald Korten (Hg.), Grenzbestimmungen der Vernunft, Freiburg/München 1994, S. 319-350.

- (1990): Scientia transcendens. Die formale Bestimmung der Seiendheit und Realität in der Metaphysik des Mittelalters und der Neuzeit (Duns Scotus - Suárez - Wolff - Kant - Peirce), Hamburg 1990.
- (1987): Der zweite Anfang der Metaphysik. Voraussetzungen und Folgen der Wiederbegründung der Metaphysik im 13./14. Jahrhundert, in: Jan P. Beckmann u.a. (Hg.), Philosophie im Mittelalter. Entwicklungslinien und Paradigmen, Hamburg 1987.
- (1985): Transzendent oder transzendental: Über die Möglichkeiten von Metaphysik, in: Philosophisches Jahrbuch 92, 1985, S. 273-290.
- (1979): Ens inquantum ens. Der Begriff des Seienden als solchen als Gegenstand der Metaphysik nach der Lehre des Duns Scotus, Münster 1979.
Hoppe, Hansgeorg (1998): Die transzendentale Deduktion in der ersten Auflage (A84/B116-A95/B129; A95-130), in: Georg Mohr/Markus Willaschek (Hg.), Immanuel Kant. Kritik der reinen Vernunft (Klassiker Auslegen Bd. 17/18), S. 159-188.
- (1983): Synthesis bei Kant. Das Problem der Verbindung von Vorstellungen und ihrer Gegenstandsbeziehung in der »Kritik der reinen Vernunft«, Berlin/New York 1983.
Horstmann, Rolf-Peter (1984). Die metaphysische Deduktion der Kategorien in Kants »Kritik der reinen Vernunft«, in: Burkhard Tuschling (Hg.), Probleme der »Kritik der reinen Vernunft«, Berlin/New York 1984, S. 15-33.
- (1971): Kants Antwort auf Hume, Kant-Studien 62, 1971, S. 335-350.
Hoye, William J. (1988): Die Unerkennbarkeit Gottes als die letzte Erkenntnis nach Thomas von Aquin, in: Albert Zimmermann (Hg.), Thomas von Aquin, Werk und Wirkung im Licht neuerer Forschungen (Miscellanea Mediaevalia 19), Berlin/New York 1988, S. 117-140.
Hüttemann, Andreas (1997): Idealisierungen und das Ziel der Physik. Eine Untersuchung zum Realismus, Empirismus und Konstruktivismus in der Wissenschaftstheorie, Berlin/New York 1997.
Hume, David (1779): Dialogues Concerning Natural Religion, in: David Hume, Dialogues Concerning Natural Religion in Focus, hg. v. S. Tweyman, London / New York 1991.
- (1748): Enquiries Concerning Human Understanding and Concerning Principles of Morals, hg. v. Peter. H. Nidditch, 3. überarb. Aufl. Oxford 1983.
- (1740): Abriß eines neuen Buches/An Abstract of a Book lately published, 1740, übers. u. hg. v. Jens Kulenkampff, Hamburg 1980.
- (1739): A Treatise of Human Nature, hg. v. Peter. H. Nidditch, 2. überarb. Aufl. Oxford 1992.

Inwagen, Peter van (1993): Metaphysics, Oxford 1993.
Irwin, Terence H. (1988): Aristotle's First Principles, Oxford 1988.

Jaeger, Werner (1953): Die Theologie der frühen griechischen Denker, Stuttgart 1953.
- (1923): Aristoteles. Grundlegung einer Geschichte seiner Entwicklung, Berlin 1923.
Johannes Duns Scotus (1950 ff.): Doctor subtilis et Mariani Ioanni Duns Scoti, ordinis Fratrum Minorum Opera Omnia, Studio et Cura commissionis scotisticae ad fidem codicum edita, praeside P. Carolo Balic, Ro, 1950 ff., bisher erschienen Bd. I-VII und Bd. XVI-XVIII.
- (1949): De primo principio, hg. v. Evan Roche, St. Bonaventure/New York 1949.
- (1891/95): Ioannis Duns Scoti, Doctor Subtilis, ordini minorum, opera omnia. Editio nova juxta editionem Waddingii XII tomos continentem a Patribus Franciscanis de observantia acurate recognita, 26 Bde. (Ed. Vives), Paris 1891-95.
(Ps.) Johannes Duns Scotus: Quaestiones disputatae de rerum principio; Tractatus De primo principium omnium, hg. R. P. Marianus Fernandez Garcia, Ad clara aquas 1910.

Kaehler, Klaus Erich (1991): Freiheit und Schöpfung. Zu einem Problem der Kritik der praktischen Vernunft, in: Akten des Siebenten Internationalen Kant-Kongresses, hrsg. v. Gerhard Funke, Bd. II, 1, Bonn 1991, S. 525-533.
- (1989): Leibniz´ Position der Rationalität, Freiburg/München 1989.

Kahn, Charles (1978): Questions and Categories, in: Henry Hiz (ed.), Questions, Dordrecht/Boston/London 1978, S. 227-278.

Kamlah, Wilhelm/Lorenzen, Paul (1973): Logische Propädeutik. Vorschule des vernünftigen Redens, Mannheim/Wien/Zürich 1973, ³1990.

Kanitscheider, Bernulf (1996): Im Innern der Natur, Darmstadt 1996.

– (1984): Kosmologie, Stuttgart 1984.

Kant, Immanuel (1968): Werke in zehn Bänden, hrsg. V. W. Weischedel, Darmstadt 1968.

– (1900 ff.): Kants gesammelte Schriften, hg. v. d. Königlich Preußischen Akademie der Wissenschaften (später: Deutsche Akademie der Wissenschaften zu Berlin), Bd. I-XXIII (Werke, Briefe, Handschriftlicher Nachlass) Berlin, 1900-1955, Bd. XXIV ff. (Vorlesungen) Berlin 1966 ff. (zitiert als AA = Akademie Ausgabe).

Kaufmann, Matthias (1993): Ockhams Kritik der Formaldistinktion: Überwindung oder petitio principii, in: Neue Realitäten. Herausforderungen für die Philosophie, Berlin, 1993, S. 414-421.

Keil, Geert (2000): Handeln und Verursachen, Frankfurt a. M. 2000.

Kelsen, Hans (1946): Vergeltung und Kausalität, Wien/Köln/Graz 1982 (¹1946).

Kemmerling, Andreas : Ideen, in: Ders., Ideen des Ichs. Studien zu Descartes' Philosophie, Frankfurt a. M. 1996, S. 17-76; urspr. in: Archiv für Begriffsgeschichte 36, 1993, S. 43-94.

Kim, Jaegwon (1993): Supervenience and Mind, Cambridge 1993.

– (1976): Events as Property Exemplifications, in: Myles Brand/Douglas Walton (Hg.), Action Theory, Dordrecht 1976, S. 159-177; auch in: Kim 1993, S. 333-352.

– (1974): Noncausal Connections, in: Nous 8, 1974, S. 41-52; auch in: Kim, 1993, S. 22-32.

– (1973): Causation, Nomic Subsumption and the Concept of Event, in: Journal of Philosophy 70, 1973, S. 217-236; auch in: Kim, 1993, S. 3-21.

– (1971): Causes and Events: Mackie on Causation, in: Journal of Philosophy 68, 1971, S. 426-441; auch in: Ernst Sosa/Michael Tooley (Hg.), Causation, Oxford 1993, S. 60-74.

Kitcher, Philip (1989): Explanatory Unification and the Causal Structure of the World, in: Minnesota Studies in the Philosophy of Science 13, S. 410-505.

– (1986): Projecting the Order of Nature, in: Robert E. Butts (ed.), Kant's Philosophy of Physical science. Metaphysische Anfangsgründe der Naturwissenschaften 1786-1986, Dordrecht u.a. 1986, S. 201-235.

– (1981): Explanatory Unification, in: Philosophy of Science 48, 1981, S. 501-531; zit. nach: Joseph C. Pitt (ed.), Theories of Explanation, New York/Oxford 1981, S. 167-187.

– /Salmon, Wesley C. (1987): Van Fraassen on Explanation, in: Journal of Philosophy 84, 1987, S. 315-330, zit. nach: Salmon, 1998, S. 178-190.

Klowski, Joachim (1967): Zum Entstehen der Begriffe Sein und Nichts und der Weltentstehungs- und Schöpfungstheorien im strengen Sinne, in: Archiv für Geschichte der Philosophie 49, 1967, S. 121-148; S. 225-254.

Kluxen, Wolfgang (1975): Philosophische Perspektiven im Werk des Thomas von Aquin, in: Wolfgang Kluxen (Hg.), Thomas von Aquin im philosophischen Gespräch, Freiburg/München, 1975, S. 15-37.

– (1972): Thomas von Aquin. Das Seiende und seine Prinzipien, in: Josef Speck: Grundprobleme der großen Philosophen, Bd. I: Philosophie des Altertums und des Mittelalters, Göttingen ⁴1990, S. 177-220, ¹1972.

– (1971): Artikel »Analogie«, in: Historisches Wörterbuch der Philosophie, hrsg. v. Joachim Ritter, Bd. 1, Stuttgart/Basel 1971, S. 214-227.

Knittermayer, Hinrich (1953/54): Von der klassischen zur kritischen Transzendentalphilosophie, in: Kant-Studien 45, 1953/54, S. 113-131.

– (1924): Transzendent und Transzendental, in: FS P. Natorp, Berlin/Leipzig 1924, S. 195-214.

König, Josef (1944): Bemerkungen über den Begriff der Ursache, in: Ders., Vorträge und Aufsätze, hrsg. v. Günther Patzig, Freiburg/München 1978, S. 122-255.

König, Peter (1994): Autonomie und Autokratie. Über Kants Metaphysik der Sitten, Berlin/New York 1994.

Kondylis, Panajotis (1990): Die neuzeitliche Metaphysikkritik, Stuttgart 1990.

Kopper, Joachim (1970): Kants Zweite Analogie der Erfahrung, in: Kant-Studien, 61, 1970, S. 289-306.

Krämer, Hans Joachim (1972): Das Verhältnis von Platon und Aristoteles in neuer Sicht, in: Zeitschrift für philosophische Forschung 26, 1972, S. 329-353.

– (1969): Grundfragen der aristotelischen Theologie, in: Theologie und Philosophie 44, 1969, S. 363-382 und 481-505.

– (1967): Zur geschichtlichen Stellung der aristotelischen Metaphysik, in: Kant-Studien 58, 1967, S. 313-354.

– (1964): Die platonische Akademie und das Problem der systematischen Interpretation Platons, in: Kant-Studien 55, 1964, S. 69-102.

Krause, Andreas (1999): Zur Analogie bei Cajetan und Thomas von Aquin, Halle 1999.

– (1996): Der traditionell Duns Scotus zugeschriebene Tractatus de primo principio. Die Entwicklung seiner metaphysischen Theoreme aus dem ordo essentialis, Halle 1996.

Krausser, Peter (1976): Zu einer systematischen Rekonstruktion der Erkenntnis- und Wissenschaftstheorie in Kants Kritik der reinen Vernunft, in: Kant-Studien 67, 1976, S. 141-155.

Krausz, Michael (1972): The Logic of Absolute Presuppositions, in: Michael Krausz (ed.), Critical Essays on the Philosophy of R. G. Collingwood, Oxford 1972, S. 222-224.

Kreimendahl, Lothar (1997): Humes frühe Kritik der Physikotheologie, in: Jens Kulenkampff (Hg.), David Hume. Eine Untersuchung über den menschlichen Verstand, Berlin 1997, S. 197-214.

– (1990): Kant - Der Durchbruch von 1769, Köln 1990.

– (1982): Humes verborgener Rationalismus, Berlin/New York 1982.

– /Gawlick, Günter (1987): Hume in der deutschen Aufklärung. Umrisse einer Rezeptionsgeschichte, Stuttgart/Bad Cannstatt 1987.

Kretzmann, Norman (1999): The Metaphysics of Creation. Aquina's Natural Theology in Summa contra gentiles II, Oxford 1999.

Krüger, Lorenz (1995): Comment on Origin versus Creation in Physica Cosmology, in: Lorenz Krüger/Brigitte Falkenburg (Hg.), Physik, Philosophie und die Einheit der Wissenschaften, Heidelberg/Berlin/ Oxford 1995, S. 255-259.

– (1994): Über die Relativität und die objektive Realität des Kausalbegriffs, in: Weyma Lübbe (Hg.), Kausalität und Zurechnung. Über Verantwortung in komplexen kulturellen Prozessen, Berlin, New York 1994, S. 147-163.

– (1992): Kausalität und Freiheit. Ein Beispiel für den Zusammenhang von Metaphysik und Lebenspraxis, in: Neue Hefte für Philosophie 32/33, 1992, S. 1-14.

– (1970): Über das Verhältnis von hermeneutischer Philosophie zu den Wissenschaften, in: Rüdiger Bubner/Konrad Cramer/Reiner Wiehl (Hg.), Hermeneutik und Dialektik Bd. I, Tübingen 1970, S. 3-30.

Kuhn, Thomas S. (1978): Verschiedene Begriffe der Ursache in der Entwicklung der Physik, in: Ders., Die Entstehung des Neuen. Studien zur Struktur der Wissenschaftsgeschichte, Frankfurt a. M. 1978.

– (1962): The Structure of Scientific Revolutions, Chicago 1962, dt.: Die Struktur wissenschaftlicher Revolutionen, Frankfurt a. M., 2. erw. Aufl., 1976.

Lakatos, Imre (1978): Toulmin erkennen, in: Ders:, Mathematik, empirische Wissenschaft und Erkenntnistheorie, Philosophische Schriften Bd. 2, Braunschweig/Wiesbaden 1978, S. 219-237.

– (1976): Warum hat das Kopernikanische Forschungsprogramm das Ptolemäische überwunden? in: Ders., Die Methodologie der wissenschaftlichen Forschungsprogramme, Philosophische Schriften Bd. 1, Braunschweig/Wiesbaden 1982, S. 182-206.

– (1971): Newtons Wirkung auf die Kriterien der Wissenschaftlichkeit, in: Ders., Die Methodologie wissenschaftlicher Forschungsprogramme, Philosophische Schriften Bd. 1, Braunschweig/Wiesbaden 1982, S. 209-240.

Leibniz, G. W. (1903): Opuscules et fragments inédits de Leibniz, ed. L. Couturat, Paris 1903, rer. Hildesheim 1988.

– (1875 ff.): Die philosophischen Schriften von Gottfried Wilhelm Leibniz, 7 Bde., hrsg. von Carl Immanuel Gerhardt, Berlin 1875 ff., Repr. Hildesheim 1978.

Leisegang, Hans (1915): Über die Behandlung des scholastischen Satzes »Quodlibet ens est unum, verum, bonum seu perfectum«, und seine Bedeutung in Kants Kritik der reinen Vernunft, in: Kant-Studien 20, 1915, S. 403-421.

Lewis, David (1986a): Causal Explanation, in: Ders., Philosophical Papers II, New York/Oxford 1986, S. 214-240.

– (1986b): Postscripts to »Causation«, in: Ders., Philosophical Papers II, New York/Oxford 1986, S. 172-213.

– (1973): Causation, in: Journal of Philosophy 70, 1973, S. 556-567; zit. nach: Ders., Philosophical Papers II, New York/Oxford 1986, S. 159-172.

Lipkind, Donald (1979): Russell on the Notion of Cause, in: Canadian Journal of Philosophy 9, 1979, S. 701-720.

Lipton, Peter (1990): Contrastive Explanations, in: Dudley Knowles (Hg.), Explanation and its Limits, Cambridge 1990; auch in: David-Hillel Ruben (Hg.), Explanation, Oxford 1993, S. 207-227.

Liske, Michael-Thomas (1993): Leibniz´ Freiheitslehre. Die logisch-metaphysischen Voraussetzungen von Leibniz´ Freiheitstheorie, Hamburg 1993.

Llewelyn, John E. (1961): Collingwood's Doctrine of Absolute Presuppositions, in: Philosophical Quarterly 11, S. 49-60.

Lobkowicz, Erich (1986): Common Sense und Skeptizismus, Weinheim 1986.

Löwith, Karl (1967): Gott, Mensch und Welt in der Metaphysik von Descartes bis zu Nietzsche, in: Ders., Sämtliche Schriften Bd. 9, Stuttgart 1986, S. 1-194.

Longuenesse, Béatrice (1998a): The Divisions of the Transcendental Logic and the Leading Thread (A50/B74-A83/B109; B109-116), in: Georg Mohr/Markus Willaschek (Hg.) Immanuel Kant. Kritik der reinen Vernunft (Klassiker Auslegen Bd. 17/18), Berlin 1998, S. 131-158.

– (1998b): Kant and the Capacity to Judge. Sensibility and Discursivity in the Transcendental Analytic of the Critique of Pure Reason, Princeton/New Jersey 1998.

Mach, Ernst (1906): Erkenntnis und Irrtum, Leipzig ^{2}1906.

– (1896): Populärwissenschaftliche Vorlesungen, Neudruck d. 5. Aufl. Leipzig 1923, Wien 1987.

Mackie, John Leslie (1982): The Miracle of Theism. Arguments for and against the Existence of God, Oxford 1982; dt: Das Wunder des Theismus. Argumente für und gegen die Existenz Gottes, Stuttgart 1987.

– (1974): The Cement of the Universe. A Study of Causation, Oxford 1980.

– (1965): Causes and Conditions, in: American Philosophical Quarterly, 1965, S. 245-255 und 261-264; auch in: Ernest Sosa/Michael Tooley (Hg.), Causation, Oxford 1993, S. 33-55.

Martin, Gottfried (1951): Immanuel Kant, Ontologie und Wissenschaftstheorie, Köln 1951.

Martin, Rex (1998): Introduction, in: R. G. Collingwood, An Essay on Metaphysics, Rev. Edition ed. by Rex Martin, Oxford 1998, S. XV-XCV.

Mates, Benson (1986): The Philosophy of Leibniz. Metaphysics and Language, Oxford 1986.

May, Gerhard (1978): Schöpfung aus dem Nichts. Die Entstehung der Lehre von der Creatio ex Nihilo, Berlin New York 1978.

McGinn, Colin (1993): Problems in Philosophy. The Limits of Inquiry, Oxford/Cambridge 1993; dt.: Die Grenzen des vernünftigen Fragens, Stuttgart 1996.

McInerny, Ralph M. (1961): The Logic of Analogy. An Interpretation of St. Thomas, The Hague 1961.

Meixner, Uwe (2001): Theorie der Kausalität. Ein Leitfaden zum Kausalbegriff in zwei Teilen, Paderborn 2001.

Mellor, D. Hugh (1995): The Facts of Causation, London 1995.

Melnick, Arthur (1973): Kant's Analogies of Experience, Chicago/London 1973.

Merlan, Philip (1959): ὄν ἦ ὄν und πρώτη οὐσία: Postskript zu einer Besprechung, in: Philosophische Rundschau 7, 1959, S. 148-153.

– (1957): Metaphysik: Name und Gegenstand, in: Fritz-Peter Hager (Hg.), Metaphysik und Theologie des Aristoteles, Darmstadt 1969, S. 256-265.

– (1953): Abstraction and Metaphysics in St. Thomas' Summa, in: Journal of the History of Ideas 14, 1953, S. 284-291.

Metz, Wilhelm (1998): Die Architektonik der Summa Theologiae des Thomas von Aquin, Hamburg 1998.

– (1991): Kategoriendeduktion und produktive Einbildungskraft in der theoretischen Philosophie Kants und Fichtes, Stuttgart-Bad Cannstatt 1991.

Mink, Louis Otto (1969): Mind, History, and Dialectic. The Philosophy of R. G. Collingwood, Bloomington Ind. 1969.

– (1966): The Autonomy of Historical Understanding, in: William H. Dray (Hg.): Philosophical Analysis and History, New York 1966, S. 160-192.

Mittelstaedt, Peter (1989): Philosophische Probleme der modernen Physik, Mannheim/Wien/Zürich, 7. überarb. Aufl. 1989.

Mittelstrass, Jürgen (1970): Neuzeit und Aufklärung. Studien zur Entstehung der neuzeitlichen Wissenschaft und Philosophie, Berlin/New York 1970.

– (1962): Die Rettung der Phänomene, Berlin 1962.

Morabito, P. Giuseppe. (1939): L'Essere e la Causalità in Suárez e in S. Tomaso, in: Rivista di filosofia Neo-scolastica 31, 1939, S. 18-46.

Nagel, Ernest (1961): The Structure of Science. Problems in the Logic of Scientific Explanation, New York 1961, pbck. Indianapolis/Cambridge 1979.

– (1954): Rez. von Stephen Toulmin, 1953, in: Mind 63, 1954, S. 403-412.

Natorp, Paul (1888): Thema und Disposition der aristotelischen Metaphysik, in: Philosophische Monatshefte XXIV, 1888, S. 37-65 und 540-574.

Neidl, Walter Martin (1966): Der Realitätsbegriff des Franz Suárez nach den Disputationes Metaphysicae, München 1966.

Newton, Isaac (1687): Mathematische Grundlagen der Naturphilosophie, ausgew. u. übers. v. Ed Dellian, Hamburg 1988.

Noxon, James (1973): Hume's Philosophical Development. A Study of His Method, Oxford 1973, [2]1975.

Nute, Donald (1984): Conditional Logic, in: Dov Gabbay/Franz Guenther (Hg), Handbook of Philosophical Logic Vol. II, Dordrecht/Boston/London 1984, S. 387-439.

Ockham, Wilhelm v. (1974): Opera Philosophica et Theologica; Opera Philosophica Bd. 1-6, Opera Theologica Bd. 1-10, St. Bonaventure New York 1974ff.

Oehler, Klaus (1984): Der unbewegte Beweger des Aristoteles, Frankfurt a. M. 1984.

– (1969): Die systematische Integration der aristotelischen Metaphysik: Physik und erste Philosophie in Buch Lambda, in: Ingemar Düring (Hg.), Naturphilosophie bei Aristoteles und Theophrast, Heidelberg 1969, S. 168-192; auch in: Oehler, 1984, S. 9-39.

– (1963): Ein Mensch zeugt einen Menschen, Frankfurt a. M. 1963.

Owen, Gwilym E. L., (1960): Logic and Metaphysics in Some Early Works of Aristotle´, in: Ingemar Düring/ Gwilym E. L. Owen (ed.), Aristotle and Plato in the Mid-Fourth Century, Gothenburg 1960, S. 163-190, auch in: Gwilym E. L. Owen, Logic, Science and Dialectic, London 1986, S. 180-189.

Owens, Joseph (1978): The Doctrine of Being in the Aristotelian Metaphysics, 3. erw. Aufl. Toronto 1978.

Pannenberg, Wolfhart (1996): Theologie und Philosophie, Göttingen 1996.

Pap, Arthur (1955): Analytische Erkenntnistheorie, Wien 1955.

Passmore, John (1952): Hume's Intentions, London [3]1980.

Paton, Herbert James (1962): Der kategorische Imperativ. Eine Untersuchung über Kants Moral-philosophie, Berlin 1962; urspr.: The Categorical Imperative. A Study in Kant's Moral Phi-losophy, London 1947.
– (1936): Kant's Metaphysic of Experience. A Commentary on the First Half of the Kritik der reinen Vernunft, 2 Vol., London/New York 1936, [2]1951.
Patzig, Günther/Frede, Michael (1988): Aristoteles »Metaphysik Z«, Bd. 1 und 2, München 1988.
– (1985): Wilhelm von Humboldts »Kopernikanische Wende«, in: Peter Wapnewski (Hg.), Jahr-buch des Wissenschaftskollegs zu Berlin 1984/85, Berlin 1985, S. 55-68; auch in: Ders., Ge-sammelte Schriften Bd. IV, 1996, S. 230-247.
– (1981): Erkenntnisgründe, Realgründe und Erklärungen (Zu »Analytica Posteriora« A 13), in: Ders., Gesammelte Schriften, Bd. 3, Tübingen 1996, S. 125-140; urspr. in: Berti, Enrico (Hg.), Aristotle on Science: the »Posterior Analytics«, Padua 1981, S. 141-156.
– (1979): Logische Aspekte einiger Argumente in Aristoteles' »Metaphysik«, in: Pierre Auben-que (Hg.), Études sur la Métaphysique d´Aristote, Paris 1979, S. 37-48; auch in: Ders., Ge-sammelte Schriften III, S.175-193.
– (1973): Erklären und Verstehen. Bemerkungen zum Verhältnis von Natur- und Geisteswissen-schaften, in: Ders., Gesammelte Schriften, Bd. IV, Göttingen 1996, S. 117-145; urspr. in: Neue Rundschau 3, 1973, S. 60-76.
– (1966): Die Sprache, philosophisch befragt, in: Die deutsche Sprache im 20. Jahrhundert, Göt-tingen 1966, S. 9-28; auch in: Ders., Gesammelte Schriften Bd. IV, Göttingen 1996, S. 146-168.
– (1964): Satz und Tatsache, in: Ders., Gesammelte Schriften Bd. IV, Göttingen 1996, S. 9-42; urspr. in: FS J. König, Argumentationen, Göttingen 1964, S. 170-191.
– (1960/61): Theologie und Ontologie in der »Metaphysik« des Aristoteles, in: Ders., Gesam-melte Schriften, Bd. III, Tübingen 1996, S. 141-174; urspr. in: Kantstudien 52, 1960/61, S. 185-205.
– (1959): Die aristotelische Syllogistik. Logisch-philologische Untersuchungen über das Buch A der »Ersten Analytiken«, Göttingen 1959.
Paulsen, Friedrich (1900): Kants Verhältnis zur Metaphysik, in: Kant-Studien 4, 1900, S. 413-447.
– (1898): Kant. Sein Leben und seine Lehre, Stuttgart 1898, [5]1910.
Pauri, Massimo (1991): The Universe as a Scientific Object, in: Evandro Agazzi/Alberto Cordero (Hg.), Philosophy and the Origin and Evolution of the Universe, Dordrecht/Boston 1991, S. 291-339.
Pearl, Judea (2000): Causality. Models, Reasoning, and Inference, Cambridge 2000.
Picht, Georg (1991): Glauben und Wissen, Stuttgart 1991.
– (1989): Der Begriff der Natur und seine Geschichte, Stuttgart [3]1993.
– (1985): Kants Religionsphilosophie, Stuttgart, 2. Auflage 1990.
Pilot, Harald (1999): Naturschönheiten als Modelle der systematischen Einheit der Natur, in: Ste-fan Hübsch/Dominik Kaegi (Hrsg.), Affekte. Philosophische Beiträge zur Theorie der Emotio-nen, FS R. Wiehl, Heidelberg 1999, S. 151-185.
– (1995): Die Vernunftideen als Analoga von Schemata der Sinnlichkeit, in: Christel Fri-cke/Peter König/Thomas Petersen (Hg.), Das Recht der Vernunft. Kant und Hegel über Den-ken, Erkennen und Handeln, FS H. F. Fulda, Stuttgart/Bad Canstatt 1995, S. 155-192.
Pinder, Tillmann (1986): Kants Begriff der transzendentalen Erkenntnis. Zur Interpretation der Definition des Begriffs »transzendental« in der Einleitung zur Kritik der reinen Vernunft (A11 f./B25), in: Kant-Studien 77, 1986, S. 1-40.
– (1979): Kants Begriff der Logik, in: Archiv für Geschichte der Philosophie 61, 1979, S. 309-336.
Piper, Annemarie (1996): Kant und die Methode der Analogie, in: Gerhard Schönrich/Yasushi Kato (Hg.), Kant in der Diskussion der Moderne, Frankfurt a. M. 1996, S. 92-112.
Platon (1992): Timaios, übers. u. hg. v. Hans Günther Zekl, Hamburg 1992.
– (1990): Werke in acht Bänden, Darmstadt 1990.

Posch, Günter (1981): Zur Problemlage beim Kausalitätsproblem, in: Ders. (Hg.), Kausalität. Neue Texte, Stuttgart 1981, S. 9-29.

Popper, Karl (1935): Logik der Forschung, Wien 1935, 10. verbesserte und vermehrte Aufl., Tübingen 1994.

Prauss, Gerold (1974): Kant und das Problem der Dinge an sich, Bonn [3]1989.

– (1969): Zum Wahrheitsbegriff bei Kant, in: Kant-Studien 60, 1969, S. 166-182.

Puech, Michel (1990): Kant et la causalité, Paris 1990.

Quine, Willard van Orman. (1953): On What There Is, in: Ders., From a Logical Point of View, Cambridge Mass. 1953, pbck. New York/Evanston 1963, S. 1-19.

Rad, Gerhard v. (1958): Die Theologie des Alten Testaments, Bd. 1, Leipzig 1958.

Rang, Bernhard (1997): Kants Antwort auf Hume, in: Jens Kulenkampff (Hg.), David Hume. Eine Untersuchung über den menschlichen Verstand, Berlin 1997, S. 95-114.

– (1990): Naturnotwendigkeit und Freiheit. Zu Kants Theorie der Kausalität als Antwort auf Hume, Kant-Studien 81, S. 24-56.

Reale, Giovanni (1993): Zu einer neuen Interpretation Platons, Paderborn 1993.

Reich, Klaus (1932): Die Vollständigkeit der Kantischen Urteilstafel, Berlin 1932, 3. Aufl. (Nachdr. d. 2. Aufl.), Hamburg 1986.

Reichenbach, Hans (1951): Der Aufstieg der wissenschaftlichen Philosophie, in: Ders., Gesammelte Werke Bd. 1, Braunschweig 1977.

– (1928): Die Philosophie der Raum-Zeit-Lehre, Berlin/Leipzig 1928.

Reid, Thomas (1863): The Works, hg. v. William Hamilton, 2 Bdd. Edinburgh 1983, Repr. Bristol 1994.

Reinhardt, Karl (1959): Parmenides und die Geschichte der griechischen Philosophie, Frankfurt a. M. 1959.

Rescher, Nicholas (1967): Avicenna on the Logic of Questions, in: Archiv für Geschichte der Philosophie 49, 1967, S. 1-6.

Ricken, Friedo (1996): Möglichkeiten und Grenzen der religiösen Sprache, in: Forum für Philosophie Bad Homburg (Hg.), Nachmetaphysisches Denken und Religion, Würzburg 1996, S. 33-48.

Riedel, Manfred (1989): Vernunft und Sprache. Grundmodell der transzendentalen Grammatik in Kants Lehre vom Kategoriengebrauch, in: Ders., Urteilskraft und Vernunft. Kants ursprüngliche Fragestellung, Frankfurt a. M. 1989, S. 44-60.

– (1986): Sprechen und Hören. Humboldt und Hegel oder das ursprünglich dialektische Grundverhältnis, in: Zeitschrift für Philosophische Forschung, 1986, S. 337-351; auch in: Ders., Hören auf die Sprache. Die akroamatische Dimension der Hermeneutik, Frankfurt a. M. 1990, S. 50-69.

– (1978): Verstehen oder Erklären? Zur Theorie und Geschichte der hermeneutischen Wissenschaften, Stuttgart 1978.

Rist, John M. (1989): The Mind of Aristotle: A Study in Philosophical Growth, Toronto/Buffalo/London 1989.

Rohs, Peter (1992): Noch einmal: Das Kausalprinzip als Bedingung der Möglichkeit von Erfahrung, in: Kant-Studien 83, 1992, S. 84-96.

– (1985): In welchem Sinn ist das Kausalprinzip eine »Bedingung der Möglichkeit von Erfahrung«? in: Kant-Studien 76, 1985, S. 436-450.

Ross, James F. (1983): Creation II, in: Alfred J. Freddoso (Hg.), The Existence and Nature of God, Notre Dame/London 1983.

Ross, David (1924): Aristotle's Metaphysics, 2 Voll., Text und Kommentar ed. W. David Ross, Oxford [1]1924, [2]1953.

Routila, Lauri (1969): Die aristotelische Idee der ersten Philosophie. Untersuchungen zur ontotheologischen Verfassung der Metaphysik, Amsterdam 1969.

Rowe, William L. (1991): Thomas Reid on Freedom and Morality, Ithaca/London 1991.

Ruben, David-Hillel (1990): Explaining Explanation, London 1990.

Rubinoff, Lionel (1970): Collingwood and the Reform of Metaphysics: A Study in the Philosophy of Mind, Toronto 1970.

Russell, Bertrand (1917): On the Notion of Cause, in: Ders., Mysticism and Logic, [1]1917, London 1989, S. 172-199.

Ryle, Gilbert (1950): »If«, »So«, and »Because«, in: Ders., Collected Papers Bd. II, London 1971, S. 234-249, urspr. in: Max Black (ed.), Philosophical Analysis, 1950.

– (1938): Categories, in: Ders., Collected Papers II, 1971, S. 170-184, urspr. in: Proceedings of the Aristotelian Society XXXVIII, 1938.

Saari, Heikki (1991): Some Aspects of R. G. Collingwood's Doctrine of Absolute Presuppositions, in: International Studies in Philosophy 23, S. 61-73.

Salmon, Wesley C. (1998): Causality and Explanation, New York/Oxford 1998.

– (1998a): Scientific Explanation. How We Got from There to Here, in: Salmon, 1998, S. 302-319.

– (1994): Causality without Counterfactuals, in: Philosophy of Science 61, 1994, S. 297-312, auch in: Salmon, 1998, S. 248-260.

– (1990): Scientific Explanation: Causation and Unification, in: Crítica 22, 1990, S. 3-21, auch in: Salmon, 1998, S. 68-78.

– (1988): Deductivism Visited and Revisited, in: Adolf Grünbaum/Wesley C. Salmon (eds.), The Limitations of Deductivism, Univ. of California Press 1988, S. 95-127, auch in: Salmon, 1998, S. 142-163.

– (1985): Scientific Explanation: Three Basic Conceptions, in: Salmon, 1998, S. 320-329.

– (1984): Scientific Explanation and the Causal Structure of the World, Princeton 1984.

– (1981): Causality: Production and Propagation, in: Peter D. Asquith/Ronald N. Giere, PSA 1980, Bd. 2, S. 49-69, auch in: Salmon, 1998, S. 285-301.

– (1980): Probabilistic Causality, in: Pacific Philosophical Journal 61, 1980, S. 50-74; auch in: Salmon, 1989, S. 208-232.

– (1977a): Why Ask »Why?«? in: Proceedings and Addresses of the American Philosophical Association 51/6, 1979, S. 683-705; auch in: Salmon, 1998, S. 125-141.

– (1977b): An »At-At« Theory of Causal Influence, in: Salmon 1998, S. 193-199.

– (1975): Theoretical Explanation, in: Stephan Körner (Hg.), Explanation, Oxford 1975, S. 118-143.

– (1971): Statistical Explanation and Statistical Relevance, Pittsburgh 1971.

– /Kitcher, Paul (1987): Van Fraassen on Explanation, in: Journal of Philosophy 84, 1987, S. 315-330, auch in: Salmon, 1998, S. 178-190.

Sanford, David H. (1989): If P, then Q. Conditionals and the Foundations of Reasoning, London/New York 1989.

Scheibe, Erhard (1997): Die Reduktion physikalischer Theorien. Teil I: Grundlagen und elementare Theorien, Berlin 1997.

– (1970): Ursache und Erklärung, in: Lorenz Krüger (Hg.), Erkenntnisprobleme der Naturwissenschaften, Köln/Berlin 1970, S. 253-257.

– (1969): Bemerkungen über den Begriff der Ursache, in: Hans Heinz Holz/Joachim Schickel (Hg.), Vom Geist der Naturwissenschaft, Zürich 1969, S. 105-134.

Schlick, Moritz (1936): Bedeutung und Verifikation, in: Ders., Philosophische Logik, hg. v. Bernd Philippi, Frankfurt a. M. 1986, S. 266-299.

– (1935): Unbeantwortbare Fragen, in: Ders., Philosophische Logik, hg. v. Bernd Philippi, Frankfurt a. M. 1986, S. 259-265.

– (1932): Kausalität im alltäglichen Leben und in der Naturwissenschaft, in: Lorenz Krüger (Hg.), Erkenntnisprobleme der Naturwissenschaften, Köln/Berlin 1970, S. 135-155; urspr.: Causality in Everyday Life and Recent Science, in: University of California Publications in Philosophy 15, 2932.

– (1918): Erkenntnistheorie, Berlin 1918.

Schmucker, Josef (1980): Die Ontotheologie des vorkritischen Kant (Kant-Studien Erg. Heft 112), Berlin/New York 1980

– (1976a): Zur Datierung der Reflexion 3716. Das Versagen der Wortstatistik in der Frage der Datierung der frühen Kantischen Reflexionen zur Metaphysik, aufgewiesen an einem exemplarischen Fall, Kant-Studien 67, 1976, S. 73-101.

– (1976b): Was entzündete in Kant das große Licht von 1769? in: Archiv für Geschichte der Philosophie 58, 1976, S. 393-434.

Schnepf, Robert (2006b) Metaphysik und Metaphysikkritik in Kants Transzendentalphilosophie, erscheint in: Jürgen Stolzenberg (Hg.): Kant in der Gegenwart, Berlin/New York 2005.

– (2006a): Allgemeine Metaphysik als erste Philosophie — Zum Problem kategorialer Begriffsbildung in Christian Wolffs Ontologie, erscheint in: Jürgen Stolzenberg (Hg.): Akten des 1. intern. Wolffkongresses Halle 2004, Hildesheim.

– (2003a): Der ordo geometricus und die Transformation der kausalen Ordnung in Spinozas Ethik, in: Michael Czelinski u.a. (Hg.): Transformation der Metaphysik in die Moderne. Zur Gegenwärtigkeit der theoretischen und praktischen Philosophie Spinozas, Würzburg 2003, S. 32-51.

– (2003b) Der hermeneutische Vorrang der Frage. Die Logik der Fragen und das Problem der Ontologie, in: Mirko Wischke/Michael Hofer (Hg.): Gadamer verstehen/Understanding Gadamer, Darmstadt 2003, S. 302-323.

– (2001a): Metaphysik oder Metaphysikkritik? - Das Kausalitätsproblem in Kants Abhandlung Über die negativen Größen, in: Archiv für Geschichte der Philosophie 83, 2001, S. 130-159.

– (2001b): Zum kausalen Vokabular am Vorabend der »wissenschaftlichen Revolutionen« des 17. Jahrhunderts – Der Ursachenbegriff bei Galilei und die »aristotelische« causa efficiens im System der Ursachen bei Francisco Suárez, in: Andreas Hüttemann: Kausalität und Naturgesetz in der frühen Neuzeit (= Studia Leibnitiana Sonderheft 31), Stuttgart 2001, S. 15-46.

– (1996): Metaphysik im ersten Teil der Ethik Spinozas, Würzburg 1996.

– /Falkenburg, Brigitte (1998): Kausalität in Metaphysik und Physik, in: Dialektik 1998/2, S. 27-48.

Schönberger, Rolf (1986): Die Transformation des klassischen Seinsverständnisses. Studien zur Vorgeschichte des Seinsbegriffs im Mittelalter, Berlin/New York 1986.

Schönrich, Gerhard (1981): Kategorien und transzendentale Argumente: Kant und die Idee einer transzendentalen Semiotik, Frankfurt a. M. 1981.

Schrödinger, Ernst (1962): Besonderheiten des Weltbildes der Naturwissenschaften, in: Ders., Was ist ein Naturgesetz? München 1962, S. 27-85.

Schütt, Hans-Peter (1998): Die Adoption des »Vaters der modernen Philosophie«. Studien zu einem Gemeinplatz der Ideengeschichte, Frankfurt a. M. 1998.

– (1997): Der »wunderbare Instinkt« der Natur, in: Jens Kulenkampff (Hg.), David Hume. Eine Untersuchung über den menschlichen Verstand, Berlin 1997, S. 153-176.

Scriven, Michael (1975): Causation as Explanation, in: Nous 9. 1975, S. 3-16.

– (1966): Causes, Connections, and Contentions in History, in: William H. Dray (Hg.), Philosophical Analysis and History, 1966; der Abschnitt »Defects of the Necessary Condition Analysis« auch in: Ernest. Sosa/Michael Tooley (Hg.), Causation, Oxford 1993, S. 56-59.

– (1962a): Explanation, Predictions, and Laws, in: Minnesota Studies in the Philosophy of Science 3, 1962, S. 170-230, auch in: Joseph C. Pitt (Hg.), Theories of Explanation, New York/Oxford 1988, S. 51-74.

– (1962b): Causation as Explanation, in: Nous 9, 1962, S. 3-16.

Seel, Gerhard (1998): Die Einleitung in die Analytik der Grundsätze, der Schematismus und die obersten Grundsätze (A130/B169-A158/B197), in: Georg Mohr/Markus Willaschek (Hg.), Immanuel Kant. Kritik der reinen Vernunft (Klassiker Auslegen Bd. 17/18), Berlin 1998, S. 217-246

Sintonen, Matti Sitonen, (1989): Explanation: The Search for the Rationale, in: Minnnesota Studies XIII, S. 253-282.

Smith, Norman Kemp (1919): A Commentary to Kant's »Critique of Pure Reason«, [1]1918, Repr. der 2. Auflage: Atlantic Highlands 1995.

Snell, Bruno (1975): Die Entdeckung des Geistes, Göttingen [1]1975, [7]1993.

Soames, Scott (1989): Presupposition, in: Dov Gabbay/Franz Guenther (ed.), Handbook of Philosophical Logic IV, Dordrecht/Boston/London 1989, S. 553-616.

Somerville, James (1989): Collingwood's Logic of Question and Answer, in: Monist 72, S. 526-541.

Sorabji, Richard (1983): Time, Creation & the Continuum. Theories in Antiquity and Early Middle Ages, London 1983.

– (1980): Necessity, Cause, and Blame. Perspectives on Aristotle's Theory, London, 1980.

Sosa, Ernest/Tooley, Michael (1993): Introduction, in: Dies. (Hg.), Causation, Oxford 1993, S. 1-32.

Specht, Rainer (1996): Naturgesetz und Bindung Gottes, in: Jan P. Beckmann u.a. (Hg.), Philosophie im Mittelalter. Entwicklungslinien und Paradigmen, Hamburg 1996, S. 409-423.

– (1988): Über den Stil der Disputationes Metaphysicae von Francisco Suárez, in: Allgemeine Zeitschrift für Philosophie XIII, 1988, S. 23-35.

Spinoza, Baruch de: Opera, Bd. 1-4, hrsg. v. C. Gebhardt, Heidelberg 1972.

Stegmüller, Wolfgang (1983): Probleme und Resultate der Wissenschaftstheorie und Analytischen Philosophie, Bd. 1: Erklärung, Begründung, Kausalität, Berlin u.a. 1983.

– (1969): Metaphysik, Skepsis, Wissenschaft, Berlin/Heidelberg/New York [2]1969.

– (1960): Das Problem der Kausalität, in: Ernst Topitsch (Hg.), Probleme der Wissenschaftstheorie, FS V. Kraft, Wien 1960, S. 171-190; zit. nach Wolfgang Stegmüller, Aufsätze zur Wissenschaftstheorie, Darmstadt 1980, S. 1-20.

Stoecker, Ralf (1992): Was sind Ereignisse? Eine Studie zur analytischen Ontologie, Berlin/New York 1992.

Strawson, Galen (1989): The Secret Connexion. Causation, Realism, and David Hume, Oxford 1989.

Strawson, Peter F. (1966): The Bounds of Sense. An Essay on Kant's Critique of Pure Reason, London 1966, pbck. 1975.

Streminger, Gerhard (1981): Die Kausalanalyse David Humes vor dem Hintergrund seiner Erkenntnistheorie, in: Günter Posch (Hg.), Kausalität. Neue Texte, Stuttgart 1981, S. 162-189.

Ströker, Elisabeth (1992): Warum-Fragen. Probleme mit einem Modell für kausale Erklärungen, in: Neue Hefte für Philosophie 32/33, 1992, S. 105-129.

Stroud, Barry (1977): Hume (The Arguments of Philosophers), London/New York 1991.

Stuhlmann-Laeisz, Rainer (1982): Kategorien, theoretische Begriffe und empirische Bedeutung. Überlegungen zu Kants Definition des Wissenschaftsbegriffs, in: Erkenntnis 17, 1982, S. 361-376.

– (1973): Über Kants Problem der »Anwendung der Kategorien« durch den »Schematismus des reinen Verstandes«, in: Archiv für Geschichte der Philosophie 55, 1973, S. 301-309.

Suárez, Francisco (1994): On Efficient Causality. Metaphysical Disputations 17, 18, and 19, übers. v. Alfred J. Freddoso, New Heaven/London 1994.

– (1960): Disputationes Metaphysicae/Disputaciones Metafisicas, 6 Bände, edición y traducción de Sergio Rábade Romeo/Salvador Cabballero Sánchez/Antonio Puigcerver Zanón, Madrid 1960 ff.

Suchting, Wallis A. (1967): Kant's Second Analogy of Experience, in: Kant-Studien 58, 1987, S. 355-369.

Suppes, Patrick (1993): Models and Methods in the Philosophy of Science: Selected Essays, Dordrecht/Boston /London 1993.

– (1984a): Probabilistic Metaphysics, Oxford 1984.

– (1984b): Conflicting Intuitions about Causality, in: Midwest Studies in Philosophy IX, 1984, S. 150-168; auch in: Suppes (1993), S. 121-140.

– (1981a): Scientific Causal Talk, in: Theory and Decision 13, 1981, S. 363-380; auch in: Suppes, 1993, S. 95-109.

- (1981b): When Are Probabilistic Explanations Possible? in: Synthese 48, 1981, S. 191-199; auch in: Suppes, 1993, S. 141-148.
- (1970): A Probabilistic Theory of Causality, Amsterdam 1970.

Swinburn, Richard (1993): The Coherence of Theism, Oxford, rev. ed. 1993.
- (1992): Revelation. From Metaphor to Analogy, Oxford 1992.
- (1979): The Existence of God, Oxford [1]1979, 1991.

Szabó, István (1987): Geschichte der mechanischen Prinzipien und ihrer wichtigsten Anwendungen, Basel/Boston/Stuttgart 1987.

Teller, Paul (1974): On Why-Questions, in: Nous 8, 1974, S. 371-380.

Temple, Dennis Michael (1988): Discussion: The Contrast Theory of Why-Questions, in: Philosophy of Science 55, S. 141-151.

Thibault, Herve J. (1970): Creation and Metaphysics, The Hague 1970.

Thöle, Bernhard (1998): Die Analogien der Erfahrung (A176/B218-A218/B265), in: Georg Mohr/Markus Willaschek (Hg.), Immanuel Kant. Kritik der reinen Vernunft (Klassiker Auslegen Bd. 17/18), Berlin 1998, S. 267-296.
- (1991): Kant und das Problem der Gesetzmäßigkeit der Natur, Berlin/New York 1991.

Thomas v. Aquin (1999): De principiis naturae – Die Prinzipien der Wirklichkeit, übers. u. komm. v. R. Heinzmann, Stuttgart 1999.
- (1974): Summe gegen die Heiden (Bd. 1-3), hrsg. u. übers. v. Karl Albert/Paulus Engelhardt, Darmstadt 1974ff.
- (1962): Summa theologica, Madrid [3]1962.
- (1935): In Methaphysicam Aristotelis Commentaria, ed. M.-R. Cathala, Marietti, Turin, 1935.

Tonelli, Giorgio (1967): Kant und die antiken Skeptiker, in: Heinz Heimsoeth, u.a. (Hg.), Studien zu Kants philosophischer Entwicklung, Hildesheim 1967, 93-123.
- (1966): Die Anfänge von Kants Kritik der Kausalbeziehungen und ihre Voraussetzungen im 18. Jahrhundert, in: Kant-Studien 57, 1966, S. 417-456.

Tooley, Michael (1997): Time, Tense, and Causation, Oxford 1997.
- (1987): Causation. A Realist Approach, Oxford 1987.

Toulmin, Stephen (1972a): Kritik der kollektiven Vernunft, Frankfurt a. M. 1974; orig. Human Understanding I: The Collective Use and Evolution of Concepts, Princeton 1972.
- (1972b): Conceptual Change and the Problem Relativity, in: Michael Krausz (ed.), Critical Essays on the Philosophy of R. G. Collingwood, Oxford 1972, S. 201-221.
- (1967): Conceptual Revolutions in: Science, in: Synthese 17, S. 75-91.
- (1961): Foresight and Understanding. An Enquiry into the Aims of Science, Bloomington 1961.
- (1953): Einführung in die Philosophie der Wissenschaft, Göttingen o. J., orig.: The Philosophy of Science. An Introduction, London 1953.

Travis, Charles (1978): Why? in: American Philosophical Quarterly 1978, S. 285-293.

Tugendhat, Ernst (1983): Über den Sinn der vierfachen Unterscheidung des Seins bei Aristoteles, in: Ders., Philosophische Aufsätze, Frankfurt a. M. 1992, S. 136-144; urspr. in: FS J. Taubes, Spiegel und Gleichnis, Würzburg 1983, S. 49-54.
- (1976): Vorlesungen zur Einführung in die sprachanalytische Philosophie, Frankfurt a. M. 1976.
- (1970): Das Sein und das Nichts, in: Ders., Philosophische Aufsätze, Frankfurt . M. 1992, S. 36-66; urspr. in: FS Heidegger, Durchblicke, Frankfurt a. M. 1970, S. 132-162.
- (1963): Rez.: Wolfgang Wieland: Die aristotelische Physik, in: Ders., Philosophische Aufsätze, Frankfurt a. M. 1992, S. 385-401; urspr. in: Gnomon 1963, S. 543-555.

Vaihinger, Hans (1900): Kant - ein Metaphysiker? in: Benno Erdmann, u.a. (Hg.), Philosophische Abhandlungen, FSC. Sigwart, Tübingen 1900, S. 133-158.
- (1881/92): Commentar zu Kants Kritik der reinen Vernunft, 2 Bde., Bd. 1 Stuttgart 1881, Bd. 2 Stuttgart/Berlin/Leipzig 1892.

Vanheeswijck, Guido (1996): Metaphysics as a »Science of Absolute Presuppositions«: Another Look at R. G. Collingwood. A Reply to Rosemary Flanigan, in: The Modern Schoolman 73, S. 333-350.

Vlastos, Gregory (1981): Reasons and Causes in Plato's »Phaedo«, in: Ders., Platonic Studies, [2]Princeton 1981, S. 76-109.

– (1964): Creation in the Timaeus: Is it a Fiction?, in: R. E. Allen (Hg.), Studies in Plato's Metaphysics, London/New York 1965, S. 401-419.

– (1939): The Disorderly Motion in the Timaeus, in: R. E. Allen (Hg.), Studies in Plato's Metaphysics, London/New York 1965, S. 379-399.

Volpi, Franco (1993): Suárez et le problème de la métaphysique, in: Revue de Metaphysique et du Morale, 1993, S. 395-411.

Vollrath, Ernst (1970): Die Gliederung der Metaphysik in eine metaphysica generalis und eine metaphysica specialis, in: Zeitschrift für philosophische Forschung 16, 1970, S. 258-284.

Vorsokratiker (1994): Die vorsokratischen Philosophen. Einführung, Texte und Kommentare von Geoffrey S. Kirk/John E. Raven/Malcolm Schofield, Stuttgart 1994.

Vos, Antonie (1998): Duns Scotus and Aristotle, in: Egbert P. Bos (ed.), John Duns Scotus: renewal of Philosophy, Amsterdam 1998, S. 49-74.

– (1983): Platos Phaedro und der Beginn der Metaphysik als Wissenschaft, in: Ders., Kritische Philosophie, Würzburg 1980, S. 175-200.

Wagner, Hans (1987): Kants Urteilstafel und Urteilsbegriff (Kr. d. r. V., Ak.-Ausg. III, 86 f.), in: Wiener Jahrbuch für Philosophie 19, 1987, S. 83-94.

– (1977): Zu Kants Auffassung bezüglich des Verhältnisses zwischen Formal- und Transzendentallogik, in: Kant-Studien 68, 1977, S. 71-76.

– (1967): Aristoteles, Physik-Vorlesung, übersetzt und kommentiert von Hans Wagner (Aristoteles Werke Bd. 11), Berlin 1967.

– (1957): Zum Problem des aristotelischen Metaphysikbegriffs, in: Philosophische Rundschau 7, 1957, S. 129-148.

Walther, Jürgen (1985): Logik der Fragen, Berlin/New York 1985.

Ward, Keith (1996): Religion and Creation, Oxford 1996.

Watkins, Eric (2005): Kant and the Conception of Causality, Cambridge 2005.

Weidemann, Hermann (1989): Zum Problem der Begründung der Metaphysik bei Thomas von Aquin, in: M. Lutz-Bachmann (Hg.): Ontologie und Metaphysik. Beiträge zu Aristoteles und Thomas von Aquin, Frankfurt a. M. 1989, S. 37-63.

Weizsäcker, Carl Friedrich v. (1990): Die Tragweite der Wissenschaften, 6. erw. Auflage Stuttgart 1990.

Wieland, Wolfgang (1982): Platon und die Formen des Wissens, Göttingen 1982.

– (1975): Diagnose. Überlegungen zur Medizintheorie, Berlin/New York 1975.

– (1970): Möglichkeiten der Wissenschaftstheorie, in: Rüdiger Bubner/Konrad Cramer/Reiner Wiehl (Hg.), Hermeneutik und Dialektik Bd. I, Tübingen 1970, S. 31-56.

– (1962): Die aristotelische Physik, [2]1970.

– (1960): Die Ewigkeit der Welt. Der Streit zwischen Joannes Philoponus und Simplicius, in: Dieter Henrich u.a. (Hg.), Die Gegenwart der Griechen im Denken, Tübingen 1960, S. 291-316.

Wilhelmsen, Frederick D. (1979): Creation as a Relation in Saint Thomas Aquinas, in: Modern Schoolman 56, 1979, S. 107-133.

Winch, Peter (1987): Versuchen zu verstehen, Frankfurt a. M. 1992; orig.: Trying to Make Sense, Oxford 1987.

Wippel, John F. (1993): Metaphysics, in: Norman Kretzmann/Eleonore Stump: The Cambridge Companion to Aquinas, Cambridge 1993, S. 85-127.

Witteck, Andreas (1996): Die Einheit der Urteilstafel im logischen Subjekt, in: Harolf Oberer (Hg.), Kant. Analysen – Probleme – Kritik, Würzburg 1996, S. 65-131.

Wittgenstein, Ludwig (1994): Vorlesungen und Gespräche über Ästhetik, Psychoanalyse und religiösen Glauben, Düsseldorf/Bonn 1994.

Wolff, Michael (1995a): Die Vollständigkeit der kantischen Urteilstafel. Mit einem Essay über
Freges Begriffsschrift, Frankfurt a. M. 1995.

– (1995b): Was ist formale Logik, in: Christel Fricke/Peter König/Thomas Petersen (Hg.): Das
Recht der Vernunft. Kant und Hegel über Denken, Erkennen und Handeln, Stuttgart-Bad
Cannstatt 1995, S. 19-31.

– (1981): Der Begriff des Widerspruchs. Eine Studie zur Dialektik Kants und Hegels, Hain 1981.

– (1978): Geschichte der Impetustheorie. Untersuchungen zum Ursprung der klassischen Mechanik, Frankfurt a. M. 1978.

Wolff, Robert Paul (1963): Kant's Theory of Mental Activity, [1]1963, Gloucester 1973.

Wolter, Allen Bernard (1946): The Transcendentals and Their Function in the Metaphysics of
Duns Scotus, St. Bonaventure, New York 1946.

Woodward, James (2003): Making Things Happen. A Theory of Causal Explanation, Oxford
2003.

(1984): A Theory of Singular Explanation, in: Erkenntnis 21, 1984, S. 231-262, zit. nach David-
Hillel Ruben (ed.), Explanation, Oxford 1993, S. 246-274.

Wright, Georg Henrik v. (1977): Handlung, Norm und Intention. Untersuchungen zur deontischen
Logik, hrsg. v. Hans Poser, Berlin/New York 1977.

– (1974): Causality and Determinism, New York 1974.

– (1973): On the Logic and Epistemology of the Causal Relation, in: Patrick Suppes u.a. (Hg.),
Logic, Methodology and Philosophy of Science IV, Amsterdam 1973; auch in: Ernest
Sosa/Michael Tooley (Hg.), Causation, Oxford 1993, S. 105-124.

– (1971): Explanation and Understanding, Ithaca/New York 1971; dt.: Erklären und Verstehen,
Königstein/Ts. 1974.

– (1963): Norm and Action. A Logical Inquiry, London 1963.

Wundt, Max (1945): Die deutsche Schulphilosophie im Zeitalter der Aufklärung (Heidelberger
Abhandlungen zur Philosophie und ihrer Geschichte, Bd. 32), Tübingen 1945, Nachdr. Hildesheim 1964.

– (1939): Die deutsche Schulmetaphysik des 17. Jahrhunderts (Heidelberger Abhandlungen zur
Philosophie und ihrer Geschichte, Bd. 29), Tübingen 1939.

– (1924): Kant als Metaphysiker. Ein Beitrag zur Geschichte der deutschen Philosophie im 18.
Jahrhundert, Stuttgart 1924.

Young, Michael (1995): Kant's Ill-Conceived »Clue«, in: Proceedings of the 8. International Kant
Congress, Memphis 1995, Vol. 1, S. 583-592.

– (1992): Functions of Thought and the Synthesis of Intuitions, in: Paul Guyer (ed.), The Cambridge Companion to Kant, Cambridge u.a. 1992, S. 101-122.

Zabeeh, Farhang (1960): Hume. Precursor of Modern Empiricism, Den Haag 1960.

Zilsel, Edgar (1927): Die Asymmetrie der Naturwissenschaften, in: Naturwissenschaften 15, 1927,
S. 280-286.

Zimmermann, Albert (1965a): Ontologie oder Metaphysik? Die Diskussion über den Gegenstand
der Metaphysik im 13. und 14. Jahrhundert, Köln/Leiden 1965.

– (1965b): Die »Grundfrage« in der Metaphysik des Mittelalters, in: Archiv für Geschichte der
Philosophie 47, 1965, S. 141-156.

Personenregister

Sach- und Stichwortregister